香港志

自然

建置與地區概況　人口

香港地方志中心　編纂

中 華 書 局

香港志｜自然・建置與地區概況　人口

責任編輯　黎耀強　許福順　蔡柷音
裝幀設計　Circle Communications Ltd
製　　作　中華書局（香港）有限公司

編纂　香港地方志中心有限公司
香港灣仔告士打道 77-79 號富通大廈 25 樓
出版　中華書局（香港）有限公司
香港北角英皇道四九九號北角工業大廈一樓 B
電話：（852）2137 2338　傳真：（852）2713 8202
電子郵件：info@chunghwabook.com.hk
網址：http://www.chunghwabook.com.hk
發行　香港聯合書刊物流有限公司
香港新界荃灣德士古道 220-248 號荃灣工業中心 16 樓
電話：（852）2150 2100　傳真：（852）2407 3062
電子郵件：info@suplogistics.com.hk
印刷　中華商務彩色印刷有限公司
新界大埔汀麗路 36 號 14 字樓
版次　2023 年 7 月初版

規格　16 開（285mm×210mm）

ISBN　978-988-8860-36-4

衷心感謝以下機構及人士的慷慨支持，
讓《香港志》能夠付梓出版，永留印記。

Hong Kong Chronicles has been made possible with the generous contributions of the following benefactors:

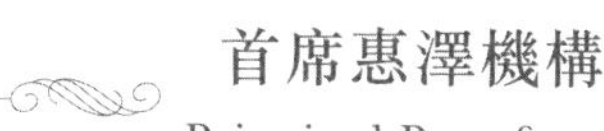

首席惠澤機構

Principal Benefactor

香港賽馬會慈善信託基金

The Hong Kong Jockey Club Charities Trust

同心同步同進 *RIDING HIGH TOGETHER*

香港董氏慈善基金會
The Tung Foundation

黃廷方慈善基金
Ng Teng Fong Charitable Foundation

恒隆地產
Hang Lung Properties Limited

太古集團
John Swire & Sons

怡和管理有限公司
Jardine Matheson Limited

信德集團何鴻燊博士基金會有限公司
Shun Tak Holdings – Dr. Stanley Ho Hung Sun Foundation Limited

恒基兆業地產集團
Henderson Land Group

滙豐
HSBC

中國銀行(香港)有限公司
Bank of China (Hong Kong) Limited

李嘉誠基金會
Li Ka Shing Foundation

電訊盈科有限公司
PCCW Limited

亞洲保險有限公司
Asia Insurance Company Limited

其士集團
CHEVALIER GROUP

陳廷驊基金會
The D. H. Chen Foundation

經綸慈善基金
Victor and William Fung Foundation

劉鳴煒先生
Mr. Ming Wai Lau

伍絜宜慈善基金
Wu Jieh Yee Charitable Foundation

工銀亞洲慈善基金
ICBC (Asia) Charitable Foundation

霍英東基金會
Fok Ying Tung Foundation

中國移動香港有限公司
China Mobile Hong Kong Company Limited

招商局集團(香港)有限公司
China Merchants Holdings (Hong Kong) Co., Ltd.

新世界發展有限公司
New World Development Company Limited

華潤集團
China Resources Group

九龍倉集團有限公司
The Wharf (Holdings) Limited

新鴻基地產發展有限公司
Sun Hung Kai Properties Limited

中國太平保險集團有限責任公司
China Taiping Insurance Group Co., Ltd.

中電控股有限公司
CLP Holdings Limited

嘉道理父子有限公司
Sir Elly Kadoorie & Sons Limited

許愛周家族
HUI OI CHOW FAMILY

名譽贊助人·顧問·理事·專家委員·委員會名單

編審團隊

自然．建置與地區概況

主　編	蕭國健
評　審	丁新豹　劉蜀永
特聘方志顧問	陳澤泓
編纂總監	孫文彬
撰　稿	李慶餘　周罟年　明柔佑　袁榮致　韓卓峻　羅家輝
編　輯	羅家輝
協　力	牛　悦　游子安　黃子聰　蔡兆浚　蔡思行　顧馨美

自然．人口

主　編	鄭宏泰
評　審	黃紹倫
特聘方志顧問	陳澤泓
編纂總監	孫文彬
專家顧問	丁新豹　梁元生　詹志勇　劉蜀永
研究指導	雷競璇
撰　稿	尹寶珊　鄭宏泰
編　輯	羅家輝
協　力	何小冰　宋博文　李明珠　李慶餘　周罟年　明柔佑 俞亦彤　袁榮致　梁月蓮　梁餘生　梁操雅　連泳欣 郭　樺　陳玉嬋　陳德好　陳韻晴　黃子為　黃碧珩 趙浩柏　蔡兆浚　盧淑櫻　羅筠霖　譚仲明　顧馨美

（按筆畫序排列）

2017 年香港特別行政區地形圖（地圖版權屬香港特別行政區政府；資料來源：地政總署測繪處）

香港特別行政區
HONG KONG SPECIAL ADMINISTRATIVE REGION
地政總署測繪處繪製
Cartography by Survey and Mapping Office, Lands Department
SOUTH CHINA SEA
大鵬灣
MIRS BAY
(Dapeng Wan)
香港島
HONG KONG ISLAND

序

「參天之木，必有其根；懷山之水，必有其源。」尋根溯源，承傳記憶，是人類的天性，民族的傳統，也是歷代香港人的一個情結，一份冀盼。

從文明肇始的久遠年代，中華民族便已在香港這片熱土上繁衍生息，留下了數千年的發展軌跡和生活印記。然而自清嘉慶年間《新安縣志》以來，香港便再無系統性的記述，留下了長達二百年歷史記錄的空白。

這二百年，正是香港艱苦奮鬥、努力開拓，逐步成為國際大都會的二百年，也是香港與祖國休戚與共、血脈相連，不斷深化命運共同體的二百年：1841 年香港被英國佔領，象徵着百年滄桑的濫觴；1997 年香港回歸祖國，極大地推動了中華民族復興的進程。

回歸以來，香港由一個「借來的地方，借來的時間」，蛻變成為「一國兩制」之下的特別行政區。港人要告別過客心態，厚植家國情懷，建立當家作主的責任意識，才能夠明辨方向，共創更好明天。

地方志具有存史、資政、育人的重要職能，修志過程蘊含了對安身立命、經世濟民、治國安邦之道的追尋、承傳與弘揚，是一項功在當代，利在千秋的文化大業。

香港地方志中心成立之目的，正是要透過全面整理本港自然、政治、經濟、社會、文化、人物的資料，為國家和香港留存一份不朽的文化資產，以歷史之火炬，照亮香港的未來。

凡例

一、香港是中華人民共和國的一個特別行政區。在「一國兩制」原則下，香港修志有別於海峽兩岸官修志書的傳統架構，採用「團結牽頭、政府支持、社會參與、專家撰寫」的方式，即由非牟利團體團結香港基金牽頭，在特區政府和中央政府支持與社會廣泛參與下，由專家參與撰寫而成。

二、編修《香港志》目的在於全面、系統、客觀地記述香港自然和社會各方面的歷史與現狀。在繼承中國修志優良傳統的同時，突出香港特色，力求在內容和形式上有所突破、有所創新。

三、本志記述時限，上限追溯至遠古，下限斷至 2017 年 7 月 1 日。個別分志視乎完整性的需要，下限適當下延。

四、本志記述的地域範圍以 1997 年 7 月 1 日香港特別行政區管轄範圍為主。發生在本區之外，但與香港關係十分密切的重要事務亦作適當記述。

五、為方便讀者從宏觀角度了解本志和各卷、各章的內在聯繫，本志設總述，各卷設概述，各篇或章視需要設無題小序。

六、人物志遵循生不立傳原則。立傳人物按生年先後排列。健在人物的事跡採用以事繫人、人隨事出的方法記載。

七、本志所記述的歷史朝代、機構、職稱、地名、人名、度量衡單位，均依當時稱謂。1840 年中國進入近代以前，歷史紀年加注公元紀年；1841 年以後，採用公元紀年。貨幣單位「元」均指「港元」，其他貨幣單元則明確標示。

八、本志統計資料主要來自香港政府公布的官方統計資料。

九、本志對多次重複使用的名稱，第一次使用全稱時加注簡稱，後使用簡稱。

十、為便於徵引查考，本志對主要資料加以注釋，説明來源。

十一、各卷需要特別説明的事項，在其「本卷説明」中列出。

目錄

第三章　18 區概況

自然・人口

第四章　人口素質

第五章　婚姻與家庭

自然

建置與地區概況

本卷說明

一、本卷內容涵蓋香港自古至今的境域和區劃變遷，以及目前 18 區簡要概況。

二、歷史上，「香港」一詞所包含的地理範圍在不同時期並不相同。一般情況下本卷使用的「香港」或「香港地區」，涵蓋 2017 年海陸總面積為 2,754.97 平方公里的境域。

三、在不同歷史時期，基於各種現實的需要，香港曾出現過不同的基層區劃。其性質與現代意義上的「行政區劃」不符，惟為反映基層管理狀況，本卷選記主要的基層區劃。

四、本卷對目前 18 區的基本情況予以記述，重點在於展現每個地區的特色。除了使用原始史料之外，亦參考了各區的風物志，並在「主要參考文獻」中標明。

五、本卷所涉人名原文為外文時，會在正文中以括注形式標出；地名、機構名稱、條約名稱、法例引文，必要時亦會在正文中以括注形式標出原文。

概述

一

香港位於北緯 22°08' 至 22°35'，東經 113°49' 至 114°31'，地處中國大陸南端、珠江口東岸，北隔深圳河與深圳市毗鄰，南臨中國南海，西部是珠江口，東瀕大亞灣。2017 年，香港人口約 739 萬人，陸地面積約 1106 平方公里，地理上分為香港島、九龍及新界三個部分。

香港正式成為一個行政區劃單位，始自 1842 年。「香港」一詞在不同時期有不同的含義。自 1842 年《南京條約》簽訂以後至 1860 年，「香港」即指香港島。自 1860 年《北京條約》簽訂以後至 1898 年，「香港」乃指香港島、九龍及昂船洲。自 1898 年《展拓香港界址專條》簽訂起，直至當代，「香港」的境域，均指香港島、九龍和新界所組成的境域。

二

「行政區劃」指國家出於行政管理的需要，將其領土劃分成不同層級的區域，並進行分級管理。根據我國學術界通用的定義，形成行政區劃需具備三項必要條件：一是有一定的地域範圍；二是有一定數量的人口；三是存在一個行政機構。因應實際需要行政區劃可進行局部或全盤調整，這些調整涉及行政區的層級、幅員、邊界、形狀、地理區位等因素。[1]

自秦朝開始，香港地區納入國家的行政區劃，郡縣制在此實行長達 2000 多年。秦始皇三十三年（公元前 214），秦朝平定百越，設番禺縣，香港歸南海郡番禺縣管轄。東晉成帝咸和六年（331）設東官郡，香港改隸東官郡寶安縣。唐肅宗至德二載（757）將寶安縣改為東莞縣，香港地區改隸南海郡東莞縣，其後宋、元及明萬曆元年（1573）前均依隨此制。明神宗萬曆元年（1573），明朝政府於東莞縣南部濱海地域設一新縣，名為新安縣，從此香港歸新安縣管轄 ，直至十九世紀被英國分期佔領後，逐步脫離郡縣制的管轄。

隨着香港人口增長與地域經濟的發展，其區位重要性逐漸加強，國家曾多次調整涉及香港地區的行政管轄，基本的趨勢是所屬縣域範圍的劃定日益細密。香港早期隸屬番禺縣、寶安縣和東莞縣，明朝後期單獨設新安縣，香港約佔新安縣三分之二面積。除了郡縣機關外，國家還先後在香港及鄰近地區設置鹽政、軍鎮、採珠、巡檢司等機關，反映出中央政府在本地有效的管治。三國時期，吳國於珠江口一帶設置司鹽校尉，掌管珠江口東部的鹽場；唐代，朝廷在屯門設立軍鎮「屯門鎮」，防禦珠江口一帶；五代十國時期，南漢政府設

1 周振鶴主編：《中國行政區劃通史》（上海：復旦大學出版社，2009），頁 7；周振鶴：〈行政區劃史研究的基本概念與學術用語芻議〉，《復旦學報》（社會科學版），2001 年第 3 期，頁 31。

置媚川都，在吐露港專責採珠；兩宋時期，朝廷先後於大奚山（今大嶼山）和官富場（在今九龍東部）一帶設立鹽政機關；元明時期，朝廷先後設立屯門巡檢司和官富巡檢司，掌管地方治安。

自 1842 年《南京條約》簽訂後，香港進入外國政權管治時期。英佔、日佔時期，都採用一級政府管治模式，其下不設政權性區域組織，在社區層面，香港也未設地方組織。英佔時期的「香港殖民地」（Colony of Hong Kong）由英王按《英王制誥》設立，受英工管轄，採用直轄殖民地制度。日佔時期當局成立的「香港軍政廳」及「香港佔領地總督部」，由日本天皇、陸軍參謀長及海軍軍令部長組成的「大本營」管轄。

1997 年 7 月 1 日，中華人民共和國中央人民政府對香港恢復行使主權，香港特別行政區成立。香港特區成為我國一個享有高度自治權的地方行政區域，直轄於中央人民政府。香港特別行政區延續一級政府格局，與內地各省、直轄市、自治區及澳門特別行政區同級。

三

本卷記述的「基層區劃」，在英佔以前，指縣級以下的區劃。元代以前，香港基層區劃缺乏史料，難以考證。元代至清中葉，香港的基層區劃體系，與廣東地區大致相同，俱屬鄉里制度。明天順年間（1457—1464），香港部分地區屬東莞縣恩德鄉九都範圍。明萬曆年間（1573—1620），香港部分地區屬新安縣恩德鄉五都範圍。清康熙二十七年（1688），香港地區大部分屬新安縣延福鄉五都及歸城鄉六都範圍。清嘉慶二十四年（1819），香港地區屬新安縣官富巡檢司管轄（東平洲除外）。

自 1842 年《南京條約》簽訂後，香港一直維持一級政府格局至今，基於地區管治需要，英佔、日佔時期，當局曾對轄境進行區劃。不過，這些分區內並未設政權性組織，與我國當前實行的基層行政區域性質不同。從存史的角度，這些基層區劃仍有簡要記錄的必要。

1857 年 5 月，港府宣布將香港島分為九區，並把其中一區維多利亞城再分成七個約，這是已知英佔時期香港最早的基層區劃。1898 年《展拓香港界址專條》簽訂，清朝政府被迫租借今新界地區予英國。1899 年 5 月，港府刊憲宣布把新界部分地區劃為 7 個全約和 41 個分約，是新界地區的首次基層區劃。這些劃分反映出港府對傳統鄉里制度的借鑒。1905 年 8 月，港府將新界劃作北約及南約兩區。1907 年，港府設立理民府制度，處理南約和北約事務。從早期主要處理土地轉讓等經濟事宜，逐漸增加警務及司法任務，強化地區管治。

1941 年 12 月，香港被日軍佔領。1942 年 4 月，日本軍政府成立香港、九龍、新界地區事務所，各事務所下轄區政所。1942 年 7 月，日本軍政府將區政所改名為區役所，將全港劃分為 28 個區，並重新命名，是首次全境進行統一的基層區劃。

二戰後，港府未採用日佔時期的基層區劃。1968 年，港府參照新界理民府制度，推行「民政主任計劃」，將香港島及九龍劃分為十個民政區。而新界則沿用理民府制度，仍分南約和北約。至 1979 年，新界共設八個理民府，連同上述香港島及九龍的十區，形成了現在 18 區的分區雛型。

為加強地方行政及配合地方選舉，1981 年港府發布《香港地方行政白皮書》，將全港劃為 18 區。之後，區劃雖有部分調整，但 18 區格局未變，沿用至今。

歷次基層區劃中，以 1968 年把香港島及九龍劃為十個民政區、與 1981 年把全港劃為 18 區這兩次變革，對香港社會影響最為深遠。

香港不同時期的基層區劃多沿用已有模式，加以調整以達到管治的目的。如 1844 年，鑒於華人地區保甲舊例，港府刊憲授權華人為「甲長」，以我國既有的傳統管理方式作為管理香港島人口的輔助方式；1898 年港府劃定新界地區基層區劃時，也參考了當地既有的鄉約模式；1981 年全港 18 區的劃分，亦大體延續之前港九民政區、新界理民府的區劃。以上各例，可見基層區劃的彈性和延續性。

四

香港 18 區分區設非政權性的區域組織，接受特區政府就有關地區管理和其他事務的諮詢，或負責提供文化、康樂、環境衞生等服務。1842 年以前，本地區各處先後出現規模不一的水陸社區，經濟上以漁農業及其他傳統產業（如鹽業、香木業、打石業等）為主。英佔以後，因管治機構、經濟活動、市政工程、人口流動的差異，港九與新界各區發展步調不盡相同。二戰後，在城市化、工業化、市區重建的過程中，地區差異逐步減少。惟各區歷史發展脈絡不同，仍保留着文化多元的獨特個性。

第一章
境域

第一節　2017年境域

香港地處西太平洋中國南海北岸，中國大陸南端，珠江口東岸，北鄰廣東省深圳市，東瀕大亞灣、南臨中國南海，西接珠江口與廣東省珠海市及澳門特別行政區相望，範圍介乎北緯 22°08' 至 22°35'，東經 113°49' 至 114°31' 之間，北至白虎山以北深圳河河道、東至東平洲、南至索罟群島頭顱洲、西至雞翼角。

2017 年香港海陸總面積 2,754.97 平方公里，當中陸地面積 1,106.42 平方公里，海洋面積 1,648.55 平方公里。香港大致可分為三個部分，分別為香港島、九龍及新界。其中香港島及鄰近島嶼佔地 80.72 平方公里、九龍佔地 46.94 平方公里，新界佔地 978.76 平方公里，當中離島佔 230.58 平方公里。自 1887 年至 2017 年以來填海所得土地為 70.27 平方公里。境內最高點為海拔 957 米的大帽山，共有 261 個面積大於 500 平方米的島嶼。[1]

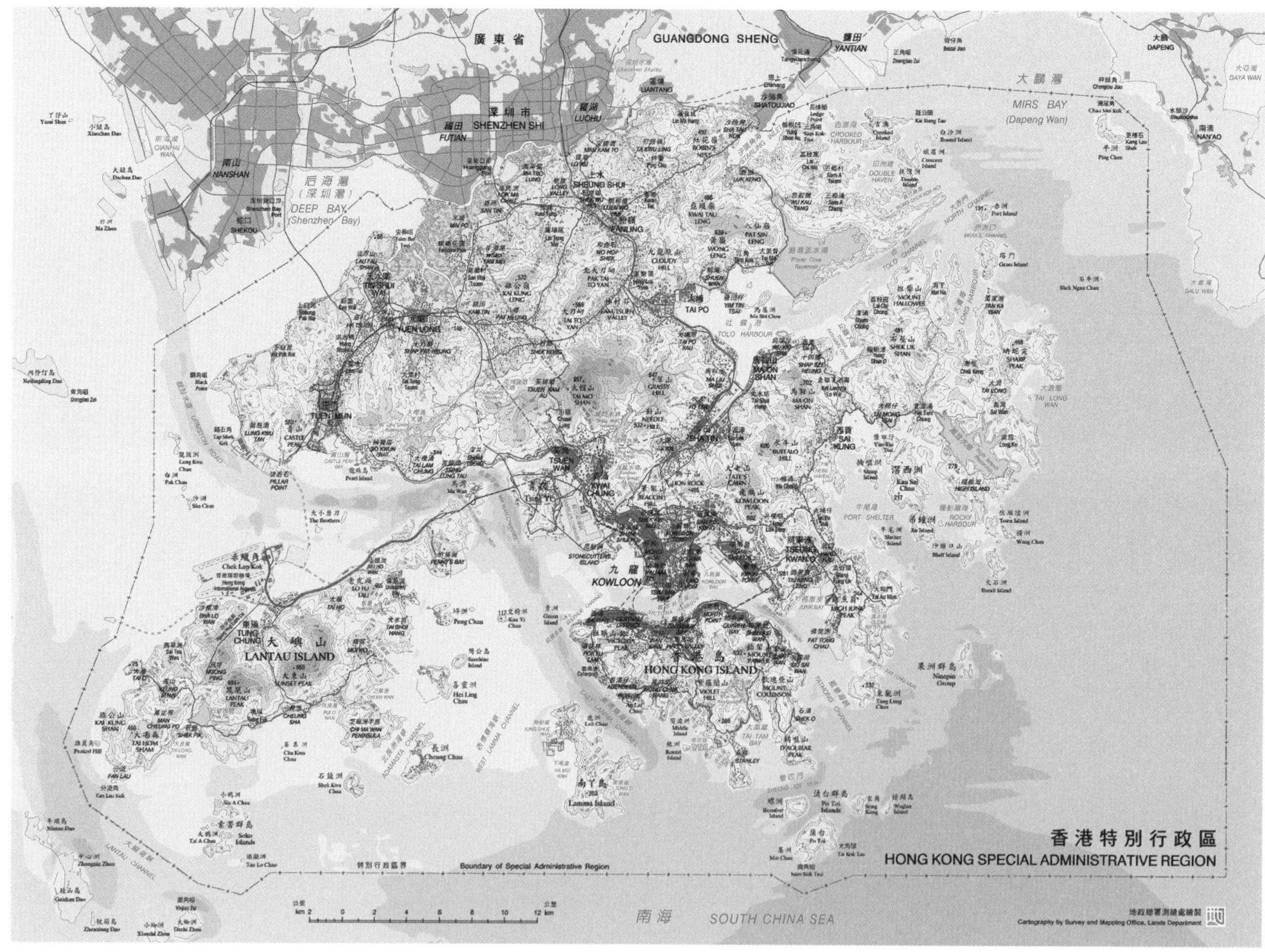

圖 1-1　2017 年香港特別行政區地形圖（地圖版權屬香港特別行政區政府；資料來源：地政總署測繪處）

1　基於技術所限，早期香港土地面積的記載並不完全準確。隨着時間推移，港府有了更先進的測量方式，數字也漸趨穩定，較能對應今天的數據。

第二節 境域變遷

一、《南京條約》簽訂後至香港政權交接前

香港正式成為一個行政區劃單位，始自 1842 年。1842 年 8 月 29 日，清朝政府與英國簽署《南京條約》，訂明清朝政府割讓香港一島給予英國。此時香港境域為香港島全島，北至北角、東至德忌笠角（鶴咀）、南至黃麻角、西至摩星嶺，介乎東經 114°06' 至 114°15'，北緯 22°11' 至 22°17'。按 1845 年港府人口調查紀錄，香港島面積為 75.5 平方公里。[2]

1860 年 10 月 24 日，清朝政府與英國簽署《北京條約》，將此前《租借九龍租約》（*A Deed of Lease*）訂明的租借地地界，即九龍炮台南端至昂船洲北端的九龍半島部分及昂船洲「付與大英大君主並歷後嗣，併歸英屬香港界內」，[3] 按 1862 年港府人口調查紀錄，面積合計約 7.8 平方公里土地（見圖 1-2）。香港境域由香港島擴展至九龍半島今界限街以南部分及昂船洲，北至今界限街與清朝新安縣九龍巡檢司轄境相接、東至德忌笠角、南至黃麻角、西至摩星嶺，介乎東經 114°06' 至 114°15'，北緯 22°11' 至 22°19'。按 1862 年港府人口調查紀錄，全境面積約 83.2 平方公里。[4]

1898 年 6 月 9 日，清朝政府與英國簽署《展拓香港界址專條》，英國租借北部陸界沙頭角海到深圳灣（后海灣）之間最短距離直線以南；東界東經 114°30' 以西；西界東經 113°52' 以東；南界北緯線 22°09' 以北的陸地和海域（見圖 1-4）。按《駱克報告書》，合計租借約 973.8 平方公里土地，其中大陸部分佔 740.7 平方公里，大嶼山在內的島嶼部分佔 233.1 平方公里，共有島嶼 235 個，[5] 展界地域租期 99 年。然而，在新界租借地尚未交接前，英國當局在未知會清朝政府的情況下，1899 年 3 月 28 日強行在大埔運頭角山（今旗桿山）興

2 "Return of the Population, and of the Marriages, Births and Death", *Hong Kong Blue Book 1845* (Hong Kong: Hong Kong Government, 1846), p.114. 1845 年至 1850 年《藍皮書》使用 "Victoria" 及 "The Villages"，即可能包括了周邊島嶼。直至 1850 年《藍皮書》才改用 "The Island of Hong Kong"，但面積沒有變化，維持 29.14 平方英里，換算約 75.47 平方公里。按《香港 2017：便覽》，香港島和鄰近島嶼的面積為 80.72 平方公里。按地政總署記載，2022 年香港島面積為 78.65 平方公里，鄰近島嶼的面積為 2.08 平方公里。

3 余繩武、劉存寬、劉蜀永編著：《香港歷史問題資料選評》（香港：三聯書店，2008），頁 217-218；Convention of Peking(1860)。

4 "Return of the Population, and of the Marriages, Births and Deaths", *Hong Kong Blue Book 1862*, p.224, "The Island of Hong Kong" 面積為 29.14 平方英里，"British Kowloon" 為 3 平方英里，合共 32.14 平方英里，換算約 83.24 平方公里。

5 Stewart Lockhart, "Report by Mr. Stewart Lockhart on the Extension of the Colony of Hong Kong", 8th October, 1898, pp.183,186；何佩然：《城傳立新：香港城市規劃發展史，1841—2015》（香港：中華書局，2016），頁 3。按《香港 2017：便覽》，新界大陸的陸地面積為 748.18 平方公里，離島的陸地面積為 230.58 平方公里，合共 978.76 平方公里。

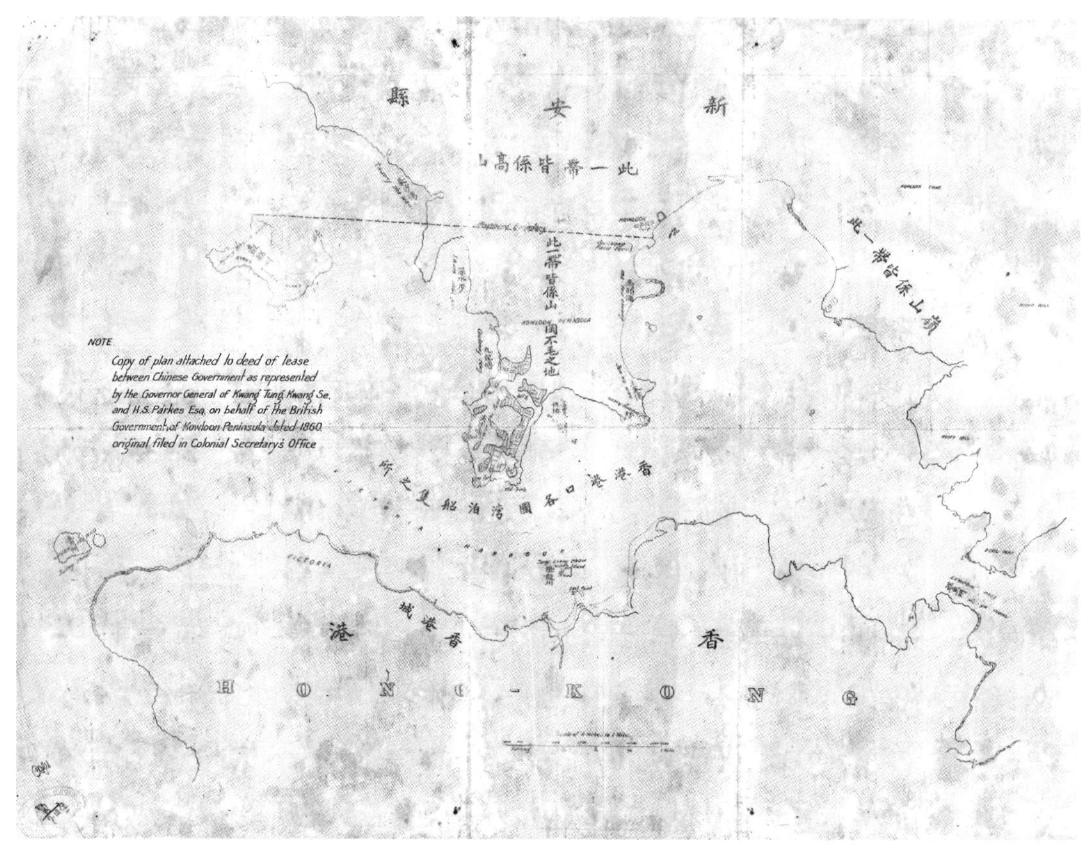

圖 1-2　1860 年《租借九龍租約》附圖複製本，圖中虛線「Proposed Boundary」即今界限街位置。界限街以南九龍半島部分（圖上標注「此一帶皆係山崗不毛之地」）及昂船洲納入香港境域。（政府檔案處歷史檔案館提供）

建警棚，新界居民群情洶湧，普遍不接受英國管治，並組織起來，抗擊英軍佔領，終因武力不敵而敗退。從 4 月 14 日至 19 日的六天對抗中造成至少 500 名村民犧牲。英國以武力方式接管了新界。

香港境域由香港島、九龍擴展至新界，介乎東經 113°50' 至 114°30'，北緯 22°36' 至 22°09'，北界與清朝新安縣轄境相接。北部陸界在條約附圖顯示為長約 17.7 公里之直線。此前，《南京條約》及《北京條約》簽訂時香港沒有明確海域，《展拓香港界址專條》中首次包含明確海域，並以三條經緯線標示具體範圍。

1899 年 3 月 19 日，清朝政府與英國簽署《香港英新租界合同》，重新劃定香港北界。上述合約訂明：

> 北界始於大鵬灣英國東經線 114°30' 潮漲能到處，由陸地沿岸直至所立木樁，接近沙頭角，即土名桐蕪圩之西，再入內地不遠，至一窄道，左界潮水平線，右界田地，東立一木樁，此道全歸英界，任兩國人民往來。由此道至桐蕪圩斜角處，又立一木樁，直至目下涸乾之寬河，以河底之中線為界線，河左岸上地方歸中國界，河

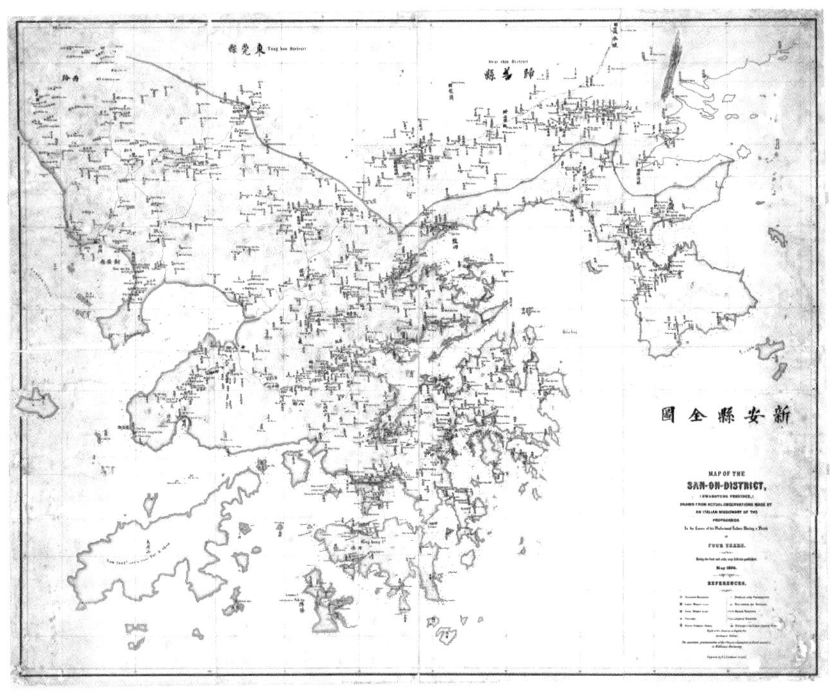

圖 1-3　1866 年意大利傳教士西米安．獲朗他尼（Simone Volonteri）繪製的中英雙語《新安縣全圖》，圖中標示紅色邊界屬當時香港範圍，而藍色邊界屬新安縣範圍。（澳洲國立圖書館提供，MAP RM 279）

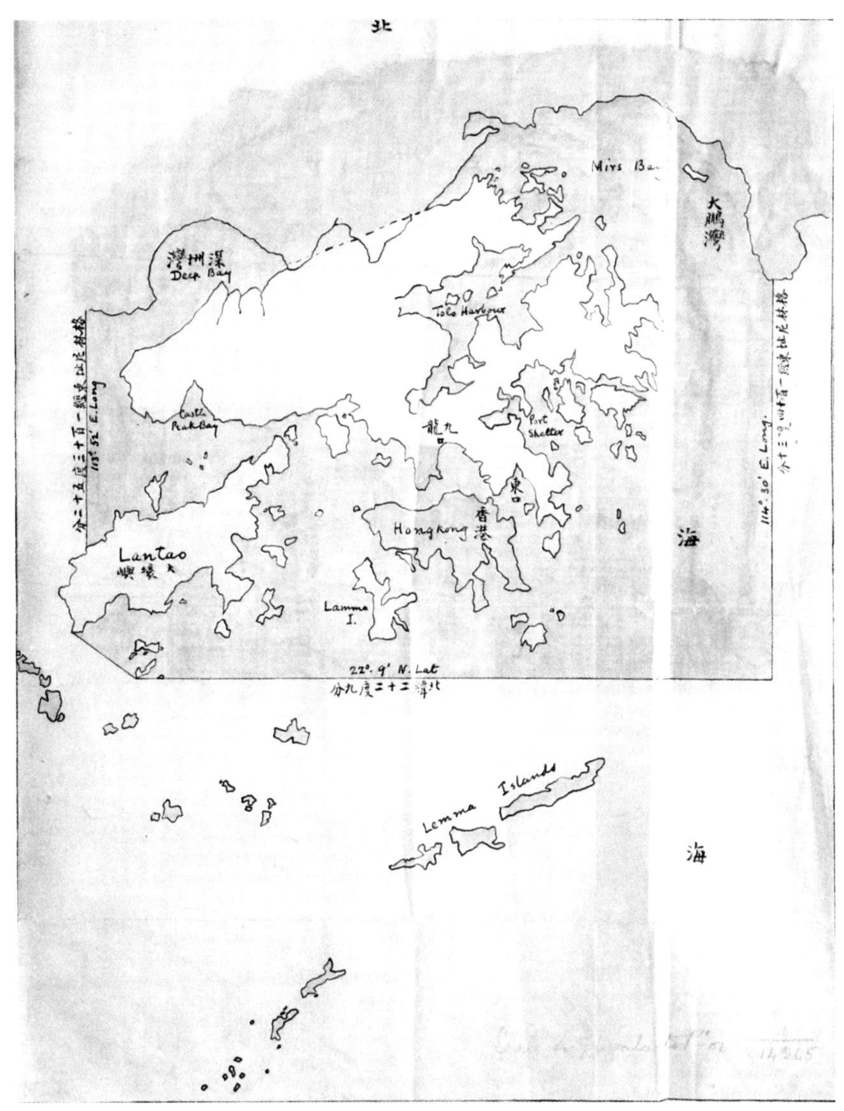

圖 1-4　1898 年《展拓香港界址專條》附圖複製本，圖中可見租借地範圍，其北部陸地邊界為沙頭角海至深圳灣之間最短距離直線，長約 17.7 公里。（南華早報出版有限公司提供）

右岸上地方歸英界。沿河底之線直至逕口村大道，又立一木樁於該河與大道接壤處，此道全歸英界，任兩國人民往來。此道上至一崎嶇山徑，橫跨該河，復重跨該河，折返該河，水面不拘歸英歸華，兩國人民均可享用。此道經過山峽，約較海平線高五百英尺，為沙頭角、深圳村分界之線，此處復立一木樁，此道由山峽起即為英界之界線，歸英國管轄，仍准兩國人民往來。此道下至山峽右邊，道左有一水路，達至逕肚村，在山峽之麓，此道跨一水線，較前略大，水由梧桐山流出，約距百碼，復跨該水路，右經逕肚村抵深圳河，約距逕肚村一英里之四分一，及至此處，此道歸入英界，仍准兩國人民往來。由梧桐山流出水路之水，兩國農人均可享用。復立木樁於此道盡處作為界線。沿深圳河北岸下至深圳灣界線之南，河地均歸英界，其東、西、南三面界線，均如專約所載。大嶼山島全歸界內。大鵬、深圳兩灣之水，亦歸租界之內。[6]

香港北部陸地邊界由原來沙頭角海至深圳灣最短距離的直線，改為以自然邊界作界線，整條深圳河劃入英界（見圖 1-5）。北部邊界水界（大鵬灣和深圳灣海岸線）的潮間帶歸屬問題，以「潮漲能到處」劃入英界的方式處理。1899 年 3 月 16 日至 18 日，清朝政府與英國代表勘定深圳河源頭到沙頭角西邊大鵬灣的邊界，並於沿線豎立木界樁，確立香港北部深圳河以外的陸界，東南西三面邊界仍然依據《展拓香港界址專條》維持不變，境域北至白虎山以北深圳河河道、東至東平洲、南至頭顱洲、西至大嶼山島最西端。按 1905 年港府的土地估算，全境面積約 1,009.5 平方公里。

自 1899 年 3 月《香港英新租界合同》簽訂後，港府與清朝政府就大鵬灣和深圳灣自北入海各河流河口及內河沿岸潮間帶的管屬，產生邊界爭議。1901 年 5 月 31 日，英國駐廣州總領事司格達（Benjamin Scott）按港督卜力（Henry Blake）意見照會兩廣總督陶模，稱「本港政府並不以為英權可至流入海灣之河港與流入租界深圳河之河港，但可至各海灣潮漲能到之處與深圳全河至北岸潮漲能到之處耳」。[7] 此後陶模咨文總理衙門稱：

香港總督謂英權不能至流入海灣之河港與流入租界內深圳河之河港，尚屬公允。惟謂各海灣潮漲能到之處、與深圳全河至北岸潮漲能到之處為英權所可至，語頗寬泛，易滋誤會。嗣後新租界各海灣與華岸毗連者，應以沿灣水盡見岸之處為界，其劃歸租界內之深圳河，則仍照王道所訂合約，以北岸為界。所有與大鵬、深圳兩灣

6 余繩武、劉存寬、劉蜀永編著：《香港歷史問題資料選評》，頁 331；王彥威纂輯、王亮編：《清季外交史料（二）》（北京：書目文獻出版社，1987），頁 2188-2191。

7 馬金科主編：《早期香港史研究資料選輯》（香港：三聯書店，2018），頁 592-593；王彥威纂輯、王亮編：《清季外交史料（二）》，頁 2188-2191。

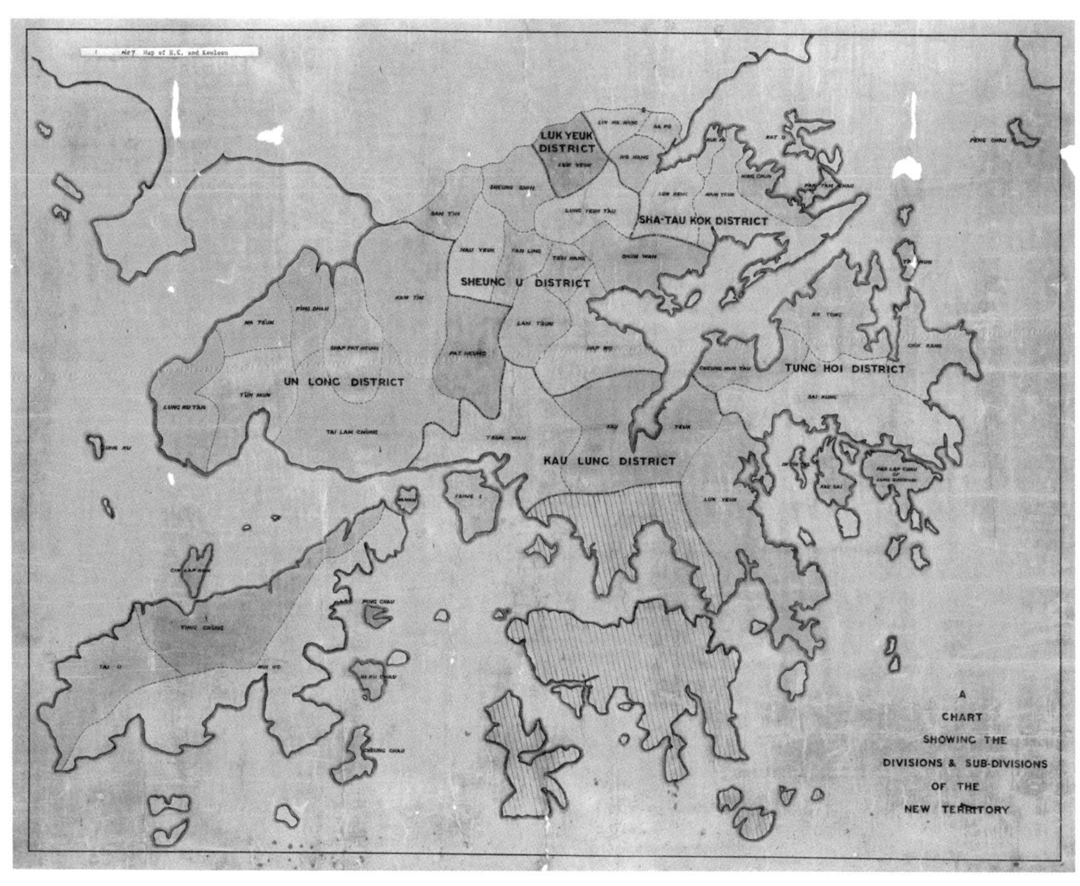

圖 1-5 1899 年新界各約及分約地圖，圖中可見香港北部邊界已非沙頭角海至深圳灣之間最短距離直線，改為以深圳河為邊界。（政府檔案處歷史檔案館提供）

及租界內之深圳河毗連各河港，俱以口門左右兩岸相對直線為界。[8]

同年，通過雙方交換照會，清朝政府和英國以「沿灣水盡見岸處」、「口門左右兩岸相對直線」為新邊界描述，解決深圳灣和大鵬灣沿岸、深圳河的河口潮間帶歸屬問題。1902 年，英國分別在大嶼山大澳和狗嶺涌豎立嶼北界碑及嶼南界碑（見圖 1-6，圖 1-7），並在大鵬半島大鹿灣黑岩角豎立中英界碑，以確定香港東部、南部及西部海域邊界。

日佔香港時期（1941 年 12 月—1945 年 8 月），香港境域維持不變。1945 年 9 月，香港軍政府成立，境域同樣不變。

1905 年至 1981 年期間，香園圍以北、沙頭角墟以西約 6 公里的一段深圳河河道北移，生成一幅約 2 英畝的土地（見圖 1-8）。根據 1899 年簽訂《香港英新租界合同》，深圳河北

8 馬金科主編：《早期香港史研究資料選輯》，頁 592-593；余繩武、劉存寬、劉蜀永編著：《香港歷史問題資料選評》，頁 332-333；王彥威纂輯、王亮編：《清季外交史料（二）》，頁 2188-2191。按王彥威纂輯、王亮編：《清季外交史料（二）》，頁 2188-2191，雙方交換照會的日期均為清光緒二十七年（1901）四月。

圖 1-6　大嶼山狗嶺涌嶼南界碑。1902 年英軍豎立嶼南界碑，以標明當時新界西面及南面海域邊界。界碑基座分別用中英文刻有碑文，其中中文刻有：「此界石安豎在大嶼山南方即東經線壹百壹拾叁度五拾貳分自此界石正南潮漲處起點沿大嶼山西便一帶海岸直至北緯線貳拾貳度九分大英一千九百二年管帶霸林保兵艦水師總兵官力會同本艦員弁等勘明界址共立此界石。」（攝於 2022 年，香港地方志中心拍攝）

圖 1-7　大嶼山大澳近郊嶼北界碑。1902 年英軍豎立嶼北界碑，以標明當時新界西面海域邊界。界碑基座分別用中英文刻有碑文，中文刻有：「此界石安豎在大嶼山北方即東經線壹百壹拾叁度五拾貳分自此界石至北潮漲處起點沿大嶼山西便一帶海岸自北直至南頭防地南角盡處之平線大英一千九百二年管帶霸林保兵艦水師總兵力會同本艦員弁等勘明界址共立此界石。」（攝於 2022 年，香港地方志中心拍攝）

圖 1-8　1981 年香園圍以北邊界變遷示意圖

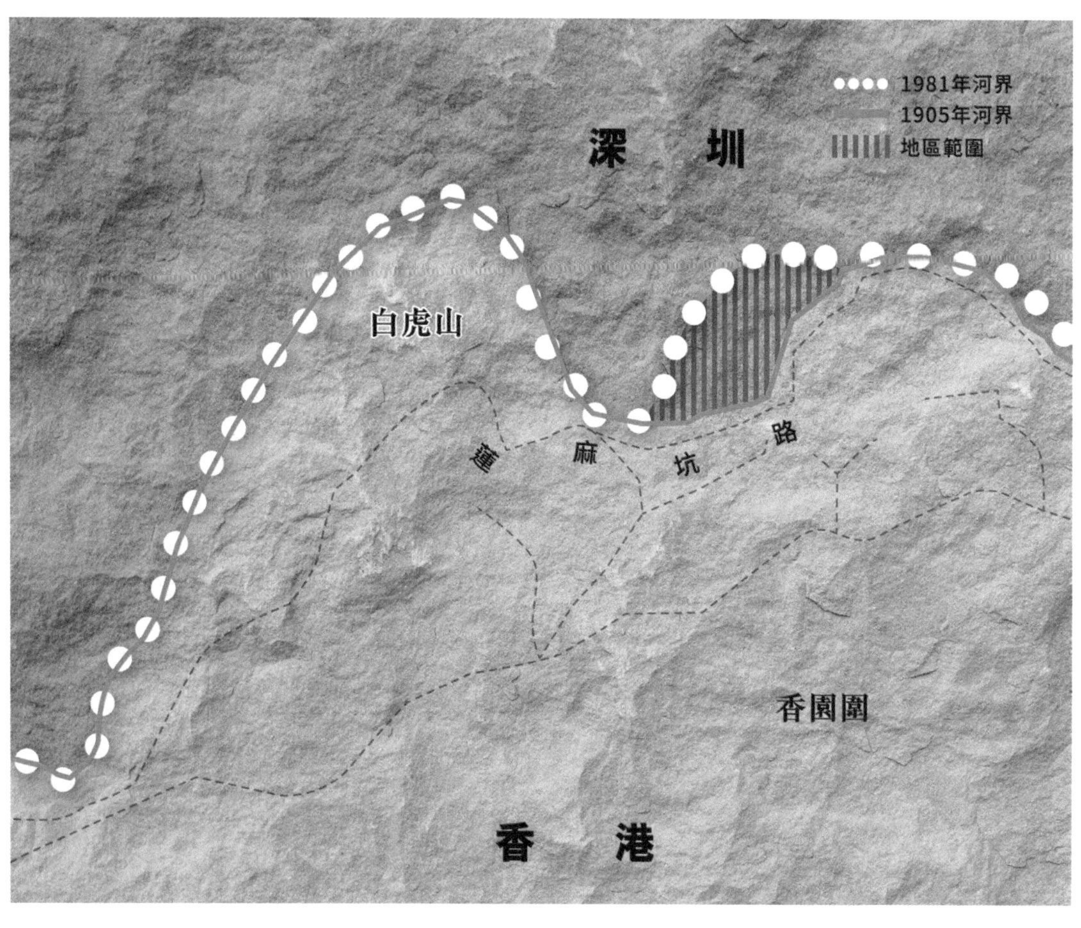

1905 年至 1981 年期間香園圍以北一段深圳河道北移，生成一幅新土地，港府為避免外交糾紛，沿用 1905 年河道為實際邊界。（香港地方志中心參考地政總署測繪處地圖製作）

岸以南土地屬於香港範圍。英國政府一直主張香港北部陸界將隨河道改變而變更，但 1981 年 4 月為避免外交糾紛，決定選用 1905 年河道為該段實際邊界，以此通告駐港英軍並修訂邊界地圖。

1997 年 1 月 17 日，港府與廣東省政府草簽《粵港邊界管理範圍線諒解備忘錄》（下稱《諒解備忘錄》），並於同年 6 月 19 日正式簽署《諒解備忘錄》，劃定香港與廣東省邊界及管理範圍。《諒解備忘錄》規定深圳河的治理工程完成後，以河的中心線，作為香港與廣東省的分界線；以深圳灣及大鵬灣兩灣的中線為雙方分界線；並重劃大嶼山西南部、索罟群島南部及蒲台群島南部的雙方分界線，港方在上述位置的水域向外擴展 1 海里。

按照《諒解備忘錄》的規定，隨着 1995 年 5 月動工的第一期深圳河治理工程於 1997 年 4 月竣工（工程涉及拉直落馬洲及料壆河曲），落馬洲以北及料壆以北兩塊原屬深圳市的土地，正式納入香港境域；原屬香港境域的一塊料壆以北土地，正式納入深圳市境域；部分原屬香港水域的深圳灣及大鵬灣水域，納入廣東省境域；部分原屬廣東省水域的大嶼山西南部對出海面、索罟群島南部對出海面、蒲台群島南部對出海面納入香港境域，並以 35 個世界大地測量系統 84（WSG84）地理坐標，標明香港邊界線的準確地理位置。

二、香港政權交接後

1997 年 7 月 1 日，中央人民政府頒布《中華人民共和國國務院令第 221 號》（下稱《國務院令第 221 號》），公布同年 5 月 7 日國務院第 56 次常務會議通過的《中華人民共和國香港特別行政區行政區域圖》。[9] 中央人民政府修改《諒解備忘錄》規定的香港及廣東省管理範圍，擴大了香港西南角海域的管轄範圍，並由原來的 35 個世界大地測量系統 84（WSG84）地理坐標減至 31 個，標明香港邊界線的準確地理位置（見圖 1-10）。

根據《國務院令第 221 號》，香港北面陸地邊界由沙頭角鎮段、沙頭角鎮至伯公坳段及伯公坳至深圳河入海段組成。北面陸地邊界由五個標號點標示邊界線的準確地理位置。另外，《國務院令第 221 號》規定深圳河治理後，以新的河中心線作為伯公坳至深圳河入海段的兩地界線。海上邊界由深圳灣海域段、南面海域段及大鵬灣海域段組成，合共以 26 個標號點標示海上邊界線的準確地理位置。

2006 年 11 月，第三期深圳河治理工程竣工（2001 年 12 月動工）。工程將料壆河曲上游至平原河匯流處的段落擴闊和挖深，並導致四塊原屬香港境域內的土地納入深圳市境域，涉及土地面積約 2.77 公頃。而兩塊原屬深圳市境域的土地納入香港境域，涉及土地面積約 1.24 公頃。

2017 年 1 月 3 日，特區政府與深圳市政府簽署《關於港深推進落馬洲河套地區共同發展的合作備忘錄》。雙方根據 1997 年 7 月 1 日公布的《國務院令第 221 號》中的條文「深圳河治理後，以新河中心為區域界線」，重申因深圳河治理工程後出現的過境土地，包括原屬深圳市境域內的四塊土地，合共面積約 91 公頃，納入香港境域；原屬香港境域的五塊土地，合共面積約 12 公頃，納入深圳境域（見圖 1-11）。雙方並確認自 1997 年 7 月 1 日起依法擁有屬其境域範圍內過境土地的土地業權。

2017 年 7 月，第四期深圳河治理工程竣工（2013 年 8 月動工）。工程改善平原河匯流處至白虎山（包括蓮塘／香園圍口岸）一段的河道，其中近竹園村及香園圍口岸一帶河道拉直，導致部分原屬香港境域內的土地納入深圳市境域，並建成蓄洪湖泊。

9　中華人民共和國國務院：《中華人民共和國國務院令第 221 號》（1997 年 7 月 1 日）；《廣東省志》編纂委員會編：《廣東省志（1979-2000）行政區劃．地名卷》（北京：方志出版社，2014），頁 40-41。

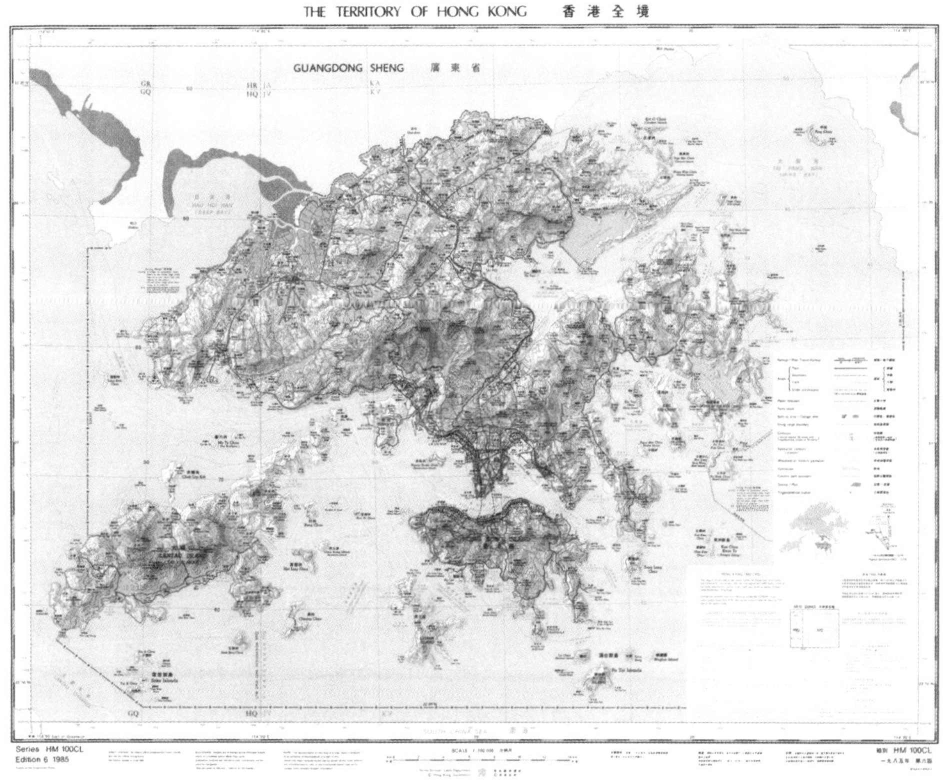

圖 1-9　1985 年香港全境地圖，圖中可見 1997 年以前香港的境域。（地圖版權屬香港特區政府，經地政總署准許複印，版權特許編號 14/2022）

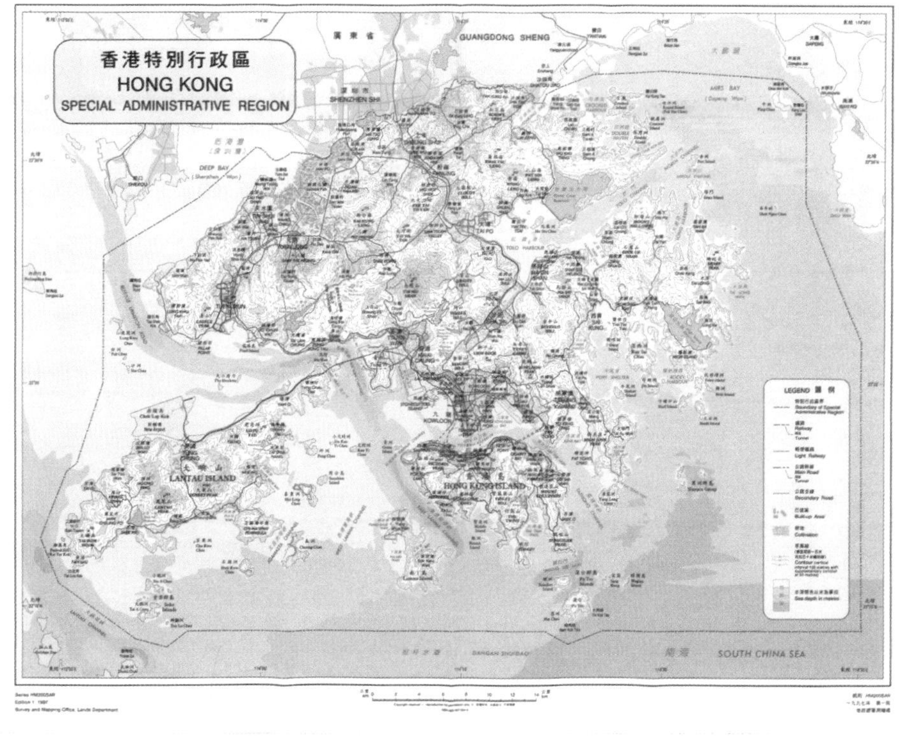

圖 1-10　1997 年香港特別行政區地形圖，圖中可見香港特別行政區成立以後的香港境域。主要變化是大鵬灣、后海灣及大嶼山西面及南面的海上邊界。（政府檔案處歷史檔案館提供）

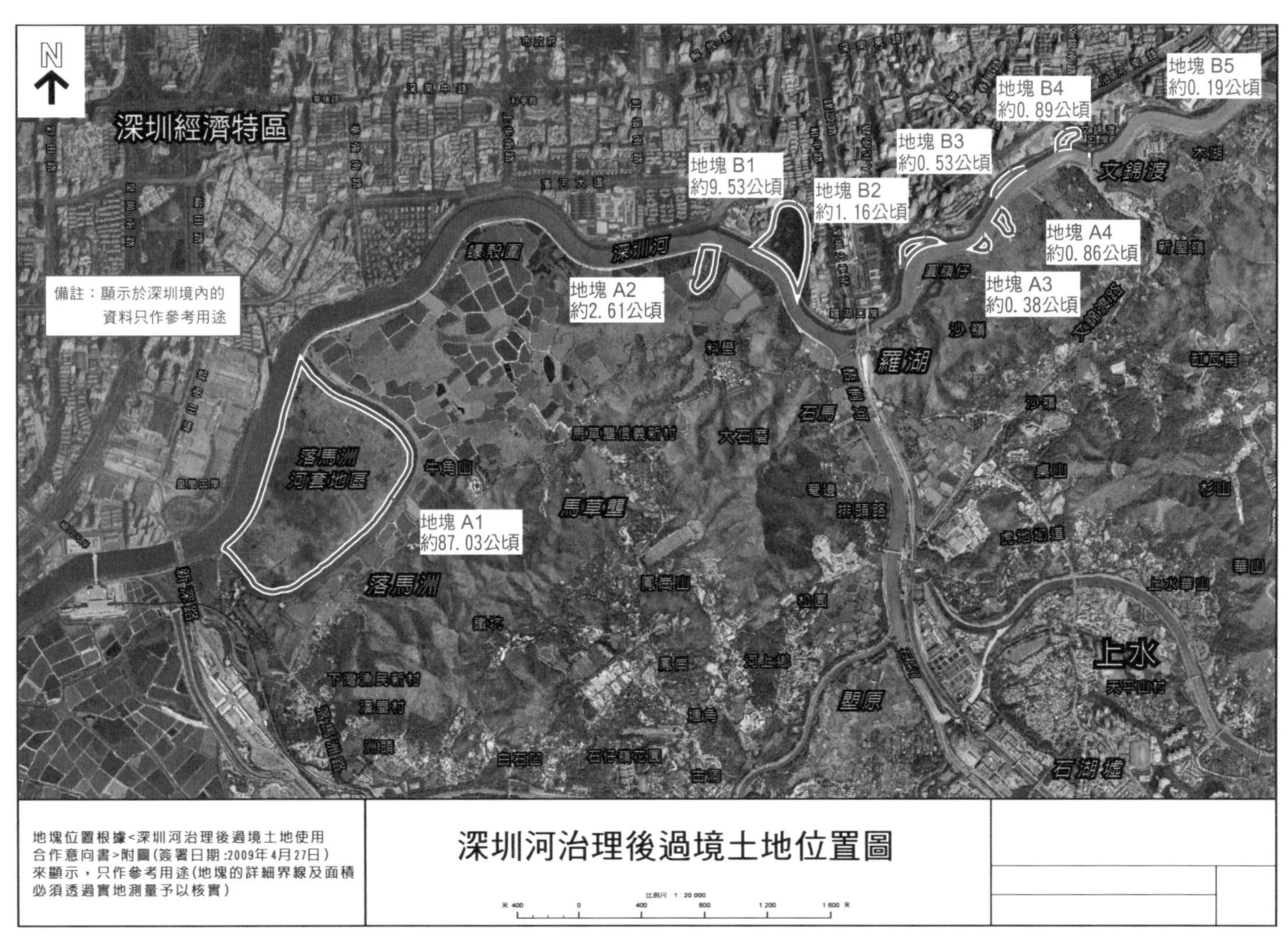

圖 1-11 《關於港深推進落馬洲河套地區共同發展的合作備忘錄》內附〈深圳河治理後過境土地位置圖〉。第一至三期深圳河治理工程後，四幅原屬深圳市的土地（藍色部分）納入香港特別行政區境域，而五幅原屬香港特別行政區的土地（紅色部分）納入深圳市境域。（香港特別行政區政府規劃署提供）

第二章
區劃

第一節　行政區劃

一、番禺縣管轄時期

秦始皇三十三年（公元前 214），秦朝平定百越，設南海郡、桂林郡及象郡。南海郡郡治設於番禺縣，香港地區屬南海郡番禺縣管轄，自此納入國家的行政區劃。

嶺南地區地處南陲，與國家聯繫相對薄弱，為方便管治，秦朝給予地方長官南海尉較大的權力，形成後來不穩定的因素。秦朝任用趙佗為龍川縣令，原南海尉任囂歿後，趙佗聚兵自守。及至秦朝滅亡，趙佗進佔桂林郡與象郡。西漢高祖三年（公元前 204），趙佗正式割據南海郡、桂林郡及象郡，建立南越國，自立為南越武王，並以番禺為國都。南越國分四郡，包括南海郡、桂林郡、九真郡及交趾郡，南海郡管轄番禺縣、龍川縣、博羅縣、揭陽縣、湞陽縣及含洭縣，香港地區屬南越國南海郡番禺縣管轄。

西漢高祖十一年（公元前 196），漢朝派陸賈出使南越國，成功遊説南越國歸屬漢朝，並冊封趙佗為南越王，香港地區屬漢朝南越國南海郡番禺縣管轄。

西漢高后五年（公元前 183），趙佗稱帝，自立為南越武帝，中斷與漢朝的藩臣關係，香港地區屬南越國南海郡番禺縣管轄。

西漢文帝元年（公元前 179），趙佗接受招撫，再次歸屬漢朝，香港地區屬漢朝南越國南海郡番禺縣管轄。

及後南越國內亂，南越王、王太后與漢使被殺，漢武帝遂於西漢元鼎六年（公元前 111）攻陷南越國。為防止割據勢力再度出現，漢武帝進行行政區劃重整，將其地分為九郡，包括南海郡、蒼梧郡、鬱林郡、合浦郡、交趾郡、九真郡、日南郡、珠崖郡及儋耳郡。南海郡管轄番禺縣、博羅縣、中宿縣、龍川縣、四會縣及揭陽縣，香港地區屬南海郡番禺縣管轄。郡縣的細分，有助政令直達地方，強化國家對嶺南地區的管理。翌年（西漢元封元年，公元前 110），西漢朝廷採用桑弘羊的建議，在全國設大農部丞數十人，管理地方鹽鐵事務，當中派遣鹽官的區劃共 28 個，南海郡番禺縣榜上有名，即為一例。

這次行政區劃並非以自然地理走勢或民族分布的特點進行，而以政治考慮為重心。原為南越國中心的南海郡範圍被削減，北江上游一帶歸入桂陽郡範圍，西江上游一帶歸入蒼梧郡範圍，自此作為南海郡治的番禺失去防守屏障，包括防守重地橫浦關、湟溪關等。西漢元封五年（公元前 106），再把交趾刺史部的州治移至蒼梧郡廣信縣，進一步淡化南海郡番禺縣的政治作用。

圖 2-1 秦朝嶺南地區三郡示意圖

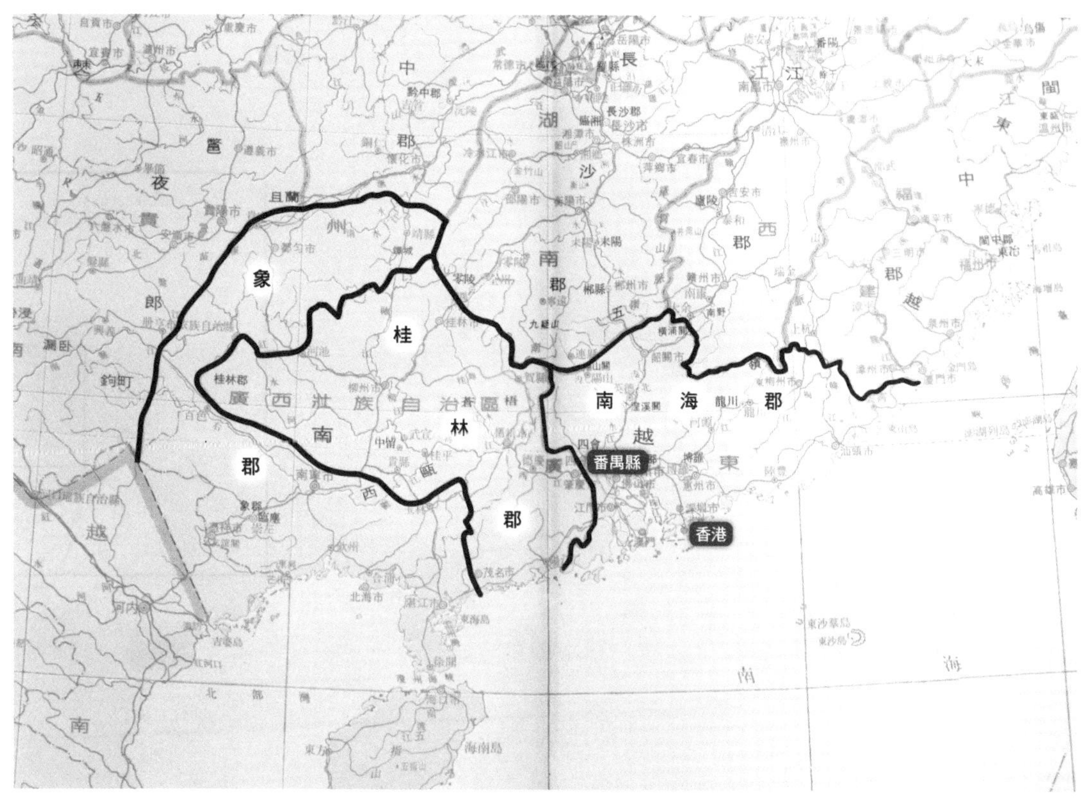

圖 2-1 嶺南地區幅員廣闊，秦朝劃定的三郡不足以應對日益繁重的行政需要。為強化管治，西漢政府以行政區劃的方式，進一步細分地方郡縣，加強中央對地方的控制。（譚其驤主編：《中國歷史地圖集（繁體版）第二冊（秦．西漢．東漢時期）》〔香港：三聯書店（香港）有限公司，1991〕）

東漢延康元年（220），曹丕代漢，建立魏國，建元黃初。魏黃初二年（221），孫權歸屬魏朝，獲冊封為吳王，香港地區屬魏國南海郡番禺縣管轄。

魏黃初三年（222），吳王孫權割據荊州、揚州及交州，建元黃武。吳黃武八年（229），孫權稱帝，改元黃龍，香港地區歸吳國南海郡番禺縣管轄。

西晉咸寧五年（280），晉武帝伐吳，次年吳主孫皓投降，香港地區歸西晉南海郡番禺縣管轄。

二、寶安縣管轄時期

東晉咸和六年（331），從南海郡分出東官郡，並以原來的司鹽都尉擔任東官太守。[1] 同時新設寶安縣為郡治，將郡治及縣治設於南頭東莞場。香港地區改屬東官郡寶安縣管轄。東晉元興二年（403），盧循在今廣州一帶起事，至東晉義熙七年（411）被平定。東晉義熙九年（413），朝廷為強化地方管治，鑒於東官郡轄地太大，連今惠州、潮州都在其轄下，於

1 沈約：《宋書》（北京：中華書局，1974），〈志第二十八．州郡四〉，頁 1199。

是重新進行區劃，從東官郡中分出義安郡，管理潮州地區，東官郡管理範圍縮小。[2]

東晉元熙二年（420），劉裕代晉，建南朝宋，建元永初，香港地區屬南朝宋東官郡寶安縣管轄。

南朝宋昇明三年（479），蕭道成代宋，建南朝齊，建元建元，香港地區屬南朝齊東官郡寶安縣管轄。

南朝齊中興二年（502），蕭衍代齊，建南朝梁，建元天監，香港地區屬南朝梁東官郡寶安縣管轄。

南朝梁天監六年（507），改東官郡為東莞郡，[3] 香港地區屬東莞郡寶安縣管轄。

南朝梁太平二年（557），陳霸先代梁，建南朝陳，建元永定，香港地區屬南朝陳東莞郡寶安縣管轄。

南朝陳禎明二年（588），改東莞郡為東官郡，[4] 香港地區屬東官郡寶安縣管轄。

南朝陳禎明三年（589），隋朝滅南方的陳朝，合共獲 30 州、100 郡及 400 縣，香港地區歸隋朝管轄。隋開皇十年（590），廢東官郡，改設廣州，[5] 管轄南海縣、曲江縣、始興縣、翁源縣、增城縣、寶安縣、樂昌縣、四會縣、化蒙縣、清遠縣、含洭縣、政賓縣、懷集縣、新會縣及義寧縣，香港地區屬廣州寶安縣管轄。

隋仁壽元年（601），因避太子楊廣諱，改廣州為番州，香港地區屬番州寶安縣管轄。

隋大業三年（607），隋煬帝下令廢州設郡，[6] 廢番州，改設南海郡，仍管轄寶安縣，香港地區屬南海郡寶安縣管轄。

隋義寧二年（618），李淵代隋，建立唐朝，建元武德，並於唐武德元年（618）下令罷郡設州。於唐武德四年（621）平定蕭銑後，沿用政策，改南海郡為廣州，[7] 下轄南海縣、增城縣、清遠縣、政賓縣及寶安縣，香港地區歸唐朝廣州寶安縣管轄。

---

2 房玄齡等：《晉書》，卷一百〈盧循〉，頁 2634-2636；沈約：《宋書》，卷三十八〈州郡四〉，〈廣州〉，頁 1199；陳伯陶：《（民國）東莞縣志》，卷一〈沿革〉，頁 92。

3 陳澤泓：《嶺表志譚》（廣州：廣東人民出版社，2013），頁 157。

4 陳澤泓：《嶺表志譚》，頁 157。

5 李吉甫撰，賀次君點校：《元和郡縣圖志》（北京：中華書局，1983），卷三十四，〈嶺南道一〉，頁 890、906；魏徵：《隋書》（北京：中華書局，1973），〈志第二十六．地理下〉，頁 880-881。

6 魏徵等：《隋書》，〈帝紀第三．煬帝上〉，頁 67。

7 陳澤泓：《嶺表志譚》，頁 152。

唐天寶元年（742），唐玄宗下令廢州設郡，廢廣州，設南海郡，[8] 仍管轄寶安縣，香港地區屬南海郡寶安縣管轄。

三、東莞縣管轄時期

唐至德二載（757），唐朝因避安祿山惡諱，把部分帶「安」字的郡縣改名，[9] 寶安縣襲用舊郡名，改為東莞縣，仍屬南海郡，[10] 香港地區屬南海郡東莞縣管轄。

唐乾元元年（758），改南海郡為廣州，仍管轄東莞縣，香港地區屬廣州東莞縣管轄。

唐天佑四年（907），朱溫代唐，建立後梁，建元開平，香港地區歸後梁廣州東莞縣管轄。

後梁貞明三年（917），清海、建武節度使劉龑稱帝立國，建國號大越，建元乾亨，並以番禺為國都，升廣州為興王府，仍管轄東莞縣。翌年，改國號為漢，史稱南漢，香港地區歸南漢興王府東莞縣管轄。

南漢大寶十四年（971），北宋滅南漢，獲 60 州及 214 縣，香港地區歸北宋廣州東莞縣管轄。

北宋開寶五年（972），廢東莞縣，將其轄地劃入增城縣，香港地區屬廣州增城縣管轄。北宋開寶六年（973），復設東莞縣，[11] 香港地區屬廣州東莞縣管轄。

南宋祥興元年五月（1278），升碙州為翔龍縣，同年六月，升廣州為翔龍府，[12] 香港地區屬南宋翔龍府翔龍縣管轄。

南宋祥興二年（1279），元朝滅南宋，香港地區歸元朝管轄。元朝設置廣州路，管轄南海縣、番禺縣、東莞縣、增城縣、香山縣、新會縣及清遠縣，以南海縣及番禺縣為廣州路路治，[13] 香港地區屬廣州路東莞縣管轄。

---

8 劉昫等：《舊唐書》（北京：中華書局，1975），〈本紀第九．玄宗下〉，頁 215；劉昫：《舊唐書》，〈志第二十一．地理四〉，頁 1712。

9 陳垣：《史諱舉例》（上海：上海書店，1998），頁 25。

10 劉昫等：《舊唐書》，〈志第二十一．地理四〉，頁 1713；歐陽修：《新唐書》（北京：中華書局，1975），〈志第三十三上．地理七上〉，頁 1095-1096。

11 脱脱等：《宋史》（北京：中華書局，1985），〈志第四十三．地理六〉，頁 2236。

12 脱脱等：《宋史》，〈本紀第四十七〉，頁 944。

13 宋濂等：《元史》，〈志第十四．地理五〉，頁 1514-1515。廣州路設立之初（1278 年，後以月為單位），南宋未滅，局勢尚未平定，元朝未正式任官，至數月後（1279 年 2 月後），才正式設「錄事司」。呼應「凡路府所治，置一司」的説法。

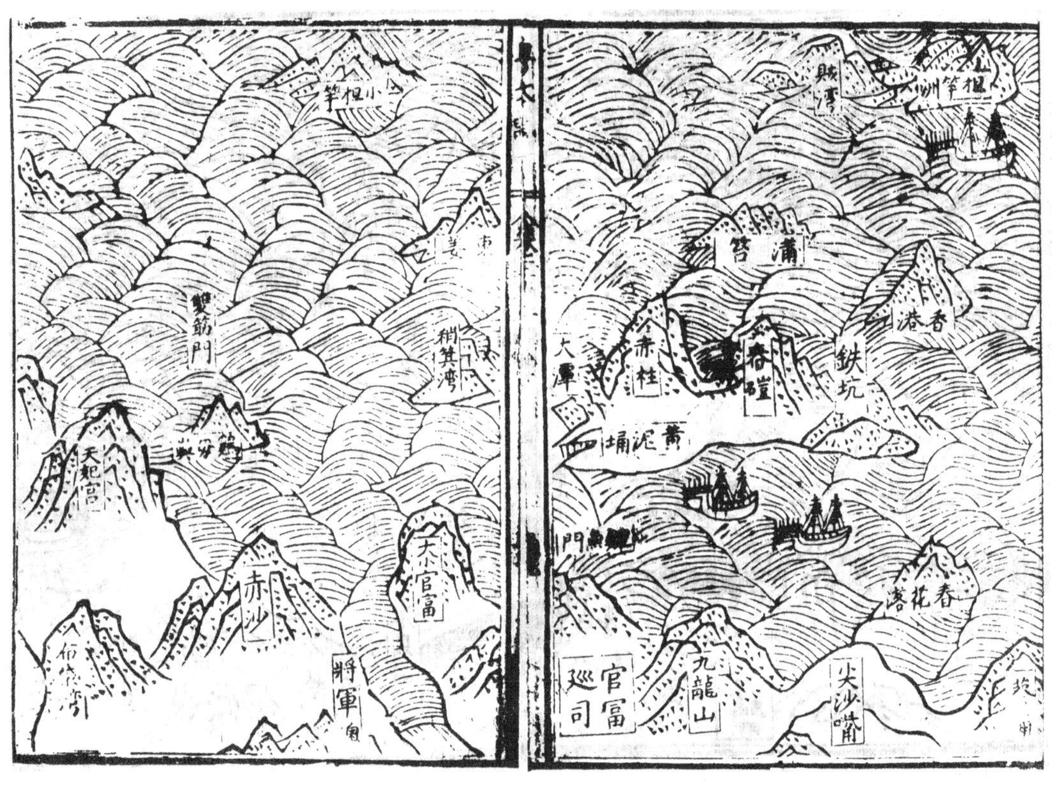

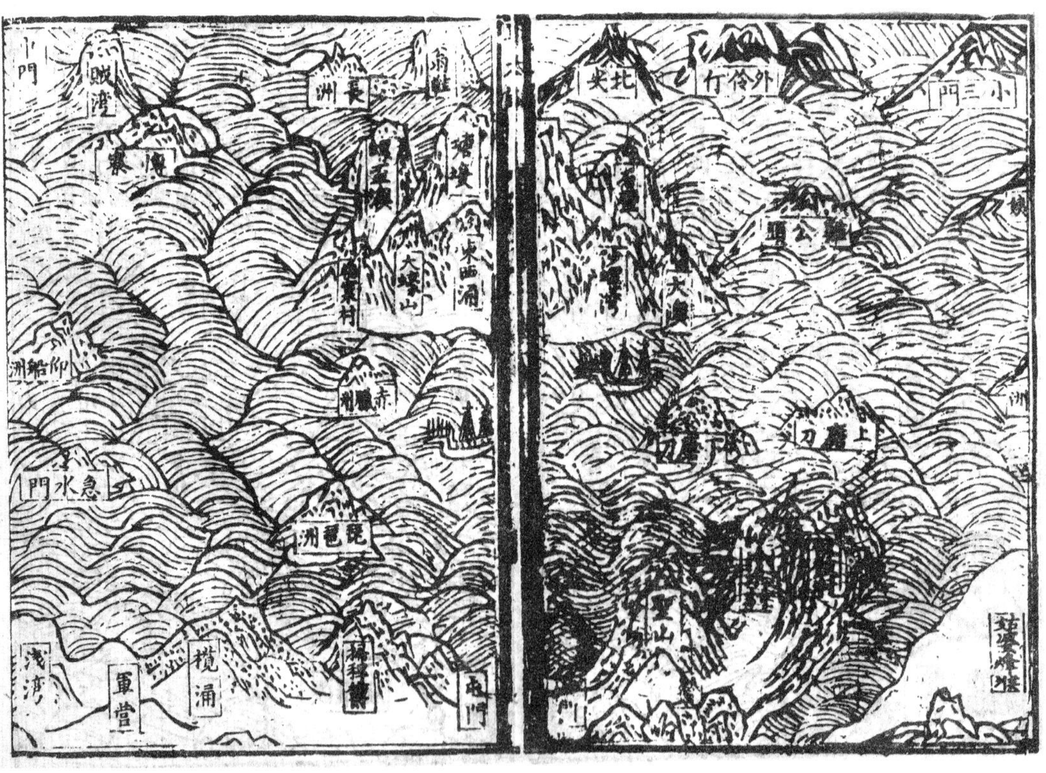

圖 2-2 明萬曆二十六年（1598）《粵大記》中〈廣東沿海圖〉，圖中可見香港、赤柱、黃泥埇、尖沙嘴、九龍山、將軍澳、淺灣等香港地名。

元至正二十八年（1368），朱元璋建立明朝，建元洪武。二月，割據東莞、惠州一帶的元江西行省左丞何真降明，明朝改廣州路為廣州府，管轄 1 州、15 縣，[14] 香港地區屬明朝廣州府東莞縣管轄。

四、新安建縣至英佔香港前

自唐至德二載（757）以來，東莞縣縣治都設在到涌（在今東莞市莞城），距離香港地區較遠，不利收稅、力役、訴訟等民政的執行。明朝正德年間（1506—1521），已有建議提出分拆建縣，惟意見未被接納。另一方面，當時廣東沿海是邊防前線，當中中路防守「自東莞縣南頭城，出佛堂門、十字門、冷水角諸海澳」，[15] 廣州城的防衛，「必須由大嶼山，經南頭，直入虎門，以抵於珠江」，[16] 香港地區為中路防線重要的一環，在這裏新設一縣，「東莞為藩籬，會省為門戶，輯近控遠，安內攘外，一舉而眾善得」。[17] 明嘉靖年間，南頭發生飢民搶米暴動。亂事平息後的明萬曆元年（1573），明朝政府應南頭士紳吳祚等請願，從東莞縣分出 56 里縣地建設新安縣，取「革故鼎新、去危為安」之意，[18] 以南頭為治所，屬廣州府，[19] 香港地區改屬廣州府新安縣管轄。

明崇禎十七年（1644），清軍攻陷北京，建元順治，南方仍由南明控制，香港地區屬南明廣州府新安縣管轄。清順治三年（1646），佟養甲與李成棟攻滅廣州的南明紹武政權，並任命張文煌為新安知縣，[20] 香港地區歸清朝廣州府新安縣管轄。清順治五年（1648），李成棟叛離清朝，迎南明永曆帝至廣東，新安縣重歸南明管轄。至清順治六年（1649）李成棟兵敗戰死，香港地區重歸清朝廣州府新安縣管轄。

自清順治十八年（1661）起，清朝政府多次頒布遷界令。清康熙五年（1666），清朝政府下令新安縣居民遷至內陸地區居住，廢新安縣，將轄地併入東莞縣，香港地區屬廣州府東莞縣管轄。

---

14 張廷玉等：《明史》（北京：中華書局，1974），〈志第二十一・地理六〉，頁 1133。

15 顧炎武：《天下郡國利病書》，第 27 冊，〈廣東上〉，頁 20，收入《續修四庫全書》編纂委員會編：《續修四庫全書》，第 597 冊・史部・地理類（上海：上海古籍出版社，1995），頁 321。

16 舒懋官修、王崇熙纂：《新安縣志・輿地略》（清嘉慶二十四年〔1819〕刻本），收入廣東省地方史志辦公室輯：《廣東歷代方志集成・廣州府部》，第 26 冊（廣州：嶺南美術出版社，2009），頁 355。

17 靳文謨修、鄧文蔚纂：《新安縣志》（清康熙二十七年〔1688〕刻本），收入廣東省地方史志辦公室輯：《廣東歷代方志集成・廣州府部》，第 26 冊，頁 143。

18 靳文謨修、鄧文蔚纂：《新安縣志》，頁 143。

19 張廷玉等：《明史》，〈志第二十一・地理六〉，頁 1134。

20 張廷玉等：《明史》，〈諸王世表三〉，頁 2805；〈神宗諸子〉，頁 3653；計六奇：《明季南略》，卷十二，〈粵紀〉，收入《續修四庫全書》編纂委員會編：《續修四庫全書》，第 443 冊・史部・雜史類（上海：上海古籍出版社，1995），頁 349-350；靳文謨修、鄧文蔚纂：《新安縣志》，頁 12。

表 2-1　1842 年以前香港地區行政區劃情況表

朝代	公元年份	郡級隸屬	縣級隸屬
秦	前 214	南海郡	番禺縣
南越國	前 204	南海郡	番禺縣
西漢	前 196	南海郡	番禺縣
南越國	前 183	南海郡	番禺縣
西漢	前 179	南海郡	番禺縣
魏	220	南海郡	番禺縣
吳	222	南海郡	番禺縣
西晉	280	南海郡	番禺縣
東晉	331	東官郡	寶安縣
南朝宋	420	東官郡	寶安縣
南朝齊	479	東官郡	寶安縣
南朝梁	502	東官郡	寶安縣
	507	東莞郡	寶安縣
南朝陳	557	東莞郡	寶安縣
	588	東官郡	寶安縣
隋	590	廣州	寶安縣
	601	番州	寶安縣
	607	南海郡	寶安縣
唐	621	廣州	寶安縣
	742	南海郡	寶安縣
	757	南海郡	東莞縣
	758	廣州	東莞縣
後梁	907	廣州	東莞縣
南漢	917	興王府	東莞縣
北宋	971	廣州	東莞縣
	972	廣州	增城縣
	973	廣州	東莞縣
南宋	1278	翔龍府	翔龍縣
元	1279	廣州路	東莞縣
明	1368	廣州府	東莞縣
	1573	廣州府	新安縣
南明	1644	廣州府	新安縣
清	1646	廣州府	新安縣
南明	1648	廣州府	新安縣
清	1649	廣州府	新安縣
	1666	廣州府	東莞縣
	1669	廣州府	新安縣

清康熙八年（1669），清朝政府展開遷海復界，因而復設新安縣，[21] 香港地區屬廣州府新安縣管轄。

五、英佔香港後

1842 年，清朝政府與英國簽署《南京條約》，割讓香港島予英國。1843 年，英國維多利亞女王頒發《英王制誥》，宣布設置「香港殖民地」（Colony of Hong Kong）。1860 年，清朝政府與英國簽訂《北京條約》，割讓九龍予英國。1898 年，清朝政府與英國簽署《展拓香港界址專條》，租借今新界地區予英國，為期 99 年。英女王分別於 1861 年 2 月 4 日

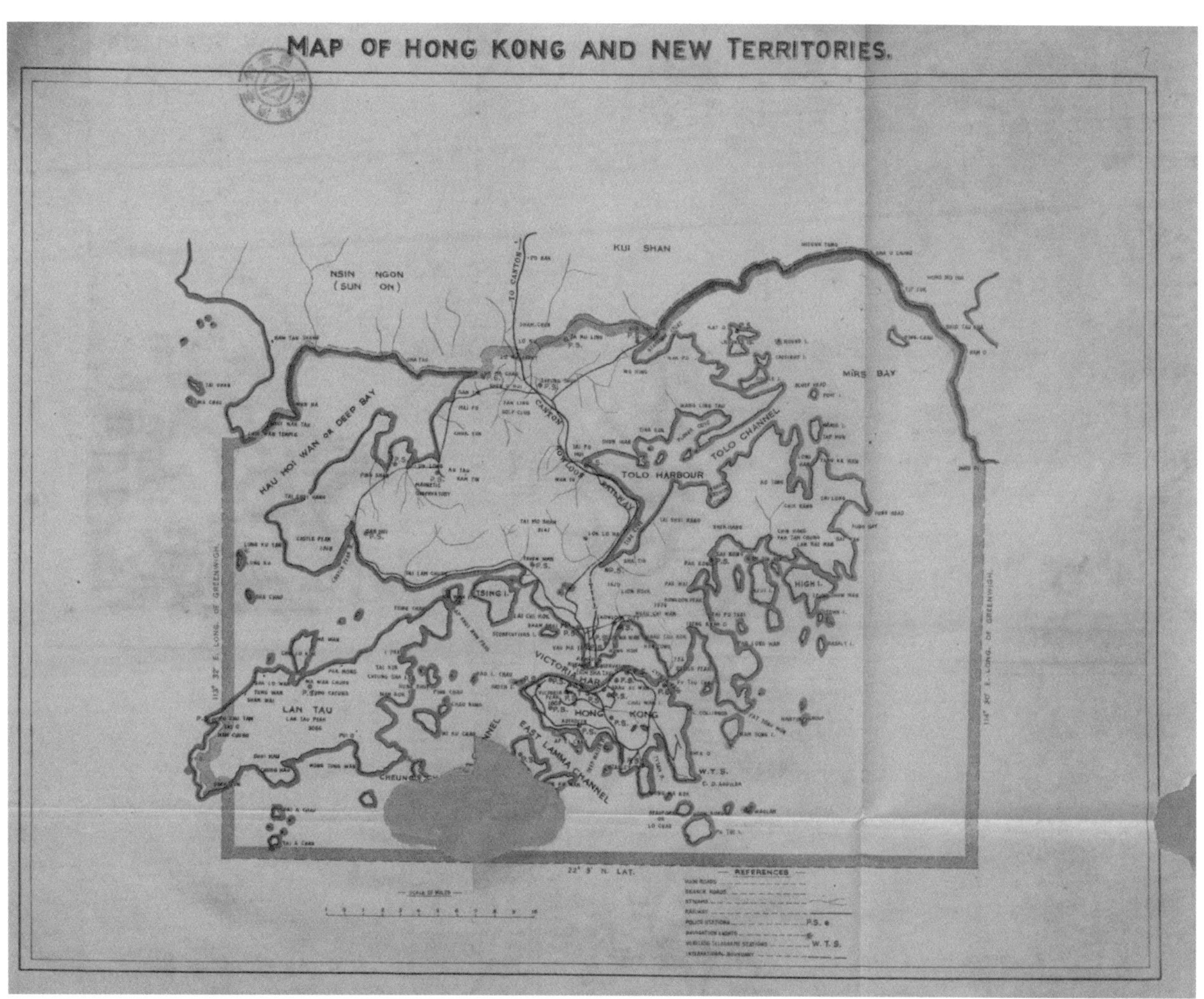

圖 2-3　台灣總督府外事部《香港水道調查報告書》內附 1942 年香港及新界地圖，圖中可見日本佔領地總督部管轄的香港範圍。（中央研究院臺灣史研究所檔案館典藏）

21　趙爾巽等：《清史稿》（北京：中華書局，1977），〈志四十七．地理十九〉，頁 2273。

及 1898 年 10 月 20 日頒布樞密院頒令，分別宣布九龍及新界成為「香港殖民地」一部分。香港屬英王「直轄殖民地」，為一級政府格局，由英王委任的總督出任最高長官，需向英王及英國殖民地部負責。

1941 年 12 月 8 日，太平洋戰爭爆發，日軍進攻香港。12 月 25 日，港督楊慕琦（Mark Young）宣布投降，日本佔領香港。1941 年 12 月底，日軍按〈波集作命甲第 255 號命令〉成立「香港軍政廳」，屬日本第 23 軍全權控制。[22]1942 年 2 月 20 日，日軍成立香港佔領地總督部，[23] 維持一級政府格局，由天皇、陸軍參謀長及海軍軍令部長組成的「大本營」直接管轄。

1945 年 8 月 15 日，日本天皇裕仁宣布接受《波茨坦公告》，日本無條件投降。

1945 年 8 月 28 日，原香港政府布政司詹遜（Franklin Gimson）宣布英國即將重新管治香港，並透過澳門英國領事館向殖民地部匯報，已於香港成立臨時政府。同年 8 月 31 日，英國海軍少將夏慤（Cecil Harcourt）抵達香港，並於翌日宣布香港軍政府成立，取代原布政司詹遜建立的臨時政府。同年 9 月 16 日，舉行在港日軍受降儀式，英國正式重佔香港，重設「香港殖民地」，屬英王直接管轄。

六、香港政權交接後

1997 年 7 月 1 日，中華人民共和國中央人民政府恢復對香港行使主權，中華人民共和國香港特別行政區成立。香港特區由國家按《中華人民共和國憲法》及《全國人民代表大會關於設立香港特別行政區的決定》而設立，屬於中央人民政府直轄的國家最高一級地方行政區劃，不設地方政區。

22 小林英夫、柴田善雅著，田泉、李璽、魏育芳譯：《日本軍政下的香港》（香港：商務印書館，2016），頁 19；鄺智文：《重光之路：日據香港與太平洋戰爭》（香港：天地圖書，2015），頁 67-68。

23 「JACAR(アジア歴史資料センター)Ref.C01000096600、香港軍政庁申継に関する細部事項提出（送付）の件（防衛省防衛研究所）」；「JACAR(アジア歴史資料センター)Ref.C01000042500、香港占領地総督部に人員増加配属の件（防衛省防衛研究所）」；「JACAR(アジア歴史資料センター)Ref.C11110662400、訓示・告諭　香港占領地総督部（防衛省防衛研究所）」。

第二節　基層區劃

一、英佔香港前

元代以前，香港地區基層區劃由於缺乏史料，難以考證。

明清時期，廣東地區縣級以下的基層區劃單位並無劃一規定，各縣多採用傳統的鄉里制度，曾使用的基層區劃單位，包括坊、廂、鄉、都、圖、里、堡、社、約、甲、村等等，種類繁多。各縣根據其縣內基層區劃單位，組合成不同的四級、三級或二級基層區劃結構，例如：「鄉、都、堡、村」、「鄉、都、圖、村」、「都、村」等等。

明天順年間（1457—1464），香港部分地區屬東莞縣恩德鄉九都範圍（香港地區在唐至德二載〔757〕起隸屬東莞縣管轄）。明天順年間，東莞縣縣城置三坊，分別為阜民坊、桂華坊及登瀛坊。近城置一廂，名為迎恩廂。縣城以外置五鄉、二十都。當中五鄉分別為文順鄉、歸城鄉、恩德鄉、延福鄉及歸化鄉。其中恩德鄉管轄九都、十都、十一都及十二都，根據明天順《東莞縣志》官富巡檢司位於第九都。[24]

明萬曆年間（1573—1620），香港部分地區屬新安縣恩德鄉五都範圍。明萬曆年間，新安縣全縣分為三鄉及七都。三鄉分別為恩德鄉、延福鄉及歸城鄉。恩德鄉管轄第一都、第二都、第三都及第五都；延福鄉管轄第四都；歸城鄉管轄第六都及第七都。[25] 根據明萬曆《廣東通志》（1607），大步頭墟（今大埔舊墟）位於五都。

清康熙二十七年（1688），香港地區大部分屬新安縣延福鄉五都及歸城鄉六都範圍（見圖 2-4）。根據清康熙二十七年刻本《新安縣志》，新安縣仍分三鄉及七都；除鄉都以外，另有 57 圖及近 509 村。三鄉分別為恩德鄉、延福鄉及歸城鄉。恩德鄉管轄一都、二都及三都；一都管轄 20 村，二都管轄 25 村，三都管轄 70 村。延福鄉管轄四都及五都，原屬恩德鄉管轄的五都納入延福鄉管轄；四都管轄 53 村，五都管轄 79 村。歸城鄉管轄六都及七都，六都管轄 146 村，七都管轄 116 村。[26]

五都和六都合共管轄 225 村（見表 2-2），其中五都的 79 村大部分分布於香港地區，包括今 18 區的香港島和九龍各區，以及離島區、沙田區、西貢區、葵涌區、荃灣區、元朗區和屯門區；而六都的 146 村約半數分布於香港地區，包括今 18 區的沙田區、大埔區和北區。

24 盧祥纂：《重刻盧中丞東莞舊志》（明天順八年〔1464〕刻本），收入廣州大典編纂委員會輯：《廣州大典．第三十五輯．史部方志類》，第 46 冊，卷 3，頁 38。

25 郭棐等：《廣東通志．卷十六．郡縣志三》（明萬曆三十年〔1602〕刻本），〈坊都〉，〈新安〉，頁 26 上 -26 下。

26 靳文謨修、鄧文蔚纂：《新安縣志．地理志》，頁 15-18。

圖 2-4　清康熙《新安縣志》(1688)一都至七都範圍示意圖

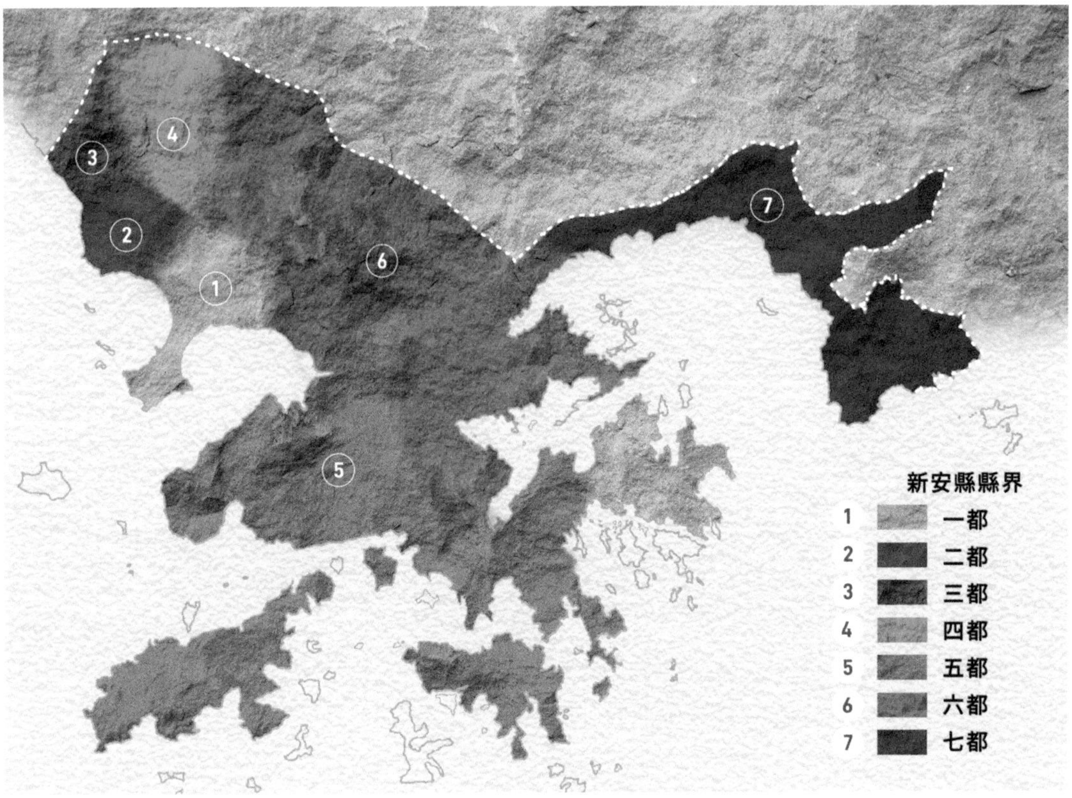

新安縣縣界
1 一都
2 二都
3 三都
4 四都
5 五都
6 六都
7 七都

清康熙年間(1662—1722),新安縣被分為三鄉七都,按清康熙《新安縣志》中的村分布大致得出一都至七都的範圍。香港地區主要分屬五都及六都,至於未着色的部分包括西貢半島及部分離島的管屬不明。(香港地方志中心參考澳洲國立圖書館館藏的新安縣全圖製作)

表 2-2　清康熙《新安縣志》(1688)記載五都及六都村莊情況表

延福鄉				
五都				
錦田村	圓岡村	上村村	鑑巷圍	石湖塘
壆頭圍	沙莆圍	高莆圍	圓萌沙莆	圓萌東頭
田寮圍	鬱子圍	長莆圍	教場莆	石岡圍
竹園圍	亞媽田	白沙圍	水蕉圍	山下圍
水邊圍	橫州村	大井村	角子頭	大塘村
屏山村	香園圍	石步村	田心村	萌下圍
厦村村	長岡村	雞栢嶺	沙岡村	蚺蛇鬱
輞井村	羊凹村	屯門村	小杭村	石榴坑
子屯圍	莆塘下	新田村	新壆村	乾涌村
洲頭村	勒馬州	米步村	蕉逕村	西山村
以上俱延福鄉在大帽山之內				
掃管鬱	淺灣村	葵涌村	企嶺村	沙田村
官富村	衙前村	九龍村	莆岡村	古瑾村

（續上表）

延福鄉				
五都				
邏尾村	新村圍	犬眠村	葫機蓬	黃坭涌
香港村	烏溪尾	沙角尾	蠔涌	北港
涖涌村	定角村	澳尾村	洞仔村	瀝源村
以上在大帽山之外				
東西涌	螺杯澳	石壁村	梅窩村	
俱在大奚山				

歸城鄉				
六都				
大步頭	龍躍頭	逕口村	下坑村	樟木頭
牛蜞龍	新村	田寮村	黃竹洋	跳頭村
龍塘村	蔴雀嶺	黃魚坦	地塘頭	高塘凹
坑頭村	塘坑村	隔圳村	河尚鄉	藍坑村
丙岡村	蓮塘尾	唐公嶺	西邊村	麥園村
上水村	嶺仔下	莆上村	平源村	鳳凰湖
凹背村	荔枝窩	黎峒村	上下園	鉗口墟
泰坑村	林村村	萬屋邊	沙角寮	小瀝源
碗寮村	楓園村	粉壁嶺	緣逕村	歌堂凹
隔塘村	東西頭	黃貝嶺	大嶺下	油榨頭
田貝村	凹下村	橫岡村	蓮蔴坑	峝尾村
塘坑村	樟木蓢	松園下	山嘴峯	岡頭村
羅坊村	大逕村	坑仔村	大莆村	彭坑村
大望村	橫排嶺	谷豐嶺	丹竹坑	山雞鬱
谷步村	笋岡村	莆心村	新屋邊	田心村
赤坎村	月岡屯	羅湖村	塘邊村	下村
塘尾村	福田村	赤尾村	岡下村	上步村
拈墩村	田面村	新英村	蚊洲村	莆海村
谷田村	下步村	麥園村	舊墟村	岃尾村
樟樹坦	馬料村	上梅林	下梅林	淡水坑
凹頭村	三角園	嶺貝村	西涌村	榕樹角
沙頭墟	下邊村	沙頭村	隔田村	白沙墟
漢塘村	烏石壠	東坑村	沙尾村	中心子
隔莆壠	石頭下	小黃岡	新竈村	椰樹下
東山村	坭岡村	南岸村	莆隔村	南嶺村
松園頭	水逕村	大分村	緣分村	莊屋村
石凹村	清湖村	新村	缸瓦園	仙田村
郭下村	樟坑村	鬱頭村	鵲閙村	橫眉村
乂坑村	牛湖子	上分村	赤水洞	李公逕
田心莆				

資料來源：　清康熙《新安縣志》，〈地理志〉。

清康熙三十六年（1697），香港地區大部分屬恩德鄉五都及歸城鄉六都範圍。根據清康熙三十六年刻本《廣東通志》，新安縣仍分三鄉及七都。恩德鄉管轄一都、二都、三都、五都；延福鄉管轄四都；歸城鄉管轄六都及七都。[27] 五都由原屬延福鄉管轄，改為重新納入恩德鄉管轄。

清乾隆二十四年（1759），香港地區仍屬恩德鄉五都及歸城鄉六都範圍。根據清乾隆二十四年《廣州府志》，大帽山、雙魚嶺（在今上水）、龍躍嶺（今龍躍頭）、勒馬洲（今落馬洲）屬恩德鄉五都範圍；同時，內附地圖可見大步頭村（今大埔頭村）標在歸城鄉六都旁、「錦田村」標在恩德鄉五都旁（見圖 2-5）。[28]

圖 2-5 清乾隆《廣州府志》（1759）中〈新安縣全圖〉

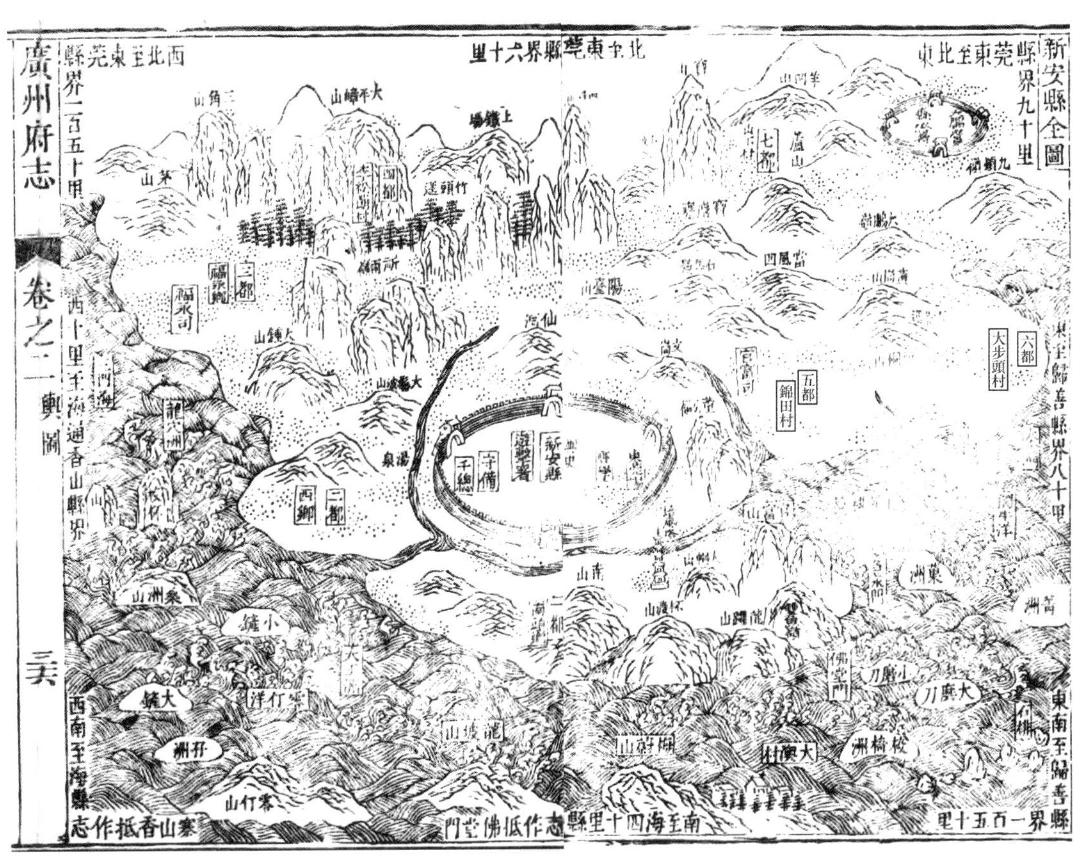

清乾隆《廣州府志》（1759）中〈新安縣全圖〉中可見五都旁有錦田村、六都旁有大步頭村（今大埔頭村）香港村莊的標示。

27 金光祖：《廣東通志》（清康熙三十六年〔1697〕刻本），卷五，〈城池・都坊驛遞附〉，頁 62-63。

28 張嗣衍、沈廷芳纂：《廣州府志》（清乾隆二十四年〔1759〕刻本），收入廣東省地方史志辦公室輯：《廣東歷代方志集成・廣州府部》，第四冊（廣州：嶺南美術出版社，2009），頁 80-81、117、169-174。

清嘉慶二十四年（1819），香港地區大部分屬新安縣官富巡檢司管轄，[29] 惟今新界東平洲當時屬新安縣縣丞管轄（見圖 2-6，圖 2-7）。根據清嘉慶《新安縣志》指出：

> 按：《舊志》，邑之為鄉三，為都七，為圖五十有七，為村將及五百。考之各都，多有舛錯，而前後無殊者，不過十之六七。至七都長山頭、石潭、莆林村、蓮湖一帶，數十餘村，仍入東莞。拈墊、角子頭、鑒巷圍、羊凹村等十餘處，久廢無存。新舊異名，亦難詳辨。現查本籍村庄五百七十有奇，客籍村庄二百七十有奇，分隸於縣丞、典史、兩巡檢屬下，特一一開載，而客籍亦附後，庶都鄙井然，無難按籍而稽矣。[30]

據引文，至清嘉慶年間（1796—1820），新安縣部分村莊已經不隸屬於原來的都，部分更已脱離新安縣，納入東莞縣管轄。因此新安縣重新進行調查，並查得當時縣內共有 579 個本籍村莊及 275 個客籍村莊，分別屬典史、縣丞、福永司及官富司四個部分管轄。典史管轄本籍村莊 67 個，客籍村莊 6 個。縣丞管轄本籍村莊 60 個，客籍村莊 44 個。官富司管轄本籍村莊 298 個，客籍村莊 194 個。福永司管轄本籍村莊 154 個，客籍村莊 31 個。在 854 個村莊中，由官富司管轄合共 492 個（見表 2-3），其中約三分之二位於香港地區，遍布今 18 區（有關目前新界鄉村情況表，參看本卷附錄二）。[31]

表 2-3　清嘉慶《新安縣志》（1819）記載官富巡檢司管轄村莊情況表

官富巡檢司管屬本籍村莊				
錦田村	屏山村	屏山香元圍	屏山廈尾村	廈川村
長岡村	新隆村	新圍村	錫降圍	錫降村
東頭村	屯門村	西山村	輞川村	高莆圍
英龍圍	石岡圍	石湖塘	圓岡村	上村村
合山圍	東安圍	壆頭圍	沙莆圍	竹園圍／元朗李屋
元朗南邊圍	元朗西邊圍	元朗東皋村	元朗福田村	元朗青磚圍
福安村	山背村	水邊圍	水邊村	馬田村
欖口村	田寮村	木橋頭	深涌村	白沙村
田心圍	大塘村	山下村	港頭村	大橋村
石步李屋村	石步林屋村	東新村	張屋村	大井村
橫洲村	蚺蛇鬱	沙岡村	鰲冚村	隔田村

29　早於元大德八年（1304），元朝政府已在香港地區設置屯門巡檢司。明洪武三年（1370），明朝政府設立官富巡檢司，衙署設於官富（今九龍東部）。明景泰四年（1453），把衙署遷至屯門村。清康熙十年（1671），官富巡檢司衙署由屯門村遷往赤尾村。清後期，新安縣出現另一套基層區劃系統，以縣級的佐雜官員，包括駐縣城內的典史，以及駐縣城以外的縣丞及巡檢，在其衙署及分屬之地履行部分的縣官職責，巡檢司開始負責管轄各都及村莊。

30　舒懋官修、王崇熙纂：《新安縣志．輿地略一》，頁 246。

31　舒懋官修、王崇熙纂：《新安縣志．輿地略一》，頁 233-246。

（續上表）

官富巡檢司管屬本籍村莊				
廣田村	鷄柏嶺	新豐圍	子屯圍村	莆塘下
小坑村	中心巷	袁家圍	石榴坑	梅窩村
牛凹村	石壁村	沙螺灣	塘福村	石頭莆
石甲門	二澳村	水口村／平洲灣	由古萌／青龍頭	龍躍頭
河上鄉	金錢村	燕岡村	丙岡圍	孔嶺村
上水村	莆上村	嶺下村	隔田村	永安村
橋邊莆	粉壁嶺	松柏萌	古洞村	大嶺下
石湖墟	洲頭村	新田村	張屋村	唐公嶺
長瀝村	官涌村	米步村	軍地村	黎峒村
丹竹坑	泰亨村	大步頭	文屋村	大步墟
大窩陳屋	大窩黃屋	南坑村	豐園村	塘坑村
湴涌村	圍頭村	鍾屋村	塘面村	新屋村
隆興村	烏溪沙	樟木頭	西澳村	田寮村
井頭	大洞村	官坑村	上下輋	西逕村
榕樹澳	馬牯纜	沙角尾	黃竹洋	北港村
蠔涌村	滘塘村	大浪村	北潭村	赤逕村
樟上村	馬鞍山	菱香逕	大灣村	仰窩村
積存圍	田心村	逕口村	隔田村	小瀝源
九龍寨	衙前村	蒲岡村	牛眠村	牛池灣
古瑾村	九龍仔	長沙灣	尖沙頭	芒角村
土瓜灣	深水莆	二黃店村	黃泥涌	香港村
薄寮村	薄鳧林	掃管莆	赤磡村	向西村
湖貝村	水貝村	黃貝嶺	上步村	羅湖村
南塘村	向南村	湖南村	西湖村	東鄉村
洲邊村	福興圍	葉屋村	曹屋圍	清慶村
田心村	隔塘村	田貝村	壆下墩	向東村
錦興村	赤尾村	陳屋圍	筆架山	慶田村
潤頭圍	鳳凰湖	週田村	李屋村	平源村
大莆田	山雞鬱	塘坊村	土狗莆	羅坊村
松園下	凹下村	橫岡下	木湖圍	赤水洞
大逕村	牛角山	馬公塘	南岸村	萌貝村
新屋邊	泥岡村	笋岡村	大莆村	莆心村
田尾村	草塘圍	新屋嶺	彭坑村	月岡屯
上梅林	下梅林	新石下	舊石下	龍塘村
沙嘴村	東涌村	椰樹下	梅林逕下	沙尾村
東坑村	西涌村	東山村	莆海村	西河村
沙頭東頭村	新灶村	蚊洲村	福田村	田面村
岡下村	谷田村	下新村	漢塘村	橫岡村
隔涌村	嶺貝村	三角村	吉田村	白石龍
烏石下	上新村	和寧墟	培風墟	田心圍
泰源里	大平村	緣芬村	竹村村	清湖村
龔村村	上芬新村	平湖圍	松源頭村	喬頭圍
黃沙坑	石馬舊圍	述昌圍	岐嶺村	長表村
白坭坑	新圍仔	竹山下	諸佛嶺	劉家圍
西莆圍	塘頭下新墟	雙安村	黃客埠	隔水村

（續上表）

官富巡檢司管屬本籍村莊				
餘慶圍	振興圍	莆心湖	甲溪村	苦草洞
清湖墟	良安田	白沙澳	橫塘村	炤逕村
謝坑村	珠園莆	下步村	鹽田田寮下	廓下
緣分村	大壠村	大輞仔		
官富巡檢司管屬客籍村莊				
莆隔	草莆仔	大輞仔	樟樹莆	大望
李葑	蓮麻坑	柑坑	木古	大芬
新田子	泥圍子	丹竹頭	南嶺了	木棉灣
松園頭	水逕窩	梅子園	洞尾山	企㘭頭
上下坪	茅坪	梅林	泥岡	大坑塘
九龍塘	香園	蓮塘	莆心	禾逕山
鳳凰湖	禾坑	羅坊	平洋	萬屋邊
凹下	麻雀嶺	烏石	鹽竈下	南涌圍
七木橋	鹿頸	平洋村	烏蛟田	茅田子
烏罐涌	馬尿	荔枝窩	谷埠	風坑
逕下	大林圍	朝陽園	榕樹凹	鎖腦盤
新村	担水坑	沙井頭	山嘴	逕口
鼓樓塘	凹頭	黃茅田	暗逕	菴上
金竹村	大輋尾	園墪頭	凹背子	龍眼園
屯圍	紅崗	鴨矢墪	藍山	小莆
沙岡墟	碗窑	沙螺洞	圍下	黃寓合
坪山子	丹竹坑	鶴藪	莆心排	黃魚灘
下坑	洞子	珩溪浦	社山	下窩
蓮逕	平葑	栢鰲石	梧桐寨	寨乪
大芒輋	大菴	蕉逕	蓮塘	坑頭
牛牯角	上下輋	橫台山	馬鞍岡	長莆
小莆村	沙井頭	大欖	掃管鬱埔	水蕉
大窩	上下塘	響石	城門	穿龍
淺灣	長沙灣	葵涌子	青衣	田富子
蓮塘尾	油甘頭	花山	帳頂角	樟樹灘
九肚	花香爐	孟公屋	井欄樹	沙角尾
上洋	檳榔灣	芋合灣	爛坭灣	大灣
荔枝庄	馬油塘	沙田	大腦	中心村
黃竹山	大水坑	石湖墟	小梅沙	雪竹逕
李公逕	坑下莆	莆上村	莆上圍	黃沙坑
塘逕	清溪墟	大埔圍	鉄場	莆草洞
羊頭圍	畫眉凹	緣分	翟屋邊	芋荷塘
松園下	福田村	西湖	岡頭子	羊公塘
羊尾	馬鞍堂	象角塘	泮田子	樟坑子
滑石子	岡陶下	大冚子	赤嶺頭	早禾坑
盧盛塘	牛地埔	深水埔	程藪葑	白石嘴
羊頭嶺	姜頭	葑口	石凹	蕨嶺
西坑	大蠔	橫葑	白芒	東涌嶺皮圍
賴屋山	吉澳	杯凹	甲颯洲	

資料來源：　清嘉慶《新安縣志》，〈輿地略一〉。

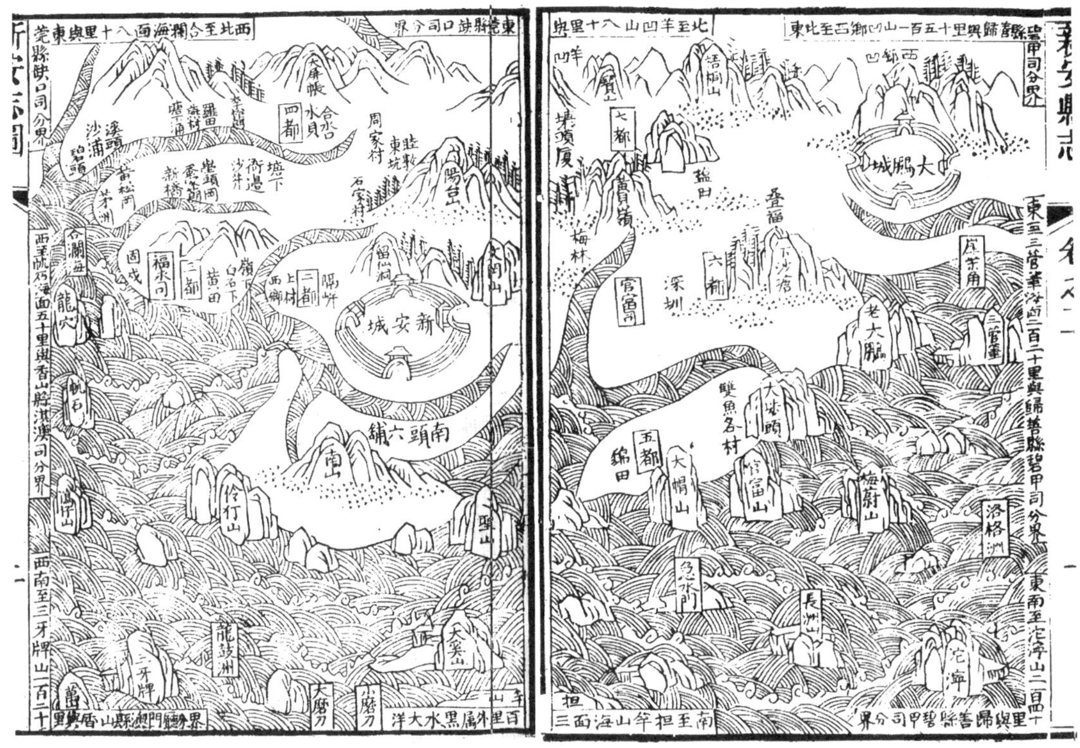

圖 2-6 清嘉慶《新安縣志》中新安縣地圖，圖中可見錦田、雙魚（今上水）、大帽山及大埗頭（今大埔頭）等香港地名。

圖 2-7 清嘉慶《新安縣志》(1819) 典史、縣丞、兩巡檢司管轄範圍示意圖

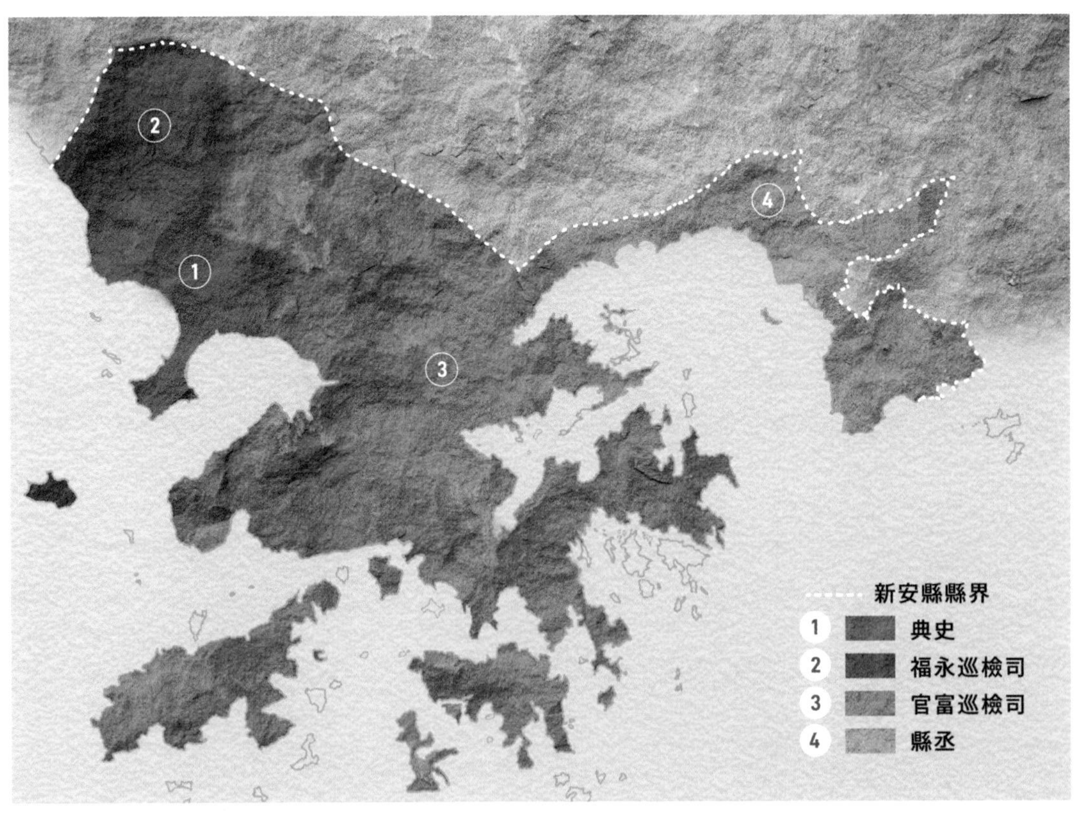

清嘉慶年間，新安縣分為典史、縣丞、官富巡檢司、福永巡檢司管轄範圍。按清嘉慶《新安縣志》中的村分布，大致得出各佐雜官屬的管轄範圍，香港地區除東平洲屬縣丞管轄外，主要屬官富巡檢司管轄範圍。（香港地方志中心參考澳洲國立圖書館館藏的新安縣全圖製作）

二、英佔香港島後至租借新界前

1842 年 8 月 29 日，清朝政府與英國簽署《南京條約》，割讓香港島予英國。香港島脱離清朝廣州府新安縣官富巡檢司的管轄，今九龍和新界地區仍屬官富巡檢司管轄。

1843 年 12 月 13 日，清朝政府將官富巡檢司由赤尾村移駐九龍，並改為九龍巡檢司，今九龍及新界地區改由新安縣九龍巡檢司管轄。[32]

1844 年 6 月，港府刊憲《1844 年華人保甲條例》（*Chinese Peace Officers Regulation Ordinance, 1844*），授權華人為「保長」（Paouchong）及「保甲」（Paoukea）。[33] 此前，英國於 1841 年 2 月 1 日佔領香港島後已宣布：「鄉約律例、率准如舊」、「責成鄉里長老、轉轄小民」。港府按中國傳統，利用鄉約、保甲制度協助管理香港島。1844 年 11 月，港府刊憲《1844 年登記及普查條例》（*Registration and Census Ordinance, 1844*），授權總登記官（後改稱華民政務司）可將香港島劃分成不同分區，以方便人口登記，總登記官亦有權要求「地保」匯報其負責區內的人口數目、性別及職業等人口資料。惟欠缺權威資料佐證，未知當時總登記官執行香港島區劃的情況。

1856 年 10 月 8 日，廣州發生「亞羅號事件」，香港華人反英情緒高漲，各界罷市返鄉，社會動盪。1857 年 5 月，港府為登記及監管華人、人口普查及警務目的，刊憲《1857 年華人登記及調查戶口條例》（*Registration and Census Ordinance, 1857*）。總登記官根據條例賦予的權力，刊憲宣布將香港島分為九區（districts），分別為維多利亞城（Victoria）、筲箕灣（Show-Ke-Wan）、西灣（Sai Wan）、石澳（Sheak O）、大潭篤（Ty-Tam Took）、赤柱（Stanley）、香港（Heong-Kong）（即香港村）、香港仔（Aberdeen）及薄扶林（Pok-Foo-Lum）。同時，維多利亞城中再分為七個約（sub-districts）（有關維多利亞城區劃變化，參看本卷附錄一）。這是英佔時期已知香港最早的基層區劃。

1860 年 10 月 24 日，清朝政府與英國簽訂《北京條約》，割讓九龍予英國，1861 年 2 月英王通過樞密院頒令方式，宣布九龍成為英國「香港殖民地」的一部分，至於今新界地區則仍屬九龍巡檢司管轄。在 1861 年 12 月的官方人口統計數字，九龍已被劃為香港的一個區，名為「Kowloon」，全港分區由原本九區增至十區。

自 1862 年至英國租借新界期間，由於缺乏權威資料，維多利亞城以外的香港島及九龍基層區劃情況不詳。港府在 1861 年以後的人口統計中，以 1857 年的基層區劃作為劃分統計

---

32 文慶等修：《清實錄 · 宣宗成皇帝實錄》（北京：中華書局：1986），卷 398，〈道光二十三年十月〉，頁 18 下，總頁 1131-1132。

33 根據《1844 年華人保甲條例》相關原文段落「…that is shall be lawful for the said Government to appoint such, and so many native Chinese Peace Officer (superior and inferior Paouchong and Paoukea) throughout the various towns, villages, and hamlets of the Colony of Hongkong.」此處按條例原文，「Paouchong」和「Paoukea」分別翻譯為「保長」及「保甲」。

分區的基礎，連同維多利亞城，香港島及九龍劃分為 10 個人口統計地區，自 1865 年起至少四度增設及刪除部分地區，包括卑路乍灣、黃泥涌、咖啡園（Coffee Field）及渣甸菜園（Jardine's Vegetable Garden）。[34]

由 1860 年 10 月至 1898 年 6 月，今新界地區屬清朝廣州府新安縣九龍巡檢司管轄，惟今新界東平洲屬新安縣縣丞七都管轄範圍。根據清同治九年（1870）萃文堂刻本《廣東圖說》，新安縣合共 429 村，分別屬典史、縣丞、九龍巡檢司及福永巡檢司四個部分管轄（見表 2-5），四個部分下轄一都至七都，一都至七都下轄若干村，而各都通常分屬不同部門管轄（五都及六都除外，統一由九龍巡檢司管轄），導致各都跨界分布在不同部門管轄範圍之內。[35]

其中九龍巡檢司管轄 222 村，分布於一都（6 村）、二都（13 村）、三都（11 村）、四都（5 村）、五都（10 村）、六都（32 村）及七都（145 村）（見表 2-4），部分今新界墟市、村落、軍鎮位於九龍巡檢司內一都、三都、五都、六都及七都的範圍，包括在一都內的橫洲；三都內的上水、錦田及龍躍頭；五都內的屏山及屯門汛等；六都內的元朗墟、沙頭角墟及大埔墟；七都內的九龍寨城、東涌所城、淺灣及深水莆等。相同的區劃仍見於清光緒十五年（1889）刻的《廣東輿地圖說》。[36]

表 2-4　清同治《廣東圖說》（1870）九龍巡檢司管轄村莊情況表

一都				
上梅林	下梅林	水邊	蘭花地	橫洲
太亨				
二都				
湖貝	向西	廈村	盧勝塘	衙前莇
衙前圍	羅湖	莆隔	羊觀田	曹屋圍
元岡	西湖	蚺蛇窟		
三都				
錦田	沙頭	清溪	諸佛嶺	龍躍頭
上水	清湖	莆心湖	黎峒	石馬
凹下				
四都				
平湖	大平	草莆子	松園下	橫頭山

34　1865 年，《藍皮書》香港島人口統計地區增設卑路乍灣，令香港島及九龍分為 11 區。1871 年，卑路乍灣消失於《藍皮書》人口統計，香港島及九龍回復為 10 區。1876 年，《藍皮書》香港島人口統計地區增設黃泥涌，令香港島及九龍分為 11 區。1891 年，《藍皮書》香港島人口統計地區增設咖啡園及渣甸菜園，令香港島及九龍分為 13 區，一直延續至 1897 年。

35　毛鴻賓等修、桂文燦等纂：《廣東圖説》（清同治九至十年〔1870—1871〕萃文堂刻本），卷 13，〈新安〉，頁 8114；劉桂奇、魏超、郭聲波合著：《清代廣東鄉都圖里建置沿革研究》（廣州：南方日報出版社，2015），頁 53。

36　廖廷相纂：《廣東輿地圖説》（清光緒十五年〔1889〕刻，清宣統元年〔1909〕重印本），卷一，〈新安〉，頁 43。

（續上表）

五都				
新田	屏山	黃岡	岡下	上步
笋岡	河上鄉	屯門	竹村	山下
六都				
南邊圍	沙頭角	大埔頭	黃貝嶺	福田
葵屋圍	赤尾	沙尾	沙嘴	孔嶺
舊墟	粉壁嶺	西邊圍	鳳園	大橋
山貝	白沙澳	勒馬洲	丙岡	佘錢
燕岡	東頭	羅坊	田貝	新竈
丹竹阬	山雞窟	大篙	吉田	烏石下
新圍子	濠涌			
七都				
沙角尾	田心	小瀝源	林村	湖南
莆上	新田	山貝	水蕉	沙莆
松園頭	李朗	斬竹阬	李屋	東皋
蠔涌	大澳港	長洲港	平洲港	桔澳洲
九龍寨	沙莆	莆岡	打鼓嶺	隔阬
竹園	園嶺	牛池灣	瓦窰	九龍子
深水莆	長沙灣	九龍塘	白薯莨	芒角
大圍	逕口	沙田	浤涌	沙田頭
下阬	南阬	碗窰	樟樹灘	九龍阬
掃管鬱埔	花香爐	椰樹下	東涌	西河
西涌	新洲	週田	大芬	復慶
南塘	木湖圍	赤水洞	橫排嶺	平洋
平源	田尾	萬屋邊	新田	南嶺
禾阬	大逕	大莆	官涌	湖南
牛凹	石步	淺灣	白沙	竹園
馬鞍岡	長頭莆	白田阬	上木古	下木古
王沙阬	旂嶺	赤嶺	緣分	大湖
巫屋	岡頭	橫塘	謝阬	象角塘
楊公塘	岡頭子	李公逕	馬鞍堂	洋尾
雪竹逕	石凹	潭羅	公村	鹽田
烏校田	荔枝窩	榕樹凹	黃岡下	蓮塘
香園	蓮麻阬	圓墩頭	逕口	沙井頭
凹頭	山嘴	擔水阬	爛泥灣	楝子
莆心排	官阬	井欄樹	孟公屋	交塘
赤逕	大葫	北港	沙羅洞	黃泥合
流水響	烏雞沙	滘塘	下陽	樟木頭
大洞	樟上	松柏葫	深涌	橫岡
東涌	沙螺灣	羗山	牛牯角	二澳
石壁	塘福	杯澳	梅窩	大蠔

資料來源： 毛鴻賓等修、桂文燦等纂：《廣東圖説》，卷 13，〈新安〉。

表 2-5　清同治九年（1870）至清光緒十五年（1889）新安縣村莊管轄統計表

	縣丞	九龍司	福永司	典史	總數
一都	/	6	/	13	19
二都	/	13	5	16	34
三都	/	11	35	13	59
四都	3	5	2	1	11
五都	/	10	/	/	10
六都	/	32	/	/	32
七都	98	145	10	11	264
總數	101	222	52	54	429

資料來源：　毛鴻賓等修、桂文燦等纂：《廣東圖説》，卷 13，〈新安〉及廖廷相纂：《廣東輿地圖説》，卷一，〈新安〉。

三、英國租借新界後至日佔前

1. 香港島及九龍

1898 年 6 月至 1899 年 3 月，清朝政府先後與英國簽署《展拓香港界址專條》和《香港英新租界合同》，新界地區成為英國租借地。1899 年 5 月，港府刊憲宣布新界區劃，原屬租借地範圍的南丫島和蒲台群島，劃入香港島和九龍，不屬於新界區劃。1900 年 4 月，政府憲報內文提及上述安排原因是南丫島鄰近香港仔。1905 年 8 月，南丫島和蒲台群島由原屬香港島和九龍的範圍，改劃入新界南約範圍。

自 1905 年 8 月至 1941 年日軍佔領香港前，由於缺乏權威資料佐證，維多利亞城以外香港島和九龍的區劃情況不詳。1895 年，港府因應鼠疫問題，在維多利亞城內設置八個衞生約，及後衞生約陸續擴展至維城以外的山頂、香港仔、筲箕灣及九龍一帶。1938 年香港島有 17 個衞生約、而九龍有 10 個衞生約。在 1901 年、1911 年、1921 年、1931 年四次全港人口普查涉及香港島和九龍的人口統計中，已採用衞生約作為人口普查分區。

2. 新界

新界本土　1899 年 5 月 27 日，港府刊憲宣布新界部分地區的分區。港府按新界自然環境特徵，以及保持新界華人習慣的鄉村分布作為區劃分區原則。普遍情況下會將較大的村莊或島嶼劃作一個分約。某些情況下亦會按新界傳統的鄉約制度，將不同的村莊合併成一個分約，維持傳統鄉約的防衞作用，如沙頭角全約下的慶春分約，即傳統鄉約沙頭角十約中的慶春約。新界合共劃為 7 個全約（districts）、41 個分約（sub-districts），包括：（一）九龍全約，其約下轄九約、六約、全灣共三個分約；（二）沙頭角全約，其約下轄禾坑、鹿頸、南約、谷埔及慶春，合共五個分約；（三）元朗全約，其約下轄八鄉、錦田、十八鄉、平山、厦村及屯門，合共六個分約；（四）雙魚全約，其約下轄林村、新田、龍躍頭、船灣、翕和、太坑、上水、分嶺及侯約，合共九個分約；（五）六約全約，六約同時亦為分約（位於打鼓嶺地區）；（六）東島洞全約，其約下轄吉澳、坪洲、塔門、白潭洲、白蠟洲、滘西及鹽田子，合共七個分約；（七）西島洞全約，其約下轄龍鼓、赤鱲角、馬灣、青衣、東涌、大澳、煤窩、平洲、尼姑洲及長洲，合共十個分約。

憲報內文指出是次分區只涉及新界部分地區，並不包括《展拓香港界址專條》和《香港英新租界合同》界定的全部新界租借地範圍，南丫島、蒲台群島和新九龍並不見於上述刊憲的全約和分約。當中南丫島和蒲台群島已劃入香港島和九龍的範圍。

1899 年 7 月，新界區劃出現變更。7 月 8 日和 15 日，港府按《1899 年新界原居民及番裁處條例》（*Local Communities Ordinance, 1899*）兩次刊憲宣布委任新界分約的鄉事委員（committees-man），新界當時分為 8 個全約（districts）、46 個分約（sub-districts）及 383 條鄉村（villages），包括：（一）九龍全約，其下轄九約、六約、全灣共三個分約；（二）沙頭角全約，其下轄禾坑、蓮麻坑、下堡、鹿頸、南約、谷埔、慶春，合共七個分約；（三）元朗全約，其下轄八鄉、錦田、十八鄉、屏山、厦村、屯門、大欖涌、龍鼓灘，合共八個分約；（四）雙魚全約，其下轄林村、新田、龍躍頭、船灣、翕和、蔡坑、上水、粉嶺、侯約，合共九個分約；（五）六約全約，六約同時亦為分約（位於打鼓嶺地區）；（六）東海全約，其下轄西貢、樟木頭、高塘、赤逕，合共四個分約；（七）東島全約，其下轄吉澳、坪州、塔門、白蠟洲、滘西、鹽田子，合共六個分約；（八）西島全約，其下轄大澳、煤窩、東涌、長洲、尼姑洲、赤鱲角、馬灣、青衣，合共八個分約（見圖 2-8）。相較 1899 年 5 月 27 日刊憲的分區，至 1899 年 7 月新界全約已由七個增至八個，新增東海全約（見表 2-6）。

表 2-6　1899 年 5 月和 7 月新界基層區劃情況表

1899 年 5 月			1899 年 7 月		
全約	分約數量	分約	全約	分約數量	分約
九龍	3	九約、六約、全灣	九龍	3	九約、六約、全灣
沙頭角	5	禾坑、鹿頸、南約、谷埔、慶春	沙頭角	7	禾坑、蓮麻坑、下堡、鹿頸、南約、谷埔、慶春
元朗	6	八鄉、錦田、十八鄉、平山、厦村、屯門	元朗	8	八鄉、錦田、十八鄉、屏山、厦村、屯門、大欖涌、龍鼓灘
雙魚	9	林村、新田、龍躍頭、船灣、翕和、太坑、上水、分嶺、侯約	雙魚	9	林村、新田、龍躍頭、船灣、翕和、蔡坑、上水、粉嶺、侯約
六約	1	六約	六約	1	六約
東島洞	7	吉澳、坪洲、塔門、白潭洲、白蠟洲、滘西、鹽田子	東島	6	吉澳、坪州、塔門、白蠟洲、滘西、鹽田子
西島洞	10	龍鼓、赤鱲角、馬灣、青衣、東涌、大澳、煤窩、平洲、尼姑洲、長洲	西島	8	大澳、煤窩、東涌、長洲、尼姑洲、赤鱲角、馬灣、青衣
			東海	4	西貢、樟木頭、高塘、赤逕

資料來源： *1899 The Hongkong Government Gazette*。

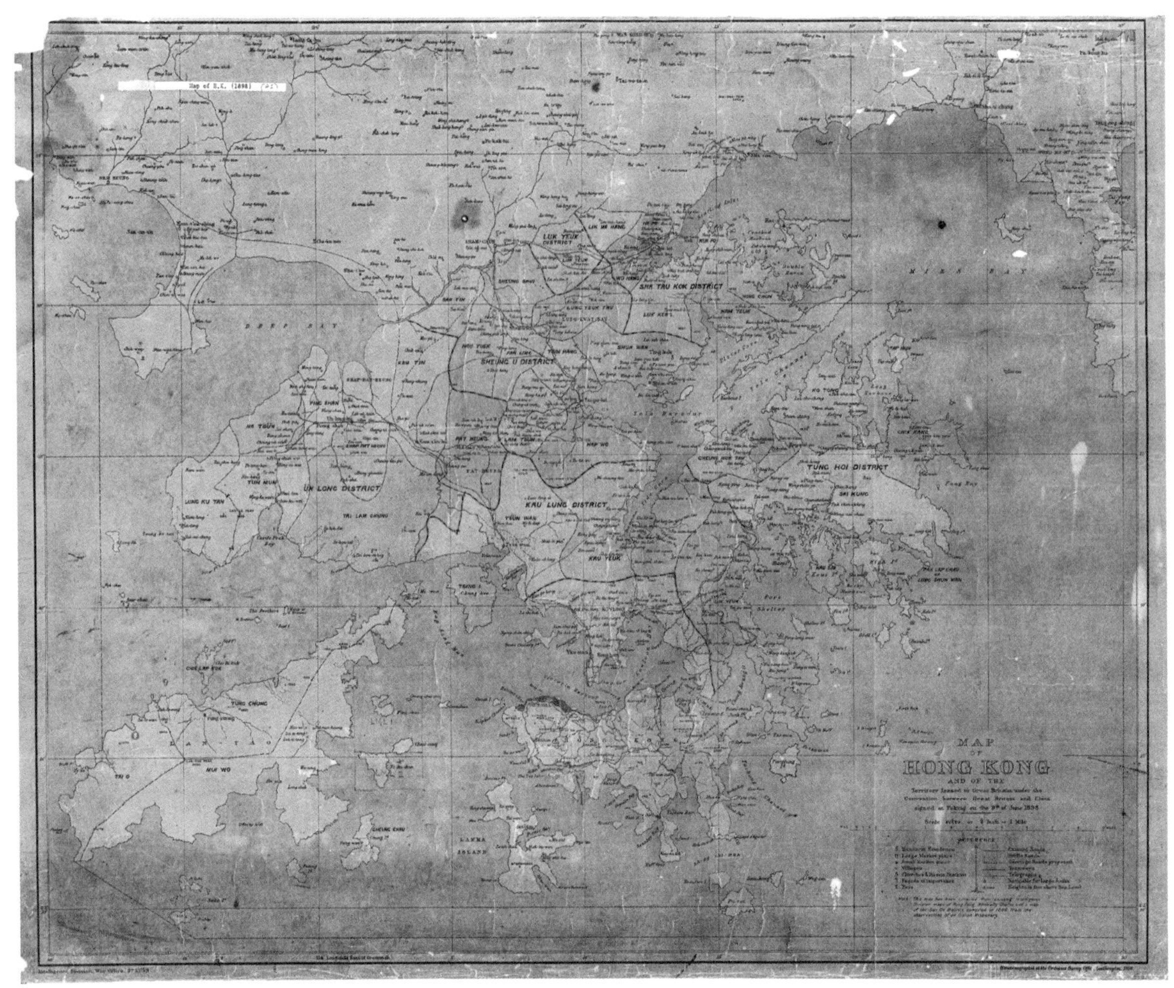

圖 2-8　1899 年香港及租借地地圖，圖中可見當時新界區劃情況，包括六約全約、沙頭角全約、雙魚全約、元朗全約、九龍全約、東海全約以及各全約下轄的分約範圍。東島全約及西島全約之名雖未見於地圖，但各離島仍有明顯的區劃標示。（政府檔案處歷史檔案館提供）

1905 年 8 月，港督委任專員負責新界土地轉讓和爭議等事宜，於新界成立兩個田土辦事處（District Land Offices），並將新界劃作北約（Northern District）及南約（Southern District）兩區，成為兩年後理民府制度的雛型。北約的範圍包括除新九龍以外的所有新界內陸，以及北緯 22°15' 以北、東經 114°1' 以東，除東龍洲、佛堂洲、鐵餉州外的新界島嶼。南約的範圍包括新九龍以及北約範圍以外的所有新界島嶼，包括東龍洲、佛堂洲及鐵餉洲。按照南約範圍的界定，南丫島及蒲台群島由原屬香港島和九龍，改劃入新界南約範圍。

1907 年，港府建立理民府制度，北約理民府設於大埔，南約理民府則設於香港島維多利亞城。1909 年或以前，坑口由原屬北約理民府範圍，改劃入南約理民府範圍。1912 年，荃灣由原屬北約理民府範圍，改劃入南約理民府範圍。至 1941 年，新界本土的區劃大致維持不變。

新九龍　1899 年 4 月 18 日，港府頒布《1899 年新界原居民及審裁處條例》，交代新界的分區、管治和司法相關事宜；條例同時列明，港督有權以刊憲通知，將任何適用於此條例的新界區域剔出，使其不受此條例限制。

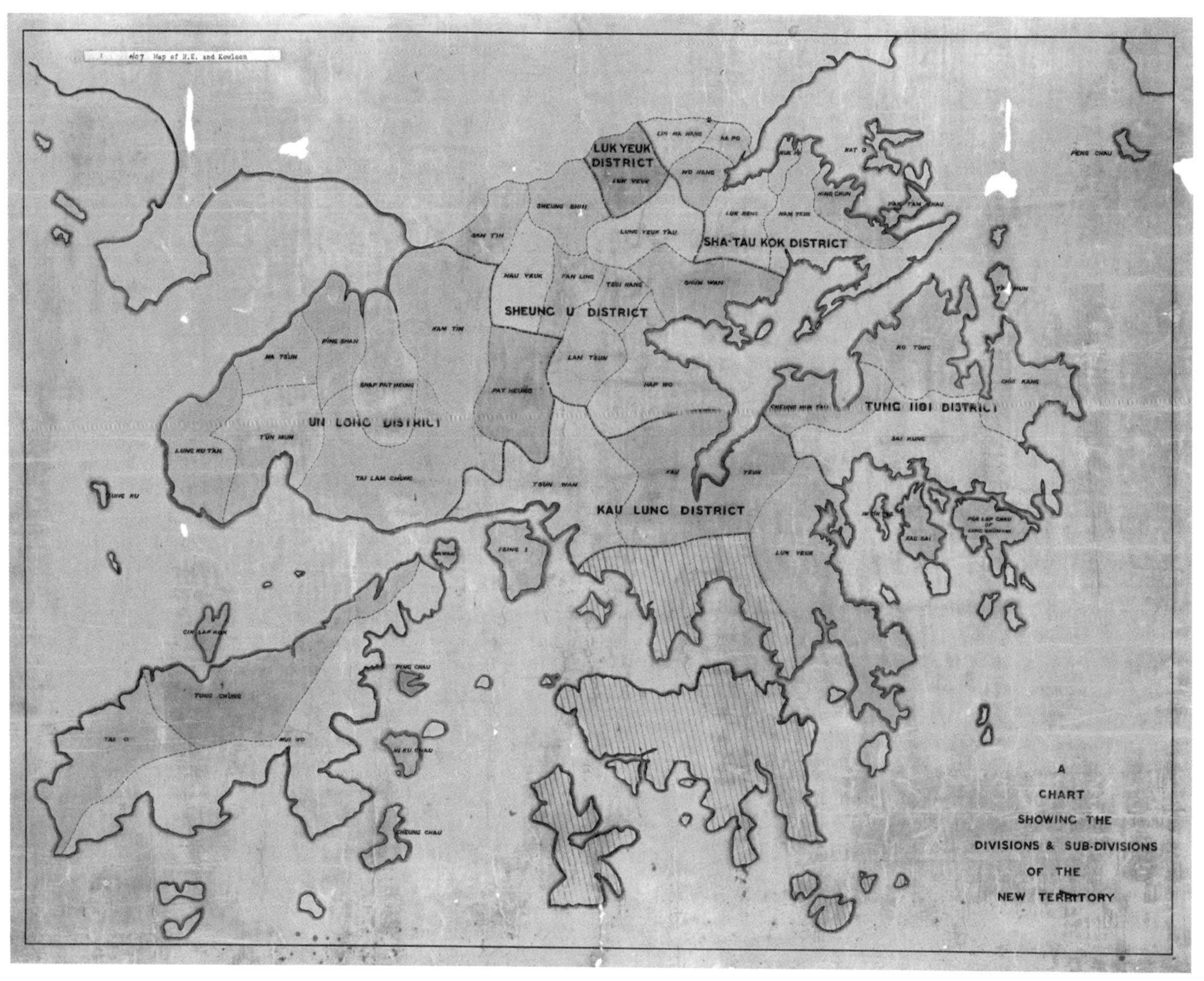

圖 2-9　1899 年新界各約及分約地圖，圖中可見新九龍地區（位於紅色斜線範圍）並未納入新界區劃。（政府檔案處歷史檔案館提供）

1899 年 5 月 27 日，港府刊憲宣布新界部分地區的分區，未有提及新九龍地區（九龍山脈以南、東起鯉魚門西至荔枝角的新界租借地部分）（見圖 2-9）。1900 年 4 月 28 日刊憲的《新界報告》（*Report on the New Territory since the inauguration of British rule*）中指出是次區劃沒有把新九龍地區納入新界地區的原因為：新九龍接近英屬九龍（British Kowloon），居民熟悉 1898 年以前「香港殖民地」的習俗與法律，考慮到治安、衞生及其他範疇，最理想是不要將新九龍與 1898 年以前「香港殖民地」區別看待。[37]

1900 年 11 月，港府頒布《1900 年新界（法律延伸）條例》（*New Territories (Extension of Laws) Ordinance, 1900*），正式界定「新九龍」（New Kowloon）範圍。第二款列明：

> 新九龍指新界的一部分。[38]（“New Kowloon” means that portion of the New Territories.）

37 “Government Notification No.201”, *The Hongkong Government Gazette*, 28 April 1900, p. ii.

38 《釋義及通則條例》，電子版香港法例網站，2022 年 5 月 12 日瀏覽：https://www.elegislation.gov.hk/hk/cap1!en-zh-Hant-HK?INDEX_CS=N&xpid=ID_1438402523047_002。

條例列明新九龍是新界的一部分，具體範圍見於一幅由工務司簽署、港督加簽、名為「新九龍」的地圖。1905 年 8 月，新九龍劃入新界南約範圍。

1937 年 12 月 24 日，港府頒布《1937 年釋義（修訂）條例》（*Interpretation Amendment Ordinance, 1937*），進一步劃定新九龍的範圍（見圖 2-10）。根據該條例，新九龍的範圍由一幅港督和工務司簽署、日期為 1937 年 12 月 8 日的地圖所界定，在該地圖上以紅線標注的新界部分土地即為新九龍。根據地圖，新九龍北界為九龍山脈 500 呎等高山脊線，西界為九華徑，東界為鯉魚門，南至界限街，包括荔枝角、深水埗、九龍城、黃大仙、觀塘等地。自頒例以後，港府於新九龍邊界豎立界石，以標明界線（見圖 2-11）。[39] 至 1941 年，新九龍區劃大致維持不變。

四、日佔時期

日本佔領香港後，改用其國內及海外佔領地常用的區劃措施，未有延續港府的區劃。日佔時期統一將全港劃分為香港、九龍及新界三個地區事務所，下轄區政所（後稱區役所）及自治委員會，負責各區內經濟、教育、宗教及衞生等事務。

1942 年 1 月，香港軍政廳在香港島和九龍實施分區，將香港島劃分成 12 區，包括筲箕灣、銅鑼灣、灣仔、寶靈頓運河（鵝頸橋）、西角、堅尼地城、跑馬地、大坑、西營盤、上環、西環及香港仔；將九龍劃分成 6 區，並於香港島和九龍各區設立區政機關。至 1942 年 4 月上半月，日佔政府在香港全境共設 26 個區，其中香港島 12 區、九龍 6 區、特別區 2 區、大埔 6 區，各設一個區政所；並在香港島、九龍、大埔各設一個派出所，下轄 26 個區。[40]

1942 年 4 月 16 日，日佔政府發布香督令第十三號〈地區事務所規定〉及第十四號〈指定地區事務所之位置管轄區域〉，成立香港地區事務所、九龍地區事務所和新界地區事務所，各事務所下轄區政所。

香港地區事務所設於香港市，負責處理香港島及周邊地區的事宜，範圍包括香港島及附近島嶼、長洲及坪洲等離島地區。九龍地區事務所設於九龍市，負責處理九龍及周邊地區的事宜，範圍包括九龍、啟德區，以及荃灣區。新界地區事務所設於大埔街，負責處理新界及周邊地區的事宜，範圍包括除香港及九龍地區事務所範圍外的新界地區，包括大嶼山及周圍島嶼。

39 截至 2022 年 4 月，累計發現四處新九龍界石遺址，分別位於郝德傑道和大埔道交界山坡、九龍扎山道近德望學校、近筆架山中食水配水庫及近獅子山上二號主配水庫。2022 年 5 月，由古物古蹟辦事處界定的政府文物地點已經同時將四顆新九龍界石列入政府文物地點列表。https://www.amo.gov.hk/filemanager/amo/common/form/build_hia_government_historic_sites.pdf。

40 〈状況報告〉（「JACAR（アジア歴史資料センターRef.C01000250100、状況報告（防衛省防衛研究所）」昭和 17 年 04 月 02 日），PDF 頁 38。

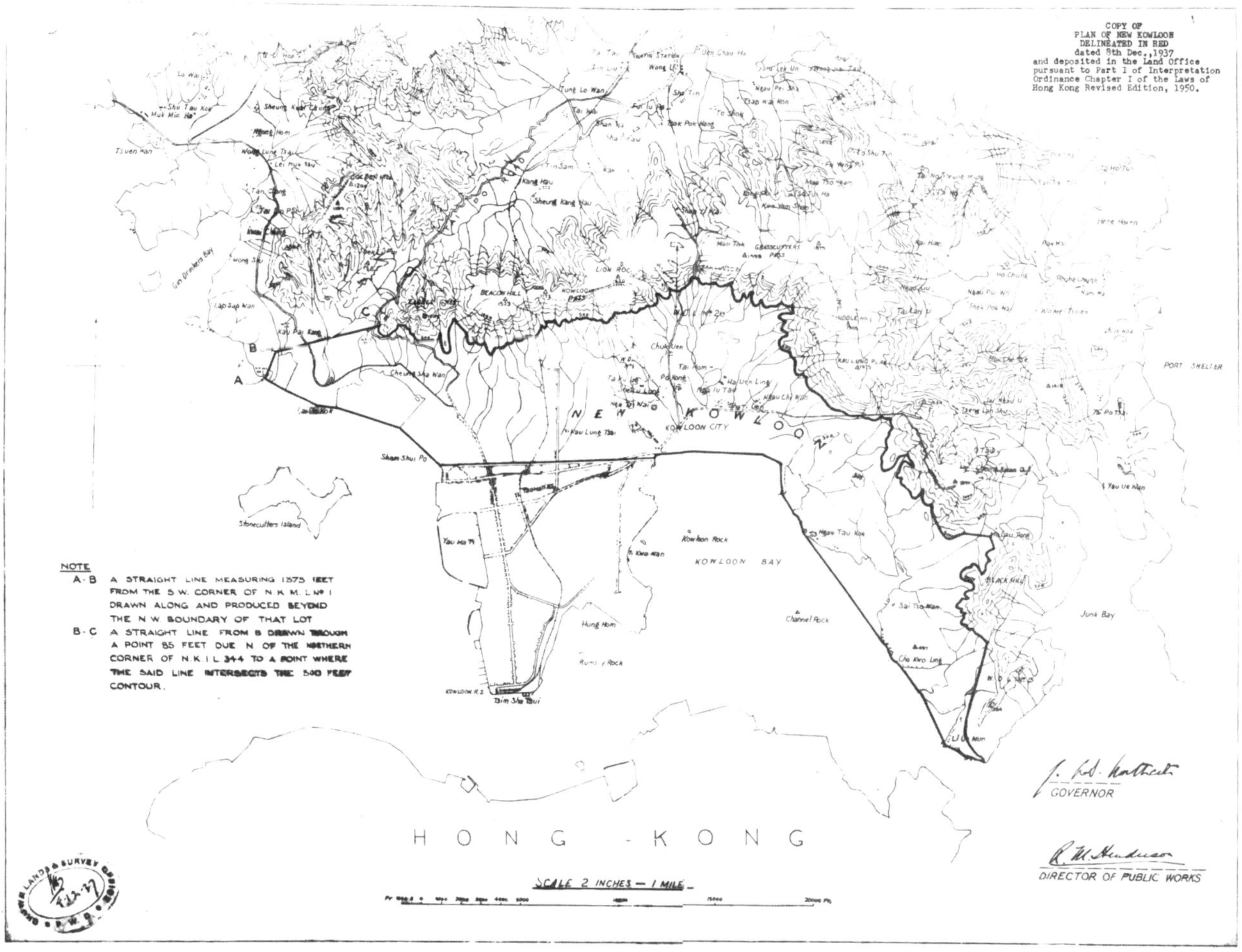

圖 2-10　1937 年新九龍地圖。1937 年 12 月 8 日，由工務司軒德蓀（R. M. Henderson）簽署、港督羅富國（Geoffry Northcote）加簽的新九龍法定地圖，新九龍範圍以紅線標示（此圖為黑白複印版）。（地圖版權屬香港特區政府，經地政總署准許複印，版權特許編號 14/2022）

圖 2-11　近郝德傑道和大埔道交界新九龍界石，界石於《1937 年釋義（修訂）條例》頒布後豎立，以標明新九龍範圍，界石上刻有 NEW KOWLOON、NEW TERRITORIES 及 LIMIT UNDER ORDINANCE No 26 OF 1937 的字樣。（攝於 2022 年，香港地方志中心拍攝）

1942 年 7 月 20 日，日佔政府發布香督令第二十六號〈香港佔領地總督部區制實施之件〉及二十七號〈區之名稱位置管轄區域指定關於之件〉，將區政所改名為區役所，進一步將香港島、九龍、新界各區劃分和命名，全港共設 28 個區，是香港全境首次使用劃一區劃制度（見表 2-7）。

香港島被劃分為 12 個區役所，分別為中區、西區、水城區、藏前區、山王區、東區、春日區、青葉區、銅鑼灣區、筲箕灣區、元港區，以及赤柱區。九龍被劃分為 9 個區役所，包括元區、青山區、大角區、香取區、湊區、山下區、鹿島區、荃灣區，以及啟德區。新界

表 2-7　1942 年 7 月 20 日香港區劃情況表

	區役所名稱	對應當代區域
香港地區事務所	中區	中環
	西區	上環
	水城區	西營盤
	山王區	西環 或 堅尼地城
	藏前區	石塘咀
	東區	灣仔
	春日區	鵝頸
	青葉區	跑馬地
	銅鑼灣區	銅鑼灣
	筲箕灣區	筲箕灣
	元港區	香港仔
	赤柱區	赤柱
九龍地區事務所	元區	九龍城
	青山區	深水埗
	大角區	大角咀及旺角
	香取區	油麻地
	湊區	尖沙咀
	山下區	紅磡
	鹿島區	九龍塘
	啟德區	牛池灣至鯉魚門
	荃灣區	荃灣
新界地區事務所	大埔區	大埔
	元朗區	元朗
	上水區	上水
	沙頭角區	沙頭角
	新田區	新田
	西貢區 *	西貢
	沙田區	沙田

* 備注：西貢區於 1943 年 7 月被劃至九龍地區事務所。
參考資料：　香督令第二十六號、二十七號。

被劃分 7 個區役所，分別為大埔區、元朗區、沙田區、沙頭角區、新田區、上水區及西貢區；而大嶼山、長洲、坪洲及周圍島嶼不隸屬各區區役所，由自治委員會協助管理，直轄於新界地區事務所。

1943 年 7 月 5 日，日佔政府發布公示第四十七號〈地區事務所管轄區域變更之文件〉，修訂香港、九龍及新界地區事務所範圍，將原屬新界地區事務所的大嶼山、長洲、坪洲及周圍島嶼由新界劃出，納入香港地區事務所範圍，不隸屬於各區區役所，由自治委員會管理，直轄於香港地區事務所。同日，原屬新界地區事務所範圍的西貢區，納入九龍地區事務所範圍。7 月 21 日，舉行西貢區區役所移交儀式。至 1945 年 8 月，日佔時期結束，上述地區區劃，大致維持不變。

五、英國重佔香港至1981年發布《香港地方行政白皮書》前

1. 香港島和九龍

1945 年 8 月 15 日，日本無條件投降。1945 年 8 月 31 日，英國海軍少將夏慤率領太平洋艦隊抵達香港，並於翌日宣布香港軍政府成立。英國恢復對香港的管治以後，港府未有延續日佔時期的區劃措施。由 1945 年 9 月至 1967 年，港府未於香港島和九龍建立明確的基層區劃。負責民政、警政、城市規劃、教育、衞生、勞工、人口普查的部門沒有統一的區劃安排。對當時基層區劃的情況，1954 年華僑日報出版的《香港年鑒》有如下記述：

> 一、香港：香港本島，習慣分為下面這幾個區域作政務上的措施——尤其明顯的是警政上郵政上的措施：中環、上環、西營盤、西環、灣仔（鵝頸、跑馬地）、銅鑼灣、（北角）、筲箕灣、（石澳）、赤柱、香港仔、山頂。太平洋戰爭過後，形成中區、西區、東區等名稱，且有半山區及山頂區之別。以前的「四環」、「九約」，已隨市區的日益展拓而歸於淘汰了。
>
> 二、九龍：九龍方面，習慣分為下面這幾個區域：尖沙嘴、油麻地（通常包括官涌）、旺角（通常包括何文田、大角嘴）、紅磡（通常包括土瓜灣）、九龍城（通常包括中國主權的九龍寨城，亦包括牛池灣）、九龍塘、深水埗（通常包括長沙灣）、荔枝角。
>
> 照官式的劃分，九龍之外，有「新九龍」，即界限街以北，包括九龍城、九龍塘、深水埗、荔枝角等，但一般習慣，「新九龍」已為「九龍」包括在內，很少提及「新九龍」的了。[41]

41 華僑日報：《1954 年香港年鑒（第七回）》（香港：華僑日報有限公司，1954），頁 10。

1968 年，港府發展及加強華民政務司署各分署，[42] 參照新界理民府制度，推行民政主任計劃，並參考警區分界，將香港島及九龍劃分為十區，在各區設立民政處，並各置一名民政主任（見圖 2-12）。1968 年 9 月 3 日，位於香港島的民政司署東區辦事處（簡稱東區民政處）揭幕，是香港首間設立的民政處。

根據民政主任計劃，港府將香港島劃為四區，分別為中區、灣仔區、西區及東區。中區範圍包括中環、金鐘、山頂、半山等地；灣仔區範圍包括灣仔、跑馬地、掃桿埔、大坑等地；西區範圍包括上環、西營盤、石塘咀、堅尼地城、摩星嶺、薄扶林、黃竹坑、香港仔、淺水灣等；東區範圍包括銅鑼灣、北角、鰂魚涌、西灣河、筲箕灣、柴灣、大潭、石澳、赤柱等。

九龍方面，港府將九龍劃分六區，包括油麻地區、旺角區、深水埗區、黃大仙區、九龍城區及觀塘區。油麻地區範圍包括油麻地、尖沙咀、京士柏等地；旺角區範圍包括旺角、太子、大角咀等地；深水埗區範圍包括深水埗、長沙灣、荔枝角、石硤尾等地；黃大仙區範圍黃大仙、新蒲崗、慈雲山及牛池灣等地；九龍城區範圍包括九龍城、紅磡、土瓜灣、何文田、馬頭圍、啟德、九龍塘及九龍仔等地；觀塘區範圍包括牛頭角、觀塘、油塘等地，同時不再沿用 1968 年前新界內陸與新九龍的法定邊界，作為觀塘與西貢理民府的分界，改為以鷹巢山山脊至鯉魚門為其邊界。

1968 年民政主任計劃推行後，新九龍在區劃上正式脱離新界，納入市區範圍。早在 1963 年，新界民政署署長區歲樂（John Philip Aserappa）於香港電台廣播演講指出：「嚴格來說，新界包括人煙稠密的新九龍。但新九龍是作為市區之一部分來治理的，故不在本人所管範圍之內。」[43]

1975 年 9 月，港府因應香港島發展步伐，考慮各部門的資源調配，決定改劃香港島的基層區劃，合併中區和西區為中西區，另外增設南區。香港島各民政處範圍出現變化，中區與西區合併以後，原屬西區的薄扶林以南土地，劃入新設的南區；灣仔區則向東部擴展，原屬東區的虎豹別墅以東一帶納入其中；原屬東區的柴灣以南範圍，劃入新設的南區。南區範圍包括薄扶林、田灣、香港仔、鴨脷洲、深水灣、淺水灣、赤柱、石澳等地。香港島區劃重整後，港九民政區仍然維持為十個，包括中西區、灣仔區、東區、南區、油麻地區、旺角區、深水埗區、黃大仙區、九龍城區及觀塘區（見圖 2-13）。此後，香港島和九龍區劃至 1980 年，大致維持不變。

---

42 此前，港府已陸續增加華民政務司署分署數目，包括於 1962 年增設兩個分署，九龍分署及觀塘分署（Kwun Tong Branches Office），前者負責九龍及新九龍衙前圍以西的華民政務司署服務，後者負責新九龍衙前圍以東的華民政務司署服務。港府因應 1967 年持續七個月的社會動亂，將華民政務司署分署增設至五個，包括：香港西辦事處（Hong Kong West Office）、香港東辦事處（Hong Kong East Office）、九龍西辦事處（Kowloon West Office）、九龍東辦事處（Kowloon East Office）及新九龍辦事處（New Kowloon Office）。

43 香港電台：《政府與民眾：（卷二）》（香港：香港政府印務局，1964），頁 4。

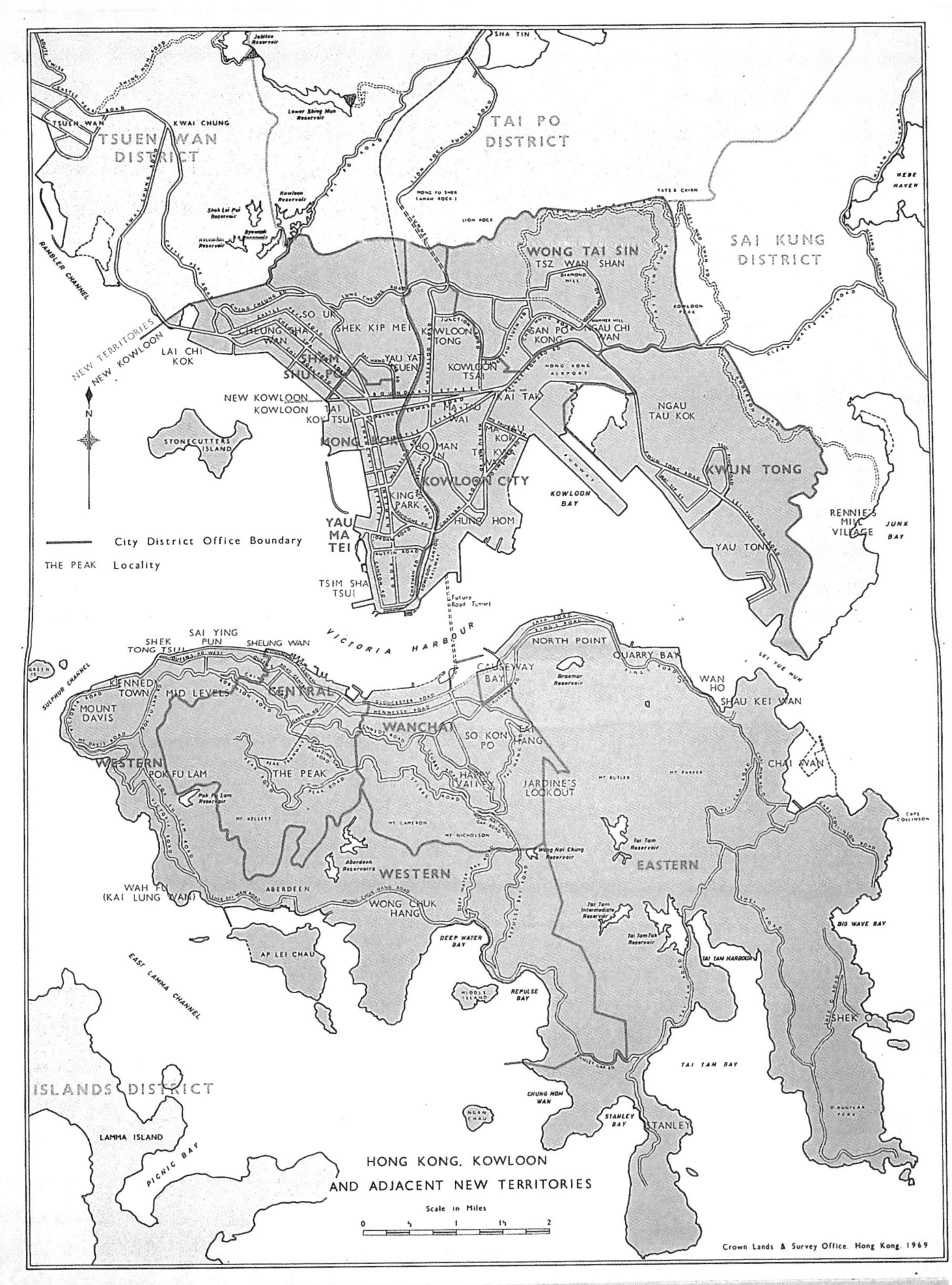

圖 2-12　1969 年《香港年報》內的香港島和九龍分區圖，圖中可見香港島被分為四區，包括西區、中區、灣仔及東區。而九龍被分為六區，分別為油麻地、旺角、深水埗、黃大仙、九龍城及觀塘。（地圖版權屬香港特區政府，經地政總署准許複印，版權特許編號 14/2022）

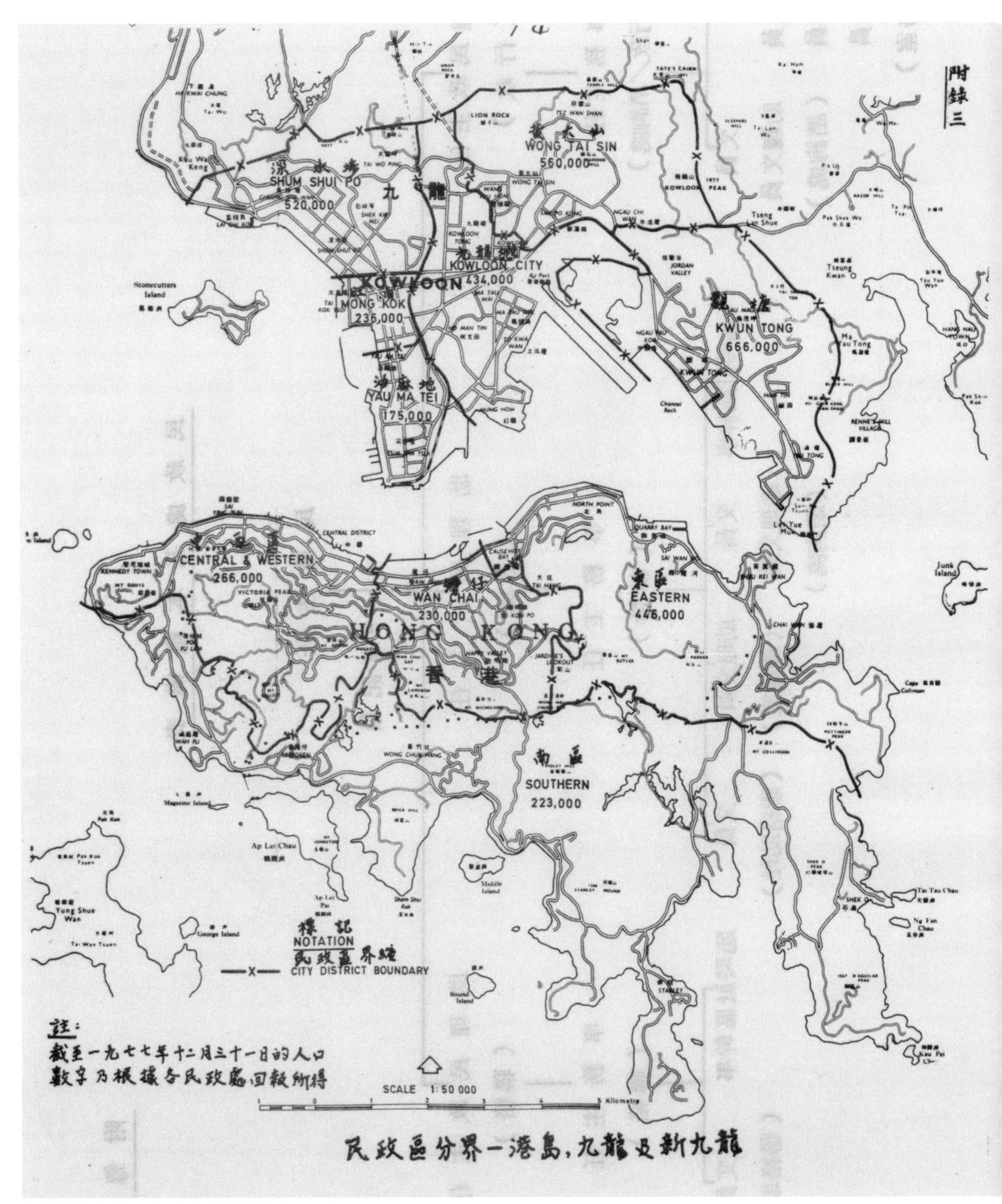

圖 2-13　1976 年至 1977 年《民政事務總署年報》內〈民政區分界—港島、九龍及新九龍〉圖，圖中可見香港島四區已改劃為中西區、灣仔區、東區及南區，而九龍區劃維持不變。（政府檔案處歷史檔案館提供）

2. 新界

1945 年 9 月 1 日，英國恢復對香港管治後，港府未有延續日佔時期區劃，仍按太平洋戰爭前區劃，將新界劃為南約及北約，各設理民府管理。

1947 年，二戰後西貢公路通車，令西貢墟一帶與九龍的交通往來比往來大埔更便捷，港府將原屬北約的西貢墟一帶，劃至南約範圍。同年，港府鑒於元朗地區分布着新界最主要的村落，在地理上亦鄰近中國內地寶安縣，同時考慮大欖水務工程等基建發展，故將北約分拆成元朗及大埔兩區，連同原有的南約，新界共被劃為三區（見圖 2-14）。元朗理民府管轄範圍大致為新界西北部，大埔理民府則大致為新界東北部。

1958 年，港府因應香港人口迅速增長，選址荃灣發展新市鎮，增設荃灣理民府，將荃灣由南約拆出並劃作一區，令新界合共劃為四區。荃灣理民府管轄範圍包括荃灣、青衣島、馬灣、大嶼山東北角，南約其餘範圍不變。

1960 年，港府鑒於南約理民府需優先負責興建中的大嶼山石壁水塘，無力負責規劃興建西貢白沙灣水塘，故將南約理民府分拆，分為西貢理民府及離島理民府。西貢理民府管轄範圍

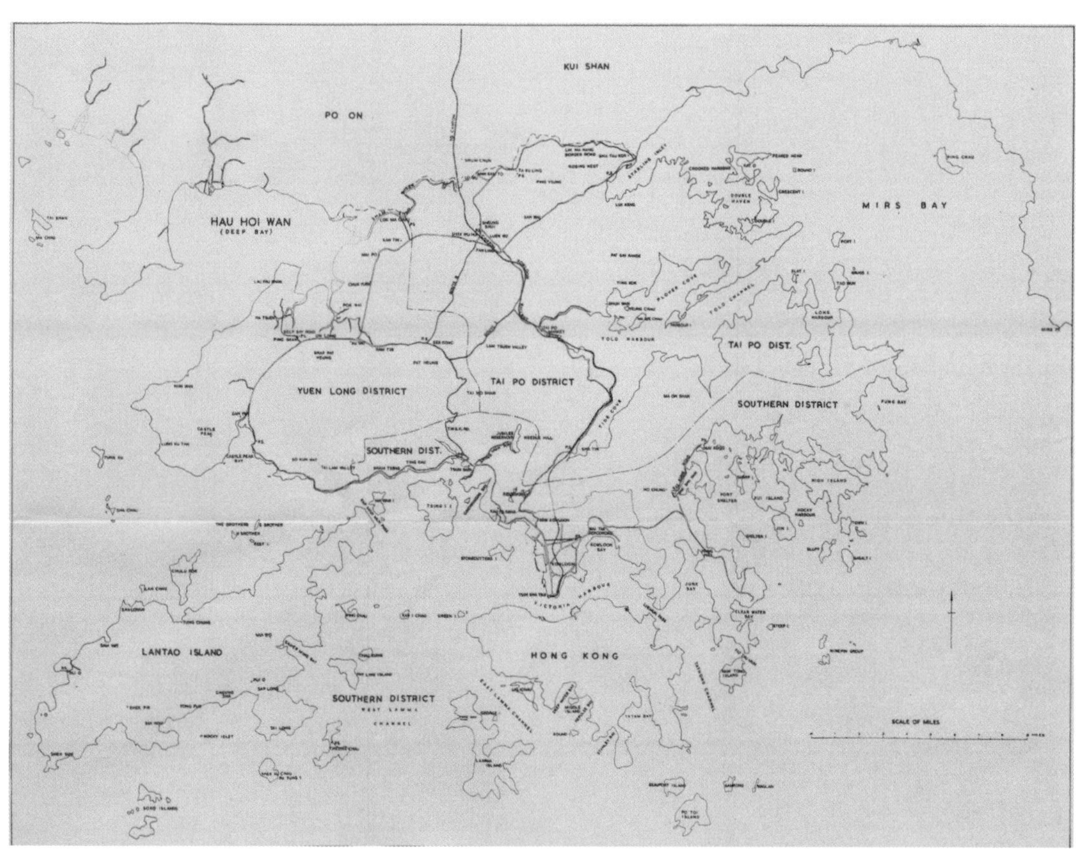

圖 2-14　1952/53 年度《新界民政署年報》內新界理民府分界地圖，圖中可見當時新界被分為三個理民府，包括大埔理民府、元朗理民府及南約理民府。（政府檔案處歷史檔案館提供）

為西貢半島南部、清水灣半島及附近島嶼，而離島理民府管轄範圍則為原南約理民府的大嶼山（不包括東北角）及附近島嶼、長洲、坪洲、南丫島、蒲台及附近島嶼，使新界合共劃為五區。

1963 年，港府鑒於擱置興建白沙灣水塘計劃，故將西貢及離島兩個理民府合併，重設南約理民府（見圖 2-15）。南約理民府管轄範圍包括西貢半島南部及附近島嶼、大嶼山（不包括東北角）及附近島嶼、長洲、坪洲、南丫島、蒲台及附近島嶼，使新界變回劃為四區。

1969 年，港府鑒於計劃興建萬宜水庫及南約面積廣闊，處理事務日漸增多，故分拆南約理民府為西貢理民府及離島理民府。原本屬南約理民府管轄範圍的西貢半島南部、清水灣半島及兩地附近島嶼、調景嶺、東龍洲，改劃入新設的西貢理民府管轄範圍。其餘原屬南約理民府管轄範圍的島嶼，包括大嶼山（不包括東北角）及附近島嶼、長洲、坪洲、南丫島、蒲台及附近島嶼，改劃入新設的離島理民府管轄範圍，使新界分區再度增至五個。

1974 年，港府因應新市鎮計劃的推行，由元朗理民府分拆出屯門理民府，由大埔理民府分拆出沙田理民府，使新界分區增至七個。1979 年，港府鑒於新市鎮的持續發展，再度擴展理民府編制，由大埔理民府分拆出北區理民府，管轄範圍包括上水、粉嶺、沙頭角、打鼓嶺等地，使新界分區增至八個。此後，新界基層區劃至 1980 年，大致維持不變（見圖 2-16）。

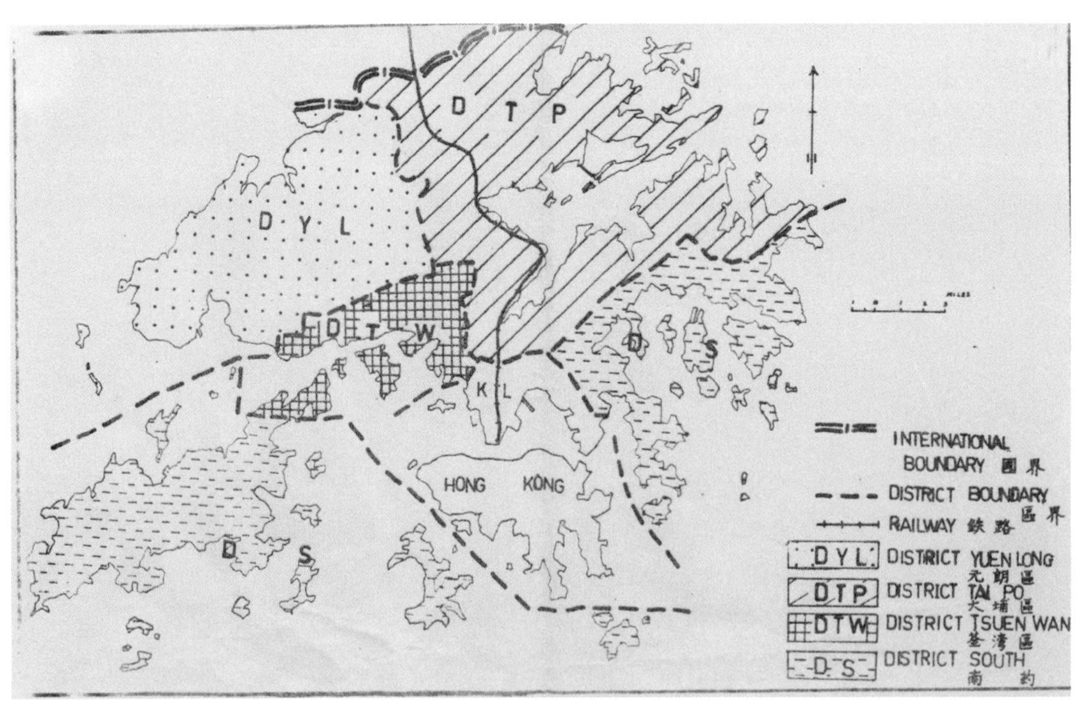

圖 2-15　1968 年香港區劃地圖，可見新界分為四個理民府，包括大埔理民府、元朗理民府、荃灣理民府及南約理民府。（政府檔案處歷史檔案館提供）

圖 2-16　新界區劃演變圖（1907—1979）

圖為 1907 年至 1979 年間新界區劃演變圖，黃色標示的地區為當年出現變更的區劃。（香港地方志中心製作）

六、1981年發布《香港地方行政白皮書》至香港政權交接前

1980 年代初，香港基層區劃出現重大變革，香港島和九龍的十個民政區，與新界的八個理民府區整合，形成全港 18 區，是自 1968 年民政主任計劃推行以來，香港最重要的基層區劃變革。踏入 1970 年代，因應 1997 年新界租期屆滿臨近、香港前途尚未明朗的形勢，港督麥理浩（Murray MacLehose）推行社會改革，改善政府與市民的關係，建構香港居民本土意識，作為國民身份認同代替品，[44] 以增加英國在香港前途問題交涉上的籌碼。自 1979 年麥理浩官式訪問北京後，英方預料 1997 年後繼續佔領香港的可能性不高，遂着手推行「非殖民地化部署」，[45] 其中重要舉措之一是推行政制改革，在地方行政層面，引入區議會選舉。[46]

44 "Hong Kong: Annual Review for 1975, from MacLehose to the Secretary of State for Foreign and Commonwealth Affairs", 23 January 1976, FCO 40/707, pp.11-18.

45 劉蜀永：《簡明香港史》（廣州：廣東人民出版社，2019），頁 272-273；葉劉淑儀：〈香港：過渡中社會民主發展的個案研究〉（美國史丹福大學東亞研究文學碩士畢業論文，2006），頁 9。https：//www.cmab.gov.hk/doc/issues/GPA204.pdf。

46 劉兆佳：《香港社會的政制改革》（香港：商務印書館，2017），第五章，頁 83；高馬可：《香港簡史——從殖民地至特別行政區》（香港：中華書局，2013），第七章，頁 225-228。對於麥理浩 1979 年訪京後，英國政府及港府是否已明確知道中國的態度，現有研究尚有不同看法。除了正文引用的研究認同上述說法以外，如張家偉的《英國檔案中的香港前途問題》（香港：香港城市大學出版社，2022）則認為從麥理浩訪京到 1982 年戴卓爾夫人（Margaret Thatcher）訪京這段時期，仍屬英方猜測及試探時期（頁 18-52）。

新界

分區名稱及編字	選區編號及名稱	
離島 (A)	01 長洲東	02 長洲北
	03 長洲西	04 南丫及蒲台
	05 大嶼山及離島	06 坪洲
北區 (B)	01 邊境東及大鵬	02 邊境中
	03 皇后山	04 雙魚河
	05 聯和墟	06 石湖墟
西貢 (C)	01 西貢島嶼	02 西貢中
	03 西貢白沙灣	04 坑口
	05 調景嶺	
沙田 (D)	01 沙田市中心	02 小瀝源
	03 田心谷	04 火炭
大埔 (E)	01 大埔中	02 大埔東
	03 大埔南	04 大埔北
	05 西貢北	
荃灣 (F)	01 葵涌中	02 葵涌東
	03 葵涌北	04 葵涌南
	05 葵涌西	06 葵盛
	07 青衣	08 荃灣東
	09 荃灣鄉郊	10 荃灣西
屯門 (G)	01 屯門東北	02 屯門西北
	03 屯門東南	04 屯門西南
元朗 (H)	01 元朗市北	02 元朗市南
	03 元朗西郊	04 元朗南郊
	05 元朗東郊	06 元朗北郊

市區

分區名稱及編字	選區編號及名稱		
中西區 (M)	01 半山及山頂	02 中環	03 上環
	04 西營盤	05 堅尼地城及摩星嶺	
灣仔 (N)	01 銅鑼灣中	02 跑馬地	03 大坑及掃桿埔
	04 灣仔東	05 灣仔西	
東區 (P)	01 銅鑼灣北	02 銅鑼灣南	03 北角東
	04 北角西	05 鰂魚涌	06 柴灣北
	07 柴灣南	08 阿公岩	09 筲箕灣山村
	10 西灣河		
南區 (Q)	01 香港仔及鴨脷洲	02 薄扶林	03 田灣及石排灣
	04 華富	05 黃竹坑及海灣	06 赤柱及石澳
九龍城 (R)	01 九龍城及西頭	02 九龍塘及馬頭圍	03 何文田北
	04 何文田南	05 土瓜灣北	06 土瓜灣南
	07 紅磡北	08 紅磡南	
觀塘 (S)	01 坪石及啟業	02 牛頭角西	03 牛頭角東
	04 定康	05 觀塘市區及工業區	06 翠屏
	07 順利及順安	08 秀茂坪北	09 秀茂坪南
	10 藍田北	11 藍田南	12 油塘及四山
旺角 (T)	01 旺角東	02 旺角北	03 旺角南
	04 旺角西	05 大角咀	
深水埗 (U)	01 南山及又一村	02 白田	03 南昌西
	04 南昌東	05 石硤尾	06 長沙灣
	07 荔枝角及元州	08 荔灣	09 李鄭屋及蘇屋
黃大仙 (V)	01 彩虹	02 樂富	03 黃大仙下邨
	04 新蒲崗	05 東頭	06 橫頭磡
	07 彩雲	08 牛鑽	09 慈雲山西
	10 慈雲山東	11 慈雲山南	12 黃大仙上邨及鳳凰
油蔴地 (W)	01 尖沙咀	02 油蔴地東	03 油蔴地南
	04 油蔴地北		

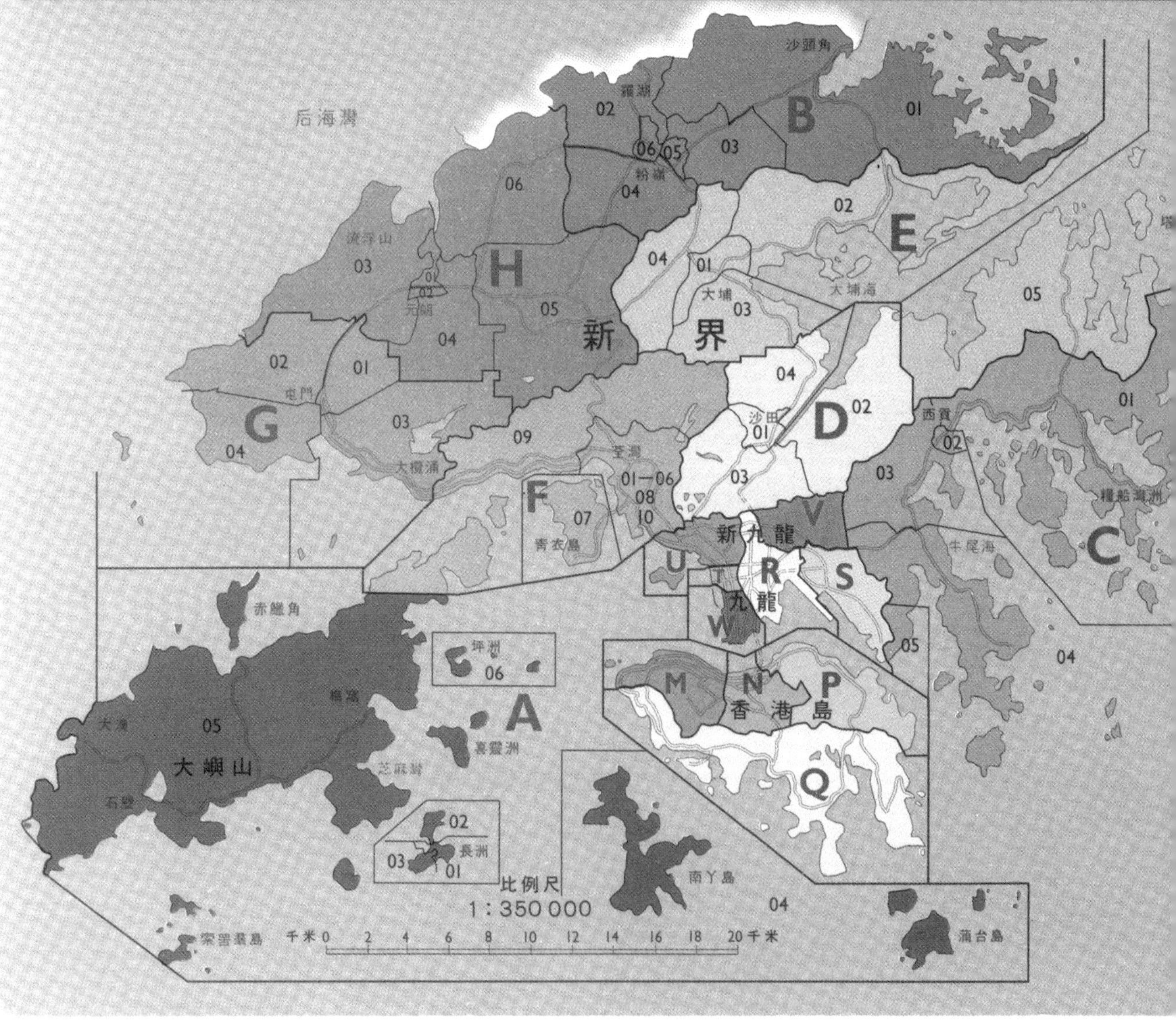

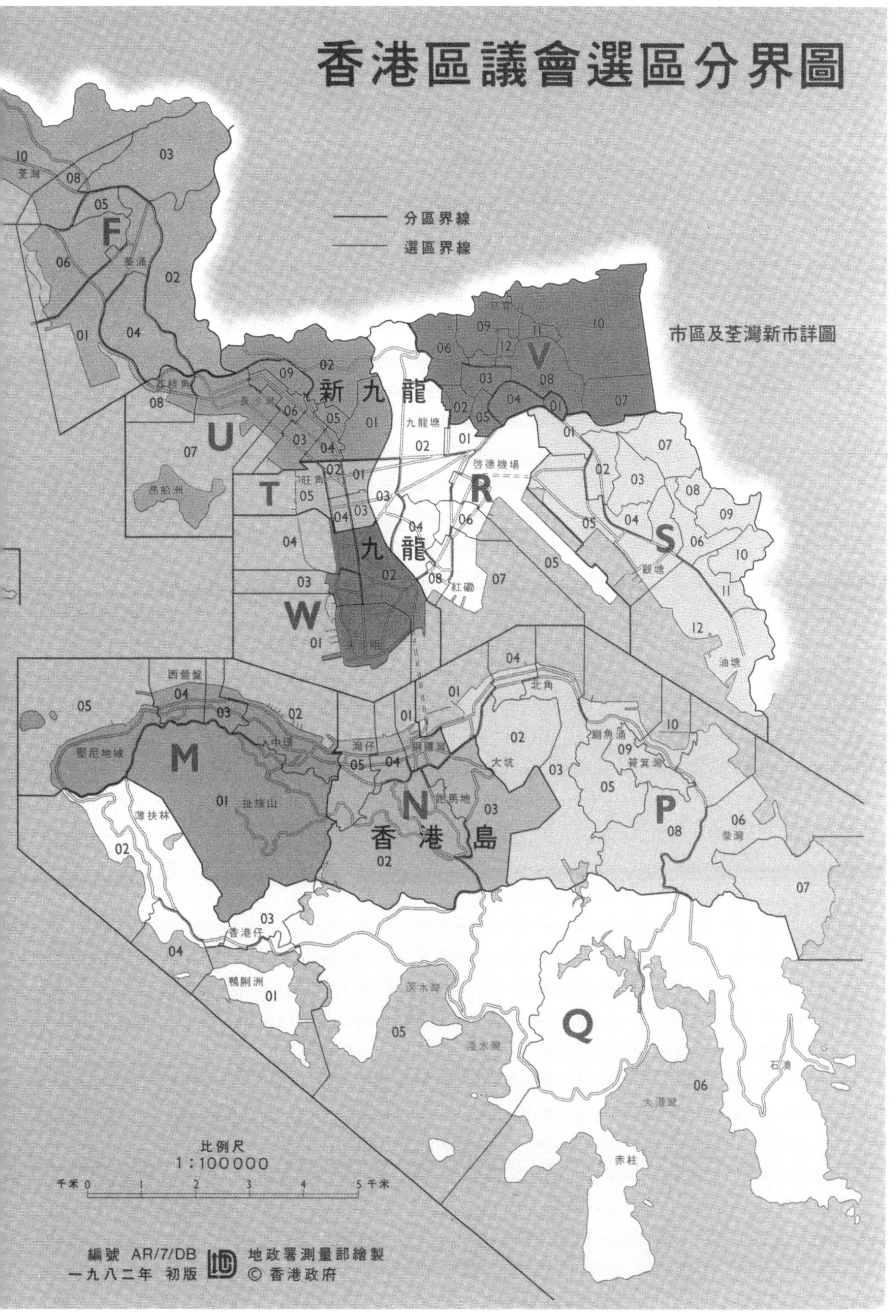

圖 2-17　1982 年香港區議會選區分界圖。全港共劃為 18 區，分別為中西區、灣仔區、東區、南區、九龍城區、觀塘區、旺角區、深水埗區、黃大仙區、油麻地區、離島區、北區、西貢區、沙田區、大埔區、荃灣區、屯門區、元朗區。各區下分若干選區，全港合共 122 個選區。（地圖版權屬香港特區政府，經地政總署准許複印，版權特許編號 14/2022）

為配合地方選舉、加強地方行政的需要，1981 年，港府發布《香港地方行政白皮書》。港府在文件中聲稱，是次改動的目的為使地區施政有更佳的協調，遂將全港劃分為 18 區，成立地區管理委員會（見圖 2-17），並於 1981 年至 1982 年陸續於各區成立區議會（見表 2-8），以執行後來的地區選舉，以及就區內事務，向該區地區管理委員會提供意見，職能以諮詢為主。[47]

是次區劃把香港島劃分為四區，分別為中西區、灣仔區、東區及南區。九龍劃分為六區，包括九龍城區、觀塘區、旺角區、深水埗區、黃大仙區、油麻地區，基本沿用 1968 年民政主任計劃的分區，各區範圍與 1968 年大致不變。新界劃分為八區，包括離島區、北區、西貢區、沙田區、大埔區、荃灣區、屯門區、元朗區，各區範圍沿用當時理民府分界。1982 年 10 月，港九各區設立的民政處與新界理民府統一稱謂，改稱「政務處」，自此理民官被稱作政務專員，港府不再使用「理民府」一詞。

表 2-8　1981 年至 1982 年 18 區區議會成立日期情況表

區議會名稱	成立日期
觀塘區議會	1981 年 3 月 27 日
荃灣區議會	1981 年 4 月 1 日
沙田區議會	1981 年 4 月 1 日
大埔區議會	1981 年 4 月 1 日
北區區議會	1981 年 4 月 1 日
元朗區議會	1981 年 4 月 1 日
西貢區議會	1981 年 4 月 1 日
屯門區議會	1981 年 4 月 1 日
離島區議會	1981 年 4 月 1 日
黃大仙區議會	1981 年 4 月 24 日
深水埗區議會	1981 年 10 月 20 日
東區區議會	1981 年 10 月 28 日
南區區議會	1981 年 12 月 4 日
九龍城區議會	1981 年 12 月 16 日
灣仔區議會	1982 年 2 月 20 日
旺角區議會	1982 年 3 月 1 日
油麻地區議會	1982 年 3 月 4 日
中西區區議會	1982 年 3 月 18 日

資料來源： 1981 年至 1982 年《華僑日報》。

47 《香港地方行政白皮書》指是次建議的主要目的，「是使各地區的施政有更佳的協調，和對居民的需要有更迅速的反應」（頁 6）。成立地區管理委員會，目的在「協調各政府部門的工作，並在適當的情況下進行監察，以確保各政府部門在可行範圍內，對區內居民的需要和願望，作出迅速的反應」（頁 6）；至於區議會，作用「仍着重諮詢」（頁 10），並「向該區的地區管理委員會提供意見」（頁 10）。

1985 年，港府鑒於荃灣區人口逐漸增加，決定將葵涌及青衣島由荃灣區劃出，另外成立葵涌及青衣區，全港分區由 18 個增至 19 個。1988 年，葵涌及青衣區改名為「葵青區」；油麻地區改名為「油尖區」。

1993 年，港府鑒於油尖區及旺角區人口減少，而且兩區特點相似，決定將兩區合併成「油尖旺區」，全港分區由 19 個減為 18 個，亦即香港當代通稱的「18 區」，包括位處香港島的中西區、東區、南區、灣仔區；位於九龍的九龍城區、觀塘區、深水埗區、黃大仙區、油尖旺區，以及位於新界的離島區、葵青區、北區、西貢區、沙田區、大埔區、荃灣區、屯門區、元朗區。

七、香港政權交接後

1997 年 7 月 1 日，中華人民共和國中央人民政府恢復對香港行使主權，香港特別行政區成立。香港特區是一個享有高度自治權的一級行政區，直轄於中央人民政府，惟未有與中國其他「省級（一級）行政區」般下設「縣級行政區」（自治縣、市）及「鄉級行政區」（鎮、區）。

按《基本法》第九十七條規定，香港特別行政區可設立非政權性的區域組織，接受香港特區政府就有關地區管理和其他事務的諮詢，或負責提供文化、康樂、環境衞生等服務。特區政府沿用英佔時期的基層區劃，全港仍然分為 18 區，即中西區、東區、南區、灣仔區、九龍城區、觀塘區、深水埗區、黃大仙區、油尖旺區、離島區、葵青區、北區、西貢區、沙田區、大埔區、荃灣區、屯門區、元朗區。

2006 年，香港特區行政長官會同行政會議鑒於私人屋苑盈暉臺分屬葵青區及深水埗區，區劃分界並不協調，決定重劃地區範圍。決議案經立法會通過，將原本屬葵青區範圍的私人屋苑盈暉臺第二座及第三座改劃至深水埗區，使盈暉臺完全納入深水埗區範圍。

2014 年，特首會同行政會議鑒於灣仔區區議會議席數目較少，為平衡灣仔區及東區的議席數目及避免影響區議會運作，決定重劃地區範圍。決議案經立法會通過，將原本屬東區範圍的天后選區及維園選區改入灣仔區範圍（見圖 2-18）。

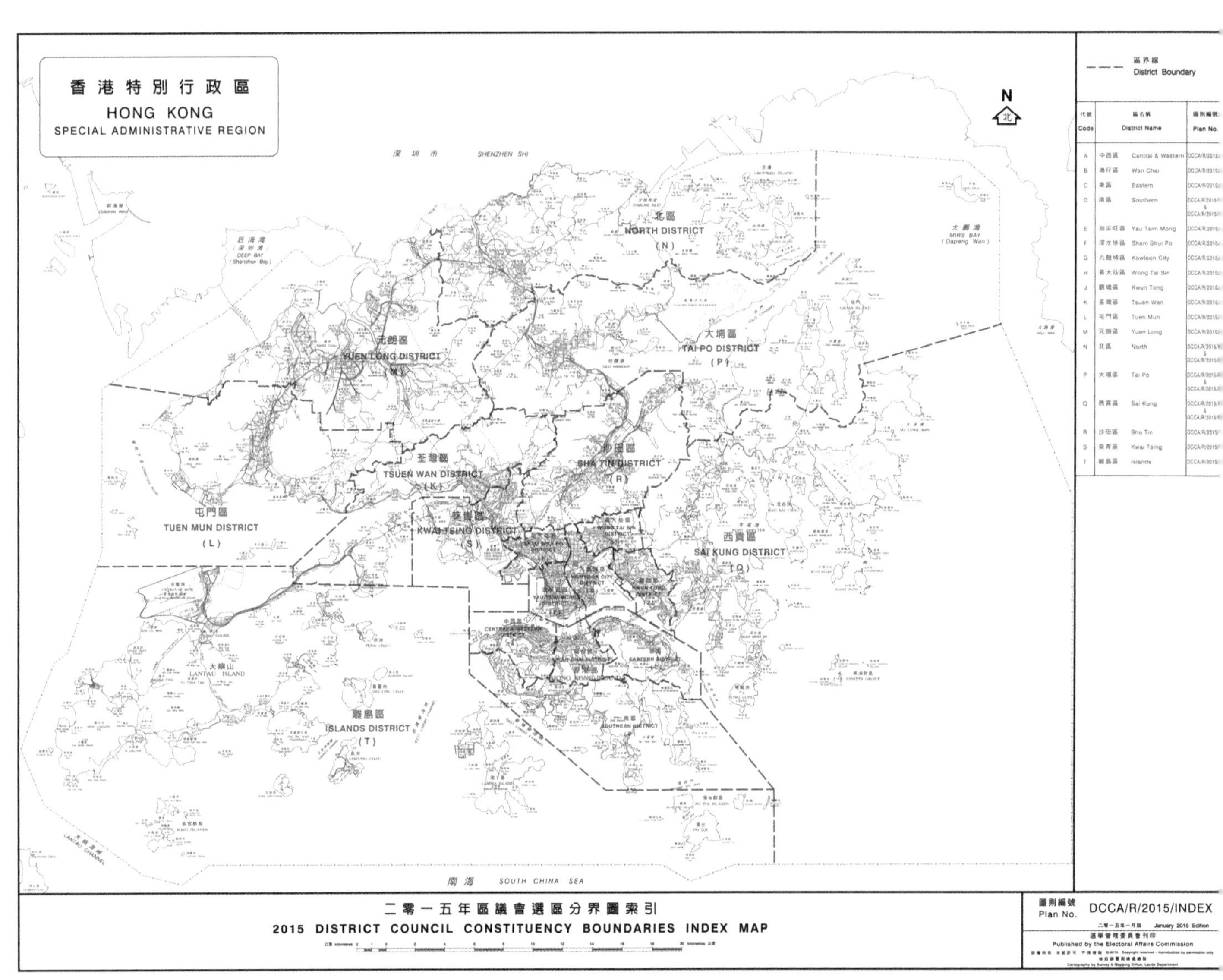

圖 2-18　2015 年區議會選區分界圖索引，全港仍劃為 18 區，分別為中西區、灣仔區、東區、南區、油尖旺區、深水埗區、九龍城區、黃大仙區、觀塘區、荃灣區、屯門區、元朗區、北區、大埔區、西貢區、沙田區、葵青區、離島區。（選舉管理委員會、香港特別行政區政府地政總署及民政事務總署提供）

第三章
18 區概況

18區位置圖

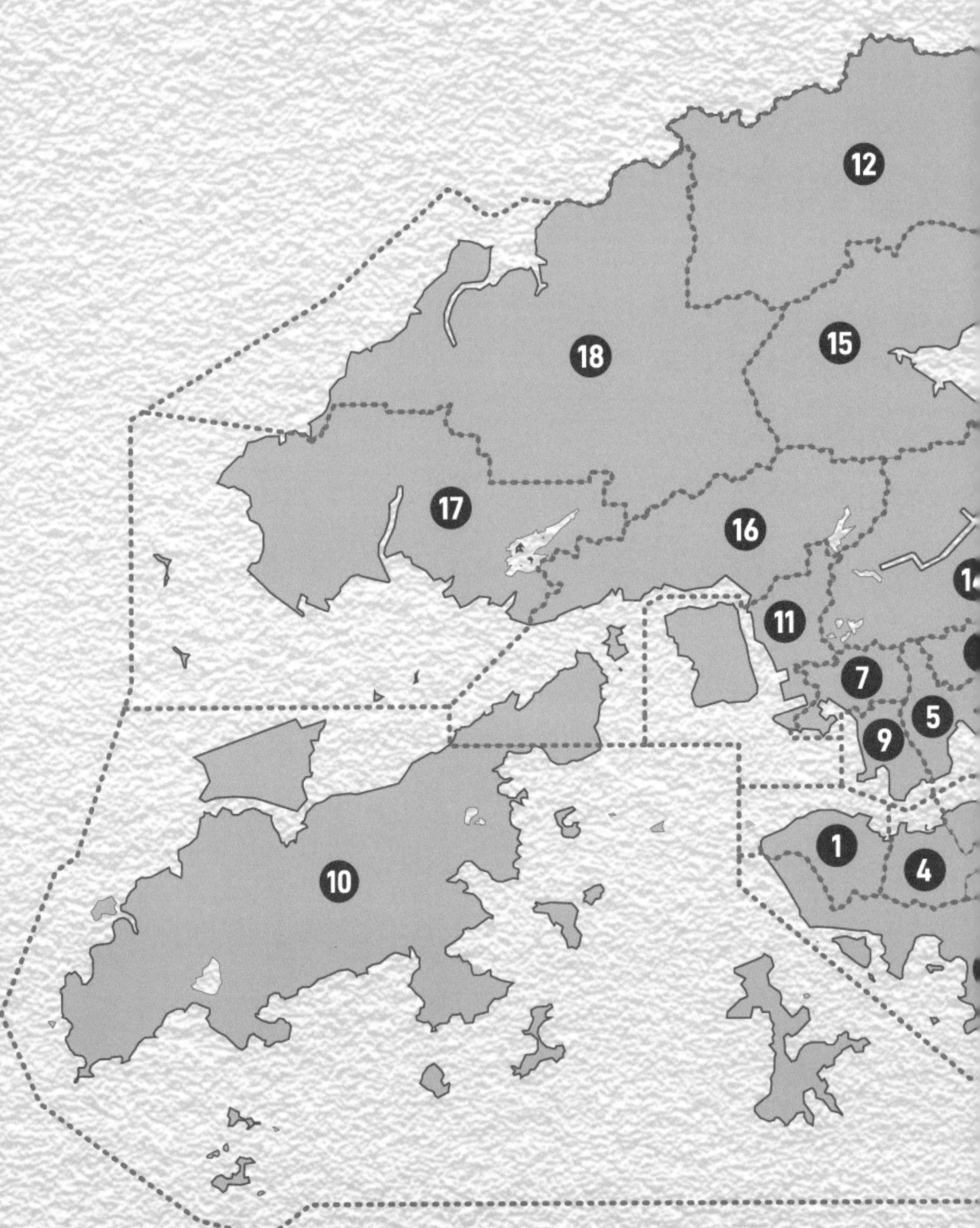

圖 3-1　2017 年 18 區位置圖。

（香港地方志中心製作）

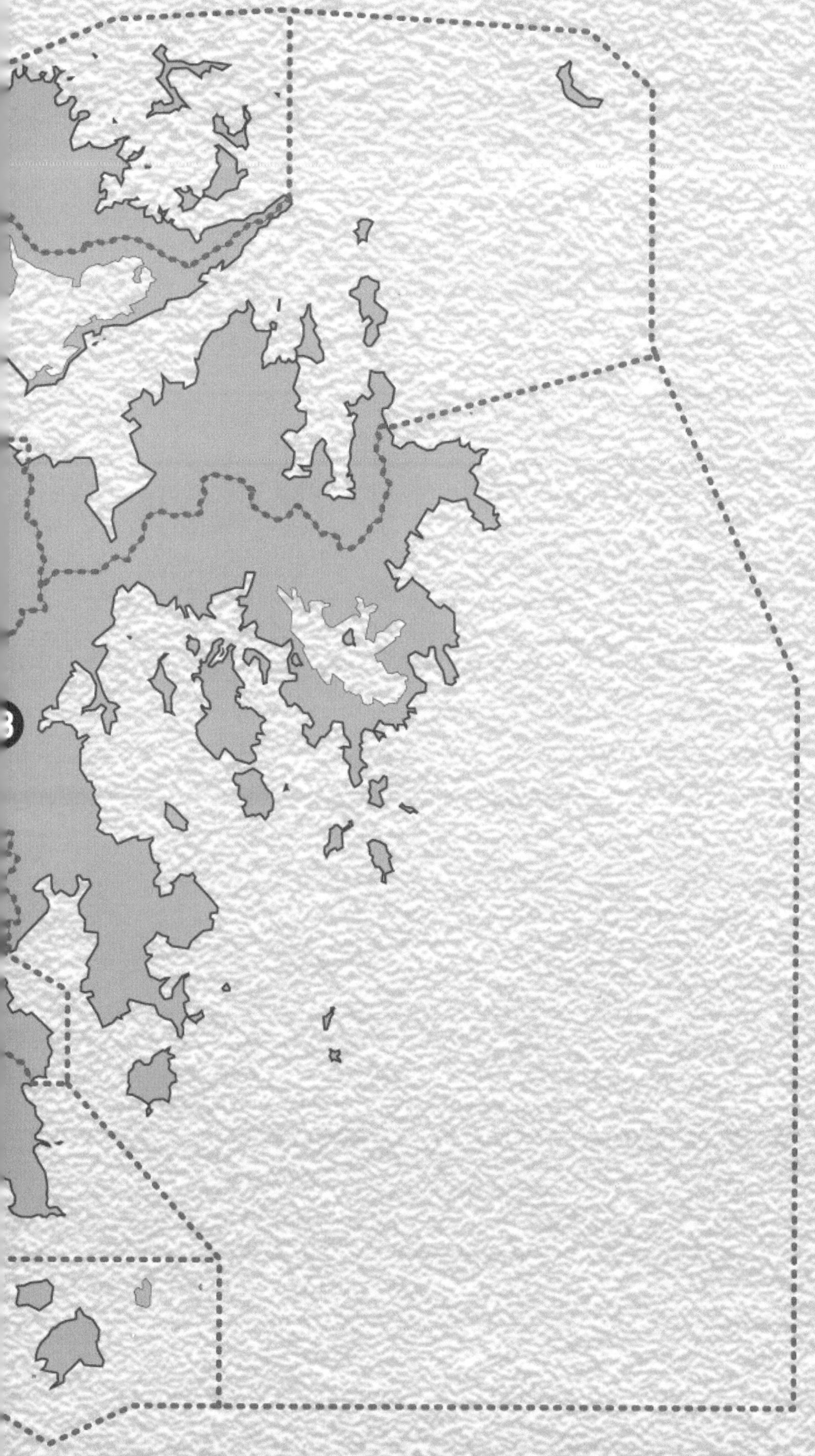

❶ 中西區
❷ 東區
❸ 南區
❹ 灣仔區
❺ 九龍城區
❻ 觀塘區
❼ 深水埗區
❽ 黃大仙區
❾ 油尖旺區
❿ 離島區
⓫ 葵青區
⓬ 北區
⓭ 西貢區
⓮ 沙田區
⓯ 大埔區
⓰ 荃灣區
⓱ 屯門區
⓲ 元朗區

第一節　中西區

一

中西區位處香港島西北部，土地面積為 12.55 平方公里，人口約 24 萬人。本區東至金鐘，南至奇力山一帶，西至堅尼地城，連同大小青洲兩島，北臨維多利亞港，南接薄扶林和香港仔，範圍包括中環、上環、金鐘、半山、山頂、西環、西營盤、石塘咀、堅尼地城、摩星嶺等地。本區最高山峰位於扯旗山（海拔 552 米）。本區設有三個分區委員會，分別為中環及半山、堅尼地城及石塘咀，以及上環及西營盤。

二

據 1841 年人口統計，群大路（今中環海旁一帶）只有 50 人，而石塘咀附近礦場只有 25 人。1841 年英軍在本區登陸佔領香港島後，港府以中環為核心發展維多利亞城，區內行政、軍事、立法、司法機關及洋行、銀行等商業機構林立，自此本區成為香港的政治和經濟中心，也是交通樞紐。

英佔初期，區內發展出「上市場」（今上環荷李活道及太平山一帶）、「中市場」（今中環街市一帶）及「下市場」（今上環蘇杭街一帶）的商業地區，華人在三個市場附近聚居。中環一帶聚居的華人引起在鄰近居住的外國人不滿。1844 年，港府將「中市場」一帶的華人遷往太平山區，令上環一帶發展為華人社區。1847 年，文武廟落成，除了供奉文、武二帝，亦是華人社會議事及仲裁主要場所。1872 年，位於上環普仁街的東華醫院落成啟用，為首間華人醫院，1931 年發展成為東華三院，至太平洋戰爭前為本區以至香港主要華人組織。

1852 年，港府以 1851 年下市場大火的瓦礫進行填海工程，新海旁命名為文咸東街，是香港首個正式填海工程。1868 年，港府由文咸東街向西進行填海工程，工程至 1870 年代完成，新海旁後來命名為德輔道西。1889 年，港府以環境衞生為由，並在得到商人支持下，展開中區填海工程。工程至 1903 年完成，填海範圍包括卑路乍街至金鐘道及德輔道中至干諾道中。歷次填海工程大致確定區內太平洋戰爭前至二戰後初年的海岸線範圍，為區內提供更多可發展用地。

1894 年，香港暴發鼠疫，疫情以華人聚居的太平山區最為嚴重，港府清拆區內房屋，重建為卜公花園。二十世紀初，石塘咀一帶，妓院、酒家等華人娛樂場所林立，至 1935 年港府宣布禁娼後方漸式微。半山及山頂一帶，自英佔時期發展為富裕階層聚居地，港府於 1904 年立例將山頂劃為洋人限定的住宅區，禁止華人居住，至二戰後方被廢除。

孫中山曾在香港計劃及組織革命活動，其中較長時間在本區度過，區內保留相關史蹟，包括輔仁文社遺址、興中會總部舊址等。另外，孫中山史蹟徑（1996 年設立）、孫中山紀念館（甘棠第舊址，2006 年開幕）、中山紀念公園（2010 年開幕）、[1] 百子里公園（2011 年開幕）也是區內重要的紀念地點。

抗戰時期，宋慶齡在香港成立的保衛中國同盟總部，以及廖承志成立的八路軍駐香港辦事處，都設在本區。

1968 年至 1969 年，港府實施民政主任計劃，本區分屬中區和西區範圍。1975 年，中區和西區合併，命名為中西區。1981 年至 1982 年，全港重劃為包括本區在內的 18 區。

中西區於十九世紀確立的整體發展布局，至 1970 年代基本維持不變。1980 年代起，藉參與國家改革開放之機，香港由工業城市轉型為國際金融中心，中環展開大規模重建，而金鐘海軍船塢和軍營亦被拆卸，以騰出土地作商業發展，中環核心商業區逐漸向東擴展至金鐘、灣仔北，向西擴展至上環。

圖 3-2　中環昃臣道香港終審法院大樓，大樓於 1912 年落成，為當時香港最高法院。1985 年至 2011 年期間改為香港立法會大樓（前稱立法局大樓），並於 2015 年改為終審法院大樓，一直沿用至今。大樓外部於 1984 年被列為法定古蹟。（攝於 1997 年，古物古蹟辦事處提供）

1　第一代中山紀念公園於 2002 年開幕，惟當時被批評紀念性不足。後來經過重新設計，2008 年關閉，增設紀念銅像、石刻、庭園等，2010 年重新開幕。

1993年，中環至半山自動扶手電梯系統啟用，並與中環行人天橋網絡互通，連接半山住宅區、蘇豪區、中上環商業區和公共交通樞紐，是當時全球最長的戶外有蓋行人扶手電梯系統。

2009年，特區政府宣布開展保育中環計劃，包括與賽馬會慈善信託基金合作，將中區警署建築群活化為「大館」結合古蹟及藝術館的匯點；以及由市區重建局活化中環街市為集零售、文化、休憩功能於一身的「城市綠洲」等，保育中區文化遺產項目。香港特別行政區成立後，本區依然香港是重要的政治、軍事中心及商業區。特區政府總部、立法會、解放軍駐港部隊總部都設在本區；三大發鈔銀行，即中國銀行、滙豐銀行、渣打銀行的總部都設於本區。除此以外，一些重要商貿集團總部如長江實業集團也設在本區。

表 3-1　中西區法定古蹟、一級歷史建築、大學、醫院、自然保護區情況表

法定古蹟	上環堅巷舊病理學院、上環荷李活道文武廟、中環上亞厘畢道香港禮賓府、中環花園道梅夫人婦女會主樓外部、中環花園道聖約翰座堂、中環炮台里前法國外方傳道會大樓、中環紅棉路舊三軍司令官邸、中環堅尼地道聖若瑟書院北座及西座、中環亞畢諾道前中央裁判司署、中環荷李活道前中區警署、中環奧卑利街前域多利監獄、中環都爹利街石階及煤氣路燈、中環昃臣道最高法院外部、半山般咸道英皇書院、半山區列堤頓道聖士提反女子中學主樓、半山區衛城道甘棠第、西營盤高街舊精神病院立面、中環和平紀念碑、青洲燈塔建築群、舊上環街市、香港大學（香港大學孔慶熒樓外部、香港大學本部大樓外部、香港大學鄧志昂樓外部）、太平山柯士甸山道舊總督山頂別墅守衛室、寶雲道21孔拱券段
一級歷史建築	香港中環堅道香港天主教聖母無原罪主教座堂、中環下亞厘畢道會督府、堅尼地城青蓮臺魯班先師廟、中環堅尼地道香港特別行政區前任行政長官辦公室（主樓、僕人宿舍、人力車停泊處）、中環堅道聖心教堂、山頂山頂道何東花園（已拆卸）、半山般咸道中華基督教會合一堂香港堂、半山羅便臣道猶太教莉亞堂、中環己連拿利聖公會聖保羅堂、中環寶雲道前准將官邸、中環愛丁堡廣場香港大會堂、中環些利街回教清真禮拜總堂、砵甸乍街、半山波老道舊英軍醫院（大樓及附屬建築物）、中環下亞厘畢道舊牛奶公司倉庫、中環堅尼地道聖若瑟書院擴建部分、上環必列者士街香港中華基督教青年會必列者士街會所、中環德輔道中中國銀行大廈、西營盤高街基督教香港崇真會救恩堂、中環紅棉路香港公園舊域多利軍營（華福樓、卡素樓、羅連信樓、羅拔時樓、蒙高瑪利樓）、西營盤西邊街舊贊育醫院主樓、香港薄扶林香港大學（儀禮堂、梅堂、馮平山樓）、樓梯街、上環普仁街東華醫院主樓、中環上亞厘畢道教堂禮賓樓、中環正義道舊域多利軍營軍火庫、半山旭龢道西環濾水廠平房、中環下亞厘畢道舊中區政府合署（包括該地點、中座、東座及西座）、山頂盧吉道27號、上環百子里
大學	香港大學（部分）
醫院	東華醫院、嘉諾撒醫院、贊育醫院、明德國際醫院
自然保護區	龍虎山郊野公園（部分）、薄扶林郊野公園（部分）、香港仔郊野公園（部分）

（截至2017年7月1日）

圖 3-3　薄扶林道香港大學。香港大學於 1912 年辦學，本部大樓於 1984 年被列為法定古蹟。（攝於 1912 年，香港歷史博物館提供）

圖 3-4　中環上亞厘畢道香港禮賓府。禮賓府於 1855 年落成，並於 1995 年列為法定古蹟。（攝於 2005 年，古物古蹟辦事處提供）

圖 3-5　上環荷李活道文武廟。文武廟於 1847 年落成，並於 2010 年列為法定古蹟。（攝於 2023 年，香港地方志中心拍攝）

圖 3-6　中環花園道聖約翰座堂。聖約翰座堂於 1849 年落成，並於 1996 年列為法定古蹟。（約攝於 1968 年，香港大學圖書館提供）

圖 3-7　中西區海岸今昔面貌對比。（上圖：約攝於 1935 年，香港大學圖書館提供；下圖：攝於 2021 年，香港特別行政區政府提供）

第二節　東區

一

東區位於香港島東部，土地面積為 17.99 平方公里，人口約 55 萬人。本區東至小西灣，南至大潭及石澳，西起炮台山，北臨維多利亞港，範圍包括北角、鰂魚涌、太古、炮台山、西灣河、筲箕灣、阿公岩、柴灣、寶馬山、柏架山等地。本區最高峰位於柏架山（海拔 532 米）。本區設有六個分區委員會，分別為北角東、北角西、愛秩序、康城、環泰及怡灣。

二

據 1841 年人口統計，筲箕灣居民共 1200 人（不計水上居民），亦為本區較早見於史載的地點，在明萬曆《粵大記》〈廣東沿海圖〉上有「稍箕灣」的標示。1841 年英國佔領香港島後，港府集中發展維多利亞城，將本區視為鄉郊地區而未作大規模發展。當時以筲箕灣漁港及採石場最為繁盛，至太平洋戰爭前筲箕灣東大街為本區商業中心。1883 年，太古洋行於鰂魚涌興建太古糖廠，並於 1907 年興建太古船塢。加上 1920 年代華資企業陸續於北角和筲箕灣設置廠房，本區逐漸發展成工業區。隨着 1904 年電車通車、1936 年英皇道通車，太平洋戰爭前本區與維多利亞城基本連成一體。

二戰後，北角有大量來自上海和福建地區的人口移居遷入，因而得名「小上海」、「小福建」。1950 年代，本港最早一批廉租屋邨模範邨和北角邨亦相繼落成。同期柴灣開始興建徙置區和工廠大廈，本區人口漸增。

1968 年至 1969 年，港府實施民政主任計劃，正式設立東區。1981 年至 1982 年，全港重劃為包括本區在內的 18 區。

1980 年代，東區走廊、地鐵港島綫、東區海底隧道悉數落成，太古船塢、北角發電廠等分別重建為太古城、城市花園，加上闢地興建的康怡花園及杏花邨，本區大型私人屋苑林立，成為港島主要住宅區。

踏入二十一世紀，鰂魚涌發展為港島東的商業區，而昔日漁船聚集的筲箕灣愛秩序灣被填平發展住宅區；區內同期亦設有一系列文娛設施，包括香港海防博物館（2000 年開幕）、香港電影資料館（2001 年開幕）及新光戲院大劇場（原為新光戲院，1972 年開幕，2012 年更名）等。

表 3-2　東區法定古蹟、一級歷史建築、大學、醫院、自然保護區情況表

法定古蹟	柴灣舊鯉魚門軍營（第 7 座、第 10 座、第 25 座）、柴灣羅屋
一級歷史建築	柴灣舊鯉魚門軍營（第 18 座、第 20 座、第 21 座、第 30 座、第 31 座、第 32 座）、北角英皇道舊皇都戲院
大學	香港樹仁大學
醫院	東區尤德夫人那打素醫院
自然保護區	大潭郊野公園（部分）、大潭郊野公園（鰂魚涌擴建部分）（部分）、石澳郊野公園（部分）

（截至 2017 年 7 月 1 日）

圖 3-8　昔日筲箕灣愛秩序灣棚屋。（約攝於 1960 年代，香港文化博物館藏品）

圖 3-9　太古城今昔面貌對比。太古城現址為昔日太古船塢，於 1907 年落成，負責製造及維修輪船，並已於 1970 年代拆卸。太古城於 1976 年落成，是港島東區首個大型私人屋苑。（上圖：約攝於 1968 年，香港大學圖書館提供；下圖：攝於 1994 年，南華早報出版有限公司提供）

圖 3-10　柴灣吉勝街羅屋。羅屋約於清康熙至清乾隆年間（1662—1795）落成，是東區僅存的客家民居，並於 1989 年列為法定古蹟。（攝於 2014 年，古物古蹟辦事處提供）

圖 3-11　北角慧翠道香港樹仁大學。樹仁大學於 1971 年在跑馬地成和道辦學，並於 1985 年遷至現址，2006 年正名為香港樹仁大學，是本港第一所私立大學。（香港樹仁大學提供）

第三節　南區

一

南區位於香港島南部，土地面積為 38.84 平方公里，人口約 27 萬人。本區東至鶴咀，南接港島南面水域，西至薄扶林，北邊為黃泥涌、大潭峽等地，範圍包括香港仔、鴨脷洲、黃竹坑、薄扶林、淺水灣、赤柱、石澳、鶴咀、大潭、春坎角等地。本區最高峰位於紫羅蘭山（海拔 433 米）。本區設有四個分區委員會，分別為南區東、南區南、南區西及南區北。

二

據 1841 年人口統計，赤柱和香港（今香港仔和鴨脷洲）人口分別為 2000 人和 200 人（不計船上居民），是區內水上人主要聚居地。上述兩處，連同大潭、舂磑（今春坎角）、鉄坑（在今黃竹坑一帶）於明萬曆《粵大記》〈廣東沿海圖〉上明確標示，是本區較早見於史載的地點。當中「香港」在英佔以後，成為全島名稱。本區瀑布灣公園中的瀑布是「新安八景」之一的「鰲洋甘瀑」所在地，為十九世紀初外國商船取水之處，也是香港得名的來源說法之一。1841 年以前，本區居民以漁業為主要生計來源。

1860 年代至 1900 年代，港府於薄扶林和大潭一帶興建水塘，以配合維多利亞城發展，其中 1863 年建成的薄扶林水塘，是香港第一個水塘。區內發展以香港仔漁港及船塢最為繁盛，1867 年落成的夏圃船塢是本港首個大型旱塢。一戰前，淺水灣、石澳發展成高尚住宅區和休憩用地，淺水灣酒店與泳灘為區內主要景點；區內工業活動集中於香港仔，以造紙業為代表。

1913 年，香港仔華人永遠墳場闢建，至 1915 年啟用，是本港首個沒有宗教背景專為華人而設的永遠墳場，反映居港華人逐漸產生定居及扎根本地的意識 。

二戰後，香港仔成為全港漁業樞紐、入口海鮮集散地，設有避風塘及魚類批發市場等漁港設施，同時漁利泰、太白、海角皇宮和珍寶等海鮮舫在避風塘海面經營，成為全港以至國際旅遊景點。

1960 年代以來，香港仔、鴨脷洲相繼興建公共屋邨、私人屋苑，包括華富邨、石排灣邨、鴨脷洲邨、黃竹坑邨和置富花園，以及 1990 年代由鴨脷洲發電廠重建而成的海怡半島。本區人口漸增，其中鴨脷洲成為全港人口密度最高的島嶼；區內工業發展則集中於黃竹坑，隨着工業北移，工廈陸續改成商廈，包括 2015 年落成的創協坊。

圖 3-12　石排灣道香港仔魚市場，由魚類統營處經營，批銷冰鮮和活鮮海產。（攝於 2003 年，Martin Chan/South China Morning Post via Getty Images）

圖 3-13　香港仔避風塘海面的珍寶海鮮舫。珍寶海鮮舫於 1976 年正式營業，是香港著名水上餐廳及旅遊景點。（約攝於 1995 年，新華社提供）

圖 3-14　香港仔避風塘今昔面貌對比。香港仔與鴨脷洲兩岸經填海後發展為多個大型屋苑，惟香港仔避風塘多年來仍為香港漁民聚居及泊船之處。（上圖：香港大學圖書館提供；下圖：攝於 1996 年，Alain BUU/Gamma-Rapho via Getty Images）

1975年，港府劃出西區及東區南部一帶，正式設立南區。1981年至1982年，全港重劃為包括本區在內的18區。

1977年，集機動遊戲設施與動物園於一身的主題樂園海洋公園在黃竹坑開幕，連同淺水灣、赤柱、石澳等地泳灘和低密度住宅區，以及薄扶林、香港仔、大潭、石澳四個郊野公園及鶴咀海岸保護區，逐步鞏固本區作為香港島「後花園」角色。踏入二十一世紀，特區政府於薄扶林規劃佔地24公頃的「數碼港」，力圖推動本港資訊科技行業發展。

表3-3　南區法定古蹟、一級歷史建築、大學、醫院、自然保護區情況表

法定古蹟	薄扶林薄扶林道伯大尼修院、赤柱東頭灣道聖士提反書院的書院大樓、香港仔水塘四項歷史構築物、大浪灣石刻、黃竹坑石刻、鴨脷洲洪聖街洪聖古廟、薄扶林水塘六項歷史構築物、鶴咀燈塔、黃泥涌水塘三項歷史構築物、赤柱赤柱村道舊赤柱警署、大潭水塘21項歷史構築物、香港大學大學堂外部
一級歷史建築	黃竹坑惠福道聖神修院舊座、赤柱東頭灣道赤柱回教廟、薄扶林薄扶林道舊牛奶公司高級職員宿舍、赤柱赤柱村道瑪利諾神父宿舍、薄扶林大口環道東華義莊
大學	香港大學（部分）
醫院	瑪麗醫院、東華三院馮堯敬醫院、大口環根德公爵夫人兒童醫院、葛量洪醫院、黃竹坑醫院、港怡醫院
自然保護區	大潭郊野公園（部分）、薄扶林郊野公園（部分）、香港仔郊野公園（部分）、石澳郊野公園（部分）、龍虎山郊野公園（部分）、鶴咀海岸保護區

（截至2017年7月1日）

第四節　灣仔區

一

灣仔區位於香港島北岸中央，土地面積為10.56平方公里，人口約18萬人。本區東至小馬山、渣甸山，南抵黃泥涌峽一帶，西達夏慤道與告士打道交界，北臨維多利亞港，範圍包括灣仔、銅鑼灣、大坑、跑馬地、掃捍埔等地。本區最高山峰位於金馬倫山（海拔439米）。本區設有三個分區委員會，分別為灣仔東、灣仔南及灣仔西。

二

據1841年人口統計，黃泥涌人口為300人，亦為本區較早見於史載的地點，在明萬曆《粵大記》〈廣東沿海圖〉上有「黃泥埇」的標示。英佔初年，黃泥涌附近沼澤多闢為墳

圖 3-15　跑馬地體育道跑馬地馬場。跑馬地馬場於 1845 年落成，又名快活谷，並於翌年舉行首場賽事。（William C. Y. Chu via Getty Images）

場。1846 年跑馬地馬場開始舉辦賽馬，成為維多利亞城主要康樂用地。香港賽馬會成立於 1884 年，其後發展成為世界級賽馬機構，也是全港最大慈善公益組織，其總部設於本區。

十九世紀中葉起，港府開發寶靈城（今鵝頸），怡和洋行亦於東角（今銅鑼灣怡和街一帶）發展倉庫和航運設施，本區海岸線向北延伸至莊士敦道一帶。1904 年，電車投入服務，連接本區與中上環港島核心地區。

1921 年，港府提出海旁東填海計劃（Praya East Reclamation Scheme），拓展本區土地，利用當時地處沿海、發展有限的摩利臣山為主要填料。1930 年代初，軒尼詩道、駱克道一帶完成填海，本區逐漸發展成以修頓球場為中心的商住混合區。在移山填海過程中，摩利臣山被逐漸夷平，然而基於地質原因，整項移山工程至 1960 年代才告一段落。

1920 年代，華商利希慎開發東角以南的利園山，興建利舞臺劇場及住宅，銅鑼灣發展向南延伸。1936 年，商人胡文虎於大坑興建的虎豹別墅及萬金油花園落成，成為港島重要旅遊景點。太平洋戰爭前，區內已相繼設立數個宗教活動中心，包括錫克教廟（1901）、中華回教博愛社（1922）及孔聖堂（1935）等。

二戰後，本區發展漸趨多元。隨着 1955 年維多利亞公園開幕及 1960 年大丸百貨公司開

圖 3-16　灣仔駱克道酒吧街。昔日駱克道為海軍及水手消遣場所，酒吧林立，亦是本港「紅燈區」及著名電影《蘇絲黃的世界》拍攝場地。（攝於 1962 年，香港特別行政區政府提供）

圖 3-17　大坑大坑道虎豹別墅。虎豹別墅於 1936 年落成，由商人胡文虎斥資興建，圖中樓高七層的白塔今已拆卸。（星島新聞集團提供）

業，銅鑼灣逐漸發展為香港島主要消閒、購物區，鄰近的大坑、跑馬地維持住宅區格局。駱克道、謝斐道和分域碼頭一帶則發展為娛樂區，酒吧、舞廳等場所林立。

1968 年至 1969 年，港府實施民政主任計劃，正式設立灣仔區。1981 年至 1982 年，全港重劃為包括本區在內的 18 區。

隨着 1972 年海底隧道通車，加上 1980 年代地鐵港島綫投入服務，推動灣仔北於 1990 年代發展為毗鄰中環的商業區，而銅鑼灣則成為日資百貨公司及購物商場集中地。1980 年代以來，本區為香港主要展覽和會議場地集中地。1982 年，香港展覽中心啟用，時為全港最大展覽場館。1988 年，灣仔海旁香港會議展覽中心竣工，隨後新翼於 1997 年落成，同年香港政權交接儀式亦在此舉行。2010 年以後，舊灣仔街市及利東街（喜帖街）等重建項目相繼完成，為本區帶來新舊交融的發展面貌。

圖 3-18　半山司徒拔道景賢里。景賢里約於 1937 年落成，原名禧廬，1978 年轉售予邱氏家族後改名為景賢里，於 2008 年列為法定古蹟。（攝於 2012 年，古物古蹟辦事處提供）

表 3-4　灣仔區法定古蹟、一級歷史建築、醫院、自然保護區情況表

法定古蹟	半山司徒拔道景賢里、銅鑼灣掃桿埔馬場先難友紀念碑、銅鑼灣天后廟道天后廟、灣仔皇后大道東舊灣仔郵政局、大坑蓮花街蓮花宮
一級歷史建築	跑馬地山光道東蓮覺苑、灣仔石水渠街藍屋、銅鑼灣銅鑼灣道聖保祿修院、灣仔大坑道虎豹別墅、灣仔隆安街玉虛宮、跑馬地樂活道聖瑪加利大堂、灣仔皇后大道東洪聖古廟、跑馬地黃泥涌道香港墳場教堂、灣仔船街南固臺、銅鑼灣大坑道聖公會聖馬利亞堂、灣仔山頂甘道 23 號
醫院	律敦治醫院、鄧肇堅醫院、東華東院、香港港安醫院－司徒拔道、養和醫院、聖保祿醫院
自然保護區	香港仔郊野公園（部分）、大潭郊野公園（部分）、大潭郊野公園（鰂魚涌擴建部分）（部分）

（截至 2017 年 7 月 1 日）

第五節　九龍城區

一

九龍城區位於九龍中部，土地面積為 10.02 平方公里，人口約 42 萬人。本區東至九龍灣，南接維多利亞港，西至東鐵綫（九龍塘站至紅磡站），北抵獅子山，範圍包括九龍城、土瓜灣、馬頭圍、九龍塘、何文田、紅磡、黃埔、啟德等地。本區最高山峰位於格仔山（海拔 98.8 米）。本區設有四個分區委員會，分別為九龍塘、紅磡、土瓜灣及何文田。

二

南宋初年，朝廷於九龍灣一帶開設鹽場「官富場」，本區屬官富鹽場範圍。宋朝末年，宋端宗趙昰、趙昺兄弟逃亡至官富場一帶，今宋王臺花園仍有「宋王臺」刻石紀念其事。清代，本區已形成墟市「九龍街」，範圍由白鶴山山腳延至九龍灣海濱。明清時期，本區主要村落包括馬頭圍（古瑾村）、馬頭涌、衙前塱和九龍仔等。

1846 年至 1847 年，清朝政府以石砌築九龍寨城，設衙署及兵房，為大鵬協水師副將與九龍巡檢司駐地。1873 年，龍津石橋始建，成為清朝官員水路進入寨城的必經之路。石橋全長約 200 米，為朝廷向往來船隻徵收關稅的基地，也推動墟市的商品交易。1880 年，慈善組織九龍樂善堂在九龍城成立，為九龍城、蠔涌、荃灣及沙田的居民贈醫施藥，助窮殮葬等。英國租借新界後，多次違反《展拓香港界址專條》有關規定，驅趕城內清朝官員及居民，清朝政府與英國多番交涉，九龍寨城長期成為「三不管」地區。

圖 3-19　圖為舊香港國際機場（又稱啟德機場）最後一班離港客機，國泰航空 CX251。航班於凌晨 0 時 2 分起飛前往倫敦，此後啟德機場正式關閉。（攝於 1998 年 7 月 6 日，南華早報出版有限公司提供）

十九世紀下半葉至二十世紀初，本區成為重工業集中地。1860 年代，位於紅磡的黃埔船塢建成，時為亞洲最具規模船塢之一（後改建為黃埔花園，1985 年入伙）。1898 年，青洲英坭廠將總部由澳門遷至紅磡營運，生產英坭和瀝青。1900 年代末，馬頭角牛房啟用，負責屠宰牛隻。牛房的出現帶動區內工業發展，從事毛皮加工、皮革打磨等加工及製造行業的商戶陸續落戶土瓜灣一帶。

1920 年，啟德營業有限公司完成第一期九龍灣填海計劃，新填海區名為「啟德濱」。1920 年代中期以後，本區成為香港飛行事業發展基地，啟德濱設有飛行學校、皇家空軍基地、民用機場，包括於 1936 年至 1998 年營運民航的啟德機場。

1920 年代和 1930 年代，私人發展商開發何文田和九龍塘為「花園城市」，為外籍社群提供低密度住宅。1930 年代以後，該區為本港電影製作的基地，天一製片廠、大中華製片廠、邵氏父子公司等先後設廠。

二戰後，紅磡、土瓜灣一帶發展為輕工業區，遍布五金、電鍍、燈泡、塑膠及製衣等工場。1960 年代末至 1970 年代後期，九龍塘廣播道成為全港廣播業中心，五所廣播機構大樓先後設於該區，廣播道因此有「五台山」之稱。1970 年代中期至今，紅磡機利士南路以北的街區逐步發展為全港殯儀業集中地，遍布殯儀館、長生店、花店和道堂。1970 年代以後，該區成為香港泰籍居民的聚居地。

圖 3-20　九龍寨城清拆前後對比。九龍寨城於 1847 年建成，及後於 1987 年宣布清拆，1995 年遺址改建成今九龍寨城公園。（上圖：攝於 1987 年，南華早報出版有限公司提供；下圖：攝於 1995 年，WAN KAM-YAN/South China Morning Post via Getty Images）

圖 3-21　宋王臺石刻原位於九龍聖山山頂一塊巨石，刻有「宋王臺」、「清嘉慶丁卯重修」。港府於 1950 年代填海興建啟德機場新跑道，夷平聖山，並切割聖山山頂巨石，保留刻有「宋王臺」部分，並遷至今宋王臺花園展示。（上圖：香港歷史博物館提供；下圖：攝於 1956 年，香港特別行政區政府提供）

圖 3-22　窩打老道香港浸會大學。浸會大學前身為 1956 年創校的香港浸會書院，1966 年遷至現址，1994 年正名為香港浸會大學。（攝於 2020 年，香港浸會大學提供）

圖 3-23　何文田忠孝街香港公開大學賽馬會校園。公開大學於 1989 年開始辦學，1996 年搬入何文田現址，1997 年正名為香港公開大學（2021 年改稱香港都會大學）。（攝於 2015 年，香港特別行政區政府提供）

1968 年至 1969 年，港府實施民政主任計劃，在香港島和九龍進行區劃，本區自成一區。1981 年至 1982 年，全港重劃為包括本區在內的 18 區。

1984 年《中英聯合聲明》簽署，1987 年港府宣布清拆九龍寨城，得到中國政府的理解和同意。1995 年，遺址建成九龍寨城公園。1998 年，啟德機場關閉；2007 年，特區政府開展「啟德發展計劃」，重建啟德機場原址為新社區，其中啟德郵輪碼頭於 2013 年落成。

表 3-5　九龍城區法定古蹟、一級歷史建築、大學、醫院、自然保護區情況表

法定古蹟	九龍城九龍寨城公園九龍寨城（南門遺蹟、衙門）、九龍塘窩打老道瑪利諾修院學校
一級歷史建築	太子道西聖德肋撒堂、紅磡差館里觀音廟
大學	香港浸會大學、香港公開大學（現香港都會大學）
醫院	九龍醫院、香港眼科醫院、播道醫院、聖德肋撒醫院、香港浸信會醫院
自然保護區	獅子山郊野公園（部分）

（截至 2017 年 7 月 1 日）

第六節　觀塘區

一

觀塘區位處九龍東南部，土地面積為 11.27 平方公里，人口約 67 萬人。本區東至大上托、五桂山、魔鬼山一帶，南抵維多利亞港，西至啟德機場跑道，北抵新清水灣道，範圍包括觀塘、九龍灣、牛頭角、順利、佐敦谷、秀茂坪、藍田、油塘等地。本區最高山峰位於平山（海拔 189 米）。本區設有六個分區委員會，分別為觀塘中、觀塘南、藍田、四順、秀茂坪及觀塘西。

二

南宋初年，朝廷於九龍灣一帶開設鹽場「官富場」，本區屬官富鹽場範圍。南宋至清初遷界前，鹽業為本區主要行業。本區沿海分布高質花崗岩，十九世紀初期，茶果嶺、牛頭角、茜草灣及鯉魚門合稱「四山」，是香港採石業基地，出產石材供建築之用。採石工人的聚落，以廣東客家人為主。英國租借新界以後，選定魔鬼山建立炮台和防禦設施。太平洋戰爭期間，魔鬼山成為本港重要軍事據點。

1955 年，港府完成觀塘衛星城市規劃大綱，透過填海增闢土地；以觀塘道為分隔線，南部至沿海劃為工業區，北部劃為住宅區，本區成為香港發展新市鎮之始。1970 年代，本區為香港重要工業區，區內工廠約有 2700 家，僱用人數達 116,000 人，集中於電子、塑膠、製衣等行業。1960 年代後期，港府因社會動亂而管制炸藥使用，不再為石礦場續牌，四山採石業沒落，其中鯉魚門轉型發展海鮮餐飲業，成為區內一大特色。

二戰後，本區發展各類公營房屋，滿足就業人口住屋需要。1958 年至 1961 年，合共 24 座的雞寮徙置區落成；1959 年，觀塘第一幢廉租屋花園大廈落成。1960 年代，秀茂坪徙置區、油塘徙置區、藍田徙置區、牛頭角上下邨相繼落成。1970 年代至 1980 年代，翠屏邨、順利邨、順安邨、順天邨、樂華邨、秀茂坪邨和彩霞邨相繼落成。自 1990 年代後亦有多個公共屋邨相繼落成入伙，包括彩盈邨、彩德邨、彩福邨、安達邨、安泰邨及寶達邨。1976 年港府推出居者有其屋計劃後，順緻苑、安基苑、油美苑、曉麗苑、康田苑等居屋屋苑相繼落成。2016 年，約七成本區人口居於公共房屋。

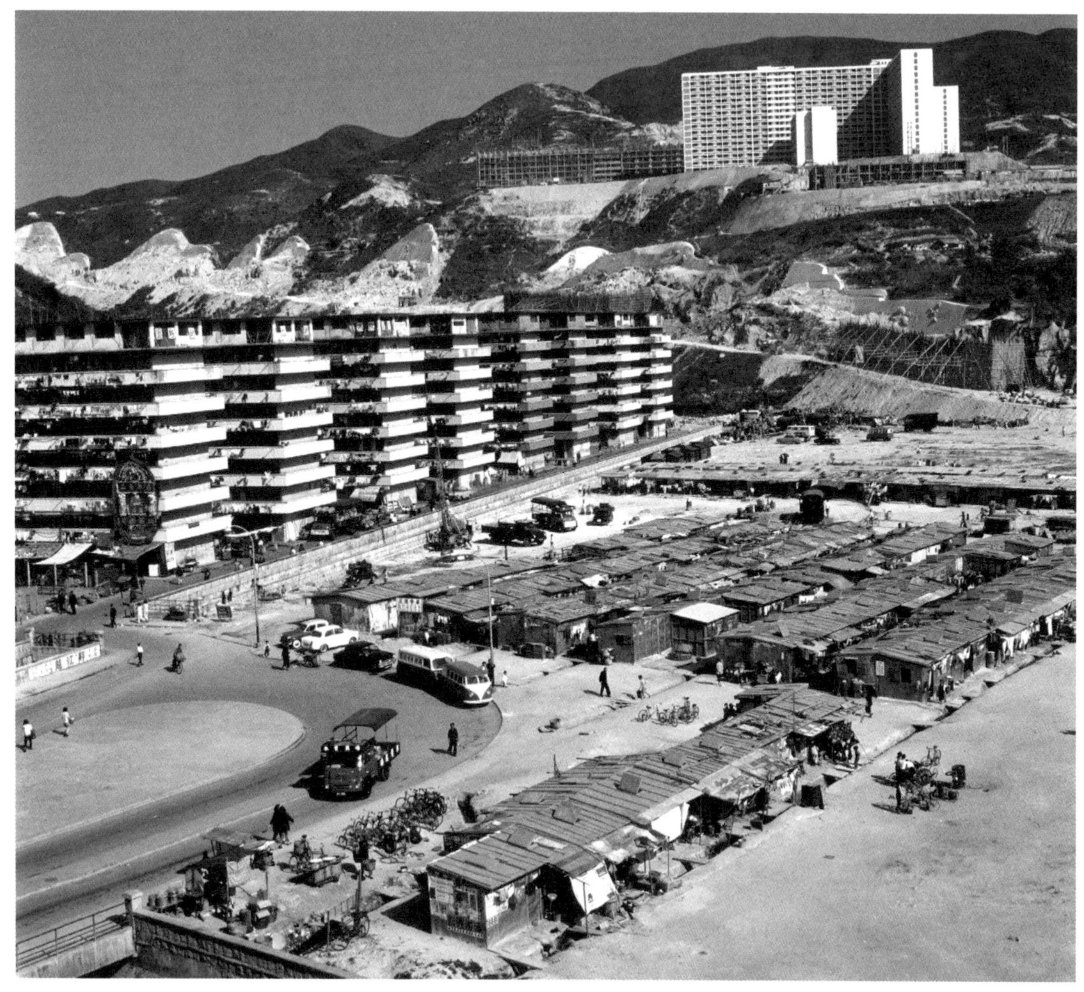

圖 3-24　觀塘徙置區俗稱「雞寮」，徙置大廈樓高七層，天台闢作學校及社區活動場所，大廈旁空地亦設臨時居所。徙置區於 1980 年代陸續拆卸，改建成今天的翠屏邨。（攝於 1966 年，香港特別行政區政府提供）

圖 3-25　觀塘工業區今昔面貌對比。昔日觀塘工業區工廠大廈大多已經清拆改建為商廈。如昔日鱷魚恤工廠大廈已改建為鱷魚恤中心，鄰近工廠改建為大型購物商場 apm 等等。（上圖：攝於 1963 年，香港特別行政區政府提供；下圖：攝於 2023 年，香港地方志中心拍攝）

圖 3-26　昔日觀塘裕民坊及寶聲戲院一帶。圖中寶聲戲院及裕民坊一帶建築已隨觀塘市中心重建項目清拆，並計劃改建為大型商場裕民坊 YM^2 及私人住宅項目凱滙，並已於 2020 年至 2021 年期間相繼開幕及入伙。（高添強提供）

圖 3-27　鯉魚門魔鬼山炮台遺址。魔鬼山炮台於 1900 年建成，又稱歌賦炮台，連同魔鬼山山頂碉堡及砵甸乍炮台組成魔鬼山防禦工事設施。（攝於 2002 年，K. Y. Cheng/South China Morning Post via Getty Images）

1968 年至 1969 年，港府實施民政主任計劃，正式設立觀塘區。1981 年至 1982 年，全港重劃為包括本區在內的 18 區。

1960 年代以來，裕民坊及鄰近街道成為本區商業中心，遍布食肆、銀行、零售、娛樂等場所。1998 年，土地發展公司公布觀塘市中心（裕民坊）重建項目，隨後寶聲戲院、銀都戲院、裕民坊麥當勞等區內地標相繼拆卸。大型商場 apm 與 MegaBox 分別於 2005 年及 2007 年開業，成為區內新地標。2011 年，政府發布「起動九龍東」計劃，將九龍東發展為「智慧、綠色及具抗禦力的核心商業區」，本區主要項目包括 2012 年揭幕、2013 年開放的香港首座零碳建築（zero carbon building）「零碳天地」、2014 年落成的工業主題公園「InPARK」（駿業街公園遊樂場）、2015 年落成的觀塘海濱長廊等。

表 3-6　觀塘區一級歷史建築、醫院情況表

一級歷史建築	九龍灣觀塘道前皇家空軍基地（啟德）（總部大樓、職員宿舍連食堂、職員宿舍第二座）
醫院	基督教聯合醫院

（截至 2017 年 7 月 1 日）

第七節　深水埗區

一

深水埗區位於九龍西北部，土地面積為 9.36 平方公里，人口約 41 萬人。本區東至東鐵綫九龍塘站，南抵界限街，西至昂船洲和荔枝角公園，北至尖山、筆架山一帶，範圍包括深水埗、長沙灣、荔枝角、美孚、石硤尾、白田、又一村、西九龍填海區等地。本區最高山峰位於琵琶山（海拔 223 米）。本區設有三個分區委員會，分別為深水埗西、深水埗東及深水埗中南。

二

清初以來，長沙灣、深水埗、九龍塘、元洲、李屋、鄭屋、蘇屋等村是本區主要村落，村民以客籍為主。十九世紀中期，部分村民佃耕錦田鄧氏土地，而深水埗也是區內最大市集。

1860 年昂船洲割讓予英國，逐步劃為軍事用途，1889 年正式列為軍事禁區。1910 年代至 1930 年代，深水埗分階段進行填海工程，開闢元州街、福榮街、福華街、長沙灣道、九江街、石硤尾街等主要街道，以發展工商業、住宅和軍營之用。1920 年代和 1930 年代，海外四邑歸僑在區內投資工業，包括織布、製衣、五金、藤器、搪瓷、船廠、木廠等行業。

1950 年代初，白田、窩仔、石硤尾等處出現木屋聚落，本區時為全港最大型木屋區。1953 年 12 月，石硤尾木屋區發生大火，焚毀約 2500 間木屋，約 50,000 人無家可歸。1954 年 2 月，首座由工務局興建的兩層徙置平房落成入伙，安置大火災民，為解決災民的長遠住屋問題，政府於 1954 年年底建成共八幢六層高的徙置大廈，石硤尾邨遂成為香港公營房屋的濫觴。隨後八年內，另有 21 座七層高的大廈落成。石硤尾徙置區於千禧年代初期被陸續清拆重建，其中美荷樓於 2008 年被列入第一期「活化歷史建築伙伴計劃」，翻新為青年旅舍，並設美荷樓生活館展示社區歷史，於 2013 年開幕啟用。

1955 年，港府在興建李鄭屋邨時，發現一座磚室古墓（今稱為李鄭屋漢墓），經研究推斷建成時間約為東漢時期，部分墓磚刻有「大吉番禺」、「番禺大治曆」等文字，反映香港在東漢時期歸番禺縣管轄。

1968 年至 1969 年，港府實施民政主任計劃，正式設立深水埗區。1981 年至 1982 年，全港重劃為包括本區在內的 18 區。

1968 年至 1978 年，在美孚油庫舊址興建而成的美孚新邨第一期至第八期先後落成入伙，合共 99 座大廈，提供 13,115 個單位，約八萬人居住（約佔 1978 年全港人口的 1.7%）。美孚新邨是全港首個私人興建的新型屋邨，並成為日後香港其他私人屋苑項目的樣板。

圖 3-28　深水埗李鄭屋漢墓發掘照片。1955 年，港府興建李鄭屋邨時發現一座漢墓，1988 年被列為法定古蹟，並設有李鄭屋漢墓博物館供遊客參觀。（香港歷史博物館提供）

圖 3-29　美孚新邨鳥瞰圖。美孚新邨第一期於 1968 年落成入伙，整個私人屋苑合共提供 99 座大廈。（攝於 2015 年，香港大公文匯傳媒集團提供）

圖 3-30　昔日深水埗南昌街面貌。（約攝於 1950 年代，香港歷史博物館提供）

圖 3-31　前深水埗配水庫（主教山配水庫）內部照片。前深水埗配水庫於 1904 年落成啟用，為九龍塘、深水埗居民提供食水，於 1970 年代停用。（攝於 2021 年，香港特別行政區政府提供）

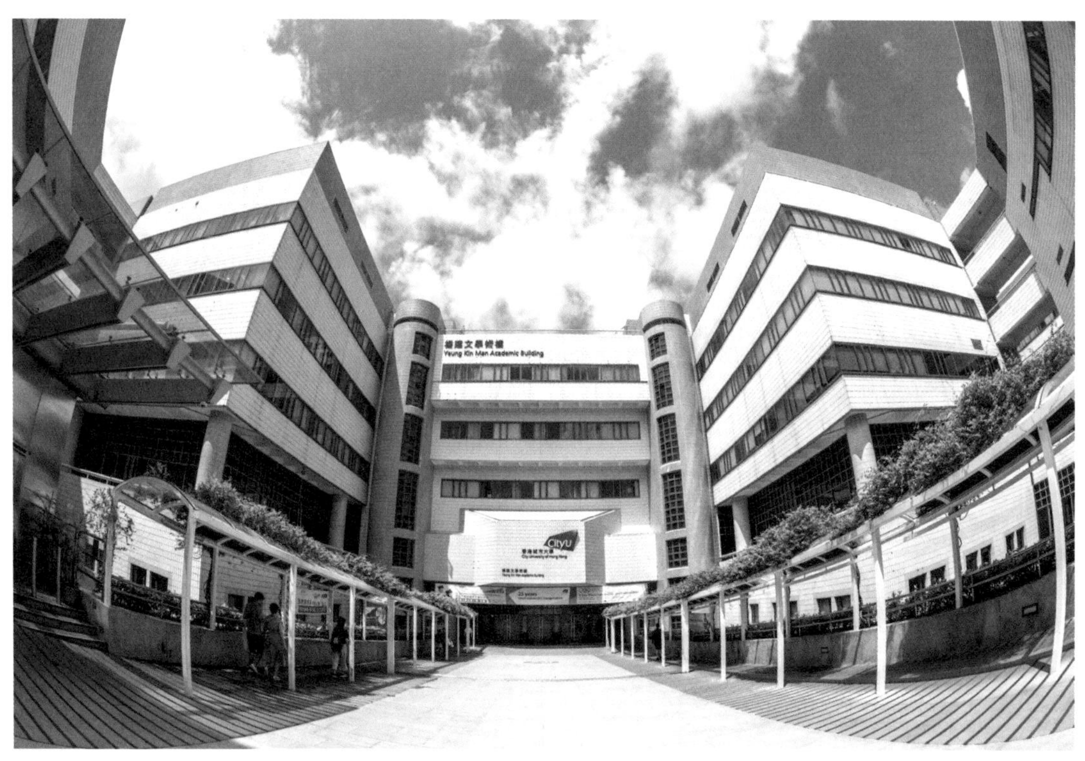

圖 3-32　九龍塘達之路香港城市大學。城市大學前身為香港城市理工學院。1984 年於旺角中心二期辦學，1990 年正式遷入現址，1994 年正名為香港城市大學。（攝於 2019 年，香港城市大學提供）

1989 年，港府公布香港機場核心計劃（又稱「玫瑰園計劃」），提出興建新機場相關的工程，工程包括在昂船洲東北填海，將昂船洲與對岸的葵涌和長沙灣連成陸地，以興建西九龍公路及機場鐵路等。1990 年代，昂船洲污水處理廠及西九龍公路亦於昂船洲相繼落成。

二戰後至 1970 年代，深水埗是香港主要的紡織和製衣業中心。1980 年代起因應香港製造業北移，本區工業用地轉型至商貿和物流用途，其中黃金電腦商場、高登電腦中心一帶成為全港電子產品集散地。2008 年，賽馬會創意藝術中心落成；2016 年，創意文化產業商場 D2 Place 落成，上述兩者為區內主要工業大廈活化項目。

表 3-7　深水埗區法定古蹟、一級歷史建築、大學、醫院、自然保護區情況表

法定古蹟	深水埗東京街李鄭屋漢墓
一級歷史建築	欽州街 51 號戰前唐樓
大學	香港城市大學
醫院	明愛醫院、寶血醫院（明愛）
自然保護區	獅子山郊野公園（部分）

（截至 2017 年 7 月 1 日）

第八節　黃大仙區

一

黃大仙區位於九龍東北部，土地面積為 9.3 平方公里，人口約 42 萬人。本區東至飛鵝山，南接清水灣道及太子道東，西至聯合道及獅子山隧道，北抵大老山和獅子山，範圍包括黃大仙、新蒲崗、樂富、橫頭磡、竹園、鑽石山、慈雲山、牛池灣、彩虹等地。本區是全港唯一沒有海岸線的分區。本區最高山峰位於大老山（海拔 577 米）。本區設有四個分區委員會，分別為黃大仙中、黃大仙北、黃大仙東及黃大仙西南。

二

明代以來，衙前村和彭埔圍是本區主要村落。衙前村由東莞南遷的吳、李、陳三姓建村。清雍正年間（1723—1735）加建圍牆，改名衙前圍，該村為香港至今僅存的市區圍村建築。彭埔圍由福建莆田南遷的林氏建村，清初族人先後遷居至竹園和莆岡。清中葉，本區出現牛池灣、大磡等以客籍居民為主村落，以農業和採石業維生。

1921 年，赤松仙館於竹園村創建，供奉黃大仙，由嗇色園管理，1925 年改名赤松黃仙祠，本區亦由此得名。1934 年，葦庵法師和覺一法師於上元嶺建立佛教道場志蓮淨苑，逐步發展教育、福利、弘法、安老等服務。太平洋戰爭前，本區仍屬九龍鄉郊，遍布食品業廠房如醬園和涼果廠。

1940 年代至 1950 年代，本區為香港電影業重鎮，大磡村、鑽石山一帶遍布電影製片廠，以大觀製片廠為代表，同時也是導演和明星的聚居地，位於鑽石山的荷里活廣場和星河明居亦因此而命名。

1960 年代，港府在蒲崗村舊址發展工業區，命名為新蒲崗，成為二戰後香港新興工業區之一，行業以製衣、塑膠、電子、假髮、紙品為主。

1968 年至 1969 年，港府推行民政主任計劃，正式設立黃大仙區。1981 年至 1982 年，港府劃定地方選區，全港重劃為包括本區在內的 18 區。

隨着經濟發展和人口增長，區內文娛設施湧現。1965 年，啟德遊樂場開幕，設有新穎機動遊戲、動物園和水族館，是當時香港主要的遊樂場之一。1966 年，麗宮戲院開業，位於彩虹道，設有超過 3000 個座位，是當時香港最大型戲院。1982 年 4 月，啟德遊樂場結業，原址併入由康文署管理的彩虹道遊樂場；1992 年 3 月，麗宮戲院亦告結業，並改建為商住兩用的越秀廣場。

圖 3-33　竹園村黃大仙祠。黃大仙祠創建於 1921 年，當時名為赤松仙館，後於 1925 年改名為赤松黃仙祠。（攝於 2021 年，香港特別行政區政府提供）

圖 3-34　衙前圍村鳥瞰圖。衙前圍村為香港至今僅存的市區圍村建築，右方為啟德明渠。（攝於 1995 年，OLIVER TSANG/South China Morning Post via Getty Images）

圖 3-35　鑽石山志蓮淨苑。志蓮淨苑於 1934 年創建，後於現址重建，並於 2000 年啟用。（攝於 2013 年，香港特別行政區政府提供）

圖 3-36　新蒲崗啟德遊樂場。新蒲崗啟德遊樂場於 1965 年開幕，1982 年結業，原址改建為今彩虹道遊樂場。（約攝於 1960 年代，香港特別行政區政府提供）

1957 年 1 月，政府計劃徵收竹園村及周邊地段，興建徙置大廈，引起新九龍原居民集體抗爭。1957 年 4 月，竹園、衙前圍、牛池灣、大磡、元嶺、沙地園、坪頂、沙埔、坪石、牛頭角、茜草灣、茶果嶺及鯉魚門（前八者屬本區，後五者屬觀塘區）村民組成「九龍十三鄉聯合支援竹園村會」（由同年 3 月成立的「九龍十鄉聯合支援竹園村民會」擴大而成），爭取改善遷拆補償，同年政府作出讓步，解決事件。

自此，本區成為九龍公共房屋集中地，於 1950 年代末建成者計有老虎岩徙置區、黃大仙徙置區；1960 年代建成者計有東頭邨、橫頭磡邨、彩虹邨、慈雲山邨和沙田坳邨；1970 年代建成者計有美東邨、彩雲邨及富山邨。其中，橫頭磡邨位於獅子山南麓。1972 年電視劇《獅子山下》首播，取材該邨居民生活，反映香港普羅大眾精神面貌；1979 年，該劇同名主題曲始唱，獅子山成為本區以至全港地標。2007 年，市區重建局展開衙前圍村重建項目，2016 年村民全部遷出。

表 3-8　黃大仙區法定古蹟、一級歷史建築、醫院、自然保護區情況表

法定古蹟	聯合道白鶴山侯王古廟
一級歷史建築	黃大仙竹園村黃大仙祠
醫院	聖母醫院、香港佛教醫院、東華三院黃大仙醫院
自然保護區	獅子山郊野公園（部分）、馬鞍山郊野公園（部分）

（截至 2017 年 7 月 1 日）

第九節　油尖旺區

一

油尖旺區位於九龍西南部，是油麻地、尖沙咀及旺角三地合稱，土地面積約為 6.99 平方公里，人口約 34 萬人。本區東至東鐵綫旺角東站至紅磡站沿線，南臨維多利亞港，西至西九龍填海區，北至界限街，範圍包括油麻地、尖沙咀、旺角、大角咀、京士柏、佐敦等地。本區最高山峰位於京士柏山（海拔約 65 米）。本區是香港土地面積最小的分區。本區設有四個分區委員會，分別為油尖旺東、油尖旺南、油尖旺西及油尖旺北。

二

1860 年以前，芒角和尖沙咀為本區主要村落。英佔九龍以後，港府隨即透過填海、收

圖 3-37　旺角西洋菜南街行人專用區街頭表演情況。當晚為油尖旺區議會投票通過終止旺角行人專用區動議後的首個周日。（攝於 2018 年 5 月 27 日，中新圖片提供）

地，將尖沙咀發展為軍事和洋人商住地區，九龍西二號炮台、水警總區總部（今 1881 Heritage）和威菲路軍營（今九龍公園）分別於 1865 年、1884 年和 1892 年設立。大部分原居於尖沙咀鄉村的居民遷往油麻地，令油麻地逐漸發展為九龍最主要的華人社區。約於 1865 年，油麻地天后廟落成；1873 年，港府因應油麻地人口增加，興建油麻地警署。

1906 年，貫通本區全境的主幹道羅便臣道延線建成（1909 年改名彌敦道）。1916 年，尖沙咀火車站啟用；1921 年，天星碼頭巴士總站啟用。旺角碼頭和佐敦道碼頭及巴士總站亦分別於 1924 年及 1933 年啟用，太平洋戰爭前本區為九龍的交通樞紐。1910 年代，廣華醫院（1911）、油麻地果欄（1913）、油麻地避風塘（1915）先後落成；九龍首間電影院廣智戲院亦於油麻地落成（1910 年代）。1920 年代，俗稱「平民夜總會」的廟街市集形成。1928 年，半島酒店落成。1920 年代至 1930 年代，芒角由鄉村發展為工商業區，其間山東街和上海街形成商圈，金舖、錢莊、麻將館、裙褂刺繡業林立。至 1930 年代，芒角已改名「旺角」，取其興旺之意，並於同期發展為工業區，以織布、漂染業為主。

二戰後，尖沙咀發展為全港以至世界知名商貿和旅遊區。1960 年代，九龍倉碼頭和倉庫用地改建為海運大廈，成為香港當時最大型綜合商場，內設百貨公司、餐廳和郵輪碼頭。1987 年，九龍倉把海運大廈一帶統整成海港城購物區。1980 年代至 2000 年代，包括香港太空館（1980）、尖東聖誕燈飾（1981）、香港文化中心（1989）、香港科學館（1991）、香港藝術館（1991）、香港歷史博物館（1998）、幻彩詠香江（2004）、星光大道（2004）等文化設施和旅遊文娛項目先後面世。

圖 3-38　尖沙咀九龍倉今昔面貌對比。昔日九龍倉碼頭已改建為今日的海運大廈及海港城等購物中心。（上圖：香港特別行政區政府提供；下圖：攝於 2015 年，香港特別行政區政府提供）

圖 3-39　尖沙咀火車總站今昔面貌對比。尖沙咀火車總站於 1916 年啟用，於 1978 年拆卸，僅鐘樓原址保存，並於 1990 年被列為法定古蹟。火車總站拆卸後，陸續於原址附近落成香港文化中心、香港藝術館及香港太空館等文娛中心。（上圖：約攝於 1922 年，香港歷史博物館提供；下圖：攝於 2023 年，香港地方志中心拍攝）

圖 3-40　昔日油麻地佐敦道碼頭及巴士總站。佐敦碼頭及巴士總站隨九龍發展及填海工程拆卸，改建為港鐵柯士甸站。（約攝於 1980 年代，香港大學圖書館提供）

圖 3-41　紅磡香港理工大學。理工大學前身為香港官立高級工業學院，1957 年遷入現址，1994 年正名為香港理工大學。（香港理工大學提供）

1968 年至 1969 年，港府實施民政主任計劃，本區分屬油尖區和旺角區範圍。1981 年至 1982 年，全港重劃為包括油麻地區和旺角區在內的 18 區。1988 年，油麻地區更名為油尖區。1994 年，旺角區及油尖區合併成為油尖旺區。

1970 年代以後，旺角發展為全港零售和潮流文化區，形成各類商販街區，包括「花墟」（花墟道）、「金魚街」（通菜街近旺角道和弼街一段）、「雀仔街」（康樂街）、「女人街」（通菜街近登打士街和亞皆老街一段）、「波鞋街」（花園街）、西洋菜南街。2000 年，西洋菜南街部分路段劃為行人專用區，成為全港街頭表演熱點。

1990 年代，西九龍填海計劃展開，本區西部形成新土地，建成大角咀西、旺角西、九龍站商住區，包括奧海城（第一期於 2000 年落成）、尖沙咀星光大道（2004 年開幕）、圓方商場（2007 年落成）和西九文化區（臨時苗圃公園和 M+ 展亭於 2015 年至 2016 年啟用）在內的地標。

表 3-9　油尖旺區法定古蹟、一級歷史建築、大學、醫院情況表

法定古蹟	尖沙咀廣東道前水警總部、尖沙咀緬甸臺訊號山花園大包米訊號塔、尖沙咀前九廣鐵路鐘樓、尖沙咀彌敦道前九龍英童學校、尖沙咀彌敦道香港天文台、油麻地窩打老道東華三院文物館
一級歷史建築	尖沙咀九龍公園前威菲路軍營（第 S4、S61、S62 及 58 座、九龍西第二號炮台）、旺角荔枝角道雷生春、尖沙咀梳士巴利道半島酒店、尖沙咀漆咸道南玫瑰堂、油麻地加士居道前南九龍裁判法院、油麻地上海街舊水務署抽水站、尖沙咀柯士甸道嘉諾撒聖瑪利書院、油麻地天后古廟及其鄰接建築物、油麻地佐敦道九龍佑寧堂
大學	香港理工大學
醫院	伊利沙伯醫院、廣華醫院

（截至 2017 年 7 月 1 日）

第十節　離島區

一

離島區由二十多個島嶼組成，其中最大島大嶼山位於新界西南一隅。土地面積為 176.97 平方公里，人口約 16 萬人。本區東至蒲台島、南至內地與香港水域分界線，西至大澳和分流，北至赤鱲角香港國際機場，範圍包括大嶼山（東北部除外）、長洲、坪洲、喜靈洲、南丫島、蒲台島等島嶼。本區是香港土地面積最大、人口最少的分區。本區最高山峰位於鳳凰山（海拔 934 米）。本區設有兩個分區委員會，分別為大嶼山、坪洲／長洲／南丫。

二

離島區是香港人類活動歷史最為悠久的地區之一，從現時南丫島大灣考古遺址出土發現，香港先民早於約 7000 年前已在本區聚居生活。

東晉時期，盧循起事失敗，相傳餘部退居大嶼山，後世流傳「盧亭魚人」傳說，成為華南水上人起源說法之一。

北宋年間，本區為香港主要產鹽區，北宋政府在大嶼山設海南柵產鹽。南宋慶元三年（1197），南宋政府查禁大嶼山島民販製私鹽活動，引起島民起事。南宋政府調派福州摧鋒水軍鎮壓，盡殺島民。大澳曾是本區最重要的鹽業基地，二戰結束後初年仍有生產。

明代以來，本區主要村落分布於梅窩、貝澳、沙螺灣、石壁、大澳、白芒等地區，俱位於大嶼山。清初遷海復界後，長洲、坪洲、南丫島和蒲台島亦陸續出現村落，同時客家人遷入本區。清乾隆年間（1736—1795），長洲島民建立長洲墟，成為本區主要墟市。清道光年間（1821—1850），清朝政府建設東涌所城，設有炮台，作為大鵬右營的水師總部，以加強大嶼山及鄰近水道的防守。大澳和長洲是太平洋戰爭前香港主要漁港，亦為本區主要水上人聚居地。

太平洋戰爭前大嶼山已遍布宗教道場，包括 1883 年設立的純陽仙院及普雲仙院（1955 年更名鹿湖精舍）、1906 年設立的大茅蓬（1924 年更名寶蓮禪寺）和 1909 年設立的普明禪院，本區發展為香港佛道場所集中地。

二戰後初年，隨着大嶼山發展，各項大型基建工程逐步改變本區鄉郊面貌。1957 年，大嶼山東南公路梅窩至長沙段通車，是大嶼山首條公路（1969 年改名嶼南道）。1963 年，歷時八年建造的石壁水塘啟用，時為香港容量最大的水塘。1966 年，連接東涌至長沙的東涌道通車。

1960 年，南約理民府分拆為西貢理民府及離島理民府，本區屬離島理民府範圍。1963 年，西貢理民府及離島理民府重新合併為南約理民府，本區再歸屬南約理民府範圍。1969 年，南約理民府再次分拆為離島理民府及西貢理民府，本區再次歸屬離島理民府範圍。1981 年至 1982 年，全港重劃為包括本區在內的 18 區。

1990 年代，為配合香港機場核心計劃（又稱「玫瑰園計劃」），東涌發展為新市鎮。1997 年，東涌新市鎮落成開幕，自此成為本區交通樞紐以及人口最密集地區。1998 年，位於赤鱲角的香港國際機場啟用，本區成為香港航空樞紐；東涌綫與機場快綫亦於同年啟用，改善大嶼山與港九市區的交通。

二戰後至今，本區是本地和國際遊客的遊覽熱點。除大嶼山北部發展機場和新市鎮外，區

圖 3-42　赤鱲角香港國際機場於 1998 年啟用。(攝於 2018 年，香港機場管理局提供)

內大致維持鄉郊面貌，大澳、長洲等地仍保留傳統風俗。1982 年以來，愉景灣住宅區陸續入伙，後發展為集住宅、酒店、商場及自然風光的外國人聚居熱點。此外，天壇大佛(1993)、亞洲國際博覽館(2005)、昂坪 360 觀光纜車(2006)先後落成啟用，鞏固本區的旅遊資源。2017 年 6 月，特區政府公布《可持續大嶼藍圖》，闡述「北發展、南保育」總體規劃原則，即北大嶼山集中經濟、房屋等發展項目，南大嶼山則聚焦保育和休閒康樂。

表 3-10　離島區法定古蹟、一級歷史建築、醫院、自然保護區情況表

法定古蹟	大嶼山分流石圓環、大嶼山分流炮台、大嶼山石壁石刻、蒲台島石刻、長洲石刻、東涌小炮台、東涌炮台、橫瀾島橫瀾燈塔
一級歷史建築	長洲東灣北社街玉虛宮、大澳寶珠潭楊侯古廟
醫院	北大嶼山醫院、長洲醫院
自然保護區	北大嶼郊野公園、南大嶼郊野公園、北大嶼(擴建部分)郊野公園(部分)、大嶼山西南海岸公園

(截至 2017 年 7 月 1 日)

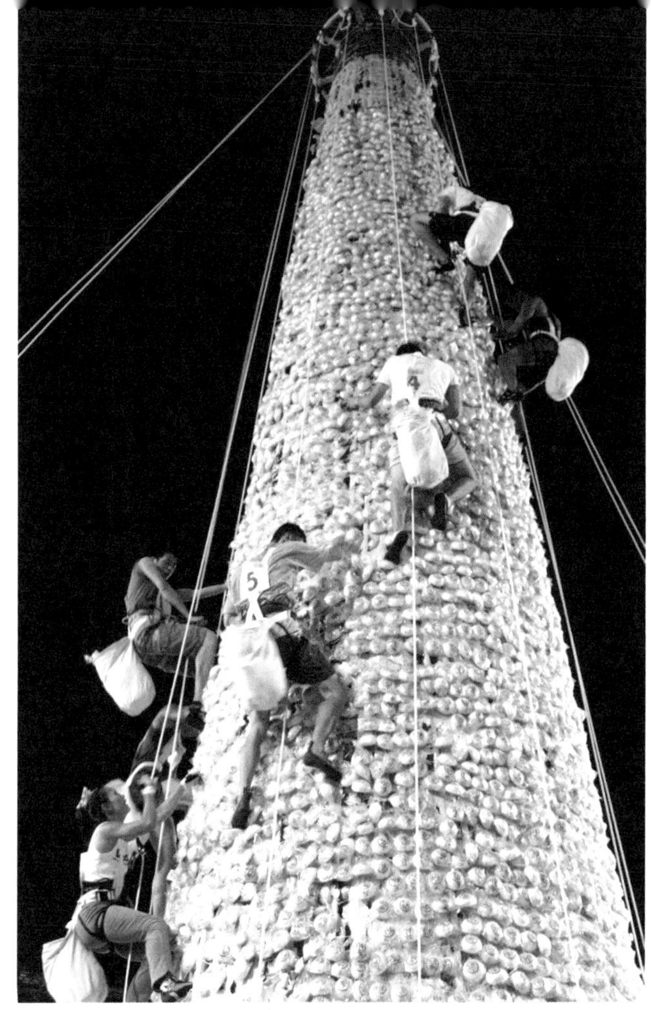

圖 3-43　2005 年搶包山活動，是自 1978 年活動發生意外後首次復辦，形式由傳統搶太平包改為體育比賽模式舉行。（攝於 2005 年 5 月 16 日，南華早報出版有限公司提供）

圖 3-44　大澳漁村面貌。（攝於 2013 年，wsboon images/Moment via Getty Images）

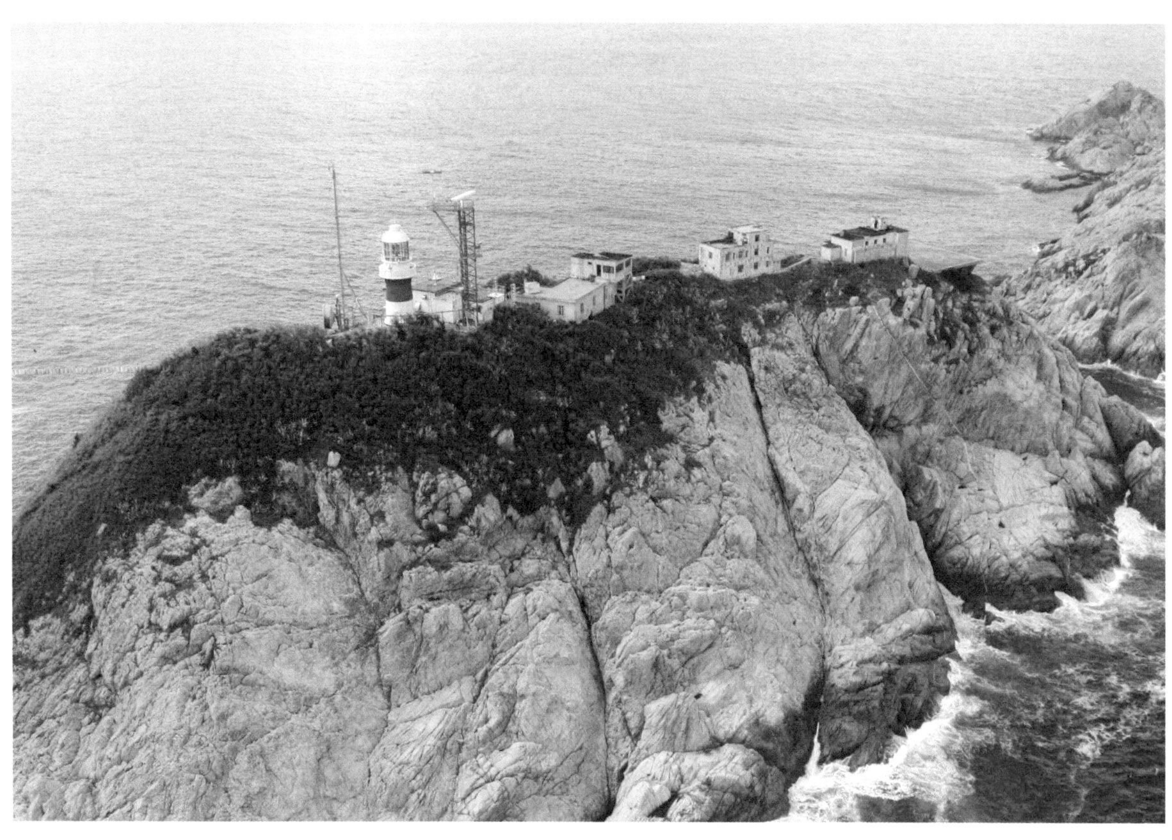

圖 3-45　橫瀾燈塔於 1893 年落成啟用，2000 年被列為法定古蹟。（攝於 2009 年，古物古蹟辦事處提供）

圖 3-46　石壁水塘於 1963 年落成啟用，為當時全港儲水量最大水塘，為香港島提供食水。（攝於 1992 年，香港特別行政區政府提供）

第十一節　葵青區

一

葵青區位於新界中南部，是葵涌及青衣兩地合稱，土地面積為 23.34 平方公里，人口約 52 萬人。本區東至金山郊野公園，南接維多利亞港，西至德士古道和馬灣海峽，北至城門水塘，範圍包括青衣、葵芳、葵興、大窩口、石籬、荔景、石蔭等地。本區最高山峰位於三支香（海拔 336 米）。本區設有五個分區委員會，分別為葵涌西、葵涌中南、葵涌東北、青衣東北及青衣西南。

二

清初以來，九華徑、下葵涌、涌美、老屋、藍田、新屋、大王下、鹽田角為本區主要村落，分別位於葵涌（前兩者）和青衣（後六者），皆由清康熙遷海復界後遷入的客家族群建立。青衣塘（今青怡花園）和門仔塘（今青衣城）則為區內主要水上人聚居地。英國租借新界後，青衣發展小型工業，包括石灰廠、火水廠、陶瓷廠和造船廠，至太平洋戰爭前青衣已為全港石灰業重地。青衣舊墟（青衣塘附近）為區內傳統商業中心。

1949 年，荔枝園遊樂場（後改稱荔園）開幕，是二戰後半世紀香港主要遊樂場和旅遊景點之一，設有機動遊戲、劇場、宋城、動物園等設施。1960 年代，港府發展荃灣新市鎮（當時本區屬荃灣理民府）並於藍巴勒海峽兩岸開展填海工程，增加本區沿岸可發展地段。

1960 年代至 1970 年代，本區發展為工業區，輕工業集中於葵涌，以紡織、製衣、電子及塑膠業為主，工廠大廈遍布葵芳、葵興、石籬等地；重工業集中於青衣，以能源、化工、水泥、造船為主。青衣島北岸及西岸鑊底灣是船廠及船塢集中地，包括聯合船塢。青衣島南部是香港的油庫集中地，包括中國石油化工、蜆殼及埃克森美孚等國際著名企業皆在此設立油庫。

1970 年代以來，本區亦發展為國際物流中心。1972 年，葵涌貨櫃碼頭一號碼頭啟用，至今有一至九號共九個貨櫃碼頭，俱位於藍巴勒海峽兩岸，是世界最繁忙的貨櫃碼頭之一。自 1974 年連接青衣和葵涌的青衣大橋通車後，本區陸續落成啟用七條跨海大橋，包括青荃橋（1987）、青馬大橋（1997）、長青橋（1997）、青荔橋（鐵路橋）（1998）、汀九橋（1998）、葵青橋（1999）和昂船洲大橋（2009），青衣和葵涌兩地連接更緊密，其中青衣是擁有最多跨海大橋接駁的香港島嶼。

1985 年，港府從荃灣區劃出葵涌一帶及青衣島，正式設立葵涌及青衣區，並於 1988 年易名為葵青區。

1980 年代起因應香港製造業北移，本區工業式微，轉型為商業及住宅區，工業活動收縮於青衣島西南部。1990 年代，葵涌廣場、新都會廣場和青衣城先後落成，成為區內商業中心。

表 3-11　葵青區法定古蹟、一級歷史建築、醫院、自然保護區情況表

法定古蹟	葵青城門水塘紀念碑
一級歷史建築	葵青城門水塘主壩
醫院	瑪嘉烈醫院、葵涌醫院
自然保護區	城門郊野公園（部分）、金山郊野公園（部分）

（截至 2017 年 7 月 1 日）

圖 3-47　葵涌貨櫃碼頭一號碼頭於 1972 年落成啟用，至今已在藍巴勒海峽兩岸發展至九號貨櫃碼頭。（攝於 2012 年，香港特別行政區政府提供）

圖 3-48　青馬大橋於 1997 年啟用，全長 2160 米，屬青嶼幹線一部分，連接青衣及馬灣。（攝於 2011 年，香港特別行政區政府提供）

圖 3-49　荔園遊樂場於 1949 年開業，1997 年結業清拆，原址改建為盈暉臺等屋苑。（攝於 1949 年，荔園有限公司提供）

圖 3-50　城門水塘於 1935 年率先啟用，水塘主壩於 1937 年完全落成，是首個把食水由新界輸往香港島的水塘。（攝於 2019 年，香港特別行政區政府提供）

第十二節　北區

一

北區位於新界北部，土地面積為 136.48 平方公里，人口約 32 萬人。本區東至大鵬灣白沙洲，南至九龍坑，西至落馬洲，北至深圳河與深圳市接壤，範圍包括上水、粉嶺、沙頭角、打鼓嶺（傳統上稱為「上粉沙打」區）。本區最高山峰位於黃嶺主峰以西山峰（海拔 605 米）。本區保留鄉郊特色，不設分區委員會，由鄉事委員會負責分區委員會工作。

二

南宋以來，粉嶺、上水、河上鄉和龍躍頭是本區主要村落的分布地，分別由彭氏、廖氏、侯氏、鄧氏等家族建立。清初遷海復界後，客家人遷入本區，集中於東部和北部建村，形成「沙頭角十約」、「打鼓嶺六約」等鄉村同盟。本區遍布香港本地、客家兩個族群的主要家族，建有粉嶺圍、上水圍、丙岡圍等圍村，以及石湖墟、東和墟、聯和墟等墟市。沙頭角和吉澳則為區內主要水上人聚居地。

英國租借新界後，本區與元朗區的北界成為香港與內地的分界線。1911 年，九廣鐵路全線通車，羅湖成為跨境鐵路站；連接粉嶺和沙頭角邊境的支線，亦於 1912 年至 1928 年期間運作。1938 年，省港公路通車，文錦渡設立邊境分卡。

蓮麻坑村民葉定仕是辛亥革命元老，同盟會暹羅分會會長。他的居所仿照孫中山翠亨村的故居而建，2009 年被列為法定古蹟。蓮麻坑設有全港最大鉛鋅礦場，十九世紀初已由葡萄牙人開採，1930 年代為礦業全盛期，「中國留學生之父」容閎的長子容覲彤曾在此經營礦山達八年之久。

日佔時期，本區為東江縱隊港九獨立大隊在港主要據點之一。烏蛟騰建有「烏蛟騰抗日英烈紀念碑」，於 2015 年列入第二批國家級抗戰紀念設施、遺址名錄。

二戰後，本區邊境設施強化，並形成羅湖、文錦渡和沙頭角等口岸。1950 年代，港府將本區沙頭角至元朗區米埔的合共 2800 公頃土地劃為邊境禁區，居民出入需領取政府簽發的許

圖 3-51　龍躍頭老圍門樓及圍牆。龍躍頭老圍約建於 1362 年至 1368 年，1997 年被列為法定古蹟。（攝於 2015 年，古物古蹟辦事處提供）

可證；同期，港府在粵港邊境修築鐵絲網，結束兩地居民的自由往來。粵港邊界上的沙頭角中英街是一條極具特色的街道，回歸前由中英兩國共同管治。回歸後變成一街「一國兩制」，市民可以自由在街上穿過無形的邊界。2000 年代，內地居民個人遊計劃（自由行）實施，上水和羅湖發展為本區以至全港民間邊境貿易熱點。2008 年至 2016 年，邊境禁區土地釋放，禁區面積縮減至約 400 公頃。

1979 年，港府從大埔理民府劃出上水、粉嶺、沙頭角一帶，正式設立北區理民府。1981 年至 1982 年，全港重劃為包括本區在內的 18 區。

1980 年代，港府發展粉嶺／上水新市鎮，由上水和粉嶺兩分區組成；同期粉嶺東北部設立工業區（安樂村工業區），提供輕工業和貨倉用地。2010 年代，特區政府落實新界東北新發展區規劃，將古洞北和粉嶺北劃為新發展區。

本區為二戰後香港主要農業區和鄉郊保育試驗區。1961 年，港府設立大隴實驗農場，是全港唯一政府經營的實驗農場。2016 年，特區政府提出蕉徑農業園規劃，以提升生產力和推廣現代農場管理。塱原和荔枝窩是近年全港鄉郊保育的主要試點。

圖 3-52　荔枝窩村鳥瞰圖。荔枝窩村由客家曾氏及黃氏約於 300 年前建村。近年由村民、大學及相關組織合作，推動鄉郊保育和復耕。（攝於 2021 年，Yiu Man Yeung/EyeEm via Getty Images）

圖 3-53　昔日中英街景況。港粵雙方警察及公安在中英街巡邏及站崗情況，左方為兩名香港警長，右方為廣東公安邊防總隊第六支隊十三中隊兩名隊員。（攝於 1985 年，新華社提供）

圖 3-54　今天的中英街。1997 年由深圳市政府豎立圖中央石碑，而標示中英街界碑已於 1989 年 6 月列為廣東省重點文物保護單位。（攝於 2019 年，新華社提供）

2009 年，本區東部（印洲塘一帶）被納入香港國家地質公園的一部分（屬新界東北沉積岩園區），並於 2011 年成為中國香港世界地質公園（2015 年更名為香港聯合國教科文組織世界地質公園）的一部分。

表 3-12　北區法定古蹟、一級歷史建築、醫院、自然保護區情況表

法定古蹟	上水河上鄉居石侯公祠、粉嶺龍躍頭天后宮、粉嶺坪輋長山古寺、上水廖萬石堂、粉嶺龍躍頭老圍門樓及圍牆、粉嶺龍躍頭松嶺鄧公祠、粉嶺龍躍頭麻笏圍門樓、粉嶺龍躍頭覲龍圍（門樓、圍牆及更樓）、沙頭角上和坑鏡蓉書屋、沙頭角蓮麻坑村葉定仕故居、沙頭角下禾坑發達堂
一級歷史建築	粉嶺龍躍頭崇謙堂村（乾德樓主樓、乾德門、石盧主樓、石盧附屬建築物）、上水松柏塱客家圍（民居、更樓、圍牆及圍門、書室、錫宗黃公祠）、粉嶺粉嶺圍彭氏宗祠、沙頭角香園圍（1A，1，1B，2 及 3 號、4 及 5 號、4 號更樓、76 至 78 號）、粉嶺龍躍頭新屋村善述書室、上水古洞愛園別墅、上水圍莆上村應龍廖公家塾、粉嶺龍躍頭東閣圍、上水古洞行政長官粉嶺別墅、沙頭角山咀協天宮、上水金錢味峰侯公祠
醫院	北區醫院
自然保護區	船灣郊野公園（部分）、八仙嶺郊野公園（部分）、林村郊野公園（部分）、船灣（擴建部分）郊野公園（部分）、荔枝窩特別地區、印洲塘特別地區、印洲塘海岸公園

（截至 2017 年 7 月 1 日）

第十三節　西貢區

一

西貢區位於新界東部，土地面積為 129.64 平方公里，人口約 47 萬人。本區東至大浪灣，南至東龍島，西至飛鵝山，北至蚺蛇灣，範圍包括西貢市中心、將軍澳、清水灣、白沙灣、滘西洲、糧船灣等地。本區最高山峰位於飛鵝山（海拔 602 米）。本區設有三個分區委員會，分別為將軍澳（北）、將軍澳（南）及西貢分區委員會。

二

明代以來，蠔涌、沙角尾是本區主要村落。清初遷海復界後，客家人陸續遷入，覆蓋全區山地和沿海，大多是人煙稀少的雜姓村落。糧船灣、滘西洲及布袋澳為本區主要水上人聚居地，分成操粵語和操閩南語兩大群體。由明清至二戰後初年，鄉民以漁農業維生，製灰和曬鹽亦為重要副業。上窰和海下為區內製灰業基地，滘西洲及鹽田梓則為鹽業中心，至今仍保留工場遺址。

圖 3-55　香港科技大學於 1991 年開始辦學。（攝於 2013 年，香港科技大學提供）

英國租借新界後，西貢墟及坑口墟發展為交通及商業中心，本區物產透過兩個墟市運往香港島及九龍出售。二十世紀初期，將軍澳出現工業活動，包括麵粉廠和釀酒工場。

抗戰時期，西貢是東江縱隊港九獨立大隊的主要活動地區之一，1942 年 2 月 3 日港九大隊在黃毛應村成立。本區大浪、大埔赤徑等村莊曾是港九大隊大隊部所在地。1989 年，斬竹灣抗日英烈紀念碑落成。[2]

隨着 1949 年中華人民共和國成立，部分國民黨人員、官兵及家屬南遷香港，獲港府安排聚居於調景嶺；1961 年，調景嶺居民經港府登記後，可獲無限期居留權，形成二戰後香港具獨特政治傾向的社區。

1950 年代初，英軍於牛尾海設立操炮區，滘西村居民遷往白沙灣。1970 年代初，港府於官門海峽興建萬宜水庫，附近水陸居民分別遷往對面海和西貢墟。1978 年，萬宜水庫啟用，是香港最大的水塘，儲水量達 2.73 億立方米。

2　斬竹灣抗日英烈紀念碑已於 2020 年 9 月 1 日被列入第三批國家級抗戰紀念設施、遺址名錄。

圖 3-56　昔日調景嶺寮屋區。調景嶺寮屋區於 1950 年代陸續建成，主要由親國民黨人士居住，至 1996 年被清拆。（香港歷史博物館提供）

圖 3-57　調景嶺今貌。圖中可見香港知專設計學院及維景灣畔、都會駅及城中駅等私人屋苑。（攝於 2022 年，香港地方志中心拍攝）

圖 3-58　圖為港九大隊老戰士重訪大隊當日駐地西貢赤徑聖家小堂。（攝於 1987 年，劉蜀永提供）

圖 3-59　圖為香港聯合國教科文組織世界地質公園西貢火山岩園區糧船灣景區破邊洲。（攝於 2016 年，香港特別行政區政府提供）

1960 年，南約理民府分拆為西貢及離島兩理民府，本區屬西貢理民府範圍。1963 年，西貢及離島理民府重新合併為南約理民府，本區再歸屬南約理民府範圍。1969 年，南約理民府再次分拆為離島及西貢兩理民府，本區再次歸屬西貢理民府範圍。1981 年至 1982 年，全港重劃為包括本區在內的 18 區。

1960 年代，坑口及將軍澳展開填海工程，開闢工業區，以鋼鐵和造船為主要行業。1980 年代，港府發展將軍澳新市鎮，屋邨和商場陸續落成。1994 年，將軍澳工業邨啟用。近午工業式微，電視台和報館相繼進駐，成為香港傳媒機構集中地。1996 年，隨着新市鎮的拓展，港府清拆調景嶺寮屋區。

1980 年代以來，本區捕撈漁業沒落，水上居民轉型從事旅遊業、海魚養殖及海鮮餐飲業；加上郊野公園、海岸公園和地質公園的劃定，本區成為遠足、遊船觀光、水上活動熱點，素有「香港後花園」之稱。2009 年，本區大部分被納入香港國家地質公園的一部分（屬西貢火山岩園區），並於 2011 年成為中國香港世界地質公園（2015 年更名為香港聯合國教科文組織世界地質公園）的一部分。

表 3-13　西貢區法定古蹟、一級歷史建築、大學、醫院、自然保護區情況表

法定古蹟	滘西洲石刻、東龍洲石刻、大廟灣刻石、龍蝦灣石刻、東龍洲炮台、北潭涌上窰村、佛頭洲稅關遺址、滘西洲洪聖古廟
一級歷史建築	西貢蠔涌道車公古廟、西貢大廟灣佛堂門天后古廟、調景嶺茅湖山觀測台、西貢清水灣道邵氏片場（建築群、行政大樓）
大學	香港科技大學
醫院	將軍澳醫院、靈實醫院
自然保護區	西貢東郊野公園（部分）、西貢西郊野公園（部分）、馬鞍山郊野公園（部分）、橋咀郊野公園、清水灣郊野公園、香港聯合國教科文組織世界地質公園（西貢火山岩園區）

（截至 2017 年 7 月 1 日）

第十四節　沙田區

一

沙田區位於新界中部偏東，土地面積為 68.71 平方公里，人口約 68 萬人。本區東至馬鞍山主峰，南至筆架山、尖山，西至金山，北至烏溪沙、沙田海，範圍包括沙田、大圍、火炭、馬鞍山、馬料水、小瀝源等地。本區是 2017 年香港人口最多的分區，最高山峰位於牛押山（海拔 674 米）。本區設有四個分區委員會，分別為沙田西一、沙田西二、沙田東一及沙田東二。

二

本區於明清時期盛產莞香（又名土沉香）。明代以來，積存圍（大圍）、田心圍是本區主要村落。清初遷海復界後，客家人陸續遷入建村，建立沙田圍、山下圍（曾大屋）、王屋村等村落。至十九世紀，本區村落統稱「瀝源九約」，有記述區內風貌《瀝源九約竹枝詞》傳世。大圍車公廟是本區主要寺廟，建於清中葉以前，凝聚九約村民，亦是近年全港市民農曆新年的參拜熱點。

本區古代通稱瀝源，英國租借新界後，沙田之名取代瀝源沿用至今。太平洋戰爭前，排頭、田寮村以西山地發展為本區宗教勝地，遍布教堂和寺廟，包括道風山基督教叢林。

二十世紀初期，針山和馬鞍山分別出現勘探、試掘鎢礦和鐵礦活動。1930 年代，港府向馬鞍山經營的礦業公司發出營業牌照，開採尚屬試驗性質。二戰後，馬鞍山是香港最大型礦業區，高峰期僱用約 5000 名礦工。1976 年，礦業公司停產。此後，馬鞍山闢為沙田新市鎮的擴展部分。

圖 3-60　沙田馬場位於城門河西岸，1978 年落成啟用，主要於周末及假期舉行日間賽馬賽事。（攝於 2012 年，Warton Li/South China Morning Post via Getty Images）

圖 3-61　大圍車公廟今昔面貌對比。車公誕每年四次，當中以正月初二的頭誕最為熱鬧，政府曾按傳統派官員於當日為香港求籤，2004 年起改為由鄉議局主席為香港求籤。而一般市民習慣於正月初三「赤口」前往參拜。（上圖：攝於 1978 年 2 月 9 日，南華早報出版有限公司提供；下圖：攝於 2015 年 2 月 21 日，南華早報出版有限公司提供）

1950 年代初，沙田火車站對開田地展開私人填海及建造工程，以建設墟市。1956 年，沙田墟落成，名為沙田新市，佔地約 15 萬平方呎，是本區首個墟市。

1974 年，港府從大埔理民府劃出沙田一帶，正式設立沙田理民府。1981 年至 1982 年，全港重劃為包括本區在內的 18 區。

1970 年代，港府將本區發展為新市鎮，逐步清拆沙田墟，原址興建沙田新城市廣場，為今天沙田市中心。同期，大圍、火炭及圓洲角開發為輕工業區。圓洲角、插桅杆一帶曾為區內水上居民主要分布地，隨着新市鎮填海工程的拓展，水上人社區消失，部分移至亞公角漁民新村。

圖 3-62　沙田城門河。圖中此處本為海灣，歷經填海工程後形成城門河人工河道，兩岸設有多項文娛設施及住宅建築。（約攝於 2000 年，香港特別行政區政府提供）

圖 3-63　沙田九約太平清醮，醮期四日五夜，是區內傳統盛事。（約攝於 2015 年，沙田鄉事委員會提供）

圖 3-64　香港中文大學於 1963 年由新亞、崇基、聯合三家書院合併而成，1969 年遷入現址，校園佔地 137.3 公頃。圖中央為衛星遙感地面接收站（白色球體）和聯合書院水塔。（攝於 2006 年，香港中文大學提供）

城門河是本區最大河流，也是全港發源地最高河流，流域面積幾乎覆蓋全區。1970 年代以來，該河氾濫和水質問題，是本區核心民生議題。1970 年，香港天文台專設氣象警告「城門河水浸警告」。經過各方整治，1986 年以來，流域內十個監測站的五天生化需氧量穩步下降，城門河水質有顯著改善。

二戰後至今，本區文化及文娛設施集中於城門河人工河段兩旁，包括沙田馬場、沙田公園和香港文化博物館。1978 年，沙田馬場開幕，為香港第二個賽馬場，同時是香港主要體育場地。2008 年北京奧運，香港協辦馬術項目，以沙田馬場為主賽場地。

表 3-14　沙田區法定古蹟、一級歷史建築、大學、醫院、自然保護區情況表

法定古蹟	金山郊野公園九龍水塘主壩在內五項建築物、沙田圓洲角王屋村古屋
一級歷史建築	沙田曾大屋、沙田九龍接收水塘（水壩及水掣房）
大學	香港中文大學
醫院	威爾斯親王醫院、沙田醫院、白普理寧養中心、沙田慈氏護養院、仁安醫院
自然保護區	大埔滘自然護理區（部分）、金山郊野公園（部分）、獅子山郊野公園（部分）、馬鞍山郊野公園（部分）、城門郊野公園（部分）、大帽山郊野公園（部分）

（截至 2017 年 7 月 1 日）

第十五節　大埔區

一

大埔區位於新界東北部，土地面積為 136.11 平方公里，人口約 31 萬人。本區東至大鵬灣東平洲，南至馬鞍山大金鐘主峰，西至大刀屻、嘉道理農場，北至八仙嶺至黃竹角咀。本區分為大埔和西貢北兩個地區，範圍包括大埔、太和、大埔滘、林村、汀角、船灣、榕樹澳、塔門等地，最高山峰位於四方山（海拔 785 米）。本區保留鄉郊特色，不設分區委員會，由鄉事委員會負責分區委員會工作。

二

明代以來，大埔頭、林村、太坑和碗窰是本區主要村落。清初遷海復界後，客家人遷入建村，分布於吐露港沿岸、西貢半島北部。清康熙年間，大埔頭鄧氏設立大埔墟；清光緒年間，大埔七約興建太和市，皆為今新界地區主要墟市。元洲仔和三門仔為本區主要水上人聚居地，分成操粵語和操閩南語兩大群體。本區為香港珍珠業和陶瓷業中心。南漢至明代，吐露港為歷朝政府採珠重地；1950 年代至今，則為本港最大珍珠養殖基地。明中葉至清末，碗窰盛產青花瓷器，產品銷售至南方沿海及東南亞。

1899 年英國接管新界期間，本區村落與元朗地區村落聯合抗英，以失敗告終。1900 年代以來，本區發展為新界行政中心，北約理民府、新界警察總部、新界政務司官邸均位於本區。1910 年至 1913 年，大埔滘和大埔墟火車站（今香港鐵路博物館）先後落成，本區設有兩個九廣鐵路火車站，奠定新界交通樞紐角色。

1924 年，新界農工商業研究總會在大埔墟成立（兩年後改名新界鄉議局），是首個代表全新界居民的合法組織。1926 年，港府開辦大埔官立漢文師範學校，是新界首間中文師範學校。

圖 3-65　舊大埔墟火車站月台。舊大埔墟火車站於 1913 年建成啟用，是九廣鐵路沿線車站之一。1983 年新站（今東鐵綫大埔墟站）落成後，舊站隨即停用，並於 1984 年被列為法定古蹟，1985 年改為香港鐵路博物館。（約攝於 1965 年，香港文化博物館藏品，九廣鐵路公司捐贈）

1947 年，港府將北約理民府分拆為大埔理民府及元朗理民府，本區屬於大埔理民府範圍。1974 年，沙田從本區劃出自成一區。1979 年，北區從本區劃出自成一區。1981 年至 1982 年，全港重劃為包括本區在內的 18 區。

1956 年，嘉道理農業輔助會於林村白牛石設立實驗農場，向本地農民提供相關教育與培訓（1995 年易名嘉道理農場暨植物園）。1960 年代，為配合船灣淡水湖工程，港府安排水陸居民遷移，船灣六鄉村民移往今大埔市中心，建立六鄉新村，水上居民遷往今三門仔漁民新村。1969 年，船灣淡水湖落成啟用，1973 年完成擴建工程，水塘容量為 2.3 億立方米。1977 年，港府劃定大埔滘自然護理區，佔地約 460 公頃，是香港首個、也是最大的特別地區。

1979 年，大埔發展為新市鎮。1980 年，大埔工業邨啟用，是香港首個工業邨。1970 年代中期，吐露港西岸展開填海工程，至 1990 年代中期，共填海造地 300 多公頃。1997 年，大埔海濱公園開幕，佔地約 22 公頃，設有「香港回歸紀念塔」（2007 年增設「香港回歸十周年紀念雕塑」），是香港面積最大的公園。2002 年，位於白石角的香港科學園開幕，是香港最大科技產業基地。2009 年，本區大部被納入香港國家地質公園的一部分（分屬新界東北沉積岩園區和西貢火山岩園區），並於 2011 年成為中國香港世界地質公園（2015 年更名為香港聯合國教科文組織世界地質公園）的一部分。

圖 3-66　大埔運頭角里舊北區理民府。舊北區理民府建於 1907 年，為新界北約理民府辦公室，1983 年停用。1981 年被列為法定古蹟。（攝於 2014 年，古物古蹟辦事處提供）

圖 3-67　大埔林錦公路嘉道理農業輔助會白牛石試驗及推廣農場。農場於 1956 年修建，旨在教導本地農民有效的耕作及畜牧方法，1995 年改名為嘉道理農場暨植物園。（約攝於 1957 年，嘉道理農場暨植物園提供）

圖 3-68　大埔露屏路香港教育大學。1994 年由羅富國教育學院、葛量洪教育學院、柏立基教育學院、香港工商師範學院及語文教育學院合併成香港教育學院，並於 1997 年遷入大埔現址，2016 年正名為香港教育大學。（攝於 2016 年，香港教育大學提供）

表 3-15　大埔區法定古蹟、一級歷史建築、大學、醫院、自然保護區情況表

法定古蹟	大埔運頭角里舊北區理民府、大埔公路元洲仔前政務司官邸、大埔碗窰村碗窰、大埔富善街文武二帝廟、大埔墟崇德街舊大埔墟火車站、大埔大埔頭村敬羅家塾、大埔上碗窰樊仙宮
一級歷史建築	大埔白沙澳何氏舊居（更樓及廂房、門樓及廂房、何氏祠堂、何氏祠堂兩側廂房）、大埔白沙澳下洋京兆世居及厚福門、大埔大埔滘瞭望里大埔瞭望台、大埔運頭角里舊大埔警署
大學	香港教育大學
醫院	大埔醫院、雅麗氏何妙齡那打素醫院
自然保護區	船灣郊野公園（部分）、船灣（擴展部分）郊野公園（部分）、城門郊野公園（部分）、大帽山郊野公園（部分）、八仙嶺郊野公園（部分）、馬鞍山郊野公園（部分）、西貢東郊野公園（部分）、西貢西郊野公園（部分）、林村郊野公園（部分）、西貢西（灣仔擴建部分）郊野公園、大埔滘自然護理區（部分）、東平洲海岸公園、海下灣海岸公園

（截至 2017 年 7 月 1 日）

第十六節　荃灣區

一

荃灣區位於新界中部偏西，土地面積為 61.94 平方公里，人口約 32 萬人。本區東至草山、針山，南至大嶼山東北角，西至大欖涌水塘，北至大帽山一帶，範圍包括荃灣市中心、梨木樹、汀九、深井、青龍頭、馬灣、大嶼山欣澳等地。香港最高山峰大帽山（海拔 957 米）位於本區。本區設有四個分區委員會，分別為荃灣東、荃灣中、荃灣西及荃灣郊區。

二

荃灣老圍、海壩村、楊屋村、油柑頭、關門口和三棟屋等是本區主要村落，主要由清康熙遷海復界後遷入的客家人建立。馬灣為本區主要水上人聚居地。荃灣菠蘿曾是香港聞名特產，於區內山地種植。海壩村的墟市為區內商業中心。

英國租借新界後，本區傳統經濟面貌改變。1919 年青山公路全線通車以後，本區出現零星工業，包括德士古石油公司及香港啤酒廠等。1930 年代，港府修築城門水塘，是新界首個供水給市區的水塘。為配合城門水塘工程，港府清拆包括城門老圍、白石窩、芙蓉山在內的城門八村，並將村民遷往錦田、大埔等地。同期，港府修築橫跨本區、沙田和西貢的醉

圖 3-69　昔日荃灣古屋里三棟屋。三棟屋村於 1786 年由陳姓客家人建立，是典型的客家圍村。由於荃灣區城市發展，村民於 1980 年遷出三棟屋村，1981 年被列為法定古蹟，並於 1987 年改建為今三棟屋博物館。（攝於 1979 年，Yau Tin-kwai/South China Morning Post via Getty Images）

酒灣防線，當中建有城門碉堡，為香港防禦日軍入侵港九的主要防線。

1957 年，港府從南約理民府劃出荃灣、葵涌、青衣及馬灣等一帶，正式設立荃灣理民府。1981 年至 1982 年，全港重劃為包括本區在內的 18 區。1985 年，港府鑒於本區人口逐漸增加，將葵涌及青衣島從本區劃出，另設葵涌及青衣區。

1959 年起，港府發展荃灣新市鎮（初期稱為衛星城市），在醉酒灣和荃灣填海（今青山公路以南土地），以作工業和住宅用途。南豐紗廠、中國染廠、南海紗廠等大型工廠到本區設廠。工廠大廈集中於青山道至九咪半，大多由上海地區遷港資本家興辦，自此本區成為二戰後香港紡紗、織布和漂染工業的重地。

近年隨着香港工業式微，區內部分廠房和工廠大廈活化為住宅、商場和商廈，包括南豐紗廠、麗城花園及中染大廈等等。1980 年代至今，區內鐵路站、大型屋苑和商場陸續組成行人天橋網絡，連繫整個荃灣市中心，是全港有蓋行人天橋網絡的代表之一。

本區為香港郊野公園保護區制度發源地。1971 年，港府在城門水塘推行試驗計劃，設置香港首個郊遊及燒烤試驗區。1977 年，城門郊野公園與獅子山、金山同被指定為香港首批刊憲郊野公園。此外，香港迪士尼樂園（2005 年開幕）和馬灣公園（2007 年開幕）是本區以至全港的主要主題公園。

圖 3-70　荃灣白田壩街南豐紗廠今昔面貌對比。南豐紗廠於 1954 年成立，並一度成為全港最高產量的紗廠之一。2008 年南豐紗廠停止營運，並於 2014 年宣布將會活化紗廠。（上圖：香港大公文匯傳媒集團提供；下圖：攝於 2018 年，香港特別行政區政府提供）

圖 3-71 香港迪士尼樂園於 2005 年開幕，是全球第五個迪士尼樂園，園區範圍橫跨荃灣區和離島區。（攝於 2021 年，香港特別行政區政府提供）

圖 3-72 荃灣德華街海壩村古屋。海壩村於十八至十九世紀建村，是一條雜姓客家村落。海壩村於 1980 年代清拆，原址一帶重建為今賽馬會德華公園，古屋得以保留，1986 年被列為法定古蹟。（攝於 2015 年，古物古蹟辦事處提供）

表 3-16　荃灣區法定古蹟、一級歷史建築、醫院、自然保護區情況表

法定古蹟	汲水門燈籠洲燈塔、荃灣德華街德華公園海壩村古屋、荃灣古屋里三棟屋村
一級歷史建築	荃灣城門水塘（水掣房、鐘形溢流口）
醫院	仁濟醫院、香港港安醫院—荃灣
自然保護區	大欖郊野公園（部分）、城門郊野公園（部分）、大帽山郊野公園（部分）、北大嶼（擴建部分）郊野公園（部分）

（截至 2017 年 7 月 1 日）

第十七節　屯門區

一

屯門區位於新界西南部，土地面積為 83.01 平方公里，人口約 49 萬人。本區東至田夫仔，南至龍鼓水道的大、小磨刀，西至龍鼓灘，北至圓頭山，範圍包括屯門市中心、藍地、掃管笏、大欖涌、稔灣、龍鼓灘等地。本區最高山峰位於青山（海拔 583 米）。本區設有五個分區委員會，分別為屯門大興及山景、屯門東北、屯門東南、屯門西北及屯門西南。

二

清代以前，本區一度是香港軍事及行政中心。唐宋時期，青山灣屬廣州外港，是海上絲綢之路必經之港。唐朝政府在此設立軍鎮，駐軍 2000 人。屯門是最早載入中國古籍的香港地名，曾出現在韓愈和劉禹錫的詩歌中。北宋官修正史《新唐書》有關於屯門與海上交通的記載。元代初期，屯門巡檢司設置於本區，管轄範圍包括今香港。明代中葉，葡萄牙曾佔領本區七年，並與明朝政府爆發屯門海戰，是中國反抗西方殖民主義侵略的第一場海戰。

元明以來，屯子圍、大園圍、青磚圍、泥圍是本區主要村落，建村的陶氏是本區以至全港主要家族之一。清康熙遷海復界後，客家人遷入本區，主要分布於龍鼓灘、掃管笏和大欖涌。本區以甘蔗種植和煉糖聞名，屯門舊墟為區內商業中心。青山灣為本區主要水上人聚居地，是太平洋戰爭前香港摻繒類漁船的唯一根據地。

清代末年，本區為辛亥革命策動者在港重要據點，青山農場是起義籌備和善後工作地點。1926 年，青山禪院（青山寺）大雄寶殿及其他主要建築落成，該寺廟被譽為香港三大古剎之首。青山是新界西北最高山，又名杯渡山，以紀念南朝劉宋杯渡禪師在此修行的事跡，是本區地標。1929 年，「香海名山」牌樓於青山寺前建立，以紀念 1920 年代港督金文泰

圖 3-73　位於屯門青山公路的嶺南大學。嶺南書院於 1967 年開始辦學，並於 1978 年註冊為專上學院，更名為嶺南學院。1995 年校舍遷入青山公路現址，並於 1999 年正名為嶺南大學。（攝於 2016 年，嶺南大學提供）

（Cecil Clementi）遊歷青山之事，牌樓有港督、高僧和多位名人題字與對聯。

1946 年，達德學院成立，是中共和民主人士借用屯門蔡廷鍇將軍別墅開辦的大學。雖然開辦不到三年就被港府當局關閉，仍然為國家培養了近千名人才。達德師生為新中國建立和國家改革開放作出貢獻，達德學院舊址馬禮遜樓是本區唯一法定古蹟。

1960 年代，港府開始計劃發展屯門新市鎮，此後青山灣開展填海工程，水上人陸續移居陸地，主要聚居於三聖邨，青山灣今仍保留漁港及周邊設施。新市鎮工業區集中於屯門河西岸、青山灣西岸和北岸，其中田氏化工創辦人田家炳填海造地 30 萬呎建廠。

1974 年，港府從元朗理民府劃出屯門一帶，正式設立屯門理民府。1981 年至 1982 年，全港重劃為包括本區在內的 18 區。

1980 年代以來，本區西南部發展為重工業和大型環境基建集中地，設有發電廠、水泥廠、鋼鐵廠、污水和廢物處理設施，包括香港首個策略性堆填區新界西堆填區、香港首個自給自足污泥處理設施 T · PARK（源 · 區）。

圖 3-74　青山禪院是香港三大古剎之一。相傳杯渡禪師曾駐錫屯門，僧眾後在青山建杯渡寺。1918 年顯奇法師主持青山禪院修復工程，並於 1926 年落成大雄寶殿等主要建築。（攝於 2021 年，香港地方志中心拍攝）

圖 3-75　青山禪院山門前「香海名山」牌樓。（攝於 2021 年，香港地方志中心拍攝）

表 3-17　屯門區法定古蹟、歷史建築、大學、醫院、自然保護區情況表

法定古蹟	屯門青山公路新墟段何福堂會所馬禮遜樓
一級歷史建築	屯門青山禪院（「香海名山」牌樓、大雄寶殿、菩提薩埵殿、山門、護法殿）、屯子圍陶氏宗祠、屯門青山紅樓
大學	嶺南大學
醫院	屯門醫院、青山醫院、小欖醫院
自然保護區	大欖郊野公園（部分）、沙洲及龍鼓洲海岸公園、大小磨刀海岸公園

（截至 2017 年 7 月 1 日）

圖 3-76　圖為屯門今貌，右方為屯門避風塘，下方為屯門河。（攝於 2021 年，CHUNYIP WONG/iStock/Getty Images Plus via Getty Images）

第十八節　元朗區

一

元朗區位處新界西北部，土地面積為 138.48 平方公里，人口約 63 萬人。本區東至大刀屻，南至大欖郊野公園，西至后海灣，北至深圳河與深圳市接壤，範圍包括元朗市中心、天水圍、厦村、屏山、南生圍、錦田、石崗、八鄉、流浮山、白泥、大棠、米埔、落馬洲等地。本區最高山峰位於雞公嶺（海拔 585 米）。本區設有三個分區委員會，分別為元朗市、天水圍南及天水圍北。

二

宋代以來，錦田、屏山、厦村和新田為本區主要村落，分別由鄧氏和文氏建村，俱為本區以至全港主要家族。鄧氏家族早在宋朝已遷居本區，清初遷海復界後，各家族返鄉定居，錦田鄧氏建設圓朗墟，是清代本區經濟中心。本區家族重文教，積極參與科舉，主要村落廣設書院，如創辦於宋朝的書院力瀛書院。屏山鄧氏宗祠是香港歷史最悠久的祠堂，已有七百多年歷史，屏山文物徑是香港第一條文物徑。本區素為魚米之鄉，1840 年代以前是香港最富裕的地區。元朗平原是香港主要農業區，以稻米種植為主，當中元朗絲苗曾遠銷海外。

英國接管新界期間，本區村落與大埔地區村落聯合武裝抗英，以失敗告終，其中吉慶圍鐵門被拆下作為戰利品，直至 1925 年歸還。屏山達德公所亦是當年抗英鬥爭的遺蹟。辛亥革命時期，革命黨人建設下白泥碉堡作為活動據點。

1911 年，青山公路開始修建，至 1919 年建成，公路連接深水埗軍營與上水天祥軍營。公路的修建直接帶動本區商業發展。1915 年，鄰近青山公路元朗段的元朗新墟（合益街市）落成，漸成區內商業重鎮。1930 年代，本區發展商業淡水養殖，成為香港魚塘集中地。

太平洋戰爭前，英軍曾計劃建立石崗軍營，後來因調整防線，中止建設。

抗戰時期，元朗十八鄉楊家村適廬曾是「秘密大營救」的中轉站，也曾是港九大隊元朗中隊的活動據點。

二戰結束後，香港軍政府曾計劃於屏山興建機場，受到新界原居民反對。基於輿論壓力，翌年軍政府宣告停止興建屏山機場。1950 年，石崗機場落成，今為解放軍駐港部隊的最大軍營。

1947 年，北約理民府分拆為大埔理民府及元朗理民府，本區屬元朗理民府範圍，該範圍亦包括今天 18 區的屯門區。1974 年，屯門從本區劃出自成一區。1981 年至 1982 年，全港重劃為包括本區在內的 18 區。

1970 年代和 1980 年代，港府發展元朗新市鎮，以元朗大馬路為市中心，並設有元朗工業邨。1980 年代末，本區西北闢為天水圍新市鎮，主要規劃作住宅用途。隨着城市發展，區內魚塘陸續填平，包括 1970 年代大生圍發展為錦繡花園。本區棕地面積為全港最大，主要作倉貯、物流、建造相關行業用途。魚塘和棕地的規劃成為當代本區以至全港重要環保議題。本區米埔自然保護區是本港重要保護區，1995 年被《拉姆薩爾公約》列為「國際重要濕地」。

自英國租借新界以來，本區與北區的北界成為香港與內地分界線。1950 年代，區內邊界土地被劃為禁區，結束兩地居民的自由往來。落馬洲分別於 1988 年和 2007 年建成公路和鐵路出入境的管制站。2007 年 7 月，深圳灣大橋落成，連接香港深圳兩地的深港西部通道正式通車，紓緩落馬洲、文錦渡和沙頭角三條跨境通道的交通狀況，進一步加強本區作為香港與大灣區交流的交通樞紐角色。

本區為香港主要傳統文化傳承地區，傳統風俗和文物古蹟保存相對完整，成為海外和本地學術界的關注對象，包括區內家族鄧氏、文氏的古蹟和歷史，以及十八鄉天后誕風俗等。

表 3-18　元朗區法定古蹟、一級歷史建築、醫院、自然保護區情況表

法定古蹟	元朗八鄉上村植桂書室、元朗下白泥碉堡、元朗屏山坑頭村仁敦岡書室、元朗屏山達德公所、元朗屏山鄧氏宗祠、元朗廈村鄧氏宗祠、元朗新田蕃田村麟峯文公祠、元朗錦田水頭村二帝書院、元朗八鄉元崗村梁氏宗祠、元朗屏山廈村張氏宗祠、元朗屏山愈喬二公祠、元朗屏山聚星樓、元朗廈村東頭村楊侯宮、元朗新田永平村大夫第、元朗橫洲二聖宮、元朗錦田水頭村廣瑜鄧公祠
一級歷史建築	元朗錦田吉慶圍（神廳、圍門、炮樓（西北）及圍牆、炮樓（東北）及圍牆、炮樓（東南）及圍牆、炮樓（西南）及圍牆）、元朗屏山坑尾村清暑軒、元朗屏山坑尾村覲廷書室、元朗舊墟利益街同益棧、元朗舊墟長盛街晉源押、元朗凹頭潘屋、元朗新田蕃田村文氏宗祠、元朗屏山塘坊村述卿書室前廳、元朗屏山鳳池村天后宮、元朗錦田水頭村長春園、元朗錦田水尾村清樂鄧公祠、元朗舊墟長盛街大王古廟、元朗舊墟玄關二帝廟、元朗十八鄉崇正新村慎德居、元朗錦田水頭村力榮堂書室、元朗屏山輞井圍玄關帝廟
醫院	博愛醫院、天水圍醫院
自然保護區	香港濕地公園、林村郊野公園（部分）、大欖郊野公園（部分）、大帽山郊野公園（部分）、米埔自然保護區

（截至 2017 年 7 月 1 日）

圖 3-77　屏山聚星樓現貌。屏山聚星樓於明洪武年間（1368—1398）建成，於 2001 年被列為法定古蹟。（古物古蹟辦事處提供）

圖 3-78　米埔自然保護區於 1983 年起由世界自然基金會香港分會管理。米埔是圖中「瀕危」物種黑臉琵鷺的主要棲息地區。（攝於 2006 年，南華早報出版有限公司提供）

圖 3-79　昔日青山公路 - 元朗段。青山公路 - 元朗段又稱元朗大馬路，是元朗區的商業中心。（攝於 1979 年，香港特別行政區政府提供）

圖 3-80　十八鄉天后誕潮州傳統英歌舞表演。（攝於 2018 年 5 月 9 日，香港特別行政區政府提供）

圖 3-81　元朗十八鄉楊家村的適廬。適廬曾是抗戰期間「秘密大營救」的中轉站，以及港九大隊元朗中隊的活動據點。（攝於 2023 年，香港地方志中心拍攝）

本卷附錄一　維多利亞城區劃

維多利亞城（City of Victoria），位於今中西區和灣仔區一帶，包括堅尼地城、石塘咀、西營盤、上環、中環、金鐘、灣仔、銅鑼灣等地，原名「女王城」，1843 年正式命名為「維多利亞城」。自 1840 年代以來是香港的政治和經濟中心，也是香港島十九世紀唯一的城區。1857 年，維多利亞城納入基層區劃，成為香港島九區之一。以下略述維多利亞城由 1857 年至太平洋戰爭前的區劃情況，以反映香港核心城區的範圍變化。

1857 年 5 月，港府頒布《1857 年華人登記及調查戶口條例》，將香港島分為九區（districts），其中一個區為維多利亞城（Victoria）。同時，港府將維多利亞城再分為七個約（sub-districts），包括西營盤（第一約）、上環（第二約）、太平山（第三約）、中環（第四約）、下環（第五約）、黃泥涌（第六約）及掃桿埔（第七約）。

1857 年 5 月至 1858 年 12 月期間，港府擴張維多利亞城，使其範圍向西發展至石塘咀，並增設石塘咀一約，維多利亞城合共由七個約增為八個約。

1861 年 12 月或以前，港府將維多利亞城內的石塘咀、西營盤兩個約合併為石塘咀及西營盤約（Sheak-tong-tsui and Sei-ying-poon），維多利亞城合共由八個約減為七個約。

1866 年，港府頒布《1866 年維多利亞城戶口登記條例》（*Victoria Registration Ordinance 1866*），變更維多利亞城內的約份，將石塘咀及西營盤約分拆為石塘咀約及西營盤約，另外增設灣仔約及寶靈頓約，並刪除黃泥涌約，令維多利亞城由七個約增至九個約，包括石塘咀（第一約）、西營盤（第二約）、太平山（第三約）、上環（第四約）、中環北和南（第五約）、下環（第六約）、灣仔（第七約）、寶靈頓（第八約）及掃桿埔（第九約）。

1885 年 10 月，港督會同行政局按《1866 年維多利亞城戶口登記條例》賦予的權力，刊憲將堅尼地城納入維多利亞城範圍內，使其成為維多利亞城的新約。自此維多利亞城合共有十約。

1888 年 3 月，港府頒布《1888 年管理華人條例》（*Regulation of Chinese Ordinance, 1888*），變更維多利亞城內分區，中環北和南約改稱為中環約。維多利亞城內仍分為十個約，包括堅尼地城（第一約）、石塘咀（第二約）、西營盤（第三約）、太平山（第四約）、上環（第五約）、中環（第六約）、下環（第七約）、灣仔（第八約）、寶靈頓（第九約）及掃桿埔（第十約）。

1901 年 10 月，港府頒布《1901 年釋義（維多利亞城）條例》，釐清對維多利亞城範圍的定義，條例中列明：北面界線為海港（按：維多利亞港）；南面界線為 600 呎等高線之山坡；東面界線為一條於銅鑼灣西南端、橫跨箇箕灣道的明渠的中央分割線，延伸至黃泥涌

圖 A1　維多利亞城範圍圖

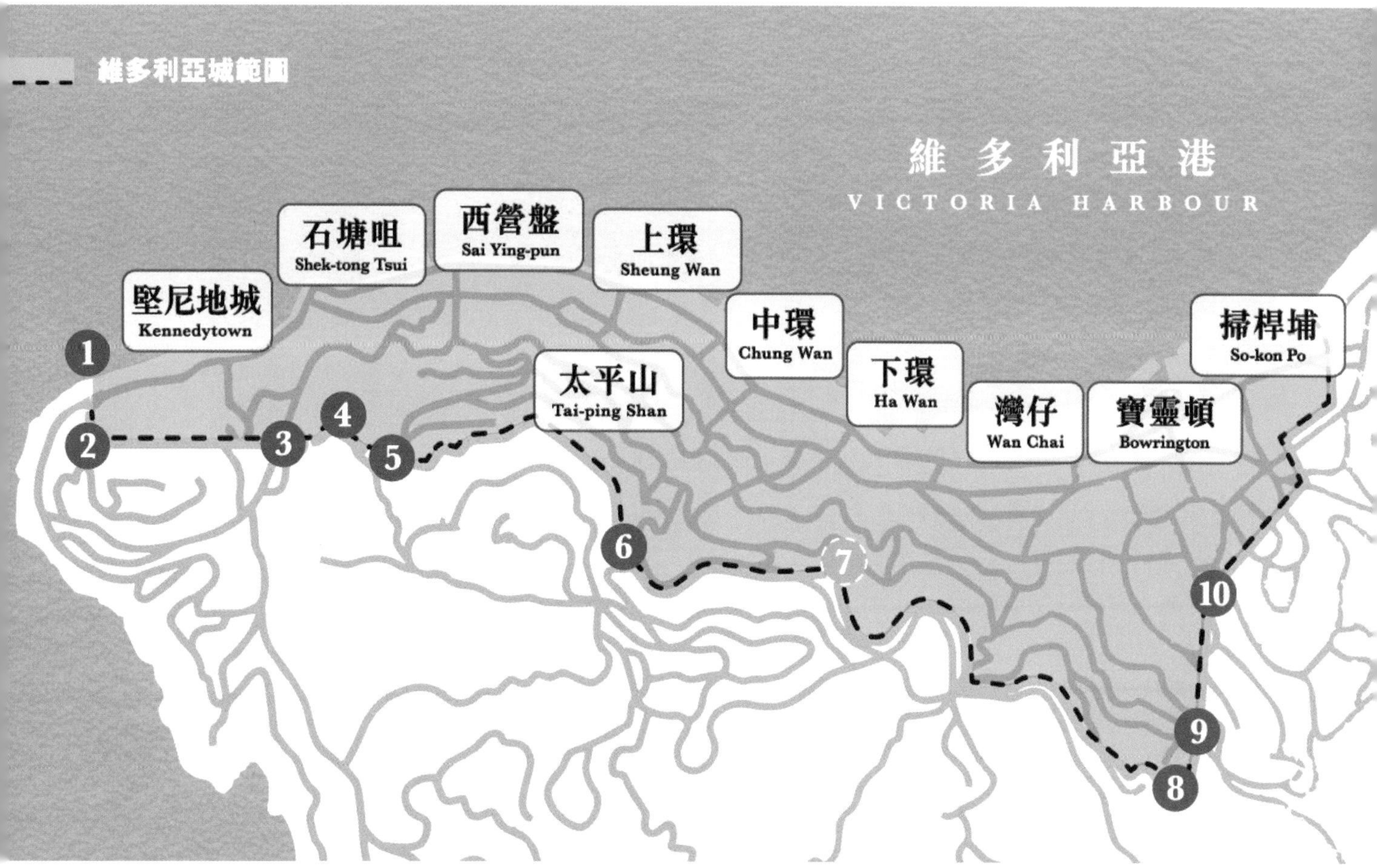

圖中 1-10 為港府根據 1903 年維城邊界，用以標示出維城範圍的十塊界石。界石位置：1. 西寧街、2. 摩星嶺、3. 薄扶林道、4. 龍虎山、5. 克頓道、6. 舊山頂道、7. 馬己仙峽道（已遺失）、8. 聶高信山，近玫瑰崗學校、9. 寶雲道、10. 黃泥涌道。（香港地方志中心參考《四環九約——博物館藏歷史圖片精選》製作）

學校，再向南延伸至與南面界線接駁；西面界線為摩星嶺。

1903 年 11 月，港府刊憲，公布《1903 年維多利亞城邊界條例》（*The City of Victoria Boundaries Ordinance, 1903*），界定維多利亞城的範圍，條例中列明北面界線為海港（維多利亞港）；西面界線為由北至南畫一線，穿過內地段 1299 號的西北角位，並由該角位向南伸展 850 呎；南面界線為一條自西向東的界線，以西面界線的最南端為起點，延伸至 700 呎等高線之山坡，之後連接東面界線；東面界線起自皇后運動場的西界，延伸至舊筲箕灣道，續延伸至內地段 1018 號東南角，然後沿內地段 1018 號南界至黃泥涌谷東部，再延伸至黃泥涌學校西北角，之後延伸至與南面界線相連。

自頒例以後，港府於維多利亞城的邊界豎立界石，以標明界線。[1] 及後港府多次修訂《釋義及通則條例》中對維多利亞城界線的文字描述，但維多利亞城的範圍大致不變。

1　截至 2021 年 12 月，累計發現共十處界石遺址，分別位於克頓道、寶雲道、黃泥涌道、舊山頂道、薄扶林道、西寧街、馬己仙峽道、龍虎山、摩星嶺及聶高信山近玫瑰崗學校。

圖 A2　黃泥涌道維多利亞城界碑，界碑於《1903 年維多利亞城邊界條例》頒布後豎立，以標明維多利亞城範圍。（攝於 2022 年，香港地方志中心拍攝）

圖 A3　寶雲道維多利亞城界碑，界碑於《1903 年維多利亞城邊界條例》頒布後豎立，以標明維多利亞城範圍。（攝於 2022 年，香港地方志中心拍攝）

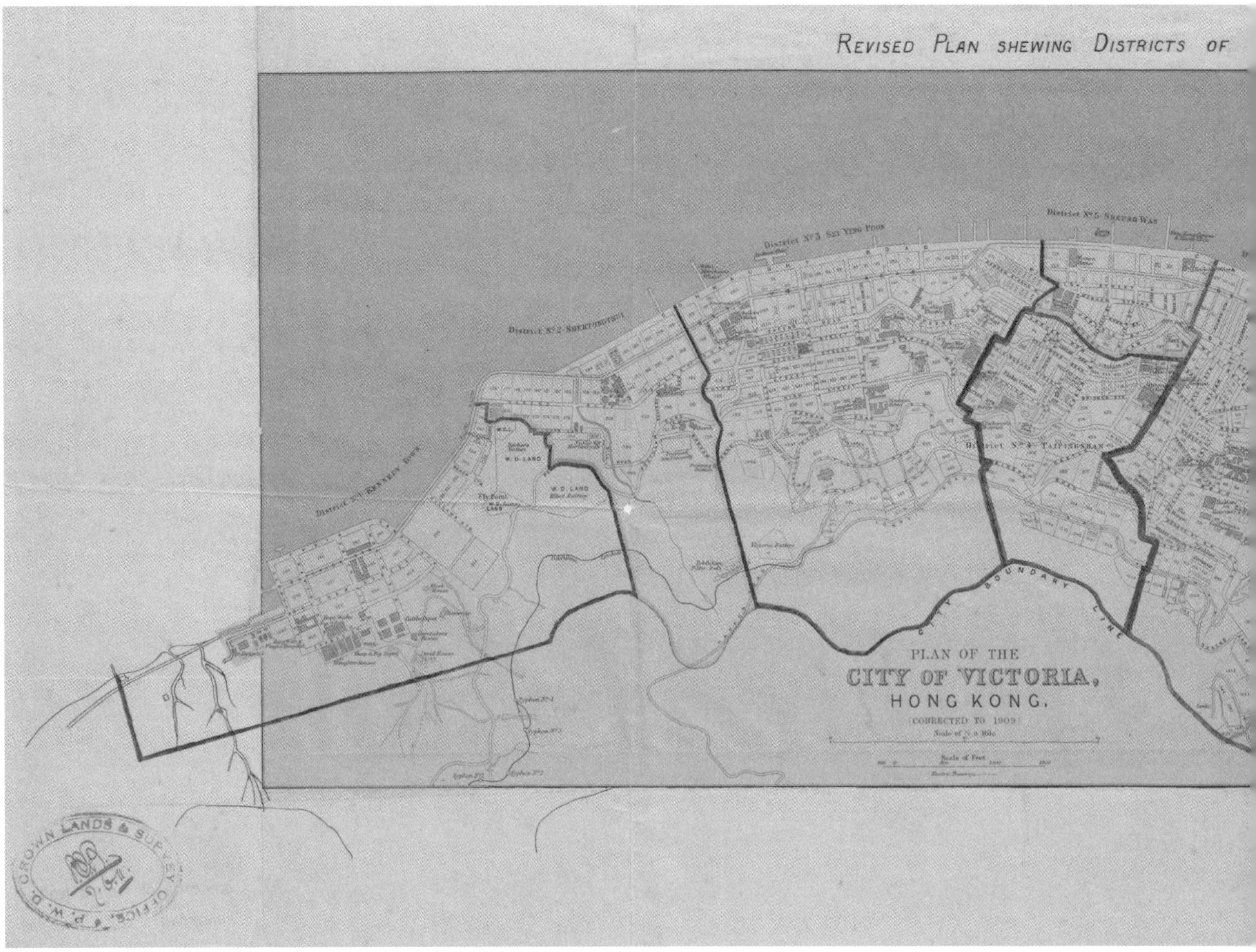

1911 年 8 月，港督會同行政局按《1888 年管理華人條例》賦予的權力，刊憲變更維多利亞城內十個約的邊界。港府指維多利亞城內十個約的範圍並不能完全覆蓋《1903 年維多利亞城邊界條例》中定義的維多利亞城範圍，因此有必要變更十個約的邊界，新的邊界由一幅工務司簽署、日期為 1911 年 6 月 7 日的地圖界定。（見圖 A4）

1911 年至 1929 年期間，維多利亞城內分約沒有出現變化。1929 年之維多利亞城規劃圖所載維多利亞城分約皆與 1911 年相同，仍然維持十約。因缺乏可靠資料，1929 年至 1941 年維多利亞城約份情況不詳。而 1895 年，港府因應鼠疫，按維多利亞城內建築物及衞生情況，將維多利亞城劃分為八個衞生約。隨維多利亞城的擴展、建築物及人口數目增加，維多利亞城內的衞生約數目於太平洋戰爭前日趨上升，最多增至 15 個衞生約。於 1911 年至太平洋戰爭前人口普查報告中，衞生約取代原註冊總署劃定的維多利亞城分區，作為人口普查分區。而按 1931 年人口普查報告指出，隨市區擴張超出維多利亞城的邊界，「維多利亞城」一詞已經甚少使用。

圖 A4　1911 年 6 月 7 日，由工務司漆咸（William Chatham）簽署，界定維多利亞城內十個分約邊界的地圖。（政府檔案處歷史檔案館提供）

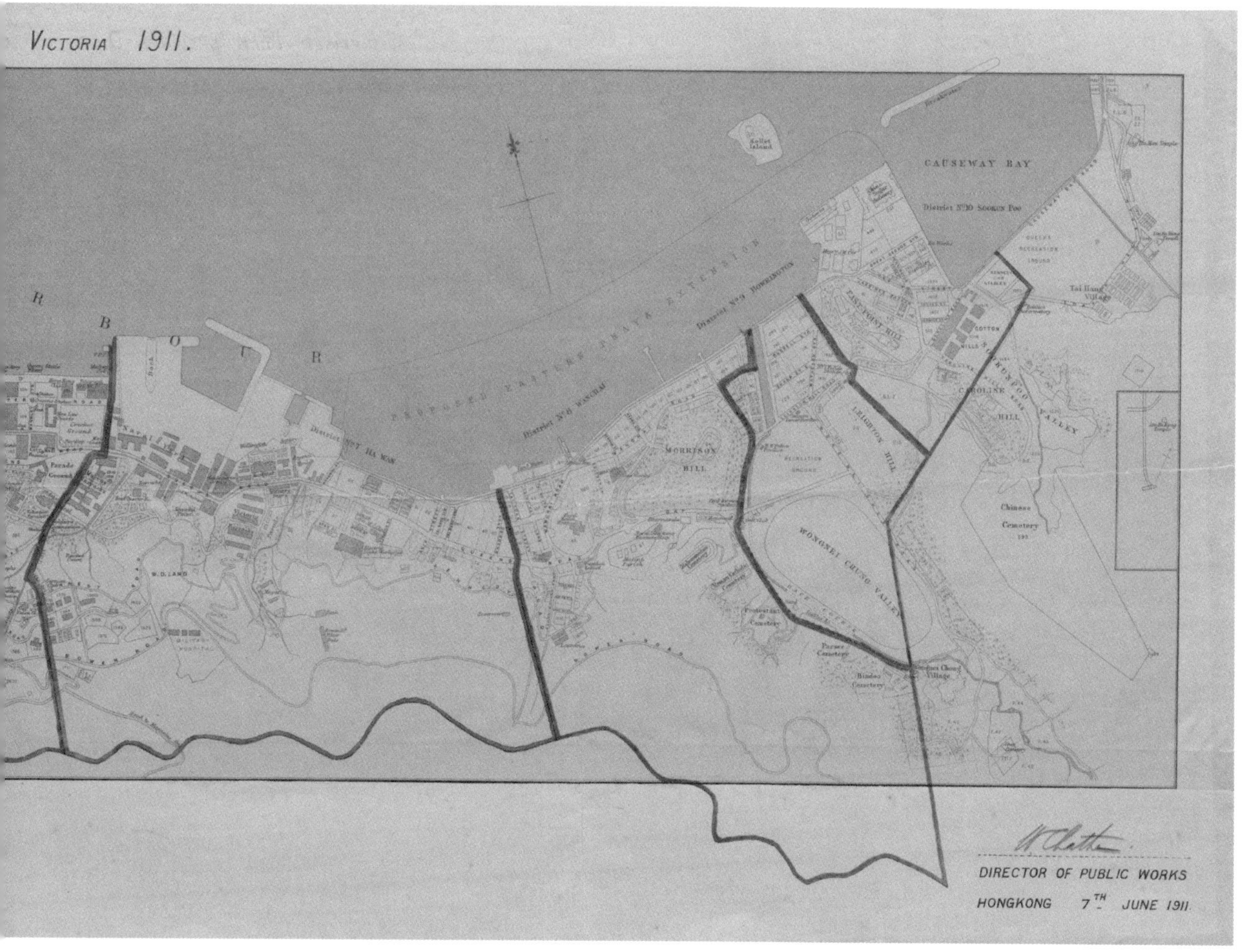

表 A1　1857 年至 1888 年維多利亞城內區劃變化情況表

年份	維多利亞城的分區 / 分約	總數	變更
1857	西營盤（第一約）、上環（第二約）、太平山（第三約）、中環（第四約）、下環（第五約）、黃泥涌（第六約）、掃桿埔（第七約）	7	不適用
1858	石塘咀、西營盤、上環、太平山、中環、下環、黃泥涌、掃桿埔（各約之約號不詳）	8	增石塘咀
1861	石塘咀及西營盤、上環、太平山、中環、下環、黃泥涌、掃桿埔（各約之約號不詳）	7	石塘咀與西營盤合併
1866	石塘咀（第一約）、西營盤（第二約）、太平山（第三約）、上環（第四約）、中環北和南（第五約）、下環（第六約）、灣仔（第七約）、寶靈頓（第八約）、掃桿埔（第九約）	9	石塘咀與西營盤分拆；增灣仔、寶靈頓；刪黃泥涌
1885	堅尼地城、石塘咀、西營盤、太平山、上環、中環北和南、下環、灣仔、寶靈頓、掃桿埔（各約之約號不詳）	10	增堅尼地城
1888	堅尼地城（第一約）、石塘咀（第二約）、西營盤（第三約）、太平山（第四約）、上環（第五約）、中環（第六約）、下環（第七約）、灣仔（第八約）、寶靈頓（第九約）、掃桿埔（第十約）	10	中環北和南改稱中環

本卷附錄二　2015 年新界鄉村情況表

（* 標示者，同時見於《2015 年鄉郊代表選舉條例》「現有鄉村」附表 和「原居鄉村」附表）
（** 標示者，只見於《2015 年鄉郊代表選舉條例》「原居鄉村」附表，不見於「現有鄉村」附表）
（綠字標示者，只見於《2015 年鄉郊代表選舉條例》「現有鄉村」附表，不見於「原居鄉村」附表）

南丫島北段鄉事委員會			
大坪村*	大園*	大灣新村*	大灣舊村*
北角新村*	北角舊村*	沙埔*	高塱*
榕樹塱*	榕樹灣*	橫塱*	蘆荻灣*
南丫島南段鄉事委員會			
東澳*	索罟灣*	鹿洲*	蒲台*
榕樹下*	模達*	模達灣*	蘆鬚城*
梅窩鄉事委員會			
大地塘*	大蠔*	牛牯塱*	白芒*
白銀鄉*	涌口（北）	涌口（南）	鹿地塘*
萬角咀*	窩田		
坪洲鄉事委員會			
稔樹灣	二白**	大白**	
大嶼山南區鄉事委員會			
大浪*	大鴉洲*	小鴉洲*	水口*
貝澳老圍*	貝澳新圍*	貝澳羅屋村*	長沙上村*
長沙下村*	咸田*	拾浪*	塘福*
望東灣*	磡石灣*		
大澳鄉事委員會			
二澳*	上羗山及鹿湖	下羗山*	大浪灣*
大澳太平街（一）	大澳太平街（二）	大澳永安街（一）	大澳永安街（二）
大澳市郊	大澳街市街	石仔埗（西）	石仔埗（東）
吉慶後街	吉慶街	沙螺灣*	汾流*
昂坪*	南塘新村	深石	梁屋*
磡頭*			
東涌鄉事委員會			
上嶺皮*	下嶺皮*	牛凹*	石門甲*
石榴埔*	地塘仔*	赤鱲角*	低埔*
馬灣及黃泥屋	馬灣涌*	莫家*	黃家圍及龍井頭
藍輋及稔園	壩尾*		
青衣鄉事委員會			
大王下村*	老屋村*	青衣漁民及聖保祿村	涌美村*
新屋村*	藍田村*	鹽田角村*	楓樹窩村**
荃灣鄉事委員會			
九華徑*	九華徑新村	二陂圳*	上葵涌*
下花山*	下葵涌*	三棟屋*	川龍*

（續上表）

荃灣鄉事委員會			
木棉下*	中葵涌*	汀九*	白田壩*
石圍角*	石碧新村*	古坑*	西樓角*
老圍*	青龍頭*	河背*	和宜合*
油柑頭*	咸田*	海壩（和宜合道及國瑞道）*	海壩（南台）*
海壩（象鼻山路）*	馬閃排*	荃灣三村*	深井*
清快塘*	排棉角	大屋圍**	楊屋*
新村*	圓墩*	關門口*	
馬灣鄉事委員會			
田寮*	打棚埔*	竹篙灣及扒頭鼓	花坪、草灣及大轉
馬灣大街*	鹿頸*	大青洲**	
粉嶺區鄉事委員會			
小坑新村*	丹竹坑*	孔嶺*	安樂村（西）
安樂村（東）	和合石*	虎地排*	流水响*
軍地*	馬尾下*	馬料水新村*	高莆*
祠堂村*	粉嶺圍*	粉嶺樓*	麻笏村*
崇謙堂（西）	崇謙堂（東）	畫眉山*	塘坑（上）
塘坑（下）	新屋仔*	新塘莆*	獅頭嶺*
龍躍頭*	嶺仔*	嶺皮村*	嶺咀*
簡頭村*	鶴藪圍*		
沙頭角區鄉事委員會			
七木橋*	九担租*	山嘴*	上禾坑*
下禾坑*	大朗*	大塘湖*	三椏*
牛屎湖*	木棉頭及蕉坑	凹下*	石涌凹
石橋頭*	西流江	吉澳*	沙頭角墟（西上）
沙頭角墟（西下）	沙頭角墟（東）	谷埔*	担水坑*
亞媽笏*	南涌*	苗田*	烏石角*
烏蛟騰*	荔枝窩*	崗下*	梅子林*
麻雀嶺上*	麻雀嶺下*	鹿頸陳屋*	鹿頸黃屋*
萊洞*	蛤塘*	犁頭石*	塘肚*
新村*	萬屋邊*	鳳坑*	榕樹凹*
蓮麻坑*	橫山脚*	鴨洲	雞谷樹下及南坑尾
鎖羅盆*	鹽灶下及膊頭下		
上水區鄉事委員會			
上水鄉*	大頭嶺*	古洞（北）	古洞（南）
丙崗*	坑頭*	吳屋村*	河上鄉*
長瀝*	松柏朗*	金錢*	唐公嶺*
馬草壟（北）	馬草壟（南）	料壆*	華山村*
蓮塘尾*	蕉徑*	燕崗*	營盤
雞嶺*			
打鼓嶺區鄉事委員會			
上山雞乙*	下山雞乙*	大埔田*	木湖*
禾徑山*	瓦窰	瓦窰下*	竹園*

（續上表）

打鼓嶺區鄉事委員會			
李屋*	坪洋*	坪輋*	松園下*
香園圍*	得月樓	週田村*	塘坊*
新屋嶺*	鳳凰湖*	簡頭圍*	羅湖

坑口鄉事委員會			
上洋*	下洋*	大坑口*	大埔仔*
大環頭*	水邊	井欄樹*	田下灣*
布袋澳*	坑口*	孟公屋*	斧頭洲*
茅湖仔*	相思灣*	馬游塘*	將軍澳*
魷魚灣*	檳榔灣*		

西貢鄉事委員會			
山寮*	大浪*	大埗仔*	大蛇灣*
大街（西）	大街（東）	大腦*	大網仔*
大環*	大藍湖*	北丫*	北圍*
北港*	北港坳*	北潭*	北潭涌*
白沙灣	白腊*	石坑*	打蠔墩*
禾寮*	氹笏*	正街（西）	正街（東）
市場街	早禾坑*	西貢道（北）	西貢道（南）
西灣*	沙下*	沙角尾*	沙咀新村*
坪墩*	東丫*	昂窩*	南丫*
南山*	南圍*	茅坪新村*	界咸*
屋場*	海傍街	浪徑*	麻南笏*
斬竹灣*	莫遮輋*	蛇頭*	黃毛應*
黃竹山新村*	黃竹灣*	黃宜洲*	黃麖仔*
黃麖地*	普通道（西）	普通道（東）	輋徑篤*
滘西新村*	萬宜灣新村*	窩美*	對面海*
慶徑石*	德隆前街	德隆後街	龍尾*
蕉坑*	壁屋*	澳朗	澳頭*
蠔涌*	鯽魚湖*	鐵鉗坑*	鹽田仔*
蠻窩*	浪茄**		

沙田鄉事委員會			
十二笏*	九肚*	山下圍*	山尾*
上禾輋*	上徑口*	下禾輋*	下徑口*
大水坑*	大南寮*	大圍*	小瀝源*
牛皮沙*	火炭*	王屋*	田心*
石古壟及南山	石壟仔*	禾寮坑*	多石*
灰窰下及謝屋	沙田圍*	沙田頭及李屋	赤坭坪*
作壆坑*	河瀝背*	拔子窩*	亞公角漁民新村
長瀝尾*	坳背灣*	芙蓉泌*	茅笪*
茂草岩*	馬料*	馬鞍山*	烏溪沙及長徑
梅子林*	排頭*	黃竹洋*	黃泥頭、大輋及花心坑
插桅杆*	渡頭灣	新田*	隔田*
落路下*	銅鑼灣*	顯田*	觀音山及崗背

（續上表）

西貢北約鄉事委員會			
下洋*	大洞*	大灘*	土瓜坪*
井頭*	北潭凹*	田寮*	白沙澳*
平洲大塘*	平洲奶頭*	平洲沙頭*	平洲洲尾*
平洲洲頭*	瓦窰頭村*	西徑*	西澳*
企嶺下老圍*	企嶺下新圍*	赤徑*	東心淇*
官坑*	昂坪*	泥涌*	南山洞*
屋頭*	海下*	馬牯纜*	荔枝莊*
高流灣*	高塘*	深涌*	蛋家灣*
黃竹洋*	輋下*	塔門*	塔門漁民村
嶂上*	榕樹澳*	樟木頭*	
大埔鄉事委員會			
九龍坑*	山寮*	上黃宜坳*	上碗窰*
下坑*	下黃宜坳*	下碗窰*	大美督*
大埔尾*	大埔滘*	大埔頭*	大埔頭水圍*
大菴*	大菴山*	大陽輋*	大窩*
小菴山*	三門仔	水窩*	元墩下*
元嶺李屋*	元嶺葉屋*	井頭*	汀角*
半山洲*	田寮下*	白牛石上村*	白牛石下村*
布心排*	石鼓壟*	打鐵印*	沙螺洞李屋*
沙螺洞張屋*	坑下莆*	社山*	坪山仔*
坪朗*	泮涌*	泮涌新村*	放馬莆*
南坑*	南華莆*	洞梓*	馬窩村
泰亨*	荔枝山*	桃源洞*	梅樹坑*
麻布尾*	魚角*	張屋地*	梧桐寨*
船灣李屋*	船灣沙欄*	船灣陳屋*	船灣圍下*
船灣詹屋*	黃魚灘*	圍頭村*	犁壁山*
塘上村*	新村（林村）*	新屋仔*	新屋家*
新圍仔*	新塘*	較寮下*	寨乪*
鳳園*	鴉山*	樟樹灘*	蝦地下*
蓮澳李屋*	蓮澳鄭屋*	錦山村*	龍丫排*
龍尾*	燕岩*	磡頭角*	聯益漁村
鍾屋村*	營盤下竹坑	蘆慈田*	大埔舊墟**
大滘新村**	小滘新村**	金竹排新村**	涌尾新村**
涌背新村**	運頭角**	橫嶺頭新村**	
屯門鄉事委員會			
大欖涌*	小坑村*	小欖	屯子圍*
屯門新村*	屯門新墟*	屯門舊墟*	井頭村（上）
井頭村（中及下）	田夫仔*	亦園村	良田村*
青山村	青磚圍*	河田村	和平新村
虎地村*	泥圍*	桃園圍*	紫田村*
掃管笏*	順風圍*	楊小坑*	新圍仔*
新慶村*	稔灣*	福亨村（上）	福亨村（下）
龍鼓灘*	聯安新村	鍾屋村*	藍地*
麒麟圍*	礦山村	寶塘下*	

（續上表）

廈村鄉鄉事委員會			
下白泥村	田心村*	白泥村	沙洲里（一）
沙洲里（二）	李屋村*	東頭村*	巷尾村*
祥降圍*	新生村*	新屋村*	新圍*
廈村市*	鳳降村*	錫降村*	錫降圍*
羅屋村*			
錦田鄉鄉事委員會			
水尾村*	水頭村*	永隆圍*	吉慶圍*
沙埔村*	泰康圍*	高埔村*	祠堂村*
逢吉鄉	錦田城門新村*		
八鄉鄉事委員會			
七星崗村*	上村*	上輋村*	下輋村*
大江埔村	大窩村*	水流田村*	水盞田村*
牛徑村*	元崗村*	元崗新村*	田心村*
石湖塘村*	打石湖村*	甲龍村*	竹坑村*
吳家村	河背村*	長江村*	長埔村*
金錢圍村*	馬鞍崗村*	彭家村	雷公田村
蓮花地*	橫台山下新屋村*	橫台山永寧里村*	橫台山河瀝背村*
橫台山散村*	橫台山羅屋村*		
屏山鄉鄉事委員會			
山廈村*	上璋圍*	大井圍*	大道村
水田村*	水邊村*	水邊圍*	天水圍（一）
天水圍（二）	丹桂村	永寧村	石埗村*
灰沙圍*	沙江圍*	沙橋村（一）	沙橋村（二）
坑尾村*	坑頭村*	吳屋村*	洪屋村*
唐人新村（一）	唐人新村（二）	唐人新村（三）	屏山新村*
盛屋村*	馮家圍	塘坊村*	新慶村*
鳳池村*	輞井村*	輞井圍*	蝦尾新村*
橫洲西頭圍*	橫洲忠心圍*	橫洲林屋村*	橫洲東頭圍*
橫洲楊屋村*	橫洲福慶村*	橋頭圍*	鰲磡村*
欖口村*			
新田鄉鄉事委員會			
下灣村	大生圍	仁壽圍*	永平村*
石湖圍*	竹園*	米埔村*	安龍村*
攸潭美（一）	攸潭美（二）	青龍村*	東鎮圍*
和生圍	明德堂*	洲頭*	圍仔*
新圍（一）	新圍（二）	新龍村*	落馬洲*
潘屋村*	蕃田莘野祖*	壆圍*	
十八鄉鄉事委員會			
山貝*	山貝涌口（一）	山貝涌口（二）	上攸田*
下攸田*	大圍*	大棠*	大旗嶺（一）
大旗嶺（二）	大橋*	水蕉老圍*	水蕉新村*
元朗舊墟*	木橋頭*	田寮*	白沙*

（續上表）

十八鄉鄉事委員會			
瓦窰頭*	西邊圍*	東頭村*	南坑*
南邊圍*	紅棗田*	英龍圍*	馬田*
深涌*	崇正新村（一）	崇正新村（二）	黃坭墩*
黃屋村*	港頭*	塘頭埔*	楊屋村*
蔡屋村*	龍田		

此列表參考《2015 年鄉郊代表選舉條例》附表 1〈現有鄉村〉及附表 2〈原居鄉村〉。

本卷主要參考文獻

政府和相關組織文件及報告

〈立法會發展事務委員會蓮塘／香園圍口岸與相關工程〉（2012 年 10 月 30 日）。

香港特別行政區政府屯門及元朗西規劃處：《元朗》（香港：香港特別行政區政府規劃署，2019）。

香港特別行政區政府屯門及元朗西規劃處：《天水圍及洪水橋》（香港：香港特別行政區政府規劃署，2019）。

香港特別行政區政府屯門及元朗西規劃處：《屯門》（香港：香港特別行政區政府規劃署，2019）。

香港特別行政區政府西貢及離島規劃處：《東涌》（香港：香港特別行政區政府規劃署，2019）。

香港特別行政區政府西貢及離島規劃處：《將軍澳》（香港：香港特別行政區政府規劃署，2019）。

香港特別行政區政府沙田、大埔及北區規劃處：《大埔》（香港：香港特別行政區政府規劃署，2019）。

香港特別行政區政府沙田、大埔及北區規劃處：《沙田》（香港：香港特別行政區政府規劃署，2019）。

《政府新聞公報》（1997-2017）。

《香港年報》（1970-2017）。

香港佔領地總督部：《香督令特輯》（香港：亞洲商報，1943）。

香港特別行政區政府、深圳市人民政府：《關於港深推進落馬洲河套地區共同發展的合作備忘錄》（2017）。

香港特別行政區政府渠務署、深圳市治理深圳河辦公室：《治理深圳河第四期工程環境影響評估研究行政摘要（香港側）》，2010 年 10 月。

香港特別行政區政府粉嶺、上水及元朗東規劃處：《上水》（香港：香港特別行政區政府規劃署，2019）。

香港特別行政區政府荃灣及西九龍規劃處：《荃灣》（香港：香港特別行政區政府規劃署，2019）。

香港特別行政區政府規劃署：《新界棕地使用及作業現況研究——可行性研究》（2019）。

香港特別行政區政府渠務署：《深圳河治理工程》（2009）。

Administrative Report (1879-1883, 1908-1939).

Agriculture and Forestry Annual Departmental Report.

Annual Departmental Reports by the Secretary for Chinese Affairs (1946-1968).

Annual Departmental Reports by the Secretary for Home Affairs (1968-1980).

Annual Report of the District Commissioner, New Territories (1948-1974).

Annual Report of the District Office New Territories (1946-1948).

Hong Kong Annual Report (1889-1938, 1946-1969).

Hong Kong Blue Book (1844-1940).

Hongkong Government Gazette.

Hong Kong Sanitary Superintendent's Report (1895-1935).

古籍

司馬遷：《史記》（北京：中華書局，1959）。

班固：《漢書》（北京：中華書局，1962）。

陳壽：《三國志》（北京：中華書局，1959）。

房玄齡等：《晉書》（北京：中華書局，1974）。

沈約：《宋書》（北京：中華書局，1974）。

蕭子顯：《南齊書》（北京：中華書局，1972）。

姚思廉：《梁書》（北京：中華書局，1973）。

姚思廉：《陳書》（北京：中華書局，1972）。

魏徵等：《隋書》（北京：中華書局，1973）。

劉昫等：《舊唐書》（北京：中華書局，1975）。

歐陽修等：《新唐書》（北京：中華書局，1975）。

歐陽修：《新五代史》（北京：中華書局，1974）。

司馬光：《資治通鑒》（北京：中華書局，1956）。

脱脱等：《宋史》（北京：中華書局，1985）。

宋濂等：《元史》（北京：中華書局，1976）。

張廷玉等：《明史》（北京：中華書局，1974）。

文慶等：《清實錄．宣宗成皇帝實錄》（北京：中華書局，1986）。

趙爾巽等：《清史稿》（北京：中華書局，1977）。

李吉甫撰，賀次君點校：《元和郡縣圖志》（北京：中華書局，1983）。

中央研究所歷史語言研究所校：《明實錄．大明英宗睿皇帝實錄》（台北：中央研究院歷史語言研究所，1962）。

毛鴻賓等修、桂文燦等纂：《廣東圖説》（清同治九至十年〔1870—1871〕萃文堂刻本）。

李東陽等撰、申時行等重修：《明會典》（哈佛大學哈佛燕京圖書館藏萬曆十五年〔1587〕內府刊本）。

金光祖：《廣東通志》（清康熙三十六年〔1697〕刻本）。

計六奇：《明季南略》，收入《續修四庫全書》編纂委員會編：《續修四庫全書》，第443冊．史部．雜史類（上海：上海古籍出版社，1995）。

郭棐：《廣東通志》（明萬曆三十年〔1602〕刻本）。

郭棐：《粵大記》（明萬曆間刻本），收入廣東省地方史志辦公室輯：《廣東歷代方志集成．省部》，第26冊（廣州：嶺南美術出版社，2009）。

張嗣衍、沈廷芳纂：《廣州府志》（清乾隆二十四年〔1759〕刻本），收入廣東省地方史志辦公室輯：《廣東歷代方志集成．廣州府部》，第4冊（廣州：嶺南美術出版社，2009）。

舒懋官修、王崇熙纂：《新安縣志》（清嘉慶二十四年〔1819〕刻本），收入廣東省地方史志辦公室輯：《廣東歷代方志集成．廣州府部》，第26冊（廣州：嶺南美術出版社，2009）

《寶安文史叢書》編纂委員會編：《康熙新安縣志校注》（北京：中國大百科全書出版社，2006）。

靳文謨修、鄧文蔚纂：《新安縣志》（清康熙二十七年〔1688〕刻本），收入廣東省地方史志辦公室輯：《廣東歷代方志集成．廣州府部》，第26冊（廣州：嶺南美術出版社，2009）

《廣東圖》（清同治刻本），收入古道編委會編：《清代地圖集匯編．廣東圖説》（西安：西安地圖出版社，2005）。

廖廷相纂：《廣東輿地圖説》（清宣統元年〔1909〕重印本）。

盧祥纂：《重刻盧中丞東莞舊志》（明天順八年〔1464〕刻本），收入廣州大典編纂委員會輯：《廣州大典．第三十五輯．史部方志類》，第46冊（廣州：廣州出版社，2008）。

顧炎武：《天下郡國利病書》，收入《續修四庫全書》編纂委員會編：《續修四庫全書》，第597冊．史部．地理類（上海：上海古籍出版社，1995）。

報章刊物

《大公報》（香港，1938-2022）。

《工商日報》（香港，1926-1984）。

《文匯報》（香港，1948-2022）。

《明報》（香港，1959-2022）。

《東方日報》（香港，1969-2022）

《星島日報》（香港，1938-2022）。

《香港中國通訊社》（香港，1995-2009）。

《香港日報》（香港，1942-1945）。

《華僑日報》（香港，1925-1995）。

South China Morning Post (Hong Kong, 1903-2022).

The Hong Kong News (Hong Kong, 1942).

檔案

政府檔案處歷史檔案館，HKRS，HKMS。

"BOUNDARIES OF NEW KOWLOON (RE-ADJUSTMENT OF BOUNDARIES)", 1964-1973, Government Records Service, HKRS934-1-111.

"BOUNDARIES OF NEW KOWLOON (RE-ADJUSTMENT OF BOUNDARIES)", 1974-1980, Government Records Service, HKRS934-1-112.

"BOUNDARIES OF NEW KOWLOON (RE-

ADJUSTMENT OF BOUNDARIES)", 1982-1986, Government Records Service, HKRS934-1-113.

"Chart Showing the Divisions and Sub-Divisions of the New Territory Endorsed on Reverse side", 1899, Government Records Service, HKRS73-7-1.

"City District Boundaries and Other Boundary Matters", 1968-1970, Government Records Service, HKRS410-10-32.

"City District Boundaries", 1975-1977, Government Records Service, HKRS890-2-84.

"District Office Scheme", 1968-1984, Government Records Service, HKRS570-3-34.

"PING SHAN AIRPORT - RESUMPTIONS AND COMPENSATION", 1945-1950, Government Records Service, HKRS156-1-23.

"PLAN OF DISTRICTS IN THE CITY OF VICTORIA", 1911, Government Records Service, HKRS1035-1-5.

"Plan of the City of Victoria, Hong Kong, 1882", 1882, Government Records Service, HKMS204-1-2.

"Plan of the City of Victoria, Hong Kong, 1885", 1885, Government Records Service, HKMS204-1-3.

"Plan of the City of Victoria, Hong Kong, 1889", 1889, Government Records Service, HKMS204-1-4.

"Plan of the City of Victoria, Hong Kong, 1917", 1917, Government Records Service, MA002231

"Plan of the City of Victoria, Hong Kong, (Corrected to 1927)", 1927, Government Records Service, MA002464

"Plan of the City of Victoria, Hong Kong, (Corrected to 1928)", 1928, Government Records Service, MA002466

"PLAN OF THE CITY OF VICTORIA, HONG KONG, 1936 (Map No. 112*)", 1936, Government Records Service, HKRS209-6-3.

專著及論文

丁新豹：〈香港早期之華人社會 1841-1870〉（香港大學博士論文，1989）。

丁新豹、黃迺錕：《四環九約：博物館藏歷史圖片精選》（香港：香港市政局，1999）。

小林英夫、柴田善雅著，田泉、李璽、魏育芳譯：《日本軍政下的香港》（香港：商務印書館，2016）。

方駿：〈大埔官立漢文師範學校（1926-1941）：新界基礎教育的開拓者〉，《教育學報》，2001 年 29 卷 1 期。

方駿、熊君賢主編：《香港教育通史》（香港：齡記出版有限公司，2008）。

王彥威纂輯、王亮編：《清季外交史料（二）》（北京：書目文獻出版社，1987）。

王賡武主編：《香港史新編（增訂版）》（香港：三聯書店，2017）。

何佩然：《地換山移——香港海港及土地發展一百六十年》（香港：商務印書館，2004）。

何佩然：《城傳立新：香港城市規劃發展史，1841-2015》（香港：中華書局，2016）。

何佩然：《班門子弟：香港三行工人與工會》（香港：三聯書店，2018）。

余繩武、劉存寬、劉蜀永編著：《香港歷史問題資料選評》（香港：三聯書店，2008）。

阮志：《入境問禁：香港邊境禁區史》（香港：三聯書店，2014）。

周佳榮：《香港通史——遠古至清代》（香港：三聯書店，2018）。

周振鶴：〈行政區劃史研究的基本概念與學術用語芻議〉，《復旦學報》（社會科學版），2001 年 3 期。

周振鶴主編：《中國行政區劃通史》（上海：復旦大學出版社，2009）。

周振鶴：《體國經野之道：中國行政區劃沿革》（上海：上海書店，2009）。

東洋經濟新報社編：《軍政下の香港 新生した大東亜の中核》（香港：香港東洋經濟社，1944）。

香港地方志中心編纂：《香港志：總述．大事記》（香港：中華書局，2021）

香港地方志辦公室、深圳市志辦公室編纂：《中英街與沙頭角禁區》（香港：和平圖書有限公司，2011）。

香港電台：《政府與民眾：（卷二）》（香港：香港政府印務局，1964）。

香港歷史檔案館：〈簡介中英租借九龍半島及昂船洲租約原件〉，《華南研究資料中心通訊》，2002 年第 28 期。

荃灣區議會：《荃灣二百年：歷史文化今昔》（香港：荃灣區議會，1991）。

馬木池、張兆和、黃永豪、廖迪生、劉義章、蔡志祥：《西貢歷史與風物》（香港：西貢區議會，2011）。

馬金科主編：《早期香港史研究資料選輯》（香港：三聯書店，2018）。

高琳：〈評《1990 英國國籍（香港）法案》〉，《公安大學學報》，1991 年第 2 期。

張展鴻、劉兆強：《淺談香港新界后海灣淡水魚養殖業的歷史及其社區發展》（香港：香港中文大學香港亞太研究所，2005）。

張瑞威：〈鯉魚門的歷史、古蹟與傳說〉，《華南研究資料中心通訊》，2000 年第 20 期。

張瑞威：〈宗族的聯合與分歧：竹園圍崗林氏編修族譜原因探微〉，《華南研究資料中心通訊》，2002 年第 28 期。

張瑞威：《拆村：消逝的九龍村落》（香港：三聯書店，2013）。

張榮芳、黃淼：《南越國史》（廣州：廣東人民出版社，2008）。

梁炳華：《南區風物志》（香港：南區區議會，2005）。

梁炳華主編：《香港離島風物志》（香港：離島區議會，2007）。

梁炳華著，北區區議會編：《北區風物志》（香港：北區區議會，1994）。

梁炳華編著：《觀塘風物志》（香港：觀塘區議會，2008）。

梁炳華編著：《深水埗風物志》（香港：深水埗區區議會，2011）。

梁炳華主編：《中西區風物志（增訂版）》（香港：中西區區議會，2011）。

梁操雅、羅天佑：《香港考評文化的承與變——從強調篩選到反映能力》（香港：商務印書館，2017）。

深圳市地方志編纂委員會編：《深圳市志．基礎建設卷》（北京：方志出版社，2014）。

許舒：《滄海桑田話荃灣》（香港：滄海桑田話荃灣出版委員會，1999）。

郭少棠：《東區風物志》（香港：東區區議會，2003）。

陳子安：《漁村變奏：廟宇、節日與筲箕灣地區歷史 1872-2016 》（香港：中華書局，2018）。

陳垣：《史諱舉例》（上海：上海書店，1998）。

陳澤泓：《嶺表志譚》（廣州：廣東人民出版社，2013）。

游子安編，張瑞威、卜永堅編撰：《黃大仙區風物志》（香港：黃大仙區議會，2003）。

華僑日報社編：《香港年鑒》（香港：華僑日報社，1948—1994）。

馮志明著、冼玉儀編：《元朗文物古蹟概覽》（香港：元朗區議會，1996）。

鄭敏華主編：《追憶龍城蛻變（第二版）》（香港：九龍城區議會，2011）。

葵青區議會：《葵青——舊貌新顏．傳承與突破》（香港：葵青區議會，2005 年）。

葵涌及青衣區議會：《葵涌及青衣區議會考察團：法國、荷蘭、英國》（香港：Crystal Design Studio，1986）。

趙雨樂、鍾寶賢編；趙雨樂、鍾寶賢、高添強、宋軒麟著：《香港地區史研究之一．九龍城》（香港：三聯書店，2001）。

鄧聖時：《屏山鄧族千年史探索》（香港：缺出版社，1999）。

劉君德等：《中國政區地理》（北京：科學出版社，2007）。

劉桂奇、魏超、郭聲波：《清代廣東鄉都圖里建置沿革研究》（廣州：南方日報出版社，2015）。

劉智鵬編著：《屯門風物志》（香港：屯門區議會，2003）。

劉智鵬編著：《屯門歷史與文化》（香港：屯門區議會，2007）。

劉智鵬主編：《展拓界址：英治新界早期歷史探索》（香港：中華書局，2010）。

劉智鵬：《香港達德學院：中國知識份子的追求與命運》（香港：中華書局，2011）。

劉智鵬、劉蜀永編：《〈新安縣志〉香港史料選》（香港：和平圖書有限公司，2007）。

劉智鵬、劉蜀永編著：《香港史：從遠古到九七》（香港：城市大學出版社，2019）。

劉智鵬、劉蜀永選編：《方志中的古代香港——〈新安縣志〉香港史料選》（香港：三聯書店，2020）。

劉蜀永：《簡明香港史》（香港：三聯書店，2016）。

劉蜀永：《劉蜀永香港史文集（增訂版）》（香港：中華書局，2021）。

劉蜀永、劉智鵬：《香港地區史研究之四：屯門》（香港：三聯書店，2012）。

劉潤和：《新界簡史》（香港：三聯書店，1999）。

劉潤和、周家建、高添強：《昂船光影：從石匠島到軍事基地》（香港：三聯書店，2019）。

《廣東省志》編纂委員會編：《廣東省志（1979-2000）》（北京：方志出版社，2014）。

潘淑華：《閒暇、海濱與海浴：香江游泳史》（香港：三聯書店，2014）。

蔡子傑編：《沙田古今風貌》（香港：沙田區議會，1997）。

蔡思行：《尖沙咀海濱：歷史，城市發展及大眾集體記憶》（香港：香港城市大學出版社，2019）。

蔡保中：〈新安縣區劃變遷考釋（一）淵源及明末清初區劃劃分〉(2021)。（來源待考）

葉碧青著，何家騏編：《深水埗現況與發展 從深水步到深水埗》（香港：深水埗區公民教育委員會，2000）。

蕭國健主編：《油尖旺區風物志》（香港：油尖旺區議會，2000）。

蕭國健：《大埔風物志》（香港：大埔區議會，2007）。

蕭國健：《明清兩朝有關香港地區之古輿圖》（香港：顯朝書室，2013）。

蕭國健：《簡明香港近代史》（香港：三聯書店，2013）。

蕭國健：《探本索微：香港早期史論集》（香港：中華書局，2015）。

蕭國健：《寨城印痕：九龍城歷史與古蹟》（香港：中華書局，2015）。

蕭國健：《香港古代史新編》（香港：中華書局，2019）。

蕭國健：《鑒古尋根：香港歷史與古蹟尋蹤》（香港：三聯書店，2021）。

蕭國健：《石頭上的香港史》（香港：三聯書店，2022）。

衞慶祥編撰：《沙田文物志》（香港：沙田民政事務處，2007）。

薛鳳旋編著：《香港發展地圖集》（香港：三聯書店，2010）。

薛鳳旋、鄺智文編著：《新界鄉議局史——由租借地到一國兩制》（香港：三聯書店，2011）。

鍾寶賢：《商城故事：銅鑼灣百年變遷》（香港：中華書局，2009）。

鄺智文：《重光之路：日據香港與太平洋戰爭》（香港：天地圖書，2015）。

羅家輝：〈逆流而上——戰後香港海洋漁業的發展（1945-1999）〉（香港中文大學博士論文，2019）。

鐘聲學校：《鐘聲學校概況》（香港：鐘聲學校，2000）。

饒玖才：《香港的地名與地方歷史：新界》（香港：天地圖書，2012）。

Charles Jeffries, *The Colonial Office* (London: Oxford University Press, 1957).

Endecott, G. B., *A History of Hong Kong* (London: Oxford University Press, 1973).

Hal Empson, *Mapping Hong Kong A Historical Atlas* (Hong Kong: Government Information Services, 1992).

Keith Tribe, "The Colonial Office and British Development Economics, 1940-60", *History of Political Economy* Vol.50 (2018).

網上資料庫

日本國立公文圖書館亞洲歷史資料研究中心。

日本國會國立圖書館數字特藏。

香港非物質文化遺產資料庫。

香港特別行政區政府公司註冊處網上查冊中心。

香港記憶。

電子版香港法例。

Factiva.

Gwulo: Old Hong Kong.

Historical Laws of Hong Kong Online, University of Hong Kong.

Hong Kong Government Report Online, University of Hong Kong.

LegCo Bill Database, Legislative Council Library.

Wisesearch Pro.

網站及多媒體資料

九龍城區區議會網站

九龍樂善堂網站

大埔區區議會網站

中西區區議會網站

中國大百科全書網站

中華人民共和國中央人民政府網站

中華回教博愛社網站

元朗區區議會網站

屯門區區議會網站

文化葫蘆網站

北區區議會網站

香港特別行政區政府網站

古物古蹟辦事處網站

古物諮詢委員會網站

市區重建局網站

西貢區區議會網站

志蓮淨苑網站

沙田區區議會網站

協成行發展有限公司網站

明周文化網站

東區區議會網站

油尖旺區區議會網站

虎豹樂圃網站

南區區議會網站

思考 HK 網站

香港 01 網站

香港文化博物館網站

香港年報網站

香港房屋協會網站

香港科技大學華南研究中心網站

香港科學院網站

香港旅遊發展局網站

香港特別行政區政府土木工程拓展署網站

香港特別行政區政府民政事務總署網站

香港特別行政區政府民航處網站

香港特別行政區政府地政總署網站

香港特別行政區政府統計處網站

香港特別行政區政府路政署網站

香港特別行政區政府漁農自然護理署網站

香港特別行政區政府選舉管理委員會網站

香港特別行政區政府水務署網站

香港特別行政區政府渠務署網站

香港貿易發展局網站

香港觀鳥會網站

荃灣區區議會網站

起動九龍東辦事處網站

深水埗區區議會網站

通識・現代中國網站

黃大仙區區議會網站

新鴻基地產發展有限公司網站

葵青區區議會網站

嘉道理農場暨植物園網站

嶺南大學網站

嶺南大學香港與華南歷史研究部網頁

賽馬會創意藝術中心網站

醫院管理局網站

離島區區議會網站

躍變龍城網站

灣仔區區議會網站

觀塘區區議會網站

D2 Place 網站

Hong Kong Historic Maps 網站

On.cc 網站

本卷鳴謝

中央人民政府駐香港特別行政區聯絡辦公室
香港特別行政區政府

九廣鐵路公司
古物古蹟辦事處
南華早報出版有限公司
星島新聞集團
香港大學圖書館
香港文化博物館
香港科技大學
香港特別行政區政府民政事務總署
香港特別行政區政府規劃署
香港理工大學
香港機場管理局
荔園有限公司
嘉道理農場暨植物園
選舉管理委員會
中央研究院臺灣史研究所檔案館
沙田鄉事委員會
政府檔案處歷史檔案館
香港大公文匯傳媒集團
香港中文大學
香港城市大學
香港浸會大學
香港特別行政區政府地政總署
香港教育大學
香港樹仁大學
香港歷史博物館
新華社
澳洲國立圖書館
嶺南大學

高添強
劉蜀永

（按筆畫序排列）

自然

人口

概述

一

綜觀自遠古至 2016 年，香港人口在規模、流動、構成、素質等各方面均發生巨大變化。因長期以來香港不是單獨行政單位，文獻對之缺乏直接記載，故本卷的記述，在有文字記載之前的時期，主要依靠考古發現的成果。進入歷史時期後，官方文獻成為主要參考，而有關人口資料則從較廣泛的材料中搜集，再進行估計或推算，性質上比較間接。自 1842 年，香港成為一個單獨行政單位，官方的數據和資料日益增加，另有來自社會和學術界的材料，因而對於有關人口的各方面情況得以作較直接和全面的探討。本卷中倘若原出處的統計數據出現矛盾（如分項之和與總數不符）、官方統計出現不同版本，或統計口徑不統一而同列一表等，則在相關之處加以注釋。

自 1841 年起因香港島為英國佔領，之後實行殖民管治，九龍半島及被英國命名為「新界」的地區後來陸續也納入其管治範圍，再因開展對外貿易，以及急速城市化，踏上了前所未見的發展道路。其間經歷不少重大歷史事件，在不同機遇和挑戰中促進了政治、經濟、社會和文化的多層面、跨領域成長，人口規模、人口結構和人口素質等亦隨之蛻變。

二

人口數量與分布的蛻變。據考古發現，約 7000 年前，香港地區已有人群聚居，約自 3500 年前起，人口規模有所擴大，但其數量、分布和變化難以確考。香港於秦代納入中原王朝管治，之後來港開村立業者不絕，惜無法從史籍中摘取來港人群的確實數字。明萬曆元年（1573），香港屬新安縣管轄，當時全縣有 7608 戶，共 33,971 口；清嘉慶年間（1796—1820），香港境內有村落約 300 條。從 1841 年起，香港人口有了官方紀錄，此年香港島有 7450 人，1859 年增至 86,941 人；1861 年時，九龍半島南端另有 5105 人；1898 年，香港島和界限街以南九龍地區的人口增至 254,400 人，新被納入英國管治的「新界」地區另有 100,320 人。1941 年日本佔領前香港人口有 163.9 萬人，日本投降後，人口僅約 60 萬人。二戰後，人口回流，普查結果顯示，1961 年至 2016 年由 313.0 萬人增至 733.7 萬人，此增長主要依靠內地移民，而人口增長速度於 1980 年代開始放緩。

十九世紀時，香港居民集聚於香港島城區，其後百年，港府透過城市規劃和公營房屋政策，帶動人口陸續向香港島郊區、九龍、新九龍和新界擴散，至 2016 年，新市鎮的人口約 347 萬人，新界成為人口最多的地區。英佔初期水上人口曾佔很高比例，隨後因商業發展與城市化，逐年減少，由 2006 年起，幾乎所有人口都居於陸地，與英佔初期有了截然不同的一番景象。

三

人口自然變動和流動的蛻變。香港於英佔之前的人口出生、死亡和流動數據，無從確考。過去百多年間，生育率和死亡率均是先升後降。二戰後，出生率大幅上升，形成「嬰兒潮」，但於 1960 年代轉趨下降，總和生育率從 1980 年起一直低於更替水平，生育率長期低迷的原因，與愈來愈多女性獨身、遲婚、離婚、晚生等趨勢有關。死亡率明顯下降，但死亡數目隨人口規模擴大而增加，死因由之前以傳染病、呼吸系統疾病和消化系統疾病為主，轉為腫瘤、呼吸系統疾病和循環系統疾病。

1940 年前，香港與內地的邊界開放，民眾可自由出入。歷來的主要趨勢是人口從內地流入香港，當中較大規模的流動發生於清代初年、日本侵華和日佔香港前後。清順治十八年（1661），清朝政府實施遷界令，強制香港所有居民內遷 50 里，清康熙八年（1669）遷海復界時，原居民「死喪已過半」，因而招募大批客籍移民來港拓荒。抗日戰爭爆發後，估計有 75 萬名內地居民於 1937 年至 1939 年來港避難。到了日佔香港時期，實行「歸鄉」政策，驅逐近百萬港人離境，令人口暴跌，但二戰後人口迅速回流，翌年已回復到太平洋戰爭前的規模。境內流動方面，宋朝以後，聚落趨勢主要由西部和西南部沿岸，向今新界的平原和河谷擴展，再逐漸南移，進入九龍半島和香港島。1841 年後，除英佔初年實施華洋分隔政策、日佔時期實施嚴厲管控，以及間中發生的強制遷移外，居民可在境內自由遷居。

四

人口自然構成和社會構成的蛻變。自然構成方面，香港的人口性別和年齡構成自 1840 年代開始有統計紀錄，其後的數十年都是男性佔比超過七成，成人佔總人口則高達八成。從 1910 年代起，女性移民逐漸增加，性別比率差距隨之收縮，並帶動出生率及兒童佔比上升。二戰結束後，定居香港和本地出生人口繼續增加，性別構成愈趨平衡，人口金字塔朝「底寬頂尖」的形態發展。1961 年至 2016 年間，兩性人口均增長逾倍，但趨勢有別，從 1982 年起，男性的增速放緩，女性則保持增長，女性人口於 2003 年開始比男性多。這 55 年間，人口持續老化，15 歲以下兒童的佔比由約四成跌至一成，人口金字塔向燈籠形甚至倒三角形轉變。人口老化的趨勢在 2010 年代加劇，其原因是二戰後的「嬰兒潮」群體和「抵壘」政策取消前來港者此時都陸續踏入老年，加上生育率長期偏低所致。同時，香港基本上是個單一種族社會，逾九成人口是華人，雖然從 1840 年代起，居港外國人大幅增加，但規模始終有限。華人的族群組成隨移入人口增多而變化，較突出的是宋明時期原居中原的家族定居今新界、清初遷海復界後客籍人士大量移入，令族群組成愈趨多元，並形成香港的四大民系，即本地人、客家人、鶴佬人和疍家人，各有其文化和生活特色。自有紀錄的 1870 年代起，居民的籍貫一直以屬廣東省者佔絕對多數。

社會構成方面，基本情況是二十世紀前，香港以自然經濟為主，居民自幼便參與農耕、畜牧、捕撈等活動，港府於 1920 年代立法保障而非取締童工，至 1961 年仍把勞動人口的年齡下限訂於六歲。從十九世紀有統計紀錄起，除日佔時期外，勞動和就業人口的規模不斷擴大，其性別、年齡和學歷構成亦有變化，主要是女性的增長比男性顯著、人口呈現老化、教育水平則大幅提高。此外，行業結構亦不斷轉變，秦漢至清代時期，屬第一產業的漁業和農業，第二產業的製鹽、製灰、製香和製陶佔主要地位。十九世紀中葉，採礦和打石業、建造業因應城市建設曾相當興旺，國際貿易則多與鴉片和苦力販運有關。進入二十世紀，製造業成為支柱行業，但第一和第二產業在 1980 年代之後式微，各種服務行業則穩定發展。就業人口的職業結構與行業發展關係密切，在經濟活動現代化的進程中，專業和行政管理人員、服務工作及銷售人員的數量逐漸增加。不同性別和學歷人士的職業分布和收入一直存在差異，男性和高學歷人士擔任高端職位的比例，以及所得收入，均高於女性和低學歷人士。

五

人口素質的蛻變。人口的身體素質方面，在新石器時期，香港先民的身高和顱容量與同時代中國內地其他地方相比，處於偏低水平，平均死亡年齡約為 25 歲。其後直至 1950 年代則缺乏可供參考的數據。從 1960 年代起，不同年齡男女童的身高與體重中位數均有所增長。居民愈趨長壽，出生時平均預期壽命由 1961 年的 67.5 歲增至 2016 年的 84.2 歲，女性一直比男性長壽，但差異有所縮小。

香港居民的文化素質在 1970 年代推行普及教育後才顯著提升。古代香港被視為「南蠻之地」，宋明時期，中原氏族移居香港地區，並為其子弟設立學舍。十九世紀時，香港島雖有傳統學舍和新式學校，港府亦推行教育革新計劃，但直至 1890 年代，失學兒童仍超過六成。日佔時期，教育幾乎陷於停頓。二戰後很多兒童非但不能上學，還須幫補家計，能閱讀和書寫的華人不多。香港從 1971 年起實施普及教育，人口的教育程度隨之提升。1961 年時，15 歲及以上人口中未受教育的為 28.5%，曾接受專上教育的只有 3.7%；2016 年的相應比例為 5.4% 和 32.7%，約九成半居民能讀、寫最少一種語言，約六成能讀、寫兩種語言。男性的教育程度一直高於女性，但差距在不斷縮小。

六

婚姻與家庭制度及觀念的蛻變。儘管是在英人治下逾百年，香港也長期保持中國傳統婚姻制度和習俗，與帝制時期的中原地區大同小異。華人結婚多採用傳統習俗，不向政府登記。直至 1971 年實施《1970 年婚姻制度改革條例》(*Marriage Reform Ordinance, 1970*)後，中國式婚姻包括舊式婚姻、納妾制度、童婚等才被廢止。居民的婚姻狀況於 1911 年至 2016 年間呈現頗大變化，已婚者和喪偶者的比例下降，從未結婚和離婚或分居者則上升，這趨勢反映男女均趨向遲婚或不婚。然而，再婚情況愈趨普遍，女性再婚的增幅尤其明顯。香港居民與內地居民結婚甚為常見，但極少與外國人或非華裔人士結婚。傳統婚姻可透過和離、休妻或義絕等方法解除，從英佔時期起，亦可向法庭訴請離婚，從 1970 年代起，離婚率大幅增加，離婚或分居女性的數目和比例增幅，均高於男性，這與離婚男性再婚的傾向高於女性有關。

自有紀錄的 1870 年代起，家庭數目呈增加之勢，住戶規模則不斷縮小，每戶的平均人數，由歷史文獻記載的 5 人至 6 人、二十世紀初的 4.6 人（新界地區）、1961 年的 4.4 人，降至 2016 年的 2.8 人。從 1970 年代起，核心家庭成為主流形態，單人住戶亦有所增加，住戶收入中位數雖然錄得增幅，但人口老化令收入差距擴大。

七

人口調節政策的蛻變。在農業社會和工業化初期，政府曾推行鼓勵生育和引進移民的政策，如清康熙五十一年（1712）實施「滋生人丁永不加賦」、遷海復界後招募客籍農民來港墾荒。英佔香港後，港府認為生兒育女屬於家庭的決定，政府不作干預，但運用自由港政策，按發展需要和對勞動力的需求從境外招攬人員前來。

二戰結束後，人口激增，既帶來人口紅利，亦為住屋、醫療和教育等社會服務增添壓力。香港家庭計劃指導會於 1950 年開始提供節育指導服務。從 1980 年代起，在生育率下降、人口老齡化、工作年齡人口漸形不足的情況下，家庭計劃改以鼓勵生育為宣傳主調，港府亦陸續推出相應政策，包括提供福利，以減低生育子女的機會成本，以及提供直接補助和津貼。然而，港府應對勞動力數量下降的策略，仍以積極吸引外來人才來港為主。

八

綜合觀察自古以來本港人口在不同重大歷史時期多層面、跨區域的變化，可粗略歸納出以下十個香港人口最主要特點：

第一、人口數量大起大落波動頻仍。自秦漢至近代，香港地區人口增長與中國內地基本同步，但進入近現代後則大起大落，波動頻仍，這包括清初遷海政策一度令境內人煙近乎斷絕，遷海復界後又有大量人口移入；英國佔領香港島時人口只有七千多人，隨管治範圍擴展至九龍半島及新界後，人口規模逐步擴大，至 1941 年日佔前已達 163.9 萬人水平，但日佔時期又急降至只有約 60 萬人的低位，跌幅逾六成；日本投降後，人口迅速回升，在 1950 年代初已超過太平洋戰爭前的規模，人口逾 200 萬人；之後人口繼續急增，基本上每十年增長約 100 萬人，令香港的總人口在 1961 年至 2016 年由 313.0 萬人升至 733.7 萬人。若以 1841 年香港島上人口約 7000 人計算，香港總人口在不足 200 年間增長近千倍。

第二、人口流動數量巨大，往來相對自由。香港人口數量波動巨大，這與民眾可來去無阻有關。香港與中國內地山水相連，沒有天然阻礙，長時間沒行政關卡，兩地人民可以自由來往，故每當香港有發展機會時，移民便由周邊鄉村流入；到香港經濟凋敝、社會動盪或是遭遇疫情，大量居民即離去返鄉；在家鄉難以營生、出現動亂或遇到災荒時，又回到香港謀生，在清初遷界、清康熙年間（1662—1722）遷海復界、英國佔領香港後，均可以看到大量人口流動的情況。1949 年後，港府雖然在邊境設下人為的行政關卡，但內地民眾仍然持續湧入，令香港人口不斷大增。與此同時，亦有不少居民選擇離去，返回內地或移居海外，港府聽之任之，基本上不會阻止。根據港府的估計，1981 年至 2016 年間便有多達 84 萬香港居民移居外地，這反映了香港人口流動既急且劇，移入量既龐大，移出量亦同樣驚人。

第三、人口由遷居至寄寓繼而扎根。1841 年前於不同朝代來港的移民，到達後基本上以定居此地、繁衍後代為目的，故多是舉家遷港，以農為業。英佔初期的移民，大多為單身前來的男性，結果令人口結構呈現男多女少、壯年多老幼少、隻身多舉家少、暫留多長居少的特點。這些流動人口多把香港視為謀生賺錢的臨時居留地，賺取的收入會匯寄回鄉，養活親人，若在香港遇到逆境便退返家鄉。自 1950 年代起，新移民無論是性別和年齡構成，甚至居住考慮等，均與英佔初年移居者呈巨大分別，較矚目的是不少人選擇在香港長期居住，不再視香港為暫居地。1970 年代初，港府給予居港滿七年移民擁有永久性居民的身份，強化了移民扎根香港的本土意識。

第四、人口自然負增長但總量上揚。自 1840 年代起的大多數時間，香港的出生率低於死亡率，人口的自然增長雖然長期處於負增長，總人口卻持續攀升，產生此特殊現象的原因，主要是移民不斷湧入。換言之，移民人口乃人口增長的主要動力，故香港亦長時期被稱為移民社會。移民來自五湖四海不同種族，但大多來自中國內地，其來源除鄰近的廣東省外，還有福建以及其他省份，因此香港有眾多方言或地緣的同鄉會和宗親會。由於在 1960 年代前，本地出生人口一直少於移民人口，這種國際都會才會呈現的特殊人口結構，在香港同樣突出，且影響了主流文化與共同價值的建構。

第五、移入人口促進產業與社會發展。一直以來，流入香港的移民為香港的產業與社會發展帶來新動力，如自宋代南來的今新界氏族，投入發展農務、興學弘教。清康熙年間遷海復界，除了原居民回遷，亦有大量客籍農民移入，形成四大民系，在香港不同地區開墾拓荒，作出貢獻。英人佔領後發展貿易，吸引各方人士來港，他們不但參與建屋修路等基建，亦為各行各業發展注入力量，特別是華洋移民各以本身連結中外的優勢推動南北西東貿易，促進香港作為貿易中轉站的發展。二戰結束不久，轉口貿易急速萎縮，但擁有資本、技術和設備的人士南來，加上龐大數量的移民提供了勞動力，推動香港產業變遷，尤其在市區外圍不同地方搭建起無數大小不一的工廠，進行工業生產，令經濟成功轉型，走上工業化道路，這不但改變了香港的經濟或產業結構，亦改變了人口的就業形態、行業選擇、薪酬水平、職業類別及地區分布。

第六、性別比率和年齡結構漸趨平衡。自 1841 年起，因華洋移民多為隻身前來的壯年男性，令人口結構呈性別扭曲、年齡失衡的情況，不但男多女稀、缺老少幼，亦甚少兩、三代同堂的家庭結構。再加上早年香港是華工出洋重要管道，這些華工都是男性，而駐守停留的英軍和海員亦全屬男性，令性別比率和年齡結構扭曲的情況更為嚴重，造成娼業興盛，衍生拐賣、欺壓婦女，以及各種影響家庭、社會穩定的問題，故有保良局等民間慈善組織的成立。隨着社會不斷發展，尤其在一戰之後，遷入人口多為舉家移民的模式，加上二戰之後的出生率大增，這不但令香港人口規模擴大，性別比率和年齡結構亦漸趨平衡。

第七、人口聚居地由港島發展到九龍和新界。先秦至清代時期，香港的發展基本上是由北而南，因颱風和地理因素，較多人口聚居於西面能避風的平原和河谷。1841 年起，由於港府在香港島西北岸建城，集中發展，其他地區則沒太多發展，令人口一直集中於香港島西北岸，太平山至中環一帶人口密度居高不下，這情況在英國管治九龍、新界後仍沒太大改變。進入二十世紀，人口分布才逐步向香港島北岸東西兩端及九龍半島擴散。二戰後，新移民湧入後多定居九龍，到 1960 年代再因人口膨脹與社會發展，港府在新界不同地區設立衛星城市和新市鎮，人口乃進一步擴散。惟無論港九或新界新市鎮，在現代建築技術配合下，樓宇房屋均採取向高空垂直發展策略，盡量減少向郊野地區橫向擴散，形成城市或市鎮商業、工業及居住區均高樓大廈林立、人口高度密集，土地利用只佔全港土地面積四分之一，但郊野地區山林茂密、綠草如茵，佔全港土地面積達四分之三的獨特格局。這樣的特點，既令港、九、新界各地的人口分布漸趨均衡，亦收窄了傳統意義中的城鄉差距，同時維持了人與自然、城市與郊野的和諧與可持續發展。

第八、由華工出洋管道到華僑進出門戶。美國和澳洲先後在 1848 年和 1851 年發現金礦，香港迅即成為華工出洋淘金的重要管道，嗣後因應東南亞和中南美洲等地的發展，採礦、種植及基建工程等需要大量廉價勞動力，吸引一批接一批華工漂洋海外謀生，香港因自身條件成為華工的輸出和臨時停留之地。這些華工在海外生活下來後，與家鄉在物資、書信和金錢等方面的流通，很多時都會透過香港進行，違論他們回鄉省親或親人外訪時仍多會取道香港，部分華工回流時亦選擇定居香港，令香港成為華人華僑進出的門戶，強化了香港溝通中外、連繫海內外的網絡和地位。

第九、人均壽命和教育水平持續改善。香港地少人稠，居住空間狹窄，民眾生活步伐急速，工作時間偏長，但香港人的出生時平均預期壽命自二戰後持續增長，由 1961 年的 67.5 歲上升至 2016 年的 84.2 歲，成為全球最長壽的地區之一，女性壽命一直較男性長，而男性平均壽命的增幅則高於女性，經濟繁榮與低吸煙率的結合，有助香港同時減少在貧窮和富裕地區常見的疾病，令壽命增長。此外，香港人口的教育機會和水平亦不斷提高，1960 年代後，三歲及以上兒童的就學比率持續攀升，到 2016 年就學比率近百分百，擁有專上學位人士的比例由 1961 年的 2.4% 上升至 2016 年的 22.2%，擁有專上副學位或文憑的比例亦由 1.3% 上升至 10.5%。

第十、港府不干預家庭和生育決定。綜觀香港歷史上的人口情況，除清初遷海和復界，以及日佔時期的強迫「歸鄉」是政府的政策導致人口演變外，其他時期政府並沒作出太多干預，在因人口增長過急而導致社會資源不足，或因重大移民潮而導致人才和資金外流的時期，政府也不干預。至於港府對婚姻、家庭和生育等議題更是放任自流，由民眾自行選擇決定，港府雖然於 1955 年開始資助香港家庭計劃指導會的活動，但沒有強制的節育政策，充其量只是作出鼓勵或獎勵而已，這與香港在經濟上奉行自由市場、強調積極不干預商業運作的原則基本一致。因此，表面上看，港府沒推行人口調節政策，但也可以說，放任自流、積極不干預為人口政策的底色。

第一章
人口數量與分布

據考古發現，約 7000 年前，香港已有人群聚居，此起至約 4500 年前，居港人口數量稀少，其間甚或消失；約自 3500 年前起，根據出土的眾多先民的遺址和遺物，反映此時人口規模有所擴大，但其數量、分布和變化難以確考。

香港於秦代時納入中原王朝，屬南海郡番禺縣管轄，之後的歷代文化遺存遍布香港各地。在宋至明代時期，中原人士相繼前來，於今新界較肥沃的平原開村立業；隨後到達的客家人多到較偏僻的地方開荒墾田；漁船則灣泊於各處海澳，聚成漁村漁港。我國自漢代起有較完整的人口紀錄，然而，由於當時香港地區不是獨立的行政單位，無法從國史和地方志中直接摘取人口資料，故此，香港自秦漢至清中葉的人口數據，基本上是籠統的。歷朝留存的文獻中，以清嘉慶《新安縣志》較能反映香港的情況，該縣的管轄範圍包括今日的香港和深圳。新安縣在明萬曆元年（1573）設置時，據當時戶籍紀錄，有 7608 戶，共 33,971 口；清初實施遷界政策，香港全境屬遷界範圍，新安縣於清康熙三年（1664）的人口降至 2172 丁，遷海復界後回升至清康熙二十年（1681）的 4525 丁、清乾隆三十七年（1772）的 30,373 丁口。之後至清嘉慶年間（1796—1820），香港境內村落由約 100 條增至約 300 條。

在《南京條約》簽訂前的 1841 年，英軍已登陸香港島，並進行人口調查，記錄得的人口為 7450 人，陸上和水上人口各佔 73.2% 和 26.8%，陸上人口集中於赤柱和掃箕灣（今筲箕灣）。1841 年至 1859 年間，香港島人口由 7450 人增至 86,941 人，人口上升是由於以下幾個原因：港府開放經濟和啟動基建、清朝政府准許百姓「前在英人所據之邑居住」，以及內地民眾取道香港出洋工作或來港避難。香港所提供的發展機遇，吸引不同國家的民眾到來，香港自此形成以華人為主體的多種族人口結構。港府的土地規劃則奠定了維多利亞城（City of Victoria，今中西區和灣仔區一帶）的主要範圍，亦令人口尤其新移民向市區集聚。至於此時期的九龍和今新界地區，仍在清朝政府治下，有一定數量的居民和駐軍，人口分布雖然廣泛，但數目不能確考。

清朝政府於 1860 年與英國簽訂《北京條約》，港府的管轄區域從香港島擴大至九龍半島南端，1861 年九龍新佔區域有 5105 人，分布於十條村落。在隨後的 40 年，全港人口規模擴大，由 1860 年的 94,917 人增至 1899 年的 259,312 人；此時期的人口高度集中於維多利亞城，促使港府調整措施，鼓勵經濟活動和人口的擴散，筲箕灣、油麻地、紅磡、大角咀、尖沙咀等區的工商業迅速發展，吸引華人移入。

清朝政府於 1898 年與英國簽訂《展拓香港界址專條》，把深圳河以南、界限街以北、東起大鵬灣、西至深圳灣，以及 235 個島嶼租予英國 99 年。當年的「新租之地」有 423 條村落，共 100,320 人，當中包括今新界地區 71,570 人、九龍 15,030 人和離島 13,720 人。在二十世紀的前期，香港人口持續增加，由 1900 年只含香港島和界限街以南九龍地區的 26.3 萬人，增至 1941 年港、九、新界的 163.9 萬人，其中數十萬是此期間來港避難的內地居民。在香港島，九成人口聚居在維多利亞城，以中環、上環為中心，向東西兩方擴散；九龍的人口持續增長，以油麻地、旺角、大角咀和深水埗等區的人數較多，非華裔人士也陸續遷至；新界的城市化步伐較慢，北約是本地宗族聚居地，人口穩定增加，南約的人口較少，但增速比北約快；水上人口仍有增加，多集中於維多利亞港、香港仔和離島。

日佔時期是從 1941 年 12 月 25 日港督投降起，至 1945 年 8 月 15 日日本投降為止的一段時期。日佔政府以嚴厲措施管控華人的數量和流動，並「計口授糧」，目標是快速減少沒有工作或住所的香港居民。根據港府在 1941 年 3 月進行的人口普查，當時居民約 163.9 萬人，日本投降之後，人口僅約 60 萬人。換言之，日佔期間的香港居民鋭減約 100 萬人，其中絕大部分是在「人口疏散政策」（又稱「歸鄉」政策）下自願或被迫離港者；而留港者的分布，則與太平洋戰爭前相若，集中在香港島和九龍。

二戰結束後至 1950 年代，是香港的重建階段，人口於戰爭結束一年之後便回復到太平洋戰爭前的數量。港府於 1940 年代和 1950 年代沒有進行人口普查，人口數據要從《香港年報》、政府部門年報和有關的專題調查報告中蒐集，其統計口徑多有不同，難以比較。日本投降後，人口回流，至 1960 年時，人口已增至 307.5 萬人，新增者主要來自中國內地。這期間，超過八成的人口集中於香港島和九龍，人口密度攀升，促使港府發展新市鎮，將人口疏導到新界，其中以荃灣的發展尤其迅速。水上人口數量先降後回升，但升幅遠低於陸上人口。

自 1961 年起，港府定期進行人口普查和中期人口統計，採用國際標準搜集和編製有關數據。結果顯示，香港人口由 1961 年的 313.0 萬人增至 2016 年的 733.7 萬人，增長速度於 1980 年代開始放緩，前五年內平均每年增長率從 1981 年的 3.3% 降至 2016 年的 0.7%。人口的分布則持續變化，從 1970 年代起，港府在新界發展了九個新市鎮以分散市區人口和應付人口增長，2016 年的新市鎮人口約 347 萬人，新界成為人口最多的地區。由 2006 年起，幾乎所有人口都居於陸地。

第一節　概念與統計

一、居港人口的概念演變和相關法規

我國歷代王朝透過戶籍制度稽查戶口、徵税派役和維持治安，民眾不能擅自遷徙。自秦代起，今香港地區已納入中原王朝的統治，香港居民也須在所屬地區的政府登記戶籍，才算合法定居。

英國佔領香港島後，1841 年 2 月發出公告，申明「是爾香港等處居民，現係歸屬大英國主

之子民」。1903 年 1 月實施《1902 年歸化條例》(*Naturalization Ordinance, 1902*),規定外籍人士連續在港居住或服務不少於五年,可申請成為居港的英國國民。1914 年 8 月,英國頒布《1914 年英國國籍及外國人身份法令》(*British Nationality and Status of Aliens Act 1914*),規定於英國佔領香港後在港出生者,可獲英國國民身份。

1941 年至 1945 年間,日佔政府制定嚴厲的法規以管控華人的數量和流動。1941 年 12 月頒布《香港、九龍軍政指導計劃》,計劃的方針為「盡量限制香港及九龍之人口。因此,務必迅速將低下階層(尤其是流浪者)強制遷移他地。但要保留我軍基地之技術人員和勞動力。」1942 年據此執行「歸鄉」政策,留港者須於該年 6 月底前提交居住許可申請書和申領身份證明文件,無證者被強遣返鄉。同年 9 月實施香督令第四十號《制定戶口規則之件》,規定居民在出生、死亡、遷移後的十天內呈報。1945 年 3 月頒布《公示第十五號》,規定年滿十歲、有戶籍居民得申領「住民證」(見圖 1-1),[1] 不在限期內申領者,戶籍會被取消。

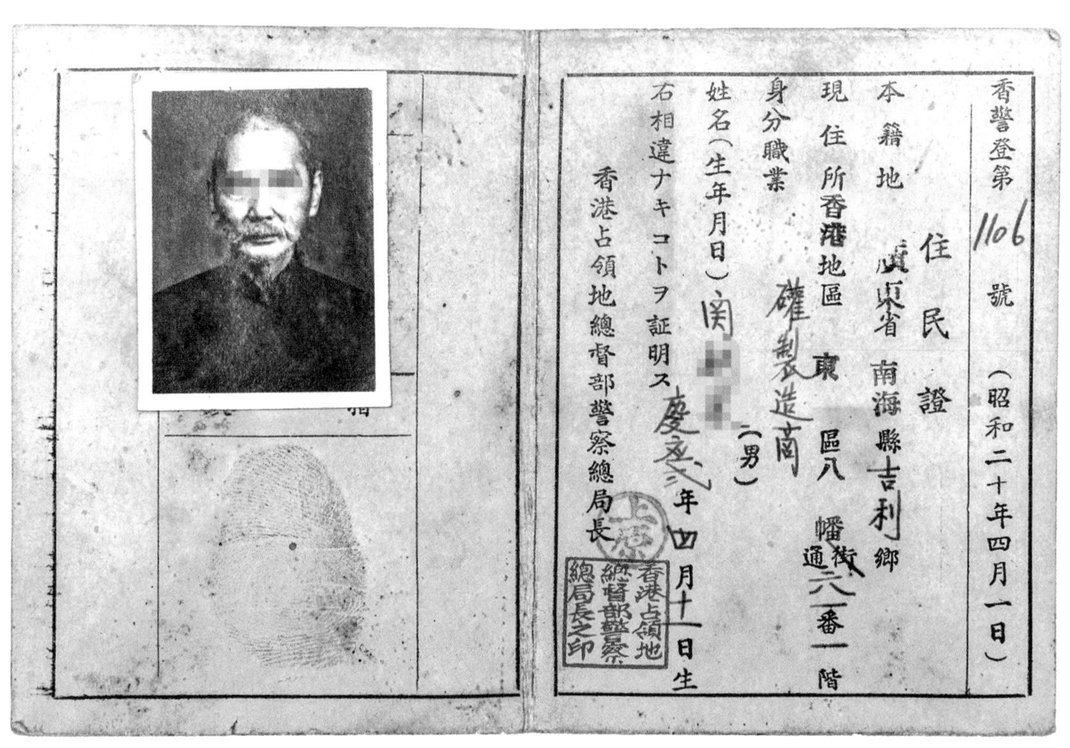
香警登第 1106 號(昭和二十年四月一日)
住民證
本籍地 廣東省 南海縣吉利鄉
現住所 香港地區 東區八幡通六一番一階
身分職業 礶製造商
姓名(生年月日)闵(男)年四月十一日生
右相違ナキコトヲ証明ス
香港占領地總督部警察總局長
香港占領地總督部警察總局長之印

圖 1-1 日佔時期的香港住民證。(〔龍兄錢幣〕王龍卿提供)

1 日本人以大和會長發給之大和會員證,第三國人以總督部發給之通行許可證代之。

圖 1-2 政府統計處為響應由聯合國發起的首個「世界統計日」，於 2010 年 10 月 19 日至 11 月 17 日在灣仔政府大樓地下大堂舉辦官方統計展覽，政府統計處處長馮興宏（右）和副處長歐陽方麗麗，向傳媒介紹展覽內容。（攝於 2010 年，香港特別行政區政府統計處提供）

二戰後，港府基本沿用日佔前的居港人口概念和相關法規。直至 2000 年，政府統計處使用「廣義時點」（extended de facto）的方法編製人口數字，[2] 以避免因居民短暫離境而導致數字不準確；其後轉用「居住人口」（resident population）方法，以反映人口居住和流動形態的轉變。「居住人口」分為「常住居民」和「流動居民」。「常住居民」包括兩類：一是在統計時點前或後六個月內，在港逗留最少三個月的永久性居民，進行統計時其人是否身在香港則不論；另一是在進行統計時身在香港的非永久性居民。「流動居民」指在統計時點前或後六個月內，在港逗留最少一個月但少於三個月的永久性居民，進行統計時其人是否身在香港則不論。根據政府統計處的研究，「流動居民」在港的時間雖然不及「常住居民」，但普遍與香港保持緊密聯繫，包括在香港有常設的居所、經常回港與家人團聚、會使用香港的設施和服務等，因而應該被算為香港人口。

2 「廣義」是指即使永久性居民在統計時點不在香港而在中國內地或澳門，他們仍會被算為香港人口；「時點」人口是指在某統計時點身在香港的人口，包括永久性居民、非永久性居民和旅客。

二、人口統計的發展和相關法規

我國早已建立人口統計制度，但歷朝的紀錄未能與現代人口普查所得相比擬，戶數和口數的準確性除受限於調查方法外，也隨着不同時期政府施政能力的強弱而有差別。清代前的戶籍登記，主要與課税及派役有關，缺乏統一的制度，統計基本單位是「戶口」而非「人口」，記錄的口數亦多非人口總數，如「女口」一詞有指女性人口，也有指女性人口和男女少年兒童人口；另根據學者的研究，清順治八年（1651）至清雍正十二年（1734）清朝政府對丁數的統計，不是人口實數、納税丁數或戶數的統計，而僅是納税的單位。清乾隆六年（1741），清朝政府把人口計量單位由「丁口」改為「名口」，人口調查才涵蓋所有性別和年齡人士。

英佔時期，港府於 1841 年進行首次人口調查。1844 年 11 月通過《1844 年登記及普查條例》（*Registration and Census Ordinance, 1844*），規定進行定期居民登記和人口調查（見圖 1-3）；同年設總登記官（Registrar General，從 1850 年代起改稱華民政務司），由其轄下的總登記官署負責登記居民的背景資料；翌年成立普查及登記署（Census and Registration Office）此專責部門。1881 年 3 月通過《1881 年人口普查條例》（*Census Ordinance, 1881*），規定進行普查的事宜和罰則，包括授權港督於任何時間進行人口普查，房屋和船艇居民得填妥人口登錄表格，機構負責人需呈報人員資料等。1931 年 2 月重訂《1931 年人口普查條例》，列明普查以分區形式進行，由人口普查總監負責統籌和提交報告。

1844 年至 1867 年間，港府每年在《香港政府憲報》（*The Hongkong Government Gazette*）公布〈12 月 31 日香港人口普查〉（Census of Hong Kong on December 31）結果。1864 年的報告附加了華民政務司的分析，因此被政府統計處稱為首份香港人口普查報告。1864 年至 1900 年間共進行了十次人口普查；[3] 1901 年至 1941 年間共進行了六次人口普查。[4]

日佔政府在 1942 年、1943 年和 1944 年進行三次強制性戶口普查，並多次在《總督部公報》公布人口數據。然而，除土地紀錄外，此時期的其他檔案資料多已流失。

3 日期分別為 1864 年 12 月 31 日、1866 年 12 月 31 日、1867 年 12 月 31 日、1869 年 6 月 1 日、1871 年 4 月 2 日、1872 年 12 月 1 日、1876 年 12 月 4 日、1881 年 4 月 3 日、1891 年 5 月 20 日、1897 年 1 月 20 日。從 1840 年代起，人口普查都在年末進行。直至 1867 年，華民政務司指出此安排不可能取得確實的人口資料，因為華人有回鄉過年的習慣，建議把調查改為年中，結果 1869 年的調查改在 6 月 1 日進行。然而，其後的六次調查，只有三次不在年末或年初進行。

4 日期分別為 1901 年 1 月 20 日、1906 年 11 月 20 日（不包括新界地區）、1911 年 5 月 20 日、1921 年 4 月 24 日（新界地區為 3 月 24 日至 4 月 24 日，水上人口為 4 月 23 日至 26 日）、1931 年 3 月 7 日、1941 年 3 月 13 日至 15 日（不包括新界地區）。

HONGKONG,

ANNO OCTAVO VICTORIÆ REGINÆ,

No. 16 of 1844.

By His Excellency John Francis Davis, Esquire, Governor and Commander-in-Chief of the Colony of Hongkong and its Dependencies, Her Majesty's Plenipotentiary and Superintendent of the Trade of British Subjects in China, with the advice of the Legislative Council of Hongkong.

Preamble. WHEREAS it is expedient and required by Her Majesty's Government, that a Census should from time to time be taken of the population of the Colony of Hongkong, in common with other parts of Her Majesty's Dominions, and whereas to secure tranquillity and good order in the said Colony and its Dependencies, consideration being had of the migratory habit of a portion of the population, and to prevent the resort thereto of abandoned characters and of persons without any ostensible means of subsistence, it is also expedient that a registry be established of persons resident and sojourning therein, and whereas also it is further deemed fitting to amend and modify the Ordinance No. 16 of the 21st August, 1844, passed for the purpose of such registration.

Registration office to be established. I.—Be it therefore enacted and ordained by His Excellency the Governor of Hongkong with the advice of the Legislative Council thereof for the several purposes aforesaid that there be established in some convenient locality in Victoria an office to be entitled "*The Census and Registration Office*," and that the duties and business of this office be discharged by a Registrar and such other officers and assistants and at such salaries as the Governor in Council may be pleased to appoint subject to Her Majesty's pleasure.

圖 1-3 1844 年 11 月，港府通過《1844 年登記及普查條例》，宣布定期進行居民登記和人口調查。圖為 1844 年 11 月 20 日的《香港政府憲報》（*The Hongkong Government Gazette*）中的條例刊憲版面。（*The Friend of China and Hongkong Gazette* [s. l.: Gainsborough Studio, 20th November 1844]）

HISTORICAL

AND

STATISTICAL ABSTRACT

OF THE

COLONY

OF

HONGKONG.

HONGKONG:
PRINTED BY NORONHA & Co.
Government Printers
1911.

— 1 —

	TRADE.		FINANCE.														POPULATION.			PUBLIC HEALTH.	PUBLIC INSTRUCTION.		PUBLIC ORDER					
	SHIPS ENTERED.	TONNAGE.	REVENUE. Local.	REVENUE. Imperial.	REVENUE. (Total)	EXPENDITURE.	MILITARY EXPENDITURE.	PERCENTAGE OF EXPENDITURE DEVOTED TO: Non-effective Charges.	General Administration.	Public Health.	Public Instruction.	Public Order.	Public Works.	REVENUE DERIVED FROM RATES.	NON-CHINESE.	CHINESE.	TOTAL.	DEATH-RATE PER 1,000 EUROPEAN AND AMERICAN RESIDENTS.	NO. OF SCHOOLS.	TOTAL ATTENDANCE.	NO. OF PRISONERS IN GAOL ON 31ST DEC.	POLICE STRENGTH. European.	Indian.	Chinese.	(Total)	
			£			£	£							£												
1841	...	...	......			...	...	...	...	...	...	...	...	...	...	5,650	...	......	...	..	...	......				1841
1842	...	...	......			...	...	...	...	...	...	...	...	...	...	12,361	...	......	...	...	...	......				1842
1843	...	...	......			...	...	...	...	...	...	...	...	...	...	...	...	......	...	...	...	......				1843
1844	538	189,257	9,535	54,234	63,769	58,108	152,343	...	24.38	1.64	2.40	21.41	50.17	...	454	19,009	19,463	......	5	117	92	78	34	48	160	1844
1845	672	226,998	22,242	52,545	74,787	72,841	143,100	...	26.22	1.23	1.13	26.10	45.32	529	1,043	23,114	24,157	.545	4	100	108	74	62	9	165	1845
1846	675	229,255	27,047	29,223	54,270	60,351	141,781	...	29.34	1.16	1.26	32.44	35.80	1,575	1,386	20,449	21,835	.757	4	102	128	67	67	24	158	1846
1847	691	229,465	31,079	18,394	40,473	50,963	115,149	...	29.38	1.51	1.32	33.27	34.52	2,240	1,406	22,466	23,872	.358	4	118	181	50	81	24	155	1847
1848	[illegible]	228,818	25,072	40,302	65,374	62,309	80,778	...	27.55	1.46	1.32	29.33	40.34	2,576	1,502	22,496	23,998	1,298	6	146	135	44	144	24	212	1848
1849	902	293,465	23,617	11,910	35,527	38,986	75,943	.57	40.97	3.11	2.04	37.55	15.76	3,116	1,210	28,297	29,507	.648	9	223	155	29	80	24	133	1849
1850	883	299,009	23,527	14,150	37,677	34,314	64,628	.38	44.74	3.16	1.97	41.64	8.11	2,812	1,305	31,987	33,292	1,011	12	227	158	30	80	24	134	1850

圖 1-4 港府於 1911 年印製 *Historical and Statistical Abstract of the Colony of Hongkong*，記錄了不同年份的香港人口統計數字。（*Historical and Statistical Abstract of the Colony of Hongkong* [Hong Kong: Noronha & Co., Government Printers, 1911]）

二戰結束後至 1960 年，港府沿用日佔前的人口統計法規，但沒有舉行人口普查。[5] 1947 年成立統計處，1949 年至 1951 年為 12 歲及以上人口進行登記。首任統計處處長沃莫爾（W. G. Wormal）在《1949 年年中香港人口報告》（*A Report on the Population of the Colony, Mid-year, 1949*）中指出，二戰後初年，港府部門各自公布人口數據，如 1947 年的人口總數便由 140 萬人至 200 萬人不等。本卷主要採用統計處的人口數據，該處是根據 1931 年的人口普查結果，以及每年的生死人數和出入境人次而作出估計。

在此期間，《1950-1 年醫務衞生署年報》（*Annual Departmental Report by the Director of Medical and Health Services for the Financial Year 1950-1*）曾公布樣本個案為 82,499 人的年齡及性別結構情況，其母體是約 100 萬份人口登記表格。聯合國和新界鄉議局進行過主題性人口調查，留下了部分人口較詳細的資料。聯合國的「香港人口抽樣調查」（Sample Survey of Hong Kong's Population）於 1954 年進行，共完成 4600 份問卷；翌年出版《香港的中國難民問題》（*The Problem of Chinese Refugees in Hong Kong*）。鄉議局的人口調查針對新界地區，於 1955 年 3 月進行，以問卷形式調查約 300 條鄉村的居民。

圖 1-5　歷年香港人口普查和中期人口統計的宣傳海報。（香港特別行政區政府統計處提供）

5　前港府中央政策組首席顧問顧汝德（Leo F. Goodstadt）指出，二戰後港府的管治取向中，有一種「反統計文化」（anti-statistics culture），即認為搜集和公布詳盡的人口和社經統計數據，將招來倫敦的行政干涉，以及本地的政治爭論。儘管英國政府於 1950 年責成港府填補人口數據的缺失，港府仍以中國內地政局變動導致香港人口大幅波動為由，取消 1950 年代的人口普查。

港府於 1961 年重新進行人口普查，1966 年開始進行中期人口統計（population by-census），1967 年成立政府統計處。根據該處判斷，1961 年之前的人口普查數字「不大適合作完整的歷史比較」，因而根據聯合國的建議擬訂普查計劃（Census Plan），以取得有系統、較詳盡、可資比較的資料。普查計劃於 1969 年 7 月獲行政局通過。政府統計處負責每十年進行一次人口普查，在兩次普查之間進行一次中期人口統計。所有數據的搜集和編製方法均採用國際標準，以確保數據的質素和可比性。

港府於 1978 年 5 月通過《1978 年普查及統計條例》（*Census and Statistics Ordinance, 1978*），授權政府統計處處長進行人口普查，並確立受訪者提供資料和政府為有關資料保密的責任。

圖 1-6　1991 年，政府統計處處長莫乃鏗（左二）宣布展開 1991 年人口普查。（攝於 1991 年，香港特別行政區政府統計處提供）

圖 1-7　2011 年，政府統計處處長馮興宏（右二）在記者會上介紹人口普查統計員的制服和裝備。（攝於 2011 年，香港特別行政區政府提供）

三、出生和死亡登記法規

港府於 1846 年 12 月修訂《1844 年登記及普查條例》，規定華人戶主呈報其戶中的人口生死事項。1872 年 7 月通過《1872 年生死登記條例》（*Registration of Births and Deaths Ordinance, 1872*），規定華民政務司署負責香港居民的生死登記，並保管紀錄；戶主須呈報其戶中的人口生死事項，完成登記後，會獲發出生或死亡登記證明書，無死亡登記證明書者不准安葬。1896 年 8 月重訂《1896 年生死登記條例》（*Births and Deaths Registration Ordinance, 1896*），規定生死登記和紀錄保管改由潔淨署（Sanitary Department）負責；非婚生子女的父親不需呈報嬰兒出生，除非其父母共同提出登記請求。港府多次修訂此條例，1934 年 8 月的版本規定生死登記和紀錄保管改由生死登記官負責；出生和死亡申報分別於 42 天內和 24 小時內完成。其後的修訂主要涉及登記細節，如 2006 年的版本規定每份出生和死亡的經簽署登記表格，須以數碼影像形式記錄。

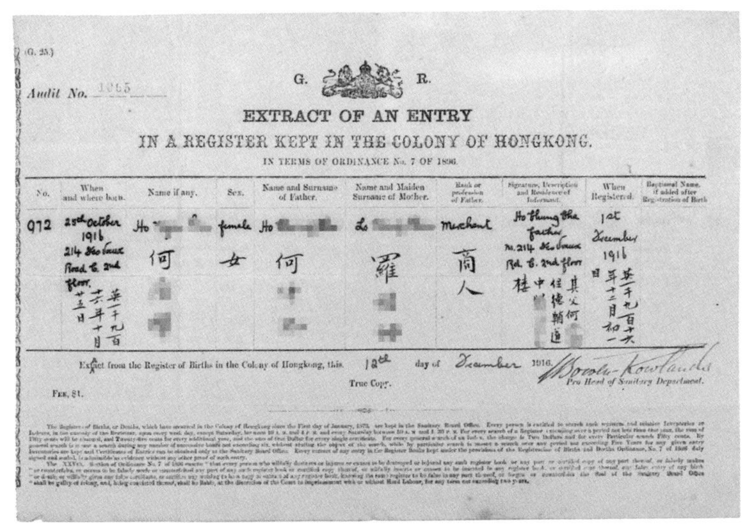

(G. 25.)

Audit No. 1065

G. R.

EXTRACT OF AN ENTRY

IN A REGISTER KEPT IN THE COLONY OF HONGKONG.

IN TERMS OF ORDINANCE No. 7 OF 1896.

No.	When and where born.	Name if any.	Sex.	Name and Surname of Father.	Name and Maiden Surname of Mother.	Rank or profession of Father.	Signature, Description and Residence of Informant.	When Registered.	Baptismal Name, if added after Registration of Birth
972	25th October 1916 214 Des Voeux Road C. 2nd floor. 英一千九百一十六年十月廿五日	Ho 何	female 女	Ho 何	Lo 羅	Merchant 商人	Ho [illegible] the father No. 214 Des Voeux Rd. C. 2nd floor 其父何[illegible]住德輔道中[illegible]樓	1st December 1916 英一千九百一十六年十二月初一日	

Extract from the Register of Births in the Colony of Hongkong, this 12th day of December 1916.

True Copy.

Pro Head of Sanitary Department.

Fee, $1.

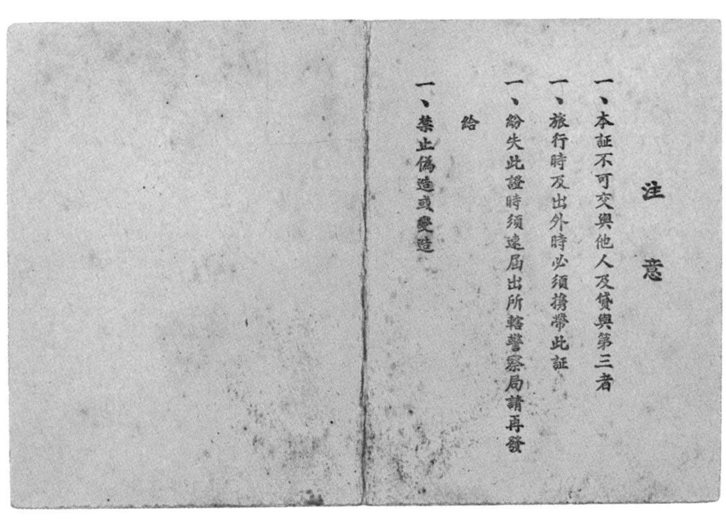

注意

一、本証不可交與他人及賃與第三者

一、旅行時及出外時必須攜帶此証

一、紛失此證時須速向出所轄警察局請再發給

一、禁止偽造或變造

圖 1-8　第一代香港出世紙（正面、背面）。（〔龍兄錢幣〕王龍卿提供）

二戰後，港府於 1947 年 12 月通過《1947 年出生登記（特設登記冊）條例》（*Births Registration (Special Registers) Ordinance, 1947*）和《1947 年死亡登記（特設登記冊）條例》（*Deaths Registration (Special Registers) Ordinance, 1947*），授權生死登記官備存特設登記冊，用以登記在指明的遺失登記冊內的出生和死亡個案，日佔前的登記冊當作由 1941 年 12 月 25 日起永久遺失。

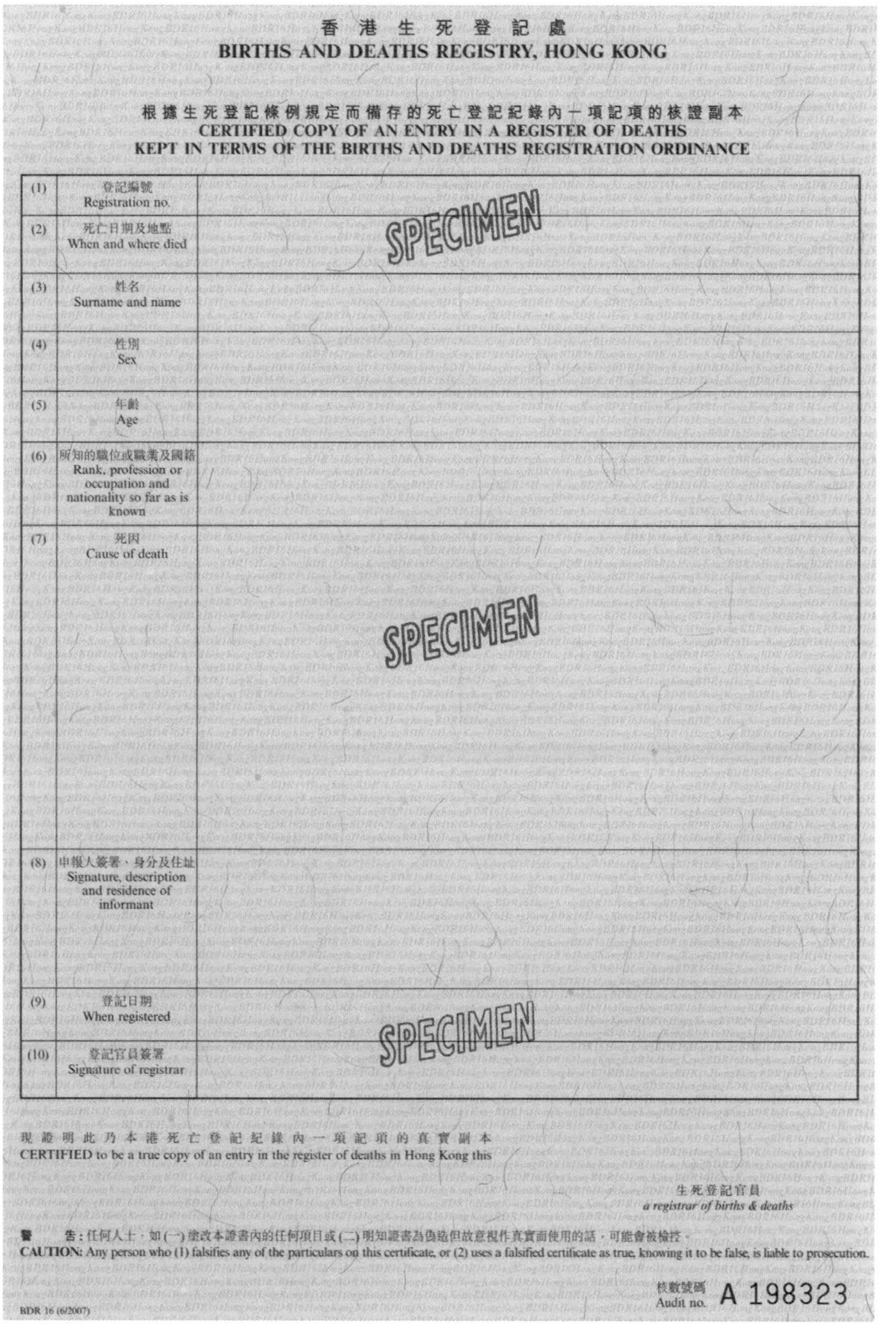

香港生死登記處
BIRTHS AND DEATHS REGISTRY, HONG KONG

根據生死登記條例規定而備存的死亡登記紀錄內一項記項的核證副本
CERTIFIED COPY OF AN ENTRY IN A REGISTER OF DEATHS
KEPT IN TERMS OF THE BIRTHS AND DEATHS REGISTRATION ORDINANCE

(1)	登記編號 Registration no.	
(2)	死亡日期及地點 When and where died	SPECIMEN
(3)	姓名 Surname and name	
(4)	性別 Sex	
(5)	年齡 Age	
(6)	所知的職位或職業及國籍 Rank, profession or occupation and nationality so far as is known	
(7)	死因 Cause of death	SPECIMEN
(8)	申報人簽署、身分及住址 Signature, description and residence of informant	
(9)	登記日期 When registered	SPECIMEN
(10)	登記官員簽署 Signature of registrar	

現證明此乃本港死亡登記紀錄內一項記項的真實副本
CERTIFIED to be a true copy of an entry in the register of deaths in Hong Kong this

生死登記官員
a registrar of births & deaths

警　告：任何人士，如(一)塗改本證書內的任何項目或(二)明知證書為偽造但故意視作真實而使用的話，可能會被檢控。
CAUTION: Any person who (1) falsifies any of the particulars on this certificate, or (2) uses a falsified certificate as true, knowing it to be false, is liable to prosecution.

核數號碼
Audit no. A 198323

BDR 16 (6/2007)

圖 1-9　死亡登記記項核證副本（俗稱「死亡證」）樣本。（香港特別行政區政府入境事務處提供）

四、人口登記法規

1844 年 4 月，港府宣布所有居港華人須向總巡理府（Chief Magistrate）登記，以避免香港成為「不良分子」的聚居地。

1844 年 8 月通過《1844 年居民登記條例》（*Registration of Inhabitants Ordinance, 1844*），擬成立登記署（Registration Office）負責人口登記。條例於同年 10 月頒布，規定從該年 11 月起，所有年滿 21 歲或有能力賺取生活費的男性居民，須每年一次親臨登記署或其分署，提供個人和家庭資料。初抵港的苦力和工人，須在 24 小時內辦理登記。登記費按登記者的職業或收入分為五元、三元和一元三級。完成登記後，會獲發登記證。中外人士對這措施均表不滿，107 名英人簽署呈文，華人則發表〈華民公啟〉，提出「新例加收身價，又何等艱難。……或時身票遺失，搜檢便捉擔枷，訟從此繁，刑從此酷」，並呼籲罷工罷市，表示若如期執例，便集體離港。華人於條例頒布當月開始罷工罷市，港府於翌月宣布暫不執行該條例。

1844 年 11 月，港府通過《1844 年登記及普查條例》以取代《1844 年居民登記條例》。新條例規定，除獲豁免人士外，年滿 21 歲或有能力賺取生活費的男性居民、初抵港的苦力和工人，都必須申領登記證，但免除了登記費，取得此「良民」證明後，才能在港居留和工作；香港水域內的船艇須領取牌照和呈報船員資料；地保須呈報所轄地區的戶口資料；戶主亦須呈報留宿來客的個人資料。新法例在 1845 年 1 月生效，此為香港開埠後首條關於人口登記和得到落實施行的法規。1846 年 12 月，港府以治安問題為由，通過新的《1846 年登記及普查條例》，賦予總登記官更大權力，凡威脅香港治安或非香港永久居民的華人，可被遞解出境；1856 年 11 月全面實施此條例，未向政府登記的華人會被遞解出境。

港府再於 1857 年 5 月修訂《1846 年登記及普查條例》，此條例於翌年 5 月被《1858 年管理華人—普查條例》（*Regulation of Chinese—Census Ordinance, 1858*）取代，規定華人戶主須負責本戶的人口登記事宜；行乞者可被處以罰款、鞭笞或遞解出境。華民政務司仍有權隨時進入華人住宅和船艇進行搜查。

1866 年 8 月通過《1866 年維多利亞城戶口登記條例》（*Victoria Registration Ordinance, 1866*），規定城內華人戶主和僕役在條例生效 30 日內，向華民政務司登記，戶主須登記自己和租客的個人資料；完成登記後，會獲發登記證。

1888 年 5 月通過《1888 年管理華人條例》（*Regulation of Chinese Ordinance, 1888*），規定華人戶主在條例生效 15 日內，向華民政務司登記自己和租客的個人資料。完成登記後，會獲發登記證書。條例亦規定華人在晚上 9 時至翌晨 5 時外出，必須帶同夜間通行證（night pass）。

1916 年 6 月通過《1916 年人事登記條例》（*Registration of Persons Ordinance, 1916*），規定除英軍及其家眷、領事官員及其家眷、華裔人士和 18 歲以下人士外，已居港者須於條例生效一個月內、新來港者於抵港一星期內，向警察總監呈報個人資料。此條例在 1939 年的修訂規定飛機和船舶負責人於出入境前申報非華裔乘客名單。1949 年 8 月重訂《1949 年人事登記條例》，規定除港督、海陸空軍、警務人員、港督特許者，以及 12 歲以下兒童外，其餘居民須到指定機關進行登記、拍照、打指模，以辦領個人身份證（見圖 1-10）。1951 年登記結束時，共 1,627,608 人完成登記，人口登記局局長（Commissioner of Registration）估計約有 3000 人至 5000 人沒有登記。根據 1931 年的人口普查，12 歲以下兒童佔總人口 19.6%，據此推算，此時大約有 40 萬人不在登記人口中。

從 1949 年起，港府以簽發身份證的方式登記年滿 12 歲（後改為 11 歲）的人口。1960 年 5 月，人口登記局改名為人事登記處（見圖 1-19，圖 1-20）；1977 年 4 月，人民入境事務處接管人事登記的職責。1960 年 6 月實施的《1960 年人事登記條例》和新增的《1960 年人事登記規例》（*Registration of Persons Regulations, 1960*），就境內居民和境外具香港居留權人士的身份登記，以及身份證的發給、攜帶、出示和應用作出規定。港府多次修訂該條例，以重新登記人口，並引入新的身份證，從 1987 年起，身份證分為「香港永久性居民身份證」和「香港身份證」兩種，前者載明持證人擁有香港居留權，後者沒有載明該項權利。

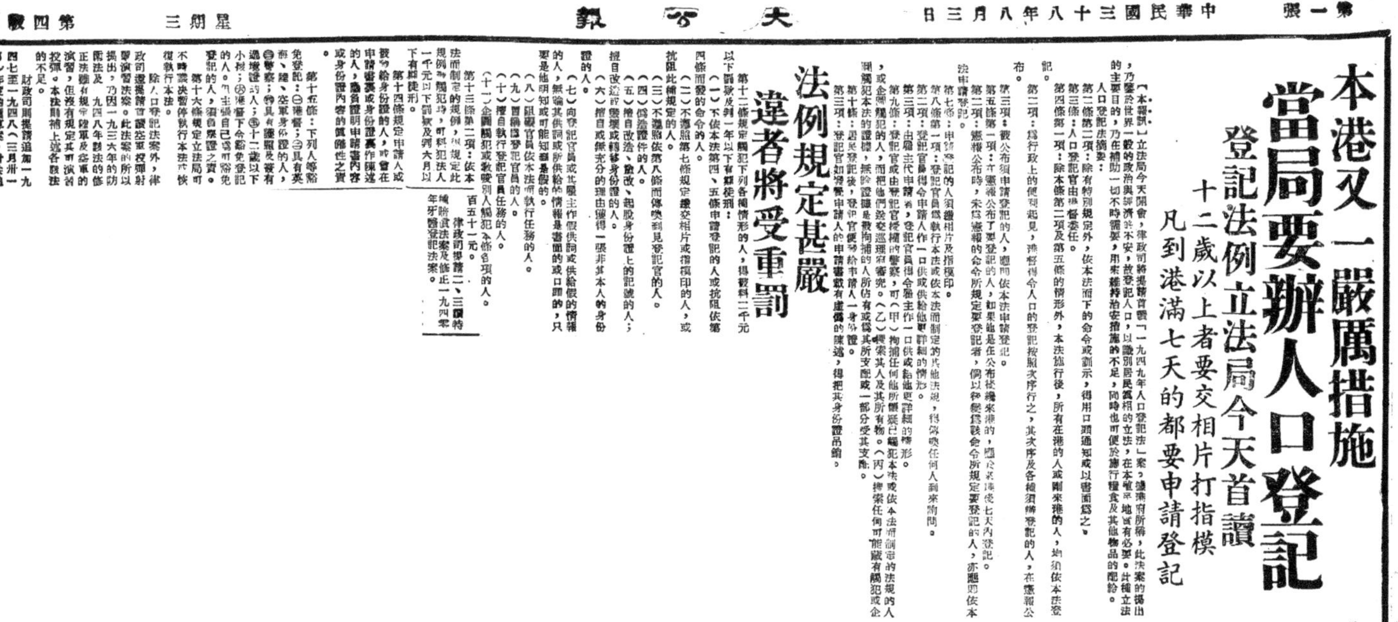

第一張　中華民國三十八年八月三日　大公報　星期三　第四版

本港又一嚴厲措施
當局要辦人口登記
登記法例立法局今天首讀
十二歲以上者要交相片打指模
凡到港滿七天的都要申請登記

【本報訊】立法局今天開會，律政司將提請首讀「一九四九年人口登記法」案，據港府所稱，此法案的提出，乃鑒於世界一般的政治與經濟並不安，故登記人口，以識別居民真相的立法，在本港極屬有必要。此種立法的主要目的，乃在補助一切不時需要，用來維持治安措施的不足，同時也可便於施行糧食及其他物品的配給。

人口登記法摘要：

第二條第二項：除有特別規定外，依本法而下的命令或訓示，得用口頭通知或以書面爲之。

第三條：人口登記官由港督委任。

第四條第一項：除本條第二項及第五條的情形外，本法施行後，所有在港的人或剛來港的人，均須依本法登記。

第二項：爲行政上的便利起見，港督得令人口的登記按照次序行之，其次序及各種須辦登記的人，在憲報公布。

法例規定甚嚴
違者將受重罰

圖 1-10　1949 年 8 月 3 日，港府提出《1949 年人事登記條例》，於同年 8 月 17 日三讀通過。1949 年 8 月 3 日，《大公報》刊登相關報道。（香港大公文匯傳媒集團提供）

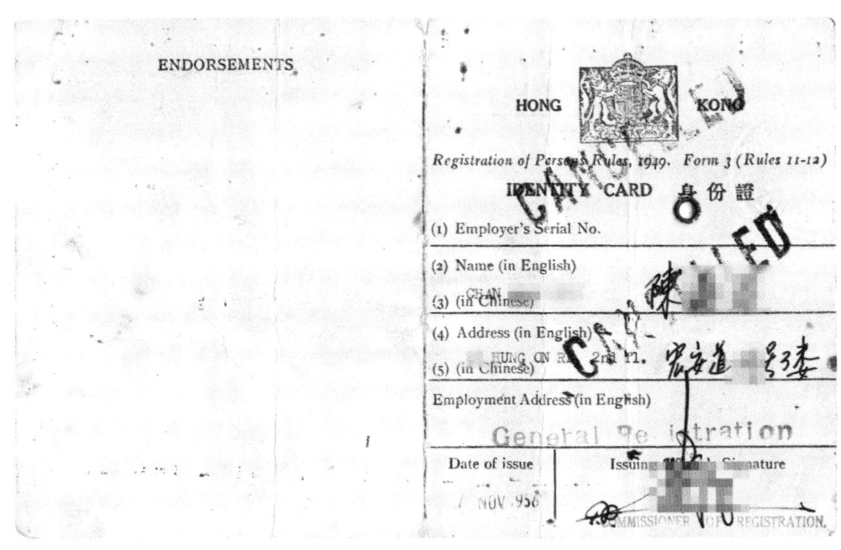

ENDORSEMENTS

HONG KONG

Registration of Persons Rules, 1949. Form 3 (Rules 11-12)

IDENTITY CARD 身份證

(1) Employer's Serial No.

(2) Name (in English)

CHAN

(3) (in Chinese) 陳

(4) Address (in English)

HUNG ON RD 2nd Fl.

(5) (in Chinese)

Employment Address (in English)

General Registration

Date of issue | Issuing Officer's Signature

7 NOV 1956

COMMISSIONER OF REGISTRATION

CANCELLED

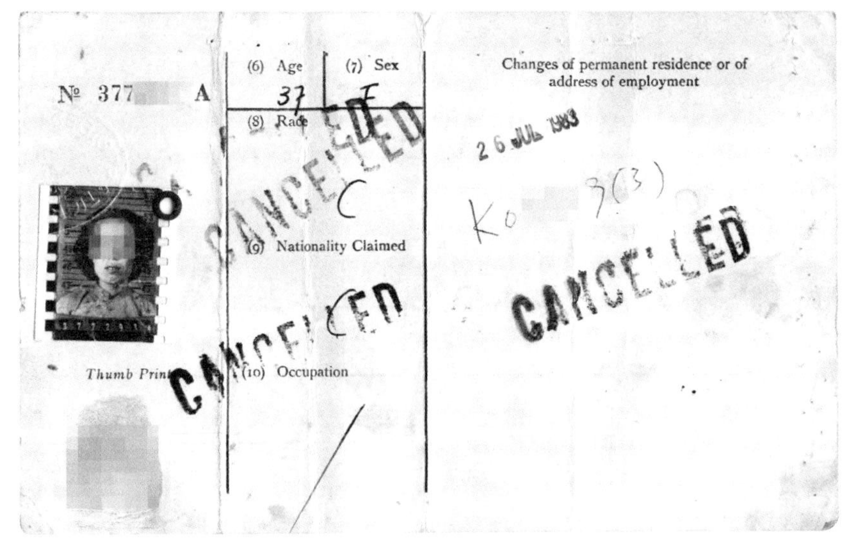

№ 377 A

(6) Age 37

(7) Sex F

(8) Race C

(9) Nationality Claimed

(10) Occupation

Thumb Print

Changes of permanent residence or of address of employment

26 JUL 1983

CANCELLED

圖 1-11　1956 年簽發的香港紙質身份證。（香港特別行政區政府入境事務處提供）

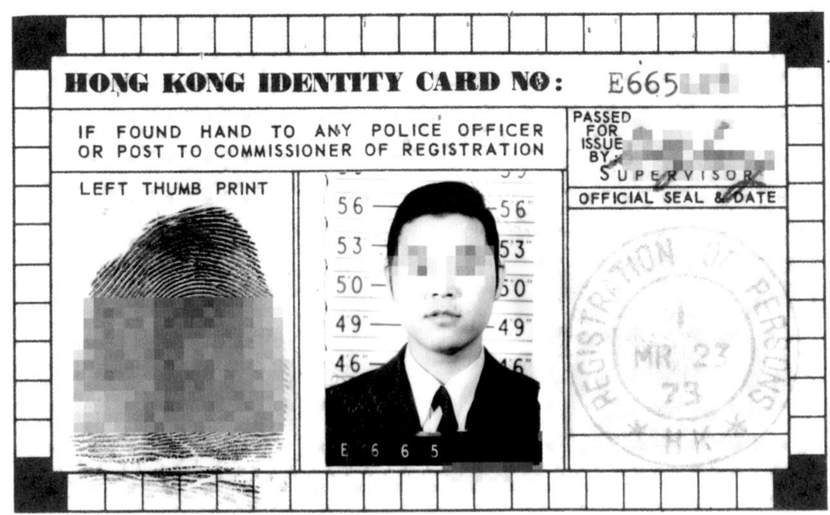

HONG KONG IDENTITY CARD NO: E665

IF FOUND HAND TO ANY POLICE OFFICER OR POST TO COMMISSIONER OF REGISTRATION

PASSED FOR ISSUE BY SUPERVISOR

OFFICIAL SEAL & DATE

LEFT THUMB PRINT

REGISTRATION OF PERSONS MR 23 73 HK

圖 1-12　1973 年簽發的「綠印」膠面身份證。（香港特別行政區政府入境事務處提供）

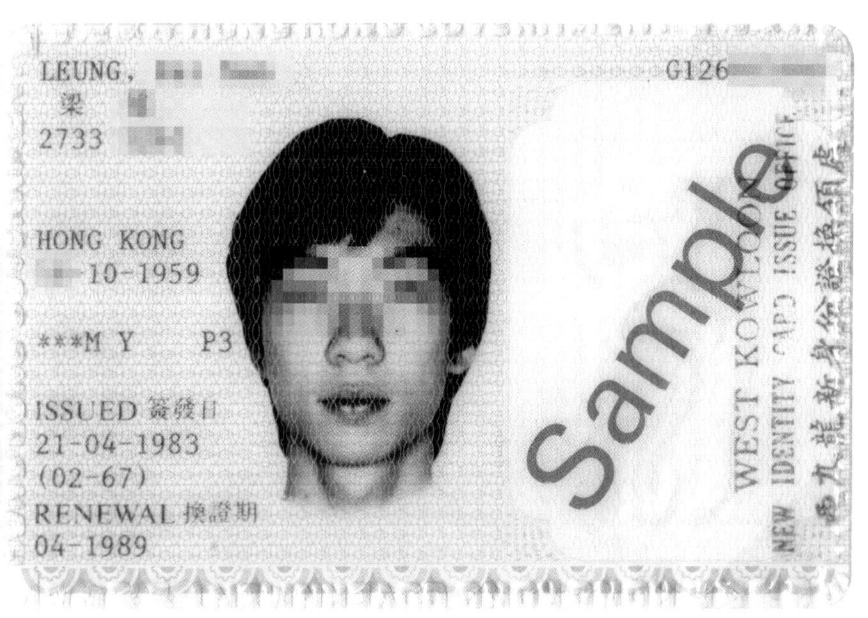

圖 1-13　1983 年 3 月，人民入境事務處首次推出電腦身份證，分階段為全港市民更換。（香港特別行政區政府入境事務處提供）

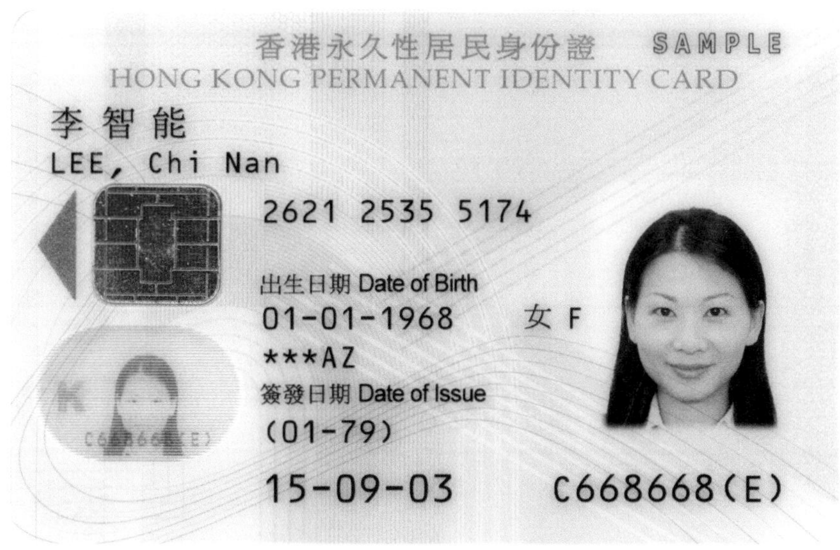

圖 1-14　2003 年 6 月，入境事務處開始簽發內藏微型晶片儲存持證人指紋模板、具高度防偽功能的智能身份證。（香港特別行政區政府入境事務處提供）

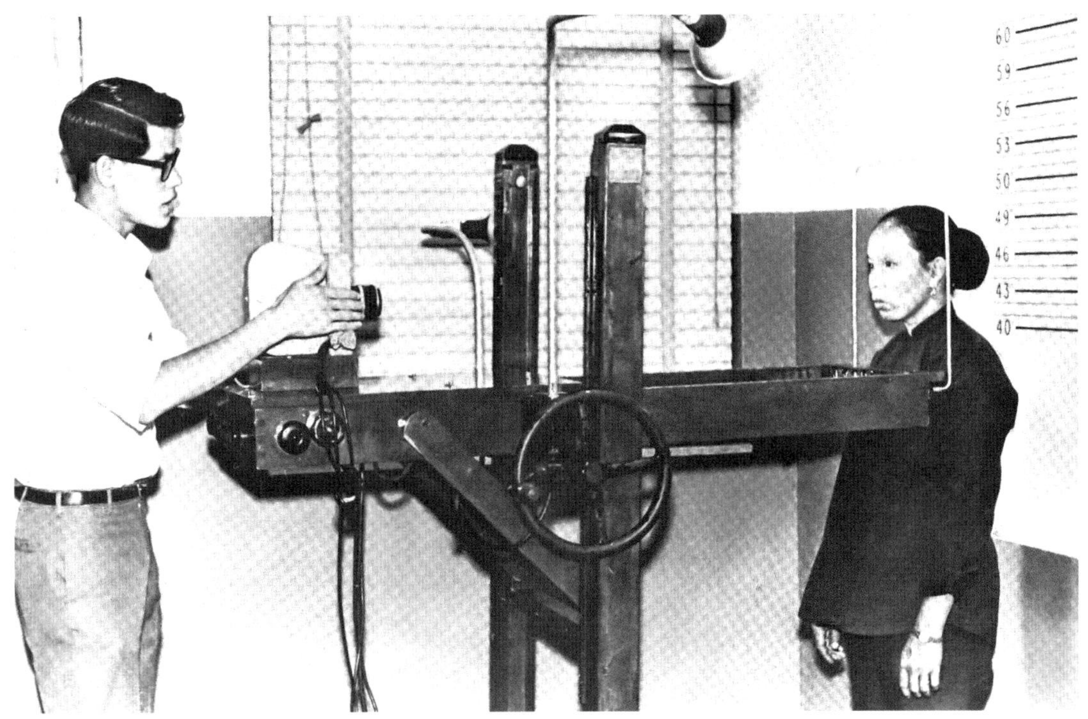

圖 1-15　市民拍攝身份證相片的情況。（約攝於 1968 年，政府檔案處歷史檔案館提供）

圖 1-16　流動登記隊為厦村村民登記身份證。（約攝於 1969 年，政府檔案處歷史檔案館提供）

圖 1-17　流動登記隊為牛頭角居民登記身份證。（約攝於 1970 年，政府檔案處歷史檔案館提供）

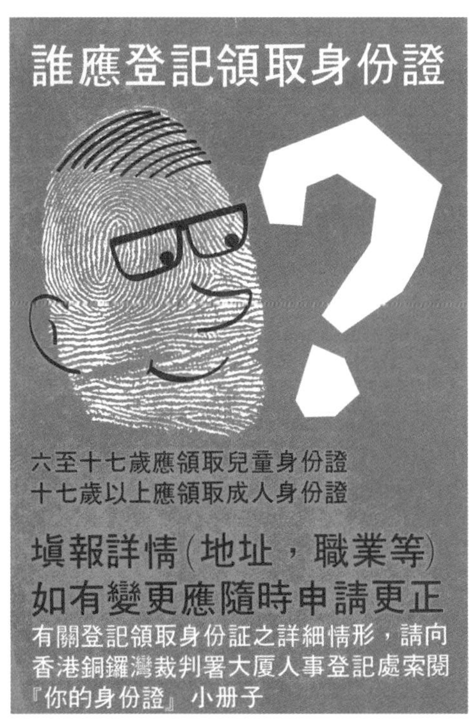

圖 1-18　1970 年有關登記身份證的卡通海報。（政府檔案處歷史檔案館提供）

圖 1-19　人事登記處九龍分處。（約攝於 1970 年，政府檔案處歷史檔案館提供）

圖 1-20　人事登記處新蒲崗分區辦事處。（約攝於 1971 年，政府檔案處歷史檔案館提供）

圖 1-21　2001 年 5 月 19 日，香港特別行政區行政長官董建華參觀入境事務處，並在人事登記處與部分香港身份證申請人交談。（攝於 2001 年 5 月 19 日，香港特別行政區政府提供）

第二節　人口數量

一、人口數目

1. 1841 年以前

據考古發現，在西貢滘西洲、北區沙頭角新村、大嶼山石壁東灣等地，有距今約 7000 年的文化遺址，是迄今在香港境內發現最早的人類文化遺存。[6] 由於沒有文字紀錄，難以考究史前時期的人口數量。先民的聚落及出土的裝飾物和禮器，反映人口數量有所增加，並存在較複雜的社會組織。

古籍泛稱長江以南、部落眾多的沿海地區為百越（百粵），香港位於其南端。秦始皇在公元前 214 年平定百越，今香港地區正式納入中原王朝的統治。然而，因為香港不是一個行政單位，歷朝史籍和地方志都沒有獨立記錄香港的人口數據。

南海郡龍川縣令趙佗於漢高祖三年（公元前 204）自立為南越武王，以番禺為國都，香港在其管轄之內。《史記》〈酈生陸賈列傳〉和《漢書》〈西南夷兩粵朝鮮傳〉記載漢高祖派陸賈見趙佗，對話中趙佗自稱「帶甲百萬有餘」，陸賈則曰：「今王眾不過數十萬」，這些籠統數字或能反映南越國已具一定規模人口。

西漢元鼎六年（公元前 111），漢武帝派兵滅南越國，香港納入漢朝版圖，屬南海郡番禺縣管轄。據《漢書》〈地理志〉，南海郡治下 6 縣，共 19,613 戶，94,253 口。東漢（25—220）時，香港仍屬南海郡番禺縣，據《後漢書》〈郡國五〉，南海郡治下 7 縣，共 71,477 戶，250,282 口。兩漢更替期間，南海郡人口有所增加，這與同期廣東人口變化是一致的。[7]

魏晉南北朝時期（220—589），中原持續動盪，漢族人口南遷，廣東地區的人口有所增加。《晉書》〈志第五．地理下〉和《宋書》〈志第二十八．州郡四〉記載了廣州轄地和人口的情況，如在三國時期東吳永安七年（264），廣州管轄 17 個郡，其下有 136 個縣，共 49,726 戶，206,694 口。西晉太康年間（280—289），廣州管轄 10 個郡，其下有 68 個縣，共 43,120 戶。東晉咸和六年（331），廣州管轄 6 縣，共 1332 戶，15,696 口。

隋朝（581—619）結束南北分裂局面，人丁蕃息，廣東地區人口持續增加。香港一直屬寶

6　也有考古學家根據在西貢黃地峒的發掘結果，認為香港境內人類活動的歷史可追溯至舊石器時代晚期（距今約四萬年）。然而，該遺址的光釋光（optically stimulated luminescence）測年沒有較一致的結果。

7　廣東地區人口詳見《廣東省志：人口志》的記述。

安縣管轄。《隋書》〈志第二十六・地理下〉記載南海郡管轄 15 縣，共 37,482 戶。

唐代（618—907），廣東地區人口大幅增加。香港主要屬廣州南海郡寶安縣和南海郡東莞縣管轄。此時南海郡貿易興盛，人口增長，據《新唐書》〈志第三十三上・地理七上〉的記述，南海郡管轄 13 縣，共 42,235 戶，221,500 口。

五代十國（約 907—979）歷時不足百年，政權連連更迭，香港主要屬南漢（917—971）範圍，屬東莞縣管轄，史書沒有留下可供參考的人口資料。

宋朝（960—1279）建立後，廣東地區經濟重回升軌，人口明顯增加。香港先後屬廣南東路廣州增城縣、東莞縣管轄。兩宋年間，廣南東路的戶數有所增加。根據《元豐九域志》〈卷第九〉，在北宋元豐年間（1078—1085），廣南東路共 143,261 戶，其中主戶佔 64,796、客戶佔 78,465。[8] 在宋朝官方戶籍中，「客戶」指沒有土地、不負擔二稅的民戶。按《宋史》〈志第四十三・地理六〉，在南宋紹興三十二年（1162），廣南東路有 513,711 戶，共 784,774 口。另根據《東莞縣志》〈經政略一・戶口〉，在北宋乾德元年（963），東莞縣戶口超過三萬。

元代（1271—1368），在廣東地區，珠江三角洲和潮汕平原取代粵北成為人口最多的地方。香港此時屬廣州路東莞縣管轄。根據《元史》〈卷六十二〉，廣州路有 170,216 戶，共 1,021,296 口。另根據《南海志》〈卷六〉，在元大德八年（1304），東莞縣有 24,398 戶，包括 24,394 個南人戶和 4 個北人戶，另有 374 名僧道、354 名僧尼和 20 名道士。此外，元代吳萊《南海古蹟記》記述，元代時，聚居於大奚山（今大嶼山）者，「有數百家，徙米種藷芋，射麋鹿，時載所有至城，易醯米去」。

明代（1368—1644）初期，手工業和商品經濟發展迅速，廣東地區人口增加，珠江三角洲日漸富庶，吸引更多外地人口南遷。明朝末年，連年災荒、瘟疫和戰爭令眾多地區人口大量死亡，廣東地區的人口損失則低於北方。香港原屬廣州府東莞縣管轄，明萬曆元年（1573），香港改屬從東莞縣分設的新安縣，新安縣的地理範圍約是今日的香港和深圳。根據清嘉慶《新安縣志》，設置新安縣時，戶籍原額是 7608 戶，共 33,971 口。明萬曆十年（1582）的數目是 7752 戶和 34,520 口。明萬曆三十一年（1603）戶數和口數減半至 3572 戶和 16,675 口。其後的人口規模才轉趨穩定，明崇禎十五年（1642）是 3589 戶和 17,871 口（見表 1-1）。

8　按《南海志》卷六〈戶口〉，廣南東路的客戶應為 78,463 戶。

表 1-1 明萬曆元年（1573）至明崇禎十五年（1642）若干年份新安縣人口統計表

年	年號	戶數	口數（男女合計）
1573	萬曆元年	7608	33,971
1582	萬曆十年	7752	34,520
1593	萬曆二十一年	7752	13,202
1603	萬曆三十一年	3572	16,675
1613	萬曆四十一年	3500	16,606
1622	天啟二年	3500	16,248
1632	崇禎五年	3491	16,992
1642	崇禎十五年	3589	17,871

資料來源： 清嘉慶《新安縣志》，卷之八，〈經政略．戶口〉。

明清之際，全國範圍天災戰亂頻仍導致人口下降，其後因社會回復穩定、賦稅制度改革、[9]耕地面積擴大和糧食產量提高，令人口日益增加。廣東的人口也是先降後回升，成為我國人口最多的省份之一，至晚清時期則因人口外移而停滯不前。香港仍屬廣東省新安縣管轄。新安縣的人口變化可分為清初的鋭減及清中葉的恢復和增長兩大階段（見表 1-2）。

清初，新安縣人口規模大幅減少，由明崇禎十五年（1642）的 3589 戶和 17,871 口，減至清順治年間（1644—1661）的 2966 戶和 6851 丁口，清康熙三年（1664）的丁數是 2172。人口劇降是受到「禁海」和「遷界」政策的影響。[10] 遷界的目標是「盡夷其地，空其人民。」香港全境屬遷界範圍，所有陸上和水上居民必須內遷。清朝政府於清康熙八年（1669）允許遷海復界，但如清康熙《新安縣志》〈防省志〉所記述，直至清康熙二十一年（1682）平定台灣後，香港居民才能「盡復業居住耕種⋯⋯船隻捕取魚蝦如舊」。在遷界令下，香港人口雖然大跌，但並非全部消失。據記載，時有賄賂官員，潛回沿岸 50 里內地方的情況，此舉稱為「賣界」。如龍躍頭《溫氏族譜》[11] 所寫：「賣界之術亦巧，有銀則出入無害，無銀則死生任由，所以遷移之民，十存二、三，正此故也。」

清中葉，新安縣進入恢復和增長階段，人口規模由清康熙三年（1664）的 2172 丁，回升至清康熙二十年（1681）的 4525 丁、清乾隆三十七年（1772）的 30,373（丁和口合計），

9 主要的改革是清康熙五十一年（1712）實行的「滋生人丁永不加賦」政策，以及清雍正元年（1723）推行的「攤丁入畝」政策。清朝政府認為減輕人民的賦稅負擔有助解決戶口隱漏問題，如《聖祖仁皇帝御製文集》第四集卷一〈敕諭〉載康熙曰：「民之生齒實繁，朕故欲知人丁之實數，不在加徵錢糧也。⋯⋯故將直省現今徵收錢糧冊內有名人丁永為定數，嗣後所生人丁免其加增錢糧，但將實數另造清冊具報。⋯⋯編審人丁時，不將所生實數開報者，特恐加徵錢糧，是以隱匿不據實奏聞。」

10 清朝政府為防範沿海居民與鄭成功勾結，先於清順治十三年（1656）頒布禁海令，禁止廣東、福建、浙江、山東等地區的商民船隻私自出海。繼於清順治十八年（1661）實施遷界令，勒令廣東、福建、浙江、山東四省沿海居民向內陸遷移 30 里至 50 里，並焚毀其田宅宗祠。清康熙元年（1662）繼續立界遷民。

11 龍躍頭《溫氏族譜》，實際上為龍躍頭《鄧氏族譜》。粉嶺龍躍頭鄧氏因族譜中有批評清朝政府遷海政策的文字，將族譜名稱改為《溫氏族譜》，以免牽累本族。

清乾隆三十八年（1773）至清嘉慶二十三年（1818）間，滋生丁口連原報共225,979。《新安縣志》沒有記錄香港的人口數目，但根據志中〈地理志・都里〉，香港的村落集中於「五都」、「六都」和官富巡檢司的管轄範圍，清康熙年間（1662—1722），新安縣約有500條村，「五都」和「六都」的225條村中，逾100條位於香港，至清嘉慶年間，官富巡檢司管轄的492條村中，約300條位於香港。村落數目增加反映人口規模的擴大。

表1-2　清順治元年（1644）至清嘉慶二十三年（1818）若干年份新安縣人口統計表

年	年號	戶數	口數／丁數
1644-1661	順治年間	2966	6851丁口
1664	康熙三年	不詳	2172丁
1672	康熙十一年	不詳	3972丁口
1681	康熙二十年	不詳	4525丁
1686-1731	康熙二十五年至雍正九年	不詳	7289丁口
1772	乾隆三十七年	不詳	30,373丁口
1773-1818	乾隆三十八年至嘉慶二十三年	不詳	225,979丁口（滋生連原報）

資料來源：　清康熙《新安縣志》〈田賦志〉；清嘉慶《新安縣志》，卷之八，〈經政略・戶口〉。

2. 1841年至1960年

在《南京條約》簽訂前的1841年，英軍已登陸香港島，並進行人口調查，同年5月15日於《香港政府憲報》第2號公布結果，顯示香港島的總人口為7450人（見圖1-22）。[12] 自此以後，香港島有較為連貫和可資比較的人口數據。

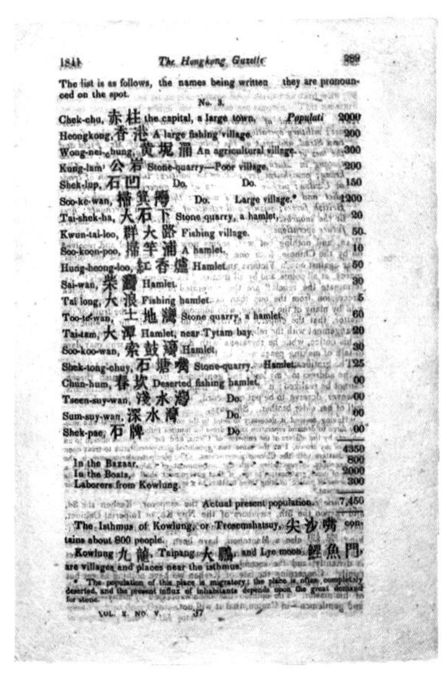

1841　The Hongkong Gazette　289

The list is as follows, the names being written as they are pronounced on the spot.

No. 3.

Chek-chu, 赤柱	the capital, a large town. Populati	2000
Heongkong, 香港	A large fishing village.	200
Wong-nei-chung, 黄坭涌	An agricultural village.	300
Kung-lam, 公岩	Stone-quarry—Poor village.	200
Shek-lup, 石凹	Do. Do.	150
Soo-ke-wan, 掃箕灣	Do. Large village.*	1200
Tai-shek-ha, 大石下	Stone quarry, a hamlet.	20
Kwun-tai-loo, 群大路	Fishing village.	50
Soo-koon-poo, 掃竿浦	A hamlet.	10
Hung-heong-loo, 紅香爐	Hamlet.	50
Sai-wan, 柴灣	Hamlet.	30
Tai long, 大浪	Fishing hamlet.	5
Too-te-wan, 土地灣	Stone quarry, a hamlet.	60
Tai-tam, 大潭	Hamlet, near Tytam bay.	20
Soo-koo-wan, 索鼓灣	Hamlet.	30
Shek-tong-chuy, 石塘嘴	Stone-quarry. Hamlet.	25
Chun-hum, 春坎	Deserted fishing hamlet.	00
Tseen-suy-wan, 淺水灣	Do.	00
Sum-suy-wan, 深水灣	Do.	00
Shek-pae, 石牌	Do.	00
		4350
In the Bazaar,		800
In the Boats,		2000
Laborers from Kowlung.		300
	Actual present population.	7,450

The Isthmus of Kowlung, or Tseemshatsuy, 尖沙嘴 contains about 800 people.

Kowlung 九龍, Taipang 大鵬, and Lye-moon 鯉魚門, are villages and places near the isthmus.

* The population of this place is migratory; the place is often completely deserted, and the present influx of inhabitants depends upon the great demand for stone.

VOL. X. NO. V.　37

圖1-22　1841年5月的《中國叢報》（*The Chinese Repository*），登載了香港島人口情況。（*The Chinese Repository*, vol. 10 no. V, 1841, p. 289）

12　時任港府官員歐德理（Ernest J. Eitel）認為此結果有誤，他主張當時香港島只有5650名華人。港府於1911年出版的 *Historical and Statistical Abstract of the Colony of Hongkong* 中，也採用5650名華人此數字。對於1841年至1859年的香港島人口，本卷統一採用《香港政府憲報》和《香港藍皮書》（*Hong Kong Blue Book*）刊載的數字，以便數據具有可比性。

1840 年代，庫務司馬丁（R. Montgomery Martin）在呈交英國政府的報告中提到，維多利亞城只有約 60 幢歐洲人宅邸及一些華人茅舍和市集，除鴉片行業外，整個香港島幾乎沒有商號。1841 年至 1859 年間，香港島的人口規模不斷擴大，由 7450 人增至 86,941 人（見表 1-3）。九龍和今新界此時仍在清朝政府治下，有一定數量的居民和駐軍。清代文獻沒有記載當時的居民數目，但遷海復界後，清朝政府鼓勵鄰縣鄉民來港落戶，多條村落相繼建成，居民人數應隨之增加。

表 1-3　1841 年至 1859 年若干年份香港島人口和人口增長統計表

年	人口（人）	人口增長（人）	年增長率（%）	年	人口（人）	人口增長（人）	年增長率（%）
1841	7450	不詳	不詳	1851	32,983	-309	-0.9
1842	12,361	4911	65.9	1852	37,058	4075	12.4
1844	19,463	不詳	不詳	1853	39,017	1959	5.3
1845	24,157	4694	24.1	1854	55,715	16,698	42.8
1846	21,835	-2322	-9.6	1855	72,607	16,892	30.3
1847	23,872	2037	9.3	1856	71,730	-877	-1.2
1848	21,514	-2358	-9.9	1857	77,094	5364	7.5
1849	29,507	7993	37.2	1858	75,503	-1591	-2.1
1850	33,292	3785	12.8	1859	86,941	11,438	15.1

注：包括水上和流動人口，不包括軍人。
資料來源：歷年 *Hong Kong Blue Book*；1841 年 *The Hongkong Gazette*；1842 年 *The Friend of China and Hongkong Gazette*。

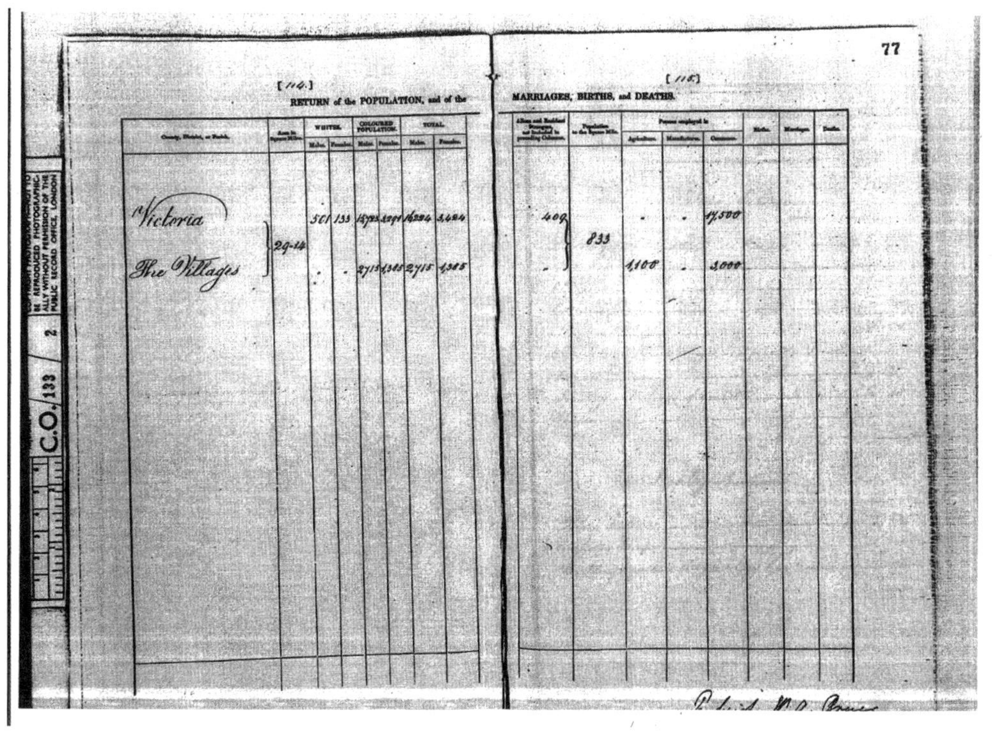

圖 1-23　1845 年《香港藍皮書》，記載了當時華人、歐洲人的人口數字。（英國國家檔案館提供，編號 CO113/2）

1860 年清朝政府和英國簽訂《北京條約》，港府的管轄範圍從香港島擴大至九龍半島南端。1860 年至 1899 年間，香港島和九龍的人口規模繼續擴大，由 94,917 人增至 259,312 人，共增加 164,395 人。1860 年代，居民人數先升後回落，由 1860 年的 94,917 人增至 1865 年的 125,504 人，然後回落至 1869 年的 119,326 人；其間，1864 年和 1866 年均出現負增長，各減 3352 人和 10,406 人。1870 年代至 1880 年代，居民人數由 1871 年的 124,198 人增至 1889 年的 194,482 人；其間，只有 1872 年出現輕微下降，減 2213 人。1890 年代，居民人數繼續上升，由 1890 年的 198,742 人增至 1899 年的 259,312 人；其間，只有 1897 年的人口減少 14,351 人（見表 1-4）。

表 1-4　1860 年至 1899 年若干年份香港島和九龍人口和人口增長統計表

年	人口（人）	人口增長（人）	年增長率（%）	前五年內平均每年增長率（%）	年	人口（人）	人口增長（人）	年增長率（%）	前五年內平均每年增長率（%）
1860	94,917	7976	9.2	不適用	1887	185,962	4260	2.3	不適用
1861	119,321	24,404	25.7	不適用	1888	190,222	4260	2.3	不適用
1862	123,511	4190	3.5	不適用	1889	194,482	4260	2.2	不適用
1863	124,850	1339	1.1	不適用	1890	198,742	4260	2.2	不適用
1864	121,498	-3352	-2.7	不適用	1891	221,441	22,699	11.4	4.0
1865	125,504	4006	3.3	不適用	1892	231,662	10,221	4.6	不適用
1866	115,098	-10,406	-8.3	3.3	1893	238,724	7062	3.0	不適用
1867	117,471	2373	2.1	不適用	1894	246,006	7282	3.1	不適用
1869	119,326	1855	0.8	不適用	1895	253,514	7508	3.1	不適用
1871	124,198	4872	2.0	1.5	1896	261,258	7744	3.1	3.4
1872	121,985	-2213	-1.8	不適用	1897	246,907	-14,351	-5.5	不適用
1876	139,144	17,159	3.3	2.3	1898	254,400	7493	3.0	不適用
1881	160,402	21,258	2.9	2.9	1899	259,312	4912	1.9	-0.2
1886	181,702	21,300	2.5	2.5					

注：1860 年至 1881 年、1891 年和 1897 年為人口普查數字，其餘為估計數字。包括水上和流動人口。1860 年至 1867 年不包括軍人。自 1861 年起包括九龍人口。平均每年增長率（average annual growth rate）於 1860 年至 1866 年按前六年內計算；1896 年至 1899 年按前三年內計算。平均每年增長率採用以下公式計算：

$$\frac{P_2}{P_1} = (1+r)^n$$

其中 P1 = 某段時期開始時的人口；P2 = 某段時期結束時的人口；r = 平均每年增長率；n = 該段時期的年數。

資料來源：　歷年 *Hong Kong Blue Book*；*Historical and Statistical Abstract of the Colony of Hongkong*。

1898 年清朝政府和英國簽訂《展拓香港界址專條》，翌年，英國政府委派輔政司駱克（J. H. Stewart Lockhart）到此等地區進行調查，根據翌年公布的〈香港殖民地展拓界址報告書〉（Extracts from Papers Relating to the Extension of the Colony of Hongkong），1898 年時，「新租之地」有 423 條村落，共 100,320 人，當中包括今新界地區 71,570 人、九龍 15,030 人和離島 13,720 人。

二十世紀前期，香港人口持續增加，由 1900 年只含香港島和九龍的 26.3 萬人，增至 1901 年含香港島、九龍、新界和離島的 38.6 萬人，當年，香港島和九龍共 28.4 萬人（含商船人口 0.2 萬人），新界地區共 10.2 萬人。其後人口規模繼續擴大，1941 年為 163.9 萬人。1900 年至 1941 年間，共增加 137.7 萬人。從 1911 年起，其間只有兩年出現負增長，即 1921 年（減 2.3 萬人）和 1931 年（減 33.1 萬人）（見表 1-5），根據 1921 年和 1931 年的《行政報告》（*Administrative Reports*），負增長或由於人口普查年之間對人口的估計出現偏差。

表 1-5　1900 年至 1941 年若干年份香港人口和人口增長統計表

年	人口（人）	人口增長（人）	年增長率（%）	年	人口（人）	人口增長（人）	年增長率（%）
1900（年中）	262,678	3366	1.3	1925（年中）	874,420	74,870	9.4
1901（普查）	386,229	123,551	47.0	1926（年末）	874,420	0	0.0
1906（普查）	404,814	18,585	0.9	1927（年末）	977,900	103,480	11.8
1911（普查）	456,739	51,925	2.4	1928（年末）	1,075,690	97,790	10.0
1912（年中）	459,014	2275	0.5	1929（年末）	1,143,510	67,820	6.3
1913（年中）	480,344	21,330	4.6	1930	1,171,400	27,890	2.4
1914（年中）	493,594	13,250	2.8	1931（普查）	840,473	-330,927	-28.3
1915（年中）	509,160	15,566	3.2	1932	900,796	60,323	7.2
1916（年中）	529,010	19,850	3.9	1933	922,643	21,847	2.4
1917（年中）	535,100	6090	1.2	1934	944,492	21,849	2.4
1918（年中）	561,500	26,400	4.9	1935	966,341	21,849	2.3
1919（年中）	598,100	36,600	6.5	1936	988,190	21,849	2.3
1920（年中）	648,150	50,050	8.4	1937	1,006,982	18,792	1.9
1921（普查）	625,166	-22,984	-3.5	1938	1,028,619	21,637	2.1
1922（年中）	662,400	37,234	6.0	1939	1,050,256	21,637	2.1
1923（年中）	681,800	19,400	2.9	1940	1,071,893	21,637	2.1
1924（年中）	799,550	117,750	17.3	1941（普查）	1,639,337	567,444	52.9

注：由於 1900 年代《香港藍皮書》的香港人口沒包括新界地區，本表主要採用歷年人口普查報告的數字。從 1901 年起包括新界人口。1901 年、1906 年、1911 年、1921 年、1931 年、1941 年為人口普查數字（1941 年含 34.9 萬居於新界或水上的估計人口），其他年份為人口估計（population estimates）。1930 年、1932 年至 1940 年人口估計的月份不詳。1900 年包括軍人，1937 年至 1941 年不確定，其他年份不包括軍人。1906 年和 1911 年的年增長率為前五年內平均每年增長率。此外，根據《香港藍皮書》，1901 年至 1923 年的香港人口人數依次為 300,660、311,824、325,431、361,206、377,850、329,038、329,357、336,488、343,877、350,975、373,121、450,098、489,114、501,304、517,140、528,090、535,108、468,100、501,000、547,350、585,880、578,200、578,200，1929 年為 1,075,690，1931 年為 849,750。

資料來源：　歷年人口普查報告；1900 年、1930 年、1932 年至 1940 年 *Hong Kong Blue Book*。

1900 年代，居民人數由 1900 年的 26.3 萬人增至 1906 年的 40.5 萬人，共增加 14.2 萬人。[13] 這年代的人口增長主要來自新界地區的十萬多人；1901 年至 1906 年的增加只有 1.9

13　1900 年代《香港藍皮書》記錄的香港人口數目沒有包括新界居民，因此不予引用。

萬人，部分原因是 1906 年 9 月發生「丙午風災」造成約 1.5 萬人死亡。1910 年代，居民人數由 1911 年的 45.7 萬人增至 1919 年的 59.8 萬人。此期間，大量華人經港赴歐作「一戰華工」。1920 年代，居民人數大幅增加，由 1920 年的 64.8 萬人增至 1929 年的 114.4 萬人。1925 年 6 月，約 25 萬香港工人參與「省港大罷工」，約 13 萬人離開香港到廣州，罷工歷時一年零四個月。1931 年人口普查報告記錄的 1925 年和 1926 年人口數字沒有變化，都是 87.4 萬人。1930 年代至 1940 年代初，居民人數先急降後回升，由 1930 年的 117.1 萬人減至 1931 年的 84.0 萬人，然後攀升至 1941 年的 163.9 萬人；這 11 年間，只有 1931 年出現負增長，減少 33.1 萬人。1937 年抗日戰爭爆發，香港尚未被戰火波及，數十萬內地居民來港避難，香港人口由 1936 年的 98.8 萬人增至 1941 年的 163.9 萬人。[14] 1941 年的人口普查於 3 月進行，此年年底日軍攻佔香港，對人口造成很大影響。

日佔時期，日佔政府於 1942 年 9 月、1943 年 5 月和 1944 年 3 月進行了三次戶口普查，並以戶口普查為基礎估計人口變化，每月更新數字。由於部分資料流失，表 1-6 僅列出在 1942 年和 1943 年《總督部公報》發表的八項數字。該兩年的「年度」人口數量和戶數採用當年最遲公布者，即 1942 年 12 月和 1943 年 10 月的數字。

POPULATION AND VITAL STATISTICS, 1940.

RETURN OF THE POPULATION, AND OF THE MARRIAGES, BIRTHS, AND DEATHS.

County, district, or parish.	Area in square miles.	British and foreign.		Chinese population. ¶		Total. ¶		Population to the square mile.	Aliens and resident strangers not included in preceding columns.	Persons employed in			Births. Number and rate per 1,000.§	Marriages. ‡	Deaths. † number and rate per 1,000.
		Males.	Females.	Males.	Females.	Males.	Females.			Agriculture.	Manufactures.	Commerce.			
Colony of Hong Kong,	391	13,848	10,277	601,603	446,165	615,451	456,442	2,741	......	Returns not available.			* 44,917 * 41.9 per 1,000	933	‖ 61,010 56.9 per 1,000
		(Estimations only).													

† Excluding the Forces of the Crown.
‡ This return does not include marriages between persons neither of whom professes the Christian religion duly celebrated according to the personal law and religions of the parties.
§ Both births and birth rates are to some extent fallacious owing to partial Chinese registration and migration of boat population.
* Does not include 147 late registrations after 12 months.
‖ Excludes 1,953 stillbirths.
¶ Not including refugees estimated at about 750,000.

(N 1)

HOUSING.

Province, County, District or Parish.	Population.	Number of chinese dwelling houses and floors.								Number of houses.	Number of floors.
		1 storey.	2 storeys.	3 storeys.	4 storeys.	5 storeys.	6 storeys.	7 storeys.	8 storeys.		
Victoria, (Hong Kong).	442,572	275	893	4,211	6,289	623	36	18	3	12,348	43,331
† Kowloon and New Kowloon,	406,081	77	450	5,788	3,438	13	—	—	—	9,766	32,158
† Aberdeen and Aplichau,	7,376	185	176	134	1	—	—	—	—	496	943
Shaukiwan,	2,657	119	230	555	97	—	—	—	—	1001	2,632
Total	858,686	656	1,749	10,688	9,825	636	36	18	3	23,611	79,064

* Estimated population mid-year 1940 excluding refugees.
† Outlying villages not included.

NOTE :—This form is a modification of that required by Colonial Office Circular Despatch of 30th June, 1931, to suit local conditions and to give more accurate information.

43

圖 1-24　1940 年《香港藍皮書》，記載了當時華人、歐洲人的人口數字，也有分別列出性別、出生數字、死亡數字等數據。（政府檔案處歷史檔案館提供）

14　抗日戰爭爆發後，大量華人從內地來港避難，1941 年 3 月的人口普查沒有對露宿者進行統計。此外，日佔政府認為此次普查約有 10% 的遺漏，估計總人口應接近 200 萬人。

日佔政府為了「保障糧食及生活物資供應穩定」，從 1942 年 1 月 6 日開始實施「歸鄉」政策，導致人口大幅下跌。香港居民由 1941 年 3 月的 163.9 萬人，減少至 1945 年 8 月約 60 萬人。其間有兩個時段減速較大：一是 1941 年 3 月至 1942 年 9 月。攻打香港之前，日本已判斷這城市的「適度人口」是 60 萬人，在佔領後隨即推行「歸鄉」政策，令人口減少約 65 萬人。二是 1943 年 1 月至 5 月，該年 3 月發生糧食短缺，日佔政府停止配售大米，並加強推行「歸鄉」政策，人口減少約 12 萬人。

日佔政府的戶口普查沒有包括長洲、坪洲、大澳和梅窩約 3 萬名居民，在 1942 年 12 月和 1943 年 10 月，估計長洲分別有 17,885 人和 18,716 人，坪洲分別有 1621 人和 1356 人，大澳分別有 9268 人和 9780 人，梅窩分別有 521 人和 531 人。

表 1-6　1941 年至 1945 年香港人口統計表

單位：人

年	月份	人口
1941	3	1,639,337
1942	9	980,073
	10	989,674
	11	981,984
	12	983,412
1943	1	980,064
	5	863,399
	9	859,925
	10	855,888
1944	3	750,000
	9	500,000-600,000
1945	8	約 600,000

注：1941 年香港人口中的新界人口（19.5 萬人）和水上人口（15.4 萬人）、1944 年 9 月及 1945 年的人口為估計數字。1942 年 9 月不包括啟德區，1942 年 10 月至 1943 年 10 月包括啟德區，其他年份不詳。1942 年和 1943 年不包括長洲、坪洲、大澳和梅窩的居民（約 3 萬人）。

資料來源：歷年《總督部公報》；1941 年人口普查報告；東洋經濟新報社編：《軍政下の香港》；British Army Aid Group, "An Outline of Conditions in Occupied Hongkong"; *Hong Kong Annual Report 1959*。

日佔政府雖然執行強制性的調查和登記措施，但人口數據存在誤差，而糧食配給與價格變動影響人口申報的準確性。日佔政府於 1942 年 1 月起，實施糧食配給制度，計口授糧。根據英軍服務團（British Army Aid Group）的記述，許多人為求分配更多糧食而虛報住戶成員名字。其次，戰爭阻礙了各地區的糧食生產和運輸，1944 年時，香港的白米價格仍較周邊地區便宜，因而吸引人口流入。日佔政府的統計難以緊跟這些變化。此外，有些社群不在戶口登記和普查之列，這主要是戰俘和被囚者。日軍佔領香港時，共 10,947 人成為戰俘，包括 5072 名英國籍、3829 名印度裔、1689 名加拿大籍，以及 357 名華籍和混血兒軍人。至於被囚者，多為被囚於赤柱拘留所的外籍平民，1942 年 1 月至 1945 年戰爭結束前夕，被囚者包括約 2500 名成人和 400 名兒童。院舍孤兒也沒有被包括在人口統計內，在 1943 年，全港共有 9 間孤兒院，收容 1144 名孤兒。

日佔政府也知道人口數據不準確，如 1943 年 5 月進行的戶口普查發現有 114,625 名在戶口原簿上登記但實際不存在者，包括失蹤者約 60,000 人、死亡未登記者 3000 人、重複住址者 3000 人等。而未在戶口原簿上登記者亦有 37,394 人，包括無證居住者約 22,000 人、偷渡者 2666 人、出生未登記者 1000 人等。

1945 年至 1960 年間，年中人口數由約 60 萬人增至 307.5 萬人（見表 1-7）。二戰結束後，戰時因各種原因而離港的民眾回流，人口在 1946 年底增至 160 萬人，回復至日佔前的水平。1950 年是另一個人口大幅增加的年頭，人口從 1949 年的 185.7 萬人增至該年的 223.7 萬人，這和中華人民共和國成立，不少民眾來港有關。1951 年是此期間唯一出現負增長的年份（減 22.2 萬人）。根據港府分析，這和國共內戰基本結束，部分來港避難者返回內地有關。

表 1-7　1945 年至 1960 年香港人口估計統計表

年	人口（人）		年中人口增長率（%）
	年中	年底	
1945	約 600,000	不詳	不詳
1946	1,550,000	1,600,000	158.3
1947	1,750,000	1,800,000	12.9
1948	1,800,000	1,800,000	2.9
1949	1,857,000	1,860,000	3.2
1950	2,237,000	2,060,000	20.5
1951	2,015,300	2,070,000	-9.9
1952	2,125,900	2,183,300	5.5
1953	2,242,200	2,302,700	5.5
1954	2,364,900	2,428,700	5.5
1955	2,490,400	2,553,700	5.3
1956	2,614,600	2,677,000	5.0
1957	2,736,300	2,796,800	4.7
1958	2,854,100	2,912,600	4.3
1959	2,967,400	3,023,300	4.0
1960	3,075,300	3,128,200	3.6

資料來源： *Hong Kong Annual Report 1959*；Census and Statistics Department, *Hong Kong Statistics 1947-1967*。

3. 1961 年至 2016 年

1961 年至 2016 年間，政府統計處定期進行人口普查和中期人口統計，[15] 結果顯示，人口

15　2000 年前後的香港人口數字不完全可比，因 2000 年之前是採用「廣義時點」方法編製，即包括了統計時點不在香港而在內地或澳門的永久性居民，以及當時身在香港的非永久性居民和旅客；從 2000 年起則採用「居住人口」方法編製，即只包括「常住居民」和「流動居民」。政府統計處曾以新舊兩種方法編製 1996 年至 1999 年的人口數字，結果顯示，人口數字沒有大幅度的改變，以 1999 年年底為例，按「居港人口」方法，人口有 676.2 萬人，比「廣義時點」人口少 21.3 萬人，如扣除「廣義時點」的 14.1 萬名旅客，兩者相差只約 7 萬人。

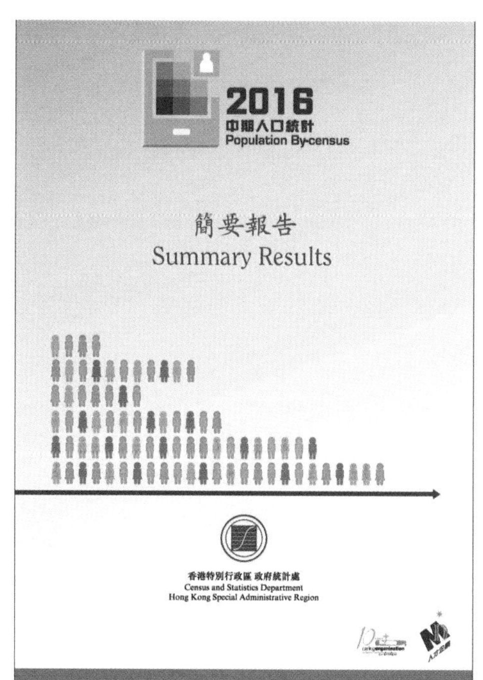

圖 1-25 《香港 2016 年中期人口統計：簡要報告》封面。（香港特別行政區政府統計處提供）

由 1961 年的 313.0 萬人增至 2016 年的 733.7 萬人，共增加 420.7 萬人。按人口普查的十年時段計，在 1961 年至 1971 年間，人口由 313.0 萬人升至 393.7 萬人，增 80.7 萬人；在 1971 年至 1981 年間，人口由 393.7 萬人升至 511.0 萬人，增 117.3 萬人；在 1981 年至 1991 年間，人口由 511.0 萬人升至 567.4 萬人，增 56.4 萬人；在 1991 年至 2001 年間，人口由 567.4 萬人升至 670.8 萬人，增 103.4 萬人；在 2001 年至 2011 年間，人口由 670.8 萬人升至 707.2 萬人，增 36.3 萬人。而在 2011 年至 2016 年間，人口由 707.2 萬人升至 733.7 萬人，增 26.5 萬人（見表 1-8）。

表 1-8 1961 年至 2016 年若干年份香港人口和前五年內平均每年增長率統計表

普查時刻	人口（人）	人口增長（人）	前五年內平均每年增長率（%）
1961 年 2 月-3 月	3,129,648	不適用	不適用
1966 年 6 月及 8 月	3,708,920	579,272	3.5
1971 年 2 月-3 月	3,936,630	227,710	1.2
1976 年 5 月-8 月	4,402,990	466,360	2.1
1981 年 3 月	5,109,812	706,822	3.3
1986 年 3 月	5,495,488	385,676	1.5
1991 年 3 月	5,674,114	178,626	0.6
1996 年 3 月	6,412,937	738,823	1.8
2001 年 3 月	6,708,389	295,452	0.9
2006 年 7 月-8 月	6,864,346	155,957	0.4
2011 年 6 月-8 月	7,071,576	207,230	0.6
2016 年 6 月-8 月	7,336,585	265,009	0.7

注：1961 年、1971 年和 1976 年的人口數不包括暫時不在香港的居民。1981 年、1986 年和 1991 年的人口數分別包括暫時不在香港的 123,252 名、99,491 名和 151,833 名居民。1996 年的人口數根據「居住人口」方法編製；前五年內平均每年增長率則根據該年的「常住人口」（6,217,556 人）計算。2001 年的前五年內平均每年增長率是根據 1996 年的「居住人口」計算。2001 年及以後的人口數和前五年內平均每年增長率是根據「居住人口」計算。

資料來源： 歷年人口普查和中期人口統計報告；政府統計處：《香港統計月刊：二零一二年四月》。

圖 1-26　1841 年至 2016 年香港人口估算

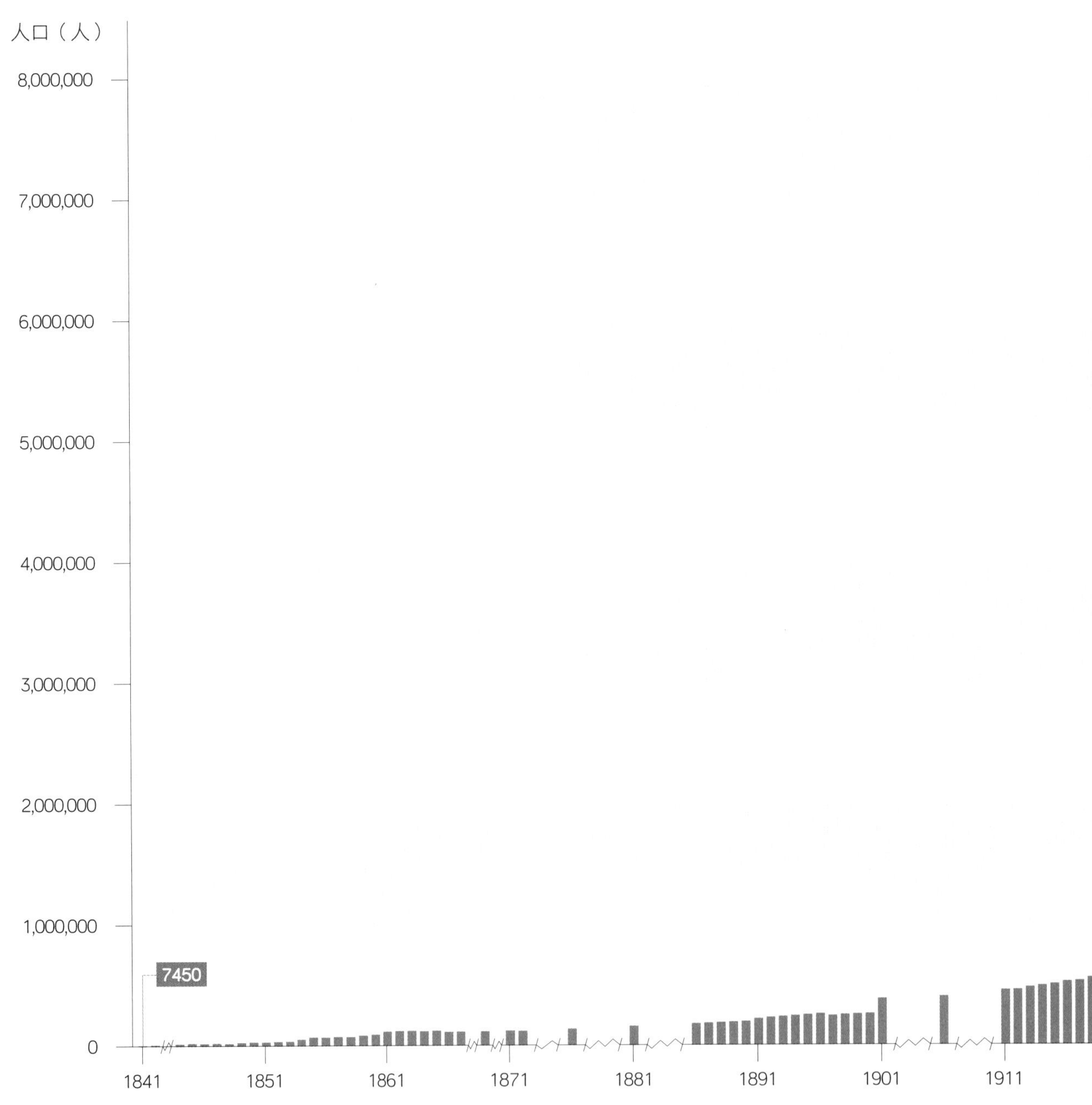

注 1：　以下年份沒有統計數字：1843、1868、1870、1873、1874、1875、1877、1878、1879、1880、1882、1883、1884、1885、1902、1903、1904、1905、1907、1908、1909、1910。

注 2：　1944 年的人口統計數字為約 50 萬人至 60 萬 人。

資料來源：　歷年《香港藍皮書》；歷年《香港年報》；歷年人口普查報告等資料。

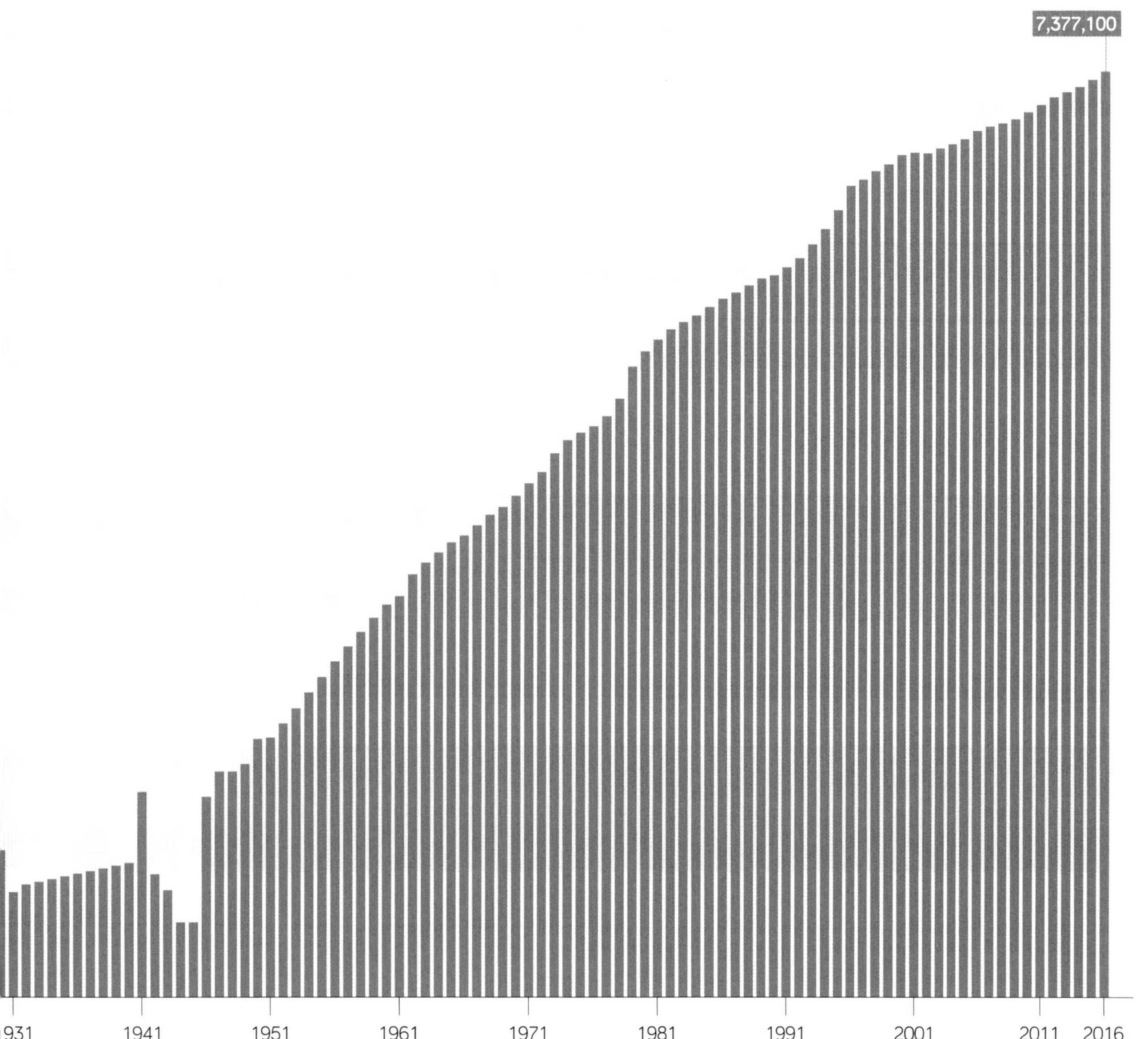
7,377,100
931
1941
1951
1961
1971
1981
1991
2001
2011
2016

此外，根據政府統計處編製的人口估計，即以人口普查和中期人口統計數據為基準，加上普查時刻至統計時點期間的出生人數（按出生登記）、死亡人數（按死亡登記）、流入和流出人數（按個人的入境及出境紀錄），計算各統計時點的香港人口。1961 年至 2016 年間，香港的年中人口由 316.8 萬人升至 733.7 萬人，增 416.9 萬人；年底人口則由 319.5 萬人升至 737.7 萬人，增 418.2 萬人。香港的年中人口在 1971 年超過 400 萬人，1980 年超過 500 萬人，1994 年超過 600 萬人，2010 年超過 700 萬人；各個十年時段的人口增加量分別為 87.7 萬人（1961 年至 1971 年）、113.8 萬人（1971 年至 1981 年）、56.9 萬人（1981 年至 1991 年）、96.2 萬人（1991 年至 2001 年）、35.7 萬人（2001 年至 2011 年）。而在 2011 年至 2016 年間，人口增加 26.5 萬人（見表 1-9）。

表 1-9　1961 年至 2016 年香港人口估計統計表

年	年中人口		年底人口		年	年中人口		年底人口	
	人數（萬人）	增長率（%）	人數（萬人）	增長率（%）		人數（萬人）	增長率（%）	人數（萬人）	增長率（%）
1961	316.81	3.4	319.53	2.1	1989	568.62	1.0	572.65	1.0
1962	330.52	4.3	336.82	5.4	1990	570.45	0.3	575.20	0.4
1963	342.09	3.5	346.18	2.8	1991	575.20	0.8	581.53	1.1
1964	350.46	2.4	354.51	2.4	1992	580.05	0.8	588.76	1.2
1965	359.79	2.7	362.54	2.3	1993	590.10	1.7	599.80	1.9
1966	362.99	0.9	367.94	1.5	1994	603.54	2.3	611.93	2.0
1967	372.28	2.6	376.06	2.2	1995	615.61	2.0	627.00	2.5
1968	380.27	2.1	384.45	2.2	1996	643.55	2.5	646.66	不詳
1969	386.39	1.6	390.61	1.6	1997	648.93	0.8	651.67	0.8
1970	395.90	2.5	399.54	2.3	1998	654.37	0.8	658.34	1.0
1971	404.53	2.2	409.55	2.5	1999	660.65	1.0	663.76	0.8
1972	412.36	1.9	418.43	2.2	2000	666.50	0.9	671.15	1.1
1973	424.16	2.9	433.42	3.6	2001	671.43	0.7	673.03	0.3
1974	437.78	3.2	443.86	2.4	2002	674.41	0.4	672.58	-0.1
1975	446.16	1.9	450.08	1.4	2003	673.08	-0.2	676.42	0.6
1976	451.80	1.3	455.10	1.1	2004	678.35	0.8	679.77	0.5
1977	458.37	1.5	463.15	1.8	2005	681.32	0.4	683.78	0.6
1978	466.75	1.8	476.99	3.0	2006	685.71	0.6	690.43	1.0
1979	492.97	5.6	502.47	5.3	2007	691.63	0.9	693.84	0.5
1980	506.31	2.7	514.51	2.4	2008	695.78	0.6	696.39	0.4
1981	518.34	2.4	523.85	1.8	2009	697.28	0.2	699.64	0.5
1982	526.45	1.6	531.95	1.5	2010	702.42	0.7	705.21	0.8
1983	534.51	1.5	537.74	1.1	2011	707.16	0.7	710.95	0.8
1984	539.79	1.0	543.09	1.0	2012	715.01	1.1	717.10	0.9
1985	545.62	1.1	550.04	1.3	2013	717.89	0.4	721.09	0.6
1986	552.46	1.3	556.57	1.2	2014	722.95	0.7	725.29	0.6
1987	558.05	1.0	561.53	0.9	2015	729.13	0.9	730.97	0.8
1988	562.76	0.8	567.16	1.0	2016	733.66	0.6	737.71	0.9

注：1961 年至 1995 年的人口數字是根據「廣義時點」方法編製，1996 年及以後的數字是根據「居住人口」方法編製。
資料來源：　政府統計處網站：統計數字。

二、人口增長率

1841 年至 1859 年間，香港島的人口由 7450 人增至 86,941 人，升 1,067.0%，其間出現兩個增幅較大的時期（見表 1-3）。其一是 1841 年至 1845 年，當時港府進行多項基礎建設工程，聘用不少來自內地的勞工。其二是 1848 年至 1855 年，當時美國發現金礦，不少華人取道香港前往加州；而在此期間太平天國運動爆發，不少內地民眾來港避難。1841 年至 1859 年間，只有五年的人口出現負增長。1846 年的減幅為 9.6%，原因之一是 1844 年頒布的《1844 年居民登記條例》要求居民向政府登記並繳交費用，由於翻譯出錯，部分華人以為是月費而非年費，於是選擇離開。另據 1846 年 4 月 6 日倫敦《泰晤士報》（*The Times*）報道，不少商人因香港營商環境不如預期而離開。1848 年的減幅為 9.9%，主因是早期的基礎建設已大致完成，港府亦因財政赤字而減少公共工程，部分華人因而轉到其他地方謀生。此後，1851 年、1856 年和 1858 年的人口雖有下降，降幅均甚小。

1860 年至 1899 年間，香港島和九龍的人口由 94,917 人增至 259,312 人，升 173.2%。其間，只有四年出現負增長；其餘年份的年增長率多介乎 0.8% 至 4.6% 之間，另有三年的升幅較高，即 1860 年（9.2%）、1861 年（25.7%）和 1891 年（11.4%）（見表 1-4）。1860 年代的人口增速不及 1850 年代，人口升 25.7%，主因是太平天國運動平息後，來港華人隨即減少，亦有避居香港者遷回故鄉。按平均每年增長率計算，1860 年至 1866 年為 3.3%，1866 年至 1871 年降至 1.5%。這十年間出現兩次明顯的波動。其一是 1860 年至 1861 年，人口急升 25.7%，這是因為《天津條約》簽定後，九龍半島的 5105 名居民悉數計入香港人口，而港府開發九龍亦吸引了不少人來港謀生或經商。其二是 1865 年至 1866 年，人口降 8.3%，主因是香港既受世界經濟不景影響，導致勞動力過剩，港府又制定《1866 年維多利亞城戶口登記條例》，對華人的生活和就業加強監控，部分在港華人因而離開。

1871 年至 1889 年，人口上升 56.6%。按平均每年增長率計算，1871 年至 1876 年為 2.3%，1876 年至 1881 年為 2.9%，1881 年至 1886 年為 2.5%，1886 年至 1891 年為 4.0%。這時期國際電訊和遠洋航運發展迅速，有利於香港經濟，加上九龍地區的發展，吸引內地商人及勞工到港。其間只有 1872 年出現負增長，這主要由於駐港軍人的撤離。

1890 年至 1899 年，人口上升 30.5%。按平均每年增長率計算，1891 年至 1896 年為 3.4%，1896 年至 1899 年則出現負值，為 -0.2%。這十年間亦出現兩次明顯的波動。其一是 1891 年的人口數比 1890 年升 11.4%，這或由於 1882 年至 1890 年的數字都是按 1881 年人口普查的結果估計，1881 年的普查時點是 4 月 3 日，根據華民政務司在 1891 年人口普查報告中所述，在 4 月份進行調查並不理想，因該時段許多華人由於清明節而回鄉祭祖，或赴內地慶祝天后誕而暫時離境，華人人數會因此被低估。其二是 1896 年至

1897 年的人口出現負增長，降 5.5%，根據港府紀錄，1896 年全年貿易不景，加上鼠疫再現，這都是導致人口外流的因素。

1900 年至 1941 年間，香港人口由 26.3 萬人增至 163.9 萬人，升 524.1%。從 1911 年起，只有兩年出現負增長，即 1921 年和 1931 年；其餘年份的年增長率多介乎 0.5% 至 6.0%，另有十年的升幅較高，其中七年介乎 6.3% 至 11.8%，三年超過 15%，即 1924 年（17.3%）、1901 年（47.0%）和 1941 年（52.9%）（見表 1-5）。1901 年，人口急升 47.0%，這是因為《展拓香港界址專條》簽定後，新界地區約十萬人悉數計算入香港人口。其後五年的增長放緩，平均每年增長 0.9%。按前十年內平均每年增長率計算，1901 年至 1911 年為 1.7%，遠低於 1891 年至 1901 年的 5.7%。

1911 年至 1921 年，人口升 36.9%。年增長率由 1912 年的 0.5% 輾轉加速至 1920 年的 8.4%；1921 年不升反降，為 -3.5%，然而，1921 年的《行政報告》指出，當年 4 月進行的人口普查錄得 625,166 人，但年中人口估計是 686,680 人，如按後者計算，過去一年人口並沒有急降。1911 年至 1921 年的平均每年增長率為 3.2%。

1921 年至 1931 年，人口升 34.4%。年增長率不斷起伏，最低的是 1931 年的 -28.3%，最高的是 1924 年的 17.3%。1931 年的《行政報告》同樣指出，1931 年人口普查錄得的 840,473 人，遠低於港府的人口估計。1921 年至 1931 年的平均每年增長率為 3.0%。

1931 年至 1941 年，人口升 95.0%。1930 年代的年增長率相對平穩，多在 2% 上下，1940 年代初增長率攀升的主因是大量內地居民來港避難。1939 年的《行政報告》指出，抗日戰爭爆發後，每年進出香港者數以十萬計，人口統計實難準確。1931 年至 1941 年的平均每年增長率為 6.9%。

1942 年至 1945 年間，日佔政府實施「歸鄉」政策，人口由 1941 年的 163.9 萬人減至約 60 萬人，降 63.4%（見表 1-6）。

1945 年至 1960 年間，年中人口由約 60 萬人增至 307.5 萬人，年增長率在首七年大幅波動，介乎 158.3% 至 -9.9%，其後趨於平穩，年增長率由 1952 年的 5.5%，緩降至 1960 年的 3.6%（見表 1-7）。二戰結束，戰時因各種原因而離港的民眾回流，人口在一年半內從約 60 萬人增至 160 萬人，人口規模回復至日佔前的水平。1950 年是另一增幅較大的年份，人口從 1949 年的 185.7 萬人增至 223.7 萬人，新增人口主要來自內地。1951 年是此期間唯一出現負增長的年份，這是由於部分來港避難者返回內地。

1961 年至 2016 年間，年中人口增加了 134.4%。這 55 年間，首 20 年的增長速度較快，之後 20 年的增長開始放緩，最後 15 年的增長進一步放緩，人口平均每年增長率從 1981 年至 1986 年的 1.5% 跌至 2011 年至 2016 年的 0.7%（見表 1-8）。政府統計處曾分析人

圖 1-27 1980 年 10 月，大批非法入境者趕在「抵壘」政策取消前，前往人民入境事務處申請合法居留證件。（攝於 1980 年，南華早報出版有限公司提供）

口數目在各個十年時段內的主要特徵，以及影響人口增長的因素。1961 年至 1971 年人口增加 80.7 萬人，首五年的平均每年增長率為 3.5%，後五年為 1.2%。人口快速增長主要與二戰後「嬰兒潮」的效應有關。

1971 年至 1981 年人口增加 117.3 萬人，首五年的平均每年增長率為 2.1%，後五年的增速加快，達 3.3%，這是 1961 年至 2016 年間次高的五年內平均每年增長率。人口高速增長主要是有大量內地居民於「抵壘」政策取消前來港居住。[16]

1981 年至 1991 年人口只增加 56.4 萬人，平均每年增長率顯著下降，首五年為 1.5%，後五年再降至 0.6%。雖然「抵壘」政策於 1980 年 10 月取消（見圖 1-27），但內地來港定居人士仍是這十年間人口增長的主要來源。這些人士透過單程證計劃來港，當中不少是「抵壘」政策取消前來港居住者的配偶和子女。另一影響人口變化的因素是 1980 年代後期和 1990 年代初期有不少香港人因移民而離港。

1991 年至 2001 年人口增加 103.4 萬人，首五年的平均每年增長率回升至 1.8%。這主要是有相當多早期移民海外的香港人，因家庭團聚及經濟理由回流香港所致。隨着回流人士

16 「抵壘」政策是指在 1974 年 11 月至 1980 年 10 月期間實施對內地非法移民的政策。在該期間，內地非法移民凡於抵步時遭拘捕者，即遣回原地；其他避過拘捕而「抵壘」，即與親友會合或覓得適當居所者，則准予在香港居留。

此一因素的影響淡出，人口增長在接着的五年期間減慢，平均每年增長率只有 0.9%。在這十年間，由於單程證配額由 1993 年的每天 105 個增至 1995 年的 150 個，持單程證來港的人數有所增加。1991 年至 2000 年間，共有 45.2 萬名單程證持有人來港。由於大部分是香港居民的配偶及其子女，因而部分抵銷了因期內出生人數下跌而令 15 歲以下人口減少的跌幅。此外，外籍家傭亦大幅增加，由 1991 年年中的 7.7 萬人增至 2001 年年中的 22.7 萬人。

2001 年至 2011 年人口增加 36.3 萬人，人口增長進一步放緩，首五年的平均每年增長率為 0.4%，後五年為 0.6%。這期間的人口增長主要受到出生率和死亡率持續處於低水平的影響。

2001 年至 2016 年是人口增長進一步放緩時期，年中人口的平均每年增長率是 0.6%。其間，除了在 2003 年可能受嚴重急性呼吸系統綜合症暴發的影響而錄得 0.2% 的人口負增長，人口增長維持平穩並處於低水平。

三、人口推算

從 1960 年代起，政府統計處負責編製香港的人口推算（population projection）。推算方法是根據社會和經濟的過往趨勢、近期情況及可能發展，訂定生育、死亡和人口遷移的假設，然後採用「組成部分法」（component method），先將基準年的人口按年齡及性別劃分，再結合不同的生育、死亡和人口遷移推算，逐年向前推算，直至推算期末年。

1961 年編製的人口推算，涵蓋期為 10 年。當時推算的 1971 年年中人口數分為高、中、低三者，高推算為 5,217,700 人，中推算為 4,812,700 人，低推算為 4,388,700 人。這 10 年間，在中推算的情況下，15 歲以下人口的比例將由 40.9% 降至 37.3%，60 歲及以上人口則由 4.8% 增至 6.6%。其後，推算期由 10 年延長至 20 年，再於 1999 年延長至 30 年，2014 年延長至 50 年，以便應用於長遠的規劃。延長推算期增加了推算結果的不確定性，為此，政府統計處除了基線人口推算，另編製較高及較低的人口推算。

2016 年編製的人口推算顯示，年中「居港人口」由 2016 年的 734 萬人增至 2043 年 822 萬人的頂峰，然後回落至 2066 年的 772 萬人，整個推算期的平均每年增長率為 0.1%。在 2016 年至 2043 年，平均每年增長 0.4%；然而，隨着人口老化、死亡人數增加，加上出生人數減少，在 2043 年至 2066 年，推算人口平均每年下跌 0.3%。

這 50 年間，整體人口將增加 39 萬人，人口自然減少（即死亡減出生）為 149 萬人，人口淨遷移（即流入減流出）為淨流入 188 萬人。「常住居民」數目的平均每年增長率為 0.1%，「流動居民」數目的平均每年跌幅為 0.2%。香港人口將持續老化，65 歲及以上人口的佔比由 16.6% 增至 36.6%，15 歲以下人口則由 11.8% 降至 9.2%；年齡中位數由 44.3 歲升至

54.5 歲；人口老化令總撫養比率（即 15 歲以下和 65 歲及以上人口數目相對每千名 15 歲至 64 歲人口的比率）由 397 持續上升至 844，工作年齡人口則由 71.6% 萎縮至 54.2%；人口性別比率（即男性數目相對每千名女性的比率）由 925 降至 800；勞動人口於 2019 年至 2022 年達到 367 萬人至 368 萬人的高位，然後下跌至 313 萬人；勞動人口參與率由 2017 年的 59.3% 降至 49.6%；家庭住戶數目增長緩慢，但速度高於人口增長。[17]

四、按出生地點劃分的人口數目

1897 年的人口普查記錄了 13,799 名香港居民的出生地（佔總人口 5.6%），包括 2374 名英裔人士、2267 名葡裔人士和 9158 名華裔人士，英裔和葡裔人數為這兩個社群在港的總人數，華裔人士是報稱在中國內地以外地方出生者。這些人當中，香港出生者佔絕大多數，達 77.6%；其次是英國和澳門，各佔 11.5% 和 6.8%。這三個族裔的出生地分布呈顯著差異。英裔人口中，66.6% 生於英國，然而，生於香港者也佔 19.3%。葡裔人口中，53.6% 生於香港，41.1% 生於澳門，只有 0.4% 生於葡萄牙。華裔人口中，98.6% 生於香港，0.6% 生於海峽殖民地，0.4% 生於金山（Kam Shan），即美國或澳洲（見表 1-10）。

表 1-10　1897 年按出生地和族裔劃分香港部分人口統計表

出生地	英裔		葡裔		華裔		合計	
	人數（人）	百分比	人數（人）	百分比	人數（人）	百分比	人數（人）	百分比
香港	457	19.3	1214	53.6	9033	98.6	10,704	77.6
英國	1580	66.6	1	§	0	0.0	1581	11.5
澳門	4	0.2	931	41.1	0	0.0	935	6.8
中國內地	55	2.3	66	2.9	不適用	不適用	121	0.9
澳洲	86	3.6	1	§	0	0.0	87	0.6
海峽殖民地	11	0.5	2	0.1	52	0.6	65	0.5
英屬印度	34	1.4	10	0.4	3	§	47	0.3
美國	6	0.3	0	0.0	3	§	9	0.1
加拿大	28	1.2	0	0.0	0	0.0	28	0.2
日本	13	0.5	9	0.4	3	§	25	0.2
葡萄牙	0	0.0	10	0.4	0	0.0	10	0.1
其他	100	4.2	23	1.0	64	0.7	187	1.4
總計	2374	100.0	2267	100.0	9158	100.0	13,799	100.0

注：「§」代表不足 0.1%。中國內地數字含台灣；美國數字含夏威夷。華裔人士中，其他數字含 34 名於金山出生。
資料來源： 1897 年人口普查報告。

17 以上推算不包括外籍家傭。

O PORVIR

HEBDOMADARIO

Estrictamente dedicado a propugnação do bem-estar dos portuguezes no Extremo-Oriente.

EDITOR RESPONSAVEL–LISBELLO J. XAVIER.

Redacção, Nos. 13 e 15, D'Aguilar Street, Hongkong.

No. 119	ASSIGNATURAS.	SABBADO, 24 DE FEVEREIRO DE 1900.	ANNUNCIOS.	Anno III

DELFINO DE NORONHA.—Fallecido em Hongkong em 6 de fevereiro de 1900, com 75 annos e 7 mezes d'edade.

圖 1-28　羅郎也（Delfino Noronha）曾被譽為「土生葡人在香港創業第一人」。1900 年 2 月 24 日，香港葡文報紙《前景報》（*O Porvir*）刊登他的畫像。（澳門特別行政區政府文化局提供）

1901 年的人口普查記錄了英裔和葡裔居民的出生地，其分布與 1897 年相若。英裔人口中，64.8% 生於英國，生於香港者佔 19.1%；葡裔人口中，56.1% 生於香港，38.3% 生於澳門，只有 0.5% 生於葡萄牙（見表 1-11）。

從 1911 年起，人口普查也統計了華裔居民的出生地。1911 年至 1931 年間，這三個主要族裔的出生地分布依然截然不同。英裔人口中，逾半生於英國，只有 1921 年例外，當年因英屬印度出生者急增而令英國的佔比降至 35.2%，1931 年回升至 68.9%；生於香港者的佔比多不超過兩成，這是因為如家庭條件許可，學齡兒童多會赴英國升學。至於葡裔居民，絕大部分於香港或澳門出生，生於香港者的佔比由 1911 年的 61.5% 升至 1931 年的 73.9%，生於澳門的由 31.8% 降至 17.9%。華裔人口中，1911 年有約六成半生於中國內地，1921 年此比例略升至 71.6%，這主要由於當年有較多內地居民來港避難所致；生於香港者由 1911 年的 141,593 人增至 1931 年的 270,478 人，然而，由於內地移民眾多，本地出生者的佔比維持在三成多的水平（見表 1-11）。在香港出生者中，生於新界的人數相當穩定，約 8.6 萬人，生於香港島和九龍者由 1911 年的 55,970 人增至 1931 年的 185,323 人。非香港出生者中，以生於廣東的居多，佔華裔人口的 63.7% 至 70.5%；生於廣東省以外省市者甚少，但佔比呈上升趨勢，由 1911 年的 1.4%（5760 人）升至 1931 年的 2.7%（22,334 人）；生於其他國家或地方者更少，但佔比有所上升，由 1911 年的 0.2%（694 人）升至 1931 年的 0.4%（3475 人）（見表 1-12）。

表 1-11　1901 年至 1931 年若干年份按出生地和族裔劃分香港人口統計表

單位：人

出生地	1901		1911			1921			1931		
	英裔	葡裔	英裔	葡裔	華裔	英裔	葡裔	華裔	英裔	葡裔	華裔
香港	574	1097	763	1573	141,593	2759	1258	167,528	1128	2362	270,478
英國	1948	0	2010	0	0	2778	0	0	4605	3	42
澳門	8	750	5	813	1981	39	647	3735	4	572	7335
中國內地	71	60	118	86	280,870	222	87	433,836	196	174	538,116
美國	21	1	16	0	202	35	1	318	72	0	612
澳洲	140	1	134	1	103	153	0	99	180	1	278
日本	13	9	25	15	71	32	12	79	32	14	257
英屬印度	74	1	54	2	6	1474	3	1	131	29	46
葡萄牙	1	10	0	12	2	0	17	0	0	4	7
海峽殖民地	18	7	27	11	4	0	0	2	0	0	0
其他	139	20	609	45	417	399	32	657	336	38	4258
總計	3007	1956	3761	2558	425,249	7891	2057	606,255	6684	3197	821,429

注：1911 年和 1921 年按出生地劃分的華裔人口少於同年華裔總人口（444,664 人和 610,368 人）。中國內地數字含台灣；美國數字含夏威夷。1921 年缺按出生地劃分的新界北約華裔水上人口數。
資料來源：　歷年人口普查報告。

表 1-12　1911 年至 1931 年若干年份按出生地劃分香港華裔人口統計表

單位：人

出生地	1911	1921	1931
香港島和九龍	55,970	79,935	185,323
新界	85,623	87,593	85,155
廣東	277,091	427,480	523,117
廣西	721	985	2586
福建	1304	2282	2228
湖南、湖北及貴州	231	340	1626
浙江	288	811	1229
江西及江蘇	706	898	2539
雲南	38	249	357
中國北部	442	664	2595
台灣	31	26	77
澳門	1981	3735	7335
內地其他地方	18	0	1762
其他國家或地方	694	1156	3475
不詳	111	0	2025
總計	425,249	606,255	821,429

注：1911 年和 1921 年按出生地劃分的華裔人口少於同年華裔總人口（444,664 人和 610,368 人）。1921 年缺按出生地劃分的新界北約華裔水上人口數。1911 年，中國北部包括山東（244 人）、直隸（約今河北，78 人）、北京（45 人）、安徽（30 人）、河南（14 人）、陝西（14 人）、山西（11 人）、黑龍江（4 人）、甘肅（1 人）、西藏（1 人）；內地其他地方包括四川（15 人）及上海（3 人）。根據 1921 年的人口普查報告，香港島及九龍男性在雲南、廣西、福建、浙江、江西、江蘇、湖南、湖北、貴州及中國北部出生的總數為 3848 人，上述省份之和則為 3747 人，兩者相差 101 人。1931 年，內地其他地方指省份不詳；其他國家或地方含 7 人於海上出生。
資料來源：　歷年人口普查報告。

1961年至2016年間，在香港人口中，中國內地、澳門或台灣出生者的佔比不斷減少，本地或其他地區出生者的佔比則有所上升。本地出生人口在1961年至1986年間大幅增加，由149.3萬人增至320.3萬人，佔總人口的比例由47.7%升至59.4%；其後，本地出生者的人數持續增加至2016年的445.1萬人，但佔比維持於約60%，2016年為60.7%。中國內地、澳門或台灣出生的人口在1961年共157.9萬人，佔比高達總人口的50.5%；其後，此等地區出生者的數量仍緩慢增加，2016年為227.2萬人，但佔比持續下降，1976年時跌破四成，佔38.6%，2016年為31.0%。其他地區出生的人口在1961年共5.8萬人，只佔總人口的1.8%；其後，此等人士的數量和佔比均快速增加，2016年時，已達61.3萬人，佔總人口的8.4%，這是由於期間大量外籍家傭來港工作所致（見表1-13）。

表1-13　1961年至2016年若干年份按出生地劃分香港人口統計表

年	香港		中國內地、澳門、台灣		其他地區	
	人數（人）	百分比	人數（人）	百分比	人數（人）	百分比
1961	1,492,887	47.7	1,579,231	50.5	57,530	1.8
1966	1,996,640	53.8	不詳	不詳	1,712,280	46.2
1971	2,218,910	56.4	1,637,840	41.6	79,880	2.0
1976	2,541,730	58.9	1,663,400	38.6	107,580	2.5
1981	2,854,482	57.2	1,973,976	39.6	158,102	3.2
1986	3,203,165	59.4	1,999,185	37.0	193,647	3.6
1991	3,299,597	59.8	1,967,508	35.6	255,176	4.6
1996	3,749,332	60.3	2,096,511	33.7	371,713	6.0
2001	4,004,894	59.7	2,263,571	33.7	439,924	6.6
2006	4,138,844	60.3	2,298,956	33.5	426,546	6.2
2011	4,278,126	60.5	2,267,917	32.1	525,533	7.4
2016	4,451,493	60.7	2,272,293	31.0	612,799	8.4

注：1976年統計報告以總數4,312,710人計算人口的出生地，比總人口4,402,990人少90,280人；中國內地、澳門、台灣出生人數為「中國出生」人數。1986年、1991年、1996年中國內地、澳門、台灣出生人數為「中國及澳門出生」人數。1981年、1986年、1991年人口不包括暫時不在香港的居民。1996年是根據該年的「常住人口」(6,217,556人）計算。

資料來源：　歷年人口普查和中期人口統計報告。

第三節　人口分布

一、區域分布

1. 陸上與水上人口

1840年代至1850年代，香港島的陸上與水上人口數目均呈上升趨勢，水上人口在人口總數中所佔比例一直較小，但增幅較大。1841年的陸上人口為5450人，水上人口為

2000 人，各佔總人口的 73.2% 和 26.8%。1842 年，兩者的差距曾因陸上人口急增而擴大。1848 年至 1852 年間，水上人口由 6000 人增至 11,829 人，佔比由 27.9% 擴大至 31.9%。1853 年至 1854 年因受太平天國運動及廣東四邑地區土客械鬥影響，水、陸人口皆急增，水上人口的年增長率更高達 61.5%，致使兩者的差距縮小，水上人口的佔比一度升至 38.0%。之後的波動除了受周邊局勢影響外，還因為水上人流動性高，統計上於是時有出入，但陸上人口多維持在多於水上人口一倍左右的水平，1859 年，陸上人口為 56,104 人，水上人口為 30,837 人，各佔總人口的 64.5% 和 35.5%（見表 1-14）。

表 1-14　1841 年至 1859 年若干年份香港島陸上和水上人口統計表

年	陸上人口		水上人口	
	人數（人）	百分比	人數（人）	百分比
1841	5450	73.2	2000	26.8
1842	10,261	83.0	2100	17.0
1844	14,095	72.4	5368	27.6
1845	24,157	不詳	不詳	不詳
1846	21,835	不詳	不詳	不詳
1847	23,872	不詳	不詳	不詳
1848	15,514	72.1	6000	27.9
1849	21,485	72.8	8022	27.2
1850	22,913	68.8	10,379	31.2
1851	22,805	69.1	10,178	30.9
1852	25,229	68.1	11,829	31.9
1853	25,898	66.4	13,119	33.6
1854	34,526	62.0	21,189	38.0
1855	49,078	67.6	23,529	32.4
1856	51,786	72.2	19,944	27.8
1857	52,077	67.6	25,017	32.4
1858	53,578	71.0	21,925	29.0
1859	56,104	64.5	30,837	35.5

注：陸上人口包括流動人口。
資料來源：歷年 *Hong Kong Blue Book*；1841 年 *The Hongkong Gazette*；1842 年 *The Friend of China and Hongkong Gazette*。

1860 年代至 1890 年代，香港島和九龍的陸上與水上人口數目均呈上升趨勢，陸上人口的增幅高於水上人口，導致兩者在人口總數中的比例差距不斷擴大，由 1860 年的 39.8 個百分點增至 1897 年的 74.0 個百分點。1860 年的陸上人口為 66,358 人，水上人口為 28,559 人，各佔總人口的 69.9% 和 30.1%。其後，陸上人口持續增至 1897 年的 213,184 人；37 年間共上升 221.3%，其間只有 1864 年和 1866 年出現負增長。在總人口中，陸上人口的佔比由 69.9% 升至 87.0%。同期間，水上人口則不停起伏，最低者為 1872 年的 20,199 人，1897 年回升至 31,752 人；37 年間共上升 11.2%。隨着陸上人口持續增長，水上人口在總人口中的佔比不斷下滑，由 1860 年的 30.1% 跌至 1897 年的 13.0%（見表 1-15）。

表 1-15　1860 年至 1897 年若干年份香港島和九龍陸上和水上人口統計表

年	陸上人口		水上人口	
	人數（人）	百分比	人數（人）	百分比
1860	66,358	69.9	28,559	30.1
1861	88,412	74.1	30,909	25.9
1862	91,872	74.4	31,639	25.6
1863	94,313	75.5	30,537	24.5
1864	92,164	75.9	29,334	24.1
1865	98,619	78.6	26,885	21.4
1866	88,144	76.6	26,954	23.4
1867	96,148	81.8	21,323	18.2
1869	96,797	81.1	22,529	18.9
1871	100,489	80.9	23,709	19.1
1872	101,786	83.4	20,199	16.6
1876	116,399	83.7	22,745	16.3
1881	131,413	81.9	28,989	18.1
1891	189,406	85.5	32,035	14.5
1897	213,184	87.0	31,752	13.0

注：自 1861 年起包括九龍人口；1860 年至 1867 年的陸上人口不包括軍人。1897 年的陸上人口不包括 1971 名商船船員。
資料來源：　歷年 *Hong Kong Blue Book*。

1900 年代至 1940 年代初，陸上人口的增幅仍高於水上人口，兩者在人口總數中的比例差距進一步擴大，由 1901 年的 71.6 個百分點增至 1941 年的 81.2 個百分點。1901 年的陸上人口為 241,694 人，水上人口為 40,100 人，各佔總人口的 85.8% 和 14.2%。[18] 其後，陸上人口增至 1941 年的 1,485,337 人，40 年間共上升 514.6%，其間只有兩年出現負增長。陸上人口在總人口中的佔比由 1901 年的 85.8% 升至 1941 年的 90.6%。同期間，水上人口由 40,100 人增至 154,000 人，40 年間共上升 284.0%，其間有四年出現負增長。隨着陸上人口大幅增長，水上人口在總人口中的佔比繼續下降，由 1901 年的 14.2% 減至 1941 年的 9.4%。水上人口的升幅不及陸上人口，原因之一是水上人口在巨大風災時傷亡眾多，最矚目的是 1906 年的「丙午風災」和 1937 年的「丁丑風災」，兩者都造成逾萬人死亡，當中大部分是水上人。水上人口於 1920 年代和 1930 年代初的下降還由於航運貿易不景，導致不少水上人轉往其他地方謀生（見表 1-16）。

除陸上和水上人口外，人口普查亦統計了商船人口，商船的流動性較高，其人口數目由

18　1901 年的統計數字不包括新九龍、新界和離島人口；1906 年不包括新界和離島人口。

1901 年的 2181 人增至 1906 年的 3960 人、1911 年的 6641 人，然後回落至 1921 年的 5895 人和 1931 年的 5248 人，約佔總人口的 1%。

表 1-16　1901 年至 1941 年若干年份香港陸上和水上人口統計表

年	陸上人口		水上人口		年	陸上人口		水上人口	
	人數（人）	百分比	人數（人）	百分比		人數（人）	百分比	人數（人）	百分比
1901	241,694	85.8	40,100	14.2	1921	554,012	89.5	65,259	10.5
1906	273,099	86.5	42,744	13.5	1922	598,100	90.3	64,300	9.7
1911	394,941	87.7	55,157	12.3	1923	616,300	90.4	65,500	9.6
1912	407,153	88.7	51,861	11.3	1924	730,800	91.4	68,750	8.6
1913	426,474	88.8	53,870	11.2	1925	802,040	91.7	72,380	8.3
1914	438,294	88.8	55,300	11.2	1926	802,040	91.7	72,380	8.3
1915	452,370	88.8	56,790	11.2	1927	883,900	90.4	94,000	9.6
1916	471,440	89.1	57,570	10.9	1928	972,290	90.4	103,400	9.6
1917	476,600	89.1	58,500	10.9	1929	1,034,460	90.5	109,050	9.5
1918	501,850	89.4	59,650	10.6	1931	770,380	92.2	64,845	7.8
1919	533,850	89.3	64,250	10.7	1941	1,485,337	90.6	154,000	9.4
1920	578,850	89.3	69,300	10.7					

注：1901 年不包括新九龍、新界和離島人口；1906 年不包括新界和離島人口。1901 年、1906 年、1911 年、1921 年、1931 年、1941 年為人口普查數字，其他年份為人口估計。不包括軍人，1941 年不確定。1901 年、1906 年、1911 年、1921 年、1931 年不包括商船人口，其餘年份不確定。
資料來源：　歷年人口普查報告。

在日佔時期的第二年，水上人口的減幅明顯高於陸上人口，其後的變化則相對穩定；約佔總人口的 2%。如與 1941 年 3 月的人口普查結果相比，1942 年 9 月的陸上和水上人口各減少 524,563 人和 134,701 人，減幅是 35.3% 和 87.5%；其後一年，陸上人口再減少 119,581 人，水上人口只下降 567 人，減幅是 12.4% 和 2.9%（見表 1-17）。水上人口大幅減少，原因之一是不少漁民於戶口調查期間出海而失去戶籍，其後被飭令離港「歸鄉」。

二戰結束後至 1960 年代，對於陸上與水上人口分布，《香港年報》和統計處報告只記錄了 1948 年、1949 年和 1957 年的數據。資料顯示，此時期陸上人口一直佔全港總人口的絕大部分，超過九成。水上人口在 1948 年至 1949 年間減少 3 萬多人，到 1957 年則回升到 13 萬多。雖然水上人口數量先降後回升，但升幅不及陸上人口，因此 1957 年時，水上人口所佔比例降至 5.0%，比 1948 年減少 3.2 個百分點（見表 1-18）。1950 年代水上人口數量的增加，這和內地漁民移居香港有關。根據此時期的報章報道，來港漁民表示內地推行「漁業生產合作社」、糧食配給減少、生活必需品供應不足、捕魚工具折價歸公、非作業人員須遷居岸上等，導致他們前來香港。1955 年至 1959 年間，廣東省沿海各地包括中山、陽江、台山、寶安、惠陽等地都有漁民遷至香港，來港漁船至少 2000 多艘，人數超過 3 萬。

表 1-17　1941 年至 1943 年香港陸上和水上人口統計表

年	月	陸上人口		水上人口	
		人數（人）	百分比	人數（人）	百分比
1941	3	1,485,337	90.6	154,000	9.4
1942	9	960,774	98.0	19,299	2.0
	10	970,243	98.0	19,431	2.0
	11	961,238	97.9	20,746	2.1
	12	962,671	97.9	20,741	2.1
1943	1	958,621	97.7	21,443	2.2
	5	847,951	98.2	15,448	1.8
	9	841,193	97.8	18,732	2.2

注：1941 年陸上人口中的新界人口（19.5 萬人）和水上人口為估計數字。1942 年 9 月不包括啟德區，1942 年 10 月至 1943 年 9 月包括啟德區。1942 年和 1943 年不包括長洲、坪洲、大澳和梅窩的居民（約 3 萬人）。1942 年和 1943 年的水上人口只包括九龍地區。

資料來源：歷年《總督部公報》；1941 年人口普查報告；東洋經濟新報社編：《軍政下の香港》。

1961 年至 2016 年間，絕大多數香港人口居於陸地，住在船上或水上寮屋的水上人口數量持續萎縮。1961 年，陸上人口有 299.3 萬人，水上人口有 13.7 萬人，各佔香港總人口的 95.6% 和 4.4%。其後，陸上人口不斷增加，水上人口則持續減少，從 2006 年起，幾乎所有人口都居於陸地，2006 年、2011 年和 2016 年，水上人口分別只有 3066 人、1188 人和 1201 人，佔比不足 0.1%（見表 1-18）。水上人口在 1960 年代起大幅減少，這主要由於若干家庭轉往陸上工作而定居，亦有部分家庭獲得徙置到新發展區居住。1971 年的水上居民人數幾乎回復到 1921 年約 7 萬人的水平。

表 1-18　1948 年至 2016 年若干年份香港陸上和水上人口統計表

年	陸上人口		水上人口		年	陸上人口		水上人口	
	人數（人）	百分比	人數（人）	百分比		人數（人）	百分比	人數（人）	百分比
1948	1,652,400	91.8	147,600	8.2	1986	5,457,935	99.3	37,553	0.7
1949	1,742,600	93.8	114,400	6.2	1991	5,656,494	99.7	17,620	0.3
1957	2,599,485	95.0	136,815	5.0	1996	6,207,366	99.8	10,190	0.2
1961	2,992,846	95.6	136,802	4.4	2001	6,702,494	99.9	5895	0.1
1966	3,606,400	97.2	102,520	2.8	2006	6,861,280	100.0	3066	0.0
1971	3,856,736	98.0	79,894	2.0	2011	7,070,388	100.0	1188	0.0
1976	4,343,790	98.7	59,200	1.3	2016	7,335,384	100.0	1201	0.0
1981	5,060,065	99.0	49,747	1.0					

注：1949 年的陸上人口為年中人口減當年《香港年報》記載的水上人口。1957 年的水上人口按當年《香港年報》記載水上人佔全港人口 5% 推算。

資料來源：歷年人口普查和中期人口統計報告；歷年 *Hong Kong Annual Report*；Census and Statistics Department, *Hong Kong Statistics 1947-1967*；Department of Statistics, *A Report on the Population of the Colony, Mid-year, 1949*。

圖 1-29　香港的水上人口聚居地之一：大澳。（攝於 2020 年，香港旅遊發展局提供）

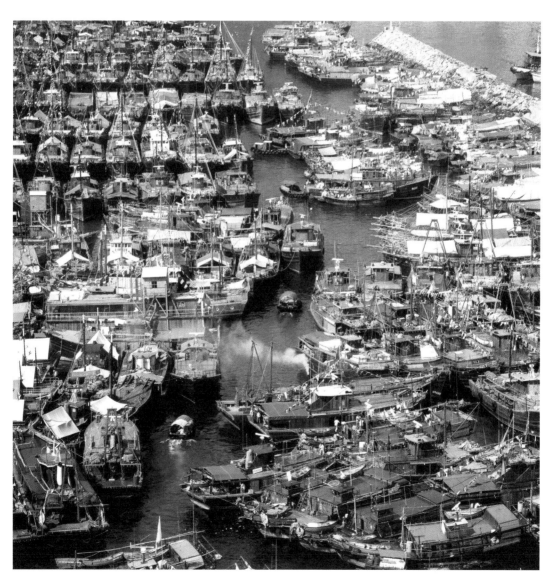

圖 1-30　香港的水上人口聚居地之一：香港仔避風塘。（香港特別行政區政府提供）

2. 地區分布

各地區人口分布

1841 年以前　對於史前時期香港地區的人口分布，只能透過考古資料略窺其大概。香港地形以山巒深谷為主，平地集中在沿岸區域，今新界北部和西北部也有沖積平原，吹襲香港的颱風主要來自東面或南面。香港史前遺址的文化堆積顯示，約自 7000 年前起已有先民在此定居，人口的分布則與地理環境息息相關。

新石器時代和青銅時代遺址的位置反映，先民的聚落主要分布在海灣沿岸。距今約 7000 年前，已有先民在西貢滘西洲、北區沙頭角新村、大嶼山石壁東灣等地區活動。約 5000 年至 6000 年前，先民的聚落多位於香港西部或西南部、附近有山溪的海灣沿岸，例如南丫島深灣、大嶼山大浪灣、赤鱲角虎地灣、長洲西灣、屯門龍鼓洲、香港島舂坎灣等，這些地方臨近珠江入海的鹹淡水交界水域，資源豐富。新石器時代晚期，先民的聚落已擴散至附近有固定淡水水源、平坦活動空間、穩定食物資源，以及便捷水陸路交通的地區，例如西貢蠔涌、大埔林村、元朗錦田、屯門掃管笏、今新界西部后海灣南岸等。至中國青銅時代，先民的遺址和遺物已遍及香港島、九龍和今新界。

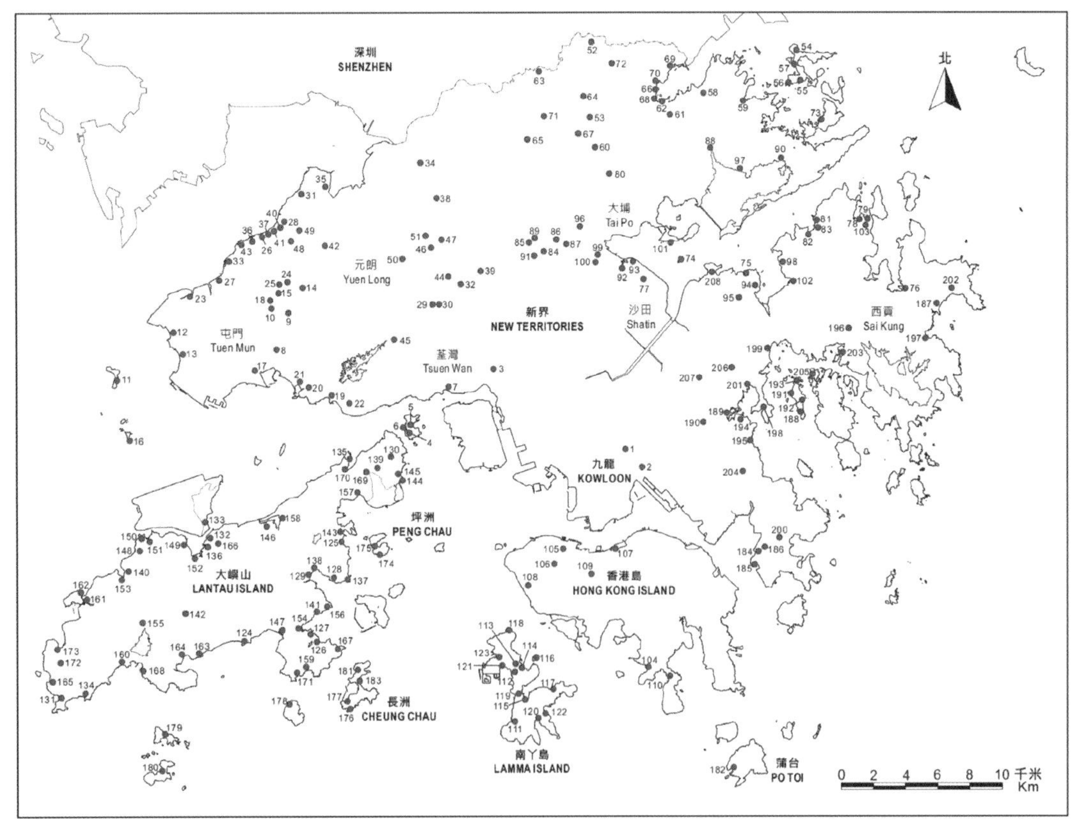

圖 1-31　古物古蹟辦事處：香港具考古研究價值的地點。（2012 年 11 月）（古物古蹟辦事處提供）

秦漢時期（公元前 221—220），南越國遺物只有在大嶼山白芒和沙頭角新村遺址出土的數件陶器，難以考證其時香港人口的分布狀況。至於迄今發現的十多處漢代遺址顯示，當時的聚落集中在背山面海的沙堤或平緩山崗，例如西貢沙下、沙頭角、屯門龍鼓上灘等，其靠近航線、交通便利的特徵，與漢朝政府收復嶺南後拓展海外貿易的歷史是相符的。市區的深水埗和旺角也發現漢代遺蹟，在未進行填海工程之前，此兩地均臨近海濱。

魏晉南北朝時期（220—589）的考古發現不多，晉代文物在大嶼山和旺角、六朝文物在南丫島、西貢、元朗和大嶼山等地的遺址零星出土。此 300 多年間的人口分布情況難以確考，但可從一個歷史記載稍見端倪。此時期除大嶼山外，屯門也是人口聚居地。東晉、南北朝期間（317—589），從印度半島來我國傳揚佛法的僧侶，有經過屯門者，其中杯渡禪師最為著名，今日的屯門青山原稱杯渡山，現在尚有杯渡岩等名稱。清嘉慶《新安縣志》〈人物三〉記述了他在晉末宋初年間自中原南下駐錫香港弘法的事跡：「師便辭去，云當往交廣之間，遂以木杯渡海，憩邑屯門山，後人因名曰『杯渡山』，復駐錫于靈渡山，山有寺亦名『靈渡寺』。乾和中，靖海都巡簡陳巡，命工鐫其像于瑞應巖，元祐廣帥蔣之奇有詩並序刻于上。」這記載反映屯門在當時中國南方的交通和商務活動已佔一席位，是赴交州的出海港口，有一定數量的民眾聚居。

隋朝（581—619）在南丫島、赤鱲角、東涌等地的考古遺址，都發現文物，顯示離島仍是當時先民的聚居地。

唐代（618—907）的文化遺存相對豐富，遺址分布遍及今新界西部沿岸、西貢、香港島春坎灣、旺角，以及眾多離島；其中以屯門和大嶼山留下較多遺蹟。唐代的南海貿易興旺，廣州是重要的外貿口岸，屯門灣則為廣州的外港，[19]《新唐書》〈地理七下〉有由廣州啟航，經屯門至今伊拉克巴格達的路線記載。屯門及其對岸的大嶼山成為人口集聚地。

五代十國時期（約 907—979）南漢政府仍在屯門鎮駐軍，並以香港的大步海（今吐露港一帶）為採珠重地，除屯門和大步海地區外，此時期的史書沒有留下其他可供參考的人口分布資料。

宋代（960—1279）的考古遺址分布廣泛，大嶼山、吉澳、元朗、屯門、荃灣、北區、大埔、沙田、西貢、九龍市區等均出土大量古物，為當時的人口分布留下線索。宋代遺址出土眾多聚落和房屋遺蹟，也有墓葬遺蹟，北區圓嶺仔的墓葬發掘出稻、麥、粟等農作物遺存，顯示宋代先民已在香港眾多地區聚居，建立了農業村莊。此外，九龍灣畔聖山遺址的

---

19 學者羅香林在《一八四二年以前之香港及其對外交通》中，對屯門成為海路交通要衝有如下分析：「每當夏季西南風發，凡波斯阿剌伯，以至印度與中南半島，及南洋群島等，其海舶欲至中國者，每乘風向東北駛，抵中國海後，則先集屯門，然後轉棹駛入廣州等地。而自廣州出海之中國商舶，或回航諸蕃舶，亦必候至冬季東北風發，然後經屯門出海，揚帆南駛，而至中南半島，或南洋群島，以達印度與波斯灣等地。其地區之所由發展，殆即以其適有交通上之便利也。」

文化遺存，包括百多處遺蹟、約百萬片宋元陶瓷器碎片等，大部分為日常生活用品，亦有出口器物，顯示當時除宋代之前的人口聚居地（如今新界西部沿岸和大嶼山等離島）外，九龍的平原地帶此時亦存在人口密集的大型聚落（見圖 1-32）。

元代（1271—1368），香港境內的遺址和遺物較少，主要是九龍灣聖山遺址出土的陶瓷器和在赤鱲角發現的鑄爐遺蹟。

經濟活動和北方民眾南遷是影響宋、元時期香港人口分布的主要因素。整體而言，務農者聚居在今新界及離島的谷地，比較分散；製灰者和漁撈者則沿海岸、海灣而居；九龍九龍灣一帶的遺蹟和遺物，如密集的水井、眾多的出口陶瓷器和銅錢等，顯示此區或是貿易的港口。此外，鹽業興旺也帶動了聚居形態的發展。宋代鹽業屬官府專營專賣，大奚山（今大嶼山）於北宋年間已設有海南鹽柵，形成聚落，南宋政府在今九龍灣西北岸設立官富場，令今日的九龍城至黃大仙一帶人口增加，例如根據九龍竹園蒲崗村《林氏族譜》所載，其始遷祖林松堅即因從事漕運而遷居到此。在此時期，中原人士相繼來港開村墾荒，主要聚居在今新界，北宋時來港者，集中於元朗；南宋時來港者，部分定居於粉嶺、大埔；元代來港者較多，分布亦較廣，包括元朗、新田、粉嶺、上水、大埔、屯門。也有少數南遷者選擇九龍，如宋代林氏定居於黃大仙，元代吳氏定居於九龍城，亦有趙宋宗室遺裔匿居於今馬頭角一帶，建古瑾村。

圖 1-32　2014 年 4 月，港鐵沙中綫土瓜灣站近宋王臺的施工現場發現了六口古井與麻石明渠，同時發掘出數千件宋、元、清代的出土文物。圖中是宋王臺考古遺蹟的現場情況。（攝於 2014 年，香港大公文匯傳媒集團提供）

圖 1-33　新界主要大家族的分布示意圖

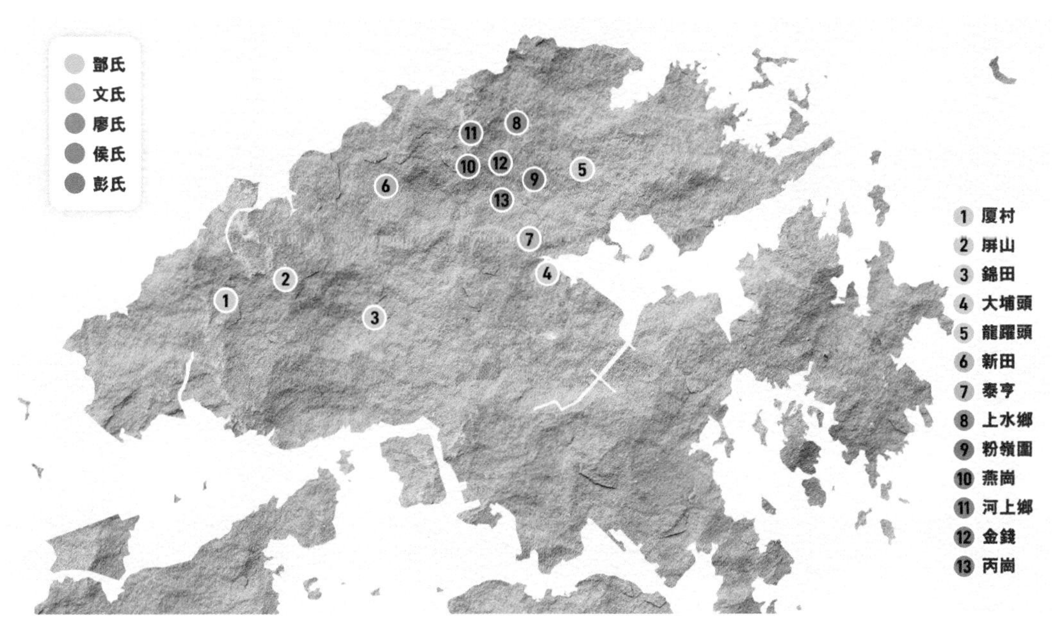

資料來源：　香港地方志中心參考賽馬會香港歷史學習計劃〈香港人口的組成與流動〉製作。

明代（1368—1644），香港人口有所增長，其分布主要受經濟活動、人口遷移，以及海患與軍防的影響。香港當時的經濟朝多元發展，居民除以傳統的耕種、捕撈、煮鹽、製灰等方式維生外，亦拓展其他產業，例如培植和出口價格昂貴的莞香、燒製和轉運外銷的瓷器等。如以往般，務農者多聚居在今新界和離島的谷地，捕撈及製灰者多沿海岸而居，生產和監督海鹽者則在官富場和屯門一帶。新興的經濟活動包括莞香培植、香品販運、陶瓷製造和貿易，促使人口進一步擴散。明萬曆元年（1573）以前香港地屬東莞，莞香是東莞的重要產業，香港不宜農耕的山坡和磽确之地，均可種植莞香，主要在沙田瀝源和大嶼山沙螺灣；尖沙頭（今尖沙咀）的香埗頭和石排灣（今香港仔）是香品經海路出境的集運港。當時，國內外對瓷器的需求擴張，南遷的文氏和謝氏開始在大埔碗窰鄉經營窯場，大嶼山竹篙灣則發現大量景德鎮民窯生產的外銷青花瓷器，當地或是海上貿易的據點。此等新興產業都能吸引從業者就近聚居。

宋、元時期移居香港的氏族，不少已分家立業，族人擴散至今新界多地，如錦田鄧氏分遷至元朗廈村，龍躍頭鄧氏分遷至大埔大埔頭村等（見圖 1-33）。明萬曆年間（1573—1620），錦田鄧氏後人鄧元勳擁有稅田萬畝，分布遠至香港仔、薄扶林、裙帶路、鰲頭、九龍、長沙灣等處。明代來港定居的氏族眾多，他們多聚居今新界和沿岸地域，以漁農為業。

明代年間，沿海的海盜和倭寇甚為活躍，對香港的軍事布防和人口分布都有所影響。這時期香港的海上貿易逐漸發展，並成為廣東省的海防前哨基地，包括設置軍事汛站和戰船停泊基地。根據清嘉慶《新安縣志》〈經政略・兵制〉，明朝政府要求這些駐軍「屯種荒田，且耕且守，以備倭寇」，因而形成屯駐聚落。明代郭棐於《粵大記》〈政事類・海防〉繪製了〈廣東沿海圖〉，其上記錄了香港的 73 個地名，亦繪畫了多艘大帆船航經或停泊於今天的維多利亞港內。此圖記錄香港地方主要從海防角度，但反映了海上商貿活動興旺，先民聚居地擴散至眾多區域。然而，沿海禍患不斷亦導致受擾居民遷離。以屯門為例，葡萄牙人（當時稱為「佛郎機」）從明正德九年（1514）起佔領此區，大肆掠奪，長達七年，清嘉慶《新安縣志》〈藝文志二〉引述了明代陳文輔於〈都憲汪公遺愛祠記〉的記載：「號為佛郎機者，⋯⋯殺人搶船⋯⋯民甚苦之，眾口嗷嗷，俱欲避地，以圖存活。」

明朝政府於明萬曆元年（1573）置新安縣，轄地約是今日的香港和深圳。清康熙和清嘉慶年間纂修的《新安縣志》〈地里志〉臚列了縣轄村莊和官富司管轄村莊的名稱，可據此勾勒香港人口聚居地的擴散分布。清康熙年間（1662—1722），歷時約 20 年的遷界令導致香港人口凋零。遷海復界後，清朝政府除鼓勵原居民回遷外，亦招募大量客籍農民移入，以

圖 1-34　清康熙《新安縣志》（1688）部分村莊分布圖

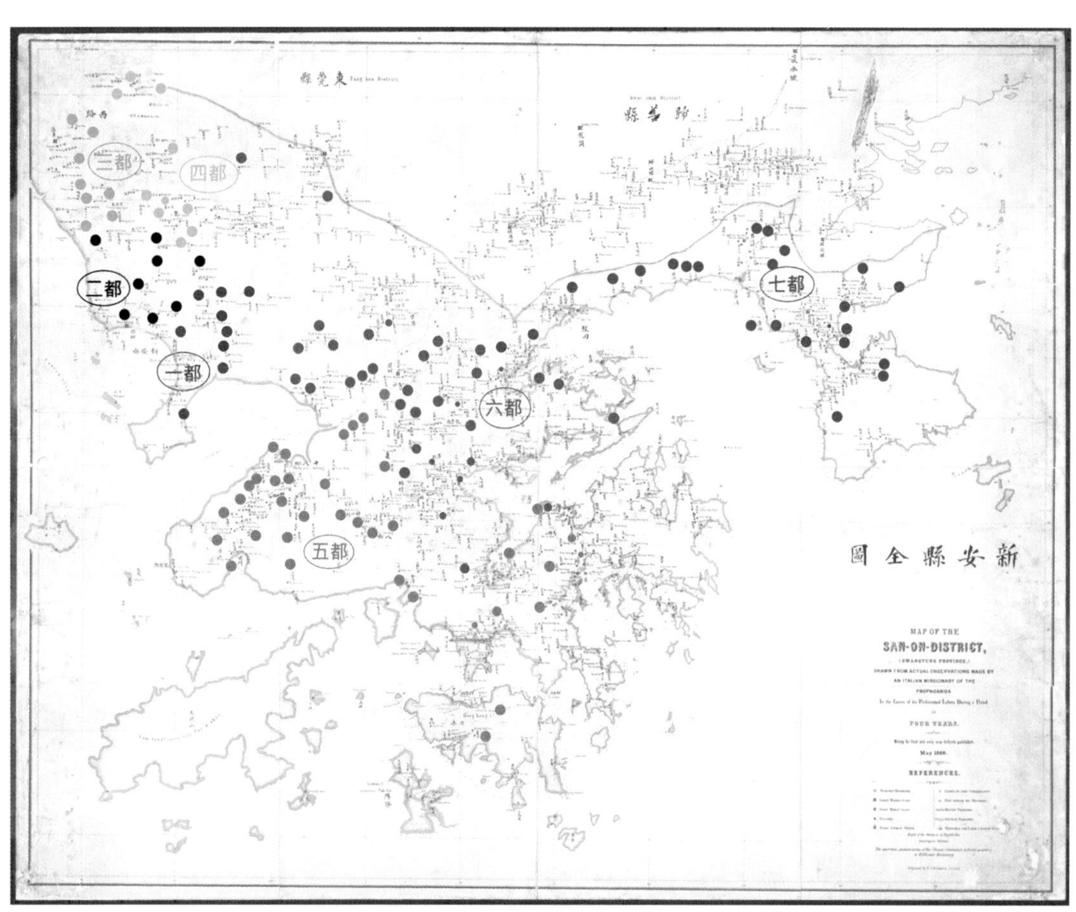

圖中紅點為一都管轄村莊；黑點為二都管轄村莊；綠點為三都管轄村莊；粉紅點為四都管轄村莊；橙點為五都管轄村莊；紫點為六都管轄村莊；藍點為七都管轄村莊。（地圖由澳洲國立圖書館提供，MAP RM 279；資料來源：清康熙《新安縣志》）

解決撂荒問題。回遷的「本地人」多重返其原居地再建家園，即元朗、錦田、上水、粉嶺等土地較肥沃的平原和河谷；後至的「客家人」多到較偏僻或較貧瘠的地方開荒墾田，自成村莊，客籍移民的分布極廣，包括今新界的元朗、大埔、沙頭角、沙田、西貢，九龍的九龍城、鯉魚門、茶果嶺、荃灣，香港島的筲箕灣、柴灣、石排灣、大塘，離島的大嶼山、南丫島、坪洲等。

清初遷海復界以後，漁業有所發展，漁船灣泊於各處海澳，聚成漁村、漁港，吸引相關從業員聚居，也有漁民遷居岸邊棚屋。較重要的漁港有今新界的青山灣、大埔、西貢，香港島的赤柱、香港仔、筲箕灣，位於離島的大澳、長洲等。此外，也有漁民從事水產養殖，聚集於香港西北地區，包括稔灣、流浮山、新田一帶。從事製鹽、製灰、燒製陶瓷者聚居地的分布與明代時期相若，製鹽者集中於屯門至急水門（今汲水門）一帶，少數分布於大澳、大埔和沙頭角。製灰者分散於西貢、青山灣，以及屏山、大埔、沙頭角、沙田、荃灣等地。燒製陶瓷者仍只聚集於大埔。至於商業活動，鄉村地區已發展出墟市，如元朗大橋墩墟（後遷圓朗墟〔今元朗舊墟〕）、上水天岡墟（在今上水一帶，後遷往石湖墟）、大步

圖 1-35　清嘉慶《新安縣志》（1819）部分村莊分布圖

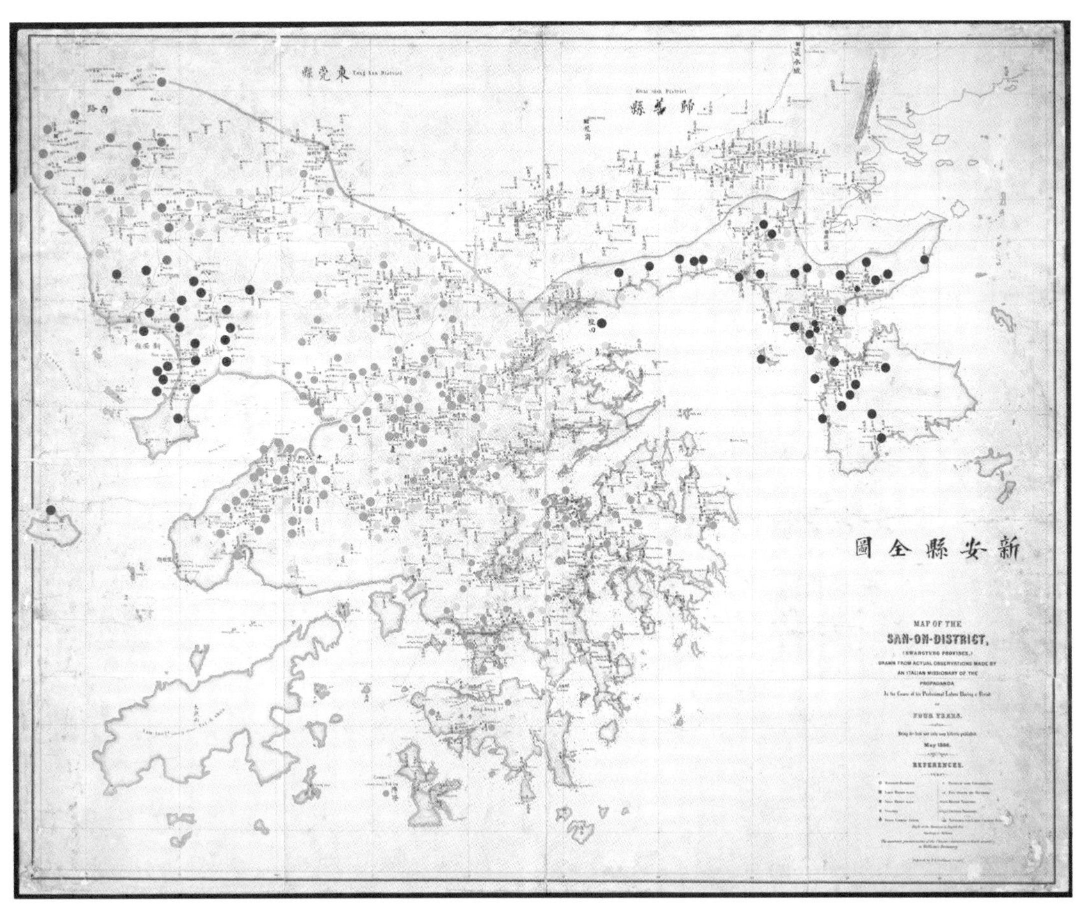

圖中紅點為典史管屬村莊，粉紅點為典史管屬客籍村莊；橙點為福永司管屬村莊，淺橙點為福永司管屬客籍村莊；藍點為縣丞管屬村莊，淺藍點為縣丞管屬客籍村莊；綠點為官富司管屬村莊，淺綠點為官富司管屬客籍村莊。（地圖由澳洲國立圖書館提供，MAP RM 279；資料來源：清嘉慶《新安縣志》）

頭墟（今大埔舊墟）、離島長洲墟。九龍的九龍城已店舖林立，根據清道光二年（1822）的碑文，署名贊助重修侯王廟者約一百家店舖，這也可反映當時人口和商業活動的集聚和繁榮。

清代，香港島南部的居民較北岸多，赤柱的人口尤其密集。英軍佔領香港島後，進行城市規劃，確定了早期香港島人口的地區分布局面，並影響以後的發展。港府原打算以黃泥涌谷地為城市中心區，1843 年暴發「香港熱」（Hong Kong Fever）疾病後，改為發展港島北岸金鐘、中環一帶，將中環半山劃為政府山；對於其他地區的原有村落，則奉行 1841 年公告宣稱的管治方針，即「至爾居民，向來所有田畝、房舍、產業、家私，概必如舊，斷不輕動」。

1841 年至 1899 年　《香港政府憲報》和《香港藍皮書》（*Hong Kong Blue Book*）記錄了 1841 年至 1859 年香港島人口的地區分布，但地區劃分並不統一，如西營盤人口僅於 1844 年及 1857 年至 1859 年歸入維多利亞城，1845 年至 1848 年的統計只列出維多利亞城和其他村莊的人口總數，沒有其他分區數據（見表 1-19，表 1-20）。

根據 1841 年的人口調查，香港島共有 7450 人（見圖 1-22）。陸上人口集中於三個地區，

表 1-19　1841 年至 1859 年若干年份香港島陸上人口地區分布統計表

年	維多利亞城	鄉郊						
		西營盤	薄扶林	赤柱	香港仔	石澳	筲箕灣	黃泥涌
1841	800	不詳	不詳	2000	不詳	不詳	1200	300
1842	6081	不詳	不詳	3000	不詳	不詳	不詳	200
1844	7093	—	53	1453	不詳	不詳	117	423
1845	19,648	不詳	不詳	不詳	不詳	不詳	不詳	不詳
1846	16,293	不詳	不詳	不詳	不詳	不詳	不詳	不詳
1847	18,202	不詳	不詳	不詳	不詳	不詳	不詳	不詳
1848	10,108	不詳	不詳	不詳	不詳	不詳	不詳	不詳
1849	15,913	243	64	1050	857	247	438	398
1850	17,166	23	69	888	977	256	643	525
1851	16,958	46	56	939	926	270	436	444
1852	18,341	85	75	1617	1208	251	540	367
1853	19,304	83	76	908	980	250	297	314
1854	27,596	266	60	885	787	258	242	333
1855	38,381	250	71	1003	923	345	268	380
1856	40,341	374	95	775	1045	260	106	334
1857	44,701	—	53	1018	1534	313	705	—
1858	47,174	—	40	1174	1370	308	1355	—
1859	49,730	—	87	1106	1191	285	1455	—

注：「—」代表歸入維多利亞城。「§」代表歸入筲箕灣。維多利亞城總人口於 1841 年為市場人口；1842 年為女王城人口。大潭篤於 1841 年和 1844 年為大潭人口；1849 年至 1856 年含大潭人口；1858 年和 1859 年大潭歸入赤柱。1858 年含 82 名流動人口，其他年份不包括流動人口。1844 年，《香港藍皮書》列出的鄉郊人口數之和為 212 人，總數則為 220 人，因此此表的總數與表 1-32 相差 8 人。1844 年《香港藍皮書》列出的地區總和與總數相差 1 人。

即從明代已有人聚居的赤柱（2000 人）和掃箕灣（今筲箕灣，1200 人），以及英佔後才開發的市場（Bazaar，即維多利亞城一帶，800 人）。其餘地區的人口規模都很小，超過百人者只有四個，即黃泥涌（300 人）、香港（200 人）、公岩（200 人）和石凹（150 人）；土地灣、群大路、紅香爐各有 50 人至 60 人；柴灣、索鼓灣、石塘咀、大石下、大潭各有 20 人至 30 人；掃桿埔和大浪各僅有 10 人和 5 人；春坎、淺水灣、深水灣和石牌被列為荒廢小漁村，無人居住。此外，有 300 人是從九龍來的勞工，2000 人是以船為家。

表 1-20　1844 年、1857 年至 1859 年香港島維多利亞城陸上人口地區分布統計表

單位：人

年	分區								不詳	總計
	石塘咀	西營盤	上環	太平山	中環	下環	黃泥涌	掃桿埔		
1844	—	297	748	565	4172	不適用	—	—	1311	7093
1857	—	4528	6436	13,622	10,303	4998	276	3127	1411	44,701
1858	727	4618	6626	11,599	11,434	4861	333	2601	4375	47,174
1859	663	4989	7449	13,549	10,428	5581	374	2020	4677	49,730

注：「—」代表未歸入維多利亞城。1858 年含 82 名流動人口，其他年份不包括流動人口。1844 年的上環人口為下市場人口，中環人口為上市場（不包括西營盤和太平山）及中市場（今中環街市一帶）人口；當年《香港藍皮書》列出的地區總和與總數相差 1 人。掃桿埔人口於 1858 年包括紅香爐、七姊妹和 Pok-tsui-wan（中文名不詳）人口。

資料來源：　歷年 *Hong Kong Blue Book*；R. L. Jarman (ed.), *Hong Kong Annual Administration Reports 1841-1941*。

單位：人

鄉郊								
香港	紅香爐	柴灣	石塘咀	大潭篤	掃桿埔	七姊妹	其他村落	小計
200	50	30	25	20	10	不詳	515	4350
300	不詳	不詳	不詳	不詳	80	不詳	600	4180
不詳	147	263	161	79	266	236	1870	5068
不詳	不詳	不詳	不詳	不詳	不詳	不詳	不詳	4100
不詳	不詳	不詳	不詳	不詳	不詳	不詳	不詳	4774
不詳	不詳	不詳	不詳	不詳	不詳	不詳	不詳	4867
不詳	不詳	不詳	不詳	不詳	不詳	不詳	不詳	4872
208	不詳	145	23	144	903	213	85	5018
255	不詳	116	97	不詳	1049	不詳	不詳	4898
184	84	234	131	121	1084	139	140	5234
198	113	127	157	123	1085	99	123	6168
183	73	134	284	116	888	82	152	4820
464	94	154	27	119	1414	103	153	5359
493	143	154	309	100	1660	54	126	6279
229	235	154	216	111	1587	115	164	5800
235	不詳	129	不詳	64	—	不詳	不詳	4051
243	—	110	—	104	—	—	不詳	4704
231	§	140	—	79	—	§	不詳	4574

資料來源：　歷年 *Hong Kong Blue Book*；1841 年 *The Hongkong Gazette*；1842 年 *The Friend of China and Hongkong Gazette*；R. L. Jarman (ed.), *Hong Kong Annual Administration Reports 1841-1941*。

對於 1842 年時女王城（Queen's Town，1843 年起改稱維多利亞城）和除赤柱外各村落的人口數目，官方和民間的文獻紀錄是一致的。對於 1840 年代初的赤柱人口，則存在爭論，當時的港府官員和在港傳教士對官方數字曾提出異議。如時任官員歐德理認為赤柱人口不足一千人，港府公布的數字是手民之誤；1841 年至 1842 年香港護理總督莊士敦（Alexander Johnston）認為如不計算歐籍駐兵和約 350 艘在此碇泊的船艇，該地居民只有 800 人。傳教士羅孝全（Issachar J. Roberts）所記錄的赤柱人口更少，只有 145 戶共 580 人。赤柱人口究竟多少，影響當時香港島的人口地區分布的格局。

1841 年 6 月，港府開始拍賣（實為批租）土地予私人發展，首批售出的土地集中於香港島北岸，港府的土地規劃奠定了維多利亞城的主要範圍，亦令人口尤其新移民向市區集聚。維多利亞城的人口規模迅速擴大，成為人口最多的地區，居民數目由 1841 年的 800 人（佔總人口 10.7%）增至 1842 年的 6081 人和 1845 年的 19,648 人（各佔總人口 49.2% 和 81.3%）。城中人口的數量在 1846 年至 1853 年間相對穩定，基本介乎 16,000 人至 19,000 人，但從 1854 年起則由 27,596 人升至 1859 年的 49,730 人（各佔總人口 49.5% 和 57.2%）。

維多利亞城各分區的人口規模差異甚大，其中以太平山和中環的人口最多。英佔初年，市區華人本集中在中環街市以南的山坡，後因中環商貿發展迅速，港府於 1844 年把部分上市場土地劃為歐洲人商貿區，另闢太平山區（今水坑口以東，皇后大道中以南的太平山街一帶）為華人居住區，該區人口於是由 1844 年的 565 人增至 1859 年的 13,549 人，佔維多利亞城人口的 27.2%。華人遷離後，中環成為香港島的政經中心，人口由 1844 年的 4172 人升至 1859 年的 10,428 人，佔城中人口的 21.0%。

上環也是華人的主要聚居地，人口由 1844 年的 748 人增至 1859 年的 7449 人，佔城中人口的 15.0%。下環大致即今灣仔區，1840 年代中，春園一帶已發展成為高尚住宅區，醫院山（今律敦治醫院所在）及灣仔道則倉庫林立，1850 年代，由於香港人口增加，港府開發石水渠街、醫院山以南，成為華人新的聚居點，1859 年的人口已有 5581 人，佔城中人口的 11.2%。西營盤位於太平山以西的岸邊，原為英軍駐紮地，1850 年時只有 23 人，後因太平天國運動，內地居民來港避難，港府將西營盤開發為另一個華人聚居地，人口自 1844 年的 297 人增至 1859 年的 4989 人，佔城中人口的 10%。掃桿埔、石塘咀和黃泥涌的人口規模則較小。清代至英佔初年，掃桿埔和黃泥涌都是農村地區。掃桿埔的人口由 1841 年的 10 人增至 1857 年的 3127 人，然後回落至 1859 年的 2020 人，佔城中人口的 4.1%。黃泥涌的人口更少但較穩定，1841 年是 300 人，高峰是 1850 年的 525 人，1859 年為 374 人，佔城中人口的 0.8%。石塘咀位於西營盤之西，開埠前已有客家人自九龍渡海到石塘咀採石，由於此時再沒有新的開發，人口雖由 1844 年的 161 人增至 1859 年的 663 人，但只佔城中人口的 1.3%。

維多利亞城以外的居民散居於各區村落，其總數先升後降，佔比大幅下滑，分布則愈趨集中。1841 年的人口調查只列出 16 條有居民居住的村落，人數佔香港島總人口的 58.4%。半數村落位於香港島北面，即筲箕灣、公岩、黃泥涌、掃桿埔、群大路、紅香爐、柴灣和石塘咀，居民共 1865 人；半數村落位於香港島南面，即赤柱、香港、石凹、大石下、大浪、土地灣、大潭和索鼓灣，居民共 2485 人。各區村落的人口數目曾由 1841 年的 4350 人增至 1855 年的 6279 人，其後回落至 1859 年的 4574 人。人口數目相對穩定的原因包括部分村落如黃泥涌和掃桿埔歸入維多利亞城；部分村落如柴灣和大潭篤無甚變化，維持在約百人的規模；部分村落則人口下降，如赤柱由 1841 年的 2000 人減至 1859 年的 1106 人。由於維多利亞城的人口急增，其他地區人口的佔比相應劇降，由 1841 年的 58.4% 跌至 1859 年的 5.3%。與此同時，村落人口的分布更趨集中，在 1850 年代後期，只有筲箕灣、赤柱和香港仔三區有過千名居民，石澳和香港只有二百餘人，大潭篤、薄扶林和柴灣更只有數十至百餘人。

現存文獻中沒有關於此時期九龍和今新界人口分布的記載，但文獻對九龍半島村落的情況有零星記述，從中可管窺人口的分布。整體而言，九龍的人口分布廣泛。根據《新安縣志》，遷海復界後，多條村落在九龍地區建成。1840 年代至 1850 年代，在九龍生活的多為農民，分布在尖沙咀、油麻地、何文田、大角咀、紅磡、深水埗、長沙灣和九龍城等地區。1841 年，約有 300 名居民從九龍到香港島工作。

就地區而言，位於九龍半島東部的九龍城仍相當繁榮，清朝政府的軍事設置和部署（如九龍巡檢司和九龍寨城）進一步帶動該區的社經發展。根據清道光年間（1821—1850）撰寫的《勘建九龍城炮臺全案文牘》，當時的九龍城「舖民雲集」，附近白鶴山五里以內沿海一帶，亦有數百戶店舖民房。在十九世紀已經建立起來的村落為數頗多，除衙前圍、衙前塱、衙右頭、蒲崗、竹園、大磡、牛池灣、馬頭圍、二王殿及九龍仔等以外，至少尚有元嶺、沙地園、隔坑、石鼓壟、打鼓嶺、沙埔、東頭、西頭、鶴佬、馬頭涌、馬頭角、靠背壟及珓杯石等。位於九龍半島西部的深水埗也是村落眾多的地區。深水埗在二十世紀初填海造地以前，位處海邊，海灣周圍有多條村落，包括鴨寮、牛寮、奄由、元州、和尾、田寮、窩仔、元嶺仔、九龍仔、上圍、豬寮、黃竹、塘尾和深水埔村。大部分在深水埗的村落，與錦田鄧氏和其他氏族有緊密關係。位於九龍半島南端的尖沙咀仍是海路要衝。據《清實錄》清道光五年（1825）的記載：「廣東尖沙嘴一帶地方，為夷船經由寄泊之區，又係該省船隻東赴惠潮，北往閩浙要道。」

1860 年代至 1890 年代，香港的陸上人口仍然集中於香港島，其規模由 1861 年的 75,020 人增至 1897 年的 185,954 人，升 147.9%。如扣除了居住地區不明者，島上人口在總人口中的比例由 1861 年的 93.6% 升至 1867 年的 96.0%，然後回落至 1897 年的 87.2%。九龍的人口規模甚小，1861 年只有 5105 人，佔總體陸上人口的 6.4%；其後更降至 1867 年的 3818 人（佔 4.0%），之後才回升，增長速度亦逐漸加快，1897 年為 27,230 人（佔 12.8%）（見表 1-21）。

在香港島上，人口一直聚居於維多利亞城，由 1860 年的 59,232 人（佔香港島陸上人口的 91.8%），增至 1897 年的 174,123 人（佔 93.6%），升 194.0%。1860 年代中，此城人口曾由 1865 年的 84,318 人降至 1866 年的 75,608 人，這主要由於當年經濟衰退，對以商貿為主的維多利亞城影響較大，部分從事相關行業的居民因而離港；經濟復蘇後，城區人口重回升軌。1860 年代初，城內人口分布依然極不平均，其中以太平山、中環和上環的

表 1-21　1860 年至 1897 年若干年份按地區劃分香港島和九龍陸上人口統計表

地區	分區	1860	1861	1862	1863	1864	1865
香港島							
維多利亞城	石塘咀	1925	—	—	不詳	不詳	不詳
	西營盤	7515	9123	10,650	不詳	不詳	不詳
	上環	8337	9549	15,887	不詳	不詳	不詳
	太平山	15,782	17,828	10,722	不詳	不詳	不詳
	中環	10,585	15,875	15,936	不詳	不詳	不詳
	下環	6072	6641	5875	不詳	不詳	不詳
	黃泥涌	327	359	490	不詳	不詳	不詳
	掃桿埔	2373	2583	3820	不詳	不詳	不詳
	小計	59,232	68,910	71,149	73,268	77,433	84,318
其他區	筲箕灣	2105	2561	1810	3802	3744	2818
	柴灣	155	163	162	204	192	193
	石澳	237	261	333	202	357	300
	大潭篤	79	83	89	62	66	78
	赤柱	1151	1261	1417	1376	1338	1222
	香港仔	1238	1424	1648	1603	1903	1664
	香港	242	278	318	277	258	263
	薄扶林	69	79	89	102	109	192
	其他	0	0	0	0	0	490
	小計	5276	6110	5866	7628	7967	7220
香港島小計		64,508	75,020	77,015	80,896	85,400	91,538
九龍		不詳	5105	6431	4922	3869	4151
地區不明		1850	8287	8426	8495	2895	2930
總計		66,358	88,412	91,872	94,313	92,164	98,619

注：「—」代表歸入西營盤。1860 年至 1869 年的「地區不明」者包括臨時居民、居於草棚或無家者、移民、苦力、囚犯。維多利亞城於 1860 年、1861 年、1862 年的數字各含 6316 名、6952 名和 7769 名分區不明者。1897 年的維多利亞城含 2008 名山頂居民，九龍含 72 名昂船洲、青洲及蚊尾洲居民。1869 年起，維多利亞城包括軍人。1897 年的總人口數不包括 1971 名商船船員。「其他」包括 1865 年至 1869 年的卑路乍灣，以及 1891 年的掃桿埔後方的咖啡園（132 人）和渣甸菜園（504 人）。

資料來源：　歷年 *Hong Kong Blue Book*。

人口較多，黃泥涌和掃桿埔的人口較少，西營盤和上環的人口增幅相對明顯。城外地區只有少量居民，各區的差異甚大。其中以筲箕灣、香港仔和赤柱的人口較多；柴灣、石澳、大潭篤、香港、薄扶林等區，一直僅有數十至數百名居民，變化不大。1860 年至 1891 年間，筲箕灣先有鹹魚出口業的發展，後有太古洋行在該區設煉糖廠，工商業發展帶動了人口增長，由 1860 年的 2105 人增至 1891 年的 6669 人；香港仔一直是漁民和商人的聚居地，人口由 1860 年 1238 人增至 1891 年的 2517 人；赤柱則由 1151 人減至 789 人，當時的居民多受僱於工程進行中的大潭水塘。

單位：人

1866	1867	1869	1871	1872	1876	1881	1891	1897
不詳	不詳	不詳	不詳	不詳	不詳	不詳	不詳	不詳
不詳	不詳	不詳	不詳	不詳	不詳	不詳	不詳	不詳
不詳	不詳	不詳	不詳	不詳	不詳	不詳	不詳	不詳
不詳	不詳	不詳	不詳	不詳	不詳	不詳	不詳	不詳
不詳	不詳	不詳	不詳	不詳	不詳	不詳	不詳	不詳
不詳	不詳	不詳	不詳	不詳	不詳	不詳	不詳	不詳
不詳	不詳	不詳	不詳	不詳	427	529	702	不詳
不詳	不詳	不詳	不詳	不詳	不詳	不詳	不詳	不詳
75,608	85,495	85,025	89,982	90,114	101,596	115,336	157,618	174,123
2771	2737	2222	2360	2403	3011	3274	6669	不詳
186	177	192	193	147	166	213	208	不詳
235	238	283	260	289	392	393	395	不詳
71	99	85	67	80	85	86	93	不詳
1121	916	1111	1010	1257	944	829	789	不詳
1320	1286	1540	1351	1557	1669	1305	2517	不詳
281	332	334	331	353	409	321	215	不詳
78	99	632	374	388	423	635	269	不詳
137	249	297	0	0	0	0	636	不詳
6200	6133	6696	5946	6474	7099	7056	11,791	11,831
81,808	91,628	91,721	95,928	96,588	108,695	122,392	169,409	185,954
3418	3818	4468	4561	5198	7704	9021	19,997	27,230
2918	702	608	0	0	0	0	0	0
88,144	96,148	96,797	100,489	101,786	116,399	131,413	189,406	213,184

1861 年 1 月，清朝政府把九龍半島和昂船洲移交予港府。當年的人口共 5105 人，分布於十條村落。九龍的人口曾於 1860 年代中有所下降，主因是港府把部分地方轉作軍事用途，並遷走當地居民。其後，隨着經濟的發展，愈來愈多華人於九龍的不同地區聚居，1897 年時，按人口規模的大小，逾千人者依次是油麻地（8051 人）、紅磡（5876 人）、大角咀（2101 人）、九龍角（今尖沙咀一帶，1760 人）、旺角（1656 人）、鶴園（1227 人）、土瓜灣（1090 人）。油麻地一帶常有漁船停泊，吸引商戶在榕樹頭附近售賣桐油、麻纜。1864 年，部分尖沙咀村民搬到油麻地，進一步吸引商戶前往開舖，使該區發展成水陸居民的市集。紅磡居民原以務農為主，與鶴園和土瓜灣的居民合組「紅磡三約」，1863 年，香港黃埔船塢有限公司在紅磡建立香港黃埔船塢，該區逐漸發展成為船塢基地，吸引工人和商戶遷至紅磡、鶴園和土瓜灣一帶。大角咀、旺角和尖沙咀等區亦早有村莊，其後，造船業和木材業在大角咀和旺角發展，香港九龍碼頭及倉庫有限公司（現九龍倉集團有限公司的前身）在尖沙咀設立，新增的就業機會吸引不少華人移入。

1860 年代至 1880 年代，港府沒有統計水上人口的區域分布，1891 年和 1897 年的人口普查結果顯示，水上人口主要分布在維多利亞港、香港仔、筲箕灣和赤柱，當中以維多利亞港為數最多。1891 年，維多利亞港的水上人口有 23,662 人，當中 17,215 人分布於南岸和海港中部，6447 人分布於北岸（即九龍），佔該年所有水上人口的 73.9%；其餘依次為香港仔 3977 人（12.4%）、筲箕灣 3828 人（11.9%）及赤柱 568 人（1.8%）。1897 年，維多利亞港的水上人口有 21,311 人，當中 13,687 人分布於南岸和海港中部，7624 人分布於北岸，佔該年所有水上人口的 67.1%；其餘依次為香港仔 4904 人（15.4%）、筲箕灣 3957 人（12.5%）及赤柱 1580 人（5.0%）。香港仔和赤柱的人數增加，主要由於該年的人口普查時點臨近農曆新年，多了漁船回港度歲。

根據〈香港殖民地展拓界址報告書〉，1898 年，今新界地區、界限街以北九龍地區，以及 33 個離島共有 100,320 名居民，分布於 423 條村落。人口在這些地方的分布極不平均，71.3% 聚居於今新界地區，15.0% 在界限街以北九龍地區，13.7% 在離島。在今新界地區，八鄉和十八鄉一帶土地肥沃，自宋代起已有人聚居，至 1898 年時，元朗仍是今新界人口最多的地區，有 23,020 人（佔 22.9%）。其次是雙魚地區，其地域約涵蓋今日的上水、粉嶺、大埔、沙田和西貢等地，有 20,870 人（佔 20.8%）。其餘依次是深圳地區，約今蓮麻坑、新田、落馬洲一帶，有 14,080 人（佔 14.0%）；沙頭角地區，約今沙頭角至吉澳一帶，有 8600 人（佔 8.6%）；沙頭地區有 5000 人（佔 5.0%）。界限街以北九龍地區的地域約涵蓋今日的將軍澳、觀塘、深水埗、荃灣和荔枝角等，共 15,030 人。離島人口高度集中，大嶼山是面積最大的島嶼，人口亦最多，有 6860 人（佔 6.8%），散落在島上不同的村落、市鎮和漁港，當中 3000 人聚居在以漁業為主的大澳。長洲是人口第二多的島嶼，有居民 5000 人（佔 5.0%），是漁船和輪船往來的繁忙地區。另有四個人口較少的離島，包括坪洲 600 人、南丫島 460 人、青衣 400 人和馬灣 400 人，共 1860 人（佔 1.9%）。

1900 年至 1960 年　1900 年代至 1940 年代初，香港的陸上人口仍然集中於香港島，其規模由 1901 年的 197,811 人增至 1941 年的 709,294 人，升 258.6%。然而，由於增加了新九龍、新界和離島人口，香港島人口在總人口中的比例由 1897 年的 75.3% 降至 1901 年的 51.2%，1941 年為 43.3%。同期間，九龍的人口規模隨其面積擴大而大幅增加，由 1901 年的 61,126 人增至 1941 年的 581,043 人，升 850.6%。九龍人口在總人口中的比例由 1901 年的 15.8% 升至 1941 年的 35.4%。新界和離島的人口也有增加，由 1901 年的 85,011 人增至 1941 年的 195,000 人，升 129.4%，增幅遠低於香港島和九龍，所以新界和離島人口在總人口中的佔比由 1901 年的 22.0% 降至 1941 年的 11.9%（見表 1-22）。

表 1-22　1901 年至 1941 年若干年份按地區劃分香港人口統計表

單位：人

地區	分區	1901	1911	1921	1931	1941
香港島	維多利亞城	181,918	225,521	320,672	362,165	不詳
	山頂	2224	2304	2601	3419	不詳
	其他	13,669	16,498	24,128	43,619	不詳
	小計	197,811	244,323	347,401	409,203	709,294
九龍	九龍	43,883	56,186	不詳	不詳	不詳
	新九龍	17,243	13,693	不詳	不詳	不詳
	小計	61,126	69,879	123,448	263,020	581,043
新界和離島	新界	70,109	69,209	71,017	82,099	不詳
	離島	14,902	11,530	12,146	16,058	不詳
	小計	85,011	80,739	83,163	98,157	195,000
陸上人口小計		343,948	394,941	554,012	770,380	1,485,337
商船人口		2181	6641	5895	5248	不詳
水上人口		40,100	55,157	65,259	64,845	154,000
總計		386,229	456,739	625,166	840,473	1,639,337

注：1901 年進行人口普查時，新九龍地區（17,243 人）屬於新界地區。1901 年，新九龍、新界和離島數字含水上人口，水上人口數字不包括新九龍、新界和離島的水上人口。九龍數字於 1901 年含昂船洲 12 人，1911 年含昂船洲及青洲 176 人。1931 年，蒲台島和將軍澳歸入新界而非離島。1941 年，新界人口和水上人口為估計數字。
資料來源：　歷年人口普查報告。

1911 年至 1931 年，由於人口增加和城市範圍擴展，人口普查報告全面轉用潔淨署的衞生約（health district）來記錄城市人口的分布，1901 年和 1911 年的城區非華裔人口，以及 1921 年和 1931 年的新界地區人口則採用保安約（police district）來劃分。由於衞生約的劃分時有變化，而且 1901 年和 1911 年的統計只包括華人，1901 年至 1931 年的人口普查結果不能作嚴格比較。1941 年的人口普查由防空救護員（Air Raid Warden）執行，報告亦轉用防空救護隊（Air Raid Precautions，簡稱 ARP）分區來記錄香港島和九龍的人口分布。

在二十世紀初的香港島，不論華洋人士，九成均聚居在城區，以中環、上環為中心，再向東西兩方擴散。1901 年至 1931 年間，城區人口仍集中在中環、上環和西營盤，但這三者（第 4 約至 9 約）人口的佔比由 70.3% 降至 54.9%；與此同時，隨着公共交通的開通，港島東區（北角至灣仔第 2 約）人口的佔比由 19.3% 升至 29.3%，西角（West Point，第 10 約）亦由 6.3% 升至 11.8%（見表 1-23）。此外，在 1901 年至 1911 年，城區非華裔人口的分布相當穩定，1901 年，非華裔人口共 6846 人，居於東區、中區和西區保安約者，各佔 29.8%、60.6% 和 9.6%；1911 年的相應數字是 7853 人；31.0%、60.4% 和 8.6%。1921 年至 1931 年間，雖然香港島城區的人口密度已非常高，但在各個衞生約中，只有第 3 約和第 6 約的人口有所下降。[20]

港島東區（包括北角、海旁東、第 1 約至第 2 約）的人口不斷上升。北角人口由 1921 年的 3108 人增至 1931 年的 12,518 人。海旁東的土地來自大型的填海計劃（Praya East Reclamation Scheme），於 1931 年完工時已有 8321 人移入。第 1 約銅鑼灣一帶的摩理臣山、利園山和黃泥涌經過大規模的造地工程後，人口由 1901 年的 10,599 人增至 1931 年的 27,126 人。灣仔的第 2 約由 1901 年的 23,358 人增至 1931 年的 33,007 人，第 1A 及 2A 約由 1921 年的 26,956 人增至 1931 年的 29,746 人。初期人口增加部分由於該區海軍船塢擴展，受聘的華人搬至工地附近居住。至 1920 年代，海旁一帶的倉庫、船廠和修院陸續遷出，改建為住宅，吸引基層人士和小店主遷入。1941 年，按 ARP 分區的東區人口為 210,360 人，佔港島人口的 29.7%；灣景（Bay View）位於銅鑼灣一帶，人口為 35,760 人，佔港島人口的 5.0%；鰂魚涌人口為 22,188 人，佔港島人口的 3.1%（見表 1-24）。

半山區（第 3 約）原是歐洲人生活區，二十世紀初逐漸有富裕華人及其僕役遷入，人口由 1901 年的 5434 人增至 1931 年的 12,092 人。1921 年時，居於卑利街、堅道和般咸道一帶的華人數目已是非華裔人士的十倍。1931 年，第 3 約是兩個人口錄得下降的地區之一，比 1921 年減少 3186 人，當中 1700 人為非華裔人士，這主要由於有數間以外籍住客為主的酒店改建為商業樓宇，而堅道附近的民居因樓宇殘舊而乏人問津。1941 年，按 ARP 分區的半山區人口為 68,963 人，佔港島人口的 9.7%。

中區（第 4 約和 5 約）是城區的中心地帶，人口由 1901 年的 46,800 人增至 1931 年的 75,829 人。此處人口增幅低於其他地區，這是因為該區的地價和租金攀升，原有的住宅和新造土地多改作商業用途，如德輔道中的旅館和住宅改建為百貨公司，而重建的住宅亦受到較嚴格的房屋及衞生規例規管，令人口的增速放緩。1941 年，按 ARP 分區的中區人口為 159,862 人，佔港島人口的 22.5%。

20 如按人口登記區域（registration district）劃分，1901 年維多利亞城華人的分布為：第 1 區及 2 區 11,032 人，第 3 區 44,722 人，第 4 區 20,676 人，第 5 區 13,297 人，第 6 區 51,243 人，第 7 區及 8 區 23,487 人，第 9 區及 10 區 10,599 人，共 175,056 人。

表 1-23 1901 年至 1931 年若干年份按地區劃分香港島陸上人口統計表

單位：人

分區	位置	1901	1911	1921	1931
衞生約					
北角		不適用	不適用	3108	12,518
海旁東	灣仔海旁填海區	不適用	不適用	不適用	8321
第 1 約	銅鑼灣、寶靈頓及黃泥涌	10,599	12,006	18,139	27,126
第 1A 及 2A 約	灣仔	不適用	不適用	26,956	29,746
第 2 約	灣仔	23,358	25,629	27,647	33,007
第 3 約	半山	5434	8093	15,278	12,092
第 4 約	中環	24,182	31,244	43,836	45,746
第 5 約	中環	22,618	25,677	30,065	30,083
第 6 約	上環及太平山	18,813	21,436	28,471	27,364
第 7 約	上環及太平山	13,996	21,488	28,660	29,864
第 8 約	西營盤至國家醫院北面	19,523	22,725	26,851	28,030
第 9 約	西營盤	24,543	31,897	43,259	46,322
第 10 約	西角	11,032	17,473	28,402	44,464
山區	山頂	1786	1718	2601	3419
小計		175,884	219,386	323,273	378,102
其他區					
薄扶林		602	833	1784	2293
香港仔及鴨脷洲		2842	3273	3917	5625
筲箕灣		9184	11,277	17,354	19,946
其他鄉村		805	723	1073	3237
小計		13,433	16,106	24,128	31,101
總計		189,317	235,492	347,401	409,203

注：1901 年和 1911 年只包括華人。1901 年 10 約人口之和為 174,098 人，與維多利亞城總數 175,056 人相差 958 人。1901 年及 1911 年香港仔及鴨脷洲為香港仔數字，其他鄉村為赤柱數字。

資料來源： 歷年人口普查報告。

表 1-24 1941 年按地區劃分香港島和九龍陸上人口統計表

單位：人

ARP 分區	人數	ARP 分區	人數
香港島		**九龍**	
香港仔	14,649	紅磡	40,645
灣景	35,760	九龍城	83,113
中區	159,862	旺角	109,754
東區	210,360	深水埗	172,771
歌賦山	2623	尖沙咀	26,376
鰂魚涌	22,188	油麻地	148,384
筲箕灣	30,617	**小計**	581,043
赤柱	8366		
半山	68,963		
西區	155,906		
小計	709,294		

資料來源： 1941 年人口普查報告。

上環和太平山區（第 6 約和 7 約）是最擁擠的華人聚居地，鼠疫後港府下令拆毀太平山區大部分的樓房並重建，令該區人口一度下跌，但在 1901 年至 1931 年間，整體人口仍由 32,809 人升至 57,228 人。1931 年，第 6 約是另一個錄得人口下降的地區，比 1921 年減少 1107 人，這主要由於該區有許多華人旅館，1931 年的人口普查時間接近農曆新年，旅館入住率低，加上當地有部分房屋拆卸改建成戲院，致令該區人口不升反降。

西營盤（第 8 約和 9 約）一向是人口高度密集的地區，尤其是第三街、東邊街、西邊街和德輔道西一帶。1901 年至 1931 年間，此區人口繼續增加，從 44,066 人增至 74,352 人。此區的兩層高舊屋不斷拆卸和重建，新建的較多層樓宇能容納更多居民。

西角（第 10 約）指由薄扶林道至摩星嶺山腳一帶，人口由 1901 年的 11,032 人增至 1921 年的 28,402 人，這很大程度是由於薄扶林道與山道之間有不少建築工程，需要大量人手。其後，新增的住房、工商業和生活服務設施帶動人口增加，令人口升至 1931 年的 44,464 人，是城區人口增幅最大的地區。1941 年，按 ARP 分區的整個西區人口為 155,906 人，佔港島人口的 22.0%。

山區（Hill District）是洋人專屬住宅區。早在 1894 年鼠疫發生前，洋人為遠離華人而遷至地勢較高的地方居住；鼠疫過後，政府於 1904 年 7 月通過《1904 年山頂區保留條例》（*Peak District Reservation Ordinance, 1904*），將香港島海拔 788 呎以上的地方（包括金馬倫山、歌賦山、奇力山和太平山）劃為洋人居住區，未獲港督批准的華人不得入住。山區人口由 1901 年的 1786 人增至 1931 年的 3419 人。事實上，該區的華人數目比洋人要多，1921 年，非華裔人士和華人各有 689 人和 1912 人，後者主要是僕役或建造工人。1941 年，按 ARP 分區的歌賦山人口為 2623 人，佔港島人口的 0.4%。

城區以外的鄉郊地區分為薄扶林、香港仔（1921 年及 1931 年含鴨脷洲）、筲箕灣和其他鄉村。1901 年至 1931 年間，鄉郊人口由 13,433 人增至 31,101 人，在香港島人口中的佔比由 7.1% 升至 7.6%。鄉郊人口較多在筲箕灣，其次是香港仔，但薄扶林的人口增速較香港仔快。

筲箕灣指由北角至香港島鯉魚門一帶，是傳統漁港，二十世紀初，人口規模隨製造業發展而擴大。太古洋行在鰂魚涌已建有煉糖廠，後再興建船塢，因而帶動其他經濟活動。筲箕灣人口由 1901 年的 9184 人增至 1931 年的 19,946 人。1941 年，按 ARP 分區的筲箕灣人口為 30,617 人，佔港島人口的 4.3%。

香港仔也是傳統漁港，沿岸和對岸的鴨脷洲均有陸上居民，其人口由 1901 年的 2842 人升至 1931 年的 5625 人。人口增長速度低於筲箕灣，這與當地的船塢業務不景有關。1920

年代的人口增長與填海工程有關。由於鴨脷洲人口稠密，衞生情況欠佳，港府把鴨脷洲與北面兩島連成一島，香港仔的人口增速隨之加快。1941 年，按 ARP 分區的香港仔人口為 14,649 人，佔港島人口的 2.1%。

薄扶林區指由摩星嶺至香港仔一帶，其人口由 1901 年的 602 人升至 1931 年的 2293 人。人口增長主要由於牛奶公司（Dairy Farm Company Limited）於 1886 年在該區建立牧場，為村民提供了就業機會，隨着業務擴展，該公司自建宿舍，招募外來員工。此外，從 1875 年起，巴黎外方傳教會（Missions Etrangères de Paris）在此區興建療養院、修院和印書館，並為外來員工提供宿舍。從 1920 年代起，該區陸續興建歐式洋房，進一步帶動人口上升。

其他鄉郊地區人口較集中於赤柱，其人口由 1901 年的 805 人升至 1906 年的 1276 人，然後回落至 1911 年的 723 人。人口增減與分階段興建的大潭水塘工程有關，每階段工程完結，赤柱人口便隨之下降。1941 年，按 ARP 分區的赤柱人口為 8366 人，佔港島人口的 1.2%。

1901 年至 1911 年的人口普查報告把九龍半島分為新舊兩部分：舊九龍為界限街以南，新九龍為界限街以北。舊九龍人口在二十世紀有所增長，華人居民數目由 1901 年的 42,976 人，增至 1906 年的 52,331 人和 1911 年的 53,873 人。二十世紀初對蒸汽船需求增加，幾乎所有製造蒸汽船的船廠都位於舊九龍，令當地工人數目上升。新九龍人口則有所下降，華人居民數目由 1901 年的 17,243 人和 1906 年的 17,836 人，降至 1911 年的 13,624 人。1901 年，九龍山脈以南的九龍城有 5088 人，其他鄉村有 12,155 人。1906 年，較多人居住的村落包括九龍城（5394 人）、深水埗（2821 人）、長沙灣（831 人）、九龍仔（761 人）、九龍塘（703 人）等。1911 年，人口按兩個次衞生約（sub-health district）劃分：第 VII 約（包括九龍城、大環、牛頭角、茜草灣、鯉魚門、茶果嶺）共 7306 人；第 VIII 約（包括深水埗、蘇屋、黃屋、硤石尾〔今石硤尾〕、九龍仔、長沙灣、鴨㟁寮、西角、九龍塘等）共 6318 人。

1921 年和 1931 年的九龍人口由 123,448 人增至 263,020 人。在這期間，非華裔居民也陸續遷往九龍，這主要由於香港島城區的居住環境擠迫，且屢次發生疫症。相對而言，當時的九龍雖是郊區，但鄰近香港島，有大量平坦土地可以發展為住宅區，符合不能負擔山頂或半山房租的歐洲人的需要。人口普查報告採用衞生約來劃分九龍的人口分布，當中以油麻地、旺角和大角咀及深水埗的佔比較高，其他衞生約的佔比不但較低，更有所下降，只有九龍城除外；各衞生約之中，以大角咀及深水埗的增幅較大（見表 1-25）。

表 1-25　1901 年至 1931 年若干年份按地區劃分九龍和新界陸上人口統計表

單位：人

地區	分區	位置	1901	1911	1921	1931
九龍（衞生約）	第 11 約	九龍角	不詳	15,534	12,255	16,500
	第 11A 約	紅磡	不詳	不適用	14,746	16,739
	第 12 約	油麻地	不詳	23,458	32,372	68,596
	第 13 約	旺角	不詳	14,881	29,414	59,740
	第 14 約	大角咀及深水埗	不詳	6318	16,521	67,184
	第 15 約	紅磡鄉村	不詳	不適用	8653	11,627
	九龍城		不詳	7306	9487	22,634
九龍小計			42,976	67,497	123,448	263,020
新界北約	屏山		不詳	10,797	11,453	12,660
	凹頭		不詳	10,873	11,885	12,877
	落馬洲		不詳	3372	3626	4377
	沙頭角		11,585	8570	8357	8941
	上水		不詳	6859	7649	10,208
	大埔		不詳	9441	9136	12,684
	沙田		不詳	3809	4156	4346
	西貢		不詳	9243	9852	7585
	坪洲		不詳	3111	不適用	不適用
	荃灣		3272	2982	不適用	不適用
	其他		不詳	65	不適用	不適用
	小計		不詳	69,122	66,114	73,678
新界南約	荃灣		不適用	不適用	4903	5335
	大嶼山		7940	6710	5958	7409
	坪洲		不詳	不適用	不適用	1713
	長洲		2734	3964	5037	5477
	南丫島		1134	826	1151	1442
	蒲台島及將軍澳		不詳	不適用	不適用	3086
	其他島嶼		3094	不適用	不適用	17
	小計		不詳	11,500	17,049	24,479
新界小計			102,254	80,622	83,163	98,157

注：1901 年和 1911 年只包括華人。1901 年新界小計包括新九龍及水上人口，表中沒有列出新九龍及新界其他地方人口（各有 17,243 人和 55,252 人）。1911 年，九龍的第 14 約為第 VIII 次衞生約數字，九龍城為第 VII 次衞生約數字，當年的人口普查報告合稱之為新九龍；新界數字不包括深水埗和九龍城人口。

資料來源：　歷年人口普查報告。

九龍角（Kowloon Point，第 11 約）近京士柏一帶，其人口由 1921 年的 12,255 人增至 1931 年的 16,500 人，但在九龍人口的佔比由 9.9% 降至 6.3%。九龍角是九龍非華裔居民的聚居地，1921 年有 2423 人，佔九龍非華裔人口的 76.1%，當中不少是從香港島移來的葡萄牙人。1941 年，按 ARP 分區的尖沙咀人口為 26,376 人，佔九龍總人口的 4.5%。

紅磡（第 11A 約）是九龍的工業重地，其人口由 1921 年的 14,746 人增至 1931 年的

16,739 人，但在九龍人口的佔比由 11.9% 降至 6.4%。黃埔船塢、青洲英坭和中華電力等大型企業在該區設廠，提供工作機會和員工宿舍，令人口數目於 1920 年代仍略有增加。紅磡的人口增幅不及其他地區，原因之一是英坭廠製造大量塵埃，外區人士不願移入，他們部分或選擇了鄰近的紅磡鄉村（第 15 約），該區人口由 1921 年的 8653 人增至 1931 年的 11,627 人。

油麻地（第 12 約）是九龍的水陸居民集中地，且設有墟市，其人口由 1911 年的 23,458 人增至 1931 年的 68,596 人，在九龍總人口的佔比約為 26%。此區經濟興旺，加上從威菲路軍營到舊油麻地警署一帶興建了大量房屋，因而持續吸引居民遷入。1941 年，按 ARP 分區的油麻地人口為 148,384 人，佔九龍人口的 25.5%。

旺角（第 13 約）的人口由 1911 年的 14,881 人增至 1931 年的 59,740 人，在九龍人口的佔比約為 23%。港府於 1909 年展開填海工程，1924 年以拓展道路和防止瘧疾為由，收回菜田並填平土地。該區的土地和水資源，造就了洗衣及染布等輕工業，支持人口持續增加。1941 年，按 ARP 分區的旺角人口為 109,754 人，佔九龍人口的 18.9%。

大角咀及深水埗（第 14 約）的人口由 1911 年的 6318 人增至 1931 年 67,184 人，在九龍人口的佔比由 9.4% 升至 25.5%。深水埗在十九世紀末只有 1500 人左右。踏入二十世紀，港府積極進行填海造地、道路和碼頭等工程。到 1920 年代，該區已發展為一個現代的住宅和工業區，成為九龍的人口聚集地。1941 年，按 ARP 分區的深水埗人口為 172,771 人，佔九龍人口的 29.7%。

九龍城當時仍屬於新界南約的一部分。該區人口由 1911 年的 7306 人增至 1931 年的 22,634 人，佔九龍總人口的 8.6%。早期的移入人口大多是參與區內眾多工程（如建屋、九龍灣北部填海、建設啟德濱等）的工人；隨着城市建設逐步完成，尤其是連接油麻地和旺角的道路啟用，人口的規模亦明顯擴大。1941 年，按 ARP 分區的九龍城人口為 83,113 人，佔九龍人口的 14.3%。

1900 年代至 1940 年代初，新界人口有所增加，由 1901 年的 85,011 人和 1921 年的 83,163 人，增至 1931 年的 98,157 人和 1941 年的 195,000 人；分別佔香港總人口的 22.0%、13.3%、11.7% 和 11.9%。這 40 年間，新界人口共上升 129.4%（見表 1-22）。

這時間的新界區劃不斷改變，1899 年劃分為八個約（即九龍、沙頭角、元朗、雙魚、六約、東海、東島、西島）。1905 年，港府把八個約合併，再分為北約（荃灣以北）和南約（荃灣及離島）。1911 年，深水埗和九龍城屬於新界南約，荃灣屬於新界北約；自 1921 年起，深水埗和九龍城的人口統計轉歸九龍，荃灣轉屬新界南約。此外，儘管新界在 1898 年已租借予英國，但到 1911 年才進行人口普查。1901 年的數字是基於房屋數目和住戶平均人數估算得來，而且涵蓋新九龍，所以不能與其後的人口普查結果作比較。詳細的分區人口要到 1921 年才有，但 1941 年的人口數字又是基於估算，而且沒有提供分區資料。

根據 1901 年的人口普查報告，如不包括新九龍和離島，新界地區共有 70,109 人，人口仍高度集中於元朗和雙魚地區。當年的元朗地區有 23,243 人（佔 33.2%），雙魚地區（上水、粉嶺等地）有 17,637 人（佔 25.2%），沙頭角地區有 11,585 人（佔 16.5%），東海（即西貢等地）有 5828 人（佔 8.3%），九龍山脈以北的六約、九約和荃灣，各有 2220 人（佔 3.2%）、4531 人（佔 6.5%）和 3272 人（佔 4.7%），六約（北區，近打鼓嶺一帶）只有 1793 人（佔 2.6%）。

1911 年至 1931 年的新界人口按北約和南約劃分。新界北約的人口遠比南約多，這是由於北約之內有多個人數眾多的本地宗族村落。新界北約的人口於 1911 年有 69,122 人，在 1920 年代，新界北約的人口持續增加，由 1921 年的 66,114 人，增至 1931 年的 73,678 人和 1941 年的 110,000 人，20 年間升 66.4%，當中絕大部分是華人。非華裔居民主要是警察及駐軍。1931 年，新界北約各個分區的人口都較十年前增加，西貢則例外，西貢人口減少的原因有二：其一為位置偏僻，陸路和水路均難到達；其二為蒲台島和將軍澳於 1921 年納入西貢區，到 1931 年則撥入南約，令西貢人口減少。

新界南約的人口由 1911 年的 11,500 人（不包括荃灣），增至 1921 年的 17,049 人、1931 年的 24,479 人和 1941 年的 85,000 人；1921 年至 1941 年間，升 398.6%，1931 年，新界南約各個分區的人口都較十年前增加，其後十年，新界南約人口急增，但缺乏分區統計資料。

1901 年至 1931 年間，華裔水上人口由 40,100 人增至 64,845 人，除少數居於商船外，多集中於維多利亞港，其次是香港仔和離島，少數於赤柱和荃灣。這 30 年間，維多利亞港的水上人口由 28,529 人增至 33,785 人，但在全港水上人口的佔比由 71.1% 降至 52.1%，這部分由於水上人口的普查範圍擴大所致。香港仔的水上人口由 5251 人增至 6748 人，佔比由 13.1% 降至 10.4%。筲箕灣的水上人口由 5439 人（佔 13.6%）減至 4871 人（佔 7.5%），赤柱的水上人口由 881 人（佔 2.2%）增至 979 人（佔 1.5%）。1911 年開始統計離島（即長洲和大嶼山）的水上人口，其總規模呈下降趨勢，由 1911 年的 9855 人減至 1931 年 9520 人，在水上人口的佔比由 17.9% 降至 14.7%。1921 年開始統計荃灣和新界北約的水上人口。荃灣的水上人口不多，1921 年和 1931 年各有 135 人（佔 0.2%）和 503 人（佔 0.8%）。同期間，新界北約的水上人口由 3911 人（佔 6.0%）增至 8439 人（佔 13.0%），其中大部分（5141 人）分布於新納入新界南約的蒲台島和牛尾海（Port Shelter）（見表 1-26）。

表 1-26 1901 年至 1931 年若干年份按地區劃分香港華裔水上人口統計表

單位：人

地區	1901	1911	1921	1931
維多利亞港	28,529	29,890	38,845	33,785
香港仔	5251	8900	7924	6748
筲箕灣	5439	6440	6714	4871
赤柱	881	72	275	979
離島（長洲、大嶼山）	不詳	9855	7446	9520
荃灣	不詳	不適用	135	503
新界北約	不詳	不適用	3911	8439
總計	40,100	55,157	65,250	64,845

注：不包括商船人口，1901 年、1911 年、1921 年和 1931 年，另有 1180 名、5791 名、3962 名和 3891 名華人居於商船。1931 年，水上人口包括 15 名非華裔人士，離島包括長洲、大嶼山和南丫島。1921 年和 1931 年，大嶼山為大澳數字。

資料來源： 歷年人口普查報告。

日佔時期，日佔政府於 1942 年 4 月頒布香督令第十三號《地區事務所規定》，同年 7 月頒布香督令第二十六號《香港佔領地總督部區制實施之件》和第二十七號《區之名稱、位置、管轄區域指定關於之件》，劃分香港島、九龍和新界三大區，其下各有 12 個、9 個和 7 個分區，[21] 並列出各分區的管轄範圍。為了加強日本化，日佔政府將人口最多的港九分區更改為日本名稱，如油麻地改為香取區、鵝頸改為春日區，而新界則大多沿用舊名。此時期的人口地區分布與太平洋戰爭前無大差別（見表 1-24，表 1-27），主要仍集中在香港島和九龍，變化在於東區（灣仔）被劃為日本人區、三大地區的總人口數減少，以及各分區的人口增減情況並不一致。如與 1941 年 3 月的人口普查結果相比，三大地區在 1943 年 10 月的人口數都出現下跌，但跌幅不一，按次為新界降 52.9%，香港島降 45.0%，九龍降 35.6%。

在日佔首兩年間，香港島地區佔全港總人口約四成半，以中區（中環）和東區（灣仔）人口最多，赤柱區（赤柱及石澳）人口最少。1942 年和 1943 年間，香港 12 個分區的人口均出現下降，減幅超過 15% 者包括元港區（香港仔，-25.3%）、山王區（西環，-19.6%）和中區（中環，-15.9%），藏前（石塘咀）、筲箕灣、東區（灣仔）、赤柱（赤柱及石澳）、春日（鵝頸）、銅鑼灣、水城（西營盤）和西區（上環）等八區的減幅亦介乎 14.2% 至 7.8%，只有青葉區（跑馬地）的減幅偏低，為 -1.0%。

九龍地區佔全港總人口接近四成半，以青山區（深水埗）和香取區（油麻地）人口最多，鹿島區（九龍塘）人口最少。1942 年和 1943 年間，九龍的人口變化幅度普遍低於香港島，

21 1943 年 7 月起，西貢區歸入九龍地區。

表 1-27　1942 年和 1943 年按地區劃分香港人口統計表

單位：人

地區	分區	主要位置	1942 年 12 月	1943 年 10 月
香港島	中區	中環	108,433	91,241
	東區	灣仔	74,076	64,447
	西區	上環	46,046	42,438
	筲箕灣區	筲箕灣	48,279	41,814
	水城區	西營盤	43,054	39,206
	春日區	鵝頸	32,238	28,380
	藏前區	石塘咀	23,438	20,100
	銅鑼灣區	銅鑼灣	21,892	19,640
	元港區	香港仔	23,892	17,850
	山王區	西環	13,467	10,830
	青葉區	跑馬地	10,056	9951
	赤柱區	赤柱及石澳	4853	4240
	小計		449,724（46.7%）	390,137（45.6%）
九龍	香取區	油麻地	100,480	103,464
	青山區	深水埗	108,582	92,012
	大角區	大角咀及旺角	68,587	62,229
	元區	九龍城	58,678	36,468
	山下區	紅磡	26,265	24,692
	啟德區	九龍東部	13,567	13,528
	湊區	尖沙咀	13,679	13,006
	荃灣區	荃灣	10,711	11,421
	西貢區	西貢	不適用	10,821
	鹿島區	九龍塘	7268	6300
	小計		407,817（42.4%）	373,941（43.7%）
新界	元朗區	元朗	37,953	35,457
	大埔區	大埔	18,309	19,477
	上水區	上水	14,893	13,349
	沙頭角區	沙頭角	11,765	12,277
	新田區	新田	5664	5703
	沙田區	沙田	5709	5547
	西貢區	西貢	10,837	不適用
	小計		105,130（10.9%）	91,810（10.7%）
水上（九龍）			20,741	不詳
總計			983,412	855,888

注：括號內數字為佔陸上人口比例。1943 年 7 月起，西貢區歸入九龍地區。不包括長洲、坪洲、大澳和梅窩的居民（約 3 萬人）。

資料來源：　東洋經濟新報社編：《軍政下の香港》；《總督部公報》，第二號，1943 年 1 月 20 日。

在各分區之中，只有兩區的人口比例有所增加，包括荃灣區和香取區（油麻地），增幅各有6.6% 和 3.0%；啟德區（九龍東部）和西貢區的人口比例近乎不變；其餘地區，以元區（九龍城）的減幅最大（-37.9%），湊區（尖沙咀，-4.9%）和山下區（紅磡，-6.0%）的減幅較少。

新界地區佔全港總人口約一成，以元朗區人口最多，新田區和沙田區人口最少。在 1942 年和 1943 年間，新界的人口變化相對較小，在各分區之中，有兩區的人口有所增加，包括大埔區和沙頭角區，增幅各有 6.4% 和 4.4%；新田區的人口近乎不變；其餘地區，以上水區的減幅最大（-10.4%），沙田區的減幅較少（-2.8%）。

對於 1945 年至 1960 年的人口分布，官方數據並不完整，《香港年報》和統計處報告記錄了其中兩年的香港島、九龍和新界人口數，新界理民府的年報只有新界的人口數，但涵蓋的年份較多。

香港島、九龍兩個地區的人口，一直遠多於新界人口。如不計算水上人口，1948 年，香港島、九龍和新界分別有 89.6 萬人、54.7 萬人和 20.9 萬人，各佔全港人口的 54.2%、33.1% 和 12.6%。至 1960 年，香港島和九龍共 267.5 萬人，佔全港人口的 87.0%，新界只有 40 萬人，佔全港人口的 13.0%（見表 1-28）。新界人口的佔比雖低，但人數由 1948 年的 20.9 萬人增至 1960 年的 40 萬人，其中 1950 年代後期的增幅尤其可觀，這主要由於部分工業遷至新界，既提供就業機會，也帶動相關發展，吸引市民移居新界，其中荃灣的發展尤其重要。

新界在 1948 年至 1958 年間劃分為三個區，即大埔（新界之東北地區）、元朗（新界之西北地區）及南約（荃灣、將軍澳、西貢半島南面、香港南面及西面的離島）。[22] 根據鄉議局於 1955 年 3 月進行的新界人口調查，大埔有 89,157 人，佔新界人口 34.0%，元朗有 73,260 人，佔 28.0%，南約有 99,692 人，佔 38.0%，合共 262,109 人。這三區在當年全港人口所佔百分比如下：大埔 3.6%、元朗 2.9%、南約 4.0%。

1961 年至 2016 年　1961 年至 2016 年間，陸上人口的分布持續變化，新界成為人口最多的地區；香港島、九龍和新界的人口比例由 1961 年的 33.6%、52.7% 和 13.7%，大幅改變為 2016 年的 17.1%、30.6% 和 52.4%。這 55 年間，香港島的人口數量先升後回落，由 1961 年的 100.5 萬人增至 2001 年的 133.5 萬人，然後降至 2016 年的 125.3 萬人；然而，香港島的人口佔比持續下降，在 1966 年跌破三成，2001 年跌破兩成，2016 年為 17.1%。九龍的人口在 1961 年時有 157.8 萬人，佔全港陸上人口的 52.7%；隨後，

22 新界在 1958 年劃分為四個區：大埔、元朗、南約、荃灣，1960 年劃分為五個區：大埔、元朗、荃灣、離島及西貢，但沒有相關的人口分布統計。

表 1-28　1948 年至 1960 年若干年份香港人口地區分布統計表

年	香港島		九龍		港、九合計		新界	
	人數（人）	百分比	人數（人）	百分比	人數（人）	百分比	人數（人）	百分比
1948	896,400	54.2	547,200	33.1	1,443,600	87.4	208,800	12.6
1949	957,500	51.6	699,500	37.7	1,657,000	89.2	200,000	10.8
1953	不詳	不詳	不詳	不詳	2,042,200	91.1	200,000	8.9
1954	不詳	不詳	不詳	不詳	2,139,900	90.5	225,000	9.5
1955	不詳	不詳	不詳	不詳	2,228,291	89.5	262,109	10.5
1956	不詳	不詳	不詳	不詳	2,329,600	89.1	285,000	10.9
1957	不詳	不詳	不詳	不詳	2,271,129	87.4	328,356	12.6
1958	不詳	不詳	不詳	不詳	2,289,100	86.2	365,000	13.8
1959	不詳	不詳	不詳	不詳	2,567,400	86.5	400,000	13.5
1960	不詳	不詳	不詳	不詳	2,675,300	87.0	400,000	13.0

注：1948 年年末陸上人口，香港島含 41,400 名分區不詳的非華裔人士。1949 年年中人口含 114,400 名水上人口；1955 年新界人口不包括約四萬名至五萬名居於船艇的漁民；1957 年、1958 年人口不含水上人口；其他年份不詳。1954 年新界人口數字取原報告介乎「200,000 至 250,000」的中間數。1953 年至 1956 年、1959 年、1960 年的港、九人口為年中總人口與新界人口之差，1958 年為年中總人口與新界及水上人口之差。

資料來源：歷年 *Annual Departmental Report by the District Commissioner, New Territories*；歷年 *Hong Kong Annual Report*；"Census — Estimate of Population", Public Records Office, HKRS170-2-1；Census and Statistics Department, *Hong Kong Statistics 1947-1967*；Department of Statistics, *A Report on the Population of the Colony, Mid-year, 1949*。

其數量和佔比均先升後降，數量和佔比的高位分別是 1981 年的 251.5 萬人和 1971 年的 56.9%，2016 年時，九龍的人口仍有 224.1 萬人，但佔比已降至 30.6%。九龍人口在 1960 年代明顯增加，主要是啟德、牛頭角和觀塘等區有大量公共樓宇落成所致。新界人口在 1961 年時只有 41.0 萬人，佔全港陸上人口的 13.7%；其後，其數量和佔比均快速上升，數量於 1981 年突破 100 萬人（佔 26.3%）、1991 年突破 200 萬人（佔 42.0%）、2001 年突破 300 萬人（佔 49.9%），2016 年為 384.1 萬人，佔全港陸上人口的 52.4%（見表 1-29）。

此期間的區劃不斷變化。1961 年，港府曾按八大區劃分人口分布，包括香港島（1,004,875 人）、九龍（725,177 人）、新九龍（852,849 人）、「殖民地水域」（colony waters，即香港島四周水域，90,343 人）、荃灣（84,823 人）、元朗（133,802 人）、大埔（136,962 人），以及西貢、離島和新界水域（各有 15,389 人、38,969 人和 46,459 人）。對於 1961 年至 1976 年陸上人口的分區分布，政府統計處曾根據統計分區（census district）作出整理（見表 1-30）。[23]

23 除統計分區和區議會分區外，規劃署也制定了小規劃統計區（Tertiary Planning Unit）地理分界制度，在 2016 年，全港分為 291 個小規劃統計區，政府統計處亦據此劃分人口普查和中期人口統計的結果，詳見歷年的專題報告。

表 1-29　1961 年至 2016 年若干年份香港陸上人口地區分布統計表

年	香港島		九龍		新界	
	人數（人）	百分比	人數（人）	百分比	人數（人）	百分比
1961	1,004,875	33.6	1,578,026	52.7	409,945	13.7
1966	1,030,970	28.6	2,032,830	56.4	542,600	15.0
1971	996,183	25.8	2,194,853	56.9	665,700	17.3
1976	1,026,870	23.6	2,378,480	54.8	938,440	21.6
1981	1,215,656	24.0	2,515,374	49.7	1,329,035	26.3
1986	1,201,459	22.0	2,349,445	43.0	1,907,031	34.9
1991	1,250,993	22.1	2,030,683	35.9	2,374,818	42.0
1996	1,312,637	21.1	1,987,996	32.0	2,906,733	46.8
2001	1,335,469	19.9	2,023,979	30.2	3,343,046	49.9
2006	1,268,112	18.5	2,019,533	29.4	3,573,635	52.1
2011	1,270,876	18.0	2,108,419	29.8	3,691,093	52.2
2016	1,253,417	17.1	2,241,347	30.6	3,840,620	52.4

注：1971 年和 1976 年九龍及新界人口取自 *Hong Kong By-census 1976: Main Report — Volume 2: Tables*，與 *Hong Kong 1981 Census: Main Report — Volume 2: Tables* 所載數字（1971 年九龍 2,184,971 人，新界 675,582 人；1976 年九龍 2,366,860 人，新界 950,060 人）不一致。
資料來源：　歷年人口普查和中期人口統計報告。

1961 年，陸上人口最多的五個統計分區是位於九龍的長沙灣、啟德、石硤尾、油麻地，以及香港島的灣仔，各佔全港陸上人口的 8.8%、8.4%、8.0%、7.5% 和 6.2%；人口最少的五個分區是山頂、九龍塘、南區、鯉魚門和香港仔，各佔 0.2%、0.6%、0.8%、0.9% 和 1.0%。到了 1976 年，陸上人口最多的五個分區是啟德、荃灣、鯉魚門、長沙灣和牛頭角，各佔全港陸上人口的 13.0%、10.5%、7.7%、6.4% 和 5.8%；人口最少的五個分區是山頂、粉嶺、中環、南區和上水，各佔 0.2%、0.4%、0.4%、0.5% 和 0.5%。至於新開發的沙田和屯門新市鎮，人口雖不多，但數量和佔比都呈上升之勢。

這 15 年間，人口數量和佔比均下降的統計分區有 9 個，香港島、九龍和新界各佔 5 個、3 個和 1 個。按人口減幅計，依次是上環、石硤尾、灣仔、油麻地、中環、尖沙咀、西環、大埔、南區。人口數量增加超過 10 萬和佔比上升的分區有 5 個，按人口增幅計，依次是荃灣、啟德、鯉魚門、牛頭角、香港仔。人口數量增幅不足 10 萬和佔比上升的分區有 4 個，包括香港島的北角、山頂，九龍的何文田、九龍塘。此外，也有 8 個分區的人口數量有所增加，佔比卻略為下降，包括香港島的筲箕灣、半山及薄扶林、大坑，九龍的紅磡、長沙灣、旺角，新界的元朗、離島及西貢。

表 1-30　1961 年至 1976 年若干年份按統計分區劃分香港陸上人口統計表

分區	1961		1966		1971		1976	
	人數（人）	百分比	人數（人）	百分比	人數（人）	百分比	人數（人）	百分比
香港島								
中環	47,799	1.6	41,040	1.1	22,892	0.6	17,010	0.4
上環	142,815	4.8	99,380	2.8	67,885	1.8	56,600	1.3
西環	158,847	5.3	154,660	4.3	145,941	3.8	146,040	3.4
半山及薄扶林	43,263	1.4	51,930	1.4	46,299	1.2	53,740	1.2
山頂	5162	0.2	—	—	8235	0.2	8040	0.2
灣仔	186,169	6.2	146,510	4.1	142,679	3.7	124,230	2.9
大坑	97,342	3.3	100,530	2.8	94,418	2.4	104,060	2.4
北角	132,994	4.4	151,520	4.2	175,998	4.6	193,400	4.5
筲箕灣	136,184	4.6	195,910	5.4	162,525	4.2	161,030	3.7
香港仔	31,228	1.0	89,490	2.5	108,940	2.8	140,800	3.2
南區	23,072	0.8	—	—	20,371	0.5	21,920	0.5
九龍								
尖沙咀	87,845	2.9	78,480	2.2	73,798	1.9	57,740	1.3
油麻地	223,371	7.5	189,620	5.3	205,109	5.3	182,410	4.2
旺角	159,028	5.3	128,170	3.6	171,692	4.5	160,240	3.7
紅磡	182,584	6.1	204,410	5.7	188,711	4.9	214,530	4.9
何文田	72,349	2.4	89,500	2.5	76,962	2.0	134,680	3.1
長沙灣	264,680	8.8	213,940	5.9	259,286	6.7	278,000	6.4
石硤尾	239,550	8.0	267,270	7.4	189,971	4.9	172,290	4.0
九龍塘	16,518	0.6	26,930	0.7	21,409	0.6	26,990	0.6
啟德	250,808	8.4	582,830	16.2	555,079	14.4	566,830	13.0
牛頭角	53,836	1.8	251,680	7.0	230,714	6.0	250,070	5.8
鯉魚門	27,457	0.9	—	—	222,122	5.8	334,700	7.7
新界								
大埔	136,962	4.6	153,790	4.3	105,205	2.7	127,120	2.9
元朗	133,802	4.5	124,080	3.4	153,914	4.0	183,470	4.2
荃灣	84,823	2.8	205,700	5.7	271,892	7.0	455,270	10.5
離島及西貢	54,358	1.8	59,030	1.6	57,310	1.5	63,130	1.5
沙田新市鎮	—	—	—	—	24,008	0.6	36,900	0.8
屯門新市鎮	—	—	—	—	20,977	0.5	33,070	0.8
上水	—	—	—	—	18,691	0.5	22,970	0.5
粉嶺	—	—	—	—	13,703	0.4	16,510	0.4
總計	2,992,846		3,606,400		3,856,736		4,343,790	

注：「—」代表 1966 年，半山及薄扶林含山頂；香港仔含南區；牛頭角含鯉魚門。1961 年和 1966 年，大埔含上水、打鼓嶺、沙頭角、粉嶺、沙田和西貢北；元朗含屯門、厦村、坪山、十八鄉、新田、錦田和八鄉；荃灣含青衣和馬灣；離島及西貢含坑口，西貢只包括西貢南。1971 年及 1976 年，大埔和元朗含該區的鄉鎮（township）和其他地方；荃灣含該區的新市鎮和其他地方。

資料來源：　歷年人口普查和中期人口統計報告。

各區議會分區人口分布

為加強地方行政及配合地方選舉，1981 年港府發布《香港地方行政白皮書》，正式將全港劃為 18 區。區議會選區成為常用的分區。[24] 1981 年至 2016 年間，區議會分區的人口分布發生明顯的變化（見表 1-31）。1981 年，於全港 18 個區議會分區中，人口比例較高的是觀塘（12.4%）、荃灣（12.3%，當時含葵涌和青衣區）、黃大仙（10.0%）、九龍城（9.7%）、東區（9.4%）、深水埗（9.2%）；人口比例最低的是西貢、離島和大埔，各佔 0.8%、0.9% 和 1.5%；其餘各區的人口比例亦偏低，多介乎 2.3%（沙田和北區）至 5.6%（中西區）之間。

至 2016 年，隨着各區人口的增減，區議會分區的人口分布較 1981 年平均，人口最多的沙田、觀塘和元朗，各佔總人口的 9.0%、8.8% 和 8.4%；其次是東區、葵青、屯門和西貢，各佔 7.6%、7.1%、6.7% 和 6.3%；人口最少的離島和灣仔，亦各佔 2.1% 和 2.5%；其餘各區的人口比例介乎 3.3%（中西區）至 5.8%（黃大仙）之間（見圖 1-36）。

1981 年至 2016 年間，除荃灣和葵青外，按人口數量計，有六區的數量減少，包括油尖旺、黃大仙、九龍城、深水埗、灣仔、中西區；其他分區的數量均有所增加，增幅較大的是沙田、元朗、西貢、屯門。按人口比例計，黃大仙、九龍城、油尖旺、深水埗和觀塘的減幅較高，南區、東區、灣仔和中西區的減幅較低；佔比增加的分區全部位於新界，包括沙田、西貢、元朗、屯門、大埔、北區和離島。

圖 1-36　2016 年按區議會分區劃分的香港人口（單位：萬人）

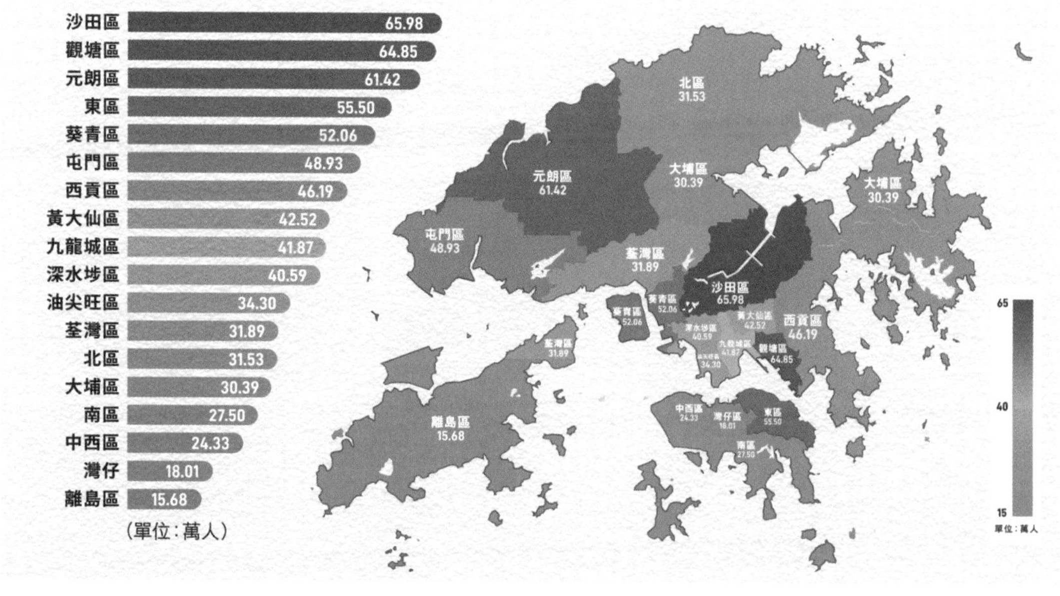

資料來源：　香港地方志中心參考 2016 年中期人口統計報告製作。

24　1985 年，從荃灣區分拆出葵涌及青衣區；1988 年，葵涌及青衣區易名葵青區，油麻地區易名油尖區；1993 年，油尖區及旺角區合併，稱為油尖旺區。區議會的分區和區界都經過數次修改，導致部分區議會分區的統計數字不完全可比，但根據政府統計處的分析，區界改變對於大部分地區的人口分布數字影響甚微。

表 1-31　1981 年至 2016 年若干年份按區議會分區劃分香港人口統計表

年	香港島				九龍				
	中西區	灣仔	東區	南區	油尖旺	深水埗	九龍城	黃大仙	觀塘
1981	283,916	236,149	474,237	221,354	424,638	467,994	493,325	503,865	625,552
	5.6%	4.7%	9.4%	4.4%	8.4%	9.2%	9.7%	10.0%	12.4%
1986	257,131	200,403	500,451	243,474	353,437	433,958	432,894	438,417	690,739
	4.7%	3.7%	9.2%	4.5%	6.5%	8.0%	7.9%	8.0%	12.7%
1991	253,383	180,309	560,200	257,101	282,060	380,615	402,934	386,572	578,502
	4.5%	3.2%	9.9%	4.5%	5.0%	6.7%	7.1%	6.8%	10.2%
1996	259,224	171,656	594,087	287,670	260,573	365,927	378,205	396,220	587,071
	4.2%	2.8%	9.6%	4.6%	4.2%	5.9%	6.1%	6.4%	9.5%
2001	261,884	167,146	616,199	290,240	282,020	353,550	381,352	444,630	562,427
	3.9%	2.5%	9.2%	4.3%	4.2%	5.3%	5.7%	6.6%	8.4%
2006	250,064	155,196	587,690	275,162	280,548	365,540	362,501	423,521	587,423
	3.6%	2.3%	8.6%	4.0%	4.1%	5.3%	5.3%	6.2%	8.6%
2011	251,519	152,608	588,094	278,655	307,878	380,855	377,351	420,183	622,152
	3.6%	2.2%	8.3%	3.9%	4.4%	5.4%	5.3%	5.9%	8.8%
2016	243,266	180,123	555,034	274,994	342,970	405,869	418,732	425,235	648,541
	3.3%	2.5%	7.6%	3.7%	4.7%	5.5%	5.7%	5.8%	8.8%

注：1981 年、1986 年和 1991 年，油尖旺區含油麻地（油尖）區 176,726 人、146,496 人和 111,692 人（佔總人口 3.5%、2.7% 和 2.0%），及旺角區 247,912 人、206,941 人和 170,368 人（佔總人口 4.9%、3.8% 和 3.0%）。1981 年，荃灣區含葵青區。

資料來源：　歷年人口普查和中期人口統計報告。

城鄉概念及其人口分布的演變

香港自古以漁農為主業，直至 1841 年，只有香港島北岸新開發的市場區可算是城區，有居民 800 人；其餘各區只有村落，共 4350 人；另有船民 2000 人和流動勞工 300 人。即居於城、鄉、船艇者和流動人口，各佔香港島總人口的 10.7%、58.4%、26.8% 和 4.0%；如剔除水上和流動人口，城、鄉居民各佔 15.5% 和 84.5%（見表 1-32）。

1842 年，港府把中環一帶劃為女王城，是唯一的城區，有居民 6081 人；其餘各區仍只有村落，共 4180 人；另有船民 2100 人。即居於城、鄉和船艇者，各佔香港島總人口的 49.2%、33.8%、17.0%；如剔除水上人口，城、鄉居民各佔 59.3% 和 40.7%（見表 1-32）。這一年間，城市人口佔比由 10.7% 升至 49.2%，其增幅（5281 人）高於香港島總人口的增幅（4911 人），反映土地規劃和政策已帶動城市化發展。

1843 年，女王城改名為維多利亞城，城區沒有明確的邊界，大概是東起灣仔、西至上環，南至半山、北至岸邊，面積約 4 平方公里（約 1000 英畝）；1850 年代後期，其範圍向東

單位：人

新界									總計
葵青	荃灣	屯門	元朗	北區	大埔	沙田	西貢	離島	
不適用	622,387	120,657	189,441	115,364	74,356	118,331	42,531	45,968	5,060,065
不適用	12.3%	2.4%	3.7%	2.3%	1.5%	2.3%	0.8%	0.9%	
20,049	245,238	287,539	211,540	146,818	140,504	362,033	46,074	47,236	5,457,935
7.7%	4.5%	5.3%	3.9%	2.7%	2.6%	6.6%	0.8%	0.9%	
40,807	271,576	380,683	229,724	165,666	202,117	506,368	130,418	47,459	5,656,494
7.8%	4.8%	6.7%	4.1%	2.9%	3.6%	9.0%	2.3%	0.8%	
70,726	270,801	463,703	341,030	231,907	284,640	582,993	197,876	63,057	6,207,366
7.6%	4.4%	7.5%	5.5%	3.7%	4.6%	9.4%	3.2%	1.0%	
77,092	275,527	488,831	449,070	298,657	310,879	628,634	327,689	86,667	6,702,494
7.1%	4.1%	7.3%	6.7%	4.5%	4.6%	9.4%	4.9%	1.3%	
23,300	288,728	502,035	534,192	280,730	293,542	607,544	406,442	137,122	6,861,280
7.6%	4.2%	7.3%	7.8%	4.1%	4.3%	8.9%	5.9%	2.0%	
11,167	304,637	487,546	578,529	304,134	296,853	630,273	436,627	141,327	7,070,388
7.2%	4.3%	6.9%	8.2%	4.3%	4.2%	8.9%	6.2%	2.0%	
20,572	318,916	489,299	614,178	315,270	303,926	659,794	461,864	156,801	7,335,384
7.1%	4.3%	6.7%	8.4%	4.3%	4.1%	9.0%	6.3%	2.1%	

表 1-32　1841 年至 1859 年若干年份香港島維多利亞城和鄉郊陸上人口統計表

年	維多利亞城		鄉郊		年	維多利亞城		鄉郊	
	人數（人）	百分比	人數（人）	百分比		人數（人）	百分比	人數（人）	百分比
1841	800	15.5	4350	84.5	1851	16,958	76.4	5234	23.6
1842	6081	59.3	4180	40.7	1852	18,341	74.8	6168	25.2
1844	7094	58.3	5076	41.7	1853	19,304	80.0	4820	20.0
1845	19,648	82.7	4100	17.3	1854	27,596	83.7	5359	16.3
1846	16,293	77.3	4774	22.7	1855	38,381	85.9	6279	14.1
1847	18,202	78.9	4867	21.1	1856	40,341	87.4	5800	12.6
1848	10,108	67.5	4872	32.5	1857	44,701	91.7	4051	8.3
1849	15,913	76.0	5018	24.0	1858	47,092	90.9	4704	9.1
1850	17,166	77.8	4898	22.2	1859	49,730	91.6	4574	8.4

注：維多利亞城人口於 1841 年為市場人口；1842 年為女王城人口。1843 年數字不詳。不包括水上和流動人口。

資料來源：歷年 *Hong Kong Blue Book*；1841 年 *The Hongkong Gazette*；1842 年 *The Friend of China and Hongkong Gazette*。

擴至掃桿埔，向西擴至石塘咀。1844 年至 1859 年間，維多利亞城的人口由 7094 人增至 49,730 人，其間只有 1846 年和 1848 年錄得較明顯的負增長；鄉郊人口則由 5076 人降至 4574 人，其間一直在約 4000 人至 6000 人之間徘徊，當中以 1845 年、1853 年和 1857 年的降幅較大。1844 年至 1859 年間，如剔除水上和流動人口，城市人口佔比由 58.3% 升至 91.6%，鄉郊人口由 41.7% 跌至 8.4%。

1860 年代至 1890 年代，維多利亞城仍是唯一的城區，其餘均屬鄉郊，包括九龍。由於人口高度集中於城區，港府調整措施，鼓勵經濟活動和人口擴散。1860 年至 1897 年間，維多利亞城的人口由 59,232 人增至 174,123 人，升 194.0%，其間只有 1866 年和 1869 年錄得負增長；鄉郊人口由 5276 人增至 39,061 人，升 640.4%，人口的波動較大，1864 年、1865 年、1866 年和 1871 年均錄得負增長，1881 年之後則有較大的升幅。在這 37 年間，如剔除水上人口和地區不明者，城區人口佔比由 91.8% 降至 81.7%，鄉郊人口由 8.2% 升至 18.3%（見表 1-33）。

表 1-33　1860 年至 1897 年若干年份香港島維多利亞城和鄉郊陸上人口統計表

年	維多利亞城		鄉郊		年	維多利亞城		鄉郊	
	人數（人）	百分比	人數（人）	百分比		人數（人）	百分比	人數（人）	百分比
1860	59,232	91.8	5276	8.2	1869	85,025	88.4	11,164	11.6
1861	68,910	86.0	11,215	14.0	1871	89,982	89.5	10,507	10.5
1862	71,149	85.3	12,297	14.7	1872	90,114	88.5	11,672	11.5
1863	73,268	85.4	12,550	14.6	1876	101,596	87.3	14,803	12.7
1864	77,433	86.7	11,836	13.3	1881	115,336	87.8	16,077	12.2
1865	84,318	88.1	11,371	11.9	1891	157,618	83.2	31,788	16.8
1866	75,608	88.7	9618	11.3	1897	174,123	81.7	39,061	18.3
1867	85,495	89.6	9951	10.4					

注：不包括地區不明者。自 1861 年起鄉郊包括九龍人口。1869 年起維多利亞城包括軍人。1897 年不包括商船船員。

資料來源：　歷年 *Hong Kong Blue Book*。

在十九世紀和二十世紀初，《香港藍皮書》繼續把維多利亞城以外的地方歸為鄉郊，但隨着城市化的發展，城鄉二分的概念已不適用。龐大的都市網絡快速形成，城市範圍不斷擴展，如當時仍屬於「鄉村」的筲箕灣已建有大型的煉糖廠及船塢，深水埗亦由農村走向城市化。當時，城市化步伐仍然較慢的地區，主要是新界和香港島南部。

二戰結束後至 1960 年間，港府把香港島和九龍列為市區，新界為鄉郊，但沒有相關的人口統計。當時的理民官曾記述 1950 年代南丫島鄉民的移出概況。1955 年至 1958 年間，南丫島鄉民的移出比例約 15%，村落之間差異極大，部分村落（如榕樹塱、大園）的健全男性大部分外移，貧窮村落（如蘆荻灣、榕樹下）因無法負擔介紹費和提供擔保人，移出人口反而不多。移出者以青壯年男性為主，他們或到市區謀生，或在外資船上工作，就業機會、工資待遇及工作前景是主要的推動因素。

1961 年至 2016 年間，港府基本上仍把香港島和九龍列為市區，新界為鄉郊。1966 年 4 月，港府公布和實施「發展密度分區政策」（density zoning policy），將全港劃分為市區、市郊區和鄉村區，並規定各區住宅用地發展程度的上限。當年，根據官方的土地用途統計，市區（含香港島、九龍和荃灣）共 142 平方公里（35,101 英畝），佔全港土地 13.7%；鄉村地區共 894.0 平方公里（220,922 英畝），佔全港土地 86.3%。在市區和鄉村地區中，用於住宅、商業和工業用途者，各佔 30.6% 和 2.9%。

從 1970 年代起，港府在新界發展了九個新市鎮，以分散市區人口和應付人口增長，2016 年，新市鎮的整體人口約 347 萬人。新市鎮發展徹底改變了鄉郊地區的土地用途和居民構成。與此同時，港府亦透過訂定「認可鄉村」和「原有鄉村」來確認新界「原居民」的身份和權益。根據 1972 年 12 月開始實施的「小型屋宇政策」，凡年滿 18 歲、父系源自 1898 年時為新界認可鄉村居民的男性原居村民，有權一生一次向政府申請在所屬鄉村建造一所小型屋宇（俗稱「丁屋」）自住。1973 年訂定的《認可鄉村名冊》初稿載有 591 條認可鄉村，其後陸續補上誤以為荒廢的鄉村，2017 年時，認可鄉村共 642 條，分布於離島、北區、西貢、沙田、屯門、大埔、荃灣、葵青和元朗。[25] 1991 年，港府編製《新界原有鄉村名冊》，以供原有鄉村村民根據《地租（評估及徵收）條例》（*Government Rent (Assessment and Collection) Ordinance*）申請地租優惠。

1961 年，在市區，香港島和九龍各有陸上人口 1,004,875 人和 1,578,026 人，水上人口共 90,343 人。在新界，陸上和水上人口各有 409,945 人和 46,459 人，新界的人口集中於荃灣（陸上 61,106 人，水上 3950 人）、元朗（33,421 人）、大埔（陸上 16,957 人，水上 7412 人）、長洲（陸上 15,166 人，水上 4105 人）、石湖墟（14,286 人）、屯門（陸上 10,745 人，水上 7528 人）、聯和墟（8372 人）和大澳（陸上 5516 人，水上 2252 人）。[26] 此外，當年共有 901 條鄉村，其中 624 條的居民不足 200 人。根據港府的觀察，鄉村併入鄰近市鎮之勢已成，但位置偏遠的鄉村仍保持一定活力，人口較前增加。

1971 年，在市區，香港島的人口減至 996,183 人，界限街以南的九龍人口亦由 1961 年的 725,177 人減至 716,272 人，但界限街以北的新九龍人口則由 1961 年的 852,849 人增至 1,478,581 人，其中以啟德、牛頭角和鯉魚門三區的增幅最大。在新界，人口增至 693,915 人（含 28,215 水上人口），其中以荃灣和葵涌的增幅最大，人口集中於荃灣（267,670 人）、十八鄉（49,029 人）、屯門（46,361 人）、大埔（44,040 人）、上水

25 詳見地政總署的《在新界小型屋宇政策下之認可鄉村名冊》。

26 《香港年報》記述的 1961 年荃灣、元朗和大埔人口數字、1971 年荃灣、屯門、大埔、上水和粉嶺人口數字，與人口普查報告的不一致。

（36,480 人）、粉嶺（33,640 人）。

1972 年，港府頒布十年建屋計劃，由於市區缺乏土地，鄉郊地區的新界成為積極發展新市鎮的可用地方。新市鎮發展對香港的城鄉人口分布影響巨大，傳統集中於市區的人口，因此而分散至新界各區，其關鍵在於新市鎮興建大量公屋，市民獲配新市鎮公屋較市區容易。1976 年至 1986 年間，新界近 80% 的人口增長來自六個早期發展的新市鎮，即荃灣、沙田、屯門、大埔、元朗和粉嶺（含上水）。

新市鎮的發展計劃和人口目標不斷修改。1970 年代初，新界新市鎮有三個發展區域，一是荃灣、沙田和屯門新市鎮，二是大埔、粉嶺（含上水）和元朗墟鎮，三是深井、流浮山、西貢等小型鄉鎮，以及大澳、梅窩、長洲、坪洲等離島鄉鎮；1979 年，大埔、粉嶺和元朗被提升為新市鎮；1983 年，馬鞍山納入沙田新市鎮。1980 年代和 1990 年代，港府再拓展三個新市鎮，即天水圍、將軍澳和東涌。1970 年代發展的新市鎮的人口目標，較 1980 年代和 1990 年代者為高。這九個新市鎮的原有人口（即確立為新市鎮時）、規劃人口、2016 年人口分別約為：荃灣 8 萬人、86.6 萬人、80.5 萬人；沙田 2 萬人、77.1 萬人、69.1 萬人；屯門 2.5 萬人、58.9 萬人、50.2 萬人；大埔 3.5 萬人、30.7 萬人、27.8 萬人；粉嶺 4.3 萬人、29 萬人、26.1 萬人；元朗 3.7 萬人（含天水圍）、18.5 萬人、16.4 萬人；將軍澳 1.3 萬人、44.5 萬人、39.6 萬人；天水圍為新設區劃，規劃人口約 30.6 萬人，2016 年人口約 29.0 萬人；東涌為新機場而興建，規劃人口約 26.8 萬人，2016 年人口約 8 萬人。

隨着新市鎮和城市化的發展，香港的城鄉分野愈趨模糊。港府於 1970 年代初期制訂「香港發展綱略」；1984 年制訂首套「全港發展策略」，此策略為 1990 年代的城市發展提供指引；1998 年完成「全港發展策略檢討」後，再把規劃理念演繹為五個次區域的地區規劃目標。[27] 在發展規劃中，城鄉不再是重要的概念；但根據現行的《香港規劃標準與準則》，可供使用土地仍分為三大類，即主要市區（包括香港島、九龍、荃灣新市鎮、新發展區及綜合發展區等，最高住宅用地地積比率介乎 3.6 倍至 10 倍）、新市鎮（地積比率介乎 0.8 倍至 8 倍）和鄉郊地區（包括鄉郊市鎮和鄉村，地積比率介乎 2.1 倍至 3.6 倍，最高地盤發展比率介乎 0.2 倍至 0.75 倍）。

27 這五個次區域為都會區、新界東北部、新界西北部、新界東南部和新界西南部。新界東北部和西北部擬發展古洞北、粉嶺北和洪水橋新市鎮；新界西南部擬在自然保育與發展之間取得平衡，發展集中在北大嶼山；新界東南部擬發展為「香港的消閒花園」。

3. 人口密度

總密度

根據《香港藍皮書》的記載，十九世紀香港島面積為 75.47 平方公里（29.14 平方英里），界限街以南的九龍半島為 7.77 平方公里（3 平方英里）。按此面積和陸上人口計算，在 1841 年至 1859 年，香港島的陸上人口密度由每平方公里 72.21 人增至 743.39 人，增幅超過 9 倍（見表 1-34）。1860 年，香港島的陸上人口密度為每平方公里 879.26 人。1861 年至 1897 年間，隨着人口增加，香港島和九龍的陸上人口密度由每平方公里 1,062.13 人增至 2,561.08 人，增幅約 141.1%（見表 1-35）。

表 1-34　1841 年至 1859 年若干年份香港島陸上人口密度統計表

年	陸上人口（人）	人口密度（每平方公里人數）	年	陸上人口（人）	人口密度（每平方公里人數）
1841	5450	72.21	1851	22,805	302.17
1842	10,261	135.96	1852	25,229	334.29
1844	14,095	186.76	1853	25,898	343.16
1845	24,157	320.09	1854	34,526	457.48
1846	21,835	289.32	1855	49,078	650.30
1847	23,872	316.31	1856	51,786	686.18
1848	15,514	205.57	1857	52,077	690.04
1849	21,485	284.68	1858	53,578	709.92
1850	22,913	303.60	1859	56,104	743.39

注：包括流動人口。根據《香港藍皮書》，香港島面積是 29.14 平方英里（約 75.47 平方公里），本表以此計算人口密度。

資料來源：歷年 *Hong Kong Blue Book*；1841 年 *The Hongkong Gazette*；1842 年 *The Friend of China and Hongkong Gazette*。

表 1-35　1860 年至 1897 年若干年份香港島和九龍陸上人口密度統計表

年	陸上人口（人）	人口密度（每平方公里人數）	年	陸上人口（人）	人口密度（每平方公里人數）
1860	66,358	879.26	1869	96,797	1,162.87
1861	88,412	1,062.13	1871	100,489	1,207.22
1862	91,872	1,103.70	1872	101,786	1,222.80
1863	94,313	1,133.02	1876	116,399	1,398.35
1864	92,164	1,107.21	1881	131,413	1,578.72
1865	98,619	1,184.75	1891	189,406	2,275.42
1866	88,144	1,058.91	1897	213,184	2,561.08
1867	96,148	1,155.07			

注：根據《香港藍皮書》，香港島和九龍面積是 29.14 平方英里（約 75.47 平方公里）和 3 平方英里（約 7.77 平方公里），本表按此計算人口密度。自 1861 年起包括九龍人口。1860 年至 1867 年不包括軍人。1897 年不包括 1971 名商船船員。

資料來源：歷年 *Hong Kong Blue Book*。

根據〈香港殖民地展拓界址報告書〉，1898 年時，今新界地區、界限街以北九龍地區和 33 個離島的面積共約 973.84 平方公里（376 平方英里），共 100,320 人，人口密度為每平方公里約 103.01 人。

清朝政府與英國簽定《展拓香港界址專條》後，香港的整體面積驟增。其後的 40 年，香港島和九龍都有填海工程，但面積增加有限。按 1931 年人口普查報告所記錄香港面積為 1,012.69 平方公里（391 平方英里）計算，1901 年，香港的陸上人口密度降至每平方公里 238.67 人；然而，隨着人口不斷增加，密度也持續上升，由 1901 年的 238.67 人，升至 1911 年的 389.99 人、1921 年的 547.07 人、1931 年的 760.73 人，1941 年因大量內地居民來港避難，人口密度升至每平方公里 1,466.72 人；這 40 年間的增幅約 514.5%（見表 1-36）。

表 1-36　1901 年至 1941 年若干年份香港陸上人口密度統計表

年	陸上人口（人）	人口密度（每平方公里人數）	年	陸上人口（人）	人口密度（每平方公里人數）
1901	241,694	238.67	1921	554,012	547.07
1906	273,099	269.68	1922	598,100	590.61
1911	394,941	389.99	1923	616,300	608.58
1912	407,153	402.05	1924	730,800	721.64
1913	426,474	421.13	1925	802,040	791.99
1914	438,294	432.80	1926	802,040	791.99
1915	452,370	446.70	1927	883,900	872.82
1916	471,440	465.53	1928	972,290	960.11
1917	476,600	470.63	1929	1,034,460	1,021.50
1918	501,850	495.56	1931	770,380	760.73
1919	533,850	527.16	1941	1,485,337	1,466.72
1920	578,850	571.60			

注：根據 1931 年人口普查報告，香港面積為 391 平方英里（約 1,012.69 平方公里），本表按此計算人口密度。1901 年不包括新九龍、新界和離島人口；1906 年不包括新界和離島人口。1901 年、1906 年、1911 年、1921 年、1931 年、1941 年為人口普查數字，其他年份為人口估計。不包括軍人，1941 年不確定。1901 年、1906 年、1911 年、1921 年、1931 年不包括商船人口，其餘年份不確定。

資料來源：　歷年人口普查報告。

日佔時期，香港的陸地面積約 1,031.5 平方公里。[28] 1941 年 3 月，香港的人口密度為每平方公里約 1,466.72 人。日佔後，隨着「歸鄉」政策的實行，1942 年人口密度驟降至約 933.30 人，隨之每年以每平方公里減少約 100 人的幅度下降，跌至 1945 年的每平公里 581.70 人，約太平洋戰爭前人口密度的四成（見表 1-37）。

28　根據香港地政總署的紀錄，2021 年香港陸地總面積為 1,113.76 平方公里，總填海面積為 77.61 平方公里。太平洋戰爭前沒有完整填海紀錄，學者估算不多於 5 平方公里為太平洋戰爭前填海造地所得，因此日佔時期的陸地面積應與 1961 年相近。

表 1-37　1941 年至 1945 年香港人口密度統計表

年	總人口（人）	人口密度（每平方公里人數）
1941 年 3 月	1,485,337	1,466.72
1942 年 12 月	962,671	933.30
1943 年 10 月	855,888	829.78
1944 年 3 月	750,000	727.12
1945 年 8 月	約 600,000	581.70

注：1941 年按表 1-36 採用的面積計算人口密度。1942 年至 1945 年的陸地面積不詳，按 1961 年的陸地面積（1,031.468 平方公里）計算人口密度。1941 年及 1942 年為陸上人口數字，1943 年報告沒有水上人口數字，其他年份不詳。1941 年的新界人口（19.5 萬人）和 1945 年人口為估計數字。1942 年和 1943 年不包括長洲、坪洲、大澳和梅窩的居民（約 3 萬人）。

資料來源：1941 年人口普查報告；東洋經濟新報社編：《軍政下の香港》；《總督部公報》，第二號，1943 年 1 月 20 日；British Army Aid Group, "An Outline of Conditions in Occupied Hongkong"；*Hong Kong Annual Report 1959*；Census and Statistics Department, *Hong Kong Statistics 1947-1967*。

二戰結束後，香港人口急速上升，人口密度隨之增加。如按 1961 年的陸地面積為 1,031.468 平方公里計算，香港的整體人口密度由 1945 年的每平方公里 581.70 人，升至翌年的 1,502.71 人，升 158.3%；1960 年時再增加近倍，達每平方公里 2,981.48 人（見表 1-38）。人口密度基本上是持續上升，但各年之間略有波動。1945 年至 1946 年間的升幅較大，這和二戰後人口大量回流有關。1950 年至 1952 年間的波動，是受到中國內地政權轉換的影響。1952 年之後則進入穩定上升的階段。

表 1-38　1945 年至 1960 年香港人口密度統計表

年	年中人口（人）	人口密度（每平方公里人數）	年	年中人口（人）	人口密度（每平方公里人數）
1945	約 600,000	581.70	1953	2,242,200	2,173.80
1946	1,550,000	1,502.71	1954	2,364,900	2,292.75
1947	1,750,000	1,696.61	1955	2,490,400	2,414.42
1948	1,800,000	1,745.09	1956	2,614,600	2,534.83
1949	1,857,000	1,800.35	1957	2,736,300	2,652.82
1950	2,237,000	2,168.75	1958	2,854,100	2,767.03
1951	2,015,300	1,953.82	1959	2,967,400	2,876.87
1952	2,125,900	2,061.04	1960	3,075,300	2,981.48

注：此時期的水上人口數和陸地面積不詳，因此按年中總人口數和 1961 年的陸地面積（1,031.468 平方公里）計算人口密度。

資料來源：*Hong Kong Annual Report 1959*；Census and Statistics Department, *Hong Kong Statistics 1947-1967*。

因填海造地，香港的土地面積由 1961 年的 1,031.468 平方公里增至 2016 年的 1,106.34 平方公里。同時間，香港人口維持升勢，人口密度有所增加。以陸上人口計算，香港的整體人口密度由 1961 年的每平方公里 2905 人，升至 1981 年的 4879 人、2001 年的 6237 人，2016 年為 6777 人；55 年間的升幅為 133.5%。人口密度的變化，基本上是持續上升，但隨着人口增長放緩和新市鎮陸續開發，人口密度於 1981 年後的升幅已明顯低於 1960 年代和 1970 年代（見表 1-39）。

表 1-39　1961 年至 2016 年若干年份香港陸上人口密度統計表

年	陸上人口（人）	人口密度（每平方公里人數）	年	陸上人口（人）	人口密度（每平方公里人數）
1961	2,992,846	2905	1991	5,656,494	5385
1966	3,606,400	3486	1996	6,207,366	5796
1971	3,856,736	3692	2001	6,702,494	6237
1976	4,343,790	4138	2006	6,861,280	6352
1981	5,060,065	4879	2011	7,070,388	6544
1986	5,457,935	5225	2016	7,335,384	6777

注：1961 年的人口密度數字取自 1976 年中期人口統計報告，與 1966 年中期人口統計報告所載數字（2902）不一致。
資料來源：　歷年人口普查和中期人口統計報告；政府統計處：《香港統計年刊：1993 年版》。

此外，根據規劃署的分析，在 2015 年年底，香港的平均人口密度為每平方公里約 6800 人，若只計算已建設區（即包括住宅、商業、工業、機構、休憩用地、運輸及其他已平整的土地），平均人口密度則為每平方公里約 27,330 人，屬非常高的水平。

香港島、九龍和新界人口密度

1900 年代至 1940 年代初，香港島的人口密度不斷上升，由 1901 年每平方公里 2,386.72 人，增至 1921 年的 4,191.61 人和 1941 年的 8,558.08 人。港府透過城市規劃，把香港島的經濟活動和人口分散至九龍，九龍的人口密度因而快速增加，由 1901 年的每平方公里 1,262.15 人增至 1921 年的 2,549.00 人，並從 1931 年起超過香港島，成為香港人口最密集的區域，1931 年和 1941 年為每平方公里 5,430.93 人和 11,997.58 人。新界面積較廣，城市化速度較慢，加上甚少外來移居者，所以人口密度長期處於低水平，由 1901 年的每平方公里 96.45 人，緩慢增至 1931 年的 111.37 人。儘管 1938 年起也有不少內地居民因避難而來到新界，[29] 到 1941 年，人口密度也只是每平方公里 221.25 人（見表 1-40）。

29　港府於八鄉、錦田、粉嶺和文錦渡多地設置難民營，可收容 5000 人的錦田難民營於啟用後迅即額滿。

圖 1-37　1841 年至 2016 年若干年份香港人口密度變化

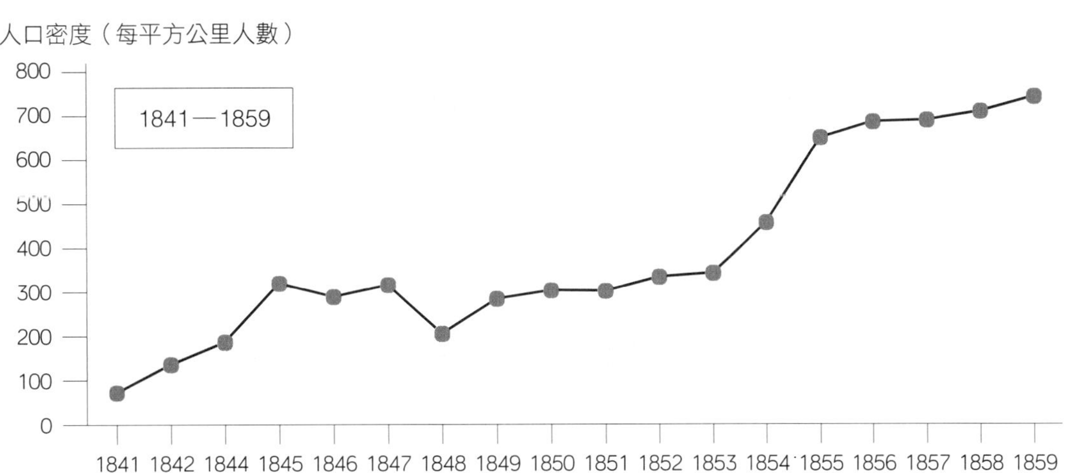

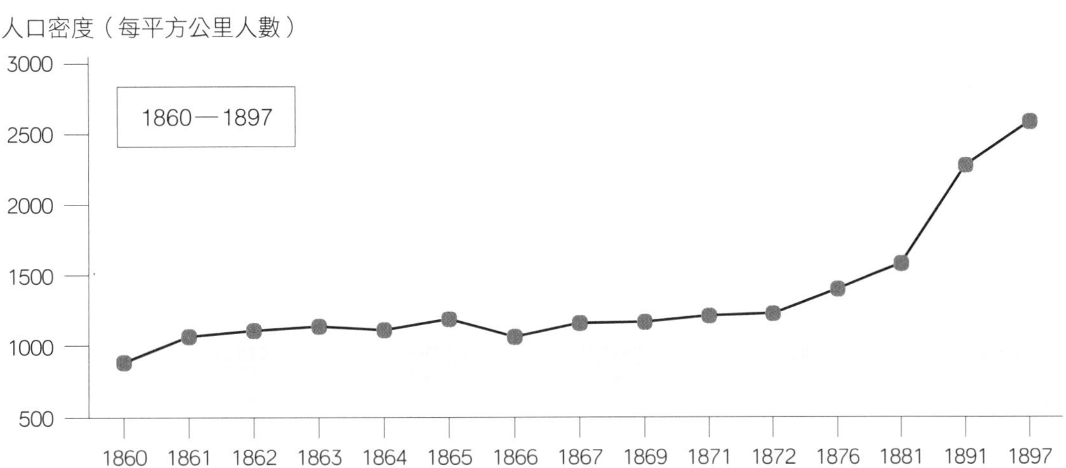

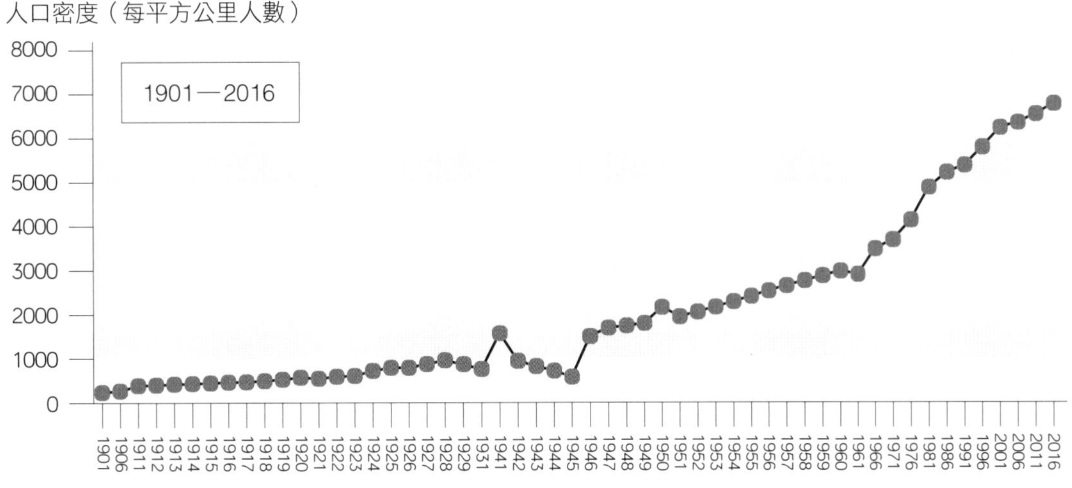

資料來源：　歷年 *Hong Kong Blue Book*；歷年人口普查和中期人口統計報告；1959 年 *Hong Kong Annual Report* 等資料。

表 1-40　1901 年至 1941 年若干年份按香港島、九龍和新界劃分陸上人口密度統計表

年	香港島		九龍		新界	
	人數（人）	人口密度	人數（人）	人口密度	人數（人）	人口密度
1901	197,811	2,386.72	61,126	1,262.15	85,011	96.45
1911	244,323	2,947.91	69,879	1,442.89	80,739	91.61
1921	347,401	4,191.61	123,448	2,549.00	83,163	94.36
1931	409,203	4,937.29	263,020	5,430.93	98,157	111.37
1941	709,294	8,558.08	581,043	11,997.58	195,000	221.25

注：人口密度為每平方公里人數。根據 1931 年人口普查報告，香港島、九龍、新界的面積分別為 32 平方英里、3 平方英里和 356 平方英里（約 82.88 平方公里、7.77 平方公里和 922.04 平方公里），新界之中，新九龍為 15.7 平方英里（約 40.66 平方公里），本表按此計算人口密度。1901 年，新九龍和新界人口含水上人口，九龍含昂船洲 12 人。1911 年，九龍含昂船洲及青洲 176 人。1941 年，新界人口為估計數字。
資料來源：　歷年人口普查報告。

1940 年代至 1950 年代，如按 1961 年時香港島、九龍和新界（新界含離島）的陸地面積各為 75.540 平方公里、40.484 平方公里、915.444 平方公里計算，香港島和九龍的人口密度一直遠高於新界。香港島和九龍的面積只佔全港的 7.3% 和 3.9%，但由於城市化程度較高，有較完善的基礎設施，能提供較多就業機會，故而超過 80% 的人口集中於此兩地。日佔時期，因實施「歸鄉」政策，香港島、九龍和新界的人口密度同時下降，1942 年至 1943 年間，香港島和九龍由每平方公里 7,391.07 人減至 6,585.52 人，新界則由每平方公里 114.84 人減至 100.29 人。二戰結束後，香港島的密度在 1948 年是每平方公里 11,867.56 人，翌年增至 12,675.40 人。九龍同時亦由每平方公里 13,516.45 人增至 17,278.43 人。如將香港島和九龍合計，則從 1948 年的每平方公里 12,442.25 人增至 1960 年的 23,058.16 人。新界面積佔全港的 88.8%，人口密度在 1948 年時只有每平方公里 228.09 人，1960 年增至 436.95 人（見表 1-41）。香港島、九龍和新界之間人口密度的巨大差異，引致港府日後發展新市鎮時，將人口疏導到新界地區，以紓緩高密度人口帶來的各種問題。

1966 年的「發展密度分區政策」成為《香港規劃標準與準則》的組成部分，列明不同分區的最高住宅用地地積比率，[30] 此密度準則對各地區的人口密度有一定影響。根據 1961 年至 2016 年的人口普查和中期人口統計，九龍的人口密度一直高於香港島和新界，新界的人口密度遠低於香港島和九龍，但新界的增幅較大。

1961 年至 2016 年間，香港島的人口密度從每平方公里 13,303 人增至 15,691 人，增幅為 18.0%。其中從 1961 年至 1976 年，人口密度維持在每平方公里約 13,000 人；自 1981 年起，人口密度上升至每平方公里約 15,000 人的水平。九龍的人口密度從 1961 年

30　居住密度準則僅於 1979 年作出較大修改。2016 年時，一般而言，香港島大部分地方的最高住宅用地地積比率為 8、9 或 10，九龍為 7.5，新市鎮為 5。

表 1-41 1942 年至 1960 年若干年份按香港島、九龍和新界劃分人口密度統計表

年	香港島		九龍		港、九合計		新界	
	人數(人)	人口密度	人數(人)	人口密度	人數(人)	人口密度	人數(人)	人口密度
1942	449,724	5,953.46	407,817	10,073.54	857,541	7,391.07	105,130	114.84
1943	390,137	5,164.64	373,941	9,236.76	764,078	6,585.52	91,810	100.29
1948	896,400	11,867.56	547,200	13,516.45	1,443,600	12,442.25	208,800	228.09
1949	957,500	12,675.40	699,500	17,278.43	1,657,000	14,281.53	200,000	218.47
1953	不詳	不詳	不詳	不詳	2,042,200	17,601.53	200,000	218.47
1954	不詳	不詳	不詳	不詳	2,139,900	18,443.60	225,000	245.78
1955	不詳	不詳	不詳	不詳	2,228,291	19,205.43	262,109	286.32
1956	不詳	不詳	不詳	不詳	2,329,600	20,078.60	285,000	311.32
1957	不詳	不詳	不詳	不詳	2,271,129	19,574.65	328,356	358.68
1958	不詳	不詳	不詳	不詳	2,289,100	19,729.54	365,000	398.71
1959	不詳	不詳	不詳	不詳	2,567,400	22,128.18	400,000	436.95
1960	不詳	不詳	不詳	不詳	2,675,300	23,058.16	400,000	436.95

注：人口密度為每平方公里人數。此時期的陸地面積不詳，因此按 1961 年的紀錄計算，即香港島 75.540 平方公里、九龍 40.484 平方公里、新界（含離島）915.444 平方公里。1942 年為 12 月數字，1943 年為 10 月數字。1942 年和 1943 年不包括長洲、坪洲、大澳和梅窩的居民（約 3 萬人）。1942 年、1957 年、1958 年人口不含水上人口；1949 年人口含 114,400 名水上人口；1955 年新界人口不包括約四萬至五萬名居於船艇的漁民；其他年份不詳。1954 年新界人口數字取原報告介乎「200,000 至 250,000」的中間數。1953 年至 1956 年、1959 年、1960 年的港、九人口為年中總人口與新界人口之差，1958 年為年中總人口與新界及水上人口之差。

資料來源：歷年 *Annual Departmental Report by the District Commissioner, New Territories*；歷年 *Hong Kong Annual Report*；東洋經濟新報社編：《軍政下の香港》；《總督部公報》，第二號，1943 年 1 月 20 日；"Census — Estimate of Population", Public Records Office, HKRS170-2-1；Department of Statistics, *A Report on the Population of the Colony, Mid-year, 1949*。

的每平方公里 40,017 人升至 2016 年的 47,748 人，增幅為 19.3%。其中從 1961 年至 1981 年，人口密度由每平方公里 40,017 人急升至 60,164 人，隨後回落至 1996 年的 42,661 人；其後，人口密度重上升軌，2016 年為 47,748 人。新界的人口密度從 1961 年的每平方公里 448 人增至 2016 年的 4023 人，增幅接近八倍。其中首十年的增長速度較慢，1971 年時增至每平方公里 727 人；其後的增長速度加快，2016 年為 4023 人（見表 1-42）。新界人口密度偏低，與絕大部分極低發展密度區域（地積比率小於 1）均位於新界鄉郊地區有關。

1981 年及以前各統計分區人口密度

1931 年的人口普查報告按英畝計算香港島和九龍各衞生約的人口密度，第 1 約至第 10A 約在香港島，第 11 約至第 17 約在九龍（見表 1-43）。

在香港島，當時人口密度最高的衞生約是位於上環及太平山區的第 6A 約，每英畝有 1,254.79 人。緊隨其後是位於西營盤的第 9 約，每英畝有 1,177.68 人。然後是位於中環

表 1-42　1961 年至 2016 年若干年份按香港島、九龍和新界劃分陸上人口密度統計表

年	香港島		九龍		新界	
	人數（人）	人口密度	人數（人）	人口密度	人數（人）	人口密度
1961	1,004,875	13,303	1,578,026	40,017	409,945	448
1966	1,030,970	13,637	2,032,830	47,505	542,600	592
1971	996,183	12,809	2,194,853	42,859	665,700	727
1976	1,026,870	13,192	2,378,480	47,551	938,440	1018
1981	1,215,656	15,695	2,515,374	60,164	1,329,035	1448
1986	1,201,459	15,267	2,349,445	55,693	1,907,031	2064
1991	1,250,993	15,811	2,030,683	47,638	2,374,818	2557
1996	1,312,637	16,511	1,987,996	42,661	2,906,733	3076
2001	1,335,469	16,775	2,023,979	43,201	3,343,046	3526
2006	1,268,112	15,915	2,019,533	43,033	3,573,635	3751
2011	1,270,876	15,924	2,108,419	44,917	3,691,093	3874
2016	1,253,417	15,691	2,241,347	47,748	3,840,620	4023

注：人口密度為每平方公里人數。1961 年的九龍人口密度數字（40,017）取自 *Hong Kong By-census 1976: Main Report — Volume 2: Tables*，與 *Report of the By-census 1966: Volume II* 所載數字（38,979）不一致。1971 年和 1976 年九龍及新界人口（1971 年九龍 2,194,853 人，新界 665,700 人；1976 年九龍 2,378,480 人，新界 938,440 人）取自 *Hong Kong By-census 1976: Main Report — Volume 2: Tables*，與 *Hong Kong 1981 Census: Main Report — Volume 2: Tables* 所載數字（1971 年九龍 2,184,971 人，新界 675,582 人；1976 年九龍 2,366,860 人，新界 950,060 人）不一致。1996 年至 2016 年的人口密度數字是根據各區議會分區的人口和人口密度數字計算。

資料來源：　歷年人口普查和中期人口統計報告。

表 1-43　1931 年按衞生約劃分香港島和九龍人口密度統計表

衞生約	大致對應今日位置	人口密度（每英畝人數）	衞生約	大致對應今日位置	人口密度（每英畝人數）
第 1 約	銅鑼灣、掃桿埔、黃泥涌峽	不詳	第 8 約	西營盤	563.19
第 1A 約	摩利臣山	181.91	第 9 約	西營盤	1,177.68
第 2A 約	灣仔	667.86	第 10 約	石塘咀、堅尼地城	196.93
第 2 約	灣仔、金鐘	124.43	第 10A 約	香港大學	121.76
第 3 約	半山	132.16	第 11 約	尖沙咀、紅磡	73.50
第 4 約	中環	935.72	第 12 約	油麻地、佐敦	350.25
第 5 約	中環	984.45	第 13 約	油麻地、京士柏	62.08
第 6 約	上環	779.55	第 14 約	旺角	135.19
第 6A 約	上環	1,254.79	第 15 約	土瓜灣、馬頭圍、九龍城	18.15
第 7A 約	上環	803.11	第 16 約	旺角、太子、大角咀	44.50
第 7 約	上環	898.50	第 17 約	深水埗、石硤尾、蘇屋	42.82

資料來源：　1931 年人口普查報告，該年報告未有為 1931 年最新的分約列出區域名稱。

的第 5 約和第 4 約，每英畝各有 984.45 人和 935.72 人。位於上環及太平山區的第 7 約和第 7A 約，也達每英畝 898.50 人和 803.11 人。人口密度最低的是位於西角的第 10A 約，每英畝有 121.76 人，但如剔除了該區的大學校園和花園別墅，人口密度會增至每英畝 667.77 人。人口密度次低的是位於灣仔的第 2 約，每英畝有 124.43 人，同樣地，如剔除了該區的軍營，人口密度會增至每英畝 329.64 人。因此，人口密度最低的應是位於半山的第 3 約，每英畝只有 132.16 人。人口普查報告沒有提供北角至筲箕灣、第 1 約、山區和港島南部的人口密度。

同年，九龍的人口密度為每英畝 53.45 人。不過，如剔除了軍部物業、擬填海區、墳場等人口特別稀少的地方，人口密度會升至每英畝 393.89 人，舊九龍則為每英畝 100.73 人。按衞生約劃分，密度最高的是位於油麻地的第 12 約，每英畝有 350.25 人，如剔除了該區的軍部物業，人口密度會增至每英畝 502.77 人。其次是位於旺角的第 14 約，每英畝有 135.19 人，如剔除了該區尚未發展的土地，人口密度會增至每英畝 314.48 人。再次是位於尖沙咀及紅磡的第 11 約，每英畝有 73.50 人，以及位於油麻地及京士柏的第 13 約，每英畝有 62.08 人，如剔除了第 13 約的運動場和墳場用地，人口密度會增至每英畝 382.65 人，僅居第 12 約之後。

圖 1-38　1931 年香港島衞生約分區

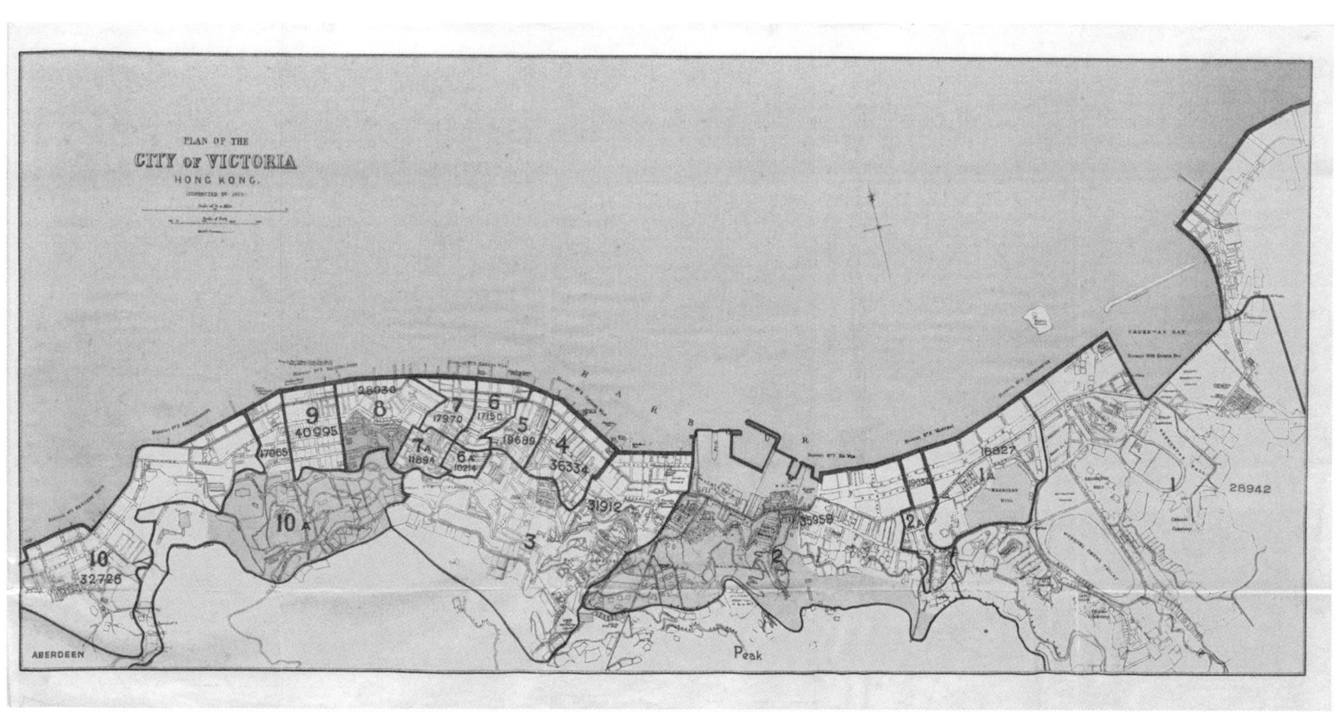

1931 年，香港島共分 15 個衞生約（其中第 1 約、第 2 約、第 6 約、第 7 約、第 10 約有細分為兩部分）。（政府檔案處歷史檔案館提供）

圖 1-39　1931 年九龍衞生約分區

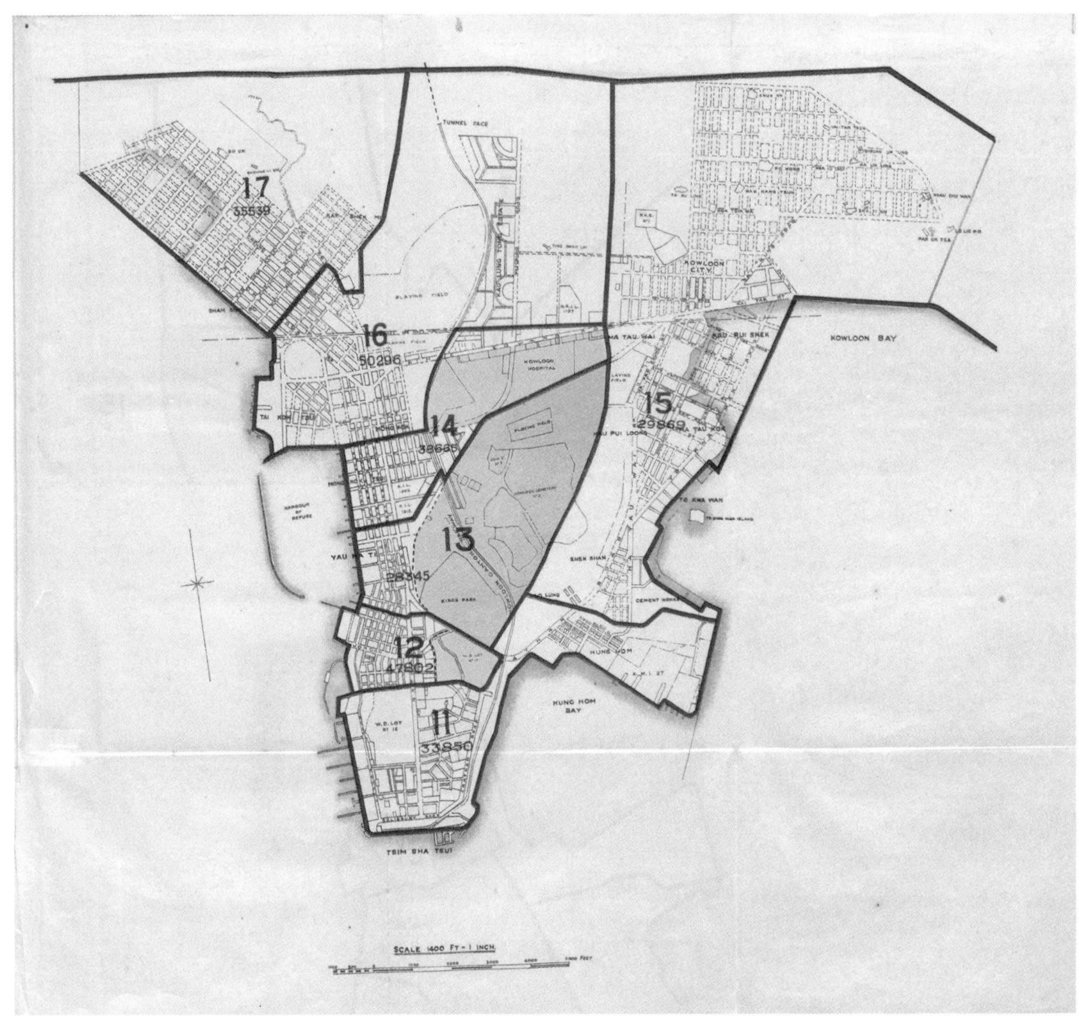

1931 年，九龍共分 7 個衞生約，與 1921 年的劃分（表 1-25）不盡相同。（政府檔案處歷史檔案館提供）

1948 年至 1958 年間，港府只在新界劃分大埔、元朗和南約三個區，如按 1961 年時的陸地面積（三個區各有 333.237 平方公里、221.947 平方公里、360.260 平方公里）計算人口密度，在有分區人口統計的 1955 年，元朗的人口雖然最少，但土地面積也是最小，因此其人口密度最高，為每平方公里 330.08 人；南約次之，為 276.72 人；大埔最低，只有 267.55 人（見表 1-44）。

表 1-44　1955 年按新界分區劃分新界人口密度統計表

新界分區	人口（人）	面積（平方公里）	人口密度（每平方公里人數）
大埔	89,157	333.237	267.55
元朗	73,260	221.947	330.08
南約	99,692	360.260	276.72

注：此時期的陸地面積不詳，因此按 1961 年的紀錄計算。
資料來源：　"Census — Estimate of Population", Public Records Office, HKRS170-2-1；Census and Statistics Department, *Hong Kong Statistics 1947-1967*。

對於 1961 年至 1976 年各區的陸上人口密度，政府統計處曾根據統計分區作出整理（見表 1-45）。1961 年，各分區的人口密度差異巨大，市區的人口密度遠高於新界。人口密度最高的五個分區依次是上環、灣仔、旺角、油麻地、西環，分別達每平方公里 238,025 人、209,179 人、145,897 人、143,187 人和 109,550 人。人口密度最低的五個分區是離島及西貢、大埔、南區、山頂、元朗，分別只有每平方公里 186 人、411 人、565 人、569 人和 603 人。在新界，人口密度最高的是荃灣，也只是每平方公里 1251 人。

1966 年，人口密度最高的五個分區仍是上環、灣仔、油麻地、旺角、西環，但密度有所下降，分別為每平方公里 165,633 人、162,428 人、117,122 人、108,619 人和 106,662 人。當年山頂和南區的人口密度分別包含在半山及薄扶林和香港仔之內，所以人口密度最低的五個分區是離島及西貢、大埔、元朗、香港仔、荃灣，分別為每平方公里 202 人、461 人、559 人、1958 人和 3009 人。

1971 年，人口密度最高的五個分區依然是旺角、油麻地、灣仔、上環、西環，但內部排名的先後有變，分別為每平方公里 154,677 人、129,816 人、113,237 人、98,384 人和 96,014 人。人口密度最低的五個分區是離島及西貢、大埔、南區、元朗、山頂，分別為每平方公里 202 人、332 人、535 人、734 人和 942 人。

1976 年，人口密度最高的五個分區是旺角、油麻地、紅磡、灣仔、西環，其中紅磡取代了之前的上環，為每平方公里 111,155 人，其餘四區的人口密度有所下降，分別為每平方公里 144,360 人、114,006 人、98,595 人和 95,451 人。人口密度最低的五個分區依然是離島及西貢、大埔、南區、元朗、山頂，分別為每平方公里 221 人、392 人、574 人、892 人和 920 人。

在 1961 年至 1976 年這 15 年間，有 11 個分區的人口密度下降，分別為上環（-66.0%）、中環（-65.4%）、灣仔（-52.9%）、尖沙咀（-47.8%）、石硤尾（-45.2%）、油麻地（-20.4%）、長沙灣（-19.9%）、西環（-12.9%）、大坑（-12.3%）、大埔（-4.6%）、旺角（-1.1%）；有 15 個分區的人口密度則上升，分別為鯉魚門（1,036.4%）、荃灣（408.2%）、牛頭角（228.7%）、香港仔（162.9%）、何文田（86.2%）、山頂（61.7%）、元朗（47.9%）、啟德（40.6%）、九龍塘（33.2%）、筲箕灣（31.7%）、離島及西貢（18.8%）、紅磡（16.9%）、半山及薄扶林（16.6%）、北角（13.0%）、南區（1.6%）。無論是增加還是減少，分區之間的差異相當明顯。居於上環、中環和灣仔等擠迫地區的人數下降，這是由於區內太平洋戰爭前住宅樓宇陸續拆除，而在原址改建商業大廈的緣故。

表 1-45　1961 年至 1976 年若干年份按統計分區劃分香港人口密度統計表

分區	1961	1966	1971	1976
香港島				
中環	47,326	40,634	21,802	16,356
上環	238,025	165,633	98,384	80,857
西環	109,550	106,662	96,014	95,451
半山及薄扶林	9147	3763	9260	10,663
山頂	569	—	942	920
灣仔	209,179	162,428	113,237	98,595
大坑	33,336	34,428	26,672	29,230
北角	42,355	48,255	43,564	47,871
筲箕灣	22,436	32,275	28,664	29,547
香港仔	6452	1958	13,350	16,964
南區	565	—	535	574
九龍				
尖沙咀	56,674	48,867	37,652	29,610
油麻地	143,187	117,122	129,816	114,006
旺角	145,897	108,619	154,677	144,360
紅磡	95,096	79,568	93,421	111,155
何文田	29,773	31,492	31,672	55,424
長沙灣	59,465	45,432	43,286	47,603
石硤尾	89,118	99,431	55,547	48,807
九龍塘	8105	13,214	8564	10,796
啟德	28,982	60,554	39,848	40,750
牛頭角	15,067	18,086	40,762	49,519
鯉魚門	2896	—	20,935	32,911
新界				
大埔	411	461	332	392
元朗	603	559	734	892
荃灣	1251	3009	3687	6358
離島及西貢	186	202	202	221
沙田新市鎮	—	—	1973	2445
屯門新市鎮	—	—	1465	2057
上水	—	—	8234	10,254
粉嶺	—	—	5881	7086

注：人口密度為每平方公里人數。「—」代表 1966 年，半山及薄扶林含山頂；香港仔含南區；牛頭角含鯉魚門。1961 年和 1966 年，大埔含上水、打鼓嶺、沙頭角、粉嶺、沙田和西貢北；元朗含屯門、厦村、坪山、十八鄉、新田、錦田和八鄉；荃灣含青衣和馬灣；離島及西貢含坑口，西貢只包括西貢南。1971 年及 1976 年，大埔和元朗含該區的鄉鎮（township）和其他地方；荃灣含該區的新市鎮和其他地方。

資料來源：　歷年人口普查和中期人口統計報告。

各區議會分區人口密度

1981 年至 2016 年間，九龍區議會分區的人口密度一直高於香港島和新界，但新界區議會分區的升幅遠高於九龍和香港島（見表 1-46）。

1981 年，人口密度較高的區議會分區全部位於九龍，包括旺角、深水埗、觀塘、油尖、九龍城、黃大仙，分別是每平方公里 175,612 人、63,190 人、55,260 人、54,714 人、54,207 人、53,947 人。人口密度較低的區議會分區全部位於新界，包括離島、西貢、大埔、北區、元朗、屯門、沙田，分別是每平方公里 283 人、339 人、551 人、844 人、1397 人、1529 人、1797 人。東區、灣仔、中西區、荃灣、南區的人口密度居中，每平方公里各有 27,150 人、23,781 人、23,448 人、7970 人、5833 人。

表 1-46　1981 年至 2016 年若干年份按區議會分區劃分香港人口密度統計表

分區	1981	1986	1991	1996	2001	2006	2011	2016
香港島								
中西區	23,448	20,854	20,479	20,755	21,137	20,102	20,057	19,391
灣仔	23,781	20,182	18,209	17,235	16,986	15,788	15,477	17,137
東區	27,150	27,387	30,316	31,735	33,147	31,664	31,686	30,861
南區	5833	6380	6701	7505	7482	7083	7173	7080
九龍								
油尖	54,714	45,355	33,232	—	—	—	—	—
旺角	175,612	142,718	116,531	—	—	—	—	—
油尖旺	—	—	—	38,320	40,932	40,136	44,045	49,046
深水埗	63,190	56,875	48,822	38,237	37,772	39,095	40,690	43,381
九龍城	54,207	47,156	41,759	38,553	38,059	36,178	37,660	41,802
黃大仙	53,947	46,940	41,331	42,331	47,810	45,540	45,181	45,711
觀塘	55,260	60,826	52,562	53,081	49,861	52,123	55,204	57,530
新界								
葵青	—	21,464	21,158	21,793	21,578	22,421	21,901	22,307
荃灣	7970	4159	4581	4502	4566	4679	4918	5149
屯門	1529	3611	4711	5663	5919	6057	5882	5894
元朗	1397	1545	1664	2465	3242	3858	4178	4435
北區	844	1074	1211	1689	2184	2055	2228	2310
大埔	551	1033	1496	2103	2287	2156	2181	2233
沙田	1797	5402	7378	8468	9157	8842	9173	9602
西貢	339	365	1026	1542	2535	3135	3368	3563
離島	283	290	293	364	498	783	807	886

注：人口密度為每平方公里人數。「—」代表 1981 年，荃灣區含葵青區；1993 年，油尖區及旺角區合併為油尖旺區。
資料來源：歷年人口普查和中期人口統計報告；政府統計處：《香港統計年刊：1993 年版》。

圖 1-40　1996 年及 2016 年按區議會分區劃分的香港人口密度

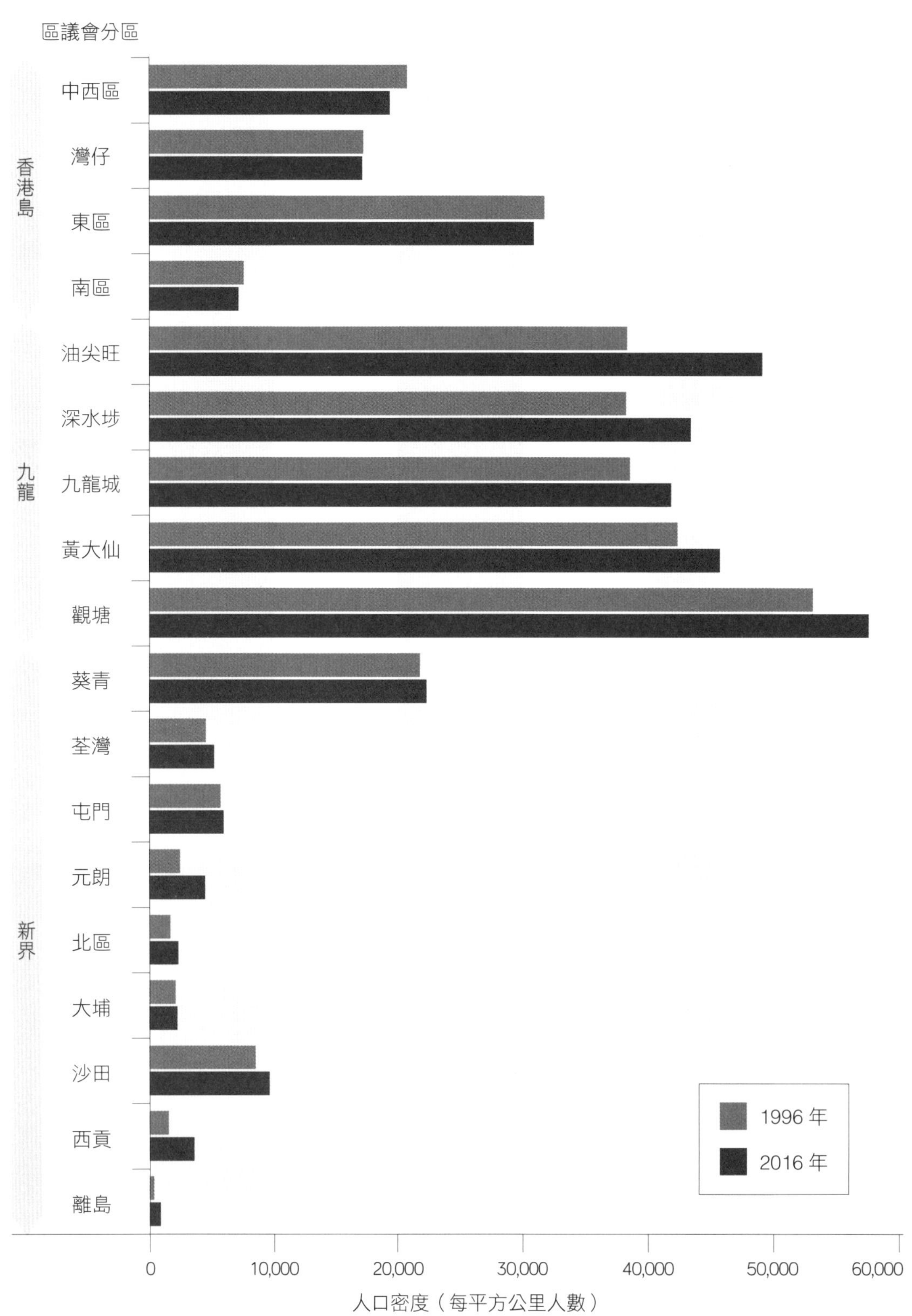

資料來源：　歷年人口普查和中期人口統計報告。

至 2016 年時，人口密度較高的區議會分區仍然全部位於九龍，包括觀塘、油尖旺、黃大仙、深水埗、九龍城，除觀塘外，人口密度均有下降，分別是每平方公里 57,530 人、49,046 人、45,711 人、43,381 人、41,802 人。人口密度較低的區議會分區也依舊全部位於新界，包括離島、大埔、北區、西貢、元朗、荃灣、屯門，但人口密度明顯上升，分別是每平方公里 886 人、2233 人、2310 人、3563 人、4435 人、5149 人、5894 人。東區、葵青、中西區、灣仔、沙田、南區的人口密度居中，每平方公里各有 30,861 人、22,307 人、19,391 人、17,137 人、9602 人、7080 人。

在 1981 年至 2016 年此 35 年間，新界區議會分區的人口密度變化較大，大部分是密度有所增加，西貢增達 951.0%，其餘依次是沙田（434.3%）、大埔（305.3%）、屯門（285.5%）、元朗（217.5%）、離島（213.1%）、北區（173.7%），只有葵青微增 3.9%，荃灣下降 35.4%。香港島區議會分區的人口密度相對穩定，灣仔和中西區各下降 27.9% 和 17.3%，南區和東區各增加 21.4% 和 13.7%。九龍區議會分區的人口密度以下降居多，例如深水埗（-31.3%）、九龍城（-22.9%）、黃大仙（-15.3%），只有觀塘微升 4.1%。

圖 1-41　觀塘是 2016 年全港人口密度最高的區議會分區。（攝於 2009 年，Marco/Yuen via Getty Images）

圖 1-42　分間樓宇單位，俗稱「劏房」。香港人口密度高，居住空間不足，部分居民需居住於狹小的「劏房」。據特區政府 2016 年《主題性住戶統計調查第 60 號報告書：香港分間樓宇單位的住屋狀況》統計，2014 年居於分間樓宇單位的人士數目為 199,900 人（包括外籍家傭及短期留港人士）。（攝於 2013 年，南華早報出版有限公司提供）

城鄉人口密度

1840 年代至 1850 年代，香港島只有維多利亞城一個城區，其他皆為鄉郊。英佔初年，居民集中在香港島南部；港府建立維多利亞城後，城內人口不斷增加，從 1841 年的 800 人增至 1859 年的 49,730 人，鄉郊人口則在 4000 人至 6300 人之間升降。如按《香港藍皮書》公布的香港島面積和陸上人口，以及維多利亞城面積為 4 平方公里計算城鄉的人口密度，1841 年至 1859 年間，維多利亞城的人口密度由每平方公里 200.00 人增至 12,432.50 人，其間僅在 1846 年和 1848 年因人口減少而稍有回落；鄉郊的人口密度遠低於城區，但時增時減，1841 年和 1859 年的密度是每平方公里 60.86 人和 64.00 人，其間的最高位是 1855 年的 87.86 人，最低位是 1857 年的 56.68 人（見表 1-47）。

1860 年代至 1890 年代，香港島和九龍仍只有維多利亞城一個城區，其他地區皆為鄉郊，兩者的人口都有所增加。維多利亞城人口由 1860 年的 59,232 人增至 1897 年的 174,123 人，鄉郊人口由 5276 人增至 39,061 人。如按《香港藍皮書》公布的面積和陸上人口，以及維多利亞城面積為 4 平方公里計算城鄉的人口密度，1860 年至 1897 年，維多利亞城的人口密度由每平方公里 14,808.00 人增至 43,530.75 人；鄉郊的人口密度遠低於城區，但亦由每平方公里 73.82 人增至 492.95 人。其間，城區和鄉郊的人口密度都僅在 1860 年代中因人口減少而稍有回落（見表 1-48）。

表 1-47 1841 年至 1859 年若干年份香港島維多利亞城和鄉郊陸上人口密度統計表

年	維多利亞城		鄉郊	
	陸上人口（人）	人口密度（每平方公里人數）	陸上人口（人）	人口密度（每平方公里人數）
1841	800	200.00	4350	60.86
1842	6081	1,520.25	4180	58.49
1844	7094	1,773.50	5076	71.02
1845	19,648	4,912.00	4100	57.37
1846	16,293	4,073.25	4774	66.80
1847	18,202	4,550.50	4867	68.10
1848	10,108	2,527.00	4872	68.17
1849	15,913	3,978.25	5018	70.21
1850	17,166	4,291.50	4898	68.53
1851	16,958	4,239.50	5234	73.23
1852	18,341	4,585.25	6168	86.30
1853	19,304	4,826.00	4820	67.44
1854	27,596	6,899.00	5359	74.98
1855	38,381	9,595.25	6279	87.86
1856	40,341	10,085.25	5800	81.15
1857	44,701	11,175.25	4051	56.68
1858	47,092	11,773.00	4704	65.82
1859	49,730	12,432.50	4574	64.00

注：不包括水上和流動人口。維多利亞城的人口密度以面積 4 平方公里計算，鄉郊以面積 71.47 平方公里計算。維多利亞城人口於 1841 年為市場人口；1842 年為女王城人口。

資料來源： 歷年 *Hong Kong Blue Book*；1841 年 *The Hongkong Gazette*；1842 年 *The Friend of China and Hongkong Gazette*；R. L. Jarman (ed.), *Hong Kong Annual Administration Reports 1841-1941*。

表 1-48 1860 年至 1897 年若干年份香港島維多利亞城和鄉郊陸上人口密度統計表

年	維多利亞城		鄉郊	
	陸上人口（人）	人口密度（每平方公里人數）	陸上人口（人）	人口密度（每平方公里人數）
1860	59,232	14,808.00	5276	73.82
1861	68,910	17,227.50	11,215	141.53
1862	71,149	17,787.25	12,297	155.19
1863	73,268	18,317.00	12,550	158.38
1864	77,433	19,358.25	11,836	149.37
1865	84,318	21,079.50	11,371	143.50
1866	75,608	18,902.00	9618	121.38
1867	85,495	21,373.75	9951	125.58
1869	85,025	21,256.25	11,164	140.89
1871	89,982	22,495.50	10,507	132.60
1872	90,114	22,528.50	11,672	147.30
1876	101,596	25,399.00	14,803	186.81
1881	115,336	28,834.00	16,077	202.89
1891	157,618	39,404.50	31,788	401.16
1897	174,123	43,530.75	39,061	492.95

注：不包括地區不明者。1861 年起鄉郊包括九龍人口。1869 年起維多利亞城包括軍人。1897 年不包括商船船員。維多利亞城的人口密度以面積 4 平方公里計算，鄉郊於 1860 年以面積 71.47 平方公里計算，1861 年至 1897 年以 79.24 平方公里計算。

資料來源： 歷年 *Hong Kong Blue Book*。

1900 年代至 1940 年代，把維多利亞城以外地方歸為鄉郊的概念已不適用，1931 年的人口普查報告指出，幾乎整個九龍已發展為城市，當時新界地區的人口密度，或可權充鄉郊的人口密度。如籠統地把 1931 年的香港島和九龍歸為城區（共 672,223 人），新界為鄉郊（共 98,157 人），則當年的城市人口密度為每平方公里 5,119.36 人，鄉郊只有 111.37 人（見表 1-40）。

日佔時期，以及二戰結束後至 1960 年，如根據當時港府的城鄉劃分方法，即香港島和九龍為城市，新界為鄉郊，則城市的人口密度遠高於鄉郊，1942 年至 1960 年的具體數字可參看「香港島、九龍和新界人口密度」部分（見表 1-41）。

政府統計處曾按城鄉概念劃分 1961 年至 1976 年間的人口密度，市區包括香港島、九龍、新九龍和荃灣，鄉郊包括元朗、大埔、離島及西貢。市區的人口密度遠高於鄉郊，但鄉郊的增幅較市區大。1961 年至 1976 年間，市區的人口密度由每平方公里 14,595 人增至 19,362 人，升 32.7%。市區之中，香港島和九龍的人口密度相當穩定，香港島由每平方公里 13,303 人微降至 13,192 人，九龍由每平方公里 84,816 人稍降至 83,104 人，降幅分別是 0.8% 和 2.0%。新九龍和荃灣的人口密度則大幅增加，新九龍由每平方公里 27,615 人增至 39,729 人，升 43.9%，荃灣由每平方公里 1251 人增至 6365 人，升 408.8%。同期間，鄉郊的人口密度由每平方公里 384 人增至 568 人，升 47.9%。鄉郊三個地區的人口密度一致增加，元朗由每平方公里 603 人增至 976 人，大埔由每平方公里 411 人增至 593 人，離島及西貢由每平方公里 186 人增至 221 人，增幅分別為 61.9%、44.3% 和 18.8%（見表 1-49）。

表 1-49　1961 年至 1976 年若干年份按城鄉概念劃分香港人口密度統計表

城鄉	地區	1961	1966	1971	1976
市區	香港島	13,303	13,637	12,809	13,192
	九龍	84,816	70,312	78,711	83,104
	新九龍	27,615	40,716	35,112	39,729
	荃灣	1251	3009	3696	6365
	小計	14,595	17,507	17,098	19,362
鄉郊	元朗	603	559	780	976
	大埔	411	461	484	593
	離島及西貢	186	202	202	221
	小計	384	397	468	568
總計		2905	3486	3692	4138

注：人口密度為每平方公里人數。
資料來源：　1966 年及 1976 年中期人口統計報告。

二、不同種族人口的區域分布

1. 1841 年至 1899 年

英佔開始後，隨即實行華洋分隔居住的政策，原居維多利亞城內的華人被規限於指定範圍內居住。從 1844 年起，《香港藍皮書》載有香港島白人（whites）和有色人（coloured）的數目，白人包括歐洲人和美國人，有色人包括華人、葡萄牙人、印度裔人、馬來人、菲律賓人等，至於鄉郊人口，基本上是華人。

白人由 1844 年的 454 人增至 1856 年的 840 人，然後增至 1859 年的 1034 人（見表 1-50）。白人聚居在維多利亞城內，只有駐軍除外。當時英軍在維多利亞城、赤柱、柴灣和奇力島都設有軍營。在維多利亞城內，中環鴨巴甸街以東，即威靈頓街、擺花街一帶，是白人商住區，華人不准入住。中市場（今中環街市一帶）原是華人商住區，但 1844 年後也被劃為白人商住區。

華人則廣泛分布於不同的地區。在這段時期，香港島所有鄉村的居民都是華人，數目由 5076 人微降至 4574 人，人數較維多利亞城穩定，僅於 1852 年和 1855 年超過 6000 人，其分布即表 1-19 的村落區域分布。此外，愈來愈多華人尤其新移民居於維多利亞城內，根據 1844 年的紀錄，在 19,009 名華人中，6640 人居於城內。其後，有色人的數目增至 1859 年的 48,696 人，其間僅於 1848 年出現明顯下降，根據政府的記述，下降的主因是各種建造工程相繼竣工，大量外來勞工離港。

表 1-50　1844 年至 1859 年按地區和種族劃分香港島陸上人口統計表

單位：人

年	維多利亞城		鄉郊	年	維多利亞城		鄉郊
	白人	有色人	華人		白人	有色人	華人
1844	454	6640	5076	1852	526	17,815	6168
1845	634	19,014	4100	1853	476	18,828	4820
1846	618	15,675	4774	1854	497	27,099	5359
1847	603	17,599	4867	1855	571	37,810	6279
1848	642	9466	4872	1856	840	39,501	5800
1849	656	15,257	5018	1857	1411	43,290	4051
1850	465	16,701	4898	1858	1109	45,983	4704
1851	647	16,311	5234	1859	1034	48,696	4574

注：不包括水上和流動人口。1844 年至 1849 年及 1857 年使用《香港藍皮書》人口部分的數字；其他年份使用人口普查部分的數字。1844 年維多利亞城的有色人只包括華人。1850 年至 1856 年及 1858 年至 1859 年白人包括歐洲人和美國人；有色人包括華人、葡萄牙人、印度裔人士、馬來人、菲律賓人等。

資料來源：　歷年 *Hong Kong Blue Book*；R. L. Jarman (ed.), *Hong Kong Annual Administration Reports 1841-1941*。

1840 年代初期，新移民主要來自內地，他們多聚居在香港島北部沿岸的上、中、下市場。1841 年，港府把市場區域劃為華人商住區，繳付年地稅者便可搭建房屋。下市場位於今上環蘇杭街一帶，是近岸的商業中心；上市場位於下市場後面的山坡，主要範圍包括今摩羅上街及摩羅下街；中市場毗鄰歐洲人的聚居地，隨着中環發展和華人數量急增，港府以華人住屋衞生情況欠佳為由，在 1843 年將之收回供白人發展商貿，勒令華人商戶及居民於 1844 年 9 月前遷出，上環的太平山區（今水坑口以東、皇后大道中以南的太平山街一帶）成為被迫遷者的聚居地。自此，城內華人聚居於下市場和太平山區，鴨巴甸街以東的地方只有歐洲人居住，這情況一直維持到 1860 年代華人富商崛起為止。

除白人和有色人外，香港島還有混血兒。根據傳教士施其樂（Carl T. Smith）的記述，混血兒大多為華裔女子與西方男子所生。歐洲人一般不願意接受華裔女子所生的混血兒進入他們的生活圈子，華人對混血兒也抱有偏見，因此混血兒一般居住在介乎歐洲人和華人社區之間的地方，即皇后大道中的商業區，以及堅道、羅便臣道和般咸道的住宅區。

在英國佔據九龍半島前，九龍和今新界地區基本上只有華人定居。在英國佔領香港島初年，曾有英國和美國商人在尖沙咀一帶建屋居住，1844 年戴維斯（John F. Davis）出任港督後，便發布通告，說在九龍建造房舍的人士，不會獲得英國政府的支持和幫助。這些英、美商人遂撤離九龍。

1860 年代至 1890 年代，港府基本上仍實行華洋分隔居住的政策。1877 年開始准許華人在皇后大道及介乎雲咸街上半部、荷李活道、鴨巴甸街等地區興建唐樓。1880 年代初，中環已成為華人聚居地。1888 年，港府以保障歐洲人健康為由，頒布《1888 年歐洲人住宅區保留條例》（*European District Reservation Ordinance, 1888*），將中上環半山區闢為洋人居住區，威靈頓街和堅道之間只能興建西式房屋；根據此法例，欲與歐洲人為鄰的華人，必須按照「西方衞生科學方法」建築樓房。

1860 年至 1891 年的官方統計區分為白人（即歐美人）、有色人和華人，1897 年則以歐美人、葡萄牙人、印度裔人士、歐亞混血兒和其他種族劃分。在這約 40 年間，白人陸上人口由 1860 年的 1592 人增至 1897 年的 3269 人。1860 年至 1891 年，白人全部居住在維多利亞城，但沒有城內的分區統計。1897 年時，歐美人中，74.6% 居於維多利亞城，25.4% 居於其他地區，包括山頂 11.5%、港島鄉郊 3.7%、九龍 9.9% 等（見表 1-51）。

同期間，華人人口由 1860 年的 62,132 人增至 1897 年的 200,005 人，有色人由 784 人增至 4765 人（含葡萄牙人 2263 人、印度裔人士 1348 人、歐亞混血兒 272 人、其他種族 882 人）。華人和有色人亦多聚居於維多利亞城，但佔比在 1890 年代有所下降。1860 年至 1891 年間，居於城內的華人由 91.5% 降至 82.2%，有色人則一直全部居於城內。居於港島鄉郊的華人一直不超過 10%。自 1860 年代中期起，隨着九龍的現代工商業活動起

表 1-51　1860 年至 1897 年若干年份按種族和地區劃分香港島和九龍陸上人口統計表

單位：%

年	種族	維多利亞城	山頂	筲箕灣	柴灣	石澳	大潭篤	赤柱	香港仔	香港	薄扶林	九龍	總人數（人）
	白人	100.0	不詳	0.0	0.0	0.0	0.0	0.0	0.0	0.0	0.0	不詳	1592
1860	有色人	100.0	不詳	0.0	0.0	0.0	0.0	0.0	0.0	0.0	0.0	不詳	784
	華人	91.5	不詳	3.4	0.2	0.4	0.1	1.9	2.0	0.4	0.1	不詳	62,132
	白人	100.0	不詳	0.0	0.0	0.0	0.0	0.0	0.0	0.0	0.0	0.0	1557
1861	有色人	100.0	不詳	0.0	0.0	0.0	0.0	0.0	0.0	0.0	0.0	0.0	1284
	華人	85.5	不詳	3.3	0.2	0.3	0.1	1.6	1.8	0.4	0.1	6.6	77,284
	白人	100.0	不詳	0.0	0.0	0.0	0.0	0.0	0.0	0.0	0.0	0.0	1604
1862	有色人	100.0	不詳	0.0	0.0	0.0	0.0	0.0	0.0	0.0	0.0	0.0	1268
	華人	84.7	不詳	2.2	0.2	0.4	0.1	1.8	2.0	0.4	0.1	8.0	80,574
	白人	100.0	不詳	0.0	0.0	0.0	0.0	0.0	0.0	0.0	0.0	0.0	1644
1863	有色人	100.0	不詳	0.0	0.0	0.0	0.0	0.0	0.0	0.0	0.0	0.0	1336
	華人	84.8	不詳	4.6	0.2	0.2	0.1	1.7	1.9	0.3	0.1	5.9	82,838
	白人	100.0	不詳	0.0	0.0	0.0	0.0	0.0	0.0	0.0	0.0	0.0	1963
1864	有色人	100.0	不詳	0.0	0.0	0.0	0.0	0.0	0.0	0.0	0.0	0.0	1488
	華人	86.2	不詳	4.4	0.2	0.4	0.1	1.6	2.2	0.3	0.1	4.5	85,818
	白人	100.0	不詳	0.0	0.0	0.0	0.0	0.0	0.0	0.0	0.0	0.0	2034
1865	有色人	100.0	不詳	0.0	0.0	0.0	0.0	0.0	0.0	0.0	0.0	0.0	1645
	華人	87.6	不詳	3.1	0.2	0.3	0.1	1.3	1.8	0.3	0.2	4.5	92,010
	白人	100.0	不詳	0.0	0.0	0.0	0.0	0.0	0.0	0.0	0.0	0.0	2113
1866	有色人	100.0	不詳	0.0	0.0	0.0	0.0	0.0	0.0	0.0	0.0	0.0	1231
	華人	88.3	不詳	3.4	0.2	0.3	0.1	1.4	1.6	0.3	0.1	4.2	81,882
	白人	100.0	不詳	0.0	0.0	0.0	0.0	0.0	0.0	0.0	0.0	0.0	2151
1867	有色人	100.0	不詳	0.0	0.0	0.0	0.0	0.0	0.0	0.0	0.0	0.0	1150
	華人	89.2	不詳	3.0	0.2	0.3	0.1	1.0	1.4	0.4	0.1	4.1	92,145
	白人	100.0	不詳	0.0	0.0	0.0	0.0	0.0	0.0	0.0	0.0	0.0	3401
1869	有色人	100.0	不詳	0.0	0.0	0.0	0.0	0.0	0.0	0.0	0.0	0.0	1926
	華人	87.7	不詳	2.4	0.2	0.3	0.1	1.2	1.7	0.4	0.7	4.9	90,862
	白人	100.0	不詳	0.0	0.0	0.0	0.0	0.0	0.0	0.0	0.0	0.0	5931
1871	有色人	100.0	不詳	0.0	0.0	0.0	0.0	0.0	0.0	0.0	0.0	0.0	2823
	華人	88.5	不詳	2.6	0.2	0.3	0.1	1.1	1.5	0.4	0.4	5.0	91,735
	白人	100.0	不詳	0.0	0.0	0.0	0.0	0.0	0.0	0.0	0.0	0.0	4931
1872	有色人	100.0	不詳	0.0	0.0	0.0	0.0	0.0	0.0	0.0	0.0	0.0	1490
	華人	87.8	不詳	2.5	0.2	0.3	0.1	1.3	1.6	0.4	0.4	5.5	95,365
	白人	100.0	不詳	0.0	0.0	0.0	0.0	0.0	0.0	0.0	0.0	0.0	7525
1876	有色人	100.0	不詳	0.0	0.0	0.0	0.0	0.0	0.0	0.0	0.0	0.0	1451
	華人	86.2	不詳	2.8	0.2	0.4	0.1	0.9	1.6	0.4	0.4	7.2	107,423
	白人	100.0	不詳	0.0	0.0	0.0	0.0	0.0	0.0	0.0	0.0	0.0	7990
1881	有色人	100.0	不詳	0.0	0.0	0.0	0.0	0.0	0.0	0.0	0.0	0.0	1722
	華人	86.8	不詳	2.7	0.2	0.3	0.1	0.7	1.1	0.3	0.5	7.4	121,701

（續上表）

年	種族	維多利亞城	山頂	筲箕灣	柴灣	石澳	大潭篤	赤柱	香港仔	香港	薄扶林	九龍	總人數（人）
1891	白人	100.0	不詳	0.0	0.0	0.0	0.0	0.0	0.0	0.0	0.0	0.0	8545
	有色人	100.0	不詳	0.0	0.0	0.0	0.0	0.0	0.0	0.0	0.0	0.0	1901
	華人	82.2	不詳	3.7	0.1	0.2	0.1	0.4	1.4	0.1	0.2	11.2	178,960
1897	歐美人	74.6	11.5	3.7	—	—	—	—	—	—	—	9.9	3269
	葡萄牙人	97.1	0.2	0.2	—	—	—	—	—	—	—	2.3	2263
	印度裔人士	73.3	1.5	4.0	—	—	—	—	—	—	—	20.8	1348
	其他	93.0	0.2	0.9	—	—	—	—	—	—	—	5.9	882
	混血兒	92.3	5.1	0.0	—	—	—	—	—	—	—	2.2	272
	華人	80.1	0.8	5.8	—	—	—	—	—	—	—	13.2	200,005

注：不包括水上人口和地區不明的臨時居民、居於草棚或無家者、移民、苦力、囚犯。1869 年至 1891 年，維多利亞城包括軍人。1897 年不包括商船船員，筲箕灣數字為港島鄉郊總數，「—」代表數據包括在「鄉郊」。本表沒有列出卑路乍灣、咖啡園、渣甸菜園，以及昂船洲、青洲和蚊尾洲的數字，1865 年、1866 年、1867 年、1869 年，分別有 0.5%、0.2%、0.3% 和 0.3% 華人居於卑路乍灣；1891 年，有 0.1% 華人居於咖啡園和 0.3% 華人居於渣甸菜園；1897 年，有 0.2% 歐美人、0.1% 葡萄牙人、0.4% 印度裔人士和 0.4% 歐亞混血兒居於昂船洲、青洲和蚊尾洲。

資料來源： 歷年 *Hong Kong Blue Book*；歷年 *The Hongkong Government Gazette*。

步和公共渡海交通投入服務，香港島人口亦開始向九龍擴散，1897 年，華人和歐美人中，各有 13.2% 和 9.9% 居於九龍，印度裔人士的相應比例更高達 20.8%；葡萄牙人、歐亞混血兒和其他種族的比例較低，為 2.3%、2.2% 和 5.9%。

2. 1900 年至 1960 年

1901 年，華人陸上人口中，居於香港島、新界和九龍者各佔 56.7%、25.3% 和 18.0%。香港島的佔比先升後回落，在 1921 年達到 62.4% 後便降至 1931 年的 53.1%。1901 年至 1931 年間，新界人口的佔比不斷下滑，由 25.3% 減至 13.0%；九龍人口的佔比則由 18.0% 升至 33.9%。1941 年，如不計算新界人口，香港島和九龍的佔比為 55.1% 和 44.9%（見表 1-52）。華裔人口向九龍聚集，這與港府在 1910 年代、1920 年代積極開發九龍有關。

同期間，非華裔陸上人口向九龍擴散的趨勢更為明顯。非華裔陸上人口居於香港島的比例，由 1901 年的 89.4% 降至 1941 年的 49.0%。居於九龍的比例則由 10.6% 升至 51.0%；其中不少是外籍駐軍及其家眷，以 1931 年為例，在 6055 名外籍男性中，3296 人居於衛生約第 11 約（九龍角和紅磡），當中 993 人是軍人。居於新界者，亦由 1911 年的 1.0% 增至 1931 年的 5.1%；其中大部分是警察和駐軍，亦有少量神職人員，如西貢自十九世紀末，已有不少天主教的外籍神職人員到此宣教。

居港的非華裔陸上人口主要是英國、美國、葡萄牙和印度裔人士。1900 年代至 1940 年代初，各族裔人士由香港島往九龍擴散的趨勢是一致的。1901 年至 1941 年間，歐美人之中，居於香港島的比例由 86.0% 減至 56.1%，印度裔人士由 85.5% 減至 45.3%，葡萄牙人更由 93.5% 減至 26.2%；與此同時，居於九龍的歐美人由 14.0% 升至 43.9%，印度裔人士由 14.5% 升至 54.7%，葡萄牙人則由 6.5% 升至 73.8%（見表 1-53）。其他族裔人士中，以日本人的數目較多，在 1931 年有 2205 人，其分布為香港島 1440 人、九龍 393 人、水上 372 人，灣仔尤其春園街一帶，是日本人的集中地。

表 1-52　1901 年至 1941 年若干年份按地區和種族劃分香港陸上人口統計表

單位：%

地區	1901		1911		1921		1931		1941	
	華人	非華裔	華人	非華裔	華人	非華裔	華人	非華裔	華人	非華裔
香港島	56.7	89.4	61.4	78.7	62.4	73.5	53.1	51.4	55.1	49.0
九龍	18.0	10.6	17.6	20.3	22.2	24.8	33.9	43.5	44.9	51.0
新界	25.3	0.0	21.0	1.0	15.3	1.7	13.0	5.1	不詳	不詳
總人數（人）	335,517	8431	383,716	11,225	541,156	12,856	752,496	22,005	1,266,629	23,708

注：1921 年和 1941 年按國籍劃分。1901 年，九龍包括新九龍；新九龍及新界人口按全部是華人計算，數字包括水上人口。1901 年至 1921 年不包括軍人，1931 年包括軍人，1941 年不詳。

資料來源：　歷年人口普查報告。

表 1-53　1901 年至 1941 年若干年份按種族和地區劃分香港非華裔陸上人口統計表

單位：%

種族	地區	1901	1911	1931	1941
歐美人	香港島	86.0	77.1	54.5	56.1
	九龍	14.0	22.4	38.0	43.9
	新界	0.0	0.4	7.5	不詳
	總人數（人）	3860	5185	10,691	11,313
葡萄牙人	香港島	93.5	80.5	31.5	26.2
	九龍	6.5	19.5	68.3	73.8
	新界	0.0	0.0	0.2	不詳
	總人數（人）	1948	2558	3180	2922
印度裔人士	香港島	85.5	75.1	45.9	45.3
	九龍	14.5	20.2	47.3	54.7
	新界	0.0	4.7	6.8	不詳
	總人數（人）	1453	2012	4605	7379
其他種族	香港島	98.6	85.9	67.2	55.8
	九龍	1.4	14.1	32.6	44.2
	新界	0.0	0.0	0.2	不詳
	總人數（人）	1170	1470	3529	2094

注：1941 年按國籍劃分。1901 年，九龍包括新九龍；新九龍及新界人口按全部是華人計算。1901 年及 1911 年不包括軍人，1931 年包括軍人，1941 年不詳。

資料來源：　歷年人口普查報告。

1941 年，在香港島，東區和中區是各主要族裔的聚居地。華人較集中於東區（29.6%）、中區（22.5%）和西區（22.3%）；英國人較集中於東區（31.3%）、中區（27.0%）和歌賦山（11.2%）；印度裔人士較集中於東區（33.1%）、赤柱（16.5%）和中區（13.0%）；葡萄牙人較集中於東區（36.3%）、中區（28.8%）和半山（16.5%）。在九龍，各主要族裔的分布則有所不同。華人較集中於深水埗（30.0%）、油麻地（25.8%）和旺角（19.1%）；英國人較集中於深水埗（27.0%）、尖沙咀（20.2%）和九龍城（18.1%）；印度裔人士較集中於尖沙咀（58.2%）和深水埗（29.0%）；而葡萄牙人則較集中於油麻地（36.2%）、尖沙咀（22.8%）和旺角（20.0%）（見表 1-54）。

日佔時期，居港的華人和其他外國人都集中在香港島和九龍，他們居住在這兩區的比例亦相對平均。至於新界，因為偏遠而且尚未都市化，居民主要為華人。日本人也聚居於香港島和九龍，前者約佔三分之二（見表 1-55），其中，東區（灣仔）和鹿島區（九龍塘）為

表 1-54　1941 年按地區和國籍劃分香港島和九龍陸上人口統計表

單位：人

ARP 分區	中國	外國						
		英國	其他歐洲國家	美國	葡萄牙	英屬印度	其他	小計
香港島								
香港仔	14,555	24	23	0	0	39	8	94
灣景	35,022	236	38	12	100	326	26	738
中區	157,157	1499	257	34	220	435	260	2705
東區	206,390	1736	145	19	278	1106	686	3970
歌賦山	1841	619	82	17	0	21	43	782
鰂魚涌	21,388	383	5	0	15	385	12	800
筲箕灣	30,587	18	3	0	5	4	0	30
赤柱	7287	474	14	36	0	553	2	1079
半山	68,012	342	83	20	126	253	127	951
西區	155,435	211	13	1	21	220	5	471
小計	697,674	5542	663	139	765	3342	1169	11,620
九龍								
紅磡	40,313	160	30	0	55	64	23	332
九龍城	81,903	441	72	137	315	84	161	1210
旺角	108,748	272	129	38	432	87	48	1006
深水埗	170,583	659	193	13	84	1171	68	2188
尖沙咀	20,761	494	1818	35	491	2350	427	5615
油麻地	146,647	414	30	34	780	281	198	1737
小計	568,955	2440	2272	257	2157	4037	925	12,088

資料來源： 1941 年人口普查報告。

表 1-55 1941 年至 1943 年按地區和國籍劃分香港陸上人口統計表

單位：人

年	地區	中國	日本	其他	總計
1941 年 3 月	香港島	697,674	不詳	11,620	709,294
	九龍	568,955	不詳	12,088	581,043
	新界	不詳	不詳	不詳	195,000
	小計	1,266,629	不詳	23,708	1,485,337
1942 年 12 月	香港島	443,138	2590	3996	449,724
	九龍	403,206	1372	3239	407,817
	新界	105,061	40	29	105,130
	小計	951,405	4002	7264	962,671
1943 年 10 月	香港島	381,905	4040	4192	390,137
	九龍	368,661	2266	3014	373,941
	新界	91,653	41	116	91,810
	小計	842,219	6347	7322	855,888

注：1941 年的新界人口為估計數字。1943 年 7 月起，西貢區歸入九龍地區。1942 年和 1943 年不包括長洲、坪洲、大澳和梅窩的居民（約 3 萬人）。

資料來源：1941 年人口普查報告；東洋經濟新報社編：《軍政下の香港》；《總督部公報》，第二號，1943 年 1 月 20 日。

專供日本人居住或活動的區域，東區被劃分為一般日本人居留地，鹿島區被劃為「特別區」，由日軍修築混凝土圍牆保護，並派駐軍隊日夜看守，作為日本人的高級住宅區，供商人、高級軍官和高級文職人員居住，一般市民不得進入。

在 28 個分區中，華人人口較多的分區包括香取區（油麻地）、青山區（深水埗）、中區（中環）、東區（灣仔）和大角區（大角咀及旺角），人口較少的分區包括新田區、沙田區、鹿島區（九龍塘）和赤柱區（赤柱及石澳）。以 1943 年 10 月為例，居於香取區（油麻地）的中國人有 102,658 人，居於赤柱區（赤柱及石澳）者只有 4034 人，各佔其陸上人口的 12.2% 和 0.5%。日本人人口較多的分區包括湊區（尖沙咀）、東區（灣仔）、中區（中環）、青葉區（跑馬地）和銅鑼灣區，人口較少的分區包括啟德區、新田區、沙田區、赤柱區（赤柱及石澳）、元朗區和西貢區。在 1943 年 10 月，居於湊區（尖沙咀）和東區（灣仔）的日本人有 1332 人和 1215 人，各佔其陸上人口的 21.0% 和 19.1%，沒有日本人居於西貢區，而居於啟德、新田、沙田、赤柱（赤柱及石澳）和元朗等區者，僅各 1 人至 4 人，合佔其陸上人口不足 0.2%。其他外國人人口較多的分區包括中區（中環）、湊區（尖沙咀）、東區（灣仔）、青葉區（跑馬地）和香取區（油麻地），人口較少的分區包括上水區、新田區和西貢區。在 1943 年 10 月，居於中區（中環）和湊區（尖沙咀）的其他外國人有 1202 人和 1003 人，各佔其陸上人口的 16.4% 和 13.7%，沒有其他外國人居於西貢區，而居於上水區和新田區，各有 7 人和 4 人，合佔其陸上人口不足 0.2%（見表 1-56）。

表 1-56　1942 年和 1943 年按地區和國籍劃分香港陸上人口統計表

單位：人

地區／分區	1942 年 12 月				1943 年 10 月			
	中國	日本	其他	小計	中國	日本	其他	小計
香港島								
中區	106,215	679	1539	108,433	89,142	897	1202	91,241
西區	45,991	29	26	46,046	42,343	67	28	42,438
水城區	42,863	61	130	43,054	38,894	70	242	39,206
藏前區	23,287	17	134	23,438	19,919	9	172	20,100
山王區	13,391	9	67	13,467	10,723	45	62	10,830
東區	72,649	819	608	74,076	62,581	1215	651	64,447
春日區	31,476	275	487	32,238	27,620	375	385	28,380
青葉區	9520	340	196	10,056	8633	673	645	9951
銅鑼灣區	21,239	314	339	21,892	18,829	456	355	19,640
筲箕灣區	47,997	23	259	48,279	41,429	190	195	41,814
元港區	23,794	23	75	23,892	17,758	41	51	17,850
赤柱區	4716	1	136	4853	4034	2	204	4240
小計	443,138	2590	3996	449,724	381,905	4040	4192	390,137
九龍								
鹿島區	6537	176	555	7268	5479	365	456	6300
元區	58,466	36	176	58,678	36,261	54	153	36,468
青山區	108,293	20	269	108,582	91,579	82	351	92,012
大角區	68,474	22	91	68,587	61,986	31	212	62,229
香取區	99,621	114	745	100,480	102,658	223	583	103,464
湊區	11,578	884	1217	13,679	10,671	1332	1003	13,006
山下區	25,981	120	164	26,265	24,335	161	196	24,692
荃灣區	10,708	0	3	10,711	11,373	14	34	11,421
啟德區	13,548	0	19	13,567	13,498	4	26	13,528
西貢區	不適用	不適用	不適用	不適用	10,821	0	0	10,821
小計	403,206	1372	3239	407,817	368,661	2266	3014	373,941
新界								
大埔區	18,288	20	1	18,309	19,443	10	24	19,477
元朗區	37,950	0	3	37,953	35,417	1	39	35,457
上水區	14,879	8	6	14,893	13,330	12	7	13,349
沙頭角區	11,753	12	0	11,765	12,242	13	22	12,277
西貢區	10,837	0	0	10,837	不適用	不適用	不適用	不適用
新田區	5659	0	5	5664	5696	3	4	5703
沙田區	5695	0	14	5709	5525	2	20	5547
小計	105,061	40	29	105,130	91,653	41	116	91,810
總計	951,405	4002	7264	962,671	842,219	6347	7322	855,888

注：1943 年 7 月起，西貢區歸入九龍地區。不包括長洲、坪洲、大澳和梅窩的居民（約 3 萬人）。
資料來源：　東洋經濟新報社編：《軍政下の香港》；《總督部公報》，第二號，1943 年 1 月 20 日。

現有文獻沒有 1945 年至 1960 年不同種族人口的區域分布統計，但根據《香港年報》的簡述，非華裔人口集中在香港島及九龍的市區，華人則散居於香港島、九龍，以及新界的原有村落和新發展區。

3. 2001 年至 2016 年

2001 年至 2016 年間，華裔人口由 636.4 萬人增至 675.2 萬人，非華裔人口由 34.4 萬人增至 58.4 萬人；在總人口中，華裔人口的佔比由 94.9% 降至 92.0%，非華裔人口則由 5.1% 升至 8.0%。在這 15 年間，香港島非華裔人口的比例一直高於九龍和新界，香港島的非華裔人口由 10.1% 升至 14.0%，九龍由 4.2% 升至 7.1%，新界由 3.7% 升至 6.5%（見表 1-57）。

如按區議會分區計，在 2001 年，非華裔人口比例較高的是灣仔（18.0%）、離島（15.1%）、中西區（14.6%）、南區（10.3%）、油尖旺（7.8%）、九龍城（7.4%）和東區（6.0%）；比例較低的是黃大仙（1.7%）、葵青（2.1%）、北區（2.2%）、屯門（2.5%）和觀塘（2.7%）；其他分區則介乎 3.4%（深水埗）至 4.9%（西貢）。2016 年時，非華裔人口比例較高的依然是灣仔（22.1%）、離島（22.1%）、中西區（20.3%）、油尖旺（15.6%）、南區（13.1%）、九龍城（10.1%）和東區（9.1%）；其他分區的比例則趨於平均，比例最低的是黃大仙（3.4%）、北區（3.8%）和觀塘（3.9%），西貢比例升至 8.6%，其他分區則介乎 4.2%（屯門）至 6.7%（大埔）。

按非華裔人口的區議會分區分布計，2001 年，非華裔人口較集中於中西區、東區、灣仔、南區、九龍城、沙田和油尖旺，各佔 11.1%、10.7%、8.7%、8.7%、8.2%、6.6% 和 6.4%；人口最少是北區（1.9%）和黃大仙（2.2%）；其他分區的佔比由 3.0%（葵青）至 5.5%（元朗）不等。2016 年時，非華裔人口的分布愈趨分散，佔比最高的油尖旺僅佔 9.1%（見圖 1-43）；東區、中西區、九龍城、灣仔、元朗、西貢、沙田、南區、離島等分區，亦各佔 8.6%、8.5%、7.3%、6.8%、6.8%、6.8%、6.4%、6.2%、5.9%；人口最少依然是北區（2.0%）和黃大仙（2.5%）；其他分區的佔比則介乎 3.5%（大埔和屯門）至 4.3%（觀塘）。

表 1-57　2001 年至 2016 年若干年份按區議會分區和種族劃分香港人口統計表

區議會分區	2001				2006			
	華人		非華裔		華人		非華裔	
	人數（人）	百分比	人數（人）	百分比	人數（人）	百分比	人數（人）	百分比
香港島								
中西區	223,706	85.4	38,178	14.6	214,081	85.6	35,983	14.4
灣仔	137,134	82.0	30,012	18.0	130,279	83.9	24,917	16.1
東區	579,352	94.0	36,847	6.0	553,753	94.2	33,937	5.8
南區	260,334	89.7	29,906	10.3	249,556	90.7	25,606	9.3
小計	1,200,526	89.9	134,943	10.1	1,147,669	90.5	120,443	9.5
九龍								
油尖旺	260,135	92.2	21,885	7.8	253,041	90.2	27,507	9.8
深水埗	341,484	96.6	12,066	3.4	352,501	96.4	13,039	3.6
九龍城	353,237	92.6	28,115	7.4	334,584	92.3	27,917	7.7
黃大仙	437,224	98.3	7406	1.7	414,986	98.0	8535	2.0
觀塘	547,209	97.3	15,218	2.7	572,086	97.4	15,337	2.6
小計	1,939,289	95.8	84,690	4.2	1,927,198	95.4	92,335	4.6
新界								
葵青	466,904	97.9	10,188	2.1	511,226	97.7	12,074	2.3
荃灣	262,950	95.4	12,577	4.6	276,530	95.8	12,198	4.2
屯門	476,726	97.5	12,105	2.5	490,234	97.6	11,801	2.4
元朗	430,288	95.8	18,782	4.2	514,879	96.4	19,313	3.6
北區	291,964	97.8	6693	2.2	274,344	97.7	6386	2.3
大埔	299,628	96.4	11,251	3.6	283,255	96.5	10,287	3.5
沙田	605,907	96.4	22,727	3.6	586,152	96.5	21,392	3.5
西貢	311,682	95.1	16,007	4.9	386,780	95.2	19,662	4.8
離島	78,575	84.9	13,987	15.1	123,881	88.4	16,307	11.6
小計	3,224,624	96.3	124,317	3.7	3,447,281	96.4	129,420	3.6
總計	6,364,439	94.9	343,950	5.1	6,522,148	95.0	342,198	5.0

注：2011 年和 2016 年的總人口較該年的人口普查或統計數字分別少 1188 人和 1201 人。
資料來源：　歷年人口普查和中期人口統計報告。

圖 1-43　油尖旺區是 2016 年全港最多非華裔人士居住的地區。政制及內地事務局常任秘書長張琼瑤（右一）於 2017 年 6 月 17 日到油尖旺區探訪少數族裔家庭。（攝於 2017 年 6 月 17 日，香港特別行政區政府提供）

2011				2016			
華人		非華裔		華人		非華裔	
人數（人）	百分比	人數（人）	百分比	人數（人）	百分比	人數（人）	百分比
207,959	82.7	43,560	17.3	193,892	79.7	49,374	20.3
122,791	80.5	29,817	19.5	140,290	77.9	39,833	22.1
546,598	92.9	41,496	7.1	504,585	90.9	50,449	9.1
246,910	88.6	31,745	11.4	238,913	86.9	36,081	13.1
1,124,258	88.5	146,618	11.5	1,077,680	86.0	175,737	14.0
269,875	87.7	38,003	12.3	289,632	84.4	53,338	15.6
362,768	95.3	18,087	4.7	381,861	94.1	24,008	5.9
343,893	91.1	33,458	8.9	376,282	89.9	42,450	10.1
408,060	97.1	12,123	2.9	410,573	96.6	14,662	3.4
601,916	96.7	20,236	3.3	623,267	96.1	25,274	3.9
1,986,512	94.2	121,907	5.8	2,081,615	92.9	159,732	7.1
494,350	96.7	16,817	3.3	497,535	95.6	23,037	4.4
288,322	94.6	16,315	5.4	297,763	93.4	21,153	6.6
470,931	96.6	16,615	3.4	468,588	95.8	20,711	4.2
549,537	95.0	28,992	5.0	574,649	93.6	39,529	6.4
295,225	97.1	8909	2.9	303,378	96.2	11,892	3.8
282,229	95.1	14,624	4.9	283,627	93.3	20,299	6.7
601,886	95.5	28,387	4.5	622,353	94.3	37,441	5.7
407,213	93.3	29,414	6.7	422,354	91.4	39,510	8.6
119,409	84.5	21,918	15.5	122,217	77.9	34,584	22.1
3,509,102	95.1	181,991	4.9	3,592,464	93.5	248,156	6.5
6,619,872	93.6	450,516	6.4	6,751,759	92.0	583,625	8.0

圖 1-44　政府制訂相關政策，保障少數族裔權益。圖為《種族歧視條例僱傭實務守則》封面。（平等機會委員會提供）

圖 1-45　2006 年及 2016 年按區議會分區和種族劃分香港人口

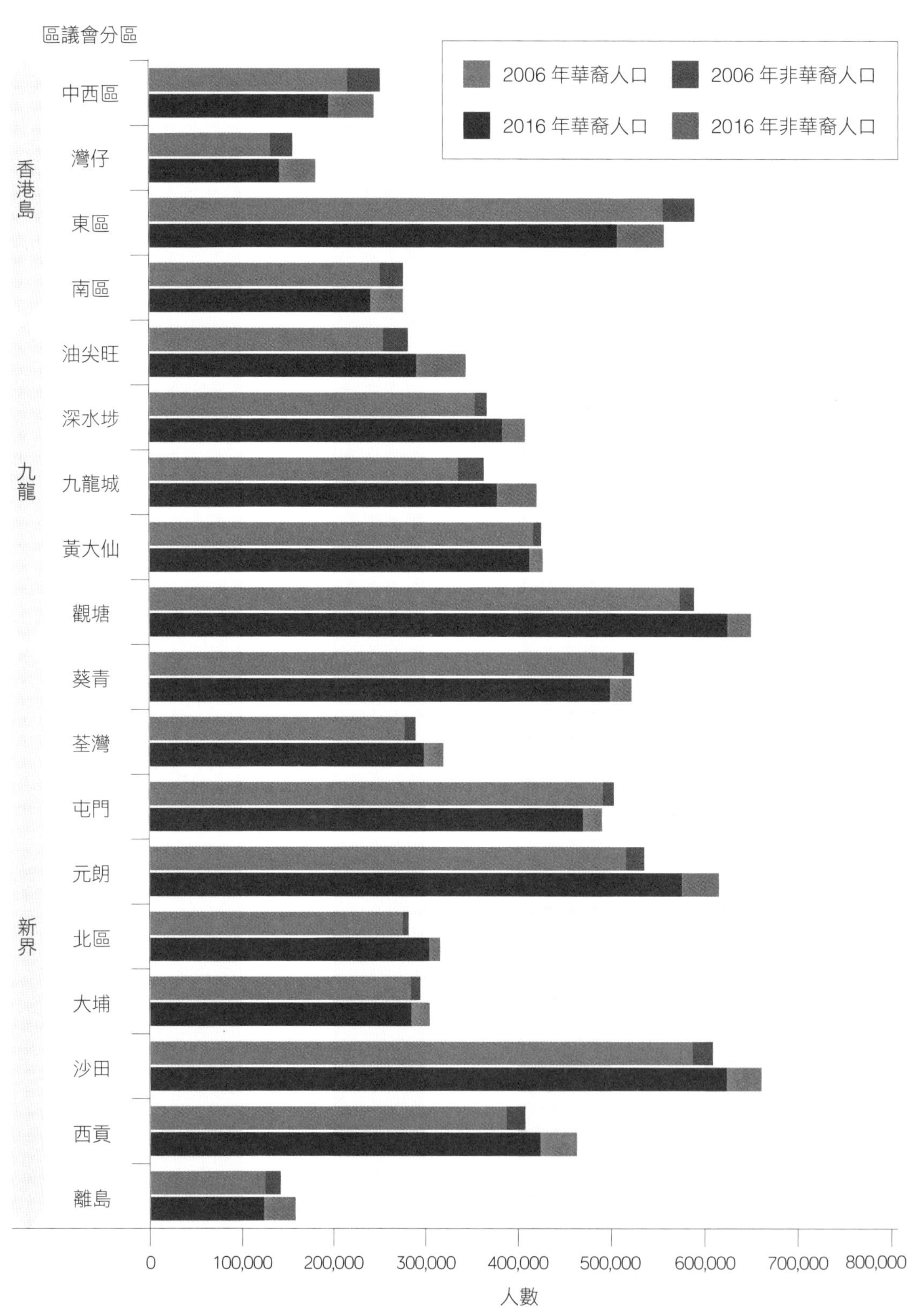

資料來源：　歷年人口普查和中期人口統計報告。

三、不同籍貫及族群人口的區域分布

由清代至英佔初年，不同籍貫人口在香港地區的區域分布基本穩定。本地人聚居於今新界地區，如元朗、錦田、上水、粉嶺等土地較肥沃的平原和河谷。疍家人以船為家，聚集於青山灣、大埔、西貢、大澳、長洲等漁港。清初至中葉來港的客家人已在眾多地區開村立業，包括今新界的元朗東部、大埔、沙頭角、沙田、西貢，九龍半島的九龍城、鯉魚門、茶果嶺、官富場、荃灣，以及離島的大嶼山、南丫島、坪洲等地。香港島的發展較今新界和九龍晚，聚居了較多在清代時才到來香港島的移民。因此，原有村落由不同族群混居的情況比較普遍。如在赤柱，根據傳教士羅孝全於 1842 年進行的調查，該地共有 145 戶，以四人為一戶計，共約 580 人。當中包括本地人 63 戶約 252 人、鶴佬人 27 戶約 108 人，以及客家人 55 戶約 220 人。

1840 年代至 1850 年代的政府報告沒有統計香港島華裔居民的籍貫，但根據零散的報道，潮州人自 1840 年代起已於中西區聚居，並進行貿易。較富有的潮州人在上環永樂街一帶進行南北行業務，低下階層的潮州人聚居於堅尼地城一帶，從事苦力工作。十九世紀中葉，福建人亦於香港中西區進行商業活動，從事裁縫、理髮等和民生有關的行業。西環的譚里，其早期居住者則多為四邑人士。

此段時期的內地新移民以客家人為主。港府推動城市和港口發展，需要大量人力尤其石匠建造房屋和基礎設施，從有關的文獻和族譜記載可知，從事打石業者大多為客家人，其中以嘉應州五華人居多。在香港島，石工聚居於西營盤、薄扶林、大坑、筲箕灣等臨近石礦場的地區，在這些地方形成村落。如筲箕灣在 1841 年時的村民多達 1200 人，佔香港島人口約六分之一，村民多是石工，他們到鄰近的鰂魚涌石礦場工作。其中部分村民純為謀生而來，礦場的工作完結後便離去，筲箕灣的人口因此於 1856 年曾下降至 106 人。在九龍，新移民也以客家石工為主。十九世紀中葉，九龍東部的鯉魚門一帶有三個比較大的石礦場，每個礦場約有百多名石匠和搬運工人，大多是從五華、惠陽、梅縣和東莞招聘而來的客家人。石工聚居於礦場附近的村落，一條村約有石工 300 人。

根據港府於 1861 年進行的人口調查，九龍居民大部分為客家人，他們於十九世紀時遷入；界限街以北的土地較肥沃和平坦，尤其九龍寨城附近，居民多為在此建村已數百年的廣府人。

日佔時期，日佔政府要求華裔居民在「居住屆」（居住許可申請書）填報籍貫，但沒有公布相關數據。

二戰結束後至 1950 年代，港府沒有統計不同籍貫居民的分布。根據《香港年報》的簡述，在新界，四大族群仍多聚居於不同區域，即廣府人集中在西部和西北部的平原如元朗等地；

客家人聚居在廣府人較少的地方，分布廣泛，包括東部的丘陵地帶、西南部、沙頭角、西貢、荃灣、青衣、馬灣等地；鶴佬人在東部沿海和離島，如沙田海、吐露港、沙頭角海、長洲、坪洲等地；疍家人仍主要以船為家，少數在大嶼山大澳上岸聚居。此外，在大埔地區，已有一些村落如汀角村、平山仔村等形成，廣府人和客家人混合而居。荃灣和西南沿海地區的工業發展，吸引了新來港的上海勞工定居；礦業吸引了全國各地的勞工前來，他們多在礦場附近混族聚居。

中華人民共和國成立後，來自內地不同省區的移民日益增加，他們的分布相當廣泛，既有在新界各地務農者，也有在其他新發展區謀生者，當中定居於市區的除廣東人和福建人外，也有相當數量的上海人。此外，有部分當時新來港者被歸類為「中國難民」，根據口述歷史，1950 年時，居住在香港島摩星嶺難民營的人數數以萬計，他們大多是「外省人」（即廣東省以外籍貫者），不會說廣東話。同年 6 月，這批人士同被遷往將軍澳調景嶺，自組社區。

在此時期，不少貧民、災民和新移民在市區邊緣和山邊搭建寮屋。1952 年，社會福利局曾進行寮屋調查，研究報告提及不同籍貫人士在各區寮屋的簡況，如在深水埗的 200 間寮屋中，43.2% 的居民說潮州話；因擴建東華東院而被清拆的灣仔掃桿埔寮屋居民中，64% 說廣東話；11% 說潮州話；深水埗大坑西的火災災民中，10% 為北方人。

1961 年、1966 年、1971 年和 1981 年的人口普查和中期人口統計曾記錄華裔人士的籍

表 1-58　1961 年至 1981 年若干年份按籍貫和地區劃分香港華裔人口統計表

籍貫	1961				
	香港島	九龍	新界	總計	香港島
香港	32,976	39,502	99,868	172,346	33,400
廣州、澳門及鄰近地區	521,851	786,357	183,089	1,491,297	526,200
四邑	192,523	339,682	35,365	567,570	192,100
潮州	72,739	156,291	25,752	254,782	80,300
廣東或廣西省其他地方	不適用	不適用	不適用	不適用	49,600
廣東或廣西省以外中國其他地方	不適用	不適用	不適用	不適用	101,900
廣東省其他地方	73,202	129,865	33,606	236,673	不適用
沿海省份與台灣	73,321	85,810	19,036	178,167	不適用
中國其他地方	16,440	20,939	5106	42,485	不適用
總計	983,052	1,558,446	401,822	2,943,320	983,500

注：1961 年和 1966 年只計算陸上人口。1981 年，廣州、澳門及鄰近地區包括增城、花縣、番禺、三水、從化、赤溪、南海、大鵬、東莞、惠陽、中山、虎門、萬山、担干山、寶安，其他年份不詳；廣東省四邑包括開平、鶴山、江門、新會、台山、恩平，其他年份不詳；廣東省潮州包括汕尾、汕頭、澄海、海豐、南澳、惠來、潮陽、豐順、南山、饒平、潮安、揭陽、普寧，其他年份不詳。

資料來源：　歷年人口普查和中期人口統計報告。

貫，籍貫的分類雖不一致，但反映了不同籍貫人士的區域分布模式和變化各有不同（見表1-58）。

1961 年，陸上華裔人口中，50.7% 的籍貫是廣州、澳門及鄰近地區，19.3% 是廣東省的四邑，另有 8.7% 是廣東省的潮州，8.0% 是廣東省其他地方；籍貫是香港、沿海省份與台灣和中國其他地方者，只各佔 5.9%、6.1% 和 1.4%。籍貫是香港的人士，57.9% 居於新界，只有 22.9% 居於九龍和 19.1% 居於香港島。籍貫是廣州、澳門及鄰近地區的人士，52.7% 居於九龍，35.0% 居於香港島，只有 12.3% 居於新界。籍貫是四邑、潮州或廣東省其他地方的人士，均有約六成居於九龍（59.8%、61.3%、54.9%），約三成居於香港島（33.9%、28.5%、30.9%），只有約一成居於新界（6.2%、10.1%、14.2%）。籍貫是沿海省份與台灣或中國其他地方的人士，約半數居於九龍（48.2%、49.3%），約四成居於香港島（41.2%、38.7%），只有約一成居於新界（10.7%、12.0%）。

1966 年，陸上華裔人口中，49.1% 的籍貫是廣州、澳門及鄰近地區，19.9% 是四邑，另有 11.3% 是潮州，6.3% 是廣東或廣西省其他地方；籍貫是香港和廣東或廣西省以外中國其他地方者，各佔 5.4% 和 8.0%。不同籍貫人士的區域分布變化不大。籍貫是香港的人士，65.0% 居於新界，只有 17.6% 居於香港島，17.4% 居於九龍。籍貫是廣州、澳門及鄰近地區的人士，55.6% 居於九龍，30.7% 居於香港島，只有 13.8% 居於新界。籍貫是四邑、潮州、廣東或廣西省其他地方的人士，均有六成多居於九龍（63.8%、67.7%、67.0%），

單位：人

1966			1971	1981			
九龍	新界	總計	總計	香港島	九龍	新界	總計
33,000	123,500	189,900	185,699	31,394	25,782	67,103	124,279
953,500	236,000	1,715,700	2,072,083	550,703	1,177,806	727,240	2,455,749
442,800	59,400	694,300	684,774	203,898	444,667	165,744	814,309
268,000	47,300	395,600	391,454	111,093	334,632	120,319	566,044
146,400	22,600	218,600	不適用	不適用	不適用	不適用	不適用
145,200	33,300	280,400	不適用	不適用	不適用	不適用	不適用
不適用	不適用	不適用	250,215	97,558	242,187	130,543	470,288
不適用	不適用	不適用	不適用	不適用	不適用	不適用	不適用
不適用	不適用	不適用	284,793	157,328	202,614	95,043	454,985
1,988,900	522,100	3,494,500	3,869,018	1,151,974	2,427,688	1,305,992	4,885,654

兩成多居於香港島（27.7%、20.3%、22.7%），只有約一成居於新界（8.6%、12.0%、10.3%）。籍貫是廣東或廣西省以外中國其他地方的人士，51.8% 居於九龍，36.3% 居於香港島，只有 11.9% 居於新界。

1971 年，華裔人口中，53.6% 的籍貫是廣州、澳門及鄰近地區，17.7% 是四邑，另有 10.1% 是潮州，6.5% 是廣東省其他地方；籍貫是香港和中國其他地方者，各佔 4.8% 和 7.4%。

1981 年，華裔人口中，50.3% 的籍貫是廣州、澳門及鄰近地區，16.7% 是四邑，另有 11.6% 是潮州，9.6% 是廣東省其他地方；籍貫是香港和中國其他地方者，只各佔 2.5% 和 9.3%。不同籍貫人士的區域分布出現若干變化。籍貫是香港的人士仍多居於新界，但比例微降至 54.0%，居於九龍者亦略減至 20.7%，居於香港島者則增至 25.3%。籍貫是廣州、澳門及鄰近地區的人士，仍多居於九龍和香港島，但比例分別下降至 48.0% 和 22.4%，居於新界者增至 29.6%。籍貫是四邑、潮州、廣東省其他地方者的變化相若，居於九龍者降至不足六成（54.6%、59.1%、51.5%），居於香港島者減至約兩成（25.0%、19.6%、20.7%），居於新界者則增至兩至三成（20.4%、21.3%、27.8%）。

四、貧窮人口的區域分布

1970 年代前的官方統計都沒有涉及貧窮人口。二戰後，一般而言，居於寮屋者多屬貧窮民眾，此時期的寮屋區分布廣泛，主要沿山邊或市區邊緣僭建，當中最集中的地區是由荔枝角至觀塘、長約 9.7 公里的一片地帶。寮屋區火災頻仍。港府於 1952 年 1 月根據《緊急情況規例條例》（*Emergency Regulations Ordinance*）通過《1952 年緊急（徙置區）規例》（*Emergency (Resettlement Areas) Regulations, 1952*），授權市政局將政府土地劃定為徙置區，並發出許可證，持證者在支付規定費用後可在區內搭建平房。港府從 1954 年開始大幅清拆寮屋，並在原寮屋區的附近地區興建徙置屋邨，遷移寮屋居民至新建的徙置大廈居住。因此貧窮人口的區域分布大致可以用寮屋區、徙置區和徙置屋邨作為參考。

1954 年至 1967 年間，港府共劃定了 16 個徙置區，居民總人數由 1954 年的 45,906 人增至 1961 年的 87,519 人，然後輾轉減至 1967 年的 72,484 人。香港島有 5 個徙置區，分別位於柴灣、筲箕灣（富斗窟）、北角（健康村）、銅鑼灣（掃桿埔）和薄扶林（摩星嶺），居民人數由 1954 年的 14,606 人增至 1967 年的 20,617 人，其中以柴灣的人數最多。九龍有 8 個徙置區，分別位於牛頭角、黃大仙（竹園、東頭）、九龍城（石山）、何文田、石硤尾（大坑西）、荔枝角和深水埗（大窩坪），居民人數由 1954 年的 31,300 人增至 1967 年的 42,432 人，其中以何文田的人數最多。新界有 3 個徙置區，分別位於葵涌（大窩口）、將軍澳（調景嶺村）和元朗（水牛嶺），居民人數由 1955 年的 1142 人增至 1967

年的 9435 人，其中以調景嶺村的人數最多（見表 1-59）。

1954 年至 1967 年建成的徙置屋邨位於九龍的深水埗區（石硤尾邨、大坑東邨、李鄭屋邨）、九龍城區（紅磡邨）、黃大仙區（老虎岩邨、黃大仙邨、東頭邨、橫頭磡邨、慈雲山邨）、觀塘區（佐敦谷邨、觀塘邨、秀茂坪邨、油塘邨、咸田邨），香港島的柴灣區（柴灣邨）、南區（田灣邨、石排灣邨），以及新界的葵青區（大窩口邨、葵涌邨、石籬邨）、元朗區（元朗邨），居民總人數由 1954 年的 8053 人增至 1967 年的 861,213 人。

從 1970 年代起，可從堅尼系數（Gini coefficient）、[31]「貧窮線」和貧窮率來觀察貧窮人口的情況和變化。

1971 年至 2016 年間，按原本住戶收入計算的堅尼系數屢創新高，由 1971 年的 0.430，上升至 1981 年的 0.451、1991 年的 0.476、2001 年的 0.525、2011 年的 0.537，2016 年為 0.539，換言之，2016 年較 1971 年上升了 0.109。根據港府的分析，堅尼系數持續上升的主因之一，是人口及家庭的結構性轉變，尤其是人口老化、長者住戶增加，以及住戶人數減少等社會大趨勢，長者住戶愈多、住戶人數愈少，堅尼系數便愈大。因此，政府統計處編製了多項在扣除政府政策、人口老化和住戶結構等環境因素的影響後的堅尼系數，系數的變化反映人口老化導致非從事經濟活動的家庭住戶增加，令整體社會的住戶收入差距有所擴闊（見表 1-60），但沒有公布按區域劃分的系數。

特區政府於 2013 年 9 月公布首條官方「貧窮線」，並按此計算 2009 年及以後的貧窮情況。貧窮線採納「相對貧窮」概念，按稅前和社會福利轉移前（即政府政策介入前）每月住戶收入中位數的 50% 來訂立，收入中位數則按家庭人數劃分。2009 年，政策介入前的貧窮住戶共 54.1 萬戶，貧窮人口共 134.8 萬人，貧窮率為 20.6%；2016 年的相應數字為 58.2 萬戶、135.2 萬人和 19.9%（見表 1-61）。

2009 年至 2016 年間，貧窮人口的區域分布變化不大。2009 年，在各個區議會分區中，政策介入前貧窮人口較多的地區是觀塘、元朗、葵青、屯門和沙田；貧窮人口較少者是灣仔、中西區、離島、南區和大埔。貧窮率高於整體平均水平的分區包括深水埗、元朗、觀塘、葵青、黃大仙、離島、北區和屯門；貧窮率最低的是灣仔和中西區（見表 1-62，表 1-63）。至 2016 年，貧窮人口較多的地區依然是觀塘、元朗、葵青和沙田；貧窮人口較少者是灣仔、離島、中西區和南區。貧窮率高於整體平均水平的分區包括深水埗、觀塘、葵青、北區、元朗、黃大仙、屯門和離島；貧窮率最低者仍是灣仔和中西區。北區的情況較特別，其貧窮人口相對較少（6.9 萬人），但貧窮率偏高（23.3%），主因是北區從事經濟

31 堅尼系數用於量度社會上收入分布不平均的程度。系數數值介乎 0 與 1，數值愈高反映差距愈大。在資本主義社會，財富不均的影響可能較收入不均嚴重。政府統計處收集的住戶收入資料包括由財富產生的收入，在某程度上能反映財富不均的情況。

表 1-59　1954 年至 1967 年按地區劃分香港徙置區人口統計表

地區	1954	1955	1956	1957	1958	1959
香港島						
柴灣	9648	10,675	11,179	11,999	12,794	13,852
富斗窟	1145	1381	1421	1423	1369	1356
健康村	880	848	647	501	486	487
掃桿埔	1394	1649	2217	2345	2429	2451
摩星嶺	1539	1682	1737	1828	1825	1863
小計	14,606	16,235	17,201	18,096	18,903	20,009
九龍						
牛頭角	1716	2314	4924	5079	5338	6189
竹園	不適用	3394	7926	8099	8389	9056
東頭	4636	5372	5663	5757	5831	6026
石山	514	536	540	549	512	482
何文田	20,950	25,542	26,869	26,954	26,998	27,554
大坑西	2416	2465	2617	2655	2658	2665
荔枝角	1068	1224	1296	1333	1369	1415
大窩坪	不適用	不適用	394	1539	3953	4586
小計	31,300	40,847	50,229	51,965	55,048	57,973
新界						
大窩口	不適用	1142	2963	3643	3595	3658
調景嶺村	不適用	不適用	不適用	不適用	不適用	不適用
水牛嶺	不適用	不適用	不適用	不適用	不適用	不適用
小計	不適用	1142	2963	3643	3595	3658
總計	45,906	58,224	70,393	73,704	77,546	81,640

資料來源： Census and Statistics Department, *Hong Kong Statistics 1947-1967*。

表 1-60　2006 年至 2016 年若干年份香港堅尼系數統計表

	所有家庭住戶			從事經濟活動家庭住戶		
	2006	2011	2016	2006	2011	2016
按家庭住戶收入計算						
按原本住戶收入計算	0.533	0.537	0.539	0.490	0.489	0.482
按除税後住戶收入計算	0.521	0.521	0.524	0.477	0.470	0.464
按除税及福利轉移後住戶收入計算	0.475	0.475	0.473	0.436	0.430	0.422
按人口平均家庭住戶收入計算						
按原本住戶收入計算	0.502	0.507	0.499	0.484	0.485	0.474
按除税後住戶收入計算	0.488	0.490	0.482	0.467	0.465	0.455
按除税及福利轉移後住戶收入計算	0.427	0.431	0.420	0.412	0.413	0.401

資料來源： 政府統計處：《2016 年中期人口統計：主題性報告—香港的住戶收入分布》。

單位：人

1960	1961	1962	1963	1964	1965	1966	1967
香港島							
12,363	12,798	12,853	13,561	14,849	14,804	14,632	14,738
1398	1398	1411	1509	1604	1642	1777	1703
545	474	不適用	不適用	不適用	不適用	不適用	不適用
2463	2483	2482	2588	2910	2900	2882	2263
1859	1845	1849	1774	2048	2044	2032	1913
18,628	18,998	18,595	19,432	21,411	21,396	21,323	20,617
九龍							
6839	7154	7730	7772	8457	8394	8356	7353
9902	10,352	10,425	10,667	11,533	11,598	11,666	11,771
3170	3261	3384	3471	2758	2728	2750	2726
500	507	519	527	不適用	不適用	不適用	不適用
29,494	31,198	26,502	21,221	20,126	14,142	14,125	13,708
2593	2970	1509	1710	1757	1818	1827	1828
1446	1522	1563	1720	1628	1567	1560	1554
4882	4992	5052	5292	5764	3406	3503	3492
58,826	61,956	56,684	52,380	52,023	43,653	43,787	42,432
新界							
5028	5606	3380	554	651	662	665	673
不適用	不適用	不適用	不適用	7788	7692	7473	7254
不適用	959	997	1011	1026	1326	1454	1508
5028	6565	4377	1565	9465	9680	9592	9435
82,482	87,519	79,656	73,377	82,899	74,729	74,702	72,484

表 1-61　2009 年至 2016 年香港貧窮人口和貧窮率統計表

	2009	2010	2011	2012	2013	2014	2015	2016
貧窮住戶（萬戶）								
政策介入前	54.1	53.6	53.0	54.1	55.5	55.5	57.0	58.2
政策介入後	40.6	40.5	39.9	40.3	38.5	38.3	39.2	41.2
貧窮人口（萬人）								
政策介入前	134.8	132.2	129.5	131.2	133.6	132.5	134.5	135.2
政策介入後	104.3	103.1	100.5	101.8	97.2	96.2	97.1	99.6
貧窮率（%）								
政策介入前	20.6	20.1	19.6	19.6	19.9	19.6	19.7	19.9
政策介入後	16.0	15.7	15.2	15.2	14.5	14.3	14.3	14.7

資料來源：　香港特別行政區政府：《2016 年香港貧窮情況報告》。

表 1-62　2009 年至 2016 年按區議會分區劃分香港貧窮人口統計表

分區	政策介入前							
	2009	2010	2011	2012	2013	2014	2015	2016
香港島								
中西區	3.04	3.10	2.84	2.98	3.08	2.87	3.07	2.93
灣仔	1.77	1.85	1.81	1.95	1.73	1.96	2.02	2.13
東區	8.57	8.43	8.87	9.00	9.24	9.24	9.45	7.58
南區	4.05	3.76	3.71	3.85	3.92	3.90	3.94	3.72
九龍								
油尖旺	5.24	5.22	5.62	5.68	5.72	5.54	6.01	5.81
深水埗	9.30	9.02	9.07	9.41	9.50	9.72	9.06	9.24
九龍城	5.88	5.68	5.89	5.90	5.95	6.34	7.54	6.31
黃大仙	9.71	10.02	9.29	10.13	9.70	9.98	9.85	9.01
觀塘	14.80	15.59	14.55	15.74	16.49	15.49	16.13	15.02
新界								
葵青	12.25	12.51	11.88	11.51	11.65	12.47	11.62	11.89
荃灣	5.11	4.67	4.81	4.60	4.76	4.71	4.80	5.22
屯門	10.62	9.96	9.71	9.59	9.78	9.56	9.31	9.56
元朗	13.66	13.62	12.73	13.21	11.99	11.77	12.60	13.36
北區	6.76	6.47	6.26	6.08	6.06	6.13	5.64	6.89
大埔	4.74	4.52	4.30	4.02	4.50	4.63	4.57	5.54
沙田	10.02	9.83	9.47	9.46	10.87	9.98	10.57	11.65
西貢	6.06	4.96	5.47	5.53	6.09	5.74	5.59	6.53
離島	3.25	2.99	3.22	2.58	2.60	2.45	2.73	2.84

資料來源：　香港特別行政區政府：《2016 年香港貧窮情況報告》。

表 1-63　2009 年至 2016 年按區議會分區劃分香港貧窮率統計表

分區	政策介入前							
	2009	2010	2011	2012	2013	2014	2015	2016
香港島								
中西區	13.4	13.5	12.8	13.2	13.9	13.1	14.0	13.9
灣仔	12.7	13.2	13.5	14.4	13.1	14.8	15.1	13.6
東區	15.6	15.4	16.2	16.4	17.0	17.1	17.7	14.8
南區	16.1	15.0	14.8	15.5	15.7	15.7	15.9	15.4
九龍								
油尖旺	18.7	18.4	19.7	19.5	19.6	19.0	20.2	18.5
深水埗	26.8	26.1	25.5	25.9	26.2	26.6	24.6	24.6
九龍城	17.7	17.2	17.3	17.1	17.4	17.2	20.4	16.9
黃大仙	24.1	24.8	22.9	24.8	23.6	24.3	23.9	22.3
觀塘	25.9	26.6	24.4	25.9	26.6	25.1	26.0	24.3
新界								
葵青	24.9	25.5	24.3	23.7	24.0	25.7	23.6	24.1
荃灣	18.5	17.0	16.9	16.1	16.8	16.6	16.8	17.6
屯門	22.6	21.1	20.8	20.5	20.8	20.2	19.5	20.8
元朗	26.1	25.6	23.0	23.7	21.3	20.6	21.6	23.0
北區	23.3	22.0	21.5	20.7	20.7	20.9	18.9	23.3
大埔	17.3	16.4	15.5	14.4	16.0	16.4	15.8	19.7
沙田	17.4	16.8	16.1	15.9	17.9	16.4	17.1	19.0
西貢	15.5	12.5	13.4	13.5	14.7	13.6	13.1	15.3
離島	23.4	21.3	24.6	19.2	19.3	18.1	19.9	20.1

資料來源：　香港特別行政區政府：《2016 年香港貧窮情況報告》。

單位：萬人

政策介入後							
2009	2010	2011	2012	2013	2014	2015	2016
香港島							
2.68	2.74	2.54	2.56	2.47	2.39	2.61	2.53
1.57	1.66	1.57	1.68	1.43	1.72	1.81	1.99
6.96	6.93	7.16	7.10	7.17	7.15	7.26	5.76
3.14	2.81	2.71	2.93	2.80	2.74	2.71	2.67
九龍							
4.07	4.19	4.41	4.57	4.42	4.42	4.61	4.53
7.02	6.83	6.77	6.84	6.74	6.66	6.26	6.32
4.58	4.52	4.64	4.53	4.31	5.00	5.54	4.80
7.23	7.74	7.05	7.65	6.65	6.73	6.66	6.25
11.08	11.57	10.90	11.63	11.00	10.33	10.46	10.02
新界							
9.06	8.99	8.56	8.79	7.93	8.20	7.72	8.07
4.00	3.80	3.83	3.71	3.73	3.46	3.59	4.02
8.08	8.11	7.87	7.45	7.54	7.03	6.90	7.03
10.32	10.37	9.75	10.37	8.40	8.46	9.32	9.78
5.36	5.16	5.13	4.92	4.38	4.84	4.26	5.53
4.07	3.61	3.45	3.11	3.54	3.65	3.48	4.51
7.93	7.56	7.27	7.64	8.04	7.53	7.87	8.54
4.71	3.99	4.30	4.38	4.67	4.22	4.13	5.23
2.48	2.47	2.62	1.92	2.00	1.68	1.96	2.01

單位：%

政策介入後							
2009	2010	2011	2012	2013	2014	2015	2016
香港島							
11.8	11.9	11.4	11.4	11.1	11.0	11.9	12.0
11.3	11.8	11.7	12.4	10.9	13.0	13.6	12.7
12.7	12.7	13.1	13.0	13.2	13.3	13.6	11.3
12.5	11.2	10.9	11.8	11.2	11.1	10.9	11.1
九龍							
14.6	14.8	15.4	15.7	15.2	15.1	15.5	14.5
20.2	19.7	19.0	18.8	18.6	18.2	17.0	16.8
13.8	13.7	13.7	13.1	12.6	13.6	15.0	12.8
17.9	19.2	17.4	18.7	16.2	16.4	16.2	15.4
19.4	19.8	18.3	19.1	17.7	16.7	16.8	16.2
新界							
18.4	18.3	17.5	18.1	16.3	16.9	15.7	16.4
14.5	13.8	13.4	13.0	13.1	12.1	12.6	13.5
17.2	17.2	16.9	15.9	16.1	14.9	14.4	15.3
19.7	19.5	17.6	18.6	14.9	14.8	16.0	16.8
18.4	17.6	17.6	16.8	15.0	16.5	14.2	18.7
14.9	13.1	12.5	11.1	12.6	12.9	12.0	16.0
13.8	12.9	12.4	12.8	13.2	12.4	12.7	13.9
12.0	10.1	10.5	10.7	11.3	10.0	9.7	12.2
17.8	17.6	20.0	14.3	14.9	12.5	14.3	14.2

活動住戶比例及全職工作人口比例均為 18 區中最低，而較高技術在職人士比例（33.3%）亦與其他貧窮情況較嚴峻的地區（如元朗）相若，區內人士面對較大的貧窮風險。

在政策介入後，各區貧窮情況普遍得到紓緩，尤其是貧窮住戶（政策介入前）領取綜援比例較高的地區，貧窮率的改善幅度較為可觀。2016 年，北區、深水埗、元朗、葵青、觀塘、大埔、黃大仙及屯門的貧窮率仍高於全港平均水平，當中北區的貧窮率排名由政策介入前的第四高升至政策介入後的最高（18.7%），主因是北區貧窮住戶（政策介入前）領取綜援的比例（28.5%），顯著低於深水埗（41.9%）和觀塘（39.0%）等政策介入前貧窮率同居前列的地區。

圖 1-46 《2016 年香港貧窮情況報告》封面。（香港特別行政區政府統計處提供）

第二章
人口變動

香港於英佔之前的人口出生、死亡和流動數據，無從確考。英佔時期，港府從 1846 年起公布香港的出生和死亡人數，從 1855 年起公布港口出境人數，但據官方分析，1946 年前的華人生死統計並不準確。

香港的生育水平在過去百多年先升後跌。英佔初年，新增人口以從內地前來的單身男性臨時居民為主，性別比例嚴重失衡，生育率偏低。其後，內地居民因避難陸續來港，部分在港定居，帶動出生人數上升。日佔時期，出生率一度下降，二戰結束後重回升軌，並因高出生率而形成「嬰兒潮」。自 1960 年代起，出生率轉趨下降，從 1980 年起，總和生育率（total fertility rate）和淨再生產率（net reproduction rate）一直低於更替水平（replacement level），[1] 出生人口下降在 2003 年到達歷史低位後，因大量內地女性來港生育而止跌回升，2013 年港府實施「零分娩配額」政策後，此升勢戛然而止。生育率的長期下滑，與愈來愈多女性獨身、遲婚、離婚，以及低次活產延遲和高次活產縮減的趨勢密切相關。新生嬰兒的出生性別比率自 1900 年有紀錄起持續偏高，活產男嬰的數目多於女嬰，在這方面，傳宗接代和重男輕女等傳統價值觀，以及近年少子化和生殖科技的進步都發生了影響。

從先秦時期墓葬保存的人類遺骸判斷，當時兒童的夭折率相當高。對於香港歷史時期的人口死亡情況，歷代文獻有零星記述，主要涉及事故、傳染病和生存環境惡化，例如發生在明清時期的寇盜殺戮、清初的遷界令等。自 1870 年代起，死亡數目隨人口規模擴大而增加，死亡率大致上是先升後降。在十九世紀，死亡率偏高的年份多與傳染病暴發有關。不同種族的死亡率差異極大，華人的死亡率曾低於非華裔人口，這是因為華人不一定申報死亡，患病時也有回鄉醫治或等待死亡的習慣。這情況自 1870 年代中起逆轉，主因是傳染病長期肆虐，而華人較少接種疫苗、生活條件較差，故死亡率上升。二十世紀上半葉的死亡率高企，乃因戰爭、疾病和營養不良而導致。二戰後的死亡率明顯下降，死因由之前的以傳染病、呼吸系統疾病和消化系統疾病為主，轉為腫瘤、呼吸系統疾病和循環系統疾病。男性和女性於各個年齡組別的死亡率均持續下降，居民愈趨長壽，但人口老化導致死亡人數不斷增加，男性的死亡人數一直多於女性。

1840 年代至 1940 年代初的出生人數持續少於死亡人數，人口規模得以擴大，依靠內地移民而非自然增長。二戰結束後，由於出生率高企和死亡率下跌，人口自然增長轉為正值並維持在較高水平，這是引致人口結構轉變的重要因素。1960 年代起，隨着出生人數下降和死亡人數上升，人口自然增長不斷下滑，其間只有 2004 年至 2012 年因新生嬰兒數目急增而短暫回升。

1 更替水平是指每千名女性需生產的嬰兒數目，人口才能夠自行更替。某一代女性的更替水平，是每名女性平均產下一名能存活至育齡期末的女兒。人口的更替水平約為每千名女性生產 2100 名嬰兒，這數目已計算低死亡率、出生性別比率、嬰兒及兒童死亡率等因素的影響。

香港人口的流動性相當高。跨境流動方面，自古以來的主要趨勢是人口從中國內地流入香港，流量時多時少，大體是內地社會動盪時，較多人來港避難；出現經濟機遇時，有較多人前來謀生或經港出洋。較大規模的流動發生於清代初年、日本侵華和日佔時期。清朝政府於清順治十八年（1661）實施遷界令，強制香港所有居民內遷 50 里；清康熙八年（1669）遷海復界，但「死喪已過半」，之後大批客籍移民響應官府的招墾號召，來港拓荒建村。抗戰爆發後，估計有 75 萬名內地居民於 1937 年至 1939 年來港避難。日軍佔領香港後，於 1942 年實施「歸鄉」政策，驅逐近百萬華人離境；日本投降後，人口迅速回流，翌年幾已回復太平洋戰爭前的人口規模。1940 年前，香港和內地的邊界保持開放，除「不受歡迎」或被驅逐人士外，兩地民眾可自由出入。二戰後，香港的出入境旅客數量持續增加，2003 年實施「個人遊」計劃後，內地旅客的升幅遠高於其他地方。合法移居香港的人士亦主要來自內地，1983 年至 2016 年間共 141.6 萬人持單程通行證來港定居。

境內流動方面，宋朝以後，主要趨勢是聚落地點由今新界的西部和西南部沿岸向平原和河谷擴展，再逐漸南移，進入九龍半島和香港島；自漢代起，今新界西面的社經發展領先於東面，此後人口主要是自西向東流動。除英佔初年實施華洋分隔政策、日佔時期實施嚴厲管控，以及間中發生的強制遷移外，香港居民可在境內自由遷居。十九世紀時，新來港人士集聚於香港島城區；其後百年，港府透過城市規劃和公營房屋政策，帶動人口陸續向港島郊區、九龍、新市鎮和新界擴散，1990 年代，大部分新市鎮已大致完成發展，人口從市區遷移至新市鎮的幅度開始放緩。

第一節　人口自然變動

一、人口出生

1. 出生趨勢

活產嬰兒數目、性別比率和粗出生率

1841 年以前　香港從史前直至英佔時期的人口出生數據，無從確考。然而，如果將香港放在先秦時期的百越地區，以及歷朝隸屬的地方行政區域之內，從較宏觀的角度審視香港的生育環境和概況，有兩點應是可以肯定的。其一，人口壓力相對較低，有條件承載更多人口。以西漢為例，據學者按《漢書》〈地理志〉所載的各地區口數推算，香港所屬的南海郡每平方公里只有 0.96 人，在全國處於末四位，居榜首的關東地區濟陰郡的人口密度是每平方公里 265.32 人，兩者相去甚遠。其後，我國的經濟重心逐漸南移，但位處南端的香港始終是人口較稀疏之地。其二，生育率相對較高，這和香港的地理位置有關。香港的自然環境宜於人類居住，又遠離作為政治中心的中原大地，少被戰爭和動亂波及，因而有較佳的生存和生育環境。據有關百越的記載，指出「知南方文化程度雖低，生齒數實不弱，蓋由氣暖而地腴使然。」這種生育率相對較高的情況，直至清代還有跡可尋，如清雍正年間（1723—1735）《硃批諭旨》〈卷二百九下〉載廣東巡撫楊永斌在奏章中説到：「竊照粵東生齒日繁，工賈漁鹽樵採之民，多於力田之民，所以地有荒蕪，民有艱食。」另清嘉慶《新安縣志》〈卷首．訓典〉記載雍正帝開豁廣東疍戶「賤籍」時亦指出：「聞粵東地方，四民之外，另有一種，名為疍戶，……生齒繁多，不可數計。」這兩處説的「生齒日繁」、「生齒繁多」指的是廣東地區，位於廣東之內的香港有着相同背景。

1841 年至 1960 年　從 1846 年開始，香港島有官方紀錄的出生人口數字。根據港府於 1846 年 12 月修訂的《1846 年登記及普查條例》，港島華人必須申報新生嬰兒的資料。英佔早期，新增人口以單身男性為主，屬臨時居住性質，完成工作或賺足夠錢後便回鄉，因而男女比例嚴重失衡，女性人口佔比小，生育率自然偏低。在此背景下，1846 年至 1848 年的年度登記活產嬰兒數目只有約 200 名，由於同期的總人口變化不大，粗出生率（crude birth rate）維持在每千人約 8 名至 9 名的水平。[2] 1850 年的嬰兒數目降至 152 人，但由於人口總數大幅增加，粗出生率急跌至 4.57‰。其後，嬰兒數目雖有增加，由 1851 年的 210 名增至 1859 年的 422 名，但升幅低於同期的人口增長，粗出生率繼續處於極低水平，僅在 3.77‰ 至 7.58‰ 之間波動（見表 2-1）。

表 2-1　1846 年至 1859 年香港島登記活產嬰兒人數和粗出生率統計表

年	總人口（人）	登記活產嬰兒（人）	粗出生率（‰）	年	總人口（人）	登記活產嬰兒（人）	粗出生率（‰）
1846	21,835	185	8.47	1853	39,017	274	7.02
1847	23,872	197	8.25	1854	55,715	210	3.77
1848	21,514	196	9.11	1855	72,607	348	4.79
1849	29,507	不詳	不詳	1856	71,730	314	4.38
1850	33,292	152	4.57	1857	77,094	298	3.87
1851	32,983	210	6.37	1858	75,503	572	7.58
1852	37,058	216	5.83	1859	86,941	422	4.85

注：包括水上和流動人口；總人口不包括軍人；1850 年至 1859 年（除 1858 年的歐洲人外）的登記活產嬰兒不包括軍人，1846 年至 1848 年不詳。1859 年，維多利亞城各分區嬰兒數目之和，比總計數字多 50 人，本表採用總計數字。

資料來源：　歷年 *Hong Kong Blue Book*。

1860 年代至 1890 年代，香港島和九龍的登記活產嬰兒數目和粗出生率維持在極低水平。1860 年至 1866 年的嬰兒數目介乎 415 名至 914 名，[3] 粗出生率為每千人約 4 名至 7 名。

2　粗出生率是指每年的活產嬰兒數目相對該年年中人口（或總人口）的比率。

3　1861 年至 1866 年《香港藍皮書》的出生統計欄目是「洗禮／出生」（Baptisms/Births），其下，「洗禮」的數字以歐洲人為主，另有極少數華人，「出生」的數字估計全是華人。鑒於 1846 年的《1846 年登記及普查條例》只規定華人申報新生嬰兒的資料，1872 年的《1872 年生死登記條例》才規定所有居民進行出生登記，而申報洗禮資料須於出生登記後六個月內進行，本卷把 1861 年至 1866 年的洗禮人數加入登記活產嬰兒數目。

港府於 1872 年通過《1872 年生死登記條例》，規定所有戶主為戶中新生嬰兒辦理出生登記；翌年的登記活產嬰兒數目增至 1796 名。然而，1870 年代至 1890 年代的嬰兒數目雖有增加，但只介乎 1132 名至 1898 名，多低於同期的人口增長，粗出生率由 1876 年的 13.22‰ 降至 1881 年的 9.46‰、1891 年的 7.83‰ 和 1899 年的 4.37‰。此時期，男女比例依然嚴重失衡，生育率自然偏低；華人婦女仍多在家分娩，由於家居衞生普遍惡劣，嬰兒的夭折率相當高。此外，香港於 1894 年開始受鼠疫困擾，活產嬰兒數目隨即由 1893 年的 1801 名，降至翌年的 1455 名（見表 2-2）。1880 年代至 1890 年代，華人的出生率低於非華裔人口，以 1886 年、1891 年和 1896 年為例，華人的出生率為 8.05‰、7.13‰ 和 4.31‰；非華裔人口則為 17.09‰、19.53‰ 和 20.06‰。

男性的出生數目比女性稍多，這是普遍的生物學現象。[4] 1879 年至 1899 年間，香港的出生性別比率持續偏高，每年登記活產嬰兒的平均性別比率為每千名女嬰對 1292 名男嬰，最低是 1891 年的 1130 名，最高是 1899 年的 1561 名（見表 2-2）。

1900 年代至 1940 年代初，香港的登記活產嬰兒數目和粗出生率均呈上升趨勢。1900 年代至 1920 年代中的嬰兒數目緩慢增加，從 1900 年的 939 名增至 1926 年的 3541 名；其間，嬰兒數目曾短暫急升，由 1911 年的 1768 名倍增至 1913 年的 3731 名，這主要由於有大量內地居民來港避難所致。1926 年後，嬰兒數目的升勢加快，由當年的 3541 名增至 1927 年的 7500 名後，再持續增至 1940 年的 44,917 名；1930 年代日本侵華，大批難民來港，也帶動出生人數上升。此期間，粗出生率的變化與活產嬰兒數目基本一致，1900 年代至 1920 年代中，由於登記活產嬰兒數目不多，粗出生率於每千人有 3.18 名至 7.63 名之間升降；其後保持較快速的升勢，由 1926 年的 4.05‰ 升至 1940 年的 41.90‰；1913 年、1927 年和 1939 年的活產嬰兒數目急增，隨而帶動當年的粗出生率攀升（見表 2-3）。1900 年代至 1930 年代，華人的出生率低於非華裔人口，以 1901 年、1906 年、1911 年、1916 年、1921 年、1926 年、1931 年和 1936 年為例，華人的出生率各為 3.02‰、3.35‰、3.9‰、5.8‰、5.68‰、4.18‰、14.68‰ 和 27.79‰；非華裔人口則為 11.45‰、14.06‰、19.22‰、20.05‰、25.88‰、19.21‰、20.03‰ 和 24.28‰。[5]

1900 年至 1928 年間，香港的出生性別比率持續偏高，每年活產嬰兒的平均性別比率為每千名女嬰對 1793 名男嬰，最低是 1927 年的 1337 名，最高是 1910 年的 2565 名；比率低於 1500 名的只有 1913 年、1927 年和 1928 年（見表 2-3）。

根據港府的分析，二十世紀早期的登記活產嬰兒數字不能作準，尤其華人出生統計，原因

4　一般而言，出生性別比率在每千名女嬰對 1020 名至 1070 名男嬰的範圍。

5　1901 年至 1926 年的出生率取自歷年《立法局會議文件彙編》和《行政報告》，1931 年和 1936 年是根據《行政報告》記錄的人口數和登記活產嬰兒人數而計算。

表 2-2　1860 年至 1899 年若干年份香港島和九龍登記活產嬰兒人數、出生性別比率和粗出生率統計表

年	總人口（人）	登記活產嬰兒（人）			出生性別比率（每千名女嬰）	粗出生率（‰）
		男性	女性	合計		
1860	94,917	不詳	不詳	415	不詳	4.37
1861	119,321	不詳	不詳	763	不詳	6.39
1862	123,511	不詳	不詳	914	不詳	7.40
1863	124,850	不詳	不詳	481	不詳	3.85
1864	121,498	不詳	不詳	524	不詳	4.31
1865	125,504	不詳	不詳	528	不詳	4.21
1866	115,098	不詳	不詳	535	不詳	4.65
1873	不詳	不詳	不詳	1796	不詳	不詳
1874	不詳	不詳	不詳	1898	不詳	不詳
1875	不詳	不詳	不詳	1769	不詳	不詳
1876	139,144	不詳	不詳	1840	不詳	13.22
1877	不詳	不詳	不詳	1684	不詳	不詳
1878	不詳	不詳	不詳	1484	不詳	不詳
1879	不詳	805	628	1433	1282	不詳
1880	不詳	903	675	1578	1338	不詳
1881	160,402	865	653	1518	1325	9.46
1882	不詳	857	688	1545	1246	不詳
1883	不詳	832	677	1509	1229	不詳
1884	不詳	844	707	1551	1194	不詳
1885	不詳	896	659	1555	1360	不詳
1886	181,702	827	730	1557	1133	8.57
1887	185,962	938	767	1705	1223	9.17
1888	190,222	938	724	1662	1296	8.74
1889	194,482	904	779	1683	1160	8.65
1890	198,742	886	731	1617	1212	8.14
1891	221,441	920	814	1734	1130	7.83
1892	231,662	1042	801	1843	1301	7.96
1893	238,724	979	822	1801	1191	7.54
1894	246,006	826	629	1455	1313	5.91
1895	253,514	801	626	1427	1280	5.63
1896	261,258	714	519	1233	1376	4.72
1897	246,907	807	561	1368	1439	5.54
1898	254,400	732	474	1206	1544	4.74
1899	259,312	690	442	1132	1561	4.37

注：1861 年至 1866 年的登記活產嬰兒包括洗禮人數。自 1861 年起包括九龍人口。1860 年至 1866 年、1876 年、1881 年、1891 年和 1897 年總人口為人口普查數字，其餘年份為估計數字。

資料來源：　歷年 *Hong Kong Blue Book*；R. L. Jarman (ed.), *Hong Kong Annual Administration Reports 1841-1941*。

表 2-3　1900 年至 1940 年香港登記活產嬰兒人數、出生性別比率和粗出生率統計表

年	總人口（人）	登記活產嬰兒（人）			出生性別比率（每千名女嬰）	粗出生率（‰）
		男性	女性	合計		
1900	262,678	580	359	939	1616	3.57
1901	300,660	676	412	1088	1641	3.62
1902	311,824	756	444	1200	1703	3.85
1903	325,431	671	363	1034	1848	3.18
1904	361,206	740	465	1205	1591	3.34
1905	377,850	829	460	1289	1802	3.41
1906	329,038	845	476	1321	1775	4.01
1907	329,357	897	523	1420	1715	4.31
1908	336,488	937	475	1412	1973	4.20
1909	343,877	1044	473	1517	2207	4.41
1910	350,975	1103	430	1533	2565	4.37
1911	373,121	1271	497	1768	2557	4.74
1912	450,098	1687	984	2671	1714	5.93
1913	489,114	2138	1593	3731	1342	7.63
1914	501,304	1920	1081	3001	1776	5.99
1915	517,140	1692	919	2611	1841	5.05
1916	528,090	1751	880	2631	1990	4.98
1917	535,108	1600	800	2400	2000	4.49
1918	468,100	1520	801	2321	1898	4.96
1919	501,000	1462	732	2194	1997	4.38
1920	547,350	1540	880	2420	1750	4.42
1921	585,880	2172	1446	3618	1502	6.18
1922	578,200	2393	1511	3904	1584	6.75
1923	578,200	2732	1682	4414	1624	7.63
1924	799,550	2712	1431	4143	1895	5.18
1925	874,420	2316	1338	3654	1731	4.18
1926	874,420	2185	1356	3541	1611	4.05
1927	977,900	4291	3209	7500	1337	7.67
1928	1,075,690	5450	3859	9309	1412	8.65
1929	1,075,690	不詳	不詳	10,223	不詳	9.50
1930	1,171,400	不詳	不詳	11,134	不詳	9.50
1931	849,750	不詳	不詳	12,443	不詳	14.64
1932	900,796	不詳	不詳	14,184	不詳	15.75
1933	922,643	不詳	不詳	18,742	不詳	20.31
1934	944,492	不詳	不詳	20,886	不詳	22.11
1935	966,341	不詳	不詳	25,037	不詳	25.91
1936	988,190	不詳	不詳	27,111	不詳	27.44
1937	1,006,982	不詳	不詳	31,559	不詳	31.34
1938	1,028,619	不詳	不詳	35,527	不詳	34.54
1939	1,050,256	不詳	不詳	45,984	不詳	43.78
1940	1,071,893	不詳	不詳	44,917	不詳	41.90

注：總人口數來自《香港藍皮書》，與表 1-5 所列的不同。總人口數於 1900 年至 1911 年不包括新界；1900 年至 1904 年包括軍人；1905 年至 1911 年包括新九龍人口及軍人；1912 年至 1915 年、1937 年及 1938 年沒說明有否包括軍人；1916 年至 1936 年不包括軍人；1939 年及 1940 年華人人口不包括約 750,000 名難民。登記活產嬰兒中，1900 年至 1904 年為維多利亞城、九龍、筲箕灣、香港仔、赤柱之和；1913 年至 1931 年不包括新界；1936 年至 1940 不包括出生 12 個月後登記的嬰兒。1926 年《行政報告》列出的總出生人數為 4041 名。粗出生率按總人口數計算。

資料來源：　歷年 *Administrative Reports*；歷年 *Hong Kong Blue Book*；歷年 *Sessional Papers*。

有三：其一，《生死登記條例》在新界地區較難執行，當地的準確出生人數難以知悉；其二，華人婦女鮮有到醫院生產或聘請註冊助產士接生，令官方數據失準；其三，不少華人仍抱有重男輕女的心態，導致生女不申報甚至棄養。根據 1901 年的《立法局會議文件彙編》，1900 年的華人登記活產嬰兒中，男嬰有 431 名，女嬰只有 247 名，按此計算，出生性別比率為每千名女嬰對 1745 名男嬰；但該年在街上發現的死嬰和棄嬰中，性別比率為每千名女嬰對 638 名男嬰。

日佔時期，根據 1942 年 9 月實施的香督令第四十號《制定戶口規則之件》，市民在嬰兒出生後的十天內必須向總督部呈報，但日佔政府沒有公布人口出生統計。此時期的數據主要來自港府的估計，包括 1946 年《香港年報》和同年的《香港醫療及健康狀況報告》（*Report on Medical and Health Conditions in Hong Kong*）。1941 年的出生統計是估計數字，1942 年香港島只計算 7 月至 12 月，九龍區由 4 月開始計算，而 1945 年只計算至該年 8 月。換言之，官方報告沒有新界的數字，亦只有 1941 年、1943 年和 1944 年是完整的全年出生人口統計。

日佔首數月的出生登記出現嚴重缺失，故此 1942 年的出生率無法計算。然而，在戰事連年、糧食短缺，以及大量人口被強遣返鄉的環境下，出生人口和生育率驟降是無庸置疑的。從出生人口看，活產嬰兒數目由 1941 年約 45,000 名，減至 1942 年約半年的 10,343 名，再跌至 1944 年的 13,687 名和 1945 年首八個月的 3712 名；1941 年至 1944 年間減幅達七成。從生育率看，粗出生率從 1941 年的每千人約 27.5 名降至 1944 年的 18.2 名；這三年的減幅亦接近三成四（見表 2-4）。另根據時任養和醫院院長的觀察，在 1942 年的 9 月和 10 月，香港的出生率「有不正常的增加」，主因是不少本地婦女在淪陷初期被姦成孕。

表 2-4　1941 年至 1945 年香港島和九龍出生人口和粗出生率統計表

年	出生人口（人）			粗出生率（‰）
	香港島	九龍	總計	
1941	不詳	不詳	45,000	27.5
1942	5374	4969	10,343	不適用
1943	10,244	10,488	20,732	24.2
1944	7441	6246	13,687	18.2
1945（1 月-8 月）	1811	1901	3712	不適用

注：1941 年的出生人口數為估計數字，1942 年香港島數字只計算 7 月至 12 月，九龍區數字不包括 1 月至 3 月。1943 年和 1944 年的粗出生率按當年 10 月和 3 月總人口計算。
資料來源：*Hong Kong Annual Report 1946*；*Report on Medical and Health Conditions in Hong Kong*。

二戰結束後至 1950 年代，香港社會環境漸趨穩定，出生率持續上升，登記活產嬰兒數目由 1946 年的 31,098 名增至 1960 年的 110,667 名，其間只有 1959 年出現輕微的負增長(-1.9%)。同期間,粗出生率呈上升趨勢,每千人口的登記活產嬰兒數目由1946年的20.1名增至1960年的36.0名;這十多年間,以首數年的升降幅度較後期突出,如1950年至1951年的粗出生率由27.1‰升至34.0‰,這主要源於當時人口移入和移出的變化。1947年至1960年間,登記活產男嬰的數目一直稍多於女嬰,性別比率在每千名女嬰對1064名至1150名男嬰之間波動(見表2-5)。

1961年至2016年 其後,政府統計處在編製生育數字時,活產嬰兒包括香港女性居民在本地生產的嬰兒、配偶為香港居民(包括永久性和非永久性居民)而居於中國內地的女性(簡稱內地女性)在香港生產的嬰兒、香港女性居民在境外生產但一年內帶同回港的嬰兒,但不包括配偶並非香港居民的內地女性在香港生產的嬰兒。

1960年代,香港每年的活產嬰兒數目呈下降趨勢,從1961年的108,726名減至1969年82,482名。1970年代,數目趨於穩定,介乎每年78,511名至83,581名。1980年代至2000年代初,數目再度下滑,從1980年的85,290名減至2003年的46,965名。其後數年,數目曾快速回升至2011年的95,451名,然後回落至2016年的60,856名(見表2-6)。

1961年至2016年間,粗出生率與活產嬰兒數目的變化基本一致,1960年代,粗出生率呈急速下降的趨勢,從1961年的每千人有34.2名減至1969年的21.3名。1970年代,粗出生率的減速放緩,由1970年的20.0‰降至1979的16.8‰。1980年代至2000年代初,粗出生率的降速加劇,從1980年的17.0‰跌至2003年的7.0‰。香港終審法院在2001年7月裁定中國公民在港生產的嬰兒擁有香港居留權,[6] 其後數年,粗出生率因大量內地女性來港生育而回升至2011年的13.5‰;2013年港府實施「零分娩配額」政策,[7] 粗出生率的升勢戛然而止,並回落至2016年的8.3‰。

1970年至2016年間,香港的出生性別比率持續偏高,每年活產嬰兒的平均性別比率為每千名女嬰對1084名男嬰,最低是1974年的1058名,最高是2011年的1161名。這期間,只有17年的性別比率低於1070名,其中15年是在1970年代和1980年代;1970年代、1980年代、1990年代、2000年代的平均性別比率呈上升趨勢,分別為1069名、1064名、1079名、1104名,2010年至2016年的平均性別比率為1114名,其中以2004年至2011年有較大的升幅。

---

6 此案入境事務處處長對莊豐源的答辯人是在1997年9月於香港出生的中國公民,莊豐源出生後留居香港由具永久性居民身份的祖父照顧,按當時的《入境條例》,莊豐源屬非法留港;1999年4月,入境事務處指莊豐源沒有香港居留權並將被遣返,其祖父入稟高等法院提出司法覆核。原訟法庭和上訴法庭先後於1999年12月和2000年7月判莊氏勝訴,入境事務處上訴至終審法院。2001年7月,終審法院判決莊氏勝訴,理據是根據《香港特別行政區基本法》(簡稱《基本法》)第二十四條,香港特別行政區成立之前或之後,在香港出生的中國公民,均享有香港永久性居民的身份,此判決成為案例。

7 香港的「零分娩配額」政策從2013年1月1日起實施,所有公立醫院的產科病床均預留給本地孕婦,不再接受非本地孕婦預約分娩服務;私家醫院亦一致同意停止接受配偶不是香港居民的非本地孕婦的分娩預約。

表 2-5　1946 年至 1960 年香港登記活產嬰兒人數、出生性別比率和粗出生率統計表

年	年中人口（人）	登記活產嬰兒（人）			出生性別比率（每千名女嬰）	粗出生率（‰）
		男性	女性	合計		
1946	1,550,000	不詳	不詳	31,098	不詳	20.1
1947	1,750,000	22,719	19,754	42,473	1150	24.3
1948	1,800,000	25,300	22,175	47,475	1141	26.4
1949	1,857,000	28,538	26,236	54,774	1088	29.5
1950	2,237,000	31,745	28,855	60,600	1100	27.1
1951	2,015,300	35,945	32,555	68,500	1104	34.0
1952	2,125,900	37,570	34,406	71,976	1092	33.9
1953	2,242,200	39,542	36,002	75,544	1098	33.7
1954	2,364,900	43,293	40,024	83,317	1082	35.2
1955	2,490,400	47,325	43,186	90,511	1096	36.3
1956	2,614,600	49,998	46,748	96,746	1070	37.0
1957	2,736,300	51,267	46,567	97,834	1101	35.8
1958	2,854,100	55,600	51,024	106,624	1090	37.4
1959	2,967,400	54,385	50,194	104,579	1083	35.2
1960	3,075,300	57,048	53,619	110,667	1064	36.0

資料來源： Census and Statistics Department, *Hong Kong Statistics 1947-1967*。

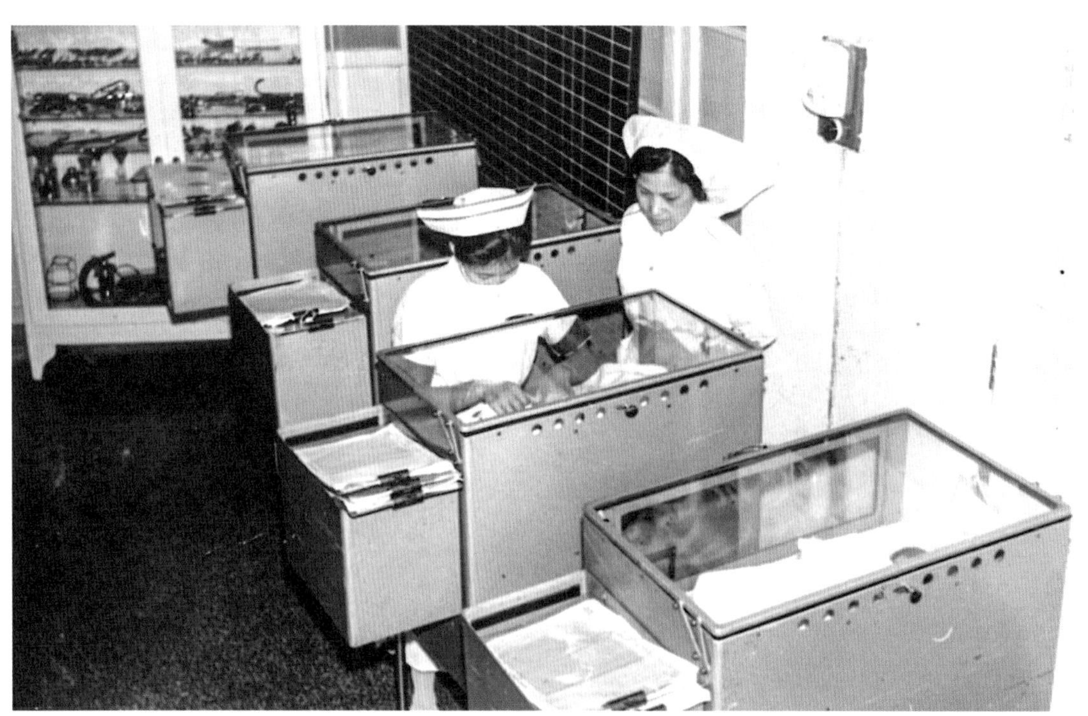

圖 2-1　昔日廣華醫院育嬰室。（東華三院文物館藏）

表 2-6 1961 年至 2016 年香港活產嬰兒人數、出生性別比率和粗出生率統計表

年	活產嬰兒（人）			出生性別比率	粗出生率	年	活產嬰兒（人）			出生性別比率	粗出生率
	男性	女性	總計				男性	女性	總計		
1961	56,245	52,481	108,726	1072	34.2	1989	不詳	不詳	69,621	1059	12.3
1962	57,852	54,053	111,905	1070	33.4	1990	不詳	不詳	67,731	1077	12.0
1963	59,432	55,831	115,263	1064	32.9	1991	35,197	33,084	68,281	1064	12.0
1964	55,848	52,671	108,519	1060	30.2	1992	不詳	不詳	70,949	1072	12.3
1965	52,587	49,608	102,195	1060	27.7	1993	不詳	不詳	70,451	1075	12.0
1966	47,822	44,654	92,476	1071	24.8	1994	不詳	不詳	71,646	1085	11.9
1967	45,645	42,525	88,170	1073	23.0	1995	不詳	不詳	68,637	1075	11.2
1968	不詳	不詳	82,685	不詳	21.7	1996	32,664	30,627	63,291	1067	9.9
1969	不詳	不詳	82,482	不詳	21.3	1997	30,880	28,370	59,250	1088	9.1
1970	不詳	不詳	79,132	1071	20.0	1998	27,718	25,259	52,977	1097	8.1
1971	41,095	38,692	79,789	1062	19.7	1999	26,712	24,569	51,281	1087	7.8
1972	41,472	38,865	80,344	1067	19.5	2000	28,280	25,854	54,134	1094	8.1
1973	42,282	39,708	82,252	1065	19.4	2001	25,160	23,059	48,219	1091	7.2
1974	42,966	40,613	83,581	1058	19.1	2002	24,955	23,254	48,209	1073	7.1
1975	41,519	38,240	79,790	1086	17.9	2003	24,406	22,559	46,965	1082	7.0
1976	40,775	37,727	78,511	1081	17.4	2004	25,827	23,969	49,796	1078	7.3
1977	41,330	38,687	80,022	1068	17.5	2005	29,880	27,218	57,098	1098	8.4
1978	41,772	39,183	80,957	1066	17.3	2006	34,595	31,031	65,626	1115	9.6
1979	42,349	39,621	81,975	1069	16.8	2007	37,448	33,427	70,875	1120	10.2
1980	44,099	41,187	85,290	1071	17.0	2008	41,928	36,894	78,822	1136	11.3
1981	44,610	42,141	86,751	1059	16.8	2009	43,966	38,129	82,095	1153	11.8
1982	44,346	41,764	86,120	1062	16.4	2010	47,366	41,218	88,584	1149	12.6
1983	不詳	不詳	83,293	1059	15.6	2011	51,286	44,165	95,451	1161	13.5
1984	不詳	不詳	77,297	1069	14.4	2012	48,777	42,781	91,558	1140	12.8
1985	不詳	不詳	76,126	1067	14.0	2013	29,806	27,278	57,084	1093	8.0
1986	36,917	34,703	71,620	1064	13.0	2014	32,262	30,043	62,305	1074	8.6
1987	不詳	不詳	69,958	1059	12.6	2015	31,218	28,660	59,878	1089	8.2
1988	不詳	不詳	75,412	1074	13.4	2016	31,724	29,132	60,856	1089	8.3

注：性別比率為每千名女嬰的男嬰數目；粗出生率按每千人計算。1971 年至 1980 年、1982 年的活產嬰兒總計數字包括性別不詳者。

資料來源：政府統計處網站：統計數字；政府統計處：歷年《香港的女性及男性主要統計數字》；《香港人口趨勢：1981-2001》；《香港統計月刊：二零零二年四月》；《香港統計月刊：2020 年 12 月》；*Births, Deaths & Marriages 1970-1973*；*Demographic Trends in Hong Kong: 1971-82*；*Hong Kong Statistics 1947-1967*。

內地省市和台灣地區也存在出生性別比率偏高的現象，這是由於三地都受到少子化、生殖科技進步，以及傳宗接代和重男輕女的傳統價值觀影響，因而導致影響胎兒性別的選擇，包括進行性別篩檢和選擇性墮胎。此外，相關研究顯示，內地女性較香港女性偏好男嬰，前者亦較多採用胎兒性別篩檢和選擇，大量內地女性來港產子，是香港出生性別比率於 2000 年代中至 2010 年代初攀升的另一原因。

內地女性在香港生產的活產嬰兒數目

1980 年代前，內地女性在港生產的嬰兒數目不詳。1986 年至 1997 年間，此類嬰兒的數目先升後回落，從 1986 年的 394 名升至 1994 年的 9267 名，然後降至 1997 年的 5830 名（見表 2-7）。

表 2-7　1986 年至 2016 年內地女性在香港生產活產嬰兒人數統計表

單位：人

年	第一類嬰兒	第二類嬰兒	其他	總計	年	第一類嬰兒	第二類嬰兒	其他	總計
1986	不詳	不詳	不詳	394	2002	7256	1250	0	8506
1987	不詳	不詳	不詳	450	2003	7962	2070	96	10,128
1988	不詳	不詳	不詳	864	2004	8896	4102	211	13,209
1989	不詳	不詳	不詳	1719	2005	9879	9273	386	19,538
1990	不詳	不詳	不詳	2841	2006	9438	16,044	650	26,132
1991	不詳	不詳	不詳	4964	2007	7989	18,816	769	27,574
1992	不詳	不詳	不詳	6838	2008	7228	25,269	1068	33,565
1993	不詳	不詳	不詳	8842	2009	6213	29,766	1274	37,253
1994	不詳	不詳	不詳	9267	2010	6169	32,653	1826	40,648
1995	不詳	不詳	不詳	7025	2011	6110	35,736	2136	43,982
1996	不詳	不詳	不詳	6494	2012	4698	26,715	1786	33,199
1997	不詳	不詳	不詳	5830	2013	4670	790	37	5497
1998	5651	458	不詳	6109	2014	5179	823	22	6024
1999	6621	559	不詳	7180	2015	4775	775	16	5566
2000	7464	709	不詳	8173	2016	4370	606	3	4979
2001	7190	620	不詳	7810					

注：「其他」為嬰兒父親居民身份不詳。
資料來源：　政府統計處網站：統計數字。

香港特別行政區成立後，特區政府把內地女性在港生產的嬰兒分為兩類：「第一類嬰兒」（俗稱「單非嬰兒」）為產婦的配偶是香港永久性居民；「第二類嬰兒」（俗稱「雙非嬰兒」）為產婦的配偶不是香港永久性居民，其中包括從內地來港少於七年的人士和非香港居民。第一類嬰兒的數目從 1998 年至 2006 年間處於增長階段，由 5651 名升至 9438 名，然後持續下降至 2016 年的 4370 名。第二類嬰兒在 1998 年只有 458 名，其後三年微升至 559

名、709 名和 620 名。香港終審法院在 2001 年 7 月裁定中國公民在港生產的嬰兒擁有香港居留權之後，第二類嬰兒的數目隨即攀升，由 2001 年的 620 名增至 2011 年的 35,736 名。自 2013 年港府實施內地女性「零分娩配額」政策開始，嬰兒數目回落至特區成立初年的水平，2016 年為 606 名。

香港女性在境外生產的活產嬰兒數目

根據港府的紀錄，香港女性居民在香港以外地方生育嬰兒後，大部分在 年內將嬰兒帶回香港。1986 年之前，此類在境外出生並於一歲前被帶回香港的活產嬰兒數目不詳；1986 年至 1995 年間大幅增加，從 1451 名升至 4260 名，這情況與此時期外移人數急增而其中部分回港定居的趨勢是一致的；其後回落至 2003 年的 1553 名；2004 年至 2016 年的數目變化不大，在 1538 名至 1919 名之間升降，2016 年為 1822 名（見表 2-8）。

表 2-8　1986 年至 2016 年香港女性在境外生產並於一歲前帶回香港的活產嬰兒人數統計表

單位：人

年	人數	年	人數	年	人數
1986	1451	1997	3619	2008	1919
1987	1621	1998	2981	2009	1779
1988	1752	1999	2359	2010	1701
1989	2267	2000	2208	2011	1685
1990	2410	2001	2034	2012	1745
1991	2420	2002	1694	2013	1909
1992	2785	2003	1553	2014	1857
1993	3047	2004	1588	2015	1823
1994	4133	2005	1538	2016	1822
1995	4260	2006	1601		
1996	3653	2007	1655		

資料來源：　政府統計處：《香港人口趨勢 1986-2016》。

2. 生育趨勢

一般生育率和年齡別生育率

現有文獻缺乏 1860 年代至 1890 年代香港育齡女性（即 15 歲至 49 歲）的完整數據，因而無法計算一般生育率（general fertility rate）和年齡別生育率（age-specific fertility rate）。[8] 然而，港府曾公布個別年份的成年女性數目，按此計算，1860 年至 1897 年間，成年女性的生育率不但持續偏低，而且不斷起伏。1860 年，每千名成年女性只有

8　一般生育率是指某一年內出生的活產嬰兒數目相對該年年中 15 歲至 49 歲女性人口的比率。年齡別生育率為某一年齡組別的女性在某一年內生產的活產嬰兒數目相對該年年中（或總人口）該年齡組別的女性人口的比率。政府統計處編製的生育數字，包括未在香港定居但配偶為香港居民的內地產婦（根據港府的統計，這些內地產婦一般在生產後四年內成為香港居民），也計算在境外生產但一年內帶同嬰兒回港的香港女性居民，但不包括在港工作的女性外籍家傭。

23.59 名登記活產嬰兒，其後數年在 20 名至 33 名之間波動；此比率一度升至 1876 年的 72.56‰，然後又回落，1897 年為 28.12‰（見表 2-9）。生育率長期偏低，部分源於當時的出生登記數字不準確。港府於 1872 年實施《1872 年生死登記條例》，規定家長呈報新生嬰兒，但不少華人依舊沒有登記，尤其是農民和流動人口，1896 年的《1896 年生死登記條例》不再要求家長呈報非婚生子女。此外，華人婦女習慣在家分娩，醫療機構無從得悉華人新生嬰兒的數目。

1901 年至 1921 年，每千名 15 歲至 49 歲香港女性每年生育 19.38 名至 26.48 名登記活產嬰兒，1931 年升至 58.50 名（見表 2-10）。此時期的生育率同樣因登記活產嬰兒數字不確切而不能作準。

表 2-9　1860 年至 1897 年若干年份香港島和九龍成年女性一般生育率統計表

年	成年女性（人）	登記活產嬰兒（人）	生育率（‰）	年	成年女性（人）	登記活產嬰兒（人）	生育率（‰）
1860	17,594	415	23.59	1866	20,996	535	25.48
1861	22,813	763	33.45	1876	25,360	1840	72.56
1863	24,066	481	19.99	1881	29,121	1518	52.13
1864	23,430	524	22.36	1891	42,147	1734	41.14
1865	23,948	528	22.05	1897	48,641	1368	28.12

注：1891 年和 1897 年的成年女性為 15 歲及以上；其他年份不詳。1861 年至 1866 年的登記活產嬰兒包括洗禮人數。

資料來源：　歷年 *Hong Kong Blue Book*；1876 年及 1881 年 *The Hongkong Government Gazette*。

表 2-10　1901 年至 1931 年若干年份香港 15 歲至 49 歲女性一般生育率統計表

年	15-49 歲女性（人）	登記活產嬰兒（人）	生育率（‰）
1901	44,938	1088	24.21
1906	55,777	1321	23.68
1911	91,209	1768	19.38
1921	136,607	3618	26.48
1931	212,713	12,443	58.50

注：不包括年齡不詳者。1901 年至 1921 年不包括商船人口。1901 年不包括新九龍及新界人口。1906 年不包括新界人口。1921 年缺按年齡劃分的新界北約水上人口數。1931 年水上華人包括商船人口。

資料來源：　歷年人口普查報告；歷年 *Hong Kong Blue Book*。

政府統計處曾計算 1956 年至 1960 年的 15 歲至 44 歲女性年齡別生育率，並據此估算此等育齡女性的一般生育率。在六個年齡組別中，20 歲至 29 歲的生育率大幅高於其他女性，40 歲至 44 歲的生育率則明顯偏低。這六組女性亦呈現不一致的生育變化。在這期間，較年輕女性的生育率有所上升，15 歲至 19 歲升 19.2%，20 歲至 24 歲升 24.4%。年齡組別居中的生育率相對穩定，25 歲至 29 歲升 4.2%，30 歲至 34 歲減 1.9%。較年長女性的生育率則有所下降，35 歲至 39 歲減 8.4%，40 歲至 44 歲減 6.2%。整體來看，育齡女性的一般生育率相當穩定，每千名 15 歲至 44 歲女性每年分別生育 173.5 名、170.0 名、179.2 名、173.5 名、180.7 名登記活產嬰兒（見表 2-11）。

其後，一般生育率由 1961 年的每千名育齡女性有 155.1 名活產嬰兒，下降至 2003 年的 24.9 名；此比率回升至 2012 年的 36.4‰ 後，便維持在約 35‰ 的水平，2016 年為 35.8‰（見表 2-12）。

圖 2-2　二戰結束後香港出生率高，特別是漁民家庭，擁有十個八個子女也很普遍。（攝於約 1955 年，Three Lions via Getty Images）

表 2-11　1956 年至 1960 年香港年齡別生育率和一般生育率統計表

單位：‰

生育率	1956	1957	1958	1959	1960
年齡別生育率					
15-19 歲	57.3	60.4	66.8	66.6	68.3
20-24 歲	270.7	273.1	299.5	304.4	336.7
25-29 歲	286.8	277.1	290.4	282.3	298.9
30-34 歲	191.7	184.7	191.8	182.8	188.0
35-39 歲	119.1	112.1	114.1	107.1	109.1
40-44 歲	29.1	27.9	28.8	27.0	27.3
一般生育率	173.5	170.0	179.2	173.5	180.7

注：本表的一般生育率為每年的活產嬰兒數目相對該年年中 15-44 歲女性人口的比率；由於缺乏有關產婦年齡的數據，政府統計處為這六個年齡組別設定的比重為 1：6.5：7.2：4.5：2.4：0.5。
資料來源： Census and Statistics Department, *Hong Kong Census 1961: Population Projections 1961-1971*。

表 2-12　1961 年至 2016 年香港年齡別生育率和一般生育率統計表

單位：‰

年	年齡別生育率							一般生育率
	15-19 歲	20-24 歲	25-29 歲	30-34 歲	35-39 歲	40-44 歲	45-49 歲	
1961	47.0	238.0	313.0	231.0	139.0	57.0	9.0	155.1
1962	不詳	不詳	不詳	不詳	不詳	不詳	不詳	153.9
1963	不詳	不詳	不詳	不詳	不詳	不詳	不詳	153.5
1964	不詳	不詳	不詳	不詳	不詳	不詳	不詳	141.5
1965	不詳	不詳	不詳	不詳	不詳	不詳	不詳	129.7
1966	不詳	不詳	不詳	不詳	不詳	不詳	不詳	115.8
1967	不詳	不詳	不詳	不詳	不詳	不詳	不詳	108.0
1968	不詳	不詳	不詳	不詳	不詳	不詳	不詳	98.4
1969	不詳	不詳	不詳	不詳	不詳	不詳	不詳	95.7
1970	18.1	155.3	233.4	168.8	87.1	31.0	4.4	88.9
1971	17.0	145.0	243.0	162.0	83.0	28.0	4.0	86.7
1972	17.0	139.0	248.0	146.0	77.0	26.0	3.0	84.7
1973	18.0	133.0	243.0	142.0	72.0	24.0	3.0	83.6
1974	19.0	133.0	219.0	137.0	66.0	21.0	3.0	81.8
1975	18.0	122.0	199.0	126.0	55.0	18.0	2.0	75.9
1976	17.0	110.0	192.0	120.0	49.0	15.0	2.0	72.9
1977	17.0	105.0	186.0	115.0	46.0	13.0	1.0	72.0
1978	15.0	99.0	179.0	114.0	44.0	11.0	1.0	70.5
1979	13.0	90.0	166.0	110.0	42.0	9.0	1.0	67.4
1980	12.0	89.0	161.0	104.0	40.0	9.0	1.0	67.1
1981	11.7	85.9	153.0	97.3	34.4	6.8	0.7	65.2

（續上表）

年	年齡別生育率							一般生育率
	15-19 歲	20-24 歲	25-29 歲	30-34 歲	35-39 歲	40-44 歲	45-49 歲	
1982	10.0	80.3	149.4	94.4	34.7	6.2	0.6	63.8
1983	9.8	75.7	140.0	86.7	30.5	5.0	0.6	60.7
1984	8.4	63.8	126.9	82.3	28.6	5.0	0.3	55.6
1985	8.3	58.4	121.7	80.9	27.7	4.7	0.4	53.9
1986	7.0	48.6	111.9	78.5	26.9	4.0	0.3	49.8
1987	6.2	42.7	106.1	79.9	26.8	4.3	0.2	47.9
1988	6.4	43.0	111.8	88.6	29.2	4.9	0.3	51.1
1989	6.1	40.4	100.1	82.3	29.0	4.9	0.3	46.8
1990	5.9	39.9	99.2	80.0	28.3	4.4	0.3	45.4
1991	6.5	39.1	97.4	81.2	30.4	4.5	0.3	45.1
1992	6.6	45.4	99.9	84.9	31.0	4.6	0.3	46.3
1993	6.9	49.2	94.8	84.0	31.1	4.7	0.3	44.7
1994	6.6	48.7	94.7	86.7	31.8	4.5	0.2	44.1
1995	5.9	42.6	90.4	84.7	31.9	4.8	0.2	41.1
1996	5.9	37.1	80.7	78.6	31.8	5.0	0.2	37.4
1997	5.6	33.5	73.2	75.7	32.3	5.4	0.3	34.7
1998	5.3	31.2	64.6	67.9	29.9	4.8	0.2	30.5
1999	4.8	31.1	61.9	65.0	28.9	4.7	0.3	28.9
2000	4.6	31.6	64.6	70.0	31.2	4.7	0.2	30.2
2001	4.3	29.1	57.2	61.7	29.3	4.7	0.2	26.8
2002	3.9	30.5	58.8	62.3	27.6	4.4	0.2	26.3
2003	3.6	29.0	57.4	57.9	26.9	4.6	0.2	24.9
2004	3.8	28.9	57.4	61.3	27.8	4.6	0.2	25.1
2005	3.4	27.2	58.0	66.9	31.2	4.8	0.3	26.1
2006	3.2	25.0	56.5	71.6	35.1	5.2	0.3	27.0
2007	3.2	23.6	56.7	75.6	39.6	5.8	0.3	28.4
2008	3.0	23.0	56.3	79.5	43.2	6.9	0.4	29.5
2009	3.1	24.5	54.4	78.2	43.3	6.8	0.4	29.2
2010	3.3	25.2	57.5	83.6	47.8	7.6	0.3	31.3
2011	3.2	26.6	63.6	86.6	51.8	8.7	0.4	33.6
2012	2.8	21.1	64.5	99.7	57.5	10.8	0.4	36.4
2013	2.8	18.3	55.0	85.3	52.4	10.7	0.5	32.4
2014	3.1	19.6	60.9	94.9	56.9	11.3	0.6	35.9
2015	2.9	19.3	59.2	91.8	55.2	10.9	0.6	35.0
2016	2.7	17.8	59.1	93.0	57.3	11.4	0.7	35.8

資料來源： 政府統計處：《香港人口趨勢 1981-2011》；《香港人口趨勢 1986-2016》；*Births, Deaths & Marriages 1970-1973*；*Demographic Trends in Hong Kong 1971-82*。

1961 年至 2016 年間，所有年齡組別的生育率都有所下降，但幅度不一，較年輕女性的降幅較大，15 歲至 19 歲由 47.0‰ 降至 2.7‰，減 94.3%；20 歲至 24 歲由 238.0‰ 降至 17.8‰，減 92.5%；25 歲至 29 歲由 313.0‰ 降至 59.1‰，減少 81.1%。1986 年後，較年長女性的生育率轉呈上升趨勢。2003 年至 2016 年間，30 歲至 34 歲由 57.9‰ 增至 93.0‰，升 60.6%；35 歲至 39 歲由 26.9‰ 增至 57.3‰，升 113.0%；40 歲至 44 歲由 4.6‰ 增至 11.4‰，升 147.8%。

年齡別生育率的趨勢反映愈來愈多女性延遲生育。根據政府統計處的分析，這轉變與女性遲婚的趨勢有關。現今女性的教育程度和勞動參與率均有所提高，因而傾向遲婚，女性的初婚年齡中位數從 1986 年的 25.3 歲升至 2016 年的 29.4 歲。除遲婚外，低次活產的延遲是另一原因，從結婚至第一次活產的間距中位數從 1986 年的 19.6 個月增至 2016 年的 23.7 個月。因此，女性主要的生育年齡從過往的 20 歲至 34 歲，轉移至 2016 年的 25 歲至 39 歲，這些年歲女性所生的活產嬰兒佔總數的 87.4%。

一直以來，香港女性大都是在婚內生育子女，因此，政府統計處亦運用人口普查及中期人口統計所得，編製 1971 年至 2016 年的已婚女性年齡別生育率（age-specific marital fertility rate），以撇除結婚意欲轉變對生育率的影響。在這 45 年間，已婚女性年齡別生育率隨年齡的增加而減低，但最高的生育率是在 15 歲至 19 歲，這是由於在此年齡組別有較多女性因懷孕而結婚（見表 2-13）。

表 2-13　1971 年至 2016 年若干年份香港已婚女性年齡別生育率統計表

單位：‰

年	已婚女性年齡別生育率						
	15-19 歲	20-24 歲	25-29 歲	30-34 歲	35-39 歲	40-44 歲	45-49 歲
1971	581.0	447.0	304.0	172.0	86.0	29.0	4.0
1976	444.0	347.0	258.0	129.0	50.0	15.0	2.0
1981	349.3	302.5	222.0	111.2	37.0	7.3	0.8
1986	341.8	231.4	181.5	94.0	30.1	4.4	0.4
1991	407.1	231.4	180.9	103.6	35.2	5.1	0.3
1996	351.3	227.9	162.5	109.5	39.1	5.9	0.2
2001	521.0	213.1	136.3	93.3	38.5	5.8	0.2
2006	667.5	254.2	160.5	114.6	49.1	7.0	0.4
2011	873.0	363.4	194.6	145.4	72.8	11.9	0.6
2016	666.2	332.3	213.5	154.2	79.2	15.4	0.9

資料來源：　政府統計處：《香港人口趨勢 1981-2011》；《香港人口趨勢 1986-2016》；*Demographic Trends in Hong Kong 1971-82*。

此外，生育率隨已婚年期而轉變。在 1986 年，67.7% 的活產嬰兒是在婚後首五年出生；這比例在 2009 年降至 56.3%，反映生育被推遲至較高年齡；然而，由於女性初婚年齡上升縮短了她們的生育時期，因而令婚後首五年出生的嬰兒比例回升至 2016 年的 66.7%。

總和生育率

總和生育率用於量度現今生育水平對人口的潛在影響。[9] 1961 年至 2003 年間，總和生育率持續下滑，由每千名女性有 5170 名活產嬰兒，跌至 901 名的歷史低位；從 2004 年起，此比率曾一度回升至 2012 年的 1285‰，然後再略為回落，2016 年為 1205‰。從 1980 年起，香港的總和生育率持續低於 2100 名的更替水平。若不計算配偶為香港居民的內地女性在港生產的嬰兒，總和生育率的趨勢基本相若：由 2003 年每千名女性有 748 名活產嬰兒的低位，升至 2012 年的 1186 名，然後回穩在約 1100 名的水平，2016 年為 1131 名（見表 2-14）。

香港女性延遲結婚和生育導致生育數目減少，以及獨身者數目增加，對於總和生育率的顯著下跌來説，是常見的解釋因素。政府統計處曾運用分解分析（decomposition analysis）將總和生育率的轉變分解為兩個部分：女性已婚百分比的轉變和已婚女性生育率的轉變，分析結果顯示，這兩項因素對總和生育率在 1986 年至 2016 年間的轉變有所影響。女性已婚百分比在所有年齡組別均下跌，已婚女性年齡別生育率則隨年齡的增加而減低。2016 年的已婚女性生育率，在所有年齡組別均較 1986 年高。這反映女性已婚百分比的轉變是總和生育率下跌的主因。另一方面，已婚女性年齡別生育率的上升，如 35 歲至 39 歲的已婚女性生育率由 1986 年的 30.1‰ 升至 2016 年的 79.2‰，則抵銷了總和生育率因女性已婚百分比下降而導致的部分跌幅轉變。

粗再生產率和淨再生產率

再生產率量度女性人口的更替。1981 年至 1985 年間，粗再生產率從每千名女性一生生產 938 名女嬰降至 722 名。[10] 1986 年至 1995 年間，粗再生產率介乎 613‰ 至 675‰。1996 年至 2003 年間，粗再生產率再次下降，從 576‰ 減至 433‰；其後止跌回升，2016 年為 577‰（見表 2-15）。

淨再生產率是在既定的年齡別生育率及死亡率下，量度一個女性組群的自我更替程度。[11] 1971 年至 2016 年間，淨再生產率與一般生育率的變動趨勢幾乎一致，從 1971 年每千名女性一生生產 1630 名女嬰，跌至 2003 年的 430 名；此比率一度回升至 2012 年的 613‰，然後維持在約 550‰ 的水平，2016 年為 574‰。從 1980 年起，香港的淨再生產率持續低於 1000‰ 的女性自我更替水平。

---

9 總和生育率是利用同一時期的生育數據，計算某一年的年齡別生育率總和。它表示在不考慮死亡因素下，若一千名女性在生育齡期經歷了一如該年的年齡別生育率，其一生中活產子女的平均數目。計算總和生育率時，包括配偶為香港居民（包括永久性和非永久性居民）的內地女性在港生產的嬰兒，以及香港女性居民在境外生產但一年內帶同回港的嬰兒。

10 再生產率的計算方法與總和生育率相若，但只包括活產女嬰。假設既定的年齡別生育率，粗再生產率量度每千名女性在其一生中生育的女兒數目。

11 淨再生產率為 1000‰ 是代表能完全自我更替，低於 1000‰ 是不足以自我更替。

表 2-14　1961 年、1970 年至 2016 年香港總和生育率統計表

單位：每千名女性的活產嬰兒人數

年	包括配偶為香港居民的內地女性在港生產的嬰兒	不包括配偶為香港居民的內地女性在港生產的嬰兒	年	包括配偶為香港居民的內地女性在港生產的嬰兒	不包括配偶為香港居民的內地女性在港生產的嬰兒
1961	5170	不詳	1993	1342	不詳
1970	3491	不詳	1994	1355	不詳
1971	3459	不詳	1995	1295	不詳
1972	3315	不詳	1996	1191	1103
1973	3177	不詳	1997	1127	1046
1974	2967	不詳	1998	1016	923
1975	2666	不詳	1999	981	864
1976	2480	不詳	2000	1032	899
1977	2376	不詳	2001	931	802
1978	2272	不詳	2002	941	806
1979	2120	不詳	2003	901	748
1980	2047	不詳	2004	922	749
1981	1933	不詳	2005	959	770
1982	1860	不詳	2006	984	807
1983	1722	不詳	2007	1028	879
1984	1559	不詳	2008	1064	926
1985	1491	不詳	2009	1055	931
1986	1367	不詳	2010	1127	992
1987	1311	不詳	2011	1204	1065
1988	1400	不詳	2012	1285	1186
1989	1296	不詳	2013	1125	1053
1990	1272	不詳	2014	1235	1149
1991	1281	不詳	2015	1196	1111
1992	1347	不詳	2016	1205	1131

資料來源：　政府統計處網站：統計數字；政府統計處：《香港統計月刊：2020 年 12 月》；*Births, Deaths & Marriages 1970-1973*。

表 2-15　1971 年至 2016 年香港粗再生產率和淨再生產率統計表

單位：‰

年	粗再生產率	淨再生產率	年	粗再生產率	淨再生產率
1971	不詳	1630	1979	不詳	1010
1972	不詳	1550	1980	不詳	980
1973	不詳	1500	1981	938	921
1974	不詳	1420	1982	900	883
1975	不詳	1260	1983	836	821
1976	不詳	1180	1984	753	741
1977	不詳	1140	1985	722	712
1978	不詳	1090	1986	663	653

（續上表）

年	粗再生產率	淨再生產率	年	粗再生產率	淨再生產率
1987	638	629	2002	454	450
1988	675	665	2003	433	430
1989	628	619	2004	445	441
1990	613	604	2005	457	454
1991	620	611	2006	468	465
1992	650	643	2007	493	490
1993	647	639	2008	513	509
1994	650	643	2009	507	503
1995	624	618	2010	545	541
1996	576	570	2011	576	573
1997	540	534	2012	617	613
1998	485	481	2013	537	534
1999	471	466	2014	597	593
2000	493	489	2015	572	569
2001	446	442	2016	577	574

資料來源： 政府統計處：《香港統計月刊：2020 年 12 月》；*Demographic Trends in Hong Kong: 1971-82*。

活產次數百分比分布和產次別生育率

1969 年至 2016 年間，高次活產嬰兒比例大幅下降。[12] 在所有活產嬰兒中，第三次的活產嬰兒比例由 1969 年的 15.6% 減至 2016 年的 7.4%，第四次及以上的活產嬰兒比例則由 38.0% 減至 1.7%；與此同時，第一次的活產嬰兒比例由 25.2% 增至 52.9%，第二次的活產嬰兒比例亦由 21.2% 增至 38.0%。高次活產的嬰兒數目減少是導致生育率下降的重要原因（見表 2-16）。

1981 年至 2016 年間，各產次別生育率（order-specific fertility rate）均呈下降趨勢，[13] 其中以第三次活產和第四次及以上活產的生育率減幅最為顯著。此外，由於女性趨向晚婚和延遲首次活產，第一次及第二次活產生育率於 30 歲以下的年齡組別出現下跌，此等產次的最高生育率年齡組別，已從 1980 年代的 25 歲至 29 歲，轉移到 2016 年的 30 歲至 34 歲。

平均生育數目和最少有一名子女的女性比例

政府統計處曾運用 1976 年中期人口統計的結果和各年的出生登記系統資料，將 1931 年及以後出生人士的數據重新編排為不同組群，從而估算各組群女性的平均生育數目和最少有一名子女的女性比例。分析結果顯示，在較年輕的組群，女性的平均生育數目通常較少。

12 活產次數是指某一名女性生產的活產嬰兒總數。

13 產次別生育率是指一年內某活產次數的活產嬰兒數目相對該年年中 15 歲至 49 歲女性人口的比率。詳細數據請參閱《香港人口趨勢 1981-2011》和《香港人口趨勢 1986-2016》。

表 2-16　1969 年至 2016 年按活產次數劃分香港活產嬰兒百分比分布統計表

單位：%

年	第一次	第二次	第三次	≥第四次	年	第一次	第二次	第三次	≥第四次
1969	25.2	21.2	15.6	38.0	1993	48.4	37.2	10.8	3.6
1970	26.5	22.3	16.1	35.1	1994	49.1	37.7	10.1	3.1
1971	26.5	23.5	16.8	33.2	1995	48.7	38.7	9.8	2.8
1972	31.7	22.7	16.5	29.0	1996	48.6	38.9	9.7	2.8
1973	32.9	24.9	16.2	26.0	1997	48.5	39.1	9.7	2.7
1974	37.6	25.8	15.2	21.4	1998	50.9	37.6	9.1	2.4
1975	39.8	26.8	15.0	18.4	1999	52.8	36.2	8.6	2.4
1976	38.9	30.6	15.1	15.5	2000	52.8	36.6	8.5	2.2
1977	41.2	29.9	15.4	13.5	2001	53.2	36.7	8.0	2.1
1978	40.3	31.9	15.7	12.0	2002	53.7	36.6	7.6	2.0
1979	41.2	32.3	15.6	10.8	2003	54.0	37.0	7.1	1.9
1980	43.1	32.5	15.0	9.5	2004	55.3	35.9	7.1	1.7
1981	43.7	33.5	14.7	8.1	2005	54.4	37.1	6.9	1.6
1982	42.9	35.0	14.6	7.5	2006	52.1	39.4	7.0	1.5
1983	44.2	35.2	14.0	6.6	2007	50.5	40.9	7.2	1.4
1984	43.2	36.0	14.5	6.3	2008	48.7	42.6	7.2	1.5
1985	45.1	35.3	13.9	5.7	2009	46.9	44.5	7.2	1.3
1986	44.8	36.3	13.5	5.4	2010	47.2	43.6	7.7	1.5
1987	43.9	37.5	13.5	5.1	2011	46.1	44.7	7.9	1.4
1988	46.0	36.7	12.7	4.6	2012	47.2	43.3	8.0	1.5
1989	46.0	36.9	12.5	4.6	2013	55.3	35.9	7.2	1.6
1990	46.0	37.5	12.3	4.2	2014	54.5	37.2	6.8	1.5
1991	46.3	37.5	12.2	4.0	2015	54.1	37.1	7.2	1.5
1992	47.1	37.4	11.8	3.7	2016	52.9	38.0	7.4	1.7

資料來源：　政府統計處：《香港人口趨勢 1981-2001》；《香港人口趨勢 1986-2016》；*Births, Deaths & Marriages 1970-1973*；*Demographic Trends in Hong Kong 1971-82*；*Hong Kong Population Projections 1971-1991*。

1931 年出生的女性，在 30 歲時平均生育 2.95 名子女，在 40 歲時為 4.82 名；但較其年輕 10 年（即 1941 年出生）的女性，其相應生育數目為 2.53 名及 3.41 名；較其年輕 20 年（即 1951 年出生）的女性，其相應生育數目為 1.64 名及 2.22 名；較其年輕 30 年（即 1961 年出生）的女性，其相應生育數目為 0.97 名及 1.54 名；較其年輕 40 年（即 1971 年出生）的女性，其相應生育數目為 0.60 名及 1.10 名。至於 1986 年出生的女性，她們在 30 歲時（即 2016 年）的平均生育數目為 0.44 名，這大約是 55 年前（即 1931 年出生）數目的一成半、35 年前（即 1951 年出生）數目的四分之一（見表 2-17）。

表 2-17　按母親出生年份和年齡劃分香港女性平均生育數目統計表

單位：人

母親出生年份	母親年齡（歲）						
	15-19	15-24	15-29	15-34	15-39	15-44	15-49
1931	0.24	1.34	2.95	4.29	4.82	4.94	4.95
1936	0.18	1.16	2.50	3.31	3.67	3.73	3.73
1941	0.21	1.28	2.53	3.19	3.41	3.44	3.44
1946	0.20	1.20	2.36	2.86	3.00	3.02	3.02
1951	0.09	0.75	1.64	2.09	2.22	2.24	2.24
1956	0.09	0.58	1.28	1.68	1.84	1.86	1.86
1961	0.07	0.42	0.97	1.38	1.54	1.56	1.56
1966	0.04	0.23	0.69	1.06	1.21	1.24	1.24
1971	0.03	0.26	0.60	0.90	1.10	1.15	
1976	0.03	0.19	0.48	0.87	1.16		
1981	0.03	0.17	0.43	0.87			
1986	0.02	0.14	0.44				
1991	0.02	0.11					
1996	0.01						

注：1931 年的生育年齡劃分為 20 歲、25 歲、30 歲、35 歲、40 歲、45 歲和 50 歲七組。
資料來源：　政府統計處：《香港人口趨勢 1986-2016》；*Demographic Trends in Hong Kong 1971-82*。

在 1931 年和 1951 年出生的女性中，在 30 歲時擁有最少一名子女的比例各佔 81.6% 和 77.4%；1971 年出生的相應比例跌至 40.1%；1986 年出生的比例再降至 29.9%。這反映女性推遲首次活產的趨向。此外，在育齡期末仍未有子女的女性比例亦大幅增加。在 1931 年出生的女性，只有 6.5% 到 45 歲仍沒有子女，但 1951 年、1961 年和 1971 年出生女性的相應比例分別增至 9.3%、22.5% 和 35.0%（見表 2-18）。

女性生育年齡中位數

1971 年至 2016 年間，愈來愈多女性延遲生育。1971 年和 1976 年的平均生育年齡為 28.5 歲和 27.1 歲，第一次活產的平均生育年齡為 24.0 歲和 24.5 歲。1981 年至 2016 年，生育年齡中位數由 27.0 歲升至 32.6 歲，第一次活產年齡中位數由 25.1 歲提高至 31.4 歲，這些轉變都會令女性的育齡期縮短，導致生育率下降（見表 2-19）。

婚後首三年誕下首名子女的比例

1971 年至 2016 年間，愈來愈多女性延遲低次活產。1971 年至 1981 年，約 90% 的第一次活產是於婚後首三年內出生；此比例在 1991 年和 2000 年分別降至 70.3% 和 57.9%，其後才止跌回升，2016 年為 66.5%。遲生育是導致低生育率的重要原因（見表 2-20）。

表 2-18　按母親出生年份和年齡劃分最少有一名子女的香港女性統計表

單位：%

母親出生年份	母親年齡（歲）						
	15-19	15-24	15-29	15-34	15-39	15-44	15-49
1931	16.6	57.8	81.6	90.8	93.0	93.5	93.5
1936	12.7	56.8	81.3	89.7	91.6	91.8	91.9
1941	14.0	57.2	84.0	91.6	93.6	93.9	93.9
1944	13.3	56.7	87.6	96.8	98.9	99.2	99.2
1946	12.4	55.9	87.8	95.3	97.2	97.4	97.4
1949	9.8	46.3	80.3	89.7	91.8	92.2	92.2
1951	7.1	43.8	77.4	87.7	90.3	90.7	90.7
1954	7.3	40.0	71.6	82.3	85.2	85.7	85.7
1956	7.5	37.4	68.3	79.8	82.9	83.3	83.4
1959	6.6	33.3	61.4	75.0	78.8	79.3	79.4
1961	5.8	29.2	57.3	72.6	76.8	77.5	77.5
1964	4.2	20.3	47.9	65.2	70.1	70.9	71.0
1966	3.5	17.4	44.0	60.4	65.6	66.7	66.8
1969	3.0	18.6	42.3	57.9	64.4	65.9	66.0
1971	2.7	20.0	40.1	55.4	63.3	65.0	
1974	3.0	16.0	34.5	53.5	63.9	65.9	
1976	2.8	14.6	32.1	53.6	65.1		
1979	2.5	14.0	32.6	56.5	68.0		
1981	2.2	13.3	30.4	55.5			
1984	1.7	11.4	31.0	55.4			
1986	1.7	10.7	29.9				
1989	1.4	9.2	26.9				
1991	1.3	8.7					
1994	1.3	7.7					
1996	1.2						
1999	1.0						

注：1931 年的生育年齡劃分為 20 歲、25 歲、30 歲、35 歲、40 歲、45 歲和 50 歲七組。

資料來源：　政府統計處：《香港人口趨勢 1986-2016》；《香港統計月刊：2020 年 12 月》；*Demographic Trends in Hong Kong 1971-82*。

表 2-19 1971 年至 2016 年若干年份按活產次數劃分香港女性生育年齡中位數統計表

單位：歲

年	第一次活產	第二次活產	第三次活產	第四次及以上活產	總計
1971	24.0	26.1	28.5	33.8	28.5
1976	24.5	26.6	28.8	33.2	27.1
1981	25.1	27.5	29.6	32.0	27.0
1986	26.6	28.9	30.4	32.4	28.2
1991	28.1	30.4	32.1	34.0	29.6
1996	28.8	31.7	33.3	35.0	30.6
2001	29.4	32.4	34.2	35.5	31.1
2006	29.2	32.2	33.6	35.0	30.9
2011	30.0	33.1	34.5	35.1	31.9
2016	31.4	33.6	35.0	35.9	32.6

注：1971 年及 1976 年為平均年齡。

資料來源： 政府統計處：《香港人口趨勢 1981-2011》；《香港人口趨勢 1986-2016》；*Demographic Trends in Hong Kong 1971-82*。

表 2-20 1971 年至 2016 年婚後首三年誕下首名子女的香港女性統計表

單位：%

年	百分比	年	百分比	年	百分比
1971	90.0	1987	75.9	2003	62.7
1972	92.4	1988	73.7	2004	64.9
1973	91.5	1989	73.6	2005	66.1
1974	91.6	1990	71.7	2006	68.0
1975	92.5	1991	70.3	2007	66.2
1976	90.0	1992	69.6	2008	67.2
1977	91.1	1993	69.2	2009	69.0
1978	89.8	1994	66.4	2010	69.0
1979	89.2	1995	63.7	2011	69.8
1980	89.1	1996	62.8	2012	69.7
1981	89.6	1997	62.1	2013	68.7
1982	87.6	1998	61.8	2014	69.7
1983	86.8	1999	60.6	2015	67.8
1984	84.5	2000	57.9	2016	66.5
1985	83.0	2001	59.5		
1986	79.4	2002	60.8		

資料來源： 政府統計處：《香港人口趨勢 1981-2011》；《香港人口趨勢 1986-2016》；*Demographic Trends in Hong Kong 1971-82*。

二、人口死亡

1. 死亡趨勢

1841 年以前

香港於史前和歷史時期的人口死亡數據，無從確考。但從先秦時期的墓葬看來，當時兒童的夭折率相當高。以馬灣東灣仔北遺址為例，該地出土了距今約 3000 年至 4000 年的 20 座墓葬，其中 3 座是二次葬墓，這顯示該處是有關聚落的固定居址。15 座墓葬保存有人類遺骸，墓主包括男女老幼。對墓葬 15 個人骨標本的鑒定結果顯示，8 個是成年人，年長者超過 40 歲，7 個是 10 歲以下兒童，包括出生不久的嬰兒和幼兒。這些墓葬可以反映當時較高的兒童夭折率。

1841 年至 1960 年

在英佔初期，根據《香港行政報告 1841-1941》(*Hong Kong Annual Administration Reports 1841-1941*)，在駐港軍人中，1843 年有 440 人死亡，當中 373 人是白人；1844 年有 373 人死亡，當中 216 人是白人。根據《香港藍皮書》，1845 年，居港的歐洲人以及在澳門或果亞出生的葡萄牙人(簡稱土生葡人)共 731 名，其中 40 人於是年死亡；1846 年，居港的歐洲人和土生葡人共 990 名，其中 75 人於是年死亡，而居港的 20,077 名華人中，則有 110 人死亡。

港府於 1846 年實施《1846 年登記及普查條例》，規定華人戶主須向政府呈報戶中的人口死亡。港府從當年開始公布香港島的死亡人口數字，然而，此時期的數據仍存在多方面的缺失，包括統計內容不統一(如只有個別年份包括軍人或海員)、數據不一致(如同一年份的華人死亡人數出現多個版本)，[14] 同時，部分華人染病後會離港返鄉，故華人的死亡人數不準確。

1846 年至 1859 年，隨着人口規模的擴大，香港島的死亡人數從 185 人增至 834 人；其間，1855 年至 1858 年的死亡人數每年逾千人，1856 年達 2625 人。在這十多年間，粗死亡率(crude death rate)不斷起伏，[15] 每千人超過 15 人死亡的年份有 1848 年、1856 年和 1858 年，1859 年為 9.59‰(見表 2-21)。粗死亡率偏高的年份多與傳染病暴發有關，如根據 1856 年 5 月 1 日《德臣西報》(*The China Mail*)的讀者投函，當時每天超過 30 名華人死於疫症，1858 年則是霍亂肆虐。

---

14 如 *Hong Kong Blue Book for the Year 1856* 刊載了兩組華人死亡人數，頁 205 為 3443 人，表 5 為 2443 人。

15 粗死亡率是指某一年內的死亡人數相對該年年中每千名人口的比率。

表 2-21　1846 年至 1859 年香港島死亡人數和粗死亡率統計表

年	總人口（人）	死亡人數（人）	粗死亡率（‰）	年	總人口（人）	死亡人數（人）	粗死亡率（‰）
1846	21,835	185	8.47	1853	39,017	369	9.46
1847	23,872	286	11.98	1854	55,715	532	9.55
1848	21,514	384	17.85	1855	72,607	1025	14.12
1849	29,507	165	5.59	1856	71,730	2625	36.60
1850	33,292	214	6.43	1857	77,094	1107	14.36
1851	32,983	393	11.92	1858	75,503	1410	18.67
1852	37,058	401	10.82	1859	86,941	834	9.59

注：包括水上和流動人口；總人口不包括軍人。死亡人數只包括於香港島境內死亡者。1849 年、1851 年至 1856 年、1858 年至 1859 年的華人死亡人口包括非戶主呈報的個案。除 1858 年和 1859 年的歐洲人外，死亡人口不包括軍人。1847 年和 1848 年的死亡人口各包括 26 名和 42 名海員。

資料來源：　歷年 *Hong Kong Blue Book*；R. L. Jarman (ed.), *Hong Kong Annual Administration Reports 1841-1941*。

此時期不同種族的死亡率差異極大，根據官方的統計，華人的死亡率一直低於非華裔人口。1846 年至 1859 年，華人的死亡率多介乎 0.36% 至 1.26%，只有傳染病暴發的 1856 年達 3.53%；非華裔人口則多介乎 5.29% 至 20.12%，霍亂肆虐的 1858 年更攀升至 28.72%（見表 2-22）。非華裔人口中，土生葡人的死亡率多低於印度裔人士和白人。[16]

初期來港的白人死亡率偏高，其中以士兵染病致死的情況尤其嚴重，以 1848 年為例，歐裔軍人的死亡率為 20.43%，本地軍人為 5.14%，華人居民則為 1.12%。有傳教士歸咎於氣候和地形易生瘴氣，令白人的死亡率高企；有殖民地醫官（Colonial Surgeon）認為生活環境惡劣，包括華人聚居區內的蝸居不通風、牛棚和豬欄眾多、明渠污穢、露天曝曬大量糞肥等，導致居於鄰近地區的白人染病。

然而，根據當時的〈殖民地醫官報告〉（Colonial Surgeon's Report），華人的實際死亡人數應高於官方的紀錄，如在霍亂暴發的 1858 年，官方記錄得 929 名華人於境內死亡，但據估計，只是香港仔一地已有 1400 人死亡。此外，不少重病的華人會返回家鄉接受醫治或等待死亡，當中的亡故者便不歸入官方統計，個別年份的醫官報告曾嘗試對此等境外死亡的華人人數作出估計，1849 年和 1851 年至 1859 年依次是 3 人、765 人、770 人、820 人、985 人、1413 人、986 人、445 人、475 人和 496 人，這些數字與境內的相關數字相比（見表 2-22），可見 1851 年至 1854 年的境外死亡人數約是境內死亡者的 3 倍，1855 年降至 1.8 倍，其後再降至不足一倍。

16　白人（含土生葡人）於 1846 年至 1850 年間的死亡率為 6.48% 至 12.98%，印度裔人士於 1847 年和 1848 年的死亡率為 10.76% 和 15.02%。1851 年至 1858 年港府對種族的分類比較一致，土生葡人的死亡率多介乎 4.50% 至 7.96%，只有 1858 年突升至 41.33%，印度裔人士的死亡率介乎 3.82% 至 22.17%，白人的死亡率則介乎 8.93% 至 28.76%。以 1859 年為例，土生葡人及印度裔人士、白人這兩個群體的死亡率是 20.96% 和 19.73%。

表 2-22　1846 年至 1859 年按種族劃分香港島死亡人數和死亡率統計表

年	華人			非華裔		
	人口（人）	死亡人數（人）	死亡率（%）	人口（人）	死亡人數（人）	死亡率（%）
1846	20,077	110	0.55	990	75	7.58
1847	22,466	147	0.65	1406	139	9.89
1848	20,338	227	1.12	1176	157	13.35
1849	28,297	101	0.36	1210	64	5.29
1850	31,987	125	0.39	1156	89	7.70
1851	31,463	255	0.81	1357	138	10.17
1852	35,517	258	0.73	1271	143	11.25
1853	37,536	229	0.61	1287	140	10.88
1854	54,072	377	0.70	1344	155	11.53
1855	70,651	794	1.12	1638	231	14.10
1856	69,251	2443	3.53	2334	182	7.80
1857	不詳	888	不詳	1411	219	15.52
1858	73,746	929	1.26	1675	481	28.72
1859	85,280	530	0.62	1511	304	20.12

注：1847 年至 1849 年的人口數字含流動人口。1857 年非華裔人口只包括白人。1849 年、1851 年至 1856 年、1858 年至 1859 年的華人死亡人口包括非戶主呈報的個案。死亡人數只包括於香港島境內死亡者。華人人口於 1846 年含土生葡人以外的有色人。

資料來源：　歷年 *Hong Kong Blue Book*；R. L. Jarman (ed.), *Hong Kong Annual Administration Reports 1841-1941*。

1860 年的死亡人數只有 614 人，粗死亡率為每千人有 6.47 人死亡；其後數年，死亡人數在 1042 人至 1727 人之間波動，粗死亡率介乎 8.35‰ 至 13.76‰（見表 2-23）。1860 年代的死亡趨勢與 1850 年代相若，可能同樣是因為部分華人染病後會離港返鄉，因而低估了死亡的數字。

從 1870 年代起，死亡數目隨人口規模擴大而上升，死亡人數由 1873 年的 2754 人增至 1899 年的 6181 人，這兩年的粗死亡率為 22.57‰ 和 23.84‰。粗死亡率超過 30‰ 者多發生在 1870 年代和 1880 年代，部分是源於天災，以 1874 年「甲戌風災」為例，當年 9 月 22 日颱風吹襲，造成逾兩千人死亡，粗死亡率由前一年的 22.57‰ 升至 31.24‰。1890 年代的粗死亡率約 22‰，其間只有 1894 年達 30.11‰，這是因為傳染病肆虐所致，當年鼠疫暴發，因感染致死的個案達 2552 宗。

1900 年代至 1940 年代初，香港的登記死亡人數較登記活產嬰兒的多，死亡人數隨人口規模擴大而增加，由 1900 年至 1915 年的每年少於一萬人增至 1916 年至 1934 年的兩萬人以內；1930 年代中後期，死亡人數顯著增加，由 1935 年的 22,133 人增至 1940 年的 61,010 人。這期間的粗死亡率多在有限的範圍內波動，首 36 年徘徊於每千人有 13.72 人至 29.30 人死亡，當中有 30 年低於 25‰；然而，在 1930 年代後期，粗死亡率攀升，由 1935 年的 22.90‰ 升至 1940 年的 56.92‰（見表 2-24）。

圖 2-3 跑馬地墳場在 1845 年啟用，是香港首座公眾墳場。（約攝於 1869 年，香港特別行政區政府提供）

表 2-23 1860 年至 1866 年、1873 年至 1899 年香港島和九龍死亡人數和粗死亡率統計表

年	總人口（人）	死亡人數（人）	粗死亡率（‰）	年	總人口（人）	死亡人數（人）	粗死亡率（‰）
1860	94,917	614	6.47	1883	不詳	4819	30.04
1861	119,321	1240	10.39	1884	不詳	4318	26.91
1862	123,511	1352	10.95	1885	不詳	5192	32.36
1863	124,850	1042	8.35	1886	181,702	5100	28.07
1864	121,498	1296	10.67	1887	185,962	5317	28.59
1865	125,504	1727	13.76	1888	190,222	6034	31.72
1866	115,098	1203	10.45	1889	194,482	4597	23.64
1873	不詳	2754	22.57	1890	198,742	4553	22.91
1874	不詳	3812	31.24	1891	221,441	5374	24.27
1875	不詳	3156	25.87	1892	231,662	4906	21.18
1876	139,144	3438	24.71	1893	238,724	5422	22.71
1877	不詳	3731	26.81	1894	246,006	7407	30.11
1878	不詳	4119	29.60	1895	253,514	5400	21.30
1879	不詳	4473	32.14	1896	261,258	5860	22.43
1880	不詳	3996	28.71	1897	246,907	4688	18.99
1881	160,402	3862	24.08	1898	254,400	5674	22.30
1882	不詳	4189	26.11	1899	259,312	6181	23.84

注：1860 年至 1861 年、1863 年至 1866 年的死亡人口包括非戶主呈報的個案。自 1861 年起包括九龍人口。
1860 年至 1866 年、1876 年、1881 年、1891 年和 1897 年總人口為人口普查數字，其餘年份為人口估計。
資料來源： 歷年 *Hong Kong Blue Book*；*Historical and Statistical Abstract of the Colony of Hongkong*。

表 2-24　1900 年至 1940 年香港死亡人數和粗死亡率統計表

年	總人口（人）	死亡人數（人）	粗死亡率（‰）	年	總人口（人）	死亡人數（人）	粗死亡率（‰）
1900	262,678	6773	25.78	1921	585,880	11,880	20.28
1901	300,660	7082	23.55	1922	578,200	14,569	25.20
1902	311,824	6783	21.75	1923	578,200	14,569	25.20
1903	325,431	6169	18.96	1924	799,550	15,553	19.45
1904	361,206	6118	16.94	1925	874,420	15,553	17.79
1905	377,850	6594	17.45	1926	874,420	12,516	14.31
1906	329,038	8379	25.47	1927	977,900	14,761	15.09
1907	329,357	7286	22.12	1928	1,075,690	14,757	13.72
1908	336,488	9271	27.55	1929	1,075,690	17,565	16.33
1909	343,877	7267	21.13	1930	1,171,400	16,290	13.91
1910	350,975	7639	21.77	1931	849,750	18,797	22.12
1911	373,121	7748	20.77	1932	900,796	20,139	22.36
1912	450,098	9682	21.51	1933	922,643	19,531	21.17
1913	489,114	8435	17.25	1934	944,492	19,766	20.93
1914	501,304	9585	19.12	1935	966,341	22,133	22.90
1915	517,140	7921	15.32	1936	988,190	26,356	26.67
1916	528,090	10,558	19.99	1937	1,006,982	34,635	34.39
1917	535,108	10,433	19.50	1938	1,028,619	38,818	37.74
1918	468,100	13,714	29.30	1939	1,050,256	48,283	45.97
1919	501,000	11,647	23.25	1940	1,071,893	61,010	56.92
1920	547,350	12,419	22.69				

注：總人口數來自《香港藍皮書》，與表 1-5 所列的不同。總人口數於 1900 年至 1911 年不包括新界；1900 年至 1904 年包括軍人；1905 年至 1911 年包括新九龍和軍人；1912 年至 1915 年、1937 年和 1938 年沒說明有否包括軍人；1916 年至 1936 年不包括軍人；1939 年和 1940 年華人人口不包括約 75 萬名難民。死亡人口於 1900 年至 1904 年為維多利亞城、九龍、筲箕灣、香港仔、赤柱之和；1913 年至 1931 年不包括新界；1936 年至 1940 年不包括死胎。死亡人數在個別年份的政府報告出現不一致的情況。本表的死亡人數取自《香港藍皮書》，只有 1905 年取自 1906 年《立法局會議文件彙編》的 "General Report of the Principal Civil Medical Officer and the Medical Officer of Health"；該《彙編》中 "Report of the Registrar General's for the Year 1905" 的死亡人數為 6592 人；1905 年《香港藍皮書》的死亡人數為 6894 人，此數目與細項之和不符。另根據《行政報告》的紀錄，1923 年、1925 年、1934 年、1935 年和 1936 年的死亡人數依次為 15,536 人、14,991 人、18,885 人、21,367 人和 25,380 人。

資料來源：　歷年 *Hong Kong Blue Book*；1906 年 *Sessional Papers*。

根據《行政報告》，二十世紀上半葉，戰爭、疾病和營養不良是死亡率高企的主因。1911 年後，大量華人自內地來港避難，推高了死亡率，此外還有鼠疫和天花等疫症引致的死亡。1930 年代，因呼吸系統疾病致死者為數最多，這是因為居住環境擠迫，加上華人有隨地吐痰的習慣，令呼吸系統疾病迅速傳播。1938 年廣州淪陷，難民湧入香港，導致生活環境惡化，加上貧窮造成營養不良等問題，推高了夭折率以及糙皮病（pellagra）和腳氣病患者的致死率和死亡人數，另有不少難民死於瘧疾，其中一個難民營的感染率高達 25%。

在 1860 年代，華人的死亡率仍低於非華裔人口，但彼此的差距已逐漸收窄。根據 1861 年、1866 年和 1871 年《香港藍皮書》和《香港政府憲報》的紀錄，華人的死亡率為 0.73%、0.91% 和 0.72%，非華裔人口則為 15.70%、60.46% 和 2.27%。港府於 1872 年實施《1872 年生死登記條例》，規定戶主呈報其戶中的人口死亡，完成登記後，會獲發死亡登記證明書，無證明書者不准安葬。自此，華人的死亡率均略高於非華裔人口，在 1876 年、1881 年、1886 年、1891 年、1896 年、1901 年、1906 年、1931 年和 1936 年，華人的死亡率依次為 2.52%、2.45%、2.87%、2.42%、2.48%、2.38%、2.64%、2.24% 和 2.70%；非華裔人口的相應數字為 1.75%、1.82%、1.85%、1.82%、1.99%、2.05%、1.40%、1.18% 和 1.08%。[17] 根據官方紀錄，這是由於流行性傳染病是導致華人死亡的主要原因。

日軍侵佔前夕，死亡人數已見增加。1941 年 6 月，《大公報》引述醫務局報告，指香港死亡率之遞增，因大部分居民缺乏營養，致抗病能力減低；另據查悉，大部分死者為逃港難民，少部分是失業勞工。同年 10 月，該報再有報道指生活成本高漲，大部分居民陷於半飢餓狀態，以致死亡率大增。該年首九個月死亡人數達 48,400 人，較前一年同期（43,703 人）多近 5000 人；公眾殮房的死者中，因營養不良患腳氣病者，佔比 25% 以上。

根據港府於 1946 年發表的《香港醫療及健康狀況報告》，1941 年 12 月日軍進攻香港時，守軍死亡約 1100 人，平民死亡約 2200 人。日佔時期的死亡登記數字有嚴重缺失，而按殮葬紀錄計算的死亡人數比較可信。根據日佔政府簽發的埋葬許可證紀錄，日佔期間共殮葬 171,586 人。1942 年錄得的人數最多，達 83,435 人，事緣 1941 年 12 月港九兩處戰役中有大量英、印士兵陣亡及華人平民死亡。1943 年的死亡人數較前一年急跌逾半，為 40,117 人，主因是 1942 年實行「歸鄉」政策，居港人口大降，死亡人數也隨之減少。1944 年的死亡人數再下降近四成，為 24,936 人。隨着 1945 年的戰事加劇，首八個月的死亡人數（23,098 人）幾乎等同前一年的總數（見表 2-25），按此推算，1945 年全年死亡人數應超過 1944 年。此外，實際死亡人數應超過殮葬紀錄的死亡人數，原因之一是新界未被納入統計，二是部分死亡沒有殮葬紀錄，包括倒斃街頭沒人收屍者，和眾多非自然死亡者，後者包括逾千名在大浪灣被日軍處決的人、逾千名被運出香港後於海上或外地戰俘營死亡的戰俘，以及因飢餓和營養不良、被憲兵在憲兵部虐待或遺棄於荒島、被日佔政府招募到海南島開發而死亡的居民等。

---

17 1881 年至 1906 年的死亡率取自 *Historical and Statistical Abstract of the Colony of Hongkong*，其他年份是根據《香港藍皮書》、《香港政府憲報》和《行政報告》所記錄的人口數和死亡人數而計算。

表 2-25　1941 年至 1945 年香港島和九龍死亡人數和粗死亡率統計表

年	死亡人數（人）			粗死亡率（‰）
	香港島	九龍	總計	
1941	不詳	不詳	61,324	37.4
1942	42,770	40,665	83,435	84.8
1943	19,301	20,816	40,117	46.9
1944	13,113	11,823	24,936	33.2
1945（1 月-8 月）	12,593	10,505	23,098	不適用
1942-1945	87,777	83,809	171,586	不適用

注：按殮葬紀錄計算，不包括新界。1942 年、1943 年和 1944 年的粗死亡率按當年 12 月、10 月和 3 月總人口計算。
資料來源： *Hong Kong Annual Report 1946*；*Report on Medical and Health Conditions in Hong Kong*。

1946 年至 1960 年間，隨着人口規模擴大，死亡人數從 16,653 人增至 19,146 人，其間只在首數年出現較大的變動幅度；這十多年間，最高位是 1951 年的 20,580 人，最低位是 1947 年的 13,231 人。粗死亡率在二戰結束後初期顯著下降，由 1946 年的每千人有 10.8 人死亡，降至 1948 年每千人有 7.5 人死亡，其後趨於穩定，超過 10‰ 的只有 1951 年（見表 2-26）。

醫務總監（Director of Medical Services）在 1948 年至 1950 年的部門年報中指出，二戰後初期死亡率下降的主因有三，一是貧困民眾的飲食營養得到改善，二是政府開展的疫苗接種計劃取得成績，控制了肆虐多年的霍亂和天花，三是大量青壯年人士來港謀生，令人口年齡結構趨於年輕。

1951 年至 1954 年粗死亡率略回升到 8.2‰ 至 10.2‰ 的水平，這與大量人口從內地來港有關，新來港人士多聚居在環境惡劣的寮屋區，稠密的人口帶來眾多公共衞生和傳染疾病問題，1948 年至 1953 年間，寮屋居民由 3 萬人增至 35 萬人，同期的粗死亡率亦多在 8‰ 以上。其後，港府加大改善醫療衞生的力度，包括為民眾提供疫苗注射，並清拆寮屋，

表 2-26　1946 年至 1960 年香港死亡人數和粗死亡率統計表

年	年中人口（人）	死亡人數（人）	粗死亡率（‰）	年	年中人口（人）	死亡人數（人）	粗死亡率（‰）
1946	1,550,000	16,653	10.8	1954	2,364,900	19,283	8.2
1947	1,750,000	13,231	7.6	1955	2,490,400	19,080	7.7
1948	1,800,000	13,434	7.5	1956	2,614,600	19,295	7.4
1949	1,857,000	16,287	8.8	1957	2,736,300	19,365	7.1
1950	2,237,000	18,465	8.3	1958	2,854,100	20,554	7.2
1951	2,015,300	20,580	10.2	1959	2,967,400	20,250	6.8
1952	2,125,900	19,459	9.2	1960	3,075,300	19,146	6.2
1953	2,242,200	18,300	8.2				

資料來源： Census and Statistics Department, *Hong Kong Statistics 1947-1967*。

將居民安置到新興建的徙置屋邨，死亡率隨後回落，1960 年的粗死亡率是 6.2‰。

1961 年至 2016 年

1961 年至 2016 年間，死亡人數持續上升，從 1961 年的 18,738 人，增至 1981 年的 24,832 人，2001 年的 33,378 人，2016 年為 46,905 人。此期間的粗死亡率變化不大，由 1961 年的 5.9‰，降至 1965 年的 4.8‰，之後在 4.6‰ 至 5.3‰ 的範圍內升降，直至 2000 年代，粗死亡率轉呈上升趨勢，從 2001 年的 5.0‰ 增至 2016 年的 6.4‰。粗死亡率受年齡、性別和其他人口特徵變化的影響。在扣除人口的年齡和性別結構影響後，計算得的標準化死亡率（standardised death rate）能更準確地反映死亡的趨勢。1971 年至 2016 年，標準化死亡率呈下降的趨勢，由 1971 年每千人有 16.4 人死亡降至 2016 年的 6.4 人（見表 2-27）。

2. 死亡的性別比率

《立法局會議文件彙編》、《香港藍皮書》和《行政報告》記錄了 1879 年至 1907 年，以及 1934 年至 1938 年間的男性和女性死亡人數。1879 年至 1907 年間，男性的登記死亡人數比女性多，只有 1879 年和 1880 年除外，死亡性別比率由 1879 年每千名死亡女性相對 970 名死亡男性，升至 1907 年的 1517 名死亡男性；其間，只有 1902 年至 1905 年的變化幅度較大。1908 年至 1946 年間的男性和女性死亡人數紀錄並不完整，1934 年至 1938 年間，男性的登記死亡人數依然比女性多，死亡性別比率在每千名死亡女性相對 1245 名至 1406 名死亡男性之間升降（見表 2-28）。

1947 年至 1960 年間，男性的每年死亡人數依然多於女性，1947 年的死亡性別比率是每千名死亡女性相對 1234 名死亡男性，1960 年是 1245 名；其間只在 1948 年至 1950 年和 1953 年略低於 1200 名（見表 2-29）。如根據 1961 年的人口普查結果估算兩性的粗死亡率，1960 年的男性粗死亡率亦高於女性，在該年，每千名男性和女性的死亡人數分別是 6.6 人和 5.6 人。

1961 年至 2016 年間，男性死亡人數多於女性的趨勢持續存在。1961 年的死亡性別比率是每千名死亡女性相對 1219 名死亡男性，然後維持在 1198 名至 1336 名之間的水平，2016 年為 1259 名。在扣除人口因年齡和性別轉變的影響後，標準化死亡性別比率（sex ratio of standardised deaths）於 1970 年代初至中期處於較高的水平，在每千名死亡女性相對 1334 名至 1449 名死亡男性的範圍內波動；1976 年降至 1288 名後，便多在 1201 名至 1288 名之間升降，其間，只有 2007 年相對較高，為 1304 名，1981 年和 1991 年至 1993 年相對較低，同為 1184 名（見表 2-30）。

男性和女性的年齡別死亡率（age-specific mortality rate）都隨着年齡增長而增加。由於女性平均預期壽命比男性高，令女性長者數目的增加速度比男性長者快，因而政府統計處預期會出現女性死亡人數將會較高，以及死亡性別比率下降的趨勢。

表 2-27　1961 年至 2016 年香港死亡人數、粗死亡率和標準化死亡率統計表

年	死亡人數（人）	粗死亡率（‰）	標準化死亡率（‰）	年	死亡人數（人）	粗死亡率（‰）	標準化死亡率（‰）
1961	18,738	5.9	不詳	1989	28,745	5.1	10.7
1962	20,324	6.1	不詳	1990	29,136	5.2	10.8
1963	19,748	5.6	不詳	1991	28,429	5.0	10.1
1964	18,113	5.0	不詳	1992	30,550	5.3	10.6
1965	17,621	4.8	不詳	1993	30,571	5.2	10.2
1966	18,700	5.0	不詳	1994	29,905	5.0	9.5
1967	19,644	5.1	不詳	1995	31,468	5.1	9.4
1968	19,319	5.1	不詳	1996	32,176	5.0	9.2
1969	18,730	5.0	不詳	1997	31,738	4.9	8.9
1970	20,763	5.1	不詳	1998	32,847	5.0	9.0
1971	20,374	5.0	16.4	1999	33,258	5.0	8.9
1972	21,397	5.2	16.7	2000	33,758	5.1	8.7
1973	21,251	5.0	15.2	2001	33,378	5.0	8.1
1974	21,879	5.1	14.7	2002	34,267	5.1	8.0
1975	21,597	4.9	15.3	2003	36,971	5.5	8.4
1976	22,633	5.1	13.8	2004	36,918	5.4	8.1
1977	23,346	5.2	13.8	2005	38,830	5.7	8.2
1978	23,830	5.2	13.5	2006	37,457	5.5	7.5
1979	25,125	5.2	13.2	2007	39,476	5.7	7.6
1980	25,008	5.0	12.7	2008	41,796	6.0	7.8
1981	24,832	4.8	11.8	2009	41,175	5.9	7.3
1982	25,396	4.8	11.8	2010	42,194	6.0	7.3
1983	26,522	5.0	12.1	2011	42,346	6.0	7.0
1984	25,520	4.7	11.1	2012	43,917	6.1	6.9
1985	25,258	4.6	10.7	2013	43,397	6.0	6.6
1986	25,912	4.7	10.5	2014	45,087	6.2	6.6
1987	26,916	4.8	10.6	2015	46,108	6.3	6.5
1988	27,659	4.9	10.6	2016	46,905	6.4	6.4

注：標準化死亡率是根據 2016 年中期人口統計參考時刻的人口年齡和性別分布情況作為標準而計算。

資料來源：政府統計處數據；政府統計處：《香港人口趨勢 1981-2011》；《香港統計月刊：2019 年 11 月》；*Demographic Trends in Hong Kong 1971-82*；*Hong Kong Annual Digest of Statistics: 1978 Edition*；*Hong Kong Statistics 1947-1961*。

表 2-28 1879 年至 1907 年、1934 年至 1938 年按性別劃分香港死亡人數和死亡性別比率統計表

年	死亡人數（人）			死亡性別比率（按每千名女性計算）
	男性	女性	性別不詳	
1879	2202	2271	0	970
1880	1926	2070	0	930
1881	1971	1891	0	1042
1882	2142	2047	0	1046
1883	2465	2347	7	1050
1884	2295	2016	7	1138
1885	2896	2289	7	1265
1886	2899	2192	9	1323
1887	3132	2170	15	1443
1888	3550	2473	11	1436
1889	2711	1881	5	1441
1890	2722	1825	6	1492
1891	3216	2151	7	1495
1892	2889	2007	10	1439
1893	3218	2195	9	1466
1894	4400	2999	8	1467
1895	3233	2160	7	1497
1896	3428	2407	25	1424
1897	2749	1927	12	1427
1898	3341	2308	25	1448
1899	3660	2513	8	1456
1900	4142	2624	7	1579
1901	4289	2785	8	1540
1902	4538	2224	21	2040
1903	3517	2626	26	1339
1904	3800	2295	23	1656
1905	3989	2572	31	1551
1906	4933	3368	78	1465
1907	4383	2890	13	1517
1934	10,464	8402	19	1245
1935	12,059	9290	18	1298
1936	14,681	10,683	16	1374
1937	20,233	14,392	10	1406
1938	21,916	16,874	28	1299

注：死亡人數在個別年份的政府報告出現不一致的情況。本表 1879 年至 1904 年的死亡人數取自《香港藍皮書》，1905 年至 1907 年取自《立法局會議文件彙編》的 “Report of the Registrar General”，1934 年至 1938 年取自《行政報告》。

資料來源： 歷年 *Hong Kong Blue Book*；歷年 *Sessional Papers*；*Administration Reports for the Year 1938*。

表 2-29　1947 年至 1960 年按性別劃分香港死亡人數和死亡性別比率統計表

年	死亡人數（人）			死亡性別比率（按每千名女性計算）
	男性	女性	性別不詳	
1947	7294	5911	26	1234
1948	7104	6269	61	1133
1949	8789	7494	4	1173
1950	9812	8645	8	1135
1951	11,310	9261	9	1221
1952	10,634	8809	16	1207
1953	9878	8399	23	1176
1954	10,617	8660	6	1226
1955	10,554	8515	11	1239
1956	10,667	8619	9	1238
1957	10,903	8454	8	1290
1958	11,551	8992	11	1285
1959	11,389	8853	8	1286
1960	10,618	8527	1	1245

資料來源：Census and Statistics Department, *Hong Kong Statistics 1947-1967*。

3. 死亡的年齡比率

《立法局會議文件彙編》、《香港政府憲報》和《行政報告》記錄了 1882 年至 1908 年、1921 年至 1928 年，以及 1937 年至 1939 年間按年齡組別劃分的死亡人數。在 1882 年至 1893 年、1921 年至 1939 年有相關紀錄的 23 年間，死者之中，5 歲以下兒童的佔比多超過四成，最低是 1890 年的 36.5%，最高是 1883 年的 51.2%；1894 年至 1908 年間，兒童的佔比較低，但也介乎 27.1% 至 38.4%。這數十年間，其他年齡組別的死亡人數佔比均明顯低於兒童（見表 2-31）。

不同年齡與性別人士的死亡率有很大差別，年齡性別死亡率（age-sex-specific mortality rate）不受人口結構影響，[18] 是分析此方面的主要指標。醫務署年報只提供 1947 年至 1950 年兩性於不同年齡組別的死亡人數（見表 2-32），由於缺乏各組別的年中人口數目，所以未能估算其年齡性別死亡率；政府統計處則根據 1961 年的人口普查結果，估算了 1956 年至 1960 年的年齡性別死亡率（見表 2-33）。

在二戰結束至 1960 年，首先可見者，為 50 歲以下人士的死亡率，不論男女，均以未足周歲的組別為最高；滿周歲後便顯著下降，5 歲至 19 歲的死亡率最低，其後緩慢地回升，至

18　年齡性別死亡率為某年內某年齡性別組別的死亡人數，相對該年年中該年齡性別組別每千名人口的比率。

表 2-30 1961 年至 2016 年香港死亡性別比率和標準化死亡性別比率統計表

年	死亡性別比率	標準化死亡性別比率	年	死亡性別比率	標準化死亡性別比率
1961	1219	不詳	1989	1304	1262
1962	1227	不詳	1990	1273	1201
1963	1252	不詳	1991	1272	1184
1964	1289	不詳	1992	1290	1184
1965	1278	不詳	1993	1282	1184
1966	1198	不詳	1994	1329	1241
1967	1252	不詳	1995	1310	1228
1968	1208	不詳	1996	1305	1205
1969	1223	不詳	1997	1316	1202
1970	1283	不詳	1998	1317	1227
1971	1290	1387	1999	1288	1212
1972	1301	1449	2000	1303	1226
1973	1280	1390	2001	1336	1251
1974	1243	1334	2002	1314	1247
1975	1225	1381	2003	1289	1228
1976	1238	1288	2004	1285	1242
1977	1207	1233	2005	1255	1222
1978	1218	1253	2006	1274	1255
1979	1236	1236	2007	1311	1304
1980	1243	1251	2008	1246	1236
1981	1242	1184	2009	1259	1244
1982	1270	1263	2010	1256	1241
1983	1279	1237	2011	1272	1264
1984	1279	1280	2012	1260	1252
1985	1251	1254	2013	1254	1253
1986	1255	1261	2014	1239	1235
1987	1259	1263	2015	1223	1222
1988	1248	1227	2016	1259	1259

注：比率按每千名女性計算。標準化死亡性別比率是根據 2016 年中期人口統計參考時刻的人口年齡和性別分布情況作為標準而計算。

資料來源：政府統計處數據；政府統計處：《香港人口趨勢 1981-2011》；《香港人口趨勢 1986-2016》；*Hong Kong Annual Digest of Statistics: 1978 Edition*；*Hong Kong Annual Digest of Statistics: 1981 Edition*；*Hong Kong Statistics 1947-1967*。

老年階段則急劇上升。其次，由出生至 54 歲的年齡組別，無分男女，死亡率均呈下降的趨勢，這説明兒童、青少年和中年人士的死亡可能性都在減低。其三，各年齡組別死亡率的變化存在顯著的差異，其中以嬰兒和兒童的死亡率出現最大的改善，如在 1956 年至 1960 年間，每千名未足周歲男嬰的死亡人數由 61.9 人減至 44.6 人，女嬰由 59.9 人減至 38.2 人；較年長者的死亡率則相對穩定，如每千名 55 歲至 59 歲男性的死亡人數由 23.1 人減至

表 2-31　1882 年至 1939 年若干年份按年齡組別劃分香港死亡人數統計表

單位：人

年	<1 歲	1-4 歲	5-14 歲	15-24 歲	25-44 歲	45-64 歲	≥65 歲	年齡不詳
1882	1496	593	244	182	910	531	233	0
1883	1791	674	280	205	1009	559	301	0
1884	1597	523	204	199	939	589	261	6
1885	1578	536	368	268	1302	789	336	15
1886	1535	731	378	239	1179	711	303	24
1887	1320	767	379	1732		1105		14
1888	1615	752	363	2092		1202		10
1889	1325	523	219	1514		1007		9
1890	1237	426	172	1563		1139		16
1891	1533	552	206	1750		1327		6
1892	1539	459	214	1491		1197		6
1893	1862	448	225	1673		1213		1
1894	1439	571	732	2923		1695		47
1895	1519	408	289	1871		1299		14
1896	1169	561	464	2054		1573		39
1897	971	662	327	408	1129	648	532	11
1898	1046	568	502	648	1479	760	650	21
1899	1310	720	499	699	1576	739	628	10
1900	1410	718	462	785	1849	817	725	7
1901	1315	639	606	883	2019	837	750	33
1902	1193	764	369	700	1942	877	778	160
1903	1063	861	490	661	1652	712	654	76
1904	1207	707	290	663	1781	698	733	39
1905	1541	848	323	623	1756	689	773	41
1906	1623	1134	701	803	2240	963	831	84
1907	1607	1193	453	657	1903	706	745	22
1908	2099	1396	750	886	2307	900	909	24
1921	3766	1954	703	817	2199	1246	1176	19
1922	4216	2234	1103	1197	2717	1678	1413	11
1923	4585	2859	826	1155	3008	1635	1453	15
1924	4735	2372	726	1195	3292	1751	1455	27
1925	4701	1772	613	1227	3319	1825	1495	39
1926	4265	1424	525	936	2496	1509	1323	38
1927	4669	1929	1094	1302	2502	1814	1438	13
1928	4359	2714	928	1235	3739	1771		11
1937	11,650	3888	1260	4484	9387	3824		142
1938	12,024	5836	2421	3186	6929	5330	3041	51
1939	15,711	7765	2603	3428	8348	6893	3505	30

注：5 歲及以上的年齡組別分類不一致，1882 年至 1886 年為 5-20 歲、20-25 歲、25-45 歲、45-65 歲、≥65 歲；1887 年至 1896 年為 5-14 歲、15-44 歲、≥45 歲；1897 年至 1908 年及 1921 年至 1927 年為 5-14 歲、15-24 歲、25-44 歲、45-59 歲、≥60 歲；1928 年及 1937 年為 5-15 歲、15-30 歲、30-60 歲、>60 歲；1938 年及 1939 年為 5-15 歲、15-25 歲、25-45 歲、45-65 歲、≥65 歲。

資料來源：　歷年 *Administrative Reports*；歷年 *The Hongkong Government Gazette*；歷年 *Sessional Papers*。

表 2-33　1956 年至 1960 年香港年齡性別死亡率統計表

單位：按每千人計算

年齡組別（歲）	1956		1957		1958		1959		1960	
	男性	女性	男性	女性	男性	女性	男性	女性	男性	女性
0	61.9	59.9	57.6	52.8	56.2	52.1	51.6	44.8	44.6	38.2
1-4	7.9	8.3	6.6	7.2	7.1	7.4	6.0	6.9	4.8	4.8
5-9	1.7	1.6	1.6	1.4	1.4	1.2	1.3	1.3	1.1	1.0
10-14	1.1	1.0	1.2	0.7	1.0	0.8	1.0	0.7	0.9	0.7
15-19	0.9	1.0	0.9	0.6	0.8	0.8	1.1	1.1	0.8	0.7
20-24	1.5	1.4	1.2	1.1	1.4	1.1	1.4	1.0	1.3	1.0
25-29	2.2	1.8	1.9	1.7	1.9	1.5	1.7	1.5	1.7	1.4
30-34	3.2	2.2	3.2	2.3	2.8	2.1	2.6	2.0	2.3	1.8
35-39	4.7	3.1	4.9	3.1	4.5	2.8	4.2	2.7	3.3	2.6
40-44	7.7	3.8	7.4	3.9	7.6	3.6	6.8	3.5	5.7	3.2
45-49	12.1	4.9	11.8	4.6	10.7	4.8	11.0	4.5	8.9	4.2
50-54	17.6	7.4	17.5	7.0	18.4	7.6	16.8	6.3	14.5	6.3
55-59	23.1	8.9	25.1	10.2	23.8	8.6	23.4	9.7	22.8	10.1
60-64	34.5	14.2	34.4	15.0	36.5	15.1	39.2	14.5	35.3	15.8
≥65	62.2	39.3	68.2	38.4	69.4	38.4	71.6	39.7	74.1	40.4

資料來源： Census and Statistics Department, *Hong Kong Census 1961: Population Projections 1961-1971*。

22.8 人，女性則由 8.9 人升至 10.1 人。原因是年幼者與年長者的主要死因有異，醫療技術的發展在治療年幼者方面較具成效，對於日漸衰老及患退化疾病的年長者，則只能推延死亡的時間而不能根治。其四，男性在大部分年齡組別的死亡率都比女性高，然而，在 25 歲至 59 歲的年齡組別中，男性死亡率的改善速度比女性為快。

1961 年至 2016 年間，不同年齡組別的死亡率存在巨大差別。整體而言，出生後第一年內的死亡率較高，接着下降至 5 歲至 9 歲的最低水平，然後慢慢上升至中年，其後則隨年齡增加而上升。此期間，男性和女性各年齡組別的死亡率都呈下降趨勢；嬰幼兒死亡率的改善程度高於年長者。初生嬰兒死亡率的改善最為顯著，男嬰 0 歲的死亡率從 1961 年的每千人有 40.6 人死亡減至 2016 年的 2.1 人，女嬰則從 34.5 人減至 1.9 人。長者的死亡率亦有改善，如男性 75 歲至 79 歲的死亡率從 1981 年的每千人有 68.1 人死亡減至 2016 年的 34.6 人；女性則從 41.9 人減至 17.1 人。同期間，女性 85 歲及以上的死亡率從每千人有 122.1 人死亡減至 89.3 人；但男性從 119.9 人微升至 123.0 人（見表 2-34）。

表 2-32　1947 年至 1950 年按年齡組別和性別劃分香港死亡人數和死亡性別比率統計表

年齡組別（歲）	1947				1948			
	男性（人）	女性（人）	合計（人）	性別比率	男性（人）	女性（人）	合計（人）	性別比率
0	2428	2399	4827	1012	2082	2239	4324	930
1-4	976	791	1767	1234	1267	1147	2414	1105
5-14	350	299	649	1171	229	201	430	1139
15-24	551	342	893	1611	537	359	896	1496
25-34	827	551	1378	1501	745	549	1294	1357
35-44	793	446	1239	1778	785	488	1273	1609
45-54	590	381	971	1549	625	406	1031	1539
55-64	454	348	802	1305	439	423	862	1038
65-74	210	225	435	933	266	271	537	982
≥75	59	98	157	602	82	168	250	488
年齡不詳	56	31	87	不適用	47	18	123	不適用
所有年齡	7294	5911	13,205	1234	7104	6269	13,434	1133

注：性別比率按每千名女性計算。年齡不詳含年齡及性別不詳人士。合計含性別不詳人士。表中沒列出性別不詳人士的數目，1948 年有 3 名 1 歲以下；1949 年有 4 名年齡及性別不詳；1950 年有 1 名 1 歲以下、1 名 5-14 歲及 6 名年齡不詳。

資料來源：*Annual Departmental Report by the Director of Medical and Health Services for the Financial Year 1950-1*；*Annual Report by the Director of Medical Services for the Year Ended the 31st March, 1950*；*Annual Report of the Director of Medical Services for the Period 1st January, 1948 to 31st March, 1949*；*Report of the Director of Medical Services for 1947*。

表 2-34　1961 年至 2016 年若干年份香港年齡性別死亡率統計表

年齡組別（歲）	1961	1966	1971	1976	1981	1986	1991	1996	2001	2006	2011	2016
男性												
0	40.6	29.0	21.2	16.2	10.7	7.5	6.2	4.3	2.9	2.8	3.0	2.1
1-4	4.4	2.4	1.0	0.8	0.7	0.3	0.3	0.2	0.3	0.3	0.2	0.2
5-9	1.0	0.5	0.5	0.4	0.2	0.2	0.1	0.1	0.1	0.1	0.1	0.1
10-14	0.7	0.6	0.4	0.3	0.3	0.2	0.2	0.1	0.1	0.1	0.1	0.1
15-19	0.8	0.8	0.7	0.6	0.5	0.4	0.4	0.4	0.3	0.2	0.2	0.2
20-24	1.3	1.3	1.2	1.0	0.7	0.6	0.6	0.7	0.5	0.4	0.4	0.3
25-29	1.6	1.5	1.7	1.2	0.9	0.6	0.8	0.8	0.9	0.7	0.4	0.5
30-34	2.2	2.1	2.0	1.8	1.2	0.9	0.9	0.8	0.8	0.7	0.6	0.6
35-39	3.0	2.8	2.8	2.2	1.7	1.3	1.2	1.1	1.0	1.0	1.0	0.8
40-44	4.8	4.3	4.3	3.4	2.8	2.3	2.2	1.8	1.5	1.4	1.3	1.3
45-49	7.4	7.0	6.2	5.8	4.6	3.6	3.4	2.6	2.7	2.0	2.1	2.0
50-54	14.1	11.1	10.4	8.9	7.6	6.7	5.7	4.6	3.9	3.7	3.5	3.1
55-59	19.8	19.0	17.7	14.1	12.2	10.3	8.9	8.0	7.0	5.6	5.4	5.3
60-64	38.2	30.3	28.8	23.7	19.5	17.2	15.4	12.8	10.3	9.9	8.6	8.4
65-69	72.8	75.8	43.0	39.6	30.8	27.4	23.6	21.9	18.0	15.4	15.0	12.7
70-74	—	—	61.0	60.3	47.4	42.1	39.7	33.7	30.0	26.8	22.4	21.6
75-79	—	—	106.0	99.7	68.1	65.6	60.8	52.8	48.4	44.1	39.0	34.6
80-84	—	—	—	—	97.9	87.6	90.6	89.7	76.9	76.0	69.1	60.3
≥85	—	—	—	—	119.9	133.7	126.6	127.2	128.8	129.5	129.6	123.0

注：「—」表示 1961 年和 1966 年的 65-69 歲年齡組別包括 65 歲及以上者；1971 年和 1976 年的 75-79 歲年齡組別包括 75 歲及以上者。

資料來源：政府統計處：《香港的女性及男性主要統計數字：2012 年版》；《香港的女性及男性主要統計數字：2019 年版》；*Demographic Trends in Hong Kong 1971-82*；*Hong Kong Census 1961: Population Projections 1961-1971*；United Nations, *Population of Hong Kong*。

1949				1950			
男性（人）	女性（人）	合計（人）	性別比率	男性（人）	女性（人）	合計（人）	性別比率
2697	2747	5444	982	2928	3108	6037	942
1830	1721	3551	1063	1861	1907	3768	976
336	254	590	1323	381	289	671	1318
486	302	788	1609	590	323	913	1827
792	552	1344	1435	917	657	1574	1396
849	531	1380	1599	1027	522	1549	1967
767	412	1179	1862	821	508	1329	1616
587	433	1020	1356	672	530	1202	1268
296	340	636	871	446	497	943	897
140	202	342	693	168	303	471	554
9	0	13	不適用	1	1	8	不適用
8789	7494	16,287	1173	9812	8645	18,465	1135

單位：按每千名人口計算

年齡組別（歲）	1961	1966	1971	1976	1981	1986	1991	1996	2001	2006	2011	2016
女性												
0	34.5	22.6	16.1	11.9	9.2	7.1	6.8	3.5	2.4	2.7	1.8	1.9
1-4	4.4	2.2	0.8	0.8	0.4	0.4	0.3	0.2	0.2	0.2	0.3	0.2
5-9	0.8	0.4	0.3	0.3	0.2	0.2	0.1	0.1	0.1	0.1	0.1	0.1
10-14	0.5	0.4	0.3	0.3	0.3	0.2	0.2	0.2	0.1	0.1	0.1	0.1
15-19	0.7	0.5	0.5	0.4	0.2	0.3	0.2	0.2	0.2	0.1	0.1	0.2
20-24	0.8	0.7	0.7	0.5	0.4	0.3	0.3	0.3	0.2	0.1	0.2	0.2
25-29	1.3	1.0	0.8	0.7	0.6	0.4	0.4	0.3	0.3	0.2	0.2	0.2
30-34	1.6	1.3	1.1	1.1	0.7	0.5	0.4	0.4	0.3	0.4	0.3	0.3
35-39	2.2	1.9	1.5	1.3	1.0	0.8	0.6	0.6	0.6	0.5	0.5	0.4
40-44	3.1	2.7	2.2	2.0	1.6	1.2	1.1	1.0	0.9	0.8	0.7	0.7
45-49	4.2	4.1	3.3	3.1	2.7	1.9	1.7	1.4	1.3	1.2	1.1	1.0
50-54	7.0	5.9	5.5	4.8	3.9	3.6	2.9	2.1	1.8	2.0	1.9	1.7
55-59	9.1	8.6	7.8	7.4	6.6	5.2	4.5	3.6	2.8	2.7	2.6	2.6
60-64	15.5	12.4	11.7	12.0	9.8	8.6	7.3	5.9	4.8	4.4	4.1	4.0
65-69	41.6	44.6	20.2	19.0	16.6	14.7	13.2	10.6	9.3	6.9	5.9	5.9
70-74	—	—	31.0	28.4	25.0	23.8	23.1	18.2	15.5	13.1	10.7	9.6
75-79	—	—	73.4	71.5	41.9	40.5	38.2	32.8	26.8	23.8	20.5	17.1
80-84	—	—	—	—	71.4	52.3	62.5	58.3	46.1	43.3	38.2	33.4
≥85	—	—	—	—	122.1	109.2	113.5	110.4	101.9	98.2	95.9	89.3

4. 死亡原因

1841 年以前

香港於史前時期的人口死亡原因，無從確考。在兩千多年的歷史時期，非自然死亡的生殺大權往往由家族和部落領袖掌握，官府難以準確統計死亡原因，但存世文獻中對諸如因事故、傳染病、生存環境惡化而導致的外因死亡，有零星紀錄，可從中稍窺古代居民的死亡情況。

我國古代的嬰兒死亡率高企，有學者估計高於 250‰。夭折率偏高除可歸因於疾病外，亦可能與殺嬰習俗有關。殺嬰尤其殺女嬰的行為在過去兩千年從未斷絕。位於百越地域之內的香港情況雷同。

惡性傳染病是導致大量死亡的主因，這方面的文獻記載非常多。如清康熙《新安縣志》〈防省志・災異〉記述明崇禎二年（1629）「是年……疫癘損民甚多」、清順治五年（1648）「又值大疫，盜賊竊發，民之死亡過半，有一鄉而無一人存者」。在這方面，香港難以例外。

飢餓也是導致大量死亡的原因，清嘉慶《新安縣志》〈防省志・災異〉記載了七個「大饑」或「人多餓死」的年份，包括清順治五年（1648）、清順治十年（1653）、清康熙四十七年（1708）、清乾隆四十二年（1777）、清乾隆四十三年（1778）、清乾隆五十一年（1786）、清乾隆五十二年（1787）。屬於新安縣的香港也被波及。

明清時期，內外寇盜嚴重，香港居民屢遭殺戮，死亡人數雖沒確切記錄，但零星記載提供了若干線索，如清嘉慶《新安縣志》〈防省志・寇盜〉記錄了多起寇盜侵略的事跡，包括明正德十一年（1516）「番彝佛郎機入寇，占據屯門海澳」、明崇禎三年（1630）「艚賊李魁奇入寇，……禦之於佛堂門外」、明崇禎十四年（1641）「銀瓶嘴山賊入寇。……直入龍躍頭村」、清康熙三年（1664）「撫目袁四都不遵入界，潛於官富、瀝源為巢」、清康熙十一年（1672）「臺灣巨逆李奇等率寇船，流劫地方，游移蠔涌」。有些寇盜的規模還相當龐大，如清嘉慶九年（1804）「郭婆帶……流劫海洋，……大小匪船不下千餘艘……屏山、固戍、榕樹角、灣下等處，俱被賊圍攻」，所過村落遭「屠掠」、「焚劫」、「肆劫」，甚至出現滅村的情況，如九龍竹園蒲崗村《林氏族譜》所載，其村於清康熙十五年（1676）遭台灣海匪攻破，「在敵者萬無一生，僅存外出之幼童牧牛攻書者幾人而已」。

在清代，遷界令導致香港人口大量死亡。根據清康熙《新安縣志》〈田賦志・戶口〉記載，清順治年間（1644—1661）全縣共 6851 丁口，兩次遷界後，只餘 2172 丁。清康熙《新安縣志》〈防省志・遷復〉記述了居民客死他鄉的情況，如遷界首年，「民不知徙。及兵至而棄其資，携妻挈子，以行野棲露處，有死喪者」；清康熙三年（1664），「流離日久，養生無計，……計無復出，遂自取毒草研水，舉家同飲而沒」。

1841 年至 1960 年

英佔初期，港府沒有公布香港島人口的死因統計，只交代每年的死亡概況。1849 年至 1853 年、1858 年和 1859 年三間醫院即國家醫院（亦稱西營盤醫生館，Government Civil Hospital）、General Hospital（中文名不詳）和海員醫院（亦稱掘斷龍山頂醫館，Seamen's Hospital）的死亡個案則有紀錄（見表 2-35）。根據此紀錄，香港島居民的死因多因為傳染性疾病，包括痢疾、熱症、天花、腹瀉和霍亂等，而衞生環境惡劣、醫療設備不足，是疫症肆虐和患病者失救的主要原因。

痢疾、天花和霍亂是肆虐已久的傳染病，如在 1843 年，香港島的 1526 名駐兵中，錄得 440 人死亡，當中死於熱症、痢疾和腹瀉者有 155 人、137 人和 80 人。1849 年至 1859 年間，三間醫院患者中，痢疾、熱症、天花和腹瀉是主要的死因（見表 2-35）。1858 年亞細亞型霍亂在亞洲暴發，香港也受波及，根據〈殖民地醫官報告〉，估計該年維多利亞城有 75 名白人感染霍亂，當中 34 人死亡。

1890 年前，〈殖民地醫官報告〉將瘧疾歸入熱症，因此令許多相關疾病的死亡都登錄在熱症之下。1843 年 5 月至 10 月，香港島暴發瘟疫，染病病人大多出現發熱病徵，因此被命

表 2-35　1849 年至 1859 年若干年份香港島醫院死亡個案死因統計表

單位：人

死因	1849	1850	1851	1852	1853	1858	1859
痢疾	7	2	14	7	6	50	25
熱症	0	2	3	4	10	30	9
天花	0	0	1	22	0	8	9
腹瀉	0	0	0	0	0	6	8
震顫性譫妄	1	1	1	0	0	5	3
肺結核	1	1	3	2	1	0	3
曝露	0	7	3	0	0	0	0
支氣管炎	0	0	0	1	2	1	5
霍亂	0	0	0	0	0	9	0
腹水	0	0	2	2	1	2	1
梅毒	0	0	0	1	2	4	0
其他疾病	9	5	14	14	6	13	25
總計	18	18	41	53	28	128	88

注：1859 年的熱症包括風濕熱和斑疹傷寒各一人，其他年份只包括稽留熱（continued fever）、間歇熱（intermittent fever）和弛張熱（remittent fever）。1849 年及 1850 年為國家醫院數據；1851 年為國家醫院和 General Hospital（中文名不詳）數據；1852 年、1858 年及 1859 年為國家醫院和海員醫院數據；1853 年為海員醫院數據。

資料來源：　歷年 *Hong Kong Blue Book*。

名為「香港熱」(Hong Kong Fever)，[19] 半年間，有 24% 的士兵及 10% 的歐籍平民得此病而死亡。至於華人的死亡情況沒有紀錄，但根據 1841 年至 1842 年香港護理總督莊士敦的紀錄，熱症是香港島最流行的疾病之一，歐洲人已引入疫苗可資接種，華人則沒有有效的療法。之後，來港軍人和本地華人感染熱症的比例仍然偏高。根據港府的報告，1843 年，駐港軍人中有 7893 人次入院接受治療，即約每人於該年內入院 5 次，其中患熱症者有 4069 人次，另有 762 人次患上腹瀉，497 人次患痢疾；1840 年代和 1850 年代的情況基本相若，發熱會引發其他器官感染，惟此等年份的報告不一定提及死亡人數。

此時期的官方文獻甚少報道華人的死亡統計，1855 年 2 月 6 日至 4 月 28 日的統計，謂熱症導致約 800 名華人死亡。此外，患病華人多向中醫求診，中醫不一定以西醫的疾病分類系統來確定和記錄死因。

除疾病外，還有少數居民因災難或意外而死亡，包括火災、風災和船難。港府文獻很早便提及華人的聚居地存在環境衞生和安全的隱憂，包括木建築容易發生火災的危險。1851 年 12 月 28 日，下市場發生嚴重火災，火場面積接近 1.8 萬平方米。為免中環地區被火勢波及，軍方用炸藥將房屋炸毀，攔截火勢向東蔓延，結果 458 間房屋被毀，2 名英兵和 20 名華人死亡，60 名至 200 名華人失蹤。

香港氣候屬於亞熱帶季風性，熱帶氣旋通常在 5 月至 11 月出現，強烈風暴每多帶來人口傷亡。

1850 年代起，華工經香港出洋十分常見，船隻往往超載，許多人因環境惡劣染疫死亡。此等死亡多發生在香港海域之外，但也有少數例外，如 1853 年 4 月有一船運載 250 名華工從廣州出發，因船艙過度擠迫導致不少華工死亡，港府將船上病人遷移到香港的醫院，有 63 人高燒不退，3 人死亡。

清朝政府文獻沒有記載當時九龍和當年新界人口的死因統計，只有零星涉及人命的衝突事件，如清咸豐四年（1854）8 月 19 日三合會率數百人攻佔九龍寨城，造成 15 人死亡，包括 3 名清朝政府軍人。

1860 年代至 1890 年代，港府除公布 1860 年至 1871 年國家醫院和海員醫院、1876 年至 1899 年國家醫院，以及 1886 年後香港境內死亡個案的死因外，亦統計了 1873 年至 1899 年與傳染性疾病相關的死亡登記個案的死因。

根據這三方面的紀錄，香港居民的死因多為傳染性疾病，包括痢疾、腹瀉、肺結核、熱

19 如西角（West Point，薄扶林道至摩星嶺山腳一帶）的軍營，駐約 500 名歐籍士兵，根據軍方的醫療報告，由 5 月 20 日至 7 月 15 日，在 408 名入院士兵中，294 名發熱，在 39 名病亡者中，25 人因熱病死亡。

表 2-36　1860 年至 1899 年若干年份香港島醫院死亡個案死因統計表

單位：人

死因	1860	1866	1871	1876	1881	1886	1891	1897	1899
痢疾	18	11	5	0	1	4	4	2	2
腹瀉	10	21	28	4	1	1	0	0	0
肺結核	4	15	7	4	1	5	0	0	0
熱症	3	37	8	2	3	3	9	15	16
天花	1	8	9	1	0	0	0	0	0
震顫性譫妄	2	4	0	0	0	0	0	0	4
支氣管炎	2	2	1	0	1	1	0	0	0
霍亂	0	0	0	0	0	0	2	0	0
飢餓／貧困	1	19	2	3	1	1	0	2	0
梅毒	2	2	0	0	2	0	1	6	3
其他疾病	38	48	51	21	39	64	68	94	89
總計	81	167	111	35	49	79	84	119	114

注：1860 年至 1871 年為國家醫院和海員醫院數據；1876 年至 1899 年為國家醫院數據。熱症包括稽留熱、間歇熱、弛張熱、風濕熱、斑疹傷寒、傷寒、腸熱、黃熱病、瘧疾和產褥熱。1886 年的肺結核包括結核病一人。

資料來源： 歷年 *The Hongkong Government Gazette*；歷年 *Sessional Papers*。

症、天花、霍亂和鼠疫等（見表 2-36 至表 2-38），而衞生環境惡劣、醫療設備不足，仍然是疫症肆虐和患病者失救的主要原因。

1873 年至 1899 年，瘧疾仍多被歸入熱症，令許多死亡個案都登錄在熱症之下，歐美人於 1840 年代開始接種疫苗，華人則較少，每年因熱症致死者，只有 6 年少於 200 人，1879 年和 1885 年均接近 900 人。因腹瀉致死者，每年介乎 190 人至 710 人。死因為嘔吐者集中於 1885 年，有 176 人。天花和霍亂仍時有發生，因天花致死者，最嚴重是 1888 年，有 476 人，因霍亂致死者，最嚴重是 1896 年，有 41 人。此時期最矚目的疫症是 1894 年襲港的鼠疫（見圖 2-4，圖 2-5）。當時，華人社區的衞生情況極其惡劣，亦沒有抗生素等治療藥物，導致疫症快速蔓延，大量華人死亡。在 1894 年、1896 年、1898 年、1899 年，各有 2552 名、1078 名、1175 名和 1434 名患者死亡；根據 1894 年的〈殖民地醫官報告〉，歐洲人的死亡率為 18.2%，華人則達 93.4%。有學者估計官方紀錄低於實際人數，因前者數字是以屍體發現為準，華人自行埋葬的死亡人口未被計算在內。

除鼠疫外，與颱風相關的死亡也是此時期較受關注的因素。由於早期房屋結構脆弱，每有颱風襲港，便容易造成人命傷亡。1874 年 9 月 22 日至 23 日的「甲戌風災」，估計逾 2000 人喪生，當中以水上人的傷亡最多。

表 2-37　1887 年至 1906 年若干年份香港島和九龍死亡登記個案死因統計表

單位：人

死因	1887	1888	1891	1896	1901	1906
一般性疾病						
發酵性疾病	2420	3083	不適用	不適用	不適用	不適用
特殊發熱性疾病	不適用	不適用	1370	2092	3187	2205
發育性疾病	70	74	116	375	629	1076
其他	410	483	420	205	437	1880
局部疾病						
神經系統疾病	810	747	1364	806	871	746
呼吸系統疾病	1040	1085	1286	1223	1376	1632
循環系統疾病	36	45	49	86	153	212
消化系統疾病	16	14	357	342	110	123
泌尿系統疾病	15	9	14	80	71	51
其他	38	55	85	90	75	39
其他死因						
寄生蟲病	17	18	不適用	不適用	不適用	不適用
暴力	143	134	不適用	不適用	不適用	不適用
不詳	302	287	313	561	173	415
總計	5317	6034	5374	5860	7082	8379

注：1887 年至 1906 年的死因分類不一致。發酵性疾病（zymotic diseases）即痢疾、霍亂等傳染病；特殊發熱性疾病（specific febrile diseases）即瘧疾、傷寒等會令人發燒的疾病。一般性其他疾病於 1887 年和 1888 年為體質性疾病（constitutional diseases），1891 年包括疾病狀態和過程（morbid states and processes）。1891 年至 1906 年的其他局部疾病包括與妊娠和分娩有關的疾病。

資料來源：　歷年 *Sessional Papers*；*The Hongkong Government Gazette*, 2 July 1907。

圖 2-4　1894 年香港暴發鼠疫，潔淨隊伍對太平山區進行防疫消毒工作。（攝於 1894 年，香港歷史博物館提供）

表 2-38　1873 年至 1899 年香港島和九龍與傳染性疾病相關的死亡登記個案死因統計表

單位：人

年	熱症	腹瀉	嘔吐	霍亂	天花	鼠疫	總計
1873	132	212	0	0	不詳	不詳	344
1874	180	248	0	0	不詳	不詳	428
1875	330	306	0	0	不詳	不詳	636
1876	447	273	0	0	不詳	不詳	720
1877	540	321	0	0	不詳	不詳	861
1878	623	710	0	0	不詳	不詳	1333
1879	894	622	0	0	不詳	不詳	1516
1880	696	358	0	0	不詳	不詳	1054
1881	663	445	0	0	不詳	不詳	1108
1882	774	478	0	0	不詳	不詳	1252
1883	846	669	0	0	不詳	不詳	1515
1884	745	313	0	0	不詳	不詳	1058
1885	878	570	176	26	不詳	不詳	1650
1886	804	331	19	0	不詳	不詳	1154
1887	492	282	0	16	247	不詳	1037
1888	312	666	0	16	476	不詳	1470
1889	369	190	8	1	2	不詳	570
1890	354	220	1	0	0	不詳	575
1891	439	333	9	5	16	不詳	802
1892	447	237	0	1	44	不詳	729
1893	454	305	0	3	51	不詳	813
1894	441	316	4	3	18	2552	3334
1895	215	273	0	19	8	36	551
1896	139	258	0	41	12	1078	1528
1897	79	305	0	1	209	19	613
1898	38	345	0	3	110	1175	1671
1899	35	323	0	0	35	1434	1827

注：熱症包括斑疹傷寒、傷寒、腸熱和單純性稽留熱（simple continued fever）。

資料來源：　歷年 *Sessional Papers*。

圖 2-5 1894 年的堅尼地城玻璃廠，被港府徵用作為臨時疫症醫院，病人躺臥地上，設施簡陋。（攝於 1894 年，香港歷史博物館提供）

表 2-39 1911 年至 1926 年若干年份香港死亡登記個案死因統計表

單位：人

死因	1911	1916	1921	1926
天花	198	542	162	26
傷寒	31	146	61	121
痢疾	177	306	228	179
鼠疫	253	39	130	0
瘧疾熱	338	378	332	587
梅毒	112	394	317	237
結核病	417	561	322	200
肺結核	775	984	1343	1517
肺炎	1322	1577	2136	2273
發育性疾病	324	936	336	259
腳氣病	320	520	526	1192
麻痺及抽搐	377	348	184	105
心臟疾病	193	176	175	176
腸炎及胃腸炎	324	770	577	1015
腎炎	88	220	224	425
癌症	41	48	92	111
高齡	291	458	487	504
受傷	188	187	265	228
其他疾病	1684	1589	3797	3157
不詳	295	379	186	204
總計	7748	10,558	11,880	12,516

注：本表把死亡人數不足 100 人的死因歸入其他類別。腸炎及胃腸炎包括腹瀉。1916 年的傷寒為腸熱病死亡人數。
資料來源： 歷年 *Administrative Reports*。

表 2-40　1938 年香港死亡登記個案死因統計表

單位：人

死因	死亡人數	死因	死亡人數
傳染病和寄生蟲病	9917	妊娠、分娩和產褥期	76
癌症和其他腫瘤	281	皮膚和細胞組織疾病	112
風濕、營養、內分泌腺和其他一般疾病	2742	骨骼和運動器官疾病	12
血液和造血器官疾病	34	先天異常	26
慢性中毒	9	嬰兒早期疾病	1831
神經系統和感官疾病	561	高齡	1190
循環系統疾病	1004	暴力	512
呼吸系統疾病	12,148	不詳	3039
消化系統疾病	4277	**總計**	38,838
泌尿生殖系統疾病	1067		

注：本表的總死亡人數較表 2-24 和表 2-28 記錄的 38,818 人多 20 人，原因不明。
資料來源： *Administration Reports for the Year 1938*。

1887 年至 1928 年的《立法局會議文件彙編》、《香港政府憲報》和《行政報告》臚列每年香港登記死亡個案的死因，1938 年的《行政報告》則根據「國際死因分類法」（International List of Causes of Death）統計人口死因。二十世紀前期，香港居民的死亡大部分可歸因於傳染性疾病和呼吸系統疾病（見表 2-37 至表 2-40）。

在傳染性疾病方面，瘧疾、霍亂、傷寒、天花等是當時常見的致命疾病。在 1900 年代，瘧疾、傷寒等特殊發熱性疾病導致每年過千人死亡，1901 年更達 3187 人（見表 2-37）。由 1900 年至 1928 年，瘧疾造成每年 241 人至 707 人死亡。[20] 1930 年代後期，大量難民死於瘧疾，由 1938 年的 733 人增至 1939 年的 1492 人。1937 年 7 月下旬，霍亂暴發，到年末已造成 1082 人死亡。十九世紀末暴發的鼠疫，並未因太平山區被剷平而絕跡；相反，在二十世紀前期仍時有發生，1912 年和 1914 年成為死因首位，直到 1929 年後才較少發生。英佔初年已有天花過案。1912 年，有 565 人因天花而死，1913 年回落至 84 人，但每隔一段時間又再暴發。如 1923 年有 1141 人因此病而死；[21] 1937 年 11 月疫情再現，1938 年 3 月達至高峰，當年因天花致死者達 1833 人，其中 1388 人為 5 歲及以下兒童。歷年的死亡人數高低不定，跟接種疫苗人數多寡有關。東華醫院從 1910 年起啟用東華痘局和油麻地痘局，但由於華人嬰兒多在出生翌年才接種疫苗，造成感染者多為嬰幼兒；1937 年的暴發，是由於有大批未接種疫苗的難民來港所致。

20　參見歷年 *Administrative Reports*、*Sessional Papers*、*The Hongkong Government Gazette*。

21　參見歷年 *Administrative Reports*。

在呼吸系統疾病方面，主要是肺炎和肺結核。1908 年至 1927 年，每年有過千人因肺炎而死，1914 年、1915 年輕微降至 996 人與 923 人，自 1918 年起又突破 2000 人，1922 年達 3077 人。[22] 至於肺結核，早在 1849 年已有此病的死亡個案紀錄（見表 2-35）；1912 年，肺結核的死亡率僅次於鼠疫和肺炎。1915 年，華人因肺結核喪命者，佔華人死亡人口的 10.2%（如加上其他結核病，佔 14.5%，共 1116 人）；1924 年華人因所有結核病喪命者為 2358 人和 15.4%；1930 年所有居民因肺結核喪命者為 1994 人和 12.3%（如加上其他結核病，佔 17.5%，居當年死因首位）；1938 年為 4920 人和 12.7%。1939 年，結核病成為法定須呈報的疾病，當年因此死亡的有 4443 人，1940 年增至 5751 人。結核菌由空氣傳播，華人病者多延遲求醫，因而增加傳播的機會。

此外，1930 年代後期，貧窮問題因戰亂和難民湧入而惡化，營養不良推高了糙皮病和腳氣病患者的致死率和死亡人數，前者達 46.4%，後者在 1939 年的死亡人數為 3189 人，1940 年急升至 7229 人。

日佔期間，香港居民的死亡大部分可歸因於飢餓和受到不人道對待，除霍亂外，死於傷寒、痢疾、白喉等急性傳染病的人數相對較少，醫療設施和藥物短缺，包括醫院被軍方徵用，則是患病者失救的主要原因。

此時期死亡率高企的主因是飢餓，根據港府的《香港醫療及健康狀況報告》，使大量人口長期處於飢餓狀態可能是日方的計劃，以達到減少人口的結果。1944 年 3 月，日佔政府停止配售白米，白米價格大幅攀升，不少人死於飢餓或營養不良。日佔政府沒有記錄餓死人數，但據目擊者憶述和報章報道，餓死現象十分常見，如作家茅盾指日佔不足一月，街上短短一段路就出現三四具餓莩；《香島日報》報道，在 1945 年 7 月，估計每日死於飢餓者約 70 人至 80 人。

日軍對居民的不人道對待亦導致大量人口死亡，涉及逾千人死亡者例如 1944 年 3 月進行戶口普查時，有嫌疑者即被拷打或囚禁，由此而致死及失蹤的人數超過 2000 人。1942 年至 1943 年 7 月有兩萬多名勞工被運到海南島，其中逾萬人死亡。1942 年 5 月，一萬人被押上 19 艘船隻遣離香港，遇上颱風，逾 3000 人喪生。

太平洋戰爭期間，大部分醫療設施先後被英軍和日軍佔用，如 1941 年 12 月，東華東院被徵用為軍醫院；日佔後，東華三院西醫門診停診停辦，1942 年 6 月重開後只設婦科和兒科，東華和廣華醫院的病人收容額先定為 300 人，後減至 250 人；母嬰院和兒童院均被關閉。醫療服務難以應付需求。

至於戰俘營內的死亡，1942 年是「意外或轟炸」（822 人，佔 56.0%）和「病死或其他」（637 人，佔 43.4%）為主，另有 9 人被處決。其餘年份則以「病死或其他」居多，1943

22 參見歷年 *Administrative Reports*。

年為 302 人（98.1%）、1944 年為 257 人（98.5%）、1945 年為 131 人（89.1%）；死於「意外或轟炸」者各有 2 人、4 人和 16 人；被處決者於 1943 年有 4 人。

二戰結束後至 1960 年間，醫務衞生署年報是根據國際統計分類公布人口死因。[23] 1946 年至 1952 年間，死亡的絕大部分可歸因於不同類型的疾病，每年因意外、自殺或被殺而死的人數，佔總死亡人數的 3.8% 至 5.8%。致死原因中，以患呼吸系統疾病者為數最多，其中因患肺炎而亡故者尤眾，佔總死亡人數的 21.8% 至 27.0%，其原因與此時期市區的惡劣居住環境有關，特別是在寮屋區，呼吸系統疾病擴散容易；1940 年代後期，肺炎的死亡人數曾一度下降，但隨着人口在 1949 年之後大量增加，死於肺炎的人數再次上升，每年超過 4000 人。其次是傳染病。因感染呼吸系統結核病而亡者，佔比由 8.9% 增至 12.6%。死於天花和瘧疾者則顯著減少。天花一度是死亡的重要原因，1946 年的佔比為 7.8%；二戰結束後至 1947 年，市民接種天花疫苗約 250 萬劑，1949 年後再沒死於天花的紀錄。死於瘧疾者，佔比由 4.6% 降至 0.2%。消化系統疾病同樣為重要死因，尤以腸炎及腹瀉為甚，因患此病而去世者，佔比由 7.4% 增至 15.1%，這主要與當時的居住環境和食品安全問題有關。隨着出生人口增加，因早產、先天異常和嬰兒早期疾病而死亡的人數也隨之上升，佔比由 5.9% 增至 7.4%。在這數年間，死於腳氣病者大幅減少，這病與營養攝取不足有關，在二戰結束後初期甚為普遍，1946 年的佔比為 7.9%，隨着經濟復蘇，加上政府派發膳食，因此病而死的人數迅速下降，1952 年的佔比為 0.3%（見表 2-41）。

1952 年至 1960 年，約八成半的死亡可歸因於不同類型的疾病，每年因意外、中毒和暴力而死的人數，佔總死亡人數的 4.0% 至 5.8%。各死因類別中，呼吸系統疾病及傳染病和寄生蟲病一直高居首兩位，但兩者的死亡人數和佔比均有所減少。這數年間，呼吸系統疾病的佔比由 25.1% 降至 19.3%，傳染病和寄生蟲病由 21.9% 降至 14.4%。傳染病之中，以感染結核病而死亡的人數最多，根據醫務衞生署的年報，1953 年時，結核菌素試驗（tuberculin test）顯示，約 95% 的 14 歲以上人口曾受感染，有見及此，政府推廣兒童接種卡介苗（BCG），為新生兒注射的疫苗由 1952 年的 3120 劑增至 1960 年的 79,169 劑，結核病死亡人數由 1953 年的 2939 人減至 1960 年的 2085 人。消化系統疾病居 1952 年至 1959 年死因的第三位，佔比介乎 11.1% 至 17.6%。根據醫務衞生署的年報，消化系統疾病導致併發症，令患者死亡，其中 4 周至 2 歲的幼童患者情況尤其嚴重，這年齡群佔 1952 年至 1959 年患該病死亡人數的 51.3% 至 67.8% 之間。[24] 在 1960 年，因此病致死者的佔比減至 9.3%，居該年死因的第六位。先天異常和嬰兒早期疾病由死因第四位升至第三位，因此病而死亡的佔比由 7.9% 升至 10.7%。死於腫瘤及循環系統疾病的佔比不斷上升，腫瘤由 4.4% 升至 10.5%，循環系統疾病由 5.6% 升至 9.7%，在 1960 年，此兩病分別佔人口死因的第四及第五位（見表 2-42）。

---

23 1946 年至 1952 年按 1938 年的「國際死因分類法」第五次修訂本（International List of Causes of Death, 5th Revision），1952 年至 1960 年按「疾病、損傷和死亡原因的國際統計分類」（International Statistical Classification of Diseases, Injuries, and Causes of Death）。

24 參見歷年 *Annual Departmental Report by the Director of Medical and Health Services*。

表 2-41　1946 年至 1952 年按死因劃分香港死亡人數統計表

單位：人

死因	1946	1947	1948	1949	1950	1951	1952
天花	1306	129	2	7	0	0	0
腦脊髓膜熱	85	137	19	16	26	13	5
腳氣病	1318	312	140	100	39	45	56
白喉	62	52	49	75	135	121	157
瘧疾	765	253	193	116	89	35	46
呼吸系統結核病	1475	1420	1443	1712	2165	3006	2461
其他結核病	343	443	518	899	1098	1184	1112
梅毒疾病	42	93	85	100	120	95	73
流行性感冒	243	35	25	29	47	49	38
惡性腫瘤	277	304	397	513	659	795	807
血管性顱內病變	189	264	275	294	344	410	480
其他神經系統和感官疾病	132	180	95	78	86	78	91
心臟病	379	514	572	620	825	982	998
其他循環系統疾病	44	39	67	122	194	154	82
支氣管炎	839	529	419	611	743	354	260
各種肺炎	4129	3464	3157	4391	4485	4964	4249
其他呼吸系統疾病	197	139	125	105	248	328	373
腸炎和腹瀉	1235	1179	1757	2268	2514	2574	2940
其他消化系統疾病	337	361	318	454	492	509	588
非性病之泌尿生殖系統疾病	226	341	350	343	287	328	379
早產、先天異常和嬰兒早期疾病	982	1289	1214	1204	1262	1644	1436
其他疾病	786	445	517	690	722	796	724
高齡和衰老	142	101	113	81	114	174	195
暴力（意外、自殺、他殺等）	631	686	781	620	718	778	776
難以分辨的原因	489	522	803	839	1053	1164	1133
總計	16,653	13,231	13,434	16,287	18,465	20,580	19,459

資料來源：　歷年 *Annual Departmental Report by the Director of Medical and Health Services*。

表 2-42 1952 年至 1960 年按死因劃分香港死亡人數統計表

單位：人

死因	1952	1953	1954	1955	1956	1957	1958	1959	1960
傳染病和寄生蟲病	4262	3528	3465	3328	3125	3218	2998	2878	2758
腫瘤	854	1022	1047	1255	1348	1462	1837	1883	2010
過敏、內分泌、新陳代謝和血液疾病	239	247	223	197	236	311	221	222	219
神經系統和感官疾病	573	645	661	724	938	888	1078	1250	1372
循環系統疾病	1080	1130	1351	1297	1463	1531	1716	1824	1857
呼吸系統疾病	4882	4196	4446	4433	4116	4410	4978	4511	3693
消化系統疾病	3419	3155	3324	2823	2919	2342	2291	2296	1781
泌尿生殖系統疾病	379	409	388	444	413	432	399	423	398
妊娠、分娩和產褥期	84	75	105	107	88	105	92	77	55
皮膚和肌肉骨骼疾病	38	36	31	49	69	70	90	79	50
先天異常和嬰兒早期疾病	1545	1778	1890	1970	2158	2043	2216	1876	2045
難以分辨的原因	1328	1356	1455	1495	1447	1581	1643	1761	1813
意外、中毒和暴力	776	723	897	958	975	972	995	1170	1095
總計	19,459	18,300	19,283	19,080	19,295	19,365	20,554	20,250	19,146

資料來源： 歷年 *Annual Departmental Report by the Director of Medical and Health Services*。

1961 年至 2016 年

1961 年至 2016 年間，絕大部分的死亡仍可歸因於不同類型的疾病。[25] 歸於「損傷及中毒」或「疾病和死亡的外因」者，多維持在 5% 至 7% 的水平，2016 年歸於「疾病和死亡的外因」者是 3.9%（見表 2-43 至表 2-45）。

1960 年代初，因傳染病和寄生蟲病致死者在比例上雖有所下降，但仍佔人口死因之次位（15.3%），首位是由在 1950 年代約佔死因第五、六位的循環系統疾病所取代（18.2%），呼吸系統疾病則降至第三位（14.8%）。

1960 年代中至 1980 年代初的死因模式基本一致，循環系統疾病及腫瘤的佔比不斷上升，穩佔死因的首位及次位，前者在 1966 年佔 24.5%，至 1981 年佔 29.1%，後者的相應數字是 17.6% 和 26.5%。呼吸系統疾病經過 1950 年代的顯著改善後，其後的變化不大，至此時期仍佔死因的第三位。1966 年至 1981 年，因這三種疾病致死者的佔比由 54.5% 升至 71.4%。傳染病和寄生蟲病有持續且顯著的改善，佔比由 1966 年的 11.5% 降至 1981 年的 3.1%。自 1970 年代起，先天異常及圍產期死亡亦呈下降的趨勢，由 1950 年代和 1960 年代的約一成減至 1981 年的 2.8%，位居各類死因之末。

---

25 1979 年至 2000 年，疾病及死因分類是根據「疾病和有關健康問題的國際統計分類」（International Statistical Classification of Diseases and Related Heath Problems, ICD）第九次修訂本記錄及計算，2001 年起根據 ICD 第十次修訂本。1961 年至 1976 年的死亡原因根據 ICD 第九次修訂本統一整理，未必可與根據第十次修訂本編製的作比較。

表 2-43　1961 年至 1976 年若干年份按死因和性別劃分香港死亡人數統計表

單位：%

死因	1961			1966			1971			1976		
	男性	女性	合計	男性	女性	合計	男性	女性	合計	男性	女性	合計
腫瘤	11.7	13.2	12.3	17.4	17.9	17.6	21.5	20.0	20.8	25.4	21.6	23.7
循環系統疾病	17.2	19.5	18.2	23.4	25.8	24.5	22.6	28.0	24.9	26.9	31.4	28.9
呼吸系統疾病	13.8	16.0	14.8	11.2	13.8	12.4	16.4	16.5	16.4	14.4	14.6	14.5
損傷及中毒	6.6	5.0	5.9	8.1	6.0	7.1	7.9	5.3	6.8	7.5	5.5	6.6
消化系統疾病	8.6	6.7	7.7	5.5	4.4	5.0	5.8	4.1	5.0	5.8	4.0	5.0
泌尿生殖系統疾病	2.0	2.0	2.0	1.9	1.7	1.8	2.6	3.4	2.9	3.2	3.7	3.4
病徵、症狀及難以分辨的情況	9.4	11.6	10.4	7.2	11.0	8.9	7.3	12.1	9.4	5.8	9.8	7.6
傳染病和寄生蟲病	17.3	12.8	15.3	14.3	8.0	11.5	9.4	4.2	7.1	4.4	2.0	3.3
先天異常及圍產期的死亡	11.5	10.5	11.1	8.7	8.0	8.4	4.7	4.0	4.4	4.1	3.5	3.8
其他疾病	1.9	2.8	2.4	2.4	3.5	2.8	1.9	2.5	2.2	2.4	3.8	3.0
總人數（人）	10,294	8443	18,737	10,191	8506	18,697	11,476	8898	20,374	12,513	10,110	22,623

注：合計數字不包括性別不詳者。根據衞生署（前醫務衞生署）年報，1971 年的男性、女性、總死亡人數分別為 11,410 人、8843 人、20,253 人；1976 年的相應數字為 12,881 人、10,308 人、23,189 人。

資料來源：　歷年 *Annual Departmental Report by the Director of Medical and Health Services*；Census and Statistics Department, *Demographic Trends in Hong Kong 1971-82*。

表 2-44　1981 年至 1996 年若干年份按死因和性別劃分香港死亡人數統計表

單位：%

死因	1981			1986			1991			1996		
	男性	女性	合計	男性	女性	合計	男性	女性	合計	男性	女性	合計
腫瘤	29.2	23.1	26.5	34.0	27.4	31.1	33.8	27.5	31.0	34.8	29.1	32.3
循環系統疾病	26.5	32.4	29.1	26.5	31.8	28.9	25.9	32.1	28.6	24.0	28.9	26.1
呼吸系統疾病	16.2	15.3	15.8	16.2	15.2	15.8	16.9	16.0	16.5	20.9	20.2	20.6
損傷及中毒	8.5	5.7	7.2	6.4	4.7	5.6	6.2	4.2	5.3	5.8	4.1	5.1
消化系統疾病	4.9	3.7	4.3	4.5	3.5	4.1	4.7	3.6	4.2	4.5	3.9	4.3
泌尿生殖系統疾病	3.3	4.7	4.0	3.6	5.9	4.7	3.7	5.7	4.6	3.0	4.7	3.8
病徵、症狀及難以分辨的情況	3.0	7.3	4.9	1.8	4.1	2.9	2.4	4.0	3.1	1.3	1.2	1.2
傳染病和寄生蟲病	3.8	2.2	3.1	3.4	2.5	3.0	3.6	2.9	3.3	2.8	3.6	3.1
先天異常及圍產期的死亡	2.8	2.8	2.8	1.9	2.0	2.0	1.3	1.5	1.4	0.7	0.8	0.7
其他疾病	1.8	2.8	2.3	1.7	2.9	1.9	1.5	2.5	2.0	2.2	3.5	2.8
總人數（人）	13,757	11,075	24,832	14,421	11,491	25,912	15,916	12,513	28,429	18,219	13,957	32,176

注：合計數字不包括性別不詳者。根據衞生署（前醫務衞生署）的年報，1981 年的男性、女性、總死亡人數分別為 13,855 人、11,116 人、24,971 人；1986 年的相應數字為 14,513 人、11,503 人、26,016 人；1991 年為 16,135 人、12,540 人、28,675 人；1996 年為 18,195 人、13,850 人、32,045 人。

資料來源：　歷年 *Annual Departmental Report by the Director of Medical and Health Services*；歷年 Department of Health, *Annual Report*；政府統計處：《香港人口趨勢 1981-1996》。

表 2-45 2001 年至 2016 年若干年份按死因和性別劃分香港死亡人數統計表

單位：%

死因	2001			2006			2011			2016		
	男性	女性	合計	男性	女性	合計	男性	女性	合計	男性	女性	合計
腫瘤	38.0	30.8	34.9	35.8	29.3	32.9	34.2	29.2	32.0	33.2	28.7	31.2
循環系統疾病	22.5	29.1	25.4	23.2	29.4	25.9	22.9	26.6	24.5	20.8	22.5	21.5
呼吸系統疾病	17.1	16.0	16.6	18.7	16.3	17.7	22.0	19.6	20.9	23.4	22.1	22.8
疾病和死亡的外因	6.3	4.5	5.5	6.0	4.2	5.2	4.2	3.1	3.7	4.5	3.1	3.9
泌尿生殖系統疾病	3.5	5.4	4.3	3.9	6.3	5.0	3.9	5.9	4.8	4.1	5.9	4.9
消化系統疾病	4.0	3.8	3.9	3.9	4.0	3.9	3.4	3.7	3.5	3.3	3.4	3.3
某些傳染病和寄生蟲病	2.9	2.6	2.8	2.8	2.9	2.8	2.9	2.4	2.7	2.8	3.0	2.9
症狀不可歸類	1.1	0.7	0.9	1.8	1.7	1.8	2.3	3.0	2.6	2.5	3.5	3.0
內分泌、營養和代謝疾病	1.8	3.0	2.3	1.3	2.0	1.6	1.1	1.6	1.3	1.1	1.6	1.3
精神和行為障礙	0.5	1.2	0.8	0.6	1.1	0.8	1.2	2.6	1.8	2.1	4.0	2.9
神經系統疾病	0.9	0.9	0.9	0.7	0.8	0.8	0.9	0.9	0.9	1.0	0.9	1.0
皮膚和皮下組織疾病	0.4	0.8	0.6	0.5	0.8	0.6	0.3	0.5	0.4	0.3	0.4	0.4
肌肉骨骼系統和結締組織疾病	0.3	0.5	0.4	0.2	0.4	0.3	0.2	0.4	0.3	0.3	0.5	0.4
先天性畸形、變形和染色體異常	0.2	0.3	0.2	0.3	0.3	0.3	0.1	0.2	0.2	0.1	0.1	0.1
血液及造血器官疾病和某些涉及免疫機制的疾患	0.2	0.3	0.2	0.2	0.3	0.3	0.2	0.3	0.2	0.2	0.2	0.2
其他原因	0.1	0.1	0.1	0.1	0.1	0.1	0.1	0.1	0.1	0.1	0.1	0.1
總人數（人）	19,007	14,294	33,305	21,001	16,403	37,415	23,608	18,576	42,188	26,002	20,659	46,662

注：合計數字包括性別不詳者。「症狀不可歸類」為症狀、體徵和臨床與實驗室異常所見，不可歸類在他處者。
資料來源： 政府統計處：《香港人口趨勢 1981-2011》；《香港人口趨勢 1986-2016》。

1980 年代中至 2016 年，腫瘤取代循環系統疾病而居死因的首位，佔死因的三成以上，1986 年和 2016 年各佔 31.1% 和 31.2%。循環系統疾病的佔比多低於腫瘤幾個百分點，1986 年和 2016 年各佔 28.9% 和 21.5%。呼吸系統疾病於 1986 年和 2016 年的佔比為 15.8% 和 22.8%。2016 年，死亡人數最多的前三位原因是腫瘤、呼吸系統疾病和循環系統疾病。其他死因的佔比變化不大，較顯著的是先天異常及圍產期的佔比仍出現下降。[26]

兩性的死因及轉變趨勢大體相近，但仍可見如下的差異。首先，1970 年代初之前，傳染病和寄生蟲病依然肆虐，男性因此而送命者較多。其次，1981 年至 2016 年間，腫瘤一直是男性死亡的首要原因，女性死於循環系統疾病的比例均高於男性，然而，自 1996 年起，腫瘤亦取代循環系統疾病成為女性死亡的首要原因，只有 2006 年是不相伯仲。其三，1990

26 2001 年至 2016 年為先天性畸形、變形和染色體異常的佔比。

年代之前，女性死於「病徵、症狀及難以分辨的情況」的比例一直高於男性，差幅其後收窄。最後，就死於非自然原因的損傷及中毒而言，男性的比例持續高於女性。

5. 嬰兒死亡

現有文獻缺乏英佔以前和英佔初年的嬰兒死亡統計。[27] 從十九世紀中的修女信件可知，當時香港島的棄嬰問題相當嚴重；這些嬰兒的死亡率極高，以灣仔「聖童之家」為例，1850 年時，此院舍收容約 600 名至 700 名嬰兒，當中大部分在兩歲前離世，只有 80 多名能夠存活。[28]

其後，根據《立法局會議文件彙編》和《香港政府憲報》的紀錄，1882 年至 1899 年間，每年的登記嬰兒死亡人數多介乎 1200 人至 1600 人；在總死亡人數中，嬰兒的佔比持續高企，但情況略有改善，由 1882 年的 35.7% 輾轉下降至 1899 年的 21.2%（見表 2-46）。華裔嬰兒的佔比一直高於非華裔嬰兒，但兩者的差距逐漸收窄。在 1882 年的華人死亡總數中，未滿 1 歲夭折的佔 36.6%，非華裔嬰兒的相關比例為 11.1%。1899 年時，華裔和非華裔嬰兒的相關比例為 21.4% 和 14.9%。

表 2-46　1882 年至 1899 年香港島和九龍登記嬰兒死亡人數和佔比統計表

年	嬰兒死亡人數（人）			佔死亡人數（%）	年	嬰兒死亡人數（人）			佔死亡人數（%）
	非華裔	華裔	總計			非華裔	華裔	總計	
1882	17	1479	1496	35.7	1891	29	1504	1533	28.5
1883	25	1766	1791	37.2	1892	22	1517	1539	31.4
1884	25	1572	1597	37.0	1893	48	1814	1862	34.3
1885	20	1558	1578	30.4	1894	33	1406	1439	19.4
1886	22	1513	1535	30.1	1895	不詳	不詳	1519	28.1
1887	42	1278	1320	24.8	1896	40	1129	1169	19.9
1888	32	1583	1615	26.8	1897	33	938	971	20.7
1889	21	1304	1325	28.8	1898	34	1012	1046	18.4
1890	26	1211	1237	27.2	1899	36	1274	1310	21.2

資料來源：　歷年 *Sessional Papers*；歷年 *The Hongkong Government Gazette*。

1900 年至 1938 年間，港府記錄了的登記嬰兒死亡人數、嬰兒死亡率和佔總死亡人數的比例（見表 2-47）。這期間，嬰兒死亡人數由 1410 人增至 12,024 人；在總死亡人數的佔比居高不下，並由 20.9% 升至 31.0%，只有 1901 年至 1904 年和 1906 年低於 20%。華

27 「嬰兒死亡」指 1 歲以下嬰兒的死亡；「新生兒死亡」指出生不足 28 天而夭折的死亡；「新生兒後期死亡」指出生 28 天至未滿 1 歲的死亡。死亡率為此等登記嬰兒死亡人數相對該年登記活產嬰兒人數的比率。

28 當時的教會孤兒院也在內地收養棄嬰，並支付酬金，根據 1859 年的修女匯報，有婦女從廣州醫院收集垂死嬰兒運來香港，以收取每名嬰兒一法郎的酬金。

裔嬰兒的死亡率高於非華裔嬰兒，1900 年，華裔嬰兒中，每千名登記活產嬰兒有 928 名在 1 歲以下夭折，非華裔嬰兒為 123 名。1920 年代中以後，華裔和非華裔嬰兒的死亡率都有所下降，但兩者仍存在差距，1938 年，華裔嬰兒的死亡率為 343‰，非華裔嬰兒只有 42‰。真實情況可能比登記數字更壞。鑒於初生嬰兒夭折率高，華人普遍習慣在滿月後才為嬰兒登記，而且父母未必會為女嬰和非婚生子女登記。以 1907 年為例，1 歲以下的華人嬰兒死亡人數為 1580 人，但登記的出生人數只有 1124 人。1900 年至 1925 年，有 21 年的登記死亡人數比出生的多，有 12 年的華裔嬰兒死亡率超過 1000‰，這除反映登記活產嬰兒數字不準確外，也由於當時有部分居港嬰兒是教會孤兒院在內地收養的棄嬰，另外，此時期亦多了舉家來港的移民，當中包括嬰兒。

表 2-47　1900 年至 1939 年香港登記嬰兒死亡人數、嬰兒死亡率和佔比統計表

年	嬰兒死亡人數（人）	嬰兒死亡率		佔死亡人數（%）	年	嬰兒死亡人數（人）	嬰兒死亡率		佔死亡人數（%）
		非華裔	華裔				非華裔	華裔	
1900	1410	123	928	20.9	1920	3872	130	1818	31.1
1901	1315	129	不詳	18.6	1921	3766	104	1146	31.7
1902	1199	197	796	17.6	1922	4216	134	1183	28.9
1903	1069	109	832	17.2	1923	4585	81	1123	29.5
1904	1207	76	784	19.7	1924	4735	117	1228	30.4
1905	1541	119	872	23.3	1925	4711	107	1424	31.4
1906	1623	157	979	19.4	1926	3424	47	915	27.3
1907	1606	87	564	22.9	1927	4669	99	646	31.6
1908	2099	91	915	22.6	1928	4359	63	483	29.5
1909	2295	111	873	31.6	1929	6806	83	686	38.7
1910	2520	80	1078	32.9	1930	6208	74	558	38.1
1911	2467	133	1080	31.8	1931	7467	62	617	39.7
1912	2271	113	696	23.5	1932	6954	98	525	34.5
1913	2413	156	534	28.6	1933	6822	88	455	34.9
1914	2398	93	651	25.0	1934	7117	50	347	36.0
1915	2497	111	666	31.6	1935	7784	57	316	35.2
1916	3389	118	1009	31.8	1936	9924	39	372	37.7
1917	3596	111	1186	34.4	1937	11,650	46	376	33.6
1918	4259	134	1354	30.7	1938	12,024	42	343	31.0
1919	3474	85	1815	29.8	1939	不詳	58	不詳	不詳

注：死亡率按每千名登記活產嬰兒計算。
資料來源：　歷年 *Administrative Reports*；歷年 *Sessional Papers*。

港府在 1903 年曾成立委員會調查嬰兒死亡率高企的原因，翌年公布的〈華人嬰兒死亡原因調查報告〉(Report of the Committee Appointed by His Excellency the Governor to Inquire into the Causes of Chinese Infantile Mortality in the Colony) 涵蓋 1902 年 7 月至 1903 年 6 月期間去世的 1073 名嬰兒，當中包括由沙爾德聖保祿女修會和嘉諾撒仁愛女修會收養的孤兒和棄嬰。報告指出有 495 名嬰兒因小兒驚厥病 (infantile convulsive diseases) 喪命，即死於牙關緊閉 (trismus)(俗稱「鎖喉」)、破傷風和抽搐，這佔整體嬰兒死亡率 46.1%。最普遍的死因是牙關緊閉，使他們無法進食。此外，經驗屍的 606 人當中，有 33.8% 死於消瘦 (marasmus)，這說明當時香港的死嬰多屬營養不良，並與不當飲食或餵哺方法有關；其次是胸部感染疾病 (如支氣管炎、肺炎、肺結核等，佔 24.4%)、腹瀉及其他排便問題 (佔 13.3%)。

二戰後社會趨於穩定，營養、衞生、醫療設施和母嬰健康服務均有所改善，嬰兒死亡率由 1947 年的每千名登記活產嬰兒有 102.3 人死亡，降至 1960 年的 41.5 人。新生兒死亡率亦從 1947 年每千名登記活產嬰兒有 34.4 人死亡，減至 1960 年的 20.9 人 (見表 2-48)。嬰兒死亡率的降幅 (-59.4%) 高於新生兒死亡率 (-39.2%)，這反映嬰兒死亡率下降主要是由於出生 28 日至 1 歲以下的死亡人數有較大的跌幅。根據醫務衞生總監的判斷，當時仍有部分民眾不遵守《生死登記條例》呈報嬰兒死亡個案，這情況在鄉郊地區較為常見。

表 2-48　1946 年至 1960 年香港嬰兒死亡率和新生兒死亡率統計表

年	嬰兒死亡率	新生兒死亡率	年	嬰兒死亡率	新生兒死亡率
1946	89.1	32.2	1954	72.4	24.6
1947	102.3	34.4	1955	66.4	23.1
1948	91.1	30.2	1956	60.9	24.2
1949	99.4	29.4	1957	55.6	23.8
1950	99.6	30.0	1958	54.3	23.4
1951	91.8	31.3	1959	48.3	21.3
1952	77.1	26.3	1960	41.5	20.9
1953	73.6	25.8			

注：死亡率按每千名活產嬰兒計算。
資料來源：　歷年 *Annual Departmental Report by the Director of Medical and Health Services*。

政府統計處分析了 1951 年和 1956 年的嬰兒死亡性別差異和導致嬰兒死亡的主因。這數年間，男嬰和女嬰的死亡率均有下降，男嬰死亡率由每千名登記活產嬰兒有 87.8 人降至 61.9 人，女嬰死亡率由 96.0 人減至 59.9 人 (見表 2-49)。1951 年，無論男嬰或女嬰，導致死亡的主因是肺炎 (男嬰 32.4%，女嬰 37.5%)、腸胃炎及結腸炎 (男嬰 19.3%，女嬰 24.1%) 和早產 (男嬰 16.2%，女嬰 12.8%)；先天性異常 (男嬰 1.1%，女嬰 1.0%) 和缺氧症 (男嬰 1.4%，女嬰 1.0%) 並不普遍。[29] 1956 年，導致男嬰和女嬰死亡的主因依然

29 腸胃炎及結腸炎指並非因感染而導致的潰瘍性腸胃炎及結腸炎。缺氧症指缺氧症、出生時窒息及呼吸問題。

是肺炎（男嬰 19.8%，女嬰 20.7%）、腸胃炎及結腸炎（男嬰 13.3%，女嬰 15.2%）和早產（男嬰 10.3%，女嬰 9.9%）；先天性異常和缺氧症仍不普遍，但因後者致死的比例有所增加（男嬰 2.8%，女嬰 2.3%）（見表 2-49）。「其他原因」在嬰兒死亡人數中佔頗大比例，這主要包括胎兒出血及初生嬰兒出血、出生前後受感染、出生前後消化系統紊亂、神經系統疾病及因不明原因突然死亡等。此外，新生兒初期的死亡主因與胎兒在母親子宮內的發育及出生過程有關，例如先天性畸形、變形和染色體異常、與妊娠期長短和胎兒生長有關的病患、新生兒呼吸窘迫和胎兒及新生兒出血性和血液學疾患；而新生兒後期的死亡主因包括先天性畸形、變形和染色體異常、循環系統疾病、消化系統疾病和敗血病。

表 2-49　1951 年和 1956 年按死因和性別劃分香港嬰兒死亡率統計表

死因	1951	1956	死因	1951	1956
先天性異常			腸胃炎及結腸炎		
男嬰	1.1	1.7	男嬰	19.3	13.3
女嬰	1.0	0.9	女嬰	24.1	15.2
早產			其他原因		
男嬰	16.2	10.3	男嬰	17.5	14.0
女嬰	12.8	9.9	女嬰	19.6	10.9
缺氧症			所有原因		
男嬰	1.4	2.8	男嬰	87.8	61.9
女嬰	1.0	2.3	女嬰	96.0	59.9
肺炎					
男嬰	32.4	19.8			
女嬰	37.5	20.7			

注：死亡率按每千名登記活產嬰兒計算。
資料來源：　政府統計處：《香港統計月刊：2020 年 3 月》。

1961 年至 2016 年間，嬰兒死亡率維持下降的趨勢，由每千名活產嬰兒有 38.0 名死亡減至 1.8 名；新生兒死亡率和新生兒後期死亡率亦顯著下降，前者由 21.0 名減至 1.1 名，後者由 16.7 名減至 0.6 名。除了 1998 年和 1999 年，新生兒後期死亡率一直較新生兒死亡率為低。嬰兒死亡率的降幅高於新生兒死亡率，這反映嬰兒死亡率下降主要是由於出生 28 日至 1 歲以下的死亡人數有較大的跌幅（見表 2-50）。

1968 年至 2016 年間，男嬰的每年死亡人數普遍較女嬰多。1968 年的嬰兒死亡性別比率是每千名死亡女嬰相對 1293 名死亡男嬰，然後大都維持在 1000 名至 1500 名的水平，2016 年為 1180 名。其間，2011 年和 2013 年的死亡性別比率較高，分別為 1822 名和 1857 名；只有 1991 年、2004 年和 2014 年是男嬰死亡人數較女嬰少，這三年的死亡性別比率是每千名死亡女嬰相對 995 名、970 名和 746 名死亡男嬰。

表 2-50　1961 年至 2016 年香港嬰兒死亡率和死亡性別比率統計表

年	嬰兒死亡率		新生兒死亡率	新生兒後期死亡率	死亡性別比率	年	嬰兒死亡率		新生兒死亡率	新生兒後期死亡率	死亡性別比率
	活產嬰兒	登記活產嬰兒					活產嬰兒	登記活產嬰兒			
1961	38.0	37.7	21.0	16.7	不詳	1989	7.4	6.9	4.4	2.5	1201
1962	37.0	36.9	21.2	不詳	不詳	1990	6.2	5.9	3.8	2.2	1427
1963	33.0	32.9	18.9	不詳	不詳	1991	6.4	6.5	4.0	2.5	995
1964	26.0	26.4	16.6	不詳	不詳	1992	4.8	4.9	2.9	1.9	1055
1965	24.0	23.7	15.2	不詳	不詳	1993	4.8	4.7	2.8	1.9	1155
1966	25.0	24.9	15.3	9.5	不詳	1994	4.5	4.8	2.8	2.0	1013
1967	26.0	25.6	15.9	不詳	不詳	1995	4.6	4.4	2.5	1.9	1066
1968	23.2	23.0	15.0	不詳	1293	1996	4.1	4.0	2.2	1.8	1321
1969	21.1	21.8	14.9	不詳	1328	1997	3.9	4.0	2.2	1.9	1181
1970	19.3	19.6	12.7	不詳	1415	1998	3.2	3.2	1.5	1.7	1274
1971	17.7	18.4	12.6	5.6	1411	1999	3.1	3.2	1.6	1.6	1309
1972	17.4	17.5	11.6	5.4	1278	2000	3.0	2.9	1.7	1.2	1250
1973	16.4	16.8	11.0	5.6	1317	2001	2.6	2.7	1.7	1.1	1278
1974	16.8	17.4	11.0	6.1	1349	2002	2.3	2.4	1.3	1.0	1245
1975	14.9	15.0	10.3	4.7	1335	2003	2.3	2.3	1.2	1.1	1096
1976	13.8	14.3	9.1	5.0	1431	2004	2.7	2.5	1.6	0.9	970
1977	13.5	13.9	8.9	4.8	1281	2005	2.3	2.4	1.5	0.8	1472
1978	11.8	11.8	8.3	3.6	1305	2006	1.8	1.8	1.1	0.8	1208
1979	12.3	13.3	8.4	4.0	1419	2007	1.8	1.7	1.1	0.6	1175
1980	11.2	11.8	7.8	3.8	1309	2008	1.8	1.8	1.0	0.7	1231
1981	9.7	9.7	6.6	3.1	1217	2009	1.7	1.7	0.9	0.7	1092
1982	9.9	9.9	7.0	2.9	1120	2010	1.7	1.7	1.1	0.6	1467
1983	9.9	10.1	7.0	2.9	1216	2011	1.3	1.4	0.8	0.6	1822
1984	8.8	9.1	6.5	2.5	1256	2012	1.5	1.5	0.9	0.6	1000
1985	7.5	7.6	5.0	2.6	1285	2013	1.8	1.7	0.9	0.8	1857
1986	7.7	7.7	5.3	2.4	1131	2014	1.7	1.7	1.1	0.7	746
1987	7.4	7.5	4.8	2.7	1225	2015	1.4	1.5	1.0	0.4	1500
1988	7.4	7.6	4.8	2.8	1336	2016	1.8	1.7	1.1	0.6	1180

注：死亡率按每千名登記活產嬰兒計算。

資料來源：政府統計處：歷年《香港統計年刊》；《香港人口趨勢 1981-1996》；*Demographic Trends in Hong Kong 1971-82*；*Demographic Trends in Hong Kong 1981-1996*；*Hong Kong Statistics 1947-1967*；衞生署：《二零一七年有關健康狀況和健康服務的統計表》；*Annual Departmental Report by the Director of Medical and Health Services for the Financial Year 1970-71*。

1961 年至 2000 年間，除少數情況外，大部分按死因劃分的男嬰死亡率都較女嬰死亡率為高。1960 年代，肺炎和早產是男嬰及女嬰的死亡主因，因先天性異常和缺氧症而死亡的風險較低；然而，此兩類死亡風險在 1970 年代至 1980 年代有所上升，於 1990 年代才見回落（見表 2-51）。2001 年至 2016 年間，因先天性畸形、變形和染色體異常所致的嬰兒死亡率，較其他死因為高。2016 年，因此病致死的男嬰死亡率為每千名登記活產男嬰中有 0.4 人，女嬰為 0.3 人（見表 2-52）。

表 2-51　1961 年至 2000 年若干年份按死因和性別劃分香港嬰兒死亡率統計表

年	先天性異常		早產		缺氧症		肺炎		腸胃炎及結腸炎		其他原因		所有原因		
	男嬰	女嬰	男嬰	女嬰	男嬰	女嬰	男嬰	女嬰	男嬰	女嬰	男嬰	女嬰	男嬰	女嬰	合計
1961	1.7	1.2	11.1	9.8	1.6	1.0	11.2	10.2	5.1	3.9	9.8	8.5	40.6	34.5	37.7
1966	1.9	2.4	6.1	5.3	1.3	1.2	7.2	6.0	1.0	0.9	9.7	6.6	27.2	22.3	24.9
1971	3.3	3.0	6.2	3.2	1.7	1.4	4.0	3.7	0.8	0.7	5.0	3.4	21.0	15.5	18.4
1976	4.2	3.4	2.9	2.2	2.2	1.3	2.1	1.5	0.4	0.4	4.5	3.5	16.2	12.3	14.3
1981	2.7	2.4	1.0	0.9	3.3	3.0	0.8	0.7	§	0.0	2.4	2.1	10.3	9.0	9.7
1986	2.8	2.8	0.9	0.6	2.3	2.0	0.2	0.3	0.0	0.0	1.9	1.6	8.0	7.2	7.7
1991	2.3	1.9	0.7	1.2	1.4	1.2	0.3	0.2	0.0	0.0	1.9	1.8	6.5	6.3	6.5
1996	1.1	1.2	1.1	0.5	0.6	0.6	0.2	0.1	0.0	0.0	1.4	1.2	4.3	3.6	4.0
2000	1.0	1.0	0.5	0.2	0.4	0.3	0.1	0.1	0.0	0.0	1.3	1.0	3.2	2.6	2.9

注：死亡率按每千名登記活產嬰兒計算。合計數字包括性別不詳者。「§」代表少於 0.05。
資料來源：　政府統計處：《香港統計月刊：2020 年 3 月》。

表 2-52　2001 年至 2016 年若干年份按死因和性別劃分香港嬰兒死亡率統計表

年	先天性畸形、變形和染色體異常		與妊娠期長短和胎兒生長有關的病患		循環系統疾病		新生兒細菌性膿毒症		胎兒及新生兒出血性和血液學疾患		其他原因		所有原因		
	男嬰	女嬰	男嬰	女嬰	男嬰	女嬰	男嬰	女嬰	男嬰	女嬰	男嬰	女嬰	男嬰	女嬰	合計
2001	0.9	0.6	0.4	0.3	0.2	0.2	0.0	0.0	0.0	§	1.6	1.3	3.1	2.3	2.7
2006	0.6	0.6	0.3	0.2	0.2	0.1	0.1	§	0.1	§	0.8	0.7	2.0	1.7	1.8
2011	0.4	0.4	0.2	§	0.1	§	0.1	§	§	§	0.8	0.6	1.6	1.1	1.4
2012	0.3	0.4	0.1	0.1	0.1	0.1	§	§	0.1	§	0.9	0.9	1.4	1.5	1.5
2013	0.3	0.2	0.2	0.2	0.1	0.1	0.0	§	0.1	0.1	1.2	0.8	1.9	1.4	1.7
2014	0.3	0.4	0.2	0.1	0.2	0.1	0.0	0.1	0.1	§	1.0	1.1	1.7	1.8	1.7
2015	0.3	0.3	0.2	0.1	§	0.2	§	0.1	0.1	§	0.9	0.7	1.5	1.4	1.5
2016	0.4	0.3	0.3	0.0	0.2	0.3	0.1	0.1	§	0.1	0.6	0.9	1.6	1.7	1.7

注：死亡率按每千名登記活產嬰兒計算。合計數字包括性別不詳者。「§」代表少於 0.05。
資料來源：　政府統計處：《香港統計月刊：2020 年 3 月》。

6. 孕婦死亡

現有文獻對英佔以前的孕婦死亡缺乏統計，港府報告亦沒有公布 1940 年代及以前的孕婦死亡數字、死亡率及死因，但記錄了三組相關的統計。其一為 1889 年至 1908 年間，因妊娠、分娩及產後疾病致死者，每年人數在 21 人至 59 人之間起伏（見表 2-53）。其二是 1887 年至 1928 年因產褥熱致死者，每年人數在 0 人至 21 人的範圍內波動（見表

2-54）。其三是 1928 年至 1939 年在公眾殮房和醫院內因妊娠、分娩及產後疾病致死者，每年人數在 100 人以內（見表 2-55）。1938 年和 1939 年的孕婦死亡數字明顯增加，這是因為 1938 年廣州淪陷，逃港孕婦增加了難產的風險；另因人口急增，生活環境轉差，也危害孕婦的健康。當時的華人習俗令孕婦的死亡數字和死因無法完整地在官方紀錄中呈現，因為很少華人婦女到醫院生產，而且因有全屍觀念，抗拒驗屍，所以不呈報死亡個案。

表 2-53　1889 年至 1908 年香港因妊娠、分娩和產後疾病致死人數統計表

單位：人

年	妊娠	分娩和產後	總計	年	妊娠	分娩和產後	總計
1889	1	31	32	1899	2	30	32
1890	4	25	29	1900	3	43	46
1891	1	34	35	1901	5	47	52
1892	2	21	23	1902	1	29	30
1893	0	26	26	1903	1	20	21
1894	10	43	53	1904	3	28	31
1895	5	20	25	1905	9	34	43
1896	12	47	59	1906	1	26	27
1897	5	31	36	1907	7	28	35
1898	11	36	47	1908	3	34	37

資料來源：　歷年 *Administrative Reports*；歷年 *Sessional Papers*。

表 2-54　1887 年至 1928 年香港產褥熱死亡人數統計表

單位：人

年	死亡人數	年	死亡人數	年	死亡人數
1887	1	1901	15	1915	11
1888	0	1902	5	1916	17
1889	0	1903	6	1917	21
1890	1	1904	7	1918	15
1891	1	1905	10	1919	15
1892	2	1906	8	1920	11
1893	1	1907	3	1921	7
1894	0	1908	12	1922	9
1895	12	1909	19	1923	19
1896	8	1910	7	1924	8
1897	11	1911	6	1925	3
1898	10	1912	11	1926	5
1899	12	1913	17	1927	6
1900	14	1914	15	1928	15

資料來源：　歷年 *Administrative Reports*；歷年 *Sessional Papers*。

表 2-55　1928 年至 1939 年在香港公眾殮房和醫院因妊娠、分娩和產後疾病致死人數統計表

單位：人

年	公眾殮房	政府醫院	華人醫院	總數	年	公眾殮房	政府醫院	華人醫院	總數
1928	5	7	14	26	1934	5	16	45	66
1929	2	8	6	16	1935	2	22	42	66
1930	2	8	8	18	1936	3	29	25	57
1931	7	7	15	29	1937	不詳	14	40	不詳
1932	2	6	20	28	1938	不詳	18	40	76
1933	2	3	28	33	1939	不詳	39	54	不詳

注：1938 年的總數為因妊娠、分娩及產後疾病致死的人數，並非兩間醫院的總計。
資料來源：　歷年 *Administrative Reports*。

1946 年至 1960 年間，按每千名活產及非活產嬰兒計算的孕婦死亡率，[30] 由 1.23 人降至 0.49 人，如只按每千名活產嬰兒計算，則由 1.25 人降至 0.50 人。孕婦死亡率在 1940 年代末至 1950 年代初略有波動，尤其 1949 年，該年按每千名活產嬰兒計算的孕婦死亡率曾升至 2.17 人，較前一年升 42.8%（見表 2-56）。此時期的變動與大量移民到港有關，他們多居於衞生惡劣的寮屋，當中部分或未能獲得足夠的產前護理，以及分娩期間和分娩後的醫護照顧，因而導致死亡。

表 2-56　1946 年至 1960 年香港孕婦死亡率統計表

年	每千名活產及非活產嬰兒計算	每千名活產嬰兒計算	年	每千名活產及非活產嬰兒計算	每千名活產嬰兒計算
1946	1.23	1.25	1954	1.24	1.26
1947	1.62	1.67	1955	1.16	1.18
1948	1.47	1.52	1956	0.90	0.91
1949	2.12	2.17	1957	1.06	1.07
1950	1.70	1.73	1958	0.85	0.86
1951	1.59	1.62	1959	0.73	0.82
1952	1.14	1.17	1960	0.49	0.50
1953	0.97	0.99			

注：包括因流產死亡的孕婦。
資料來源：　歷年 *Annual Departmental Report by the Director of Medical and Health Services*。

導致孕婦死亡的原因主要是妊娠毒血症和產後出血。1946 年至 1960 年間，孕婦因妊娠毒血症死亡的比重介乎 23.5% 至 51.0%，因產後出血死亡的比重介乎 28.4% 至 42.6%（見表 2-57）。

30　非活產嬰兒即懷孕周數達 24 周或以上出生而未有生命跡象的嬰兒。

表 2-57　1946 年至 1960 年按死因劃分香港孕婦死亡人數統計表

單位：人

年	妊娠期、分娩時和產褥期敗血症	妊娠毒血症	產後出血	其他併發症	總計
1946	4	12	10	6	32
1947	4	16	23	25	68
1948	6	16	22	21	65
1949	7	54	36	16	113
1950	9	33	28	22	92
1951	3	38	43	25	109
1952	3	21	31	25	80
1953	0	30	31	13	74
1954	5	43	29	25	102
1955	4	53	31	16	104
1956	2	40	35	9	86
1957	2	37	43	19	101
1958	7	32	27	23	89
1959	0	36	34	13	83
1960	1	20	16	13	50

注：不包括因流產死亡的孕婦。
資料來源： 歷年 *Annual Departmental Report by the Director of Medical and Health Services*。

按每 10 萬名出生總人數計算的孕婦死亡率，在 1960 年代大幅下降，由 1961 年的每 10 萬名出生總人數有 45.3 名孕婦死亡降至 1969 年的 15.0 人。1970 年代的孕婦死亡率多在 10 人至 20 人之間波動。從 1978 年起，無論按每 10 萬名出生總人數還是每 10 萬名登記活產嬰兒計算，孕婦死亡率都維持在少於 10 名孕婦死亡的水平，只有 1994 年例外（約 11 人），2016 年沒有孕婦死亡（見表 2-58）。孕婦死亡率的改善，主要是由於香港的公立醫院和母嬰健康院合作提供一套產前護理計劃，照顧孕婦的整個懷孕和生產過程。

表 2-58　1961 年至 2016 年香港孕婦死亡率統計表

年	按每 10 萬名出生總人數計算	按每 10 萬名登記活產嬰兒計算	年	按每 10 萬名出生總人數計算	按每 10 萬名登記活產嬰兒計算
1961	45.3	46.0	1969	15.0	15.1
1962	48.0	48.3	1970	19.2	19.4
1963	29.1	29.5	1971	14.2	14.3
1964	38.2	38.7	1972	20.1	20.2
1965	32.8	33.3	1973	10.0	10.0
1966	42.7	43.3	1974	16.0	15.9
1967	30.3	30.6	1975	3.0	2.6
1968	14.3	14.5	1976	18.0	18.3

（續上表）

年	按每 10 萬名出生總人數計算	按每 10 萬名登記活產嬰兒計算	年	按每 10 萬名出生總人數計算	按每 10 萬名登記活產嬰兒計算
1977	17.0	16.5	1997	1.6	1.7
1978	6.0	6.3	1998	1.9	1.9
1979	9.0	8.5	1999	2.0	2.0
1980	5.0	4.7	2000	不詳	5.6
1981	8.0	8.0	2001	不詳	2.0
1982	1.0	1.2	2002	不詳	2.1
1983	7.0	7.3	2003	不詳	4.2
1984	6.0	6.4	2004	不詳	4.1
1985	5.0	5.2	2005	不詳	3.5
1986	2.8	2.8	2006	不詳	1.5
1987	4.3	4.3	2007	不詳	1.4
1988	4.1	4.1	2008	不詳	2.5
1989	5.5	5.5	2009	不詳	2.4
1990	4.3	4.3	2010	不詳	1.1
1991	5.7	5.7	2011	不詳	1.0
1992	5.5	5.5	2012	不詳	2.2
1993	4.2	4.2	2013	不詳	0.0
1994	11.1	11.2	2014	不詳	3.3
1995	7.3	7.3	2015	不詳	1.6
1996	3.1	3.1	2016	不詳	0.0

資料來源： 衞生署數據；政府統計處：歷年《香港統計年刊》；歷年 *Annual Departmental Report by the Director of Medical and Health Services*。

1961 年至 2000 年間的數據顯示，較常見的孕婦死因是妊娠時出血及分娩時出血、妊娠毒血症、異位妊娠（見表 2-59）。2001 年至 2016 年間的數據則顯示，「其他直接產科死亡」為較常見的孕婦死因（見表 2-60）。

表 2-59　1961 年至 2000 年若干年份按死因劃分香港孕婦死亡人數統計表

單位：人

死因	1961	1966	1971	1976	1981	1986	1991	1996	2000
自然或合法人工流產以外的小產	—	—	0	2	0	0	1	0	1
妊娠毒血症	10	5	3	3	1	0	0	0	1
流產結局的妊娠（異位妊娠除外）	4	3	—	—	—	—	—	—	—
妊娠時出血及分娩時出血	17	10	1	5	3	2	1	1	1
產科的肺栓塞	1	1	—	—	2	0	2	1	0
產褥期嚴重感染	2	0	1	0	—	—	—	—	—
異位妊娠	3	12	3	1	1	0	0	0	0
其他	13	9	3	3	0	0	0	0	0
總計	50	40	11	14	7	2	4	2	3

注：「—」代表沒此分類。
資料來源： 衞生署數據；政府統計處：歷年《香港統計年刊》。

表 2-60　2001 年至 2016 年若干年份按死因劃分香港孕婦死亡人數統計表

單位：人

死因	2001	2006	2011	2012	2013	2014	2015	2016
流產結局的妊娠	0	0	0	1	0	0	1	0
其他直接產科死亡	0	1	1	1	0	2	0	0
間接產科死亡	1	0	0	0	0	0	0	0
妊娠、分娩和產褥期的剩餘部分	0	0	0	0	0	0	0	0
總計	1	1	1	2	0	2	1	0

資料來源：　政府統計處：歷年《香港統計年刊》。

三、人口自然增長

由於缺乏先秦時期至清代的生育和死亡人數，無法計算或推測當時的人口自然增長。[31] 1847 年至 1859 年間，香港島的死亡人數都多於出生人數，人口的自然增長率皆為負值，介乎每千人口減少 1.9 人至 11.1 人，起伏不定，只有 1856 年因傳染病暴發而急升至每千人口減少 32.2 人。在兼有出生和死亡人數紀錄的 1850 年至 1859 年間，出生共有 3016 人，死亡則有 8910 人，死亡者約為出生者的 3 倍，不過，同期的人口規模沒有萎縮，反增加 53,649 人，當時的人口增長是依靠外來移民而非自然增長，這些移民大部分來自中國內地（見表 2-61）。

1860 年至 1899 年間，香港島和九龍的人口由約 9.5 萬人增至 25.9 萬人。同期間，由於出生人口持續少於死亡人口，人口的自然增長呈相反的趨勢。1860 年代，每年人口自然增長約負數百人。1870 年代至 1890 年代，由於每年的出生人口維持在 1900 人以下，死亡人口則由約 3000 人增至約 6000 人，人口自然增長遂由 1873 年的 -958 人升至 1899 年的 -5049 人。在這 40 年間，按香港人口計算的人口自然增長率全是負值，而且呈擴大的趨勢：由 1860 年每千人口減少 2.1 人升至 1897 年的 19.5 人。在鼠疫肆虐的 1894 年，每千人口減少 24.2 人，是這時期的最高紀錄（見表 2-62）。

1900 年代至 1940 年代初，按登記活產嬰兒和登記死亡人數計算的人口自然增長絕大部分為負值。1900 年至 1940 年共減少 261,738 人；人口自然增長由 1900 年的 -5834 人升至 1940 年的 -16,093 人，其間的登記出生和死亡人數差額起伏不定。在這 40 年間，按香港人口計算的人口自然增長率差不多全是負值，只有 1934 年至 1936 年除外，1900 年代至 1920 年代中，約為每年每千人口減少 10 人至 20 人；其後的負增長放緩，每年每千人口多減少不足 10 人（見表 2-63）。

人口自然增長長期為負值的原因之一為港府較難在新界和鄉郊地區執行《生死登記條例》，

31　人口自然增長指出生人數相對死亡人數的差額。

表 2-61　1846 年至 1859 年香港島人口自然增長率統計表

年	出生人口（人）	死亡人口（人）	增長人數（人）	總人口（人）	自然增長率（‰）
1846	185	185	0	21,835	0
1847	197	286	-89	23,872	-3.73
1848	196	384	-188	21,514	-8.74
1849	不詳	165	不詳	29,507	不詳
1850	152	214	-62	33,292	-1.86
1851	210	393	-183	32,983	-5.55
1852	216	401	-185	37,058	-4.99
1853	274	369	-95	39,017	-2.43
1854	210	532	-322	55,715	-5.78
1855	348	1025	-677	72,607	-9.32
1856	314	2625	-2311	71,730	-32.22
1857	298	1107	-809	77,094	-10.49
1858	572	1410	-838	75,503	-11.10
1859	422	834	-412	86,941	-4.74

注：包括水上和流動人口；總人口不包括軍人。1859 年，維多利亞城各分區嬰兒數目之和，比總計數字多 50 人，本表採用總計數字。不包括於境外死亡的華人；1849 年、1851 年至 1856 年、1858 年至 1859 年的華人死亡人口包括非戶主呈報的個案。除 1858 年和 1859 年的歐洲人外，死亡人口不包括軍人。1847 年和 1848 年的死亡人口各包括 26 名和 42 名海員。

資料來源：　歷年 *Hong Kong Blue Book*；R. L. Jarman (ed.), *Hong Kong Annual Administration Reports 1841-1941*。

華人在家分娩和不呈報新生女嬰的習慣，令出生人口統計的準確度隨港府租借新界而下降。港府於 1934 年實施《1934 年生死登記條例》，當年和隨後兩年的人口自然增長轉為正值。1937 年，人口自然增長再度錄得負值，即使當年的出生人數因大量難民來港而有所提高，死亡人數卻比 1936 年急增 8279 人，1937 年發生多宗事故，包括 7 月霍亂暴發、9 月颱風襲港等，因而推高了死亡人數。之後三年，人口自然增長率由 1938 年每千人口減少 3.2 人升至 1940 年的 15 人。疫症（如天花）、營養不良、結核病等，都是引致 1930 年代末死亡人數增加的原因。

二戰結束後，由於出生率高企和死亡率下跌，人口自然增長率由 1946 年每百人口增加 0.9 人升至 1960 年的 3 人。進入 1950 年代，自然增長率轉趨穩定，較多在 2.7% 與 3.0% 之間波動。二戰結束後首 15 年共增長 869,336 人（見表 2-64）。自然增長率維持在較高水平，這是引致全港人口結構轉變的重要因素。

表 2-62　1860 年至 1899 年若干年份香港島和九龍人口自然增長統計表

年	出生人口（人）	死亡人口（人）	增長人數（人）	總人口（人）	自然增長率（‰）
1860	415	614	-199	94,917	-2.1
1861	763	1240	-477	119,321	-4.0
1862	914	1352	-438	123,511	-3.5
1863	481	1042	-561	124,850	-4.5
1864	524	1296	-772	121,498	-6.4
1865	528	1727	-1199	125,504	-9.6
1866	535	1203	-668	115,098	-5.8
1873	1796	2754	-958	不詳	不詳
1874	1898	3812	-1914	不詳	不詳
1875	1769	3156	-1387	不詳	不詳
1876	1840	3438	-1598	139,144	-11.5
1877	1684	3731	-2047	不詳	不詳
1878	1484	4119	-2635	不詳	不詳
1879	1433	4473	-3040	不詳	不詳
1880	1578	3996	-2418	不詳	不詳
1881	1518	3862	-2344	160,402	-14.6
1882	1545	4189	-2644	不詳	不詳
1883	1509	4819	-3310	不詳	不詳
1884	1551	4318	-2767	不詳	不詳
1885	1555	5192	-3637	不詳	不詳
1886	1557	5100	-3543	181,702	-19.5
1887	1705	5317	-3612	185,962	-19.4
1888	1662	6034	-4372	190,222	-23.0
1889	1683	4597	-2914	194,482	-15.0
1890	1617	4553	-2936	198,742	-14.8
1891	1734	5374	-3640	221,441	-16.4
1892	1843	4906	-3063	231,662	-13.2
1893	1801	5422	-3621	238,724	-15.2
1894	1455	7407	-5952	246,006	-24.2
1895	1427	5400	-3973	253,514	-15.7
1896	1233	5860	-4627	261,258	-17.7
1897	1368	4688	-3320	246,907	-13.4
1898	1206	5674	-4468	254,400	-17.6
1899	1132	6181	-5049	259,312	-19.5

注：1861 年至 1866 年的出生人口包括洗禮人數；1860 年至 1861 年、1863 年至 1866 年的死亡人口包括非戶主呈報的個案。自 1861 年起包括九龍人口。1860 年至 1866 年、1876 年、1881 年、1891 年和 1897 年總人口為人口普查數字，其餘年份為人口估計。

資料來源：　歷年 *Hong Kong Blue Book*。

表 2-63　1900 年至 1940 年香港人口自然增長統計表

年	出生人口（人）	死亡人口（人）	增長人數（人）	自然增長率（‰）	年	出生人口（人）	死亡人口（人）	增長人數（人）	自然增長率（‰）
1900	939	6773	-5834	-22.21	1921	3618	11,880	-8262	-14.10
1901	1088	7082	-5994	-19.94	1922	3904	14,569	-10,665	-18.45
1902	1200	6783	-5583	-17.90	1923	4414	14,569	-10,155	-17.56
1903	1034	6169	-5135	-15.78	1924	4143	15,553	-11,410	-14.27
1904	1205	6118	-4913	-13.60	1925	3654	15,553	-11,899	-13.61
1905	1289	6894	-5605	-14.83	1926	3541	12,516	-8975	-10.26
1906	1321	8379	-7058	-21.45	1927	7500	14,761	-7261	-7.43
1907	1420	7286	-5866	-17.81	1928	9309	14,757	-5448	-5.06
1908	1412	9271	-7859	-23.36	1929	10,223	17,565	-7342	-6.83
1909	1517	7267	-5750	-16.72	1930	11,134	16,290	-5156	-4.40
1910	1533	7639	-6106	-17.40	1931	12,443	18,797	-6354	-7.48
1911	1768	7748	-5980	-16.03	1932	14,184	20,139	-5955	-6.61
1912	2671	9682	-7011	-15.58	1933	18,742	19,531	-789	-0.86
1913	3731	8435	-4704	-9.62	1934	20,886	19,766	1120	1.19
1914	3001	9585	-6584	-13.13	1935	25,037	22,133	2904	3.01
1915	2611	7921	-5310	-10.27	1936	27,111	26,356	755	0.76
1916	2637	10,558	-7921	-15.00	1937	31,559	34,635	-3076	-3.05
1917	2401	10,433	-8032	-15.01	1938	35,527	38,818	-3291	-3.20
1918	2321	13,714	-11,393	-24.34	1939	45,984	48,283	-2299	-2.19
1919	2197	11,647	-9450	-18.86	1940	44,917	61,010	-16,093	-15.01
1920	2420	12,419	-9999	-18.27					

資料來源：　歷年 *Hong Kong Blue Book*。

表 2-64　1946 年至 1960 年香港人口自然增長統計表

年	出生人口（人）	死亡人口（人）	增長人數（人）	自然增長率（%）	年	出生人口（人）	死亡人口（人）	增長人數（人）	自然增長率（%）
1946	31,098	16,653	14,445	0.9	1954	83,317	19,283	64,034	2.7
1947	42,473	13,231	29,242	1.7	1955	90,511	19,080	71,431	2.9
1948	47,475	13,434	34,041	1.9	1956	96,746	19,295	77,451	3.0
1949	54,774	16,287	38,487	2.1	1957	97,834	19,365	78,469	2.9
1950	60,600	18,465	42,135	1.9	1958	106,624	20,554	86,070	3.0
1951	68,500	20,580	47,920	2.4	1959	104,579	20,250	84,329	2.8
1952	71,976	19,459	52,517	2.5	1960	110,667	19,146	91,521	3.0
1953	75,544	18,300	57,244	2.6					

資料來源：　Census and Statistics Department, *Hong Kong Statistics 1947-1967*。

1961 年至 2016 年間，年中人口由約 316.8 萬人增至 733.7 萬人（見表 1-9），整體呈上升趨勢，但增長速度逐漸放緩。同期間，人口自然增長的速度明顯不及年中人口的變化。1961 年至 1964 年間，每年人口自然增長約 9 萬人；其後由於出生人口減少，人口自然增長持續下降，由 1965 年增 84,574 人降至 1969 年增 63,752 人。1970 年至 1985 年間，人口自然增長相對穩定，在增 50,868 人至增 61,919 人之間波動。從 1986 年起，隨着出生人口繼續走低，死亡人口則有所上升，每年的人口自然增長不斷下滑，由 1986 年增 45,708 人降至 2016 年增 13,951 人；其間，只有 2004 年至 2012 年因有大量內地女性來港產子而令人口自然增長回升（見圖 2-6，表 2-65）。

這 55 年間，按年中人口計算的人口自然增長率持續下降，僅在 2004 年至 2012 年間止跌回升，但隨後便驟然下降。1961 年，人口自然增長率為每千人口增加 28.4 人，其後此比率大幅下滑，1971 年為 14.7‰、2003 年為 1.5‰。2004 年至 2012 年間，由於新生嬰兒數目急增，人口自然增長率由 1.9‰ 升至 6.7‰，2013 年實施內地孕婦「零分娩配額」政策後，當年的自然增長率即回落至 1.9‰。

圖 2-6　1961 年至 2016 年香港的人口自然增長

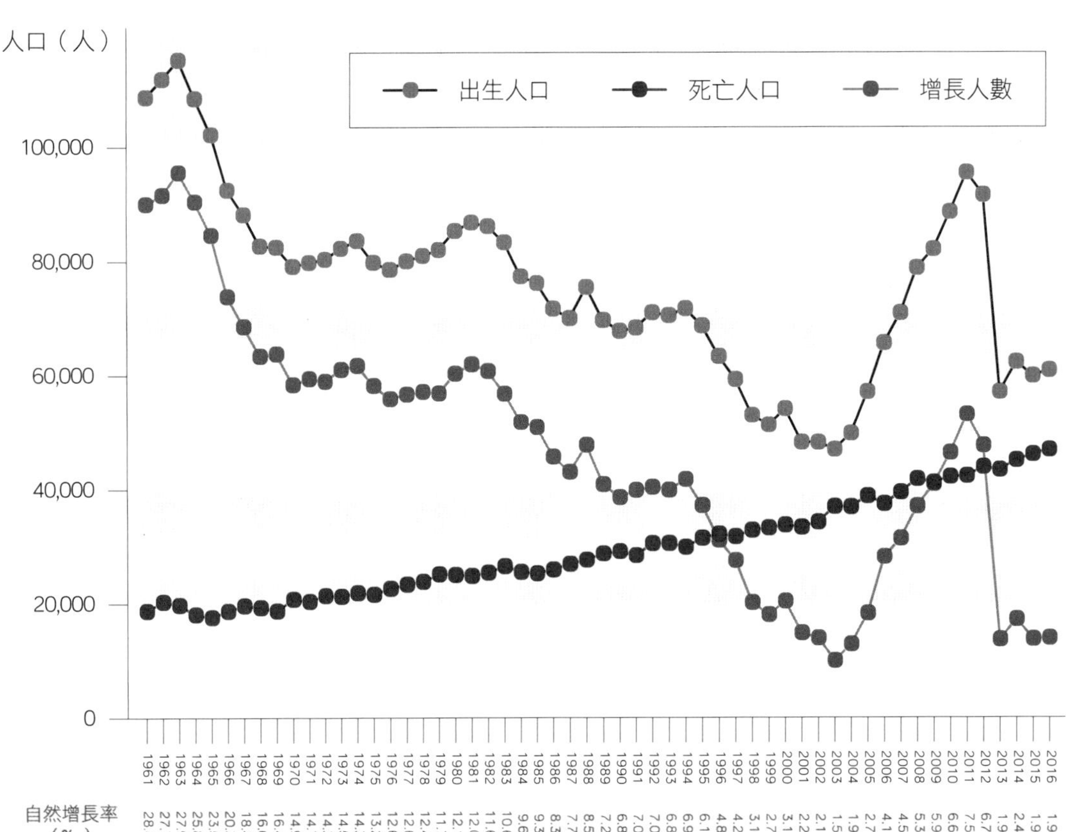

資料來源：　政府統計處網站：統計數字；政府統計處：歷年《香港統計年刊》；*Births, Deaths & Marriages 1970-1973*；*Hong Kong Statistics 1947-1967*。

表 2-65 1961 年至 2016 年香港人口自然增長統計表

年	出生人口（人）	死亡人口（人）	增長人數（人）	自然增長率（‰）	年	出生人口（人）	死亡人口（人）	增長人數（人）	自然增長率（‰）
1961	108,726	18,738	89,988	28.4	1989	69,621	28,745	40,876	7.2
1962	111,905	20,324	91,581	27.7	1990	67,731	29,136	38,595	6.8
1963	115,263	19,748	95,515	27.9	1991	68,281	28,429	39,852	7.0
1964	108,519	18,113	90,406	25.8	1992	70,949	30,550	40,399	7.0
1965	102,195	17,621	84,574	23.5	1993	70,451	30,571	39,880	6.8
1966	92,476	18,700	73,776	20.3	1994	71,646	29,905	41,741	6.9
1967	88,170	19,644	68,526	18.4	1995	68,637	31,468	37,169	6.1
1968	82,685	19,319	63,366	16.6	1996	63,291	32,176	31,115	4.8
1969	82,482	18,730	63,752	16.4	1997	59,250	31,738	27,512	4.2
1970	79,132	20,763	58,369	14.9	1998	52,977	32,847	20,130	3.1
1971	79,789	20,374	59,415	14.7	1999	51,281	33,258	18,023	2.7
1972	80,344	21,397	58,947	14.3	2000	54,134	33,758	20,376	3.1
1973	82,252	21,251	61,001	14.5	2001	48,219	33,378	14,841	2.2
1974	83,581	21,879	61,702	14.3	2002	48,209	34,267	13,942	2.1
1975	79,790	21,597	58,193	13.2	2003	46,965	36,971	9994	1.5
1976	78,511	22,633	55,878	12.6	2004	49,796	36,918	12,878	1.9
1977	80,022	23,346	56,676	12.6	2005	57,098	38,830	18,268	2.7
1978	80,957	23,830	57,127	12.4	2006	65,626	37,457	28,169	4.1
1979	81,975	25,125	56,850	11.7	2007	70,875	39,476	31,399	4.5
1980	85,290	25,008	60,282	12.1	2008	78,822	41,796	37,026	5.3
1981	86,751	24,832	61,919	12.0	2009	82,095	41,175	40,920	5.9
1982	86,120	25,396	60,724	11.6	2010	88,584	42,194	46,390	6.6
1983	83,293	26,522	56,771	10.6	2011	95,451	42,346	53,105	7.5
1984	77,297	25,520	51,777	9.6	2012	91,558	43,917	47,641	6.7
1985	76,126	25,258	50,868	9.3	2013	57,084	43,397	13,687	1.9
1986	71,620	25,912	45,708	8.3	2014	62,305	45,087	17,218	2.4
1987	69,958	26,916	43,042	7.7	2015	59,878	46,108	13,770	1.9
1988	75,412	27,659	47,753	8.5	2016	60,856	46,905	13,951	1.9

注：1961 年至 1967 年的自然增長率按表 1-9 的年中人口計算。

資料來源： 政府統計處網站：統計數字；政府統計處：歷年《香港統計年刊》；*Births, Deaths & Marriages 1970-1973*；*Hong Kong Statistics 1947-1967*。

第二節　人口流動

一、英佔前人口遷移流向

現有的考古發現難以確定香港先民在史前時期的人口流動詳情。新石器時代晚期出現一波人口跨境南遷，原居於五嶺南北的嶺南古越族遷入香港，在眾多港灣聚居。從文化遺存、社會風俗以至先民體質的特徵推斷，在香港聚居的古代人群與不同地域的我國古文明有明顯的共性，與珠江地區的關係尤其密切。考古學者將最早在香港定居者的文明稱為「大灣文化」，他們使用有槽石拍製作樹皮布，這與環珠江口地區的製成品同出一源。新石器時期先民製作眾多石器和陶器，其風格與嶺南沿海地區的代表性器物相同。在距今約 2500 至 3500 年的青銅時代，香港先民使用的工具和隨葬品，具有與粵東和閩西南地區浮濱文化相同的特徵。

青銅時代的遺址和遺物遍及香港島、九龍和今新界，反映先民的棲息範圍已由離島以及今新界西部、西南部和北部，向南擴展至全港各地，包括香港島的石澳、柴灣和黃竹坑。春秋戰國時期，楚國攻打百越地區，部分民眾遷移到百越南端的香港，南丫島、大嶼山、馬灣、赤鱲角、屯門等地出土的石器、陶器、兵器、禮器和飾物，留下了南遷者的生活痕跡。

秦和南越國時期的人口分布和境內流動狀況，難以確考。然而，秦代時出現過另一波的人口跨境南遷，這主要是秦始皇征服百越後，將大量中原人士強制遷移至嶺南地區戍守。郡縣的設置令各部嶺南古越族逐漸變為編戶齊民，加上南越國推行漢越融合政策，鼓勵通婚，嶺南古越族於是逐漸與漢人融合。

秦漢之際的長期動亂，導致人口南遷，當中包括南下避難的民眾和南征後落籍的軍人。廣東地區和香港地屬的南海郡人口有所增加，屬於漢代的遺物在香港眾多地區有所發現。出土文物較集中於西漢前期及東漢後期，反映期間出現人口流出和後續流入。西漢收復嶺南後，以徐聞和合浦等港口取代番禺為對外交往的始發港，[32] 珠江口地區包括香港的部分人口或為生計而向西遷移；東漢時期，隨着經濟發展，傭作需求和機會增加，這有利於人口的流動，同時，海上貿易路線向東南沿海伸展，珠江口東側的開發加速，也帶動人口移入此地區。

香港屬於魏晉南北朝時期的考古發現不多，難以探討當時人口的流動狀況。這段時期的人口流動，從史籍中仍可找到蛛絲馬跡。如漢朝政府通過設立郡縣的行政區劃方式，加強對

32 《漢書》〈地理志下〉：「自日南障塞、徐聞、合浦船行可五月，有都元國……黃支之南，有已程不國，漢之譯使自此還矣。」

香港地區的統治，1955 年在香港深水埗李鄭屋漢墓內出土「大吉番禺」墓磚的發現，反映設縣後地區有一定人口量。又如南朝劉宋杯渡先後於建康（今南京）、冀州（今河北省一帶）等地居留，後來抵達交廣之間，在屯門候舶出海，也反映了當時人們的遷移路徑。

唐代時期南海貿易興旺，廣州是重要的外貿口岸，香港的屯門為其外港，屯門軍鎮駐防於此，同時，製鹽業亦發展成為重要產業，《新唐書》〈志第三十三上・地理七上〉記載寶安縣：「至德二載更名。有鹽」。根據煮鹽爐灶的遺存，香港的鹽業當時已是大規模生產，製鹽及其相關產業都需要大量人手。經濟的發展和軍事部署的加強，均增加對人力的需求，有助吸引人口移入。香港的唐代遺址眾多，遍布境內各處海灣，出土大量器物，可為當時人口的數量和流動提供佐證。屯門和大嶼山扼守航道要衝，亦是海鹽生產基地，自然成為重要的人口集聚地。

兩宋時期，珠江三角洲逐漸發展為一個人口稠密的地區。香港的貿易和鹽業繼續發展，駐軍數目也有增加，這都帶動人口的流動。宋代考古遺址分布於香港眾多地區，顯示人口由大嶼山、屯門、西貢等歷史悠久的聚居地，進一步向荃灣、大埔、沙田等地區擴散，形成從今新界較西和較北地區向南發展的趨勢，九龍已出現人口密集的大型聚落。當時，內地人口流徙到香港的數量頗大，這主要和北方戰亂導致宋室與民眾舉族南遷有關，其中幾個家族留有較明確的文獻記載，包括原籍江西的鄧氏、福建的林氏和江西的文氏（見表 2-66）。以北宋初年遷至元朗錦田的鄧氏為例，鄧氏五大房中有兩房至今仍聚居在錦田和屏山。鄧氏族人一方面在初遷地分散發展，如屏山一房發展成「三圍六村」，一方面陸續分遷至今新界各地，如原在錦田的一房分遷至元朗厦村、屯門紫田村、粉嶺龍躍頭、沙頭角萊洞及大埔大埔頭等地，部分在分遷地再分散發展，如粉嶺龍躍頭的一支發展為「五圍六村」，分遷至厦村的族人再分遷至大嶼山塘福和東涌等。

元代時期，不少中原氏族遷往相對偏遠的地區，位於邊陲的香港成為遷入地之一，今日的上水廖氏、屯門陶氏、衙前圍吳氏、粉嶺彭氏等即於此時期到達香港。廖氏、彭氏連同之前抵達的鄧氏、侯氏和文氏，形成了「新界五大族」。宋、元時期移居香港的氏族部分留有譜牒，據當中記載，他們多來自文化水平較高的中原地區，南遷至香港的過程漫長，途中經過數次遷居，九龍城衙前圍村吳氏的先祖，經過多次遷徙，至元代末年遷至香港官富場（今九龍東部），之後在九龍地區輾轉遷徙，後來再因遷界而流亡，直至 1720 年代始在今日的九龍城建圍定居。吳氏族人隨後既在衙前圍附近分散發展，如遷至沙埔、東頭、石鼓壟等村，亦分遷至其他地區，如小瀝源、將軍澳、南丫島等。

到了明代，從考古遺址的分布和郭棐《粵大記》所記載 73 個屬於香港地區的地名來看，香港境內人口進一步擴散，由原來較為集中的今新界北部和沿岸地域，向其他地方遷移，包括不宜農耕的山坡和磽确之地，這和新興的經濟活動出現（如培植和出口莞香、燒製和轉運瓷器），以及宋、元時期移居香港的氏族分家立業有關。明代兩百多年間，珠江三角洲漸趨

表 2-66　宋代移居香港的主要氏族流動情況表

姓氏	原籍	初遷香港時間	始遷地	後代的部分香港分遷地（分遷時間）
鄧	江西	北宋開寶六年（973）	元朗岑田（今錦田）	大埔大埔頭（南宋初年） 元朗屏山（元朝初年） 粉嶺龍躍頭（元朝初年） 元朗厦村、輞井（明朝初年） 元朗官涌（明朝末年） 大嶼山塘福（明朝末年） 元朗橫台山（清康熙二十七年〔1688〕） 屯門紫田村、新生村（清朝末年）
林	福建	北宋	南塘（今大廟）	九龍彭浦圍 九龍竹園（清遷海復界後） 九龍蒲崗（清遷海復界後）
文	江西	南宋末葉	屯門老虎坑	元朗屏山 大埔泮涌 大埔泰坑（元元統年間〔1333-1335〕） 元朗新田（元元統年間） 大埔梧桐寨（清康熙五十八年〔1719〕）

資料來源：　張瑞威：〈宗族的聯合與分歧：竹園蒲崗林氏編修族譜原因探微〉；蕭國鈞、蕭國健：《族譜與香港地方史研究》；蕭國健：《香港新界家族發展》。

富庶，內地人口南移的趨勢持續，原籍江西的徐氏、袁氏、歐陽氏、黎氏，福建的胡氏、陳氏、張氏、葉氏、趙氏、蔡氏，以及安徽的何氏等，即於此時到達香港。

清初出現了香港地區罕有的人口大波動，這和清順治十八年（1661）開始實施的遷界令有關，大量民眾被逼遷離居住地，向內陸移徙。香港島、九龍和各島嶼的沿海 50 里地區都在遷界範圍內，元朗新田及沙頭角分別為界線的西北及東北起點，界外所有居民均須遷出。據清康熙《新安縣志》〈防省志·遷復〉載，清康熙二年（1663）「再看粵疆，續立界，邑地將盡邊焉。總督盧〔盧崇峻〕以邑地初遷已多，會疏，免續遷，止遷東、西二路共二十四鄉。」香港全境幾淪為荒蕪之地。

清朝政府自清康熙八年（1669）起展界，重新招募居民，但據清康熙《新安縣志》〈防省志·遷復〉載，「及復歸，死喪已過半」，也有已在他鄉落戶，不再歸還，至於回遷的原居民，歸還本土的速度也緩慢。為解決撂荒問題，清雍正初年招墾，鄰近廣東東部、江西南部、福建南部山區之客籍農民，相繼入遷香港開墾荒地。客籍移民在香港建立村落，始於清康熙中期，盛於清雍正乾隆之際，立村較早者，有荃灣的油柑頭村（清康熙二十四年，1685）和關門口村（清康熙四十五年，1706）；於清雍正年間立村者，有荃灣的古坑、川龍和柴灣角（同於清雍正八年，1730）；於清乾隆初年遷入建村者，有石排灣葉、吳、徐等姓，舶寮洲（今南丫島）周、陳、葉、姚等姓。

清代以前的移民也多由廣東、江西和福建等地遷至，但都是陸續分散地流入。自清康熙遷海

圖 2-7 元朗錦田水尾村樹屋。清初遷界令下，居民撤離原居地，舊居石屋荒廢，屋旁榕樹不斷生長，逐漸把石屋包圍吞併，形成現在樹中有屋的奇特現象。（攝於 2020 年，香港地方志中心拍攝）

復界後，應官府招墾而來者，是成批地抵達，他們在眾多島嶼、九龍和香港島原居民較少的地方自建村莊，並保持其客家文化，清嘉慶《新安縣志》〈輿地略 · 都里〉特另列官富司管轄的客籍村莊名單，其數量為 194 條。根據學者考證，香港境內的客籍村莊於清康熙時至少有 25 條；清嘉慶年間（1796—1820），香港境內的官富司管轄客籍村莊增至 128 條；由清嘉慶《新安縣志》成書至英國租借新界約 80 年間，有超過 200 條村莊在香港建立，當中多數是客家村落。

清代香港的人口流動，除遷界和遷海復界這重大因素外，人口增加和海盜肆虐也有所影響。人口的增加，自然促使居住地的擴散，此時期的總趨勢是由北向南、由濱海平原向山地發展。例如宋代時來港的錦田鄧氏，其族譜記載家族分支擴散至粉嶺龍躍頭、大埔大埔頭等地，龍躍頭鄧氏再陸續建立「五圍六村」，其中麻笏圍是建於清乾隆年間（1736—1795）。在其本身居住區域以外，鄧氏也置有田產，租予佃農耕作。如根據錦田鄧氏在清道光年間（1821—1850）呈交清朝政府的《香港等處稅畝總呈》，其徵稅田產遠至香港島的群帶路（亦稱群大路）、大潭、覆潭、香港、黃泥涌、大石下、掃管莆（今掃桿埔）等地，其中不少是在清康熙年間（1662—1722）因官府獎勵開墾而拓展的。[33] 又如明代來港的衙前圍陳氏，其族譜記載部分族人於十八世紀初遷離九龍城，至西貢將軍澳開村立業。

33 據學者考證，稟中的覆潭和香港位處香港島。

清朝政府雖設防守海，但眾多地區的濱海村落仍不時被海盜肆劫，清嘉慶《新安縣志》〈防省志・寇盜〉提及海盜肆虐的地方包括蠔涌、屏山、固戍、榕樹角、灣下、大嶼山、赤瀝角等。[34] 海盜手段凶殘，如竹園林氏的族譜記載，其原居地九龍彭浦圍（今黃大仙大磡村）於清康熙十五年（1676）遭台灣海匪的百多艘船攻破，村民幾全部遇害。[35] 為應對海患，有的村莊建圍抗賊，如大嶼山貝澳老圍村張氏，[36] 亦有村莊選擇搬遷，如元代時期來港的衙前圍吳氏，於清順治年間遭海盜劫掠，部分族人逃至沙田小瀝源，繼而在該地落籍；亦有居民選擇遷往地勢較高的山區，如明代來港的川龍村曾氏原定居於荃灣木棉下，因受海盜騷擾，搬到交通不便、缺乏平坦農地的大帽山山腰，又如清代來港的荃灣老圍張氏，因海盜滋擾而由海邊上遷至半山，與其他四姓人一起建圍開村。[37]

二、出入境管制

1. 出入境的相關法規和簽證政策

英佔時期，香港的英籍人士享有出入境自由。根據港府於 1841 年 2 月發出的公告，全島居民「現係歸屬大英國主之子民」，其後出生的嬰兒按「屬地主義」（jus soli）原則，皆自然取得英國國籍。已在港居住及新來的外國人，可通過法律程序成為英國國民。港府於 1845 年 10 月通過《1845 年外國人歸化條例》（*Aliens — Naturalization Ordinance, 1845*），允許來港經商或對香港有貢獻的外籍人士（包括中國人）申請歸化為英籍。

港府於 1841 年 6 月宣布香港為自由港，實施寬鬆的出入境政策，以方便外籍人士來港經商和勞動。清朝政府與英國簽署的《南京條約》訂明：「凡系中國人，前在英人所據之邑居住者，⋯⋯均由大皇帝俯降御旨，謄錄天下，恩准全然免罪。」這個安排減輕了內地華人出入香港島的顧慮。

其後，人口迅速增長，新增者多數來自內地，港府認為來港華人十居八九為無業遊民、逃犯、小本商人或石匠，良莠不齊，加上保甲制在維多利亞城內的華人新移民社區不易施行，為加強管治，港府於 1844 年 11 月通過《1844 年登記及普查條例》，並於翌年成立

34 據清嘉慶《新安縣志》〈防省志・寇盜〉:「康熙十一年九月內，臺灣巨逆李奇等率寇船，流劫地方，游移蠔涌，登岸屠掠鄉村。⋯⋯嘉慶九年，郭婆帶、鄔石二、鄭一等流劫海洋，擄掠居民。⋯⋯大小匪船不下千餘艘，不特海面縱橫，即陸地亦遭焚劫。凡濱海村落，皆設立丁壯防守，邑屏山、固戍、榕樹角、灣下等處，俱被賊圍攻。⋯⋯十四年十月內，郭婆帶等賊船數百號，泊縣屬大嶼山赤瀝角等處。⋯⋯被賊黨脱逃。」

35 據《林氏族譜》記載，「丙辰十五年（清康熙十五年，1676），冤遭台灣海匪百有餘船攻破圍垣，在敵者萬無一生，僅存外出之幼童牧牛攻書者幾人而已。」

36 據老圍村《張氏族譜》記載，其村於清乾隆年間遭海盜劫財擄人，鑒於「官不能治」，遂聚眾集資，於清嘉慶年間建成圍門。

37《荃灣老圍張氏族譜》載:「清朝初葉⋯⋯地處南疆邊陲，一片原荒，交通不便，管理有鞭長莫及，疏置度外，因此常為海盜淵藪，出沒劫掠，⋯⋯張族，先祖既至鑿山墾土，造田闢路，樵採耕種，以圖生活，後隨海盜滋擾再上遷至半山逼居住（即今之老圍，昔日名為荃灣園）。」

普查及登記署，以掌握市民和訪客的背景和出入境資料；1850 年 3 月通過《1850 年華人罪犯遞解回籍條例》（*Rendition of Chinese Ordinance, 1850*），授權巡理府（Magistrate）緝捕、拘留和審訊在中國干犯法律並匿藏港島的中國籍疑犯，這些人一經定罪，可被判監禁或移交清朝政府。實際上，港府也會不經司法程序，把未定罪人士遞解出境，被遞解者包括華人乞丐和小販。港府於 1857 年擴大遞解權力，是年 1 月發出通告，宣布任何非在職或不能出具擔保者，可被遞解出境；同年 7 月修訂《1857 年殖民地社會安寧條例》（*Peace of the Colony Ordinance, 1857*），授權港督遞解任何非英籍人士出境；1858 年 5 月通過《1858 年管理華人—普查條例》，授權港督遞解行乞者至中國內地或其他地方。

1841 年 6 月，港府發出公告，指在香港島抓捕的海盜，將移交清朝政府處罰。法院設立後，也時常以流放（transportation）為處罰，把犯人流放到英國殖民地，其中歐籍人士會被流放至澳洲的范迪門斯地（Van Diemen's Land，今塔斯曼尼亞島）和諾福克島（Norfolk Island），英籍軍人被流放至南非的好望角（Cape of Good Hope），華人和非歐籍人士則被流放至今馬來西亞的納閩（Labuan）、印度半島的孟買（Mumbai）和信德（Scinde），以及海峽殖民地（Straits Settlements，約今新加坡、檳城和馬六甲）。

1860 年代至 1890 年代，港府再實施多項法例和成立專責部門，以監控人口、船隻和貨物的進出，當中包括 1866 年 8 月通過的《1866 年海港及海岸條例》（*Harbour and Coasts Ordinance, 1866*），此條例賦予船政廳（Harbour Master's Office）更大權力規管各類型船隻的註冊和進出境事宜；1887 年 6 月成立出入口管理處（Imports and Exports Office）；另有 1871 年 9 月通過的《1871 年驅逐危險分子條例》（*Banishment of Dangerous Characters Ordinance, 1871*），賦權港督可命令任何非因血緣世系出生為英國屬民者，或歸化為英國屬民者，不得入境香港，已在港者可被遞解出境；此外還有 1895 年 4 月通過的《1895 年規管華人移民條例》（*Chinese Immigration Ordinance, 1895*），賦權港督在境外暴發鼠疫、霍亂、天花等疫情時，可禁止這些地方的華人進入香港。

1840 年代至 1890 年代，今新界和界限街以北的九龍地區仍採用清朝的出入境管理制度，出入境人員需要持有清朝政府頒發的證件，早期是信函式的身份證明或旅遊文件，1858 年清朝政府與英國簽署《天津條約》後，外國人入境需持有「內地遊歷護照」。此護照由領事官簽發、地方官蓋印，領事官在頒發護照時，需對申請人進行審查；總理衙門和地方官府都有蓋印權。未與清朝政府建立正式外交關係的國家，其國民不能領有遊歷護照，同時，未取得蓋印的外國人不得進入中國，外國人經過內地府縣時須呈交護照給官府查驗和蓋印。此時期，大量華工經香港出洋，以赴美證件為例，護照前面寫有頒發源由：「系照光緒六年，即西曆一千八百八十年，中國與美國續修條約，應准任便往來美國之人，合給護照」；中間是執照人的特徵，包括姓名、年歲、事業、住址等；後面是日期、編號和印章。

1900 年代至 1940 年代，港府陸續制定法例，以加強對旅客的出入境控制，這主要包括

1915 年 7 月通過的《1915 年限制旅客條例》（*Travellers Restriction Ordinance, 1915*），條例規定除獲豁免者，所有旅客及船隻進出香港必須接受檢查，船隻負責人須保留船員和乘客的名單；旅舍負責人須保存 14 歲以上住客的姓名、國籍和入住紀錄。英國軍人因公務進出香港、華裔人士離港，以及使用帆或槳驅動的中國船隻則不受此法例限制。《1916 年人事登記條例》生效後，已居港和新來港人士都須登記個人資料，只有駐港英軍及家屬、領事官員及家屬、華裔和 18 歲以下人士除外。

港府於 1923 年 12 月通過《1923 年護照條例》（*Passports Ordinance, 1923*），規定入境人士須持有效護照或旅行證件，只有華裔人士、15 歲及以下兒童和過境人士可獲豁免；此法例於 1934 年被《1934 年入境及護照條例》（*Immigration and Passports Ordinance, 1934*）取代，新條例列出九類「不受歡迎」的入境人士；經陸路入境的華裔人士仍不受限。到 1940 年，由於戰事逼近和大量內地難民入境，港府通過《1940 年入境管制條例》（*Immigration Control Ordinance, 1940*），進一步規管所有來港人士，包括華裔人士。條例賦權入境官（Immigration officer）拒絕沒有有效證件人士進入香港，法例由 1941 年 1 月開始實施。

日佔時期，日佔政府從 1942 年 1 月開始實施「歸鄉」政策（見圖 2-8，圖 2-9，圖 2-10），驅逐無生產能力的華人。為控制人口及物資的流動，於 1942 年 3 月頒布香督令第九號《管理香港佔領地總督管區內（舊英領及租借地）之入境、出境、居住、物資之運入運出、及企業、營業、商行為等法令》。其中第二章〈入境出境〉規定，凡入境及出境者，須向憲兵隊提交申請書，填妥相關資料，包括姓名、本籍、住址、身份、職業、出生日期、入境或出境目的、出發地和目的地等；出境者須説明預定出發日期和是否希望復歸。申請非居民入境者須申報對方的個人資料和與申請人的關係，在取得總督的許可後，方可出入境。這項法令執行十分嚴格，除非提出日佔政府認為「合理」的入境原因，否則一般會遭到拒絕。至於出境者的離境期限，根據憲兵隊於 1942 年 5 月的補充説明，回港期限都視乎申請者的出境理由、事體大小和航程遠近，如目的地為日本、滿洲、北京、天津、上海、泰國、越南等地，可給予六個月期限；目的地為廣州灣（今湛江）、海南島、汕頭等地，可給予三個月期限；目的地為廣州、澳門、中山等地，可給予一個月期限；目的地近而且事情小者，可給予十日期限。若離境期限已滿而未能回港者，其回港手續須根據香督令第九號第五條辦理申請，如在廣州者，向廣東憲兵隊申請，在上海者，郵寄香港申請，在泰國或越南者，按當地日軍法規辦理。

二戰後，大量內地移民來港，港府制定多項法規以加強內部控制和邊境管制。1949 年 4 月通過《1949 年入境者管制條例》（*Immigrants Control Ordinance, 1949*），以管制非香港出生人士來港、離港，以及在港的活動，包括禁止所有不在認可入境地點、沒有入境許可證、沒有有效旅行證件的人士進入香港，入境官有權詢問、羈留和拒絕「不受歡迎」人士（如無法謀生者、傳染病患者等）入境。1949 年 9 月通過《1949 年驅逐不良分子出

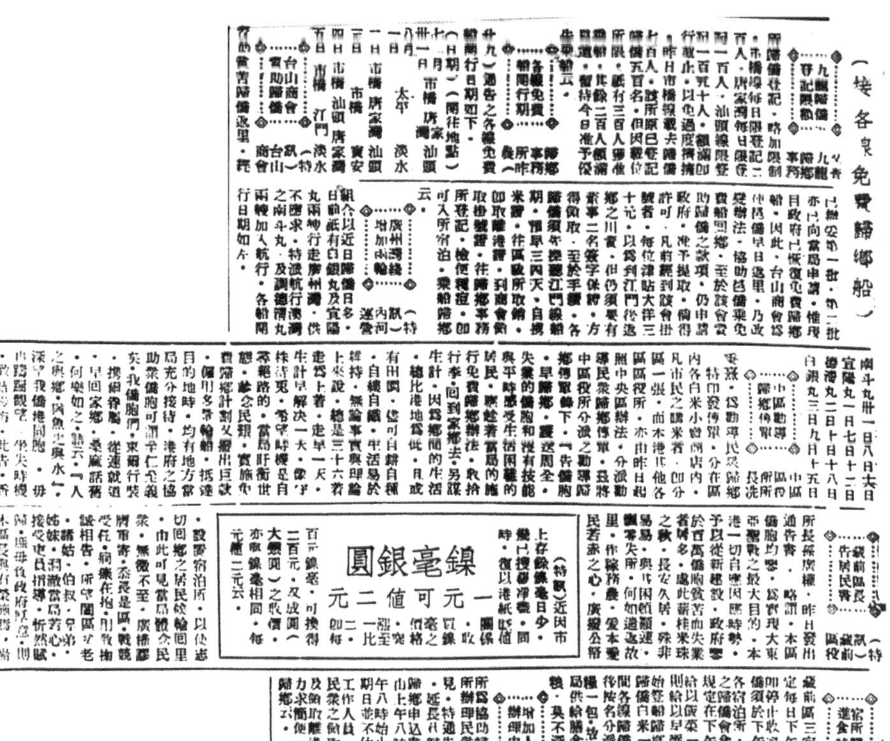

（接各處免費歸鄉船）

鎳毫銀圓 一元可值二元

圖 2-8 1942 年 7 月 30 日，《華僑日報》刊登日佔政府強制「歸鄉」政策，用上「自願」、「免費」等字眼粉飾。（南華早報出版有限公司提供）

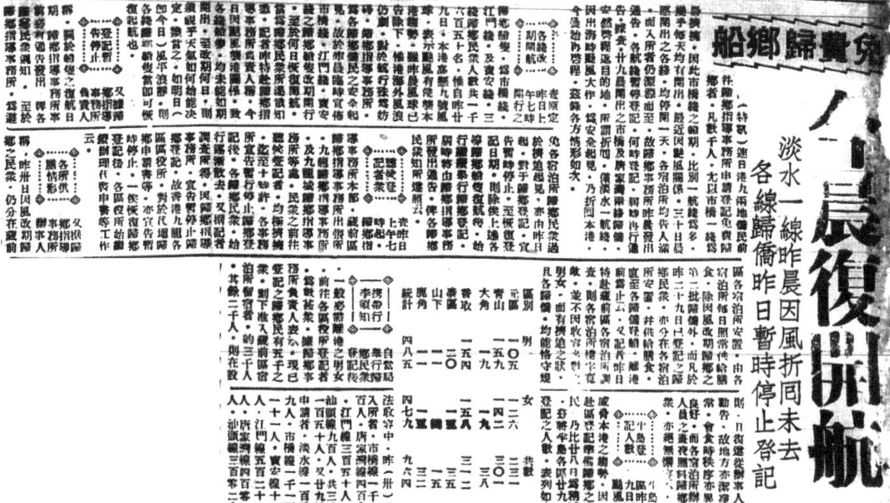

免費歸鄉船 今晨復開航

淡水一線昨晨因風折回未去

各線歸僑昨日暫時停止登記

圖 2-9 1942 年 7 月 31 日，《華僑日報》刊登日佔政府強制「歸鄉」政策，在颱風過後，繼續執行。（南華早報出版有限公司提供）

水陸免費歸鄉 人數增加

太平線 明日有船

據歸鄉指導事務所辦事人稱・關於無米票者申告免費歸鄉・已由十四日起停止受理・惟對於有米票之居民・申告免費歸鄉・決仍繼續辦理・至于申告手續及入居歸鄉民宿泊所等辦法・均與前無異・

水路

至于水路免費遣送僑民歸鄉・江門綫嶺海丸輪本定十一日啓程・係因事改十六日正午啓碇・於上午十時許・由歸鄉民宿泊所出發・逕赴西江碼頭乘輪歸鄉・是批雖人數略增・惟秩序甚爲良好・是錢廿一批歸僑・則定二十日啓程・而太平綫江門丸輪・則定明十八日上午啓碇・

陸路

關於陸路方面・本月份出發日程・較諸水路爲多・而歸鄉人數亦較增加・除第十五批歸僑・已於昨十五日出發外・而第十六批歸僑則定十九日正午出發・連日赴各區區役所申告陸路免費歸鄉者・日見增加・凡已妥辦申告手續之陸路歸僑・可準十七日起入居太平宿泊所・

圖 2-10 1943 年 5 月 17 日，《華僑日報》刊登日佔政府強制「歸鄉」政策，聲稱申請人數「日見增加」。（南華早報出版有限公司提供）

境條例》（*Expulsion of Undesirables Ordinance, 1949*）和多次修訂《遞解外國人條例》（*Deportation of Aliens Ordinance*），以簡化程序驅逐「不受歡迎」人士出境，包括無法謀生者、傳染病患者、曾被其他政府驅逐出境者、可能擾亂公共安寧者、娼妓、依法禁止入境者、居於違法建築者、「不良分子」的家屬等。1951 年 6 月頒布《1951 年邊境禁區令》（*Frontier Closed Area Order, 1951*），於香港與內地之間的邊界設立禁區，包括沙頭角、羅湖、文錦渡、落馬洲等地及打鼓嶺的部分地區，以打擊非法入境活動。以上法規改變過往百年香港市民可自由往返兩地的慣例，港府改以法律手段分隔香港與內地，加上 1950 年 5 月實施內地入境人數配額制度，從此，兩地人民的出入境受到控制，部分人士遂以不同方式非法入境。然而，大部分香港漁民仍可合法、自由往返兩地，廣東省於 1951 年成立海島管理局，在中山縣設立分局（後改為海島管理處），正式將漁民劃分為「固定漁民」和「流動漁民」，後者是沒有在陸地定居、習慣經常來往內地港灣和港澳的漁民，他們可具有香港或澳門和廣東省雙重戶籍，可自由來往香港、澳門、廣東等沿海進行生產和生活。

從 1955 年 8 月起，往返內地的香港居民須申領邊境通行證（Frontier Pass），方能回港。從 1956 年 3 月起，港府以回港證（Hong Kong Re-Entry Permit）取代通行證。1956 年 10 月，港府實施《1956 年緊急（拘留令）規例》（*Emergency (Detention Orders) Regulations, 1956*），授權執法部門不需經過司法程序，便可拘留和遞解被認為是「不良分子」的人出境。

1961 年 8 月港府成立人民入境事務處，負責執行出入境管制、簽發身份證及旅行證件，以及防止及偵查與出入境事宜有關的罪行。1987 年修訂的《入境條例》附表 1 訂明「香港永久性居民」的類別。自此，通常居港連續七年或以上的人士，即符合資格成為永久性居民，[38] 因而享有居留權，包括不附帶逗留條件的入境權，以及不得被遞解離境或遣送離境的權利。非香港永久性居民均被視為入境者（immigrant），人民入境事務處負責對其入境、逗留和離境實行出入境管制，未獲該處准許或獲豁免（如飛機機員）的人士，不得在香港入境。「防止『不受歡迎』人物入境」一直是該處執行簽證管制的首要目標。

《入境條例》經過多次修訂，1997 年的修訂重點是訂明在香港特別行政區成立前已享有香港居留權的中國籍人士，只要仍是中國公民，即繼續享有居留權。非中國籍人士如在 1997 年 7 月 1 日以前是香港永久性居民，只要符合「過渡性條文」的規定，[39] 即可保留永久性居民及居留權的地位。居於香港的英國公民和聯合王國本土人（United Kingdom belonger）可不附帶逗留條件入境香港，「前永久性居民」除享有無逗留條件的入境權外，港府亦不得

---

38 純粹為華人血統或帶有華人血統並曾在任何時間至少連續七年通常居於香港的人。

39 在緊接 1997 年 7 月 1 日前在香港定居；在緊接 1997 年 7 月 1 日前不再在香港定居，但在 1997 年 7 月 1 日起計的 18 個月內返港定居；或在緊接 1997 年 7 月 1 日前不再在香港定居，但在 1997 年 7 月 1 日起計的 18 個月後返港定居，而且未曾在連續 36 個月或以上的期間不在香港居住。

發出遣送離境令。特區成立後，非中國籍的永久性居民如不再通常居於香港後，或在取得其他地方的居留權及不再通常居於香港後，有連續 36 個月或以上不在香港者，將喪失其永久性居民身份。喪失永久性居民身份的人士，仍可按照法例自動擁有入境權，以及在香港居住、讀書或工作。

《入境條例》賦權港府宣布任何類別的人（享有香港居留權或入境權者除外）為「未獲授權進境者」。港府於 1979 年 8 月制定《1979 年入境（未獲授權進境者）令》（*Immigration (Unauthorized Entrants) Order, 1979*），宣布未持有有效旅行證件和入境簽證或准許的越南居民、澳門居民或過境者，以及未持有中國簽發准予合法離境證件的人，皆為未獲授權進境者。《2016 年入境（未獲授權進境者）（修訂）令》於 2016 年 5 月生效，列明阿富汗、孟加拉、印度、尼泊爾、尼日利亞、巴基斯坦、索馬里、斯里蘭卡及越南的人士為未獲授權進境者。

香港從 1979 年 7 月起對非法抵港的越南人士實施「第一收容港」政策，1998 年取消此政策，同年修訂《入境條例》，取消為抵港越南人士提供難民身份甄別及覆核的程序。在 1995 年 6 月 16 日以後至 1998 年 1 月 9 日之前抵港者，有權接受甄別為難民或船民，不行使這項權利或在 1 月 9 日或之後抵港的，均視為非法入境者。

香港特別行政區成立後，香港的出入境事務亦受《基本法》規管。《基本法》第三十一條保障香港居民的出入境自由；第一百五十四條和第一百五十五條授權特區政府處理出入境管制事務。

此外，港府從 1970 年代開始准許外籍家傭以受僱兩年的合約形式來港工作。從 1990 年代起，港府陸續放寬非本地學生來港就讀者的入境政策，推出補充勞工計劃有限度地輸入屬技術員級別或以下勞工。港府亦為吸引優才、專業人士及企業家來港工作及定居，制定多項入境計劃，包括一般就業政策、輸入內地人才計劃及優秀人才入境計劃等。

沒有香港居留權或入境權的人士如欲來港旅遊（免簽證入境者除外）、就業、投資、受訓、居留或就讀，均須申領簽證或入境許可證，方可獲准入境，入境事務處負責簽證事宜。一直以來，港府對訪客實施開放的入境政策，2016 年時，約有 170 個國家和地區的國民可免簽證來港作商務探訪、探親或觀光旅遊。

內地訪客的入境事宜受另一套安排規管。內地居民來港探親或觀光，須向內地有關當局申請往來港澳通行證和適用的赴港簽注。1998 年 3 月推出商務探訪計劃，內地商人可向內地有關部門申請商務簽注。2003 年 7 月 28 日起，部分城市居民可透過個人遊計劃（俗稱「自由行」）來港旅遊；2009 年 4 月 1 日起，深圳戶籍居民可申請一年有效期的多次往返香港個人旅遊簽注（俗稱「一簽多行」）；2015 年 4 月 13 日起，公安部以「一周一行」簽注取代「一簽多行」。

澳門居民可持澳門永久性居民身份證或澳門居民往來香港特別行政區旅遊證訪港。台灣居民可申請香港入境許可證或網上快證，或持台灣居民來往大陸通行證（俗稱「台胞證」）訪港。此外，香港特別行政區政府於 1998 年 5 月實施亞太經合組織商務旅遊證試驗計劃，1999 年 3 月成為常設計劃，2016 年時，有 19 個亞太經合組織成員地區參加。特區政府於 2001 年 4 月推出為 18 歲至 30 歲而設的工作假期計劃，參與計劃的人士可在本港逗留最多 12 個月，逗留期間可從事短期工作，亦可修讀短期課程。第一個與特區政府訂立協議的國家為新西蘭。

2. 各類旅行證件的簽發數目

1950 年代以前的旅行證件簽發數目，無從確考。日佔時期，根據香督令第九號，香港居民可向憲兵隊提交如下申請書：欲入境香港，可提交「渡航許可願」（入境申請書）；從香港出境，可提交「渡航（旅行）許可願」（離港或旅行申請書）；欲申請境外家人或僱員入境，可提交「呼寄許可願」（被招喚人入境申請書）。透過「歸鄉」政策離港者，亦要領取「歸鄉」申告書及「歸鄉」證明書。日佔政府根據 1942 年 7 月頒布的香督令第二十六號和第二十七號設置 28 個「區役所」，區長負責簽發轄區內中國籍居民的「離港証證書」。現缺乏各類申請書和離港證的簽發紀錄。

二戰後，香港出生人士可根據 1914 年的《1914 年英國國籍及外國人身份法令》或 1948 年的《1948 年英國國籍法令》（*British Nationality Act 1948*）獲得英國國籍，外籍人士可根據 1847 年的《1847 年外國人歸化法令》（*Act for the Naturalization of Aliens, 1847*）申請入籍英國；英籍人士可申請英國護照。外籍人或外僑（alien）入境香港須申請簽證（Visa）。中國人如未取得中國以外的國籍者，不被歸類為外僑。內地居民入境香港須申請入境證（Entry Permit）；需要延長逗留期限者，須申請延長居留證（Extension of Stay Permit）。其他非外僑亦非香港居民的華人入境香港須申請簽證，過境者須申請過境簽證（Transit Visa）。在中國內地出生、移居香港和沒有其他國籍的華人，從 1956 年 3 月起可申請身份證明書（Certificate of Identity）作為旅遊證件，以取代之前的宣誓書（Affidavit 或 Affirmation）。無國籍和非華裔的香港居民（stateless alien）也可申請身份證明書。

在 1948/49 年度至 1959/60 年度，經警務處英國護照科（British Passport Office）發出的英國護照數目有所增加，新發出者由 952 本增至 4664 本，換領者由 315 本增至 1298 本，加簽（endorsement）者介乎 762 本至 2455 本（見表 2-67）。新發出護照的數量增幅從 1954/55 年度起擴大，根據警務處年報，1954/55 年度的增幅主要源於海外旅行人士，其後則是出國留學或工作的人數上升，如在 1954/55 年度至 1959/60 年度，為留學而簽發的護照數目由 99 本（往英國）增至 730 本（往外國，其中 140 本往英國）。警務處為護照遺失、破損等原因而發出的應急證書（Emergency Certificate）數目不定，介乎 800 本（1955/56 年度）至 3066 本（1954/55 年度）。警務處發出的外僑簽證由 1953/54 年度的 3773 本，增至 1959/60 年度的 6183 本；批准延長居留證則由 1955/56 年度的 7707 本，增至 1959/60 年度的 10,388 本。

表 2-67　1948/49 年度至 1959/60 年度香港發出英國護照和外僑簽證數目統計表

單位：本

年度	英國護照			應急證書	外僑簽證	
	發出	換領	加簽		發出簽證	延長居留證
1948/49	952	315	1502	2220	不詳	不詳
1949/50	1394	176	1693	1650	不詳	不詳
1950/51	1352	505	1820	1597	不詳	不詳
1951/52	1448	1396	2117	1542	不詳	不詳
1952/53	1451	1280	1862	1775	不詳	不詳
1953/54	1334	1075	1939	1237	3773	不詳
1954/55	1616	1367	2425	3066	3354	不詳
1955/56	2290	1282	2404	800	3596	7707
1956/57	3190	1367	2455	1311	4310	9169
1957/58	3470	1258	1316	2296	4730	8543
1958/59	3896	1062	762	2228	6230	10,034
1959/60	4664	1298	795	2031	6183	10,388

資料來源：　歷年 *Annual Report by the Commissioner of Police*。

經警務處中國組（Chinese Section，後稱中國簽證組 Chinese Visa Section）簽發的宣誓書和身份證明書亦有所增加，宣誓書由 1950/51 年度的 4027 本增至 1955/56 年度的 12,526 本，身份證明書由 1956/57 年度的 10,708 本增至 1959/60 年度的 13,564 本。從 1955 年 8 月起，香港居民須向警務處申領邊境通行證才能往返內地，1955/56 年度的簽發數目只有 20 本。從 1956 年 3 月起，港府以回港證取代通行證，1956/57 年度共簽發 425,186 本，其後每年的簽發數目約有 37 萬本（見表 2-68）。

內地居民的入境證曾由 1950/51 年度的 4027 本升至 1957/58 年度的 17,048 本，其後回落至 1959/60 年度的 9550 本；延長居留證亦由 1954/55 年度的 1498 本增至 1959/60 年度的 3095 本。警務處簽發予其他華人入境香港的簽證由 1948/49 年度的 8628 本升至 1959/60 年度的 24,952 本；發出過境簽證由 1954/55 年度的 2351 本增至 1959/60 年度的 5540 本。

1961 年至香港特別行政區成立前，經港府發出予香港居民的護照包括「英國護照」、「英國屬土公民護照」和「英國國民（海外）護照」（《香港年報》統稱後兩者為「英籍（香港）護照」，British passport）。[40] 在中國內地出生、移居香港和沒有其他國籍的華人，可申請身份證明書或簽證身份書（Document of Identity），無國籍和非華裔的香港居民也可申請

40　從 1987 年 7 月至 1997 年 6 月，香港英國屬土公民有權登記為英國公民（海外）及持英國國民（海外）護照，這是一本沒有注明持有人居留地的旅行證件，不會給予持有人在英國或香港的居留權。

表 2-68　1948/49 年度至 1959/60 年度香港華人簽證數目統計表

單位：本

年度	香港居民				非香港居民			
	身份證明書		宣誓書	回港證	入境證	延長居留證	簽證	過境簽證
	新發出	換領						
1948/49	不適用	不適用	不適用	不適用	不適用	不適用	8628	不詳
1949/50	不適用	不適用	不適用	不適用	不適用	不適用	14,084	不詳
1950/51	不適用	不適用	4027	不適用	4027	不詳	13,856	不詳
1951/52	不適用	不適用	8320	不適用	3530	不詳	16,618	不詳
1952/53	不適用	不適用	9140	不適用	5946	不詳	18,312	不詳
1953/54	不適用	不適用	不詳	不適用	不詳	不詳	不詳	不詳
1954/55	不適用	不適用	9926	不適用	10,978	1498	12,835	2351
1955/56	不適用	不適用	12,526	20	12,669	5338	16,038	3631
1956/57	10,708	不適用	1862	425,186	11,510	3613	21,998	5272
1957/58	16,349	847	不適用	不詳	17,048	3689	25,148	5385
1958/59	16,623	3573	不適用	376,436	11,947	3824	28,255	4568
1959/60	13,564	4852	不適用	370,644	9550	3095	24,952	5540

注：1955/56 年度的回港證數目為邊境通行證數目。

資料來源：　歷年 *Annual Report by the Commissioner of Police*。

身份證明書。香港居民可申請回港證以往返內地。特區成立後，入境事務處根據 1997 年 7 月起生效的《1997 年香港特別行政區護照條例》簽發香港特區護照，亦根據《入境條例》及《入境規例》簽發其他旅行證件，包括簽證身份書、海員身份證和回港證。香港特區護照是發給享有香港居留權、並持有有效香港永久性居民身份證的中國公民。簽證身份書是發給無法取得其他國家或地區護照或旅行證件的香港居民，申請人主要是從內地來港而未連續住滿七年的合法移民。海員身份證是發給以海員為職業，並享有香港居留權或獲准在香港不受條件限制居留的中國公民，其中包括無法取得其他國家或地區護照或旅行證件的非中國公民。回港證主要發給已享有香港居留權或已獲准在香港不受條件限制居留的中國公民，供其往來香港與內地及澳門之用。從 2004 年推出以智能身份證過關的「e- 道」(旅客自助出入境檢查系統)服務後，使用回港證的人士主要是 11 歲以下兒童，以及遺失了或正換領身份證但需在獲補發身份證前往來內地或澳門的香港居民。

對於 1961 年至 1996 年間各類旅行證件的簽發數目，《香港年報》只有部分年份的記述，其間，經人民入境事務處發出的英籍(香港)護照從 1961 年的 7330 本，增加至 1971 年的 28,018 本、1974 年的 62,391 本；英國國民(海外)護照從 1987 年的 16,275 本增至 1993 年的 412,744 本，1994 年突破百萬(1,023,244 本)，然後回落至 1995 年的 598,188 本和 1996 年的 788,491 本。身份證明書的簽發數量從 1961 年的 15,765 本增至 1994 年的 124,100 本。回港證的簽發數量從 1961 年的 348,828 本增至 1984 年的 900,000 本，然後回落至 1994 年的 145,530 本(見表 2-69)。

表 2-69　1961 年至 1996 年若干年份香港發出旅行證件數目統計表

單位：本

年	英籍（香港）護照	身份證明書	回港證	年	英籍（香港）護照	身份證明書	回港證
1961	7330	15,765	348,828	1986	不詳	不詳	648,000
1962	7582	17,462	356,834	1987	16,275	不詳	528,000
1963	6473	23,596	374,622	1988	30,836	不詳	543,740
1971	28,018	不詳	不詳	1989	49,519	167,400	391,515
1972	34,164	59,018	705,059	1990	78,265	164,400	374,792
1973	53,835	90,772	693,542	1991	98,755	133,500	345,264
1974	62,391	78,052	487,100	1992	150,123	127,400	208,836
1982	不詳	不詳	670,000	1993	412,744	130,500	196,500
1983	不詳	不詳	660,000	1994	1,023,244	124,100	145,530
1984	不詳	不詳	900,000	1995	598,188	不詳	不詳
1985	不詳	不詳	630,000	1996	788,491	不詳	不詳

注：英籍（香港）護照於 1987 年 7 月 1 日前為英國屬土公民護照，之後為英國國民（海外）護照。數目不詳者代表入境事務處沒有備存相關數字。
資料來源：　歷年《香港年報》。

香港特別行政區成立後，入境事務處簽發的香港特區護照大幅增加，從 1997 年的 335,658 本增至 2016 年的 703,309 本；簽證身份書從 1999 年的 42,393 本增至 2016 年的 66,660 本。每年簽發的海員身份證和回港證數量變化不大。海員身份證介乎 10 本至 22 本，2016 年為 12 本；回港證介乎 90,919 本至 130,583 本，2016 年為 101,074 本（見表 2-70）。

圖 2-11　香港特區電子護照封面。（香港特別行政區政府入境事務處提供）

表 2-70　1997 年至 2016 年香港發出旅行證件數目統計表

單位：本

年	香港特區護照	簽證身份書	海員身份證	回港證	年	香港特區護照	簽證身份書	海員身份證	回港證
1997	335,658	不詳	不詳	不詳	2007	459,413	34,839	不詳	112,136
1998	431,982	不詳	不詳	不詳	2008	503,421	43,882	不詳	110,004
1999	不詳	42,393	不詳	94,919	2009	463,631	51,647	不詳	114,350
2000	不詳	40,845	不詳	112,753	2010	530,485	47,499	不詳	122,499
2001	不詳	38,205	不詳	125,335	2011	575,867	45,457	10	130,583
2002	376,810	39,086	不詳	127,336	2012	644,653	59,828	10	118,915
2003	423,179	49,214	不詳	90,919	2013	756,893	52,632	17	98,492
2004	586,203	32,672	不詳	101,551	2014	769,765	45,472	22	105,194
2005	437,790	51,595	不詳	98,182	2015	756,460	47,207	13	106,267
2006	448,576	58,296	不詳	109,346	2016	703,309	66,660	12	101,074

注：數目不詳者代表入境事務處沒有備存相關數字。

資料來源：　入境事務處數據；歷年《香港年報》；歷年《入境事務處年報》；香港特別行政區政府：〈立法會十八題：特區護照〉。

3. 居留權和相關法規

太平洋戰爭前，香港雖然是自由港，但港府立法規限華人和船員的居留權。1844 年 4 月，港府宣布所有居港華人須向總巡理府登記，同年 11 月通過《1844 年登記及普查條例》，除獲豁免人士外，年滿 21 歲或有能力賺取生活費的男性居民、初到香港的苦力和工人，都必須申領登記證，取得證明者才能在港居留。1846 年的《1846 年登記及普查條例》規定華人戶主須申領登記證，及向本戶居民發放戶口文件；歐籍僱主的華人僕役和工匠，須憑僱主證明申領登記證；華人小販和香港水域內的華人船艇都須領取牌照；被認為會威脅香港治安或非香港永久居民的華人，可被遞解出境。1856 年 11 月，港府全面實施此條例，所有未向政府登記的華人，須被遞解出境。1858 年 5 月通過《1858 年管理華人—普查條例》，規定未登記的華人、行乞者可被遞解出境。此外，為加強海港管理，港府除實施船隻登記制度外，亦於 1852 年通過《1852 年防止船員私自離船，以及完善管理香港商船海員的條例》（*An Ordinance for the Prevention of Desertion, and Better Regulation of Merchant Seamen in this Colony, 1852*）。1912 年 4 月實施的《1912 年遞解條例》（*Deportation Ordinance, 1912*），賦權港府把非英籍父母在香港生下的「危險」人士驅逐出境，這令當時絕大多數香港居民都有可能失去居留權。

日佔時期，根據香督令第九號，居民須在 1942 年 6 月底前向憲兵隊提交「居住屆」（居住許可申請書），填妥相關資料，包括姓名、本籍、住址、身份、職業、出生日期、居住目的，日本人須申報有沒有服兵役義務，另紙書寫家屬，附呈申請人的身份證明文件，獲准後居留方合法。新來港人士須於抵港五日內提交居住許可申請書。其後，日佔政府透過戶口普查和實施《戶口規則》編製「戶口原簿」，在其上登記者方享有居留權（見圖 2-12，圖 2-13）。

華僑日報　貳

夏曆癸未年肆月拾伍日　第肆頁

各區通告

……處報戶籍者……

速自行申告

手續簡易・決不追究

（特訊）當局深恐最近之複查戶口仍有不實不盡・但體念無知男女因貪僥倖犯・情殊可憫・乃再予以自新之機會・准不盡不實之戶籍世帶主在本月二十五日以前將不實情由向當局申告・倘仍不守法紀、一經發覺・定予嚴懲・各情業詳前報・查中區區役所除發出通告曉諭居民外・昨更慮及一般目不識丁或未及週知之居民起見・乃分着各鄰保班長挨戶通知各組長・直接將此事明白告知居民・以免僥犯・致干不便・查該通告原文云・「香港地區中區區役所通告（香中第一二一七號）・查在此次調查戶口當中・間有發現虛報而自行來區報請取銷米票者固多・惟仍有虛報頂替冒充而不來申告者亦復不少・今實查工作既告完竣・正在分別整理・但恐調查時間有頂冒欺瞞未被發覺者・茲特剴切告知・限本月二十五日前・倘仍有虛報米票者・准即日赴區役所請減米票・決不追究・尚好由本人自行到區・直接申告・或由鄰保班長及組長代報亦可（手續極為簡便）・否則如查出作偽・一經查出・定予嚴懲・合行通告・仰本區內各鄰眾切實往意・勿再僥倖・致干重究・切切此佈・昭和十八年五月十六日・中區區役所」・其他各區亦已發出通告・

◆抽查期間勿遷◆

半島各區在該發「戶口調查票」・期間中・已發覺有許多浮報・致調查票無從送達・但其間亦有因不遵功令在此截轉居限期後・而仍擅自遷移・於是派送調查票時・乃無該戶人口・而在別區之派調查票時・便發覺有該戶人口・而無其戶籍・此種不規之舉・實足以影響其戶籍與配給權益也・現半島各區戶口・由昨日（十七）開始・再度嚴密抽查・在未公佈竣事期前・居民暫勿擅自遷移・以免再蹈覆轍・致招虛偽申告之嫌・而遭懲辦云・

◆半島複查情形◆

（特訊）半島方面・由昨日起・對于可疑之住戶・舉行複查・並由日籍軍憲及日籍職員負此責任・當局一方面為寬大計・對於此種不誠實之住戶・不咎既往・予以自新之路・令彼等於昨十七日以前赴區役所訂正戶籍・倘仍執迷不悟者・一經發覺・定必嚴懲・昨日記者前往九龍各區役所調查・頗有自動前往區役所訂明正戶籍者・區所為便利居民計・夜間亦着令職員留守所內辦公・又查・昨日日籍軍憲及日籍職員出發調查時・對于可疑戶口・嚴為詰比・倘該戶所作之事認為較嚴重・則傳返區役所訊問・聞花園街某號世帶主所犯嚴重・故由日籍軍憲親往將之帶回辦理・

圖 2-12　1943 年 5 月 18 日，《華僑日報》刊登日佔政府檢查戶口及人口的報道。（南華早報出版有限公司提供）

訂正戶籍

半島展至廿五

區所對民衆
態度宜溫和

連日來港區居民之自動申告訂正戶口者・各區役所均予以便利辦理・擬向各區役所探詢・除自動申告訂正者外・對於尚有疑問之戶籍・亦經派員複查・間有不實不盡者・亦可予以更正・故進行亦頗順利・現在各區役所之整理戶籍・悉照規定條例辦理・相信在廿五日整理期限以前全部完成云・又香港地區事務所山下所長為觀察各區戶籍工作人員整理戶籍工作狀況起見・特於昨十八晚出發西地區各區役所巡視・昨十九晚復出發東地區各區役所巡視・

◆半島訂正延廿五止◆

九龍地區事務所上野所長昨特通令各區役所・將自動申請訂正戶籍期限展延至本月廿五止・在此期間・曾以溫和態度・盡量接受居民此項申請・

◆青山區內居民宜知◆

半島青山區人口衆多・惟自動申請訂正戶籍者甚少・昨晨該區特召集全體鄰保班長・由九龍地區事務所經濟係相川係長訓示・俾得轉向坊衆解釋・鄰保班長到會者・二百餘人・相川係長解釋詳晰・

圖 2-13　1943 年 5 月 19 日，《華僑日報》刊登日佔政府檢查戶口及人口的報道。（南華早報出版有限公司提供）

二戰後，港府於 1949 年以簽發身份證的方式開始登記人口，從 1951 年起，香港居民必須持有有效身份證，才享有香港的居留權。此外，根據 1949 年起實施的《1949 年入境者管制條例》，所有非香港出生人士必須持有有效旅行證件例如護照、入境證等，以確認他們在香港的居留身份。1972 年 4 月 1 日廢除《1949 年入境者管制條例》，同日開始實施《1972 年入境條例》（*Immigration Ordinance, 1972*）。

《入境條例》訂明香港永久性居民享有香港居留權。《基本法》第二十四條列明六類屬於香港特區永久性居民的人士，[41] 享有香港居留權和有資格取得載明其居留權的永久性居民身份證；非永久性居民有資格取得香港居民身份證，但沒有居留權。特區政府於 1997 年 7 月 1 日修訂《1997 年入境條例》內有關居留權的條文，使其符合《基本法》，除界定六類具香港居留權的永久性居民外，亦訂明過渡性條文，使在海外的香港居民可以保留他們的居留權。[42] 1997 年 7 月 9 日進一步修訂《1997 年入境條例》，引進一項「居留權證明書」計劃。[43] 根據《入境條例》，任何人必須持有證明其永久性居民身份的文件，方能行使其香港居留權。居留權證明文件包括有效的香港永久性居民身份證、香港護照，及附貼於旅行證件上的居留權證明書。此外，入境事務處處長有權以人道及其他理由酌情批准不享有香港居留權的人士繼續留港，申請者主要是難民和酷刑呈請人士。

4. 被拒入境和被驅逐人士

現有文獻缺乏英佔初年被驅逐人士的統計數據。曾有香港最高法院司法常務官（Registrar）記述 1844 年至 1898 年間的部分遞解案件，如 1844 年 10 月，港府為遞解往澳洲的 9 名犯人招標運輸服務；1845 年 8 月，為遞解往新加坡的 4 名印度裔犯人和遞解往孟買的 24 名華裔犯人招標運輸服務，該年犯搶劫罪者大多被判遞解出境，而且年期不短；1857 年 8 月，60 名華裔犯人被遞解往納閩，其中 10 名在抵達後不久死亡。[44] 其他官方文件也有提及此時期的遞解出境者，如 1857 年，港督寶靈（John Bowring）除把 73 名海盜移交九龍的清朝政府以便即審即處決，亦把 167 名輕微罪犯和疑犯運往海南島，讓他們自謀生路。

41 《基本法》第二十四條規定：「香港特別行政區永久性居民為：（一）在香港特別行政區成立以前或以後在香港出生的中國公民；（二）在香港特別行政區成立以前或以後在香港通常居住連續七年以上的中國公民；（三）第（一）、（二）兩項所列居民在香港以外所生的中國籍子女；（四）在香港特別行政區成立以前或以後持有效旅行證件進入香港、在香港通常居住連續七年以上並以香港為永久居住地的非中國籍的人；（五）在香港特別行政區成立以前或以後第（四）項所列居民在香港所生的未滿二十一周歲的子女；（六）第（一）至（五）項所列居民以外在香港特別行政區成立以前只在香港有居留權的人。」

42 過渡性條文訂明在香港特別行政區成立前已擁有香港居留權的非中國籍人士，必須在 1998 年 12 月 31 日或之前返港定居；若在此日後才返港定居，並已有連續 36 個月或以上不在香港，即會喪失居留權，但可自動享有入境權。此外，非中國籍的香港永久性居民，在不再通常居於香港後，有連續 36 個月或以上不在香港，亦會喪失居留權，但可享有入境權，可自由進入香港，在港居住、就讀和工作。

43 居留權證明書的申請資格是香港永久性居民在香港以外地區所生的中國籍子女，而在他們出生時，父親或母親是在香港出生的中國公民，或通常居於香港連續七年或以上的中國公民。

44 詳見諾頓－凱希（James William Norton-Kyshe）的著作 *The History of the Laws and Courts of Hongkong*。

根據 1871 年通過的《1871 年驅逐危險分子條例》，港府可拒絕「不受歡迎」人士入境，已在港者可被遞解出境。孫中山被港府根據這條例三度被驅逐離境。港府繼於 1912 年 4 月通過《1912 年遞解條例》、1935 年 9 月通過《1935 年遞解外國人條例》，以鞏固和擴大港府拒絕「不受歡迎」人士入境或將之驅逐出境的權力，殘疾、行乞、妓女、患傳染病、沒有有效旅遊證件或檢疫文件、被別國政府驅逐、有危害公眾安全或發動叛亂之嫌等人士，可被下令驅逐。

根據學者的研究，1857 年至 1955 年，被遞解出境者數以萬計，其中絕大多數是華人，也有法國和俄羅斯妓女、日本和美國犯人、德國和奧地利戰俘、越南和東印度群島的革命者。1922 年，共 918 名已被定罪的囚犯和「不受歡迎」人士被港府根據《1912 年遞解條例》遞解出境，另有 7447 名來自海峽殖民地、荷屬東印度和法屬印度支那人士被遞解出境，其中包括流浪者、逾期居留工人和其他「不受歡迎」人士；同年，法院審理了 112 名折返的被驅逐者。1937 年，被遞解出境者達 17,714 人，為 1857 年至 1955 年間的高峰。

日佔時期的入境申請書簽發紀錄不詳，日佔政府對入境的管制十分嚴格，例如 1943 年 6 月日本駐澳門領事館向香港提交約 300 份入境申請，當中逾 100 份被拒。根據香督令第九號，以下九類人士的出入境均「以不許可為原則」：一、敵國人；二、敵性外國人（包括敵性中國人）；三、對日軍有叛逆行為、間諜行為、洩露軍機，又危害或妨害日軍之安寧等行為者及有此可能者；四、紊亂軍秩，又對政治、經濟、思想等作搗亂行為者及有此可能者；五、白痴、瘋癲及其他精神病患者；六、無獨立營生計之資力、能力者；七、犯罪或其他不法行為之屢戒不悛者及有此可能者；八、被認為在軍事、公安、風俗上，不適當於居住者；九、被認為有害於其他防衛及軍政設施者。此外，日佔政府從 1942 年 1 月開始實施「歸鄉」政策，無戶籍者被驅逐離境。

二戰後，根據《驅逐不良分子出境條例》、《遞解外國人條例》及《緊急（拘留令）規例》等多項法規，港府可下令「不受歡迎」人士離境。警務處年報有記載遞解（deportation）、驅逐（expulsion）及遣送（removal）出境者的人數，惟沒說明所涉人士的國籍。在 1947/48 年度至 1954/55 年度，被遞解出境者由 1340 人增至 10,159 人。港府於 1955 年 1 月檢討《1935 年遞解外國人條例》，截至 1956/57 年度，有超過 4000 個遞解命令被取消。遞解出境者於 1955/56 年度為 3731 人。遞解人數於 1950 年代中後期大幅下滑，主因是內地政府拒絕接收，港府因而訂定《1956 年緊急（拘留令）規例》，以拘留無法遞解離境的人士。從 1955/56 年度起，警務處年報沒有被驅逐或遣送出境者的人數。在此之前，被驅逐出境者的人數由 1948/49 年度至 1950/51 年度的約 3000 人至 4000 人，降至 1954/55 年度的 179 人；而被遣送出境者的人數則保持在 6000 人以上的水平，1954/55 年度達 10,338 人（見表 2-71）。

表 2-71　1947/48 年度至 1959/60 年度香港被遞解、驅逐和遣送出境人數統計表

單位：人

年度	遞解出境	驅逐出境	遣送出境	總計	年度	遞解出境	驅逐出境	遣送出境	總計
1947/48	1340	不詳	不詳	1340	1954/55	10,159	179	10,338	20,676
1948/49	3130	3977	7107	14,214	1955/56	3731	不詳	不詳	3731
1949/50	3754	3046	6800	13,600	1956/57	1356	不詳	不詳	1356
1950/51	4555	4431	8986	17,972	1957/58	1155	不詳	不詳	1155
1951/52	5201	2698	7899	15,798	1958/59	795	不詳	不詳	795
1952/53	5422	1096	6518	13,036	1959/60	543	不詳	不詳	543
1953/54	5952	259	6211	12,422					

資料來源：　歷年 *Annual Report by the Commissioner of Police*。

根據《入境條例》，港府可循簡易程序、根據遣送離境令，以及根據遞解離境令，把「不受歡迎」人物遣離香港。循簡易程序，入境事務處可以把在街上截獲的非法入境者和在管制站被拒入境的旅客遣送離境。如非法入境者或被拒入境者已經入境滿兩個月，入境事務處須發出遣送離境令，令其離開香港，當事人可提出上訴。如入境者在香港被裁定觸犯可以判處不少於兩年監禁刑罰的罪行，香港行政首長可向其發出遞解離境令，自 1993 年 12 月起，保安局局長獲授權發出遞解離境令，當事人可提交呈請。

根據《香港年報》的記述，在 1980 年代末至 1990 年代初，被遣送離境者的數目相對較多，由 1988 年的 2440 人增至 1991 年的 7459 人和 1992 年的 4746 人；1993 年回落至 1894 人，之後便多維持在 1000 人以下的水平，其間只有 2002 年增至 6526 人，其中包括 293 名非法入境者和 6233 名違反逗留條件者；2016 年有 956 人被遣送離境（見表 2-72）。

1980 年代末至 1990 年代初，被遞解離境者的數目相對較少，由 1988 年的 61 人增至 1994 年的 405 人；其後，被遞解離境者的人數在 350 人至 705 人之間波動，2016 年為 443 人。遭遞解離境者主要因藏毒或運毒、欺騙、盜竊、偽造文件及其他刑事罪行被判罪名成立；2005 年及以後，被裁定干犯可處以不少於兩年監禁的罪行而遭遞解離境者，不得再次踏足香港。

5. 非法入境

現有文獻缺乏太平洋戰爭前的非法入境者數據。在 1900 年代至 1940 年代，所有非按照出入境相關法規進入香港的旅客，均被視作非法入境。1940 年通過的《1940 年入境管制條例》是首條沒有豁免華裔人士的出入境法規，在此之前，香港和內地的邊界開放，除「不受歡迎」或被驅逐人士外，雙方民眾可以自由出入。

日佔時間，透過「歸鄉」政策被遣返者據紀錄為 993,326 名，但日本外務省所記錄香港

表 2-72 1988 年至 2016 年香港被遣送和遞解離境人數統計表

單位：人

年	遣送離境	遞解離境	年	遣送離境	遞解離境
1988	2440	61	2003	1555	582
1989	3956	138	2004	745	608
1990	6146	163	2005	868	551
1991	7450	242	2006	558	485
1992	4746	199	2007	339	427
1993	1894	295	2008	253	392
1994	1184	405	2009	437	622
1995	1172	472	2010	584	642
1996	671	643	2011	786	637
1997	1668	629	2012	1144	617
1998	1189	606	2013	756	581
1999	881	677	2014	624	350
2000	1360	540	2015	901	360
2001	1511	705	2016	956	443
2002	6526	620			

資料來源： 歷年《香港年報》。

1943 年 12 月底的人口為 848,458 人，兩數目相加，則 1942 年初香港人口達 184 萬人，超過港府和日佔政府的戶口普查結果，日佔政府認為這是由於部分被遣返者之後偷渡回港所致。

1949 年的《1949 年入境者管制條例》生效後，違例者均屬非法入境。與此同時，內地政府也加強對兩地邊界的管控。根據官方紀錄，1950 年代的非法入境人數不多，如警務處年報顯示，1956/57 年度被捕並遭遣返者有 506 人，1957/58 年度的非法入境者達 5549 人，但翌年回落至 1919 人（見圖 2-14，圖 2-15）。然而，由於香港海岸線長、人煙稀少的離島眾多，難以全面監控邊境，港府於 1958 年《香港年報》中表示，每年非法出入香港邊界的人次，通常不少於香港的總人口。港府於同年 11 月實施《1958 年入境（管制及罪行）條例》（*Immigration (Control and Offences) Ordinance, 1958*），以取代《1949 年入境者管制條例》，新條例雖容許非法入境者在得到出入境機關授權後留在香港，但訂明非法入境屬於違法（見圖 2-16）。然而，在 1974 年 11 月至 1980 年 10 月期間，凡能避過拘捕而「抵壘」（即與親友會合或覓得適當居所）的內地非法移民，獲准在香港居留（見圖 2-17，圖 2-18）。

圖 2-14　一批非法入境者由火車經陸路被送回羅湖邊境。（攝於 1962 年，香港特別行政區政府提供）

圖 2-15　非法入境者被捕後，送到大埔警署的水警辦事處等候遣返。（攝於 1973 年，南華早報出版有限公司提供）

圖 2-16　1979 年，大批非法入境者在金鐘域多利軍營前排隊，等候登記成為合法居民。（攝於 1979 年，南華早報出版有限公司提供）

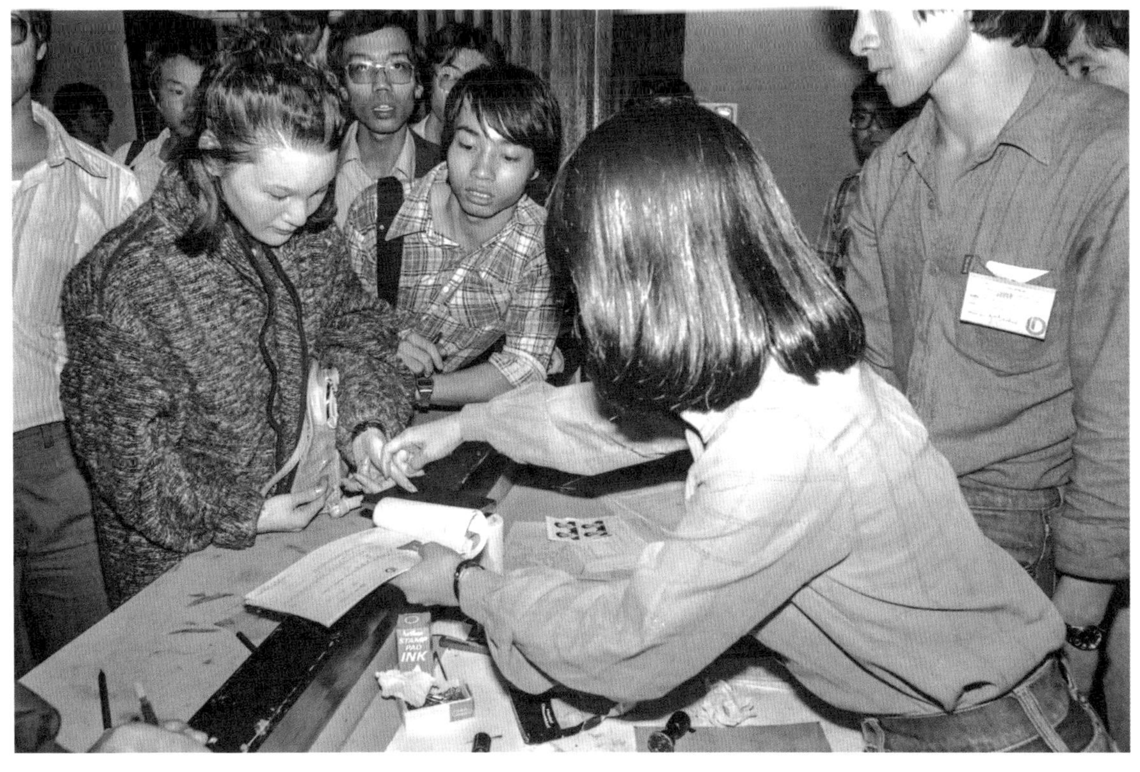

圖 2-17　圖中女士為「抵壘」政策結束前，最後一名成功登記者。（攝於 1980 年 8 月 26 日，南華早報出版有限公司提供）

第一張　一九八〇年十月廿四日　星期五　大公報　農曆庚申年九月十六日　三十立冬　第四版

立法局緊急通過對付非法入境者新例

「即捕即解」昨實施

已經抵港者有七十四小時領證「寬限期」

三十日起居民須隨身攜帶身份證或其他五種證件

【本報訊】立法局昨日下午緊急三讀通過對付非法入境者的一九八〇年人民入境（修訂）（第二號）法案。港府隨即宣佈：由昨（二十三）日法例通過時起，實施「即捕即解」新政策，換言之，所有由中國內地抵達香港的非法入境人士將會被遣返中國大陸。

新法例的措施並包括：

十月三十日（星期四）起，全港居民（十五歲以下除外）在香港所有地區均須隨身攜帶以下任何一種身份證明文件：㈠身份證，㈡由人事登記處處長所發的證明書，證明持有人已申請補領身份證（如果遺失身份證），㈢有效的駕駛執照，㈣服務身份證（如果受僱於英軍部隊），㈤越南難民證，㈥有效的旅行證件，以證明其身份。忘記攜帶者將被判處罰款一千元。

由十一月三日起 禁僱主僱無證者

十一月三日（星期一）起，所有僱主不得僱用無身份證或無指定文件證明其身份的人士，違者將被罰款五萬元及入獄一年。

另方面，港府將昨晚十時起至十月二十六日（星期日）午夜前的七十四小時，列為「寬限期」。凡於十月二十三日已在本港、但未領有身份證的人士，可於上述限期內前往港島紅棉路維多利兵房的特別登記處辦理手續。

港府發言人表示，新法例旨在杜絕非法入境活動，及使非法入境者遣送離境的規定更趨完善，另外又規定被遣返者可向新成立的入境事務審裁處提出上訴。該審裁處將由一個首席審裁官、兩名非官方人士及律政司署人員組成，負責聆訊有關反對根據法定理由而頒發遣解令的上訴。

有關遣解出境及審理上述的新規定，將於本月二十八日生效。

僱員須示身份證 否則可招致解僱

根據新法例，現有僱員須由本月廿八日起的一周內向其僱主出示身份證明文件，否則僱主可根據法例的規定，由十一月三日起解僱該員，而毋須預先通知或給予補償。

同時，由十月二十八日起，僱主僱用任何員工，必須查看受僱者的身份證明文件，並設置僱員資料記錄，詳列每一僱員的姓名及其身份證明文件種類及所載細節，方便勞工督察、警務處及入境事務處人員進行查核工作。

港督昨天發表聲明

改變「抵壘」政策宣佈關上大門

呼籲各方面合作防止「非法社會」滋長

【本報訊】港督麥理浩昨日在立法局上發表一項有關對付非法入境者的聲明，解釋港府為何遲至現在才放棄一貫以來的「抵壘」政策。他說，經過長期檢討及諮詢，當局根據英國外相卡林頓與中國副總理黃華在倫敦會談和他日前在廣州的商談的結果，以及行政局前日提出的意見，才決定實施這項新政策。

他表示，中國當局曾指責港府所推行的「抵壘」政策，簡直是歡迎非法入境者來港，此點未嘗無理。如果要遏止非法入境人潮，必須使意圖進入本港的內地人士明白，香港的大門現已關上，即使能逃過拘捕，也只有前路茫茫，缺乏安全保障。

港督透露，非法入境人潮異常龐大，已到達危險地步。根據統計，八月和九月內所逮捕的非法入境者總數達二萬六千人。這趨勢一直持續至十月。同時，中國和本港方面的防衛人員目前所採措施，以往均可收效，但現已不能遏阻非法入境人潮。

在實施新法例前，港督提出警告說，這項新政策倘若施行失效，而非法入境者繼續來港，一個非法社會便會在法律範疇以外滋長。所以，他呼籲各方面合作，防止窩藏或僱用非法入境者，堵塞此一漏洞。

港督發言後，隨即由布政司姬達解釋當局所提出的各項建議。姬達在動議二讀一九八〇年人民入境（修訂）（第二號）法案時說，該法案提供有效的辦法，結束過去兩年來在香港出現的難以接受的情況，而其中一項最具有阻嚇作用的措施，就是非法入境者不能合法工作。

首席非官守議員張奧偉在代表該局全體非官守議員支持新法案發言時，呼籲本港居民應與港府合作，支持當局為遏止非法入境者湧入而採取的措施。

他並強調說：「雖然今天一口氣將法案三讀通過，但這並不表示該法例是未經審慎考慮而是倉卒擬就的。為了避免更多非法入境者俟機湧入本港，所以絕對需要將這些建議保持高度秘密。」

張奧偉指出數月來在制訂該法案的各個階段中，港督不斷徵詢行政局的意見。在等候港督與英國政府及中國政府舉行商討之際，該法案及其規例均經立法局非官守議員審慎研究。

他並透露港府高層人員，包括布政司及保安司曾花費許多時間，解答有關的疑問，討論彼此間的歧見，及考慮他們的意見。

張奧偉說：「任何一個立法當局均無法期望所制訂的法例，能夠適用於可能出現的各種不同情況，但我們將密切注意這項新法例實際施行時的成效，並會按照日後所得經驗加以修訂。」

港督在立法局上

非法入境者領證手續

【本報訊】非法入境者申領身份證的手續，有關當局作了如下的解答：

問：非法入境人士應如何申請領取身份證？

答：凡由中國內地非法進入本港，而仍未登記申請身份證的人士，必須在十月二十六日（星期日）午夜前辦理登記。登記地點為港島紅棉道維多利兵房的特別登記處，該登記處將會全日二十四小時辦公。申請人須攜備三張護照尺寸的相片，親自前往，並在相片背後清楚書寫申請人的姓名。原則上只有非法入境者自己始可以排隊輪候，兒童、老人和患病者可由一位成年人陪伴排隊。

申請人在登記後，將獲發一張證明他已登記申請身份證的文件。在他獲簽發身份證之前，該紙證明可作為臨時的身份證明文件。至於以前已登記而持有臨時身份證明文件的人士，現時不必再往申請，只須等待證明文件註明的日期再前往領取身份證便可。

圖 2-18　1980 年 10 月 24 日，《大公報》刊登關於「即捕即解」政策的報道。（香港大公文匯傳媒集團提供）

入境事務處負責執行出入境管制，根據港府紀錄，1970 年至 2016 年，從內地來港的非法入境者數目先升後大幅下降，被捕者由 1970 年的 1796 人增至 1992 年的 35,645 人，1986 年至 1996 年間每年多數超過兩萬人。香港特別行政區成立後，內地非法入境者顯著減少，由 1997 年的 17,819 人跌至 2016 年的 465 人（見表 2-73），但其中的非華裔人士明顯增加，他們主要來自越南、巴基斯坦和孟加拉等須持簽證來港的國家。根據入境事

表 2-73　1970 年至 1977 年、1983 年至 2016 年香港被捕非法入境人數統計表

單位：人

年	內地非法入境者	越南籍非法入境者	其他非華裔非法入境者	年	內地非法入境者	越南籍非法入境者	其他非華裔非法入境者
1970	1796	不詳	不詳	1996	23,180	1038	不詳
1971	3694	不詳	不詳	1997	17,819	1721	不詳
1972	5833	不詳	不詳	1998	14,613	895	不詳
1973	6139	不詳	不詳	1999	12,170	952	不詳
1974	7072	不詳	不詳	2000	8476	579	不詳
1975	120	不詳	不詳	2001	8322	204	不詳
1976	79	不詳	不詳	2002	5362	241	不詳
1977	151	不詳	不詳	2003	3809	165	不詳
1983	7643	不詳	不詳	2004	2899	164	不詳
1984	12,743	不詳	不詳	2005	2191	373	不詳
1985	16,010	不詳	不詳	2006	3173	598	273
1986	20,558	不詳	不詳	2007	3007	631	1419
1987	26,753	不詳	不詳	2008	2368	653	964
1988	20,987	不詳	不詳	2009	1890	447	1364
1989	15,841	不詳	不詳	2010	2340	375	377
1990	27,826	不詳	不詳	2011	1631	281	266
1991	24,089	不詳	不詳	2012	1286	342	414
1992	35,645	不詳	不詳	2013	952	424	794
1993	35,193	不詳	不詳	2014	736	1180	804
1994	29,536	不詳	不詳	2015	783	2278	1541
1995	26,824	不詳	不詳	2016	465	1073	1148

注：1970 年至 1977 年的內地非法入境者是水警拘捕的非法入境者，沒有指明是否內地。1983 年至 1995 年的內地非法入境者是警方拘捕的數字。1996 年及以後是入境事務處拘捕的數字。數目不詳者代表入境事務處和警務處沒有備存相關數字。

資料來源：　入境事務處數據；歷年《香港年報》。

務處的分析，特區成立後，被截獲的內地非法入境者來港原因主要是非法工作和探親，非法入境孕婦的數量不多。自 1999 年 7 月頒布有關居留權證明書的申請程序後，非法入境兒童的自首個案數字顯著下降，由 1997 年首季的 1244 人，減至 2015 年的兩名，2016 年沒有自首個案。

圖 2-19　入境事務處人員經常到工廠及建築地盤巡查，打擊非法勞工。（攝於 2014 年，香港特別行政區政府入境事務處提供）

圖 2-20　入境事務處在電視台播放宣傳短片，提醒市民切勿僱用非法勞工。（香港特別行政區政府入境事務處提供）

從 2014 年起，從其他地方來港的非華裔非法入境者明顯增加，2000 年至 2013 年，越南籍非法入境者介乎 164 人至 653 人，2014 年至 2016 年則有 1180 人、2278 人和 1073 人。來自其他國家或地區的非華裔非法入境者亦從 2006 年的 273 人增至 2015 年的 1541 人和 2016 年的 1148 人。港府於 2016 年 5 月 20 日的新聞公報表示：「非法入境問題嚴峻，而且不斷惡化。滯港並提出免遣返聲請的人當中，超過一半是非華裔非法入境者。嚴厲執法打擊非華裔非法入境者是遏止聲請人增加的策略中關鍵的一環。」

6. 中國內地及國際難民

香港出現國際難民問題，始於 1917 年的俄國革命，革命後有逃亡的俄羅斯人輾轉南下到香港。針對這些俄羅斯人，港府在 1918 年修訂入境條例，規定俄羅斯人入境或過境香港須持有效證件，以及來港前必須向英國外交部申請簽證，列明最終的目的地。日佔時期，由於處於戰爭狀態，國際難民難以界定。二戰後，聯合國難民事務高級專員署（United Nations High Commissioner for Refugees，簡稱難民署）與歐洲移民問題政府間委員會（Intergovernmental Committee for European Migration）於 1952 年 2 月在香港成立聯合特別代表辦公室（Office of the Joint Special Representative），以加快安置來自中國內地的難民；[45] 難民署於 1954 年 1 月提交聯合國大會的報告中指出，港府可為持有收容國簽證者簽發倫敦旅行文件（London Travel Document）。

二戰結束後至 1960 年間，港府把來自中國內地、持外國國籍的人士歸為「外國籍難民」（alien refugee）。據 1954/55 年度至 1959/60 年度的警務處年報，來自中國內地的外國籍難民介乎 883 人至 2796 人；已離港轉赴原籍國或收容國者介乎 575 人至 2494 人；於每年年底仍留居香港等待安置者介乎 325 人至 953 人（見表 2-74）。

表 2-74　1954/55 年度至 1959/60 年度香港來自中國內地的外國籍難民人數統計表

單位：人

年度	抵港	轉赴外國	留居香港	年度	抵港	轉赴外國	留居香港
1954/55	1115	不詳	330	1957/58	2796	2494	953
1955/56	883	575	不詳	1958/59	1352	1016	332
1956/57	1149	1132	325	1959/60	1135	1254	437

注：1959/60 年度抵港人數是無國籍的歐洲難民。留居香港人數為年底數目。
資料來源：　歷年 *Annual Report by the Commissioner of Police*。

1949 年以前，華人可隨意進出香港，來港者被稱為入境者；中華人民共和國成立後，部分

45　根據難民署的定義，「難民是因受迫害、戰爭或暴力而被迫離開自己國家的人士，他們是有正當理由畏懼由於其種族、宗教、國籍、政治見解或屬於某一特殊團體而遭到迫害。在大部分情況下，他們都不能或不願回國。」

來港者被難民署稱為「中國難民」(Chinese refugees)。直至1950年代後期，國際社會對這些人士是否具備領取難民救濟資格仍缺乏共識。港府沒有對「中國難民」或符合「難民」資格的來港華人進行登記或統計，但曾估計「中國難民」的數目，如1949年和1950年估計約有50萬人，1957年約有100萬人。港府亦無公布「中國難民」去留的數據。根據台灣當局的紀錄，1949年至1954年5月，共147,678名「中國難民」經香港或澳門移居台灣，其間以1949年和1950年的人數居多，有66,792人和26,384人。當時的「中國難民」多散居於香港市區邊緣、山坡、天台的搭建物，部分聚居於俗稱難民營的摩星嶺和調景嶺平房區。有慈善機構為這些難民提供救濟和服務，如東華三院在1949年至1960年間開放「棲流所」，向有關者給予膳食、寒衣等物資和暫居地，並協助其遷往台灣、外地或入住難民營。

難民署根據1954年的「香港人口抽樣調查」結果，估計當年6月約有38.5萬名來自內地的「中國難民」(見圖2-21)，佔香港人口的17.1%，當中約28.5萬名為「戰後難民」，即因為政治原因而於二戰後離開中國者，以及約10萬名「就地難民」(refugees sur place)，即在二戰前或二戰後離開中國時不是難民，但因拒絕回國而成為難民者。部分「中國難民」有香港出生的配偶或子女，如一併計算，「中國難民」家庭的總人數約有66.7萬人，佔香港人口的29.6%。如按家庭計算，「中國難民」家庭共20萬戶，約佔香港總戶數的36.5%(見表2-75)。

圖2-21 1950年代來自中國內地的「難民」。(攝於約1950年代，香港特別行政區政府提供)

表 2-75　1954 年香港的「中國難民」估計數目統計表

類別	居於難民家庭的人數（人）			難民家庭數目（戶）
	移民	香港出生	合計	
因政治原因離開中國	285,000	188,000	473,000	154,000
（佔香港人口 / 住戶百分比）	(12.7)	(8.4)	(21.0)	(28.1)
就地難民	100,000	94,000	194,000	46,000
（佔香港人口 / 住戶百分比）	(4.4)	(4.2)	(8.6)	(8.4)
總計	385,000	282,000	667,000	200,000
（佔香港人口 / 住戶百分比）	(17.1)	(12.5)	(29.6)	(36.5)

資料來源： E. Hambro, *The Problem of Chinese Refugees in Hong Kong*。

「中國難民」的居住環境普遍不如其他香港居民。「中國難民」中，59.0% 居於板間房或位於露台、廚房、商店、工廠宿舍等地方的床位，22.4% 居於寮屋，只有 6.0% 居於屋宇和 3.7% 居於樓宇單位；其他香港居民的相應比例是 51.9%、9.7%、12.2% 和 11.3%（見表 2-76）。

表 2-76　1954 年按居所類別劃分香港的「中國難民」和其他居民數目統計表

居所類別	「中國難民」及家人		其他香港居民	
	人數（人）	百分比	人數（人）	百分比
露宿	10,000	1.5	20,000	1.3
寮屋	150,000	22.4	150,000	9.7
徙置屋	25,000	3.7	35,000	2.3
板間房及床位	395,000	59.0	805,000	51.9
樓宇單位	25,000	3.7	175,000	11.3
屋宇	40,000	6.0	190,000	12.2
船艇	25,000	3.7	175,000	11.3
總計	670,000	100.0	1,550,000	100.0

資料來源： E. Hambro, *The Problem of Chinese Refugees in Hong Kong*。

1956 年 10 月九龍及荃灣發生暴亂，釀成 59 人死亡和 443 人受傷。港督葛量洪（Alexander Grantham）在同年 12 月提交給英國政府的《九龍及荃灣暴動報告書》中，勾勒了約 50 萬「中國難民」的背景和生活概況：

> 甚多係從未與香港有關係，由華北或華中而來者。到目前為止，彼輩與本港之廣東人士之相處亦僅達到一有限之程度而止。目前在本港居住之難民包括各等級人士；大部分係曾經享過優越生活之窮人，例如在國民黨政府時期，在中國係為業主、商人、官員或軍人者；彼輩對恢復其以前在中國過活日子希望甚微。

香港沒有義務接收根據 1951 年《關於難民地位的公約》（*Convention Relating to the*

Status of Refugees）要求給予難民身份的人士。在香港提出作為難民的要求，由難民署負責處理，入境事務處負責確保要求被拒絕及未獲准在港逗留者，均依法離開香港。港府於 1979 年 7 月至 1998 年 1 月 8 日對越南人實施「第一收容港」政策，因此，港府需要處理的國際難民只有此期間抵港的越南人。港府的越南船民政策是以「綜合行動計劃」（Comprehensive Plan of Action）為依據，該計劃於 1989 年 6 月在日內瓦會議上獲各與會國通過，凡根據 1951 年《關於難民地位的公約》和 1967 年《關於難民地位的議定書》（*Protocol Relating to the Status of Refugees*）所載條款被列為難民者，可移居海外；被審定為非難民者，須返回越南。甄別工作於 1994 年 10 月完成，綜合行動計劃於 1995 年 6 月結束。

來自越南的非法入境者分為「越南難民」和「越南船民」（見圖 2-22）。越南難民包括在 1988 年 6 月 16 日實施甄別政策前抵港、自動獲得難民身份的越南人，以及在此日期或以後抵港，經甄別為難民或由難民署判定其難民身份的越南人。經甄別不屬難民者須入住羈留中心。越南船民指在 1988 年 6 月 16 日至 1995 年 6 月 16 日來港尋求庇護但被甄別為非難民的越南人。在 1995 年 6 月 16 日以後至 1998 年 1 月 9 日之前抵港的，有權接受甄別為難民或船民。不行使這項權利或在 1 月 9 日或之後抵港的，均被視為非法入境者。

圖 2-22　越南難民輪船「夏龍」於 1980 年 4 月 15 日進入香港海域。該艘船長 35 米，載有 573 名難民，當中包括 230 名兒童。（攝於 1980 年，香港特別行政區政府提供）

1975 年至 2003 年，共有超過 20 萬人從越南來港，每年抵港人數起伏不定。截至 2003 年年底，逾 14.3 萬名越南難民獲安排移居海外，逾 7.2 萬名越南船民透過聯合國辦理的自願遣返計劃和有秩序遣返計劃（於 1991 年 10 月實施）返回越南。2000 年 2 月，港府實施「擴大本地收容計劃」，接受在 1998 年 1 月 9 日前抵港及從未離開香港的越南難民和合資格越南船民申請。截至 2003 年年底，共有 960 名越南難民和 437 名越南船民根據收容計劃申請在香港定居。[46]

除了越南難民和船民，還有一些從內地來港的越南人，即在非法來港前曾在內地居住的越南人。他們大多是在 1980 年代初逃離越南的華僑。港府認為這類人士已得到內地政府庇護，不能再申請審定難民身份及移居他國，一貫的政策是把他們遣返內地。截至 2000 年，逾 23,700 名從內地來港的越南人被遣返內地，當年最後一批的遣返工作（約 350 人）因他們提出司法覆核而暫時擱置。[47]

《禁止酷刑和其他殘忍、不人道或有辱人格的待遇或處罰公約》（*Convention against Torture and Other Cruel, Inhuman or Degrading Treatment or Punishment*，簡稱《禁止酷刑公約》）自 1992 年起適用於香港。公約訂明，如有充分理由相信任何人在另一國家將有遭受酷刑的危險，締約國便不得將該人驅逐、遣返或引渡至該國。港府亦訂立法定機制，就提出酷刑聲請進行審核。無法確立其酷刑聲請的人士會依法被遣送離港；獲得確立者，政府會暫緩遣送他們，直至所聲稱的風險消減。而當中迫害風險同時獲得確立者，則會被轉介至聯合國難民署，讓該署考慮確認該聲請人為難民及安排將該聲請人移居至第三國家。2005 年以前，共有 53 宗酷刑或免遣返聲請。其後五年，聲請個案陸續上升，由 2005 年的 211 宗升至 2009 年的 3286 宗，[48] 再回落至 2013 年的 491 宗。2014 年急增至 8851 宗，這主要由於當年 3 月開始實施統一審核機制，按所有適用理由審核免遣返聲請，該年的個案中有 4198 宗是根據酷刑以外的其他適用理由提出的免遣返聲請，其中 2962 宗由酷刑聲請被拒或撤回的人提出。[49] 2015 年和 2016 年的聲請個案亦達 5053 宗和 3838 宗（見表 2-77）。

46 合資格越南船民包括曾被越南政府拒絕接收的非越南國民、從沒有其他國家收容的人士、從未被人民入境事務處裁定為前居中國內地的越南難民。

47 原訟法庭於 2000 年判港府勝訴，敗訴者提出上訴；其後雙方達成協議，這批越南人獲准在香港居留。

48 2008 年 12 月，法院裁定港府須在審核過程中讓聲請人獲得法律支援，入境事務處隨即暫停審核工作。2009 年 11 月，立法會通過《2009 年入境（修訂）條例》，非法入境者接受僱傭工作或開設、參與業務列為罪行，同年 12 月，入境事務處啟動經改善的行政機制。2009 年的未完成個案包括 93 宗須重新審核個案。

49 統一審核機制是審核根據包括《入境條例》所指的酷刑、《香港人權法案條例》（*Hong Kong Bill of Rights Ordinance*）所載的《香港人權法案》中絕對及不容減免的權利受到威脅（包括該法案第二條所指被無理剝奪生命，以及第三條所指被施以酷刑或殘忍、不人道或侮辱之處遇或懲罰），以及參照 1951 年《關於難民地位的公約》的免遣返原則所指的迫害等風險為理由，要求避免從香港被驅逐、遣返或引渡至另一國家而提出的免遣返保護聲請。

表 2-77 2016 年及以前香港酷刑或免遣返聲請個案統計表

單位：宗

年	提出	完成審核	撤回及無需跟進	未完成個案（累計）
2005 以前	53	0	4	49
2005	211	1	30	229
2006	528	43	54	660
2007	1584	82	51	2111
2008	2198	179	132	3998
2009	3286	0	1037	6340
2010	1809	214	1186	6749
2011	1432	932	802	6447
2012	1174	1575	1154	4892
2013	491	1813	778	2792
2014	8851	1047	978	9618
2015	5053	2339	1410	10,922
2016	3838	3218	1561	9981

資料來源： 入境事務處網站。

根據港府的統計，從 2014 年起，非華裔非法入境者大幅增加，由之前三年平均每年約 840 人，增至 2015 年的 3819 人。80% 以上的聲請人來自南亞或東南亞國家，首五位為巴基斯坦（20%）、印度（19%）、越南（15%）、孟加拉（13%）和印尼（11%）。43% 聲請人非法進入香港，50% 以旅客身份入境但逾期逗留，7% 在抵港時被拒絕入境。70% 聲請人被警方或入境事務處截獲或拘捕後才提出聲請抗拒被遣返。整體而言，聲請人平均在香港逗留 13 個月後才提出聲請；如只計算逾期逗留者，相應數字是 19 個月。75% 聲請人為男性；95% 聲請人為 18 歲以上的成年人；94% 聲請人單獨來港，沒有攜同家人。

三、出入境流動

1. 旅客流量

1841 年至 1960 年

根據學者的分析，1848 年美國加州發現金礦，吸引了數以萬計華人經香港前往當地尋寶。[50] 加州淘金熱結束後，華人仍大量出洋到世界各地，從事修築鐵路、伐木、捕魚以及務農和其他工作。香港是自由港，自然成為華南移民出洋的首選地，[51] 截至 1939 年，從香港坐船出國的華人估計超過 630 萬人，經香港返回中國內地者估計也超過 770 萬人。這股遷徙潮大大推動了香港的發展，令香港由一個邊陲城鎮，變成亞洲的主要太平洋門戶，由依賴鴉

50 詳見冼玉儀於《穿梭太平洋》一書的資料和分析。

51 根據歐德理的觀察，在 1850 年代中，所有付得起旅費的華南移民，都選擇香港登船出洋。

片貿易，發展為「中介之地」，包括「人的轉口」，[52] 繼而帶動貿易、船務、財經、慈善事業等各方面的發展，為社會流動拓展廣闊的空間。自淘金熱起，經香港出洋的華人背景多元，而非只是奴隸般的「苦力」，港督寶靈曾説，由香港赴加州的都是「可敬體面的人」，這些人自由、健康，並渴望前往該地。此外，十九世紀的華人移民延續了我國人民敢於遷徙的傳統，他們為掌握機遇而離鄉別井，承擔種種風險，期望能衣錦還鄉，其遷徙軌跡是循環狀而非單向的。[53]

1840 年代至 1850 年代，香港是自由港，有利旅客出入。此時期人口自然增長一直是負值，人口規模卻不斷擴大，新增人口主要來自移民，由於欠缺相關的統計，確實人數無法得知。從人口的組成來看，來港者多是流動人口，主要是從內地來港謀生的男性，從事體力勞動如苦力、建造工人，經常往返香港與內地。此外，內地的社會動亂，如太平天國運動和廣東的土客械鬥衝突，以及海外的謀生機會如淘金和莊園種植等，都導致大量內地居民來港避難或經港出洋。香港為此時期華工出洋的重要中轉站，招募華工、提供僑匯服務等活動同時為香港創造就業機會，吸引更多人來港謀生和營商。至於來港的外籍人士，以外派官員和軍人、商人、傳教士及海員等佔多數，他們亦多不會將香港視為久住地，若干時間之後便會返回原來的國家。因此，此時期的出入境流動率相當高，但沒有具體的數字。

1848 年及 1851 年，美國和澳洲分別發現金礦，大量廣東與福建人經香港前往這兩地。而前往東南亞、中南美洲者，多在橡膠、錫、棉花、煙草、甘蔗及咖啡等種植園和工場工作（見圖 2-23）。1857 年 11 月，港府通過《1857 年苦力掮客條例》（*Emigration Passage Brokers Ordinance, 1857*），讓商人合法經營苦力貿易。由於出入境船隻和旅客數量急增，船政廳於 1858 年成立出境及海關處（Emigration and Customs Office），由船政廳長擔任出境官（Emigration Officer）的職務。根據船政廳的年度報告，從香港島出發前往不同目的地的華人數目，由 1855 年的 14,683 人次增至 1857 年的 26,213 人次，然後回落至 1859 年的 10,217 人次（見表 2-78）。

1861 年至 1899 年，港口的華人旅客入境和出境數量均有所增加，入境人次從 2167 增至 110,448，出境人次從 12,840 增至 61,075；入境人次呈上升趨勢，出境人次則不斷波動。這期間，有 11 年錄得出境者多於入境者，差額較大的年份是 1881 年、1882 年、1861 年和 1875 年。此等波動主要與出洋華工的政策措施和供需情況有關，以 1861 年為例，當年簽定《北京條約》，外國商人可大舉招募華工，不少人力貿易以香港為中轉站，加上內地政局漸趨穩定，來港和留港避難者減少，導致 1860 年代初期出境者較入境者多的情況。

52 以 1852 年為例，港督文咸（George Bonham）宣布該年有 30,000 名華人經香港出洋，並估計每人 50 元的旅費，可為香港的船主和承銷人帶來 150 萬元利潤。學者冼玉儀認為這數字或有所誇大，但越洋移民的規模無疑是驚人的。

53 部分移民會重複遷徙循環，客死異國者也想歸葬家鄉，這幾十年間，數以萬計在世界各地身故的華人遺體經香港運返中國內地。

表 2-78　1855 年至 1859 年按目的地劃分經香港港口出境的華人旅客人次統計表

單位：人次

目的地	1855	1856	1857	1858	1859
澳洲	10,562	8024	17,722	8867	5316
美國	2323	4085	5834	4989	4080
古巴	375	1203	2126	1662	0
東南亞	145	818	377	0	0
中國內地	1274	0	149	0	0
其他地區	4	0	5	292	821
總計	14,683	14,130	26,213	15,810	10,217

資料來源：　歷年 *The Hongkong Government Gazette*。

圖 2-23　1850 年代起，華工經香港出洋十分常見。圖中為在香港等待乘船出洋謀生的華工。（John Thomson, *Through China with a Camera*, HathiTrust 提供）

1880 年代和 1890 年代的基本趨勢是入境者多於出境者，差額在 686 人次至 60,037 人次之間起伏；其間，只有 1880 年的差額降至不足 1000 人次、1881 年和 1882 年錄得負值、1887 年和 1888 年的差額不足 10,000 人次。1893 年至 1895 年的出入境人次出現較大的波動，這主要與鼠疫有關，香港成為疫埠後，1894 年的出入境人次都明顯減少，疫情緩和後，隨即大幅提升（見表 2-79）。

表 2-79　1860 年至 1899 年經香港港口的華人旅客人次統計表

單位：人次

年	入境	出境	淨入境	年	入境	出境	淨入境
1860	不詳	15,183	不詳	1880	51,011	50,325	686
1861	2167	12,840	-10,673	1881	52,983	70,625	-17,642
1862	7398	10,421	-3023	1882	61,905	78,864	-16,959
1863	7193	7809	-616	1883	74,722	57,438	17,284
1864	6778	6607	171	1884	73,767	51,247	22,520
1865	6026	6849	-823	1885	80,773	57,517	23,256
1866	9253	5115	4138	1886	88,704	64,522	24,182
1867	9866	4283	5583	1887	92,375	82,897	9478
1868	10,752	8704	2048	1888	98,800	96,195	2065
1869	16,208	18,285	-2082	1889	99,315	47,849	51,466
1870	16,618	12,992	3626	1890	101,147	42,066	59,081
1871	19,754	9501	10,253	1891	105,199	45,162	60,037
1872	23,773	27,721	-3948	1892	97,971	52,143	45,828
1873	25,355	28,768	-3413	1893	108,644	82,336	26,308
1874	32,319	31,866	453	1894	96,095	49,023	47,072
1875	38,502	48,152	-9650	1895	112,685	73,138	39,547
1876	42,390	46,350	-3960	1896	119,468	66,822	52,646
1877	48,746	39,741	9005	1897	115,207	62,831	52,376
1878	47,882	38,653	9229	1898	105,441	60,432	45,009
1879	50,542	33,529	17,013	1899	110,448	61,075	49,373

資料來源：　歷年 *The Hongkong Government Gazette*；歷年 *Sessional Papers*。

1860 年至 1899 年間，從香港港口出發前往不同目的地的華人旅客數目呈上升趨勢，人次由 15,183 增至 61,075。這數十年間，以前往海峽殖民地、美國和澳洲者居多，三者各佔總旅客人數的 62.3%、22.0% 和 4.7%；其他目的地合共佔 11.0%（見表 2-80）。

前往海峽殖民地的旅客大幅增加，人次由 1866 年的 164 增至 1888 年的 72,744，然後輾轉回落，1899 年為 45,666 人次。當時西方國家開發東南亞殖民地需要大批勞動力，出洋華工主要是到當地的蔗糖和橡膠種植園工作。

前往美國的旅客出現較大波幅，人次由 1860 年的 7240 增至 1875 年的 19,748，其後回落至 1880 年的 7256，1881 年和 1882 年又急升至 21,383 和 32,556，1889 年急降至 1650 後，再回升至 1899 年的 8774。1860 年代至 1870 年代，美國因建造中央太平洋鐵路（Central Pacific Line）和其他工程，僱用大量華工，工程完成後，美國陸續頒布限制華人入境的法案，包括 1875 年的《佩奇法案》(*Page Law*)、1882 年的《排華法案》(*Chinese Exclusion Act*) 和 1892 年的《吉利法案》(*Geary Act*)，經港赴美的華人旅客曾一度減少，船政廳長表示 1880 年代初的急增是因為華工赴美建造新鐵路。

表 2-80　1860 年至 1899 年按目的地劃分經香港港口出境的華人旅客人次統計表

單位：人次

年	海峽殖民地	美國	澳洲	加拿大	泰國	三文治群島	菲律賓	新西蘭	其他	總計
1860	不詳	7240	4526	2038	不詳	不詳	不詳	不詳	1379	15,183
1861	不詳	7734	2809	不詳	不詳	不詳	不詳	不詳	2297	12,840
1862	不詳	7532	979	不詳	不詳	不詳	不詳	不詳	1910	10,421
1863	不詳	7320	352	137	不詳	不詳	不詳	不詳	不詳	7809
1864	不詳	3041	859	不詳	不詳	不詳	不詳	不詳	2707	6607
1865	不詳	2603	994	1472	不詳	527	不詳	不詳	1253	6849
1866	164	2280	1148	不詳	不詳	262	不詳	不詳	1261	5115
1867	721	2995	276	不詳	不詳	不詳	不詳	不詳	291	4283
1868	166	5609	274	259	2144	不詳	不詳	不詳	252	8704
1869	61	14,694	1249	不詳	1781	不詳	不詳	不詳	500	18,285
1870	70	11,024	775	不詳	381	361	不詳	不詳	381	12,992
1871	不詳	5603	1345	不詳	不詳	不詳	不詳	2553	不詳	9501
1872	9790	10,362	375	不詳	786	不詳	952	178	5278	27,721
1873	7743	17,634	40	不詳	344	不詳	2447	560	不詳	28,768
1874	9623	16,533	1242	不詳	1044	不詳	2658	766	不詳	31,866
1875	15,158	19,748	9021	不詳	2337	111	1284	478	15	48,152
1876	16,254	14,949	7250	661	3200	1118	2714	48	156	46,350
1877	15,029	10,645	7546	265	4259	1102	774	121	不詳	39,741
1878	20,630	8104	4447	355	3989	不詳	277	345	506	38,653
1879	16,421	9019	3063	282	4374	不詳	235	135	不詳	33,529
1880	31,145	7256	4961	435	6305	不詳	216	7	不詳	50,325
1881	36,545	21,383	4349	1391	6635	不詳	不詳	不詳	322	70,625
1882	36,490	32,556	1781	7467	334	不詳	不詳	不詳	236	78,864
1883	43,395	6245	4004	1016	不詳	1994	不詳	不詳	784	57,438
1884	36,654	8516	2298	713	不詳	1684	不詳	1	1381	51,247
1885	41,555	12,452	2342	807	不詳	不詳	不詳	5	356	57,517
1886	52,691	8598	2586	不詳	254	不詳	不詳	104	289	64,522
1887	61,733	13,720	5974	114	不詳	996	不詳	75	285	82,897
1888	72,744	18,717	1867	949	279	1312	不詳	105	222	96,195
1889	42,577	1650	不詳	1094	147	323	不詳	不詳	2058	47,849
1890	33,870	3793	不詳	1968	152	537	不詳	不詳	1746	42,066
1891	37,021	2893	不詳	3008	不詳	1568	不詳	不詳	672	45,162
1892	41,646	3846	不詳	4464	不詳	1841	不詳	不詳	346	52,143
1893	68,477	6426	不詳	5316	273	1099	不詳	不詳	745	82,336
1894	40,184	3830	34	2967	不詳	1359	不詳	不詳	649	49,023
1895	61,825	3477	不詳	3714	不詳	3657	不詳	不詳	465	73,138
1896	50,734	4751	不詳	5056	不詳	5345	不詳	不詳	936	66,822
1897	45,190	6337	不詳	5679	不詳	3945	不詳	不詳	1680	62,831
1898	45,380	6610	不詳	5295	52	2195	不詳	不詳	900	60,432
1899	45,666	8774	不詳	5021	不詳	896	不詳	不詳	718	61,075
總計	1,037,352	366,499	78,766	61,943	39,070	32,232	11,557	5481	32,976	1,665,876

注：三文治群島於 1865 年至 1866 年和 1870 年為檀香山人次。海峽殖民地於 1866 年和 1870 年為馬來西亞人次，1867 年至 1869 年和 1872 年為新加坡，1873 年至 1875 年為新加坡及馬來西亞。

資料來源：　歷年 *The Hongkong Government Gazette*；歷年 *Sessional Papers*。

澳洲從十九世紀中期開始彌漫「白澳」意識，多地實施排華政策，「淘金熱」由盛轉衰，經港赴澳的旅客人次由 1860 年的 4526，降至 1873 年的 40。1870 年代中，由於部分地區的種植園缺乏勞動力，而昆士蘭又發現金礦，赴澳華人再度增加，1875 年為 9021 人次，其後十餘年，每年人次在 1781 至 7546 之間波動。至 1889 年至 1899 年間，港府僅錄得 34 人次經港赴澳。根據口述歷史，當時不少華工於人跡稀少的地方下船，以規避禁止華人上岸的法令。

1861 年至 1899 年間，入境香港港口的華人旅客數目亦呈上升趨勢，人次由 2167 增至 110,448。1860 年代初至 1870 年代中的入境人次多低於出境人次，1877 年至 1899 年間，則只有 1881 年和 1882 年的入境人次低於出境人次。這數十年間，以來自海峽殖民地、美國和泰國者居多，三者各佔總旅客人數的 74.5%、11.5% 和 4.9%；其他目的地合共佔 9.1%（見表 2-81）。此外，1870 年代，馬尼拉和香港有固定航班，由於票價大幅降低，加上當地有工作機會，前往和離開菲律賓的華工亦明顯增加。大量華工出洋衍生出華人婦女於彼邦為娼的問題。港府於 1873 年 5 月頒布《1873 年保護華人婦女及華人移民條例》（*Protection of Women—Emigration Abuses Ordinance, 1873*），禁止買賣、誘拐、非法拘禁華人婦女或女童以作娼妓，以及禁止脅迫、誘拐華人以移民的目的來港或離港。

1900 年至 1939 年間，華人從外國入境香港港口者，多在每年 10 萬人次至 18 萬人次之間升降，其間只有 6 年不足 10 萬人次，3 年超過 20 萬人次；經香港港口赴外國者的幅度較大，由 4.4 萬人次至 28.6 萬人次不等，其間有 18 年不足 10 萬人次，5 年超過 20 萬人次。因此，這 40 年間的淨入境人次，只有 12 年是負值，入境者比出境者少 0.9 萬人次至 13.1 萬人次；其餘年份都是入境者比出境者多，最多是 1931 年和 1932 年，各多 18.3 萬人次和 17.7 萬人次（見表 2-82）。

根據《行政報告》的記述，出境人次多寡與當時貿易情況以及香港出發船隻是否受限入境有關。如 1908 年的出境人次比 1907 年少 32.9%，主因之一是印尼的大農場不再需增加人手；其後，馬來聯邦需要大量人手種植橡膠，令 1910 年的出境人次比 1909 年升 43.4%。又 1914 年時，出境人次大減近半，這主要由於新加坡為阻止鼠疫蔓延而禁止船隻乘客上岸。同時，一戰爆發，外地對勞工需求下降，作為中轉站的新加坡把苦力遣返原居地，並禁止入境。

海峽殖民地是此時期的主要目的地和出發地，除少數年份外，超過一半的華人出入境都是往來海峽殖民地，出境的高峰期是 1927 年，有 20.2 萬人次到當地，入境的高峰期是 1931 年，有 17.0 萬人次從當地來港（見表 2-83，表 2-84）。華人到海峽殖民地主要參與橡膠樹種植和開採錫礦。

1900 年至 1937 年間，經港口往來中國內地和澳門的出入境人次不斷起伏。出境方面，1900 年至 1912 年的每年人次約在 3 萬至 5 萬之間升降；1913 年至 1920 年的波動範圍

表 2-81　1861 年至 1899 年按出發地劃分經香港港口入境的華人旅客人次統計表

單位：人次

年	海峽殖民地	美國	泰國	澳洲	菲律賓	加拿大	三文治群島	新西蘭	秘魯	其他	總計
1861	28	1181	不詳	958	不詳	不詳	不詳	不詳	不詳	不詳	2167
1862	1054	2380	191	3773	不詳	不詳	不詳	不詳	不詳	不詳	7398
1863	1061	3068	130	2772	50	不詳	不詳	不詳	不詳	112	7193
1864	419	3547	75	2542	100	不詳	不詳	不詳	不詳	95	6778
1865	947	2306	711	1741	不詳	不詳	147	不詳	22	152	6026
1866	2499	2411	1573	1550	110	不詳	不詳	不詳	不詳	1110	9253
1867	2887	3831	1206	868	67	不詳	不詳	不詳	不詳	1007	9866
1868	3197	4427	877	1066	250	不詳	75	不詳	不詳	860	10,752
1869	4454	5176	1196	1561	2109	不詳	不詳	不詳	20	1692	16,208
1870	5182	3771	1071	1149	2451	不詳	不詳	68	43	2883	16,618
1871	8197	3553	903	930	3130	不詳	165	116	131	2629	19,754
1872	10,482	4259	719	696	3236	不詳	不詳	190	68	4123	23,773
1873	13,452	5955	968	1166	3438	不詳	不詳	284	92	不詳	25,355
1874	19,117	7454	1244	488	3694	不詳	不詳	322	不詳	不詳	32,319
1875	23,386	5962	1845	2235	4811	不詳	30	233	不詳	不詳	38,502
1876	25,972	7265	1475	2582	4960	不詳	不詳	136	不詳	不詳	42,390
1877	30,088	7964	2802	3159	4437	不詳	111	145	40	不詳	48,746
1878	29,775	6941	2537	3123	5173	不詳	101	60	172	不詳	47,882
1879	32,775	7158	2977	2504	4937	不詳	107	84	不詳	不詳	50,542
1880	33,901	7649	3197	2373	3272	不詳	437	182	不詳	不詳	51,011
1881	36,950	8269	4016	2681	不詳	不詳	835	81	151	不詳	52,983
1882	43,172	11,005	4822	2359	不詳	不詳	518	29	不詳	不詳	61,905
1883	53,409	11,320	5493	2634	不詳	462	869	291	不詳	244	74,722
1884	55,809	9461	4126	2661	不詳	不詳	1193	132	不詳	385	73,767
1885	58,105	13,198	3705	3349	不詳	922	1258	不詳	不詳	236	80,773
1886	66,745	13,686	3806	2628	不詳	不詳	1757	47	不詳	35	88,704
1887	74,430	9497	3396	2502	不詳	433	1760	107	不詳	250	92,375
1888	77,945	10,203	4982	2414	不詳	1746	1238	150	不詳	122	98,800
1889	80,385	7974	4926	2569	不詳	1706	1026	148	不詳	581	99,315
1890	81,339	9062	5064	2206	不詳	1824	382	90	140	1040	101,147
1891	83,787	9494	5680	2012	不詳	1971	629	148	279	1199	105,199
1892	79,065	8021	5167	1796	不詳	2102	755	172	228	665	97,971
1893	87,045	7701	7074	1654	不詳	2903	922	149	180	1016	108,644
1894	77,521	6763	5539	1678	不詳	2531	1027	138	223	675	96,095
1895	94,379	4761	7096	1338	不詳	2353	1639	141	59	919	112,685
1896	103,210	6002	3989	1353	不詳	2837	813	78	122	1064	119,468
1897	99,769	6914	2135	1433	不詳	2353	630	77	89	1807	115,207
1898	92,340	5450	1652	1384	不詳	2252	1614	71	155	523	105,441
1899	94,862	6349	2098	1944	不詳	2588	1130	125	不詳	1352	110,448
總計	1,689,140	261,388	110,463	77,831	46,225	28,983	21,168	3994	2214	26,776	2,268,182

注：三文治群島於 1865 年、1868 年和 1871 年為檀香山人次。海峽殖民地於 1861 年至 1862 年、1865 年、1868 年、1870 年至 1873 年和 1875 年為新加坡人次，1863 年至 1864 年、1866 年至 1867 年、1869 年和 1874 年為新加坡及馬來西亞。

資料來源：　歷年 *The Hongkong Government Gazette*；歷年 *Sessional Papers*。

表 2-82　1900 年至 1939 年經香港港口往來外國的華人旅客人次統計表

單位：人次

年	入境	出境	淨入境	年	入境	出境	淨入境
1900	121,322	83,643	37,679	1920	122,438	105,258	17,180
1901	129,030	69,774	59,256	1921	159,064	156,011	3053
1902	129,812	71,711	58,101	1922	143,547	98,393	45,154
1903	140,551	83,384	57,167	1923	121,102	120,224	878
1904	149,195	76,304	72,891	1924	130,194	129,859	335
1905	140,483	64,341	76,142	1925	91,622	140,534	-48,912
1906	134,912	76,725	58,187	1926	128,661	216,527	-87,866
1907	145,822	105,967	39,855	1927	181,100	285,593	-104,493
1908	157,809	71,081	86,728	1928	187,847	257,162	-69,315
1909	144,821	77,430	67,391	1929	185,390	227,523	-42,133
1910	149,564	111,058	38,506	1930	223,136	188,900	34,236
1911	149,894	135,565	14,329	1931	283,890	100,869	183,021
1912	163,248	122,657	40,591	1932	232,396	55,639	176,757
1913	166,921	142,759	24,162	1933	141,133	57,515	83,618
1914	168,827	76,296	92,531	1934	113,694	131,984	-18,290
1915	109,753	68,275	41,478	1935	112,420	149,515	-37,095
1916	72,405	117,653	-45,248	1936	120,641	153,170	-32,529
1917	98,232	96,298	1934	1937	101,629	232,325	-130,696
1918	74,109	43,830	30,279	1938	83,620	110,887	-27,267
1919	136,020	59,969	76,051	1939	62,655	71,285	-8630

資料來源：　歷年 *Administrative Reports*；歷年 *Sessional Papers*。

增至約 3 萬人次至 8 萬人次；1921 年至 1927 年再增至約 9 萬人次至 10 萬人次，1922 年因受海員大罷工影響，人次高達 14.1 萬；1928 年至 1936 年，人次徘徊在 5 萬至 7 萬；1937 年則降至 4 萬人次。入境人次的變化與出境大致相同，較特別是 1919 年和 1921 年至 1924 年均超過 10 萬人次，而 1926 年則由 1925 年的 6.9 萬人次劇降至 1.3 萬人次，1927 年又回升至 8.6 萬人次，這是歷時 16 個月省港大罷工的影響。同時，在工運的影響下，1925 年的淨入境人次達至此時期頂峰，出境者比入境者多 2.5 萬（見表 2-85）。

除海路外，1911 年 10 月九龍至廣州的鐵路服務開始營運。1915 年，經鐵路往來香港與中國內地者，各有 27.1 萬人次和 32.7 萬人次；此後，每年人次數以 10 萬計，而且呈上升趨勢；其間，只有 1925 年和 1926 年因省港大罷工而急降至每年不到 2 萬人次；罷工結束後，從 1927 年至 1937 年，人次回復升勢，由約 20 萬人次增至 80 多萬人次。[54] 日軍進攻廣州期間，多次轟炸九廣鐵路華段，1938 年 10 月，華段其中一條鐵路橋被炸毀，直通車服務全面停頓，乘坐火車進出香港的旅客因而絕跡（見表 2-86）。

54　1915 年至 1931 年是訂票數字。

表 2-83　1900 年至 1939 年按外國目的地劃分經香港港口出境的華人旅客人次統計表

單位：人次

年	海峽殖民地	今印尼		美國	加拿大	婆羅洲	澳洲	緬甸	英屬印度	其他	總計
		荷屬東印度	其他								
1900	69,213	不詳	不詳	8938	4495	不詳	不詳	不詳	64	933	83,643
1901	56,903	不詳	不詳	7331	4467	不詳	不詳	不詳	不詳	1073	69,774
1902	57,668	不詳	不詳	4490	8117	不詳	不詳	不詳	不詳	1436	71,711
1903	63,387	不詳	不詳	5385	10,137	不詳	不詳	不詳	不詳	4475	83,384
1904	62,727	不詳	不詳	3305	2689	不詳	不詳	不詳	不詳	7583	76,304
1905	54,974	不詳	不詳	2755	2740	不詳	不詳	不詳	不詳	3872	64,341
1906	60,320	不詳	不詳	2872	6022	不詳	不詳	不詳	不詳	7511	76,725
1907	83,048	不詳	67	4280	8757	不詳	不詳	不詳	不詳	9815	105,967
1908	49,639	不詳	1762	5186	7846	不詳	不詳	不詳	不詳	6648	71,081
1909	48,016	不詳	29	8050	9247	不詳	不詳	不詳	不詳	12,088	77,430
1910	76,705	8155	不詳	10,192	10,519	不詳	669	不詳	不詳	4818	111,058
1911	100,906	10,866	不詳	4094	11,933	不詳	1791	不詳	不詳	5975	135,565
1912	84,024	12,141	不詳	5014	12,790	不詳	2062	不詳	不詳	6626	122,657
1913	102,353	9807	不詳	9763	10,948	58	2431	不詳	640	6759	142,759
1914	44,974	12,082	不詳	5882	5509	不詳	2037	不詳	1150	4662	76,296
1915	41,278	12,708	不詳	5991	2816	不詳	1995	不詳	970	2517	68,275
1916	82,797	16,719	不詳	6585	4198	不詳	2590	不詳	544	4220	117,653
1917	63,292	12,082	不詳	9843	1807	3111	2177	不詳	1796	2190	96,298
1918	8019	9408	不詳	8733	9853	2917	1685	不詳	1049	2166	43,830
1919	11,638	18,069	不詳	11,679	7233	3021	2051	不詳	2545	3733	59,969
1920	43,935	18,175	不詳	15,567	13,832	3524	2371	不詳	1644	6210	105,258
1921	87,324	20,778	8165	13,944	12,754	3681	1799	不詳	1495	6071	156,011
1922	50,356	13,655	3016	14,220	7976	2680	2004	不詳	985	3501	98,393
1923	65,584	13,037	8430	15,848	8765	2457	1680	不詳	1489	2934	120,224
1924	75,682	11,420	5346	19,171	7735	2696	2106	不詳	1310	4393	129,859
1925	97,552	12,759	4202	12,555	5231	2324	1218	不詳	1466	3227	140,534
1926	157,285	19,636	6275	15,348	7710	3807	1928	不詳	1149	3389	216,527
1927	202,408	29,974	9774	20,109	6448	6924	1937	不詳	1863	6156	285,593
1928	169,741	35,307	10,702	19,828	7753	5403	1707	不詳	1027	5694	257,162
1929	146,516	35,588	6240	18,818	7310	5037	1496	716	855	4947	227,523
1930	121,385	32,615	4207	13,065	6604	4240	1144	1018	921	3701	188,900
1931	50,501	23,967	2504	11,620	5890	2077	916	794	1068	1532	100,869
1932	20,787	19,536	1271	4612	3611	1424	622	996	1040	1740	55,639
1933	23,536	17,942	1336	4210	2996	2400	567	2094	846	1588	57,515
1934	91,320	19,185	1422	4344	4201	4121	656	3922	715	2098	131,984
1935	106,981	20,018	908	3732	4712	4579	653	4413	657	2862	149,515
1936	101,725	22,548	2230	3476	3875	5919	698	8511	732	3456	153,170
1937	162,697	30,765	4179	3883	3974	10,553	828	10,970	1535	2941	232,325
1938	61,961	23,292	3422	4320	4797	3912	632	4462	1584	2505	110,887
1939	29,538	15,216	2935	3754	2962	2198	381	3804	1807	8690	71,285
總計	3,088,695	557,450	88,422	352,792	271,259	89,063	44,831	41,700	32,946	176,735	4,743,893

注：今印尼的「其他」包括爪哇、泗水、蘇門答臘。美國含檀香山。婆羅洲含英屬婆羅洲和荷屬婆羅洲。英屬印度包括孟買、加爾各答、可倫坡（印度）。

資料來源：　歷年 *Administrative Reports*；歷年 *Sessional Papers*。

表 2-84　1900 年至 1939 年按外國出發地劃分經香港港口入境的華人旅客人次統計表

單位：人次

年	海峽殖民地	今印尼		美國	加拿大	泰國	澳洲	英屬印度	緬甸	其他	總計
		荷屬東印度	其他								
1900	103,368	不詳	617	8783	2930	3552	1748	不詳	不詳	324	121,322
1901	111,866	不詳	110	8602	3519	2865	1555	不詳	不詳	513	129,030
1902	112,253	不詳	200	8084	4289	1917	2036	不詳	不詳	1033	129,812
1903	122,483	不詳	364	8608	3802	2169	1736	不詳	不詳	1389	140,551
1904	128,384	不詳	1121	9330	4072	3228	1857	不詳	不詳	1203	149,195
1905	120,863	不詳	1664	6872	2990	2994	1990	不詳	不詳	3110	140,483
1906	114,568	不詳	1739	6070	2557	4186	3651	不詳	不詳	2141	134,912
1907	124,338	不詳	3864	6682	3367	2819	2312	不詳	不詳	2440	145,822
1908	129,650	不詳	5926	8538	3674	2814	3171	不詳	不詳	4036	157,809
1909	115,480	不詳	1980	7601	3390	5048	2740	不詳	不詳	8582	144,821
1910	117,963	8277	不詳	9953	5031	3527	2582	不詳	不詳	2231	149,564
1911	119,757	7894	不詳	8557	4035	3653	2913	不詳	不詳	3085	149,894
1912	131,463	7439	不詳	7755	5512	3692	3185	不詳	不詳	4202	163,248
1913	133,744	9986	不詳	8327	5598	2153	3056	不詳	不詳	4057	166,921
1914	141,358	8531	不詳	8079	4380	1002	3216	不詳	不詳	2261	168,827
1915	80,831	11,664	不詳	8308	3749	834	4072	不詳	不詳	295	109,753
1916	47,655	7911	不詳	6089	4948	1597	2486	不詳	不詳	1719	72,405
1917	72,435	7091	不詳	5785	4100	2155	2315	不詳	不詳	4351	98,232
1918	39,196	8039	不詳	9667	3805	5039	2584	不詳	不詳	5779	74,109
1919	63,683	16,418	不詳	6760	5147	4925	2200	不詳	不詳	36,887	136,020
1920	72,926	14,643	不詳	6552	8777	1927	2221	不詳	不詳	15,392	122,438
1921	100,693	15,522	2336	12,696	10,726	1104	4166	不詳	不詳	11,821	159,064
1922	85,644	19,173	12,758	9822	5989	1110	2835	不詳	不詳	6216	143,547
1923	65,986	17,455	8883	8413	6605	1172	3570	不詳	不詳	9018	121,102
1924	74,263	15,776	12,495	7271	7121	860	2445	不詳	不詳	9963	130,194
1925	60,891	8590	10,187	5993	3055	100	1643	不詳	不詳	1163	91,622
1926	86,955	13,538	13,704	5131	4287	459	2197	不詳	不詳	2390	128,661
1927	136,696	17,250	14,834	2974	4504	1259	1594	不詳	不詳	1989	181,100
1928	120,693	24,924	20,629	3224	6121	6657	2478	不詳	不詳	3121	187,847
1929	121,077	23,652	18,059	5367	7888	5517	2339	不詳	不詳	1491	185,390
1930	149,924	29,844	11,793	7898	7933	5954	3004	1829	1354	3603	223,136
1931	169,719	49,164	14,685	11,729	9633	7747	2507	7328	4064	7314	283,890
1932	128,617	44,864	11,523	9733	9183	10,282	1685	4421	3672	8416	232,396
1933	69,410	27,667	5772	8439	7583	8974	2143	3560	2070	5515	141,133
1934	54,558	21,741	4723	6963	6724	7697	2615	2636	2656	3381	113,694
1935	56,797	21,404	3394	6044	6621	5304	2846	2071	3137	4802	112,420
1936	65,195	20,024	7031	3462	3119	4782	1281	5602	5970	4175	120,641
1937	49,848	20,130	5746	199	477	8576	313	7454	5271	3610	101,629
1938	16,329	15,828	9360	585	不詳	7798	560	14,596	14,816	3748	83,620
1939	9897	12,320	8002	437	5	6830	735	9612	7841	6976	62,655
總計	3,827,456	526,759	213,499	281,382	197,246	154,278	94,582	59,109	50,851	203,742	5,608,909

注：今印尼的「其他」包括爪哇、泗水、蘇門答臘。美國含檀香山。英屬印度包括孟買、加爾各答。

資料來源：　歷年 *Administrative Reports*；歷年 *Sessional Papers*。

表 2-85 1900 年至 1937 年經香港港口往來中國內地和澳門的旅客人次統計表

單位：人次

年	入境	出境	淨入境	年	入境	出境	淨入境
1900	56,072	57,023	-951	1919	103,795	83,231	20,564
1901	49,034	49,575	-541	1920	74,414	72,417	1997
1902	55,083	52,553	2530	1921	107,159	96,438	10,721
1903	49,269	50,736	-1467	1922	131,361	141,042	-9681
1904	43,192	42,155	1037	1923	112,079	97,097	14,982
1905	41,867	45,934	-4067	1924	116,814	104,939	11,875
1906	38,725	36,482	2243	1925	69,041	94,324	-25,283
1907	55,199	48,634	6565	1926	12,924	467	12,457
1908	53,674	46,412	7262	1927	85,772	86,596	-824
1909	53,720	50,031	3689	1928	72,356	72,507	-151
1910	33,458	34,019	-561	1929	55,368	62,339	-6971
1911	31,845	26,994	4851	1930	49,376	51,944	-2568
1912	31,752	30,693	1059	1931	68,724	74,830	-6106
1913	53,741	57,548	-3807	1932	66,568	71,147	-4579
1914	65,894	66,731	-837	1933	69,036	63,423	5613
1915	30,713	32,392	-1679	1934	58,216	63,626	-5410
1916	62,925	56,436	6489	1935	68,754	70,928	-2174
1917	68,083	77,371	-9288	1936	57,302	54,934	2368
1918	62,923	61,911	1012	1937	44,616	40,325	4291

資料來源： 歷年 *Administrative Reports*；歷年 *Sessional Papers*。

表 2-86 1915 年至 1938 年經香港鐵路往來中國內地的旅客人次統計表

單位：人次

年	香港往內地	內地往香港	年	香港往內地	內地往香港
1915	271,382	326,839	1927	202,893	254,039
1916	307,310	344,220	1928	309,917	438,080
1917	309,394	352,008	1929	375,144	526,696
1918	307,494	323,642	1930	389,723	548,269
1919	344,716	354,699	1931	430,479	527,212
1920	365,665	373,776	1932	377,678	475,825
1921	435,933	462,379	1933	479,779	511,449
1922	526,111	522,909	1934	547,194	521,721
1923	250,719	249,152	1935	779,115	780,940
1924	168,734	157,115	1936	841,316	891,359
1925	16,224	16,316	1937	827,707	874,680
1926	18,031	17,609	1938	336,467	454,880

注：1915 年至 1931 年是訂票數字。
資料來源： 歷年 *Administrative Reports*。

1936 年，第一班定期客運航班在香港啟德機場降落。1937 年至 1939 年間，乘坐民航機出入境香港的旅客人次都有增加，入境人次由 1929 增至 3611，出境人次由 1756 增至 2550。入境和出境旅客都以乘坐中國國籍飛機者居多，1937 年和 1938 年的佔比都超過 80%；1939 年，因為國內戰事持續，往來香港者大幅減少，入境和出境者的佔比各降至 67.5% 和 57.3%。相反，乘坐英國和其他國家（主要是美國和法國）飛機的旅客人次仍繼續增加（見表 2-87）。

表 2-87　1937 年至 1939 年按飛機國籍劃分香港旅客人次統計表

單位：人次

年	入境				出境			
	英國	中國	其他	總計	英國	中國	其他	總計
1937	49	1581	299	1929	75	1448	233	1756
1938	150	5330	526	6006	200	3261	502	3963
1939	276	2436	899	3611	315	1462	773	2550

資料來源：　歷年 *Adminstration Reports*。

日佔期間，日佔政府嚴格管控旅客的出入境。香港居民出境和入境須分別提交「渡航（旅行）許可願」（離港或旅行申請書）和「渡航許可願」（入境申請書），境外人士入境前，須由香港居民向憲兵隊提交「呼寄許可願」（被招喚人入境申請書），獲批後方可起行，但當局沒有公布相關統計。日本官方紀錄、英軍服務團情報和學術研究只能提供零星的數據，如在出境方面，日本外務省的紀錄顯示「歸鄉」政策實施首兩年共遣返 993,326 人，日本學者的研究錄得在 1942 年 2 月至 1943 年 7 月期間，共 20,565 人到海南島工作。在入境方面，英軍服務團的情報顯示在 1941 年年底至 1942 年 10 月期間，每月約有 5000 人入境香港；1944 年時，由於香港的白米價格仍較周邊地區便宜，因而吸引一些已被遣返的人士偷渡入境。

二戰結束後，民航客機恢復載客，香港是遠東的運輸中心之一，航線遍布幾大洲。1948 年和 1949 年是此期間航空旅客流量較多的年份，這是由於中國內戰而導致大量民眾來港，如在 1948 年，經航班入境和出境人次各有 11.5 萬和 11.3 萬，中國旅客佔整體的 75%。1950 年代初內戰結束，旅客數目下跌，如 1951 年的入境和出境人次只有 3.2 萬和 4.4 萬，1950 年代中以後才再增加，1960 年的入境和出境人次各有 17.8 萬和 19.4 萬（見表 2-88）。

船運方面，1947 年的入境和出境人次各有 62.3 萬和 59.8 萬。1949 年起內地沿海口岸關閉，民眾難以乘客船來港，經海路來港者約有一半乘搭國際貿易船隻。[55] 朝鮮戰爭爆發，

55　國民政府自 1947 年 5 月起實施封鎖口岸行動，部分口岸不准本國籍船隻進出，外籍船舶則予以監視。1949 年 6 月實施「關閉」政策，所有船舶不得進入關閉區域，由於欠缺軍力執行，無從阻絕外輪闖關。

表 2-88　1947 年至 1960 年按交通模式劃分香港旅客人次統計表

單位：人次

年	乘飛機		乘船		經陸路		總計	
	入境	出境	入境	出境	入境	出境	入境	出境
1947	4.4	3.8	62.3	59.8	88.2	101.8	154.9	165.4
1948	11.5	11.3	75.1	77.6	116.2	128.5	202.8	217.4
1949	15.9	16.0	82.9	86.9	75.0	76.0	173.8	178.9
1950	3.3	4.2	82.8	91.1	245.1	257.1	331.2	352.4
1951	3.2	4.4	47.6	52.8	55.4	64.8	106.2	122.0
1952	4.1	4.6	53.5	61.9	12.1	14.5	69.7	81.0
1953	4.6	5.0	37.1	39.2	29.0	30.6	70.7	74.8
1954	4.7	5.6	37.9	41.0	16.3	16.3	58.9	62.9
1955	6.5	7.2	56.7	60.7	14.9	14.2	78.1	82.1
1956	9.0	9.3	67.7	65.8	70.8	66.6	147.5	141.7
1957	12.1	11.7	75.5	71.6	70.8	68.7	158.4	152.0
1958	14.1	14.4	63.6	58.3	32.7	33.4	110.4	106.1
1959	15.5	15.4	54.0	53.2	43.1	41.2	112.6	109.8
1960	17.8	19.4	58.4	56.8	50.3	49.9	126.5	126.1

注：不包括過境旅客及進出香港的軍人。
資料來源： Census and Statistics Department, *Hong Kong Statistics 1947-1967*。

圖 2-24　香港啟德機場客運大樓。（攝於 1962 年，香港特別行政區政府提供）

圖 2-25　1960 年代的羅湖車站，旅客下車後正準備進入人民入境事務處辦理離境手續。（攝於約 1960 年，Roger Viollet via Getty Images）

聯合國對中國內地實施禁運後，貿易船隻來港減少，1952/53 年度的貿易船隻比上年度少 4596 艘，減幅約 20%，經海路的旅客流量亦隨之減少，1953 年的入境和出境人次只有 37.1 萬和 39.2 萬，其後旅客逐漸回升，1960 年的入境和出境人次各有 58.4 萬和 56.8 萬。

經陸路出入香港的人次一直較航空和海路多，1947 年的入境和出境人次各有 88.2 萬和 101.8 萬，1950 年急升至 245.1 萬和 257.1 萬，這是因為香港與內地之間的航空、海運受阻，旅客主要乘坐火車經陸路往返香港。其後內地局勢漸趨穩定，從陸路來港的旅客數目有所回落，1960 年的入境和出境人次各有 50.3 萬和 49.9 萬。

1958 年至 1960 年的非華裔旅客中，以美國的數目居首，超越英聯邦國家，這三年的佔比為 34.0%、36.7% 和 37.2%。中美關係轉差後，部分美國公司（如友邦保險）從內地轉來香港，美國訪客的來港人數亦有所增加。英佔時期，自然有較多英聯邦國家的訪客前來，其數字次於美國，1958 年至 1960 年的佔比為 32.0%、31.7% 和 30.5%。其他國家的訪客數目較少，鄰近國家如菲律賓、日本、泰國和印尼合計，這三年的佔比為 19.3%、18.1% 和 18.8%（見表 2-89）。

1949 年後，出現華僑歸國熱，並延續到 1960 年代中，許多東南亞華僑（當中部分為學生）經香港回到內地，至 1958 年約有 25 萬華僑回國，香港成為華僑歸國的重要通道。

表 2-89　1958 年至 1960 年按國籍劃分訪港旅客人次統計表

國籍	1958		1959		1960	
	人次	百分比	人次	百分比	人次	百分比
英聯邦國家	33,000	32.0	44,000	31.7	50,000	30.5
美國	35,000	34.0	51,000	36.7	61,000	37.2
日本	6000	5.8	8000	5.8	13,000	7.9
菲律賓	9000	8.7	10,000	7.2	12,000	7.3
泰國	3000	2.9	4000	2.9	4000	2.4
印尼	2000	1.9	3000	2.2	2000	1.2
法國	2000	1.9	3000	2.2	3000	1.8
德國	1000	1.0	2000	1.4	2000	1.2
其他	12,000	11.7	14,000	10.1	17,000	10.4
總計	103,000	100.0	139,000	100.0	164,000	100.0

注：除郵輪乘客外，只包括在香港停留不少於 24 小時的訪客。
資料來源： Census and Statistics Department, *Hong Kong Statistics 1947-1967*。

1961 年至 2016 年

1961 年至 2016 年間，入境和出境旅客數量均持續增加，入境人次從 122 萬升到 1.48 億，出境人次亦從 123 萬升到 1.48 億（見表 2-90）。

這 55 年間，乘飛機入境人次從 22 萬升至 2470 萬，出境人次從 24 萬升至 2400 萬。兩者都呈持續的升勢，但航空旅客佔總入境旅客的比例先升後回落，入境者從 1961 年的 18.0% 升至 1976 年的 39.2%，然後回落至 2016 年的 16.6%，出境者的相應比例為 19.5%、39.8% 和 16.2%，在 2003 年時，兩者曾跌至 12.4% 和 12.3%。

經海路的旅客流量亦有所增加，入境人次從 56 萬升至 1220 萬，出境人次從 56 萬升至 1450 萬。海路旅客佔總入境和出境旅客的比例曾在 1961 年至 1966 年間有所上升，入境者由 45.9% 升至 61.0%，出境者由 45.5% 升至 60.7%，但其後則不斷下滑，到 2016 年，入境者和出境者的佔比只有 8.2% 和 9.8%。

經陸路的旅客流量和佔比均大幅上升，入境人次從 44 萬升至 1.12 億，出境人次從 43 萬升至 1.10 億。陸路旅客佔總入境和出境旅客的比例曾在 1961 年至 1971 年間有所下降，入境者由 36.1% 減至 14.3%，出境者由 35.0% 減至 14.3%，其後則隨內地旅客急增而攀升，從 2000 年起，兩者的佔比一直超過 70%，2016 年為入境者 75.1% 和出境者 74.0%。

表 2-90　1961 年至 2016 年按交通模式劃分香港旅客人次統計表

單位：10 萬人次

年	乘飛機		乘船		經陸路		總計	
	入境	出境	入境	出境	入境	出境	入境	出境
1961	2.2	2.4	5.6	5.6	4.4	4.3	12.2	12.3
1962	2.3	2.7	6.9	6.2	4.0	4.0	13.2	12.8
1963	3.0	3.2	7.0	6.8	3.0	3.0	13.0	13.0
1964	3.9	3.9	9.2	9.2	3.9	3.9	17.0	16.9
1965	4.4	4.4	12.0	12.0	4.7	4.6	21.2	21.0
1966	5.4	5.4	13.9	13.9	3.4	3.6	22.8	22.9
1967	5.4	5.6	10.3	10.1	2.2	2.1	17.9	17.8
1968	6.9	7.1	10.6	10.3	3.1	3.1	20.6	20.5
1969	8.4	8.8	11.7	11.5	3.7	3.6	23.8	23.8
1970	11.3	11.4	14.6	14.5	3.6	3.4	29.5	29.3
1971	10.9	11.0	16.1	16.1	4.5	4.5	31.5	31.5
1972	13.5	13.8	19.1	19.2	7.3	7.2	39.9	40.2
1973	16.7	17.1	22.5	22.1	9.4	8.9	48.5	48.2
1974	17.2	17.7	22.2	21.9	9.3	8.6	48.6	48.2
1975	17.8	18.4	20.7	20.4	8.0	7.6	46.4	46.4
1976	20.7	21.2	23.2	23.2	9.0	8.8	52.8	53.2
1977	22.9	23.1	25.8	25.9	11.1	10.8	59.8	59.8
1978	26.3	26.6	27.3	27.4	14.4	13.7	67.9	67.7
1979	28.4	29.1	33.9	33.7	32.5	31.9	94.7	94.7
1980	30.4	31.6	35.4	36.3	40.5	37.6	106.3	105.6
1981	35.1	36.2	38.9	40.2	45.1	42.8	119.1	119.2
1982	36.6	37.8	44.6	46.1	43.4	41.3	124.6	125.1
1983	37.7	39.2	47.5	49.1	52.2	50.3	137.3	138.6
1984	40.8	42.1	51.0	53.9	76.7	72.9	168.4	168.8
1985	42.6	43.7	55.7	59.1	106.3	100.7	204.6	203.6
1986	46.1	47.5	57.2	60.9	115.0	109.3	218.3	217.6
1987	55.0	56.8	68.3	72.4	135.5	129.7	258.8	258.9
1988	66.2	68.1	74.5	78.2	160.0	154.9	300.8	301.1
1989	67.6	69.0	77.1	79.3	146.6	142.8	291.3	291.2
1990	73.2	75.2	85.0	87.2	160.2	156.0	318.4	318.3
1991	74.1	76.0	89.8	92.4	181.7	177.4	345.6	345.7
1992	84.5	86.4	96.2	99.0	204.5	199.6	385.3	385.0
1993	93.4	94.9	99.1	102.2	219.4	213.4	411.8	410.5
1994	98.9	100.3	103.6	106.0	232.0	227.3	434.4	433.5
1995	106.3	107.4	103.3	105.7	251.5	247.0	461.1	460.1
1996	116.9	117.9	106.0	107.7	276.2	272.8	499.1	498.4
1997	108.4	109.3	93.4	95.1	326.0	323.2	527.8	527.6
1998	102.8	102.1	88.6	91.1	386.0	384.2	577.4	577.4
1999	107.0	106.2	85.4	89.0	453.2	449.5	645.6	644.7
2000	115.7	114.6	94.2	98.2	510.5	506.6	720.3	719.4

（續上表）

年	乘飛機		乘船		經陸路		總計	
	入境	出境	入境	出境	入境	出境	入境	出境
2001	115.3	114.9	97.8	102.4	535.6	530.8	748.7	748.1
2002	118.4	117.2	100.5	109.1	592.3	584.0	811.2	810.4
2003	95.0	94.0	89.0	98.0	582.0	574.0	765.0	765.0
2004	124.0	118.0	100.0	114.0	684.0	674.0	908.0	907.0
2005	133.0	127.0	100.0	115.0	724.0	714.0	957.0	956.0
2006	144.0	137.0	109.0	124.0	758.0	750.0	1,011.0	1,010.0
2007	154.0	148.0	126.0	139.0	810.0	802.0	1,090.0	1,088.0
2008	153.0	148.0	127.0	140.0	834.0	827.0	1,115.0	1,114.0
2009	149.0	143.0	113.0	125.0	853.0	847.0	1,115.0	1,115.0
2010	170.0	162.0	122.0	137.0	913.0	905.0	1,205.0	1,204.0
2011	182.0	173.0	128.0	145.0	958.0	948.0	1,267.0	1,267.0
2012	193.0	184.0	126.0	147.0	1,020.0	1,006.0	1,339.0	1,338.0
2013	209.0	200.0	128.0	150.0	1,051.0	1,036.0	1,387.0	1,387.0
2014	220.0	212.0	127.0	157.0	1,106.0	1,084.0	1,453.0	1,453.0
2015	236.0	227.0	125.0	152.0	1,123.0	1,104.0	1,483.0	1,483.0
2016	247.0	240.0	122.0	145.0	1,115.0	1,098.0	1,484.0	1,483.0

注：數字不包括被拒入境者。乘飛機出入境的旅客由 1990 年 11 月起包括來往澳門的直升機旅客。
資料來源： 政府統計處：歷年《香港統計年刊》；*Hong Kong Statistics 1947-1967*。

圖 2-26 1970 年代人潮擠擁的羅湖橋。（攝於 1970 年代，新華社提供）

圖 2-27　自 1980 年代起，經陸路離境成為旅客離境的最主要途徑。每逢周末及假日，大批香港居民經羅湖口岸來往內地。（攝於 2002 年，南華早報出版有限公司提供）

圖 2-28　港澳客輪碼頭管制站。（攝於 2015 年，香港特別行政區政府入境事務處提供）

1976 年至 2016 年的訪港旅客來源地出現顯著變化。這 40 年間，來自各地區的旅客均有所增加，但由於內地旅客的升幅尤其顯著，除韓國和澳門外，其他地區旅客佔整體的比例都相應下降（見表 2-91）。

來自美洲的旅客由 29.1 萬人次增至 177.3 萬人次，但佔比由 18.7% 跌至 3.1%；此地區的旅客一直以美國人居多。

來自歐洲、非洲及中東的旅客由 21.8 萬人次增至 222.6 萬人次，佔比由 14.0% 降至 3.9%；此地區的旅客一直以英國人居多，其次是德國人和法國人。

來自澳洲、新西蘭及南太平洋的旅客由 18.1 萬人次增至 68.4 萬人次，佔比由 11.6% 降至 1.2%；此地區的旅客一直以澳洲人居多。

來自東北亞的旅客由 46.3 萬人次增至 248.5 萬人次，佔比由 29.7% 降至 4.4%；在 2011 年及以前，此地區的旅客一直以日本人居多，但韓國人的數量快速增加，並於 2016 年超過日本人。

來自南亞和東南亞的旅客由 32.1 萬人次增至 370.2 萬人次，佔比由 20.6% 降至 6.5%；此地區的旅客主要來自印尼、馬來西亞、菲律賓、新加坡、泰國和印度，各國的數量愈趨平均，其中以印度和菲律賓的升幅最大。

來自中國內地的旅客由 0.4 萬人次增至 4,277.8 萬人次，佔比由 0.3% 升至 75.5%。來自台灣的旅客由 7.8 萬人次增至 201.1 萬人次，佔比由 5.0% 降至 3.5%。來自澳門的旅客由 0.4 萬人次增至 99.5 萬人次，佔比由 0.3% 升至 1.8%。

2. 居港人士離境

根據 1898 年的《展拓香港界址專條》，香港華裔居民可自由往來香港與廣東省新安縣。由於沒有邊界管制，1941 年 12 月 25 日香港被日軍佔領前的離港人數無法確知。港府因應戰爭陰影的威脅，於 1941 年 1 月開始遣送官員和軍隊的家屬離港，但人數有限。另據曾任立法局議員的李樹芬憶述，到該年 11 月才得知有加拿大援軍來港，在此之前，一般人沒預計香港會發生戰事。民眾因缺乏消息以及未有戰爭意識，要直至香港淪陷後，才出現有大批人因「歸鄉」政策而自願或被迫離港的情況，其人數接近 100 萬人。

抗日戰爭期間，離港居民的目的地多是中國內地，特別是「歸鄉」政策下的離港者，他們大部分前往廣東省沿海地區，少數到其他省份。澳門作為二戰的中立區，又鄰近香港，戰爭爆發後有不少人逃往該地，令其人口由 1937 年的 245,194 人升至 1942 年的 40 萬人，當中不少為香港居民，迄是年 3 月 6 日，便有逾 10 萬名香港居民湧入澳門。澳門亦接收不少在港的葡僑，香港淪陷前 4 個月，首批赴澳避難者包括 311 名成年男子、472 名女子和 420 名兒童；1942 年 1 月 6 日至 7 日，共 1400 名葡僑抵澳；同年 2 月，有約 4000 名葡僑抵澳。

表 2-91　1961 年至 2016 年若干年份按居住國家或地區劃分訪港旅客人次統計表

居住國家或地區	1961	1966	1976	1981	1986
中國內地	不詳	不詳	0.42	1.45	36.35
台灣	不詳	不詳	7.78	13.56	22.05
澳門	不詳	不詳	0.43	1.48	3.90
美洲	不詳	不詳	29.10	47.63	86.11
美國	7.90	14.30	23.86	37.21	70.44
加拿大	不詳	不詳	3.41	6.45	12.77
南美及中美	不詳	不詳	1.83	3.98	2.90
歐洲、非洲及中東	不詳	不詳	21.82	48.08	64.50
英國	6.20	12.20	5.78	16.71	21.47
德國	0.40	0.90	3.87	6.29	9.06
法國	0.40	0.80	2.10	5.05	7.35
意大利	不詳	不詳	1.63	3.34	4.81
南非	不詳	不詳	不詳	不詳	1.37
中東	不詳	不詳	不詳	2.89	3.01
其他	不詳	不詳	8.43	13.80	17.42
澳洲、新西蘭及南太平洋	不詳	不詳	18.12	23.44	30.68
澳洲	不詳	不詳	15.74	20.18	27.64
新西蘭	不詳	不詳	1.83	2.68	2.76
其他	不詳	不詳	0.55	0.58	0.27
東北亞	不詳	不詳	46.27	55.29	77.22
日本	1.90	7.40	43.79	50.80	72.72
韓國	不詳	不詳	2.47	4.49	4.50
南亞及東南亞	不詳	不詳	32.06	62.59	84.46
印尼	0.40	0.80	4.72	9.67	12.75
馬來西亞	不詳	不詳	6.34	11.12	13.37
菲律賓	2.00	3.80	3.88	10.47	11.82
新加坡	不詳	不詳	5.51	10.14	19.30
泰國	0.50	1.20	8.82	13.77	15.69
印度	不詳	不詳	1.40	4.49	6.93
其他	不詳	不詳	1.39	2.92	4.61
其他	2.40	4.40	不適用	不適用	不適用
總計	22.10	45.80	156.00	253.52	405.26

注：1961 年及 1966 年是按旅客的國籍劃分。1983 年起，「中國內地」包括持有中國護照、雙程證、旅遊證件或海員簿等的內地旅客。英國在 1961 年及 1966 年為英聯邦國家。由 1996 年起，數字包括經澳門訪港的非澳門居民旅客人數。

資料來源：　政府統計處：歷年《香港統計年刊》，*Hong Kong Statistics 1947-1967*；香港旅遊發展局：《2019 年香港旅遊業統計》。

單位：萬人次

1991	1996	2001	2006	2011	2016
87.51	238.93	444.86	1,359.13	2,810.00	4,277.80
129.80	202.40	241.88	217.72	214.90	201.10
4.05	54.16	53.24	57.78	84.30	99.50
82.24	108.32	125.86	163.06	182.10	177.30
61.97	83.27	93.57	115.90	121.20	121.20
16.18	18.59	24.97	33.57	41.10	36.90
4.09	6.46	7.31	13.59	19.80	19.20
87.98	145.54	117.14	191.69	219.40	222.60
27.56	44.47	36.06	51.65	50.70	55.20
13.70	32.89	17.34	21.38	22.40	22.70
9.60	14.48	13.69	20.08	23.40	21.40
7.00	7.40	6.58	10.84	11.70	10.50
2.40	3.27	3.25	7.68	8.00	6.60
2.93	3.90	7.44	15.01	19.90	17.60
24.79	39.12	32.80	65.04	83.40	88.60
28.50	42.53	38.68	66.77	75.80	68.40
23.51	34.53	32.42	56.39	64.50	57.60
4.24	6.56	5.75	9.78	10.30	9.70
0.75	1.45	0.51	0.60	1.00	1.10
144.44	323.14	176.23	202.99	230.50	248.50
125.98	275.85	133.65	131.11	128.40	109.20
18.46	47.30	42.57	71.88	102.10	139.20
115.02	182.35	174.66	265.97	375.10	370.20
12.63	18.95	21.23	32.40	52.10	46.40
21.16	30.05	28.63	44.60	63.30	53.60
18.35	39.82	29.31	45.40	66.00	79.10
22.94	39.54	42.15	58.85	79.40	67.40
25.35	33.66	24.15	39.55	48.00	59.50
7.65	11.32	16.18	29.41	49.80	48.10
6.94	9.01	13.01	15.76	16.50	16.10
不適用	不適用	不適用	不適用	不適用	不適用
679.54	1,297.38	1,372.53	2,525.11	4,192.10	5,665.50

此外，為保護在港文化名人和民主人士，八路軍駐香港辦事處協同粵港地下黨組織、東江地區抗日游擊隊於 1942 年 1 月開展「秘密大營救」，獲救離港的 800 多人中，包括 300 多名文化名人和民主人士（如千家駒、何香凝、沙千里、柳亞子、胡繩、茅盾、夏衍、梁漱溟、鄒韜奮等）、國民黨軍官（如吳鐵城、陳策）及其家屬（如余漢謀夫人）、被關押在戰俘營的英籍官兵，英國、荷蘭、比利時等國僑民也在營救之列，包括脱險後創立英軍服務團的賴廉士（Lindsay Ride）。89 名獲救外籍人士中，有 54 名印度裔人士、20 名英國人、8 名美國人、3 名丹麥人、2 名挪威人，另有蘇聯人和菲律賓人各 1 名。

二戰結束後至 1950 年代，根據港府的記述，部分新界居民因農地不足，到市區工作的薪金也微薄，因而遠赴海外謀生。官方紀錄僅包括經港府核准的出洋勞工，即已簽訂符合國際勞工公約（International Labour Conventions）的書面合約而前往海外就業者。除特殊情況外，當時的僱傭合約有效期為兩年，如要續約，傭工須先返回香港，費用由僱主支付。1953 年至 1960 年間，這類出洋勞工的數量不多，各年依次為 1309 人、1554 人、1717 人、2201 人、2051 人、2054 人、1875 人、1584 人，他們多以汶萊、印尼、北婆羅洲、砂拉越、緬甸、泰國等為目的地，在建築工地、油田、工廠從事技術或半技術的工作。1956 年至 1958 年人數最多，因此時汶萊油田招聘工人及新幾內亞開設新船塢，對勞工需求增加。北婆羅洲於 1958 年也開始招聘農業工人。

入境事務處沒有備存二戰結束後至 1975 年香港居民離境統計。1976 年至 2004 年期間的資料包括主要目的地，但居民離港後，除申報目的地外，亦可能到其他地方；2005 年至 2016 年的統計為出入境管制站的統計，只有人次，沒有目的地。

1976 年至 2016 年，香港居民離境的總人次大幅增加，從 1976 年的 318.3 萬，升至 1981 年的 862.7 萬，1991 年的 2631.9 萬，2001 年的 6109.6 萬，2011 年的 8481.6 萬，2016 年為 9175.8 萬。這 40 年間，只有 3 年出現負增長，即 1989 年（-3.9%）、2003 年（-5.6%）和 2013 年（-1.0%）；年增長率偏高的年份包括 1979 年（59.9%）、1984 年（24.4%）和 1985 年（24.5%）；其餘年份的年增長率介乎 0.1% 至 18.5%。從 2001 年起，香港居民離境的年增長率明顯放緩，正增長率介乎 0.1% 至 6.4%，只有 2004 年達 13.1% 的雙位數增長（見表 2-92）。

1976 年至 2004 年間，香港居民離境的首兩位目的地為中國內地和澳門，其中中國內地的佔比由 26.5% 升至 86.6%，此佔比除首三年低於澳門外，1979 年及以後的佔比一直大幅高於其他目的地；同期澳門的佔比由 55.8% 降至 6.1%；台灣的佔比亦由 5.4% 減至 0.8%；其他地方的佔比長期在 2% 以下，變化不大（見表 2-93）。

規劃署自 1999 年起進行不定期的實地調查，收集跨界旅客的資料。調查結果顯示，1999 年至 2015 年間，居於香港人士往來內地的目的以「消閒」為主，佔比由 1999 年的 41.4% 升至 2009 年的 55.9%，然後回落至 2015 年的 40.6%；其次是「探望親友」，佔比由 1999 年的 23.4% 降至 2007 年的 17.4%，然後回升至 2015 年的 30.4%；再次是

表 2-92 1976 年至 2016 年香港居民離境數目統計表

年	人次（萬人）	年增長率（%）	年	人次（萬人）	年增長率（%）
1976	318.25	不詳	1997	4,160.51	12.0
1977	361.55	13.6	1998	4,759.43	14.4
1978	409.29	13.2	1999	5,314.37	11.7
1979	654.64	59.9	2000	5,890.11	10.8
1980	755.11	15.3	2001	6,109.59	3.7
1981	862.65	14.2	2002	6,454.01	5.6
1982	910.98	5.6	2003	6,093.61	-5.6
1983	1,020.59	12.0	2004	6,890.34	13.1
1984	1,269.95	24.4	2005	7,229.99	4.9
1985	1,581.30	24.5	2006	7,581.18	4.9
1986	1,682.11	6.4	2007	8,068.17	6.4
1987	1,993.99	18.5	2008	8,191.07	1.5
1988	2,282.29	14.5	2009	8,195.80	0.1
1989	2,194.12	-3.9	2010	8,444.20	3.0
1990	2,383.76	8.6	2011	8,481.60	0.4
1991	2,631.86	10.4	2012	8,527.60	0.5
1992	2,894.52	10.0	2013	8,441.40	-1.0
1993	3,066.00	5.9	2014	8,451.90	0.1
1994	3,258.69	6.3	2015	8,908.20	5.4
1995	3,444.27	5.7	2016	9,175.80	3.0
1996	3,713.96	7.8			

注：2004 年後的數據是經出入境管制站離境的香港居民。
資料來源： 政府統計處：歷年《香港統計年刊》。

「公幹」，佔比由 1999 年的 29.1% 降至 2015 年的 16.8%；同期間，前往內地上班者的佔比則由 2.1% 升至 7.1%（見表 2-94）。

3.「無犯罪紀錄證明書」

警務處負責簽發「無犯罪紀錄證明書」（俗稱「良民證」），供香港居民申請各類入境簽證（包括旅遊、升學或居住等）或申請領養小孩之用。[56] 港府一直根據此證明書的申請數字估算移民人數。警務處沒有備存 1990 年前的數據。1990 年代初，警務處每年接獲約 7 萬宗申請，1990 年、1991 年和 1992 年分別為 69,275 宗、73,783 宗和 67,730 宗。

56 警務處不接受因其他目的之申請。當相關認可機構（如領事館、移民局或政府部門）在處理入境簽證、領養小孩等的申請過程中，有需要確定申請人無犯罪紀錄時，會向該申請人發出函件，以交付警務處進行核實。倘若申請人無犯罪紀錄，查核結果會直接覆函相關機構，不會發給申請人。

表 2-93　1976 年至 2004 年香港居民離境目的地統計表

單位：%

年	中國內地	澳門	泰國	日本	台灣	新加坡	菲律賓	澳洲及新西蘭	英國	美國	加拿大	德國	其他
1976	26.5	55.8	1.6	1.7	5.4	0.9	1.8	0.3	1.1	0.8	0.4	不詳	3.6
1977	28.7	54.9	1.2	1.7	4.6	0.8	2.5	0.4	1.2	1.1	0.5	0.1	2.3
1978	31.4	51.0	1.7	1.6	4.9	0.8	3.4	0.3	1.1	1.1	0.4	0.1	2.2
1979	48.9	39.3	1.5	1.1	3.3	0.6	1.5	0.2	0.8	0.9	0.3	0.1	1.3
1980	51.9	36.0	1.6	1.3	3.4	0.7	1.4	0.2	0.8	1.0	0.3	0.1	1.3
1981	52.6	35.0	1.7	1.6	3.6	0.7	1.3	0.2	0.8	0.8	0.3	0.1	1.4
1982	50.7	36.8	1.8	1.9	3.4	0.7	1.1	0.3	0.7	0.8	0.3	0.1	1.4
1983	56.1	32.7	1.3	2.0	2.8	0.7	1.0	0.2	0.7	0.8	0.3	0.1	1.3
1984	63.3	27.7	1.1	1.5	2.3	0.6	0.8	0.2	0.6	0.6	0.3	0.1	0.9
1985	69.3	23.5	0.9	1.3	1.7	0.5	0.6	0.2	0.5	0.5	0.2	0.1	0.8
1986	70.6	22.2	1.0	0.9	1.6	0.5	0.7	0.2	0.5	0.6	0.2	0.1	0.9
1987	70.7	22.3	1.3	0.8	1.4	0.4	0.7	0.3	0.4	0.5	0.3	0.1	0.9
1988	72.4	20.8	1.4	0.7	1.2	0.4	0.8	0.3	0.4	0.5	0.3	0.1	0.8
1989	69.3	22.4	1.6	0.9	1.3	0.5	0.9	0.4	0.5	0.5	0.4	0.1	1.2
1990	70.0	21.4	1.6	1.0	1.1	0.6	0.6	0.4	0.5	0.6	0.4	0.1	1.7
1991	72.4	19.8	1.3	1.0	1.0	0.6	0.5	0.4	0.4	0.5	0.4	0.1	1.5
1992	74.1	18.1	1.1	1.0	0.9	0.7	0.6	0.4	0.4	0.5	0.4	0.1	1.6
1993	75.7	16.2	1.0	0.9	0.9	0.7	0.6	0.5	0.4	0.5	0.4	0.1	2.0
1994	76.1	15.3	1.1	0.9	1.1	0.8	0.7	0.5	0.4	0.6	0.5	0.1	1.9
1995	76.8	14.5	1.1	0.7	0.9	0.8	0.8	0.6	0.5	0.7	0.5	0.1	2.1
1996	77.5	13.2	1.2	0.9	1.0	0.8	0.8	0.6	0.5	0.7	0.6	0.1	2.2
1997	80.9	10.0	1.3	1.1	0.9	0.7	0.8	0.5	0.5	0.5	0.5	0.1	2.2
1998	82.2	8.9	1.2	1.2	0.8	0.7	0.6	0.5	0.4	0.5	0.4	0.1	2.5
1999	85.0	7.1	0.9	0.9	0.8	0.6	0.6	0.4	0.3	0.4	0.3	0.1	2.6
2000	85.0	7.1	0.9	0.8	0.8	0.6	0.5	0.4	0.3	0.4	0.3	0.1	2.8
2001	85.1	7.0	0.9	0.8	0.9	0.5	0.5	0.4	0.3	0.4	0.3	0.1	2.9
2002	86.2	6.5	0.9	0.8	0.8	0.5	0.4	0.3	0.3	0.3	0.2	0.1	2.6
2003	86.2	6.5	1.1	0.8	0.7	0.4	0.4	0.3	0.3	0.3	0.2	0.05	2.7
2004	86.6	6.1	1.1	0.9	0.8	0.5	0.4	0.3	0.3	0.3	0.2	0.1	2.6

資料來源：　政府統計處：歷年《香港統計年刊》。

表 2-94　1999 年至 2015 年若干年份按行程目的劃分往來香港與內地的居港港人統計表

單位：%

行程目的	1999	2001	2003	2006	2007	2009	2011	2013/14	2015
消閒	41.4	42.4	40.7	46.2	49.6	55.9	49.0	42.0	40.6
探望親友	23.4	19.9	20.1	17.6	17.4	17.5	22.3	27.1	30.4
公幹	29.1	30.3	26.1	23.2	21.9	16.8	16.3	18.6	16.8
上班	2.1	4.4	10.0	7.4	6.0	5.6	6.3	7.1	7.1
其他目的	4.0	3.0	3.0	5.7	5.0	4.2	6.1	5.2	5.1
平均每日旅客人次	239,900	275,400	299,400	329,300	349,300	342,600	341,800	314,200	338,900

資料來源：　規劃署：歷年《跨界旅運統計調查》。

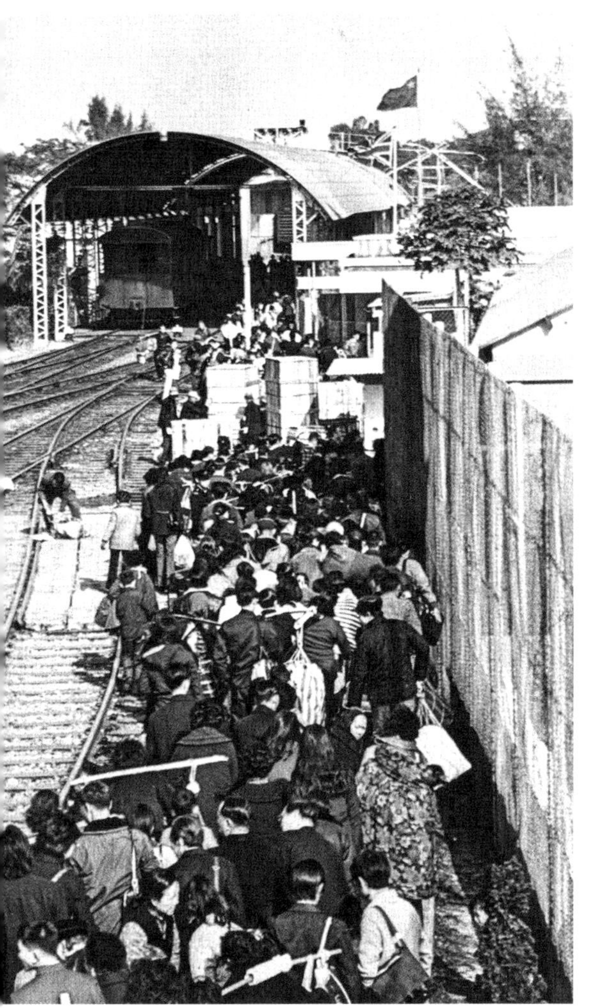

圖 2-29　1974 年，香港居民在聖誕節越過羅湖邊境探望內地的親戚。（攝於 1974 年，香港特別行政區政府提供）

圖 2-30　1970 年代的「港澳同胞回鄉介紹書」。（香港中旅（集團）有限公司提供）

港澳同胞
回乡介绍书

号码：

广东省公安局
港澳同胞回乡介绍书存根

备注

圖 2-31　1970 年代末的「港澳同胞回鄉證」。（香港中旅（集團）有限公司提供）

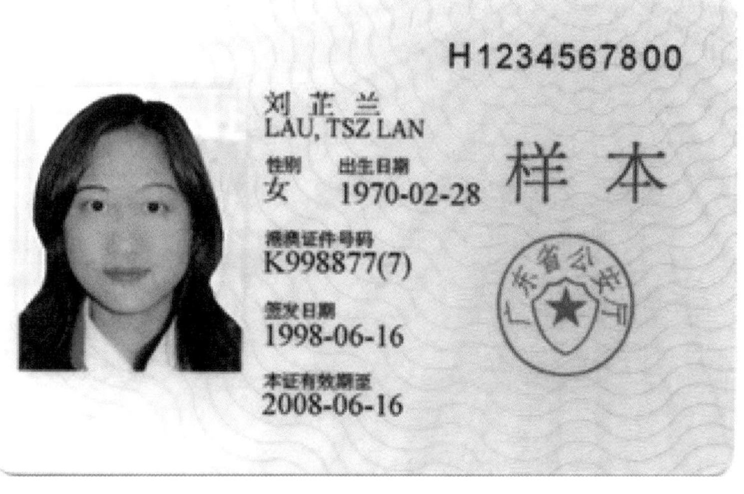

圖 2-32　1990 年代末的「港澳居民來往內地通行證」，分成人證（十年有效）和兒童證（三年有效），有效期內無限次使用。（香港中旅（集團）有限公司提供）

1990 年代中，申請數目降至每年約 5 萬宗的水平，由 1993 年的 58,656 宗減至 1996 年的 47,828 宗。1990 年代末至 2016 年，申請數目維持在每年約 2 萬宗上下，1997 年為 27,441 宗，其餘年份介乎 15,785 宗至 24,268 宗，2016 年為 21,426 宗（見表 2-95）。

表 2-95　1990 年至 2016 年警務處接獲的「無犯罪紀錄證明書」申請數目統計表

單位：宗

年	接獲申請數目	年	接獲申請數目	年	接獲申請數目
1990	69,275	1999	15,785	2008	23,890
1991	73,783	2000	16,633	2009	21,696
1992	67,730	2001	17,113	2010	23,360
1993	58,656	2002	16,922	2011	20,166
1994	46,956	2003	17,186	2012	21,066
1995	49,173	2004	18,238	2013	20,290
1996	47,828	2005	19,136	2014	21,709
1997	27,441	2006	21,656	2015	20,777
1998	18,342	2007	24,268	2016	21,426

資料來源：　警務處數據。

政府統計處曾對 2012 年至 2016 年的申請人進行自願性質的調查，結果顯示，約 35% 在海外提出申請，申請目的以「移民」為主。在以「移民」為目的之本地申請人中，以在港居留超過七年者居多，由 2012 年的 66.1% 增至 2016 年的 75.9%；所持旅行證件以香港特區護照為主，由 2012 年的 61.3% 增至 2016 年的 72.6%（見表 2-96）；申請簽證的首五個國家或地區為加拿大、美國、澳洲、台灣，以及中國內地或澳門。

4. 香港居民成功申請移民

香港居民離境時不需申報外遊目的，因此港府沒有香港居民移民外國的統計。港府根據申請「無犯罪紀錄證明書」的數字和其他相關資料估算移民人數。然而，這估算有其限制，如申請「無犯罪紀錄證明書」的目的除移民外，亦包括海外升學和交換訪客等；至於目的是移民者，獲發「無犯罪紀錄證明書」後不一定能取得移民簽證，而取得簽證者亦不一定會移居有關國家。

自 1950 年代至 1970 年代，香港最少經歷過兩輪移民波動。第一輪發生在 1958 年至 1961 年，由於當時新界農業模式轉變，舊有稻米種植的利潤不及新興的蔬菜種植及養飼業，部分以種植稻米維生的原居民決定出洋發展。1962 年實施《1962 年英聯邦移民法令》（*Commonwealth Immigrants Act, 1962*）前，香港居民往英國相對簡單，只要有親友在英國，並持有當地僱主發出的擔保信，便可辦理赴英簽證。根據新界政務司的 1960 年年度報告，在 1959 年和 1960 年，至少有 2150 名新界居民前往英國，大部分在中式餐館擔任廚師和侍應。隨着族人在倫敦發展順利，新界新田文氏進一步投資當地餐飲業，成為當時移英浪潮的主力。按 1961 年英國的人口普查紀錄，當時英格蘭和威爾士地區共有 38,730 名

表 2-96　2012 年至 2016 年香港「無犯罪紀錄證明書」簽證申請類別和申請者背景統計表

單位：%

背景	2012	2013	2014	2015	2016
簽證申請類別					
本地申請人	66.4	64.2	63.0	68.7	65.1
移民	58.3	53.8	51.6	58.2	54.2
取得學生或交換訪客簽證	5.4	7.0	7.3	8.7	9.4
其他	2.7	3.4	4.0	1.8	1.5
海外申請人	33.6	35.8	37.0	31.3	34.9
以移民為目的者的居港年期					
3 年或以下	21.6	20.2	20.5	13.5	13.9
4 年至 7 年	10.5	9.7	10.0	7.8	9.0
超過 7 年	66.1	67.8	67.5	77.0	75.9
沒有填報	1.8	2.3	2.0	1.6	1.1
以移民為目的者的旅行證件					
香港特區護照	61.3	64.8	63.8	73.4	72.6
香港簽證身份書	4.4	4.5	3.0	2.9	2.5
其他國籍護照	34.3	30.7	32.1	23.5	24.9
其他旅行證件	§	0.1	1.0	0.1	0.1

注：「其他」申請原因包括欲在外地經商、申請牌照等。「§」表示數值少於 0.05%。
資料來源：　香港特別行政區政府：〈立法會二十題：申請無犯罪紀錄證明書〉。

華人，惟未列明來自香港的人數。《1962 年英聯邦移民法令》實施後，新界居民仍然通過安排工作移民的旅行社前往英國，截至 1976 年，宇宙旅行社協助了接近一萬名新界鄉民到英國及歐洲各地就業。

第二輪發生在 1967 年至 1970 年代中後期。經歷了持續七個月的社會動亂後，部分港人決定移民海外，當中以美國及加拿大最為熱門。根據外國政府的紀錄，移民美國方面，1970 年有 9720 人，由於美國的移民配額制度，香港移民當地的人數在 1970 年代維持在 7960 人至 16,950 人之間。至於移民加拿大，1970 年有 4509 人，1973 年加拿大政府放寬移民政策，該年香港移民當地人數升至 14,662 人，及後回落至 1979 年的 5966 人。澳洲也是部分香港居民的選擇，1972 年有 715 人，1978 年升到高峰的 2313 人，1979 年為 1836 人。

港府在 1991 年《香港年報》表示：「移民成為香港生活的一個特色，已經有一百多年。在八十年代初期，移民人數平均每年為 2 萬人左右。在一九八七年，移民人數開始上升」，根據港府的估計，移居外地的人數由 1981 年約 1.8 萬人，升至 1988 年約 4.6 萬人，以及 1990 年至 1994 年每年約 6 萬人後，才開始回落，從 2003 年起，每年人數都低於 1 萬人，只有 2006 年除外（約 10,300 人），2016 年約 7600 人（見表 2-97）。移民的原因眾多，1980 年代後期至 1990 年代中移民人數增加，其中部分源於對香港的前景感到憂慮。香港特別行政區成立後，移民人數隨即回落，亦有已移民者回港定居。根據港府於 1997 年的分析，1994 年前十年移民外地的人士中，最少已有 12% 返回香港。

表 2-97　1981 年至 2016 年香港居民移居外地估計人數統計表

單位：人

年	估計人數	年	估計人數	年	估計人數
1981	18,300	1993	53,400	2005	9800
1982	20,300	1994	61,600	2006	10,300
1983	19,800	1995	43,100	2007	9900
1984	22,400	1996	40,300	2008	9100
1985	22,300	1997	30,900	2009	7200
1986	19,000	1998	19,300	2010	7200
1987	30,000	1999	12,900	2011	8300
1988	45,800	2000	11,900	2012	7600
1989	42,000	2001	10,596	2013	7600
1990	61,700	2002	10,500	2014	6900
1991	59,700	2003	9600	2015	7000
1992	66,200	2004	9800	2016	7600

資料來源： 保安局數據。

根據港府的估計，1981 年至 2016 年的外移者中，大部分是移居美國、加拿大和澳洲。移居美國者由 8700 人減至 2800 人，最高位是 1991 年的 14,200 人；移居加拿大者由 6100 人減至 1000 人，最高位是 1994 年的 39,400 人；移居澳洲者由 1300 人增至 2100 人，最高位是 1991 年的 17,500 人（見表 2-98）。

港府沒有香港居民移居外國的統計，媒體常以「移民潮」來形容 1980 年代從中英談判至香港特別行政區成立前的人口外移現象。根據學者的觀察，這股「移民潮」有以下特徵：一是基於香港居民對內地有相對的優越感，擔憂生活條件在回歸後下滑，這反映在外移者較多是中上階層人士的情況。二是源於對行將發生的轉變缺乏信心，遂把移民海外作為「逃生」後門。因此，部分人於取得居留權後返回香港（俗稱「回流潮」），部分家庭則以「太空人」模式（即一位家長攜子女移居外地，另一位家長留港工作）應對。這股「移民潮」後，令香港更難估計移民的數量，首先，香港居民中估計約 50 萬人至 60 萬人持有外國護照或居留權，他們可隨時離開香港到外國定居，他們的離開不應當被視作移民。其次，香港居民到海外旅遊多不用簽證，可以先以遊客身份入境，再申請居留，至於最終能否成功在當地定居，實無從得悉。其三，香港居民到外國讀書者，每年數以萬計，他們畢業後會否申請在當地工作和居留，也難以統計。

5.「居英權」計劃

英國政府於 1990 年 7 月通過《1990 年英國國籍（香港）法令》（*British Nationality (Hong*

表 2-98　1981 年至 2016 年香港居民移民首三位目的地估計人數統計表

單位：人

年	第一位		第二位		第三位	
	目的地	估計人數	目的地	估計人數	目的地	估計人數
1981	美國	8700	加拿大	6100	澳洲	1300
1982	美國	9900	加拿大	6500	澳洲	2200
1983	美國	10,200	加拿大	6100	澳洲	1800
1984	美國	9100	加拿大	7900	澳洲	3800
1985	美國	8600	加拿大	8200	澳洲	4000
1986	美國	7700	加拿大	5600	澳洲	4400
1987	加拿大	16,300	美國	7400	澳洲	5200
1988	加拿大	24,600	美國	11,800	澳洲	7800
1989	加拿大	17,000	美國	11,100	澳洲	10,600
1990	加拿大	29,000	澳洲	14,200	美國	11,700
1991	加拿大	18,300	澳洲	17,500	美國	14,200
1992	加拿大	32,700	美國	13,600	澳洲	13,300
1993	加拿大	28,100	美國	11,900	澳洲	5900
1994	加拿大	39,400	美國	11,000	澳洲	5100
1995	加拿大	24,800	美國	7900	澳洲	4900
1996	加拿大	20,700	美國	6300	澳洲	5700
1997	加拿大	14,900	澳洲	5400	美國	5200
1998	美國	6400	加拿大	6200	澳洲	4100
1999	美國	6800	澳洲	2300	加拿大	2100
2000	美國	6200	加拿大	2200	澳洲	1800
2001	美國	5900	加拿大	1700	澳洲	1600
2002	美國	6100	加拿大	1700	澳洲	1200
2003	美國	4800	加拿大	1700	澳洲	1300
2004	美國	4800	加拿大	1600	澳洲	1400
2005	美國	3600	澳洲	2000	加拿大	1900
2006	美國	3500	澳洲	2700	加拿大	1600
2007	美國	3700	澳洲	3200	加拿大	1100
2008	美國	3700	澳洲	2500	加拿大	1300
2009	美國	2800	澳洲	1900	加拿大	700
2010	美國	2900	澳洲	1800	加拿大	900
2011	美國	4000	澳洲	1700	加拿大	700
2012	美國	2600	澳洲	2200	加拿大	1000
2013	澳洲	2200	美國	1900	加拿大	1000
2014	美國	2200	澳洲	1900	加拿大	800
2015	美國	2100	澳洲	2000	加拿大	800
2016	美國	2800	澳洲	2100	加拿大	1000

資料來源：　保安局數據。

Kong) Act 1990），讓港督透過「英國國籍甄選計劃」（British Nationality (Hong Kong) Selection Scheme，俗稱「居英權」計劃），推薦 5 萬名合資格戶主及其配偶和未成年子女無須離開香港而登記取得英國公民身份。1990 年 12 月實施的《1990 年英國國籍法（香港）（甄選計劃）令》（*The British Nationality (Hong Kong) (Selection Scheme) Order 1990*）列出了詳細的名額分配和甄選辦法。凡定居於香港的英國屬土公民、英國國民（海外）、英國海外公民，以及根據《1981 年英國國籍法令》的英籍人士和受英國保護人士均可申請。合資格人士分為四類，包括一般職業（主要是行政和專業人士）、紀律部隊、敏感工作（包括公私營部門）、企業家。一般職業和紀律部隊類別人士可自行申請，港府採用計分制進行甄選，評分項目和最高得分為年齡（200 分）、工作經驗（150 分）、教育及訓練（150 分）、特別情況（150 分）、英文程度（50 分）、與英國的聯繫（50 分）和社會服務（50 分）；企業家和敏感工作類別人士可獲邀提出申請。一般職業類別佔絕大多數名額。

甄選計劃於 1990 年 12 月 1 日推出，登記程序於 1996 年 12 月 31 日結束。根據《香港年報》的記述，在 1993 年年底、1994 年年底、1995 年年底、1996 年年底，根據計劃登記成為英國公民的累計人數分別為 96,811 人（36,139 個家庭）、102,683 人（37,670 個家庭）、128,392 人（48,336 個家庭）、134,094 人（49,842 個家庭）。居英權持有人可申請英國護照，隨時前往英國定居而不需要在英國居留後才取得居留權和公民身份，因此無法確知其中有多少人移居英國。

與此同時，香港居民循「居英權」計劃而取得的英國公民身份，從來不獲中華人民共和國政府承認。根據 1996 年 5 月 15 日的〈全國人民代表大會常務委員會關於《中華人民共和國國籍法》在香港特別行政區實施的幾個問題的解釋〉，任何因「居英權」計劃而獲得的英國公民身份，根據《國籍法》不予承認，這類人士仍被視為中國公民，在我國全國不得享有英國的領事保護的權利。

6. 內地居民出入香港

1940 年前，香港和內地的邊界開放，雙方民眾可自由出入，1937 年抗日戰爭爆發後，估計約有 10 萬內地居民來港避難；1938 年廣州淪陷，該年的來港難民升至 50 萬人；1939 年抵港者約 15 萬人，包括 2 月 21 日日軍轟炸香港與內地的邊界後，有 5 萬人徒步來港。在難民抵港的高峰期，港府估計露宿街頭者高達 50 萬人，因而在北角、京士柏、馬頭涌及錦田等地建立難民營。根據《南華早報》的報道，在太平洋戰爭爆發前，八個難民營共收容 11,723 人，包括大坑 2568 人、錦田 2519 人、馬頭涌 1809 人、北角 1578 人、京士柏 1476 人、牛頭角 826 人、摩利臣山 550 人、粉嶺兒童營 397 人。

二戰結束後至 1950 年代，港府只統計華人的出入境數目。當時警務處兼管入境事務，警務處年報記錄了國籍為華人的出入境數目。港府於 1950 年 5 月實施內地入境人數配額制度，警務處處長表示此制度推行順利，警務處曾於暑假和農曆新年期內放寬數額，以方便學生來港探望親友。在 1952/53 年度至 1959/60 年度，華人的入境人次由 10.9 萬增至 46.6 萬，出境人次由 13.0 萬增至 47.0 萬。1956/57 年度和 1957/58 年度是華人入境的高峰期，亦是入境者多於出境者的年份。1956/57 年度的入境和出境人次各有 76.0 萬和 69.2 萬，入境者比出境者多 6.8 萬；1957/58 年度的入境和出境人次各有 57.0 萬和 55.5 萬，兩者差額降至 1.6 萬。在其他年度，入境者一般少於出境者，淨入境流動介乎 0.03 萬人次至 -2.1 萬人次（見表 2-99）。

表 2-99　1952/53 年度至 1959/60 年度香港華人出入境人次統計表

單位：人次

年度	入境	出境	淨入境	年度	入境	出境	淨入境
1952/53	108,683	129,953	-21,270	1956/57	760,092	692,455	67,637
1953/54	299,430	313,608	-14,178	1957/58	570,076	554,528	15,548
1954/55	144,805	144,547	258	1958/59	294,418	299,888	-5470
1955/56	234,475	253,551	-19,076	1959/60	465,975	469,963	-3988

資料來源：　歷年 *Annual Report by the Commissioner of Police*。

1950 年代至 1970 年代末，香港與內地的民間交往陷於停頓。1978 年，內地推行改革開放政策，來港人次由 1976 年的 0.4 萬增至 1978 年的 2.4 萬；隨後數年，內地旅客數量先降後回升，1983 年為 3.2 萬人次，佔同年總訪港旅客 1.2%。1984 年 12 月，中、英政府簽署《中華人民共和國政府和大不列顛及北愛爾蘭聯合王國政府關於香港問題的聯合聲明》，當年的內地訪港旅客升至 21.5 萬人次，其後再穩步增至 1992 年的 114.9 萬人次；此期間，內地旅客佔總訪港旅客的比例由 6.5% 升至 14.3%。1990 年代中，中央人民政府加大了內地居民與資本進入香港的規模和速度。1993 年至 1997 年間，內地訪港旅客人次由 173.3 萬增至 236.4 萬，佔比由 19.4% 升至 21.0%（見表 2-100）。[57]

《基本法》第二十二條規定內地居民進入香港須辦理批准手續。香港特別行政區成立初期，內地居民赴港旅行、探親或公幹，須循「跟團遊」、「探親遊」或「商務遊」途徑，向戶籍所在地公安部門申請辦理。1998 年至 2002 年間，內地旅客保持增長，訪港人次由 267.2 萬增至 682.5 萬，佔比由 26.3% 升至 41.2%。

2003 年，內地居民出入香港的政策和形勢均發生巨變。當年，香港暴發嚴重急性呼吸系統綜合症，經濟疲不能興。為協助香港恢復活力，中央人民政府於 2003 年 7 月 28 日起實施「個人遊」計劃（俗稱「自由行」）。這計劃有篩選性地對內地居民敞開赴港之門，在開通範圍內的內地居民，可以個人身份向戶籍所在地公安局提出申請。[58] 計劃首階段包括廣東省

57　國家實行改革開放後，除放寬出境限制外，亦陸續制定方便居民到香港公幹、旅遊和探親的政策，詳見香港地方志中心編纂：《香港參與國家改革開放志》，上冊，頁 174-177。

58　公安局簽發的證件有效期為三個月或一年，有效次數為一次或兩次，申請次數不限，每次可留港七天。

表 2-100　1976 年至 2016 年內地訪港旅客人次統計表

單位：人次

年	總計	「個人遊」旅客	年	總計	「個人遊」旅客
1976	4223	不適用	1997	2,364,223	不適用
1977	3559	不適用	1998	2,671,628	不適用
1978	24,291	不適用	1999	3,206,452	不適用
1979	9891	不適用	2000	3,785,845	不適用
1980	14,994	不適用	2001	4,448,583	不適用
1981	14,537	不適用	2002	6,825,199	不適用
1982	20,092	不適用	2003	8,467,211	667,271
1983	32,487	不適用	2004	12,245,862	4,259,601
1984	214,854	不適用	2005	12,541,400	5,550,255
1985	308,978	不適用	2006	13,591,342	6,673,283
1986	363,479	不適用	2007	15,485,789	8,593,141
1987	484,592	不適用	2008	16,862,003	9,619,280
1988	683,604	不適用	2009	17,956,731	10,591,418
1989	730,408	不適用	2010	22,684,388	14,244,136
1990	754,376	不適用	2011	28,100,129	18,343,786
1991	875,062	不適用	2012	34,911,395	23,141,247
1992	1,149,002	不適用	2013	40,745,277	27,464,867
1993	1,732,978	不適用	2014	47,247,675	31,335,433
1994	1,943,678	不適用	2015	45,842,360	27,942,111
1995	2,243,245	不適用	2016	42,778,145	24,223,277
1996	2,389,341	不適用			

資料來源：　香港旅遊發展局：《2019 年香港旅遊業統計》。

4 個城市，後擴展至全國 49 個城市，逾 3 億人口符合申請資格。計劃推行後，內地訪港旅客數量大增，人次由 2003 年 846.7 萬升至 2004 年 1,224.6 萬、2008 年 1,686.2 萬；各佔同年總訪港旅客 54.5%、56.1% 和 57.1%。

2009 年，「個人遊」計劃實施深圳戶籍居民「一簽多行」，這是內地居民出入香港政策和形勢的另一轉捩點。2008 年，香港經濟因全球金融危機再陷困境，同年 12 月，中央人民政府宣布放寬深圳居民的「個人遊」計劃，涵蓋範圍由深圳戶籍人士擴展至多達 640 萬常住深圳的非廣東戶籍居民，同時，220 萬深圳戶籍居民可一年多次往返香港（俗稱「一簽多行」）。此政策調整令內地旅客數量飆升，人次由 2009 年 1,795.7 萬，增至 2010 年 2,268.4 萬、2014 年 4,724.8 萬；各佔同年總訪港旅客 60.7%、63.0% 和 77.7%。

內地訪港旅客激增衍生眾多社會難題。中央人民政府於 2012 年暫緩深圳非戶籍居民的「一簽多行」安排，再於 2015 年 4 月將「一簽多行」調整為「一周一行」，新措施不影響已發出的簽證，但估計可減少約三成（約 460 萬）「一簽多行」人次。同年的內地旅客人次

（4,584.2 萬）和佔比（77.3%）已見回落，2016 年再降至 4,277.8 萬和 75.5%。

此外，根據對「個人遊」旅客的獨立統計，首年（2003）的數字為 66.7 萬人次，迅即成為增幅最大的組別，政策推出的翌年，「個人遊」旅客已增至 426.0 萬人次，2014 年升至 3,133.5 萬人次。取消「一簽多行」後，2016 年的「個人遊」旅客人次回落至 2,422.3 萬。香港旅遊發展局的調查結果顯示，受惠於簡化的赴港簽證程序，「個人遊」旅客除增長迅速外，他們較非「個人遊」內地旅客更經常來港，其中以持「一簽多行」簽注者多次來港的比例最高。

根據規劃署的跨界旅客實地調查，1999 年至 2015 年內地旅客來港目的出現明顯變化。在 1999 年和 2001 年，接近四成的主要行程目的是「公幹」，各佔 36.7% 和 39.6%；其次是「消閒」，佔比由 1999 年的 30.4% 升至 2001 年的 36.5%；再次是「探望親友」，各佔 19.5% 和 17.2%；來港「上班」者屬於少數，各佔 3.3% 和 2.0%。從 2003 年起，「消閒」成為最多內地居民來港的主要目的，佔比由 2003 年的 47.1% 升至 2011 年的 69.2% 後，才稍見回落，2015 年為 64.8%。其次是「探望親友」，為此來港的比例相對穩定，在一成半至兩成之間波動，與 1999 年和 2001 年相若，2015 年為 17.1%。「公幹」和「上班」的佔比下降，由於內地來港的人數大幅增加，公幹者的佔比從 2003 年的 22.1% 降至 2015 年的 7.6%，上班者的佔比也由 5.5% 減至 1.1%。在此期間，為「轉駁其他交通工具」或「接送或陪伴親友」來港者相對較少，前者的佔比由 1999 年的 6.6% 降至 2015 年的 3.0%，後者則多不足 1.0%，只有 2015 年升至 2.3%（見表 2-101）。[59]

表 2-101　1999 年至 2015 年若干年份按行程目的劃分內地訪港旅客統計表

單位：%

行程目的	1999	2001	2003	2006	2007	2009	2011	2013/14	2015
消閒	30.4	36.5	47.1	49.0	53.6	58.6	69.2	68.7	64.8
探望親友	19.5	17.2	16.0	16.3	17.4	19.6	14.5	15.4	17.1
公幹	36.7	39.6	22.1	19.7	17.8	13.3	10.4	9.0	7.6
轉駁其他交通工具	6.6	2.7	5.0	2.0	3.7	1.5	1.6	1.6	3.0
接送或陪伴親友	不適用	不適用	0.4	0.4	1.0	0.6	0.3	0.9	2.3
上班	3.3	2.0	5.5	2.1	2.2	1.1	0.4	1.0	1.1
其他目的	3.5	2.0	4.1	10.5	4.2	5.2	3.6	3.3	4.2
總人次	14,100	17,600	39,200	65,200	76,800	94,400	136,600	195,800	196,200

資料來源：　規劃署：歷年《跨界旅運統計調查》。

59　香港旅遊協會（2001 年改組為香港旅遊發展局）亦統計了 1994 年至 2016 年的內地旅客來港目的，結果顯示，1994 年至 2000 年，內地旅客來港目的，逾半為度假，其次為商務或會議；2001 年至 2016 年，將內地旅客分為過夜和不過夜兩類，兩者的來港目的均以度假為主，除度假外，過夜旅客的探訪親友佔比一直高於不過夜者，而不過夜旅客的商務或會議、途經香港佔比多高於過夜者。各年數據詳見香港地方志中心編纂：《香港參與國家改革開放志》，上冊，頁 175-178。

7. 跨境學童

跨境學童[60]與一般旅客一樣，須持有效的身份證明文件或旅行證件，經各個出入境管制站進出香港及內地。隨着跨境學童人數急增，香港和深圳政府都提供特別過關措施，以保障學童出入境的安全和順暢。[61]

2000年代初之前，跨境學童的數量不多，主要是居於深圳的香港人子女。1990年代時估計約數百人，根據教育局的資料，2000/01學年的跨境學童共2835名（北區2541名，元朗294名；2441名就讀小學，394名就讀中學）。2002/03學年和2003/04學年的跨境學童數目包括了北區、元朗和大埔三區，2002/03學年共3567名（北區3125名，元朗417名，大埔25名），2003/04學年共2777名（北區2416名，元朗338名，大埔23名；2326名就讀小學，451名就讀中學）（見表2-102）。

表2-102　2000/01學年、2002/03學年至2015/16學年香港跨境學童數目統計表

學年	人數（人）	年增長率（%）	學年	人數（人）	年增長率（%）
2000/01	2835	不適用	2009/10	8038	18.8
2002/03	3567	不適用	2010/11	9899	23.2
2003/04	2777	不適用	2011/12	12,865	30.0
2004/05	3803	不適用	2012/13	16,356	27.1
2005/06	4498	18.3	2013/14	20,871	27.6
2006/07	4474	-0.5	2014/15	24,990	19.7
2007/08	5859	31.0	2015/16	28,106	12.5
2008/09	6768	15.5			

注：2000/01學年為北區和元朗的數目；2002/03學年和2003/04學年為北區、元朗和大埔區的數目。2000/01學年和2003/04學年只包括小學生和中學生。

資料來源：教育局數據；教育局：〈財務委員會審核二〇一二至一三年度開支預算管制人員的答覆〉；〈財務委員會審核二零一五至一六年度開支預算管制人員的答覆〉；〈審核二零二零至二一年度開支預算管制人員對財務委員會委員初步書面問題的答覆〉。

其後，跨境學童數量大幅增加，由2004/05學年的3803名增至2015/16學年的28,106名。這除了是移居深圳的香港人子女，或港人與內地居民結婚的子女外，主要是父母皆非香港永久性居民的「雙非嬰兒」，1998年至2016年間，此類在港出生的嬰兒共207,034名。這些嬰兒到達學齡時，其家長或因重視香港的學習環境（如「兩文三語」）和免費教育，或因兒童沒有深圳戶籍不能入讀公辦義務教育學校，[62]而安排子女跨境上學。

60 跨境學童是指有香港居民身份但居於內地的學童。自1980年代起，內地與香港的跨境婚姻數字上升，有內地婦女在港所生，而父親為香港永久性居民的子女隨家人居住內地，並在適齡入學時期每天從居所來港就讀幼稚園、小學或中學，成為跨境學童。另外，居於內地的香港居民子女、父親或母親一方並非香港居民，以及父母均非香港永久性居民而在港出生的子女，若居於內地而每天到港上學，亦屬跨境學童。

61 自2007年7月起，教育局擔當統籌工作，與多個部門（包括保安局、運輸及房屋局、海關、入境事務處和警務處等）共同制定有關跨境學童交通安排的政策，港府的措施如發出特別配額予跨境校巴、酌情簽發禁區許可證、提供「跨境學童e-道」、簡易過關程序、免下車過關檢查等服務；深圳政府的措施如設立跨境學童專用通道、免下車查驗、學童候檢區域、學童集合點等。

62 2017年4月前，根據深圳的教育政策，深圳市公立學校原則上拒收沒有深圳戶籍的「雙非」兒童。

圖 2-33　2003/04 學年及以前，跨境學童的數量有限，圖中的跨境學童在羅湖口岸等待過關。（攝於 2003 年，南華早報出版有限公司提供）

圖 2-34　從 2004/05 學年開始，由於「雙非嬰兒」到達學齡，跨境學童的人數大幅增加。（攝於 2013 年，香港特別行政區政府提供）

8. 中國內地及外國合法移民

對於合法移民的數量，1970 年代前缺乏系統性的官方統計。根據難民署的 1954 年「香港人口抽樣調查」，當年香港華人人口約有 222 萬人，如按戶主的移民身份把香港家庭分為三類，即香港出生家庭（戶主在香港出生）、戰前移民家庭（戶主在 1945 年 8 月 30 日前移居香港）和戰後移民家庭（戶主在 1945 年 8 月 30 日及以後移居香港），屬於香港出生家庭的人數約 60 萬人，佔香港華人人口的 27.0%，其餘 162 萬人都是移民家庭的成員，其中 73.5 萬人屬於戰前移民家庭，88.5 萬人屬於戰後移民家庭，各佔香港華人人口的 33.1% 和 39.9%。在這 88.5 萬戰後移民家庭成員中，只有 18.1% 的戶主是在二戰結束後首三年來港，他們大多數是因為經濟原因離開中國內地；66.0% 是在內地政權易手的 1949 年和翌年來港，他們大部分是因為政治原因離開中國內地；其後政治局勢轉趨穩定，在 1951 年至 1954 年 6 月來港者，僅佔 10.2%，因經濟考量離開中國內地的佔比較 1949 年和 1950 年高（見表 2-103）。

表 2-103　按戶主來港年份劃分二戰後來港移民數目和戶主離開中國內地原因統計表

來港年份	移民數目		離開中國內地的原因（人）			
	人數（人）	百分比	政治原因	經濟原因	政治及經濟原因	不詳
1945	47,000	5.3	1800	42,500	300	2400
1946	74,000	8.4	2500	69,000	900	1600
1947	39,000	4.4	12,000	24,000	1000	2000
1948	50,500	5.7	9400	36,500	3800	800
1949	318,000	35.9	198,000	88,000	30,000	2000
1950	266,500	30.1	176,000	60,500	28,800	1200
1951	35,000	4.0	19,000	13,000	3000	0
1952	25,000	2.8	8500	11,000	4000	1500
1953	20,000	2.3	不詳	不詳	不詳	不詳
1954	10,000	1.1	不詳	不詳	不詳	不詳
總計	885,000	100.0	435,000	364,000	74,000	12,000

注：人數按各原因類別的住戶平均人數進行加權。1945 年由 8 月 31 日起；1954 年截至 6 月 30 日。
資料來源：E. Hambro, *The Problem of Chinese Refugees in Hong Kong*。

這些內地移民在來港前的職業身份包括：軍人和警察（16.4%）、專業人士和知識分子（10.0%）、文員和店員（9.9%）、農民和漁民（9.8%）、勞工和小販（9.2%）、商人（5.3%）、失業（2.0%）、其他職業（4.7%），還有 32.7% 是家庭主婦。這些來港人士為香港帶來多元化的人才和資本。

歷年的《香港年報》都指出合法移居香港的人士大部分來自中國內地。在 1970 年代，每年的合法移民人數起伏不定，而且波幅甚大。如 1972/73 年度為 24,512 人，翌年度升至 55,709 人，隨後回落至 1976/77 年度的 20,839 人，1977/78 年度又增至 30,020 人（見表 2-104）。

自 1982 年推出「單程通行證計劃」後（見圖 2-35），每年公布的合法移民數字即是根據此計劃來港與家人團聚的內地居民人數。單程證由內地公安機關簽發，港府只有權遣返運用假文件取得居留資格的人士。此計劃有配額上限，1982 年至 1992 年的配額為每日 75 個，1993 年增至 105 個，1995 年再增至 150 個，並沿用至今。單程證的每日 150 個配額中，60 個分配給持居留權證明書的港人子女、30 個分配給分隔兩地 10 年或以上的港人配偶（即「長期分隔兩地配偶」），以及 60 個分配給其他類別的申請人。其他類別的申請人主要包括分隔兩地少於 10 年的港人配偶、在內地無人撫養而需要來港投靠親屬的兒童、來港照顧年老無依父母的人士、在內地無人供養而需要來港投靠親屬的長者。

1983 年至 2016 年，共 1,416,311 人持單程證來港（見表 2-104）。單程證持有人以女性居多，尤其是 25 歲至 44 歲的女性，男性則以兒童和青少年為主（見表 2-105）。有關部門從 1997 年 5 月開始按「打分制」審批單程證申請，申請人的資格及赴港次序，均按這機制考慮及決定。其後幾年的單程證配額，近九成分發給香港永久性居民在內地擁有香港居留權的子女、香港居民的內地配偶及 18 歲以下隨行子女。其後，為紓緩有關配偶兩地分隔的問題，內地當局把「長期分隔兩地配偶」的剩餘名額，撥給戶籍在廣東省的分隔時間較短的配偶和 18 歲以下隨行子女。透過這彈性安排，在 2003 年，戶籍屬於廣東省的非長期分隔兩地配偶，其輪候時間由 1999 年的約十年縮短至約七年；其他省份的非長期分隔兩地配偶，其輪候時間為約五年。

圖 2-35　內地居民如符合規定，前往香港定居，需申請「前往港澳通行證」（俗稱「單程證」）；至於探親、商務、旅遊等其他原因，則需申請「往來港澳通行證」（俗稱「雙程證」）。（攝於 2002 年，中新圖片提供）

表 2-104　1972/73 年度至 1977/78 年度、1983 年至 2016 年香港合法移民人數統計表

單位：人

年	人數	年	人數	年	人數
1972/73	24,512	1991	26,782	2005	55,106
1973/74	55,709	1992	28,366	2006	54,170
1974/75	32,668	1993	32,909	2007	33,865
1975/76	23,554	1994	38,218	2008	41,610
1976/77	20,839	1995	45,986	2009	48,587
1977/78	30,020	1996	61,179	2010	42,624
1983	26,681	1997	50,287	2011	43,379
1984	27,383	1998	56,039	2012	54,646
1985	27,183	1999	54,625	2013	45,031
1986	26,985	2000	57,530	2014	40,496
1987	27,174	2001	53,655	2015	38,338
1988	28,046	2002	45,234	2016	57,387
1989	27,255	2003	53,507		
1990	27,976	2004	38,072		

注：1983 年至 2016 年為持單程證來港人數。

資料來源：　保安局數據；政府統計處：歷年《香港統計年刊》，《香港統計月刊：一九九八年一月》；歷年 *Annual Departmental Report by the Director of Immigration*。

表 2-105　1983 年至 2016 年若干年份按年齡組別和性別劃分單程證來港人士人數統計表

單位：人

年齡組別（歲）	性別	1983	1986	1991	1996	2001	2006	2011	2016
0-4	男性	1135	1473	1156	3600	4859	1817	1445	1838
	女性	928	1150	1102	3199	4276	1703	1385	1703
5-14	男性	3049	3284	2996	9537	4196	6779	2427	3440
	女性	2074	2330	2347	8880	4245	6092	2206	3048
15-24	男性	2527	2302	2381	2888	1191	3770	2686	5660
	女性	2344	2395	2185	4551	1233	3803	3028	5160
25-34	男性	2000	1558	1640	1983	3946	1519	1742	2069
	女性	4309	4817	4840	9426	15,449	13,335	11,745	9370
35-44	男性	1628	1193	1102	1158	3219	4176	3058	3725
	女性	2449	2841	3378	8771	7030	7114	8156	8299
45-54	男性	887	571	468	503	511	1371	1344	4189
	女性	1456	1341	1459	4688	1202	1441	2731	4700
55-64	男性	306	263	295	325	346	282	404	1492
	女性	737	729	849	1064	924	532	673	1674
≥65	男性	175	145	153	201	244	157	138	586
	女性	591	469	410	405	784	279	211	434
總計	男性	11,743	10,842	10,197	20,195	18,512	19,871	13,244	22,999
	女性	14,938	16,143	16,585	40,984	35,143	34,299	30,135	34,388
	合計	26,681	26,985	26,782	61,179	53,655	54,170	43,379	57,387

注：1983 年、1986 年及 1991 年總計包括 36 名、53 名、6 名男性及 50 名、71 名、15 名女性年齡不詳。

資料來源：　保安局數據；政府統計處：歷年《香港統計年刊》。

2010 年代，14 歲以上的男性單程證持有人有所增加，這是由於內地當局自 2011 年 4 月 1 日起，容許香港居民在內地的合資格「超齡子女」[63] 申請來港與父母團聚。有關部門是按申請人在港親生父親或母親取得香港身份證的時間先後順序，分階段受理「超齡子女」來港定居申請。[64]

《香港年報》極少記述內地以外的合法移民資料，只提及港府於 1987 年 3 月放寬中國以外地區人士來港與妻子團聚的限制，以使與准許妻子來港團聚的政策一致，這類獲准來港定居的人士於 1986 年、1987 年和 1988 年各有 133 人、609 人和 1181 人。入境事務處沒有備存非內地合法移民和非內地入境人士獲得居留權的統計資料。

9. 居港人口淨遷移統計

政府統計處負責計算居港人口的淨遷移（net movement）。該處在編製人口推算時，把 2001 年起的居民淨遷移分為五個組成部分，以年中人口計算各部分的淨流動，再根據流入和流出人口的差額，計算每年的淨遷移人數。[65]

第一個組成部分是「香港永久性居民進入『常住居民』類別的淨流動」。永久性居民中，每年都有不少遷移到其他地方居住。在編製數據時，大部分時間仍在香港逗留者，被界定為「常住居民」；逗留時間較少者為「流動居民」；定居境外者為「不屬居港人口」。2001 年至 2016 年間，香港永久性居民進入「常住居民」類別每年都錄得淨流出，但數目有所起伏。2001 年至 2003 年的數目較大，由淨流出 4.5 萬人增至 5.8 萬人；2012 年的數目較小，淨流出約 1 萬人（見表 2-106）。政府統計處推算 2020 年至 2069 年會出現持續的淨流出，平均每年為 1.1 萬人。

第二個組成部分是「『流動居民』的淨流動」。「流動居民」即在統計時點之前或之後的六個月內，在香港逗留最少一個月但少於三個月的人士。2001 年至 2016 年間，「流動居民」的淨流動多錄得淨流入，數目大都在 3000 人上下，2004 年是特殊的一年，淨流入達 2.6 萬人。其間有五年錄得淨流出，2003 年、2008 年、2009 年和 2013 年的數目較大，各淨流出約 4400 人、5700 人、8700 人和 3600 人；2001 年則約 600 人。根據對 2020 年至 2069 年的推算，淨流動在推算初期會有較大波動，從 2039 年起，則會在每年淨流出 500 人至淨流入 500 人的區間徘徊。

---

63 「超齡子女」是指其親生父親或母親於 2001 年 11 月 1 日或以前取得香港身份證時未滿 14 歲的內地居民，而其親生父親或母親在 2011 年 4 月 1 日仍定居香港。

64 截至 2015 年 10 月底，內地當局已接獲 5.3 萬宗「超齡子女」來港申請，當中有 4.7 萬人已獲得單程證來港。有關內地移民的人口、教育、經濟、住戶及房屋特徵，可參閱政府統計處根據歷年人口普查和中期人口統計結果撰寫的《內地來港定居未足七年人士》主題性報告。

65 此外，政府統計處曾按其他組成部分分析人口遷移，詳見《香港人口推算 1997-2016》、《香港人口推算 2002-2031》和《香港人口推算 2004-2033》等報告。

表 2-106　2001 年至 2016 年按組成部分劃分香港人口遷移假設統計表

單位：萬人

統計時點	香港永久性居民進入「常住居民」類別的淨流動	「流動居民」的淨流動	香港永久性居民使用回港證作旅遊證件的淨流動	單程證持有人的流入	除單程證持有人外，香港非永久性居民的淨流動	淨遷移（流入 - 流出）
	(1)	(2)	(3)	(4)	(5)	[= (1) + .. + (5)]
2001	-4.49	-0.06	-0.31	6.08	1.65	2.87
2002	-5.05	0.72	-0.82	5.68	1.18	1.70
2003	-5.82	-0.44	-0.56	5.03	-0.80	-2.58
2004	-3.19	2.55	-0.58	4.15	1.39	4.32
2005	-2.73	0.25	-1.33	3.88	1.35	1.43
2006	-2.89	0.54	-2.04	5.96	0.49	2.06
2007	-2.63	0.16	-1.52	4.47	2.57	3.06
2008	-3.48	-0.57	-2.10	3.91	3.01	0.77
2009	-3.01	-0.87	-3.36	4.14	0.52	-2.59
2010	-2.67	0.33	-2.85	4.88	1.20	0.89
2011	-2.43	0.30	-3.78	4.11	1.27	-0.52
2012	-0.98	0.35	-3.76	5.21	2.08	2.90
2013	-1.59	-0.36	-3.18	4.79	0.04	-0.31
2014	-1.95	0.38	-0.10	4.35	1.05	3.73
2015	-1.57	0.34	0.30	3.78	1.63	4.48
2016	-2.06	0.04	-0.22	4.67	0.79	3.22

資料來源：　政府統計處：歷年《香港人口推算》。

第三個組成部分是「香港永久性居民使用回港證作旅遊證件的淨流動」。從推出「e- 道」服務後，使用回港證往來內地或澳門者主要是 11 歲以下兒童。2001 年至 2016 年間，此部分的淨流動大都錄得淨流出，其趨勢是先升後回落，由 2001 年淨流出約 3100 人增至 2011 年約 3.8 萬人，然後降至 2014 年約 1000 人，這是因為部分內地女性在港產子後會即時帶同子女返回內地。根據「第一類嬰兒」和「第二類嬰兒」淨流動的假設，[66] 可推算 2020 年至 2069 年間，淨流動將由 2019 年的淨流入 8000 人減至 2036 年的淨流出 500 人，並維持在此一水平至推算期末。

第四個組成部分是「單程證持有人的流入」。2001 年至 2016 年間，此部分一直錄得淨流入，介乎 3.8 萬人至 6.1 萬人，其中 2001 年、2002 年、2003 年、2006 年和 2012 年是淨流入超過 5 萬人。根據對 2020 年至 2069 年的推算，每日的單程證人數會由 2019 年

66　政府統計處利用於 2003 年至 2019 年間出生的「第一類嬰兒」和「第二類嬰兒」使用回港證及香港身份證出入境的紀錄，計算這兩類嬰兒的回港機率。這些嬰兒部分會於出生後不久離港。根據推算，所有「第一類嬰兒」及約 25%「第二類嬰兒」會在 21 歲前在香港定居。

122 人減至 2026 年及以後約 100 人。預計推算初期人數較多，因仍有「超齡子女」及其配偶和未成年子女來港。

第五個組成部分是「除單程證持有人外，香港非永久性居民的淨流動」。這包括因為就業、求學或家庭理由來港的香港非永久性居民、外籍家傭和外地勞工，以及由旅客身份轉為居民身份人士數目的淨變動。2001 年至 2016 年間，此部分的淨流動都錄得淨流入，只有 2003 年除外，淨流入人數起伏不定。根據對 2020 年至 2069 年的推算，每年均會有淨流入，其中外籍家傭的流入將由 2019 年的 32.7 萬人升至 2069 年的 64.2 萬人。

根據上述五個組成部分的淨流動，可見在 2001 年至 2016 年間，淨遷移多錄得淨流入，這主要來自單程證持有人的淨流入，其次是其他非永久性居民的淨流入。其間，只有 2003 年和 2009 年錄得較大的淨流出，前者主要因為較多「香港永久性居民進入『常住居民』類別」的淨流出，後者則因為較多「香港永久性居民使用回港證作旅遊證件」的淨流出。

四、內部遷移

1. 內部遷居者的數目

現存文獻缺乏 1960 年代前有關內部人口遷移的系統性官方統計。根據零星的記述，十九世紀中，清朝政府修建九龍寨城時曾強制居民遷移。按督辦九龍城工委員於清道光二十六年（1846）10 月 12 日的諭令〈拆卸民房補償銀兩曉喻〉，為建造城池，阻礙城基的民房須於一個月內拆卸，「當經會同地方官勘丈妥辦，應拆梁興德等平民房屋十六間」，該諭令指出被迫遷者均貧窮，對其補償的銀兩可酌量從寬，但受影響的人數無從查考。

英佔時期，香港曾發生多起較大規模的強制遷移事件。其一是 1844 年的中市場（今中環街市一帶）。港府在 1841 年把市場區域劃為華人商住區；隨着商貿發展，部分上市場地區（亦稱中市場）變成城市中心地帶。1844 年 1 月，港府勒令原有商戶和居民於六個月內遷離（後延長三個月）。當年，中市場的華人居民共 2747 人，合資格者被遷往太平山區，中市場舊建築全被拆卸。其二是 1860 年代初的尖沙咀。當時港府計劃將尖沙咀發展為軍事區，清代已開村（如尖沙頭村和尖沙尾村）的居民，被遷至只有少數水上人口和客籍小村莊的油麻地。其三是 1894 年的太平山區。當年鼠疫肆虐和人口密集，港府於 1894 年 10 月通過《1894 年太平山收地條例》（*Taipingshan Resumption Ordinance, 1894*），向私人業主回收約 2.5 萬平方米（6.25 英畝）土地。太平山區重建造成大規模的人口遷移，1897 年時，該區華人人口為 18,784 人，較 1891 年減少 12,518 人。其四是二十世紀初的深水埗。深水埗村乃客家村落，1898 年有 1500 人。1903 年港府透過土地收回條例，向村民徵收土地以供發展；1910 年代安排原居民分批遷入新規劃的土地，1920 年公開拍賣餘下土地。1921 年，深水埗與大角咀的人口是 16,521 人，1931 年增至 67,184 人，不少是外來遷入的人口。

除強制遷移外，港府於 1922 年推出九龍塘發展計劃（又稱「花園城市計劃」），興建供中上階層市民居住的社區。此計劃於 1930 年竣工。

日佔時期實施分區管治，內部人口流動受到嚴密監控，居民不得隨意搬遷，凡遷居者須向原區憲兵隊提交「移轉（借間）屆」（搬遷許可申請書），填妥相關資料，獲批後方可遷移，但當局沒有公布相關數據。另外，房屋買賣和轉贈亦須獲官方批准。然而，因為日佔政府要劃分日本人居住區、設立「慰安所」及發展軍政用地，有關地區的香港居民被勒令搬離。其一是灣仔區。日佔政府於 1942 年 8 月宣布將灣仔駱克道一帶劃為日本人居留地，此措施佔用了 160 多幢樓宇，2000 多名居民被飭令在三天內無條件遷出。區內設立「慰安所」、酒館和茶室等，供日本人使用。其二是九龍城區。日佔政府為擴建啟德機場，勒令附近居民和工廠遷出，受影響範圍覆蓋太子道至宋皇臺一帶及九龍城區，涉及 20 多條村落（包括衙前圍村、蒲崗村、上沙埔、下沙埔、新隔坑、石鼓壟、沙地園、朱史寮、瓦窰頭、咸頭涌、東頭村、竹園村、上元嶺、下元嶺等）和九龍寨城，2000 多家民房共 20,000 多名居民受影響，有數百間工廠需遷移。部分受影響居民被安置在九龍塘的模範新村和位於上水的羅湖模範新村。其中，模範新村容納了 106 戶居民，約 700 多人。其三是石塘咀區。1942 年 11 月，藏前區（石塘咀）被劃為華人的「娛樂區」，所有「娛樂場」（包括妓院、導遊社、酒家、按摩院）的經營者，必須遷往該區的南里、遇安台、山道、和合街、日富街、晉成街、西明治通（皇后大道西）、西昭和通（德輔道西），居於上述區域的民眾則需於 10 月 15 日前全部遷出，受影響的人數及安置地點未有紀錄，遷入的新戶籍約 560 人。

二戰結束後至 1950 年代，也有幾起較大規模的人口遷居事件。其一是調景嶺難民營。1950 年，港府將居住在摩星嶺難民營的居民遷至調景嶺。根據口述歷史，是次並非強制性遷移，但官員說：「到調景嶺，我們會給兩餐飯吃，還有地方住。」結果有 6921 人完成登記，包括男性 5592 人和女性 1329 人，俗稱為「有飯票難民」，他們在 6 月下旬遷至調景嶺營。該營並無設防，移入者愈來愈多，年底人口已逾萬人。1951 年 8 月，根據各省同鄉會的紀錄，申請救濟的調景嶺營居民共 25,028 人，男性、女性和小孩各佔 85%、10% 和 5%，其中「有飯票」者 6819 人，「無飯票」者 18,209 人。

其二是搬遷村落及興建水塘。由於人口增加，原有水塘不足應付需求，1952 年，港府興建屯門大欖涌水塘，兩條村被搬遷，共 28 戶、144 人，這些村民被安置到荃灣。1957 年，港府興建大嶼山石壁水塘，兩條村被搬遷，宏貝村有 16 戶共 73 人，石壁大村有 52 戶共 206 人。宏貝村的 11 戶遷至大嶼山大浪灣，其餘居民被安置至荃灣石壁新村。

其三是清拆寮屋及興建公營房屋。二戰結束後市區出現大量市民僭建的寮屋，寮屋人口由 1950 年代初約 3 萬人，增至 1953 年約 30 萬人和 1959 年約 50 萬人。1953 年 12 月 25 日石硤尾寮屋區發生大火，令 5.3 萬名災民失去家園，約 2 萬名災民在 1954 年年中仍露宿深水埗街頭；其後一年，連場木屋區大火令無家可歸者增至接近 10 萬人，即約 5% 的市區人口。為安置災民和其他寮屋居民，港府於 1954 年 6 月成立徙置事務處（Department of Resettlement），除在石硤尾建成臨時房屋外，亦開始興建徙置大廈應急，每個徙置屋邨平均安置 4.4 萬人。1954 年至 1967 年建成的臨時房屋和徙置屋邨累計有 4,908,464 人次入住，這帶動了人口的內部遷移。大部分徙置屋邨都位於九龍，主要分布在過往寮屋區所在的地帶（見表 2-107）。此時期，港府除興建徙置屋邨外，也透過撥地開展建屋項目，如在 1954 年，香港屋宇建設委員會獲批 3 幅建屋用地，分別位於北角渣華道、西環加多近街和長沙灣蘇屋，面積共約 10 公頃。

除以上三起較大規模的人口遷移外，還有因為社會發展而引致的遷移。隨着香港的經濟和社會發展，港府將部分地方的居民遷離以興建公營房屋和公共設施。1956/57 年度至 1959/60 年度，每年因政府收回土地或清拆行動而受影響的人數介乎 15,191 人至 43,846 人，四年共計 117,833 人（見表 2-108）。

港府從 1960 年代起較有系統地統計居民的內部遷移，[67] 結果顯示人口遷居和內部遷移相當普遍，兩者的比例時有起伏。1966 年，過去五年沒遷居者佔五歲及以上人口的 48.7%。1976 年，沒遷居者佔全港住戶的 61.8%；1980 年代的佔比進一步上升，1986 年為 75.6%；1990 年代和 2000 年代初的佔比下降至六成的水平；其後的佔比重回升軌，2016 年為 74.9%（見表 2-109）。

1966 年，遷居人士之中，以同區遷移者居多，佔 32.6%，跨區遷移者相對較少，佔 15.4%。從 1980 年代起，隨着新市鎮和新界的發展，跨區遷移者的佔比一直高於同區遷移者，在 1991 年和 2016 年，跨區遷移者的佔比為 21.8% 和 10.6%；同區遷移者的相應比例為 14.5% 和 8.0%。從 1991 年起，跨區遷移和同區遷移者的人口比例同時下降。

2. 內部遷居者的社經特徵

1950 年代，內部遷移的人口為數不少，雖然沒有資料分析他們的社經特徵，但以中下階層人士佔較大比例。這方面可供參考的有社會福利局在 1952 年的一項寮屋調查，這調查分析了 28 個寮屋區居住者的情況，包括 13,330 名男性和 9837 名女性。這些居民以擔任臨時工者人數最多，佔 27.6%；其次為料理家務者，佔 21.2%；有固定職業者（無說明為何種職業）只有 16.8%。按性別劃分，男性中，臨時工人的比例達 41.4%；其次為固定職業者，

67 內部遷移是指轉變了居住地區的遷居，即現時居住地區與其五年前的居住地區不同。1966 年和 1976 年是根據統計地區（census area）；自 1986 年起是根據區議會分區和新市鎮，包括從一區議會分區遷移至另一區議會分區，或在新界同一區議會分區內，從一新市鎮遷移至另一新市鎮，或從一新市鎮遷移至區內其他地方。1986 年前後的數字雖不可比，但能勾勒人口在地理分布上的變化。遷居和內部遷移統計不包括五歲以下兒童和統計時點的水上人口，其間只有 1976 年以戶為計算單位。內部遷移有多種計算方法，詳見歷年的人口普查和中期人口統計報告。1981 年是以香港島、九龍、新九龍和新市鎮為分區，難與其他年份進行比較。

表 2-107　1954 年至 1967 年按地區劃分香港臨時房屋和徙置屋邨人數統計表

地區	1954	1955	1956	1957	1958	1959
香港島						
柴灣	不適用	不適用	不適用	不適用	不適用	1810
田灣	不適用	不適用	不適用	不適用	不適用	不適用
石排灣	不適用	不適用	不適用	不適用	不適用	不適用
九龍						
石硤尾：臨時房屋	不適用	36,300	36,747	19,804	11,173	6442
石硤尾：徙置屋邨	8653	17,175	17,999	36,958	52,288	58,793
大坑東	不適用	13,123	32,787	38,015	38,305	38,409
李鄭屋	不適用	不適用	17,871	40,285	41,868	41,956
紅磡	不適用	不適用	不適用	4735	5505	9340
老虎岩	不適用	不適用	不適用	不適用	3854	4588
黃大仙	不適用	不適用	不適用	不適用	5669	35,620
佐敦谷	不適用	不適用	不適用	不適用	不適用	不適用
觀塘	不適用	不適用	不適用	不適用	不適用	不適用
東頭	不適用	不適用	不適用	不適用	不適用	不適用
橫頭磡	不適用	不適用	不適用	不適用	不適用	不適用
秀茂坪	不適用	不適用	不適用	不適用	不適用	不適用
慈雲山	不適用	不適用	不適用	不適用	不適用	不適用
油塘	不適用	不適用	不適用	不適用	不適用	不適用
藍田	不適用	不適用	不適用	不適用	不適用	不適用
新界						
大窩口	不適用	不適用	不適用	不適用	不適用	不適用
葵涌	不適用	不適用	不適用	不適用	不適用	不適用
元朗	不適用	不適用	不適用	不適用	不適用	不適用
石籬	不適用	不適用	不適用	不適用	不適用	不適用
總計	8653	66,598	105,404	139,797	158,662	196,958

注：人口為每年 4 月 1 日的數字。1965 年各徙置屋邨人口相加是 681,107 人，與總計相差 27 人。
資料來源： Census and Statistics Department, *Hong Kong Statistics 1947-1967*。

表 2-108　1956/57 年度至 1959/60 年度按清拆目的劃分香港搬遷人數統計表

單位：人

清拆後的土地用途	1956/57	1957/58	1958/59	1959/60
徙置計劃	3533	7566	12,299	24,849
其他房屋計劃	5655	2976	5414	2523
學校、康樂設施及福利中心	5817	1125	1972	2337
工廠及貨倉	2231	210	550	314
公共建築	2075	0	72	2842
道路、排水及供水系統	5189	2811	12,017	10,563
其他	1825	503	147	418
總計	26,325	15,191	32,471	43,846

資料來源： 歷年 *Annual Departmental Report by the Commissioner for Resettlement*。

單位：人

1960	1961	1962	1963	1964	1965	1966	1967
香港島							
7560	8433	20,388	26,242	28,025	37,659	53,789	56,051
不適用	不適用	不適用	不適用	不適用	8734	14,703	15,599
不適用	不適用	不適用	不適用	不適用	不適用	不適用	6876
九龍							
4470	940	不適用	不適用	不適用	不適用	不適用	不適用
61,617	61,845	63,027	64,049	67,361	67,748	70,219	69,097
39,063	38,648	39,288	39,551	39,696	40,869	40,675	39,851
45,176	48,221	48,972	49,488	54,127	53,161	52,846	52,473
9600	9648	9828	9962	10,503	10,735	10,537	10,219
9130	9913	10,208	18,330	33,918	36,853	37,544	37,494
51,081	56,513	68,807	79,019	81,077	86,733	87,394	86,857
9164	18,067	19,138	19,843	20,708	22,056	22,129	22,184
9960	31,561	53,085	56,194	57,357	60,550	60,928	60,598
不適用	5449	20,500	34,139	44,096	51,155	66,209	67,807
不適用	不適用	不適用	29,360	59,503	68,020	69,514	69,892
不適用	不適用	不適用	不適用	不適用	11,459	16,147	18,781
不適用	不適用	不適用	不適用	不適用	28,045	51,864	93,459
不適用	不適用	不適用	不適用	不適用	16,452	17,576	18,473
不適用	不適用	不適用	不適用	不適用	不適用	5554	23,748
新界							
不適用	3133	20,033	36,405	43,420	44,391	46,905	50,131
不適用	不適用	不適用	不適用	4364	36,487	46,336	48,526
不適用	不適用	不適用	不適用	不適用	不適用	不適用	5967
不適用	不適用	不適用	不適用	不適用	不適用	不適用	7130
246,821	292,371	373,274	462,582	544,155	681,134	770,869	861,213

表 2-109　1966 年至 2016 年若干年份按曾否作內部遷移劃分香港五歲及以上人口統計表

單位：%

內部遷移	1966	1986	1991	1996	2001	2006	2011	2016
無作內部遷移								
曾在同區遷居	32.6	9.7	14.5	12.7	14.0	10.8	10.1	8.0
仍居舊址	48.7	75.6	59.7	61.5	59.4	67.6	71.3	74.9
5 年前居於境外	3.2	不適用	4.0	6.4	8.2	6.5	5.8	6.5
小計	84.6	85.3	78.2	80.6	81.6	84.9	87.2	89.4
曾作內部遷移	15.4	14.7	21.8	19.4	18.4	15.1	12.8	10.6
總人數（人）	3,065,010	4,737,117	5,087,443	5,868,274	6,423,591	6,648,878	6,821,185	7,055,917

注：不包括統計時點的水上人口。
資料來源：　歷年人口普查和中期人口統計報告。

佔 23.9%；第三為從事小販生意者，佔 10.2%，小販中只有 5.2% 為持牌小販。女性中，料理家務者佔 49.6%；失業次之，佔 12.0%；第三為臨時工人，佔 8.8%（見表 2-110）。受訪寮屋居民中，接近三分之一沒有工作收入，即使有職業者如小販、臨時工人、工廠工人等，也屬於社會基層，由此推論，其後因寮屋清拆而遷居的市民，多數屬於社會基層。

表 2-110　1952 年按經濟活動身份和性別劃分香港寮屋居民人數統計表

經濟活動身份	男性		女性		合計	
	人數（人）	百分比	人數（人）	百分比	人數（人）	百分比
臨時工人	5524	41.4	869	8.8	6393	27.6
料理家務者	27	0.2	4882	49.6	4909	21.2
固定職業僱員	3188	23.9	697	7.1	3885	16.8
店主及自僱人士	1302	9.8	718	7.3	2020	8.7
小販	1359	10.2	474	4.8	1833	7.9
失業人士	579	4.3	1182	12.0	1761	7.6
工廠工人	553	4.1	730	7.4	1283	5.5
山寨廠工人	602	4.5	210	2.1	812	3.5
學生	196	1.5	75	0.8	271	1.2
總計	13,330	100.0	9837	100.0	23,167	100.0

資料來源： D. C. Bray, "Statistical Analysis of Squatter Data"。

1976 年至 2016 年間，內部遷移者之中，男性和女性的比例出現明顯變化，男性由 51.2% 降至 44.0%，性別比率由每千名女性對 1051 名男性降至 787 名男性。中年及年長者作內部遷移愈趨普遍，25 歲以下人士的佔比由 1981 年的 41.6% 降至 2016 年的 16.5%；同期間，25 歲至 44 歲人士的佔比由 40.9% 升至 46.0%，45 歲及以上人士的佔比由 17.6% 升至 37.5%。這與香港人口老化的趨勢一致。隨着香港教育程度的提升，內部遷移者的學歷亦出現相應的變化，具小學學歷者由 1986 年的 36.1% 降至 2016 年的 13.8%，具專上學歷者由 6.4% 升至 38.6%。1970 年代至 1990 年代初，內部遷移者的職業以工人居多，佔 40% 以上；其後，隨着香港經濟轉型，內部遷移者較多是從事行政或專業工作的人士，其佔比由 1986 年的 14.1% 升至 2016 年的 46.8%（見表 2-111）。

有與沒有作內部遷移人士的社經背景存在一定差異，而且在 1996 年至 2016 年間的差異模式基本一致。以 2016 年為例，曾作內部遷移人士的男性比例較低，性別比率為每千名女性對 787 名男性，無作內部遷移者的相應比率為 851。年齡介乎 25 歲至 44 歲者較多作內部遷移，佔 46.0%，無作內部遷移者的相應比例為 29.9%，政府統計處估計這與他們有較大

表 2-111 1976 年至 2016 年若干年份按人口社經背景劃分香港曾作內部遷移的五歲及以上人口統計表

單位：%

背景	1976	1981	1986	1991	1996	2001	2006	2011	2016
性別									
男性	51.2	不詳	51.1	50.4	49.2	48.9	47.7	45.9	44.0
女性	48.8	不詳	48.9	49.6	50.8	51.1	52.3	54.1	56.0
性別比率	1051	不詳	1043	1017	970	957	910	847	787
年齡組別（歲）									
0-4	12.9	不適用	不適用	不適用	不適用	不適用	不適用	不適用	不適用
5-14	19.0	17.3	18.5	16.3	13.6	12.7	12.2	9.3	8.4
15-24	18.5	24.3	16.2	12.8	12.4	11.0	11.2	9.4	8.1
25-34	20.0	29.0	31.3	32.6	27.7	24.5	22.0	23.7	22.3
35-44	11.9	11.9	14.7	19.0	22.3	25.4	22.9	24.0	23.7
45-54	8.2	7.8	7.5	7.3	9.7	12.2	15.6	16.0	15.3
55-64	5.7	5.4	5.8	5.9	6.2	5.5	7.3	9.4	10.0
≥65	3.8	4.4	6.0	6.2	8.0	8.7	8.8	8.1	12.2
教育程度									
未受教育	27.0	不詳	11.6	9.4	7.6	7.3	6.3	5.5	6.5
小學	38.2	不詳	36.1	29.3	24.1	21.4	20.3	14.5	13.8
中學	30.6	不詳	46.0	50.7	52.3	52.0	48.5	45.8	41.0
專上	4.1	不詳	6.4	10.7	16.0	19.2	24.8	34.2	38.6
總人數（人）	726,680	1,177,976	1,157,100	1,108,880	1,138,368	1,183,874	1,005,256	875,210	745,369
職業									
行政及專業人員	10.9	不詳	14.1	28.1	36.0	40.3	38.8	48.7	46.8
文書支援人員	10.2	不詳	14.6	16.6	17.8	16.9	15.5	13.3	12.5
服務及銷售人員	24.4	不詳	26.6	13.7	13.9	15.0	16.8	13.8	14.9
工人及其他	54.5	不詳	44.7	41.7	32.3	27.8	28.8	24.3	25.8
總人數（人）	331,030	不詳	623,007	627,841	648,110	682,033	550,007	505,482	442,922

注：性別比率按每千名女性計算。未受教育包括學前教育。行政及專業人員包括經理及行政級人員、專業人員和輔助專業人員。工人於 1976 年和 1986 年為生產及相關工作人員、運輸設備操作員和工人；於其後為工藝及有關人員、機台及機器操作員及裝配員、非技術工人。

資料來源： 歷年人口普查和中期人口統計報告。

機會結婚、生育及組織自己的家庭有關。曾作內部遷移人士的教育程度和職業地位較高，具專上學歷和從事行政或專業工作者，各佔 38.6% 和 46.8%，無作內部遷移者的相應比例為 29.2% 和 36.5%。

3. 內部遷移的地區流動

對於 1970 年代前內部遷移的地區流動，現存文獻缺乏系統的統計，只知道 1945 年至 1960 年間較大規模的內部遷移是港府的徙置計劃和新市鎮計劃。徙置屋邨多在寮屋區所在地或其附近興建，寮屋居民被安排遷入徙置屋邨，基本上屬於同區遷居。至於新市鎮發展，則旨在紓緩市區人口擁擠問題，因而涉及大規模的跨區遷移，首兩個新市鎮選址在觀塘和荃灣（包括葵涌），分別於 1954 年和 1959 年開始發展。此外，徙置事務處年報曾報道零散的跨地區流動資訊，有關香港島居民被安排搬遷至九龍的例子，如 1950 年，居於摩星嶺難民營的 6921 人，遷至調景嶺；1956 年，居於摩星嶺及天后廟道等五個寮屋區的 2604 人，遷至九龍區；1957 年，居於中環九如坊的 77 戶共 376 人，被安置到紅磡邨。有關新界和離島居民被遷往九龍的例子，如因建造大欖涌和石壁水塘，政府以荃灣毗連市區、交通便利、已供電為由，將大部分原居於水塘範圍的村民遷移至荃灣。

1981 年至 2016 年間，若觀察香港人口在香港島、九龍、新市鎮和新界其他地區的內部遷移，[68] 則可見人口遷移的模式相當一致，主要是從香港島和九龍流向新市鎮。整體而言，香港島一直是遷出者多於遷入者，1981 年的差額只有 126 人，但 1986 年已增至 6.8 萬人，2016 年為 3.6 萬人（見表 2-112）。

九龍也長期是遷出人數多於遷入人數，但兩者的差額先升後回落，2016 年更逆轉為遷入者多於遷出者。1981 年的遷出者比遷入者多 15.0 萬人，兩者的差額增至 1991 年的 31.1 萬人才大幅回落，2011 年時減至 740 人，2016 年更是遷入比遷出多 1.8 萬人。

隨着新市鎮的發展，香港人口多從各區向新市鎮遷移，1981 年，遷入者比遷出者多 16.9 萬人，1986 年和 1991 年也達 37.6 萬人和 34.1 萬人。其後由於大部分新市鎮已大致完成發展，人口從市區遷移至新市鎮的幅度開始縮小，在 1996 年、2001 年、2006 年和 2011 年，遷入者比遷出者各多 22.7 萬人、14.8 萬人、10.3 萬人和 3.9 萬人，2016 年逆轉為遷出者比遷入者多 0.4 萬人。

新界其他地區早期本是遷出者多於遷入者，1981 年、1986 年、1991 年和 1996 年分別是 0.3 萬人、1.4 萬人、1.9 萬人和 0.4 萬人，其後，隨着鄉郊地方的環境和交通條件改善，遷入人數增加至多過遷出者，兩者的差額由 2001 年的 0.6 萬人增至 2016 年的 2.2 萬人。

1981 年和 1986 年，內部遷移者中各有約 1.6 萬人原是水上人口；1991 年、1996 年、2001 年、2006 年和 2011 年的相應人數為 9368 人、3041 人、1272 人、489 人和 180 人。由於從陸上遷居船艇的人數很少，除 1991 年外，其他年份都沒有此項目的紀錄。

68 1976 年的相關統計以戶為單位，內部遷移模式與 1981 年基本相若。有關香港人口於各「次分區」和個別新市鎮的內部遷移情況，請參閱政府統計處於人口普查和中期人口統計報告的詳細分析。

表 2-112　1981 年至 2016 年若干年份按居住地區劃分香港曾作內部遷移的五歲及以上人口統計表

單位：人

年	內部遷移	香港島	九龍	新市鎮	新界其他地區	水上
	遷入人士	192,042	344,515	235,589	33,984	不詳
1981	遷出人士	192,168	494,111	66,619	37,166	16,066
	淨內部遷移	-126	-149,596	168,970	-3182	不詳
	遷入人士	165,928	365,890	572,411	52,871	不詳
1986	遷出人士	233,975	642,992	196,798	66,962	16,373
	淨內部遷移	-68,047	-277,102	375,613	-14,091	不詳
	遷入人士	203,615	260,061	605,273	39,546	385
1991	遷出人士	205,498	571,219	264,015	58,780	9368
	淨內部遷移	-1883	-311,158	341,258	-19,234	-8983
	遷入人士	197,113	267,285	616,954	57,016	不詳
1996	遷出人士	219,059	465,334	389,842	61,092	3041
	淨內部遷移	-21,946	-198,049	227,112	-4076	不詳
	遷入人士	176,619	313,905	612,147	81,203	不詳
2001	遷出人士	214,389	428,608	464,328	75,277	1272
	淨內部遷移	-37,770	-114,703	147,819	5926	不詳
	遷入人士	126,005	299,453	510,522	69,276	不詳
2006	遷出人士	190,109	341,694	407,281	65,683	489
	淨內部遷移	-64,104	-42,241	103,241	3593	不詳
	遷入人士	132,807	271,531	396,602	74,270	不詳
2011	遷出人士	182,592	272,271	357,572	62,595	180
	淨內部遷移	-49,785	-740	39,030	11,675	不詳
	遷入人士	110,200	254,992	310,604	69,573	不詳
2016	遷出人士	145,913	237,191	315,092	47,173	不詳
	淨內部遷移	-35,713	17,801	-4488	22,400	不詳

注：1981 年沒有按分區劃分的人口遷移數據，故或含同區遷移人數。
資料來源：　歷年人口普查和中期人口統計報告。

第三章
人口構成

先秦至清代時期的人口性別和年齡構成，無法確考，清康熙、嘉慶《新安縣志》雖收錄個別年份的「男丁」和「女口」民數，但因以錢代役、婦女免繳鹽税等制度安排，丁口數不足以反映男、婦、成丁、不成丁等人數。港府從 1844 年開始對人口的性別作統計，其後約 70 年的結果顯示，男性佔比高逾七成，主因為來港者以單身男性為主，他們工作若干年便離開。1911 年後的移民模式有所改變，舉家遷港、安排家眷來港、迎娶內地新娘者，均有增加，因而帶動女性人口和生育率上升，男女比例雖仍失衡，但性別比率差距呈下降趨勢。日佔時期，華人的性別比例相對平衡，日本人和其他外國人均是男多女少。二戰結束後，隨着定居香港者和本地出生人口增加，人口性別構成漸趨平衡。1961 年至 2016 年間，兩性人口都增長逾倍，但趨勢有別，從 1982 年起，男性的增速放緩，女性則保持增長，故而性別比率差距持續收縮，女性人口於 2003 年開始比男性多，而且差距擴大。

英佔初年，港府把香港人口分為「成人」和「兒童」，兩者比例懸殊，成人佔總人口高達八成；1897 年起按每五歲一組進行統計，隨後 30 餘年，兒童和少年的佔比上升，青壯年的佔比下降，人口金字塔由「中間大、兩端小」的燈籠形，朝「底寬、頂尖」的金字塔形發展。從 1960 年代起，人口持續老化，趨勢在 2010 年代加速，這是二戰後「嬰兒潮」出生和「抵壘」政策取消前來港者陸續踏入老年，加上生育率長期偏低所致。1961 年至 2016 年間，65 歲及以上長者的佔比由 2.8% 增至 16.5%，15 歲以下兒童由 40.8% 跌至 11.9%，人口的年齡中位數共上升 20.2 歲，人口金字塔朝燈籠形甚至倒三角形轉變。

香港是個單一種族社會，逾九成人口是華人，自古皆然。從 1840 年代起，來港謀生以至定居的外國人口大幅增加，但規模始終有限，其種族構成亦有變化，早期以英國、葡萄牙和印度裔人士居多；日佔時期以日本人為主；二戰結束後再以英國籍和印度籍人士較多；從 1980 年代起，亞洲人的佔比明顯上升，尤其是菲律賓和印尼人。

華人的族群組成同樣隨移入人口的增多而變化，較突出的是秦漢時期漢人南遷，與嶺南古越族雜居以至通婚；宋明時期中原氏族定居今新界、清初遷海復界後客籍人士大量移入，令族群組成愈趨多元，並形成四大民系，即本地人、客家人、鶴佬人和疍家人，各有其文化和生活特色。自有紀錄的 1870 年代起，香港居民的籍貫以屬廣東省者佔絕對多數，隨着學校教育的普及，廣府話成為近乎所有華人的常用語言，但能説普通話和英語者亦明顯增加。

香港自古以自然經濟為主，居民自幼便參與農耕、畜牧、捕撈等活動，還有一些人成為僕役、商販、工匠等。港府於 1920 年代才開始立法保障而非取締童工，例如禁止任用未註冊的「妹仔」，規管工業經營的條例也不適用於小型工廠、家庭式手工業的工人，以及外發工和自營作業者；直至 1961 年，人口普查仍把勞動人口的年齡下限訂於六歲。從十九世紀有統計紀錄起，勞動和就業人口的規模不斷擴大，只有日佔時期例外。勞動人口的性別、年齡和學歷構成隨時間推移亦有變化，女性勞動和就業人口的增長比男性顯著，較突出的是輕工業發展之時，紡織、製衣等工廠需要廉價勞工，吸引眾多女性進入就業市場；教育普及後，較多女性擁有更高學歷，較傾向投身勞動市場；社會開始富裕後，部分家庭需要家務助理，因而招聘外籍女性來港擔任家傭，數量愈來愈多。之後，勞動和就業人口呈現老化，年輕的勞動和就業人口從 1980 年代起顯著減少，這是由於愈來愈多年輕人繼續升學並延遲就業，就業人口的教育水平亦隨之大幅提高；較年長者的勞動參與率則有所上升，這和香港朝向以服務業為主導的知識型經濟發展，因而為長者提供較多就業機會有關。

就業人口的行業結構亦不斷轉變，秦漢至清時期，第一產業的漁業（包括採珠）、農業，第二產業的製鹽、製灰、製香和製陶乃主要行業。十九世紀中葉，隨着城市建設，採礦和打石業、建造業曾相當興旺，國際貿易多與鴉片和苦力販運有關。進入二十世紀，漁農業和礦業在整體經濟比重上持續萎縮；製造業成為支柱行業，這些行業在 1980 年代之後式微；各種服務行業則穩定發展，成為聘用僱員最多的產業。就業人口的職業結構與行業發展關係密切，如英佔初年，國際貿易快速發展，「買辦」此職業便應時而興。在經濟活動現代化的進程中，專業和行政管理人員的數量均逐漸增加；服務工作及銷售人員亦隨經濟發展而增加。不同性別和學歷人士的職業分布和收入一直存在差異，男性和高學歷人士擔任高端職位的比例，以及所得收入，均高於女性和低學歷人士。

第一節　人口自然構成

一、人口性別構成

1. 男性和女性人口數目與性別比率

1841 年以前

先秦時期關於香港的人口性別構成，沒有可供參考的考古發現和史籍文獻。自秦代起，地方政府按照朝廷規定的戶籍制度登錄人口，女性一般不被列入，未達服役年齡的男性亦往往被歸入「女口」，女性人數和兩性比例因此難以考究。到了明清時期，史書地方志中的人口資料比前豐富，可從中略窺香港的性別構成。

根據《清史稿》〈志九十五〉，「清之民數，⋯⋯年終，將民數匯繕黃冊以聞。⋯⋯凡民，男曰丁，女曰口。男年十六為成丁，未成丁亦曰口。丁口系於戶。」香港當時屬新安縣管轄，清嘉慶《新安縣志》〈政經略·戶口〉記載了六組按男丁和女口劃分的民數（見表 3-1）。此等戶口數據由於來自戶口申報和民數匯報，只能反映性別構成的輪廓，不能據之計算性別比率，其原因除由於數據與現代的人口普查規格懸殊，以及廣東省的民數存在嚴重的漏報這兩者之外，[1] 亦源於丁銀編徵制度的轉變，即「男丁」方面，隨着以錢代役的普及，「男丁」數與總人口數不再具有相對穩定的比例關係，「男丁」數再也不等同在年齡和體魄方面符合服役要求，因而不享受免役特權的男性人數；「女口」方面，此數據既包括未成丁的男性，而將女性漏報的情況亦長期存在，如清乾隆年間（1736—1795）免除按口徵收的鹽稅「鹽鈔銀」，婦女免繳鹽稅後，便不再歸入「食鹽課口」，官員也不需編審和匯報婦女口數。[2]

清初實施禁海和遷界政策，導致地荒民逃，賦稅不充，新安縣的兩性人口急劇下降。新安遷海復界後，清朝政府大力獎勵墾荒，農業經濟逐漸恢復，帶動了手工業和商業的發展，加上清康熙五十一年（1712）實行「滋生人丁永不加賦」政策、清雍正元年（1723）推行「攤丁入畝」政策，以及清乾隆六年（1741）把人口計量單位由「丁口」改為「名口」（即含大小男婦），新安縣的兩性人口亦隨社會經濟發展和統計變革而大幅增加。新安縣人口在清乾隆、嘉慶兩朝以較高的速度增長，這情況與全國趨勢一致，原因之一是人口達到一定規模後，便會進入慣性增長階段。

表 3-1　明萬曆十年（1582）至清嘉慶二十三年（1818）若干年份新安縣人口性別構成統計表

年	年號	男丁	女口
1582	明萬曆十年	19,627	14,883
1644-1661	清順治年間	5567	1284
1667	清康熙六年	2255	1412
1686-1731	清康熙二十五年至清雍正九年	5646	1643
1772	清乾隆三十七年	21,121	9252
1773-1818	清乾隆三十八年至清嘉慶二十三年	146,922	79,057

注：明萬曆十年（1582）的男丁和女口之和為 34,510，與人口總數 34,520 相差 10（見表 1-1）。清康熙二十五年（1686）至清雍正九年（1731）的男丁數目包括原有 5332 丁、新增補額優免 11 丁和各屆新增 303 丁，女口數目包括原有 1284 口和各屆新增 359 口。
資料來源：　清嘉慶《新安縣志》，卷之八，〈經政略・戶口〉。

1841 年至 1960 年

英佔初年，香港島的男性人口一直多於女性數倍，男女比例嚴重失衡。如將性別不詳的人士扣除，1844 年的男性人口為 9477 人，佔 83.8%；女性人口為 1836 人，佔 16.2%；性別比率為每千名女性對 5162 名男性。其後，女性人口的增幅雖倍高於男性，性別比率差距呈現緩降的趨勢，但男性仍高達總人口的七成至八成，1859 年，男性人口為 62,204 人，

1　如比較清乾隆三十九年與四十年（1774—1775）全國各省的匯報民數，廣東漏報近半，漏報率僅低於四川。

2　據《清實錄》〈高宗純皇帝實錄〉載，「滋生人丁，例不加賦。至原有丁口應徵之鹽鈔等項，又久經攤入地畝，而婦女口數，仍循舊例入冊，實與體制不符。…… 隨稅編徵，亦不必查造婦女口數。統以乾隆十一年編審為始。」

佔 71.5%；女性人口為 24,737 人，佔 28.5%；性別比率仍達每千名女性對 2515 名男性（見表 3-2）。性別長期失衡的主因是來港華人大多為未婚男性，其他的也多不帶家眷，他們獨自在港謀生，工作若干時間便回鄉。此時期的外籍人士也甚少舉家而至，來港營商、工作或傳道者同樣以男性為主，居港若干年後也是返回原國。

表 3-2 1844 年至 1859 年按性別劃分香港島人口和性別比率統計表

年	男性（人）	女性（人）	性別不詳（人）	性別比率
1844	9477	1836	8150	5162
1845	18,939	4809	409	3938
1846	16,631	5204	0	3196
1847	18,922	4950	0	3823
1848	16,208	4772	534	3396
1849	22,321	7186	0	3106
1850	25,078	8214	0	3053
1851	24,847	8136	0	3054
1852	28,173	8885	0	3171
1853	29,998	9019	0	3326
1854	40,517	15,198	0	2666
1855	53,658	18,949	0	2832
1856	54,531	17,199	0	3171
1857	56,412	20,682	0	2728
1858	56,238	19,265	0	2919
1859	62,204	24,737	0	2515

注：性別比率按每千名女性計算。包括水上和流動人口，不包括軍人。性別不詳的人口於 1844 年包括水上人 5368 人，工匠、苦力和流動人口等 1925 人，歐洲人的僱員 857 人；於 1845 年及 1848 年為流動人口。

資料來源：歷年 *Hong Kong Blue Book*；R. L. Jarman (ed.), *Hong Kong Annual Administration Reports 1841-1941*。

1860 年代至 1890 年代，香港島和九龍的人口性別構成與 1850 年代後期相若，男性人口倍多於女性，男女比例繼續嚴重失衡。1860 年的男性人口為 69,810 人，佔 73.5%；女性人口為 25,107 人，佔 26.5%；性別比率為每千名女性對 2780 名男性。其後，兩性人口都大幅增加，男性的增幅略高於女性，性別比率在窄幅升降，男性佔比一直高逾總人口的七成，1897 年的男性人口為 170,393 人，佔 70.5%；女性人口為 71,369 人，佔 29.5%；性別比率仍達每千名女性對 2387 名男性（見表 3-3）。與英佔初年一樣，性別長期失衡的主因在於移民的影響。來港的華人中，大多是為謀生或經商的成年男性，他們較少在港組建家庭，未婚者到達適婚年齡便回鄉，縱使是富裕的已婚者，亦甚少舉家遷居香港，但情況已開始轉變。這數十年間，在香港出生的兒童人口愈來愈多，若分別計算成人和兒童的性別比率，則可見兒童的性別比率僅在 1860 年代中以前偏高，約每千名女童對 1300 名男童，其後呈下降趨勢，1870 年代約為 1100 名，1897 年更降至 949 名；成人的性別比率多高企於每千名成年女性對逾 3000 名男性。

表 3-3　1860 年至 1897 年若干年份按性別劃分香港島和九龍人口和性別比率統計表

年	成人			兒童			合計		
	男性（人）	女性（人）	性別比率	男性（人）	女性（人）	性別比率	男性（人）	女性（人）	性別比率
1860	59,717	17,594	3394	10,093	7513	1343	69,810	25,107	2780
1861	76,103	22,813	3336	11,842	8563	1383	87,945	31,376	2803
1862	82,052	20,960	3915	11,772	8727	1349	93,824	29,687	3160
1863	78,116	24,066	3246	13,152	9516	1382	91,268	33,582	2718
1864	73,926	23,430	3155	13,673	10,469	1306	87,599	33,899	2584
1865	79,255	23,948	3309	12,764	9537	1338	92,019	33,485	2748
1866	74,753	20,996	3560	10,886	8463	1286	85,639	29,459	2907
1867	73,628	23,022	3198	11,169	9652	1157	84,797	32,674	2595
1869	74,974	22,997	3260	11,382	9973	1141	86,356	32,970	2619
1871	79,164	23,573	3358	11,271	10,190	1106	90,435	33,763	2679
1872	78,484	22,837	3437	10,874	9790	1111	89,358	32,627	2739
1876	87,537	25,360	3452	13,695	12,552	1091	101,232	37,912	2670
1881	98,112	29,121	3369	17,257	15,912	1085	115,369	45,033	2562
1891	134,733	42,154	3196	22,852	21,702	1053	157,585	63,856	2468
1897	148,829	48,641	3060	21,564	22,728	949	170,393	71,369	2387

注：性別比率按每千名女性計算。自 1861 年起包括九龍人口。1897 年的兒童為 0-14 歲，其他年份不詳。1860 年至 1867 年、1897 年人口不包括軍人。
資料來源：　歷年 *Hong Kong Blue Book*；1891 年人口普查報告。

1901 年至 1940 年間，兩性人口都大幅增加，男性由 20.6 萬人增至 61.5 萬人，女性由 7.8 萬人增至 45.6 萬人，女性的升幅較大，尤其在 1910 年代至 1920 年代初，此趨勢主要因為移民模式改變。1911 年辛亥革命後，廣東省局勢動盪，不少內地居民舉家來港避難，加上愈來愈多內地新娘嫁到香港，以及家庭數目的增加帶同出生率上升，導致 1940 年女性人數比二十世紀初期增加近五倍。1900 年代的人口性別構成與 1890 年代相若，兩性比例嚴重失衡。1901 年的男性人口為 206,223 人，佔 72.6%；女性人口為 77,752 人，佔 27.4%；性別比率為每千名女性對 2652 名男性。其後，由於女性人口的增幅高於男性，所以男女比例雖仍失衡，但性別比率的差距呈下降趨勢，至 1940 年，男性人口為 615,451 人，佔 57.4%；女性人口為 456,442 人，佔 42.6%；性別比率降至每千名女性對 1348 名男性（見表 3-4）。

1901 年至 1931 年的人口普查結果顯示，不同年齡組別的性別構成存在明顯的差異，亦呈現不一致的變化。在 0 歲至 9 歲組別，兩性人數大致相近；10 歲至 14 歲組別比例開始失衡，約為每千名女性對 1200 名男性，這情況在隨後的 30 年間變化不大。15 歲至 44 歲的比例最不平衡，1901 年的性別比率均超過 3000‰；但此等組別其後的改善幅度最大，以 25 歲至 29 歲為例，其性別比率由 1901 年的 4015‰ 降至 1931 年的 1441‰。45 歲至 59 歲組別於 1901 年的性別比率超過 2000‰，30 年後亦降至約 1300‰（見表 3-5）。

表 3-4　1901 年、1906 年、1911 年至 1940 年按性別劃分香港人口和性別比率統計表

年	男性（人）	女性（人）	性別比率	年	男性（人）	女性（人）	性別比率
1901	206,223	77,752	2652	1925	516,620	357,800	1444
1906	224,236	95,567	2346	1926	516,620	357,800	1444
1911	296,151	160,588	1844	1927	600,100	377,800	1588
1912	289,752	160,346	1807	1928	660,110	415,580	1588
1913	305,856	183,258	1669	1929	660,110	415,580	1588
1914	325,644	175,660	1854	1930	725,405	445,995	1626
1915	337,610	179,530	1881	1931	482,580	357,893	1348
1916	343,300	184,790	1858	1932	512,541	388,255	1320
1917	343,678	191,430	1795	1933	524,891	397,752	1320
1918	280,860	187,240	1500	1934	537,321	407,171	1320
1919	300,610	200,390	1500	1935	549,746	416,595	1320
1920	328,420	218,930	1500	1936	562,175	426,015	1320
1921	382,857	242,309	1578	1937	578,185	428,797	1348
1922	346,920	231,280	1500	1938	590,608	438,011	1348
1923	346,920	231,280	1500	1939	603,032	447,224	1348
1924	472,780	326,770	1447	1940	615,451	456,442	1348

注：性別比率按每千名女性計算。1901 年不包括新九龍、新界和離島人口；1906 年不包括新界和離島人口。1901 年、1906 年、1911 年、1921 年、1931 年採用人口普查數字。

資料來源：　歷年人口普查報告；歷年 *Hong Kong Blue Book*。

60 歲及以上組別的男性比例亦有所下降，65 歲及以上者更變成女多男少。兩性尤其是青壯年人士的比例漸趨平衡，這主要由於移民模式的改變，除有不少內地居民舉家來港外，亦有愈來愈多香港男性迎娶內地新娘，或安排原本留在內地的妻子和家人到港居住，此情況在九龍尤其明顯，形成一個當時人口普查報告所稱的「家庭社區」（family community）。至於新界居民，早已在港開村立業，其性別構成相當平衡（見表 3-6）。

表 3-5　1901 年至 1931 年若干年份按年齡組別劃分香港性別比率統計表

年齡組別（歲）	1901	1911	1921	1931	年齡組別（歲）	1901	1911	1921	1931
0-4	992	1050	1031	997	40-44	3033	2218	1897	1423
5-9	943	978	947	1019	45-49	2721	1998	1705	1354
10-14	1204	1079	1169	1183	50-54	2141	1703	1716	1348
15-19	3589	2387	2137	1800	55-59	2082	1448	1314	1110
20-24	3957	2603	2180	1688	60-64	1531	1155	1177	1045
25-29	4015	2345	1905	1441	65-69	1340	869	1449	859
30-34	3186	2271	1885	1465	70-74	1008	804	711	714
35-39	3467	2216	1833	1389	≥75	784	585	523	456

注：性別比率按每千名女性計算。不包括年齡不詳人士、軍人和商船人口（1931 年的華人除外）。1901 年不包括新九龍、新界和離島人口。1921 年不包括新界北約水上人口。1931 年的年齡組別為 0-5 歲、6-10 歲如此類推至 76 歲及以上。

資料來源：　歷年人口普查報告。

表 3-6　1901 年至 1931 年若干年份按性別和地區劃分香港人口和性別比率統計表

年	性別	香港島	九龍和新九龍	新界	水上
1901	男性（人）	145,169	33,480	不詳	25,402
	女性（人）	52,642	10,403	不詳	14,698
	性別比率	2758	3218	不詳	1728
1911	男性（人）	169,208	45,323	40,716	34,505
	女性（人）	75,115	24,556	40,023	20,652
	性別比率	2253	1846	1017	1671
1921	男性（人）	221,085	74,698	41,767	39,412
	女性（人）	126,316	48,750	41,396	25,847
	性別比率	1750	1532	1009	1525
1931	男性（人）	246,249	144,963	49,399	36,805
	女性（人）	162,954	118,057	48,758	28,040
	性別比率	1511	1228	1013	1313

注：性別比率按每千名女性計算。不包括軍人和商船人口。1901 年不包括新九龍、新界和離島人口。
資料來源：　歷年人口普查報告。

日佔時期，香港人口的男女比例相當平衡。整體而言，1942 年的男性人口為 49.7 萬人，佔 50.5%；女性人口為 48.6 萬人，佔 49.5%；性別比率為每千名女性對 1022 名男性。1943 年的男性人口為 42.6 萬人，佔 49.8%；女性人口為 43.0 萬人，佔 50.2%；性別比率為 992‰。按國籍計，中國人的男女比例相對平衡，1942 年和 1943 年的男性人口為 49.0 萬人（50.4%）和 41.8 萬人（49.6%），女性人口為 48.2 萬人（49.6%）和 42.5 萬人（50.4%）；性別比率為 1017‰ 和 984‰。日本人的男女比例則嚴重失衡，1942 年和 1943 年的男性人口為 2685 人（67.1%）和 4148 人（65.4%），女性人口為 1317 人（32.9%）和 2199 人（34.6%）；性別比率為 2039‰ 和 1886‰，失衡的主因是遷移至港的日本女性多為家屬成員，在居港日本人群體內只佔少數。其他外國人的男女比例亦相對失衡，1942 年和 1943 年的男性人口為 4121 人（56.7%）和 4461 人（60.9%），女性人口為 3143 人（43.3%）和 2861 人（39.1%）；性別比率為 1311‰ 和 1559‰，失衡的主因是部分居港外國女性因戰爭回國，留港者較少（見表 3-7）。

表 3-7　1942 年和 1943 年按國籍和性別劃分香港人口和性別比率統計表

國籍	1942			1943		
	男性（人）	女性（人）	性別比率	男性（人）	女性（人）	性別比率
中國	490,216	481,930	1017	417,704	424,515	984
日本	2685	1317	2039	4148	2199	1886
其他	4121	3143	1311	4461	2861	1559
合計	497,022	486,390	1022	426,313	429,575	992

注：性別比率按每千名女性計算。
資料來源：　東洋經濟新報社編：《軍政下の香港》；《總督部公報》，第二號，1943 年 1 月 20 日。

二戰結束後至 1950 年代人口性別構成的官方數據，只見於醫務衞生署發表的 1950 年全港性人口調查結果，調查對象是在職者及其年滿 12 歲的家戶成員包括家傭。結果顯示男性有 44,978 人，佔 54.5%；女性有 37,521 人，佔 45.5%。按此數量，性別比率為每千名女性對 1199 名男性。有學者根據是次調查，以及 1931 年人口普查所得的人口年齡分布，估算 1950 年香港人口的性別構成，結果顯示全港 200 萬人口中，男性人口約 110 萬人，佔 55.0%；女性人口約 90 萬人，佔 45.0%；性別比率為 1222‰（見表 3-8）。如比較 1931 年和 1950 年的性別構成，可見男性的佔比由 57.4% 減至約 55%，女性由 42.6% 升至約 45%，即男性的比例仍高於女性，但隨着定居香港和本地出生人口增加，人口性別構成亦漸趨平衡。

此外，鄉議局於 1955 年 3 月曾進行一項新界人口調查，在約 300 條鄉村共 262,109 名受訪人士中，男性有 139,478 人，佔 53.2%；女性有 122,631 人，佔 46.8%；按此數量，性別比率為每千名女性對 1137 名男性。在新界各理民府轄區中，歷史悠久的大埔理民府轄區和元朗理民府轄區人口性別構成相對平衡，性別比率為 1083‰ 和 1036‰；但在包括多個新發展區的南約理民府轄區，性別比率為 1274‰（見表 3-8），男性多於女性，當時屬於南約的葵涌、荃灣和青山一帶新設不少工廠，吸引男性移入，就近工作。

表 3-8　1950 年和 1955 年按性別劃分香港人口和性別比率統計表

性別	1950 年全港人口調查		1955 年新界人口調查			
	調查樣本	學者估算	大埔	元朗	南約	合計
男性（人）	44,978	1,100,000	46,350	37,278	55,850	139,478
女性（人）	37,521	900,000	42,807	35,982	43,842	122,631
性別比率	1199	1222	1083	1036	1274	1137

注：性別比率按每千名女性計算。1950 年全港人口調查只包括在職者及其年滿 12 歲的家戶成員；1955 年新界人口調查不包括約四萬名至五萬名居於船艇的漁民。

資料來源：*Annual Departmental Report by the Director of Medical and Health Services for the Financial Year 1950-1*；"Census — Estimate of Population", Public Records Office, HKRS170-2-1；R. A. Ma and E. F. Szczepanik, *The National Income of Hong Kong*。

1961 年至 2016 年

1961 年至 2016 年間，按年中人口計算，[3] 男性由 158.7 萬人增至 337.2 萬人，女性由 158.1 萬人增至 364.3 萬人；兩性人口都增長逾倍，但趨勢略有差異。1961 年，男性和女性人口數量相若；1961 年至 1981 年間，男性人口的增長速度比女性人口快，尤其在 1970 年代末和 1980 年代初；1982 年至 2016 年間，男性人口的增速放緩，女性人口則保持增長。這 55 年間，性別比率先升後回落，男性的佔比自 1982 年起減少，但撇除外籍

3　不包括 1996 年及以後的外籍家傭。

家傭後的統計顯示，性別比率的跌幅明顯減少。[4] 1961 年，男性和女性的比例相若，性別比率為每千名女性有 1004 名男性；其後 20 年，性別比率升至 1981 年的 1087‰。從 1982 年起，性別比率持續下滑；2003 年跌破 1000‰，女性人口開始比男性多，而且差距擴大，2016 年是每千名女性有 925 名男性（見表 3-9）。

表 3-9　1961 年至 2016 年按性別劃分香港人口和性別比率統計表

年	男性（萬人）	女性（萬人）	性別比率	年	男性（萬人）	女性（萬人）	性別比率
1961	158.69	158.12	1004	1989	291.61	277.01	1053
1962	166.66	163.86	1017	1990	292.21	278.24	1050
1963	173.01	169.08	1023	1991	293.82	281.38	1044
1964	176.92	173.54	1019	1992	294.70	285.35	1033
1965	181.80	177.99	1021	1993	298.23	291.87	1022
1966	181.88	181.11	1004	1994	303.95	299.59	1015
1967	187.34	184.94	1013	1995	308.43	307.18	1004
1968	191.78	188.49	1017	1996	321.41	306.70	1048
1969	194.73	191.66	1016	1997	323.04	309.41	1044
1970	200.63	195.27	1027	1998	324.52	312.10	1040
1971	205.72	198.81	1035	1999	326.01	316.22	1031
1972	210.03	202.33	1038	2000	327.21	318.78	1026
1973	216.34	207.82	1041	2001	327.77	320.96	1021
1974	223.07	214.71	1039	2002	329.57	325.19	1013
1975	228.42	217.74	1049	2003	329.02	329.89	997
1976	231.60	220.20	1052	2004	331.19	335.38	988
1977	234.96	223.41	1052	2005	332.17	339.34	979
1978	239.23	227.52	1051	2006	326.65	336.29	971
1979	254.60	238.37	1068	2007	328.37	340.29	965
1980	262.90	243.41	1080	2008	329.35	343.18	960
1981	269.97	248.37	1087	2009	329.20	344.61	955
1982	273.48	252.97	1081	2010	328.99	345.54	952
1983	277.12	257.39	1077	2011	329.84	348.07	948
1984	279.17	260.62	1071	2012	332.25	352.42	943
1985	281.56	264.06	1066	2013	332.57	354.40	938
1986	284.49	267.97	1062	2014	334.01	357.33	935
1987	287.09	270.96	1060	2015	336.38	361.23	931
1988	289.20	273.56	1057	2016	337.15	364.33	925

注：性別比率按每千名女性計算。1961 年至 1995 年的數字是根據「廣義時點」方法編製，1996 年及以後是根據「居住人口」方法編製。不包括 1996 年及以後的外籍家傭。

資料來源：　政府統計處網站：統計數字；政府統計處：歷年《香港的女性及男性主要統計數字》。

4　1996 年至 2016 年間，性別比率由 1001‰ 降至 852‰，撇除外籍家傭後的相應數字為 1048‰ 和 925‰。

不同年齡組別的性別比率互有差異。1961 年至 2016 年間，在較年輕的 0 歲至 24 歲組別，男性數目一直稍多於女性。0 歲至 4 歲組別的性別比率由 1060‰ 增至 1076‰，這與男性出生數目比女性稍多的生物學現象有關；然而，10 歲至 24 歲組別的性別比率均有所下降，如 15 歲至 19 歲組別由 1205‰ 減至 1075‰。25 歲至 49 歲組別的性別比率亦呈下降趨勢，1960 年代至 1990 年代，此等組別的男性數目一直多於女性，但 2000 年代後，女性已較男性為多，其中以 30 歲至 44 歲組別的情況較突出，如 40 歲至 44 歲組別的性別比率由 1121‰ 減至 814‰，這主要由於大量女性單程證持有人從內地到港與丈夫團聚。在較年長的組別，女性數目大都多於男性，這是因為男性的預期壽命較女性短，所以高齡的男性比女性少，但兩者的差距已明顯收窄，如 65 歲至 69 歲組別的性別比率由 475‰ 升至 988‰（見表 3-10）。

表 3-10　1961 年至 2016 年若干年份按年齡組別劃分香港性別比率統計表

年齡組別（歲）	1961	1971	1981	1991	2001	2011	2016
0-4	1060	1055	1093	1089	1090	1082	1076
5-9	1076	1042	1080	1079	1074	1072	1075
10-14	1126	1046	1067	1084	1062	1067	1042
15-19	1205	1055	1079	1089	1067	1053	1075
20-24	1216	1062	1117	1045	1052	1032	1020
25-29	1175	1237	1165	1016	991	966	966
30-34	1153	1225	1229	1065	909	862	881
35-39	1105	1120	1329	1088	930	832	866
40-44	1121	1097	1292	1147	1041	806	814
45-49	1072	1071	1187	1239	1043	868	803
50-54	942	1071	1139	1208	1100	987	875
55-59	747	990	1068	1126	1187	993	988
60-64	589	825	1015	1050	1141	1010	978
65-69	475	627	902	938	1057	1079	988
70-74	409	490	700	848	945	1027	1033
75-79	351	378	514	750	790	896	963
80-84	351	338	384	532	655	744	798
≥85	308	302	263	317	452	481	516

注：性別比率按每千名女性計算。不包括 1981 年及以後的外籍家傭。
資料來源：　政府統計處網站：2016 年中期人口統計。

單程證制度是為家庭團聚而設，內地持單程證來港人士以女性居多，1986 年至 2016 年間，此等人士的性別比率一直低於 1000‰，從 1986 年每千名女性有 672 名男性降至 1997 年的 367 名，然後不斷起伏，2003 年是歷史低位，只有 335 名；從 2009 年起，性別比率輾轉回升，由 2009 年的 379‰ 升至 2016 年的 669‰（見表 3-11）。內地持單程證來港人士的男性比例長期偏低，這是導致香港浮現性別失衡問題的重要原因。

表 3-11　1986 年、1991 年、1996 年至 2016 年按性別劃分持單程證來港人士數目和性別比率統計表

年	男性（人）	女性（人）	性別比率	年	男性（人）	女性（人）	性別比率
1986	10,842	16,143	672	2006	19,871	34,299	579
1991	10,197	16,585	615	2007	11,407	22,458	508
1996	20,195	40,984	493	2008	13,218	28,392	466
1997	13,513	36,774	367	2009	13,360	35,227	379
1998	19,380	36,659	529	2010	12,056	30,568	394
1999	16,992	37,633	452	2011	13,244	30,135	439
2000	17,423	40,107	434	2012	19,394	35,252	550
2001	18,512	35,143	527	2013	15,227	29,804	511
2002	13,363	31,871	419	2014	13,342	27,154	491
2003	13,413	40,094	335	2015	13,121	25,217	520
2004	9981	28,091	355	2016	22,999	34,388	669
2005	15,823	39,283	403				

注：性別比率按每千名女性計算。
資料來源：　政府統計處：歷年《香港的女性及男性主要統計數字》。

2. 其他性別認同和性傾向的人口數目和相關法規

本港對性別重置（俗稱「變性」）手術有相當清楚的規定，包括由醫生診斷、由精神科專科醫生及臨床心理學家治療，以及由專業人士督導生活。每年的性別重置個案極少，1980 年代中至 2014 年的 30 年間，約共 100 人接受此種手術。

2013 年 5 月，香港終審法院在「W 訴婚姻登記官」案（FACV 4/2012）中裁定，《婚姻條例》不容許完成性別重置手術者結婚的條文，違反了《基本法》第三十七條及《香港人權法案條例》第十九（二）條，法庭建議特區政府制定性別承認法例，並提出可參考英國的《2004 年性別承認法令》（*Gender Recognition Act 2004*），對此類更改性別者提供較全面的保障。從 2014 年 7 月 17 日起，婚姻登記作出相應改變，承認完成性別重置手術後的性別為登記者的性別。2017 年特區政府進一步發表性別承認議題諮詢文件（見圖 3-1）。

香港沒有記錄跨性別人口的數字。2013 年，有議員在立法會會議上提出，外國研究顯示跨性別人士的數目一般佔成年人口約 0.3%，據此估計，香港應約有 18,700 名跨性別人士。

二、人口年齡構成

1. 年齡中位數、年齡組別分布、人口金字塔及其轉變

自秦以降，戶籍的登記雖包括年齡，但主要關注需要納稅和服役的成丁男性，女性因免徵賦役而一般不登錄年齡。與香港相關的史書和方志，雖然部分有收錄丁數和口數，但缺乏按年齡或年齡組別的資料，因而無法勾勒人口的年齡構成。

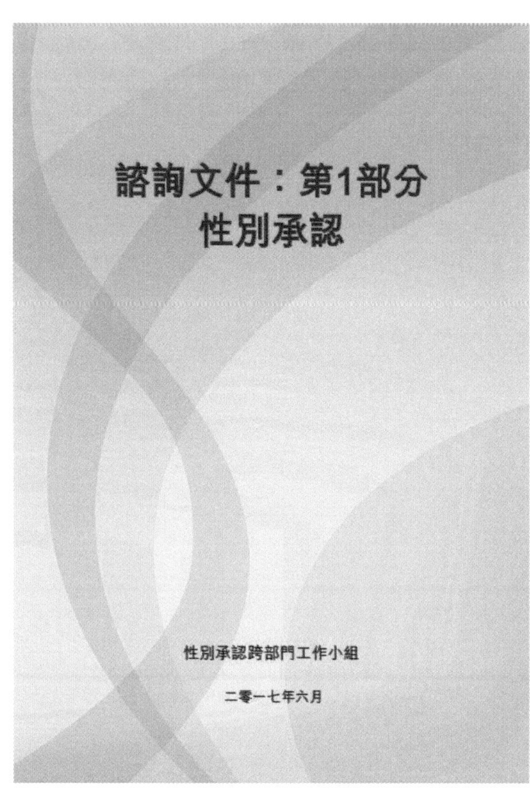

圖 3-1 性別承認跨部門工作小組於 2017 年 6 月 23 日發表諮詢文件，就法律上的性別承認之議題徵求公眾意見。（經香港特別行政區政府批准轉載自性別承認跨部門工作小組網站 [www.iwggr.gov.hk]）

英佔初年，港府把 1849 年至 1860 年的香港島，以及 1861 年至 1897 年的香港島和九龍的人口分為「成人」和「兒童」兩大項，但沒有公布兩者的年齡界定，只得知 1897 年時以 15 歲為分界。此時期的新增人口主要是來港謀生的未婚或不帶家眷男性，導致成人和兒童人口比例懸殊，成人佔總人口高達八成，兒童僅約兩成（見表 3-12）。

從 1871 年起，港府開始公布劃分年齡組別的人口統計。其後 30 年，各年齡組別的數目都有所增加，但兒童和少年的比例呈上升趨勢，青壯年的比例呈下降趨勢，較年長者的比例則先升後回落。1871 年至 1897 年間，20 歲及以下人士的佔比由 21.2% 升至 28.9%，21 歲至 40 歲人士由 57.0% 降至 48.3%，41 歲及以上人士則由 21.8% 升至 1881 年的 27.9%，然後回落至 22.8%（見表 3-13）。然而，在 20 歲及以下人士中，兒童和少年的佔比不高，1891 年和 1897 年，5 歲以下幼兒各佔 5.8% 和 5.4%，1897 年，5 歲至 14 歲者佔 13.0%，換言之，香港整體人口仍以青壯年人士為主，人口結構依然類似「成年型社會」，具有勞動力充足和撫養負擔低的經濟發展優勢。

從 1897 年起，人口普查報告開始公布按每 5 歲一組劃分的人口統計。其後 30 餘年，各年齡組別的數目都有所增加，但兒童和少年的比例呈上升趨勢，青壯年的比例呈下降趨勢，較年長者的比例則相對穩定。1901 年至 1931 年，[5] 0 歲至 4 歲嬰幼兒的增幅最大，佔比由

5　1897 年的數字，詳見當年人口普查報告。

表 3-12　1849 年至 1897 年若干年份香港島和九龍成人和兒童人口統計表

年	成人		兒童		總人數（人）
	人數（人）	百分比	人數（人）	百分比	
香港島					
1849	24,418	82.8	5089	17.2	29,507
1850	27,354	82.2	5938	17.8	33,292
1851	27,096	82.2	5887	17.8	32,983
1852	31,059	83.8	5999	16.2	37,058
1853	33,048	84.7	5969	15.3	39,017
1854	44,846	80.5	10,869	19.5	55,715
1855	58,656	80.8	13,951	19.2	72,607
1856	59,695	83.2	12,035	16.8	71,730
1857	58,212	80.4	14,146	19.6	72,358
1858	61,417	81.3	14,086	18.7	75,503
1859	68,380	78.7	18,561	21.3	86,941
1860	77,311	81.5	17,606	18.5	94,917
香港島和九龍					
1861	98,916	82.9	20,405	17.1	119,321
1862	103,012	83.4	20,499	16.6	123,511
1863	102,182	81.8	22,668	18.2	124,850
1864	97,356	80.1	24,142	19.9	121,498
1865	103,203	82.2	22,301	17.8	125,504
1866	95,749	83.2	19,349	16.8	115,098
1867	96,650	82.3	20,821	17.7	117,471
1869	97,971	82.1	21,355	17.9	119,326
1871	102,737	82.7	21,461	17.3	124,198
1872	101,321	83.1	20,664	16.9	121,985
1876	112,897	81.1	26,247	18.9	139,144
1881	127,233	79.3	33,169	20.7	160,402
1891	176,887	79.9	44,554	20.1	221,441
1897	197,470	81.7	44,292	18.3	241,762

注：1857 年只計算水上人口和陸上華人人口。1857 年採用《香港藍皮書》中人口部分的數字，1849 年至 1856 年、1858 年和 1859 年採用人口普查部分的數字。1897 年的兒童為 0-14 歲，其他年份不詳。1860 年至 1867 年、1897 年人口不包括軍人。

資料來源：　歷年 *Hong Kong Blue Book*；1891 年人口普查報告；R. L. Jarman (ed.), *Hong Kong Annual Administration Reports 1841-1941*。

表 3-13 1871 年至 1897 年若干年份按年齡組別劃分香港島和九龍人口統計表

年	人口	0-20 歲	21-40 歲	41-60 歲	≥61 歲	總計
1871	人數（人）	14,019	37,612	13,006	1384	66,021
	百分比	21.2	57.0	19.7	2.1	100.0
1872	人數（人）	18,775	43,945	13,522	2497	78,739
	百分比	23.8	55.8	17.2	3.2	100.0
1876	人數（人）	22,033	47,062	16,825	2084	88,004
	百分比	25.0	53.5	19.1	2.4	100.0
1881	人數（人）	23,820	46,956	24,027	3327	98,130
	百分比	24.3	47.9	24.5	3.4	100.0
1891	人數（人）	48,815	82,103	32,536	4597	168,051
	百分比	29.0	48.9	19.4	2.7	100.0
1897	人數（人）	69,750	116,740	47,752	7232	241,474
	百分比	28.9	48.3	19.8	3.0	100.0

注：歷年華人和 1897 年的年齡組別為 0-19 歲、20-39 歲、40-59 歲、≥60 歲。不包括年齡不詳人士，1871 年有 10,384 名華人，1881 年有 125 名非華人和 19,215 名華人，1891 年有 105 名非華人和 6636 名華人，1897 年有 29 名非華人和 259 名華人。1871 年、1872 年和 1876 年只包括維多利亞城的居民；1881 年和 1891 年只包括維多利亞城、鄉郊和九龍的居民。1897 年不包括軍人。

資料來源： 歷年 *The Hongkong Government Gazette*；1891 年及 1897 年人口普查報告。

4.7% 升至 10.6%；5 歲至 14 歲這兩組兒童次之，合計由 12.0% 升至 16.9%。15 歲至 19 歲少年的增幅較少，由 11.4% 升至 12.1%。20 歲至 44 歲這 5 組青壯年依然佔人口的最大比例，但各組的佔比均有所下降，合計由 56.1% 減至 45.7%。45 歲及以上人士的佔比相對穩定，各組的升降幅度都不足 1 個百分點（見表 3-14）。此外，根據人口普查報告，華人兒童的數目應被低估，因當時有把兒童送返內地生活數年的習慣，包括 0 歲至 10 歲兒童交由內地祖父母照顧、6 歲至 10 餘歲男童在內地接受傳統教育。與十九世紀末的人口年齡結構相比，可見香港人口仍以青壯年人士為主，具有勞動力充足的經濟發展優勢，但兒童的佔比大幅提升，年長者亦穩定增加，人口金字塔由「中間大、兩端小」的燈籠形，朝「底寬、頂尖」的金字塔形發展。

日佔時期，日佔政府要求居民在「居住届」（居住許可申請書）填報出生日期，但沒有公布與人口年齡構成相關的統計。

二戰結束後至 1950 年代人口年齡構成的官方數據，只有前述醫務衞生署發表的 1950 年人口調查結果，12 歲至 15 歲者佔 11.0%，16 歲至 55 歲者佔 82.1%，56 歲及以上者佔 6.9%。有學者根據是次調查，以及 1931 年人口普查所得的人口年齡分布，估算 1950 年香港人口的年齡構成，結果顯示全港 200 萬人口中，0 歲至 15 歲者佔 27.8%，16 歲至 55 歲者佔 66.4%，56 歲及以上者佔 5.8%（見表 3-15）。

根據鄉議局於 1955 年 3 月進行的新界人口調查，在 26.2 萬名受訪人士中，0 歲至 9 歲

表 3-14 1901 年至 1931 年若干年份按年齡組別劃分香港人口統計表

年齡組別（歲）	1901		1911		1921		1931	
	人數（人）	百分比	人數（人）	百分比	人數（人）	百分比	人數（人）	百分比
0-4	13,307	4.7	27,032	5.9	55,025	8.9	89,393	10.6
5-9	15,584	5.5	34,889	7.7	49,212	7.9	65,674	7.8
10-14	18,279	6.5	35,177	7.7	56,886	9.2	76,035	9.1
15-19	31,991	11.4	44,923	9.9	74,362	12.0	101,521	12.1
20-24	41,259	14.6	57,256	12.6	73,734	11.9	102,641	12.2
25-29	40,657	14.4	54,215	11.9	70,587	11.4	91,143	10.9
30-34	31,923	11.3	52,266	11.5	59,582	9.6	74,136	8.8
35-39	23,897	8.5	39,275	8.6	56,947	9.2	65,215	7.8
40-44	20,445	7.3	34,645	7.6	37,962	6.1	50,561	6.0
45-49	12,987	4.6	20,633	4.5	31,280	5.0	42,791	5.1
50-54	11,367	4.0	18,745	4.1	19,925	3.2	29,381	3.5
55-59	6200	2.2	10,175	2.2	14,832	2.4	21,606	2.6
60-64	4412	1.6	9296	2.0	8402	1.4	13,018	1.6
65-69	1720	0.6	4715	1.0	6483	1.0	7591	0.9
70-74	1000	0.4	3076	0.7	2807	0.5	3883	0.5
≥75	726	0.3	2072	0.5	2090	0.3	2827	0.3
不詳	6024	2.1	7499	1.6	0	0.0	2025	0.2
總計	281,778	100.0	455,889	100.0	620,116	100.0	839,441	100.0

注：不包括軍人和商船人口（1931 年的華人除外）。1901 年不包括新九龍、新界和離島人口。1921 年不包括新界北約水上人口。1931 年的年齡組別為 0-5 歲、6-10 歲如此類推至 76 歲及以上。

資料來源： 歷年人口普查報告。

表 3-15 1950 年按年齡組別劃分香港人口估算統計表

單位：人

年齡組別（歲）	調查樣本	學者估算	年齡組別（歲）	調查樣本	學者估算
0-5	不適用	214,800	46-50	5391	102,000
6-10	不適用	156,900	51-55	3468	70,000
11-15	9072	183,900	56-60	2461	51,900
16-20	11,838	243,600	61-65	1749	31,600
21-25	11,300	244,800	66-70	969	18,500
26-30	10,882	215,700	71-75	388	8700
31-35	9042	175,700	76-80	127	3800
36-40	9435	155,300	81-100	38	2400
41-45	6339	120,400	**總計**	82,499	2,000,000

注：醫務衞生署調查樣本只包括 12 歲及以上人口。

資料來源： *Annual Departmental Report by the Director of Medical and Health Services for the Financial Year 1950-1*；R. A. Ma and E. F. Szczepanik, *The National Income of Hong Kong*。

者佔 26.4%，10 歲至 20 歲者佔 15.9%，21 歲及以上者佔 57.7%。在新界各理民府轄區中，大埔和元朗兩者的兒童比例都較高，均佔 27.8%，南約較低，為 24.2%；南約的青壯年和長者比例為 62.7%，高於大埔的 56.3% 和元朗的 52.8%（見表 3-16）。三區有此差別，或在於南約的新發展區能提供較多工作機會，吸引青壯年人移入。

表 3-16　1955 年按理民府轄區和年齡組別劃分新界人口統計表

單位：人

理民府轄區	0-9 歲	10-20 歲	≥21 歲	總計
大埔	24,812	14,181	50,164	89,157
元朗	20,338	14,271	38,651	73,260
南約	24,082	13,097	62,513	99,692
合計	69,232	41,549	151,328	262,109

注：不包括約四萬名至五萬名居於船艇的漁民。
資料來源："Census — Estimate of Population", Public Records Office, HKRS170-2-1。

香港人口持續老化，這趨勢在 2010 年代加速，主要原因是二戰後「嬰兒潮」出生的人，此時期陸續踏入老年。65 歲及以上人口佔總人口的比例持續上升，由 1961 年的 2.8% 增至 2016 年的 16.5%。另一方面，隨着生育率的下降，15 歲以下兒童佔總人口的比例亦大幅下降，由 1961 年的 40.8% 減至 2016 年的 11.9%（見表 3-17）。

由於受到老年人口增加、年輕人口減少這兩個因素影響，香港人口的年齡中位數持續攀升，由 1961 年的 23.2 歲，升至 1981 年的 26.3 歲、2001 年的 36.8 歲，2016 年為 43.4 歲。這 55 年間，香港人口的年齡中位數共上升 20.2 歲（見表 3-18）。

1961 年至 2016 年的人口金字塔展示了人口老化的趨勢（見圖 3-2）。[6] 1961 年，香港人口金字塔為底寬、頂尖的形狀，這是因為幼年人口較多的緣故；其中 15 歲至 24 歲組別向內收縮，這是由於 1940 年代初的戰亂導致嬰兒數目遽降所致。在隨後的 55 年，人口趨向非年青化及老化。隨着生育率不斷下降，15 歲以下的人口數目和比例顯著下跌，人口金字塔下部向內收縮，形成中間大、兩端小的燈籠形。長者人口數目和比例在 2010 年代中期開始急升，其主因是 1970 年代後期，大量青年於「抵壘」政策取消前由內地流入香港，到 2010 年代中期，他們約為 65 歲。此外，香港的二戰後「嬰兒潮」發生於 1950 年代、1960 年代，他們亦於 2010 年代中期開始步入 65 歲。由於人口老化，65 歲及以上的人口數目及比例持續上升，加上 2016 年時 50 歲至 59 歲年齡層的人口眾多，估計人口金字塔的上層將繼續擴闊，朝以老年人口為主的倒三角形轉變，社會負擔相對較重。

6　人口金字塔是以圖形表示人口年齡結構的轉變。人口年齡結構主要視乎生育和遷移趨勢，死亡的影響通常較小。在一個生育率高、處於增長之中的人口群，每個年齡組別的人數應較其上一個較年輕的年齡組別為少，因此人口年齡結構的形狀像一個金字塔，這是常見的形態。如果金字塔的組成部分出現變動，便會改變常見的形態。

圖 3-2　1961 年、1971 年、1981 年、1991 年、2001 年、2011 年、2016 年人口金字塔

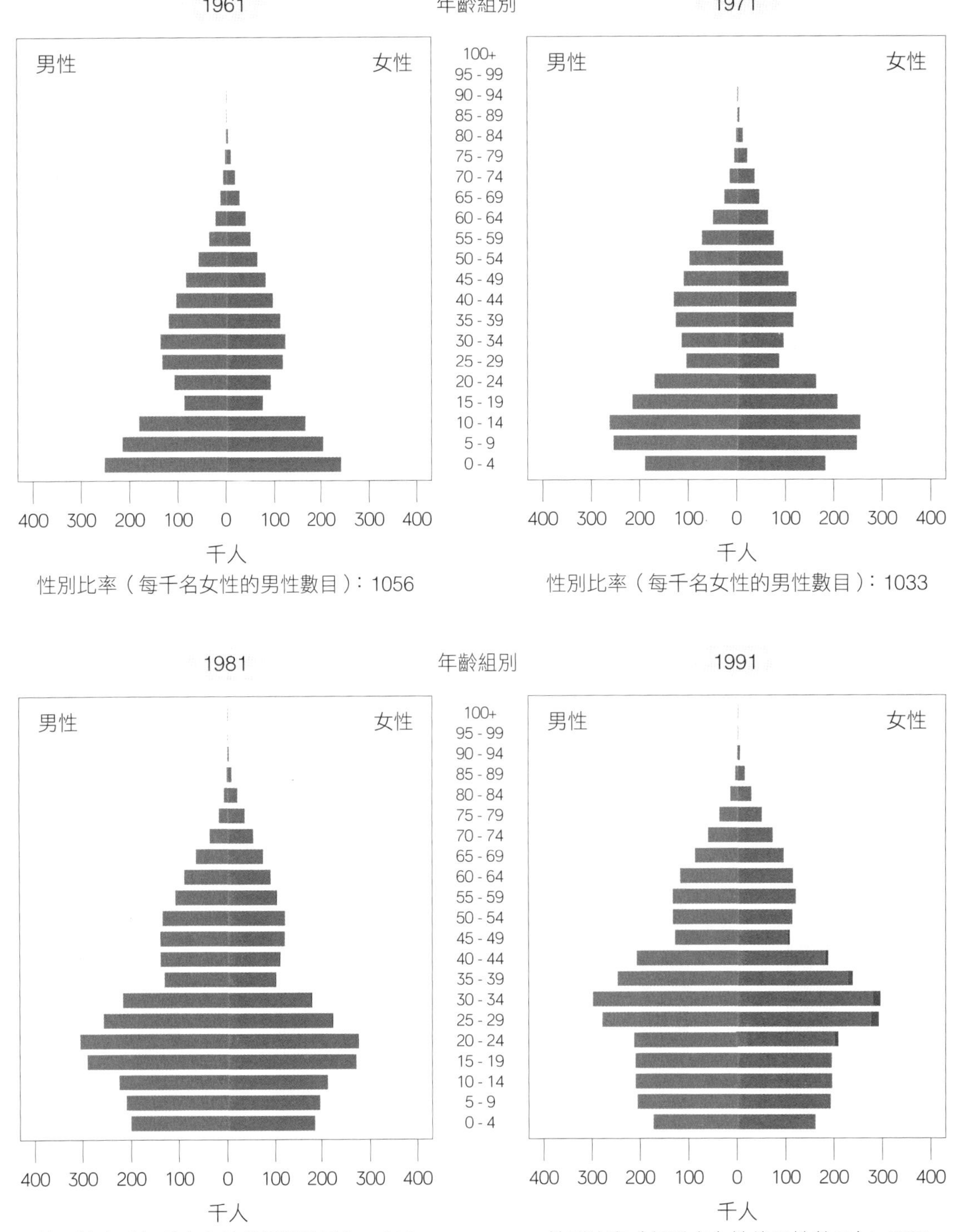

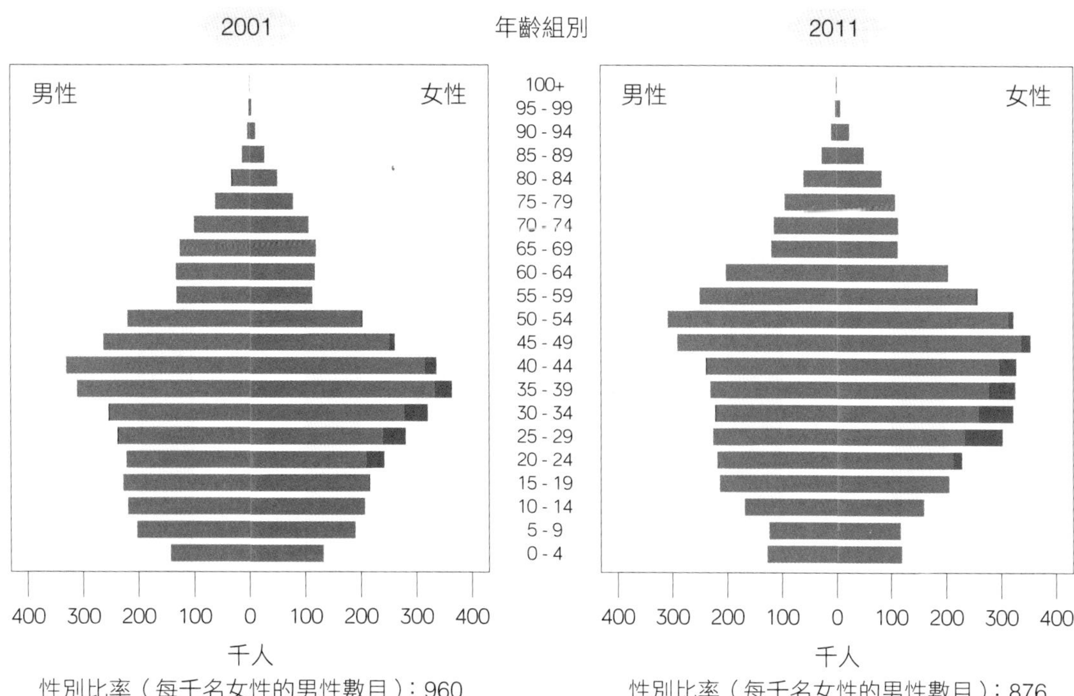

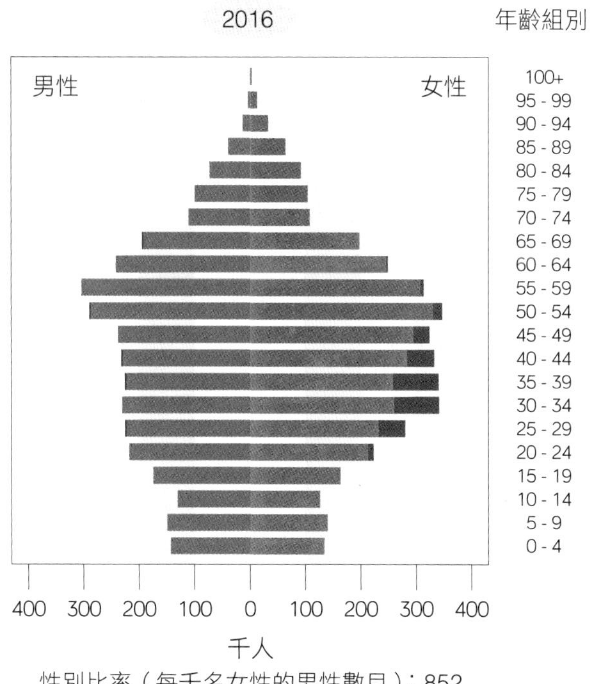

注 1： 1971 年人口普查沒有提供 90 歲及以上人口的分項數字。為方便展示，90 歲及以上人口的數字平均分布於圖中有關年齡分組內。

注 2： 人口包括在香港的外籍家傭。

資料來源： 2016 年中期人口統計結果網頁數據。

表 3-17 1961 年至 2016 年若干年份按年齡組別劃分香港人口統計表

單位：%

年齡組別（歲）	1961	1971	1981	1991	2001	2011	2016
0-4	16.0	9.6	7.8	6.2	4.3	3.7	4.0
5-9	13.6	12.9	8.2	7.4	6.1	3.6	4.2
10-14	11.2	13.3	8.8	7.5	6.6	4.9	3.7
15-19	5.3	10.9	11.3	7.5	6.9	6.2	4.9
20-24	6.5	8.5	11.7	7.7	6.7	6.4	6.2
25-29	8.1	4.9	9.7	10.3	7.4	6.8	6.6
30-34	8.4	5.4	8.0	10.7	8.3	7.1	7.1
35-39	7.5	6.2	4.7	8.8	10.0	7.6	7.0
40-44	6.5	6.5	5.0	7.2	10.1	8.0	7.4
45-49	5.3	5.5	5.2	4.3	8.0	9.3	7.7
50-54	4.0	5.0	5.1	4.5	6.5	9.2	8.9
55-59	2.8	3.8	4.3	4.7	3.8	7.5	8.8
60-64	2.0	2.9	3.6	4.3	3.9	6.0	7.0
65-69	1.3	1.9	2.8	3.4	3.8	3.4	5.6
70-74	0.8	1.3	1.8	2.5	3.2	3.4	3.1
75-79	0.4	0.7	1.1	1.6	2.2	3.0	2.9
80-84	0.2	0.4	0.6	0.8	1.3	2.1	2.4
≥85	0.1	0.2	0.3	0.5	0.9	1.8	2.5
總人數（人）	3,129,648	3,936,630	4,979,392	5,467,269	6,527,074	6,817,292	7,014,790

注：不包括 1981 年及以後的外籍家傭。
資料來源： 政府統計處網站：2016 年中期人口統計。

表 3-18 1961 年至 2016 年若干年份香港年齡中位數統計表

單位：歲

年	年齡中位數	年	年齡中位數	年	年齡中位數
1961	23.2	1991	31.6	2005	39.2
1966	19.7	1992	32.2	2006	39.6
1971	21.8	1993	32.7	2007	39.9
1976	23.8	1994	33.2	2008	40.3
1981	26.3	1995	33.6	2009	40.8
1982	26.7	1996	34.2	2010	41.2
1983	27.2	1997	34.7	2011	41.7
1984	27.7	1998	35.2	2012	42.0
1985	28.2	1999	35.7	2013	42.5
1986	28.8	2000	36.2	2014	42.8
1987	29.4	2001	36.8	2015	43.1
1988	30.0	2002	37.5	2016	43.4
1989	30.4	2003	38.1		
1990	31.0	2004	38.6		

注：根據 2016 年中期人口統計網站〈互動圖解：人口金字塔〉，1981 年、1986 年和 2001 年的年齡中位數是 26.0 歲、28.6 歲和 36.7 歲。
資料來源： 政府統計處網站：2016 年中期人口統計；政府統計處：歷年《香港統計年刊》；《香港人口趨勢 1981-1996》。

2. 按性別劃分的年齡組別分布和年齡中位數

人口普查報告從 1961 年起公布按性別劃分的年齡組別分布，從 1981 年起公布按性別劃分的年齡中位數。1961 年至 2016 年間，男性和女性的年齡組別分布呈一致的變化，主要趨勢是 0 歲至 19 歲人士的佔比大幅下降，20 歲至 39 歲的佔比輕微下降，40 歲至 49 歲的佔比輕微上升，50 歲及以上的佔比則大幅上升。這主要是生育率持續下滑的結果。這 55 年間，男性中，0 歲至 9 歲兒童的佔比由 29.7% 跌至 8.8%，20 歲至 29 歲青年由 15.5% 減全 13.3%；與此同時，40 歲至 49 歲中年由 12.1% 升至 14.1%，60 歲至 69 歲長者由 2.3% 升至 13.1%。女性的相應佔比為 0 歲至 9 歲由 29.4% 跌至 7.6%，20 歲至 29 歲由 13.7% 減至 12.4%，40 歲至 49 歲由 11.6% 升至 16.1%，60 歲至 69 歲由 4.5% 升至 12.3%（見表 3-19）。

男性和女性的年齡中位數亦隨之提高。1981 年至 2016 年，男性的年齡中位數從 26.3 歲升至 43.7 歲，女性的年齡中位數從 26.2 歲升至 43.2 歲（見表 3-20）。兩性的高齡化趨勢基本一致，這不但影響當前的生育率和勞動力供應，亦為未來的醫療服務、院舍照顧等帶來挑戰。

表 3-19　1961 年至 2016 年若干年份按性別劃分香港年齡組別分布統計表

單位：%

性別	年齡組別（歲）	1961	1971	1981	1991	2001	2011	2016
男性	0-9	29.7	22.6	15.9	13.7	10.7	7.7	8.8
	10-19	17.2	24.4	20.0	15.2	13.8	11.8	9.2
	20-29	15.5	14.0	21.8	17.8	14.2	13.7	13.3
	30-39	16.4	12.3	13.5	19.7	17.4	13.9	13.6
	40-49	12.1	12.3	10.8	12.2	18.3	16.3	14.1
	50-59	6.1	8.8	9.4	9.6	10.9	17.2	17.8
	60-69	2.3	4.0	6.0	7.5	8.0	9.9	13.1
	70-79	0.7	1.3	2.1	3.6	5.0	6.5	6.3
	≥80	0.1	0.3	0.4	0.8	1.6	3.1	3.9
	總人數（人）	1,607,779	2,000,602	2,603,911	2,810,831	3,283,034	3,300,538	3,371,476
女性	0-9	29.4	22.3	16.1	13.4	10.0	6.7	7.6
	10-19	15.8	24.0	20.4	14.8	13.1	10.4	8.0
	20-29	13.7	12.9	20.9	18.3	14.1	12.9	12.4
	30-39	15.4	10.9	11.7	19.4	19.2	15.4	14.5
	40-49	11.6	11.7	9.6	10.9	17.8	18.2	16.1
	50-59	7.5	8.8	9.4	8.8	9.7	16.3	17.7
	60-69	4.5	5.6	6.9	7.9	7.4	9.0	12.3
	70-79	1.9	2.9	3.7	4.7	5.8	6.3	5.9
	≥80	0.4	0.9	1.3	1.9	2.9	4.8	5.7
	總人數（人）	1,521,869	1,936,028	2,375,481	2,656,438	3,244,040	3,516,754	3,643,314

注：不包括 1981 年及以後的外籍家傭。
資料來源：　政府統計處網站：2016 年中期人口統計。

表 3-20　1981 年至 2016 年若干年份按性別劃分香港年齡中位數統計表

單位：歲

年	男性	女性	年	男性	女性
1981	26.3	26.2	2010	41.6	41.0
1986	28.7	28.9	2011	42.0	41.4
1991	31.7	31.6	2012	42.4	41.7
1996	34.3	34.1	2013	42.8	42.2
2001	37.1	36.6	2014	43.2	42.5
2006	39.9	39.3	2015	43.4	42.8
2009	41.2	40.6	2016	43.7	43.2

資料來源：　政府統計處：歷年《香港的女性及男性主要統計數字》。

3. 人口老化

1961 年至 2016 年，香港人口不斷老化，65 歲及以上人口佔總人口的比例上升，由 2.8% 增至 16.5%（見表 3-17），年齡中位數由 23.2 歲升至 43.4 歲（見表 3-18）。根據政府統計處以 2016 年為基期的人口推算，香港人口高齡化的速度在未來 20 年將會加快，這是由於生育率低和預期壽命長所致。2018 年至 2038 年間，長者人口及其佔比將分別由 127 萬人及 17.9% 增至 244 萬人及 31.9%。換言之，在 2038 年，差不多每 3 人中便有 1 人是長者。同時，75 歲及以上人口的增幅將更為顯著，由 57 萬人增至 140 萬人，在總人口中的佔比由 7.9% 增至 18.3%。相反，18 歲至 64 歲人士和兒童的數目及佔比則會減少。上述高齡化模式將在整個推算期（至 2066 年）內持續，但其速度會在 2038 年後略為放緩。

4. 撫養比率

人口年齡結構的轉變亦可從撫養比率的變動顯示出來。政府統計處曾運用年齡撫養比率（age dependency ratios）和經濟撫養比率（economic dependency ratios）的不同指標，分析香港的撫養趨勢。

年齡撫養比率用於量度以下兩個人口群的比率：社會或經濟上有可能需要撫養的人口，以及理論上提供社會和經濟支援的工作年齡人口。此比率可分為三種類別，即少年兒童撫養比率、老年撫養比率和總撫養比率。[7] 1961 年至 2016 年間，由於生育率下降，少年兒童撫養比率由 720 降至 155；由於人口老化，老年撫養比率由 56 上升至 218；總撫養比率乃少年兒童及老年撫養比率的總和，由 776 降至 373（見表 3-21）。如不包括外籍家傭，1982 年至 2016 年間，少年兒童撫養比率由 355 降至 165，老年撫養比率由 100 升至 231；然而，由於此期間生育率大幅下降和人口老化的趨勢在較早期尚未明顯，總撫養比率由 1982 年的 455 降至 2011 年的 352，然後回升至 2016 年的 397。

7　少年兒童撫養比率是指 15 歲以下人口數目相對每千名 15 歲至 64 歲人口的比率。老年撫養比率是指 65 歲及以上人口數目相對每千名 15 歲至 64 歲人口的比率。總撫養比率是指 15 歲以下和 65 歲及以上人口數目相對每千名 15 歲至 64 歲人口的比率。

表 3-21　1961 年至 2016 年香港年齡撫養比率統計表

年	少年兒童撫養比率	老年撫養比率	總撫養比率	年	少年兒童撫養比率	老年撫養比率	總撫養比率
1961	720	56	776	1989	311	119	430
1962	735	58	793	1990	306	122	427
1963	733	60	793	1991	295	125	420
1964	740	63	803	1992	290	129	419
1965	734	65	800	1993	284	132	416
1966	740	69	809	1994	278	135	413
1967	714	70	784	1995	274	138	412
1968	689	72	761	1996	263	143	406
1969	668	73	742	1997	254	145	399
1970	634	74	708	1998	247	147	394
1971	602	76	678	1999	243	150	393
1972	576	78	653	2000	235	152	386
1973	549	80	629	2001	226	155	381
1974	523	83	606	2002	219	159	378
1975	497	84	581	2003	212	162	375
1976	470	84	554	2004	203	165	368
1977	444	87	531	2005	193	167	360
1978	421	91	512	2006	185	168	354
1979	395	93	488	2007	179	170	349
1980	374	95	469	2008	173	170	343
1981	358	97	455	2009	166	172	338
1982	353	99	452	2010	160	175	335
1983	349	102	450	2011	155	177	333
1984	344	105	449	2012	152	183	335
1985	338	108	446	2013	149	190	339
1986	332	111	443	2014	150	198	348
1987	325	114	438	2015	154	208	363
1988	317	116	433	2016	155	218	373

注：撫養比率按每千名 15-64 歲人口計算。
資料來源：　政府統計處網站：統計數字。

年齡撫養比率沒有考慮人口的經濟活動身份，為此，政府統計處另編製四種經濟撫養比率，以量度勞動人口的負擔。[8] 1993 年至 2017 年間，少年兒童經濟撫養比率由 419 降至

8　少年兒童經濟撫養比率是指 15 歲以下非從事經濟活動人口數目相對每千名勞動人口的比率。成人經濟撫養比率是指 15 歲至 64 歲非從事經濟活動人口數目相對每千名勞動人口的比率。老年經濟撫養比率是指 65 歲及以上非從事經濟活動人口數目相對每千名勞動人口的比率。總經濟撫養比率是指非從事經濟活動人口數目相對每千名勞動人口的比率。

232；成人經濟撫養比率相對穩定，在 409 至 488 之間波動；老年經濟撫養比率由 172 升至 282；總經濟撫養比率乃少年兒童、成人和老年經濟撫養比率的總和，由於少年兒童經濟撫養比率下跌，總經濟撫養比率由 1043 降至 923。總括來説，1993 年時，每千名勞動人口要供養 1043 名非從事經濟活動人口，包括 419 名少年兒童、451 名成人和 172 名長者。由於生育率下滑，勞動人口需撫養的少年兒童數目減少。至 2017 年，每千名勞動人口要供養 923 名非從事經濟活動人口，包括 232 名少年兒童、409 名成人和 282 名長者。人口勞工比率（population to labour force ratio）是另一種經濟撫養比率，[9] 用以量度每名勞動人口所需要撫養的人數（包括自己）。1993 年至 2017 年間，人口勞工比率有所下降，由每名勞動人口平均需要撫養 2.043 人減少至 1.923 人。

三、種族和國籍

1. 按種族劃分的人口數目

1841 年以前

從體質人類學的角度，香港新石器時期的先民屬於蒙古人種的南亞類型，與粵、閩地區特別是珠江三角洲流域先民的體質特徵有明顯共通性。香港先民人種的確定主要依靠馬灣東灣仔北遺址，該地出土先秦時期的墓葬中檢測到人骨的有 15 座，其主要特徵是頭顱呈長狹型、低眼眶、短面、闊鼻、鏟形上門齒。該時期香港先民的平均身高約 1.63 米，與南方地區相近。

自秦代至清代，歷代政府管轄下的香港地區一直是相當純粹的華人社會。英佔以後，除內地華人外，英國等歐洲地區及香港鄰近地區都開始有人前來謀生以至定居；然而，香港始終是一個單一種族社會，逾九成人口是華人。

1841 年至 1931 年

英佔初年的人口統計把種族區分為白人（或「歐洲人」、「歐美人」）和有色人（含華人），或白人、有色人和華人；部分年份有提供進一步的分類；種族不詳者主要是臨時居民。1840 年代中後期，香港島的白人數目相當穩定，一直在 600 人上下，其後人數增加，1850 年代的最高位是 1857 年的 1411 人，其後回落至 1859 年的 1034 人。同期間的有色人持續增加，由 1845 年的 23,114 人升至 1859 年的 85,907 人。如將種族不詳的人士扣除，白人的比例極低，介乎 0.8% 至 3.0%，有色人的比例多超過 98%（見表 3-22）。

9 人口勞工比率是指總人口相對勞動人口的比率。

表 3-22　1845 年至 1859 年按種族劃分香港島人口：白人和有色人統計表

年	白人		有色人		種族不詳
	人數（人）	百分比	人數（人）	百分比	人數（人）
1845	634	2.7	23,114	97.3	409
1846	618	2.9	20,449	97.1	768
1847	603	2.5	23,269	97.5	0
1848	612	3.0	20,872	97.0	0
1849	656	2.2	28,851	97.8	0
1850	465	1.4	32,678	98.6	149
1851	647	2.0	32,173	98.0	163
1852	526	1.4	36,262	98.6	270
1853	476	1.2	38,347	98.8	194
1854	497	0.9	54,919	99.1	299
1855	571	0.8	71,718	99.2	318
1856	840	1.2	70,745	98.8	145
1857	1411	1.8	75,683	98.2	0
1858	1109	1.5	74,312	98.5	82
1859	1034	1.2	85,907	98.8	0

注：包括水上和流動人口。1847 年至 1849 年和 1858 年白人為歐洲人，1850 年至 1856 年和 1859 年白人為歐洲人和美國人。有色人包括華人、果亞和澳門葡萄牙人、印度裔人士、馬來人、菲律賓人和混血兒。白人和有色人的比例不包括種族不詳人士。

資料來源：　歷年 *Hong Kong Blue Book*；R. L. Jarman (ed.), *Hong Kong Annual Administration Reports 1841-1941*。

1847 年至 1859 年的統計進一步將「有色人」分為華人、葡萄牙人、印度裔人士、馬來人、菲律賓人，「白人」為歐洲人或歐美人，1859 年還包括混血兒。將葡萄牙人獨立為一類，原因是他們在遠東有悠久的歷史，與各地原居者通婚的情況也比較普遍，不少人的身體特徵已有一定變化，能操多種語言者為數亦多，與新來港的歐洲人有頗大差別。至於印度裔人士、馬來人、菲律賓人，也是基於身體特徵、語言和人數與華人有顯著分別而被另立為一項。1844 年，歐洲人和華人各有 454 人和 19,009 人，各佔總人口的 2.3% 和 97.7%。其後，華人人數持續增加，1858 年達 73,746 人。歐洲人由 1847 年的 603 人增至 1857 年的 1411 人，翌年回落至 1109 人。葡萄牙人的波幅較大，先由 1847 年的 264 人增至 1856 年的 892 人，再降至 1858 年的 271 人。印度裔人士、馬來人、菲律賓人的數量相對較少，由 1847 的 539 人減至 1858 年的 295 人。1859 年，歐美人和華人各有 1034 人和 85,280 人，葡萄牙人、印度裔人士、菲律賓人和混血兒共 477 人，各佔總人口的 1.2%、98.1% 和 0.5%（見表 3-23）。

1860 年至 1897 年間，香港島和九龍的白人數目不斷增加，由 1860 年的 1592 人升至 1891 年的 8545 人，1897 年突降至 3625 人；如將種族不詳的人士扣除，白人佔香港人口的比例極低，1860 年代約 2%，1870 年代約 5%，1897 年又回落至 1.5%。白人數目和佔比於 1871 年至 1891 年驟升，這主要由於港府把之前沒有包括的任職軍人、警察和

表 3-23　1847 年至 1859 年按種族劃分香港島人口：白人、華人、葡萄牙人和其他有色人統計表

單位：人

年	白人	有色人				種族不詳
		華人	葡萄牙人	其他	合計	
1847	603	22,466	264	539	23,269	0
1848	642	20,338	321	213	20,872	0
1849	656	28,297	331	223	28,851	0
1850	465	31,987	415	276	32,678	149
1851	647	31,463	489	221	32,173	163
1852	526	35,517	478	267	36,262	270
1853	476	37,536	459	352	38,347	194
1854	497	54,072	519	328	54,919	299
1855	571	70,651	676	391	71,718	318
1856	840	69,251	892	602	70,745	145
1857	1411	72,358	不詳	3325	75,683	0
1858	1109	73,746	271	295	74,312	82
1859	1034	85,280	不詳	627	85,907	0

注：包括水上和流動人口。白人於 1847 年至 1849 年和 1858 年為歐洲人；於 1850 年至 1856 年和 1859 年為歐洲人和美國人。葡萄牙人為果亞和澳門葡萄牙人，於 1851 年含葡萄牙混血兒。其他有色人於 1847 年至 1848 年為印度裔人士和馬來人；於 1849 年至 1850 年和 1858 年為印度裔人士和馬來人等；於 1851 年至 1856 年為印度裔人士、馬來人和菲律賓人；於 1857 年和 1859 年為華人以外的有色人。

資料來源：　歷年 *Hong Kong Blue Book*；R. L. Jarman (ed.), *Hong Kong Annual Administration Reports 1841-1941*。

商船船員的白人計算在內；1897 年的統計又因軍人的種族不詳而扣除了軍人，白人的數目和佔比隨即下降。同期間的有色人持續增加，由 1860 年的 93,325 人升至 1897 年的 238,137 人；如將種族不詳的人士扣除，有色人的比例多超過 98%，在有色人中，華人佔約 98%，其他有色人只佔 1% 至 3%（見表 3-24）。

1897 年的統計增加英國、葡萄牙、美國、其他歐洲、印度裔、歐亞混血兒等分類。當年，非華裔人口共 8482 人，其中以英國人和葡萄牙人居多，英國人有 2374 人（佔 28.0%），葡萄牙人有 2267 人（佔 26.7%）；兩者的人數不相伯仲，但性別和年齡結構有明顯差別。英國人中，女性佔 37.7%，0 歲至 19 歲的兒童和青少年佔 30.3%；葡萄牙人的相應比例較高，為 55.2% 和 42.3%。印度裔人士的數量居第三位，有 1349 人（佔 15.9%），其女性及兒童和青少年的佔比更低，為 27.5% 和 27.4%。美國人只有 223 人（佔 2.6%）。其他歐洲人、歐亞混血兒和其他種族人士，各佔 12.1%、3.2% 和 11.4%（見表 3-25）。

1900 年代至 1930 年代，居港的外國人口由 1901 年的 8415 人增至 1931 年的 18,536 人，增幅雖大，總體規模仍然有限，在香港人口中的佔比僅 2.2%。非華裔人口中，最多是英國人，其次是葡萄牙人和印度裔人士，日本人、德國人、美國人和菲律賓人再次之，後四者與英、葡和印度裔人口相距甚遠；其他種族如猶太、法國的人數都較少（見表 3-26）。

表 3-24 1860 年至 1897 年若干年份按種族劃分香港島和九龍人口統計表

單位：人

年	白人	有色人			種族不詳
		華人	其他	合計	
1860	1592	90,691	2634	93,325	0
1861	1557	113,193	1284	114,477	3287
1862	1604	117,213	1268	118,481	3426
1863	1644	118,375	1336	119,711	3495
1864	1963	115,152	4283	119,435	100
1865	2034	118,895	1645	120,540	2930
1866	2113	108,836	1231	110,067	2918
1867	2218	113,835	1168	115,003	250
1869	3464	113,784	1948	115,732	130
1871	5931	115,444	2823	118,267	0
1872	4931	115,564	1490	117,054	0
1876	7525	130,168	1451	131,619	0
1881	7990	150,690	1722	152,412	0
1891	8545	210,995	1901	212,896	0
1897	3625	233,280	4857	238,137	5145

注：自 1861 年起包括九龍人口。白人為歐洲人和美國人。華人包括水上人口和苦力；於 1860 年至 1867 年不包括軍人和商船船員；於 1869 年至 1891 年包括軍人和商船船員；於 1897 年包括商船船員。其他有色人含混血兒；於 1860 年包括臨時居民、居於草棚者和移民；於 1864 年包括無家者和囚犯。種族不詳者於 1861 年至 1863 年包括臨時居民、移民、居於草棚者、無家者和囚犯；於 1864 年、1867 年和 1869 年包括臨時居民；於 1865 年和 1866 年包括臨時居民、無家者和囚犯。1897 年軍人的種族不詳。

資料來源： 歷年 *Hong Kong Blue Book*；歷年 *The Hongkong Government Gazette*。

1921 年的人口普查報告指出，西方人的流動性高，幾乎每五年便轉換一次，即大部分公司的僱員約滿後便會離港。

踏入二十世紀，英國人數目上升，1901 年有 2708 人，1911 年有 3761 人。因 1921 年只計算國籍，可能混合印度裔人士，非華裔英國籍人口有 7889 人，當中歐洲裔英國人約有 4300 人，增幅比 1900 年代的小，這是由於 1920 年代初出現貿易衰退，導致英國商行難以發展。1931 年的居港英國人有 6684 人。多數男性在 21 歲至 25 歲之間來港，並在 55 歲以後離港。1921 年時 7 歲以上的人口甚至下跌，因為有能力的家庭會將兒童送返英國就學，其母親通常同行，因此 40 歲及以上的已婚婦女也減少。據 1921 年人口普查，英國人從事多種行業和職業，軍人和公務員之中，英國人的比例遠高於其他外國人。

印度裔人士由 1901 年的 1453 人增至 1931 年的 3475 人。這段時期，印度裔人士的數量主要取決於警察和警衛員的招聘，如在 1921 年，85% 的印度裔成年男性從事此等職業（見圖 3-3）。這 30 年間，印度裔人士以成年男性居多，15 歲至 59 歲的男性約是女性的八倍。這主要因為家庭長輩同意年輕男性前往外地，但不准許其配偶陪同。然而，印度裔

圖 3-3　1910 年代香港警察，由不同族裔組成。（約攝於 1915 年，香港特別行政區政府提供）

表 3-25　1897 年按種族、性別和年齡組別劃分香港島和九龍非華裔人口統計表

單位：人

種族	性別	年齡組別（歲）							不詳	總計
		0-9	10-19	20-29	30-39	40-49	50-59	≥60		
英國人	男性	224	123	377	421	210	86	25	12	1478
	女性	251	122	229	181	68	31	5	9	896
	合計	475	245	606	602	278	117	30	21	2374
葡萄牙人	男性	249	241	210	127	77	76	35	0	1015
	女性	238	230	273	165	155	125	66	0	1252
	合計	487	471	483	292	232	201	101	0	2267
美國人	男性	8	10	25	29	28	18	7	0	125
	女性	10	13	37	21	8	7	2	0	98
	合計	18	23	62	50	36	25	9	0	223
其他歐洲人	男性	58	62	201	184	124	62	21	0	712
	女性	67	40	89	68	25	13	14	0	316
	合計	125	102	290	252	149	75	35	0	1028
印度裔人士	男性	108	80	371	245	91	59	22	2	978
	女性	110	71	124	33	21	9	3	0	371
	合計	218	151	495	278	112	68	25	2	1349
歐亞混血兒	男性	40	35	13	5	2	0	1	0	96
	女性	60	73	19	12	6	4	2	0	176
	合計	100	108	32	17	8	4	3	0	272
其他	男性	49	90	183	128	62	29	20	5	566
	女性	57	121	125	61	21	12	5	1	403
	合計	106	211	308	189	83	41	25	6	969
所有非華裔	男性	736	641	1380	1139	594	330	131	19	4970
	女性	793	670	896	541	304	201	97	10	3512
	合計	1529	1311	2276	1680	898	531	228	29	8482

注：包括商船船員，不包括軍人。
資料來源： 1897 年人口普查報告。

人丄之間有較密切的親屬關係，新移民傾向與族人同住，因此全男性家庭或單身男性居所的數字甚小。1931 年的人口普查顯示，1270 名印度裔人士受僱於軍隊，398 名受僱於警隊，127 名受僱於政府其他部門（包括擔任監獄職員、教師、電報員、文員、技工等），1294 名投身貿易及商業，108 名為專業人士。

同期間，葡萄牙人由 1948 人增至 3229 人，增幅較英國人和印度裔人士低。與其他歐美族裔不同，葡萄牙男性的人數較女性少。葡萄牙人從事多種行業和職業，1921 年時，男性較多任職文員、簿記員和出納員，女性較多任職打字員和電話通訊員。

德國人數量不多，1901 年、1906 年和 1911 年分別有 337 人、359 人和 342 人。在一戰前，德國人在香港的商業貿易有重要地位；一戰時，德國撤走婦女和兒童，男性多被拘留，財產被充公；一戰後，德國商行逐漸恢復，但市場份額遠遜戰前，居港德國人在 1931 年減至 179 人。

日本與英國在 1902 年結為同盟，來港的日本人開始增加，由 1901 年的 484 人增至 1931 年的 1833 人。日本人的性別構成也出現變化，1901 年時，女性的數目比男性多，這是因為當中有婦女來港當娼，當年，日本妓院有 13 間，妓女 132 人，佔該年居港日本人的 27.3%。從 1906 年起，男性數目超過女性，即使在 1910 年代以後香港有反日情緒，不少日本人仍攜眷來港，已婚女性在 1921 年有 293 名。日本人較多在灣仔區居住，他們從事

表 3-26　1901 年至 1931 年若干年份按種族和性別劃分香港非華裔人口統計表

單位：人

種族	1901			1906			1911			1931		
	男性	女性	合計	男性	女性	合計	男性	女性	合計	男性	女性	合計
歐美裔												
英國人	1624	1084	2708	2225	1484	3709	2157	1604	3761	3756	2928	6684
美國人	101	97	198	144	153	297	151	144	295	173	151	324
法國人	79	24	103	81	54	135	85	63	148	95	132	227
德國人	232	105	337	237	122	359	214	128	342	104	75	179
猶太人	99	66	165	88	67	155	136	95	231	66	63	129
葡萄牙人	867	1081	1948	1057	1250	2307	1157	1401	2558	1519	1710	3229
西班牙人	75	51	126	64	48	112	52	48	100	57	67	124
其他	140	83	223	171	123	294	145	121	266	307	252	559
小計	3217	2591	5808	4067	3301	7368	4097	3604	7701	6077	5378	11,455
其他種族												
印度裔人士	1108	345	1453	1690	378	2068	1548	464	2012	2719	756	3475
日本人	205	279	484	478	379	857	548	410	958	996	837	1833
菲律賓人	196	70	266	110	88	198	128	93	221	204	134	338
其他	165	232	397	241	231	472	155	178	333	715	720	1435
不詳	3	4	7	0	0	0	0	0	0	0	0	0
小計	1677	930	2607	2519	1076	3595	2379	1145	3524	4634	2447	7081
總計	4894	3521	8415	6586	4377	10,963	6476	4749	11,225	10,711	7825	18,536

注：不包括軍人和商船人口。「其他種族」的其他組別含混血兒。
資料來源：　歷年人口普查報告。

多種行業和職業，1921 年時，男性較多任職文員、商人、理髮員和家傭，女性較多任職妓女和家傭。

港府自 1897 年起開始記錄歐亞混血兒的人數，當年有 272 人，以兒童和青少年居多，76.5% 在 19 歲及以下。其後人口普查所錄得的數量甚少，1901 年有 267 人，1931 年有 837 人。港府認為混血兒多以華人自居，難以獲得其準確數字，人口普查所顯示的少數人，可能由歐洲人撫養。由英治初年至日佔時期，歐亞混血兒一直備受歧視，大多處於社會底層。

2001 年至 2016 年

從 2001 年起，政府統計處在人口普查加入「種族」題目，個人的種族由受訪者提供，「種族」的分類是根據聯合國建議，參考不同的概念包括文化起源、國籍、膚色及語言等而制定，非華裔人士統稱為少數族裔人士。[10] 2001 年至 2016 年間，華裔人士的佔比由 94.9% 降至 92.0%；少數族裔人士由 5.1% 升至 8.0%（由 343,950 人增至 584,383 人），後者絕大部分是常住居民（2001 年為 99.0%，2016 年為 98.7%），也有相當大的比例是外籍家傭（2016 年為 54.9%）。撇除外籍家傭後，在 2016 年共有 263,593 名少數族裔人士，佔香港人口 3.6%（2006 年為 2.3%）（見表 3-27）。

這 15 年間，少數族裔人士數目上升，這主要是由於菲律賓人、印尼人、南亞裔人、白人和混血兒的數目有所增加，菲律賓人和印尼人的增幅，是由任職外籍家傭的增加帶動；泰國人和日本人的數目則下降。因此，少數族裔人士的種族構成出現變化。2001 年，非華裔亞洲人佔 80.4%、歐洲人佔 8.4%、混血兒佔 5.7%、其他種族佔 5.6%。按種族分析，大部分為菲律賓人（41.4%），其餘依次為印尼人（14.7%）、英國人（5.5%）、印度人（5.4%）、泰國人（4.2%）、日本人（4.1%）、尼泊爾人（3.7%）、巴基斯坦人（3.2%）、美國人／加拿大人（2.7%）、澳洲人／新西蘭人（2.0%）、韓國人（1.5%）。2016 年，非華裔亞洲人仍佔最多數（78.2%），混血兒的佔比升至 11.2%，白人為 10.0%，其他種族為 0.6%。按種族分析，菲律賓人仍居首位，但佔比減至 31.5%；印尼人升至 26.2%；其餘依次為印度人（6.2%）、尼泊爾人（4.4%）、巴基斯坦人（3.1%）、泰國人（1.7%）、日本人（1.7%）、韓國人（1.1%）。

少數族裔人士的年齡和性別結構與全港人口有很大差別，少數族裔人口較香港人口年輕和性別比率較低，2001 年至 2016 年的差異模式基本一致。以 2016 年為例，少數族裔的年齡中位數為 36.3 歲，香港人口為 43.4 歲；少數族裔人士的性別比率為 307‰，香港人口

10 在普查報告中，「歐洲人」、「美國人／加拿大人」和「澳洲人／新西蘭人」的數字只包括白人，黑人的數字列入「其他」。南亞裔人士只包括印度、巴基斯坦、尼泊爾、孟加拉及斯里蘭卡五個種族群。此外，2016 年的「混血兒」數字與以往年份不完全可比，因 2016 年容許受訪者提供多過一個種族的資料，報稱多於一個種族者分類為「混血兒」。

表 3-27　2001 年至 2016 年若干年份按種族劃分香港非華裔人口統計表

種族	2001		2006		2011		2016	
	人數（人）	百分比	人數（人）	百分比	人數（人）	百分比	人數（人）	百分比
亞洲人（非華人）	276,531	80.4	285,550	83.4	365,611	81.0	457,188	78.2
菲律賓人	142,556	41.4	112,453	32.9	133,018	29.5	184,081	31.5
印尼人	50,494	14.7	87,840	25.7	133,377	29.6	153,299	26.2
泰國人	14,342	4.2	11,900	3.5	11,213	2.5	10,215	1.7
日本人	14,180	4.1	13,189	3.9	12,580	2.8	9976	1.7
韓國人	5263	1.5	4812	1.4	5209	1.2	6309	1.1
南亞裔人士	不詳	不詳	49,507	14.5	65,521	14.5	84,875	14.5
印度人	18,543	5.4	20,444	6.0	28,616	6.3	36,462	6.2
尼泊爾人	12,564	3.7	15,950	4.7	16,518	3.7	25,472	4.4
巴基斯坦人	11,017	3.2	11,111	3.2	18,042	4.0	18,094	3.1
其他南亞裔人士	—	—	2002	0.6	2345	0.5	4847	0.8
其他亞洲人	7572	2.2	5849	1.7	4693	1.0	8433	1.4
白人	46,584	13.5	36,384	10.6	55,236	12.2	58,209	10.0
混血兒	19,441	5.7	18,092	5.3	29,001	6.4	65,255	11.2
華人父或母	16,587	4.8	14,932	4.4	24,649	5.5	53,581	9.2
其他混血兒	2854	0.8	3160	0.9	4352	1.0	11,674	2.0
其他	1394	0.4	2172	0.6	1335	0.3	3731	0.6
所有少數族裔人士	343,950 (5.1%)	100.0	342,198 (5.0%)	100.0	451,183 (6.4%)	100.0	584,383 (8.0%)	100.0
撇除外籍家傭後的所有少數族裔人士	不詳		155,147 (2.3%)		197,022 (2.8%)		263,593 (3.6%)	
香港人口（人）	6,708,389		6,864,346		7,071,576		7,336,585	

注：「—」表示 2001 年「其他南亞裔人士」數字包括在「其他亞洲人」內。「其他」數字包括黑人和拉丁美洲人等。括號內數字為在香港人口中佔比。2016 年的「混血兒」數字與以往年份不完全可比。
資料來源： 2011 年人口普查報告；2016 年中期人口統計報告。

為 852‰，原因是逾半少數族裔人士是外籍家傭，其中約 99% 是女性，若不計算外籍家傭，少數族裔人士的性別比率升至 1027‰。

不同種族群的年齡結構呈現明顯但不一致的分別，如在 2001 年，混血兒的年齡中位數是 11 歲，低於其他種族；2016 年時，則是巴基斯坦人的年齡中位數較低，為 25.8 歲。不同種族群的性別結構亦存在差異，亞洲人和混血兒是女多男少，白人則是男多女少，2001 年至 2016 年間的差異模式基本一致。以 2016 年的性別比率為例，亞洲人和混血兒為 175‰ 和 843‰，白人則達 1747‰；亞洲人中，印尼人（12‰）、菲律賓人（63‰）和泰國人（150‰）的性別比率非常低；巴基斯坦人（1348‰）和尼泊爾人（1074‰）則相反，男性較女性為多。

圖 3-4　民政事務局常任秘書長馮程淑儀（左三）參觀葵青區少數族裔人士支援服務中心 LINK Centre 的圖書室，並與少數族裔兒童交流。（攝於 2015 年，香港特別行政區政府提供）

2. 按國籍劃分的人口數目

1841 年至 1940 年

英佔初年，英國人的數目增加頗快，澳門的外國僑民亦有人遷移到港，當中葡萄牙人佔比較大；之後，隨着在遠東、我國進行經濟貿易的需要，以及其在港僑民數目的增加，多個國家在港設立領事館，包括美國、丹麥、法國、葡萄牙、比利時、奧地利、荷蘭、薩丁尼亞（後統一為意大利）、西班牙、不來梅、普魯士、漢堡、漢諾威（後四者其後成為德國成員邦）等。然而，當時只有關於居民國籍的零散記述，如英屬印度與英國關係緊密，印度裔人士來港者亦多。1841 年最少有 2700 名印度裔士兵和 4 名印度裔商人出席升旗禮儀式。1845 年，不屬於駐港英軍的印度裔人士有 362 名，包括 346 名男性、12 名女性及 4 名兒童。1855 年時有 391 人，數量相若，但結構有所改變，男性減至 213 人，女性和兒童各增至 79 人和 99 人。這個轉變主要由於印度裔人士較樂於留港，有些更把家人接到香港生活。[11]

從 1869 年起，港府開始統計居民的國籍。歐美人口由 1869 年的 2289 人增至 1891 年

11　有關印度裔人士的統計並不準確。所有來自印度半島者，皆被視為印度裔人士；持有由英國印度殖民政府發出的護照亦被歸為印度裔人士；持有由倫敦英國政府發出的護照則被視為英國人；另外，1931 年以外的人口統計沒有計算印度裔軍人，印度裔人士的數量可能因此被低估。

的 4195 人。總體規模雖然有限，但來自眾多國家。按人數計，最多為葡萄牙人，英國人次之，德國人雖位居第三，但數目與葡、英相距甚遠；人數較少的為瑞士、挪威、比利時、荷蘭、波蘭、希臘、馬爾他、羅馬尼亞、墨西哥、匈牙利、黑爾戈蘭（Heligoland）等人。除葡萄牙人外，其他歐美人的共同特徵是以成年人和男性居多（見表 3-28）。

1869 年至 1891 年，葡萄牙人的人數由 1150 人增至 2089 人，在歐美人口中的佔比，曾由 1869 年的 50.2% 升至 1876 年的 62.1%，後回落至 1891 年的 49.8%。他們大部分是來自澳門的土生葡人。1874 年，澳門風災令不少當地葡人失去家園和生計，促使他們舉家移民來港；相較其他歐美人，葡人的人口結構是女性及兒童較多。同期間，英國人的人數由 759 人增至 1448 人，在歐美人口中的佔比，曾由 1869 年的 33.2% 降至 1876 年的 25.3%，後回升至 1891 年的 34.5%；其人口結構是成年女性和兒童的佔比較低。1861 年清朝政府與普魯士王國簽署《中德通商條約》後，促使更多德國人來華經商。1871 年至 1891 年間，居港德國人只約 200 人，但他們在商業領域佔重要地位，禪臣（Siemssen）、美最時（Melchers）及瑞記（Arnhold Karberg）等德國洋行代表進入香港上海滙豐銀行董事局，亦有「中國通」的德國傳教士如歐德理出任港府官員。

根據 1921 年和 1931 年的人口普查，具國籍資料者由 12,893 人增至 80,890 人。這十年間，英國籍的人口佔大多數，由 7889 人增至 72,002 人；在外籍人口中的佔比由 61.2% 升至 89.0%。這異常的增幅主要因為 1931 年的統計包含了 60,013 名華裔及 5639 名非華裔人士，後者包括印度裔人士 3324 人及葡萄牙人 983 人。按《1902 年歸化條例》，任何外國人在香港居住或為英國政府服務不少於五年，及在香港永久居住，便可申請入籍英國，1931 年有 1825 人歸化英國。1931 年時第二多人口的國籍是葡萄牙，有 2617 人，當中有 473 人為華裔；葡萄牙籍的人數比 1921 年多 560 人。第三多為日本，在 1899 人中有 61 人為華裔；日本籍的人數比 1921 年多 314 人。再次是美國人，在 1246 人中有 446 人為華裔；美國籍的人數比 1921 年多 776 人。其他國籍人士的規模都很小，較多的法國人也只有 331 人（見表 3-29）。

1941 年至 1960 年

日佔前夕，外國人口中仍以英國人佔最大部分，1941 年 3 月有 7982 人，佔 33.7%；其次為英屬印度人（7379 人，31.1%），第三為葡萄牙人（2922 人，12.3%）（見表 3-30）。日佔開始後，中國人和外國人（日本人除外）人口均呈下跌趨勢，中國人由 1941 年 3 月的 161.6 萬人跌至 1943 年 10 月的 84.2 萬人，當中多為「歸鄉」政策下被強制遣返和自行離港者，主要轉移到中國內地。日本人以外的外國人由 1941 年的 23,115 人減至 1943 年的 7322 人，外國居民離港的主因是避開戰事，另平均有約 2900 名平民被監禁在赤柱拘留所、逾萬名軍人被關禁在戰俘營，其中近 5000 名在 1942 年 9 月至 1944 年 4 月期間被送往日本或台灣地區。在中國人和外國人數目下跌之時，日本人數目則上升。1941 年淪陷前居港日本人只有 593 名；1943 年 10 月增至 6374 人。日佔期間，居港外國人口中，

表 3-28　1869 年至 1891 年若干年份按年齡組別、性別和國籍劃分香港島和九龍歐美人口統計表

單位：人

年齡組別	性別	英國	葡萄牙	德國	美國	法國	丹麥	意大利	西班牙	瑞典	奧地利	土耳其	俄羅斯	其他	總計
1869															
成年	男性	485	363	135	90	35	12	11	8	2	4	1	1	14	1161
	女性	130	348	14	17	11	0	1	1	0	0	0	0	1	523
兒童	男性	74	241	2	1	5	0	0	0	0	0	0	0	0	323
	女性	70	198	2	7	5	0	0	0	0	0	0	0	0	282
合計		759	1150	153	115	56	12	12	9	2	4	1	1	15	2289
1871															
成年	男性	524	447	152	94	48	22	11	35	9	2	3	6	28	1381
	女性	160	467	14	17	9	1	13	0	0	1	1	0	1	684
兒童	男性	102	290	0	11	1	0	0	2	0	1	0	0	0	407
	女性	83	163	4	11	2	0	1	0	0	0	0	0	0	264
合計		869	1367	170	133	60	23	25	37	9	4	4	6	29	2736
1872															
成年	男性	428	367	124	59	26	17	4	4	6	1	0	3	15	1054
	女性	162	361	26	20	10	2	11	3	0	1	0	0	2	598
兒童	男性	86	284	21	11	2	1	0	2	0	2	0	0	0	409
	女性	81	338	15	16	5	1	0	3	0	0	0	0	0	459
合計		757	1350	186	106	43	21	15	12	6	4	0	3	17	2520
1876															
成年	男性	342	418	112	47	33	7	7	8	4	1	0	0	13	992
	女性	124	487	18	20	7	0	21	0	0	1	0	1	1	680
兒童	男性	121	399	13	7	4	0	0	0	0	0	0	0	1	545
	女性	112	414	11	7	1	1	0	4	0	0	0	0	0	550
合計		699	1718	154	81	45	8	28	12	4	2	0	1	15	2767
1881															
成年	男性	336	384	106	41	25	9	12	4	4	1	1	2	10	935
	女性	161	521	23	16	12	0	24	1	0	2	1	5	2	768
兒童	男性	144	511	32	5	2	0	4	0	0	0	0	0	1	699
	女性	144	453	27	8	3	1	0	0	0	0	0	0	2	638
合計		785	1869	188	70	42	10	40	5	4	3	2	7	15	3040
1891															
成年	男性	795	563	125	41	51	14	12	34	19	10	13	8	17	1702
	女性	300	767	29	37	17	1	25	15	0	9	5	5	8	1218
兒童	男性	159	374	24	8	9	1	1	19	3	4	10	0	1	613
	女性	194	385	30	7	12	0	0	20	4	3	3	1	3	662
合計		1448	2089	208	93	89	16	38	88	26	26	31	14	29	4195

注：「其他」包括瑞士、挪威、比利時、荷蘭、波蘭、希臘、馬爾他、羅馬尼亞、墨西哥、匈牙利和黑爾戈蘭人，此等國籍人士在這六年每年均不足十人。

資料來源：　歷年 *The Hongkong Government Gazette*；1891 年人口普查報告。

表 3-29　1921 年和 1931 按國籍和性別劃分香港外國籍人口統計表

單位：人

國籍	1921			1931		
	男性	女性	合計	男性	女性	合計
英國	4706	3183	7889	37,212	34,790	72,002
歸化英國	不詳	不詳	不詳	1287	538	1825
法國	108	100	208	166	165	331
葡萄牙	898	1159	2057	1252	1365	2617
其他歐洲國家	211	152	363	466	346	812
日本	915	670	1585	1028	871	1899
菲律賓	120	112	232	不詳	不詳	不詳
其他亞洲國家	9	5	14	24	3	27
美國	270	200	470	702	544	1246
其他美洲國家	27	48	75	58	73	131
總計	7264	5629	12,893	42,195	38,695	80,890

注：不包括軍人。1931 年不包括商船人口，1921 年不詳。1931 年「其他亞洲國家」含非洲。
資料來源：　1921 年及 1931 年人口普查報告。

表 3-30　1941 年至 1943 年按國籍劃分香港人口統計表

單位：人

年	中國	日本	其他							外國人合計
			英國	英屬印度	葡萄牙	美國	其他歐洲	其他	小計	
1941 年 3 月	1,615,629	593	7982	7379	2922	396	2935	1501	23,115	23,708
1942 年 12 月	972,146	4002	不詳	不詳	不詳	不詳	不詳	不詳	7264	11,266
1943 年 10 月	842,219	6347	不詳	不詳	不詳	不詳	不詳	不詳	7322	13,669

注：假設 1941 年的新界人口全是中國籍。1942 年和 1943 年的統計沒有包括梅窩、長洲、大澳和坪洲的居民。
資料來源：　1941 年人口普查報告；〈港九人口分配情況〉，《大公報》（香港），1941 年 4 月 16 日，第 6 版；東洋經濟新報社編：《軍政下の香港》；《總督部公報》，第二號，1943 年 1 月 20 日。

日本人佔最大比例，1943 年 10 月達 46.4%。日本人任職官員和各行業管理層成員的比例，均高於華人。

此外，根據日佔政府總督部外事部的調查，1943 年 11 月底，居港外國人口（日本人除外）共 7045 人，其中 60.4% 居於香港島，39.6% 居於九龍。他們遍及眾多種族或國籍，但種族或國籍人數超過 100 人者，只有 6 個，分別為印度裔、葡萄牙、歐亞混血、白俄羅斯、意大利和馬來西亞；人數介乎 50 人至 100 人者，有 5 個，為菲律賓、法國、愛爾蘭、西班牙和瑞士；人數不足 10 人者，有 11 個，為緬甸、拉脱維亞、土耳其、愛沙尼亞、亞美尼亞、巴勒斯坦、非洲、烏克蘭、阿爾巴尼亞、芬蘭和立陶宛（見表 3-31）。

此時，印度裔人士有 3662 人，佔 52.0%，成為日本人以外最多的居港外國人口。日佔期間，印度裔人士成為日本人的合作對象，許多原先由英國人和華人擔任的工作都交由印度

表 3-31　1943 年 11 月按國籍、居住地區和性別劃分香港外國籍人口統計表

單位：人

國籍		香港島		九龍		合計
		男性	女性	男性	女性	
歐洲	葡萄牙	190	321	225	282	1018
	白俄羅斯	40	42	48	46	176
	意大利	32	63	6	20	121
	法國	24	36	8	10	78
	愛爾蘭	29	27	6	6	68
	西班牙	23	5	13	19	60
	瑞士	30	18	1	5	54
	捷克斯洛伐克	12	9	2	3	26
	丹麥	5	6	1	3	15
	德國	4	5	3	3	15
	瑞典	1	3	4	7	15
	匈牙利	3	4	3	2	12
	波蘭	4	2	4	1	11
	蘇聯	8	0	1	2	11
	拉脱維亞	1	2	1	2	6
	愛沙尼亞	2	2	1	0	5
	烏克蘭	0	0	1	1	2
	阿爾巴尼亞	1	0	0	0	1
	芬蘭	0	1	0	0	1
	立陶宛	1	0	0	0	1
	小計	410	546	328	412	1696
亞洲	英屬印度	1755	648	945	314	3662
	馬來西亞	30	33	22	27	112
	菲律賓	17	12	27	35	91
	越南	9	17	3	2	31
	泰國	6	7	8	9	30
	緬甸	0	0	6	1	7
	土耳其	5	1	0	0	6
	亞美尼亞	2	1	1	0	4
	巴勒斯坦	0	0	1	2	3
	小計	1824	719	1013	390	3946
其他	歐亞混血	170	250	91	116	627
	非洲	2	0	0	1	3
	無國籍	4	7	7	9	27
	其他	75	251	171	249	746
	小計	251	508	269	375	1403
總計		2485	1773	1610	1177	7045

注：不包括日本人。
資料來源： 東洋經濟新報社編：《軍政下の香港》。

裔人士負責，在戰俘營中的印度裔士兵也獲得較好待遇或獲得釋放，1944 年戰事結束時只餘 3 名印度裔戰俘。葡萄牙人在數目上居次，有 1018 人，佔 14.4%。葡萄牙在二戰中為中立國，其國民不需被監禁，因此人口相對較多。歐亞混血人士居第三位，有 627 人，佔 8.9%。來自其他國家或地區的人數甚少，如居第四位至第六位的白俄羅斯、意大利和馬來西亞人，各只有 176 人、121 人和 112 人，位居榜末的非洲和巴勒斯坦各有 3 人，烏克蘭有 2 人，阿爾巴尼亞、芬蘭和立陶宛各只有 1 人。

在性別分布方面，居港外國人口中男性佔 58.1%，女性佔 41.9%。如只觀察人數超過 50 人的 11 個種族或國籍群體，性別比率相對平衡者只有白俄羅斯、愛爾蘭和菲律賓（每千名女性對 1000 名、1061 名和 936 名男性）。在性別失衡的 8 個群體中，男多女少者有印度裔、西班牙和瑞士（每千名女性對 2807 名、1500 名和 1348 名男性），而女多男少者有馬來西亞、歐亞混血、法國、葡萄牙和意大利（每千名女性對 867 名、713 名、696 名、688 名和 458 名男性）。

1945 年至 1960 年間，年中人口由約 60 萬人增至 307.5 萬人。《香港年報》於 1946 年開始公布居港外國國籍人士的數目，但資料並不完整，主要是約數，這些數據顯示，居港外籍人士由 1946 年約 13,370 人增至 1960 年約 25,000 人，其中以擁有永久居民身份者為主，屬暫住居民者較少，後者的比例介乎約 11% 至 22%（見表 3-32）。

居港外籍人士中，以英籍人士居多，各年數量有所起伏。1946 年至 1951 年間，由約 9500 人增至約 12,500 人，其中不少為來自澳門的英籍葡人，他們的人數約達 3000 人。1950 年代初朝鮮戰爭爆發，禁運政策對香港經濟造成嚴重打擊，國際貿易萎縮或導致部分英國人離開香港。朝鮮戰爭結束後，香港經濟逐漸復蘇，1955 年時人數再次上升，1957 年至 1960 年間維持約 15,000 人。印度籍、美國籍和葡萄牙籍的人數少於英籍居民，但遠多於其他國籍人士。對於印度籍居民，只在 1946 年和 1947 年有獨立的統計，約有兩千多人。美國籍和葡萄牙籍居民的增幅較顯著，1946 年至 1960 年間，美國人由約 250 人增至約 2440 人，葡萄牙人由約 870 人增至約 1750 人。這期間，不少美資公司將在中國內地的業務遷至香港，美國人在港人數明顯上升。菲律賓籍居民也由 1947 年約 220 人升至 1960 年約 550 人，菲律賓於 1946 年獨立後，對華人實行嚴厲的入籍政策，華人在當地的社會政治生活中處於邊緣地位，中國政府未恢復對歸僑出入境的審批，部分菲律賓華僑移居香港。其他國籍人士如意大利人、法國人、荷蘭人、日本人等的在港人數多維持在兩三百人的水平。

1961 年至 2016 年

1961 年，報稱中國國籍者共 98.35%（含 5.76% 報稱國籍為「香港」者），另有 1.10% 報稱英聯邦國家，0.24% 報稱是東亞地區的非英聯邦國家，0.31% 報稱其他國籍（見表 3-33）。[12]

---

12 政府統計處在收集國籍資料時，個人的國籍由受訪者提供，不需要出示證件。

表 3-32 1946 年至 1960 年按國籍劃分香港外國籍人口統計表

年	永久居民（人）										暫住居民（人）	總計（人）	佔香港人口百分比
	英國	葡萄牙	美國	菲律賓	意大利	法國	荷蘭	印度	日本	其他			
1946	9500	870	250	不詳	不詳	不詳	不詳	2500	不詳	250	不詳	13,370	0.9
1947	7500	970	420	220	150	130	120	2200	不詳	1490	不詳	13,200	0.8
1948	10,000	不詳	不詳	不詳	不詳	不詳	不詳	不詳	不詳	2000	1500	13,500	0.8
1949	12,500	不詳	不詳	不詳	不詳	不詳	不詳	不詳	不詳	2100	2200	16,800	0.9
1950	12,500	不詳	不詳	不詳	不詳	不詳	不詳	不詳	不詳	2000	2000	16,500	0.7
1951	12,500	不詳	不詳	不詳	不詳	不詳	不詳	不詳	不詳	2000	2770	17,270	0.9
1952	9500	不詳	不詳	不詳	不詳	不詳	不詳	不詳	不詳	5000	2700	17,200	0.8
1953	9500	不詳	不詳	不詳	不詳	不詳	不詳	不詳	不詳	5000	4200	18,700	0.8
1954	9500	850	300	不詳	不詳	不詳	80	不詳	不詳	4270	不詳	15,000	0.6
1955	13,000	1700	1800	370	250	290	300	不詳	200	1590	不詳	19,500	0.8
1956	14,000	1770	1870	390	280	360	340	不詳	250	1740	不詳	21,000	0.8
1957	15,000	1680	2190	630	280	390	340	不詳	300	2640	不詳	23,450	0.9
1958	15,000	1630	2150	580	280	310	350	不詳	360	2240	不詳	22,900	0.8
1959	15,000	1570	1860	370	不詳	不詳	280	不詳	280	不詳	不詳	26,500	0.9
1960	15,500	1750	2440	550	不詳	340	360	不詳	650	3410	不詳	25,000	0.8

注：數字大部分為中位數或經過四捨五入處理，個別項目之和可能與總數有出入。不包括軍人及其家屬。1946 年、1948 年至 1951 年，英國永久居民含英籍葡萄牙人約 3000 人。1959 年，「其他」永久居民中有 240 名印尼人，其他國籍人數不詳；「暫住居民」中有 3831 名美國人、1941 名葡萄牙人、994 名菲律賓人、536 名日本人、391 名荷蘭人、395 名印尼人，其他國籍人數不詳。1960 年，「其他」永久居民中有 387 名印尼人。

資料來源： 歷年 *Hong Kong Annual Report*。

表 3-33 1961 年至 1981 年若干年份按國籍劃分香港人口統計表

單位：%

國籍	1961	1971	1981
中國	98.35	98.28	97.98
英國	不詳	0.74	0.52
英聯邦國家	1.10	不詳	不詳
其他歐洲國家（不包括英國）	不詳	0.13	0.12
美國	不詳	0.12	0.11
加拿大	不詳	—	0.02
澳洲和新西蘭	不詳	0.07	0.08
印度、巴基斯坦、斯里蘭卡、孟加拉	不詳	0.22	0.24
馬來西亞、新加坡、汶萊、菲律賓、印尼	不詳	0.08	0.39
柬埔寨、越南、老撾、緬甸、泰國	不詳	不詳	0.18
日本	不詳	不詳	0.14
其他東亞非英聯邦國家	0.24	不詳	不詳
其他	0.31	0.36	0.23
總人數（人）	2,992,846	3,936,630	4,986,560

注：1961 年以陸上人口計算。「中國」為籍貫數目，包括籍貫為香港者。1971 年「印度、巴基斯坦、斯里蘭卡、孟加拉」不包括孟加拉；「馬來西亞、新加坡、汶萊、菲律賓、印尼」不包括菲律賓、印尼；「澳洲和新西蘭」為太平洋和大洋洲；「—」代表加拿大數目歸入美國。

資料來源： 歷年人口普查和中期人口統計報告。

1971 年，報稱中國國籍者共 98.28%（含 4.72% 報稱國籍為「香港」者）。報稱其他國籍者，依次為英國（0.74%）；印度、巴基斯坦和斯里蘭卡（0.22%）；美國和加拿大（0.12%）；馬來西亞、新加坡和汶萊（0.08%）；太平洋和大洋洲（0.07%）；其他歐洲國家（0.13%）；0.29% 報稱其他國籍，包括其他亞洲國家（0.27%）、西印度群島、中南美洲（0.01%）和非洲（0.01%）等，另有 0.07% 回答不知道。

1981 年，報稱中國國籍者共 97.98%（含 2.49% 報稱國籍為「香港」者）。報稱其他國籍者，依次為英國（0.52%）；馬來西亞、新加坡、汶萊、菲律賓和印尼（0.39%）；印度、巴基斯坦、斯里蘭卡和孟加拉（0.24%）；柬埔寨、越南、老撾、緬甸和泰國（0.18%）；日本（0.14%）；美國（0.11%）；澳洲和新西蘭（0.08%）；加拿大（0.02%）；其他歐洲國家（0.12%）；0.23% 報稱其他國籍。

1991 年至 2016 年的國籍分類情況似較為一致，但 1997 年前後有關英國和中國國籍的統計仍不可比。

1991 年和 1996 年，高達六成人口報稱英國籍（其中只有香港居留權者各佔 59.66% 和 59.22%，有香港以外地區居留權者各佔 1.24% 和 2.82%）。有三成多人口報稱中國籍（其中永久居留地是香港者各佔 34.35% 和 31.23%，永久居留地不是香港者各佔 0.87% 和 1.04%）。其他國籍人士中，以菲律賓（1.17% 和 1.94%）、美國（0.33% 和 0.47%）、葡萄牙（同為 0.33%）、加拿大（0.27% 和 0.52%）、泰國（0.21% 和 0.26%）、日本（0.20% 和 0.31%）較多（見表 3-34）。這數年間，英國籍人士中有香港以外地區居留權者大幅增加，這主要由於在 1990 年至 1996 年實施的「英國國籍甄選計劃」，讓港督推薦的五萬個合資格家庭根據《1990 年英國國籍（香港）法令》取得英國公民身份和居留權。

2001 年至 2016 年，英國國籍人口跌至 0.36% 至 0.48%，中國國籍人口則升至 92.25% 至 94.49%（含 1.15% 至 1.66% 永久居留地不是香港者）。英國籍和中國籍人口數目出現大幅波動，這主要由於採用了不同的國籍分類。根據《基本法》第十八條和附件三的規定，《中華人民共和國國籍法》自 1997 年 7 月 1 日起在香港實施，凡在中國領土出生，並具有中國血統的香港居民和前居民，不論是否持有外國護照，都被視為中國籍。[13] 因此，1991 年和 1996 年，分類為英國國籍或其他國籍的部分人士，在 2001 年及以後的人口普查會被列入中國籍。其他國籍人士的佔比亦有變化，主要是印尼籍和菲律賓籍人士的佔比上升，日本籍和泰國籍人士的佔比則下降。從 2001 年起，政府統計處根據聯合國建議，把國籍納入為制定「種族」分類的參考資料，非華裔人士的國籍和種族分布基本一致，因此，有關各國籍人士的性別和年齡構成及其變化，可參考「按種族劃分的人口數目」一節。

13 持有外國護照的中國籍香港居民可申報變更國籍，但極少人曾這樣做。

表 3-34　1991 年至 2016 年若干年份按國籍劃分香港人口統計表

單位：%

國籍	1991	1996	2001	2006	2011	2016
中國（永久居留地是香港）	34.35	31.23	93.34	92.86	91.77	90.59
中國（永久居留地不是香港）	0.87	1.04	1.15	1.25	1.37	1.66
英國（只有在香港的居留權）	59.66	59.22	不適用	不適用	不適用	不適用
英國（有在香港以外地區的居留權）	1.24	2.82	不適用	不適用	不適用	不適用
英國	不適用	不適用	0.38	0.36	0.48	0.48
美國	0.33	0.47	0.21	0.20	0.24	0.20
葡萄牙	0.33	0.33	不詳	不詳	不詳	不詳
加拿大	0.27	0.52	0.18	0.17	不詳	不詳
澳洲	不詳	0.33	0.14	0.15	0.23	0.20
菲律賓	1.17	1.94	2.14	1.68	1.91	2.55
印尼	不詳	0.35	0.81	1.61	1.94	2.18
印度、巴基斯坦、孟加拉、斯里蘭卡	0.26	0.34	0.43	0.44	0.62	0.60
尼泊爾	不詳	不詳	0.18	0.23	0.23	0.31
泰國	0.21	0.26	0.22	0.24	0.20	0.16
日本	0.20	0.31	0.22	0.20	0.20	0.15
其他	1.10	0.85	0.59	0.61	0.82	0.93
總人數（人）	5,522,281	6,217,556	6,708,389	6,864,346	7,071,576	7,336,585

注：2011 年及 2016 年「印度、巴基斯坦、孟加拉、斯里蘭卡」只包括印度及巴基斯坦。
資料來源：　歷年人口普查和中期人口統計報告。

四、族群、籍貫和語言

1. 原居民和主要族群

根據現有的考古發現，史前時期的香港先民是從內地分階段遷入，各有不同的文化特色。首批先民於距今約 7000 年遷入，使用磨製石器工具、以有槽石拍製作樹皮布等。距今約 5000 年期間，具此「大灣文化」特色的先民遺存明顯減少。次批先民於距今約 3500 年遷入，他們主要是原居於五嶺南北的嶺南古越族，普遍使用幾何印紋陶，並生產交易商品。中原史籍把「揚、漢之南」、「各有種姓」的族群統稱為「百越」，定居於香港的嶺南古越族成為土著居民。秦漢時期，嶺南古越族的文化遺存突然減少；與此同時，秦始皇征服百越地區後，將中原漢人遷移至嶺南，秦漢政府的郡縣設置，以及南越國的漢越融合政策，都有助推動嶺南古越族與漢人雜居，以至通婚，香港的族群構成由此而有所改變。其後再出現多次人口遷入，中原人士因征戰、避難或謀生南來，包括宋明時期中原氏族定居今新界，香港的族群組成因而愈趨多元。清初遷界，使不少民眾離開香港的原居地，及至遷海復界，雖有居民遷回，但人數不足以解決撂荒難題，清朝政府於是鼓勵客籍人士遷入，香港的族群組成再次發生重大變化。

經過漫長的王朝統治和族群融合，嶺南古越族逐漸漢化。根據始遷先祖的來港時間，以及族群的文化和生活特色，香港人口之中形成了四大民系，即本地人、客家人、鶴佬人和疍家人。本地人指自秦漢年間從內地遷至嶺南、在宋代至明代南來香港的人士，經過長期的接觸、通婚和融合，他們的生活習慣與原居廣州的人相近，祖籍一般是江西、廣東、福建，由於是最早期遷移到香港的居民，故稱本地人，習慣聚族而居，築圍自衛，形成圍村。客家人的原居地在中原地區，因避難和謀生而四處遷徙，有強烈的宗族觀念和尋根意識，清初遷海復界後應政府的招墾而大舉遷入，祖籍一般是福建的寧化、上杭，廣東的五華、興寧、梅縣、惠州一帶，在清朝的戶籍登記上被編為客籍人士；根據學者考證，客家人在清康熙時期數量不多，但到清嘉慶朝時，在新安縣開基立業的客家村莊數以百計，此時的官方紀錄已按「本地」和「客家」來劃分村莊。鶴佬人又稱福佬，在唐代為避難而遷至福建和粵東的潮州、海陸豐、惠東等沿海地區，宋代年間再南遷到香港。疍民又稱疍家人或水上人，對其起源說法不一，包括視他們為嶺南古越族的閩越人後代，或逃亡海上的盧循軍隊殘部。他們居於漁船或沿海岸邊的水棚、茅寮，長期被當作「賤民」，直至清雍正七年（1729）才被編入正戶，准許置產定居、參加科舉。[14]

現存官方文獻中缺乏有關族群的統計，只有零星的描述和對水上人口的統計。如在 1840 年代至 1850 年代，定居於今新界的本地人大家族多是香港島的「不在地業主」，包括錦田鄧氏、上水廖氏、河上鄉侯氏等，他們以招佃耕作為主；鶴佬人多以捕魚或船運為業，部分居於水上。至於有多少本地人和鶴佬人進入英佔的香港島定居，則不得而知。1841 年以前，已有客家人定居於香港各地，英佔香港島之後，前來的客家人增多，在西營盤、薄扶林、大坑、筲箕灣等地建立村落。此時期由於港府要在香港島進行各種基礎建設，需要大量勞動力，因而吸引不少華人遷入。各種建設如鑿山開道、興築海堤，需要大量石工和石材資源，原在廣東嘉應州以打花崗石柱著稱的客家石匠，不少乃來香港工作，當中又以五華人居多。此外，廣東台山、鶴山和赤溪等地不時發生土客械鬥，部分客家人因為避禍，前來香港，主要聚居西營盤一帶，惟沒他們建立村落的記載，相信到達市區後逐漸被本地人同化。疍家人世代居於船艇上。在香港人口中，水上人一直佔有一定的比例，其數量由 1841 年的 2000 人增至 1859 年的 30,837 人，在總人口的佔比由 26.8% 升至 35.5%。在社會上疍家人屬於邊緣社群，陸上居民多不與疍家人通婚。隨着外國人的到來，疍家人為其提供運載物資等服務，如在第一次鴉片戰爭期間，疍家人盧亞貴為英國人服務，後在下市場一帶獲贈土地。

1860 年代至 1890 年代，對於當年的今新界地區（含界限街以北九龍和離島）的族群人

14《清實錄·世宗憲皇帝實錄》，卷 81，〈雍正七年五月壬申〉條：「聞粵東地方，四民之外，另有一種，名為疍戶，即猺蠻之類，以船為家，以捕魚為業。……粵民視疍戶為卑賤之流，不容登岸居住。……疍戶本屬良民，無可輕賤擯棄之處。……通行曉諭：凡無力之疍戶，聽其在船自便，不必強令登岸。如有力能建造房屋，及搭棚棲身者，准其在於近水村莊居住，與齊民一同編列甲戶。」

數，港府曾於 1898 年進行調查。在當年新界地區的人口中，以本地人最多，有 64,140 人，佔 63.9%；客家人居次，有 36,070 人，佔 36.0%；疍家人屬流動人口，難以統計數目，當時只錄得 110 人，佔 0.1%。三個族群的分布有顯著差別。本地人主要分布於元朗地區（32.7%）、深圳地區（20.1%）和雙魚地區（15.9%），居於離島地區者也佔 14.3%，居於九龍地區者只佔 9.1%。客家人主要分布於雙魚地區（29.6%）、九龍地區（25.5%）和沙頭角地區（23.6%），居於元朗地區者只佔 5.7%。錄得的 110 名疍家人全部居於離島（見表 3-35）。

表 3-35　1898 年按地區和族群劃分當年新界地區人口統計表

單位：人

地區	本地人	客家人	疍家人	總計
元朗	20,980	2040	0	23,020
深圳	12,900	1180	0	14,080
雙魚	10,210	10,660	0	20,870
沙頭	5000	0	0	5000
沙頭角	70	8530	0	8600
九龍	5830	9200	0	15,030
離島	9150	4460	110	13,720
合計	64,140	36,070	110	100,320

注：深圳地區約今蓮麻坑、新田、落馬洲一帶。雙魚地區約今上水、粉嶺、大埔、沙田、西貢一帶。沙頭角地區約今沙頭角至吉澳一帶。九龍地區包括將軍澳、觀塘、深水埗、荃灣、荔枝角等。離島地區包括青衣、馬灣、大嶼山、坪洲、長洲、南丫島。

資料來源： "Extracts from Papers Relating to the Extension of the Colony of Hongkong", *Sessional Papers*, 1899。

另據 1867 年的旅行和商業指南所述，客家人多為體力勞動者，本地人多是小商人，兩者時有衝突。有傳教士於 1878 年出版的文章指出，客家人的姓氏有李、洪、陳、賴、羅、何、邱、曹、梁、張等，他們原居於北方，部分在晚唐或宋代遷至華南；1863 年，約 3000 名客家人因太平天國運動而來港。1882 年的《查維克香港衞生狀況報告書》提及，華人的主要族群是本地人、鶴佬人和客家人。本地人多為商人和店員；鶴佬人來自廈門和福州，多屬苦力和船民；客家人來自廣東省的東北部，多為採石工人、理髮匠、鐵匠和勞工。在九龍，客家人聚居於半島的南邊，廣府人則在半島北邊圍繞九龍寨城而居。香港的城市建設需要大量花崗岩，九龍則有大量石礦（1871 年有 81 個石礦場），吸引以採石為業的客家人聚居。客家村的人口規模平均約 200 人至 300 人，會多姓聚居，如 1897 年時，旺角一村有七個姓氏，何文田一村有六個姓氏。客家人會與本地人和鶴佬人通婚。何文田亦有本地人居住，他們自稱「惠州本地」，亦接受客家人為「自己人」。

二十世紀中，根據 1955 年鄉議局進行的新界人口統計，在約 300 條鄉村共 51,086 個受訪家庭中，本地人、客家人、疍家人及其他族群各有 26,718 戶、14,818 戶、1365 戶和 8185 戶，各佔 52.3%、29.0%、2.7% 和 16.0%，本地人家庭的比例大幅高於其他各個族群。在當時的三個理民府轄區之中，大埔的客家人家庭比例高於元朗和南約兩者，各為 46.1%、24.5% 和 17.3%；而本地人家庭在元朗和南約所佔的比例則高於大埔，各為 60.2%、62.2% 和 34.5%。疍家人及其他族群家庭在三區的比例均比較接近（見表 3-36）。是項調查顯示新界人口的族群組成和分布模式，一直相當穩定。

表 3-36　1955 年按理民府轄區和族群劃分新界家庭數目統計表

單位：戶

理民府轄區	本地人	客家人	疍家人	其他	總計
大埔	5961	7963	840	2495	17,259
元朗	8360	3402	200	1929	13,891
南約	12,397	3453	325	3761	19,936
合計	26,718	14,818	1365	8185	51,086

注：不包括約四萬名至五萬名水上人口。
資料來源："Census — Estimate of Population", Public Records Office, HKRS170-2-1。

港府沒有統計新界原居民的人數和有關背景。根據自 1972 年起實施的小型屋宇政策，年滿 18 歲的認可鄉村男性原居民，在其一生中可以向政府提出一次申請，在其所屬鄉村建造一所小型屋宇自住。地政總署亦沒有統計符合資格申請小型屋宇者的數目。

圖 3-5　1971 年，人口普查人員在油麻地避風塘進行水上戶口統計。（攝於 1971 年，香港特別行政區政府統計處提供）

2. 主要籍貫

港府自 1871 年起統計華人的籍貫或其原屬地區，之前缺乏這方面有系統的資料。1871 年至 1897 年間，報稱籍貫為廣東省者佔絕大多數，介乎 91.3% 至 99.8%，只有 1881 年為 79.5%；其次為福建、江蘇、浙江三省。1897 年，原籍廣東省的人士中，廣州府佔 79.3%，含番禺 13.9%、東莞 13.7%、南海 11.4%、新安 11.0%、新會 9.3%。從 1881 年起，港府的籍貫分類新增「香港」一項，當年有 3668 名華人（佔 3.2%）如此報稱，1891 年升至 7286 人（4.3%），但 1897 年回落至 1523 人（0.8%）（見表 3-37）。1870 年代，美國和澳洲實施排華政策，其後英國及其屬地也落實移民限制，人口普查中出現一些報稱籍貫為中國以外地方的華人。1891 年，較多人報稱的國家為馬來西亞，有 28 人，之後依次為美國 23 人（含檀香山 3 人）、澳洲 19 人、新加坡 14 人、越南 7 人等；1897 年為越南 34 人、英國 14 人、日本 12 人、美國 10 人等。

表 3-37　1871 年至 1897 年若干年份按籍貫劃分香港島和九龍華裔人口統計表

單位：人

籍貫	1871	1872	1876	1881	1891	1897
香港	不適用	不適用	不適用	3668	7286	1523
廣東	65,738	74,986	84,180	90,205	154,647	197,526
福建	110	571	213	291	581	1283
江蘇	—	—	12	4	99	336
浙江	3	13	5	6	43	198
中國其他地區	17	4	12	44	57	577
其他國家或地區	1	10	3	29	105	85
不詳	—	—	—	19,215	6573	—
總計	65,869	75,584	84,425	113,462	169,391	201,528

注：「—」代表該年沒有此等數據。1871 年只含維多利亞城居民。1897 年只包括陸上人口，該年「中國其他地區」包括 3 名清八旗人、10 名水上人及 6 名客家人。
資料來源：　歷年人口普查報告。

1901 年的人口普查曾記錄陸上華人的籍貫。報稱籍貫為廣東省者佔絕大多數，達 97.75%；其次是香港，佔比只有 1.03%；再次是福建、江蘇、廣西和澳門，各佔 0.47%、0.15%、0.13% 和 0.12%；其餘籍貫的佔比都在 0.05% 及以下，人數由 2 人至 125 人不等。籍貫為廣東的人士中，78.77% 報稱廣州府，8.83% 是肇慶府，8.41% 是惠州府，2.03% 是潮州府，1.27% 是嘉應州，其他地方的佔比均不足 0.5%。廣州府之中，以東莞、番禺、南海、新安和新會人居多。兩性的差異不大，只有男性報稱廣東省的佔比高於女性（98.36% 對 95.94%）；女性報稱香港、江蘇、廣西和澳門的佔比則略高於男性（香港 2.22% 對 0.62%；江蘇 0.36% 對 0.08%；廣西 0.22% 對 0.10%；澳門 0.32% 對 0.06%（見表 3-38）。1911 年至 1931 年人口普查則統計華裔人口的出生地（見表 1-12），這對人口的籍貫分布或有參考價值。

表 3-38　1901 年按籍貫和性別劃分香港陸上華裔人口統計表

單位：人

籍貫	男性	女性	合計	籍貫	男性	女性	合計
香港	1082	1309	2391	雲南	28	3	31
廣東	171,019	56,596	227,615	台灣	9	11	20
福建	841	247	1088	河南	11	4	15
江蘇	131	212	343	湖北	12	3	15
廣西	177	128	305	安徽	8	0	8
澳門	97	186	283	四川	7	1	8
浙江	99	26	125	山西	3	0	3
江西	90	22	112	陝西	2	0	2
湖南	84	16	100	其他國家	71	73	144
山東	43	11	54	不詳	11	109	120
江南	32	12	44	**總計**	173,873	58,992	232,865
直隸	16	23	39				

注：「其他國家」含 53 人（男 24 人；女 29 人）報稱英籍。
資料來源： 1901 年人口普查報告。

1911 年的人口普查記錄了香港島和九龍廣東籍貫人士的原籍地區。報稱為廣州府者居多，佔 79.5%；其次是肇慶府，佔 9.3%；再次是惠州府、潮州府和嘉應州，各佔 6.3%、2.4% 和 1.1%；其餘地區的佔比都在 1% 以下，人數由 15 人至 1983 人不等。兩性的差異不大，只有男性報稱肇慶府和潮州府的佔比高於女性（肇慶府 10.8% 對 5.6%；潮州府 3.1% 對 0.8%）；女性報稱廣州府的佔比則高於男性（87.2% 對 76.5%）（見表 3-39）。

表 3-39　1911 年按原籍地區和性別劃分香港島和九龍廣東籍貫人口統計表

單位：人

原籍地區	男性	女性	合計	原籍地區	男性	女性	合計
廣州府	148,661	67,433	216,094	高州府	171	47	218
肇慶府	21,032	4338	25,370	韶州府	106	80	186
惠州府	13,273	3869	17,142	雷州府	90	72	162
潮州府	6007	585	6592	連州府	89	16	105
嘉應州	2605	368	2973	連平州	64	24	88
羅定州	1678	305	1983	南雄府	13	2	15
瓊州府	467	57	524	**總計**	194,442	77,297	271,739
廉州府	186	101	287				

資料來源： 1911 年人口普查報告。

日佔時期，日佔政府要求居民在「居住届」（居住許可申請書）填報籍貫，但沒有公布相關數據。

二戰後，根據 1946 年至 1960 年《香港年報》的記述，市區人口的籍貫主要是廣東省的縣市，包括寶安、東莞、惠陽、梅縣（多為客家人）、潮州、新寧、新會、開平、恩平、南海、番禺、順德和中山，其餘部分來自福建省及上海，亦有小部分來自中國內地其他地方。族群之間的關係總體而言可算和諧，1958 年的《香港年報》曾提及，部分移民如來自中國北方的礦工、東莞和潮州的農民，抗拒融入香港社會。

聯合國難民署在 1954 年 6 月進行「香港人口抽樣調查」，估計華人人口約有 222 萬人。該研究按戶主的移民身份把香港家庭分為三類：香港出生家庭（戶主在香港出生）、戰前移民家庭（戶主在 1945 年 8 月 30 日前移居香港）、戰後移民家庭（戶主在 1945 年 8 月 30 日及以後移居香港），分析結果顯示，戰後移民家庭的籍貫與其他兩類家庭呈現顯著的差異：香港出生家庭和戰前移民家庭的戶主，各有 98.4% 和 93.1% 的籍貫是香港或廣東，戰後移民家庭的相應比例為 66.8%，他們來自南中國其他省份或中國其他地方的比例達 33.2%（見表 3-40）。

表 3-40　1954 年按戶主移民身份劃分香港人口籍貫統計表

單位：%

籍貫	戶主移民身份			總計
	香港出生家庭	戰前移民家庭	戰後移民家庭	
香港	24.7	4.8	2.5	9.2
廣東	73.7	88.3	64.3	74.9
南中國其他省份	0.4	2.6	12.6	6.0
中國其他地方	1.2	4.3	20.6	9.9
總人數（人）	600,000	735,000	885,000	2,220,000

注：「南中國其他省份」包括福建、江西、湖南、貴州、雲南、廣西。「中國其他地方」包括少量回答澳門和新加坡的人士。
資料來源： E. Hambro, *The Problem of Chinese Refugees in Hong Kong*。

1961 年、1966 年、1971 年和 1981 年的人口普查曾記錄華裔人士的籍貫，籍貫的分類雖不一致，但反映的情況是不同籍貫人士的比重相當穩定，較明顯的變化是報稱籍貫為香港者的佔比下降，籍貫是潮州、廣東其他地方、中國其他地方者，則稍有增加。在這 20 年間，華裔人口的籍貫以廣州、澳門及鄰近地區居多，比例介乎 48.7% 至 53.6%。其次是廣東省的四邑（即新會、開平、恩平、台山），比例介乎 16.7% 至 19.5%。再次是廣東省的潮州，比例由 1961 年的 8.7% 升至 1981 年的 11.6%。報稱籍貫是香港、九龍或新界者，則由 1961 年的 5.9% 減至 1981 年的 2.5%。籍貫是中國其他地方（含沿海省份與台灣）者一直不多，比例由 1961 年的 7.5% 略增至 1981 年的 9.3%（見表 3-41）。

表 3-41 1961 年至 1981 年若干年份按籍貫劃分香港華裔人口統計表

籍貫	1961		1966		1971		1981	
	人數（人）	百分比	人數（人）	百分比	人數（人）	百分比	人數（人）	百分比
香港	172,346	5.9	245,250	6.8	185,699	4.8	124,279	2.5
廣州、澳門及鄰近地區	1,491,297	50.7	1,750,640	48.7	2,072,083	53.6	2,455,749	50.3
四邑	567,570	19.3	702,860	19.5	684,774	17.7	814,309	16.7
潮州	254,782	8.7	398,640	11.1	391,454	10.1	566,044	11.6
廣東其他地方	236,673	8.0	不適用	不適用	250,215	6.5	470,288	9.6
廣東或廣西其他地方	不適用	不適用	218,680	6.1	不適用	不適用	不適用	不適用
廣東或廣西以外中國其他地方	不適用	不適用	280,440	7.8	不適用	不適用	不適用	不適用
沿海省份與台灣	178,167	6.1	不適用	不適用	不適用	不適用	351,454	7.2
中國其他地方	42,485	1.4	不適用	不適用	284,793	7.4	103,531	2.1
總計	2,943,320	100.0	3,596,510	100.0	3,869,018	100.0	4,885,654	100.0

注：1961 年只計算陸上華裔人口。1981 年的「沿海省份與台灣」含上海、江蘇、浙江、福建和台灣。
資料來源： 歷年人口普查和中期人口統計報告。

圖 3-6 北角春秧街有「小福建」、「小上海」之稱，街道兩旁有專門售賣福建和上海等地道食物的店鋪。（攝於 2016 年，香港大公文匯傳媒集團提供）

3. 慣用語言和方言

英佔前，香港居民慣用語言主要是圍頭話、客家話和疍家話。英國佔領香港島後，英語成為官方語言。華人佔香港人口逾九成，他們在所用的書面中文方面基本沒有差別，但在口語上，主要分為粵語、客家語和閩語（如鶴佬話）族群，粵語族群中，以使用廣府話（又稱廣州話或廣東話）者居多，另有使用疍家話的疍家人和使用圍頭話的圍村人；此外還有吳語（如上海話）。客家話和鶴佬話與粵語差別甚大，疍家話則與廣府話基本互通。

根據傳教士的記述，1844 年時，香港島約有 19,000 名華人，他們主要使用本地話、客家話和鶴佬話，一般只能操其中一種，不同方言群體之間存在溝通困難。使用本地話者可分為三類，第一類是香港島的原居民和來自澳門的移民，他們使用新安話；第二類是來自廣東省黃埔的移民，他們使用番禺話；第三類是使用南海話的人士。使用客家話的人口大約有 3500 人，主要來自廣東省東北地區。使用鶴佬話和同系方言者，每一種只有幾十人或幾百人使用，他們多是源自福建地區的居民。[15]

1911 年的人口普查曾統計華人在家中使用的方言，結果顯示，高達 81.0% 報稱是本地話（即廣府話）；其次是客家話，佔 15.1%；説鶴佬話和其他方言的極少，只佔 1.9% 和 0.7%。市區和新界居民的慣用方言有明顯差異，在香港島和九龍，在家説本地話的比例更高，佔 89.0%；説客家話和鶴佬話者，只有 6.5% 和 2.0%。在新界南約，在家説本地話的比例較低，佔 65.3%；説客家話者較市區多，有 29.1%；説鶴佬話者亦有 5.4%。在新界北約，在家説本地話的比例更低，只有 45.7%；説客家話者達 53.6%；説鶴佬話者只有 0.1%（見表 3-42）。新界北約在家説客家話的人數比本地話多，這與清朝政府推行遷海復界措施後，大量客家人在當地開村立業有關。

表 3-42　1911 年按慣用方言和地區劃分香港華裔人口統計表

慣用方言	香港島及九龍		新界南約		新界北約		合計	
	人數（人）	百分比	人數（人）	百分比	人數（人）	百分比	人數（人）	百分比
本地話	311,992	89.0	16,395	65.3	31,595	45.7	359,982	81.0
客家話	22,822	6.5	7321	29.1	37,053	53.6	67,196	15.1
鶴佬話	6949	2.0	1369	5.4	75	0.1	8393	1.9
其他	2864	0.8	0	0.0	124	0.2	2988	0.7
不詳	5791	1.7	39	0.2	275	0.4	6105	1.4
總計	350,418	100.0	25,124	100.0	69,122	100.0	444,664	100.0

注：香港島及九龍含水上人口；慣用方言不詳者，為商船船員。
資料來源： 1911 年人口普查報告。

15 詳見香港聖公會首任會督施美夫（George Smith）於 1847 年出版的 *A Narrative of an Exploratory Visit to Each of the Consular Cities of China, and to the Islands of Hong Kong and Chusan*。

根據 1946 年至 1960 年《香港年報》的記載，市區人口主要使用廣府話，其他較常用的語言和方言包括客家話、潮州話、上海話；説普通話和英語的人口在二戰後開始增加。新界人口的慣用語言和方言無甚變化，依然是本地人常用廣府話；客家人除客家話外，也能使用廣府話；鶴佬人常用鶴佬話，亦同樣能使用廣府話溝通；疍家人的語言較混雜，主要使用廣府話。上述慣用語言和方言的具體數字無從確定。

1961 年至 1971 年間，最多人報稱廣府話為自己的常用語言，佔比由 79.0% 升至 88.2%；其次是鶴佬話、客家話、四邑語，三者的佔比都有所下降，鶴佬話由 6.3% 降至 4.2%，客家話由 4.9% 降至 2.7%，四邑語由 4.4% 降至 1.2%；再次是上海話、英語、普通話，三者在 1961 年的佔比是 2.6%、1.2% 和 1.0%（見表 3-43）。根據港府的記載，當時潮州人和四邑人開辦的學校都以廣府話或英語來授課。以廣府話為常用語言的人口增加，主要是由於大部分兒童已慣用廣府話，包括父母以其他方言為常用語言的兒童。1971 年，超過 90% 年齡在 25 歲以下的人報稱廣府話為常用語言；此外，有 13.1% 英籍人士、14.8% 其他非亞洲國籍人士、25.6% 其他亞洲國籍人士報稱以其中一種中國方言為常用語言，其中以廣府話居多，港府估計這些人很可能是來自混血家族。

1991 年至 2016 年間，廣府話一直是香港人家中最常用的語言。2016 年，88.9% 的人口

表 3-43 1961 年至 2016 年若干年份按能說選定語言或方言劃分香港五歲及以上人口統計表

單位：%

語言或方言	1961	1966	1971	1991	1996	2001	2006	2011	2016
廣府話	79.0	81.3	88.2	95.8	95.2	96.1	96.5	95.8	94.6
英語	1.2	0.8	不詳	31.6	38.1	43.0	44.7	46.1	53.2
普通話	1.0	不詳	不詳	18.1	25.3	34.1	40.2	47.8	48.6
客家話	4.9	3.3	2.7	5.3	4.9	5.1	4.7	4.7	4.2
福建話	不詳	不詳	不詳	3.6	3.9	3.9	3.4	3.5	3.6
潮州話	不詳	不詳	不詳	5.4	5.0	4.8	3.9	3.8	3.4
印尼語	不詳	不詳	不詳	0.7	0.9	1.3	1.7	2.4	2.7
菲律賓語	不詳	不詳	不詳	1.1	1.8	1.9	1.4	1.7	2.7
日本語	不詳	不詳	不詳	1.0	1.2	1.4	1.2	1.5	1.8
上海話	2.6	不詳	不詳	1.8	1.6	1.5	1.2	1.1	1.1
鶴佬話	6.3	8.0	4.2	不詳	不詳	不詳	不詳	不詳	不詳
四邑語	4.4	3.2	1.2	不詳	不詳	不詳	不詳	不詳	不詳
其他中國方言	0.3	3.0	2.3	不詳	不詳	不詳	不詳	不詳	不詳
其他語言	0.3	0.3	1.4	不詳	不詳	不詳	不詳	不詳	不詳
總人數（萬人）	262.89	319.83	356.04	518.38	587.79	642.93	665.17	682.23	705.71

注：百分比不包括失去語言能力的人士。總人數為所有五歲及以上人口。1961 年至 1971 年為「常用語言」；1991 年至 2016 年為「能説選定語言或方言」，包括「慣用交談語言」及「其他交談語言」。

資料來源： 政府統計處網站：2016 年中期人口統計；歷年人口普查和中期人口統計報告。

在家中用廣府話交談（亦稱「慣用交談語言」），另有 5.7% 的人口報稱能說這種語言（亦稱「其他交談語言」）。換言之，94.6% 的人口能說廣府話，較 1991 年至 2011 年五個年份的水平輕微下降。然而，香港人口能說多於一種語言和方言的能力均有所增進，能說英語（包括作為慣用交談語言和其他交談語言）的人口比例增加，由 31.6% 升至 53.2%；能說普通話的人口比例亦大幅增加，由 18.1% 升至 48.6%。在廣府話和普通話以外的其他中國方言中，最常用的三種是客家話、福建話及潮州話，能說福建話的人口比例比較穩定，介乎 3.4% 至 3.9%，能說潮州話的人口比例則由 5.4% 減至 3.4%，能說客家話的人口比例亦由 5.3% 稍降至 4.2%。

此外，政府統計處曾在 2012 年和 2015 年進行有關語言使用情況的調查，兩輪的調查結果基本相若。根據 6 歲至 65 歲受訪者的自我評估，香港居民的中文能力遠高於英文能力。在口語方面，2015 年時，86.5% 認為自己使用廣府話的能力非常好或良好，只有 9.1% 認為一般和 4.3% 認為較遜色或不懂；英語口語能力的相應比例是 23.1%、41.8% 和 35.0%；使用普通話能力的相應比例是 24.7%、41.1% 和 34.2%（2012 年，廣府話為 85.9%、11.3% 和 2.8%；英語為 23.7%、36.9% 和 39.5%；普通話為 24.1%、39.8% 和 36.1%）。在書寫方面，2015 年時，73.1% 認為自己的中文書寫能力非常好或良好，只有 20.9% 認為一般和 6.0% 認為較遜色或不懂；英文書寫能力的相應比例是 23.3%、41.6% 和 35.1%（2012 年，中文為 66.5%、28.6% 和 4.9%；英文為 24.2%、37.5% 和 38.3%）。

第二節　人口社會構成

一、從事經濟活動人口

1. 主要勞工條例

在二十世紀前，清朝政府和港府都沒有針對勞工保障和福利制定條例。港府於 1920 年代和 1930 年代陸續通過保障童工和女工的條例，這主要是 1923 年 1 月實施的《1922 年兒童工業僱傭條例》（*Industrial Employment of Children Ordinance, 1922*），條例規定童工的最低年齡（工廠 10 歲，搬運重物 12 歲，從事危險工作 15 歲）、工時和休假，然而，條例只適用於僱用 10 人及以上的工業場所；1923 年 2 月通過的《1923 年家庭女役條例》（*Female Domestic Service Ordinance, 1923*），禁止役使「妹仔」（婢女）或 10 歲以下女童、禁止買賣或任用未註冊的「妹仔」；1929 年 10 月通過的《1929 年女性、青年及兒童工業僱傭修訂條例》（*Industrial Employment of Women, Young Persons and Children Amendment Ordinance, 1929*），增加對女工和青年工（15 歲至 18 歲）的保障；1933 年 1 月實施的《1932 年青年及兒童海上工作僱傭條例》（*Employment of Young Persons and Children at Sea Ordinance, 1932*），禁止 15 歲以下兒童在非家庭成員的船上工作。

日佔時期的勞工法例相當零碎，例如規定管轄區外的勞動力供給僅限於海南島和婆羅洲；工人結社和集體活動需預先取得憲兵隊的許可；人力車車伕須穿制服和將車號號章扣於衣袖及衣背上；中西醫師須向醫會登記、獲頒發證書才准執業；妓女須在指定「慰安區」或「娛樂區」內登記、驗身和工作等。

二戰後，港府於 1955 年 9 月通過《1955 年工廠及工業經營條例》（*Factories and Industrial Undertakings Ordinance, 1955*），以修訂以前有關僱用婦女、青年及兒童在工廠工作的法律，規定東主有責任在可行範圍內，盡量確保其僱員的健康及工作安全；但此條例不適用於農業經營；1968 年 9 月通過的《1968 年僱傭條例》（*Employment Ordinance, 1968*），用以保障僱員的工資和規管職業介紹所，這條例其後經過多次修訂，以擴大保障或規管的範圍（見圖 3-7）；2010 年 11 月通過的《2010 年最低工資條例》（*Minimum Wage Ordinance, 2010*），在 2011 年 5 月 1 日開始實施（見圖 3-9）。此外，香港亦因應本地情況，將相關的國際勞工公約引入香港實施。

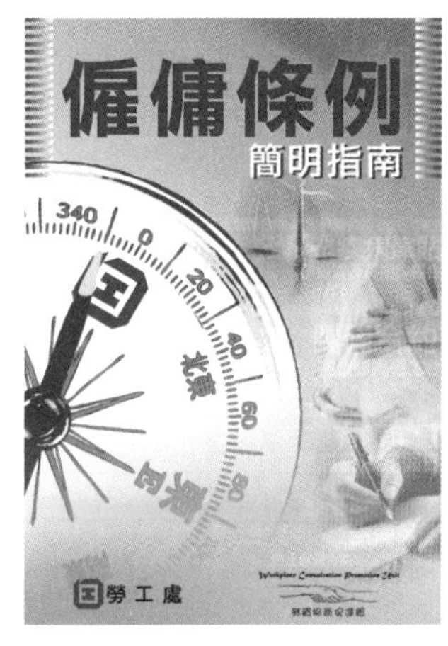

圖 3-7 《僱傭條例簡明指南》封面。（香港特別行政區政府提供）

圖 3-9 2010 年 7 月 17 日，《最低工資條例草案》在立法會三讀通過。（攝於 2010 年，星島新聞集團提供）

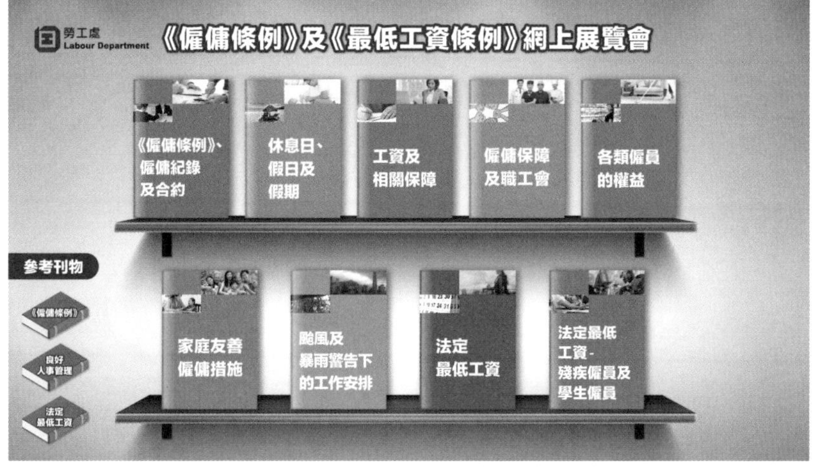

圖 3-8 勞工處在網上向市民推廣與普及勞工法例的相關知識。（香港特別行政區政府提供）

2. 勞動人口

勞動人口和就業人口的數目與經濟活動身份

自秦代推行戶籍制度，戶的職業也在搜集內容之列，以便課徵稅賦、調派勞役、管控流動。戶籍的職業身份既分等級，多數還屬世襲，如在明代，戶籍按職業劃為民戶、軍戶、匠戶等，不容更改。清承明制，戶籍按職業劃為軍、民、匠、竈（即製鹽戶）四籍，清雍正至清乾隆年間（1723—1795），官府陸續容許樂戶、惰民、丐戶、伴儅、世僕、疍戶等原被劃分為「賤民」的戶籍，「改籍為良……報官改業」，改籍後的良民可報捐、應試、編列保甲。

香港當時屬新安縣管轄，清嘉慶《新安縣志》〈經政略 · 戶口〉記載了兩組按民竈和屯戶劃分的民數。[16] 在清乾隆三十七年（1772）至清嘉慶二十三年（1818）間，無論是男丁或女口，民籍和竈籍都佔絕大多數，屯戶的數目增加，但佔比維持在 5% 至 6%（見表 3-44）。

表 3-44　清乾隆三十七年（1772）至清嘉慶二十三年（1818）新安縣人口戶籍構成統計表

年	年號	戶籍	男丁	女口
1772	乾隆三十七年	民籍、竈籍	21,121	9252
		屯戶	1356	465
1773-1818	乾隆三十八年至嘉慶二十三年	民籍、竈籍	146,922	79,057
		屯戶	8298	4838

資料來源：　清嘉慶《新安縣志》，卷之八，〈經政略 · 戶口〉。

英佔初年，《香港藍皮書》提供了香港島於 1845 年至 1856 年的就業人數。此時期的香港人口持續增加，但就業人口的增幅甚微，1845 年和 1856 年有 21,600 人和約 26,000 人，就業人口的佔比由 89.4% 降至約 36.2%。1850 年至 1855 年的就業人口數字是分區總和，其數目和佔比由 1849 年的 15,424 人（52.3%），降至 1850 年至 1853 年約 7000 人（約 20%），其後大幅回升，1855 年為 17,479 人（24.1%）（見表 3-45），這些數據的可信度存疑，官方文獻亦沒有提供 1860 年代至 1890 年代香港島和九龍的就業人數。

1900 年代至 1940 年代童工問題嚴重，港府沒有取締童工，亦沒有記錄小型工場的童工數目。另根據 1921 年的人口普查報告，新界人口大多務農，幼兒能步行便下田工作，水上人的子女也自幼參與船上工作。鑒於此時期童工甚多，本節參考 1961 年人口普查對勞動人口的年齡下限（六歲），把勞動人口定義為五歲及以上人口。按此計算，1900 年代至 1930 年代，勞動人口的數目大幅增加，由 1901 年的 26.2 萬人增至 1931 年的 74.8 萬人，升 185.0%；1911 年、1921 年和 1931 年的前十年內平均每年增長率為 4.8%、3.0%

16　清朝的屯田分軍屯和民屯，清順治六年（1649），清朝政府令各省兼募流民，編甲給照，墾荒為業，屯戶須向國家繳納地租。

和 2.8%。同期間，就業人口的數目亦有所增加，由 23.7 萬人增至 44.8 萬人，升 89.0%；1911 年、1921 年和 1931 年的前十年內平均每年增長率為 4.9%、0.4% 和 1.2%。就業人口的增幅在 1921 年起放緩（見表 3-46）。

日軍在攻佔香港前，已決定限制各種工商業活動。正如 1941 年頒布的《香港、九龍軍政指導計劃》中顯示的那樣，「在我軍未實現對香港真正統治之前，抑制香港島和九龍租借地自我發展之事業和與我軍軍務無直接關係之貿易、金融、生產、運輸、交通文化等各項活動」，只有獲得許可者才能營業。日軍佔領香港後，不少工廠、商店陷入停產停業狀態。日佔政府於 1942 年 10 月通過《香港佔領區經濟復興應急處理方案》，以「立即回應當地要求自救生活的要求」，經濟活動漸次恢復。

由於缺乏 15 歲以下人口，以及年滿 15 歲並符合就業或失業人口定義的陸上非住院人口數據，無法計算日佔時期的勞動人口和勞動人口參與率。根據日佔政府 1943 年 5 月的戶口普查，就業人口為 496,746 人，佔總人口 57.5%。按國籍劃分，中國人佔絕大多數，是總

表 3-45　1845 年至 1856 年香港島就業人口統計表

年	總人口（人）	就業人口（人）	就業人口比例（%）	年	總人口（人）	就業人口（人）	就業人口比例（%）
1845	24,157	21,600	89.4	1851	32,983	6397	19.4
1846	21,835	18,035	82.6	1852	37,058	7476	20.2
1847	23,872	16,781	70.3	1853	39,017	8636	22.1
1848	21,514	11,116	51.7	1854	55,715	14,616	26.2
1849	29,507	15,424	52.3	1855	72,607	17,479	24.1
1850	33,292	7137	21.4	1856	71,730	約 26,000	約 36.2

注：包括水上和流動人口。
資料來源：　歷年 *Hong Kong Blue Book*。

表 3-46　1901 年至 1931 年若干年份香港勞動人口和就業人口推算數據表

年	勞動人口		就業人口	
	人數（人）	前十年內平均每年增長率（%）	人數（人）	前十年內平均每年增長率（%）
1901	262,447	不適用	237,005	不適用
1911	421,358	4.8	382,360	4.9
1921	565,091	3.0	398,898	0.4
1931	748,023	2.8	447,965	1.2

注：1901 年至 1921 年為五歲及以上人口，1931 年為六歲及以上人口，不包括年齡不詳人士、軍人和商船人口（1931 年的華人除外）。1901 年不包括新九龍、新界和離島人口。1921 年不包括新界北約水上人口。1911 年就業人口不包括水上人口。1921 年就業人口包括 126 名五歲以下童工。
資料來源：　歷年人口普查報告。

就業人口的 98.6%，日本人和其他外國人各佔 0.7%。在中國人之中，就業者佔 57.6%，日本人和其他外國人的相關比例是 67.1% 和 48.3%（見表 3-47）。就業人口高近總人口六成，這可歸因於「歸鄉」政策，即大批非就業和無戶籍人士已被日佔政府遣返回鄉。然而，日佔政府認為就業人口統計或存在高估的情況，因為有些無業者會虛報職業，以避免被遞解出境。

表 3-47　1943 年 5 月按國籍劃分香港就業人口統計表

就業人口	國籍			總計
	中國	日本	其他	
就業人數（人）	490,014	3368	3364	496,746
佔總人口比例（%）	57.6	67.1	48.3	57.5
總人口（人）	851,412	5022	6965	863,399

資料來源：　東洋經濟新報社編：《軍政下の香港》。

二戰後，港府於 1946 年成立勞工處，並從翌年起公布不同行業的機構數目及僱用人數，但此時期的就業人口數目並不完整，因為按照《1937 年工廠及工場條例》（*Factories and Workshops Ordinance, 1937*），只有使用電動機械、僱用至少 20 名體力勞動者或危險行業，才須向勞工處登記，並成為「註冊」（registered）或「記錄」（recorded）工業經營機構（以下簡稱註冊機構），換言之，小型工廠、「山寨廠」、家庭式手工業的工人，以及外發工和自營作業者等都沒有登記；此外，規管工業經營登記的條例也不適用於農業。根據《香港年報》，1953 年時估計約有 10 萬名工人受僱於不用向政府註冊的工場；從事漁業和農業的就業人數，則由 1953 年約 20 萬人增至 1960 年約 40 萬人。

1947 年至 1960 年間，隨着經濟發展，註冊機構由 972 家增至 5128 家，總僱用人數由 51,338 人增至 228,929 人；這期間，僱用人數的增幅（345.9%）遠高於香港總人口的增幅（75.7%，見表 1-7）；除 1952 年出現輕微下降，僱用人數一直逐年增加，但增長率呈現起伏，由 5.3% 至 37.7% 不等（見表 3-48）。1947 年至 1960 年是工業的起飛階段，製造業佔勞工處註冊機構及其僱用人數的份額高逾九成。

1961 年至 2016 年的官方統計對勞動人口和就業人口採用統一定義，勞動人口即從事經濟活動人口，包括就業和失業人士。[17] 就業人口為統計前七天內有做工賺取薪酬或利潤或有一份正式工作的 15 歲及以上人士。[18]

17　除人口普查和中期人口統計外，政府統計處自 1981 年 8 月開始每月進行綜合住戶統計調查，以搜集有關勞動力、就業、失業及就業不足等資料；由 2001 年起，根據調查結果和年中人口估計數字，編製有關勞動人口的年度數字。

18　1961 年時為受訪前 20 天內工作 40 小時及以上人士；1971 年和 1976 年為受訪前 7 天內工作 15 小時及以上人士。

表 3-48　1947 年至 1960 年香港勞工處註冊機構僱用人數統計表

年	年中人口（人）	僱用人數		年	年中人口（人）	僱用人數	
		人數（人）	增長率（%）			人數（人）	增長率（%）
1947	1,750,000	51,338	不適用	1954	2,364,900	106,221	5.3
1948	1,800,000	60,598	18.0	1955	2,490,400	118,488	11.5
1949	1,857,000	64,831	7.0	1956	2,614,600	138,783	17.1
1950	2,237,000	89,268	37.7	1957	2,736,300	148,030	6.7
1951	2,015,300	93,644	4.9	1958	2,854,100	167,943	13.5
1952	2,125,900	92,806	-0.9	1959	2,967,400	189,036	12.6
1953	2,242,200	100,855	8.7	1960	3,075,300	228,929	21.1

資料來源： Census and Statistics Department, *Hong Kong Statistics 1947-1967*。

香港於 1971 年實施六年免費強迫小學教育，1978 年延至初中程度。在此之前，學前和學齡兒童都包括在港府的勞動人口統計之中，1961 年的下限為 6 歲，1966 年為 5 歲，1971 年為 10 歲，1976 年為 14 歲，其後再提高至 15 歲，以與《關税與貿易總協定》（*General Agreement on Tariffs and Trade*）規定的法定工作年齡相符，從此，勞動人口是指 15 歲及以上陸上非住院人士，並符合就業人口或失業人口定義的人口。1961 年至 2016 年間，勞動人口以就業人士佔絕大多數，多在 95% 或以上，1989 年達 98.9%，2016 年為 96.6%。失業人士的比例介乎 1.1% 至 7.9%，2010 年代多維持在 3.5% 以下的水平，2016 年為 3.4%（見表 3-49）。

1961 年至 2016 年間，勞動人口持續增加，由 121.2 萬人（15 歲及以上為 118.8 萬人）增至 392.0 萬人，升 223.4%。1966 年、1971 年和 1976 年的前五年內平均每年增長率為 3.7%、2.6% 和 3.4%。1976 年及以後，年增長率較高的年份是 1980 年（8.5%）、1981 年（7.8%）和 1979 年（5.9%）；只有七年出現負增長，1977 年降幅較多，為 -1.3%，其他年份的降幅多不足 0.5%（見表 3-50）。

同期間，就業人口亦有所增加，由 119.1 萬人（15 歲及以上為 116.7 萬人）增至 378.7 萬人，升 218.0%。1966 年、1971 年和 1976 年的前五年內平均每年增長率為 3.3%、2.5% 和 3.4%。1976 年及以後，升幅較高的年份是 1980 年及 1981 年（同是 7.5%）、1978 年（6.4%）、1979 年（5.9%）和 1996 年（5.8%）；有九年出現負增長，降幅介乎 0.1% 至 1.3%。

勞動人口和就業人口的性別結構、年齡結構和教育程度

香港於二十世紀前的勞動人口和就業人口性別結構無法確考。1900 年代至 1930 年代，女性勞動人口的增長比男性顯著。女性勞動人口由 1901 年的 7.0 萬人增至 1931 年的 31.3 萬人，升 345.4%；同期的男性勞動人口由 19.2 萬人增至 43.5 萬人，升 126.4%。因此，勞動人口中男性的比例從 73.2% 降至 58.2%；女性則由 26.8% 升至 41.8%。同期間，男

表 3-49 1961 年至 2016 年若干年份按經濟活動身份劃分香港勞動人口統計表

年	就業（%）	失業（%）	總人數（萬人）	年	就業（%）	失業（%）	總人數（萬人）
1961	98.3	1.7	121.20	1995	96.8	3.2	300.07
1966	96.3	3.7	145.47	1996	97.2	2.8	316.08
1971	95.6	4.4	165.49	1997	97.8	2.2	323.48
1976	95.7	4.3	195.20	1998	95.3	4.7	327.61
1977	95.8	4.2	192.71	1999	93.7	6.3	331.96
1978	97.2	2.8	202.13	2000	95.1	4.9	337.42
1979	97.1	2.9	214.10	2001	94.9	5.1	342.73
1980	96.2	3.8	232.34	2002	92.7	7.3	347.26
1981	96.0	4.0	250.38	2003	92.1	7.9	346.58
1982	96.4	3.6	249.81	2004	93.2	6.8	351.28
1983	95.5	4.5	254.05	2005	94.4	5.6	353.42
1984	96.1	3.9	260.62	2006	95.2	4.8	357.18
1985	96.8	3.2	262.69	2007	96.0	4.0	362.23
1986	97.2	2.8	269.97	2008	96.5	3.5	363.72
1987	98.3	1.7	272.82	2009	94.7	5.3	366.03
1988	98.6	1.4	276.28	2010	95.7	4.3	363.13
1989	98.9	1.1	275.28	2011	96.6	3.4	370.31
1990	98.7	1.3	274.81	2012	96.7	3.3	378.22
1991	98.2	1.8	280.41	2013	96.6	3.4	385.51
1992	98.0	2.0	279.23	2014	96.7	3.3	387.11
1993	98.0	2.0	285.64	2015	96.7	3.3	390.32
1994	98.1	1.9	292.90	2016	96.6	3.4	392.01

注：1961 年為 6 歲及以上人口；1966 年為 5 歲及以上人口；1971 年為 10 歲及以上人口；1976 年為 14 歲及以上人口；其他年份為 15 歲及以上人口。1977 年至 1980 年、1982 年至 1984 年的就業人口數字為勞動人口減失業人口。

資料來源：政府統計處網站：統計數字；歷年人口普查和中期人口統計報告；Census and Statistics Department, *Hong Kong Annual Digest of Statistics: 1986 Edition*；*Hong Kong Statistics 1947-1967*。

表 3-50 1961 年至 2016 年若干年份香港勞動人口和就業人口統計表

年	勞動人口		就業人口		年	勞動人口		就業人口	
	人數（萬人）	年增長率（%）	人數（萬人）	年增長率（%）		人數（萬人）	年增長率（%）	人數（萬人）	年增長率（%）
1961	121.20	不詳	119.11	不詳	1995	300.07	2.4	290.51	1.1
1966	145.47	3.7	140.04	3.3	1996	316.08	3.1	307.33	5.8
1971	165.49	2.6	158.28	2.5	1997	323.48	2.3	316.36	2.9
1976	195.20	3.4	186.75	3.4	1998	327.61	1.3	312.20	-1.3
1977	192.71	-1.3	184.56	-1.2	1999	331.96	1.3	311.21	-0.3
1978	202.13	4.9	196.42	6.4	2000	337.42	1.6	320.73	3.1
1979	214.10	5.9	207.99	5.9	2001	342.73	1.6	325.29	1.4
1980	232.34	8.5	223.61	7.5	2002	347.26	1.3	321.84	-1.1
1981	250.38	7.8	240.41	7.5	2003	346.58	-0.2	319.06	-0.9
1982	249.81	-0.2	240.71	0.1	2004	351.28	1.4	327.35	2.6
1983	254.05	1.7	242.67	0.8	2005	353.42	0.6	333.66	1.9
1984	260.62	2.6	250.52	3.2	2006	357.18	1.1	340.08	1.9
1985	262.69	0.8	254.33	1.5	2007	362.23	1.4	347.69	2.2
1986	269.97	2.8	262.37	3.2	2008	363.72	0.4	350.91	0.9
1987	272.82	1.1	268.08	2.2	2009	366.03	0.6	346.76	-1.2
1988	276.28	1.3	272.50	1.6	2010	363.13	-0.8	347.41	0.2
1989	275.28	-0.4	272.31	-0.1	2011	370.31	2.0	357.64	2.9
1990	274.81	-0.2	271.15	-0.4	2012	378.22	2.1	365.80	2.3
1991	280.41	2.0	275.37	1.6	2013	385.51	1.9	372.40	1.8
1992	279.23	-0.4	273.76	-0.6	2014	387.11	0.4	374.35	0.5
1993	285.64	2.3	280.01	2.3	2015	390.32	0.8	377.38	0.8
1994	292.90	2.5	287.28	2.6	2016	392.01	0.4	378.71	0.4

注：1961 年為 6 歲及以上人口；1966 年為 5 歲及以上人口；1971 年為 10 歲及以上人口；1976 年為 14 歲及以上人口；其他年份為 15 歲及以上人口。1966 年至 1976 年的年增長率為前五年內平均每年增長率。1977 年至 1980 年、1982 年至 1984 年的就業人口數字為勞動人口減失業人口。

資料來源： 政府統計處網站：統計數字；歷年人口普查和中期人口統計報告；Census and Statistics Department, *Hong Kong Annual Digest of Statistics: 1986 Edition*；*Hong Kong Statistics 1947-1967*。

性就業人口的增長則比女性的顯著。女性就業人口由 5.9 萬人增至 9.9 萬人，升 65.7%；男性就業人口由 17.3 萬人增至 34.9 萬人，升 101.7%。因此，就業人口中男性的比例從 74.4% 升至 78.0%；女性的比例先升後回落，由 1901 年的 25.6% 升至 1911 年的 32.8% 後，便回落至 1931 年的 22.0%（見表 3-51）。二十世紀初，移民仍以來港謀生的男性為主，職位空缺較多的苦力、工匠等，皆以男性為主，因此在就業人口中，男性的佔比多在 75% 以上。然而，1921 年的人口普查報告指出，女性就業人口常被低估，尤其在農村，女性除料理家務外，還要如男性般下田，但一般不會被算為在職者或是農民。此外，女性勞工較多從事針織業和煙草業，這兩行業蓬勃發展時，女性較容易入職，但在 1920 年代後期和 1930 年代中期的不景氣時，則被大量解僱。

表 3-51　1901 年至 1931 年若干年份按性別劃分香港勞動人口和就業人口統計表

年	勞動人口				就業人口			
	男性		女性		男性		女性	
	人數（人）	百分比	人數（人）	百分比	人數（人）	百分比	人數（人）	百分比
1901	192,184	73.2	70,263	26.8	173,257	74.4	59,487	25.6
1911	274,647	65.2	146,711	34.8	253,843	67.2	123,990	32.8
1921	353,710	62.6	211,381	37.4	308,507	77.3	90,391	22.7
1931	435,058	58.2	312,965	41.8	349,392	78.0	98,573	22.0

注：1901 年至 1921 年為 5 歲及以上人口，1931 年為 6 歲及以上人口，不包括年齡不詳人士、軍人和商船人口（1931 年的華人除外）。1901 年不包括新九龍、新界和離島人口。1901 年及 1911 年非華人就業人口沒有按性別劃分，此兩年的就業人口只包括華人。1921 年不包括新界北約水上人口。1911 年就業人口不包括水上人口。1921 年就業人口包括 126 名 5 歲以下童工。
資料來源：　根據歷年人口普查報告計算。

1931 年的人口普查統計了華人就業和非就業人口由 0 歲起計的年齡分布。在就業人口中，兩性的年齡分布基本相若，都集中在 17 歲至 40 歲，男性佔 68.7%，女性佔 61.1%。女性童工和少年工（5 歲至 16 歲）的佔比為 8.6%，略高於男性的 4.5%，這反映女性比男性更早投身工作。中年和年長女性（40 歲以上）的佔比為 30.3%，亦略高於男性的 26.8%（見表 3-52），這是由於女性的主要職業即家僕、洗衣工和農民，都比較接受較年長的僱員。二十世紀初，童工問題曾引起社會關注。港府於 1921 年成立委員會進行調查，其後的報告指出，女童主要從事香煙包裝和針織廠的工作，部分男童擔任搬運重物甚至高危的工作（如於船廠清潔蒸汽鍋爐），兒童的工資低於成人，但有助幫補家計。1923 年實施《1922 年兒童工業僱傭條例》後，加上煙草和紡織業不景，官方紀錄的童工數目隨之下降，但此等統計一直沒有包括小型工場的童工。根據《行政報告》，直至 1930 年代末，非法使用童工和女工仍是工廠和工場被檢控的主因。

二戰結束後至 1950 年代，在勞工處註冊機構的僱用人員中，男性一直多於女性。1947 年至 1960 年間，男性員工由 32,904 人增至 128,519 人，女性員工由 18,434 人增至 100,410 人，女性的增幅（444.7%）高於男性（290.6%），女性佔僱用人數的比例由

表 3-52　1931 年按年齡組別和性別劃分香港華人就業人口和非就業人口統計表

單位：%

年齡組別（歲）	總人口		就業人口		非就業人口	
	男性	女性	男性	女性	男性	女性
0-4	6.2	8.4	0.0	0.0	21.2	11.6
5-10	8.6	11.5	0.1	0.5	29.0	15.7
11-13	4.2	5.5	0.7	2.6	12.6	6.7
14-16	5.7	6.0	3.7	5.5	10.6	6.2
17-20	11.4	8.4	12.4	10.8	9.2	7.5
21-25	13.5	10.3	17.1	13.7	4.7	8.9
26-30	11.9	11.1	15.7	14.0	2.6	9.9
31-35	9.2	8.3	12.3	10.8	1.7	7.3
36-40	8.5	8.2	11.2	11.8	2.0	6.9
41-45	6.2	5.8	8.3	8.9	0.9	4.6
46-50	5.4	5.4	7.1	8.3	1.3	4.3
51-55	3.6	3.5	4.7	5.2	0.9	2.8
56-60	2.7	3.2	3.6	4.2	0.7	2.8
61-65	1.5	1.9	1.8	2.1	0.9	1.9
66-70	0.8	1.2	0.8	1.0	0.7	1.3
71-75	0.4	0.7	0.4	0.4	0.6	0.8
≥76	0.2	0.6	0.1	0.2	0.4	0.8
總人數（人）	469,481	349,923	331,971	97,308	137,510	252,615

注：總人口不包括年齡不詳者。非就業人口為總人口與就業人口之差。
資料來源：　1931 年人口普查報告。

35.9% 增至 43.9%（見表 3-53）。女性員工急增與此時期的製造業發展有密切關係。當時以紡織和製衣為首的製造業，需要大量低技術的廉價勞工，因而吸引眾多女性進入就業市場。當時的勞工處統計低估了女性的勞動參與，主因是沒有包括小工廠的工人和外發工，而此等工作多由女性擔當。根據 1957 年香港大學的一項調查，三個徙置屋邨（石峽尾、大坑東和李鄭屋）的 449 個家庭中，有 90 個在其住所進行外發工作，而且以家庭主婦為主。

1961 年至 2016 年間，勞動人口方面，女性的增長比男性顯著。女性勞動人口由 34.7 萬人（15 歲及以上為 33.5 萬人）增至 192.4 萬人，升 454.5%；男性勞動人口由 86.5 萬人（15 歲及以上為 85.3 萬人）增至 199.6 萬人，升 130.8%。因此，勞動人口中男性的比例從 71.4%（15 歲及以上為 71.8%）降至 50.9%；女性由 28.6%（15 歲及以上為 28.2%）升至 49.1%。就業人口方面，女性的增長亦比男性顯著。女性就業人口由 34.2 萬人增至 186.5 萬人，升 445.3%；男性就業人口由 85.0 萬人增至 192.2 萬人，升 126.1%。因此，就業人口中男性的比例從 71.3% 降至 50.8%；女性由 28.7% 升至 49.2%（見表 3-54）。但必須注意，女性勞動人口和就業人口的部分增幅，是由於女性外籍家傭人數的增加。

表 3-53　1947 年至 1960 年按性別劃分香港勞工處註冊機構僱用人數統計表

年	男性		女性		年	男性		女性	
	人數（人）	百分比	人數（人）	百分比		人數（人）	百分比	人數（人）	百分比
1947	32,904	64.1	18,434	35.9	1954	66,870	63.0	39,351	37.0
1948	35,738	59.0	24,860	41.0	1955	73,602	62.1	44,886	37.9
1949	39,135	60.4	25,696	39.6	1956	87,215	62.8	51,568	37.2
1950	56,006	62.7	33,262	37.3	1957	91,256	61.6	56,774	38.4
1951	58,184	62.1	35,460	37.9	1958	100,641	59.9	67,302	40.1
1952	61,114	65.9	31,692	34.1	1959	110,477	58.4	78,559	41.6
1953	65,236	64.7	35,619	35.3	1960	128,519	56.1	100,410	43.9

資料來源：　Census and Statistics Department, *Hong Kong Statistics 1947-1967*。

表 3-54　1961 年至 2016 年若干年份按性別劃分香港勞動人口和就業人口統計表

單位：%

年	勞動人口		就業人口		年	勞動人口		就業人口	
	男性	女性	男性	女性		男性	女性	男性	女性
1961	71.4	28.6	71.3	28.7	1995	61.3	38.7	61.2	38.8
1966	67.0	33.0	67.1	32.9	1996	60.9	39.1	60.7	39.3
1971	66.3	33.7	66.3	33.7	1997	60.4	39.6	60.4	39.6
1976	65.0	35.0	64.8	35.2	1998	59.8	40.2	59.5	40.5
1977	65.4	34.6	65.4	34.6	1999	59.0	41.0	58.4	41.6
1978	64.7	35.3	64.7	35.3	2000	58.2	41.8	57.8	42.2
1979	65.5	34.5	65.3	34.7	2001	57.3	42.7	56.7	43.3
1980	65.3	34.7	65.2	34.8	2002	56.4	43.6	55.7	44.3
1981	64.6	35.4	64.5	35.5	2003	56.1	43.9	55.3	44.7
1982	64.1	35.9	63.8	36.2	2004	55.6	44.4	55.0	45.0
1983	63.9	36.1	63.5	36.5	2005	55.2	44.8	54.6	45.4
1984	63.2	36.8	63.0	37.0	2006	54.6	45.4	54.1	45.9
1985	63.6	36.4	63.4	36.6	2007	53.9	46.1	53.6	46.4
1986	63.5	36.5	63.4	36.6	2008	53.4	46.6	53.2	46.8
1987	63.3	36.7	63.3	36.7	2009	53.1	46.9	52.7	47.3
1988	63.5	36.5	63.5	36.5	2010	53.2	46.8	52.8	47.2
1989	63.6	36.4	63.6	36.4	2011	52.5	47.5	52.2	47.8
1990	63.6	36.4	63.6	36.4	2012	52.1	47.9	51.8	48.2
1991	62.6	37.4	62.5	37.5	2013	51.7	48.3	51.5	48.5
1992	63.2	36.8	63.2	36.8	2014	51.4	48.6	51.3	48.7
1993	62.8	37.2	62.8	37.2	2015	51.2	48.8	51.1	48.9
1994	62.1	37.9	62.0	38.0	2016	50.9	49.1	50.8	49.2

注：1961 年為 6 歲及以上人口；1966 年為 5 歲及以上人口；1971 年為 10 歲及以上人口；1976 年為 14 歲及以上人口；其他年份為 15 歲及以上人口。1977 年至 1980 年、1982 年至 1984 年的就業人口數字為勞動人口減失業人口。

資料來源：　政府統計處網站：統計數字；歷年人口普查和中期人口統計報告；Census and Statistics Department, *Hong Kong Annual Digest of Statistics: 1986 Edition*；*Hong Kong Statistics 1947-1967*。

勞動人口和就業人口均呈現老化的趨勢。年輕的勞動人口曾在 1960 年代大幅增加，在當時的勞動人口中，24 歲及以下人士的佔比曾由 1961 年的 21.1% 升至 1971 年的 32.3%；1970 年代維持在 30% 的水平；[19] 從 1980 年代起則持續下滑，由 1981 年的 29.9% 降至 2016 年的 8.1%。年輕勞動人口顯著減少是由於愈來愈多年輕人繼續升學或進修並延遲就業。屬於青壯年的 25 歲至 44 歲勞動人口，佔比曾由 1961 年的 54.3% 降至 1971 年的 38.9%，其後回升至 1990 年代約 60% 的水平，但之後重回降軌，2016 年為 48.5%。中年人士於 1960 年代至 1990 年代的情況相對穩定，45 歲至 64 歲組別的佔比多在 21% 至 26% 的範圍內起伏，但隨後持續上升，2016 年達 40.6%。65 歲及以上的長者，佔比長期偏低，1960 年代約佔 1.5%；1970 年代和 1980 年代在 2% 至 3% 之間升降；1990 年代和 2000 年代重回 2% 以下；自 2011 年起又有所增加，2016 年為 2.8%（見表 3-55）。

就業人口在年齡構成上的變化與勞動人口基本一致。年輕的就業人口在 1960 年代有所增加，24 歲及以下人士的佔比由 1961 年的 20.9% 升至 1971 年的 32.0%，從 1970 年代起則持續減少，2016 年時僅佔 7.6%。青壯年的就業人口是先升後回落，25 歲至 39 歲人士的佔比曾由 1966 年的 35.3% 升至 1994 年的 49.5%，其後走勢逆轉，2016 年時降至 36.7%。中年和年長就業人口呈現相反的變化，40 歲及以上人士的佔比從 1960 年代約 40% 降至 1980 年代約 33%，其後止降回升，於 2002 年起佔比超過青壯年，2016 年為 55.7%。

表 3-55　1961 年至 2016 年若干年份按年齡組別劃分香港勞動人口和就業人口統計表

單位：%

年	勞動人口				就業人口		
	≤24 歲	25-44 歲	45-64 歲	≥65 歲	≤24 歲	25-39 歲	≥40 歲
1961	21.1	54.3	23.1	1.5	20.9	79.1	
1966	27.4	46.2	24.8	1.6	26.0	35.3	38.6
1971	32.3	38.9	26.5	2.3	32.0	28.5	39.5
1976	33.4	38.8	25.3	2.5	32.6	30.3	37.1
1977	30.6	40.6	26.3	2.6	30.0	31.7	38.3
1978	29.4	41.5	26.2	2.8	28.8	33.1	38.1
1979	29.6	42.1	25.4	2.9	28.9	34.1	37.0
1980	30.2	42.6	24.5	2.8	29.5	35.0	35.5
1981	29.9	43.2	23.9	3.0	29.6	35.6	34.8
1982	27.6	45.5	23.8	3.1	26.9	38.1	35.0
1983	26.8	47.0	23.2	2.9	26.1	40.2	33.7
1984	25.3	48.6	23.2	2.9	24.5	41.9	33.6

19　1961 年和 1971 年，14 歲及以下的男性有 11,945 名和 12,545 名，各佔男性經濟活動人口的 1.4% 和 1.1%；女性有 12,496 名和 23,380 名，各佔女性經濟活動人口的 3.6% 和 4.2%。同期間，15 歲至 24 歲男性的佔比為 17.1% 和 24.3%；女性的佔比為 23.8% 和 41.4%。

（續上表）

年	勞動人口				就業人口		
	≤24 歲	25-44 歲	45-64 歲	≥65 歲	≤24 歲	25-39 歲	≥40 歲
1985	23.9	50.5	22.8	2.8	23.2	43.7	33.1
1986	22.7	52.4	22.2	2.6	22.1	45.1	32.8
1987	21.2	54.1	22.1	2.6	20.7	46.0	33.3
1988	20.1	55.7	21.7	2.5	19.7	46.5	33.8
1989	19.0	56.9	21.7	2.4	18.7	47.1	34.2
1990	18.0	58.5	21.2	2.3	17.6	47.7	34.7
1991	17.0	59.5	21.2	2.3	16.6	47.9	35.4
1992	16.2	60.4	21.5	2.0	15.8	48.3	35.9
1993	15.3	61.2	21.8	1.8	14.8	49.3	35.8
1994	14.6	61.7	22.1	1.6	14.2	49.5	36.3
1995	14.1	61.6	22.7	1.6	13.5	49.4	37.0
1996	14.1	61.2	23.1	1.5	13.6	48.6	37.8
1997	13.9	60.9	23.9	1.3	13.5	47.6	38.8
1998	13.7	60.5	24.5	1.3	12.9	47.1	40.0
1999	13.3	60.2	25.2	1.3	12.3	46.4	41.3
2000	12.7	60.0	26.1	1.3	11.9	45.7	42.4
2001	11.9	59.9	27.0	1.3	11.1	45.0	43.9
2002	11.5	58.7	28.6	1.2	10.6	43.9	45.6
2003	11.4	57.6	29.8	1.2	10.5	42.5	47.0
2004	11.4	56.3	31.0	1.3	10.8	41.2	48.0
2005	11.2	55.2	32.3	1.3	10.6	40.2	49.1
2006	10.9	54.1	33.7	1.3	10.3	39.7	50.0
2007	10.6	53.7	34.5	1.2	10.1	39.6	50.3
2008	10.0	52.9	35.9	1.2	9.5	39.5	51.1
2009	9.4	52.1	37.2	1.3	8.7	39.2	52.1
2010	8.7	51.8	38.2	1.3	8.0	39.2	52.8
2011	8.6	51.0	39.0	1.5	8.0	38.6	53.4
2012	8.5	50.4	39.3	1.7	8.0	38.2	53.8
2013	8.7	49.5	39.8	2.0	8.1	37.3	54.5
2014	8.3	49.3	40.1	2.3	7.8	37.2	55.0
2015	8.3	48.9	40.3	2.5	7.7	36.9	55.4
2016	8.1	48.5	40.6	2.8	7.6	36.7	55.7

注：1961 年為 6 歲及以上人口；1966 年為 5 歲及以上人口；1971 年為 10 歲及以上人口；1976 年為 14 歲及以上人口；其他年份為 15 歲及以上人口。1961 年、1977 年至 1980 年、1982 年至 1984 年的就業人口數字為勞動人口減失業人口。

資料來源： 政府統計處網站：統計數字；歷年人口普查和中期人口統計報告；Census and Statistics Department, *Hong Kong Annual Digest of Statistics: 1986 Edition*；*Hong Kong Statistics 1947-1967*。

1961 年至 2016 年間，就業人口的教育水平大幅提高。曾接受學位專上教育的比例由 2.9% 升至 30.1%，非學位專上教育的比例由 1.4% 升至 8.7%，高中教育程度的比例由 9.4% 升至 38.1%；同期間，小學教育程度的比例由 52.6% 降至 8.3%，未受教育者的比例亦由 20.1% 降至 0.7%（見表 3-56）。就業人口的教育水平提高，主要由於港府從 1970 年代起推行普及免費教育，年輕一代較年長一輩有更多的受教育機會和更高的學歷。

表 3-56　1961 年至 2016 年若干年份按教育程度劃分香港就業人口統計表

年	教育程度（%）						總人數（萬人）
	未受教育／學前教育	小學	初中	高中	專上教育：非學位	專上教育：學位	
1961	20.1	52.6	13.6	9.4	1.4	2.9	119.11
1966	19.3	53.6	10.6	11.2	2.0	3.3	137.49
1971	16.1	51.4	27.6		5.0		158.28
1976	13.9	45.1	37.4		3.7		186.75
1981	10.7	36.8	19.1	25.6	3.8	4.0	240.41
1986	6.4	31.3	19.4	31.7	6.5	4.7	262.37
1991	4.6	25.0	17.8	38.4	7.5	6.6	275.37
1996	2.3	19.3	18.2	39.8	9.1	11.3	307.33
2001	1.3	15.4	17.6	40.3	9.2	16.3	325.29
2006	0.9	12.5	16.5	39.8	9.7	20.6	340.08
2011	0.7	10.1	15.0	40.6	8.3	25.3	357.64
2016	0.7	8.3	14.0	38.1	8.7	30.1	378.71

注：1961 年為 6 歲及以上人口；1966 年為 5 歲及以上人口；1971 年為 10 歲及以上人口；1976 年為 14 歲及以上人口；其他年份為 15 歲及以上人口。1961 年至 1971 年的小學包括私塾。1971 年的分類為未受教育／學前教育、小學、中學、專上學院及更高程度。1976 年的分類為未受教育／學前教育、小學、中學及預科、大學。1986 年至 2016 年的高中包括毅進計劃／文憑及工藝程度教育。

資料來源：歷年人口普查和中期人口統計報告；政府統計處：《香港的女性及男性主要統計數字：2021 年版》；*Hong Kong Annual Digest of Statistics: 1986 Edition*。

勞動人口參與率、增長率和預測

香港於二十世紀前的勞動人口參與率無法確考。對於 1900 年代至 1930 年代的勞動人口參與率，現有文獻亦缺乏直接紀錄，但可從中計算就業人口比率，即就業人口佔五歲及以上人口的比例。在此 30 年間，整體、男性和女性的就業人口比率均有所下降。整體就業人口比率由 1901 年的 90.3% 降至 1931 年的 59.9%，這主要由於女性就業人口比率由 88.5% 跌至 31.5%，男性就業人口比率則由 92.3% 減至 80.3%。女性就業人口比率一直較男性低，但兩者的差距由 3.8 個百分點擴大至 48.8 個百分點（見表 3-57），這除了由於期間針織業和煙草業不景氣而對女性勞工有較大影響外，1920 年代陸續實施的《1922 年兒童工業僱傭條例》、《1923 年家庭女役條例》、《1929 年女性、青年及兒童工業僱傭修訂條例》，亦令僱主聘用女性的意願下降。

1901 年和 1911 年的整體就業人口比率逾九成，這或由於當時的調查未對職業訂定清晰的定義，與 1911 年相比，1921 年已採用較仔細的分類，由 146 種增至 475 種，而且申明禁止在調查中使用模糊的職業概念，但根據 1921 年的人口普查報告，仍有很多人稱其職業為「工作」、「做生意」等。另有不少並非賺取酬勞的女性和兒童被納入就業人口，例如在家作針線活的女性被算為刺繡工人、協助家中工作的兒童被列為童工，因而推高就業人口比率。1931 年的人口普查鋭意提升職業統計的準確度，包括扣除不少沒酬勞的家務性質工作，女性的就業人口比率由 1921 年的 42.8% 進一步降至 1931 年的 31.5%。但在該次調查，仍有少數涉及童工的誤算，例如在自家船上幫助的漁民家庭兒童，被歸入駁船船伕和船伕。

表 3-57　1901 年至 1931 年若干年份按性別劃分香港五歲及以上人口就業人口比率統計表

單位：%

年	男性	女性	合計
1901	92.3	88.5	90.3
1911	94.4	86.8	90.7
1921	87.2	42.8	70.6
1931	80.3	31.5	59.9

注：1901 年至 1921 年為 5 歲及以上人口，1931 年為 6 歲及以上人口，不包括年齡不詳人士、軍人和商船人口（1931 年的華人除外）。1901 年不包括新九龍、新界和離島人口。1921 年不包括新界北約水上人口。1901 年及 1911 年非華人就業人口沒有按性別劃分，此兩年的男性和女性數字只包括華人，合計數字則包括非華人及華人。1911 年就業人口不包括水上人口。1921 年就業人口包括 126 名 5 歲以下童工。

資料來源：　歷年人口普查報告。

1961 年至 2016 年的勞動人口參與率採用統一定義，為 15 歲及以上從事經濟活動人口佔 15 歲及以上人口的比例。在此 55 年間，整體勞動人口參與率和男性勞動人口參與率均有所下降，女性勞動人口參與率則大幅上升。1961 年和 1971 年，整體勞動人口參與率的變化不大，為 64.1% 和 64.0%，此比例輕升至 1981 年的 66.3%，之後便緩慢回落，2016 年為 61.1%。同期間，男性勞動人口參與率明顯下降，由 1961 年的 90.4% 減至 2016 年的 68.6%；女性勞動人口參與率則持續上升，其相應比例為 36.8% 和 54.8%。女性勞動人口參與率一直較男性為低，但兩者的差距逐步收窄，由 1961 年的 53.6 個百分點減至 2016 年的 13.8 個百分點（見表 3-58）。女性勞動人口參與率持續上升，與 1960 年代和 1970 年代輕工業（如假髮、電子行業等）（見圖 3-10，圖 3-11）快速發展因而吸收大量女工，以及其後較多女性擁有更高學歷、遲婚、獨身，並較傾向投身勞動市場等趨勢有關。

不同年齡組別的勞動人口參與率各有變化，年輕組別的參與率大幅下降，較年長組別則有所上升，這是勞動人口老化現象的反映。此外，年輕和年長組別人士的參與率長期低於其他年齡組別，這是由於多數年輕人仍然在學，而不少年長者已經退休。1982 年至 2016 年間，15 歲至 24 歲組別的參與率由 63.0% 減至 40.7%；25 歲至 44 歲組別則由 78.4% 升至 85.6%；45 歲至 64 歲組別的變化幅度較少，其參與率曾由 63.1% 降至 1992 年的 58.7%，隨後回升至 2016 年的 68.8%。65 歲及以上人士在 1961 年至 1984 年的參與率頗高，約 20%，其後下滑至 2008 年的 5.2%；2010 年代有所回升，2016 年為 9.9%。愈來愈多長者參與勞動的原因眾多，包括健康普遍改善可以工作較長年期、以服務業為主導

表 3-58　1961 年至 2016 年若干年份按性別和年齡組別劃分香港 15 歲及以上人口勞動人口參與率統計表

單位：%

年	性別		年齡組別（歲）				總計
	男性	女性	15-24	25-44	45-64	≥65	
1961	90.4	36.8	不詳	不詳	不詳	20.8	64.1
1971	84.7	42.8	不詳	不詳	不詳	21.6	64.0
1975	82.8	47.6	不詳	不詳	不詳	18.2	65.9
1976	80.7	45.0	不詳	不詳	不詳	18.9	63.3
1977	79.7	43.9	不詳	不詳	不詳	19.0	62.2
1978	79.5	44.9	不詳	不詳	不詳	20.5	62.5
1979	79.4	43.8	不詳	不詳	不詳	19.6	62.0
1980	80.2	45.3	不詳	不詳	不詳	19.8	63.3
1981	82.5	49.0	不詳	不詳	不詳	22.2	66.3
1982	81.3	47.5	63.0	78.4	63.1	20.8	64.7
1983	80.9	47.4	63.1	78.9	61.5	19.4	64.5
1984	81.3	49.1	63.2	79.9	62.8	19.5	65.5
1985	80.4	48.5	62.4	79.8	61.9	17.6	64.8
1986	80.5	48.9	62.7	80.7	61.2	16.3	65.1
1987	80.3	48.7	61.2	80.6	61.5	15.9	64.9
1988	80.1	48.4	59.9	80.9	60.8	15.2	64.7
1989	79.5	47.3	58.1	80.2	60.1	14.1	63.7
1990	79.1	46.8	57.0	80.2	59.5	12.7	63.2
1991	78.9	47.9	56.2	80.5	59.8	12.8	63.5
1992	78.1	46.3	54.7	80.0	58.7	10.5	62.4
1993	78.2	46.4	53.5	79.7	59.3	9.6	62.3
1994	77.2	46.9	51.5	80.3	59.2	8.7	62.0
1995	76.6	47.6	50.3	80.8	60.0	8.5	62.0
1996	75.7	47.8	49.9	81.3	59.7	7.6	61.6
1997	75.1	47.9	48.5	81.7	60.4	6.6	61.3
1998	74.6	48.5	48.0	81.7	61.1	6.2	61.3
1999	74.0	49.2	47.5	82.1	61.6	6.2	61.3
2000	73.5	49.9	46.3	82.6	62.2	6.0	61.4
2001	73.0	50.8	44.9	83.3	62.8	5.9	61.5
2002	72.4	51.9	44.9	83.8	64.2	5.7	61.7
2003	72.0	51.7	44.9	83.8	64.1	5.5	61.4
2004	71.6	51.9	44.7	84.2	64.5	5.6	61.3
2005	71.1	51.8	44.0	84.5	64.3	5.5	60.9
2006	70.9	52.6	43.0	84.7	65.0	5.8	61.2
2007	70.4	53.1	42.7	85.3	65.1	5.3	61.2
2008	69.7	53.1	40.6	85.4	65.1	5.2	60.9
2009	69.4	53.2	39.2	85.7	65.5	5.5	60.8
2010	68.5	51.9	36.0	84.8	64.7	5.7	59.6
2011	68.4	53.0	36.4	85.4	65.6	6.2	60.1
2012	68.7	53.5	36.9	85.8	66.4	7.1	60.5
2013	69.2	54.5	38.9	86.1	67.8	8.1	61.2
2014	68.8	54.5	38.5	85.9	68.0	8.9	61.1
2015	68.8	54.7	40.2	85.8	68.4	9.4	61.1
2016	68.6	54.8	40.7	85.6	68.8	9.9	61.1

資料來源：　政府統計處網站：統計數字；Census and Statistics Department, *Hong Kong Annual Digest of Statistics: 1986 Edition*；*Hong Kong Social and Economic Trends 1967-1977*；*Hong Kong Social and Economic Trends 1970-1980*。

圖 3-10　1960 年代，香港輕工業快速發展。其中假髮業與電子業是當時重要的工種，大量女性投入勞動市場。圖中女工正在製作假髮。（攝於 1969 年，南華早報出版有限公司提供）

圖 3-11　圖中女工正在製作電子製品。（攝於 1969 年，政府檔案處歷史檔案館提供）

的知識型經濟為長者提供較多就業機會等；此外，2011 年實施法定最低工資後，一些學歷較低者和女性會選擇繼續工作或重投勞工市場。

整體勞動人口參與率除受人口的年齡和性別結構影響外，亦受每個年齡和性別組別的勞動人口參與率的轉變影響。政府統計處曾根據 2016 年的人口年齡和性別分布情況，計算標準化整體勞動人口參與率（standardised overall labour force participation rate），結果顯示 2006 年和 2011 年男性及女性的標準化整體勞動人口參與率均較原本的比率為低，撇除外籍家傭後情況亦然，這表示 2006 年至 2016 年間，男性及女性的勞動人口參與情況確實有所上升。

港府於 2015 年發表《2022 年人力資源推算報告》，人力供應是此推算的主要組成，人力供應相當於本地勞動人口，包括就業和失業人士，但不包括外籍家傭。是次推算以 2012 年為基準年，結果顯示，人力供應會由 2012 年的 352 萬人增至 2022 年約 368 萬人，平均每年上升 0.4%。人口老化和低生育率是導致人力供應增長放緩的原因。按推算，2012 年至 2022 年間，女性的人力供應會由 155 萬人增至 172 萬人，平均每年增長 1.0%，佔勞動人口的比例由 44.0% 升至 46.7%。女性人力供應增加，主要是由於女性人口增長較整體人口增長為快、更多女性傾向獨身及遲婚，以及女性的教育水平普遍提高所致。此外，近年就業機會增加和收入前景改善（部分源於法定最低工資的實施及調升），亦吸引更多女性投入或重投勞動力市場。與此同時，男性人力供應會由 197 萬人略減至 196 萬人，平均每年下降 0.1%，佔比由 56.0% 降至 53.3%。男性人力供應減少，主要是由於男性勞動人口持續老化。隨着長者人口的比例增加，人力供應亦有高齡化的趨勢，55 歲及以上人士的人力供應會由 55 萬人增至 84 萬人，平均每年增長 4.3%，佔比由 15.8% 升至 22.9%。另一方面，由於生育率維持在低水平，15 歲至 54 歲的人力供應會由 296 萬人減至 283 萬人，佔比由 84.2% 降至 77.1%。隨着人口快速高齡化，將導致整體勞動人口參與率從 58.8% 降至 58.0%（見表 3-59）。

就業不足人口的數目、就業不足率和人口社經特徵

香港於 1945 年前的就業不足人口無法確考。對於 1945 年至 1960 年間人口就業不足的情況，《香港年報》有零散報道，如港府估計在 1951 年年底，約有兩萬名在註冊工廠或工場任職的人士就業不足。整體而言，1950 年代後期的就業不足者多為非技術勞工，主要是以件工計酬的工人。此時期因生產轉向機械化，低技術勞工供過於求。然而，非技術和低技術勞工的市場適應力極強，善於因應人手需求而轉換行業或工種。此外，港府於 1952 年進行的一項寮屋調查亦可作參考。調查的受訪者中，15 歲至 59 歲的居民共 23,167 人（男性 13,330 人，女性 9837 人），其中 5524 名男性和 869 名女性為臨時工，佔其性別的 41.4% 和 8.8%。這些人多屬於就業不足者。

表 3-59　2012 年和 2022 年按性別和年齡組別劃分香港本地人力供應和勞動人口參與率統計表

背景	2012			2022			2012-2022 的推算變動（萬人）	推算年均變動率（%）
	人力供應人數（萬人）	百分比	勞動人口參與率（%）	人力供應人數（萬人）	百分比	勞動人口參與率（%）		
性別								
男性	196.93	56.0	68.7	195.85	53.3	66.5	-1.08	-0.1
女性	154.95	44.0	49.6	171.78	46.7	50.5	+16.83	+1.0
年齡組別（歲）								
15-24	30.90	8.8	35.9	21.54	5.9	35.9	-9.36	-3.5
25-34	83.18	23.6	87.2	83.48	22.7	88.5	+0.30	*
35-44	85.88	24.4	81.6	88.73	24.1	85.4	+2.86	+0.3
45-54	96.44	27.4	77.4	89.73	24.4	81.5	-6.71	-0.7
55-64	48.96	13.9	51.1	70.63	19.2	58.2	+21.67	+3.7
≥65	6.52	1.9	7.1	13.51	3.7	9.3	+6.99	+7.6
總計								
	351.88	100.0	58.8	367.63	100.0	58.0	+15.75	+0.4

注：「*」代表年均變動率在 ±0.05% 之內。不包括外籍家傭。勞動人口參與率為對應該組別人口的勞動人口參與率。
資料來源：　香港特別行政區政府：《2022 年人力資源推算報告》。

1983 年至 2016 年間，香港的就業不足人數和就業不足率不斷起伏，[20] 兩者的走勢基本相若。1983 年，就業不足人數和就業不足率是 4.7 萬人和 1.9%；其後降至 1988 年的 1.9 萬人和 0.7%，這是該段時期的最低位；1988 年至 1997 年間，就業不足率比較穩定，多在 1% 至 2% 的範圍內波動。1997 年後，就業不足人數和就業不足率上升，2003 年達到高峰（12.2 萬人和 3.5%）後，才逐漸回落，其間只有 2009 年有所上升（8.4 萬人和 2.3%），2016 年是 5.5 萬人和 1.4%（見表 3-60）。勞工市場的情況在 2003 年急劇惡化，主要是由於嚴重急性呼吸系統綜合症暴發所致；隨後商業活動逐漸復蘇，勞工市場的情況也有所改善。

此期間，女性的就業不足率一直較男性的為低，兩者差距最小的是 1990 年，為 0.1 個百分點，差距最大是 1995 年和 1998 年，各為 1.8 個百分點。2016 年，女性就業不足人士大多從事公共行政、社會及個人服務業，以及零售、住宿及膳食服務業，以服務工作及銷售人員和非技術工人為主；男性就業不足人士較多從事建造業、運輸、倉庫、郵政及速遞服務業、資訊及通訊業，大多為非技術工人。

20　從 1983 年起，就業不足統計數字是根據政府統計處進行的綜合住戶統計調查結果而編製。「就業不足人口」指在統計前 7 天內在非自願情況下工作少於 35 小時，而在統計前 30 天內有找尋更多工作者，或即使沒有找尋更多工作，但在統計前 7 天內可擔任更多工作的就業人士。就業不足率是指就業不足人士在勞動人口中所佔的比例。

1983 年至 1997 年間，各年齡組別的就業不足率一般相差不遠，其中以較年長人士的比率稍高，以 1986 年為例，50 歲至 59 歲人士為 2.6%，15 歲至 19 歲和 40 歲至 49 歲人士則為 1.2% 和 2.0%。其後，各組別間的差距有所擴大，最年輕和較年長組別的就業不足率普遍偏高，20 歲至 39 歲人士的比率則相對較低，以 2003 年為例，15 歲至 19 歲和 50 歲至 59 歲人士為 6.6% 和 4.6%，20 歲至 29 歲人士則為 2.6%（見表 3-60）。

失業人口的數目、失業率和人口社經特徵

香港於英佔前的失業人口數目和失業率無法確考。現有文獻也沒有 1841 年至 1859 年間的相關統計，報章如《中國之友與香港憲報》（*The Friend of China and Hongkong Gazette*）於 1844 年 8 月 31 日有反映當時香港島華人的就業情況，指出人力資源供大於求：

> 一條百人的華人村落正在建成，這些男人肩上帶着竹桿，成群到市鎮上，看門衛有否提供工作。他們日間閒走四處察看，晚上則搶劫偷竊。剛來到香港的人曾訝異於游手好閒、形跡可疑之徒數量之多，他們整日坐於道路上，或賭博或爭執，難以想像他們是如何維持生計——實際上是透過盜竊。

該篇報道甚至警告港府需要處理遊民問題，否則在香港島上的歐洲人可能被殺害。除了反映失業情況，還有報道指出當時的工作普遍屬臨時性質，可能隨時失去，就業不足則很常見，佔香港島上人口大部分的苦力階層處境尤其堪虞，他們維持生計的模式很不穩定，因此常見在街道游走與閒坐街角以等待被僱的情況。

1860 年代至 1890 年代的人口調查也沒有統計失業人口，但可以把香港島和九龍的街頭苦力、居於草棚或無家者歸類為失業或半失業的人口，從而作出推算。在 1860 年代上半期，居於草棚或無家者有 1600 人至 2500 人，街頭苦力約 5000 人，兩者共約 7500 人，約佔當時總人口的 6%（見表 3-61）。現有文獻缺乏此時期其他地區的相關數據，但根據駱克的〈香港殖民地展拓界址報告書〉，1898 年時，當時的新界地區雖不算富裕，但居民似生活無虞，沒貧困跡象，調查期間只遇到很少行乞者；報告中提及新安地區共有 1600 名乞丐，大部分是外來人士。

1900 年代至 1920 年代的人口普查仍沒有統計失業人口，1931 年的人口普查提及有 672 人失業。另根據《行政報告》的記述，1923 年實施《1922 年兒童工業僱傭條例》後，不少工廠以解僱童工來應對。1927 年至 1929 年間，針織業和煙草業不景氣，很多工廠停工甚至倒閉，因為這兩類工廠是女性勞工的主要僱主，所以各年齡段的女工都備受影響。1933 年至 1935 年間，世界經濟不景影響了香港個別行業的發展，如造船業和針織業，不少人因在港找不到工作而返回內地。港府指出，由於勞動人口有高度流動性，所以香港的失業問題不及西方社會嚴重；雖然如此，失業問題已導致技術和半技術工人的薪酬下降。1936 年，經濟開始好轉，失業問題集中於非技術男性勞工。1930 年代後期，經濟繼續多

表 3-60　1983 年至 2016 年按性別和年齡組別劃分香港 15 歲及以上人口就業不足數目統計表

年	就業不足人口（萬人）			就業不足率（%）								
	性別		總計	性別		年齡組別（歲）						總計
	男性	女性		男性	女性	15-19	20-29	30-39	40-49	50-59	≥60	
1983	不詳	不詳	4.72	2.2	1.3	1.5	1.7	2.0	2.1	2.0	1.8	1.9
1984	不詳	不詳	2.77	1.4	0.6	0.7	0.9	1.0	1.2	1.5	1.1	1.1
1985	3.27	1.67	4.94	2.0	1.7	1.4	1.6	1.8	2.2	2.7	2.0	1.9
1986	3.19	1.36	4.56	1.9	1.4	1.2	1.4	1.5	2.0	2.6	2.4	1.7
1987	1.90	0.85	2.75	1.1	0.8	0.8	0.8	1.0	1.0	1.6	1.5	1.0
1988	1.36	0.57	1.94	0.8	0.6	0.5	0.6	0.7	0.7	1.0	0.9	0.7
1989	1.54	0.55	2.09	0.9	0.5	0.6	0.5	0.8	0.8	1.2	1.1	0.8
1990	1.58	0.76	2.34	0.9	0.8	0.7	0.6	0.9	0.9	1.3	0.9	0.9
1991	3.35	1.11	4.46	1.9	1.1	0.6	1.0	1.7	1.9	2.5	2.0	1.6
1992	4.39	1.43	5.83	2.5	1.4	1.0	1.2	2.4	2.4	3.2	2.4	2.1
1993	3.50	1.09	4.59	1.9	1.0	1.0	0.9	1.7	2.0	2.2	2.4	1.6
1994	3.03	1.11	4.14	1.7	1.0	0.5	0.8	1.5	1.8	2.1	2.3	1.4
1995	5.07	1.20	6.28	2.8	1.0	1.5	1.0	2.0	3.0	3.2	2.6	2.1
1996	4.15	1.05	5.20	2.2	0.8	1.7	0.9	1.4	2.3	2.5	1.9	1.6
1997	2.84	0.88	3.71	1.5	0.7	1.8	0.6	0.9	1.6	2.0	1.3	1.1
1998	6.33	1.85	8.18	3.2	1.4	2.9	1.5	2.0	3.4	3.8	3.0	2.5
1999	7.13	2.56	9.69	3.6	1.9	5.5	2.1	2.2	4.0	3.7	3.2	2.9
2000	6.75	2.61	9.35	3.4	1.8	4.8	1.7	1.9	3.9	4.0	3.6	2.8
2001	6.02	2.46	8.48	3.1	1.7	4.6	1.5	1.8	3.4	3.4	2.5	2.5
2002	7.23	3.20	10.44	3.7	2.1	4.8	2.0	2.1	4.1	4.2	3.0	3.0
2003	8.00	4.19	12.19	4.1	2.8	6.6	2.6	2.5	4.4	4.6	3.3	3.5
2004	7.41	4.02	11.43	3.8	2.6	5.0	2.3	2.2	4.0	4.8	3.4	3.3
2005	6.47	3.16	9.63	3.3	2.0	4.8	1.7	1.7	3.3	4.4	3.0	2.7
2006	6.00	2.62	8.63	3.1	1.6	4.3	1.6	1.5	3.0	3.6	2.6	2.4
2007	5.66	2.28	7.94	2.9	1.4	3.1	1.3	1.4	2.6	3.6	2.7	2.2
2008	5.03	1.76	6.79	2.6	1.0	3.3	1.1	1.2	2.0	3.2	2.4	1.9
2009	6.00	2.38	8.38	3.1	1.4	4.4	1.6	1.6	2.5	3.6	2.3	2.3
2010	4.93	2.32	7.25	2.6	1.4	3.3	1.4	1.3	2.2	3.0	2.4	2.0
2011	4.39	1.94	6.33	2.3	1.1	3.8	1.3	1.1	1.8	2.5	2.3	1.7
2012	4.18	1.54	5.72	2.1	0.9	3.7	1.3	1.0	1.5	2.2	1.8	1.5
2013	4.29	1.54	5.83	2.2	0.8	2.8	1.4	0.8	1.5	2.1	2.3	1.5
2014	4.12	1.56	5.68	2.1	0.8	3.4	1.3	0.9	1.3	2.3	1.8	1.5
2015	3.95	1.38	5.33	2.0	0.7	2.8	1.2	0.8	1.2	2.0	1.6	1.4
2016	3.94	1.52	5.47	2.0	0.8	2.3	1.5	0.8	1.3	2.0	1.5	1.4

資料來源：　政府統計處網站：統計數字。

表 3-61　1860 年至 1866 年香港島和九龍街頭苦力和無家者人數統計表

單位：人

年	街頭苦力	居草棚或無家	合計	年	街頭苦力	居草棚或無家	合計
1860	不詳	1600	不詳	1864	不詳	2000	不詳
1861	5000	2508	7508	1865	不詳	2000	不詳
1862	5000	2500	7500	1866	不詳	2000	不詳
1863	5000	2500	7500				

資料來源：　歷年 *Hong Kong Blue Book*。

元發展，但隨着大量內地居民來港避難，技術、半技術和臨時工人都開始供過於求，港府一直沒有估計失業人口的數目。

日佔政府從 1942 年 1 月開始實施「歸鄉」政策，由於非在職者是重要的遣返對象，所以失業者人數應不多。當局沒有公布失業人口的相關統計。

1945 年至 1960 年間，港府依然沒有為失業人口進行統計。因應朝鮮戰爭爆發，港府從 1950 年 7 月起實施出口貨物管制，根據《香港年報》記述，1951 年是「困難和衰退的一年」，港府估計在該年底有三萬名在註冊工廠或工場任職的人士失業。其後，工業和建造業雖然持續發展，非技術勞工卻一直供過於求。對於新界居民的失業情況，新界理民官亦有零散的分析，包括 1940 年代末，客家人因新界農地有限，失業率較高；1950 年代中，海運業務驟降，加上耕地不足，令新界的失業問題惡化，粉嶺區的失業問題尤其嚴重；1955 年，西貢的孟公屋、白浪灣、上洋、下洋、相思灣、大坑口等六條鄉村中，有 120 名 20 歲至 40 歲男性失業。此外，根據聯合國難民署於 1954 年進行的「香港人口抽樣調查」，在扣除了兒童和學生並按戶主的移民身份把受訪家庭分為三類後，結果顯示香港出生家庭、戰前移民家庭、戰後移民家庭成員的失業率為 8.0%、11.5% 和 15.1%。

1961 年至 1971 年間，失業率由 1.7% 升至 4.4%，其後隨製造業發展而降至 1979 年的 2.9%。1980 年代和 1990 年代，勞工密集工業的工序北移，服務性行業則快速發展，吸納了部分製造業工人，失業率大都維持在 4% 以下的水平，只有個別年份例外，1987 年至 1994 年更在 2% 或以下，失業人數多不足 10 萬人，可說是處於「全民就業」的年代。1990 年代後期和 2000 年代初期，香港經濟受內外多個因素影響，出現增長放緩，失業率明顯上升，由 1997 年的 2.2% 升至 2003 年的 7.9%，此時期的失業人數由 7.1 萬人增至 27.5 萬人。由 2003 年下半年起，香港經濟復蘇，就業情況改善，新增職位數量甚大，失業率由 2003 年的 7.9% 降至 2008 年的 3.5%。全球金融危機在 2008 年 9 月爆發，香港出現職位流失的情況，2009 年的失業率為 5.3%，失業人數為 19.3 萬人。2010 年，經濟再次復蘇，勞工市場改善，2011 年至 2016 年間，失業率維持在 3.3% 至 3.4% 之間，失業人數約 13 萬人（見表 3-62）。

失業的分布並不平均，男性的失業率一般較女性高，這差距在 1960 年代至 1990 年代初是相對輕微，除 1983 年外，彼此相差不足 1 個百分點。1997 年至 2003 年的差距由 0.3 個百分點擴闊至 3.0 個百分點，出現這情況的部分原因是男性受僱於建造業的比例較高，物業市道疲弱對建造業的打擊最大，以 2000 年為例，建造業的失業率逼近 10.3%，為整體失業率 4.9% 的兩倍多。2003 年後，兩性的差距逐漸縮小，2016 年為 0.6 個百分點（見表 3-63）。

表 3-62 1961 年至 2016 年若干年份香港失業人口和失業率統計表

年	人數（萬人）	失業率（%）	年	人數（萬人）	失業率（%）
1961	2.09	1.7	1995	9.56	3.2
1966	5.44	3.7	1996	8.74	2.8
1971	7.21	4.4	1997	7.12	2.2
1976	8.45	4.3	1998	15.41	4.7
1977	8.15	4.2	1999	20.75	6.2
1978	5.71	2.8	2000	16.69	4.9
1979	6.11	2.9	2001	17.43	5.1
1980	8.73	3.8	2002	25.42	7.3
1981	9.97	4.0	2003	27.52	7.9
1982	9.10	3.6	2004	23.92	6.8
1983	11.38	4.5	2005	19.76	5.6
1984	10.10	3.9	2006	17.11	4.8
1985	8.36	3.2	2007	14.53	4.0
1986	7.61	2.8	2008	12.80	3.5
1987	4.74	1.7	2009	19.26	5.3
1988	3.77	1.4	2010	15.72	4.3
1989	2.97	1.1	2011	12.67	3.4
1990	3.66	1.3	2012	12.43	3.3
1991	5.04	1.8	2013	13.11	3.4
1992	5.47	2.0	2014	12.76	3.3
1993	5.63	2.0	2015	12.94	3.3
1994	5.62	1.9	2016	13.30	3.4

注：1961 年為 6 歲及以上人口；1966 年為 5 歲及以上人口；1971 年為 10 歲及以上人口；1976 年為 14 歲及以上人口；其他年份為 15 歲及以上人口。1966 年的失業率是根據失業人口和勞動人口計算。

資料來源： 政府統計處網站：統計數字；歷年人口普查和中期人口統計報告；Census and Statistics Department, *Hong Kong Annual Digest of Statistics: 1986 Edition*；*Hong Kong Statistics 1947-1967*。

表 3-63 1961 年至 2016 年若干年份按性別和年齡組別劃分香港失業率統計表

單位：%

年	性別		年齡組別（歲）						總計
	男性	女性	15-19	20-29	30-39	40-49	50-59	≥60	
1961	1.8	1.6	不詳	不詳	不詳	不詳	不詳	不詳	1.7
1966	3.6	3.9	不詳	不詳	不詳	不詳	不詳	不詳	3.7
1971	4.3	4.5	不詳	不詳	不詳	不詳	不詳	不詳	4.4
1976	4.7	3.7	7.8	4.5	2.4	3.1	4.4	3.3	4.3
1977	4.3	4.1	7.5	4.3	3.0	3.2	4.8	3.1	4.2
1978	2.9	2.8	6.3	3.1	1.5	2.1	2.7	1.7	2.8
1979	3.1	2.4	7.1	3.2	1.4	1.8	2.9	1.3	2.9
1980	3.9	3.4	9.1	4.0	2.4	2.7	3.4	2.1	3.8

（續上表）

年	性別		年齡組別（歲）						總計
	男性	女性	15-19	20-29	30-39	40-49	50-59	≥60	
1981	4.1	3.7	6.5	3.6	2.8	3.5	5.7	3.5	4.0
1982	4.0	3.1	9.2	3.9	2.3	2.7	3.6	2.3	3.6
1983	5.0	3.5	11.1	4.7	3.0	3.4	4.6	3.4	4.5
1984	4.2	3.3	11.5	4.1	2.3	2.9	3.8	2.8	3.9
1985	3.5	2.6	10.9	3.5	1.8	2.3	2.9	2.3	3.2
1986	3.0	2.5	10.3	3.3	1.7	1.5	2.7	1.8	2.8
1987	1.7	1.8	6.6	2.1	1.1	1.0	1.4	1.0	1.7
1988	1.4	1.4	5.7	1.9	0.8	0.7	0.8	0.6	1.4
1989	1.1	1.1	4.4	1.6	0.6	0.5	0.7	0.4	1.1
1990	1.3	1.3	6.2	1.8	0.7	0.8	1.0	0.5	1.3
1991	1.9	1.6	8.1	2.3	1.1	1.3	1.5	0.6	1.8
1992	2.0	1.9	6.6	2.7	1.4	1.3	1.7	0.8	2.0
1993	2.0	1.9	8.1	2.7	1.3	1.3	1.8	1.2	2.0
1994	2.1	1.7	8.5	2.5	1.3	1.4	1.8	1.0	1.9
1995	3.4	2.9	12.7	4.0	2.3	2.7	3.2	1.7	3.2
1996	3.1	2.3	12.5	3.6	1.9	2.2	2.7	1.1	2.8
1997	2.3	2.0	10.0	2.8	1.6	1.7	2.2	1.0	2.2
1998	5.2	4.0	20.4	5.7	3.3	4.0	5.0	2.3	4.7
1999	7.2	4.9	26.8	7.5	4.3	5.3	7.2	3.5	6.2
2000	5.6	4.1	23.7	5.8	3.2	4.3	6.0	2.9	4.9
2001	6.0	3.9	23.5	6.2	3.5	4.6	5.4	2.7	5.1
2002	8.4	6.0	30.6	8.2	5.4	6.7	8.2	5.0	7.3
2003	9.3	6.3	30.2	8.7	6.0	7.4	9.3	4.6	7.9
2004	7.8	5.6	26.0	6.9	4.9	6.5	8.7	5.9	6.8
2005	6.5	4.4	21.9	6.2	3.8	5.3	6.9	3.9	5.6
2006	5.7	3.8	21.9	5.6	3.4	4.3	5.5	2.6	4.8
2007	4.6	3.4	19.8	4.6	2.9	3.5	4.6	2.5	4.0
2008	4.0	2.9	16.0	4.6	2.4	3.1	3.7	1.9	3.5
2009	6.1	4.3	21.8	7.2	3.9	4.6	5.3	3.0	5.3
2010	5.1	3.5	20.8	6.6	3.1	3.5	4.2	2.8	4.3
2011	4.0	2.8	15.8	5.3	2.5	2.7	3.3	2.0	3.4
2012	3.8	2.8	13.8	5.3	2.4	2.8	2.9	2.0	3.3
2013	3.8	3.0	14.5	5.6	2.3	2.9	3.1	2.3	3.4
2014	3.6	3.0	12.5	5.4	2.2	2.7	3.0	2.8	3.3
2015	3.4	3.2	14.3	5.9	2.1	2.8	2.8	2.5	3.3
2016	3.7	3.1	13.8	5.9	2.3	2.8	3.1	2.2	3.4

注：1961 年為 6 歲及以上人口；1966 年為 5 歲及以上人口；1971 年為 10 歲及以上人口；1976 年為 14 歲及以上人口；其他年份為 15 歲及以上人口。1961 年至 1976 年和 1981 年的按性別劃分失業率、1966 年的總計失業率，以及 1976 年至 1981 年的按年齡組別劃分失業率是根據失業人口和勞動人口計算。

資料來源： 政府統計處網站：統計數字；歷年人口普查和中期人口統計報告；Census and Statistics Department, *Hong Kong Annual Digest of Statistics: 1986 Edition*；*Hong Kong Statistics 1947-1967*。

年輕人（15 歲至 19 歲）的失業率高於年紀較大的組別。1998 年至 2010 年間，年輕人的失業率多超過 20%，30 歲至 49 歲人士多低於 5%。在 2016 年，15 歲至 19 歲、30 歲至 39 歲、50 歲至 59 歲人士的失業率為 13.8%、2.3% 和 3.1%。年輕人的失業率雖長期偏高，但由於他們接受教育的機會增加，15 歲至 19 歲人士在勞動人口中的佔比不斷減少，由 1976 年的 15.3% 降至 2016 年的 1.1%。

此外，根據香港金融管理局和立法會秘書處對香港失業問題的分析，不同技能和學歷的工人之間，以及不同行業之間亦各有不同。學歷較低的工人失業率較高，1990 年代後期，這差距更有所擴闊；在行業方面，建造業和製造業的失業率比服務業高。年輕和學歷較低人士在勞動人口的佔比下降，均有助減低整體失業率；但彈性工作人員（包括臨時僱員、兼職僱員和自僱人士）的增加，則具有相反的效果，2015 年時，彈性工作者在就業人口中的佔比已升至 13.9%（約 52.4 萬人）。

3. 行業與職業

三次產業的就業人口分布

1841 年以前　香港於先秦至清代時期的就業人口無法確考，但根據考古和文獻資料，可整理出經濟活動的發展概況，從而估計與活動相關的人數多寡。自古以來，因應環境和資源狀況，一些生產活動發展成為經濟產業，以第一產業的漁業（包括採珠）、農業，第二產業的製鹽、製灰、製香和製陶為主，另隨貨品交易的發展，第三產業的商貿業出現並逐漸繁榮，而行業的盛衰自然影響到從業者數目的增減。

香港的考古資料證實先民生計以捕撈為主。到宋代，《輿地紀勝》載：「大奚山，在東莞縣海中，有三十六嶼，居民以漁鹽為生」，顯示當時香港多處均有以漁為業的社群。清初實行海禁，漁業大為衰退；其後遷海復界，漁業迅速復蘇，清嘉慶《新安縣志》〈輿地略．風俗〉曰：「邑地濱海，民多以業漁為生。」自古以來，從事捕漁的人為數眾多，並聚成漁港，當中亦有以船為家者，長期沒有戶籍，直至明代始得到編戶，名為「疍戶」俗稱「疍家」。除疍家人外，鶴佬人亦善於造船和航海，故此以捕魚為業者也多。捕撈由作為自供自給的作業，逐漸發展為多元化的產業，包括銷售漁獲、加工魚貨、水產養殖、補給物資，以及製造和維修漁船與漁具等相關職業。

自秦漢以來，香港所在的廣東沿海已有採珠作業。[21] 由五代南漢至清康熙年間，朝廷曾在大步海（今吐露港一帶）採珠，並設置機構管理。南漢時的採珠方法是「以石縋足，蹲身入海，有至五百尺深者」，溺死者不計其數；宋初禁止民間採珠。北宋至明代，朝廷的採珠政

21　根據《淮南子》〈人間訓〉，「又利越之犀角、象齒、翡翠、珠璣，乃使尉屠睢發卒五十萬」，顯示秦代百越已產珍珠。

策廢復不定，對於民間採珠亦時禁時弛。清康熙年間（1662—1722），因產量有限，遂中止官採，香港的採珠業至此式微。香港雖然一度是重要的珍珠產地，但參與此行業的民眾有限，如南漢時的管理機構媚川都徵民為兵負責採撈，編制是2000兵員；元代時，官府以口糧招募疍戶700餘家三年一採。

西漢初年，香港已有農耕作業，考古遺址如大嶼山白芒出土農具，佐證了《史記》〈貨殖列傳〉對嶺南地區人們靠自耕農穫，便能「飯稻羹魚」的記載。從宋代起，北方移民陸續遷入，並帶來中原地區的農耕技術，其時除種植稻米、蔬菜、水果和茶葉等作物外，亦有飼養家禽以補日常所需。到了明代，不少新界氏族已成為地主，聘用傭農和佃農種地，如錦田鄧氏於明萬曆年間（1573—1620）已擁有稅田萬畝，產業遍布今新界、九龍和香港島。清代時，農業仍是主要產業，耕地和水利設施增加，農作物種類繁多，今新界出產的稻米曾遠銷海外。清初的遷界政策一度令大量農田荒廢，但遷海復界後，隨着官府廣邀客籍農民來港墾荒和調動軍隊屯田，農業生產逐漸恢復。

從漢代實施鹽鐵官營、在番禺設置鹽官起，香港的海鹽生產和貿易不斷發展。南朝至唐代的鹽業相沿不替，煮鹽爐灶遺存至今數以百計，部分是大規模的生產作坊。宋元時期開始以曬鹽法生產食鹽，鹽業進一步興旺，除海南柵、官富場等官辦鹽場外，私鹽的規模亦不斷擴大，明天順《東莞縣志》以「不事農桑，不隸征徭，以魚鹽為生」來記載當時大奚山（今大嶼山）居民的經濟活動。私鹽生產引致官府多番緝捕和鹽民反擊，最終導致南宋慶元三年（1197）朝廷「遣兵入大奚山，盡殺島民」。[22] 元明兩代，官辦鹽場相繼被撤廢，並與鄰近地區的鹽場合併，但製鹽仍是濱海民眾的重要收入，如屯門陶氏於明代兼營鹽業和農業，因而致富。明清戶籍特設「竈戶」，以審編和管治專以製鹽為業者。清朝推行遷海令，鹽業迅速沒落；遷海復界後，香港只餘下極少竈戶。

製灰是香港古代的重要產業之一，至今沿海各處都有灰窯遺址。製灰的原料來自本地的貝殼、蠔殼和珊瑚，製成的殼灰用途甚多，包括製造煮鹽爐灶和作為農耕肥料，甚具經濟價值，明宋應星於《天工開物》作如下評價：「億萬舟楫，億萬垣牆，窒隙防淫，是必由之。」製灰業與日常民生和眾多產業息息相關，因需求穩定而持續發展。清初時，製灰業雖因遷界令而受到打擊，但遷海復界後，官府招來大量移民墾荒，務農者需要殼灰自建居所，也有客族開村建窯，燒製本地使用和外銷的石灰和磚瓦，製灰業迅速復蘇，直至西式建材水泥輸入香港，才逐漸衰落。

莞香樹於唐代年間被引入廣東種植，所結沉香被譽為四大名香「沉檀麝涎」之首，具極高經濟價值。莞香樹僅在嶺南地區才能結香，品質以種植於東莞地區（包括香港）者為佳。

22 《宋史》〈本紀第三十七〉：南宋慶元三年（1197），「是夏，廣東提舉茶鹽徐安國遣人捕私鹽於大奚山，島民遂作亂。⋯⋯八月戊子，復置嚴州神泉監。辛卯，知廣州錢之望遣兵入大奚山，盡殺島民。」

宋代時，東莞縣已廣泛種植，不少民眾以之為業，香港所產香品，以沙田瀝源和大嶼山沙螺灣數量最多，品質亦最佳。[23] 明代至清中葉，製香業是東莞縣的經濟支柱之一，香港除盛植香樹、採製莞香外，還負責東莞縣香品的集運和出口。到了清代，遷海政策令香港製香業一蹶不振，如清屈大均在《廣東新語》所言：「種香者，十戶存一，老香樹亦斬刈盡矣。」莞香的運輸和貿易亦隨之式微。

唐代遺留至今的陶瓷窯址眾多，分布在不同地區，窯址一般成群排列，周圍出土不少陶瓷器，以生活用具為主，反映當時已有生產陶瓷器的手工業。明代時，國內外對瓷器的需求增加，陶瓷業也成為香港的新興產業，包括生產和轉運貿易。有南遷來港的氏族在大埔的碗窰創設窯場，燒製青花瓷器，除供應本地和珠江三角洲市場外，部分外銷至南洋；大嶼山的竹篙灣遺址發現數以萬算瓷器碎片，大多是景德鎮民窯生產的外銷青花瓷碗和碟，據此可推測當地曾是海上瓷器貿易的轉運中心。清初遷界後，碗窰一度荒廢，但遷海復界後不單恢復生產，還擴建窯場，出產內需和外銷製品，晚清時期大埔區每年生產約 40 萬件瓷器，直至 1930 年代才停產。

西漢時期，香港所在的番禺縣已有活躍的商業活動，香港的漢代遺址出土銅錢和眾多非本地燒製的日用陶器皿，反映交易物品已進入民間。清代時，今新界的主要墟市由當地望族經營，如錦田鄧氏開設的元朗墟，清康熙年間有店舖近百家，九龍的市集主要位於九龍灣沿岸，從宋代開始發展，至清代已甚具規模，清道光年間（1821—1850）贊助重修九龍城侯王廟的店舖為數約百家。外貿業亦相當發達。從我國有海外貿易開始，廣州便是重要口岸，香港是廣州的外港、稅關和海防前線；本地生產的海鹽、珍珠、香品、白米等貨物，在多個地點集中和出口。由於貿易獲利豐厚，儘管在鹽珠專賣、明清海禁、清朝政府禁煙等時期，商貿活動亦沒有中斷。[24]

此外，政府和軍事人員為古代人口中的一部分，自秦代在百越地區設置郡縣開始，此後一直沿襲，香港出土的李鄭屋墓便為一官吏墓；北宋年間，香港繼續為官員和士兵的駐地，主要管理鹽政；南宋年間，朝廷除在香港建立海關汛站外，亦安排駐軍戍守；逮至清代，清嘉慶《新安縣志》〈職官志．文官表〉仍臚列了明、清兩朝歷任新安縣知縣和官富司巡檢的名稱與背景。

1841 年至 1960 年　英佔初年，《香港藍皮書》把香港島的就業人口劃分為農業、製造業和商業三大類，其分類標準不詳，1845 年至 1855 年的數字大幅波動（見表 3-64），1856 年和 1857 年的紀錄只有約數。第一產業方面，香港島上一直有漁業和農業，採礦業則迅

23　清嘉慶《新安縣志》〈輿地略．物產〉：「香樹，邑內多植之。東路出於瀝源、沙螺灣等處為佳；西路出於燕村、李松萌等處為佳。」

24　以海禁時期為例，清順治帝於順治十三年（1656）的敕諭指出：「浙江、福建、廣東、江南、山東、天津各督撫鎮，海逆鄭成功等竄伏海隅，……必有奸人暗通線索，貪圖厚利，貿易往來。」

速發展。港府於 1846 年 12 月修訂《1844 年登記及普查條例》，規定所有華人船艇都需要登記，每年繳交牌費。1840 年代，香港島約有耕地 1500 畝，其中三分之二種植稻米。香港村、黃泥涌、掃桿埔和薄扶林等地土質較好，是主要的農耕地區，石排灣一帶亦有不少人以耕種為業。從事農業的人數和比例由 1845 年的 1100 人（5.1%）增至 1851 年的 1290 人（20.2%），然後回落至 1855 年的 463 人（2.6%）；1856 年和 1857 年約 3000 人和 2000 人。香港盛產花崗岩，可用於建屋築路，早在英軍登陸前，居民已在島上開採石礦。據 1841 年的人口調查，香港島 16 條村落中，6 條村落（包括公岩、石凹、掃箕灣、大石下、土地灣和石塘咀）的主要經濟活動為打石，人口達 1655 人。隨着城市建設，打石業成為相當重要的行業，從業者人數眾多，以客家人為主，代表人物有鄧元昌、曾三利、曾瓊記、袁石秀、李瑞琴、李漢四等。1856 年，專門運載石礦出口的「石船」約 800 艘。

第二產業方面，製造業的就業人口紀錄於 1850 年出現，有 5 人，之後增長迅速，1855 年達 3491 人（20.0%）；1856 年約 3000 人；1857 年約 2000 人至 3000 人。此時期的產品有石磚和石牌，主要運往中國內地，也有出口到英屬印度等地；還有蔗糖和鹹魚，蔗糖主要出口到英國、英屬印度和上海，鹹魚主要賣至廣州。1850 年代中，繩纜製造工業和食品工業在多區發展，前者為船務提供支援，後者主要是製造醬油、生薑製品和涼果。1856 年，生產繩纜、醬油和薑糖的工廠分別有 12 間、7 間和 8 間，分布在維多利亞城、石排灣、赤柱、掃稈埔等地區。

表 3-64　1845 年至 1855 年按行業劃分香港島就業人口統計表

年	農業		製造業		商業		總就業人口（人）
	人數（人）	百分比	人數（人）	百分比	人數（人）	百分比	
1845	1100	5.1	0	0.0	20,500	94.9	21,600
1846	981	5.4	0	0.0	17,054	94.6	18,035
1847	428	2.6	0	0.0	16,353	97.4	16,781
1848	511	4.6	0	0.0	10,605	95.4	11,116
1849	1434	9.3	0	0.0	13,990	90.7	15,424
1850	1260	17.7	5	0.1	5872	82.3	7137
1851	1290	20.2	7	0.1	5100	79.7	6397
1852	1126	15.1	20	0.3	6330	84.7	7476
1853	1110	12.9	131	1.5	7395	85.6	8636
1854	331	2.3	3069	21.0	11,216	76.7	14,616
1855	463	2.6	3491	20.0	13,525	77.4	17,479

注：包括水上和流動人口。
資料來源： 歷年 *Hong Kong Blue Book*。

第三產業方面，從事商業的人口一直較多和佔比最高，但呈下降之勢，由 1845 年的 20,500 人（94.9%）減至 1855 年的 13,525 人（77.4%）；1856 年約 20,000 人；1857 年只提及逾半數的歐洲人和四分之三的華人從事商業。此時期的商業多屬小本經營，不少商人在獲利後便帶着資金離開，導致從商者人口頗有波動。國際貿易多與鴉片和苦力販運有關，由於是自由港，船隻出入不受清朝政府法律限制，鴉片貿易成為經濟支柱。1845 年至 1849 年，有説印度半島出產的鴉片有四分之三經香港島運往中國內地，每年存放於香港的鴉片平均約 40,000 箱，價值 1600 萬英鎊。鴉片商號（包括零售店）由 1842 年的 24 家增至 1865 年的 87 家，後回落至 1867 年的 46 家（見表 3-65），從業人數在 1842 年是 131 人，其他年份的人數不詳。1850 年代起，從香港島出發販運華人苦力到美洲、澳洲等地的貿易蓬勃發展。

表 3-65　1842 年至 1867 年若干年份按城鄉劃分香港島鴉片商號數目統計表

單位：家

年	維多利亞城	鄉郊	總計	年	維多利亞城	鄉郊	總計
1842	24	0	24	1856	41	4	45
1845	13	2	15	1857	42	4	46
1846	9	3	12	1858	43	2	45
1847	35	9	44	1859	44	4	48
1848	27	0	27	1860	55	5	60
1849	不詳	不詳	不詳	1861	59	8	67
1850	3	5	8	1862	49	5	54
1851	6	6	12	1863	59	10	69
1852	24	6	30	1864	68	6	74
1853	15	4	19	1865	79	8	87
1854	37	4	41	1866	71	6	77
1855	39	5	44	1867	41	5	46

注：1842 年維多利亞城數目為女王城數據。
資料來源：　歷年 *Hong Kong Blue Book*；1842 年 *The Friend of China and Hongkong Gazette*。

港府文獻對 1860 年代至 1890 年代香港島和九龍就業人口的行業只有零散報道。第一產業方面，對於漁業和農業，《香港藍皮書》估計經常進出香港水域的漁船和其他船隻數量由 1871 年約 3000 艘增至 1899 年約 7000 艘，但無從得悉其收益；1871 年至 1899 年的《香港藍皮書》記述，香港農業未見發展，1886 年的《香港藍皮書》亦指出，由於缺乏土地，香港島和九龍沒有發展農業的誘因，農產品不多；而根據 1864 年、1866 年和 1867 年的人口普查，農民只有 200 戶、280 戶和 189 戶，漁民則有 111 戶、126 戶和 113 戶。對於礦業，石塘和石礦數目由 1871 年的 152 個減至 1891 年的 103 個；人口普查的結果顯示，1864 年、1866 年和 1867 年的打石工人（stone cutters）有 106 戶、156 戶和 155 戶，1881 年和 1891 年則有 1439 人和 2927 人，另有石匠（masons）542 人和 173 人，佔總就業人口約 3%。

第二產業方面，轉口貿易帶動航運業發展，勞動密集的造船修船業應運而生，香港黃埔船塢有限公司於 1863 年創辦，發展至 1880 年代，其船塢已遍布港九。其他製造業也快速發展，境外華人陸續來港投資，並推動機械化生產，第一家大型煉糖廠於 1868 年成立。1870 年代，製造業仍以生產繩索、豆類製品、糖薑的數量較多。1880 年代，苦力販運停頓，香港的經濟發展轉向工業。太古煉糖廠於 1884 年投入運作，成為當時全球規模最大的廠房之一。1890 年代，紅磡德輔道（今漆咸道）一帶已發展為工業區，除造船廠外，還有多間玻璃廠和火柴廠。製造業蓬勃發展，提供大量就業機會。

第三產業方面，由於此時期的國際運輸和銀行業不發達，中西貿易由大洋行壟斷，並以銀貨交易為主。1869 年蘇彝士運河（Suez Canal）開通，帶來貿易和倉儲行業發展機遇。香港能與上海、紐約、倫敦、新加坡和越南西貢直接溝通，交易時間縮短，小洋行得以躋身市場，洋行的數目由 1846 年的 22 家，增至 1870 年 202 家。大洋行的業務則愈趨多元化，從商品交易轉向工業、金融業及貿易服務等行業。商業暢旺，估計從業人口隨之增加。

現存文獻中沒有記載二十世紀前今新界和九龍地區的產業結構數據，零散的記述顯示十九世紀時，勞動人口主要是農民、漁民、市集商販和石匠。今新界居民仍以農耕為主業；十九世紀末，人口增加令蔬菜種植及禽畜飼養得以擴展。九龍的華人聚居於油麻地、何文田、大角咀和紅磡等地，居於油麻地的工匠和小商人人數，已超過當地原有的艇戶和漁民；居於何文田和紅磡者，多半是石匠和菜農牧豬人；居於大角咀者，多是船塢工人。打石業日漸興旺，在九龍，打石業者集中在牛頭角、茜草灣、茶果嶺及鯉魚門一帶，聚成村落，合稱「四山」，清朝政府授權各選一人為代表，管理當地業務，代收礦稅。在十九世紀中葉，鯉魚門最少已有三個具規模的石塘，每個堂口僱用百多名石匠和搬運工。另駱克的〈香港殖民地展拓界址報告書〉指出，1898 年時，當時的新界地區除農業外，還有很多人從事捕魚業，亦有人在后海灣養蠔，吐露港有採珠業，元朗一帶的漁塘，亦為鹹魚業供應鮮魚。工業生產也頗多元，包括製灰、磚、鹽、船、香、繩、陶瓷等產品。

1901 年至 1921 年的人口普查沒有統計就業人口的行業。1931 年的人口普查結果顯示，第一產業（包括漁業、農業、採礦業）僱用 66,414 人，佔就業人口的 14.1%。第二產業（包括各種製造業、建造及裝修業、氣體及電力供應業）僱用 112,978 人，佔就業人口的 24.0%。第三產業（包括運輸及通訊業、商業及金融業、公共行政及防務業、專業、娛樂及運動業、個人服務業）僱用 269,503 人，佔就業人口的 57.2%。另有 21,899 人受僱於其他行業，佔就業人口的 4.7%。香港由於天然資源和土地有限，第一產業尤其農業難以發展，採礦業亦由盛轉衰。第二產業以製造業的發展最矚目，一戰令貨品供應中斷，促使香港自行製造輕紡業產品，原有的造船、煉糖，以及製造香煙、繩纜、糖薑、紙張等，仍是主要的行業。1930 年代，內地戰事頻仍，不少企業家來港設廠，生產眾多供應海外市場的產品，製造業成為本地經濟的重要一環。第三產業亦發展迅速，戰事曾令轉口貿易停滯，但香港商人趁此時機發展遠東市場，對外貿易再次蓬勃，並帶動航運、倉儲碼頭、船塢、金融等相關行業的發展，經濟向好令不同的服務行業也有所發展。

日佔時期，根據1943年5月的人口統計，就業人數接近50萬人，從事第一產業（包括水產業、農業、礦業）者共92,596人，佔就業人口的18.6%。從事第二產業（包括工業）有65,472人，佔就業人口的13.2%。從事第三產業（包括公務、商業、運輸業、家事、自由勞動和自由職業）者共297,775人，佔就業人口的59.9%。另有40,903人受僱於其他行業，佔就業人口的8.2%。

二戰結束後的1947年至1960年，勞工處基本按照「所有經濟活動的國際標準產業分類」（International Standard Industrial Classification of All Economic Activities, ISIC）記錄註冊機構在各自行業的僱用人數，其中超過九成從事製造業，第一產業中，從事漁農業者人數不詳，從事採礦及採石業者約2000人，佔比不足3%；從事第三產業（包括商業；運輸、倉庫及通訊業；服務業）者由2263人增至9001人，但佔比由4.4%降至3.9%。

1961年至2016年　1961年至2016年的三次產業結構出現顯著變化，1950年代至1970年代，香港從轉口港轉型為以製造業為主的工業城市；1980年代和1990年代，製造業北移，金融業等高端服務業迅速壯大；1997年後，香港經濟進一步向高增值服務業轉型，為我國提供國際金融和商貿服務。由1981年起，第三產業已取代第二產業，成為聘用僱員最多的產業。這些變化直接影響就業人口的分布。這55年間，第一產業在整體經濟比重持續萎縮，農業、漁業和礦業員工在就業人口的佔比由8.0%減至0.2%。第二產業於二戰結束後迅速恢復，約半數就業人口於1961年至1981年任職製造、建造和水電煤氣供應等行業，從1980年代起，製造業生產工序陸續移至內地，第二產業就業人口佔比大幅下降，2016年為12.7%。內地的開放政策為香港各種服務活動創造大量商機，自1980年代起，本地經濟朝着以服務行業為主導的方向發展，第三產業就業人口佔比持續攀升，從1961年的41.6%和1981年的47.1%，增至2016年的87.1%（見表3-66）。

就業人口的行業

1931年至1960年　香港於1930年代前就業人口的行業無法確考。1931年的人口普查報告把行業劃分為22大類，結果顯示，僱用人數最多的是發展悠久的商業及金融業，包括批發、零售、銀行、保險、金融等行業，佔就業人口的20.6%。其次是因貿易蓬勃而興旺的運輸及通訊業，佔15.1%。其三是個人服務業，包括酒店、餐飲、理髮、家僕等，佔13.0%。再次是農業、金屬等製造業、公共行政及防務業和漁業，各僱用就業人口的8.9%、5.0%、5.0%和4.8%，農業和漁業人數不多是因為不少農民和漁民的子女長大後，會到別處尋找工作。其他行業的僱員佔比較低，介乎0.2%（毛皮及皮革製造業）至4.4%（建造及裝修業）之間。男性和女性的行業分布呈顯著差別。男性較多從事商業及金融業（佔男性就業人口的24.7%）；其次為運輸及通訊業（16.2%）；再次是個人服務業（9.2%）、

表 3-66 1961 年至 2016 年若干年份按三次產業劃分香港就業人口統計表

年	第一產業（%）	第二產業（%）	第三產業（%）	不能分類（%）	總人數（萬人）
1961	8.0	49.0	41.6	1.4	119.11
1966	5.5	46.5	47.6	0.4	140.04
1971	4.2	53.0	41.3	1.5	154.69
1976	2.7	50.9	45.7	0.7	184.68
1981	2.1	49.0	47.1	1.2	240.41
1986	1.8	42.7	55.1	0.4	264.33
1991	1.0	35.9	62.7	0.3	271.51
1996	0.6	27.6	71.5	0.2	304.37
2001	0.4	20.5	79.1	0.1	325.27
2006	0.2	16.9	82.7	0.1	336.57
2011	0.1	12.4	87.4	0.0	354.78
2016	0.2	12.7	87.1	0.0	375.66

注：1961 年為 6 歲及以上人口；1966 年為 5 歲及以上人口；其他年份為 15 歲及以上人口。
資料來源： 歷年人口普查和中期人口統計報告；Census and Statistics Department, *Hong Kong Statistics 1947-1967*。

圖 3-12 本地漁市場，圖中可見漁民在漁船上落漁貨，以及在岸邊準備買賣。（攝於 1946 年，香港特別行政區政府提供）

金屬等製造業（6.3%）、公共行政及防務業（6.2%）。女性則較多從事個人服務業（佔女性就業人口的 27.4%）；其次為農業（24.8%）；再次是運輸及通訊業（11.2%）、漁業（7.3%）、紡織業（5.7%）（見表 3-67）。

表 3-67　1931 年按產業和行業、性別劃分香港就業人口統計表

產業和行業	男性		女性		合計	
	人數（人）	百分比	人數（人）	百分比	人數（人）	百分比
第一產業						
漁業	15,527	4.2	7194	7.3	22,721	4.8
農業	17,250	4.6	24,459	24.8	41,709	8.9
採礦業及礦石處理	1852	0.5	132	0.1	1984	0.4
小計	34,629	9.3	31,785	32.2	66,414	14.1
第二產業						
磚、瓷器及玻璃製造	1829	0.5	52	0.1	1881	0.4
化學物品、染料、顏料及油製造	1578	0.4	445	0.5	2023	0.4
金屬、機械、器具、運輸工具、珠寶及鐘錶製造	23,300	6.3	440	0.4	23,740	5.0
紡織業	4636	1.2	5601	5.7	10,237	2.2
毛皮及皮革製造	754	0.2	180	0.2	934	0.2
衣飾製造	13,514	3.6	3030	3.1	16,544	3.5
食物、飲料及煙草製造	9134	2.5	2093	2.1	11,227	2.4
木工及藤器及籃製造	14,142	3.8	704	0.7	14,846	3.2
製紙、文具、書籍及攝影	5919	1.6	365	0.4	6284	1.3
建造及裝修	17,878	4.8	3044	3.1	20,922	4.4
其他製造業	1410	0.4	1108	1.1	2518	0.5
氣體及電力供應	1796	0.5	26	0.0	1822	0.4
小計	95,890	25.8	17,088	17.3	112,978	24.0
第三產業						
運輸及通訊	60,215	16.2	11,049	11.2	71,264	15.1
商業及金融	92,043	24.7	4983	5.0	97,026	20.6
公共行政及防務	23,138	6.2	398	0.4	23,536	5.0
專業	7570	2.0	2432	2.5	10,002	2.1
娛樂及運動	2843	0.8	3671	3.7	6514	1.4
個人服務	34,096	9.2	27,065	27.4	61,161	13.0
小計	219,905	59.1	49,598	50.3	269,503	57.2
其他行業	21,671	5.8	228	0.2	21,899	4.7
總計	372,095	100.0	98,699	100.0	470,794	100.0

資料來源： 1931 年人口普查報告。

日佔政府於 1942 年 10 月通過《香港佔領地經濟復興應急處理方案》，並放寬發放經營許可。根據 1943 年 5 月的人口統計，就業人數接近 50 萬人（見表 3-68），其中以從事商業者最多，共 156,531 人，佔 31.5%。當年 9 月獲准經營的商業機構約 2.9 萬家，在百

表 3-68　1943 年 5 月按行業和國籍劃分香港就業人口統計表

單位：人

行業	國籍			總計	百分比
	中國	日本	其他		
商業	154,102	1816	613	156,531	31.5
農業	72,711	18	14	72,743	14.6
工業	65,038	345	89	65,472	13.2
運輸業	22,163	376	128	22,667	4.6
水產業	18,360	117	1	18,478	3.7
礦業	1334	35	6	1375	0.3
公務	12,726	281	835	13,842	2.8
其他	143,580	380	1678	145,638	29.3
總計	490,014	3368	3364	496,746	100.0

注：其他包括家事、自由勞動、自由職業等。
資料來源：　東洋經濟新報社編：《軍政下の香港》。

業蕭條和物資缺乏的情況下，貿易額較大的類別是糧酒雜貨，發展較蓬勃者是珠寶行業和典押業，不少市民經營小攤檔，售賣香煙、故衣和生活物品。[25] 從事農業者的數量居次，共 72,743 人，佔 14.6%。香港的糧食長期依賴外地供應，從業人員規模不大。日佔政府鼓勵發展農業，包括開設農事試驗場和開發農地，其時耕地面積不足 12,000 町步（1 町步約 9920 平方米），於是將新界的馬場、高爾夫球場、飛機場、私人園地，以及香港島的銅鑼灣和香港仔等地改為耕地，鼓勵人們耕種。從事工業者的數量居第三位，共 65,472 人，佔 13.2%。當年獲准經營的工廠約 800 家。有助支援日軍的工業尤其造船，[26] 得到日佔政府扶持，生產生活必需品的工業也得到鼓勵，包括織布、製帽、製火柴、製煙等，從事這些工業的人員不用被遣返回鄉。從事運輸業、水產業、公務和礦業者較少，佔 4.6%、3.7%、2.8% 和 0.3%。

總括而言，中國人以從事工商業的人數較多，主要是和支持戰事和提供軍需有關的行業，如造船、採礦、印刷、製酒、製糖、煙草等「國策工業」，這些行業受日本政府保護和支持，其經營權多交予日本企業。日本人較多參與的行業除商業和工業外，還有獲得政策支援的運輸業和水產業。

除上述行業外，日佔政府鼓勵開設「娛樂區」和「慰安區」，在區內恢復公娼。1942 年 8

25　日佔政府於 1942 年 1 月發表有關「攤位地域」的《布告》，在香港島和九龍各設 16 個和 17 個「指定擺賣區域」。

26　根據英軍服務團在 1944 年收集的情報，當時 11 家造船廠共僱用約 1.5 萬名工人，其中負責製造軍艦或大型貨船的船廠有九龍船塢、皇家海軍造船廠和太古船塢，各僱用 4687 人、3267 人和 3250 人。

表 3-69　1947 年至 1960 年按行業劃分香港勞工處註冊機構的僱用人數統計表

年	採礦及採石業		製造業		電力及水務業	
	人數（人）	百分比	人數（人）	百分比	人數（人）	百分比
1947	不詳	不詳	47,356	92.2	1719	3.3
1948	不詳	不詳	56,815	93.8	1348	2.2
1949	不詳	不詳	60,205	92.9	1441	2.2
1950	1884	2.1	81,718	91.5	1186	1.3
1951	2376	2.5	86,136	92.0	1341	1.4
1952	2153	2.3	85,322	91.9	1250	1.3
1953	2320	2.3	92,178	91.4	1286	1.3
1954	1793	1.7	98,196	92.4	1327	1.2
1955	737	0.6	110,574	93.3	1317	1.1
1956	2090	1.5	128,818	92.8	1419	1.0
1957	1946	1.3	137,783	93.1	1513	1.0
1958	2051	1.2	156,556	93.2	1840	1.1
1959	2069	1.1	177,271	93.8	1716	0.9
1960	2370	1.0	215,854	94.3	1704	0.7

資料來源： Census and Statistics Department, *Hong Kong Statistics 1947-1967*。

月，灣仔被劃為日本人居留地，日軍可開設 500 家「慰安所」，另有供平民「娛樂」的妓院。石塘咀「娛樂區」於 1943 年初有妓院 59 家、導遊社（提供伴遊服務）24 家，娼妓 315 人和導遊 236 人；1944 年 4 月，有妓院和導遊社 96 家，娼妓和導遊 538 人。1945 年 3 月，香港島、九龍和新界各有 17 家、6 家和 5 家「娛樂場」，除提供性服務外，還經營舞場和賭博等業務。時任養和醫院院長形容色情行業為「畸形的繁榮」，灣仔區的妓女「應該以千數來計算」，單一家旅館已有妓女 200 多名。

二戰結束後的 1947 年至 1960 年，製造業的僱用人數由 47,356 人增至 215,854 人；在全港註冊機構僱用人數中，製造業員工的比例高達 91.4% 至 94.3%（見表 3-69）。二戰後大量移民從內地來港，帶來資金、設備、技術、人力和市場聯繫，製造業得以向勞工密集型發展，香港逐漸成為一個工業城市。其間，製造業的結構有所變化，以 1947 年、1953 年和 1960 年為例，1947 年，僱用人數最多的首五個行業組別為運輸設備（30.7%）、紡織（19.7%）、金屬製品（11.5%）、橡膠製品（8.0%）、印刷出版（5.3%）；1953 年為紡織（33.7%）、金屬製品（16.8%）、運輸設備（10.7%）、橡膠製品（6.3%）、印刷出版（6.1%）；1960 年為紡織（26.0%）、鞋類、服裝及紡織製品（24.4%）、金屬製品（11.8%）、其他產品（9.1%）、運輸設備（6.4%）。這十多年間，各行業員工的佔比起伏不一，紡織業維持其「領導工業」的地位；鞋類、服裝及紡織製品業快速崛起；但橡膠製品、化學品及化學產品，尤其是運輸設備則每況愈下（見表 3-70）。

其他行業的僱用人數遠低於製造業。採礦及採石業在 1950 年代陸續恢復，重開或新開發

商業		運輸、倉庫及通訊業		服務業		總人數（人）
人數（人）	百分比	人數（人）	百分比	人數（人）	百分比	
644	1.3	1593	3.1	26	0.1	51,338
616	1.0	1595	2.6	224	0.4	60,598
610	0.9	2110	3.3	465	0.7	64,831
738	0.8	3019	3.4	723	0.8	89,268
900	1.0	1964	2.1	927	1.0	93,644
594	0.6	2268	2.4	1219	1.3	92,806
416	0.4	3180	3.2	1475	1.5	100,855
422	0.4	2989	2.8	1494	1.4	106,221
496	0.4	3758	3.2	1606	1.4	118,488
645	0.5	3827	2.8	1984	1.4	138,783
554	0.4	4080	2.8	2154	1.5	148,030
719	0.4	4213	2.5	2564	1.5	167,943
612	0.3	4660	2.5	2708	1.4	189,036
613	0.3	5737	2.5	2651	1.2	228,929

的礦場包括蓮麻坑鉛礦、馬鞍山鐵礦及大磨刀洲石墨礦。受僱人數相對穩定，多介乎 1800 人至 2300 人；但從比例看，此行業的高峰期為 1950 年至 1953 年，僱用人數佔 2.1% 至 2.5%；此後，其佔比持續下降，1960 年是 1.0%。電力及水務業的受僱人數亦算穩定，多介乎 1300 人至 1700 人；隨着註冊機構僱用人數的增加，此行業員工的佔比由 1947 年的 3.3% 降至 1960 年的 0.7%。商業的受僱人數極少，最高位是 1951 年的 900 人，最低位是 1953 年的 416 人；員工佔比由 1947 年的 1.3% 減至 1960 年的 0.3%。運輸、倉庫及通訊業於 1947 年時僱用 1593 人，佔 3.1%；其後受國際對華貿易禁運的影響，僱用人數由 1950 年的 3019 人（3.4%）降至翌年的 1964 人（2.1%）；隨着製造業起飛，僱用人數回升至 1960 年的 5737 人（2.5%）。服務業是新興行業，包括康樂服務和個人服務，僱用人數不多，1947 年時只有 26 人（0.1%），但增加速度超過其他行業；1960 年，服務業員工已增至 2651 人（1.2%），高於採礦及採石業、電力及水務業和商業（見表 3-69）。

1961 年至 2016 年　1961 年至 2016 年間，就業人口的行業結構不斷轉變，主要的趨勢是漁農業和礦業式微，製造業由盛轉衰，各方面的服務行業則穩定發展（見表 3-71，表 3-72）。[27]

農業、漁業和礦業在 1960 年代和 1970 年代在整體經濟比重持續萎縮。就業人口中，農

27 在 1990 年之前，政府統計處是按「所有經濟活動的國際標準產業分類」編製相關數字；1990 年改用「香港標準行業分類」，2009 年改用「香港標準行業分類 2.0 版」，歷年數據具有一定的可比性。

表 3-70 1947 年、1953 年和 1960 年按行業組別劃分香港勞工處註冊機構的製造業僱用人數統計表

行業組別	1947		1953		1960	
	人數（人）	百分比	人數（人）	百分比	人數（人）	百分比
食品	2095	4.4	5210	5.7	7066	3.3
飲品	294	0.6	855	0.9	998	0.5
煙草	573	1.2	1243	1.3	1220	0.6
紡織	9328	19.7	31,019	33.7	56,059	26.0
鞋類、服裝及紡織製品	1229	2.6	3153	3.4	52,711	24.4
木材及軟木製品	332	0.7	1063	1.2	2854	1.3
家具及固定裝置製品	286	0.6	653	0.7	2827	1.3
紙張及紙品	71	0.1	384	0.4	946	0.4
印刷、出版及有關行業	2525	5.3	5645	6.1	8463	3.9
皮革及皮革製品	125	0.3	174	0.2	262	0.1
橡膠製品	3778	8.0	5780	6.3	7905	3.7
化學品及化學產品	2193	4.6	2871	3.1	3224	1.5
石油及煤產品	8	0.0	不詳	不詳	13	0.0
非金屬礦產製品	1026	2.2	2071	2.2	2141	1.0
基本金屬	400	0.8	1058	1.1	2451	1.1
金屬製品	5440	11.5	15,472	16.8	25,571	11.8
非電機類機械	967	2.0	2013	2.2	4252	2.0
電機機械、電器製品及配件	940	2.0	1651	1.8	3371	1.6
運輸設備	14,557	30.7	9845	10.7	13,906	6.4
其他產品	1189	2.5	2018	2.2	19,614	9.1
總計	47,356	100.0	92,178	100.0	215,854	100.0

資料來源： Census and Statistics Department, *Hong Kong Statistics 1947-1967*。

業和漁業工人的佔比由 1961 年的 7.3% 減至 1981 年的 2.0%；礦業工人亦由 0.7% 減至 0.1%。

製造業在 1960 年代和 1970 年代蓬勃發展，僱用人數佔就業人口的最大部分，由 1961 年的 43.0% 升至 1971 年的 47.0%。1980 年代起，製造業工序北移，工人隨之減少，佔比由 1981 年的 41.3% 鋭減至 2016 年的 3.8%。

建造業的情況相對平穩，工人佔比由 1961 年的 4.9% 增至 1996 年的 8.1%；其後因內外經濟動盪的影響，降至 2006 年的 6.8%；港府自 2007 年起推出多項大型基建計劃，工人的佔比隨之回升，2016 年為 8.5%。

批發、零售、進出口貿易、飲食及酒店業（簡稱批發飲食業）在 1961 年至 2006 年持續發展，從業人數佔比由 14.4% 升至 27.2%，並從 1990 年代中期起取代製造業，成為僱用人數最多的行業。自 2009 年起，此行業分為進出口、批發及零售業（簡稱進出口業）和住宿

及膳食服務業，在 2016 年的就業人口中，前者佔 18.9%，乃僱用人數最多的行業，後者佔 8.2%。

運輸、倉庫及通訊業（簡稱運輸通訊業）員工從 1980 年代起有較快的增長，佔比由 1961 年的 7.3% 升至 2006 年的 11.6%。自 2009 年起，此行業分為運輸、倉庫、郵政及速遞服務（簡稱運輸速遞業）和資訊及通訊業，在 2016 年的就業人口中，兩者各佔 8.8% 和 3.6%。

金融、保險、地產及商用服務業（簡稱金融地產業）在 1961 年至 2006 年間發展迅速，僱用人數佔比由 1.6% 升至 17.0%，成為服務業的重要組成部分。自 2009 年起，此行業分為地產、專業及商用服務業（簡稱地產業）和金融及保險業，僱用人數進一步增加。在 2016 年的就業人口中，兩者各佔 14.3% 和 6.5%。

社區、社會及個人服務業（簡稱社會服務業）在 1961 年的僱用人數佔就業人口的 18.3%，僅次於製造業；1970 年代的佔比曾降至約 15%；隨後 20 多年則穩步上升至 2006 年的 26.9%。自 2009 年起，此行業分為公共行政、教育、人類醫療保健及社工活動業（簡稱公共服務業）和雜項社會及個人服務業（簡稱雜項服務業），在 2016 年的就業人口中，兩者各佔 15.1% 和 11.7%。

表 3-71　1961 年至 2006 年若干年份按行業劃分香港就業人口統計表

單位：%

行業	1961	1966	1971	1976	1981	1986	1991	1996	2001	2006
製造業	43.0	39.4	47.0	44.8	41.3	35.8	28.3	18.9	12.3	9.7
建造業	4.9	6.2	5.4	5.6	7.7	6.2	6.9	8.1	7.6	6.8
批發、零售、進出口貿易、飲食及酒店業	14.4	不適用	16.2	19.5	19.2	22.3	22.5	24.9	26.2	27.2
運輸、倉庫及通訊業	7.3	6.8	7.4	7.4	7.5	8.0	9.8	10.9	11.3	11.6
金融、保險、地產及商用服務業	1.6	16.7	2.7	3.4	4.8	6.4	10.6	13.4	16.1	17.0
社區、社會及個人服務業	18.3	24.1	15.0	15.4	15.6	18.4	19.9	22.3	25.5	26.9
其他	10.5	6.9	6.3	3.9	3.9	2.9	2.1	1.5	1.0	0.8
總人數（萬人）	119.11	140.04	154.69	184.68	240.41	264.33	271.51	304.37	325.27	336.57

注：1961 年為 6 歲及以上人口；1966 年為 5 歲及以上人口；其他年份為 15 歲及以上人口。批發飲食業於 1961 年至 1981 年為批發及零售、飲食及酒店業；運輸通訊業於 1966 年為通訊業；金融地產業於 1966 年為商業；社會服務業於 1961 年、1971 年至 1981 年為服務業、1966 年為社區服務業。其他含農業、漁業、採礦及採石業、電力、燃氣及水務業，以及不能辨別的行業。

資料來源：　歷年人口普查和中期人口統計報告；Census and Statistics Department, *Hong Kong Statistics 1947-1967*。

圖 3-13　1961 年至 2006 年若干年份按行業劃分香港的就業人口

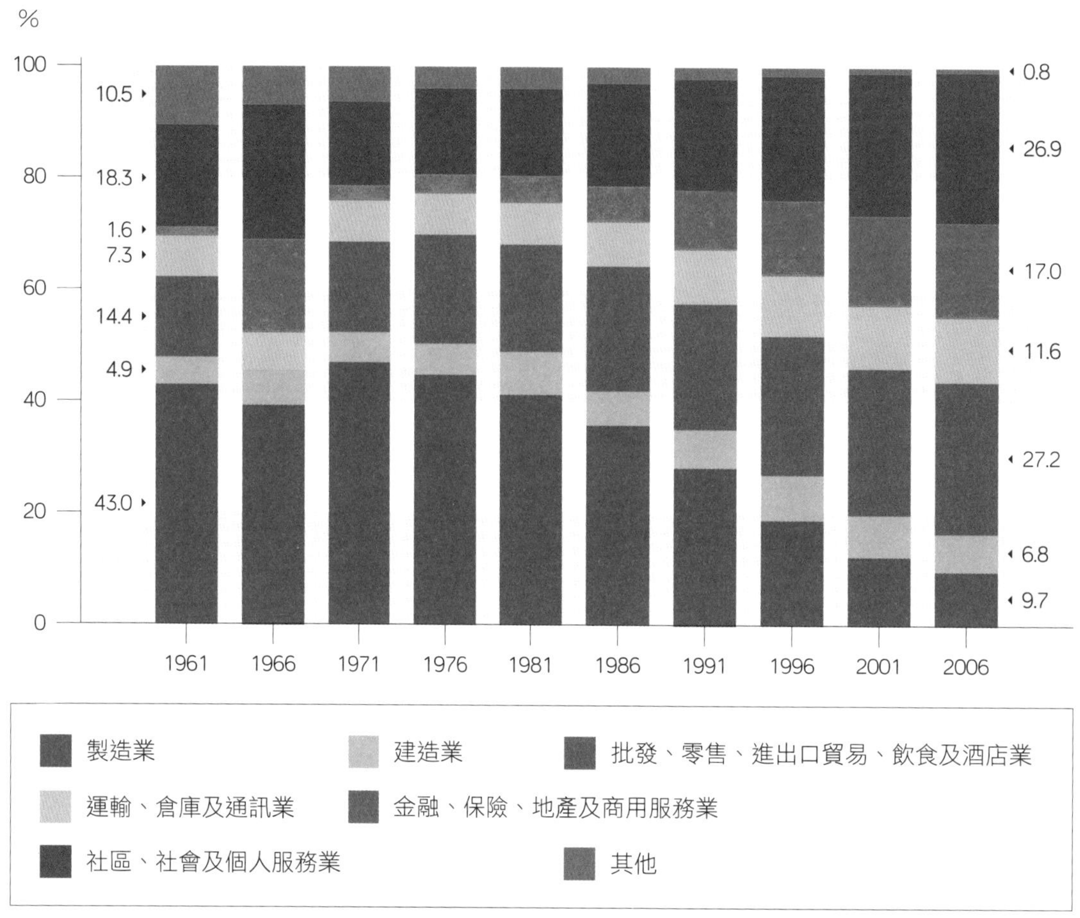

資料來源：　歷年人口普查和中期人口統計報告；Census and Statistics Department, *Hong Kong Statistics 1947-1967*。

表 3-72　2011 年和 2016 年按行業劃分香港 15 歲及以上就業人口統計表

單位：%

行業	2011	2016
製造業	4.0	3.8
建造業	7.8	8.5
進出口、批發及零售業	22.7	18.9
運輸、倉庫、郵政及速遞服務業	8.9	8.8
住宿及膳食服務業	7.9	8.2
資訊及通訊業	3.3	3.6
金融及保險業	6.2	6.5
地產、專業及商用服務業	13.0	14.3
公共行政、教育、人類醫療保健及社工活動	14.5	15.1
雜項社會及個人服務	11.0	11.7
其他	0.8	0.6
總人數（萬人）	354.78	375.66

注：其他行業含農業、林業及漁業、採礦及採石業、電力及燃氣供應、自來水供應、污水處理、廢棄物管理及污染防治服務業，以及不能辨別的行業。

資料來源：　2016 年中期人口統計報告。

男性和女性的行業分布呈現頗大差別（見表 3-73）。1961 年至 1991 年間，兩性都以從事製造業者居多，女性的佔比一直高於男性。在此期間，男性的佔比持續下降，由 41.7% 減至 26.5%；女性則由 1961 年的 46.1% 升至 1971 年的 58.2%，之後才回落，1991 年為 31.2%。製造業式微後，兩性的佔比都大幅下滑，2016 年，男性為 4.6%，女性為 3.0%。

兩性也較多從事批發飲食業（及更改分類後的進出口業），1961 年至 1981 年間，男性的佔比一直高於女性，1961 年時為 16.8% 和 8.3%，但兩者差異不斷收窄，1981 年為 20.7% 和 16.5%，其後更逆轉為女性的佔比高於男性約 2 個至 6 個百分點。

兩性從事社會服務業（及更改分類後的公共服務業和雜項服務業）的比例亦較多，性別差異相對明顯，男性的比例一直低於女性，1961 年為 14.0% 和 29.0%，兩者的差異曾縮小至 1981 年的 14.4% 和 17.8%，但隨後又再擴大，2001 年為 16.5% 和 37.0%。2016 年，男性和女性從事雜項服務業的佔比為 3.1% 和 20.5%。

兩性從事金融地產業（及更改分類後的金融及保險業和地產業）的比例都愈來愈大，而且沒有明顯的性別差異。1961 年至 2001 年間，男性的佔比由 1.9% 升至 17.0%，女性由 0.8% 升至 14.9%。2016 年，男性從事金融及保險業和地產業的佔比為 6.3% 和 13.9%，女性為 6.7% 和 14.7%。

兩性從事建造業和運輸通訊業（及更改分類後的運輸速遞業和資訊及通訊業）的比例相對較低，性別差異非常明顯，男性的比例一直高於女性。1961 年至 2016 年間，男性從事建造業的比例由 6.1% 升至 15.0%，女性僅介乎 1.1% 至 2.0%。1961 年至 2001 年間，男性從事運輸通訊業的比例由 9.2% 升至 15.6%，女性由 2.4% 升至 5.8%。2016 年，男性和女性從事運輸速遞業的佔比為 13.4% 和 4.1%，從事資訊及通訊業的佔比為 5.1% 和 2.2%。

不同年齡組別人士的行業分布基本上是大同小異（見表 3-74）。1961 年，年輕人（15 歲至 24 歲）、青壯年（25 歲至 44 歲）及較年長者（45 歲及以上）都較多從事製造業，佔比為 50.9%、40.0% 和 30.7%。製造業式微後，三組人士從事批發飲食業和社會服務業的比例都明顯上升，2001 年，年輕人的佔比為 29.8% 和 28.8%，青壯年為 25.3% 和 26.0%，較年長者為 26.5% 和 23.1%。2016 年，年輕人、青壯年和較年長者從事進出口業的佔比為 21.7%、18.1% 和 19.3%；三者從事公共服務業的佔比則為 17.9%、15.7% 和 13.9%。

三組人士在其他行業的分布略有差異。年輕人和青壯年從事建造業的比例有所下降，但較年長者則見增加，三者在 1961 年的佔比為 7.8%、9.0% 和 8.0%，2016 年則為 6.5%、6.9% 和 10.7%。年輕人從事住宿及膳食服務業的比例一直高於青壯年和較年長者，以 2016 年為例，三者的佔比為 15.6%、6.7% 和 8.5%。年輕人和青壯年從事運輸速遞業和

表 3-73　1961 年至 2016 年若干年份按行業和性別劃分香港就業人口統計表

單位：%

行業	性別	1961	1971	1981	1991	2001	2011	2016
製造業	男性	41.7	41.7	34.7	26.5	13.6	4.9	4.6
	女性	46.1	58.2	53.1	31.2	10.7	3.1	3.0
建造業	男性	6.1	7.4	11.2	10.5	12.5	13.4	15.0
	女性	2.0	1.2	1.4	1.1	1.4	1.8	1.9
批發、零售、進出口貿易、飲食及酒店業	男性	16.8	18.5	20.7	21.6	23.5	—	—
	女性	8.3	11.6	16.5	24.1	29.7	—	—
進出口、批發及零售業	男性	—	—	—	—	—	20.7	17.9
	女性	—	—	—	—	—	24.8	19.9
住宿及膳食服務業	男性	—	—	—	—	—	7.7	8.0
	女性	—	—	—	—	—	8.0	8.3
運輸、倉庫及通訊業	男性	9.2	10.2	10.3	13.1	15.6	—	—
	女性	2.4	1.7	2.5	4.3	5.8	—	—
運輸、倉庫、郵政及速遞服務業	男性	—	—	—	—	—	13.6	13.4
	女性	—	—	—	—	—	4.0	4.1
資訊及通訊業	男性	—	—	—	—	—	4.3	5.1
	女性	—	—	—	—	—	2.2	2.2
金融、保險、地產及商用服務業	男性	1.9	2.9	4.5	10.2	17.0	—	—
	女性	0.8	2.1	5.5	11.2	14.9	—	—
金融及保險業	男性	—	—	—	—	—	5.8	6.3
	女性	—	—	—	—	—	6.6	6.7
地產、專業及商用服務業	男性	—	—	—	—	—	13.3	13.9
	女性	—	—	—	—	—	12.7	14.7
社區、社會及個人服務業	男性	14.0	13.3	14.4	15.7	16.5	—	—
	女性	29.0	18.6	17.8	26.7	37.0	—	—
公共行政、教育、人類醫療保健及社工活動	男性	—	—	—	—	—	11.6	11.8
	女性	—	—	—	—	—	17.5	18.5
雜項社會及個人服務	男性	—	—	—	—	—	3.4	3.1
	女性	—	—	—	—	—	19.0	20.5
其他	男性	10.3	6.0	4.3	2.5	1.4	1.2	0.8
	女性	11.4	6.6	3.2	1.3	0.5	0.4	0.3
總人數（萬人）	男性	84.96	103.74	155.14	168.64	181.94	182.61	190.33
	女性	34.15	50.95	85.26	102.87	143.33	172.17	185.33
	合計	119.11	154.69	240.41	271.51	325.27	354.78	375.66

注：「—」代表沒此分類。1961 年為 6 歲及以上人口；其他年份為 15 歲及以上人口。批發飲食業於 1961 年至 1981 年為批發及零售、飲食及酒店業；社會服務業於 1961 年、1971 年及 1981 年為服務業。

資料來源：　歷年人口普查和中期人口統計報告。

表 3-74　1961 年至 2016 年若干年份按行業和年齡組別劃分香港 15 歲及以上就業人口統計表

單位：%

行業	年齡（歲）	1961	1971	1981	1991	2001	2011	2016
製造業	15-24	50.9	52.3	50.3	25.6	8.7	2.1	2.1
	25-44	40.0	36.9	39.1	28.1	12.2	3.6	3.0
	≥45	30.7		34.6	30.7	14.2	5.0	5.0
建造業	15-24	7.8	12.3	7.1	4.6	6.6	4.5	6.5
	25-44	9.0	9.8	8.5	7.6	7.3	6.1	6.9
	≥45	8.0		7.2	6.9	8.7	10.5	10.7
批發、零售、進出口貿易、飲食及酒店業	15-24	—	—	16.0	26.6	29.8	—	—
	25-44	—	—	18.0	20.7	25.3	—	—
	≥45	—	—	24.6	24.2	26.5	—	—
進出口、批發及零售業	15-24	—	—	—	—	—	25.0	21.7
	25-44	—	—	—	—	—	22.6	18.1
	≥45	—	—	—	—	—	22.3	19.3
住宿及膳食服務業	15-24	—	—	—	—	—	14.9	15.6
	25-44	—	—	—	—	—	6.4	6.7
	≥45	—	—	—	—	—	8.1	8.5
運輸、倉庫及通訊業	15-24	4.5	4.7	5.5	8.9	10.1	—	—
	25-44	8.2	8.6	9.3	10.5	11.1	—	—
	≥45	7.6		7.0	8.7	12.2	—	—
運輸、倉庫、郵政及速遞服務業	15-24	—	—	—	—	—	6.8	6.5
	25-44	—	—	—	—	—	7.7	7.2
	≥45	—	—	—	—	—	10.9	11.0
資訊及通訊業	15-24	—	—	—	—	—	3.7	4.2
	25-44	—	—	—	—	—	4.4	4.7
	≥45	—	—	—	—	—	1.8	2.3
金融、保險、地產及商用服務業	15-24	8.2	10.1	6.5	13.6	15.7	—	—
	25-44	11.0	14.5	5.1	10.9	17.2	—	—
	≥45	13.6		2.5	7.6	13.8	—	—
金融及保險業	15-24	—	—	—	—	—	5.0	5.9
	25-44	—	—	—	—	—	7.9	8.1
	≥45	—	—	—	—	—	4.3	4.9
地產、專業及商用服務業	15-24	—	—	—	—	—	11.0	12.0
	25-44	—	—	—	—	—	11.2	12.2
	≥45	—	—	—	—	—	15.8	17.0
社區、社會及個人服務業	15-24	19.1	15.0	11.6	19.3	28.8	—	—
	25-44	21.6	21.8	16.7	20.3	26.0	—	—
	≥45	26.9		18.3	19.0	23.1	—	—
公共行政、教育、人類醫療保健及社工活動	15-24	—	—	—	—	—	15.4	17.9
	25-44	—	—	—	—	—	14.5	15.7
	≥45	—	—	—	—	—	14.2	13.9

（續上表）

行業	年齡（歲）	1961	1971	1981	1991	2001	2011	2016
雜項社會及個人服務	15-24	—	—	—	—	—	11.0	7.2
	25-44	—	—	—	—	—	14.9	17.1
	≥45	—	—	—	—	—	6.0	6.6
其他	15-24	9.4	5.5	3.0	1.5	0.5	0.3	0.4
	25-44	10.2	8.4	3.3	1.9	0.9	0.6	0.4
	≥45	13.1		5.7	2.9	1.4	1.1	0.8
總人數（萬人）	15-24	22.47	48.13	71.16	46.20	39.64	31.98	29.91
	25-44	64.96	111.37	104.87	161.73	194.06	179.73	180.94
	≥45	29.24		64.38	63.58	91.57	143.06	164.82
	合計	116.67	159.50	240.41	271.51	325.27	354.78	375.66

注：「—」代表沒此分類。1961 年，運輸通訊業為通訊業，金融地產業為商業，社會服務業為服務業。1971 年，建造業為建造及工程業，運輸通訊業為運輸及通訊業，金融地產業為商業，社會服務業為服務業。1971 年的就業人口總數包括 48,061 名曾工作的失業人口。1981 年，批發飲食業為批發及零售、飲食及酒店業，社會服務業為服務業。

資料來源：　歷年人口普查和中期人口統計報告。

地產業的比例，則低於較年長者，2016 年，三者於前一種行業的佔比為 6.5%、7.2% 和 11.0%，在後一種行業則為 12.0%、12.2% 和 17.0%。青壯年從事金融及保險業和雜項服務業的比例，都高於年輕人和較年長者，2016 年，三者在前一種行業的佔比為 8.1%、5.9% 和 4.9%，在後一種行業則為 17.1%、7.2% 和 6.6%。

不同教育程度人士的行業分布有相當明顯的差別（見表 3-75）。低學歷人士（具小學及以下程度）在 1971 年至 1991 年間較集中於製造業和批發飲食業，1991 年的佔比為 35.6% 和 22.6%。製造業萎縮後，低學歷人士從事建造業和批發飲食業的佔比有所增加，建造業由 1991 年的 10.1% 升至 2016 年的 15.5%，批發飲食業由 1991 年的 22.6% 升至 2001 年的 29.1%。低學歷人士從事住宿及膳食服務業和地產業的比例，明顯高於其他學歷人士。以 2016 年為例，低學歷人士從事此兩行業的佔比為 15.2% 和 20.0%，中等學歷人士為 10.8% 和 11.7%，高學歷人士則為 3.3% 和 16.0%。

中等學歷人士（具中學程度）的行業分布相對平均，但他們在批發飲食業（及更改分類後的進出口業）和雜項服務業的佔比，一般高於其他學歷人士。如在 2016 年，中等學歷人士從事此兩行業的佔比為 20.8% 和 15.7%，低學歷人士為 13.2% 和 11.4%，高學歷人士則為 18.0% 和 6.9%。

高學歷人士（具專上程度）在 1981 年時，也有 21.2% 從事製造業，其後，他們則集中於金融地產業和社會服務業，以及更改分類後的金融及保險業和公共服務業；他們從事資訊及通訊業的比例也高於其他學歷人士。以 2016 年為例，高學歷人士從事以上三種行業的佔比為 11.6%、23.7% 和 6.9%，低學歷人士為 0.5%、5.9% 和 0.2%，中等學歷人士則為 3.5%、9.7% 和 1.5%。

表 3-75 1971 年至 2016 年若干年份按行業和教育程度劃分香港 15 歲及以上就業人口統計表

單位：%

行業	教育程度	1971	1981	1991	2001	2011	2016
製造業	小學及以下	47.2	46.1	35.6	13.4	4.8	4.6
	中學	32.8	39.4	27.6	13.1	4.2	4.3
	專上	13.4	21.2	16.2	9.4	3.5	2.9
建造業	小學及以下	10.9	9.4	10.1	13.3	14.5	15.5
	中學	10.1	6.6	6.1	7.8	8.4	10.2
	專上	8.5	6.4	4.0	2.7	4.7	4.9
批發、零售、進出口貿易、飲食及酒店業	小學及以下	—	19.3	22.6	29.1	—	—
	中學	—	20.0	24.4	29.0	—	—
	專上	—	13.3	14.7	16.2	—	—
進出口、批發及零售業	小學及以下	—	—	—	—	16.8	13.2
	中學	—	—	—	—	25.3	20.8
	專上	—	—	—	—	20.8	18.0
住宿及膳食服務業	小學及以下	—	—	—	—	13.9	15.2
	中學	—	—	—	—	9.9	10.8
	專上	—	—	—	—	2.9	3.3
運輸、倉庫及通訊業	小學及以下	7.1	7.1	9.8	12.3	—	—
	中學	8.6	8.6	10.8	12.5	—	—
	專上	5.1	5.4	5.8	6.9	—	—
運輸、倉庫、郵政及速遞服務業	小學及以下	—	—	—	—	11.8	12.4
	中學	—	—	—	—	11.0	11.2
	專上	—	—	—	—	4.8	5.1
資訊及通訊業	小學及以下	—	—	—	—	0.3	0.2
	中學	—	—	—	—	1.8	1.5
	專上	—	—	—	—	6.5	6.9
金融、保險、地產及商用服務業	小學及以下	10.0	0.8	3.7	6.9	—	—
	中學	19.7	7.7	11.4	13.8	—	—
	專上	19.4	12.3	21.0	29.7	—	—
金融及保險業	小學及以下	—	—	—	—	0.5	0.5
	中學	—	—	—	—	3.8	3.5
	專上	—	—	—	—	11.7	11.6
地產、專業及商用服務業	小學及以下	—	—	—	—	17.5	20.0
	中學	—	—	—	—	10.8	11.7
	專上	—	—	—	—	14.9	16.0
社區、社會及個人服務業	小學及以下	15.3	11.7	14.7	22.9	—	—
	中學	24.9	15.4	18.3	23.1	—	—
	專上	50.6	38.2	36.6	34.3	—	—
公共行政、教育、人類醫療保健及社工活動	小學及以下	—	—	—	—	7.2	5.9
	中學	—	—	—	—	9.8	9.7
	專上	—	—	—	—	23.8	23.7

（續上表）

行業	教育程度	1971	1981	1991	2001	2011	2016
雜項社會及個人服務	小學及以下	—	—	—	—	11.4	11.4
	中學	—	—	—	—	14.4	15.7
	專上	—	—	—	—	5.7	6.9
其他	小學及以下	9.4	5.6	3.5	2.1	1.3	1.1
	中學	3.9	2.4	1.4	0.7	0.6	0.5
	專上	3.0	3.3	1.7	0.8	0.8	0.5
總人數（萬人）	小學及以下	107.14	119.07	77.48	56.14	40.81	36.01
	中學	44.37	110.47	155.68	198.52	188.26	184.99
	專上	7.99	19.14	38.35	70.61	125.71	154.65
	合計	159.50	248.67	271.51	325.27	354.78	375.66

注：「—」代表沒此分類。1971 年，建造業為建造及工程業，運輸通訊業為運輸及通訊業，金融地產業為商業，社會服務業為服務業。1981 年，批發飲食業為批發及零售、飲食及酒店業，社會服務業為服務業。1971 年及 1981 年的就業人口總數包括 48,061 名及 82,669 名曾工作的失業人口。

資料來源： 歷年人口普查和中期人口統計報告。

就業人口的職業

1842 年至 1900 年　就業人口的職業問題，在英佔時期之前的情況無從探究。從英佔初年開始，香港島城區的經濟漸趨多元化，因而帶來眾多新的職業種類。根據 1844 年和 1845 年的土地買賣登記紀錄，登記地主所從事的業務包括木匠、店舖、木舖、洋貨、番衣、教書、翻譯、造屋、買辦、印書、打銀、地保、典當等，勞動人口的行業組織，以職業、方言、行會、社區團體構成較為常見。港府文獻記載了 1842 年女王城的在職者人數及其職業（見圖 3-14）。當時的在職者共 6085 人，分為 36 種職業，其中以工人最多，達 1366 人，佔 22.4%。人數達百人及以上的行業還有小販、木匠、磚匠、妓女、雜貨商、石匠、歐洲人僱員、鴉片商、石灰匠和買辦。其餘 25 種職業的人數由 2 人（文具商）至 89 人（裁縫）不等（見表 3-76）。鄉郊地區的經濟活動基本上延續之前的傳統自然經濟，赤柱、筲箕灣和香港村等居民主要為漁民、佃農、石匠，還有市集小商戶和勞工。

1850 年至 1859 年的《香港藍皮書》僅記載種類繁多的店舖數目，沒有就業人口的統計。從店舖數目可見，此時期的經濟以小型商業為主，雜貨商的數量最多，每年有約 200 間至 300 間店舖不等。此外，因為有不少建設工程，對工匠的需求甚殷。新興、有特色或較受關注的職業包括買辦、經紀人、除草員、苦力、地保、工人、傳教士、妓女等（見表 3-77，表 3-78）。

西方商人不諳中國文化、語言和制度，因此聘請「買辦」管理員工、和顧客商談、與官府打交道。貿易發展及洋行數量影響此職業的人數。第二次鴉片戰爭時，資金和勞工流入香港，帶動貿易發展，買辦亦有所增加，有洋行帶同其買辦由廣東省遷移香港，有紀錄的買辦店舖由 1851 年的 6 間增至 1858 年的 30 間。

經紀人與買辦相似，他們熟悉外語和中西方文化及貿易，賺取雙方的佣金。但經紀人不負

表 3-76　1842 年香港島女王城在職者職業和人數統計表

單位：人

職業	人數
工人	1366
小販	600
木匠	566
磚匠	500
妓女	439
雜貨商	402
石匠	380
歐洲人僱員	200
鴉片商	131
石灰匠	120
買辦	100
裁縫	89
理髮員	66
造船商	59
肉販	56
鐵匠	53
製磚工	50
竹匠	43
洗衣工	42
麵包師／烘焙師	39
布料商	36
蔬果商	31
房屋油漆匠	30
食堂工人	28
鞋匠	28
藥劑師	22
魚販	17
皮匠	17
銀匠	14
錢兑商	12
糖果商	10
校長	10
製繩商	10
米商	9
當舖職員	8
文具商	2
不詳	500
總計	6085

資料來源：　1842 年 *The Friend of China and Hongkong Gazette*。

NATIVE POPULATION OF HONGKONG.

QUEEN'S TOWN,

(*Extending from the East to the West Barracks,*)

	Shops.	Souls.
Chandlers,	67	402
Butchers,	7	56
Bakers,	6	39
Confectioners,	1	10
Greengrocers,	4	31
Fishmongers,	3	17
Rice dealers,	1	9
Eating houses,	3	28
Apothecaries,	6	22
Carpenters,	17	566
Blacksmiths,	7	53
Silversmiths,	2	14
Boat-builders,	6	59
Masons,	1	380
Bamboo workers,	3	43
Tailors,	14	89
Shoemakers,	5	28
Drapers,	4	36
Barbers,	11	66
Stationers,	1	2
Pawnbrokers,	1	8
School masters,	2	10
Tanners,	2	17
Washermen,	6	42
Shroffs,	2	12
Opium sellers,	24	131
Prostitutes,	23	439
Compradors,	8	100
Bricklayers,		500
Brickmakers,		50
Lime-burners,		120
Ropemakers,		10
House-painters,		30
Labourers,		1366
Hawkers,		600
In the employ of Europeans,		200
Having no ostensible employment,		500
Boat population,		2100
	Total,	8181
Chek-chü,		3000
Wang-nei-chung,		200
Heongkong,		300
Shek-pei-wan,		200
Soo-koon-poo,		80
In the different hamlets,		400
	Grand Total.	12,361

圖 3-14　1842 年 3 月 24 日，《中國之友與香港憲報》（*The Friend of China and Hongkong Gazette*）刊登了一些職業的就業數據。（*The Friend of China and Hongkong Gazette* [s. l.: Gainsborough Studio, 24th March 1842]）

表 3-77　1850 年至 1859 年香港島部分店鋪數目統計表

單位：間

店舖種類	1850	1851	1852	1853	1854	1855	1856	1857	1858	1859
買辦	0	6	10	11	22	27	20	23	30	26
經紀人	0	0	10	7	9	36	40	39	25	15
除草員	102	85	114	126	18	23	117	70	14	83
苦力館	97	42	137	113	44	29	29	46	23	27
地保館	8	9	11	14	5	15	15	15	18	20

資料來源：　歷年 *Hong Kong Blue Book*。

責洋行的管理，亦可同時受僱於多家洋行，彼此無穩定的僱傭關係。經紀人店舖數目隨經濟發展而有所增長，由 1852 年的 10 間增至 1856 年的 40 間。

早期的香港島受疫症困擾，港府認為環境不佳是致病主因，特別是沼澤地的枯草產生瘴氣，去除植被能紓緩熱症的問題。因此除草員店鋪在 1850 年代時佔較大的比重，1850 年至 1853 年平均有百間之多，1859 年仍有 83 間。

香港島作為貿易港口，極需人手裝卸和搬運貨物，苦力（亦稱「咕哩」）為數較多，工作多屬臨時性質。港府沒有統計苦力的人數，但間中公布苦力館的數目，如指出 1845 年有 22 間，1850 年增至 97 間，1852 年更達 137 間，1859 年回落至 27 間。

1844 年 6 月，港府刊憲《1844 年華人保甲條例》（*Chinese Peace Officers Regulation Ordinance, 1844*），授權華人為「保長」（Paouchong）及「保甲」（Paoukea），後稱地保，按我國傳統習慣行使權力，包括仲裁民事糾紛。地保館由 1850 年的 8 間增至 1859 年的 20 間。1858 年通過《1858 年管理華人—普查條例》後，地保失去其司法功能，地保制度也在 1861 年被廢除。

1841 年香港島上最早的馬路皇后大道開始修築，僱用華工 600 人至 1500 人。港督戴維斯認為，能在短時間內修築公共建設，有賴低廉的技術工人。1840 年代和 1850 年代進行不少建設工程，有為數不少的工人參與，但多是流動人口，難以統計人數。

早期來港的西方人主要是官員、商人、駐軍和傳教士。1841 年至 1859 年間，天主教和基督教教會委派數十位傳教士來港，[28] 他們不但傳教，而且翻譯書籍、建立學校，擔任學校教師或校長，如理雅各（James Legge）為英華書院的首任校長，另還開設社會福利機構，如 1851 年在灣仔開辦「聖童之家」（Asile de la St. Enfance），這機構收養棄嬰，並建立聖堂、

28　天主教教會委派 28 位傳教士來港，如 1842 年抵港的香港首任宗座監牧若瑟神父（Theodore Joset），同年來港的陸懷仁（Michael Navarro）、傅安當（Antonio Feliciani）、耶肋米亞（Jeremias Benza）、潘路加（Lucas Pan）等神父；基督教教會委派的傳教士包括粦為仁（William Dean）、鮑留雲（S. R. Brown）、理雅各、合信（Benjamin Hobson）、紀為霖（William Gillespie）和梅西（D. Macey）。

宿舍、課室等設施。

1840 年代和 1850 年代香港島的男女比例嚴重失衡，妓院數量不斷增加。1842 年，維多利亞城內有 23 間妓院，共 439 名性工作者，1855 年增至 152 間。港府曾以「紅燈區」及發牌制度來監管性工作行業。1857 年 11 月通過《1857 年防止性病擴散條例》(*Venereal Diseases Ordinance, 1857*)，規定妓院在特定地區經營；妓院必須申領牌照、繳交牌費、每星期呈交健康報告；性工作者須強制驗身等。有牌者稱為「公娼」，無牌者稱為「私娼」。受此影響，妓院數目減至 1859 年的 116 家（見表 3-78）。

表 3-78　1842 年、1845 年至 1859 年按城鄉劃分香港島妓院數目統計表

單位：間

年	維多利亞城	鄉郊	總計	年	維多利亞城	鄉郊	總計
1842	23	不詳	不詳	1852	16	0	16
1845	26	不詳	不詳	1853	84	2	86
1846	33	不詳	不詳	1854	27	0	27
1847	37	不詳	不詳	1855	152	0	152
1848	23	不詳	不詳	1856	137	0	137
1849	40	不詳	不詳	1857	99	0	99
1850	32	1	33	1858	102	3	105
1851	21	2	23	1859	109	7	116

注：1842 年維多利亞城數目為女王城數據。
資料來源：　歷年 *Hong Kong Blue Book*；1842 年 *The Friend of China and Hongkong Gazette*。

1860 年代至 1890 年代香港島和九龍的人口普查有涉及華人職業的統計。1860 年代的統計是有關房屋用途，包括商店、商行、學校和住宅，只記錄商用房屋的戶主職業或行業（見表 3-79），不能反映就業人口的分布，以 1864 年為例，在 4700 個華人居住的房屋中，有 1346 戶的紀錄為家庭房屋（family house），沒有戶主的職業或行業。1870 年代及以後，人口普查開始統計所有就業人口的職業（見表 3-80）。

1860 年代的戶主職業分類超過 100 項，其基本模式與 1840 年代相若，以小商人、體力勞動者和提供私人服務者居多。人數最多的是雜貨商，約 400 戶；其餘較多的包括農民、木匠、石匠、妓院經營者、苦力館館主、裁縫等。1870 年代以後的職業分類更趨多樣，反映經濟的多元化發展。這 20 年間，苦力一直是人數最多的職業，店員人數也明顯上升。在新增的數十項職業類別中，以僕役、小販、海員佔就業人口比例相對較大。1891 年新增的職業類別有會計及鍋爐維修員，各有 1656 人及 1229 人（佔 1.6% 及 1.2%），這顯示商業貿易及船塢發展帶來的勞動結構變化。

在就業人口中，苦力的人數最多，他們主要是作為碼頭搬運工、採石業搬運工、清道夫和糞夫，轎夫則有獨立統計數字。1860 年代只有苦力館或其館主的紀錄，其數目由 1864 年的 86 戶增至 1867 年的 154 戶。港府於 1871 年開始統計苦力的人數，其數目由該年的

表 3-79 1864 年、1866 年和 1867 年按職業或行業劃分香港島和九龍華人房屋戶主統計表

單位：戶

職業或行業	1864	1866	1867	職業或行業	1864	1866	1867
雜貨商	411	414	346	妓院經營者	88	134	174
農民	200	280	189	苦力館館主	86	143	154
除草員	192	120	116	理髮員	85	126	125
木匠	130	160	143	外國貨商	71	106	108
醫生及藥劑師	115	113	114	行商	60	304	72
鐵匠	113	91	92	裁縫	55	100	149
漁民	111	126	113	錢兑店	11	25	140
石匠	106	156	155	其他	1418	1694	1727
米商	102	114	96	**總計**	3354	4206	4013

注：不包括「家庭房屋」，1864 年、1866 年和 1867 年各有 1346 戶、1586 戶和 1775 戶。沒有列出三年均不超過百戶的數據。行商於 1866 年為行商經營者。

資料來源： 歷年 *Hong Kong Blue Book*。

表 3-80 1871 年至 1891 年若干年份按主要職業劃分香港華人就業人口統計表

職業	1871		1876		1881		1891	
	人數（人）	百分比	人數（人）	百分比	人數（人）	百分比	人數（人）	百分比
苦力	4576	9.2	5757	11.5	6473	9.4	17,531	17.0
店員	9579	19.3	6471	12.9	5369	7.8	15,222	14.8
僕役	4384	8.8	8251	16.4	16,428	23.7	6850	6.6
木匠	2391	4.8	2510	5.0	2923	4.2	5585	5.4
小販	2425	4.9	3230	6.4	2118	3.1	5661	5.5
裁縫	1482	3.0	1830	3.6	1857	2.7	3468	3.4
海員	1031	2.1	1517	3.0	2082	3.0	3283	3.2
打石工人	§	§	§	§	1439	2.1	2927	2.8
搗米商	§	§	954	1.9	1083	1.6	2163	2.1
商人	§	§	§	§	2377	3.4	1968	1.9
理髮員	876	1.8	942	1.9	1198	1.7	1907	1.8
磚匠	§	§	§	§	§	§	1751	1.7
會計	§	§	§	§	§	§	1656	1.6
文員	§	§	2608	5.2	2849	4.1	1296	1.3
鍋爐維修員	§	§	§	§	§	§	1229	1.2
妓院經營者及妓女	§	§	§	§	1315	1.9	1223	1.2
轎夫	884	1.8	859	1.7	980	1.4	1126	1.1
銅匠	§	§	488	1.0	864	1.2	1127	1.1
油漆工	§	§	§	§	§	§	1071	1.0
鐵匠	801	1.6	690	1.4	708	1.0	1046	1.0
石匠	877	1.8	845	1.7	§	§	§	§
麻包袋製造工	§	§	637	1.3	§	§	§	§
藤器匠	§	§	596	1.2	§	§	§	§
鞋匠	520	1.0	514	1.0	§	§	§	§
洗衣工	499	1.0	753	1.5	§	§	§	§
就業人口	49,754		50,198		69,220		103,194	

注：「§」代表低於 1%；沒有列出佔比低於 1% 的職業。1871 年含 311 名學生，6987 個家庭（families）和 3178 名訪客（visitors）；1876 年含 341 名學生；1881 年含 2562 名學生。

資料來源： 歷年 *The Hongkong Government Gazette*；1891 年人口普查報告。

4576 人增至 1891 年的 17,531 人，在就業人口的佔比由 9.2% 升至 17.0%。當時，轎是主要的陸上交通工具。港府於 1863 年通過《1863 年管制香港公共車輛和轎及其車伕和轎夫與出租馬匹牌照條例》(*An Ordinance to Provide for the Regulation of Public Vehicles and Chairs and Their Drivers and Bearers, and to License the Hire of Horses, within the Colony of Hongkong, 1863*)，利用發牌制度規管轎的數量，1864 年有轎夫牌 858 個，轎夫多數來自客家，亦有來自潮州及南海等地。1871 年至 1891 年間轎夫數目由 884 人增至 1126 人，佔就業人口的比例則由 1.8% 降至 1.1%。

行商、商人及店員亦為數眾多。行商可追溯至明清時期的「十三行」，英佔初年成為從事中外貿易華人商號的統稱。不少富商因太平天國運動避居香港，帶來各式行商；大量華工出洋謀生，亦刺激了海外對內地商品的需求。行商主要從事轉口貿易，其中以米業、南北行和金山莊的發展較為興旺。當時，香港米商將東南亞稻米轉銷往中國內地，其數量從 1864 年的 102 戶增至 1866 年的 114 戶；南北行和金山莊商人經營其他貨物的轉口貿易，如糖、藥材和南洋土產等，部分擴展至出口華工、鴉片、錢莊和地產貿易。1866 年的行商有 304 戶。1860 年代後期，銀行向中小商人發放貸款，鼓勵推銷產品，帶動對銷售人員的需求。1870 年代至 1890 年代，店員人數由 1871 年的 9579 人增至 1891 年的 15,222 人，佔就業人口的比例介乎 7.8% 至 19.3%。

外國人佔香港人口的少數，但較富有者多僱用家傭，服務外國人的廚師、洗熨、清潔、保姆、園丁等職業，全部被歸類為僕役，當中不少是未成年的男女童。1870 年代至 1890 年代，僕役人數曾由 1871 年的 4384 人增至 1881 年的 16,428 人，在就業人口的佔比由 8.8% 升至 23.7%；1891 年回落至 6850 人，佔比仍有 6.6%。

港府從 1871 年起統計小販人數，當年有 2425 人，佔就業人口的 4.9%，1891 年增至 5661 人，佔 5.5%。1858 年的《1858 年管理華人一普查條例》禁止無牌小販於街上擺賣；港府於同年 5 月再通過《1858 年街市條例》(*Markets' Ordinance, 1858*)，規定持牌小販在街市內可販售的食物，以及水上人可在離岸至少 300 呎的海上販賣鮮魚給其他船民。

十九世紀末，歐洲船公司已聘請華人、印度裔人士或馬來人為船員，當船隻到達亞洲時，歐洲船員會下船，由工資少約一半的本地船員代替。1870 年代至 1890 年代，香港的航運業大幅發展，海員人數由 1871 年的 1031 人增至 1891 年的 3283 人，在就業人口的佔比由 2.1% 升至 3.2%。

根據人口普查，妓院經營者的數目由 1864 年的 88 戶增至 1867 的 174 戶，數量僅居雜貨商和農民之後；1891 年的妓院經營者及妓女共 1223 人，佔就業人口的 1.2%。為防止性病傳播，港府於 1867 年 7 月通過《1867 年傳染病條例》(*Contagious Diseases Ordinance, 1867*)，規定妓院必須登記、禁止婦女在持牌妓院以外從事性交易等。除持牌妓院外，當時還有不少無牌妓院；因此，妓女人數應多於官方的數字。

華人社會一直有買女童當家傭的習俗，俗稱「妹仔」。1870 年代時，不少女童從內地被賣到香港，以滿足社會對僕役和妓女的需求。1879 年，首席按察司司馬理（John Smale）估計約有一萬名至兩萬名女童被奴役。「妹仔」問題引起社會關注，支持蓄婢者則認為禁止「妹仔」或會引起殺女嬰、女性淪為妓女的反效果，並指出「妹仔」是複雜的社會制度，她們算是半僕人、半家庭成員，有些成為妾侍，可繼承丈夫的財產。

1860 年代至 1890 年代的人口普查只統計華人的職業或行業，沒有包括歐洲人和歐亞混血兒。根據其他文獻，在港歐洲人多為中產階級，屬旅居性質，除任職政府外，較多投身商界。他們亦會擔任公共事務的管理人員，包括衞生、教育、工程等領域。被當時中上階層歐洲人視為勞工或低下階層者有五大類別，即「海灘流浪者」(beachcombers)、警務人員、士兵和海員、機械工人和工匠、「賤民」(outcastes)。「海灘流浪者」主要是被解僱的海員和無固定職業的人士，被視為治安問題的源頭。警務人員的工資低於英國殖民地，導致素質參差和貪污問題嚴重。士兵和海員較少社交生活，不少妓院因應其需要而設。機械工人有機會藉其技術向上流動，躋身中產階層。「賤民」多是從事性交易的婦女。如不包括士兵和海員，約三分之一居港歐洲人屬於勞工或低下階層。除政府外，大型機構如船塢和煉糖廠也聘請外籍職員，從事領班、文員、簿記員、工程師、修船工人、鍋爐製造員、倉庫管理員和主管等工作。此外，因應外國人的需要，還有少數歐洲人成為裁縫、髮型師、帽子製造商、麵包師等；多數酒吧招聘歐洲人為經理和酒保，當中許多為非英國籍人士。歐亞混血兒多從事低下階層的工作，如燈塔看守人、政府和洋行的翻譯員、簿記員、文員等；只有少數（如何東）能夠成為買辦或經紀人，周旋於華人商行和洋行之間。

1901 年至 1941 年　1901 年和 1911 年的人口普查報告採用不同的方法統計非華裔和華裔就業人口的職業。1901 年，非華裔就業人口的職業是按其英文名稱的字母排序，扣除學生、訪客和退休人士和地主後，共 115 項。非華裔就業人口共 3393 人，其中，首五項最多人從事的職業是文員（22.7%）、政府服務人員（16.4%）、商人（9.1%）、警衞員（6.0%）和商船人員（5.2%）；佔比介乎 2% 至 5% 的只有工程人員、僕役、宗教人員和經紀人，其他職業的佔比都不足 2%（見表 3-81）。

1911 年，非華裔就業人口的職業分為 14 大類。非華裔就業人口共 4414 人，其中，首五項最多人從事的職業是商業人員（36.9%，當中以文員居多）、政府服務人員（20.7%，當中以警員居多）、一般職業（7.2%）、工程及造船人員（6.5%）、法律、文學、教育及宗教人員（5.0%）。航海人員也佔 4.8%，其他職業的佔比都不足 2%。歐美人和印度裔人士的職業分布呈顯著差別，主要是歐美人任職商業人員和工程及造船人員的比例較高（商業人員 45.2% 對 20.0%；工程及造船人員 11.0% 對 0.3%），印度裔人士任職政府服務人員的比例則較高（39.6% 對 17.1%）（見表 3-82）。

表 3-81 1901 年按職業劃分香港非華裔就業人口統計表

職業	人數（人）	百分比	職業	人數（人）	百分比
文員	770	22.7	店員	30	0.9
政府服務人員	558	16.4	理髮員	29	0.9
商人	309	9.1	酒店及旅店僱員	29	0.9
警衛員	202	6.0	藥劑師	27	0.8
商船人員	175	5.2	醫生	26	0.8
工程人員	140	4.1	理貨員	25	0.7
僕役	109	3.2	印刷商	24	0.7
宗教人員	91	2.7	土木工程師	23	0.7
經紀人	73	2.2	會計	22	0.6
工頭	45	1.3	倉庫管理員	21	0.6
銀行人員	41	1.2	紋身師	21	0.6
煉糖廠僱員	38	1.1	建築師	20	0.6
教師	38	1.1	其他	441	13.0
經理	36	1.1	**總計**	3393	100.0
法律人員	30	0.9			

注：不包括新九龍、新界和離島人口。不包括學生、訪客、退休、地主和職業不詳或不確定人士。
資料來源： 1901 年人口普查報告。

表 3-82 1911 年按職業和種族劃分香港非華裔就業人口統計表

職業	歐美人		印度裔人士		其他		合計	
	人數（人）	百分比	人數（人）	百分比	人數（人）	百分比	人數（人）	百分比
政府服務人員	437	17.1	461	39.6	15	2.2	913	20.7
外國政府服務人員	38	1.5	0	0.0	7	1.0	45	1.0
法律、文學、教育及宗教人員	189	7.4	11	0.9	20	2.9	220	5.0
醫生、牙醫及獸醫	34	1.3	4	0.3	4	0.6	42	1.0
工程及造船人員	281	11.0	4	0.3	1	0.1	286	6.5
商業人員	1157	45.2	233	20.0	238	34.4	1628	36.9
建築及建造人員	30	1.2	3	0.3	0	0.0	33	0.7
航海人員	162	6.3	5	0.4	44	6.4	211	4.8
製造及工業人員	72	2.8	0	0.0	14	2.0	86	1.9
印刷業人員	21	0.8	4	0.3	0	0.0	25	0.6
一般職業	94	3.7	41	3.5	182	26.3	317	7.2
酒店人員	24	0.9	5	0.4	0	0.0	29	0.7
音樂、劇院及藝術人員	17	0.7	0	0.0	8	1.2	25	0.6
其他	2	0.1	393	33.8	159	23.0	554	12.6
總計	2558	100.0	1164	100.0	692	100.0	4414	100.0

注：不包括學生、經濟自給者、車房東主、失業、退休和職業不詳人士。歐美人含英國人及葡萄牙人。印度裔人士只包括男性。一般職業包括店員、理髮員、裁縫、雜貨店員等。
資料來源： 1911 年人口普查報告。

1901 年和 1911 年的華裔就業人口職業分為 22 大類。1901 年，香港島和九龍的華裔就業人口共 15.0 萬人，其中，首五項最多人從事的職業是個人、家庭及衛生服務人員（37.7%，當中以家僕居多）、土木工程及普通勞工（16.6%，當中全部是普通勞工）、商業人員（11.5%）、紡織、布料及衣飾業人員（8.6%）、建造人員（4.9%），其他職業的佔比多在 3% 以下（見表 3-83）。

1911 年的統計包括了新界人口，因此與 1901 年的職業分布不完全可比。1911 年時，華裔就業人口共 27.8 萬人，其中，首六項最多人從事的職業是汽車及船業人員（19.2%）、商業人員（16.3%）、土木工程及普通勞工（13.3%，當中絕大部分是普通勞工）、農業人員（12.8%）、食物、飲料供應人員（9.5%）、個人、家庭及衛生服務人員（9.5%），其他職業的佔比多在 3% 以下。

表 3-83　1901 年和 1911 年按職業和性別劃分香港華裔就業人口統計表

單位：人

職業	1901			1911		
	男性	女性	合計	男性	女性	合計
行政	651	0	651	1714	0	1714
防務	12	0	12	45	0	45
其他國家服務人員	2	0	2	997	0	997
家畜飼養員	168	226	394	435	207	642
農業人員	1202	860	2062	19,032	16,540	35,572
個人、家庭及衛生服務人員	49,806	6666	56,472	19,350	6984	26,334
食物、飲料供應人員	2725	52	2777	21,961	4491	26,452
燃料及飼料供應人員	410	55	465	2756	214	2970
建造人員	7287	0	7287	14,257	0	14,257
汽車及船業人員	85	0	85	36,442	17,034	53,476
補充商品業人員	737	11	748	4350	2807	7157
紡織、布料及衣飾業人員	3527	9327	12,854	3572	1071	4643
金屬及寶石業人員	5041	0	5041	4605	1	4606
玻璃及陶器業人員	79	0	79	330	2	332
木、藤及蓆業人員	6936	43	6979	2522	114	2636
藥物、橡膠等業人員	436	0	436	1253	0	1253
毛皮及皮革業人員	388	0	388	1883	0	1883
商業人員	16,925	334	17,259	44,420	832	45,252
運輸及倉庫業人員	4102	51	4153	1894	184	2078
學術及藝術專業人員	1164	98	1262	4834	522	5356
土木工程及普通勞工	23,785	1157	24,942	35,034	2036	37,070
不體面職業	3261	2208	5469	29	3147	3176
總計	128,729	21,088	149,817	221,715	56,186	277,901

注：1901 年不包括新九龍、新界和離島人口。1911 年就業人口不包括水上人口。不包括學生、乞丐、房產擁有人、囚犯、退休和職業不詳或不確定人士。行政職業包括警員、警衛員、海關人員和政府僱員。
資料來源： 1901 年及 1911 年人口普查報告。

男性和女性的職業分布有一定差別。男性任職商業人員的比例較女性高(1901 年 13.1% 對 1.6%;1911 年 20.0% 對 1.5%);女性在 1901 年擔任紡織、布料及衣飾業人員(44.2% 對 2.7%)、在 1911 年擔任農業人員(29.4% 對 8.6%)的比例則較男性高。

1921 年的就業人口職業分為 22 大類。就業人口共 39.9 萬人,最多人從事的職業是商業人員(20.7%)和運輸及通訊業人員(19.6%);其次是個人服務業人員(14.2%)和農業人員(11.7%);再次是漁業人員(6.6%)、衣飾製造業人員(6.4%)和金屬、機器及珠寶製造業人員(5.0%),其他職業的佔比都在 5% 以下。根據人口普查報告的分析,雖然仍有較多人在商界任職,但製造業員工的數量已迎頭趕上,而且華人較以往願意投資在製造業,主要為造船、煉糖,以及製造香煙、繩纜、針織品、糖薑及藤器家具等。許多工廠屬小規模經營,僱用不多於 20 人。男性和女性的職業分布亦存在顯著差別,主要是男性擔任商業人員的比例較高(26.2% 對 2.2%),女性擔任個人服務業人員和衣飾製造業人員的比例則較高(前者 29.0% 對 9.9%;後者 19.1% 對 2.6%)(見表 3-84)。

表 3-84 1921 年按職業和性別劃分香港就業人口統計表

職業	男性		女性		合計	
	人數(人)	百分比	人數(人)	百分比	人數(人)	百分比
漁業人員	18,990	6.2	7466	8.3	26,456	6.6
農業人員	35,293	11.4	11,495	12.7	46,788	11.7
採礦及採石業人員	1406	0.5	47	0.1	1453	0.4
磚、陶器及玻璃製造業人員	501	0.2	7	0.0	508	0.1
化學顏料及非礦物油製造業人員	1156	0.4	182	0.2	1338	0.3
金屬、機器及珠寶製造業人員	19,688	6.4	66	0.1	19,754	5.0
紡織及紡織品製造業人員	2560	0.8	3488	3.9	6048	1.5
毛皮及皮革處理業人員	169	0.1	1	0.0	170	0.0
衣飾製造業人員	8105	2.6	17,244	19.1	25,349	6.4
食物、飲料及煙草製造業人員	3569	1.2	1931	2.1	5500	1.4
木工、家具及藤器製造業人員	15,024	4.9	562	0.6	15,586	3.9
造紙、印刷及攝影業人員	2514	0.8	153	0.2	2667	0.7
建造、裝修及石材加工業人員	9686	3.1	1859	2.1	11,545	2.9
其他製造業人員	1950	0.6	152	0.2	2102	0.5
煤氣、水及電力業人員	1443	0.5	0	0.0	1443	0.4
運輸及通訊業人員	65,368	21.2	12,810	14.2	78,178	19.6
商業人員	80,732	26.2	2031	2.2	82,763	20.7
公共行政人員	4297	1.4	99	0.1	4396	1.1
專業人員	3688	1.2	1079	1.2	4767	1.2
娛樂業人員	1421	0.5	3400	3.8	4821	1.2
個人服務業人員	30,402	9.9	26,245	29.0	56,647	14.2
其他	545	0.2	74	0.1	619	0.2
總計	308,507	100.0	90,391	100.0	398,898	100.0

注:不包括新界北約水上人口。
資料來源: 1921 年人口普查報告。

圖 3-15　搬運工人。（攝於 1920 年，政府檔案處歷史檔案館提供）

1931 年的就業人口職業分為 31 大類（不包括退休及無報酬職業此類），就業人口共 44.8 萬人，最多人從事的職業是運輸及通訊業（18.1%）、個人服務業（17.2%）、商業、金融及保險業（12.9%）和農業（9.4%）；任職文員、製圖員及打字員和漁民者，亦各佔 5.9% 和 5.1%；其他職業的佔比都在 5% 以下。男性和女性的職業分布依然存在顯著差別。男性較多擔任運輸及通訊業人員（19.6%，當中以苦力和船伕居多）；其次為商業、金融及保險業人員（15.4%，當中以小販居多）；再次是個人服務業人員（14.0%，當中以家僕居多）、文員、製圖者及打字員（7.4%，當中以文員居多）。女性則較多擔任個人服務業人員（28.5%，當中以家僕居多）；其次為農業人員（24.8%）；再次是運輸及通訊業人員（12.6%，當中以苦力和船伕居多）、漁民（7.3%）、紡織業人員（5.3%）；2.8% 就業女性擔任娛樂及運動業人員，她們主要在註冊妓院工作（見表 3-85）。[29]

1921 年和 1931 年的人口普查報告亦統計了 14 歲以下童工的職業分布（見表 3-86，表 3-87）。1921 年的在職兒童共 13,656 人（男 5231 人，女 8425 人），1931 年減至 5751 人（男 2729 人，女 3022 人）。童工的職業高度集中，逾八成於 1921 年為個人服務業人員（58.7%）、紡織及紡織品製造業人員（13.3%）或商業人員（11.7%），於 1931 年為漁民（26.8%）、農業人員（24.4%）、運輸及通訊業人員（20.6%）或個人服務業人員（15.4%）。1921 年時，男童任職製造業人員和商業人員的比例較女童高，女童

29　直至 1930 年代初，妓女並非違法職業，惟須申領牌照。1903 年，港府遷移原在水坑口街的妓院至石塘咀，1920 年，石塘咀有超過 50 間妓院和約 2000 名妓女。1932 年開始禁娼。

表 3-85　1931 年按職業和性別劃分香港就業人口統計表

職業	男性		女性		合計	
	人數（人）	百分比	人數（人）	百分比	人數（人）	百分比
漁民	15,488	4.4	7194	7.3	22,682	5.1
農業人員	17,772	5.1	24,468	24.8	42,240	9.4
採礦及採石業人員	234	0.1	11	0.0	245	0.1
礦石產品處理人員	410	0.1	14	0.0	424	0.1
磚、陶器及玻璃製造業人員	1427	0.4	46	0.0	1473	0.3
化學工序、油漆、油等製造業人員	521	0.1	318	0.3	839	0.2
金屬製造業人員	13,754	3.9	101	0.1	13,855	3.1
貴金屬及電鍍物品製造業人員	2100	0.6	10	0.0	2110	0.5
電子器具製造業人員、裝配工人及電工	2362	0.7	142	0.1	2504	0.6
鐘錶製造業人員	508	0.1	0	0.0	508	0.1
毛皮及皮革製造業人員	582	0.2	210	0.2	792	0.2
紡織業人員	2435	0.7	5207	5.3	7642	1.7
紡織品及衣飾製造業人員	13,992	4.0	3701	3.8	17,693	3.9
食物、飲料及煙草製造業人員	7142	2.0	2233	2.3	9375	2.1
木及家具工人	18,579	5.3	819	0.8	19,398	4.3
紙及硬紙板製造業人員、裝訂商	1672	0.5	399	0.4	2071	0.5
印刷商及攝影師	3009	0.9	78	0.1	3087	0.7
建造商、鋪磚工人、石工及承包商	11,897	3.4	1739	1.8	13,636	3.0
油漆及裝修業人員	3356	1.0	16	0.0	3372	0.8
其他材料業工人	726	0.2	838	0.9	1564	0.3
混合及未定義物料業工人	578	0.2	166	0.2	744	0.2
運輸及通訊業人員	68,539	19.6	12,404	12.6	80,943	18.1
商業、金融及保險業人員	53,686	15.4	4158	4.2	57,844	12.9
公共行政及防務人員	12,731	3.6	31	0.0	12,762	2.8
專業人員	10,071	2.9	2366	2.4	12,437	2.8
娛樂及運動業人員	1433	0.4	2720	2.8	4153	0.9
個人服務業人員	49,008	14.0	28,088	28.5	77,096	17.2
文員、製圖員及打字員	25,980	7.4	528	0.5	26,508	5.9
倉庫管理員及包裝工人	2581	0.7	51	0.1	2632	0.6
發動機司機、發電機和汽車服務員	239	0.1	0	0.0	239	0.1
其他工人	6580	1.9	517	0.5	7097	1.6
總計	349,392	100.0	98,573	100.0	447,965	100.0

注：不包括囚犯、失業、退休及無報酬職業人士。
資料來源： 1931 年人口普查報告。

圖 3-16　尖沙咀碼頭附近的街道，道路上同時出現人力車及巴士，同為當時常見的交通工具。（攝於 1930 年代初，政府檔案處歷史檔案館提供）

圖 3-17　人力車車伕。（攝於 1937 年，香港特別行政區政府提供）

圖 3-18　沿街叫賣的小販。（攝於 1937 年，香港特別行政區政府提供）

主要從事個人服務業，絕大部分是「妹仔」。至 1931 年，男女童工的職業分布基本相若，報告指出，童工集中於漁、農和運輸業的主因，是當中不少是在自家的農田和船艇幫忙，個人服務業人員大幅減少，是由於 1923 年實施《1923 年家庭女役條例》，僱主須為「妹仔」登記及禁止買賣，在 1921 年，「妹仔」達 8653 人，其中 5959 人年齡不足 14 歲，1931 年時，年介 5 歲至 13 歲的女性個人服務業人員共 561 人。

表 3-86　1921 年按職業和性別劃分香港島和九龍 14 歲以下童工人數統計表

職業	男性		女性		合計	
	人數（人）	百分比	人數（人）	百分比	人數（人）	百分比
個人服務業人員	1771	33.9	6249	74.2	8020	58.7
紡織及紡織品製造業人員	326	6.2	1488	17.7	1814	13.3
商業人員	1536	29.4	60	0.7	1596	11.7
金屬、機器及珠寶製造業人員	544	10.4	0	0.0	544	4.0
木工、家具及藤器製造業人員	354	6.8	97	1.2	451	3.3
其他	700	13.4	531	6.3	1231	9.0
總計	5231	100.0	8425	100.0	13,656	100.0

資料來源： 1921 年人口普查報告。

表 3-87　1931 年按職業、年齡組別和性別劃分香港童工人數統計表

單位：人

職業	5-10 歲			11-13 歲			合計		
	男性	女性	合計	男性	女性	合計	男性	女性	合計
漁民	128	102	230	738	572	1310	866	674	1540
農業人員	147	172	319	383	703	1086	530	875	1405
運輸及通訊業人員	79	96	175	511	497	1008	590	593	1183
個人服務業人員	0	89	89	316	478	794	316	567	883
其他	9	49	58	418	264	682	427	313	740
總計	363	508	871	2366	2514	4880	2729	3022	5751

注：不包括囚犯和境外工作者。
資料來源： 1931 年人口普查報告。

1930 年代後期，戰事逼近，但經濟並未停頓。根據《行政報告》，1938 年時約有 5.5 萬名工人，以船塢工人居多，其次為針織廠和紡織廠工人（見表 3-88）。1939 年，約 5.75 萬人受僱於已登記工廠。1940 年，有學者估計最少有 6 萬人；然而，因為在太平洋戰爭前數年，工廠登記未完全實行，加上內地居民帶同其企業來港，尤其是來自上海的工業家，工廠工人的數量可能被低估，1940 年或有 10 萬人。

1942 年至 1960 年　日佔時期，1943 年 5 月的人口統計把從事商業、農業、工業、運輸業、水產業和礦業的人士分為業主、事務人員（即管理人員）、技術人員和勞務人員四種職業，另有從事家事、自由勞動、公務和自由職業的人士。當時的業主共 77,707 人，佔就業

表 3-88　1938 年按主要行業和性別劃分香港工人人數統計表

單位：人

行業	男性	女性	合計	行業	男性	女性	合計
船塢	10,390	36	10,426	煉糖	871	81	952
針織	1710	5035	6745	報紙	743	2	745
紡織	1597	4554	6151	工程	674	4	678
印刷	3664	703	4367	煉油	449	12	461
金屬器具	1756	2170	3926	釀酒	52	48	100
橡膠	599	1420	2019	**總計**	22,824	15,437	38,261
煙草	319	1372	1691				

注：不包括約 17,000 名受僱於其他行業的工人。
資料來源：*Administration Reports for the Year 1938*。

人口的 15.6%；他們在水產業、商業、農業的佔比最高，為 32.9%、30.1% 和 26.0%，在運輸業、礦業和工業，只有 10.4%、8.3% 和 4.8%。事務人員共 66,746 人，佔就業人口的 13.4%；他們在商業的佔比為 32.2%，在礦業、運輸業和工業佔 18.3%、16.1% 和 14.6%，在農業和水產業都只有 3.1%。技術人員共 9166 人，佔就業人口的 1.8%；他們在工業和礦業的佔比為 9.2% 和 8.8%，在運輸業、商業、水產業和農業，只有 4.5%、1.2%、0.4% 和 0.2%。勞務人員共 183,647 人，佔就業人口的 37.0%；他們在工業、農業、運輸業、礦業和水產業的佔比都高逾六成，為 71.4%、70.8%、69.0%、64.7% 和 63.6%，在商業只有 36.5%。不同國籍人士的職位分布截然有別。日本人在各行業擔任業主，以及事務人員和技術人員的比例，均高於勞務人員；外國人擔任管理和技術職位的比例，也多於勞務人員；中國人明顯以勞務人員居多，具業主身份者，在工業僅佔 4.7%，在水產業、商業和農業的比例較高，佔 33.1%、30.2% 和 26.0%。此外，從業「家事」者共 53,582 人，佔就業人口的 10.8%，主要是家庭幫傭如保姆和在食肆中當跑堂的服務人員。飲食業是最快復蘇的行業之一，1943 年，九龍的食肆約數百家。然而，隨着市民愈趨貧困，以及日佔政府於 1944 年開徵營業税、飲料税、「遊興税」和酒類税，大量食肆相繼結業，部分改作舞場或賭場。被歸類為「自由勞動」的臨時工共 40,231 人，佔 8.1%；公務人員有 13,842 人，佔 2.8%；「自由職業」者即沒有僱傭合約的自僱人士，如律師、醫生、作家等，共 10,922 人，佔 2.2%（見表 3-89）。

二戰後，港府於 1950 年代的《香港年報》表示，因為社經環境急劇變動，政府無從收集民眾的就業資料，對於漁民、農民、建造業工人、政府僱員、海員、人力車伕、苦力、小販等職業，則有零散的報道。

根據《香港年報》，漁業和農業的就業人數由 1953 年約 20 萬人，增至 1954 年至 1957 年約 25 萬人、1958 年約 27.5 萬人、1959 年約 38 萬人和 1960 年約 40 萬人。另根據

表 3-89 1943 年 5 月按職業、行業和國籍劃分香港就業人口統計表

單位：人

職業	行業	國籍			總計	百分比
		中國	日本	其他		
業主	商業	46,601	370	164	47,135	15.6
	農業	18,871	6	8	18,885	
	工業	3083	58	3	3144	
	運輸業	2318	31	2	2351	
	水產業	6069	8	1	6078	
	礦業	109	5	0	114	
	合計	77,051	478	178	77,707	
事務人員	商業	48,837	1381	238	50,456	13.4
	農業	2215	9	3	2227	
	工業	9439	135	17	9591	
	運輸業	3288	318	49	3655	
	水產業	488	78	0	566	
	礦業	226	22	3	251	
	合計	64,493	1943	310	66,746	
技術人員	商業	1770	15	27	1812	1.8
	農業	113	3	0	116	
	工業	5838	146	21	6005	
	運輸業	1000	23	6	1029	
	水產業	74	9	0	83	
	礦業	112	8	1	121	
	合計	8907	204	55	9166	
勞務人員	商業	56,894	50	184	57,128	37.0
	農業	51,512	0	3	51,515	
	工業	46,678	6	48	46,732	
	運輸業	15,557	4	71	15,632	
	水產業	11,729	22	0	11,751	
	礦業	887	0	2	889	
	合計	183,257	82	308	183,647	
家事		53,385	81	116	53,582	10.8
自由勞動		40,019	15	197	40,231	8.1
公務		12,726	281	835	13,842	2.8
自由職業		10,468	137	317	10,922	2.2
其他		39,708	147	1048	40,903	8.2
總計		490,014	3368	3364	496,746	100.0

資料來源： 東洋經濟新報社編：《軍政下の香港》。

農林漁業管理處的年報，漁民人數由1946年的38,236人增至翌年的67,166人；1950年至1954年保持在約5萬人的水平；其後漁民數目隨漁船機械化再穩定上升，1960年達84,385人。香港仔、筲箕灣、大澳、長洲，以及新界的青山（今屯門）、大埔、沙頭角及西貢依然是重要的漁港，但各地的漁民人數變化不一。1950年至1960年，香港仔、新界和油麻地的漁民明顯增加，[30] 筲箕灣先降後回升，[31] 長洲和大澳則有所減少（見表3-90）。[32]

農業一直是新界的重要產業，二戰後部分內地新移民亦投身農耕。1950年代，在新界主幹道路附近的地方，不少被開闢以飼養家畜、種植水果和花卉，農地和農場的數量因此增加。如把漁農業總就業人數減去漁民人數，1953年的農民人數約15萬人，然後增至1954年至1958年約20萬人，1959年約30萬和1960年約31萬人。

表3-90　1950年至1960年按地區劃分香港漁民人數統計表

單位：人

年	香港仔	筲箕灣	長洲	大澳	新界	油麻地	總計
1950	10,321	16,046	13,658	6177	5977	不詳	52,179
1951	7437	21,260	9321	4438	10,418	不詳	52,874
1952	10,456	10,716	8618	4798	12,820	不詳	47,408
1953	16,722	9317	7817	3571	14,510	不詳	51,937
1954	15,539	9692	8262	3750	12,384	不詳	49,627
1955	15,638	9158	8030	3665	17,065	不詳	53,556
1956	15,507	9742	7991	2187	20,205	1010	56,642
1957	16,323	11,452	6558	3168	18,954	999	57,454
1958	19,605	12,695	6329	2584	21,470	1126	64,100
1959	21,136	14,685	6619	2926	30,566	4574	80,806
1960	19,728	14,295	4911	3354	34,081	7701	84,385

注：此表大部分為估計數字。新界的範圍並不統一，1951年包括沙頭角、塔門、吉澳、青山、西貢及大埔；1952年包括沙頭角、塔門、吉澳、青山、荃灣、西貢及大埔；1956年至1960年包括沙頭角、塔門、吉澳、青山、西貢、大埔及赤柱。香港仔於1951年和1952年包括赤柱。1958年、1959年、1960年分別有291名、300名、315名受僱於漁業公司的漁民不包括在各區數字內。

資料來源：　歷年*Annual Departmental Report by the Director of Agriculture, Fisheries & Forestry*；*Annual Report of the Director of Fisheries for the Period 1st April, 1949 to 31st March, 1950*。

30 1952年，港府在香港仔開設魚類批發市場，吸引不少漁民到該地聚集。新界漁民數目增加，原因之一是統計範圍擴大，如1952年加入荃灣，1956年至1960年再加入赤柱。

31 筲箕灣漁民人數於1952年大幅減少，或是因為筲箕灣成為遠洋漁業船隊的基地，不少小型漁船遷往他區；其後，隨着商業化漁業公司業務萎縮，漁民數目才逐漸回升。

32 大澳漁民逐步減少，原因之一是政府推動漁船機械化，該地漁民缺乏資金，舊式漁船難與現代化漁船競爭，漸被淘汰，部分漁民轉投他業。

圖 3-19 農民正在使用傳統打穀桶，進行把穀粒與穀殼分離的脱穀工序。（攝於 1946 年，香港特別行政區政府提供）

圖 3-20 農民。（攝於 1946 年，香港特別行政區政府提供）

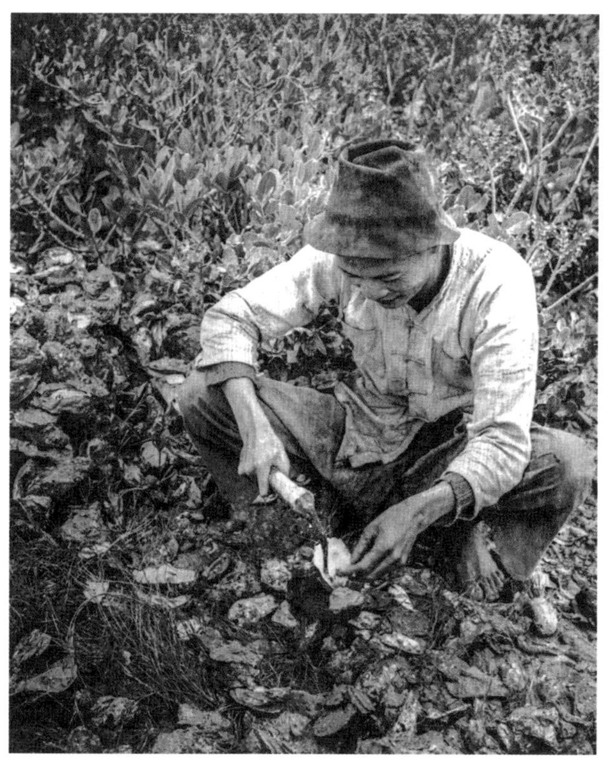

圖 3-21 養蠔業曾是本地重要的第一產業。日佔以前，全港蠔田總面積達 15,539 英畝，每年可生產 4500 擔生蠔。二戰後蠔田面積大幅減少，行業在 1970 年代後逐漸式微。（攝於 1946 年，香港特別行政區政府提供）

進入 1950 年代，建造業持續發展，除有大量樓宇的興建外，基礎建設亦陸續展開，包括修建水塘、興建公共房屋和校舍、擴建啟德機場等。根據《香港年報》，1954 年的建造業工人約 20 萬人，1958 年曾降至約 12 萬人，1959 年和 1960 年均回升至約 16 萬人。

港府的僱員人數在這時期有所增加，根據《香港年報》，1954 年約 2.9 萬人，1955 年至 1958 年維持在約 4 萬人的規模，然後增至 1959 年約 4.5 萬人和 1960 年約 4.7 萬人。此外，英軍從 1857 年起招募華人，1945 年，香港的華籍英兵約 500 人，1960 年約 800 人隸屬陸軍。二戰後，港府認為駐港軍力不足應付防禦需要，遂成立香港華人陸軍訓練隊（1962 年易名為香港軍事服務團），1947 年，首輪入伍者有 118 人。

根據海事處年報，1948/49 年度的受僱商船海員共 17,866 人，兩年後增至 27,090 人。受 1951 年貿易禁運影響，海員人數開始下降，1953/54 年度有 21,412 人。1950 年代中，本地船務公司擴張業務，海員人數回升，由 1954/55 年度的 22,278 人增至 1959/60 年度的 32,231 人（見表 3-91）。

表 3-91　1948/49 年度至 1959/60 年度香港受僱商船海員人數統計表

單位：人

年度	海員人數	年度	海員人數	年度	海員人數
1948/49	17,866	1952/53	23,343	1956/57	26,475
1949/50	26,906	1953/54	21,412	1957/58	27,523
1950/51	27,090	1954/55	22,278	1958/59	27,672
1951/52	24,902	1955/56	24,646	1959/60	32,231

資料來源：歷年 *Annual Departmental Report by the Director of Marine*；*Annual Report by the Director of Marine for the Year Ended the 31st March, 1950*。

二戰結束後初期，港府曾對人力車伕進行調查，結果顯示港島有 503 輛人力車，大約 1000 名車伕，他們主要為潮州籍及惠州籍人士，分別佔 400 名及 600 名；九龍則有 350 輛人力車，大約 600 名車伕。根據警務處的車輛登記紀錄，現代交通工具日益普及和增加，人力車隨而減少，由 1948/49 年度的 946 輛減至 1959/60 年度的 866 輛，如估計每一輛人力車有兩名車伕，則此時期的人力車伕由約 1900 人減至 1700 人。

當時的苦力常見於貨倉、碼頭、工廠和大機構，擔當搬運工人。他們多經中介招募，以日薪計算酬勞，工作不穩定。港府沒有統計苦力的人數，個別企業和團體則有公布相關數字，如香港九龍碼頭及貨倉有限公司（Hong Kong and Kowloon Wharf and Godown Company）聘用約 1000 名苦力。1950 年代，製造和建造等行業蓬勃發展，估計從事苦力者不屬少數。

二戰後人口增長，對日用品的需求上升，部分市民尤其新移民從事不用支付租金的販賣活動，小販人數日漸增加。港府實施發牌政策，規管街頭和水上販賣活動，由市政局和海事處負責簽發小販牌照，其數量起伏不定，1946 年有 16,000 人持有牌照；1948 年和 1949 年減至 8868 人和 8174 人。1950 年至 1956 年，牌照由 10,440 個升至 37,568 個；1957 年降至 19,280 個，然後又回升至 1960 年的 25,109 個（見表 3-92）。除持牌小販外，還有大量無牌小販，時任香港販商聯會（Hong Kong Hawkers Association）主席估計，1946 年的無牌小販約 5 萬人至 6 萬人，其數量變化大致與失業人口的升降同步。根據社會福利局於 1952 年進行的寮屋調查，15 歲至 59 歲的居民中，小販佔 7.9%，有牌及無牌小販的比例為 1 比 14。

表 3-92　1946 年、1948 年至 1960 年香港陸上和水上小販牌照統計表

單位：個

年	陸上牌照	水上牌照	總計	年	陸上牌照	水上牌照	總計
1946	15,743	257	16,000	1954	15,552	781	16,333
1948	8534	334	8868	1955	24,596	882	25,478
1949	7927	247	8174	1956	36,666	902	37,568
1950	10,196	244	10,440	1957	18,379	901	19,280
1951	10,153	不詳	10,153	1958	21,765	874	22,639
1952	11,456	不詳	11,456	1959	23,060	897	23,957
1953	13,079	不詳	13,079	1960	24,207	902	25,109

注：1946 年及 1950 年為 9 月 30 日的數字。1954 年的水上牌照為 9 月 30 日的數字。1958 年和 1959 年的陸上牌照為 4 月 1 日的數字。其餘年份為 3 月 31 日的數字。

資料來源：歷年 *Annual Departmental Report by the Chairman of the Urban Council and Head of the Sanitary Department*；歷年 *Annual Departmental Report by the Director of Marine*；1947 年及 1948 年 *Annual Report of the Chairman, Urban Council, and Head of the Sanitary Department*；*Report of the Urban Council and Sanitary Department for the Financial Year 1st April, 1948-31st March, 1949*。

1961 年至 2016 年　1991 年至 2006 年的職業分類統計是以「國際標準職業分類 1988 年版」為藍本編製，2011 年至 2016 年改用「國際標準職業分類 2008 年版」，兩者之間，以及與 1961 年至 1986 年的分類統計均不能作嚴格比較（見表 3-93，表 3-94）。

就業人口的職業結構與行業發展關係密切。1960 年代至 1980 年代中，農業和漁業佔整體經濟比重下降，務農人士和漁民大幅減少，在就業人口中的佔比由 1961 年的 7.4% 降至 1986 年的 1.9%。與此同時，製造業曾快速發展，生產人員隨之增加，在就業人口中的佔比由 1961 年的 48.7% 增至 1981 年的 50.4%；製造業式微後，生產人員減少，由 1986 年的 43.3%，降至 2016 年工藝人員的 5.6% 和機台及機器操作員的 4.3%。

在經濟活動現代化的進程中，專業和行政管理人員均逐漸增加。1961 年，專業及技術人員和行政及經理級人員這兩個組別各佔就業人口的 5.1% 和 3.1%；2016 年，專業人員、輔助專業人員和經理及行政人員這三個組別的佔比已增至 7.0%、20.5% 和 10.1%。

文職人員在 1960 年代至 1980 年代中增長較快，在就業人口中的佔比由 1961 年的 5.8% 升至 1986 年的 14.6%，其後維持在約 16% 的水平，2016 年為 14.1%。

服務工作及銷售人員隨經濟發展而增加。1960 年代至 1980 年代中，服務行業人員和銷售人員合計的佔比高近 30%。1991 年，服務工作及銷售人員的佔比為 13.2%，其後增至 2016 年的 17.2%。

非技術工人包含的範圍廣泛，主要有小販、家務助理、清潔工人、信差、護衛員、看更、貨運工人、電梯操作員、建造業雜工、包裝工人、廚師助手、漁農業雜工等；因此，1991 年至 2016 年，非技術工人的佔比一直高於其他職業組別，並由 18.5% 升至 20.9%。

表 3-93　1961 年至 1986 年若干年份按職業劃分香港就業人口統計表

單位：%

年	專業、技術人員	行政及經理級人員	文員	銷售人員	服務行業人員	農業和漁業人員	生產人員	其他	總人數（萬人）
1961	5.1	3.1	5.8	13.7	15.1	7.4	48.7	1.1	119.11
1971	5.2	2.4	8.3	10.6	14.8	3.8	52.3	2.6	154.69
1976	5.5	2.2	9.7	11.6	14.8	2.7	52.1	1.4	184.68
1981	6.0	2.7	12.2	10.3	15.6	2.1	50.4	0.7	240.41
1986	8.3	3.6	14.6	11.7	16.2	1.9	43.3	0.4	264.33

注：1961 年為 6 歲及以上人口；其他年份為 15 歲及以上人口。專業、技術人員為專業、技術及有關工作人員；文員為文職及有關工作人員；生產人員為生產及有關工作人員、交通工具操作人員和工人。
資料來源：　歷年人口普查和中期人口統計報告。

表 3-94　1991 年至 2016 年若干年份按職業劃分香港 15 歲及以上就業人口統計表

單位：%

年	經理及行政人員	專業人員	輔助專業人員	文員	服務人員	工藝人員	機台操作員	非技術工人	其他	總人數（萬人）
1991	9.2	3.7	10.3	15.9	13.2	14.7	13.5	18.5	1.0	271.51
1996	12.1	5.0	12.1	16.8	13.8	12.3	8.5	18.6	0.8	304.37
2001	10.7	5.5	15.3	16.3	15.0	9.9	7.3	19.5	0.3	325.27
2006	10.8	6.1	16.1	16.9	16.4	8.5	6.2	18.8	0.3	336.57
2011	10.1	6.5	19.6	15.6	16.2	7.4	5.0	19.5	0.1	354.78
2016	10.1	7.0	20.5	14.1	17.2	5.6	4.3	20.9	0.1	375.66

注：服務人員為服務工作及銷售人員；工藝人員為工藝及有關人員；機台操作員為機台及機器操作員及裝配員。2001 年及 2016 年的文員為文書支援人員。
資料來源：　歷年人口普查和中期人口統計報告。

1960 年代至 1980 年代初，男性和女性各高達半數為生產人員。男性擔任經理及行政人員、銷售人員這兩類職業的比例一直高於女性，以 1961 年為例，男性為 4.0% 和 15.7%，女性為 0.7% 和 8.6%。此期間，女性任職文員的比例愈來愈高，由 1961 年的 3.3% 升至 1981 年的 18.2%，服務行業人員的比例則愈來愈低，由 24.3% 降至 15.0%；男性的變化幅度較小，文員由 6.9% 升至 8.9%，服務行業人員由 11.4% 升至 15.9%。1991 年至 2016 年間，兩性的職業分布一直存在差異。男性擔任高端職位的比例高於女性，女性擔任低端職位的比例則高於男性。以 2016 年為例，男性擔任經理及行政人員、專業人員和輔助專業人員的比例為 13.2%、8.0% 和 22.8%，女性為 7.0%、6.1% 和 18.2%；女性任職文員和非技術工人的比例為 19.8% 和 28.2%，男性則為 8.7% 和 13.8%。此外，男性任職工藝人員和機台操作員的比例也高於女性（見表 3-95）。

表 3-95 1961 年至 2016 年若干年份按職業和性別劃分香港就業人口統計表

單位：%

職業	性別	1961	1971	1981	1991	2001	2011	2016
專業、技術人員	男性	4.6	4.3	5.8				
	女性	6.3	7.0	6.4	—	—	—	—
專業人員	男性	—	—	—	4.1	6.3	7.3	8.0
	女性	—	—	—	3.0	4.6	5.7	6.1
輔助專業人員	男性	—	—	—	9.7	14.6	20.4	22.8
	女性	—	—	—	11.3	16.2	18.7	18.2
經理及行政人員	男性	4.0	3.3	3.6	11.8	14.1	12.8	13.2
	女性	0.7	0.6	1.0	4.9	6.5	7.3	7.0
文員	男性	6.9	8.4	8.9	8.0	8.2	9.9	8.7
	女性	3.3	8.1	18.2	28.8	26.6	21.6	19.8
銷售人員	男性	15.7	12.3	11.6	—	—	—	—
	女性	8.6	7.1	7.9	—	—	—	—
服務行業人員	男性	11.4	14.5	15.9	—	—	—	—
	女性	24.3	15.5	15.0	—	—	—	—
服務工作及銷售人員	男性	—	—	—	13.7	14.5	14.7	15.1
	女性	—	—	—	12.5	15.7	17.8	19.3
農業和漁業人員	男性	6.6	3.7	2.2	—	—	—	—
	女性	9.2	4.1	1.9	—	—	—	—
生產人員	男性	49.4	51.0	51.2	—	—	—	—
	女性	47.2	54.8	49.0	—	—	—	—
工藝及有關人員	男性	—	—	—	20.9	16.2	13.2	10.1
	女性	—	—	—	4.4	1.9	1.2	1.0
機台操作員	男性	—	—	—	13.9	11.4	9.3	8.2
	女性	—	—	—	12.7	2.2	0.6	0.4
非技術工人	男性	—	—	—	16.6	14.3	12.3	13.8
	女性	—	—	—	21.7	26.2	27.1	28.2
其他	男性	1.4	2.5	0.8	1.2	0.4	0.1	0.2
	女性	0.4	2.8	0.5	0.7	0.2	0.1	0.1
總人數（萬人）	男性	84.96	103.74	155.14	168.64	181.94	182.61	190.33
	女性	34.15	50.95	85.26	102.87	143.33	172.17	185.33
	合計	119.11	154.69	240.41	271.51	325.27	354.78	375.66

注：「—」代表沒此分類。1961 年為 6 歲及以上人口；其他年份為 15 歲及以上人口。1961 年至 1981 年的專業、技術人員為專業、技術及有關工作人員；文員為文職及有關工作人員；生產人員為生產及有關工作人員、交通工具操作人員和工人。1991 年至 2016 年的機台操作員為機台及機器操作員及裝配員。2011 年及 2016 年的文員為文書支援人員。

資料來源： 歷年人口普查和中期人口統計報告。

不同年齡組別人士的職業分布各有不同。1981 年，就業人士多為生產人員，但年輕人（15 歲至 24 歲）和青壯年（25 歲至 44 歲）的比例，高於較年長者（45 歲及以上），三者的佔比為 56.3%、50.6% 和 43.7%；較年長者任職銷售人員和服務行業人員的比例（15.3% 和 25.0%），則高於年輕人（6.7% 和 10.9%）和青壯年（9.7% 和 13.0%）。1991 年至 2016 年間，年輕人任職經理及行政人員的比例，一直低於青壯年和較年長者，三者於 2016 年的比例為 1.4%、9.7% 和 12.2%。年輕人任職文員和服務工作及銷售人員的比例，則高於青壯年和較年長者，以 2016 年的服務工作及銷售人員為例，三者各為 34.5%、15.8% 和 15.6%。青壯年任職專業人員和輔助專業人員的比例，一直高於年輕人和較年長者，以 2016 年的專業人員為例，三者各為 9.7%、5.8% 和 4.4%。較年長者任職工藝人員、機台操作員和非技術工人的比例，均高於年輕人和青壯年，以 2016 年的機台操作員為例，三者各為 7.2%、0.7% 和 2.3%（見表 3-96）。

表 3-96　1981 年至 2016 年若干年份按職業和年齡組別劃分香港 15 歲及以上就業人口統計表

單位：%

職業	年齡組別（歲）	1981	1991	2001	2011	2016
專業、技術人員	15-24	4.5	—	—	—	—
	25-44	8.4	—	—	—	—
	≥45	3.6	—	—	—	—
專業人員	15-24	—	1.9	3.9	3.3	5.8
	25-44	—	4.6	6.9	8.8	9.7
	≥45	—	2.5	3.3	4.4	4.4
輔助專業人員	15-24	—	12.5	16.5	17.5	20.3
	25-44	—	11.7	18.3	22.7	23.4
	≥45	—	5.3	8.4	16.2	17.4
經理及行政人員	15-24	0.4	1.6	1.0	1.2	1.4
	25-44	3.9	10.5	11.4	10.7	9.7
	≥45	3.1	11.3	13.5	11.5	12.2
文員	15-24	18.8	30.5	27.1	27.7	22.2
	25-44	12.3	15.5	17.6	17.0	15.3
	≥45	4.8	6.2	8.8	11.1	11.4
銷售人員	15-24	6.7	—	—	—	—
	25-44	9.7	—	—	—	—
	≥45	15.3	—	—	—	—
服務行業人員	15-24	10.9	—	—	—	—
	25-44	13.0	—	—	—	—
	≥45	25.0	—	—	—	—
服務工作及銷售人員	15-24	—	21.0	23.6	32.4	34.5
	25-44	—	12.2	14.3	15.0	15.8
	≥45	—	10.3	13.0	14.1	15.6

（續上表）

職業	年齡組別（歲）	1981	1991	2001	2011	2016
農業和漁業人員	15-24	1.5	—	—	—	—
	25-44	1.5	—	—	—	—
	≥45	3.8	—	—	—	—
生產人員	15-24	56.3	—	—	—	—
	25-44	50.6	—	—	—	—
	≥45	43.7	—	—	—	—
工藝及有關人員	15-24	—	14.0	9.8	5.1	4.6
	25-44	—	15.2	9.2	5.6	3.9
	≥45	—	13.8	11.3	10.1	7.7
機台操作員	15-24	—	7.8	2.2	0.9	0.7
	25-44	—	15.2	6.6	3.1	2.3
	≥45	—	13.3	11.1	8.4	7.2
非技術工人	15-24	—	9.9	15.7	12.0	10.4
	25-44	—	14.3	15.4	17.2	19.8
	≥45	—	35.7	30.0	24.0	24.0
其他	15-24	0.8	0.9	0.2	0.0	0.1
	25-44	0.7	0.8	0.2	0.0	0.1
	≥45	0.6	1.6	0.6	0.2	0.2
總人數（萬人）	15-24	71.16	46.20	39.64	31.98	29.91
	25-44	104.87	161.73	194.06	179.73	180.94
	≥45	64.38	63.58	91.57	143.06	164.82
	合計	240.41	271.51	325.27	354.78	375.66

注：「—」代表沒此分類。1981 年的專業、技術人員為專業、技術及有關工作人員；文員為文職及有關工作人員；生產人員為生產及有關工作人員、交通工具操作人員和工人。1991 年至 2016 年的機台操作員為機台及機器操作員及裝配員。2011 年及 2016 年的文員為文書支援人員。
資料來源： 歷年人口普查和中期人口統計報告。

不同教育程度人士的職業分布呈現顯著的差別。1981 年至 2016 年間，高學歷人士（具專上程度）任職專業人員、輔助專業人員和經理及行政人員的比例較高，2016 年為 17.1%、33.0% 和 16.9%；低學歷人士（小學及以下程度）的相應比例為 0.0%、3.5% 和 2.6%；中等學歷人士（具中學程度）為 0.0%、13.3% 和 5.9%。然而，從 2001 年起，愈來愈多高學歷人士任職文員，由該年的 9.5% 升至 2016 年的 15.5%。中等學歷人士任職文員和服務工作及銷售人員的比例，普遍高於其他學歷人士，2016 年，中等學歷人士的比例為 15.4% 和 23.5%，低學歷人士為 1.7% 和 19.8%，高學歷人士為 15.5% 和 9.0%。低學歷人士任職非技術工人的比例不斷上升，由 1991 年的 37.3% 升至 2016 年的 50.5%，2016 年，中等和高學歷人士的相應比例為 27.1% 和 6.6%。此外，低學歷人士也較多從事服務工作及銷售人員、工藝人員和機台操作員等職業，2016 年的佔比為 19.8%、11.4% 和 9.9%，高學歷人士的相應比例為 9.0%、1.3% 和 0.5%（見表 3-97）。

表 3-97 1981 年至 2016 年若干年份按職業和教育程度劃分香港 15 歲及以上就業人口統計表

單位：%

職業	教育程度	1981	1991	2001	2011	2016
專業、技術人員	小學及以下	0.3	—	—	—	—
	中學	5.2	—	—	—	—
	專上	44.7	—	—	—	—
專業人員	小學及以下	—	0.0	0.0	0.0	0.0
	中學	—	0.7	1.0	0.2	0.0
	專上	—	22.9	22.7	18.1	17.1
輔助專業人員	小學及以下	—	0.2	0.2	3.0	3.5
	中學	—	10.8	13.6	14.2	13.3
	專上	—	29.0	32.1	33.0	33.0
經理及行政人員	小學及以下	0.4	4.3	4.1	1.9	2.6
	中學	3.3	8.8	8.3	5.1	5.9
	專上	12.6	20.7	22.9	20.3	16.9
文員	小學及以下	1.4	2.7	4.0	2.9	1.7
	中學	22.8	23.6	22.2	19.1	15.4
	專上	17.3	11.1	9.5	14.3	15.5
銷售人員	小學及以下	10.8	—	—	—	—
	中學	10.3	—	—	—	—
	專上	7.4	—	—	—	—
服務行業人員	小學及以下	20.6	—	—	—	—
	中學	12.3	—	—	—	—
	專上	3.8	—	—	—	—
服務工作及銷售人員	小學及以下	—	12.8	16.8	17.9	19.8
	中學	—	15.5	18.2	21.6	23.5
	專上	—	5.1	4.7	7.7	9.0
農業和漁業人員	小學及以下	3.9	—	—	—	—
	中學	0.5	—	—	—	—
	專上	0.3	—	—	—	—
生產人員	小學及以下	62.0	—	—	—	—
	中學	44.7	—	—	—	—
	專上	13.1	—	—	—	—
工藝及有關人員	小學及以下	—	19.1	15.2	14.3	11.4
	中學	—	15.1	11.5	9.7	8.1
	專上	—	4.0	1.2	1.7	1.3
機台操作員	小學及以下	—	21.3	14.1	11.2	9.9
	中學	—	12.6	7.9	6.8	6.5
	專上	—	1.3	0.3	0.4	0.5
非技術工人	小學及以下	—	37.3	44.3	48.3	50.5
	中學	—	12.4	17.1	23.2	27.1
	專上	—	5.8	6.6	4.5	6.6

（續上表）

職業	教育程度	1981	1991	2001	2011	2016
其他	小學及以下	0.5	2.2	1.3	0.5	0.6
	中學	0.9	0.7	0.1	0.1	0.1
	專上	0.8	0.2	0.1	0.0	0.1
總人數（萬人）	小學及以下	114.06	77.48	56.14	40.81	36.01
	中學	107.52	155.68	198.52	188.26	184.99
	專上	18.82	38.35	70.61	125.71	154.65
	合計	240.41	271.51	325.27	354.78	375.66

注：「—」代表沒此分類。1981 年的專業、技術人員為專業、技術及有關工作人員；文員為文職及有關工作人員；生產人員為生產及有關工作人員、交通工具操作人員和工人。1991 年至 2016 年的機台操作員為機台及機器操作員及裝配員。2011 年及 2016 年的文員為文書支援人員。

資料來源： 歷年人口普查和中期人口統計報告；Census and Statistics Department, *Hong Kong Annual Digest of Statistics: 1985 Edition*；*Hong Kong Annual Digest of Statistics: 1992 Edition*。

就業人口的每月主要職業收入中位數

1841 年至 1899 年　就業人口的收入問題，在英佔時期之前情況不明，無從探究。英佔初年，港府也沒有統計香港島勞動人口的收入，但對於政府人員的年薪則有紀錄，例如 1844 年，港府官員共 50 人，年薪共約 37,788 英鎊；各級官員之間薪俸懸殊，如總督年薪 6000 英鎊，正按察司、輔政司、律政司、殖民地醫官各約 3000 英鎊、1800 英鎊、1500 英鎊、600 英鎊。1850 年至 1855 年政府聘請的苦力和信差同約 12 英鎊，園丁約 15 英鎊。政府職位亦因種族而酬勞不同。1850 年代中，歐籍文員和傳譯員約 150 英鎊，華人文員介乎 37 英鎊至 47 英鎊；印度裔傳譯員約 50 英鎊，守衛約 20 英鎊，華人守衛約 15 英鎊。地保協助管理華人社會，其薪金也存在地區差異，人口較多的上環和中環為 75 英鎊；其次是下環、太平山、西營盤和香港仔，為 50 英鎊；再次是掃桿埔、赤柱和筲箕灣，前兩者約 37 英鎊，後者是 25 英鎊；其他人口較少的地區只約 12 英鎊。官員薪金不能反映整體社會的情況，基層居民的收入只有零碎的報道，包括石匠的工作較為辛勞及危險，所得酬勞較高，日薪約為 1.38 先令至 1.44 先令，對比當時日薪只有 7 便士的勞工，石匠工資算是全港工人之冠。苦力的年薪約 10 英鎊至 15 英鎊。

1862 年至 1875 年的《香港藍皮書》記錄了香港島和九龍四大類勞動人士的平均薪酬，即農務人員、華人家僕、受僱於外國人的華人（簡稱洋人僱員）、行業工人（trades，1864 年起為華人工人）；從 1876 年起，再加上普通技工，共五大類。普通技工之下分為勞工、木匠、磚匠和石匠、鐵匠四種。農務人員的薪酬，多記述為以貨代錢（paid in kind）；華人家僕、洋人僱員、華人工人按年薪計；其他技工按日薪計。英佔初期，1 英鎊約等於 4.8 元；1 元約等於 4 先令 2 便士；0.5 便士至 1 便士可買一磅白米；3 便士可買一磅豬肉。

農務人員於 1862 年和 1863 年的年薪為 7.5 英鎊，其他年份只記述以貨代錢。華人家僕在 1862 年和 1863 年的分類較仔細，有僕役主管、一級僕役、一級苦力和二級苦力，四者的年薪為 37.5 英鎊、25 英鎊、15 英鎊和 12.5 英鎊。其後，對華人家僕沒再分類，1864 年和 1865 年的年薪為 3.15 英鎊。1860 年代至 1890 年代，華人家僕和洋人僱員的年薪都有所增加，後者年薪約是前者的三倍至四倍，但華人家僕由僱主提供食宿。兩者的年薪發展可分為三個時期：1866 年至 1887 年，華人家僕為 4.1 英鎊（約 1878 年後的 20 元），洋人僱員為 15 英鎊及以上（約 1878 年後的 72 元及以上）；1888 年至 1896 年以年薪紀錄，最低和最高差異甚大，華人家僕為每年 12 元至 36 元，洋人僱員為 48 元至 144 元；1897 年至 1899 年的年薪最高額進一步提升，華人家僕為 12 元至 48 元，洋人僱員為 48 元至 180 元（見表 3-98）。

表 3-98　1864 年至 1899 年香港島和九龍部分勞動人士平均薪酬統計表

年	華人（年薪）			普通技工（日薪）			
	家僕	洋人僱員	工人	勞工	木匠	磚匠和石匠	鐵匠
1864-1865	3.15 英鎊	≥15 英鎊	≥12.10 英鎊	不詳	不詳	不詳	不詳
1866-1869	4.10 英鎊	=	=	不詳	不詳	不詳	不詳
1870	=	=	≥12 英鎊	不詳	不詳	不詳	不詳
1871-1875	=	=	≥12.10 英鎊	不詳	不詳	不詳	不詳
1876	=	=	=	0.17 元	0.35 元	0.33 元	0.60 元
1877	=	=	=	0.19-0.25 元	0.33 元	0.32 元	=
1878	=	=	=	0.17 元	0.35 元	0.33 元	=
1879-1881	21.6 元	≥72 元	≥60 元	=	=	=	=
1882-1883	20 元	=	=	=	=	=	=
1884-1887	=	=	=	=	0.40 元	0.35 元	0.65 元
1888	12-36 元	≥48 元	=	0.20-1.00 元	0.30-0.50 元	0.30-0.40 元	0.40-1.00 元
1889	=	48-144 元	=	=	0.30-0.70 元	0.30-0.50 元	0.40-2.00 元
1890-1891	=	=	=	0.18-0.30 元	0.30-0.50 元	=	0.40-1.25 元
1892-1893	=	=	=	0.18-1.00 元	=	0.20-0.40 元	0.30-2.00 元
1894	=	=	=	0.20-1.00 元	0.30-0.70 元	0.25-0.50 元	=
1895	=	=	≥24 元	=	0.30-0.75 元	=	0.35-2.00 元
1896	=	=	=	=	=	0.20-0.40 元	0.35-1.50 元
1897	12-48 元	48-180 元	≥48 元	=	=	=	=
1898	=	=	36-72 元	=	=	0.20-0.50 元	=
1899	=	=	=	=	=	=	=

注：「=」代表與去年相同；貨幣為英鎊和港元。華人家僕和華人工人由僱主提供食宿。
資料來源：　歷年 *Hong Kong Blue Book*。

行業工人在 1862 年和 1863 年分為六種，日薪各異，一般勞工為 7 便士、一級勞工 10 便士、木匠 2 先令 1 便士、磚匠 1 先令 8 便士、石匠 2 先令 1 便士、鐵匠 2 先令 6 便士。其後只有華人工人的年薪紀錄，1864 年至 1894 年約為 12.1 英鎊及以上（約 1878 年後的 60 元及以上），1895 年和 1896 年降至 24 元及以上，1897 年回升至 48 元及以上，1898 年至 1899 年則為 36 元至 72 元。華人工人也由僱主提供食宿。在這近 40 年間，華人工人的年薪一直在華人家僕與洋人僱員之間。

普通技工包括勞工、木匠、磚匠和石匠、鐵匠，1876 年起的數字以日薪紀錄。這期間，四種技工的收入都不斷起伏，若按日薪最低額計，勞工的收入較低，鐵匠的收入較高，以 1888 年為例，勞工的日薪最低額是 0.20 元，木匠、磚匠和石匠是 0.30 元，鐵匠則是 0.40 元；由於勞工的日薪範圍較寬，若以最高額計，則經常是磚匠和石匠較低、木匠次之，鐵匠依然是最高。

1900 年至 1960 年　1900 年至 1930 年的《香港藍皮書》對勞動人士平均薪酬的紀錄有輕微變化，主要分為六大類，包括農務人員、家僕、園丁、行業工人（即華人工人）、非技術勞工、普通技工；普通技工再細分為勞工、木匠、石匠（含磚匠）、油漆匠、鐵匠五種。農務人員和其他華人主要按年薪計，普通技工按日薪計。1900 年和 1930 年，一磅白米的售價是 0.04 元至 0.06 元和 0.07 元至 0.12 元，一磅豬肉的售價是 0.15 元至 0.18 元和 0.42 元至 0.65 元。此 30 年間，農務人員於 1900 年至 1905 年的薪酬只記述以貨代錢；1906 年至 1911 年的年薪為 6 元至 60 元；其後升至 1930 年的 156 元至 240 元。其他勞動人士的平均薪酬都有所上升，增幅較大的是受僱於華人家庭的僕役，年薪由 1900 年的 12 元至 48 元，增至 1930 年的 84 元至 480 元；增幅較小的是普通技工中的勞工，1900 年至 1930 年，當木匠的日薪由 0.2 元至 0.8 元升至 1.2 元至 1.8 元時，勞工僅由 0.2 元至 1.0 元升至 0.4 元至 0.7 元（見表 3-99）。

1931 年至 1940 年的勞動人士平均薪酬以不同的方法記錄，主要分為六大類，包括建造、造船及工程、運輸、鐵路、工廠女工和家僕，各大類之下再細分多種職業（如 1938 年至 1940 年有超過 20 種工廠女工）。相對 1930 年及以前，1931 年以後各職業的平均薪酬變化較小，部分甚至下調，如竹棚工人、電工和華人僱主家僕，竹棚工人的日薪在 1931 年有 1.7 元，1940 年只有 1.0 元至 1.5 元。工廠女工中，除針織廠女工的日薪由 0.2 元至 0.5 元升至 0.3 元至 1.0 元外，其他行業女工的薪酬都無甚改善。縱使是鐵路員工，除部分司機、接線生和站長的頂薪有提升外，其他崗位的薪酬都沒有增加（見表 3-100）。

這 40 年間，勞動人士的薪酬改善主要是在 1920 年代，當時物價上升，工人難以維生，加上工會的出現，工人較有能力與資方談判，並曾數度發生工潮。如 1920 年，船塢機工要求加薪四成，談判過程中，機工罷工，最終獲加薪三成。1921 年 9 月，中華海員工業聯合總會提加薪的要求：月薪 10 元以下加 50%，10 元至 20 元加 40%，20 元至 30 元加

表 3-99　1900 年至 1930 年香港部分勞動人士平均薪酬統計表

年	華人（年薪）					
	農務人員	家僕		園丁		工人
		華僱	洋僱	華僱	洋僱	
1900	貨	12-48	48-180	不詳	不詳	36-72
1901	=	=	=	不詳	不詳	=
1902	=	=	=	不詳	不詳	=
1903	=	=	48-240	54-120	96-156	96-108
1904	=	24-120	=	=	=	=
1905	=	=	60-240	=	=	=
1906	6-60	24-144	=	=	=	=
1907	=	=	=	=	=	=
1908	=	=	=	=	=	=
1909	=	=	=	=	=	=
1910	=	=	=	=	=	=
1911	=	=	=	=	=	=
1912	36-72	=	72-276	=	=	96-168
1913	=	=	=	=	=	=
1914	=	=	=	=	=	=
1915	=	36-144	72-300	84-144	120-240	36-264
1916	=	=	=	=	=	=
1917	=	36-300	=	96-180	=	=
1918	=	=	=	=	=	=
1919	36-90	=	84-360	96-240	132-288	36-360
1920	12-96	36-360	96-384	96-264	132-300	=
1921	48-96	36-384	96-408	=	=	36-420
1922	54-114	48-384	120-420	=	=	48-420
1923	72-144	=	144-420	=	=	=
1924	72-168	=	=	=	=	=
1925	120-240	60-420	180-436	120-288	144-312	72-480
1926	=	=	=	156-312	180-324	=
1927	144-264	72-444	192-432	180-336	192-336	84-480
1928	=	=	192-444	192-336	=	96-480
1929	144-240	84-456	192-456	=	192-360	108-480
1930	156-240	84-480	=	=	192-384	=

注：「＝」代表與去年相同；「貨」代表以貨代錢；華僱為華人僱主；洋僱為洋人僱主。1900 年至 1902 年的洋僱家僕為洋人僱員。小數點後數字經四捨五入。華人家僕、園丁、工人、華僱非技術勞工，以及木匠和石匠，由僱主提供食宿。石匠含磚匠。

資料來源：　歷年 *Hong Kong Blue Book*。

單位：元

		普通技工（日薪）				
非技術勞工		勞工	木匠	石匠	油漆匠	鐵匠
華僱	洋僱					華僱（洋僱）
不詳	不詳	0.2-1.0	0.2-0.8	0.2-0.5	不詳	0.3-1.5
不詳	不詳	=	=	=	不詳	=
不詳	不詳	0.3-1.0	0.5-0.8	0.5-0.6	不詳	0.6-1.5
36-60	84-108	=	=	=	不詳	=
36-72	108-120	0.3-0.6	=	=	不詳	=
=	=	=	=	=	不詳	=
=	=	=	=	=	不詳	=
=	=	=	=	=	不詳	=
=	=	=	=	=	不詳	=
=	=	=	=	=	不詳	=
=	=	=	=	=	不詳	=
=	=	=	=	=	不詳	=
=	=	=	=	=	不詳	=
=	=	=	=	=	不詳	=
=	=	=	=	=	不詳	=
=	108-216	=	=	=	不詳	=
=	=	=	=	=	不詳	=
=	=	=	0.4-0.6	0.4-0.5	不詳	0.4-1.2
=	=	=	=	=	不詳	=
36-96	96-192	=	0.5-0.7	0.4-0.6	0.7-0.9	0.5-1.6 (0.7-2.2)
36-120	120-240	=	0.6-0.9	0.4-0.7	0.5-0.7	0.9-2.0 (0.9-2.5)
36-240	120-264	0.4-0.7	0.6-1.0	0.5-0.9	0.6-0.7	0.7-2.5 (=)
48-300	=	=	0.8-1.0	0.7-1.2	=	= (=)
=	144-264	=	1.0-1.3	=	=	= (=)
=	=	=	=	1.0-1.5	=	= (=)
60-312	156-288	=	1.0-1.4	1.3-1.8	1.2-2.4	0.8-2.5 (1.3-3.0)
96-360	156-336	=	=	=	=	1.0-1.8 (=)
120-384	156-360	=	1.0-1.6	=	1.3-2.5	1.0-1.9 (1.4-3.1)
=	168-384	=	1.0-1.6	=	=	1.1-1.8 (=)
108-384	180-384	=	1.0-1.8	1.0-2.0	1.3-2.4	1.0-2.0 (1.2-3.5)
120-384	192-384	=	1.2-1.8	=	=	1.2-2.2 (1.2-3.6)

表 3-100　1931 年至 1940 年香港部分勞動人士平均薪酬統計表

行業／職業	1931	1932	1933	1934
建造（日薪）				
機車司機	不詳	不詳	不詳	不詳
木匠	1.2	=	=	=
磚匠	1.1	=	=	=
油漆匠	1.2	=	=	=
批盪工	1.1	=	=	=
竹棚工人	1.7	=	=	=
男性勞工	0.8	=	=	=
女性勞工	0.5	=	=	=
造船及工程（日薪）				
電工	1.0-1.7	1.5-1.8	=	=
銅匠	1.0-1.8	1.2-1.8	=	=
裝配工人	0.8-1.9	0.8-1.8	=	=
鋸木工人	0.5-1.4	1.0-1.4	=	=
鍋爐製造員	0.6-1.5	1.0-1.5	=	=
縫帆工	0.5-1.5	1.0-1.5	=	=
鐵匠	0.8-1.2	=	=	=
勞工	0.5	0.5-0.8	=	=
車床工	不詳	1.0-1.4	=	=
製模師	不詳	1.0-1.4	=	=
運輸（月薪）				
電車司機	36-45	=	=	=
電車車長	30-39	=	=	=
巴士司機	50	=	=	=
巴士車長	不詳	20-25	=	=
鐵路（年薪）				
火車司機	540-1000	=	=	=
司爐	330-480	=	=	=
列車長	600-1000	=	=	=
訊號員	600-1000	=	=	=
站長	1100-1800	=	=	=
售票員	600-1000	=	=	=
接線生	480-1000	=	=	=
檢票員	不詳	不詳	不詳	不詳
扳道工	不詳	不詳	不詳	不詳
工廠女工（日薪）				
煙草廠	0.4-0.6	0.4-0.8	=	=
針織廠	0.2-0.5	0.2-0.6	=	=
香料廠	0.2-0.6	0.2-0.5	=	=
糕餅廠	0.2-0.6	0.2-0.6	=	=
手電筒廠	不詳	不詳	不詳	不詳
手電筒電池廠	不詳	不詳	不詳	不詳
家僕（月薪）				
華人僱主	7.0-20	=	=	=
外籍僱主	15-40	=	=	=

單位：元

1935	1936	1937	1938	1939	1940
建造（日薪）					
1.5-2.0	=	1.3-1.8	=	=	1.8-2.3
0.9-1.3	0.8-1.2	0.8-1.3	=	=	1.0-1.5
0.9-1.2	0.8-1.2	0.8-1.3	=	=	1.0-1.5
1.0-1.3	0.9-1.2	0.8-1.3	=	=	1.2-1.8
0.8-1.2	0.9-1.6	1.0-1.5	=	=	1.5-2.0
0.9-1.3	0.9-1.2	1.0-1.5	=	=	=
0.6-0.8	0.4-0.5	0.6-0.8	=	=	=
0.4-0.6	0.3-0.4	0.4-0.5	=	=	=
造船及工程（日薪）					
1.0-1.4	=	=	=	=	0.8-1.5
1.0-1.6	=	=	=	=	0.8-1.7
0.8-1.6	=	=	=	=	1.0-2.1
0.7-1.3	=	=	=	=	=
1.0-1.2	=	=	=	=	0.9-1.7
1.0-1.4	=	=	=	=	0.7-1.3
0.8-1.2	=	=	=	=	0.7-1.3
0.7-1.0	=	=	=	=	不詳
=	=	=	=	=	0.7-1.9
=	=	=	=	=	0.7-1.9
運輸（月薪）					
=	=	=	=	=	39-53.5
=	=	=	=	=	32.5-43
30-50	=	27-54	=	=	35-60
18-25	18-20	18-21	=	=	21-22.5
鐵路（年薪）					
=	=	=	=	=	540-1300
=	=	=	=	=	=
=	=	=	=	=	=
=	=	=	=	=	=
=	=	=	=	=	1100-2300
=	=	=	=	=	=
750-1400	=	=	=	=	480-1400
420-600	=	=	=	=	=
192-240	=	=	=	=	=
工廠女工（日薪）					
0.3-0.6	0.3-0.8	0.2-0.7	0.3-0.7	=	0.3-0.6
0.3-0.6	0.2-0.5	=	0.3-0.5	=	0.3-1.0
0.2-0.5	0.2-0.4	=	=	=	0.2-0.5
0.2-0.4	0.2-0.3	0.2-0.4	0.2-0.5	=	=
0.3-0.4	0.2-0.3	=	0.3-0.5	=	0.4-0.6
0.2-0.4	0.2-0.4	=	=	=	0.2-0.5
家僕（月薪）					
=	=	=	=	=	2.0-20
=	=	=	=	=	15-45

（續上表）

行業／職業	1931	1932	1933	1934
園丁	15-30	=	=	=
其他（日薪）				
運輸苦力	不詳	不詳	不詳	不詳
運煤苦力	不詳	不詳	不詳	不詳
人力車伕	不詳	不詳	不詳	不詳

注：「＝」代表與去年相同。小數點後數字經四捨五入。家僕由華人僱主提供食宿、外籍僱主提供住宿。1931 年，女性勞工為苦力；電車車長為沒指明交通工具的車長。1936 年至 1940 年，巴士司機和車長為華資公司員工，外資巴士司機和車長的月薪分別為 55 元和 22.5 元至 35 元。1938 年至 1940 年有 17 種工廠女工沒有列出。1940 年，有 5 種造船及工程職位和 6 種鐵路職位沒有列出。

資料來源：歷年 *Hong Kong Blue Book*。

30%，30 元至 40 元加 20%，40 元以上加 10%，船公司三度拒絕，1500 名水手和司爐於 1922 年 1 月開始罷工，搬運工、碼頭工人、苦力等陸續加入，同年 2 月的罷工人數約 5 萬人，3 月初達 10 萬人，港口陷入癱瘓，最終獲加薪 15% 至 30%。至 1930 年代，早期是因為經濟不景，後期是由於有大量內地居民來港，勞動力供過於求，工人的薪酬難以提升。

日佔時期缺乏職業收入的官方統計，零碎的紀錄顯示不同行業工人的收入差距極大，1943 年末，人力車伕每日收入約 4 元至 5 元（除去人力車租金），船塢工人每日 2 元多（另配給白米），受僱建造「忠靈塔」和「香港神社」的土木工人每日約 1 元等。1944 年 1 月的配給物資定價是白米 70 錢一斤、白砂糖 70 錢一斤、鹽 24 錢一斤等。據日佔政府的觀察，「自由勞動」即臨時工收入可多於工廠勞工；而物價上漲引發了一定程度的饑荒問題。

二戰後，根據 1946 年至 1960 年《香港年報》的紀錄，不少企業以日薪或件薪支付給工人，部分僱主提供食宿，或因不同因素調整薪金，因此不同行業及職業的工資差距甚大。二戰結束後至 1950 年代中，半技術和非技術工人的薪金無顯著升降，在 1950 年代後期，平均最低日薪大多減少 0.5 元至 1 元，這與該類勞工供給過剩有關。1960 年的情況有所改善，半技術和非技術工人的平均最高日薪為 9 元和 7 元。由 1955 年開始，技術工人的薪金增幅加快；這時期，部分歐資企業和政府工人同樣獲得加薪，擴建機場及開展大型建設，也帶動建造業工人薪金上升。1960 年，技術工人的平均最高日薪由 1958 年的 12 元升至 21 元（見表 3-101）。此時期女性較多任職欠缺技術的崗位，薪金亦較低，以 1950 年為例，女性日薪為 1 元至 7 元，比男性的 2 元至 12 元少近一半。

1976 年至 2016 年　港府自 1976 年起統計就業人口的職業收入。隨着經濟向好，僱員的收入亦有所改善，以當時市價計算（at current market prices），就業人口的每月主要職業收入中位數由 1976 年的 742 元，增至 2016 年的 15,000 元。如不包括外籍家傭，每月主要職業收入中位數曾由 2001 年的 11,000 元降至 2006 年的 10,000 元，然後回升至 2016 年的 15,500 元（見表 3-102）；[33] 2011 年至 2016 年間升了 29.2%，經考慮價格變動後，實質升幅為 9.5%。

33 如以固定（2016 年 6 月）市價和不包括外籍家傭計算，2006 年、2011 年和 2016 年的每月主要職業收入中位數分別為 13,680 元、14,160 元和 15,500 元。

1935	1936	1937	1938	1939	1940
=	=	=		=	=
其他（日薪）					
0.6-0.7	=	=	=	=	=
0.8	=	0.55	=	=	=
0.6-0.7	=	0.6-0.7	=	=	1.0-1.5

表 3-101　1946 年至 1960 年按技術水平劃分香港工人平均日薪統計表

單位：元

年	技術工人	半技術工人	非技術工人	年	技術工人	半技術工人	非技術工人
1946	4.5-5.0	4.2-4.5	3.2-3.6	1954	6.0-8.5	5.0-6.5	3.5-5.0
1947	5.5-7.0	4.6-5.8	3.5-4.0	1955	7.0-12.0	5.0-6.0	3.0-5.0
1948	5.5-7.0	4.6-5.8	3.5-4.0	1956	7.0-12.0	5.0-8.0	3.0-6.0
1949	5.8-8.2	5.0-6.5	3.5-5.0	1957	7.0-12.0	5.0-8.0	3.0-6.0
1950	5.8-8.2	5.0-6.5	3.5-5.0	1958	7.0-12.0	4.0-8.0	2.5-6.0
1951	6.0-8.5	5.0-6.5	3.5-5.0	1959	7.0-18.0	4.0-8.0	2.5-6.0
1952	6.0-8.5	5.0-6.5	3.5-5.0	1960	8.0-21.0	4.5-9.0	3.0-7.0
1953	6.0-8.5	5.0-6.5	3.5-5.0				

注：平均日薪均為估計數字。
資料來源：　歷年 *Hong Kong Annual Report*。

表 3-102　1976 年至 2016 年若干年份香港就業人口每月主要職業收入中位數統計表

單位：元

年	包括外籍家傭	不包括外籍家傭	年	包括外籍家傭	不包括外籍家傭
1976	742	不詳	2001	10,000	11,000
1981	1516	不詳	2006	10,000	10,000
1986	2573	不詳	2011	11,000	12,000
1991	5170	不詳	2016	15,000	15,500
1996	9500	不詳			

注：不包括無酬家庭從業員。
資料來源：　歷年人口普查和中期人口統計報告。

1976 年至 2016 年間，女性的每月主要職業收入中位數一直低於男性。1976 年，女性的收入約是男性的 65.2%。香港經濟從製造業轉型至服務業後，1991 年和 2001 年的情況略有改善，女性的收入約是男性的 70.8% 和 74.2%。然而，2011 年和 2016 年，兩性的收入差距再浮現擴大趨勢，女性的收入約是男性的 73.1% 和 71.0%。外籍家傭的收入偏低，而且絕大部分是女性，因此，若不計算外籍家傭，兩性的收入差距有所縮小（見表 3-103）。根據政府統計處的分析，引致兩性差距擴大的原因很多，包括女性與男性就業人士有不同的行業及職業分布、工作時數、教育程度、工作經驗及工作性質等。

這 40 年間，不同年齡女性的收入中位數都不及男性，唯一例外是 1991 年的 15 歲至 19 歲組別。各年齡組別中，以年輕人的收入差距較小。在 15 歲至 24 歲組別，女性的收入介乎男性的 84.7% 至 97.5%。青壯年人士的收入差距最大，在 35 歲至 44 歲組別，女性的收入只有男性的 50.0% 至 68.8%。45 歲及以上較年長人士的收入差距則介乎上述兩者中間。青壯年女性的收入大幅低於男性，主因是這年齡段有較多收入偏低的外籍家傭。如扣除了外籍家傭，差不多所有年齡組別的女性收入都有所提升，與同組別男性的收入差距也隨之收窄。

表 3-103　1976 年至 2016 年若干年份按性別和年齡組別劃分香港就業人口每月主要職業收入中位數統計表

單位：元

性別和年齡組別	包括外籍家傭						不包括外籍家傭		
	1976	1981	1991	2001	2011	2016	2006	2011	2016
男性（歲）									
15-19	519	1105	3600	6000	8000	11,000	7000	8000	11,000
20-24	842	1500	5000	8500					
25-34	1039	2000	6500	13,000	13,000	17,000	11,500	13,000	17,000
35-44	973	2000	7000	15,000	16,000	21,000	14,500	16,250	21,000
45-54	853	1800	5900	12,000	15,000	19,500	12,000	15,000	19,890
55-64	709	1500	4500	9000	11,000	15,000	9500	11,000	15,000
≥65	—	1100	3300	6500	9000	11,000	7000	9000	11,000
合計	858	1801	6000	12,000	13,000	16,890	11,000	13,000	17,000
女性（歲）									
15-19	498	1072	3800	5900	7800	10,000	7000	8000	10,250
20-24	655	1200	4500	7500					
25-34	573	1300	5000	10,500	10,000	13,000	11,500	13,500	16,000
35-44	527	1000	4000	10,000	11,000	12,500	12,000	14,560	18,000
45-54	526	1000	3500	7000	9500	12,250	8000	10,000	13,800
55-64	449	900	3000	6000	7500	10,100	6500	7780	10,250
≥65	—	700	2000	4200	6940	9000	5500	6940	9000
合計	559	1165	4250	8900	9500	12,000	9500	10,900	14,000

注：「—」代表沒此分類。不包括無酬家庭從業員。1976 年的年齡組別為 15-19 歲、20-29 歲、30-39 歲、40-49 歲、50-59 歲、60 歲及以上。

資料來源：　歷年人口普查和中期人口統計報告。

不同教育程度和職業人士存在顯著的收入差距。1976 年至 2016 年間，教育程度和職業收入呈正相關關係，具學位程度人士的收入中位數，約是具小學程度者的三倍。經理及行政人員和專業人員的收入高於其他職業，輔助專業人員次之，然後是工藝人員、文員、機台操作員、服務工作及銷售人員，非技術工人一直居末（見表 3-104）。高學歷人士多從事較高收入的職業，然而，根據立法會秘書處的分析，從 1990 年代起，由於經濟增長減速及發展知識型經濟的進展緩慢，高端職位的創造速度落後於人力發展，高學歷人士的職位開始出現錯配情況。1990 年代中至 2015 年，每年平均約有四萬名具大學學歷的人口加入就業市場，在勞動人口的佔比由 1994 年約 9% 升至 2015 年約 29%，當中少於半數可以從事管理及專業工作，2008 年至 2015 年間，約 26% 具大學學歷的新增工作人口從事文員、服務及銷售工作，1994 年至 2001 年間的相應比例是 12%，因而導致工資下降。

表 3-104　1976 年至 2016 年若干年份按教育程度和職業劃分香港就業人口每月主要職業收入中位數統計表

單位：元

教育程度和職業	1976	1981	1991	2001	2011	2016
教育程度						
未受教育／幼稚園	585	1092	3050	5600	6900	9750
小學	699	1418	4250	7600	8000	10,000
中學／預科	817	1622	—	—	—	—
初中	—	—	5000	9000	8500	11,000
高中	—	—	5500	10,000	10,000	13,000
預科	—	—	7000	11,000	—	—
專上教育	2017	3330	—	—	—	—
非學位課程	—	—	8500	18,000	—	—
文憑／證書	—	—	—	—	13,500	16,000
副學位課程	—	—	—	—	12,360	15,300
學位課程	—	—	12,500	21,250	25,000	27,000
職業						
專業、技術人員	1670	3289	—	—	—	—
專業人員	—	—	15,000	30,000	32,160	36,000
輔助專業人員	—	—	8000	16,000	18,000	21,250
經理及行政人員	2691	4638	12,000	26,000	36,250	43,000
文員	928	1705	5000	10,000	10,000	14,000
銷售人員	792	1731	—	—	—	—
服務行業人員	721	1396	—	—	—	—
服務工作及銷售人員			5000	9110	9000	12,000
農業和漁業人員	717	1238	—	—	—	—
生產人員	663	1387	—	—	—	—
工藝及有關人員	—	—	5000	10,000	10,500	15,000
機台操作員	—	—	4500	10,000	10,000	13,000
非技術工人	—	—	3500	5300	5000 (7200)	7000 (10,000)
其他	—	—	3500	7000	7200	11,000

注：「—」代表沒此分類。不包括無酬家庭從業員。括號內為扣除外籍家傭的數字。1976 年及 1981 年的專業、技術人員為專業、技術及有關工作人員；文員為文職及有關工作人員；生產人員為生產及有關工作人員、交通工具操作人員和工人。1991 年至 2016 年的機台操作員為機台及機器操作員及裝配員。2011 年及 2016 年的文員為文書支援人員。

資料來源：　歷年人口普查和中期人口統計報告。

4. 勞動人口流動

外來勞動人口的數目和人口社經特徵

回流港人　政府統計處在 1999 年進行了一項調查，以了解回流港人的特徵。[34] 根據調查所得，回流人士的數目估計為 118,400 人。政府統計處認為此數目或被低估，因為有些人因調查的主題敏感而不提供準確答案，亦有些人因經常離境而難以接觸。在回流人士中，34.5% 於回港前在加拿大居住，23.6% 在澳洲或新西蘭；53.7% 在前居地居住 2 年至少於 5 年，20.5% 介乎 5 年至少於 7 年，13.2% 介乎 7 年至少於 10 年，12.6% 居住 10 年及以上；55.7% 於 1994 年至 1997 年期間回港常住，只有 4.0% 於 1990 年至 1991 年期間回港。回流人士的個人社經背景與香港人口有明顯的分別。整體而言，回流人士比香港人口較為年輕，較多從未結婚、具較高學歷、較多從事經濟活動，也較多任職專業和行政工作，他們當中的高收入者比例也較高。

在所有回流人士中，55.4% 為男性，44.6% 為女性；年齡中位數為 33 歲（全港為 36 歲）。在 15 歲及以上的回流人士中，40.6% 從未結婚（全港為 30.8%）；53.7% 具專上學位程度（全港為 10.6%）；80.2% 為從事經濟活動的人士（全港為 62.0%）；75.2% 在受訪期間為就業人士，當中 61.7% 為男性，38.3% 為女性（全港為 59.8% 和 40.2%）。在回流就業人士中，年齡中位數為 33 歲（全港為 37 歲）；62.7% 具專上學位程度（全港為 13.9%）；29.5% 從事金融地產業，28.1% 從事批發飲食業，18.7% 從事社會服務業（全港為 13.9%、30.1% 和 23.0%）；29.3% 為輔助專業人員，22.3% 為專業人員，22.1% 為經理及行政級人員，從事這三類職業者共 73.7%（全港為 29.8%）；每月就業收入中位數為 18,000 元（全港為 10,000 元）。回流就業人士的就業收入較香港整體的為高，這或由於回流就業人士有較大比例具較高學歷和擔任較高端職位所致。

內地居民　內地居民可透過與家人團聚、投資、就業、求學等途徑獲取香港居留權。香港特別行政區成立後至 2016 年，據不完整的官方統計，經此等途徑進入香港者，合共約 129 萬人（見表 3-105）。[35] 親屬移民方面，主要透過「前往港澳通行證」（俗稱單程證）計劃，1997 年至 2016 年間，循此途徑來港者共 964,188 人，其中約一半與配偶團聚，一半與父母團聚。此類移民來港時的學歷，以及抵港後的職業地位和工作收入，都普遍偏低。投資移民方面，已取得外國永久性居民身份的中國籍人士可透過「資本投資者入境計劃」來港，此計劃於 2003 年 10 月推出，2015 年 1 月暫停。截至 2016 年底，累計 28,050 名中國籍申請者獲批，佔總獲批者 90.7%。工作簽證方面，內地居民可透過「輸入

34 「回流人士」是指在香港、內地或澳門出生的香港居民，在統計前十年內於另外一個國家或地區（包括內地或澳門）經常居住最少兩年，並於其後返港居住的住戶常住成員，即包括回流移民和在境外完成學業或工作超過兩年後返港的香港居民。

35 不包括成功申請者的受養人，合資格受養人也可申請來港居住。

內地人才計劃」、「在本地院校取得學士學位或以上程度的內地學生來港就業安排」或「非本地畢業生留港／回港就業安排」等渠道留港工作，居港滿七年之後可申請香港永久性居民身份。2003 年至 2016 年間，輸入內地人才計劃的獲批者共 94,089 人；2002 年至 2016 年間，畢業生留港／回港就業共 58,944 人。學生簽證方面，內地學生來港修讀全日制經評審的課程，可按修業期在港逗留多至六年，畢業後可申請留港就業，居港滿七年之後可申請香港永久性居民身份。2004 年至 2016 年間，共有 150,287 名內地學生獲准來港就讀；在 2015/16 學年，在八大院校修讀資助課程的非本地學生中，內地學生佔 75.6%。

表 3-105　1997 年至 2016 年經移民、就業和求學途徑進入香港的內地人口統計表

單位：人

年	親屬移民	投資移民		工作簽證		學生簽證
		人數	比例	輸入人才	畢業生留港就業	
1997	50,287	不適用	不適用	不適用	不適用	不適用
1998	56,039	不適用	不適用	不適用	不適用	不適用
1999	54,625	不適用	不適用	不適用	不適用	不適用
2000	57,530	不適用	不適用	不適用	不適用	不適用
2001	53,655	不適用	不適用	不適用	不適用	不適用
2002	45,234	不適用	不適用	不適用	30	不適用
2003	53,507	10	52.6%	1350	103	不適用
2004	38,072	123	45.2%	3745	106	3256
2005	55,106	165	53.7%	4029	170	4112
2006	54,170	255	67.1%	5031	243	5013
2007	33,865	561	68.2%	6075	426	6290
2008	41,610	1204	77.8%	6744	3401	7435
2009	48,587	2282	87.6%	6514	3258	8650
2010	42,624	2643	89.0%	7445	3755	10,129
2011	43,379	3779	90.3%	8088	4971	12,913
2012	54,646	3546	93.2%	8105	6428	16,401
2013	45,031	3561	95.4%	8017	8187	19,067
2014	40,496	4684	96.5%	9313	9714	19,606
2015	38,338	2662	97.2%	9229	9541	18,528
2016	57,387	2575	96.6%	10,404	8611	18,887
總計	964,188	28,050	90.7%	94,089	58,944	150,287

注：「親屬移民」為從內地持單程證的新來港人士數目。「投資移民」為「資本投資者入境計劃」的獲批者數目，不包括受養人。「輸入人才」為「輸入內地人才計劃」的獲批者數目，不包括受養人。「畢業生留港就業」於 2002 年至 2007 年為「在本地院校取得學士學位或以上程度的內地學生來港就業安排」（前稱「在大學教育資助委員會資助的院校取得學士或以上程度學位的內地學生來港就業安排」）簽證的獲批者數目（財政年度數字）；2010 年至 2016 年為「非本地畢業生留港／回港就業安排」簽證的獲批者數目；2008 年及 2009 年為兩種簽證的獲批者數目。「學生簽證」為獲批者數目。

資料來源：　保安局數據；歷年《入境事務處年報》；政府統計處：歷年《香港統計年刊》；入境事務處：〈資本投資者入境計劃數據資料〉；民政事務總署：〈民政事務總署及入境事務處內地新來港定居人士的統計數字（二零一六年第四季）〉；香港特別行政區政府：〈立法會九題：香港特別行政區居留權〉；香港特別行政區政府：〈立法會二十一題：外來人才、專業人士及企業家入境計劃〉。

香港人的內地配偶和子女可透過單程證計劃申請來港定居，內地居民在港所生子女亦擁有香港居留權。對於跨境婚姻，香港沒有全面的統計，常用的指標有二，一是在港登記結婚的數目，另一是獲發「無結婚紀錄證明書」的人數，證明書是供在內地申請結婚之用，但申請者其後未必結婚。1986 年至 2016 年間，兩者的總數各為 296,255 宗和 430,596 人。跨境生育方面，根據《基本法》，香港居留權是可以世代相傳。針對終審法院在 1999 年 1 月 29 日的判決，港府估計因此裁決享有居留權的內地居民至少增至 167.5 萬人，因而提請人大釋法。1999 年 6 月 26 日，全國人民代表大會常務委員會解釋《基本法》第二十二條，確立內地居民要申請單程證及居留權證明書，才可享有香港居留權。此外，1997 年至 2016 年間，內地女性在港共生育 350,902 名嬰兒（見表 2-7）。2007 年至 2011 年間，港府曾進行五次有關內地女性在港所生嬰兒的民意調查，逾九成「單非嬰兒」最終會在港居住，「雙非嬰兒」則約六成。

外籍家傭　港府自 1973 年起推行輸入外籍家傭政策，[36] 根據立法會秘書處的分析，首十年的人數不算龐大，1982 年時約 21,500 人。之後隨着中產家庭數目上升，加上勞工持續短缺，外籍家傭由 1992 年的 10.1 萬人增至 2016 年的 35.2 萬人，佔就業人口的比例由 3.7% 升至 9.3%。菲律賓一直是最大的供應地，2016 年有約 18.9 萬名菲律賓家傭，

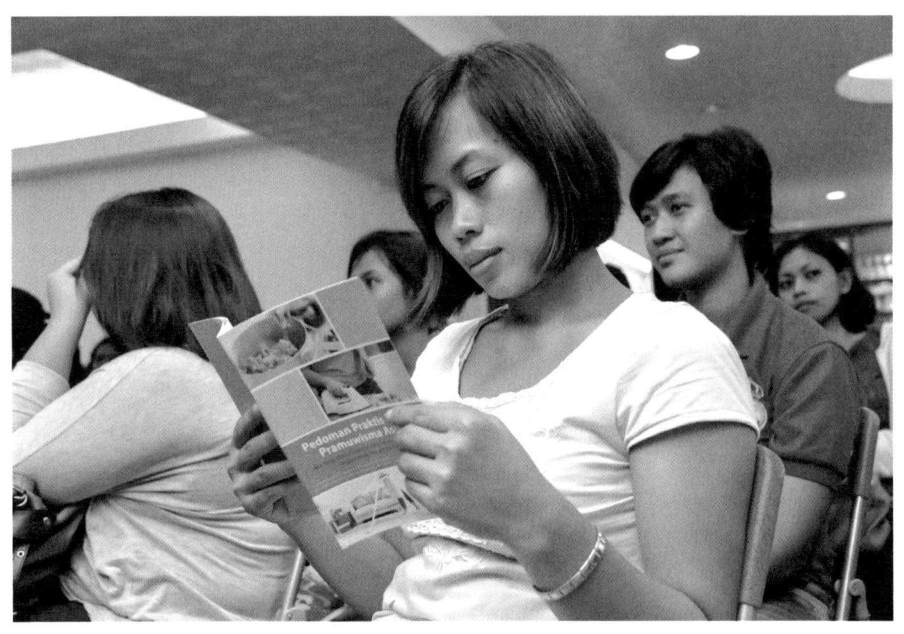

圖 3-22　勞工處出版《僱用外籍家庭傭工實用指南：外籍家庭傭工及其僱主須知》，向外籍家傭及其僱主提供各自權利及義務的簡便資料，並解答一些外籍家傭及其僱主經常提出的問題。（攝於 2014 年，香港特別行政區政府提供）

36　根據《僱傭條例》及《僱員補償條例》（*Employees' Compensation Ordinance*），外籍家傭享有法定的僱傭保障。此外，僱主須與外籍家傭簽訂標準僱傭合約，訂明其他福利，包括僱主提供「規定最低工資」、免費膳食、免費住宿、免費醫療保障和來回原居地的旅費。

佔外籍家傭總數的 53.8%；但與 1992 年時的 88.1% 相比，已大幅下降，這主要是印尼籍家傭在 1997 年後快速增加所致；2016 年，印尼籍家傭有 15.4 萬人，佔比由 1992 年的 3.5% 增至 43.8%。其餘不足一成外籍家傭來自泰國、印度、尼泊爾、斯里蘭卡、孟加拉等南亞和東南亞地區，其中以泰國籍出現明顯降幅，佔比由 1992 年的 6.6% 減至 2016 年的 0.7%（見表 3-106）。

政府統計處的分析顯示，外籍家傭幾乎全是女性（99%），她們相對年輕，較多具中等學歷。2016 年，年齡中位數為 35 歲（1995 年為 30 歲）；82% 來港前曾接受中學教

表 3-106　1992 年至 2016 年按國籍劃分香港外籍家傭數目統計表

年	國籍（%）								總人數（人）
	菲律賓	印尼	泰國	印度	尼泊爾	斯里蘭卡	孟加拉／巴基斯坦／緬甸	其他	
1992	88.1	3.5	6.6	1.0	0.1	0.5	0.2	0.1	101,182
1993	87.4	5.1	5.8	0.9	0.1	0.5	0.2	0.1	120,604
1994	85.7	7.6	5.0	0.8	0.1	0.5	0.2	0.1	141,368
1995	83.5	10.4	4.3	0.8	0.2	0.5	0.2	0.1	157,026
1996	82.0	12.8	3.5	0.7	0.3	0.6	0.1	0.1	164,299
1997	80.8	14.5	3.0	0.7	0.3	0.6	0.1	0.1	170,971
1998	77.7	17.6	3.0	0.7	0.3	0.6	0.1	0.1	180,604
1999	73.9	21.4	3.0	0.6	0.3	0.6	0.1	0.1	193,700
2000	69.9	25.5	3.0	0.6	0.3	0.6	0.1	0.1	216,790
2001	66.1	29.3	3.0	0.6	0.4	0.6	0.1	0.1	235,274
2002	62.6	33.0	2.8	0.6	0.4	0.5	0.1	0.0	237,104
2003	58.4	37.4	2.5	0.6	0.6	0.5	0.1	0.0	216,863
2004	54.8	41.2	2.3	0.6	0.6	0.4	0.1	0.0	218,430
2005	52.9	43.4	2.0	0.6	0.6	0.4	0.0	0.0	223,204
2006	51.9	44.7	1.8	0.6	0.5	0.4	0.0	0.0	232,781
2007	50.3	46.6	1.7	0.6	0.4	0.4	0.1	0.0	245,531
2008	49.1	48.1	1.5	0.6	0.3	0.3	0.1	0.0	256,597
2009	48.5	48.7	1.4	0.7	0.3	0.3	0.1	0.0	267,778
2010	48.1	49.3	1.3	0.7	0.2	0.3	0.1	0.0	285,681
2011	48.2	49.4	1.1	0.8	0.2	0.3	0.1	0.0	299,961
2012	49.9	47.8	1.0	0.8	0.1	0.3	0.1	0.0	312,395
2013	51.3	46.4	0.8	0.8	0.1	0.3	0.1	0.0	320,988
2014	52.3	45.3	0.8	0.9	0.1	0.4	0.3	0.0	330,650
2015	53.4	44.1	0.8	1.0	0.1	0.3	0.3	0.0	340,380
2016	53.8	43.8	0.7	1.0	0.1	0.3	0.2	0.0	351,513

資料來源：　政府統計處：歷年《香港統計年刊》。

育，10% 曾接受專上教育。1995 年至 2016 年間，聘用外籍家傭的住戶比例由 5.8% 升至 11.0%；這些住戶主要包括有兒童及有已婚在職女性的家庭（聘用比例由 23% 升至 44%）、有兒童的家庭（聘用比例由 13% 增至 30%）、有成員需要特別照顧的家庭，主要是殘疾人士和長期病患者（2000 年的聘用比例為 23%），以及有長者的家庭（2016 年的聘用比例為 9%）。外籍家傭有助釋放本地已婚女性的勞動力，2013 年時，25 歲至 54 歲、已婚並育有子女的女性中，若沒有聘用外籍家傭，其勞動人口參與率估計為 49%，若聘有外籍家傭，相應比率增至 78%。

此外，非香港居民可根據多個途徑申請僱傭工作簽證來港（見第六章）。

港人境外就業人口的數目、人口社經特徵和地域分布

在內地工作　對於 1980 年代前香港居民在內地工作的數據無法確考，只有個別的事例，如香港首位華人大律師伍廷芳曾加入李鴻章幕府協辦洋務，並是清朝政府駐美國、古巴、秘魯等國的公使。日佔時期發生較大規模又有組織性的事件，1942 年 2 月日本海軍特務部的「合記公司」在港九設立「苦力募集事務所」，招募勞工至海南島開發礦山、修建鐵路和參與其他工程。根據保留下來但不完整的紀錄，第一批 483 名勞工於 1942 年 2 月 13 日到達，至同年 8 月共約 7000 人，截至 1943 年 7 月的總數是 20,565 人（包括護士在內的 3002 名特殊工作人員）。當中不少人死於途上，在島上病死（如霍亂和瘧疾）、自殺、勞役而死者超過 10,000 人，倖存者也往往無法回到香港。

從 1980 年代起，隨着香港與內地聯繫愈趨緊密，在內地工作的香港居民明顯增加。根據政府統計處調查，1988 年、1989 年和 1992 年這三年各有 52,300 人、45,600 人、64,200 人。該處在 1995 年至 2010 年間再就此專題進行了十次調查，並把「在內地工作的香港居民」定義為屬於居港人口而於統計前 12 個月內曾在內地工作者（不論次數和逗留時間），不包括來往兩地的運輸業人士、在內地海域作業的漁民或海員、到內地洽談生意或巡視業務等人士。根據調查所得，在 1988 年至 2010 年間曾在內地工作的香港居民數目，以及佔統計前 12 個月期間平均總就業人數的百分比都是先升後回落，由 1988 年的 5.2 萬人（1.9%）增至 2004 年的 24.4 萬人（7.6%），然後回落至 2010 年的 17.5 萬人（5.0%）（見表 3-107）。

曾在內地工作的人士中，男性的比例較女性高，2010 年的佔比為 76.3% 和 23.7%，但女性的佔比有所增加，由 1995 年的 13.8% 升至 2008 年的 25.7%，然後維持在 23% 至 24% 的水平。在曾否在內地工作人士之間，社經背景存在一定差異，1995 年至 2010 年的差異情況基本一致。曾在內地工作的人士中，中年、高學歷、屬僱主身份、從事製造業和進出口貿易及批發業、擔任較高端職位、高收入者的比例，顯著高於香港的整體就業人口。2010 年，曾在內地工作的人士中，88.9% 通常在廣東省內工作，11.1% 通常在廣東省以外地方，主要是上海（4.8%）及北京（2.6%）。在受訪前 12 個月內，他們往內地工作的次數中位數為 48 次，每次逗留內地的平均期間中位數為 5 天，高於 1995 年的相應中位數（17.5 次和 4 天）。

表 3-107 1988 年至 2010 年若干年份在統計前 12 個月內曾在中國內地工作的香港居民數目統計表

年	曾在內地工作		曾在內地工作而現職仍需其在該處工作	
	人數（萬人）	比率 1	人數（萬人）	比率 2
1988	5.23	1.9	4.23	1.5
1989	4.56	1.7	3.70	1.3
1992	6.42	2.3	5.24	1.9
1995	12.23	4.2	9.73	3.4
1998	15.73	5.0	13.35	4.1
2001	19.08	5.9	17.63	5.4
2002	19.81	6.1	18.76	5.9
2003	23.82	7.4	22.60	7.0
2004	24.40	7.6	23.54	7.2
2005	23.75	7.2	22.89	6.8
2008	21.82	6.2	21.26	6.0
2009	19.65	5.6	18.82	5.4
2010	17.51	5.0	17.01	4.9

注：比率 1 為佔在統計前 12 個月期間的香港平均總就業人數的百分比。比率 2 為佔在統計時香港就業人口的百分比。1988 年及 1989 年，訪問期間為 10 月至 12 月；1992 年為 4 月至 6 月；1995 年為 9 月至 10 月；1998 年為 5 月至 6 月；2001 年和 2002 年為 4 月至 6 月；2003 年為 1 月至 3 月；2004 年為 2 月至 3 月；2005 年為 1 月至 3 月；2008 年、2009 年、2010 年為 7 月至 9 月。

資料來源： 政府統計處數據；政府統計處：《從綜合住戶統計調查搜集所得的社會資料：第五十七號專題報告書》。

在澳門和台灣工作　對於 2000 年代前香港居民在澳門和台灣工作的數據無法確考。澳門政府自 1988 年起設立輸入外地勞工計劃。根據澳門勞工事務局的統計，在澳門工作的香港居民數目大幅增加，由 2003 年的 620 人升至 2007 年的 14,103 人，其後才有所回落，在約 5000 人至 10,000 人之間升降，2016 年為 5790 人（見表 3-108）。在澳門工作的香港居民以建造業工人為主。

台灣當局於 1992 年通過有關規定，允許民間產業聘僱「移工」，亦接受外國專業人士申請赴台從事專門性工作或擔任外資事業主管。根據台灣勞動主管部門的統計，在台灣工作的香港居民雖有所增加，但人數不多，2004 年為 266 人，其後逐漸增加至 2016 年的 941 人。

表 3-108　2003 年至 2016 年在澳門和台灣工作的香港居民人數統計表

單位：人

年	澳門	台灣	年	澳門	台灣
2003	620	不詳	2010	4915	586
2004	1030	266	2011	5945	529
2005	6149	382	2012	4962	561
2006	12,223	520	2013	6492	596
2007	14,103	531	2014	9728	695
2008	11,221	462	2015	8992	835
2009	5826	446	2016	5790	941

資料來源：　台灣勞動主管部門勞動統計查詢網；澳門特別行政區政府勞工事務局網站。

在海外工作　對於在海外就業的香港居民人數，港府沒有統計，但於 1965 年 11 月通過《1965 年往香港以外地方就業合約條例》（*Contracts for Employment Outside Hong Kong Ordinance, 1965*），對前往香港以外地方就業的體力勞動和月薪不超過兩萬港元的非體力勞動僱員在香港所訂立的僱傭合約作出管制。

5. 增加勞動力政策

在 2000 年代前，當局甚少針對增加勞動力制定政策。日佔時期，對於日佔政府重視並擔憂人才短缺的極少數職業，當局會開設專科學校，提供短期課程，例如成立「海員養成所」、「日本語教員養成講習所」和「農事傳習所」等（見第四章）。進入二十一世紀，因應香港人口老化的情況和趨勢，港府於 2015 年《施政報告》就人口政策提出五大策略，包括釋放本地勞動潛力、培育本地人力、吸引外來人才、締造有利生育的環境，以及鼓勵長者積極參與社會事務，首四項都旨在增加勞動力，並陸續制定協助發展人力資源的措施。

釋放本地勞動潛力旨在吸引更多婦女和年長人士投入勞動市場，主要措施包括：（一）提高公務員退休年齡，文職人員延至 65 歲，紀律部隊人員延至 60 歲（見圖 3-23）。（二）提高工作年齡上限，如將保安人員許可證的年齡上限放寬至 70 歲。（三）鼓勵其他僱主推行適當措施延長僱員的工作年期。（四）加強婦女、長者和弱勢社群的就業支援服務，如繼續推行 1999 年推出的自力更生支援計劃、2011 年推行的鼓勵就業交通津貼計劃。（五）繼續聯同不同業界的僱主和透過行業性招聘中心，定期舉行大型、分區及專題招聘會。（六）推動較靈活的就業安排，如 2015 年把向僱主發放的在職培訓津貼擴展至兼職工作。（七）加強幼兒照顧服務，以支援婦女兼顧工作和家庭，如在 2018/19 年度起在北區、觀塘區、葵青區和沙田區共增加約 300 個資助獨立幼兒中心名額。

培育本地人力旨在為年輕人創造更多元化和具前景的就業機會，主要措施包括：（一）推廣職業教育和以技能為本的工作，從而提供另一個職業出路。（二）透過本地的公帑資助院校、自資院校和香港以外的大學等途徑，增加資助高等教育學額。

吸引外來人才旨在積極招攬更多外來人才和專才來港工作和定居，主要措施包括：（一）優

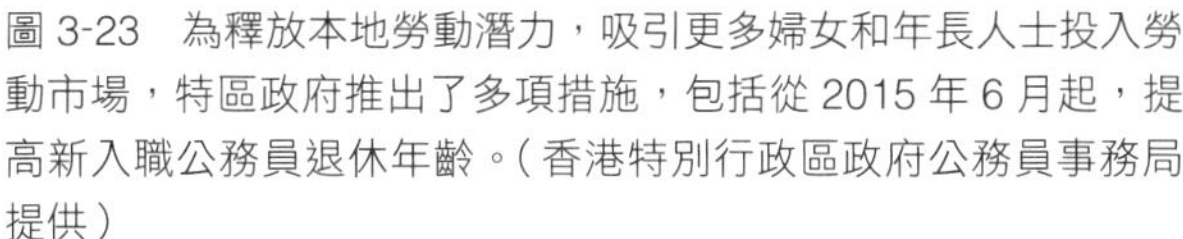
圖 3-23 為釋放本地勞動潛力，吸引更多婦女和年長人士投入勞動市場，特區政府推出了多項措施，包括從 2015 年 6 月起，提高新入職公務員退休年齡。（香港特別行政區政府公務員事務局提供）

圖 3-24 「先聘用、後培訓」試點計劃 2017 年的宣傳單張。（僱員再培訓局提供）

化一般就業政策、輸入內地人才計劃和優秀人才入境計劃下的逗留安排，以及優化優秀人才入境計劃下的綜合計分制。（二）2015 年 5 月推行吸引已移居海外的中國籍香港永久性居民的第二代回港發展的計劃。（三）制訂一份人才清單，以具針對性地吸引外來人才。（四）經常檢討非本地畢業生的就業及入境限制。（五）港府駐海外的經濟及貿易辦事處和內地的辦事處會加強各項入境計劃的宣傳。在輸入勞工方面，主要措施包括：（一）在確保本地市民優先就業的大前提下，適當、有限度及針對性地輸入勞工，以紓緩部分行業的人手問題。（二）於 2014 年 4 月中加快處理建造業根據補充勞工計劃有關公共工程項目的申請，於 2015 年 5 月增加計劃的靈活性。

締造有利生育的環境旨在協助市民實現生兒育女的願望，主要措施包括：（一）自 2015/16 年度起增加基本及額外子女免税額，由 7 萬元增至 10 萬元。（二）修訂《僱傭條例》，自 2015 年 2 月起，合資格男性僱員可享有有薪的三天侍產假。（三）實施免費幼稚園教育政策，由 2017/18 學年開始落實 15 年免費教育，以減輕年輕夫婦的財政負擔。（四）繼續在社區推廣家庭友善僱傭措施。

二、非從事經濟活動人口

先秦時期，動植物資源豐富，先民以漁獵採集為生，自給自足，社會組織相對簡單，老弱婦孺也可參與如採集果實之類的生產活動，基本上不存在非從事經濟活動人口的問題。

秦漢以後，生產力的發展促進了社會和勞動的分工，部分民眾可免於勞動，由親屬供養。在農業社會時期，農業的人力需求較具彈性，可吸納富餘勞動力，年齡和性別因素對勞動參與的影響亦相對穩定；然而，在天災人禍嚴重時，農民及受其供養者會容易失去生活所賴的資源，成為非從事經濟活動的人口。歷朝官府沒有統計此等人士的背景和數量，但相當重視離鄉的流民，並制定諸如提供賑濟、招輯耕墾等應對措施。

歷史文獻對廣東地區的流民有若干記載，如《明太宗實錄》載明永樂十年（1412）「揭陽諸縣民多流徙者」;《清道光朝實錄》載清嘉慶二十五年（1820）「江、廣、黔、楚、川、陝之無業者，僑寓其中，以數百萬計」。明禮部尚書何維柏於〈新安經始碑記〉中形容明隆慶六年（1572）的新安縣為「今萬姓有所利，賴耕鑿魚販，得自食其力，以享室家之樂」。但據新安縣知縣周希曜的條議：「照得新安，界連莞、惠，流移雜居，人無定籍」，明崇禎年間（1628—1644），移入流民已導致冒籍越訴等管治問題。到了清代，香港地區的民眾又因遷界政策被迫流離，廣東巡撫王來任在〈展界復鄉疏〉中說:「一遷再遷，流離數十萬之民，……流離之民，各無棲址，死喪頻聞。」清朝政府其後決定遷海復界，流民問題才得以解決。

日佔時期，1943 年 5 月的戶口普查結果顯示，香港總人口為 863,399 人，包括中國人 851,412 人、日本人 5022 人、其他外國人 6965 人。非就業人口有 366,653 人，佔總人口的 42.5%；其中中國人佔絕大多數，有 361,398 人（98.6%），日本人和其他外國人只有 1654 人和 3601 人（0.5% 和 1.0%）。在中國人之中，非就業者佔 42.4%，日本人和其他外國人的相關比例是 32.9% 和 51.7%（見表 3-47）。當局認為非就業人口主要是在職者的年幼、年長和女性家屬，因此並不全是毫無生產力的「白食者」。日佔政府要求居民在「居住屆」（居住許可申請書）填報戶主和每一位同住者的背景資料，包括姓名、出生日期、性別、職業等，但沒有公布非就業人口的個人背景。

二戰結束後，對於 1945 年至 1960 年間非從事經濟活動人口的情況，聯合國難民署於 1954 年進行的「香港人口抽樣調查」可作參考，根據調查結果，在扣除兒童和學生並按戶主的移民身份把受訪家庭分為三類後，顯示香港出生家庭、戰前移民家庭、戰後移民家庭成員中，家務料理者的佔比為 28.5%、29.6% 和 24.5%。這或可籠統地反映這類非從事經濟活動人口的比例。

1961 年至 2016 年間，非從事經濟活動人口被界定為統計前指定日數內沒有職位亦無工作的人，主要是料理家務者、退休人士、學生及所有 15 歲以下人士，[37] 不包括正在休假和失業的人。非從事經濟活動人口不斷增加，由 1961 年的 191.8 萬人增至 2016 年的 338.2 萬人，55 年間升 76.4%。在香港人口中，非從事經濟活動人口的佔比在 1960 年代相當

37 料理家務者是指照顧家庭而無收取報酬的人；學生不包括兼職學生；退休人士是指以前有工作，但現因年老而沒有繼續工作的人。

穩定，約 60%；此比例從 1970 年代起呈下降趨勢，由 1971 年的 58.0% 降至 1981 年的 48.6%，之後減速放緩，2016 年為 46.1%。非從事經濟活動者的人口構成出現明顯變化，料理家務者的比例不斷減少，退休人士的比例則大幅增加，這是人口持續老化的反映。1961 年至 2016 年間，料理家務者的佔比由 24.7% 降至 16.1%；退休人士由 2.3% 增至 34.4%。學生的佔比先升後回落，由 1961 年的 34.4% 升至 1986 年的 50.7%，然後回落至 2016 年的 32.5%。1960 年代的學生人數大幅增加，由 1961 年的 65.9 萬人增至 1971 年的 121.7 萬人，這表示有更多青少年有機會入學。根據教育司署 1971 年的紀錄，各中學的在學人數在這十年間增加了兩倍。其他類別的非從事經濟活動者主要是經濟自給者（即無須為生計而工作的人）、非受薪的宗教工作者，以及因長期患病或殘疾而不能工作或沒有找尋工作的人，1961 年至 1971 年的統計也包括失學兒童，其佔比在 10.7% 至 38.6% 之間波動（見表 3-109）。

表 3-109　1961 年至 2016 年若干年份按經濟活動身份劃分香港非從事經濟活動人口統計表

年	經濟活動身份（%）				總人數（萬人）	佔全港人口比例（%）
	料理家務者	退休人士	學生	其他		
1961	24.7	2.3	34.4	38.6	191.76	61.3
1966	24.0	2.9	44.9	28.3	225.42	60.8
1971	25.4	3.5	53.3	17.8	228.17	58.0
1976	29.2	5.0	48.7	17.1	236.07	53.6
1981	26.5	7.7	50.5	15.3	248.28	48.6
1986	23.7	11.8	50.7	13.8	264.21	48.1
1991	23.3	17.4	47.1	12.1	271.13	47.8
1996	23.6	21.1	44.5	10.7	303.51	47.3
2001	22.2	22.5	43.2	12.1	327.04	48.8
2006	19.9	28.9	38.7	12.6	329.20	48.0
2011	16.7	31.3	34.8	17.2	334.42	47.3
2016	16.1	34.4	32.5	17.1	338.18	46.1

注：0 歲及以上人口。1976 年經濟活動身份為學生者含 2510 名非全職學生。
資料來源：　歷年人口普查和中期人口統計報告；Census and Statistics Department, *Hong Kong Statistics 1947-1967*。

非從事經濟活動人口中，不同年齡組別的經濟活動身份各不相同。年輕組別中，主要是學生；在主要工作年齡組別（30 歲至 59 歲）中，以料理家務者居多，絕大部分是女性；年長組別中，則主要是退休人士。男性和女性的情況亦有明顯分別。1961 年至 2016 年間，男性中，主要是學生（由 48.5% 降至 41.2%），其次是退休人士（由 2.6% 升至 37.3%），料理家務者是極少數；女性中，主要是退休人士（1960 年代和 1970 年代約 2%，之後由 1981 年的 4.4% 增至 2016 年的 32.5%），其次是料理家務者（由 40.1% 降至 25.3%），再次是學生（介乎 25.4% 至 41.5%，2016 年為 26.6%）（見表 3-110）。

表 3-110　1961 年至 2016 年若干年份按經濟活動身份和性別劃分香港非從事經濟活動人口統計表

單位：%

年	料理家務者		退休人士		學生		其他		總人數（萬人）	
	男性	女性	男性	女性	男性	女性	男性	女性	男性	女性
1961	0.3	40.1	2.6	2.2	48.5	25.4	48.7	32.3	74.30	117.47
1966	4.3	42.0	—	—	94.5	57.3	1.3	0.6	90.55	134.87
1971	1.3	41.2	5.4	2.2	71.3	41.5	22.0	15.0	90.37	137.80
1976	3.0	46.4	9.5	2.0	65.1	38.0	22.4	13.6	93.22	142.85
1981	1.3	43.1	12.5	4.4	66.4	40.1	19.8	12.3	98.58	149.70
1986	0.8	39.0	15.8	9.2	66.0	40.5	17.4	11.3	105.61	158.61
1991	0.9	37.9	21.2	15.0	61.8	37.6	16.1	9.5	106.97	164.16
1996	0.7	38.3	25.9	18.1	58.6	35.6	14.9	8.0	118.30	185.20
2001	0.9	36.9	27.2	19.3	54.3	35.5	17.6	8.3	133.64	193.40
2006	1.6	32.5	32.4	26.4	48.6	31.8	17.4	9.2	134.26	194.93
2011	2.3	26.7	34.8	28.9	43.4	28.8	19.5	15.6	137.54	196.88
2016	2.3	25.3	37.3	32.5	41.2	26.6	19.1	15.6	135.85	202.33

注：0 歲及以上人口。1966 年，「—」代表退休人士歸入料理家務者，學生包括 5 歲及以下兒童和 5-14 歲沒有上學或工作者，與其他年份不可比。1976 年的學生含 2510 名非全職學生。

資料來源：　歷年人口普查和中期人口統計報告；Census and Statistics Department, *Hong Kong Statistics 1947-1967*。

香港人口快速老化或會產生勞工短缺問題。如有足夠的就業誘因，可吸引非從事經濟活動人口投入或重投勞工市場，這包括非從事經濟活動的青年，尤其是非在職、不在學、非正在受訓的青年（俗稱「尼特族」，NEET）；[38] 主要工作年齡組別中的料理家務婦女；[39] 和提早退休人士（50 歲至 64 歲）。2012 年，這三類人士合共 78.3 萬人，佔同年勞動人口約 22%。

政府統計處曾就非從事經濟活動人士的工作意願進行調查。研究結果顯示，若遇上有人聘請做一份合適的工作時願意工作者，在 1995 年、1997 年、1999 年、2002 年、2004 年、2009 年和 2011 年，各佔在統計時沒有從事經濟活動的 15 歲及以上人士的 8.8%、8.0%、10.5%、15.4%、9.6%、7.0% 和 3.9%；他們的年齡中位數為 41 歲、43 歲、44 歲、44 歲、48 歲、48 歲和 51 歲。以 2011 年為例，女性中，以 50 歲至 59 歲組別，以及料理家務或在家照顧兒童、長者或傷病成員者佔比較高；男性中，則以 60 歲及以上組別和退休人士佔比較高。

38　2012 年，港府估計香港約有 31,500 名「尼特族」，佔整體非從事經濟活動人口的 1.3%。「尼特族」中，約 30% 完成專上教育，低於從事經濟活動的同一年齡組別（54%）。

39　2012 年，她們大多已婚（91%）、與子女同住（82%），以及須料理家務而沒有外籍家傭協助（92%），這些比例高於從事經濟活動的同一年齡組別婦女（相應數字為 65%、66% 及 86%）。

第四章
人口素質

考古發現提供了有關香港先民身體素質和壽命的資料，新石器時代的成年男性平均身高為162.8 厘米、成年女性的顱容量為 1283 毫升等，這與同時代中國其他地方相比，處於偏低水平。未成年死者的比例相當高，平均死亡年齡約為 25 歲。自秦漢至 1950 年代，文獻缺乏，沒有可供參考的數據，從 1960 年代至 2010 年代，根據幾項有關兒童生長和體適能狀況的調查，不同年齡男女童的身高與體重中位數均有所增長，男童的身高和體重增幅大於女童，而男女童的體重增幅都大於身高。與此同時，香港人的出生時平均預期壽命持續增長，由 1961 年的 67.5 歲增至 2016 年的 84.2 歲，女性一直比男性長壽，但男性的增幅高於女性，令到兩性的壽命差異有所縮小。

港府於 1911 年首次蒐集殘疾人士的資料，結果顯示，在約 44.5 萬名華人中，「體弱」者共 377 人，男女各佔一半，其中以失明和失聰者居多，各佔六成和兩成半。港府於 2000 年、2007 年和 2013 年再進行有關調查，調查透過自我評估和醫學診斷兩方面來界定「殘疾人士」，這期間不同殘疾類別的人數和普遍率均有所增加，如身體活動能力受限制者由 10.4 萬人增至 32.1 萬人（普遍率由 1.5% 升至 4.5%），自閉症人士由 3000 人增至 10,200 人（普遍率由少於 0.05% 升至 0.1%）。港府從 1982 年起對吸煙人士進行調查，發現在 1982 年至 2017 年間，吸煙人口由 88.8 萬人減至 61.5 萬人，在 15 歲及以上人口中的佔比由 23.3% 降至 10.0%。男性較女性傾向有吸煙習慣，中年人士和長者的吸煙比率較年輕人高。

香港居民的文化素質在 1970 年代推行普及教育後才顯著提升。古代香港被視為「南蠻之地」，宋、元時期，中原的動亂引發大規模的北人南遷，香港開始出現作育人才的學舍，以及應舉獲選的士子，但多限於氏族子弟。英佔初年，香港島除傳統學舍外，歐美人士亦陸續創立新式學校，每年只有數百人入讀，就學比率偏低，當時，每百名兒童僅約三人至五人在學，每百名男童約八人在學，女童平均不足一人。1860 年，港府推行「教育革新計劃」，隨後官立和民辦學校均有所增加，但入學兒童仍屬少數，1890 年代的失學兒童仍超過六成。1900 年代至 1930 年代，接受教育的人數不斷上升，在學學生仍以男生所佔比例較高。日佔時期，香港教育幾乎陷於停頓，得以復課者以小學居多，另有少數人士接受短期的日語或專科訓練。二戰結束後，1950 年時估計 6 歲至 10 歲、11 歲至 15 歲和 16 歲至 20 歲年齡組別的就學比率為 28.0%、38.2% 和 11.7%，此時期的基層兒童和少年很多非但不能上學，還需工作幫補家計。港府於 1954 年推行「小學擴展的七年計劃」，計劃結束時，共增加 31.3 萬個學生名額。香港從 1971 年起陸續實施小學、初中以至高中普及教育，香港人口的教育程度隨之提升。1961 年時，15 歲及以上人口有 28.5% 未受教育（含幼稚園），45.4% 曾就讀小學，只有 3.7% 曾接受專上教育。至 2016 年，相應的比例為 5.4%、14.6% 和 32.7%。這 55 年間，男性的教育程度一直高於女性，但差距不斷縮小。隨着香港經濟轉型和民眾教育程度提升，擔任專業技術人員的數目和佔比也大幅增加，由 1961 年的 6.1 萬人增至 2016 年的 103.5 萬人，在就業人口中的佔比由 5.1% 升至 27.5%。

香港居民的書面中文與全國基本無異，但在口語上，香港四大民系各有自己的方言。在清代，雍正帝曾下詔諭令廣東官民學好官話，認為廣東省是「語言不通」地區，並帶來管治問題。港府從 1880 年代起積極推動英語教學，至 1921 年，就讀中文官立學校的學生不足一個百分點。日佔期間，日佔政府禁止學校教授英語，同時積極提升居民的日語能力，1944 年的日語學校學生人數超過當時的中小學學生總數。1991 年至 2016 年間，居民的慣用交談語言仍以廣州話為主，能說多於一種語言（含方言）的能力有所增進，但集中於英語和普通話。在讀寫方面，於推行普及教育前，能閱讀和書寫的華人不多，尤其是新界村民、水上人、較年長者和女性。到了 2016 年，約九成半居民能讀、寫最少一種語言，約六成能讀、寫兩種語言，其中約九成能讀寫中文，約六成半能讀寫英文，能讀寫其他語文者極少。

第一節　身體素質

一、生長發育狀況

1. 身高和體重

評估新石器時代香港先民的身體素質，馬灣東灣仔北遺址墓葬出土的人骨提供了線索，經鑒定，在身高方面，根據三個成年男性肢骨的長度，按蒙古人種的身高計算公式推斷，估計其身高介乎 160.7 厘米至 164.4 厘米，平均身高為 162.8 厘米，這與同時代其他地方出土的中國男性人骨相比，處於中等偏低水平。至於墓葬中的其他骨架，據考古學者判斷，也是中等偏短的。在顱容量方面，將一個成年女性的耳上顱高，使用李（Alice E. Lee）及皮爾遜（Karl Pearson）公式計算，所得顱容量為 1283 毫升，與同時代的中國其他地方出土的女性人骨相比，亦處於偏低水平（北方四組的平均水平是 1330 毫升，南方五組是 1357 毫升）。在口腔病理方面，成年個體牙齒磨蝕嚴重，齒冠多處崩裂，這顯示當時的食物質地堅韌粗糙，且混雜硬質物如砂粒之類。

歷史時期的考古發現和文獻也提供了有關香港古代人身高的資料，其基本情況是南方人較北方人矮小，這是自新石器時代以來的情況。

現有文獻中缺乏英佔初年和日佔時期的相關數據。自 1920 年代起，香港舉辦了多次嬰兒或兒童健康比賽，由中華基督教女青年會、中華基督教合一堂、屈臣氏藥房等機構主辦。據報刊描述，身高和體重是當時釐定嬰孩健康與否的標準。然而，政府報告以至新聞報道都沒有提到具體內容。日佔時期，在實施糧油食品配給和統營制度、物資全面短缺和價格急升的情況下，蔬菜、花生麩和豆腐渣等成為民眾的主要糧食部分，營養食品如牛奶只准許未滿周歲的嬰兒和取得醫生「配給證明書」的病患者購買，加上醫療、衞生和慈善服務嚴重不足，相信居民的身體素質和兒童發育都受到影響。

圖 4-1　衞生署家庭及學生健康處轄下的西九龍政府合署學生健康服務中心於 2019 年 11 月 1 日啟用，為已參加學生健康服務的日校中小學學生提供每年一次的健康檢查，檢查項目配合學生在各成長階段的健康需要而設定。（攝於 2019 年，香港特別行政區政府提供）

1961 年至 1964 年間，香港大學和港府專家對 11,476 名香港華裔兒童進行研究，以釐訂「華南兒童身高和體重標準」。調查結果顯示，在身高中位數方面，1 歲男女童分別為 73.9 厘米和 72.7 厘米，5 歲時，男女童都超過 100 厘米，為 105.0 厘米和 104.3 厘米。其後，兩性差距逐漸收窄，女童於 9 歲至 13 歲反較男童高，13 歲時，男女童各為 146.9 厘米和 151.7 厘米。其後，男童的增長速度超過女童，14 歲時，各為 156.2 厘米和 155.2 厘米，到 18 歲，則為 167.6 厘米和 156.5 厘米，男孩較女孩高 11.1 厘米。在體重中位數方面，1 歲的男女童分別為 8.8 公斤和 8.1 公斤，8 歲時，男女童都超過 20 公斤，為 20.6 公斤和 20.3 公斤。自 10 歲至 14 歲，女童的體重中位數反高於男童，14 歲時，男女童各為 39.7 公斤和 41.3 公斤。其後，男童的增長速度超過女童，15 歲時各為 45.4 公斤和 43.1 公斤，18 歲時各為 51.9 公斤和 45.3 公斤，即男孩較女孩重 6.6 公斤（見表 4-1）。

1993 年，香港中文大學、衞生署和醫院管理局對 25,000 名華人兒童進行「香港 1993 年生長調查」。結果顯示，在身高中位數方面，1 歲的男女童分別為 74.6 厘米和 72.9 厘米，4 歲時，男女童都超過 100 厘米，為 102.8 厘米和 100.1 厘米。其後，兩性差距逐漸收窄，女童於 7 歲至 10 歲反較男童高，10 歲時，男女童各為 136.8 厘米和 137.8 厘米。自 12 歲起，男童再高於女童，12 歲時各為 149.9 厘米和 148.2 厘米，18 歲時各為 171.0 厘米和 157.7 厘米，男孩較女孩高 13.3 厘米。在體重中位數方面，1 歲的男女童分別為 9.6 公斤和 8.7 公斤，7 歲時，男女童都超過 20 公斤，為 21.7 公斤和 21.3 公斤，10 歲時，男女童都超過 30 公斤，為 30.6 公斤和 30.9 公斤。13 歲前，男女童的體重中位數差距不大，少於 2 公斤，到 13 歲，男童為 43.8 公斤，較女童重 2.5 公斤。其後，兩性差距愈來愈大，到 18 歲，兩者各為 60.0 公斤和 50.8 公斤，男孩較女孩重 9.2 公斤。

根據這兩項研究，1963 年至 1993 年，不同年齡男女童的身高與體重中位數均有所增長。就身高而言，男童中，以 12 歲、13 歲和 11 歲的增加較多，各增高 10.5 厘米、9.3 厘米和 9.2 厘米（升 7.5%、6.3% 和 6.9%），18 歲男孩的增加較少，只增高 3.4 厘米（升 2.0%）。女童中，以 10 歲、9 歲和 11 歲的增加較多，各增高 7.0 厘米、6.4 厘米和 5.7 厘米（升 5.4%、5.1% 和 4.1%），與男孩一樣，18 歲女孩的增加較少，僅增高 1.2 厘米（升 0.8%）。就體重而言，男童中，以 13 歲、12 歲、11 歲和 14 歲的增加較多，各增重 10.1 公斤、10.0 公斤、8.3 公斤和 8.3 公斤（升 30.0%、34.4%、31.2% 和 20.9%），18 歲男

表 4-1　1963 年和 1993 年按年齡和性別劃分香港兒童身高和體重中位數統計表

年齡（歲）	身高中位數（厘米）				體重中位數（公斤）			
	男性		女性		男性		女性	
	1963	1993	1963	1993	1963	1993	1963	1993
1	73.9	74.6	72.7	72.9	8.8	9.6	8.1	8.7
2	84.3	86.5	82.6	85.1	10.8	12.4	10.2	11.3
3	92.8	95.8	91.0	93.1	12.6	14.1	11.9	12.8
4	99.2	102.8	98.0	100.1	14.2	16.1	13.6	14.5
5	105.0	108.3	104.3	106.8	15.4	18.0	15.1	16.7
6	110.1	113.6	110.2	113.0	17.3	19.7	17.3	19.1
7	115.0	119.3	114.5	119.5	19.0	21.7	18.6	21.3
8	119.9	124.4	119.7	125.2	20.6	24.5	20.3	24.2
9	124.9	130.5	125.3	131.7	22.3	27.6	22.3	27.2
10	129.9	136.8	130.8	137.8	24.5	30.6	24.9	30.9
11	134.1	143.3	137.6	143.3	26.6	34.9	27.8	34.5
12	139.4	149.9	145.0	148.2	29.1	39.1	32.7	38.0
13	146.9	156.2	151.7	152.8	33.7	43.8	37.8	41.3
14	156.2	161.7	155.2	156.0	39.7	48.0	41.3	44.3
15	162.0	165.7	156.3	157.6	45.4	52.2	43.1	46.9
16	165.0	168.6	156.4	157.6	48.6	55.6	44.0	49.3
17	166.8	170.4	156.4	157.6	50.6	58.6	44.6	50.5
18	167.6	171.0	156.5	157.7	51.9	60.0	45.3	50.8

注：1963 年的 1-5 歲數據於 1963 年至 1964 年蒐集，6-18 歲數據於 1961 年至 1962 年蒐集。本表數據是利用圖形數字化軟件從原文的曲線圖提取。

資料來源：　香港中文大學醫學院、衞生署、醫院管理局：〈華南兒童生長標準〉；K. S. F. Chang, M. M. C. Lee, and W. D. Low, "Standards of Height and Weight of Southern Chinese Children"。

孩的增加較少，增重 8.1 公斤（升 15.6%）。女童中，以 11 歲、10 歲和 17 歲的增加較大，各增重 6.7 公斤、6.0 公斤和 5.9 公斤（升 24.1%、24.1% 和 13.2%），18 歲女孩的增加較少，只增重 5.5 公斤（增 12.1%）。綜合這 30 年的變化，男童的身高和體重增幅均大於女童，而男女童的體重增幅均大於身高。

衞生署於 2010 年和 2016 年曾進行「香港家長餵養嬰幼兒狀況調查」和「香港幼兒飲食及餵養調查」。結果顯示，這數年間，4 歲及以下幼童的平均身高與體重沒有明顯變化：1 歲時，男童身高約 75 厘米，體重約 9.6 公斤，女童約 74 厘米和 9 公斤，到 4 歲時，男童身高約 103 厘米，體重約 16.5 公斤，女童約 102 厘米和 16 公斤（見表 4-2）。然而，若與 1960 年代的「華南兒童身高和體重標準」結果相比，2010 年代的男女童平均身高和體重都有所增加，以 4 歲為例，1963 年時，男女童的平均身高為 99.5 厘米和 98.1 厘米，平均體重為 14.3 公斤和 13.7 公斤，到 2016 年，男女童各增高 4.2 厘米和 4.5 厘米，各增重 2.1 公斤和 2.3 公斤。

表 4-2 2010 年和 2016 年按年齡和性別劃分香港幼兒平均身高和體重統計表

年齡	平均身高（厘米）				平均體重（公斤）			
	男性		女性		男性		女性	
	2010	2016	2010	2016	2010	2016	2010	2016
6 個月	68.2	不適用	66.6	不適用	8.1	不適用	7.5	不適用
9 個月	72.3	不適用	70.8	不適用	8.9	不適用	8.4	不適用
12 個月	75.4	75.8	74.7	74.4	9.6	9.6	9.0	9.1
18 個月	81.8	81.5	80.1	80.1	11.0	10.8	10.3	10.3
24 個月	86.3	86.6	85.3	85.0	12.0	12.1	11.6	11.4
4 歲	102.6	103.7	100.9	102.6	16.6	16.4	15.9	16.0

資料來源： 衞生署：《香港幼兒飲食及餵養調查（2016）》；Department of Medicine and Therapeutics, The Chinese University of Hong Kong and Department of Health, *A Survey of Infant and Young Child Feeding in Hong Kong: Diet and Nutrient Intake*。

2002/03 學年至 2015/16 學年間，教育局為小學生和中學生各進行了四次「香港學生體適能狀況調查」，由於兒童的在學率極高，其結果可與「香港 1993 年生長調查」進行比較。以年齡和性別而言，這四波調查所得的身高和體重中位數都變化不大。然而，兩性之間呈現明顯的差異，模式與 1993 年基本相若。男生身高大部分時間高於女生，尤其是 9 歲及以下和 12 歲及以上。小學生中，只有 10 歲至 11 歲女生較男生高約 1 厘米至 2 厘米。中學生中，12 歲以上男生均較女生高，自 15 歲起，男女生身高相差超過 10 厘米。從 11 歲起，男生多比女生重，而且差距不斷擴大，由 11 歲差約 1 公斤，增至 14 歲差約 5 公斤和 17 歲差約 10 公斤（見表 4-3，表 4-4）。

表 4-3　2003/04 學年至 2015/16 學年若干學年按年齡和性別劃分香港小學生身高和體重中位數統計表

年齡（歲）	男性				女性			
	2003/04	2005/06	2010/11	2015/16	2003/04	2005/06	2010/11	2015/16
身高中位數（厘米）								
≤6	118.5	119.0	118.5	118.9	118.0	118.5	118.0	118.3
7	124.0	124.0	124.7	123.8	123.0	122.4	123.4	123.0
8	129.0	129.0	130.0	130.1	128.5	129.0	128.2	129.5
9	133.5	134.5	135.5	135.8	134.5	134.5	135.3	136.2
10	139.0	139.0	140.5	141.0	140.0	141.0	141.8	142.0
11	145.5	145.5	146.7	147.3	147.0	147.5	148.8	148.9
≥12	152.0	153.5	152.0	152.5	152.0	152.0	152.3	153.9
體重中位數（公斤）								
≤6	21.9	22.3	22.2	21.8	21.5	21.5	21.6	21.3
7	25.0	25.0	25.1	23.9	23.5	23.0	24.0	23.3
8	28.0	28.0	27.7	27.4	26.0	27.0	26.8	26.1
9	30.0	31.5	31.9	31.6	30.5	29.5	30.5	30.7
10	34.2	35.0	35.6	34.9	33.5	34.0	34.7	34.6
11	39.0	39.0	41.4	40.6	38.5	39.0	40.5	39.9
≥12	42.0	46.0	42.9	42.7	40.9	44.0	43.7	45.6

資料來源：　教育局：歷年《香港學生體適能狀況調查》。

表 4-4　2002/03 學年至 2014/15 學年若干學年按年齡和性別劃分香港中學生身高和體重中位數統計表

年齡（歲）	男性				女性			
	2002/03	2004/05	2009/10	2014/15	2002/03	2004/05	2009/10	2014/15
身高中位數（厘米）								
≤12	153.0	153.0	154.8	155.4	153.0	153.5	154.4	154.1
13	160.5	160.0	162.6	162.8	155.5	155.5	156.0	156.7
14	165.0	166.0	166.8	167.0	157.5	157.0	157.5	157.5
15	167.5	169.5	169.6	170.0	157.5	157.5	158.6	158.6
16	170.0	170.0	170.5	170.4	158.5	158.0	157.8	158.8
17	171.0	171.5	171.5	171.0	158.0	158.0	158.5	158.8
≥18	171.0	171.0	171.0	不適用	158.0	158.5	158.2	不適用
體重中位數（公斤）								
≤12	45.5	45.0	45.8	46.1	46.0	44.5	45.2	44.2
13	50.0	49.0	50.4	50.5	47.5	46.5	46.9	47.2
14	54.0	53.5	53.9	54.6	49.0	48.5	48.7	48.9
15	56.0	57.0	56.2	57.5	49.5	49.5	49.7	51.2
16	59.5	58.5	58.2	58.9	51.0	49.5	49.4	51.3
17	61.0	60.0	61.3	61.5	50.5	49.5	50.2	51.4
≥18	61.0	61.0	60.3	不適用	51.0	50.0	49.9	不適用

注：在 2014/15 學年，「17 歲」和「18 歲及以上」組別合併為「17 歲及以上」。
資料來源：　教育局：歷年《香港學生體適能狀況調查》。

在 1993 年至 2002/03 學年或 2003/04 學年間，中小學生的身高和體重中位數都有所增加，只有 15 歲女生和 17 歲以上男生的身高，以及 17 歲女生的體重除外。以下年齡群的增幅相對明顯：身高方面，6 歲男生由 113.6 厘米增至 118.5 厘米（升 4.3%），6 歲女生由 113.0 厘米增至 118.0 厘米（升 4.4%）；[1] 13 歲男生由 156.2 厘米增至 160.5 厘米（升 2.8%），12 歲女生由 148.2 厘米增至 153.0 厘米（升 3.2%）。體重方面，7 歲男生由 21.7 公斤增至 25.0 公斤（升 15.2%），6 歲女生由 19.1 公斤增至 21.5 公斤（升 12.6%）；12 歲男生由 39.1 公斤增至 45.5 公斤（升 16.4%），女生則由 38.0 公斤增至 46.0 公斤（升 21.1%）（見表 4-1，表 4-3，表 4-4）。

2. 其他身體指標

除身高和體重之外，教育局的「香港學生體適能狀況調查」亦利用其他指標量度中小學生的身體組成、肌力與肌耐力、心肺耐力和柔軟度，測試項目包括皮摺厚度、仰臥起坐、傾斜式引體向上、耐力跑、漸進式心肺耐力跑、坐地前伸等，小學生還有手握力、腰圍及立定跳遠，中學生則有掌上壓。本卷報告其中四項：皮摺厚度、仰臥起坐、耐力跑、坐地前伸。

皮摺厚度

從皮摺厚度可以估計人體內的脂肪比例，小學生中，在 1999/2000 學年，男女生的中位數均以 6 歲及以下最薄，為 16.5 毫米和 18.0 毫米，男生以 10 歲最厚，有 25.0 毫米，女生以 12 歲及以上最厚，有 26.0 毫米。至 2015/16 學年，8 歲及以下學生的皮摺厚度與 1999/2000 學年的基本相若，稍年長者則見明顯增長，其中以 11 歲男生（增 2.0 毫米）和 12 歲及以上女生（增 3.7 毫米）的變化最大。中學生中，男生的皮摺厚度隨成長而變薄，女生則相反，1998/99 學年，男生由 12 歲及以下的 21.0 毫米，減至 18 歲及以上的 16.0 毫米，女生則由 25.0 毫米增至 31.0 毫米。到 2014/15 學年，男女生的皮摺厚度均高於 1998/99 學年，其中以 15 歲學生（男生增 2.5 毫米，女生增 4.5 毫米）的變化最大（見表 4-5）。

仰臥起坐

從仰臥起坐次數可測試人體的肌力與肌耐力。1998/99 學年至 2015/16 學年，中小學生的一分鐘仰臥起坐次數呈下跌之勢。小學生中，在 1999/2000 學年，次數最少是 6 歲及以下學生（男生 14 次，女生 13 次），次數最多是 12 歲及以上男生（30 次）和 11 歲女生（24 次）。到 2015/16 學年，男女生的次數均有減少，減幅最大的是 6 歲及以下學生（男生減 4 次，女生減 6 次）。中學生中，在 1998/99 學年，次數最少是 12 歲及以下學生（男生 28 次，女生 23 次），次數最多是 18 歲及以上男生（38 次）和 16 歲女生（30 次）。到 2014/15 學年，男女生的次數多有減少，減幅最大的是 13 歲至 17 歲男生（減 4 次）和 16 歲女生（減 6 次）（見表 4-6）。

1　2003/04 學年調查的 6 歲組別或含少數 6 歲以下兒童。根據現行政策，參加教育局小一統一派位者的年齡下限是於該年 9 月 1 日滿 5 歲 8 個月。

耐力跑

從耐力跑可測試人體的心肺耐力，8 歲及以下是測試 6 分鐘，9 歲及以上是測試 9 分鐘。小學生中，在 1999/2000 學年，8 歲及以下男生的中位數是 810 米至 880 米，女生是 770 米至 830 米。到 2015/16 學年，男女生的表現均有退步，男生降為 790 米至 860 米，女生亦降為 750 米至 800 米。同期間，10 歲和 12 歲及以上男生的表現有所進步，中位數由 1230 米和 1340 米增至 1250 米和 1380 米，但 10 歲及以上女生則有退步，當中以 12 歲及以上的降幅較大（降 4.8%）。1998/99 學年至 2014/15 學年，不同性別和年齡中學生的表現均有所下降。男生中，降幅最大是 16 歲（降 9.7%），降幅最小是 12 歲及以下（降 3.6%）。女生的降幅低於男生，降幅最大是 17 歲（降 3.1%）（見表 4-7）。

坐地前伸

從坐地前伸可測試人體的柔軟度，1999/2000 學年至 2015/16 學年，小學生的坐地前伸距離中位數呈下跌之勢，男生由 24 厘米至 26 厘米降至 22 厘米至 25 厘米，女生由 26 厘米至 28 厘米降至 25 厘米至 28 厘米，當中以 6 歲及以下男生（降 15.4%）和 9 歲女生（降 7.4%）的降幅最大。1998/99 學年至 2014/15 學年，中學生中，只有男生表現退步，男生的中位數由 23 厘米至 31 厘米降至 20 厘米至 26 厘米，當中以 14 歲男生（降 15.4%）的降幅最大。女生的中位數反有增加，由 28 厘米至 31 厘米增至 29 厘米至 33 厘米，當中以 14 歲女生（升 10.7%）的升幅最大（見表 4-8）。

二、壽命

1. 出生時平均預期壽命

評估香港先民於新石器時代的壽命，同樣依靠馬灣東灣仔北遺址。該遺址經鑒定的 15 具人骨中，未成年者佔七個，包括兩個 6 個月至 18 個月的嬰兒、三個 3 歲至 8 歲的幼兒、一個 6 歲至 10 歲的小童、一個 15 歲至 17 歲的少年，顯示未成年便死亡者的比例相當高。八個成年個體的平均死亡年齡約為 36 歲，換言之，平均死亡年齡約為 25 歲。

平均預期壽命反映一個社會的社經發展水平和醫療衞生服務水平。[2] 1960 年代前缺乏相關統計。1961 年至 2016 年，香港人的出生時平均預期壽命由 67.5 歲逐漸增長至 84.2 歲，共增加 16.7 歲。這 55 年間，女性一直比男性長壽，但男性的增幅高於女性，令兩性的壽命差異有所縮小。男性出生時平均預期壽命由 1961 年的 64.0 歲升至 2016 年的 81.3 歲，增加 17.3 歲；女性由 71.3 歲升至 87.3 歲，增加 16.0 歲。兩性的差距由 7.3 歲降至 6.0 歲（見表 4-9）。

2　出生時平均預期壽命是指某年出生的人士，若其一生經歷如該年的年齡性別死亡率所反映的死亡情況，其預期能活的年數為何。

表 4-5 1999/2000 學年至 2015/16 學年若干學年按年齡和性別劃分香港中小學生皮摺厚度中位數統計表

年齡（歲）	男性				
	1999/2000	2003/04	2005/06	2010/11	2015/16
小學生					
≤6	16.5	17.0	17.0	17.8	17.0
7	17.5	19.5	18.0	18.0	17.5
8	19.0	21.0	20.0	20.0	19.2
9	22.0	22.0	22.0	22.6	23.8
10	25.0	24.0	24.3	25.0	25.5
11	24.0	25.0	24.5	24.9	26.0
≥12	20.5	24.0	22.3	22.6	22.1
中學生					
≤12	21.0	25.5	23.5	22.3	23
13	19.5	22.0	19.5	20.3	21
14	19.5	22.0	19.5	18.5	20
15	16.5	19.4	18.0	17.8	19
16	17.0	19.5	18.5	17.6	18
17	18.0	18.5	17.0	17.2	18
≥18	16.0	17.5	17.5	16.5	不適用

注：中學生的調查年份是 1998/99 學年、2002/03 學年、2004/05 學年、2009/10 學年和 2014/15 學年。在 2014/15 學年，「17 歲」和「18 歲及以上」組別合併為「17 歲及以上」。

資料來源： 教育局：歷年《香港學生體適能狀況調查》。

表 4-6 1999/2000 學年至 2015/16 學年若干學年按年齡和性別劃分香港中小學生仰臥起坐次數中位數統計表

年齡（歲）	男性				
	1999/2000	2003/04	2005/06	2010/11	2015/16
小學生					
≤6	14	13	8	11	10
7	16	16	13	14	14
8	18	19	14	18	18
9	18	20	17	19	19
10	23	22	19	20	21
11	25	25	22	23	23
≥12	30	27	25	26	27
中學生					
≤12	28	22	26	28	25
13	32	27	30	31	28
14	35	30	33	31	31
15	36	30	34	33	32
16	36	32	34	32	32
17	36	33	35	34	32
≥18	38	34	37	34	不適用

注：中學生的調查年份是 1998/99 學年、2002/03 學年、2004/05 學年、2009/10 學年和 2014/15 學年。在 2014/15 學年，「17 歲」和「18 歲及以上」組別合併為「17 歲及以上」。

資料來源： 教育局：歷年《香港學生體適能狀況調查》。

單位：毫米

女性				
1999/2000	2003/04	2005/06	2010/11	2015/16
小學生				
18.0	20.0	18.5	19.0	20.3
20.0	20.0	19.5	21.0	20.5
22.0	21.7	21.5	23.0	21.8
23.0	24.5	23.0	24.0	23.7
23.0	24.0	24.5	23.6	25.5
24.0	26.0	25.5	26.0	26.2
26.0	26.0	28.0	27.0	29.7
中學生				
25.0	30.5	27.5	28.8	29
26.0	31.0	29.0	29.7	30
28.5	33.5	30.0	30.3	32
28.5	32.0	31.0	30.8	33
29.5	32.5	31.5	30.0	33
29.5	31.0	30.5	30.2	33
31.0	31.0	30.5	29.4	不適用

單位：次

女性				
1999/2000	2003/04	2005/06	2010/11	2015/16
小學生				
13	15	8	11	7
16	16	12	14	13
18	17	14	16	15
20	20	16	19	19
23	21	19	20	20
24	24	20	23	22
23	24	23	24	20
中學生				
23	25	24	23	23
24	25	24	23	24
25	24	25	24	23
27	25	24	24	24
30	26	24	24	24
28	26	25	25	24
27	26	26	25	不適用

表 4-7 1999/2000 學年至 2015/16 學年若干學年按年齡和性別劃分香港中小學生耐力跑距離中位數統計表

年齡（歲）	男性				
	1999/2000	2003/04	2005/06	2010/11	2015/16
小學生					
≤6	810	800	770	780	790
7	840	810	790	800	840
8	880	850	810	840	860
9	1210	1200	1150	1200	1210
10	1230	1210	1190	1230	1250
11	1300	1240	1240	1280	1300
≥12	1340	1280	1270	1360	1380
中學生					
≤12	1400	1360	1360	1320	1350
13	1490	1440	1440	1370	1390
14	1590	1470	1480	1440	1460
15	1600	1520	1540	1500	1470
16	1650	1540	1560	1480	1490
17	1670	1600	1600	1560	1520
≥18	1730	1600	1620	1590	不適用

注：中學生的調查年份是 1998/99 學年、2002/03 學年、2004/05 學年、2009/10 學年和 2014/15 學年。在 2014/15 學年，「17 歲」和「18 歲及以上」組別合併為「17 歲及以上」。
資料來源： 教育局：歷年《香港學生體適能狀況調查》。

表 4-8 1999/2000 學年至 2015/16 學年若干學年按年齡和性別劃分香港中小學生坐地前伸距離中位數統計表

年齡（歲）	男性				
	1999/2000	2003/04	2005/06	2010/11	2015/16
小學生					
≤6	26	27	27	24	22
7	26	26	27	24	25
8	25	25	27	24	23
9	25	26	26	23	23
10	24	24	25	22	23
11	25	24	25	22	22
≥12	26	24	25	21	25
中學生					
≤12	23	23	24.5	24	20
13	25	23	25	24	22
14	26	25	26	25	22
15	27	26	27	26	23
16	27	27	28	27	24
17	28	29	28	29	26
≥18	31	29	30	29	不適用

注：中學生的調查年份是 1998/99 學年、2002/03 學年、2004/05 學年、2009/10 學年和 2014/15 學年。在 2014/15 學年，「17 歲」和「18 歲及以上」組別合併為「17 歲及以上」。
資料來源： 教育局：歷年《香港學生體適能狀況調查》。

單位：米

女性				
1999/2000	2003/04	2005/06	2010/11	2015/16
小學生				
770	760	750	730	750
810	790	770	780	800
830	810	770	810	800
1190	1160	1150	1150	1190
1210	1190	1150	1190	1200
1240	1200	1170	1200	1210
1250	1200	1190	1270	1190
中學生				
1280	1280	1210	1190	1260
1280	1250	1230	1200	1260
1280	1240	1240	1210	1260
1280	1280	1250	1260	1260
1310	1280	1260	1230	1280
1310	1280	1290	1260	1270
1300	1290	1280	1280	不適用

單位：厘米

女性				
1999/2000	2003/04	2005/06	2010/11	2015/16
小學生				
28	29	30	27	26
28	28	30	28	26
28	28	30	27	26
27	28	28.5	27	25
26	27	29	27	26
26	28	29	27	25
27	29	30	27	28
中學生				
28	28	29	30	29
28	29	31	30	30
28	29	31	31	31
31	29	32	32	31
31	31	31.5	33	32
31	30	33	33	33
31	32	33	33	不適用

表 4-9　1961 年至 2016 年按性別劃分香港人口出生時平均預期壽命統計表

單位：歲

年	男性	女性	合計	年	男性	女性	合計	年	男性	女性	合計
1961	64.0	71.3	67.5	1980	71.6	77.9	74.7	1999	77.7	83.2	80.4
1962	64.6	71.8	68.1	1981	72.3	78.5	75.3	2000	78.0	83.9	80.9
1963	65.1	72.3	68.6	1982	72.6	78.4	75.4	2001	78.4	84.6	81.4
1964	65.6	72.8	69.1	1983	72.3	78.4	75.3	2002	78.5	84.5	81.4
1965	66.1	73.2	69.5	1984	73.2	79.0	76.0	2003	78.5	84.4	81.4
1966	66.5	73.6	69.9	1985	73.8	79.2	76.4	2004	79.0	84.8	81.8
1967	66.9	74.0	70.3	1986	74.1	79.4	76.7	2005	78.8	84.6	81.6
1968	67.2	74.3	70.7	1987	74.2	79.7	76.9	2006	79.4	85.5	82.4
1969	67.5	74.7	71.0	1988	74.4	79.9	77.1	2007	79.4	85.4	82.3
1970	67.9	75.1	71.4	1989	74.2	80.0	77.0	2008	79.4	85.5	82.4
1971	67.8	75.3	71.5	1990	74.6	80.3	77.4	2009	79.8	85.9	82.8
1972	67.7	75.4	71.5	1991	75.2	80.7	77.9	2010	80.1	86.0	83.0
1973	68.5	75.9	72.1	1992	74.8	80.7	77.7	2011	80.3	86.7	83.4
1974	69.1	76.3	72.6	1993	75.3	80.9	78.0	2012	80.7	86.4	83.5
1975	70.1	76.8	73.4	1994	75.7	81.5	78.5	2013	81.1	86.7	83.8
1976	69.6	76.2	72.8	1995	76.0	81.5	78.7	2014	81.2	86.9	84.0
1977	70.1	76.7	73.3	1996	76.7	82.7	79.6	2015	81.4	87.3	84.3
1978	70.6	76.7	73.6	1997	77.2	83.2	80.1	2016	81.3	87.3	84.2
1979	70.6	76.9	73.7	1998	77.4	83.0	80.1				

資料來源： 世界銀行網站：世界發展指標。

平均預期壽命是量度人口健康的基本指標。根據學者的分析，自 2013 年起，香港的出生時平均預期壽命高居全球首位，經濟發展是香港人均壽命不斷提高的重要因素，但人口的財富水平未能充分解釋對預期壽命的影響，[3] 其他有利因素包括香港擁有良好的醫療服務、相對安穩的社會環境、沒有頻繁的極端天氣，以及公共醫療體系確保市民不會因為經濟能力而得不到適切的治療等。此外，香港的長者和成年人普遍健康，沒有影響後代老年人預期壽命的強大「世代效應」(cohort effect)。另按學者對香港、新加坡、南韓和 18 個經濟合作及發展組織(OECD)高收入國家於 1979 年至 2016 年共 2.63 億宗死亡個案的分析，[4] 香港人口長壽的關鍵除在於由心血管疾病引致的死亡率是各地區中最低外，還因為女性因癌症而死亡的比率是最低地區之一，這主要建基於香港的低吸煙率，此比率於近 30 年呈下降趨勢，[5] 吸煙率和因吸煙而引致的死亡比率，均較多數高收入地區為低，以 2016 年為例，香港人口中約五成男性及三成半女性較其他高收入地區人口擁有較高的生存優勢。經

3　以美國為例，其人均國內生產總值高於香港，但預期壽命卻比香港低約 6 年。

4　這 18 個 OECD 國家包括澳洲、奧地利、比利時、加拿大、丹麥、芬蘭、法國、德國、意大利、日本、荷蘭、挪威、葡萄牙、西班牙、瑞典、瑞士、英國和美國。

5　香港是世界上最早禁止在室內工作場所和許多公共場所吸煙的司法管轄區之一。香港整體吸煙人士比率由 1982 年的 23.3% 持續下降至 2017 年的 10.0%，詳見表 4-15。

濟繁榮與低吸煙率的結合，有助香港同時減少在貧窮地區常見的疾病，以及遏抑在富裕地區常見的疾病。

2. 百歲人瑞

歷史時期有關香港居民壽命的記載，在現存史籍中甚稀少，清嘉慶《新安縣志》〈人物志・壽考、壽婦〉中提到清代時有數位高齡達百歲或近百歲的人瑞，包括得到乾隆帝頒賜「百齡修職」匾額的上水廖恆穀、元朗輞井的鄧爵相（據載達 99 歲），以及得到乾隆帝旌表建坊，賜「貞秀之門」匾額的上水監生廖定邦之妻李氏（據載達 101 歲）。

1901 年至 1931 年間的人口普查，只有 1931 年的一次有百歲人瑞的紀錄，該次錄得一位年齡介乎 101 歲至 105 歲的華人女性。另有少數高壽人士未知是否長命百歲，因為報告把他們歸類為 90 歲或 95 歲及以上人口，1911 年調查的年齡上限甚至降至 75 歲及以上（見表 4-10）。

表 4-10　1901 年至 1931 年若干年份按種族和性別劃分香港 95 歲及以上人口統計表

單位：人

年	華人		非華裔		年齡組別
	男性	女性	男性	女性	
1901	4	0	0	0	95 歲及以上
1906	21	14	1	0	95 歲及以上
1911	不詳	不詳	不詳	不詳	最年長的年齡組別為 75 歲及以上
1921	19	32	0	1	華人為 90 歲及以上，其他族裔為 95-100 歲以下
1931	2	9	0	0	96 歲及以上

資料來源：　歷年人口普查和中期人口統計。

政府統計處自 1981 年開始有百歲人瑞數目的統計。1981 年至 2016 年，年滿百歲的長者由 289 人增至 3645 人。這 35 年間，女性百歲人瑞的數目和增長速度都遠高於男性，男性從 87 人增至 534 人，升 5.1 倍；女性由 202 人增至 3111 人，升 14.4 倍（見表 4-11）。

表 4-11　1981 年至 2016 年若干年份按性別劃分香港百歲人瑞數目統計表

單位：人

年	男性	女性	合計	年	男性	女性	合計
1981	87	202	289	2001	125	572	697
1986	70	196	266	2006	358	1152	1510
1991	56	296	352	2011	519	1371	1890
1996	56	389	445	2016	534	3111	3645

資料來源：　政府統計處網站：2016 年中期人口統計。

圖 4-2　特區政府與相關團體於 2017 年 6 月在香港會議展覽中心舉辦首屆樂齡科技博覽暨高峰會，探討如何應用科技從多方面提升長者生活素質。（攝於 2017 年，香港特別行政區政府提供）

三、殘疾人口

1. 殘疾的定義

1900 年代至 1940 年代的港府報告未對殘疾人口作統計，也沒有定義何謂「殘疾」，甚至不用「殘疾」（disable）一辭，而是用「體弱」（infirmities）。如根據 1911 年的人口普查，「體弱」者可分為四類，即完全失明、完全失聰、完全喑啞和弱智（「弱智」為 feeble minded），沒有包括精神病患者。1931 年的人口普查則建議把這四類「體弱」者改為：明顯失明（distinguishing blind）、明顯失聰、明顯喑啞和精神錯亂（mentally deranged）。

政府統計處於 2000 年開始進行有關殘疾人士的調查，並採用世界衞生組織對「殘疾」的定義，即「從事某種活動的能力受到限制或有所缺乏，而這種活動對一般人來說，是可用正常方式或在正常能力範圍內做到的。」1976 年和 1981 年，港府曾透過人口普查搜集選定殘疾類別的資料，但因眾多原因而低估了殘疾人士的數量。[6] 2000 年、2007 年和 2013 年，政府統計處委派曾接受訓練的訪問員進行有關殘疾人士的專題調查。調查透過自我評估和醫學診斷兩方面來界定「殘疾人士」。自我評估方面，即認為自己在身體活動能力受限

6　政府統計處認為主要困難在於：一、受訪者認定的殘疾定義與政府所採用的定義不同；二、訪問員多為學生，缺乏處理複雜的殘疾概念的經驗；三、在簡單的外勤訪問設計中，較難分辨不同的殘疾類別；四、部分受訪者不願提供有關殘疾住戶成員的資料。

制、視覺有困難、聽覺有困難、言語能力有困難這四項中，統計時有至少一項情況，並已持續或預料會持續最少六個月。醫學診斷方面，即經認可的醫務人員診斷，在精神病或情緒病、自閉症、特殊學習困難、注意力不足或過度活躍症、智障這五項中，有至少一項情況。[7]

2. 總體和整體普遍率

1911 年的人口普查結果顯示，「體弱」的華裔人士共 377 人，男性佔 50.4%，女性佔 49.6%。當年的華人總人口為 444,664 人。1931 年的人口普查最終剔除「體弱」這問項，原因是難以取得準確數據。

據政府統計處專題調查，在 2007 年，估計有 361,300 名殘疾人士，普遍率（以佔整體人口的百分比計算）為 5.2%，到 2013 年，估計有 578,600 名殘疾人士，普遍率為 8.1%。這六年間，殘疾人士的數目上升 60.1%，普遍率增加 2.9 個百分點（見表 4-12）。政府統計處在計算殘疾人士的數目和普遍率時，沒有包括智障人士，因而出現低估智障人士數目的問題。

此外，港府於 1982 年建立康復服務中央檔案室，供有肢體傷殘、聽障、視障、言語障礙、精神病、自閉症、智障、器官殘障的人士登記，2008 年加入注意力不足或過度活躍症及特殊學習困難這幾項。截至 2013 年 6 月，約有 152,300 名人士在該檔案室登記。登記屬於自願性質，但也可作為此等殘疾類別人士數目的下限估計。

表 4-12　2000 年至 2013 年若干年份按殘疾類別劃分香港殘疾人士數目和普遍率統計表

殘疾類別	2000		2007		2013	
	人數（人）	普遍率	人數（人）	普遍率	人數（人）	普遍率
身體活動能力受限制	103,500	1.5	187,800	2.7	320,500	4.5
視覺有困難	73,900	1.1	122,600	1.8	174,800	2.4
聽覺有困難	69,700	1.0	92,200	1.3	155,200	2.2
言語能力有困難	18,500	0.3	28,400	0.4	49,300	0.7
精神病或情緒病	50,500	0.7	86,600	1.3	147,300	2.1
自閉症	3000	<0.05	3800	0.1	10,200	0.1
特殊學習困難	不適用	不適用	9900	0.1	17,700	0.2
注意力不足或過度活躍症	不適用	不適用	5500	0.1	12,800	0.2
總計	269,500	4.0	361,300	5.2	578,600	8.1

注：普遍率按每百人計算。不包括智障人士。2000 年的「精神病或情緒病」不包括情緒病。殘疾人士可有多於一項殘疾，因此，人數和普遍率總計可少於各項之和。
資料來源：　政府統計處：《香港統計月刊：2001 年 11 月》；《香港統計月刊：2015 年 1 月》。

7　2000 年調查的「殘疾」定義沒有包括情緒病、特殊學習困難，以及注意力不足或過度活躍症，因此當年的殘疾人士數目和普遍率不能與 2007 年和 2013 年結果進行直接比較。

3. 不同殘疾類別人口和普遍率

根據 1911 年的人口普查，「體弱」的華裔人士中，以完全失明者居多，佔 59.7%，完全失聰、完全喑啞和弱智人士各佔 24.9%、13.0% 和 2.4%（見表 4-13）。然而，這些數據可供參考的價值有限，因為數據限於此一年，而且沒有這些人士的人口社經背景。此外，直至 1920 年代，教會孤兒院仍繼續收容由內地運送來港的孤兒，當中不少為殘障人士。例如，自 1870 年代起，巴陵育嬰堂（Berlin Foundling House）專門收容一些盲、聾、啞或跛足的嬰孩。換言之，香港部分殘障人士尤其嬰孩為外來人口。

表 4-13　1911 年按類別和性別劃分香港「體弱」華裔人口統計表

單位：人

「體弱」類別	男性	女性	合計
完全失明	101	124	225
完全失聰	51	43	94
完全喑啞	30	19	49
弱智	8	1	9
總計	190	187	377

資料來源： 1911 年人口普查報告。

圖 4-3　德國傳教士於 1850 年在香港設立巴陵育嬰堂（Berlin Foundling House），原址設於灣仔，後於 1860 年遷到西營盤高街。（約 1895 年印刷，ZU_09 via Getty Images）

在現代香港，精神病患者屬殘疾人士，受《殘疾歧視條例》（*Disability Discrimination Ordinance*）保障。1900 年代至 1930 年代的精神病患者數目，可以入院人數作為參考。治療精神病患者的地方，自 1875 年起名為瘋人院（Lunatic Asylum），1928 年起改名為精神病院（Mental Hospital），隸屬於國家醫院。《香港藍皮書》、《立法局會議文件彙編》和《行政報告》均有列出 1900 年代至 1930 年代精神病患者的入院人數，儘管數字稍有出入，但整體而言，此時期的精神病患者數目有所上升，由《行政報告》所列 1900 年的 109 人增至 1939 年的 551 人。至於性別，男性患者遠多於女性，到 1932 年起，男女患者的比例才拉近至約六四比（見表 4-14）。

根據政府統計處的專題調查，不同殘疾類別的人數和普遍率在 2000 年和 2013 年間均有所增加。在這兩個年份，按受訪人士的自我評估，身體活動能力受限制者由 103,500 人增至 320,500 人，普遍率由 1.5% 升至 4.5%；視覺有困難者由 73,900 人增至 174,800 人，普遍率由 1.1% 升至 2.4%；聽覺有困難者由 69,700 人增至 155,200 人，普遍率由 1.0% 升至 2.2%；言語能力有困難者由 18,500 人增至 49,300 人，普遍率由 0.3% 升至 0.7%。按醫務人員的診斷結果，自閉症人士由 2000 年的 3000 人增至 2013 年的 10,200 人，普遍率由少於 0.05% 升至 0.1%。2007 年至 2013 年間，精神病或情緒病人士由 86,600 人增至 147,300 人，普遍率由 1.3% 升至 2.1%；特殊學習困難人士由 9900 人增至 17,700 人，普遍率由 0.1% 升至 0.2%；注意力不足或過度活躍症人士由 5500 人增至 12,800 人，普遍率由 0.1% 升至 0.2%（見表 4-12）。

四、吸煙人口

從 1982 年起，政府統計處對 15 歲及以上的吸煙人士進行統計，[8] 根據調查所得，1982 年至 2017 年，吸煙人口由 888,400 人輾轉下降至 615,000 人，在 15 歲及以上人口的佔比由 23.3% 跌至 10.0%（見表 4-15）。[9] 吸煙人口的下降或與政府收緊控煙法例有關，1982 年通過的《1982 年吸煙（公眾衞生）條例》（*Smoking (Public Health) Ordinance, 1982*），設立法定禁止吸煙區，並規管煙草產品的售賣和廣告，法定禁止吸煙區由公共升降機、陸上公共交通工具下層，陸續擴展至所有室內場所和部分室外公眾場所（如遊樂場、泳灘、禁煙地點）。2008 年通過的《2008 年定額罰款（吸煙罪行）條例草案》，授權多個部門的人員向違例者發出 1500 元的定額罰款通知書。

8 「吸煙人士」是指統計時有每日吸食香煙習慣的人士。2000 年及以前，煙草產品只包括捲煙，2002 年加入雪茄、手捲煙、水煙和煙斗，2015 年再加入電子煙。

9 在 2002 年，整體吸煙人口數目及佔 15 歲及以上人口的比例有所上升，這可能因為政府統計處在 2002 年將「吸煙」的定義由吸捲煙擴展至任何煙草產品。

表 4-14　1900 年至 1939 年按性別劃分香港精神病患者入院數目統計表

單位：人

年	《香港藍皮書》					《行政報告》				
	承上年		當年入院		總計	承上年		當年入院		總計
	男性	女性	男性	女性		男性	女性	男性	女性	
1900	10	5	70	24	109	15		94		109
1901	8	5	56	21	90	13		77		90
1902	8	3	88	21	120	11		109		120
1903	12	5	111	27	155	19		136		155
1904	18	4	109	35	166	22		144		166
1905	17		160		177	不詳	不詳	160		不詳
1906	22		162		184	不詳	不詳	162		不詳
1907	18		204		222	15	3	158	46	222
1908	不詳	不詳	不詳	不詳	不詳	16	5	139	52	212
1909	18		123		141	13	5	120	38	176
1910	26		169		195	19	7	129	40	195
1911	26		194		220	20	6	150	44	220
1912	不詳	不詳	172	71	不詳	24	6	148	65	243
1913	不詳	不詳	178	81	不詳	11	4	165	79	259
1914	不詳	不詳	115	54	不詳	11	7	115	54	187
1915	不詳	不詳	131	70	不詳	9	6	122	64	201
1916	不詳	不詳	165	52	不詳	11	9	165	52	237
1917	不詳	不詳	144	70	不詳	15	6	129	64	214
1918	不詳	不詳	142	75	不詳	7	5	135	70	217
1919	不詳	不詳	122	60	不詳	13	12	122	60	207
1920	不詳	不詳	146	78	不詳	8	6	138	72	224
1921	不詳	不詳	206	94	不詳	12	6	193	89	300
1922	不詳	不詳	153	82	不詳	14	8	136	77	235
1923	不詳	不詳	218	91	不詳	5	4	211	89	309
1924	不詳	不詳	249	98	不詳	15	4	243	105	367
1925	不詳	不詳	212	96	不詳	15	5	197	91	308
1926	不詳	不詳	196	94	不詳	12	6	196	94	308
1927	不詳	不詳	174	93	不詳	21	7	174	93	295
1928	不詳	不詳	154	96	不詳	25	23	154	96	298
1929	不詳	不詳	168	84	不詳	28	10	170	82	290
1930	不詳	不詳	199	94	不詳	20	11	199	94	324
1931	不詳	不詳	187	101	不詳	34		288		322
1932	不詳	不詳	172	105	不詳	30		277		307
1933	不詳	不詳	189	127	不詳	36		316		352
1934	不詳	不詳	198	109	不詳	37		307		344
1935	不詳	不詳	182	128	不詳	40		310		350
1936	不詳	不詳	220	156	不詳	43		376		419
1937	不詳	不詳	225	134	不詳	51		359		410
1938	不詳	不詳	233	191	不詳	56		424		480
1939	不詳	不詳	235	201	不詳	115		436		551

注：《行政報告》欄的 1900 年至 1907 年數字來自《立法局會議文件彙編》。

資料來源：　歷年 *Administrative Reports*；歷年 *Hong Kong Blue Book*；歷年 *Sessional Papers*。

表 4-15　1982 年至 2017 年若干年份香港整體吸煙人口統計表

年	人數（人）	佔 15 歲及以上人口比例（%）	年	人數（人）	佔 15 歲及以上人口比例（%）
1982	888,400	23.3	2000	692,500	12.4
1983	783,900	19.9	2002	818,200	14.4
1984	744,500	18.7	2005	793,200	14.0
1986	713,400	17.4	2007	676,900	11.8
1988	723,900	16.8	2010	657,000	11.1
1990	691,900	15.7	2012	645,000	10.7
1993	687,100	14.9	2015	641,300	10.5
1996	740,400	14.8	2017	615,000	10.0
1998	805,100	15.0			

注：只包括 15 歲及以上人口，不包括外籍家傭。
資料來源：政府統計處：《主題性住戶統計調查第四十八號報告書》；《主題性住戶統計調查第 64 號報告書》。

不同性別和年齡人士在吸煙習慣上呈現顯著的差異。按性別分析，男性較女性傾向有吸煙習慣。1982 年，39.7% 男性習慣每日吸煙，女性只有 5.6%。其後，男女性的吸煙比率均有所下降，2017 年各為 18.1% 和 2.7%。這 35 年間，兩性的差距有所收窄，但男性的吸煙比率仍高於女性。按年齡組別分析，年輕人的吸煙比率較中年人士和長者低。1982 年，40 歲至 49 歲、50 歲至 59 歲和 60 歲及以上組別的吸煙比率是 32.8%、35.4% 和 31.1%，15 歲至 19 歲和 20 歲至 29 歲組別的吸煙比率則為 4.2% 和 17.5%。其後，不同年齡組別的吸煙比率明顯下降，2017 年，15 歲至 19 歲人士只有 1.0%，20 歲至 29 歲和 60 歲及以上人士降至 10% 以下，30 歲至 39 歲、40 歲至 49 歲和 50 歲至 59 歲人士的吸煙比率仍然較高，但亦降至 11.2%、14.5% 和 11.5%（見表 4-16）。

表 4-16　1982 年至 2017 年若干年份按性別和年齡組別劃分香港吸煙比率統計表

單位：%

年	性別		年齡組別（歲）					
	男性	女性	15-19	20-29	30-39	40-49	50-59	≥60
1982	39.7	5.6	4.2	17.5	25.9	32.8	35.4	31.1
1983	34.4	4.8	3.4	14.1	21.5	26.9	31.2	27.8
1984	32.8	4.1	2.3	14.1	19.4	24.3	29.2	26.2
1986	30.6	3.8	4.0	13.2	18.4	22.1	25.5	22.8
1988	30.0	2.9	3.4	12.1	19.6	21.2	23.9	20.2
1990	28.5	2.6	4.6	12.8	16.3	20.8	21.2	17.7
1993	27.2	2.7	4.2	12.5	14.8	18.6	20.7	16.3
1996	26.7	3.1	3.8	12.5	15.2	16.8	20.9	16.1
1998	27.1	2.9	2.8	13.8	15.7	18.3	19.9	13.9
2000	22.0	3.5	4.5	12.1	12.1	14.1	14.8	12.9
2002	26.1	3.6	3.8	14.4	14.7	16.0	17.9	14.0
2005	24.5	4.0	3.5	14.3	16.6	14.9	15.4	13.2

（續上表）

年	性別		年齡組別（歲）					
	男性	女性	15-19	20-29	30-39	40-49	50-59	≥60
2007	20.5	3.6	2.4	12.2	15.3	13.2	13.2	9.2
2010	19.9	3.0	2.5	9.7	14.4	12.7	13.1	9.2
2012	19.1	3.1	2.0	7.7	14.3	13.4	13.0	8.6
2015	18.6	3.2	1.1	7.9	13.2	14.0	11.9	9.0
2017	18.1	2.7	1.0	6.7	11.2	14.5	11.5	8.7

資料來源：政府統計處：《主題性住戶統計調查第五號報告書》；《主題性住戶統計調查第二十六號報告書》；《主題性住戶統計調查第三十六號報告書》；《主題性住戶統計調查第四十八號報告書》；《主題性住戶統計調查第 53 號報告書》；《主題性住戶統計調查第 59 號報告書》；《主題性住戶統計調查第 64 號報告書》；《從綜合住戶統計調查搜集所得的社會資料：專題報告書第十五號》；*Social Data Collected by the General Household Survey: Special Topics Report No. V*；*Social Data Collected by the General Household Survey: Special Topics Report No. VII*。

第二節　文化素質

一、教育程度

1. 按教育程度劃分的人口數目

1841 年以前

宋、元時期，中原的動亂引發大規模的北人南遷，香港開始出現作育人才的學舍，以及應舉獲選的士子。香港首間學舍由錦田鄧符協興築。鄧符協原籍江西，北宋熙寧二年（1069）中進士，獲授廣東陽春縣令，離職後移居岑田（今錦田），於圭角山（今雞公嶺）下設立力瀛書院，亦於里中置書舍田，以收入資助四方來學之士。到了此時，嶺南人士參加科舉考試已有得中者，清嘉慶《新安縣志》〈選舉表 · 鄉科〉記載，粉嶺龍躍頭的鄧炎龍於南宋寶佑六年戊午科（1258）中舉，南宋景定二年辛酉科（1261）賦澧再舉，這反映香港人口中部分已具有較高的教育水平。

明代時，本地氏族繼續興建書舍，屏山鄧氏設立的若虛書室即其一，這些家族亦相繼建立宗祠，透過宗祠興辦教育，培養本族子弟，如元朗屏山的鄧氏宗祠、新田蕃田村的文氏太祖祠、上水河上鄉的侯氏宗祠、粉嶺的松嶺鄧公祠、大埔泰亨村的文氏宗祠等。此時期的香港雖無獲登甲科的人物，但有不少於鄉試中式，另有以薦辟或歲貢入士者，根據清嘉慶《新安縣志》〈選舉表〉，屏山鄧通叟於明洪武十五年（1382）應選科，授直隸寧國府正；錦田鄧廷貞於明成化七年辛卯科（1471）中式，任江西萬安縣教諭；五都馮體立於明嘉靖十年辛卯科（1531）中式，授南直隸海州學正；錦田鄧良仕於明萬曆三十八年（1610）由貢途入仕，授訓導。

清代科舉沿用分區定額的制度，新安縣的學額原為廩額 20 名、增額 20 名，歲科試各入學 8 名，武歲試入學 8 名。文，府學歷撥 1 至 2 名；武，府學歷撥 3 至 4 名。其後有多次增減。遷海復界後，另為客籍人士增設學額，歲試取進文學、武學各 2 名，科試取進文學 2 名。此時期民間興建學舍之風益盛，而集中在今新界地區，錦田鄧氏的周王二公書院和二帝書院、屏山鄧氏的覲廷書室、廈村鄧氏的友善書室、龍躍頭鄧氏的善述書室、上水廖氏的應鳳廖公家塾和應龍廖公家塾、沙頭角李氏的鏡蓉書屋等，都在清代時由當地氏族建立，以栽培族中子弟。當時九龍和香港島的人口以漁民、店戶和佃農居多，他們能享用的教育設施相對落後，如香港島上所設私塾只有數所。清代時香港學子於甲科和鄉試獲選者較前代多，總結清嘉慶《新安縣志》所載，錦田鄧文蔚於清康熙二十四年乙丑科（1685），獲中陸肯堂榜第三甲，授浙江衢州府龍游縣知縣。此外，鄉科中式者 5 名、恩貢者 4 名、歲貢者 4 名、武科中式者 4 名、武職者 1 名、廩例貢者 2 名、增附例貢者 6 名、例貢者 32 名、例職者 12 名、封贈者 2 名。考獲功名者，主要來自本地氏族，其中以鄧氏居多。

1841 年至 1960 年

英佔初年，香港島的學校情況發生明顯變化，除本地華人興辦的傳統學校外，歐美宗教團體或外籍自願者亦陸續創立學校，一般稱為「新式學校」。港府文獻對 1860 年代前的就學人數只有零散的記述。

傳統學校即當時用書館、書室、私塾或義學等名稱成立的教學機構，就讀者是華人，教授內容以傳統的儒家經典為主，帶有應考科舉的目的。學校規模不一，由開辦者自費經營。1842 年至 1859 年，維多利亞城及香港島鄉郊地區先後設有書館。1847 年，港督戴維斯（John Davis）委任一教育小組，調查島上學校情況，根據報告，當時島上有 8 間中文私塾，當中維多利亞城有 3 間學生共 67 人，香港仔 2 間共 27 人，赤柱 3 間共 29 人，合共學生 123 人。根據傳教士於 1851 年的信函中記述，當年香港島有 10 所書館，其中 4 所在赤柱，共數百名兒童入讀。1845 年，有官員建議港府資助香港島的書館，改稱「皇家書館」（government school），建議得到接納，首所皇家書館有男生 43 名。1848 年，獲港府資助的書館共 3 所，學童共 96 人。1851 年增至 5 所，學童共 111 人。1857 年增至 15 所，學童共 420 人。1859 年增至 19 所，學童共 843 人。

華人在維多利亞城開辦的書館有較詳細的紀錄。1845 年，城內開辦了 3 所書館，各招收 26 名、15 名和 20 名男生。其後，書館數量繼續增加，1846 年有書館 4 所，共 73 名男生。1847 年有 3 所，仍為 73 名男生。1848 年增至 6 所，共 128 名男生。1855 年，下市場區（今上環蘇杭街和文咸街一帶）有書館 5 所，共 98 名男生。1856 年，下市場區有書館 4 所，共 125 名男生；中區有書館 2 所，共 40 名男生；下環有書館 1 所，有 30 名男生。這些書館都是自費經營。除皇家書館外，部分華人開設的書館亦得到港府資助，1850 年港府資助 1 所位於太平山區的書館，有男生 18 名。1855 年，資助 2 所書館，共有男生

60 名。1856 年，再資助 2 所書館，共有男生 25 名。1857 年，港府頒布《皇家書館則例》（*Rules and Regulations for Government Schools*），列明華人子弟有進入皇家書館接受免費教育的權利。[10]

歐美的宗教團體陸續開設免費學校，學生人數不多，學校集中在維多利亞城內。第一所是馬禮遜學堂，1843 年 4 月第一次招生，1849 年因經費不足結束，每年約有 22 名至 23 名學生，最高峰是 1845 年的 30 名。1842 年 3 月，上環宏藝書館開辦，1844 年有 12 名男生。1844 年 3 月，浸信會學堂開辦，除英軍子女外，也招收華人子女，曾有學生 50 名，辦學時間只維持 9 個月。1844 年 1 月，英華書院成立，1845 年有 23 名男生，從 1846 年開始招收女生，1855 年有學生 99 名，女生人數每年均少於 10 名，1856 年因經費不足停辦。1845 年，維多利亞城內開辦首所英童學校，招收男生 23 名和女生 17 名，1850 年，人數減至男生 12 名和女生 3 名。1849 年，中環聖保羅書院開辦，有 34 名男生，1851 年搬至新校舍，該年招收 30 名男生。1855 年，上環香港學堂開辦，招收多個國籍學生，首年有男生 34 名和女生 11 名，1856 年改名聖安德魯學堂，有男生 49 名和女生 12 名，其中英籍男生和女生各 3 名。1856 年，赤柱開辦免費華人學校，首年有男生 15 名和女生 12 名。

除上述學校外，天主教會於 1844 年之前設立神學院，初辦時有男生 17 名。1845 年設一所教授外籍男生的學院，有男生 7 名。1850 年改為以培養華人神職學員為目的，招收男生 14 名，1855 年增至 25 名。1852 年，於掃桿埔建立神學院，有男學員 13 名，1856 年增至 25 名。此外，1849 年為華人信徒的子弟開辦一所免費學校，有男生 17 名。1850 年起，在太平山區聘請華人教師，每年招收男童十多名。1856 年，建立一所孤兒院，接收 50 名兒童，教導他們讀、寫英文和中文。

此時期也有不少葡語學校開辦，如 1849 年於荷李活道開辦的，有男生 20 名。1850 年，於史丹利街開辦的，有男生 8 名。1851 年，這兩所學校合併，分為男校和女校，有 50 名男生和 12 名女生，1853 年，男女校合併，學生減至 11 名男生和 10 名女生。1855 年，於威靈頓街開辦的免費葡籍學童學校，有 20 名男生和 8 名女生。

1860 年代至 1890 年代，港府的教育政策略轉積極，較重要者為於 1860 年成立教育諮詢委員會（Board of Education），推行教育革新計劃（俗稱理雅各計劃，Legge's Scheme）。1862 年合併四所官立學校為中央書院（即後來的皇仁書院）。1873 年制定《1873 年補助則例》（*Grant Code, 1873*），推行補助計劃（Grant-in-Aid Scheme），資助

10 在這時期，港府資助華人學校帶有特殊的考慮。港督戴維斯在 1847 年 3 月 13 日的一份信件中指出，希望以這些學校作為傳教士傳教的平台，使香港島居民信奉基督教。同時，這時期教學的語言是中、英文兼備，讓學生日後可以擔任收入較高的傳譯員職位。接受西式教育的華人學生，畢業後的出路主要有三條：一是擔任港府的職員和傳譯員，二是在香港或中國其他通商口岸擔任買辦，三是回到中國內地為清朝政府工作。

志願團體開辦的學校。1890 年創辦中央女子書院（即後來的庇理羅士女子中學）。此時期的官立和民辦學校均有所增加，民辦學校以教會學校為主，官立、免費和補助學校由 1860 年的 35 所增至 1899 年的 102 所。1860 年至 1899 年，官立、免費和補助學校的就讀學生人數由 1397 人增至 9104 人（升 551.7%），其中，男生人數由 1191 人增至 5846 人（升 390.8%），女生人數由 206 人增至 3258 人（升 1,481.6%）（見表 4-17）。根據港府的分析，成功實施補助計劃是女性教育程度逐漸提升的關鍵。

此時仍在清朝政府管治下的今新界地區，各地氏族早已建立眾多傳統學舍和家塾。在九龍，1847 年九龍寨城建成時，同時在當地建立龍津義學。根據傳教士在 1851 年的記述，其時九龍有五所書館，今新界地區連離島則有八所，各書館的學生人數不詳。另根據學者對今新界家塾的研究，十九世紀期間，當地村民對入學「讀詩書」相當重視，加上學費低廉，[11] 就讀學塾的人數相當多。然而，基於傳統重男輕女的思想，一般入塾學習的都是男孩，按家塾資料和鄉中父老記憶，當時今新界地區約 65% 的男子可入讀學塾，時間由數月至數年不等，按實地調查，在十九世紀末的上水，村中 7 歲至 14 歲的男童，約 75% 在學。

1900 年代至 1930 年代的教育統計數據，只有按性別和學校類別（官立或補助；小學、中學或大學）劃分的學生人數。從學生人數可窺見當時香港人的教育程度。整體而言，接受教育的人數不斷上升。1900 年至 1911 年，就讀官立或補助學校的學生人數先降後回升，由 1900 年的 7481 人減至 1902 年的 5862 人後，再回升至 1911 年的 7844 人。這 11 年間，男生的增加速度大幅高於女生，從低位的 1902 年起計，男生人數由 3142 人增至 4792 人，升 52.5%，在學生總數的佔比由 53.6% 升至 61.1%；女生人數僅由 2720 人增至 3052 人，升 12.2%，佔比由 46.4% 降至 38.9%（見表 4-18）。

自 1912 年起，港府改以小學、中學和大學劃分學生人數。1912 年至 1921 年，小學學生人數由 12,742 人增至 28,951 人，男生的佔比由 76.5% 升至 81.0%，女生則由 23.5% 降至 19.0%。1922 年，學生人數驟跌至 478 人，這是因為從該年起，小學只計算官立學校學生人數，1939 年，官立小學共有 2124 名學生。性別方面，由 1920 年代至 1930 年代中，官立小學的男生佔比呈下降趨勢，由 1922 年的 92.7% 降至 1936 年的 77.6%，但在社會動盪的 1930 年代後期，男生的佔比升至約 92%（見表 4-19）。

中學的學生人數亦輾轉增加，由 1912 年的 5219 人增至 1939 年的 12,936 人，年增長率多在 10% 以下，其間亦有 5 年出現負增長，最高是 1926 年的 -10.9%。這 27 年間，女生的增加速度高於男生，男生人數由 3544 人增至 7000 人，升 97.5%，在學生總數的佔比由 67.9% 降至 54.1%；女生人數則由 1675 人增至 5936 人，升 254.4%，佔比由 32.1% 升至 45.9%。

11　清末時期，家塾一年的學費約 100 銅錢，家貧者可獲酌免。

表 4-17　1860 年至 1899 年按性別劃分香港島和九龍官立、免費和補助學校就讀人數及就學比率統計表

年	男性		女性		合計		0-15 歲兒童人數（人）		
	人數（人）	就學比率	人數（人）	就學比率	人數（人）	就學比率	男性	女性	總計
1860	1191	18.4	206	4.3	1397	12.4	10,093	7513	17,606
1861	1017	13.4	251	4.6	1268	9.7	11,842	8563	20,405
1862	1088	不詳	244	不詳	1332	不詳	不詳	不詳	不詳
1863	954	11.3	276	4.5	1230	8.5	13,152	9516	22,668
1864	776	8.9	385	5.7	1161	7.5	13,673	10,469	24,142
1865	986	12.1	357	5.8	1343	9.4	12,764	9537	22,301
1866	953	13.7	378	7.0	1331	10.7	10,886	8463	19,349
1867	1034	14.5	401	6.5	1435	10.8	11,169	9652	20,821
1868	1181	不詳	562	不詳	1743	不詳	不詳	不詳	不詳
1869	1175	16.1	510	8.0	1685	12.3	11,382	9973	21,355
1870	1542	不詳	461	不詳	2003	不詳	不詳	不詳	不詳
1871	1605	22.3	442	6.8	2047	14.9	11,271	10,190	21,461
1872	1758	25.3	440	7.0	2198	16.6	10,874	9790	20,664
1873	2141	不詳	515	不詳	2656	不詳	不詳	不詳	不詳
1874	2309	不詳	689	不詳	2998	不詳	不詳	不詳	不詳
1875	2398	不詳	713	不詳	3111	不詳	不詳	不詳	不詳
1876	2637	30.1	777	9.7	3414	20.3	13,695	12,552	26,247
1877	2744	不詳	1163	不詳	3907	不詳	不詳	不詳	不詳
1878	2980	不詳	1157	不詳	4137	不詳	不詳	不詳	不詳
1879	2834	不詳	1100	不詳	3934	不詳	不詳	不詳	不詳
1880	3096	不詳	1352	不詳	4448	不詳	不詳	不詳	不詳
1881	3254	29.5	1466	14.4	4720	22.2	17,257	15,912	33,169
1882	4009	不詳	1311	不詳	5320	不詳	不詳	不詳	不詳
1883	4136	不詳	1538	不詳	5674	不詳	不詳	不詳	不詳
1884	4238	不詳	1647	不詳	5885	不詳	不詳	不詳	不詳
1885	4198	不詳	1679	不詳	5877	不詳	不詳	不詳	不詳
1886	4128	不詳	1682	不詳	5810	不詳	不詳	不詳	不詳
1887	4229	不詳	1804	不詳	6033	不詳	不詳	不詳	不詳
1888	4310	不詳	1916	不詳	6226	不詳	不詳	不詳	不詳
1889	5086	不詳	2116	不詳	7202	不詳	不詳	不詳	不詳
1890	4846	不詳	2324	不詳	7170	不詳	不詳	不詳	不詳
1891	4881	33.4	2791	20.1	7672	26.9	22,852	21,702	44,554
1892	5290	不詳	2987	不詳	8277	不詳	不詳	不詳	不詳
1893	5344	不詳	3262	不詳	8606	不詳	不詳	不詳	不詳
1894	5179	不詳	3115	不詳	8294	不詳	不詳	不詳	不詳
1895	3819	不詳	2973	不詳	6792	不詳	不詳	不詳	不詳
1896	3608	不詳	2705	不詳	6313	不詳	不詳	不詳	不詳
1897	3752	27.2	3035	20.9	6787	23.9	21,564	22,728	44,292
1898	4219	不詳	3091	不詳	7310	不詳	不詳	不詳	不詳
1899	5846	不詳	3258	不詳	9104	不詳	不詳	不詳	不詳

注：就學比率按每百人計算。學生年齡為 6-15 歲。1870 年至 1876 年，0-5 歲兒童約佔 0-15 歲兒童的 36%，本表按此比例估算 1860 年至 1891 年的 6-15 歲兒童人數。1897 年的兒童年齡為 0-14 歲。1860 年只包括香港島人口。1860 年至 1872 年包括官立和免費學校學生，1873 年起加上補助學校學生。

資料來源：　歷年 *Hong Kong Blue Book*；1892 年 *Sessional Papers*。

表 4-18 1900 年至 1911 年按學校類別和性別劃分香港學生人數統計表

單位：人

年	官立學校		補助學校		總計
	男性	女性	男性	女性	
1900	827	599	3562	2493	7481
1901	767	584	2869	2377	6597
1902	631	418	2511	2302	5862
1903	783	431	3073	2332	6619
1904	661	530	3010	2380	6581
1905	679	550	2558	2210	5997
1906	971	557	2485	2304	6317
1907	1160	762	2728	2287	6937
1908	1201	557	2952	2411	7121
1909	1295	582	3022	2249	7148
1910	1947	591	3018	2318	7874
1911	2009	545	2783	2507	7844

資料來源： 歷年 *Hong Kong Blue Book*。

表 4-19 1912 年至 1939 年按學校類別和性別劃分香港學生人數統計表

單位：人

年	小學		中學		大學		總計		
	男性	女性	男性	女性	男性	女性	男性	女性	合計
1912	9742	3000	3544	1675	76	0	13,362	4675	18,037
1913	8878	5914	3457	1719	111	0	12,446	7633	20,079
1914	11,200	3622	3563	1831	149	0	14,912	5453	20,365
1915	11,425	3599	3115	1950	172	0	14,712	5549	20,261
1916	12,201	3936	3152	2093	189	0	15,542	6029	21,571
1917	13,763	4493	3801	1718	186	0	17,750	6211	23,961
1918	15,248	4525	3361	2343	230	0	18,839	6868	25,707
1919	15,511	4818	3477	2594	225	0	19,213	7412	26,625
1920	18,166	4610	4175	2636	253	0	22,594	7246	29,840
1921	23,448	5503	3885	2939	220	0	27,553	8442	35,995
1922	443	35	4575	3094	250	5	5268	3134	8402
1923	649	33	5077	3307	255	10	5981	3350	9331
1924	635	127	5201	3437	282	15	6118	3579	9697
1925	565	125	5070	3507	301	16	5936	3648	9584
1926	640	230	4350	3295	269	21	5259	3546	8805
1927	678	262	4638	3265	268	27	5584	3554	9138
1928	726	282	4997	3322	270	40	5993	3644	9637
1929	745	286	5636	3275	270	40	6651	3601	10,252
1930	841	293	5730	3501	282	32	6853	3826	10,679
1931	854	307	5667	3711	296	40	6817	4058	10,875
1932	788	294	6267	4006	315	31	7370	4331	11,701
1933	902	299	6603	4006	301	32	7806	4337	12,143
1934	935	302	6518	3931	367	46	7820	4279	12,099

（續上表）

年	小學		中學		大學		總計		
	男性	女性	男性	女性	男性	女性	男性	女性	合計
1935	1013	308	6789	3769	345	58	8147	4135	12,282
1936	1019	294	6618	4404	336	76	7973	4774	12,747
1937	1815	154	6081	5021	352	89	8248	5264	13,512
1938	1993	162	6459	5662	404	112	8856	5936	14,792
1939	1955	169	7000	5936	408	107	9363	6212	15,575

注：包括官立、補助和私立學校。自 1922 年起小學只計算官立學校學生。
資料來源： 歷年 *Hong Kong Blue Book*。

至於大學，太平洋戰爭前香港唯一的高等學府是 1912 年開辦的香港大學，當年招收 76 名學生，1939 年，大學生人數增至 515 人。自 1920 年代初香港大學開放女禁，女生人數由 1922 年的 5 人增至 1939 年的 107 人，在學生總數的佔比亦由 2.0% 升至 20.8%，增幅雖大，但大學生的性別比例仍極不平衡。

另按 1939 年的教育司署年報，當年學生總數達 118,193 人，比 1938 年增加了 14,059 人。其中就讀官立學校及受港府資助學校的小學生人數為 34,233 人，男生 22,650 人，佔比 66.2%，女生 11,583 人，佔比 33.8%。中學生人學為 3560 人，男生 1862 人，佔比 52.3%，女生 1698 人，佔比 47.7%。就讀非政府資助學校的學生總數為 79,061 人，男生 55,198 人，佔比 69.8%，女生 23,863 人，佔比 30.2%。

日佔時期，日佔政府沒有公布香港居民的教育程度資料，由於「歸鄉」政策導致大量人口外移，亦難應用太平洋戰爭前數據推估留港者的學歷水平。然而，各級學校和學生數目的統計顯示，香港教育幾乎陷於停頓，大部分適齡受教育的青少年和兒童失學超過三年，少數人士則接受了短期的日語或專科訓練。在專上教育方面，香港大學和羅富國師範學院一直停辦。日佔政府於 1943 年 4 月成立「東亞學院」，目的是為政府機關和商業機構培養職員，學院提供 170 個學額，該年 5 月開課，翌年 3 月舉行首屆畢業禮，有 102 名畢業生獲聘。1945 年 3 月舉行第二屆畢業禮，畢業生只有 20 餘名。

在專科教育方面，日佔政府開設不少專科學校，提供短期課程以紓緩人才短缺問題。例如因依賴海運輸送物資和遣返人口，於 1943 年 3 月成立「海員養成所」，計劃每月招收 60 名學員，接受為期 3 個月的訓練，1944 年 5 月時有學員 305 名。另因推動日語教育，於 1942 年創辦「日本語教員養成講習所」。因鼓勵農業發展，於 1943 年 10 月設立「農事傳習所」，培養辦理農事的職員。在中小學教育方面，大部分學校停止運作。根據港府 1946 年的年報，1941 年，全港學生人數為 112,768 人。1942 年 8 月，只有 31 所學校重開，學生約 3000 名。雖然 1943 年教育進一步恢復，小學和中學各有 27 所和 15 所，學生共 16,346 名，可是學生人數仍僅約太平洋戰爭前的一成半，而且接近九成是小學學生。其後，由於推行「歸鄉」政策和學費上升，學生人數又下跌，1944 年時只有 4300 人。1945 年再度減至約 3000 人。從 1943 年的統計數字可見，復課者以小學居多，佔 64.3%，在學學生以男生比例較高，小學和中學各佔 65.9% 和 64.4%（見表 4-20）。

表 4-20 1941 年至 1945 年香港中小學生人數統計表

單位：人

年	小學			中學			總計
	男性	女性	合計	男性	女性	合計	
1941	不詳	不詳	75,413	不詳	不詳	37,355	112,768
1942	不詳	不詳	不詳	不詳	不詳	不詳	約 3000
1943	9657	4989	14,646	1095	605	1700	16,346
1944	不詳	不詳	不詳	不詳	不詳	不詳	4300
1945	不詳	不詳	不詳	不詳	不詳	不詳	約 3000

資料來源：*Hong Kong Annual Report 1946*；東洋經濟新報社編：《軍政下の香港》；周家建、張順光：《坐困愁城》；鄺智文：《重光之路》。

二戰後，隨着人口增加和經濟發展，社會對教育的需求自然上升。1950 年，港府邀請英國專家來港考察教育，翌年發表《菲莎報告》（*The Fisher Report*），報告建議政府大力發展小學教育，並鼓勵民間辦學。港府於 1954 年 10 月推行「小學擴展的七年計劃」，目標是七年內共提供 21.5 萬個小學學生名額，1961 年 9 月計劃結束時，增加的名額共 31.3 萬個。民間辦學團體的教育工作亦隨着社會的需要走向多元化，包括提供職業訓練和社區教育服務。

根據教育司署的紀錄，1947 年至 1960 年，學生總數由 97,720 人增至 515,485 人，除 1953 年外，年增長率都超過 10%，最高是 1950 年的 36.1%，其次是 1960 年的 18.3%。此時期，各級程度的學生人數都大幅增加，小學學生人數由 1947 年的 80,998 人增至 1960 年的 393,571 人；中學學生人數由 1950 年的 26,498 人增至 1960 年的 74,113 人；專上學生人數由 1956 年的 5687 人增至 1960 年的 11,987 人；成人教育的學生人數由 1956 年的 3912 人增至 1960 年的 13,089 人（見表 4-21）。

此時期的專上學生主要是在師範學校和職業學校就讀者。1946 年鄉村師範專科學校開辦，1951 年葛量洪師範專科學校開辦，同年香港大學設立教育系，加上已於 1945 年復課的羅富國師範專科學院，每年經培訓的新增中小學教師人數有所增加。以師範學校為例，總學生人數由 1952 年的 212 人增至 1960 年的 1958 人。太平洋戰爭前已有的工業及職業學校陸續復課，1937 年創立的香港官立高級工業學院在 1947 年改名香港工業專門學院（香港理工大學的前身）（見圖 4-5），之後擴展迅速，1955 年的學生總數約 4600 人。此外，二戰後來港的內地移民陸續開辦大專院校，包括達德學院、香江書院、光夏書院、文化書院、新亞書院和崇基學院等。達德學院於 1946 年 10 月開校時，約有 180 名學生，1949 年 2 月被港府關閉，其間會聚了千家駒、翦伯贊、胡繩、喬冠華、郭沫若、茅盾等約百名

表 4-21　1947 年至 1960 年若干年份按教育機構和性別劃分香港學生人數統計表

單位：人

年	幼稚園		小學		中學		專上		成人教育		總計	
	男性	女性	男性	女性	男性	女性	男性	女性	男性	女性	男性	女性
1947	不詳	不詳	45,067	35,931	10,289（男）；6433（女）						55,356	42,364
1948	不詳	不詳	92,451		17,584						110,035	
1950	不詳	不詳	72,311	48,245	17,255	9243	2112（男）；571（女）				149,737	
1951	不詳	不詳	136,684		19,131	10,424	6344（男）；1821（女）				174,404	
1952	不詳	不詳	156,668		25,185	14,189	3942（男）；1088（女）				201,072	
1953	不詳	不詳	161,631		26,355	15,622	5216（男）；2217（女）				211,041	
1954	不詳	不詳	182,653		29,310	17,200	5522（男）；1336（女）				236,021	
1955	10,546	7821	184,389		31,212	18,741	6035（男）；3057（女）				261,801	
1956	10,917	7976	214,073		34,106	20,251	4312	1375	3912		296,922	
1957	10,766	8302	246,403		33,880	21,261	6102	1334	4983		333,031	
1958	10,471	8088	154,148	120,208	37,807	23,518	7733	1901	6663		370,537	
1959	11,164	8383	184,011	144,313	42,313	26,472	8122	2252	3264	5480	248,874	186,900
1960	12,834	9891	218,999	174,572	45,052	29,061	9020	2967	6620	6469	292,525	222,960

注：學生人數為每年 3 月 31 日數字。包括夜校及特別下午班學生，不包括特殊學校、學術講座及大學學生。中學含預科。專上教育含非學位課程。1948 年的小學及其他學校學生分別含 572 名和 433 名夜校及成人教育學生。

資料來源：*Annual Report of the Education Department for the Year 1st May, 1946 to 31st March 1947*；*Annual Report of the Director of Education for the Year 1947/8*；Census and Statistics Department, *Hong Kong Statistics 1947-1967*。

圖 4-4　香港自 1950 年代，人口急速增長，教育資源嚴重不足。部分學校於大廈天台辦學，俗稱「天台學校」。（攝於 1966 年，香港特別行政區政府提供）

學者，共培養約千名學生。新亞書院（原名亞洲文商學院）於 1949 年開校時，有 42 名學生，1955 年增至 135 人，當中隻身到港的中國學生有 73 人。崇基學院於 1951 年開校時，有 63 名學生，1957 年增至 460 人。直至 1963 年香港中文大學成立前，香港大學是唯一一所大學，1946 年復課時，只有 52 名一年級新生（男生 34 人，女生 18 人），1948 年全面恢復運作，學生由 1948/49 學年的 516 人增至 1959/60 學年的 1243 人（見表 4-22）。

二戰結束後，港府和民間組織開辦不同的教育機構，向成人提供教育機會，包括官立文商專科學校（1975 年改名官立中文夜學院）、香港工業專門學院夜間部（1955 年中有 4275 人就讀）、旺角工人夜校等。

表 4-22　1948/49 學年至 1959/60 學年香港大學學生人數統計表

單位：人

學年	學生人數	學年	學生人數	學年	學生人數
1948/49	516	1952/53	982	1956/57	860
1949/50	638	1953/54	938	1957/58	1035
1950/51	715	1954/55	863	1958/59	1126
1951/52	858	1955/56	882	1959/60	1243

資料來源： *Hong Kong Annual Report 1949*；Census and Statistics Department, *Hong Kong Statistics 1947-1967*。

圖 4-5　因應本地對工業人才的需求，香港官立高級工業學院於 1947 年改名為香港工業專門學院，即香港理工大學的前身。（香港理工大學提供）

1961 年至 2016 年

香港人口的教育程度隨普及教育的實施而提升。根據人口普查所得，1961 年時，15 歲及以上人口有 28.5% 未受教育（含幼稚園），45.4% 曾就讀小學，只有 3.7% 曾接受專上教育（非學位 1.3%，學位 2.4%）。1971 年，港府推行 6 年免費教育，同年 9 月 3 日通過《1971 年教育條例》（*Education Ordinance, 1971*），授權教育司署署長向沒有合理辯解而未送子女入學的家長發出「入學令」（attendance order），未受教育的人口比例隨之下降，由 1971 年的 22.7% 降至 2016 年 5.4%。1978 年，免費教育擴展至 9 年，令曾接受初中及以上教育的人口比例大幅增加，由 1981 年的 49.7% 升至 2016 年的 80.0%。2008 年，免費教育延長至 12 年，曾接受高中及以上教育的人口比例，亦由 2006 年的 55.6% 增至 2016 年的 62.9%（見表 4-23）。

除了提供免費教育，港府同時擴展非學位專上教育。1970 年代，香港浸會、嶺南及樹仁等書院註冊為認可專上學院，香港工業專門學院則升格為香港理工學院。1980 年代，成立香港城市理工學院及香港公開進修學院。接受非學位專上教育的人口比例，由 1971 年的 1.8% 增至 1991 年的 5.4%。在 1990 年代，數間頒授非學位學歷的專上學院升格為大學，接受非學位專上教育的人口比例稍為回落，2001 年為 3.7%。2000 年，政府推出副學位政策，多間自資專上院校相繼成立，大學亦開辦副學士課程，令接受非學位專上教育的人口比例再度上升，2016 年達 10.5%。

表 4-23　1961 年至 2016 年若干年份按最高就讀教育程度劃分香港 15 歲及以上人口統計表

年	未受教育		小學		初中	
	人數（人）	百分比	人數（人）	百分比	人數（人）	百分比
1961	527,078	28.5	840,747	45.4	243,002	13.1
1966	560,450	25.2	1,005,980	45.3	273,440	12.3
1971	574,793	22.7	1,114,464	44.1	338,104	13.4
1976	608,140	20.2	1,195,160	39.7	469,760	15.6
1981	604,623	16.1	1,283,393	34.2	679,531	18.1
1986	585,891	14.1	1,212,914	29.2	755,293	18.2
1991	557,297	12.8	1,100,599	25.2	837,730	19.2
1996	480,852	9.5	1,146,882	22.6	958,245	18.9
2001	469,939	8.4	1,148,273	20.5	1,060,489	18.9
2006	423,310	7.1	1,084,112	18.3	1,124,583	19.0
2011	391,731	6.3	1,028,248	16.5	1,119,633	17.9
2016	352,848	5.4	947,072	14.6	1,114,161	17.1

注：「未受教育」含幼稚園。「小學」含私塾。「高中」含預科。「工業學院／理工學院證書／文憑課程」在 1991 年及以前屬於「專上：非學位」類別，從 1996 年起，該組別被「技術員程度（其他專上教育以外的進修課程）」取代，屬於「高中」類別。

資料來源：　歷年人口普查和中期人口統計；Census and Statistics Department, *Hong Kong Annual Digest of Statistics: 1992 Edition*；*Hong Kong Statistics 1947-1967*。

至於學位專上教育，自 1960 年代至 1980 年代，本地只有香港大學和香港中文大學兩所大學，故此，曾接受學位專上教育的人口比例一直在 3.5% 以下。其後，可頒授學位的高等教育院校大幅增加。1980 年代，香港理工、香港浸會、香港城市理工、香港公開進修等學院陸續獲准頒授學位。1990 年代，香港科技大學和香港教育學院先後成立，香港理工、香港浸會、香港城市理工和嶺南等學院升格為大學。2000 年代，樹仁學院升格為大學。在學位學額大量增加的情況下，曾接受學位專上教育的人口比例持續攀升，由 1981 年的 3.4%，升至 1996 年的 10.4% 和 2016 年的 22.2%。

在這 55 年間，男性的教育程度一直高於女性，但差距不斷縮小。1961 年，83.0% 女性的最高就讀教育程度是小學及以下（未受教育 48.2%，小學 34.8%），具中學程度者只有 15.0%，男性的相應比例是 65.0%（未受教育 9.4%，小學 55.6%）和 29.7%。隨着免費教育的推展，兩性的教育水平差距明顯收窄，2016 年時，女性中，只有小學及以下程度者的比例降至 22.7%（未受教育 7.2%，小學 15.5%），具中學程度者升至 46.5%，男性的相應比例是 16.7%（未受教育 3.2%，小學 13.5%）和 48.2%。在專上教育程度方面，1960 年代和 1970 年代，男性接受專上教育的比例是女性的兩倍，1961 年各為 5.3% 和 2.0%。從 1980 年代起，專上教育學額大量增加，差距隨之收窄，2016 年時，男性具專上教育程度的比例是 35.1%，女性亦達 30.8%（見表 4-24）。

高中		專上：非學位		專上：學位		總人數（人）
人數（人）	百分比	人數（人）	百分比	人數（人）	百分比	
173,409	9.4	24,339	1.3	44,038	2.4	1,852,613
279,760	12.6	39,300	1.8	61,980	2.8	2,220,910
389,705	15.4	46,045	1.8	65,615	2.6	2,528,726
590,710	19.6	46,720	1.6	97,130	3.2	3,007,620
931,959	24.9	123,753	3.3	125,794	3.4	3,749,053
1,218,415	29.4	196,392	4.7	180,145	4.3	4,149,050
1,383,848	31.7	234,912	5.4	255,979	5.9	4,370,365
1,712,019	33.8	243,004	4.8	525,516	10.4	5,066,518
2,001,771	35.8	209,878	3.7	708,622	12.7	5,598,972
1,931,193	32.6	446,889	7.5	914,584	15.4	5,924,671
2,005,373	32.1	581,248	9.3	1,121,783	18.0	6,248,016
1,961,942	30.2	684,390	10.5	1,445,717	22.2	6,506,130

表 4-24 1961 年至 2016 年若干年份按性別劃分香港 15 歲及以上人口的最高就讀教育程度統計表

單位：%

年	男性				女性			
	小學及以下	中學	專上	總人數（人）	小學及以下	中學	專上	總人數（人）
1961	65.0	29.7	5.3	943,764	83.0	15.0	2.0	908,849
1966	62.7	31.1	6.2	1,110,900	78.4	18.7	2.9	1,110,010
1971	59.5	34.5	6.0	1,280,482	74.3	22.9	2.8	1,248,244
1976	52.4	41.1	6.5	1,530,510	67.8	29.2	3.0	1,477,110
1981	44.3	47.5	8.1	1,961,803	57.0	38.0	5.1	1,787,250
1986	37.8	51.6	10.6	2,122,826	49.2	43.4	7.5	2,026,224
1991	33.2	53.9	13.0	2,212,947	42.8	47.7	9.4	2,157,418
1996	27.8	55.2	17.1	2,511,854	36.4	50.3	13.3	2,554,664
2001	25.0	57.2	17.8	2,710,987	32.6	52.3	15.1	2,887,985
2006	21.6	53.6	24.8	2,788,405	28.9	49.8	21.4	3,136,266
2011	19.2	51.4	29.4	2,876,767	25.7	48.8	25.5	3,371,249
2016	16.7	48.2	35.1	2,947,073	22.7	46.5	30.8	3,559,057

注：「小學及以下」含私塾。「中學」含預科。「工業學院／理工學院證書／文憑課程」在 1991 年及以前屬於「專上：非學位」類別，從 1996 年起，該組別被「技術員程度（其他專上教育以外的進修課程）」取代，屬於「中學」類別。

資料來源： 歷年人口普查和中期人口統計；Census and Statistics Department, *Hong Kong Annual Digest of Statistics: 1992 Edition*；*Hong Kong Statistics 1947-1967*。

不同年齡人士的教育程度亦呈現顯著變化。以現代社會的標準，青少年（15 歲至 24 歲）應完成小學教育並升讀中學或專上院校。1961 年，10.2% 的青少年未受教育。1981 年的青少年大多接受過小學免費教育，未受教育者的比例跌至 1.6%。1991 年的青少年除已接受 9 年免費教育外，亦受惠於專上教育的擴展，只有小學及以下學歷者由 1981 年的 23.2% 降至 1991 年的 4.0%，具專上學歷者則由 5.5% 升至 13.7%。2016 年的青少年中，這兩組學歷的佔比為 0.3% 和 50.5%（見表 4-25）。

青年人士（25 歲至 34 歲）一般而言應完成學業並投入社會工作。1961 年，高達 73.9% 的青年只具小學及以下學歷，僅 3.5% 具專上學歷。1990 年代的青年人士大多接受過 9 年免費教育，在 1996 年，具小學及以下學歷者降至 9.0%，具中學和專上學歷者各升至 66.4% 和 24.7%。隨着大專教育的擴張，2016 年的青年人士中，具專上學歷者升至 57.5%，具中學學歷者則減至 40.7%。

壯年人士（35 歲至 44 歲）的教育程度變化與青年人士相若。1961 年，76.4% 只具小學及以下學歷，僅 4.1% 具專上學歷。2006 年的壯年人士多已接受免費教育，只具小學及以下學歷者降至 10.7%，具中學和專上學歷者各升至 62.0% 和 27.3%。2016 年的壯年人士受惠於 1980 年代大專教育擴展，具專上學歷者的比例升至 42.0%，具中學學歷者減至 53.3%，具小學及以下學歷者不足 5%。

表 4-25　1961 年至 2016 年若干年份按年齡組別劃分香港 15 歲及以上人口的最高就讀教育程度統計表

單位：%

年	15-24 歲				25-34 歲			
	小學及以下	中學	專上	總人數（人）	小學及以下	中學	專上	總人數（人）
1961	56.6	39.7	3.7	367,838	73.9	22.6	3.5	517,117
1966	48.9	47.3	3.8	571,770	67.8	25.8	6.4	439,970
1971	44.3	51.5	4.2	764,197	58.5	34.1	7.4	406,349
1976	36.8	59.6	3.6	949,330	48.2	43.6	8.2	558,500
1981	23.2	71.2	5.5	1,147,757	41.0	49.6	9.4	882,195
1986	10.3	84.0	5.8	1,012,859	31.7	58.6	9.6	1,097,828
1991	4.0	82.3	13.7	839,841	20.1	64.4	15.5	1,178,288
1996	2.5	79.0	18.5	869,511	9.0	66.4	24.7	1,188,424
2001	1.9	78.8	19.3	920,445	5.6	64.9	29.5	1,108,529
2006	1.2	68.2	30.6	909,005	4.3	54.4	41.3	1,052,126
2011	0.6	60.5	38.9	875,234	3.1	48.5	48.4	1,084,120
2016	0.3	49.2	50.5	785,981	1.7	40.7	57.5	1,087,468
年	35-44 歲				≥45 歲			
	小學及以下	中學	專上	總人數（人）	小學及以下	中學	專上	總人數（人）
1961	76.4	19.4	4.1	437,991	83.6	12.9	3.5	529,667
1966	79.9	15.5	4.5	484,330	84.3	11.5	4.2	679,990
1971	77.4	18.5	4.0	500,670	84.6	12.0	3.4	857,510
1976	68.1	24.9	7.0	463,730	83.9	13.0	3.1	1,036,060
1981	53.4	36.0	10.7	483,387	81.0	14.8	4.2	1,235,714
1986	43.7	46.9	9.4	647,402	76.5	18.2	5.3	1,390,961
1991	38.6	50.8	10.6	891,032	71.5	21.8	6.7	1,461,204
1996	28.9	56.7	14.3	1,178,522	63.3	28.7	7.9	1,830,061
2001	19.7	62.9	17.4	1,360,487	57.5	34.5	8.0	2,209,511
2006	10.7	62.0	27.3	1,248,855	48.6	40.1	11.3	2,714,685
2011	6.5	59.1	34.4	1,135,285	41.5	44.4	14.2	3,153,377
2016	4.7	53.3	42.0	1,141,098	35.1	46.9	18.0	3,491,583

注：1966 年不包括居於軍營、警署、醫院、監獄、慈善機構及西式大酒店人士。「小學及以下」含私塾。「中學」含預科。「工業學院／理工學院證書／文憑課程」在 1991 年及以前屬於「專上：非學位」類別，從 1996 年起，該組別被「技術員程度（其他專上教育以外的進修課程）」取代，屬於「中學」類別。

資料來源：　歷年人口普查和中期人口統計。

較年長人士（45 歲及以上）的教育程度普遍偏低，1960 年代至 1970 年代，八成以上較年長人士只具小學及以下學歷，當中逾半未受過教育，如 1961 年，未受教育和只受過小學教育者各佔 46.9% 和 36.7%。由於他們大多數沒有受惠於免費教育及大專教育擴展，到 2016 年，較年長人士中，具小學及以下學歷者仍達 35.1%，具專上學歷者雖由 1961 年的 3.5% 升至 18.0%，但佔比仍遠低於其他年齡階段人士。

2. 就學比率

英佔初年，港府沒有統計傳統學校的學生數目，新式教育亦未普及，1844 年至 1859 年間，每年多只有數百人入讀新式學校，總數升跌不定。波動原因之一是香港島的華人居民以從事漁業為主，在捕魚季節即每年的農曆九月至翌年三月，學生需在船上幫忙，因此出現上半年學校就讀人數下跌的情況，亦有學校因學生人數不足而關閉。此外，經濟負擔也是問題，1859 年港府的一份報告指出，學生需一次繳交二元至六元不等的年費，不少家庭無法負擔，上學因而中止。1855 年起，因得到政府資助的學校數目增加，學生人數亦隨之增加。現存資料中缺乏當時就讀學生的年齡資料，表 4-26 的就學比率[12] 是將學生人數與官方人口統計中的兒童總人數相比，[13] 而作出的推算。總的情況是就學比率偏低，每百名兒童只有 3 人至 5 人接受學校教育，其中男童就學比率平均維持在 8% 左右，女童就學比率平均不足 1%。此外，教育委員會（Education Committee）於 1854 年的報告指出，當時的華人兒童有 8868 名，絕大部分沒有在學校就讀。到 1859 年，受政府資助的學校增至

表 4-26　1844 年至 1859 年按性別劃分香港島入讀新式學校的就學人數和就學比率統計表

年	男性		女性		合計	
	人數（人）	就學比率	人數（人）	就學比率	人數（人）	就學比率
1844	202	不詳	4	不詳	206	不詳
1845	232	不詳	17	不詳	249	不詳
1846	261	不詳	22	不詳	283	不詳
1847	261	不詳	32	不詳	293	不詳
1848	325	不詳	38	不詳	363	不詳
1849	212	7.6	23	1.0	235	4.6
1850	210	6.2	17	0.7	227	3.8
1851	278	8.8	26	1.0	304	5.2
1852	298	8.7	18	0.7	316	5.3
1853	257	7.7	19	0.7	276	4.6
1854	228	3.6	19	0.4	247	2.3
1855	514	6.1	28	0.5	542	3.9
1856	701	9.6	57	1.2	758	6.3
1857	695	8.8	40	0.6	735	5.2
1858	740	8.8	59	1.0	799	5.7
1859	990	9.2	96	1.2	1086	5.9

注：就學比率按每百人計算。只包括官立和免費學校的學生。1857 年只計算水上人及陸上居所的華人兒童。
資料來源：　歷年 *Hong Kong Blue Book*；R. L. Jarman (ed.), *Hong Kong Annual Administration Reports 1841-1941*。

12　就學比率是指某年齡組別每百名人口中的全日制學生數目，這比率反映適齡入學人口接受教育機會的普遍程度。

13　皇家書館監督（Inspector of Government Schools，即視學官）羅存德（Wilhelm Lobscheid）曾巡視所有位於維多利亞城、香港仔和赤柱的華人學校，學生的年齡是介乎 6 歲至 18 歲。港府沒有公布「兒童」的年齡界定。

10 所。此等學校的學生人數由 1848 年的 98 人和 1854 年的 102 人增至 1859 年的 843 人，當中包括 779 名男童和 64 名女童。[14] 還有三所為客家人而設的學校。

根據《香港藍皮書》和《香港政府憲報》的紀錄，1860 年至 1897 年，0 歲至 15 歲的兒童由 17,606 人增至 44,292 人。1870 年至 1876 年，0 歲至 5 歲兒童約佔 0 歲至 15 歲兒童的 36%，若參照此比例估計 6 歲至 15 歲的學齡兒童人數，並計算其就學比率，大部分學齡兒童仍沒有接受學校教育。1860 年至 1897 年，按 6 歲至 15 歲的估計人數計算，就學比率由 12.4% 升至 23.9%，男生由 18.4% 升至 27.2%，女生由 4.3% 升至 20.9%。這期間，就學比率升幅明顯，但入學兒童仍屬少數，性別差距大幅收窄，但男童的就學比率仍高於女童（見表 4-17）。此外，1870 年代至 1890 年代，《香港政府憲報》曾公布根據所有類型學校學生人數計算的失學兒童人數。1870 年，6 歲至 15 歲的學齡兒童估計有 13,226 人，就讀學生共 3026 人，就學比率為 22.9%。1896 年的相應數字為 24,158 人（6 歲至 16 歲）、9347 人和 38.7%。由此可見，1890 年代的情況有所改善，但失學兒童仍超過六成。

根據人口普查資料，1901 年，如不計算新界及新九龍，6 歲至 15 歲的兒童共 28,449 人，男女童分別佔 55.2% 和 44.8%。當中報稱學生的共 8717 人，男女生分別佔 81.8% 和 18.2%。如按此計算就學比率，則每百名 6 歲至 15 歲兒童只有 30.6 人接受學校教育。男童接受教育的機會高於女童，男童為每百人有 45.4 人在學，女童只有 12.5 人（見表 4-27）。

表 4-27 1901 年和 1911 年按種族和性別劃分香港學齡兒童的就讀人數和就學比率統計表

種族	男性		女性		合計		學齡兒童人數（人）		
	人數（人）	就學比率	人數（人）	就學比率	人數（人）	就學比率	男性	女性	總計
華人									
1901	6568	43.4	1260	10.4	7828	28.7	15,139	12,132	27,271
1911	13,796	39.7	3141	9.3	16,937	24.7	34,727	33,723	68,450
非華裔									
1901	560	98.6	329	53.9	889	75.5	568	610	1178
1911	466	60.8	384	48.4	850	54.5	766	794	1560
總計									
1901	7128	45.4	1589	12.5	8717	30.6	15,707	12,742	28,449
1911	14,262	40.2	3525	10.2	17,787	25.4	35,493	34,517	70,010

注：就學比率按每百人計算。1901 年不包括新九龍及新界。學齡兒童於 1901 年為 6-15 歲，1911 年非華裔人士為 6-15 歲，華人為 5-14 歲。
資料來源： 1901 年及 1911 年人口普查報告。

14 羅存德估計實際就學人數較報稱者少，原因之一是獲資助的私塾於 1854 年改為官立鄉村學校後，老師每月薪金是按學生人數而定。

1911 年，6 歲至 15 歲（華人為 5 歲至 14 歲）的兒童共 70,010 人，男女童各佔 50.7% 和 49.3%。當中報稱學生的增至 17,787 人，男女生各佔 80.2% 和 19.8%。由於學齡兒童的增幅高於學生，就學比率有所下降，每百名 6 歲至 15 歲兒童只有 25.4 人在學，男童和女童的就學比率分別降至每百人有 40.2 人和 10.2 人。此外，1911 年的統計包括新界兒童，他們就讀新式學校的比例普遍低於市區兒童，這是引致就學比率下降的另一原因。

非華裔兒童的人數不多，他們的就學比率（1901 年為 75.5%，1911 年為 54.5%）倍高於華裔兒童，男童接受教育的機會亦高於女童（1901 年為 98.6% 對 53.9%，1911 年為 60.8% 對 48.4%），但差幅較華裔兒童低。

1921 年和 1931 年的人口普查沒有統計學齡兒童的學生身份。根據 1921 年的《香港藍皮書》和人口普查報告，官立、補助和私立學校的就讀學生共 35,775 人，男女生各佔 76.4% 和 23.6%，5 歲至 14 歲的兒童共 106,098 人，男女童各佔 51.5% 和 48.5%。如按此計算就學比率，則每百名 5 歲至 14 歲兒童有 33.7 人接受學校教育，男童接受教育的機會高於女童，男童為每百人有 50.1 人在學，女童只有 16.4 人。1921 年的就學比率不能與 1911 年的比率作嚴格比較，但可反映兒童受教育的機會雖有提升，大部分兒童失學和兩性教育機會不均的現象仍持續存在。1931 年的《香港藍皮書》只記錄官立、補助和私立中學及官立小學的學生人數，無法以之計算可資比較的就學比率。

港府沒有對 1945 年至 1960 年香港人口的就學比率進行統計。由於缺乏此時期的人口年齡分布，無法得知不同年齡層的就學比率。學者曾根據 1931 年人口普查和 1950 年人口調查的官方統計，估算 1950 年香港整體人口的年齡構成，結果顯示全港 200 萬人口中，6 歲至 10 歲、11 歲至 15 歲和 16 歲至 20 歲年齡組別各有 156,900 人、183,900 人和 243,600 人。如按此數目對比同年教育司署年報的學生統計，估計 6 歲至 10 歲、11 歲至 15 歲和 16 歲至 20 歲年齡組別的就學比率分別為 28.0%、38.2% 和 11.7%，這三個年齡組別的男性就學比率（34.2%、44.1% 和 12.6%），均高於同齡女性（22.2%、31.8% 和 10.2%）（見表 4-28）。

表 4-28　1950 年按年齡組別和性別劃分香港就學比率估算統計表

年齡組別（歲）	全港人口（人）			學生人數（人）			就學比率（%）		
	男性	女性	合計	男性	女性	合計	男性	女性	合計
6-10	75,900	81,000	156,900	25,942	17,966	43,908	34.2	22.2	28.0
11-15	95,700	88,200	183,900	42,183	28,028	70,211	44.1	31.8	38.2
16-20	151,800	91,800	243,600	19,086	9354	28,440	12.6	10.2	11.7

注：16-20 歲就學人數含 20 歲及以上的男生 615 名和女生 99 名。

資料來源：*Annual Report by the Director of Education for the Year Ended the 31st March 1950*；R. A. Ma and E. F. Szczepanik, *The National Income of Hong Kong, 1947-1950*。

此外，根據聯合國於 1954 年進行的「香港人口抽樣調查」，如按戶主的移民身份分為香港出生（戶主在香港出生）、戰前移民（戶主在 1945 年 8 月 30 日前移民香港）和戰後移民（戶主在 1945 年 8 月 30 日及之後移民香港）三類家庭，在有 5 歲至 14 歲學齡兒童的家庭中，所有子女都在學的比例都相當低，各佔 25.3%、24.3% 和 20.8%；部分子女在學的比例，為 31.3%、27.6% 和 17.8%；所有子女都失學的比例，則達 43.4%、48.1% 和 61.4%。此時期的失學兒童眾多，主因是中小學教育仍非義務性質，基層兒童和少年非但不能上學，還需工作幫補家計，因此導致就學率甚低。

1960 年代後，香港兒童大約在 3 歲至 5 歲接受幼稚園教育，3 歲至 5 歲的就學比率反映幼稚園教育的普遍程度。1971 年，3 歲至 5 歲的就學比率為 54.9%，其後持續上升至 1986 年的 91.6%，之後維持在九成以上的水平。[15] 這顯示學前教育十分普遍。此外，男女幼童的就學比率一直沒有明顯差別，1971 年是 56.5% 對 53.2%，2016 年則是 92.7% 對 92.3%（見表 4-29）。

6 歲至 11 歲是就讀小學的階段。香港從 1971 年起實施強迫小學教育，同年 6 歲至 11 歲兒童的就學比率已達 94.9%，其後再持續上升，2011 年和 2016 年均為 100%。由於實施強迫教育，自 1981 年起，男女童於 6 歲至 11 歲的就學比率已沒有分別。

12 歲至 16 歲是就讀中學的階段。1971 年，12 歲至 16 歲少年的就學比率是 74.8%。香港於 1978 年和 2008 年先後推行 9 年和 12 年免費教育，自 1986 年起，12 歲至 16 歲少年就學比率已超過九成。1970 年代，男孩的就學比率高於女孩，1971 年為 80.0% 對 69.2%，1976 年為 82.5% 對 75.5%。實施 9 年強迫教育後，男女孩於 12 歲至 16 歲的就學比率已基本相若。

17 歲及以上的就學比率涉及升學與就業間的選擇。17 歲至 18 歲是就讀預科的階段。1971 年，17 歲至 18 歲青少年的就學比率是 38.8%，即此年齡段的青少年多已投入勞動市場。其後，此就學比率持續上升，2011 年為 86.0%，[16] 這反映大部分青少年有機會繼續升學。1970 年代，男性的就學比率略高於女性，1971 年為 42.4% 對 35.2%，1976 年為 46.2% 對 41.2%。自 1981 年起，女性的就學比率反高於男性，1996 年的差距達 9.2 個百分點，其後才收窄至 2011 年的 3.2 個百分點。

19 歲至 24 歲是就讀大專的階段。1981 年，19 歲至 24 歲青少年的就學比率只有 8.6%。隨着大專教育擴張，此年齡段的就學比率升至 2016 年的 52.6%，這顯示愈來愈多中學

15 2006 年及以後的就學比率較 1991 年至 2001 年的低，因為 2006 年及以後的普查參考時刻由 3 月改至 6 月至 8 月。就學數據是根據上半年的情況，因此，在年中剛滿 3 歲的兒童可能因學期初還未達入學年齡的最低要求，而在該年上半年仍未入讀學前教育。

16 由於 2009 年開始實行「三三四」學制，預科於 2012 年被取消，2013 年為上屆重讀生舉行最後一屆考試。

表 4-29　1971 年至 2016 年若干年份按年齡組別和性別劃分香港三歲及以上人口的就學比率統計表

年	3-5 歲			6-11 歲			12-16 歲		
	男性	女性	總計	男性	女性	總計	男性	女性	總計
1971	56.5	53.2	54.9	95.5	94.4	94.9	80.0	69.2	74.8
1976	60.7	60.1	60.4	98.1	97.8	98.0	82.5	75.5	79.1
1981	83.5	82.7	83.1	98.5	98.5	98.5	83.4	84.6	84.0
1986	91.5	91.7	91.6	99.5	99.5	99.5	92.2	94.5	93.3
1991	94.9	94.9	94.9	99.8	99.8	99.8	91.8	95.6	93.6
1996	94.6	94.6	94.6	99.8	99.8	99.8	95.2	96.8	96.0
2001	94.6	94.7	94.7	99.9	99.9	99.9	96.9	98.0	97.5
2006	89.9	88.3	89.1	99.9	99.9	99.9	98.7	99.1	98.9
2011	91.0	91.6	91.3	100.0	100.0	100.0	98.2	99.0	98.6
2016	92.7	92.3	92.5	100.0	100.0	100.0	97.6	98.0	97.8

年	17-18 歲			19-24 歲			≥25 歲		
	男性	女性	總計	男性	女性	總計	男性	女性	總計
1971	42.4	35.2	38.8	不詳	不詳	不詳	不詳	不詳	不詳
1976	46.2	41.2	43.8	不詳	不詳	不詳	不詳	不詳	不詳
1981	44.9	45.0	45.0	10.0	7.1	8.6	0.2	0.1	0.1
1986	53.9	58.3	56.0	13.5	10.2	11.9	0.2	0.1	0.1
1991	54.3	62.7	58.3	16.2	14.3	15.3	0.2	0.2	0.2
1996	59.5	68.7	63.9	21.6	21.7	21.6	0.3	0.3	0.3
2001	68.0	74.1	71.0	26.8	29.4	28.0	0.4	0.3	0.3
2006	81.1	84.6	82.8	38.4	40.3	39.3	0.5	0.4	0.4
2011	84.5	87.7	86.0	43.8	46.4	45.1	0.5	0.5	0.5
2016	不適用	不適用	不適用	50.8	54.4	52.6	0.6	0.6	0.6

注：就學比率按每百人計算。自 1991 年起，「19-24 歲」不包括外籍家傭。自 2016 年起，「12-16 歲」改為「12-17 歲」，「19-24 歲」改為「18-24 歲」。

資料來源：　歷年人口普查和中期人口統計；Census and Statistics Department, *Hong Kong Annual Digest of Statistics: 1991 Edition*。

畢業生繼續接受教育。由 1981 年至 1991 年，男性的就學比率稍高於女性，1991 年是 16.2% 對 14.3%。自 2001 年起，女性的就學比率反略高於男性，2016 年的差距是 3.6 個百分點。

25 歲及以上的就學比率一直非常低。1981 年為 0.1%，2016 年為 0.6%，這反映該年齡段人士差不多全部離開學校，當中大部分投入勞動市場。1980 年代，男性的 25 歲及以上就學比率為 0.2%，女性為 0.1%。其後，兩性的就學比率基本相若。

3. 境外升學的人口數目

對於境外升學的人口數目，官方文獻只有零散的紀錄。二戰後，香港的高等教育仍屬精英教育性質，經濟快速發展和適齡人口上升，令有限的本地學額未能應對需求，因此部分學生選擇到海外升學。根據警務處年報的紀錄，海外留學簽證數目持續增加，由 1954/55 年度的 261 件升至 1959/60 年度的 730 件。而根據教育司署的不完整紀錄，留學生人數亦由 1955/56 年度的 690 人，增至 1959/60 年度的 1982 人。其間，留學英國和加拿大的比例有所下降，英國由 37.2% 降至 14.9%，加拿大由 24.2% 降至 9.7%，留學美國和澳洲的比例則有所上升，美國由 18.8% 增至 41.9%，澳洲由 19.7% 增至 33.6%(見表 4-30)。

表 4-30　1954/55 年度至 1959/60 年度香港留學生和留學簽證數目統計表

年度	留學生（人）				留學簽證（件）
	英國	美國	加拿大	澳洲	
1954/55	不詳	不詳	不詳	不詳	261
1955/56	257	130	167	136	284
1956/57	310	235	111	196	432
1957/58	353	不詳	不詳	不詳	534
1958/59	315	508	162	378	663
1959/60	295	830	192	665	730

資料來源：　歷年 *Annual Report by the Commissioner of Police*；Census and Statistics Department, *Hong Kong Statistics 1947-1967*。

政府統計處曾在 2002 年和 2009 年進行「在香港以外地方就讀的香港學生」專題調查（見圖 4-6），「在香港以外地方讀書」是指在香港境外，包括中國內地和澳門，就讀為期一年及以上的課程，「香港學生」是指在香港住戶內的 25 歲及以下成員。調查結果顯示，這兩年在境外就讀的香港學生各有 74,100 人和 75,000 人。在內地讀書的學生較少，約 3000 人和 6900 人，佔當年整體的 4.1% 和 9.2%。在海外讀書的相應人數和佔比為：英國 16,100 人和 19,400 人，佔 21.7% 和 25.9%；美國 13,200 人和 14,700 人，佔 17.7% 和 19.6%；加拿大 19,600 人和 6700 人，佔 26.5% 和 8.9%；澳洲 16,400 人和 17,800 人，佔 22.2% 和 23.7%（見表 4-31）。

表 4-31　2002 年和 2009 年按就讀地方劃分香港在境外讀書的 25 歲及以下人口統計表

就讀地方	2002		2009	
	人數（萬人）	百分比	人數（萬人）	百分比
中國內地	0.30	4.1	0.69	9.2
英國	1.61	21.7	1.94	25.9
美國	1.32	17.7	1.47	19.6
加拿大	1.96	26.5	0.67	8.9
澳洲	1.64	22.2	1.78	23.7
其他	0.58	7.8	0.95	12.7
總計	7.41	100.0	7.50	100.0

資料來源：　政府統計處：《主題性住戶統計調查第九號報告書》；《主題性住戶統計調查第四十六號報告書》。

主題性住戶統計調查
第四十六號報告書
Thematic Household Survey
Report No. 46

在香港以外地方就讀的香港學生
Hong Kong Students Studying Outside Hong Kong

使用醫療集團提供的門診服務的情況
Utilisation of Out-patient Services Provided by Managed Care Organizations

香港居民在香港以外地方工作及曾修讀課程的情況
Hong Kong Residents Working and Having Studied Outside Hong Kong

中華人民共和國
香港特別行政區 政府統計處
Census and Statistics Department
Hong Kong Special Administrative Region
People's Republic of China

圖 4-6　政府統計處在 2011 年發表《主題性住戶統計調查第四十六號報告書》，當中刊載了 2009 年 11 月至 2010 年 2 月進行的「在香港以外地方就讀的香港學生」專題調查。（香港特別行政區政府統計處提供）

此外，《香港年報》亦記錄了 1960 年至 2001 年間赴英國、美國、加拿大及澳洲升學的人數。赴英國升學者由 1960 年的 434 人輾轉升至 1977 年的 2566 人，翌年再倍升至 5093 人，之後多維持在每年 4000 人以上的水平，直到 1993 年才開始回落，1996 年為 2506 人。赴美國升學者由 1960 年的 1038 人升至 1968 年的 2597 人，其後維持在每年 2000 人以上的水平，1984 年和 1985 年回落至約 1800 人後，再升至每年約 4000 人至 5000 人，2001 年為 5826 人。赴加拿大升學的人數在 1960 年至 1967 年間相對較少，由 1966 年的 776 人急增至 1974 年的 3909 人後，人數在 1858 人至 5681 人之間大幅起伏，1990 年後呈下降趨勢，2001 年為 2301 人。赴澳洲升學者由 1960 年的 977 人降至 1971 年的 91 人，直至 1980 年代中都不足 1000 人，1987 年後升至每年 3000 人至 5000 人的水平，2001 年更達 6948 人（見表 4-32）。

表 4-32　1960 年至 2001 年按就讀國家劃分香港在海外留學學生人數統計表

單位：人

年	英國	美國	加拿大	澳洲	年	英國	美國	加拿大	澳洲
1960	434	1038	169	977	1981	4276	3264	4752	987
1961	479	766	210	1004	1982	5547	2088	3946	757
1962	568	810	310	405	1983	5394	2049	3284	428
1963	750	816	267	196	1984	4733	1820	2850	473
1964	889	981	383	213	1985	4158	1872	2953	564
1965	1161	1031	539	267	1986	4254	2245	3405	812
1966	1248	1391	776	219	1987	4232	3679	3616	1877
1967	1176	1966	1118	224	1988	3856	4215	3808	3147
1968	938	2597	1537	141	1989	4539	4855	5096	4678
1969	551	2871	1600	128	1990	4349	5840	5681	5258
1970	789	不詳	不詳	不詳	1991	4428	5866	4541	3590
1971	913	2746	1628	91	1992	4408	5410	3583	2866
1972	1310	2420	2536	113	1993	3477	5025	2828	3153
1973	1352	2812	3761	91	1994	3222	4555	2787	3109
1974	1348	2601	3909	139	1995	2979	4187	2603	3579
1975	1698	3121	2215	225	1996	2506	4782	2607	4200
1976	1669	2719	1858	249	1997	不詳	4426	1962	3542
1977	2566	2605	2061	215	1998	不詳	4106	2121	3467
1978	5093	2560	2155	439	1999	不詳	4433	2429	4397
1979	4255	2765	3589	155	2000	不詳	5392	2198	5534
1980	4134	2012	4803	404	2001	不詳	5826	2301	6948

注：1960 年至 1986 年為學年。自 1987 年起為簽證機關提供的學生簽證數字。自 1990 年起，英國數字不包括返港的學生、參與短期課程的學生，以及參與訓練課程的公務員。1996 年的赴英國留學學生人數只包括 1996 年 1 月至 11 月 9 日的人數。

資料來源：　歷年《香港年報》。

二、語言和讀寫能力

1. 說其他語言和方言的能力

香港居民的書面中文與全國基本無異，但在口語上，香港四大民系各有自己的方言。清雍正六年（1728）雍正帝曾下詔諭令廣東官民學好官話，他綜觀全國，認為只有廣東和福建兩省是「語言不通」地區，並帶來管治問題，如已登仕籍者「仍係鄉音，不可通曉。……赴任他省，又安能於宣讀訓諭、審斷詞訟，皆歷歷清楚，……百弊叢生，而事理之貽誤者多矣。」身為編民者，「亦必不能明白官長之意，是上下之情，扞格不通，其為不便實甚」。

現有文獻中缺乏英佔初期的相關數據，只有當時的零星報道。1868 年，視學官的報告指出，官立學校華人學生的英語會話能力相當低，除與老師交談外，學生沒有練習口語的機會。從 1880 年代起，港府積極推動英語教學。1881 年時，72 所官立和補助學校中，只有 14 所教授英文。1882 年，教育委員會建議教育的主要目的是提升英語能力。至 1921 年，3405 名官立學校學生中，就讀英文學校和中文學校（vernacular school）者各佔 99.4% 和 0.6%，6137 名補助學校學生中，相關比例是 39.1% 和 60.9%。

日佔期間，廣東話和其他中國方言仍是香港居民的主要溝通語言。日佔政府為加強日本化，既禁止學校教授英語，同時積極提升居民的日語能力。日佔政府先從 1942 年 2 月起開辦「教員講習所」，學生須通過日語考試才可畢業，首兩期的畢業生共 500 人。同年 4 月 16 日頒布香督令第十五號《私立日語講習所規則》，並根據此令設立 16 家日語學校和 43 家日語講習所，截至 1943 年末，兩者的畢業學生共 21,365 人。此外，總督部於 1943 年 8 月發布〈公示第五十五號〉（關於實施檢定日本語之件）推行日語檢定，並規定所有教師必須學習日語，學校使用日語為教學語言，每周教授日語最少四小時。1943 年時有 6920 人學習日語，包括在校學生。1944 年 4 月，香港島和九龍共有 60 間日語學校和約 6000 名學生，人數超過當時的中小學學生總數。現有文獻沒有二戰結束後至 1980 年代的官方統計。

1991 年至 2016 年的人口普查結果顯示，廣州話是居民家中最常用的語言，除慣用交談語言外，香港人口能説多於一種語言（含方言）的能力有所增進。[17] 這 25 年間，沒有其他交談語言能力者由 48.4% 降至 29.5%，能使用英語與人交談者，由 29.4% 升至 48.9%，能使用普通話者由 16.9% 升至 46.7%。然而，除英語和普通話外，能説其他語言的人士多不足 5%（見表 4-33）。

不同地方出生人士多具備不同的其他交談語言能力。2006 年至 2016 年，香港出生者較多能説英語和普通話，能説英語者由 55.9% 升至 62.5%，能説普通話者由 42.6% 升至 50.5%，然而能説其他語言者不足 3%，沒有其他交談語言能力者約佔 30%。同期間，在中國其他地方出生者（包括內地、澳門和台灣地區）較多能説普通話，由 37.4% 升至 47.9%；其次是英語，由 19.9% 升至 27.4%；能説廣州話、客家話、福建話和潮州話的比例相對穩定，分別約 10%、7%、6% 和 5%；沒有其他交談語言能力者約佔 33%。在其他地方出生者較多能説英語，由 29.8% 升至 36.2%；其餘依次是印尼語（由 21.4% 升至 26.3%）、菲律賓語（由 19.8% 升至 26.2%）、普通話（由 18.1% 降至 15.9%）、廣州話（由 17.6% 降至 16.9%）；沒有其他交談語言能力者約佔 10%（見表 4-34）。

17 根據政府統計處的定義，若一名五歲及以上人士除慣用交談語言外，尚能説其他語言或方言，則可算具備使用該種語言或方言作為「其他交談語言或方言」的能力。

表 4-33　1991 年至 2016 年若干年份按語言劃分香港五歲及以上具其他交談語言能力的人口統計表

單位：%

語言或方言	1991	1996	2001	2006	2011	2016
廣州話	7.1	6.6	6.8	5.7	6.3	5.7
英語	29.4	34.9	39.8	41.9	42.6	48.9
普通話	16.9	24.2	33.3	39.2	46.5	46.7
客家話	3.7	3.6	3.8	3.6	3.8	3.5
福建話	1.7	2.0	2.3	2.1	2.3	2.6
潮州話	4.0	3.9	3.8	3.2	3.1	2.9
印尼語	0.6	0.7	1.2	1.5	2.2	2.4
菲律賓語	1.0	1.6	1.7	1.3	1.4	2.3
日本語	0.9	1.0	1.2	1.1	1.4	1.7
上海話	1.2	1.1	1.1	0.9	0.9	0.9
沒有	48.4	41.5	34.9	31.0	30.4	29.5

注：不包括失去語言能力的人士。由於部分受訪者能說多種語言，百分比的總和可能不等於 100%。
資料來源： 歷年人口普查和中期人口統計。

表 4-34　2006 年至 2016 年若干年份按出生地劃分香港五歲及以上人口能說的其他語言統計表

單位：%

語言或方言	香港			中國其他地方			其他地方		
	2006	2011	2016	2006	2011	2016	2006	2011	2016
廣州話	1.7	2.0	1.6	10.4	11.3	10.4	17.6	18.4	16.9
英語	55.9	57.0	62.5	19.9	19.4	27.4	29.8	31.2	36.2
普通話	42.6	50.2	50.5	37.4	46.4	47.9	18.1	17.3	15.9
客家話	2.1	2.1	2.0	6.2	7.1	6.7	3.2	2.7	2.2
福建話	0.8	0.9	1.1	4.4	5.1	5.7	1.8	1.6	1.6
潮州話	2.1	2.1	1.9	5.3	5.3	5.2	1.9	1.5	1.3
印尼語	0.1	0.3	0.1	0.3	0.6	0.4	21.4	23.7	26.3
菲律賓語	0.1	0.1	0.1	0.0	0.0	0.0	19.8	17.8	26.2
日本語	1.4	1.8	2.2	0.5	0.5	0.8	1.2	1.6	1.2
沒有	30.0	31.0	30.2	36.2	33.4	33.7	11.7	12.6	8.8

注：不包括失去語言能力的人士。由於部分受訪者能說多種語言，百分比的總和可能不等於 100%。中國其他地方包括內地、澳門和台灣地區。
資料來源： 歷年人口普查和中期人口統計。

慣用不同語言的人士能說的其他語言有明顯差異。2006 年至 2016 年，慣用語言是廣州話的人士，較多能說英語和普通話，能說英語者由 44.5% 升至 51.6%，能說普通話者由 41.0% 升至 49.5%；沒有其他交談語言能力者約佔 32%。慣用語言是普通話的人士，較多能說廣州話，由 67.5% 降至 63.5%；其次是英語，由 33.5% 升至 55.6%；能說福建話或印尼語者，亦各約 10%；沒有其他交談語言能力者約佔 10%。慣用語言是英語的人士，較多能説菲律賓語，由 41.8% 升至 50.8%；其次是廣州話，由 35.3% 降至 29.6%；再次是普通話，由 12.4% 升至 15.9%；沒有其他交談語言能力者稍高於 10%（見表 4-35）。

表 4-35　2006 年至 2016 年若干年份按慣用語言劃分香港五歲及以上人口能說的其他語言統計表

單位：%

語言或方言	廣州話			普通話			英語		
	2006	2011	2016	2006	2011	2016	2006	2011	2016
廣州話	不適用	不適用	不適用	67.5	71.1	63.5	35.3	34.5	29.6
英語	44.5	45.1	51.6	33.5	41.9	55.6	不適用	不適用	不適用
普通話	41.0	48.9	49.5	不適用	不適用	不適用	12.4	15.9	15.9
客家話	3.9	4.2	3.9	3.1	3.4	2.9	0.2	0.4	0.3
福建話	2.2	2.4	2.7	9.3	8.8	10.6	0.6	0.8	0.8
潮州話	3.4	3.4	3.2	1.5	1.6	1.8	0.2	0.3	0.3
印尼語	1.4	2.0	2.2	10.2	8.5	7.4	5.9	6.8	7.4
菲律賓語	0.1	0.1	0.2	0.3	0.2	0.4	41.8	37.3	50.8
日本語	1.1	1.4	1.7	2.0	2.2	2.1	1.7	2.7	1.9
沒有	33.0	32.6	31.8	9.6	9.0	12.6	13.4	15.9	10.4

注：不包括失去語言能力的人士。由於部分受訪者能説多種語言，百分比的總和可能不等於 100%。
資料來源：　歷年人口普查和中期人口統計。

2. 能閱讀和能書寫人口

明清以來，今新界地區的村落多有被稱為「先生」的讀書人，他們參與科舉考試，擁有生員資格，會書法、通詩詞，或擔任私塾老師。他們遍布於各地村落，是少數具有高識字水平的人。然而，直至 1910 年代，除卻這些「先生」，新界地區真正能看懂書本的識字率其實相當低，所謂「識字」的人口，絕大部分只有「認字」的水平，並非有能力運用字彙，有此能力者主要是男性。客家人的讀寫能力估計低於本地人，如馬禮遜教育會（Morrison Education Society）在其 1863/64 年度報告中指出，識字的客家人極少，在小村落中可能只有一人能閱讀和書寫。報告泛指新安縣內的情況，香港的情況雷同。

現存的零星文獻顯示，英佔初年，香港島城鄉居民的讀寫能力存在差異。1843 年時聚居在赤柱的 580 人中，只有約 100 人能閱讀中文。另據 1847 年的記載，香港島上的城市居民，普遍具有閱讀能力，但鄉村地區的一般民眾，由於缺乏教育，普遍不能閱讀。此外，報章的創辦也可粗略反映閱讀人口的變化。英佔初年，不同語言的報章刊物先後面世，包括 1842 年的英文《中國叢報》（*The Chinese Repository*）、1842 年政府發行的《中國之友與香港憲報》、1853 年的中文期刊《遐邇貫珍》等。隨着不同種族人口的增加，1850 年代時共有 2 份中文、9 份英文和 2 份葡萄牙語報章，至 1900 年代則有 11 份中文、3 份英文、1 份葡萄牙語和 1 份日文報章，各報刊的流通或印刷量則不詳。

1910 年代至 1930 年代的人口普查曾統計香港居民的讀寫能力。1931 年的報告指出，由於調查方法有變，歷年數字不能作嚴格比較。然而，普查結果仍可反映有關情況在不同種族、年齡、性別和地域之間的差異，其情況大致如下。

華裔人士的母語讀寫能力大幅低於非華裔人士。儘管小、中、大學生人數不斷增加，但華人在 1910 年代的識字率沒有明顯提升，1921 的人口普查報告指出這主要由於有大量廣東居民移入和移出所致。1911 年，報稱能讀寫中文的居民共 19.8 萬人，佔人口的 50.1%。1921 年時，統計的年齡下限由 10 歲降為 5 歲，報稱能讀寫中文的人數升至 25.8 萬人，在人口中的佔比則降至 46.6%。到 1931 年，調查中的讀寫能力分為三項：能否讀寫母語（即中文）、能否説英語，以及能否讀寫英文。按 5 歲及以上人士計，報稱能讀寫中文的佔比有所回升，為 47.9%。具英文能力的華人是絕對少數，報稱能説英語、能讀寫英文者，分別只有 6.2% 和 5.7%（見表 4-36，表 4-37）。

華人的讀寫能力呈現明顯的年齡差異。1931 年，整體而言，無論是中文讀寫能力，還是英文會話和讀寫能力，都以 5 歲至 10 歲兒童的能力最低，11 歲至 15 歲少年的中文和英文能力都大幅提升，16 歲至 20 歲青少年的中文能力略勝少年，英文能力則明顯上升，21 歲及以上人士的中文和英文能力均不如青少年，而與少年的水平相近。中文方面，這四組人士報稱能讀寫的比例為 17.5%、50.5%、60.5% 和 49.9%；英文方面，報稱能讀寫的比例為 0.4%、5.7%、10.2% 和 5.6%（見表 4-38）。

根據人口普查報告的分析，中文是難學的語言，學習多年才能掌握，所以兒童的能力明顯偏低。兒童的英文能力更低，這主要是當時流行送幼兒回鄉撫養，到約 10 歲後才回港接受教育，包括開始學習英文。至於 21 歲及以上人士，他們的中、英文能力都不如青少年，這除顯示推廣教育對年輕世代的作用外，亦由於外來成年人口的教育水平較低。此外，就英文能力而言，5 歲至 20 歲人士能讀寫者較能會話的略多，不過 21 歲及以上人士的情況則相反，這反映報稱能説英語者中，部分只限於使用「洋涇濱」英語（Chinese pidgin English）與人溝通，這在男性水上人尤其普遍，當中能説和能讀寫英文者，各佔 4.3% 和 1.7%（見表 4-37）。

男性和女性的讀寫能力亦存在顯著差異，絕大部分女性仍是文盲。中文方面，男性具讀寫能力的比例比較穩定，1911 年和 1931 年各佔 68.9% 和 69.7%，女性略有進步，由 13.2% 升至 18.0%。這 20 年間，兩性的中文讀寫能力保持明顯差距。英文方面，兩性於 1931 年的會話和讀寫能力都很低，但男性的能力明顯高於女性，按 5 歲及以上人士計，報稱能説英語和能讀寫英文的男性有 9.3% 和 8.5%，女性低至 2.0% 和 1.9%（見表 4-37）。男性和女性的年齡差異模式基本相若，但兩性之間的能力差距隨年齡增長而擴大，這種情況與女性較少機會接受中、高等教育有關（見表 4-19）。

表 4-36　1911 年和 1921 年按地區和性別劃分香港具中文讀寫能力的華人統計表

單位：人

地區	1911			1921		
	男性	女性	合計	男性	女性	合計
香港島和九龍	154,878	17,037	171,915	195,287	19,979	215,266
新界北約	14,162	235	14,397	17,611	674	18,285
新界南約	7006	231	7237	7439	377	7816
水上	4416	127	4543	15,854	831	16,685
合計	180,462	17,630	198,092	236,191	21,861	258,052
能讀寫的比例（%）	68.9	13.2	50.1	68.1	10.6	46.6
總人口	261,949	133,475	395,424	347,080	206,396	553,476

注：1911 年，新界居民沒有年齡下限，其他地區是 10 歲及以上人口。1921 年的總人口是 5 歲及以上人士，水上人口只包括新界南約、香港島和九龍，不包括新界北約。

資料來源： 1911 年及 1921 年人口普查報告。

表 4-37　1931 年按地區和性別劃分香港五歲及以上具讀寫能力的華人統計表

單位：%

讀寫能力	香港島和九龍		新界		水上		合計		總計
	男性	女性	男性	女性	男性	女性	男性	女性	
能讀寫中文	76.2	22.3	54.2	3.7	27.9	1.3	69.7	18.0	47.9
能説英語	10.7	2.5	2.5	0.1	4.3	§	9.3	2.0	6.2
能讀寫英文	10.0	2.4	2.1	0.1	1.7	§	8.5	1.9	5.7

注：「§」代表低於 0.1%。

資料來源： 1931 年人口普查報告。

表 4-38　1931 年按年齡組別和性別劃分香港五歲及以上具讀寫能力的華人統計表

年齡組別（歲）	男性		女性		合計	
	人數（人）	百分比	人數（人）	百分比	人數（人）	百分比
能讀寫中文						
5-10	9763	24.1	4353	10.8	14,116	17.5
11-15	24,785	67.9	10,531	31.5	35,316	50.5
16-20	48,872	76.7	11,689	32.2	60,561	60.5
≥21	223,381	74.6	31,245	14.8	254,626	49.9
能說英語						
5-10	108	0.3	142	0.4	250	0.3
11-15	2255	6.2	1110	3.3	3365	4.8
16-20	7682	12.1	1922	5.3	9604	9.6
≥21	30,692	10.3	3201	1.5	33,893	6.6
能讀寫英文						
5-10	164	0.4	159	0.4	323	0.4
11-15	2831	7.8	1174	3.5	4005	5.7
16-20	8177	12.8	1999	5.5	10,176	10.2
≥21	26,082	8.7	2692	1.3	28,774	5.6

資料來源： 1931 年人口普查報告。

市區華人的讀寫能力明顯高於新界居民和水上人。中文方面，1921 年時，居於香港島和九龍的華人中，51.2% 報稱能讀寫中文，新界居民和水上人只有 30.5% 和 29.8%。1931 年，三者的差距更有所擴大，報稱具中文讀寫能力的市區華人升至 53.9%，新界居民微降至 29.1%，水上人則跌至 17.3%（見表 4-39）。英文方面，在 1931 年，按 5 歲及以上人士計，報稱能説英語和能讀寫英文的市區男性有 10.7% 和 10.0%，市區女性有 2.5% 和 2.4%。在新界，具英文會話和讀寫能力的男性只有 2.5% 和 2.1%，女性在這兩方面都低至 0.1%。男性水上人的英文會話能力稍強，有 4.3%，但具讀寫能力者只有 1.7%，女性水上人的相應比例都低於 0.1%（見表 4-37）。

兩性的讀寫能力差異在市區、新界和水上人口中出現不同的變化。一直以來，陸上和水上男性的中文讀寫能力都高於女性，強弱懸殊，這清楚反映傳統華人社會對女性讀書識字的不重視（見表 4-36，表 4-37）。隨着新式教育的推廣，市區和新界女性的讀寫能力有所改善，女性水上人卻出現退步。1921 年至 1931 年間，市區女性能讀寫中文的比例明顯上升（由 13.6% 升至 22.3%），增幅高於市區男性。新界女性的能力亦見進步（由 2.5% 升至 3.7%），新界男性反輕微下降。女性水上人的能力不升反降（由 3.9% 跌至 1.3%），降幅比男性水上人更甚（見表 4-39）。

非華裔人士的讀寫能力相當高，男性比女性略勝一籌。1911 年，英、美、歐、葡裔人士中，具母語讀寫能力的男性和女性各有 94.2% 和 87.6%，其他族裔人士為 75.5% 和 55.3%。1921 年，各族裔中，以英國人的比例較低，具母語讀寫能力的男性和女性各有 81.4% 和 80.2%（見表 4-40）。1931 年，具母語讀寫能力的男性和女性各有 88.2% 和 85.5%，具英文讀寫能力的男性和女性各有 74.5% 和 74.1%。印度裔人士和日本人的讀寫能力低於歐美人、葡萄牙人和歐亞混血兒，印度裔和日本女性的英文讀寫能力尤其偏低（見表 4-41）。

表 4-39 1921 年和 1931 年按地區和性別劃分香港五歲及以上具中文讀寫能力的華人統計表

單位：%

地區	1921			1931		
	男性	女性	合計	男性	女性	合計
香港島和九龍	71.6	13.6	51.2	76.2	22.3	53.9
新界	56.6	2.5	30.5	54.2	3.7	29.1
水上	45.6	3.9	29.8	27.9	1.3	17.3

資料來源： 1931 年人口普查報告。

表 4-40 1911 年和 1921 年按種族和性別劃分香港具母語讀寫能力的非華裔人士統計表

單位：%

種族	1911			種族	1921		
	男性	女性	合計		男性	女性	合計
英、美、歐、葡	94.2	87.6	91.3	英國人	81.4	80.2	80.9
其他	75.5	55.3	66.9	葡萄牙人	91.3	85.9	88.2
				日本人	94.8	81.2	89.2
				其他	93.6	92.7	93.2

注：1911 年為 10 歲及以上人口。1921 年為 5 歲及以上人口。
資料來源： 1911 年及 1921 年人口普查報告。

表 4-41 1931 年按種族和性別劃分香港五歲及以上具讀寫能力的非華裔人士統計表

單位：%

種族	性別	母語	英文	種族	性別	母語	英文
英國人	男性	97.6	97.6	印度裔人	男性	79.9	36.2
	女性	97.3	97.3		女性	62.2	25.8
其他歐美族裔	男性	94.4	90.1	日本人	男性	77.9	51.0
	女性	90.6	83.2		女性	61.6	20.2
歐亞混血兒	男性	85.1	85.4	其他	男性	83.3	80.8
	女性	86.8	84.5		女性	74.6	51.0
葡萄牙人	男性	86.8	92.7	總計	男性	88.2	74.5
	女性	85.8	78.2		女性	85.5	74.1

資料來源： 1931 年人口普查報告。

現有文獻缺乏 1940 年代至 2000 年代居民讀寫能力的統計。2016 年，中期人口統計的結果顯示，香港有 680.1 萬名和 666.6 萬名 5 歲及以上人士能閱讀或能書寫最少一種語言，[18] 分別佔 5 歲及以上人口的 96.4% 和 94.5%。閱讀能力與書寫能力有密切關係，因此能閱讀選定語言的人口比例分布與能書寫的相似。男性能閱讀或書寫的比例（98.2% 和 96.6%）較女性高（94.8% 和 92.6%），54 歲及以下人士能閱讀或書寫的比例（約 99% 和 98%）較 55 歲及以上人士高（90.1% 和 85.9%）。中文是最多人能閱讀或書寫的語言（89.4% 和 87.1%），其次是英文（68.2% 和 66.0%），能閱讀或書寫其他語言的比例均不足 3%。只能閱讀或書寫一種語言者，各佔 29.1% 和 29.9%，能閱讀或書寫兩種語言者，達 63.0% 和 61.2%，但能閱讀或書寫超過兩種語言者不足 5%（見表 4-42）。

18 根據政府統計處的定義，若一名五歲及以上人士在日常生活中能夠以某種語言閱讀簡單短句，便可算具備閱讀該種語言的能力，而在日常生活中能夠以某種語言書寫簡單短句，則可算具備書寫該種語言的能力。

表 4-42 2016 年按性別、年齡組別和語言劃分香港五歲及以上能閱讀和能書寫人口統計表

背景	能閱讀		能書寫	
	人數（人）	百分比	人數（人）	百分比
性別				
男性	3,172,508	98.2	3,121,155	96.6
女性	3,628,632	94.8	3,544,712	92.6
年齡組別（歲）				
5-24	1,329,769	99.5	1,322,180	98.9
25-34	1,083,779	99.7	1,076,552	99.0
35-54	2,332,546	99.2	2,307,226	98.1
≥55	2,055,046	90.1	1,959,909	85.9
能閱讀或書寫語言				
中文	6,309,548	89.4	6,146,473	87.1
英文	4,815,723	68.2	4,655,250	66.0
菲律賓語	167,031	2.4	160,999	2.3
印尼語	166,861	2.4	159,097	2.3
日本語	137,946	2.0	114,186	1.6
法語	55,869	0.8	48,080	0.7
韓國語	41,225	0.6	34,630	0.5
印度語	28,647	0.4	27,169	0.4
西班牙語	26,784	0.4	22,608	0.3
德語	23,815	0.3	不詳	不詳
尼泊爾語	不詳	不詳	22,615	0.3
其他	107,312	1.5	92,332	1.3
能閱讀或書寫語言數目				
1	2,055,988	29.1	2,110,681	29.9
2	4,448,528	63.0	4,316,374	61.2
3	260,153	3.7	212,632	3.0
≥4	36,471	0.5	26,180	0.4
總計	6,801,140	96.4	6,665,867	94.5

注：「能閱讀或書寫語言」和「能閱讀或書寫語言數目」的比例為佔 5 歲及以上人口的比例。
資料來源： 2016 年中期人口統計。

三、文化活動參與人次

人口的文化科學素質，主要是指一個人口群體的文化知識、科學技術水平、生產經驗和勞動技能等，是人類在認識與改造自然和社會過程中長期積累的知識成果，承先啟後，具有鮮明的繼承性。人口文化科學素質的豐富性決定了衡量它的指標的多樣性，本卷以參觀博物館人次、參與戶內文化節目人次、到訪公共圖書館人次三方面說明。

1. 參觀博物館人次

舊香港大會堂（見圖 4-7）在 1869 年啟用，設有博物館，太平洋戰爭前的入場人數紀錄不完整，自 1875 年起，博物館實施種族入場限制，根據《南華早報》（*South China Morning Post*）的報道，上午為華人時段，下午為非華裔人士時段，星期六上午只准華人婦女及小孩入場，館內展品只有少數設中文解説，雖然如此，仍無阻華人參觀。1904 年至 1912 年（其中六年缺完整的年度數據），華人訪客人次遠超洋人，最多是 1906 年，有 16.7 萬人，同年的非華裔訪客有 7638 人（見表 4-43）。

表 4-43　1904 年至 1912 年若干時期和 1918 年按種族劃分香港大會堂博物館和圖書館部分參觀人次統計表

單位：人次

年	博物館		圖書館	
	華裔	非華裔	華裔	非華裔
1904	約 100,000	約 4600	約 4500	約 11,500
1905	92,397	4147	4586	12,418
1906	167,217	7638	6529	13,777
1907（其中 41 周）	129,847	6695	6010	13,411
1908（其中 36 周）	90,929	5484	5760	12,027
1909（其中 34 周）	98,132	6624	7098	13,318
1910（其中 34 周）	92,818	7096	5997	13,865
1911（其中 32 周）	117,025	5754	5135	12,526
1912（其中 21 周）	77,286	3744	3684	8622
1918	78,907	8543	5324	11,485

注：1910 年 6 月 12 日的一周紀錄只有圖書館及博物館各自的總人次，分別為 498 人次和 2194 人次，故沒有計算在內。1904 年至 1906 年和 1918 年數字取自有關《大會堂年報》（*City Hall Annual Report*）或年會的新聞報道。1907 年至 1912 年數字取自每周入場人數的新聞報道，惟數據不齊全。

資料來源：　歷年 *South China Morning Post*。

舊香港大會堂正座於 1933 年拆卸，其餘部分於 1934 年至 1946 年轉作私人會所，於 1947 年拆卸。1957 年李鄭屋漢墓博物館開放（見圖 4-8）、1962 年新大會堂香港博物美術館開幕，香港再次有公共博物館服務，之後公私營博物館數目陸續增加。1976 年至 2016 年，參觀康樂及文化事務署（及前市政總署和區域市政總署）轄下的博物館人次明顯增加，[19] 總人次由 1976 年的 59.8 萬增至 1989 年的 407.1 萬，雖然在 1990 年代人次回落至 300 萬之下，但隨着香港文化博物館等多間博物館在 2000 年代落成，參觀博物館人次再次上升，由 2001 年的 425.7 萬升至 2014 的 600.7 萬。2015 年，香港藝術館和香港

19　參觀人次統計僅包括香港藝術館、香港科學館、香港太空館、香港文化博物館、香港歷史博物館、香港海防博物館、茶具文物館、李鄭屋漢墓博物館、羅屋民俗館、上窰民俗文物館、三棟屋博物館、香港鐵路博物館、香港電影資料館、孫中山紀念館、葛量洪號滅火輪展覽館，以及 1992 年至 2000 年的香港視覺藝術中心。

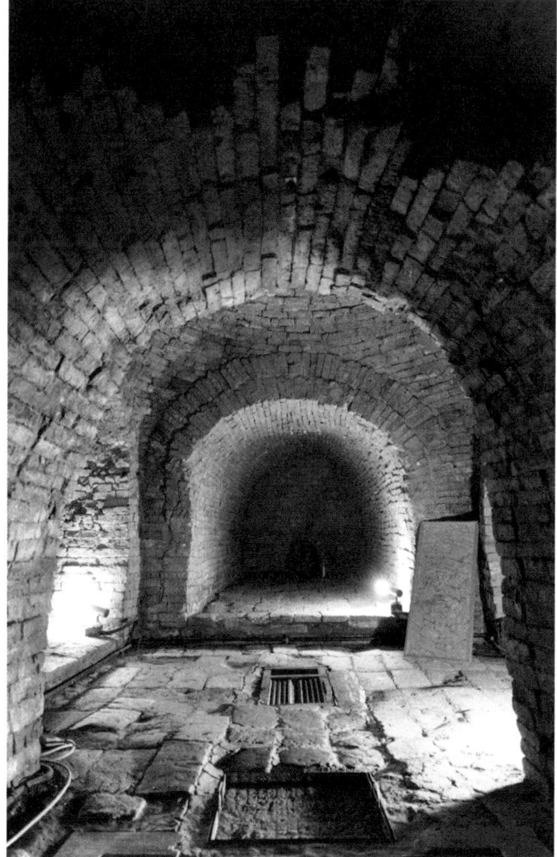

圖 4-7 舊香港大會堂，位於中國銀行大廈、香港滙豐總行大廈現址旁，由政府撥地、公眾捐贈，於 1869 年啟用，正座後來於 1933 年拆卸，其餘部分改動用途後，最終也於 1947 年全部拆卸。（約攝於 1925 年，香港歷史博物館提供）

圖 4-8 位於深水埗的李鄭屋漢墓是東漢遺蹟，以磚砌建，1988 年被列為法定古蹟。（攝於 2014 年，香港特別行政區政府提供）

太空館分別於 8 月和 11 月起暫時關閉，[20] 以進行翻新工程，該年和 2016 年的參觀博物館人次分別降至 436.1 萬和 409.7 萬（見表 4-44）。

表 4-44　1976 年至 2016 年參觀由康樂及文化事務署管理的博物館人次統計表

年	參觀人次	年	參觀人次	年	參觀人次	年	參觀人次
1976	597,877	1987	3,116,300	1998	2,910,080	2009	4,280,099
1977	509,070	1988	3,728,574	1999	2,571,838	2010	5,116,044
1978	559,588	1989	4,070,844	2000	2,954,747	2011	4,794,468
1979	681,559	1990	3,494,701	2001	4,257,008	2012	5,439,939
1980	896,139	1991	2,839,626	2002	5,007,841	2013	5,631,854
1981	1,319,842	1992	2,215,235	2003	4,083,731	2014	6,007,266
1982	962,330	1993	2,192,245	2004	4,575,251	2015	4,360,567
1983	1,273,196	1994	2,282,693	2005	4,724,236	2016	4,097,241
1984	1,256,215	1995	2,270,281	2006	4,209,059		
1985	1,877,933	1996	2,666,125	2007	4,829,386		
1986	2,654,001	1997	2,840,837	2008	4,502,164		

注：2000 年前是由市政總署和區域市政總署管理。
資料來源：　政府統計處：歷年《香港統計年刊》。

2. 參與戶內文化節目人次

1869 年，舊香港大會堂落成啟用，大樓的設計和功能以當時歐洲上層社會的生活為模範，內設可容納 569 名觀眾的皇家劇院和音樂室，經常舉辦舞會、演奏會及演講，成為崇尚歐洲文化的活動中心，參與人次不詳。粵劇是香港本土文化的代表之一。1860 年代，多間戲院在上環區落成，包括昇平戲院、同慶戲院（後稱重慶戲院）和高陞戲院等，每間約有千個座位，戲班演出由神廟戲台和臨時戲棚移至戲院舞台。從 1900 年代起，西環的太平戲院、中環的九如坊戲院、港島東的香港大戲院和利舞臺、九龍的普慶戲院、北河戲院和東樂戲院等相繼啟用，成為省港戲班經常演出的場地，觀眾人次不詳。

日佔政府沒有禁止文化節目公開演出，但嚴格規管節目的內容和電影的來源地，如 1942 年 6 月公布的香督令第二十二號規定所有電影和戲劇必須經過總督部檢閱和批准，方可上映或上演。日佔時期，除電影和戲劇外，還有「白話劇團」演出的話劇、香港交響樂團和日本軍樂團的演奏會等文化活動，但總督部的報告只提供電影院和電影觀眾的統計。

1943 年，香港島和九龍各有 12 間和 15 間電影院，容納逾千人入座的電影院共 11 家。該

20　2016 年 4 月 1 日至 12 月 31 日期間，何鴻燊天象廳是太空館唯一開放的設施。

年首映的電影共 129 部，包括日本電影 57 部，北京話和粵語電影各 58 部和 9 部，德國電影 3 部，法國和蘇聯電影各 1 部。根據日佔政府的統計，1943 年，按持票人計算，觀看電影的人次達 575.9 萬，即平均每月有近 48 萬人次（包括中國人 457,058 人次、日本人 21,973 人次和第三國人 840 人次），以當時 90 多萬人口計算，平均每人每年入場觀看電影 6.4 次。此外，日軍佔領香港後，指令粵劇戲班繼續演出，部分電影院兼上演粵劇。在港獻藝的名伶不少，包括新馬師曾、李海泉、白駒榮、張活游、白雪仙、余麗珍、鄭孟霞、唐雪卿等。雖然沒有觀眾統計數據，但根據報道，粵劇演出於 1942 年 1 月重開後便從未間斷，1943 年 8 月，為節省電力，戲院每日限演日夜各一場，1944 年 4 月再減至夜間一場，星期日可加開日場。

二戰後，《香港年報》指出，香港雖然缺乏公營的博物館、美術館、音樂廳、英語劇院等藝術場所，但不少民間團體一直主辦公開的音樂會、戲劇、畫展、攝影展，包括中英管弦樂團（1957 年改稱香港管弦樂團）借用學校場地舉行音樂會，香港戲劇學會、加利臣劇團（Garrison Players）和中國戲劇團體等經常舉辦演出活動，香港藝術會、香港攝影學會和香港中國美術會等經常舉辦展覽，由中英學會（Sino-British Club）舉辦的第一屆香港藝術節於 1955 年 4 月舉行。現有文獻缺乏此等文化活動的參與人數統計，只有零散的相關報道，如 1958 年的香港藝術節，假香港大球場舉行的慈善演出《神仙島》（These Fabulous Islands），吸引約 80,000 名觀眾。位於中環填海區的藝術節中心（Festival Centre）舉辦多項活動，共 71,930 人次購票參與。同年的香港學校音樂節，有約 12,000 名學生參與。1960 年的香港藝術節，共約 80,000 人次參與了假藝術節中心、劇院和演講廳舉行的活動。同年的香港學校音樂節，有約 10,000 名學生參與。粵劇方面，由於電影業發展蓬勃，戲院傾向播放電影和租予大型戲班演出。1950 年代至 1960 年代，荔園、啟德和荃灣等遊樂場建成啟用，內設粵劇舞台，為小型戲班提供演出機會。除私營戲院外，香港大會堂和新市鎮社區會堂亦成為戲班演出場地。1960 年代末至 1970 年代，隨着娛樂多元化和土地改建，粵劇戲院和觀眾數目曾大幅減少。其後，粵劇再次蓬勃，業餘曲社和劇團明顯增加，港府亦透過設立粵劇發展諮詢委員會和粵劇發展基金，配合各種途徑，推廣粵劇。

1970 年代，港府開始為藝術界別提供資助，包括市政局於 1973 年起資助香港藝術節，1976 年創辦亞洲藝術節，1977 年起接辦香港國際電影節，並負責撥款予四大主要藝團，即香港管弦樂團、香港中樂團、香港話劇團和香港芭蕾舞團。此外，1982 年成立的香港演藝發展局（1994 年改組為香港藝術發展局）則負責資助其他藝術團體。1980 年代起，港府開始制定具明確目標的文化政策，大型文化設施陸續落成。

1983 年至 2016 年間，康樂及文化事務署（及前市政總署和區域市政總署）舉辦、資助和

圖 4-9　2010 年 11 月，電子動態版《清明上河圖》在亞洲國際博覽館展出，參觀總人次達 93 萬。（攝於 2010 年，香港特別行政區政府提供）

圖 4-10　2013 年 11 月至 2014 年 4 月，香港科學館舉辦的「巨龍傳奇」展覽，在五個月的展期內接待了逾 77 萬觀眾，刷新了該館歷來館內專題展覽的參觀人次紀錄（該紀錄後來被 2017 年 6 月至 10 月的展覽「永生傳說——透視古埃及文明」打破）。（香港科學館提供）

合辦的戶內文化節目表演場數和參與人次，[21] 均有所起伏，表演場數由 1983 年的 1278 場增至 2000 年的 3879 場，其後回落至 2016 年的 3109 場。參與人次由 1983 年的 81.6 萬增至 2002 年的 170.8 萬，然後回落至 2016 年的 91.9 萬（見表 4-45）。

表 4-45　1983 年至 2016 年參與香港戶內文化節目人次統計表

年	人次	場數	年	人次	場數	年	人次	場數
1983	816,231	1278	1995	1,064,972	1777	2007	1,381,888	3845
1984	819,895	1385	1996	1,100,815	2295	2008	1,100,604	3482
1985	826,894	1386	1997	1,089,683	2174	2009	997,352	3365
1986	790,843	1256	1998	1,285,892	2499	2010	1,042,396	3628
1987	983,533	1901	1999	1,430,951	2794	2011	995,222	3324
1988	951,679	1905	2000	1,498,893	3879	2012	1,035,902	3382
1989	1,246,233	2490	2001	1,517,623	3802	2013	1,015,485	3513
1990	1,029,819	1695	2002	1,708,178	3814	2014	975,752	3357
1991	976,836	1762	2003	1,308,221	3748	2015	951,109	3189
1992	924,355	1657	2004	1,232,695	3572	2016	919,330	3109
1993	989,935	1504	2005	1,296,136	3695			
1994	989,935	1504	2006	1,337,310	3589			

資料來源：　政府統計處：歷年《香港統計年刊》。

3. 到訪公共圖書館人次

1869 年，舊香港大會堂落成啟用，內設香港最早的公共圖書館，當時又稱為「藏書樓」或「香港大書樓」，館藏來自幾所私人圖書館包括維多利亞圖書館（Victoria Library）、馬禮遜教育會及皇家亞洲學會（香港分會）（Royal Asiatic Society, Hong Kong Branch）等捐獻的書籍，總數約 8000 本，開放給市民免費閱讀，市民亦可找一位本地居民作擔保人辦理外借證件，早期的借閱人數每年約 1000 人，以外籍人士居多。1933 年舊香港大會堂正座拆卸，圖書館服務因此終止。根據 1900 年代至 1910 年代的不完整統計，到訪圖書館的非華裔人士多於華人，非華裔人士每年的到訪人次維持約 11,000 至 13,500，華人多只有 4000 至 6000（見表 4-43），這或由於華人識字率較低，以及館藏書籍和期刊以外文為主。

1944 年 9 月，日佔政府於原香港大學馮平山圖書館設立香港佔領地總督部立圖書館，同年 12 月在花園道梅夫人婦女會（The Helena May）設立其分館——「香港市民圖書館」，後

21　戶內文化節目和參與人次統計只包括康樂及文化事務署（及前市政總署和區域市政總署）舉辦、資助和合辦的管弦樂、器樂演奏會、演唱會及歌劇（自 2007 年 4 月起不包括轉由民政事務局資助的中英劇團、城市當代舞蹈團、香港芭蕾舞團、香港管弦樂團、香港小交響樂團及進念二十面體舉辦的節目）、戲劇、芭蕾舞及其他舞蹈、電影（自 2008 年不包括香港國際電影節）、中國戲曲、唱片音樂會、跨媒體藝術，以及觀眾拓展活動等戶內文化活動，但不包括場地租用者舉辦的活動。

者共有 85 個閱覽席，是日佔時期唯一的公共圖書館，只有日本人可外借藏書。日佔政府沒有公布此圖書館的使用人次。

二戰結束後至 1962 年前，為市民提供圖書借閱服務的，有私營文化機構如英國文化協會和皇家亞洲學會（香港分會）等，以及由私人開設的圖書館如位於上環般咸道的學海書樓，但都缺乏完整的使用者人次統計。《香港年報》偶有零散的報道，如在 1957 年報道英國文化協會的圖書館有過萬冊藏書和過百份期刊供公眾閱覽，每年有約 45,000 人次借閱。

大會堂公共圖書館在 1962 年啟用，至 2016 年，公共圖書館已發展成一個設有 68 間固定圖書館和 12 間流動圖書館的網絡，藏量約 1420 萬項。2015 年的登記讀者數目達 440 萬名，比 2005 年升 32%，這反映圖書館服務的潛在需求，但實際使用量卻朝相反方向發展。2000 年至 2016 年，市民親身到訪公共圖書館的人次呈先升後回落的趨勢：由 2000 年的 3,291.9 萬增至 2006 年的 4,409.3 萬後，便開始回落，2016 年為 3,746.4 萬（見表 4-46）。

表 4-46　2000 年至 2016 年到訪香港公共圖書館人次統計表

年	到訪人次	年	到訪人次	年	到訪人次
2000	32,918,502	2006	44,092,524	2012	40,457,280
2001	37,973,735	2007	42,270,493	2013	39,891,194
2002	42,155,014	2008	41,407,786	2014	38,752,374
2003	41,535,448	2009	43,627,574	2015	37,732,489
2004	43,242,515	2010	42,700,660	2016	37,463,611
2005	43,843,483	2011	42,105,295		

資料來源：　康樂及文化事務署數據。

此外，根據康樂及文化事務署在 2009 年進行的「香港公共圖書館意見調查」，在年滿 12 歲的人士中，48% 在過去一年沒有使用公共圖書館的服務或設施，這數字高於 2004 年調查所得的 38%。另根據立法會秘書處的分析，2013 年，在全港 18 區之中，較低收入地區的居民往往較常到訪圖書館，按人均計算到訪公共圖書館次數，[22] 全港的平均值為 5.0 次，最多的首五個地區為北區（7.7 次）、中西區（7.3 次）、油尖旺（6.5 次）、黃大仙（6.3 次）和深水埗（6.2 次），其中只有中西區屬於較高收入地區。

22　不包括中央圖書館和流動圖書館的到訪次數。

四、專業技術人員

英佔初年，專業技術人員的種類和數量不詳，其中以傳譯員（interpreter）有較多的記述，律師則有大律師名單可資參考。

傳譯員是當時相當重要的專業人員，由於港府的主要人員不諳中文，英語又是唯一的官方語言，為管治的需要，便依賴翻譯人員作為港府和市民之間的橋樑，時任官員歐德理認為，早期的各樣管治問題主要跟語言和翻譯有關。總登記官署於 1844 年成立，委任本為傳譯員的費倫（Samuel T. Fearon）為首任總登記官，此部門聘用不少傳譯員。法院亦是聘用較多傳譯員的機構，早期主要由非華裔人士擔當，如高和爾（亦名高三桂，Daniel R. Caldwell）曾兼任最高法院和裁判司署的傳譯員。自他離任後，法庭開始聘用華人傳譯員，如最高法院的唐亞植、李傑泰、唐亞區、韋亞光、容閎，小額錢債法庭的黃亞勝，裁判司署的伍亞發、伍亞秀、何亞來、范亞榮等。其後港府在更多部門安排傳譯員的職位。這是由於英語教育機構的發展，培養了華人精英分子，在傳教士學校修讀英文的華人學生，部分日後亦成為港府傳譯員。除英國人和華人外，葡萄牙人在澳門生活的歷史悠長，不少能操流暢粵語，他們在港府及外資洋行的翻譯工作中也佔有一定位置。

1877 年以前，在港的執業律師只由外國人擔任。容閎在 1856 年取得律師資格，但其任職申請受拒，不能執業。1877 年才出現香港第一位華人執業律師伍廷芳。1844 年至 1898 年，在獲得批准的 46 名大律師名單中，只有 3 名是華人。另在「獲准在香港最高法院出庭的代訴人、檢察官和事務律師的名單」上，67 個名字中有 3 位是華人。

日佔政府的 1943 年 5 月戶口普查有公布六個行業的技術人員數目。整體上，行業間存在極大差距，人數最多的工業有 6005 人，居第二位和第三位的商業和運輸業各有 1812 人和 1029 人，而農業、礦業和水產業更只有 116 人、121 人和 83 人。如按比例排序，最高仍是工業（9.2%），其餘依次則是礦業（8.8%）、運輸業（4.5%）、商業（1.2%）、水產業（0.4%）和農業（0.2%）。在各行業，中國籍技術人員佔中國人從事該行業總人數的比例，多低於日本人和其他外國人的相關比例，但行業間有明顯的分別：差距最大是工業，在此行業，中國、日本和其他外國籍技術人員的佔比是 9.0%、42.3% 和 23.6%。差距較小是運輸業，三者的佔比是 4.5%、6.1% 和 4.7%（見表 4-47）。日佔政府沒有公布技術人員的相關人口社經背景數據。現有文獻沒有二戰結束後至 1950 年代的官方統計。

1961 年至 2016 年，專業技術人員是指在「國際標準職業分類」中屬「專業人員」或「輔

表 4-47　1943 年 5 月按行業和國籍劃分香港技術人員統計表

行業	技術人員	國籍			總計
		中國	日本	其他	
工業	人數（人）	5838	146	21	6005
	百分比	9.0	42.3	23.6	9.2
商業	人數（人）	1770	15	27	1812
	百分比	1.1	0.8	4.4	1.2
運輸業	人數（人）	1000	23	6	1029
	百分比	4.5	6.1	4.7	4.5
農業	人數（人）	113	3	0	116
	百分比	0.2	16.7	0.0	0.2
礦業	人數（人）	112	8	1	121
	百分比	8.4	22.9	16.7	8.8
水產業	人數（人）	74	9	0	83
	百分比	0.4	7.7	0.0	0.4

注：百分比是指某國籍技術人員佔該國籍人士從事該行業總人數的比例。按國籍劃分的行業人數見表 3-89。
資料來源：　東洋經濟新報社編：《軍政下の香港》。

表 4-48　1961 年至 2016 年若干年份按性別、教育程度和職業劃分香港專業技術人員的就業人口統計表

背景		1961	1971	1976	1981	1986	1991	1996	2001	2006	2011	2016
性別												
男性	人數（萬人）	3.9	4.5	6.0	8.9	12.5	23.3	30.2	38.0	40.5	50.6	58.5
	百分比	4.6	4.3	5.0	5.8	7.6	13.8	16.5	20.9	22.5	27.7	30.8
女性	人數（萬人）	2.2	3.6	4.3	5.4	9.5	14.7	21.9	29.8	34.2	42.0	44.9
	百分比	6.3	7.0	6.6	6.4	9.6	14.3	18.2	20.8	21.9	24.4	24.3
教育程度												
小學及以下	人數（萬人）	不詳	不詳	不詳	0.4	0.5	0.2	0.1	0.1	0.5	1.2	1.3
	百分比	不詳	不詳	不詳	0.3	0.5	0.2	0.2	0.3	1.1	3.0	3.5
中學	人數（萬人）	不詳	不詳	不詳	5.6	10.1	17.9	21.4	29.0	25.9	27.1	24.7
	百分比	不詳	不詳	不詳	5.2	7.1	11.5	11.8	14.6	13.7	14.4	13.4
專上	人數（萬人）	不詳	不詳	不詳	8.4	11.5	19.9	30.6	38.7	48.3	64.3	77.5
	百分比	不詳	不詳	不詳	44.7	49.3	51.8	51.5	54.8	47.8	51.1	50.1
職業												
專業人員	人數（萬人）	不詳	不詳	不詳	不詳	不詳	9.9	15.2	18.0	20.5	23.1	26.5
	百分比	不詳	不詳	不詳	不詳	不詳	3.7	5.0	5.5	6.1	6.5	7.0
輔助專業人員	人數（萬人）	不詳	不詳	不詳	不詳	不詳	28.0	36.9	49.9	54.2	69.5	77.0
	百分比	不詳	不詳	不詳	不詳	不詳	10.3	12.1	15.3	16.1	19.6	20.5
總計												
	人數（萬人）	6.1	8.0	10.2	14.4	22.1	37.9	52.1	67.8	74.8	92.6	103.5
	百分比	5.1	5.2	5.5	6.0	8.3	14.0	17.1	20.8	22.2	26.1	27.5

注：中學含預科。職業按以「國際標準職業分類」為藍本的分類編製，1961 年至 1971 年按「1958 年版」，1976 年至 1986 年按「1968 年版」，1991 年至 2006 年按「1988 年版」，2011 年及以後按「2008 年版」。由於職業分類改動，1986 年及以前沒有區分「專業人員」及「輔助專業人員」，統稱為「專業及專門技術人員」。
資料來源：　歷年人口普查和中期人口統計；Census and Statistics Department, *Hong Kong Annual Digest of Statistics: 1985 Edition*；*Hong Kong Annual Digest of Statistics: 1989 Edition*。

助專業人員」者。[23] 1961 年，專業技術人員只有 6.1 萬人，佔就業人口 5.1%，其後持續上升，到 2016 年，專業技術人員有 103.5 萬人，佔就業人口 27.5%（見表 4-48）。

1961 年至 1996 年，女性就業人士成為專業技術人員的比例較男性高，女性的比例由 6.3% 升至 18.2%，男性則由 4.6% 升至 16.5%。自 2001 年起，男性就業人士成為專業技術人員的比例超過女性，男性的比例由 20.9% 升至 2016 年的 30.8%，女性只由 20.8% 升至 24.3%。

高學歷人士成為專業技術人員的比例明顯高於中等學歷和低學歷人士。1981 年至 2016 年，具專上學歷人士任職專業技術人員的比例由 44.7% 升至 50.1%，具中學學歷者的相應比例為 5.2% 和 13.4%，具小學及以下學歷者則為 0.3% 和 3.5%。

在專業技術人員中，專業人員的數目一直少於輔助專業人員。1991 年，專業人員有 9.9 萬人，輔助專業人員有 28.0 萬人，各佔就業人口的 3.7% 和 10.3%。其後，兩者同步增長，2016 年時，專業人員增至 26.5 萬人，輔助專業人員增至 77.0 萬人，各佔就業人口的 7.0% 和 20.5%。

23 政府統計處以「國際標準職業分類」為藍本，並按香港情況來編制職業分類。專業人員包括合資格的專業科學家、醫生、牙醫及其他醫療專業人員；建築師；測量師及工程師；時裝設計家、珠寶設計家、大學及專上學院的校長、院長、教職員及行政人員；中學校長及教師；統計師；數學家；電腦系統分析員及程序編寫員；律師及法官；會計師；商界顧問及分析員；社會工作者；社會工作助理；翻譯員及傳譯員；新聞編輯及新聞記者；作家；圖書館管理員及宗教活動專業人員。輔助專業人員包括科學技術員、護士及助產士、牙科助理及其他保健輔助專業人員；建築、測量及工程技術員；光學及電子儀器控制員；船隻領航員及空中交通指揮員；小學及幼稚園／幼兒院校長及教師；統計助理；電腦操作員；法律文員；會計督導員；公共關係主任；營業代表；室內設計家；屋邨經理；警隊及其他紀律部隊的警司、督察及主任；藝人及運動員。

第五章
婚姻與家庭

在香港，傳統的婚姻制度和習俗與中原地區大同小異，既有大婚、小婚和招贅婚，亦重視女子從一而終、門當戶對等規範。從 1840 年代至 1960 年代，香港同時施行兩種婚姻法規，一為港府制定的《婚姻條例》，二為《大清律例》和我國傳統習俗，1930 年代再增加《中華民國民法》對婚姻的規定。1971 年 10 月實施《1970 年婚姻制度改革條例》後，中國式婚姻包括舊式婚姻、納妾制度、童婚等被廢止，法例認可的婚姻關係為香港登記婚姻、海外登記婚姻，以及 1971 年 10 月 7 日前締結的舊式婚姻和新式婚姻。

香港居民的婚姻狀況於 1911 年至 2016 年間呈現明顯的變化，已婚者和喪偶者的比例持續下降，從未結婚和離婚或分居者的比例則上升，這趨勢反映男女兩性均趨向遲婚或不婚。從未結婚人士中，男性的比例一直高於女性，但差距趨向縮小。高學歷從未結婚女性的比例明顯高於低學歷者，男性的相應差距較小。從未結婚人士的就業收入一般較曾經結婚者低。

香港的結婚數目於 1840 年代至 1930 年代每年多為不足 200 宗，這與當時的人口規模相比，比例明顯偏低，主因是華人結婚多採用傳統習俗，不向政府登記。直至二戰後，登記結婚數目才持續增加。自 1970 年代有相關紀錄起，登記結婚者以雙方均屬初婚為主，但再婚的比例明顯上升。兩性的結婚率和結婚年齡變化則一致，差異模式亦相當穩定，即結婚率先降後回升，結婚年齡不斷上升，男性的結婚比率和年齡均高於女性，但兩性的初婚年齡差距逐漸收窄。

香港居民與內地居民結婚於 1940 年代前甚為平常，其後則隨民眾不能自由往返兩地而減少。自 1980 年代起，跨境婚姻有所增加，早期以在內地登記和香港人娶內地新娘居多，其後在香港登記和香港人嫁內地新郎的佔比明顯增加。香港女性與內地男性結婚時，雙方的年齡差異一般較少，而香港男性與內地女性結婚時，新郎普遍比新娘年長甚多。內地新郎及新娘均以具中學學歷為主。

香港在英佔時期之前，居民與外國人或非華裔人士結婚的情況基本不存在。英佔初年，有三類涉及跨國或跨種族婚姻的社群較受關注，即「涉外婚婦」、「豬仔」婚姻和中印婚姻。從 2001 年起，可根據人口普查數據計算跨種族婚姻的比率，結果顯示此比率一直很低，整體而言，男性和女性的比率相差不遠，按種族劃分後則顯出差異，主要是白人和巴基斯坦人男性的跨種族婚姻比率高於女性，而泰國、印尼、菲律賓、日本和韓國人的情況都適好相反。

香港居民的婚姻關係一直可透過不同的方法解除，傳統婚姻是透過「和離」、「休妻」或「義絕」。從英佔時期起，亦可向法庭訴請離婚，1972 年開始允許「無過失離婚」。從 1970 年代有較完整紀錄起，離婚申請、離婚判令、粗離婚率和一般離婚率均大幅增加，以粗離婚率為例，1972 年時每千名人口有 0.09 人離婚，2016 年增至 2.34 人。離婚或分居女性的數目和比例增幅，均高於男性，這與離婚男性再婚的傾向高於離婚女性有關。

對於喪偶和再婚，1910 年代開始有官方的統計，歷年的資料顯示寡婦和鰥夫的比例懸殊，寡婦的數目和比例持續高於鰥夫，這主要因為男性比女性早逝、喪偶男性再婚的傾向高於喪偶女性，以及男性傾向與較自己年輕的女性結婚有關。中國人雖推崇不事二夫，但沒有禁止女性再婚。再婚情況愈趨普遍，在登記結婚數目中，再婚的佔比由 1971 年的 1.7% 升至 2016 年的 34.6%，兩性的再婚人數都大幅增加，女性再婚的增幅尤其明顯。

自 1870 年代有紀錄起，家庭數目基本呈增加趨勢，但進入二十一世紀後，其增長率開始下降，住戶規模亦不斷縮小，每戶平均人數由歷史文獻記載的 5 人至 6 人、二十世紀初新界的 4.6 人、1961 年的 4.4 人，降至 2016 年的 2.8 人，這清楚呈現家庭住戶小型化的趨勢。港府於 1970 年代起陸續統計家庭住戶的結構、收入和房屋類型，結果顯示核心家庭是主流的形態，單人住戶亦有所增加，兩者都是導致住戶規模縮小的原因。住戶收入中位數雖錄得增幅，但人口老化令收入差距擴大。約半數住戶居於私人永久性房屋，三成多居於公營租住房屋，兩者的佔比歷年變化不大，但居於資助自置居所的住戶明顯增加，居於臨時房屋者則大幅減少。

第一節　婚姻制度與習俗

香港位處華南邊陲，傳統的婚姻制度與中原地區大同小異。兩者相同的是婚姻都分為大婚、小婚和招贅婚等三種基本方式：大婚是男女雙方按照傳統禮俗訂立的婚姻；小婚是收養童媳，長大後完婚；招贅婚是招婿入贅，婚後住在女家，所生孩子多隨母姓。其他婚姻習俗如女子「從一而終」、重視「門當戶對」、「良賤不成婚」等社會規範，也和中原地區相若。以納妾為例，傳統婚姻容許男性有條件地納妾，如《大明律》規定「其民年四十以上無子者，方許娶妾」。據《清稗類鈔》〈風俗類〉記載，粵人有七好，好蓄妾乃其一，「僅免饑寒者即置一姬，以備驅使。⋯⋯其小康者，則置二妾或三妾，一切役務，均委之若輩」。妾侍多屬侍婢出身，習慣以妾侍擔任烹調浣濯縫紉等家務，甚至清潔廁所等差役，以節省聘用女傭的費用。至於香港與中原地區的差異方面，主要源於華南的地方風俗，其中「不落家」和「自梳女」兩者較為特別。「不落家者，即云女子已嫁，不願歸男家也。」即是妻子婚後不居夫家，亦有於婚盟中列明妻子婚後可回娘家居住若干年，但期滿或懷孕後仍須到夫家定居。自梳女則是未婚女性透過「自梳」（亦稱「梳起」）儀式易辮而髻，立誓終身不婚，然後搬到「姑婆屋」或庵堂居住。這種風氣在香港地區也存在。[1]

傳統婚姻是透過婚禮儀式確立法定關係。除「三書六禮」、「明媒正娶」等傳統程序外，香

1　詳見《香港志 · 族裔與家庭卷》。

港四大民系的婚俗，各有其一定特色。新界本地人的儀式承襲傳統婚俗，包括過大禮、鋪床、上頭、迎娶、新娘回門和拜祖先等禮俗。清嘉慶《新安縣志》〈輿地略 · 風俗〉記載，民眾「婚姻必以檳榔、蔞葉、茶果之屬，曰過禮」，大婚之日「不親迎，昏夕即廟見」。據學者研究，新界厦村鄧族的婚禮至今仍保留類似的禮俗。儀式持續三日三夜，由新娘嫁入男家前一天的黃昏開始，先是男家設宴款待鄉親，翌日早上由未婚男丁到女家迎親，新娘到夫家後會到祠堂祭祖，再回夫家拜祖先和向長輩敬茶，第三天，新娘會返回娘家，此即「三朝回門」，並在入黑前返回夫家。

客家人在新娘出嫁時，有「揍媒婆」習俗，此即在戲弄媒婆之時，旁觀的親友則幫忙把新娘送上花轎。抵達男方村落後，會有婦女拿着放了花生、蓮子、紅棗、龍眼乾、松柏和筷子的竹篩迎接新娘，寓意婚後生活甜蜜，早生貴子。婚禮中有舞麒麟祝賀新人、祠堂告祖、宣讀祝章、上頭和玩新娘等環節。將軍澳馬游塘村立村約 200 年，村內一向有舉行客家傳統婚禮。

水上人的婚禮亦包括過大禮、接新娘和婚宴等環節，過去是採用船艇作嫁娶時的交通工具和儀式場地，婚宴亦多在禮舫上舉行。疍家人舉行婚禮前，由喃嘸先生為新人舉行「脱褐」儀式，即脱去舊衣，象徵潔淨和長大成人。新娘進行「點燭上頭」儀式，並與親友對唱，部分採用「回腳步」習俗，先於男家拜神、向長輩敬茶，之後返回娘家。新郎進行「賀大字」儀式，即把新郎婚後的名字寫在紅紙上，象徵長大成人。龍船舞是鶴佬婚嫁的特色，為模擬昔日男家搖船接新娘的情境。男家的女眷穿上花式衣服和帽子，並佩帶各種飾物，組成龍船隊，隊長在前方揮動樹枝，引領隊員隨鑼鼓聲一面在陸上扒龍船，一面唱歌吶喊，以熱鬧的氣氛迎接新娘和陪伴新人回男家。

根據學者的觀察，在十九世紀中期，九龍的客家和本地氏族通婚，情況十分平常。然而，水上人仍被視為賤民，一般所謂的「良民」，不論其為本地還是客家，都不會跟水上人通婚。至於疍家和鶴佬水上人之間，因為語言不通和習俗不同，兩者也互不通婚。這情況一直延續到 1950 年代，1957/58 年度新界理民府的報告仍指出，新界不少本地男性娶客家女性為妻，客家男性娶本地女性為妻則甚罕見。此外，陸上居民與水上人之間依然甚少通婚。

從英佔初年到太平洋戰爭前夕，在香港施行的婚姻法規有三種，一為港府訂立的《婚姻條例》，二為《大清律例》和我國傳統習俗，三為國民政府訂立的《中華民國民法》中對婚姻的規定。

港府於太平洋戰爭前制定的婚姻法主要適用於居港洋人或西化華人。1852 年 3 月通過的《1852 年婚姻條例》（*Marriage Ordinance, 1852*），規定按基督教婚禮結婚者須事前向婚姻登記官（Marriage Registrar）遞交擬結婚通知書，年齡在 21 歲以下者，須取得父母或監護人同意。華人則可沿用其傳統婚嫁禮俗。1875 年 4 月通過的《1875 年婚姻條例》，規定由總登記官（Registrar General）辦理基督教人士的婚姻登記。婚禮除在特許禮拜場所由神職人員主持外，總登記官也可擔任監禮人。《婚姻條例》之後多次修訂，婚姻登記的適用範圍陸續擴大，1896 年擴至非基督徒，1910 年擴至香港出生或定居華人，1932 年擴至所有自願終身結合的人士。在此時期，居港華人主要按照《大清律例》和傳統習俗締結婚姻，被港府稱為「舊式婚姻」（customary marriage）。港府承認此種婚姻，這源於 1841 年英軍登陸香港後頒布的公告，其中確認「凡有禮儀所關，鄉約律例，率准仍舊」。舊式結婚認可童婚，亦容許納妾，這有別於《婚姻條例》的一夫一妻制。舊式婚姻由「父母之命，媒妁之言」決定，結婚儀式、程序按《禮記》〈昏義〉所載的「六禮」進行。[2] 從 1930 年代起，港府也承認依據國民政府於 1930 年頒布的《中華民國民法》第四編親屬締結的「文明結婚」，此類新式婚禮是以婚姻自主和證婚儀式取代「父母之命，媒妁之言」和宗族尊長的主婚。

日佔政府沒有設立婚姻登記部門。中國人按照《大清律例》和傳統習俗締結的舊式婚姻、外國人的基督教婚禮或相等的世俗婚禮，均獲官方承認。報章上刊登的結婚啟事多寫道：「時值非常　一切從簡　謹此敬告各親友」。由於實行糧食配給制度，締結婚姻須遵從人口遷移的行政手續，更改戶口及其糧食配額。

港府於 1970 年 7 月通過《1970 年婚姻制度改革條例》，對舊式婚姻、妾侍制度、新式婚姻、婚姻的解除作出規定。條例於翌年 10 月 7 日實施，自此，中國式婚姻包括舊式婚姻、納妾制度等全部被廢止，香港法例認可的婚姻關係有以下幾類：一、香港登記婚姻，自 1971 年 10 月 7 日起，必須是「一男一女自願終身結合，不容他人介入，而且只可按照《婚姻條例》（第 181 章）而締結」，一些條件下的婚姻是無效的，如婚姻雙方的血親或姻親關係是在親等限制之內、任何一方不足 16 歲或在結婚時已經合法結婚等；二、海外登記婚姻，海外合法註冊的婚姻一般可獲得香港承認；三、1971 年 10 月 7 日前締結的舊式婚姻和新式婚姻。

在實施《1970 年婚姻制度改革條例》前，香港華人一直有童婚的習俗，主要是童養媳，俗稱「新抱仔」，由男家買女孩回家撫養、為男家幹活、長大後與未婚夫完婚，婚禮相對簡單。也有父母把「新抱仔」留在娘家生活，到十多歲時才由夫家迎娶過門。如男方在結婚前去世，女孩可返回娘家，她可以再婚，亦可留在夫家守寡。如女孩未過門已逝，男家會承擔責任，為她辦理喪事。十九世紀後期，童婚情況相當普遍。二十世紀初的政府報告指出，童婚於貧窮的客家村落盛行。家長為免日後兒子無法娶得媳婦，在男嬰出生後便購買「新抱仔」。此外，農業社會需要大量勞動力，加上男性往往外出工作，透過買「新抱仔」

2　六個禮法程序為「納采、問名、納吉、納徵、請期……拜迎於門外」。

可以補充家庭的勞動人口。學者的研究顯示，本地氏族也會買賣「新抱仔」。例如陶姓為新界屯門大族，其編製的帖式當中，有教授如何立契買賣男女。

第二節　婚姻狀況

港府統計居民的婚姻狀況，始於 1911 年，之前的情況因缺乏資料，無從考究。根據 1911 年、1921 年和 1931 年的人口普查，無論陸上或水上華人，已婚者和喪偶者的比例在此期間都下降，未婚者的比例則明顯上升。陸上人口中，已婚者由 1911 年的 65.7% 降至 1931 年的 48.7%，喪偶者由 5.7% 降至 4.9%，未婚者由 28.6% 升至 46.4%。同期的水上人口中，已婚者由 55.3% 降至 46.0%，喪偶者由 5.5% 降至 2.4%，未婚者由 39.3% 升至 51.5%。非華裔人口的婚姻狀況亦呈相若的趨勢，已婚者由 1911 年的 48.6% 降至 1931 年的 40.1%，喪偶者由 6.2% 降至 3.6%，未婚者由 45.2% 升至 56.3%。根據 1921 年和 1931 年人口普查報告的分析，英籍已婚人士的減少，主要由於中年女性多已陪伴子女回英國就學，年屆 55 歲的男性亦多回英國退休。至於印度裔人士和葡萄牙人則較多在香港定居，其子女多數仍未到達結婚年齡（見表 5-1）。

現有文獻沒有 1940 年代和 1950 年代的官方統計。

自 1960 年代起，半數以上的 15 歲及以上人士已婚，但比例逐漸下降，由 1961 年的 64.9% 降至 2016 年的 58.4%，女性的降幅比較明顯，由 67.6% 降至 55.6%，男性雖曾由 1961 年的 62.3% 降至 1981 年的 54.0%，但後來回升至 2016 年的 61.7%。此外，離婚或分居的比例有所增加，雖然不足一成，但由 1961 年的 0.6% 升至 2016 年的 5.1%，當中以女性的升幅較大，由 0.6% 升至 6.3%，男性則由 0.6% 升至 3.7%（見表 5-2）。人口的性別分布和年齡結構對婚姻狀況的統計數字有所影響。因此政府統計處曾運用標準化百分比，即根據 2016 年中期人口統計參考時刻的人口年齡及性別分布情況作為標準，計算有關比例。由 1991 年至 2016 年，扣除外籍家傭，15 歲及以上從未結婚男性的標準化百分比由 25.8% 升至 32.4%，女性的從未結婚標準化百分比由 18.3% 升至 28.0%。這上升趨勢反映男女均趨向遲婚或不婚。同期間，已婚男女的標準化百分比均持續下降，已婚男性由 69.0% 降至 61.7%，已婚女性由 65.2% 降至 55.3%。喪偶男女的標準化百分比亦見下降，男性由 3.9% 減至 2.2%，女性由 14.9% 減至 10.6%。離婚或分居男女的標準化百分比則有所上升，男性由 1.3% 升至 3.7%，女性由 1.6% 升至 6.1%。

在 1960 年代，大多數 25 歲及以上人士已婚。然而，25 歲至 44 歲人士的已婚比例明顯下降，尤其是 25 歲至 34 歲人士。1961 年至 2016 年間，25 歲至 34 歲人士的已婚比例由 71.6% 跌至 39.6%，35 歲至 44 歲人士由 87.3% 降至 72.2%。與此同時，15 歲至 24 歲人士的已婚比例由 18.4% 降至 2.5%，45 歲及以上人士的已婚比例一直超過七成。這些變化反映香港人愈來愈晚婚（見表 5-3，圖 5-1）。

表 5-1 1911 年至 1931 年若干年份按種族、陸上／水上、婚姻狀況和性別劃分香港人口統計表

單位：人

種族	婚姻狀況	1911			1921			1931		
		男性	女性	合計	男性	女性	合計	男性	女性	合計
華人										
陸上人口	已婚	136,863	68,451	205,314	176,008	100,468	276,476	211,302	154,332	365,634
	未婚	70,210	19,090	89,300	157,163	88,694	245,857	213,813	134,509	348,322
	喪偶	4682	13,118	17,800	4834	24,990	29,824	3484	33,028	36,512
水上人口	已婚	13,400	8772	22,172	16,366	10,394	26,760	18,760	12,961	31,721
	未婚	12,859	2888	15,747	19,281	12,044	31,325	21,699	13,829	35,528
	喪偶	858	1331	2189	1182	2071	3253	421	1263	1684
非華裔										
歐美人	已婚	919	802	1721	1783	1389	3172	1912	1788	3700
	未婚	1242	495	1737	2819	1642	4461	2281	1716	3997
	喪偶	44	88	132	106	152	258	72	153	225
葡萄牙人	已婚	323	374	697	274	302	576	427	457	884
	未婚	312	355	667	597	706	1303	1021	1064	2085
	喪偶	31	179	210	27	151	178	40	172	212
其他族裔	已婚	1572	399	1971	642	520	1162	1712	911	2623
	未婚	1347	329	1676	997	694	1691	2640	1397	4037
	喪偶	140	79	219	21	73	94	77	137	214

注：1911 年，非華裔人士只包括 15 歲及以上人口。其他族裔有 33 名印度裔人士的婚姻狀況不詳（男 32 人，女 1 人）。1921 年，歐美人為英國人，其他年份為英、美和其他歐洲人。1921 年非華裔人士以國籍劃分。1921 年華人水上人口不包括新界北約。1931 年水上華人包括商船船員及軍人。1931 年，陸上華人有 3 名（男 2 人，女 1 人）離婚人士及 2025 名（男 1936 人，女 89 人）露宿者婚姻狀況不詳。非華裔人士有 35 名離婚人士，包括 31 名歐美人（男 17 人，女 14 人）、2 名葡萄牙人（男 1 人，女 1 人）、2 名其他族裔男性。

資料來源： 歷年人口普查報告。

表 5-2 1961 年至 2016 年若干年份按性別和婚姻狀況劃分香港 15 歲及以上人口統計表

性別和婚姻狀況	1961	1966	1971	1976	1981	1986
男性						
從未結婚	35.3	38.9	42.6	43.5	43.2	39.7
已婚	62.3	59.2	55.5	54.4	54.0	56.9
喪偶	1.8	1.5	1.6	1.5	2.1	2.4
離婚或分居	0.6	0.4	0.4	0.6	0.6	1.0
總人數（人）	943,764	1,083,560	1,280,482	1,530,510	1,961,803	2,122,826
女性						
從未結婚	18.7	25.2	29.5	31.8	32.6	30.4
已婚	67.6	61.9	61.7	59.4	56.0	57.4
喪偶	13.1	12.5	8.4	8.3	10.7	11.1
離婚或分居	0.6	0.4	0.3	0.5	0.7	1.1
總人數（人）	908,849	1,092,500	1,248,244	1,477,110	1,787,250	2,026,224
合計						
從未結婚	27.2	32.0	36.2	37.7	38.2	35.2
已婚	64.9	60.6	58.6	56.9	55.0	57.1
喪偶	7.3	7.0	5.0	4.8	6.2	6.6
離婚或分居	0.6	0.4	0.3	0.6	0.6	1.0
總人數（人）	1,852,613	2,176,060	2,528,726	3,007,620	3,749,053	4,149,050

注：1966 年不包括居於軍營、醫院、精神病院和監獄人士。
資料來源： 歷年人口普查和中期人口統計報告；政府統計處：歷年《香港統計年刊》。

表 5-3 1961 年至 2016 年若干年份按年齡組別和婚姻狀況劃分香港 15 歲及以上人口統計表

年齡組別（歲）	婚姻狀況	1961	1966	1971	1976	1981
15-24	從未結婚	81.4	90.1	90.4	89.4	89.1
	已婚	18.4	9.8	9.6	10.6	10.7
	喪偶	0.1	0.1	0.0	0.0	0.0
	離婚或分居	0.1	0.1	0.0	0.0	0.1
	總人數（人）	367,838	571,770	764,197	949,330	1,147,757
25-34	從未結婚	27.1	26.4	32.3	34.0	33.6
	已婚	71.6	72.8	67.2	65.5	65.5
	喪偶	0.8	0.4	0.3	0.2	0.3
	離婚或分居	0.5	0.3	0.2	0.3	0.6
	總人數（人）	517,117	439,970	406,349	558,500	882,195
35-44	從未結婚	8.1	6.9	9.4	9.2	9.2
	已婚	87.3	90.1	88.3	88.7	88.3
	喪偶	3.7	2.5	1.7	1.3	1.5
	離婚或分居	0.8	0.6	0.5	0.8	1.0
	總人數（人）	437,991	484,330	500,670	463,730	483,387
≥45	從未結婚	5.4	4.7	5.3	5.2	5.4
	已婚	72.0	74.3	80.7	80.4	75.5
	喪偶	21.6	20.5	13.5	13.3	18.0
	離婚或分居	1.0	0.5	0.5	1.1	1.0
	總人數（人）	529,667	679,990	857,510	1,036,060	1,235,714

注：1966 年不包括居於軍營、醫院、精神病院和監獄人士。
資料來源： 歷年人口普查和中期人口統計報告；政府統計處：歷年《香港統計年刊》。

單位：%

1991	1996	2001	2006	2011	2016
男性					
36.5	34.2	33.9	34.3	33.5	32.4
60.2	62.0	61.7	60.8	61.2	61.7
2.2	2.2	2.2	2.2	2.1	2.2
1.1	1.6	2.1	2.8	3.2	3.7
2,212,947	2,511,854	2,710,987	2,788,405	2,876,767	2,947,073
女性					
29.0	28.9	30.1	30.7	29.9	28.2
59.8	59.3	57.2	55.1	54.8	55.6
9.8	9.6	9.4	9.4	9.7	9.9
1.4	2.2	3.3	4.7	5.5	6.3
2,157,418	2,554,664	2,887,985	3,136,266	3,371,249	3,559,057
合計					
32.8	31.5	31.9	32.4	31.6	30.1
60.0	60.6	59.4	57.8	57.7	58.4
5.9	5.9	6.0	6.0	6.2	6.4
1.2	1.9	2.7	3.8	4.5	5.1
4,370,365	5,066,518	5,598,972	5,924,671	6,248,016	6,506,130

單位：%

1986	1991	1996	2001	2006	2011	2016
91.4	93.4	94.0	95.7	97.1	97.5	97.4
8.5	6.5	5.8	4.1	2.8	2.3	2.5
0.0	0.0	0.0	0.0	0.0	0.0	0.0
0.1	0.1	0.1	0.1	0.1	0.1	0.1
1,012,859	839,841	869,511	920,445	909,005	875,234	785,981
37.5	41.0	45.0	51.2	56.8	58.6	58.1
61.4	58.0	53.4	46.8	40.9	39.0	39.6
0.3	0.2	0.2	0.2	0.2	0.2	0.2
0.9	0.9	1.4	1.9	2.1	2.2	2.2
1,097,828	1,178,288	1,188,424	1,108,529	1,052,126	1,084,120	1,087,468
9.3	11.1	13.4	16.4	21.0	21.7	21.3
87.9	86.0	82.8	78.9	73.0	71.6	72.2
1.2	1.0	0.9	0.7	0.8	0.8	0.7
1.7	2.0	3.0	4.0	5.2	5.8	5.7
647,402	891,032	1,178,522	1,360,487	1,248,855	1,135,285	1,141,098
4.5	4.6	4.8	5.2	6.5	7.5	9.1
74.9	76.7	77.1	76.8	75.8	74.6	72.3
19.1	17.0	15.7	14.6	12.7	12.0	11.6
1.5	1.7	2.4	3.5	5.0	6.0	7.0
1,390,961	1,461,204	1,830,061	2,209,511	2,714,685	3,153,377	3,491,583

圖 5-1　1961 年至 2016 年若干年份按年齡組別和婚姻狀況劃分香港 15 歲及以上人口

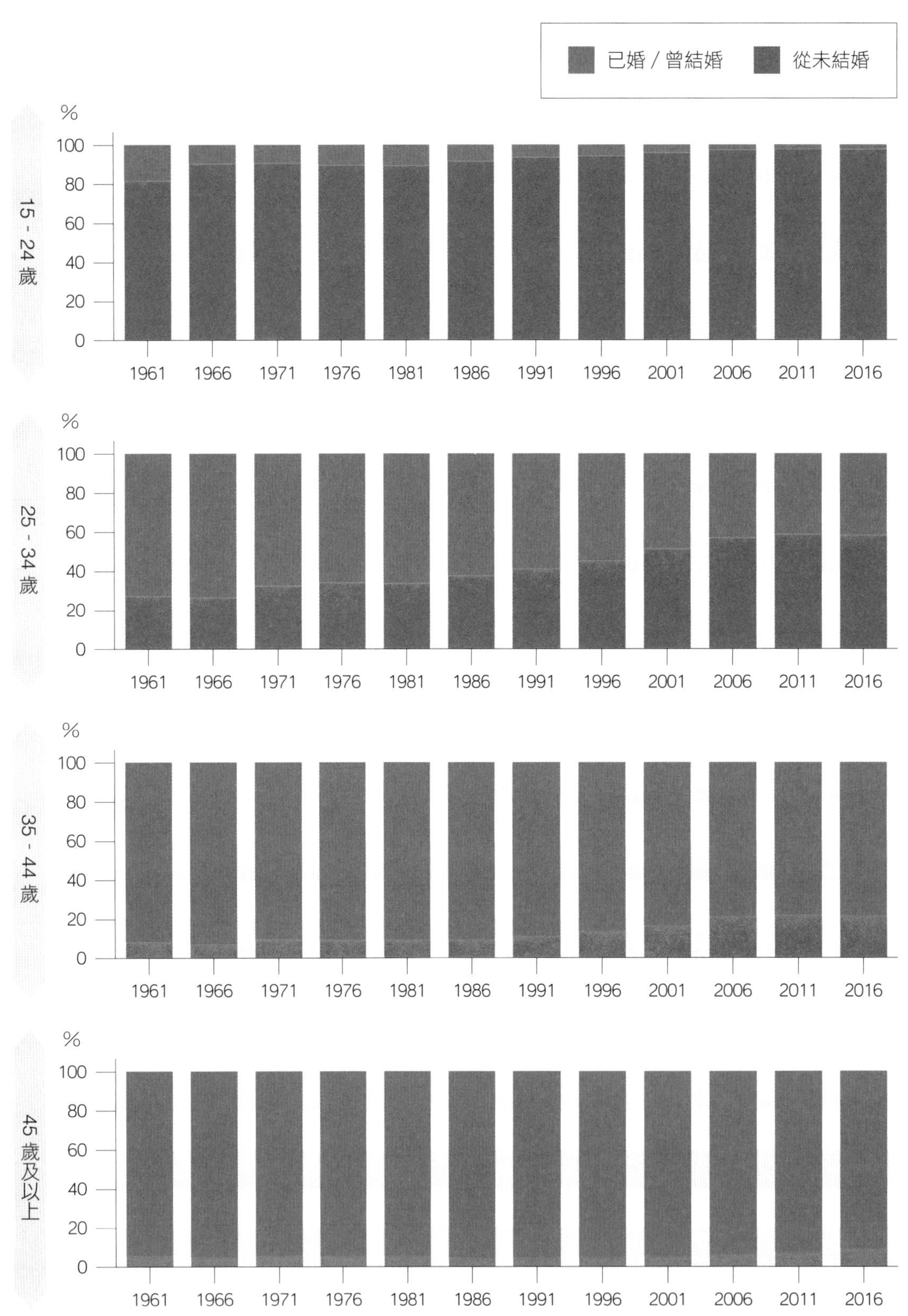

資料來源：　歷年人口普查和中期人口統計報告；政府統計處：歷年《香港統計年刊》。

第三節　從未結婚人口

一、從未結婚人口的數目

二十世紀前，對從未結婚人口沒有可供參考的統計資料，只能從一些相關的記載推斷大概情況。從未結婚的華人中，「自梳女」或「媽姐」是較受關注的女性社群。在廣東，很早便出現不婚的自梳女，她們多是絲廠女工，具經濟獨立能力。清咸豐《順德縣志》記載：「鄉中處女，每與里女結為姊妹，相為依戀，不肯適人。」自十九世紀中起，華南地區不少商賈為逃避戰亂，南下香港，他們家境富裕，僱用傭僕打理家務，形成對家傭的需求，內地女性也陸續來港工作。1930 年代，人造絲興起，廣東蠶絲業衰落，部分自梳女轉當家傭，其中有來港甚至出國工作者。在香港當家傭的被稱為「媽姐」或「馬姐」，束長辮子、白色上衣、黑色褲子是她們的標記。除華人外，洋人也會聘用「媽姐」，但現有文獻沒有關於自梳女和「媽姐」的統計。

英佔初年，香港島的男女比例嚴重失衡，人口以男性居多，1844 年的人口性別比率為每千名女性對 5162 名男性，其後情況有所改善，但直至 1897 年仍為每千名女性對 2387 名男性（見表 3-2，表 3-3）。1900 年代至 1940 年代初，兩性比例漸趨平衡（見表 3-4）。此時期的人口普查結果顯示，未婚華人的數目大幅增加，由 1911 年的 105,047 人，增至 1921 年的 277,182 人和 1931 年 383,850 人，在這三年，華人人口中未婚者的比例為 29.8%、45.2% 和 46.8%。非華裔人口之中，未婚者的數目由 1911 年的 4080 人，增至 1921 年的 7455 人和 1931 年 10,119 人，在非華裔人口中的相應比例為 45.2%、57.8% 和 56.3%（見表 5-1）。

1961 年至 2016 年間，從未結婚人口的比例先升後回落。1961 年，從未結婚人口佔 15 歲及以上人口的 27.2%（約 50 萬人），其後增至 1981 年的 38.2%（約 143 萬人），之後降至 2016 年的 30.1%（約 196 萬人）（見表 5-2）。

二、從未結婚人口的人口社經特徵

十九世紀中葉，自梳女的習俗已經形成，珠江三角洲地區的繅絲業加強了自梳女的經濟獨立能力，不婚的女性有所增加。一般認為，自梳女多來自貧窮家庭，這些家庭要靠女兒賺錢養家。不過在廣東番禺、南海、中山、順德一帶，小部分自梳女是來自富裕家庭，由父輩供養。香港的自梳女多來自順德，情況和華南其他地區相近。

根據 1911 年至 1931 年的人口普查，除葡萄牙人外，未婚人口以男性居多，但兩性差距趨於縮小。這 20 年間，陸上的華人未婚者中，男性佔比由 78.6% 降至 61.4%，女性由 21.4% 升至 38.6%。水上的華人未婚者中，男性佔比由 81.7% 降至 61.1%，女性由 18.3% 升至 38.9%。至於非華裔人士，由於葡萄牙人一直以全家移民者為主，所以其未婚者的性別分布相對平衡，男性佔比由 46.8% 微升至 49.0%。歐美和其他族裔未婚者的性別分布和趨勢，則與華人相近，歐美男性佔比由 71.5% 降至 57.1%，其他族裔男性亦由 80.4% 降至 65.4%（見表 5-4）。

此時期的華人結婚主要採用傳統習俗，沒有限制結婚年齡，亦有童婚的習俗，因此對未婚人口的年齡統計包括了未成年人士。1921 年和 1931 年，所有國籍或族裔的未婚人口均以 15 歲以下者居多。華人和葡萄牙人未婚者的年齡分布相近，15 歲至 24 歲的佔比較歐美和其他族裔人士高，25 歲及以上的佔比則較低，這反映華人和葡萄牙人比較早婚，以 1931 年為例，陸上華人、水上華人和葡萄牙人未婚者中，25 歲及以上者各佔 11.4%、10.7% 和 19.8%，歐美和其他族裔人士的相應比例則為 38.5% 和 30.8%（見表 5-4）。

1921 年的人口普查報告以能否閱讀及書寫作為教育程度的指標，並按此劃分新界華人、新界南約水上華人和全港非中國籍的未婚人口。華人中，未婚者的教育程度呈現顯著的性別差異，男性的教育程度高於女性。新界人士的教育程度亦大幅低於非中國籍人士。新界的未婚華人中，能閱讀及書寫的比例甚低，男性為 36.0%，女性更低至 3.3%。水上人口的教育程度更低，男性為 24.5%，女性為 1.2%。非中國籍未婚者於教育程度上的性別差異較小，英國男性和女性的比例為 64.2% 和 57.2%，葡萄牙人為 72.0% 和 71.2%，其他國籍者為 81.7% 和 71.5%。

1961 年至 2016 年間，男性與女性相比，較多從未結婚者，但兩者的差距逐漸收窄。1961 年，男性和女性從未結婚人口的比例各為 35.3% 及 18.7%，相差 16.6 個百分點。其後，男性從未結婚的比例由 1976 年的 43.5% 降至 2016 年的 32.4%，較 1961 年少 2.9 個百分點，而女性則由 1981 年的 32.6% 降至 2016 年的 28.2%，仍較 1961 年時高 9.5 個百分點，兩性差距收窄至 4.2 個百分點（見表 5-2）。

1960 年代，大多數 15 歲至 24 歲人士從未結婚，反之，25 歲及以上人士只有少數從未結婚。其後，不同年齡組別人士從未結婚的比例均有所上升，當中以 25 歲至 34 歲人士變化最大，從未結婚的比例由 1961 年的 27.1% 升至 2016 年的 58.1%，從過去多數已婚，變成過半從未結婚。此外，15 歲至 24 歲及 35 歲至 44 歲人士由 1961 年的 81.4% 及 8.1%，升至 2016 年的 97.4% 及 21.3%。然而，45 歲及以上人士從未結婚的比例雖有上升，但仍不足一成。這反映香港人的結婚意欲沒有明顯下降，只是愈來愈傾向晚婚（見表 5-3）。

25 歲至 39 歲人士中，高學歷女性較低學歷者傾向從未結婚，當中以 25 歲至 29 歲組別的差距最為明顯，以 2001 年為例，曾就讀專上教育和小學及以下者的從未結婚比例分別

表 5-4　1911 年至 1931 年若干年份按性別、年齡組別、教育程度和種族劃分香港未婚人口統計表

單位：%

年	背景	華人		非華裔		
		陸上人口	水上人口	歐美人	葡萄牙人	其他族裔
	性別					
1911	男性	78.6	81.7	71.5	46.8	80.4
	女性	21.4	18.3	28.5	53.2	19.6
	總人數（人）	89,300	15,747	1737	667	1676
1921	男性	63.9	61.6	63.2	45.8	59.0
	女性	36.1	38.4	36.8	54.2	41.0
	總人數（人）	245,857	31,325	4461	1303	1691
1931	男性	61.4	61.1	57.1	49.0	65.4
	女性	38.6	38.9	42.9	51.0	34.6
	總人數（人）	348,322	35,528	3997	2085	4037
	年齡組別（歲）					
1921	<15	57.4	64.1	46.7	53.3	30.3
	15-24	31.9	27.1	22.9	27.7	27.6
	25-34	7.5	6.3	19.5	8.4	28.4
	35-44	2.2	1.8	7.9	3.7	8.0
	45-54	0.7	0.5	2.3	2.4	3.7
	≥55	0.3	0.1	0.7	4.5	2.0
	總人數（人）	239,250	31,262	4459	1303	1691
1931	<15	53.6	59.5	43.8	49.2	43.7
	15-24	35.0	29.7	17.8	31.0	25.5
	25-34	7.9	7.2	22.1	11.4	22.1
	35-44	2.2	2.3	9.7	3.6	6.2
	45-54	0.9	0.9	4.3	2.0	1.9
	≥55	0.4	0.3	2.4	2.8	0.6
	總人數（人）	348,322	35,528	3997	2085	4037
	能閱讀及書寫					
1921	男性	36.0	24.5	64.2	72.0	81.7
	女性	3.3	1.2	57.2	71.2	71.5
	總人數（人）	9732	535	2750	933	1311

注：1911 年，非華裔人士只包括 15 歲及以上人口。1921 年的歐美人為英國人，其他年份為英、美和其他歐洲人。1921 年非華裔人士以國籍劃分。1921 年華人水上人口不包括新界北約。1931 年水上華人包括商船船員及軍人。能閱讀及書寫數字，陸上華人只包括新界人口，水上華人只包括新界南約人口。

資料來源：　歷年人口普查報告。

為 74.7% 及 30.7%，差距是 44.0 個百分點，而 30 歲至 34 歲及 35 歲至 39 歲的差距為 29.5 個及 21.0 個百分點。男性方面，高學歷較多從未結婚的情況只見於 25 歲至 29 歲人士，而且差距較女性小，2001 年，曾就讀專上教育和小學及以下男性的從未結婚比例分別為 83.1% 及 58.6%，差距是 24.5 個百分點。30 歲至 39 歲男性中，高學歷與低學歷人士從未結婚比例，一般相差不足 5 個百分點，只有 30 歲至 34 歲組別於 2001 年及 2006 年的情況除外（見表 5-5）。

表 5-5　1986 年至 2016 年若干年份按年齡組別、性別和教育程度劃分香港 25 歲至 39 歲人口從未結婚比例統計表

單位：%

年	男性			女性		
	小學及以下	中學／預科	專上教育	小學及以下	中學／預科	專上教育
25-29 歲						
1986	58.8	60.8	71.8	24.9	39.5	62.2
1991	60.4	65.6	76.3	27.5	44.0	67.8
1996	57.9	68.3	78.5	27.1	47.0	68.8
2001	58.6	71.8	83.1	30.7	52.3	74.7
2006	68.7	76.7	87.3	42.6	58.8	80.8
2011	65.5	77.3	87.1	43.1	59.5	80.5
2016	63.8	76.2	87.0	38.7	57.1	80.1
30-34 歲						
1986	32.5	27.8	29.3	9.0	16.7	28.5
1991	34.5	32.1	35.2	12.4	20.6	36.5
1996	36.1	37.7	40.7	14.9	24.2	41.5
2001	35.1	43.7	46.6	13.6	28.0	43.1
2006	44.2	48.6	51.3	17.0	29.7	46.4
2011	47.5	50.6	49.4	16.9	32.7	46.3
2016	45.7	49.7	49.2	19.5	30.6	43.8
35-39 歲						
1986	17.2	12.5	12.8	3.6	9.5	18.6
1991	18.5	14.8	15.2	6.0	11.9	23.2
1996	18.5	17.7	19.4	8.2	14.7	27.1
2001	21.4	23.2	23.9	10.0	17.1	31.0
2006	24.6	30.2	28.3	8.6	20.1	32.3
2011	25.3	30.8	26.4	8.2	18.8	29.8
2016	24.7	31.7	26.2	10.8	18.9	27.2

資料來源：　政府統計處：《香港人口趨勢：1986-2016》。

由於從未結婚人士較曾經結婚（包括已婚、喪偶及離婚或分居人士）者年輕，工作資歷較淺，就業收入因而較曾經結婚者低，1985 年，從未結婚人士與曾經結婚者的每月就業收入中位數分別是 2200 元及 2800 元，到 2016 年，兩者差距依然存在，分別是 14,000 元及 15,500 元（見表 5-6）。

表 5-6 1985 年至 2016 年按婚姻狀況劃分香港就業人士每月就業收入中位數統計表

單位：元

年	從未結婚	曾經結婚	合計	年	從未結婚	曾經結婚	合計
1985	2200	2800	2500	2001	10,000	11,000	10,000
1986	2500	3000	2800	2002	9000	11,000	10,000
1987	2800	3500	3000	2003	8500	10,300	10,000
1988	3200	4000	3500	2004	8500	10,500	9800
1989	4000	4800	4500	2005	8500	10,500	10,000
1990	4500	5400	5000	2006	9000	11,000	10,000
1991	5000	6000	6000	2007	9000	11,000	10,000
1992	6000	7000	6500	2008	9800	11,000	10,600
1993	7000	8000	7500	2009	9800	11,000	10,500
1994	7500	8500	8000	2010	10,000	12,000	11,000
1995	8000	9500	9000	2011	10,500	12,000	11,300
1996	9000	10,000	10,000	2012	11,000	13,000	12,000
1997	9300	10,500	10,000	2013	12,000	13,500	13,000
1998	10,000	11,000	10,000	2014	12,200	15,000	13,400
1999	9400	11,000	10,000	2015	13,000	15,000	14,500
2000	9500	11,000	10,000	2016	14,000	15,500	15,000

注：收入以當時市價計算。曾經結婚人士包括已婚、喪偶及離婚或分居人士。
資料來源： 政府統計處數據。

第四節 結婚

一、登記結婚數目

香港有登記結婚的數目，始於英佔時期。根據《香港藍皮書》的紀錄，1846 年至 1852 年間，香港島的每年結婚數目介乎 18 宗至 107 宗，其中只有 1847 年超過 100 宗，1849 年驟降至 18 宗，原因是當年只記錄了英國人和葡萄牙人的結婚數目。《1852 年婚姻條例》生效後，按基督教婚禮結婚者均須向港府登記，其後五年的結婚數目略升，介乎 92 宗至 168 宗，1858 年至 1866 年間，結婚數目升到 168 宗至 416 宗，1863 年至 1866 年均超過 300 宗（見表 5-7）。此期間，結婚人士以華人居多，1855 年至 1866 年的佔比均超過七成，估計大部分並非採用基督教婚禮。

從 1867 年起，《香港藍皮書》只記錄按基督教婚禮結婚者的數目，當年的結婚數目急降至 36 宗，其中只有兩宗是華人。直至十九世紀末，只有 1889 年的結婚宗數超過 100 宗，其中 24 宗是華人。

1900 年後，香港的人口規模持續增長，由 1900 年的 26.3 萬人增至 1941 年的 163.9 萬人（見表 1-5），但在 1900 年至 1930 年間，每年的結婚宗數仍只有百餘宗，其中只有三年超過 200 宗（1909 年 205 宗，1928 年和 1929 年各 236 宗）。1931 年至 1940 年明顯增加，速度甚快，由 187 宗增至 983 宗，但與當時的人口規模相比，登記結婚數目的比例仍極低，不足以反映居民的婚姻情況。民事婚姻不多的主要原因有三，其一是香港人口以華人為主，華人結婚主要採用傳統習俗，不用向港府登記。其二是性別結構長期失衡，男性倍多於女性，部分男性難以在香港找到結婚對象。其三為華洋通婚不普遍，非華裔男性（包括歐洲人和有色人）一般返回自己家鄉擇偶娶妻。

表 5-7　1846 年至 1940 年香港政府紀錄的結婚數目統計表

單位：宗

年	數目	年	數目	年	數目	年	數目
1846	66	1870	44	1894	61	1918	115
1847	107	1871	68	1895	88	1919	142
1848	49	1872	52	1896	70	1920	160
1849	18	1873	48	1897	92	1921	166
1850	79	1874	33	1898	86	1922	169
1851	68	1875	51	1899	86	1923	154
1852	51	1876	58	1900	125	1924	170
1853	92	1877	60	1901	140	1925	159
1854	102	1878	47	1902	129	1926	161
1855	97	1879	47	1903	146	1927	161
1856	168	1880	63	1904	131	1928	236
1857	97	1881	52	1905	149	1929	236
1858	270	1882	67	1906	125	1930	187
1859	168	1883	62	1907	137	1931	187
1860	255	1884	53	1908	158	1932	187
1861	280	1885	68	1909	205	1933	187
1862	281	1886	68	1910	163	1934	325
1863	344	1887	65	1911	161	1935	368
1864	416	1888	74	1912	143	1936	375
1865	340	1889	104	1913	165	1937	421
1866	375	1890	66	1914	165	1938	544
1867	36	1891	87	1915	153	1939	781
1868	58	1892	75	1916	128	1940	983
1869	58	1893	84	1917	116		

注：不包括華人按傳統中國法律和習俗締結的婚姻。1849 年只包括英國人及葡萄牙人的結婚數目。根據《行政報告》，1927 年、1929 年、1931 年、1932 年和 1933 年的結婚數目分別為 176 宗、225 宗、228 宗、265 宗和 283 宗，與《香港藍皮書》中數據不一致。

資料來源：　歷年 *Hong Kong Blue Book*。

此時期，由於港府承認舊式婚姻，一夫多妻屬合法，華人男性納妾相當普遍。1850 年至 1890 年間，有 281 名華人男性在港府登記了遺囑，其中 55 份提及共 99 名妾侍（當中 28 份提及一名、15 份提及兩名、12 份提及三名及以上妾侍），另有一份沒提及具體數目。按此推算，即 19.9% 在政府登記遺囑的華人男性有納妾，妾侍人數由一位至五位不等。

根據人口普查的結果，在 1911 年的華人已婚女性中，46,016 人居於香港島和九龍，其中 1290 人是妾侍（佔 2.8%）。新界和水上人口的妾侍比例較低，18,335 名居於新界北約的已婚女性中，129 名是妾侍（佔 0.7%）；4100 名居於新界南約的已婚女性中，18 名是妾侍（佔 0.4%）。8772 名水上已婚女性中，9 名是妾侍（佔 0.1%）。1921 年時，香港島和九龍的妾侍數目增至 3053 人，較 1911 年上升 136.7%。妾侍數目急增與大量內地人士來港有關，不少富裕家庭把家眷一同帶來香港，他們當中部分男性蓄妾五人或以上，妾侍較多的人家居住的房屋多超過一間。[3]

二戰結束後至 1950 年代，香港的結婚方式包括以下五種：一、按《大清律例》和傳統中國社會公認習俗進行的「舊式婚禮」；二、按國民政府法律在香港及香港以外地區舉行的「新式婚禮」；三、由親友鄰里認定、沒有特定儀式結合的夫婦；四、在外國按照當地法律舉行的婚禮；五、根據香港《婚姻條例》的規定而進行的登記結婚。這段時期，登記結婚數目呈上升趨勢，由 1947 年的 860 宗增至 1960 年的 9689 宗，其中以 1948 年的升幅尤其顯著。在登記結婚總數中，結婚雙方都是華人的比例亦由 1947 年的 76.5% 升至 1960 年的 95.9%。這上升趨勢與香港人口增加及愈來愈多結婚者選擇向政府登記有關（見表 5-8）。

表 5-8　1947 年至 1960 年香港登記結婚數目統計表

年	總數（宗）	結婚雙方都是華人		年	總數（宗）	結婚雙方都是華人	
		數目（宗）	百分比			數目（宗）	百分比
1947	860	658	76.5	1954	2828	2541	89.9
1948	2864	2626	91.7	1955	3715	3411	91.8
1949	2951	2479	84.0	1956	4953	4598	92.8
1950	2185	1918	87.8	1957	5859	5474	93.4
1951	2051	1751	85.4	1958	7466	7053	94.5
1952	2111	1776	84.1	1959	7954	7661	96.3
1953	2348	2032	86.5	1960	9689	9292	95.9

注：1947 年至 1960 年的數目是截至 3 月 31 日。
資料來源：*Annual Departmental Report by the Registrar General for the Financial Year1951-2*；Census and Statistics Department, *Hong Kong Statistics 1947-1967*。

童養媳和納妾為此時期婚姻制度的一部分，童養媳的數量不詳，妾侍的數量則記錄不統一。當時的妾侍包括側室和姘婦，側室是按傳統習俗成為夫家成員，享有婚姻和經濟上的

3　新界和水上人口的妾侍數目不詳。

一定權利，姘婦則沒有法律上的地位，但為數甚多，已按新式婚禮結婚的男性也會有姘婦，並視之為華人習俗認許的妾侍。港府的《香港華人婚姻問題報告書》根據史德鄰研究委員會於 1953 年的調查結果（*Strickland Committee Report on Chinese Law and Custom in Hong Kong*），指出新界居民已甚少納妾，納妾習俗正逐漸消失。然而，也有學者的研究指出，納妾在新界仍然常見，如上水鄉村 31 名村代表中，有 11 人有妾侍。即使在較貧窮的徙置屋邨，也存在妾侍，據 1957 年香港大學的一項調查，石硤尾、大坑東和李鄭屋三個公共屋邨的 449 個家庭中，有 10 名妾侍。這記載的分歧或源於把姘婦歸為妾侍。[4]

1960 年代至 1980 年代初，登記結婚數目急速上升，由 1961 年的 1.1 萬宗升至 1984 年的 5.3 萬宗。其後反覆波動，先降至 2000 年的 3.1 萬宗，其後回升至 2012 年的 6.0 萬宗，再回落至 2016 年的 5.0 萬宗。此時期的登記結婚以結婚雙方均屬初婚為主，不過，所佔登記結婚的比例逐漸下降，由 1970 年的 83.5% 降至 2016 年的 65.3%。與此同時，再婚的比例有所增加，當中雙方均屬再婚只是少數，後來逐漸增加，變成與其中一方再婚的比例相差無幾，1970 年，其中一方再婚及雙方均屬再婚的比例是 2.1% 及 0.6%，到 2016 年，兩者增加至 18.1% 及 16.5%。新娘初婚而新郎再婚的比例一般高於新郎初婚而新娘再婚，1970 年，兩者比例是 1.6% 及 0.5%，到 2016 年，比例分別是 10.2% 及 7.9%（見表 5-9）。

二、結婚率

1971 年至 2016 年間，男性和女性的粗結婚率（crude marriage rate）均有所起伏。[5] 男性和女性的粗結婚率由 1971 年的每千名人口有 11.1 宗和 11.5 宗，升至 1980 年的 17.2 宗和 18.5 宗，然後降至 2000 年的 9.3 宗和 9.0 宗，繼而回升至 2012 年的 18.1 宗和 15.8 宗，2016 年為 14.8 宗和 12.6 宗。粗結婚率受年齡、性別及其他人口特徵變化的影響。在扣除人口的年齡和性別結構影響後，計算得的標準化結婚率（standardised marriage rate）能更準確地反映結婚的趨勢。1976 年至 2016 年間，男性和女性的標準化結婚率與粗結婚率的走勢相似，都是先由 1976 年的每千名人口有 13.2 宗和 11.4 宗，輾轉下降至 2000 年的 8.3 宗和 7.6 宗，繼而回升至 2012 年的 17.8 宗和 15.0 宗，2016 年為 14.8 宗和 12.6 宗。1976 年至 2008 年間，男性和女性的標準化結婚率互有高低，兩者的差距不超過 1.8 個千分點，但從 2009 年起，男性的標準化結婚率一直高於女性 2.1 個至 2.8 個千分點（見表 5-10）。

4 根據《香港華人婚姻問題報告書》，「在香港之所謂妾侍者，如非大部分亦有為數甚多係實際上屬於上述第一類」，即沒有法律地位的姘婦。

5 某性別的粗結婚率是指在某一年內，某性別人口的結婚數字相對該年年中該性別每千名人口的比率。

表 5-9 1961 年至 1967 年、1970 年至 2016 年按婚姻類別劃分香港登記結婚數目統計表

單位：%

年	總數（宗）	雙方初婚	新娘再婚	新郎再婚	雙方再婚	其他	年	總數（宗）	雙方初婚	新娘再婚	新郎再婚	雙方再婚	其他
1961	11,045	不詳	不詳	不詳	不詳	不詳	1990	47,168	79.7	4.0	4.0	1.8	10.5
1962	11,837	不詳	不詳	不詳	不詳	不詳	1991	42,568	81.1	4.7	4.6	2.1	7.4
1963	11,187	不詳	不詳	不詳	不詳	不詳	1992	45,702	83.3	4.5	4.9	1.9	5.3
1964	12,700	不詳	不詳	不詳	不詳	不詳	1993	41,681	82.5	5.0	5.3	2.2	5.0
1965	12,608	不詳	不詳	不詳	不詳	不詳	1994	38,264	81.9	5.5	5.8	2.6	4.2
1966	15,533	不詳	不詳	不詳	不詳	不詳	1995	38,786	82.6	5.3	5.7	2.7	3.8
1967	17,846	不詳	不詳	不詳	不詳	不詳	1996	37,045	79.4	6.2	6.5	3.3	4.7
1970	20,439	83.5	0.5	1.6	0.6	13.8	1997	37,593	80.9	6.5	6.7	3.5	2.3
1971	27,006	82.8	0.4	1.0	0.3	15.5	1998	31,673	79.1	7.1	7.9	4.2	1.7
1972	27,264	87.7	0.5	0.9	0.4	10.6	1999	31,287	78.4	7.4	8.1	4.5	1.7
1973	30,436	88.5	0.4	1.3	0.3	9.5	2000	30,879	77.5	7.3	8.7	5.5	1.1
1974	37,634	87.1	0.2	0.6	0.1	11.9	2001	32,825	77.0	7.6	8.9	5.7	0.8
1975	36,192	82.7	0.6	1.5	0.2	15.0	2002	32,070	73.3	8.2	10.6	7.2	0.6
1976	39,617	86.8	0.8	1.4	0.4	10.6	2003	35,439	72.9	8.0	11.3	7.5	0.4
1977	40,390	85.5	0.9	1.5	0.4	11.8	2004	41,376	70.8	8.8	11.6	8.4	0.4
1978	40,400	85.5	1.2	1.7	0.4	11.2	2005	43,018	64.7	11.0	12.7	11.3	0.3
1979	45,303	85.0	1.2	1.7	0.5	11.6	2006	50,328	66.3	9.7	12.8	11.1	0.2
1980	51,111	83.6	1.5	2.1	0.5	12.4	2007	47,453	68.0	7.7	13.4	10.6	0.2
1981	50,756	81.2	1.7	2.1	0.6	14.5	2008	47,331	69.2	7.5	12.7	10.5	0.2
1982	51,467	80.7	1.8	2.1	0.7	14.7	2009	51,175	69.1	7.4	12.3	11.0	0.2
1983	47,778	76.5	2.2	2.5	0.8	18.0	2010	52,558	68.2	7.5	12.4	11.8	0.2
1984	53,409	81.7	2.0	2.3	0.7	13.3	2011	58,369	68.5	7.5	11.5	12.3	0.2
1985	45,056	80.7	2.9	3.0	1.0	12.4	2012	60,459	67.6	7.5	11.4	13.4	0.1
1986	43,280	78.8	3.2	3.2	1.3	13.5	2013	55,274	64.6	8.0	11.6	15.7	0.1
1987	48,561	82.3	3.1	3.2	1.2	10.3	2014	56,454	65.9	7.8	11.0	15.2	0.1
1988	45,238	82.6	3.7	3.8	1.5	8.4	2015	51,609	66.0	7.9	10.7	15.4	0.1
1989	43,947	77.3	4.1	4.0	1.7	13.0	2016	50,008	65.3	7.9	10.2	16.5	0.1

注：其他類別是指於 1971 年 10 月 7 日前以傳統風俗形式結婚而重新登記的人士。

資料來源： 政府統計處數據。

表 5-10　1971 年至 2016 年按性別劃分香港結婚率統計表

年	粗結婚率		標準化結婚率		年	粗結婚率		標準化結婚率	
	男性	女性	男性	女性		男性	女性	男性	女性
1971	11.1	11.5	不詳	不詳	1994	12.1	12.3	9.5	9.6
1972	11.6	12.1	不詳	不詳	1995	12.1	12.2	9.7	9.6
1973	12.8	13.3	不詳	不詳	1996	11.0	11.0	9.0	8.9
1974	15.1	15.6	不詳	不詳	1997	11.4	11.3	9.6	9.2
1975	13.7	14.3	不詳	不詳	1998	9.6	9.5	8.2	7.8
1976	15.3	16.1	13.2	11.4	1999	9.4	9.2	8.2	7.7
1977	15.2	16.0	12.7	10.9	2000	9.3	9.0	8.3	7.6
1978	15.0	15.8	12.3	10.7	2001	9.9	9.5	8.9	8.2
1979	15.9	17.0	12.5	11.3	2002	9.7	9.2	8.9	8.2
1980	17.2	18.5	13.0	11.9	2003	10.8	10.2	10.0	9.3
1981	16.1	17.5	11.7	11.0	2004	12.6	11.7	11.8	10.8
1982	16.1	17.4	11.4	10.9	2005	13.1	12.1	12.5	11.2
1983	14.2	15.2	10.0	9.7	2006	15.4	14.0	14.6	13.0
1984	16.6	17.8	11.5	11.2	2007	14.4	13.0	13.8	12.1
1985	14.0	15.0	9.7	9.6	2008	14.4	12.9	13.8	12.0
1986	13.2	14.0	9.2	9.2	2009	15.6	13.9	15.0	12.9
1987	15.2	16.1	10.5	10.7	2010	15.9	14.1	15.5	13.2
1988	14.4	15.2	10.1	10.4	2011	17.6	15.5	17.2	14.6
1989	13.2	13.9	9.5	9.9	2012	18.1	15.8	17.8	15.0
1990	14.6	15.3	10.6	11.1	2013	16.6	14.3	16.3	13.8
1991	13.6	14.1	10.0	10.4	2014	16.9	14.5	16.7	14.1
1992	14.8	15.3	11.1	11.5	2015	15.3	13.1	15.3	13.0
1993	13.4	13.7	10.2	10.5	2016	14.8	12.6	14.8	12.6

注：結婚率按每千名人口計算。標準化結婚率是根據 2016 年中期人口統計參考時刻的人口年齡和性別分布情況作為標準而計算。

資料來源：　政府統計處數據；Census and Statistics Department, *Demographic Trends in Hong Kong 1971-82*。

三、結婚年齡

現有文獻沒有十九世紀時香港居民結婚年齡的官方統計。根據學者的研究，當時今新界女性的結婚年齡一般在 16 歲至 18 歲，男性則為 18 歲至 22 歲。《大清律例》未有限制結婚年齡，純粹由雙方家長決定。至於文明結婚，《中華民國民法》第九百八十條列明，「男未滿十八歲、女未滿十六歲，不得結婚。」港府則在《1852 年婚姻條例》規定，自主結婚的年齡是 21 歲。

1911 年至 1931 年的人口普查記錄了香港居民的結婚年齡。1911 年的報告只提供非華裔女性的結婚年齡。當年 400 名英籍女性的平均結婚年齡是 24.6 歲，117 位歐美女性是

23.3 歲，235 位葡萄牙女性則為 22.5 歲。據 1921 年的報告，居民當時的結婚年齡於過去 10 年有所延後，18 歲前結婚已不常見。市區方面，女性在 25 歲時大部分已出嫁，未婚的多屬妓女或曾當娼者，至於男性，則至 35 歲時才大部分已婚。女性水上人比較早結婚，大部分在 20 歲前結婚，到 25 歲幾乎全部已為人婦，男性水上人的平均結婚年齡卻比市區男性高。1931 年的華人人口中，新界女性年屆 21 歲時，已婚者比未婚者多，女性水上人的相應年齡是 20 歲，市區女性則是 24 歲至 25 歲。至於華人男性，結婚稍遲，新界 23 歲，市區 24 歲，水上人是 25 歲，已婚者才比未婚者多。英籍人口中，女性和男性的相應年齡是 24 歲和 31 歲。

人口普查亦記錄了童婚（16 歲以下結婚）的人數。1911 年，童婚者有 2310 人，包括 1139 名男孩和 1171 名女孩。新界北約的童婚比例最高，新界南約次之，水上人和市區的較低。新界北約的童婚者佔該區已婚人士的 5.3%，新界南約、水上人和市區的相應比例是 2.2%、0.3% 和 0.1%。在這四個區域的童婚者中，男女的比例相差不遠。1931 年時，童婚者有 2075 人，包括 858 名男孩和 1217 名女孩。新界的比例依然最高，童婚者佔該區已婚人士的 1.4%，水上人和市區的相應比例是 0.7% 和 0.4%（見表 5-11）。童婚者的年齡甚低，以市區為例，未滿周歲者有男嬰 2 名和女嬰 4 名，5 歲及以下者，男孩有 55 人和女孩 52 人。這 20 年間的變化是新界的童婚者比例略降，水上人和市區的比例則稍升。此外，童婚者的性別比例有所轉變，女性的比例明顯高於男性。當時的本地報章不時刊載童養媳被虐或逃走的新聞。

表 5-11　1911 年和 1931 年按地區和性別劃分香港華人已婚及童婚人士數目統計表

單位：人

年	香港島和九龍			新界			水上		
	已婚	童婚		已婚	童婚		已婚	童婚	
		男性	女性		男性	女性		男性	女性
1911	161,223	112	118	44,091	997	1017	22,172	30	36
1931	320,871	546	654	44,763	235	405	31,721	77	158

資料來源：　1911 年及 1931 年人口普查報告。

1940 年代至 1960 年代的結婚年齡不詳。1970 年代後，男性和女性的結婚年齡中位數明顯上升，由 1971 年的 28.7 歲及 23.4 歲，升至 2016 年的 33.6 歲及 30.9 歲。離婚男女、鰥夫與寡婦再婚的年齡中位數也明顯上升，1971 年至 2016 年間，離婚男女由 1971 年的 38.5 歲及 34.6 歲，升至 2016 年的 47.0 歲及 40.5 歲，鰥夫與寡婦由 46.8 歲及 40.0 歲，升至 59.1 歲及 48.4 歲。雖然兩性的結婚年齡中位數都上升，但是不同婚前婚姻狀況的男性結婚年齡中位數都一直高於女性（見表 5-12）。

表 5-12　1970 年至 2016 年按性別和結婚前的婚姻狀況劃分香港結婚年齡中位數統計表

單位：歲

年	新郎					新娘				
	從未結婚	喪偶	離婚	其他	合計	從未結婚	喪偶	離婚	其他	合計
1970	28.3	不詳	不詳	不詳	不詳	22.9	不詳	不詳	不詳	不詳
1971	27.8	46.8	38.5	40.2	28.7	22.9	40.0	34.6	35.7	23.4
1972	27.5	51.1	39.1	41.5	28.1	23.0	41.8	33.8	36.7	23.3
1973	27.3	50.0	38.8	41.2	27.9	23.1	43.1	33.7	36.3	23.5
1974	27.1	47.0	40.4	40.4	27.8	23.1	45.6	36.4	35.0	23.6
1975	27.1	51.9	38.6	43.1	28.1	23.3	38.6	32.9	38.1	23.9
1976	26.8	49.3	38.4	44.2	27.4	23.4	40.2	31.6	39.2	23.9
1977	26.8	49.6	38.1	45.8	27.5	23.4	39.9	31.6	41.1	24.0
1978	27.1	48.8	37.6	47.3	27.8	23.6	40.5	30.8	42.4	24.2
1979	27.2	50.9	37.3	48.1	27.9	23.7	40.6	31.6	43.6	24.3
1980	27.1	50.0	36.2	47.9	28.0	23.7	37.9	30.5	43.1	24.4
1981	27.0	50.7	36.3	48.7	28.1	23.9	39.9	30.8	43.6	24.7
1982	27.2	50.8	35.3	49.9	28.2	24.2	41.8	30.9	44.9	25.0
1983	27.4	53.1	35.6	51.7	28.7	24.4	38.7	31.3	47.4	25.5
1984	27.5	51.0	35.6	52.5	28.4	24.7	36.9	30.8	48.1	25.4
1985	27.6	51.9	36.5	52.7	28.5	24.9	36.7	30.8	48.2	25.7
1986	28.0	53.1	36.5	53.5	29.0	25.3	38.7	31.4	49.0	26.2
1987	28.3	52.5	36.7	55.9	28.5	25.6	38.7	31.8	51.6	25.8
1988	28.6	51.3	37.1	58.5	29.3	25.8	39.7	32.3	54.5	26.5
1989	28.7	54.9	37.6	62.0	29.8	26.1	39.9	32.5	57.7	27.0
1990	28.9	53.2	37.4	62.5	29.9	26.3	40.1	32.6	58.5	27.1
1991	29.1	53.6	37.7	63.8	30.0	26.2	40.4	33.2	59.5	27.0
1992	29.4	53.1	37.9	63.8	30.1	26.3	39.2	33.2	59.7	27.0
1993	29.6	51.4	38.4	64.1	30.4	26.5	40.2	33.2	60.1	27.2
1994	29.6	51.7	38.5	64.2	30.4	26.5	40.2	33.5	60.4	27.2
1995	30.0	52.5	39.1	64.6	30.7	26.9	39.7	33.9	60.6	27.5
1996	30.0	50.8	39.2	65.8	31.0	26.9	40.7	33.8	61.5	27.6
1997	29.6	52.9	39.4	66.0	30.4	26.8	41.1	33.7	60.7	27.4
1998	29.8	55.6	39.8	66.8	30.8	26.9	43.2	34.3	62.7	27.5
1999	29.9	54.4	40.2	67.2	30.9	27.0	42.1	34.1	63.3	27.7
2000	30.0	57.5	40.6	68.6	31.1	27.3	42.2	34.9	64.6	27.9
2001	30.2	59.0	41.4	69.7	31.3	27.5	42.9	35.0	64.9	28.1
2002	30.5	59.6	42.6	70.6	31.9	27.6	42.6	35.7	65.9	28.5
2003	30.8	61.0	43.1	71.2	32.2	27.8	43.7	35.7	67.3	28.7
2004	31.1	62.1	43.4	71.1	32.7	28.1	42.7	36.3	66.5	29.0
2005	31.2	63.6	44.8	73.1	33.3	28.0	43.6	37.0	67.8	29.4
2006	31.2	62.1	44.3	72.8	33.1	28.2	43.8	36.8	67.0	29.4
2007	31.2	59.7	44.9	72.2	33.2	28.3	43.3	36.9	66.2	29.4
2008	31.1	59.2	45.2	75.2	33.0	28.4	43.7	37.0	70.3	29.4
2009	31.0	59.1	45.7	75.9	33.0	28.5	43.8	37.6	71.1	29.5
2010	31.2	58.4	45.9	76.0	33.2	28.7	43.5	37.8	71.3	29.8
2011	31.2	58.4	45.8	74.6	33.1	28.9	44.9	38.1	70.0	29.9

（續上表）

年	新郎					新娘				
	從未結婚	喪偶	離婚	其他	合計	從未結婚	喪偶	離婚	其他	合計
2012	31.1	60.2	45.9	76.8	33.0	29.0	46.3	38.3	73.3	30.0
2013	31.2	58.7	46.1	76.4	33.5	29.1	46.5	39.1	72.3	30.4
2014	31.2	59.4	46.3	78.5	33.3	29.1	47.2	39.4	72.5	30.4
2015	31.2	59.9	46.7	78.0	33.3	29.3	46.9	39.9	74.0	30.6
2016	31.4	59.1	47.0	78.3	33.6	29.4	48.4	40.5	72.3	30.9

注：其他類別於 1971 年至 1985 年指 1971 年實施《1970 年婚姻制度改革條例》前，在香港以傳統風俗形式結婚，或在外地結婚而再辦理登記手續的人士。於 1986 年至 2016 年指 1971 年 10 月 7 日前，以傳統風俗形式結婚而重新登記的人士。

資料來源：政府統計處：歷年《香港人口趨勢》；*Births, Deaths & Marriages 1970-1973*；*Demographic Trends in Hong Kong 1971-82*。

男性和女性的初婚年齡中位數亦上升，由 1970 年的 28.3 歲及 22.9 歲，升至 2016 年的 31.4 歲及 29.4 歲，可見兩性均有愈來愈遲婚的趨勢。雖然男性初婚年齡中位數一直高於女性，但是差距逐漸收窄，由 1970 年的 5.4 歲收窄至 2016 年的 2.0 歲，反映女性遲婚情況增幅較男性大。

1976 年，高學歷的男性和女性都較遲婚，兩者的初婚年齡中位數高於低學歷者，當時具專上學歷的男性和女性初婚年齡中位數是 27.8 歲及 25.7 歲，具中學學歷者是 26.6 歲及 23.9 歲，具小學學歷者是 26.7 歲及 22.5 歲。其後，男性的情況有所改變，未受教育或只接受學前教育的男性初婚年齡中位數大幅上升，由 1981 年的 28.2 歲升至 2006 年的 46.5 歲，大幅高於專上（31.6 歲）、中學（31.0 歲）及小學（31.9 歲）學歷人士。另一方面，2006 年，具專上學歷女性的初婚年齡中位數（30.0 歲）仍高於中學（28.0 歲）、小學（26.7 歲）及未受教育或只接受學前教育（28.9 歲）學歷人士（見表 5-13）。

表 5-13　1976 年至 2006 年若干年份按性別和教育程度劃分香港初婚年齡中位數統計表

單位：歲

年	男性				女性			
	未受教育及學前教育	小學	中學	專上	未受教育及學前教育	小學	中學	專上
1976	不詳	26.7	26.6	27.8	不詳	22.5	23.9	25.7
1981	28.2	27.0	26.8	28.2	24.3	23.4	23.9	26.4
1986	28.6	28.8	27.5	29.1	26.4	25.8	24.9	27.2
1991	32.8	31.7	28.6	29.6	29.1	27.4	25.8	27.7
1996	31.8	32.9	29.5	30.6	26.8	26.5	26.5	28.3
2001	53.1	32.8	29.9	30.8	29.1	26.5	27.2	28.7
2006	46.5	31.9	31.0	31.6	28.9	26.7	28.0	30.0

資料來源：政府統計處：歷年《香港人口趨勢》；*Demographic Trends in Hong Kong 1971-82*。

第五節　香港與內地跨境婚姻

一、新郎或新娘為內地人士的數目

1940 年前，香港和內地民眾可自由進出兩地，加上香港是移民社會，所以跨境婚姻甚為平常，透過二十世紀人口普查的若干數據能略知一二。當時的新界以至新安縣流行「新抱仔」婚俗，以客家族群尤甚，包括為兒子從內地買「新抱仔」，或把女兒賣到內地作為人家的「新抱仔」。如 1921 年的人口普查報告提到，新界很多已婚婦女並非生於香港，1931 年的人口普查報告指出，華人女性人口最多的組別是 21 歲至 25 歲，這是由於此年齡段的內地新娘嫁到香港所致。這反映香港與內地的跨境婚姻在太平洋戰爭前相當普遍。

其後，香港與內地居民的跨境婚姻可循兩個途徑進行：一、香港居民在香港申請無結婚紀錄證明書（見圖 5-2），[6] 然後到內地結婚；二、內地居民以遊客身份來港與香港居民登記結婚。由於獲發無結婚紀錄證明書人士最後未必結婚，此數字只能作跨境婚姻統計的一個粗略指標。自 1980 年代起，新郎或新娘為內地居民的跨境婚姻有所增加，但數目起伏不定。1983 年、1984 年和 1985 年在香港登記的跨境婚姻數字分別為 844 宗、746 宗和 733 宗，上述三個年度香港居民在港申請無結婚紀錄證明書數字不詳。1986 年時跨境婚姻總數有 16,451 宗（包括在香港與內地登記），2016 年有 22,926 宗。這 30 年間，最高位是 2006 年的 34,628 宗，其次是 1997 年的 30,499 宗，最低位是 1986 年的 16,451 宗，其次是 1988 年的 17,401 宗（見表 5-14，表 5-17）。

跨境婚姻的途徑和內地新郎新娘的比例均出現變化。在 1980 年代和 1990 年代，跨境婚姻是以獲發無結婚紀錄證明書為主，1986 年有 15,669 宗，佔整體跨境婚姻的 95.2%，在香港登記結婚的跨境婚姻只有 782 宗。其後，獲發此證明書的數目不斷減少，香港登記結婚則大幅增加，後者從 2003 年起成為跨境婚姻的主流，2016 年，在香港登記結婚的跨境婚姻有 17,367 宗，佔整體的 75.8%。

跨境婚姻一直以「新郎為香港人而新娘為內地居民」為主，內地新娘數目遠多於內地新郎。1986 年，「新郎為香港人而新娘為內地居民」的跨境婚姻有 15,776 宗，佔整體跨境婚姻的 95.9%，「新娘為香港人而新郎為內地居民」只有 675 宗。後來，「新郎為香港人而新娘為內地居民」的佔比降至 2016 年的 66.7%，有 15,300 宗，「新娘為香港人而新郎為內地居民」則升至 33.3%，有 7626 宗。

6　無結婚紀錄證明書俗稱「寡佬證」，由婚姻登記官簽發，用以證明證明書上的人士並無與任何其他人士有結婚的紀錄。

表 5-14 1986 年至 2016 年香港與內地跨境婚姻數目統計表

單位：%

年	新郎為香港人而新娘為內地居民		新娘為香港人而新郎為內地居民		總數（宗）
	香港登記結婚	無結婚紀錄證明書	香港登記結婚	無結婚紀錄證明書	
1986	4.3	91.6	0.5	3.6	16,451
1987	3.1	92.8	0.4	3.7	18,989
1988	2.7	93.3	0.3	3.7	17,401
1989	2.9	92.8	0.4	3.9	17,990
1990	2.3	92.3	0.2	5.1	21,643
1991	2.6	91.2	0.4	5.7	22,610
1992	3.0	89.9	0.3	6.7	24,868
1993	3.7	90.9	0.4	5.0	24,079
1994	4.7	89.7	0.5	5.2	25,006
1995	6.1	87.6	0.6	5.7	23,202
1996	8.4	84.7	1.0	5.9	26,385
1997	7.4	85.4	1.2	6.0	30,499
1998	12.9	78.9	1.9	6.3	20,804
1999	15.8	76.5	1.9	5.8	19,293
2000	19.8	71.5	2.8	5.9	19,408
2001	24.9	63.7	3.5	7.9	20,739
2002	38.2	50.1	4.8	6.9	20,222
2003	50.7	37.3	6.6	5.4	20,093
2004	53.9	32.2	7.8	6.2	24,360
2005	56.3	27.2	9.2	7.4	29,788
2006	52.5	28.8	9.8	8.9	34,628
2007	61.0	22.6	9.5	7.0	26,203
2008	61.9	20.9	10.5	6.7	22,951
2009	61.6	19.7	11.6	7.1	22,339
2010	64.1	15.8	13.6	6.6	24,027
2011	63.1	14.5	15.8	6.6	26,179
2012	61.5	13.4	17.9	7.2	27,538
2013	59.1	12.9	19.9	8.1	26,610
2014	58.0	12.8	20.6	8.6	26,330
2015	56.3	13.0	20.7	9.9	23,290
2016	53.7	13.1	22.1	11.2	22,926

注：2010 年前的數字是政府統計處根據入境事務處提供的個人結婚登記紀錄內的兩項資料，即「來港前居住的地方」是內地和「在香港的逗留時間」少於一年，來估算內地新郎或新娘，這數字可能包括持單程證來港並於不足一年內結婚的人士。由 2010 年起，採用了更多相關資料（如所持旅行證件類別）來改良內地新郎或新娘的估算。由於獲發無結婚紀錄證明書（聲稱作為在內地申請結婚之用）人士最後未必結婚，數字只能作跨境婚姻統計的一個粗略指標。

資料來源： 政府統計處網站：統計數字。

香港婚姻登記處
Marriage Registry, Hong Kong

SPECIMEN

婚姻條例（香港法例第181章）
MARRIAGE ORDINANCE (CAP. 181)

婚姻制度改革條例（香港法例第178章）
MARRIAGE REFORM ORDINANCE (CAP. 178)

茲證明本人已派員翻查依照上述條例規定保存的一切紀錄，
I HEREBY CERTIFY that I have caused a search to be made of all records maintained under the above Ordinance,

發覺在一九四五年九月十五日至 .... 的期間內，
and that between the period from 15th September, 1945 to .... there is no record of a

並無記載
marriage (see NOTE) having taken place between ....

SPECIMEN

(持有
holding ....).

與任何其他人締結婚姻（見附註）情事。
and any other person.

本證明書發出日期為
Date of issue of certificate:

SPECIMEN

....
副婚姻登記官
Deputy Registrar of Marriages

附註：
NOTE:

本證明書所指的婚姻包括：
This certificate covers:

(1) 凡在本港舉行而依照婚姻條例規定登記的婚姻，但不包括依照男女雙方本身風俗與宗教信仰舉行的非基督教或天主教式的舊式婚姻；及
marriages registered under the Marriage Ordinance, which applies to all marriages celebrated in Hong Kong except non-Christian customary marriages duly celebrated according to the personal law and religion of the parties;

(2) 凡已依照婚姻制度改革條例規定補辦登記手續，而根據男女雙方本身風俗與宗教信仰舉行的非基督教或天主教式的舊式婚姻。
non-Christian customary marriages duly celebrated according to the personal law and religion of the parties and post-registered under the Marriage Reform Ordinance.

本證明書並不包括未依照婚姻制度改革條例規定補辦登記手續的非基督教或天主教式的舊式婚姻。
The certificate does not cover non-Christian customary marriages which the parties have not post-registered under the Marriage Reform Ordinance.

SPECIMEN

MR 36 (6/2007)　　核數號碼 Audit no. A 006003

圖 5-2　無結婚紀錄證明書，俗稱「寡佬證」，所有人士都能申請，以證明申請人未曾在香港登記結婚。依照內地法規，香港居民如希望在內地結婚，需要先在香港申請該證明書。由於申請人後來未必會辦理婚姻登記，而申請亦可能涉及其他用途，因此申請數字只能作為港人在內地結婚的其中一項參考。（香港特別行政區政府入境事務處提供）

二、跨境婚姻人士的人口社經特徵

1983 年至 2016 年間，新郎為香港人而新娘為內地居民的婚姻年齡差異中位數高於新娘為香港人而新郎為內地居民的婚姻，[7] 尤其是 2000 年代，前者的數字徘徊在八年至十年之間，而後者是零年至一年之間，即香港女性與內地男性結婚時，通常兩者年齡相差不多，而香港男性與內地女性結婚時，則香港男性較內地女性年長近十年（見表 5-15）。在新郎為香港人的跨境婚姻中，普遍是新郎較新娘年長四年以上，其在 1985 年的佔比為 51.2%，到 2004 年升至 73.0%，之後逐漸回落，2016 年為 58.7%。至於在新娘為香港人的跨境婚姻中，則以新郎和新娘年齡相差較小或相同者居多，這比例多年徘徊在六成多，2016 年為 64.5%。而新郎較新娘年長四年以上的比例明顯下降，由 1983 年的 36.8% 減至 2016 年的 18.5%，此外，新郎較新娘年輕四年以上者，曾由 1984 年的 0% 升至 2005 年的 26.4%，2016 年為 17.0%（見表 5-15）。

7　婚姻年齡差異是指新郎的年齡減去新娘的年齡，大於零的數字表示新郎的年齡較大。

表 5-15　1983 年至 2016 年按性別劃分香港登記跨境婚姻的新郎和新娘年齡差異統計表

年	新郎為香港人而新娘為內地居民（%）					年齡差異中位數（年）	新娘為香港人而新郎為內地居民（%）					年齡差異中位數（年）
	新郎年長（年）		年齡相同	新郎年輕（年）			新郎年長（年）		年齡相同	新郎年輕（年）		
	≥5	1-4		1-4	≥5		≥5	1-4		1-4	≥5	
1983	48.2	32.3	7.4	9.2	2.9	4	36.8	42.1	6.1	12.3	2.6	3
1984	49.3	31.0	7.6	10.5	1.5	4	30.4	46.8	7.6	15.2	0.0	3
1985	51.2	32.3	5.9	8.8	1.7	5	35.1	48.1	7.8	9.1	0.0	4
1986	51.9	29.9	7.4	9.0	1.8	5	29.1	46.8	10.1	12.7	1.3	2
1987	52.9	29.5	5.9	10.0	1.7	5	32.9	39.7	11.0	16.4	0.0	2
1988	52.2	31.3	6.0	8.7	1.7	5	44.4	38.9	9.3	5.6	1.9	3
1989	52.5	30.1	6.4	10.4	0.6	5	27.9	42.6	7.4	17.6	4.4	2
1990	55.0	27.1	6.4	10.6	0.8	5	37.0	40.7	11.1	9.3	1.9	3
1991	60.3	23.9	6.9	8.1	0.7	6	31.1	26.7	11.1	14.4	16.7	1
1992	58.8	23.9	5.8	9.7	1.7	6	29.3	34.7	17.3	12.0	6.7	2
1993	64.0	22.1	6.1	6.2	1.6	6	25.6	40.0	4.4	17.8	12.2	2
1994	66.8	19.5	4.6	8.1	1.0	8	25.2	34.8	9.6	17.4	13.0	2
1995	63.8	22.5	4.8	8.1	0.9	7	22.9	43.6	6.4	15.7	11.4	2
1996	60.0	24.0	5.8	9.0	1.2	6	19.7	37.9	9.7	21.9	10.8	1
1997	59.1	25.5	5.9	8.8	0.7	6	21.0	30.9	13.1	22.4	12.6	1
1998	64.2	22.2	5.1	6.9	1.5	7	25.4	30.0	10.5	19.2	14.9	1
1999	66.5	21.0	4.6	7.1	0.9	8	24.4	32.2	11.4	19.5	12.5	1
2000	67.0	21.4	4.4	6.0	1.1	8	20.0	34.6	11.2	19.6	14.7	1
2001	70.8	19.1	3.9	5.2	1.0	9	18.8	33.6	8.7	22.7	16.2	1
2002	71.0	18.5	3.7	5.8	1.0	9	19.7	32.3	10.1	20.7	17.2	1
2003	72.3	17.8	3.6	5.2	1.1	10	20.0	30.9	11.5	22.6	15.0	1
2004	73.0	16.6	3.3	5.5	1.6	10	20.1	28.2	9.7	21.6	20.4	0
2005	70.1	16.4	3.2	7.0	3.4	9	20.1	23.5	8.9	21.1	26.4	0
2006	69.0	16.6	3.7	7.1	3.6	9	20.5	26.1	8.0	19.7	25.7	0
2007	71.6	17.2	3.7	6.0	1.5	10	19.8	29.6	9.5	22.0	19.1	0
2008	71.0	18.3	3.6	5.8	1.3	9	19.1	31.8	11.2	19.2	18.7	1
2009	69.9	18.6	4.2	6.1	1.2	9	18.8	29.4	11.4	22.2	18.2	0
2010	69.8	18.5	4.3	6.1	1.3	9	19.7	29.2	11.5	21.8	17.7	0
2011	67.4	19.6	4.9	6.6	1.5	8	18.6	32.0	11.5	21.4	16.5	1
2012	65.1	20.6	5.4	7.5	1.5	8	17.8	33.8	12.1	21.0	15.3	1
2013	63.2	21.8	5.8	7.6	1.7	8	20.3	31.4	11.3	21.1	15.9	1
2014	61.7	22.1	6.0	8.4	1.8	7	19.3	33.4	10.7	21.5	15.1	1
2015	61.7	22.3	6.0	8.2	1.8	7	19.3	32.7	11.4	21.2	15.4	1
2016	58.7	23.7	6.4	9.1	2.2	7	18.5	31.2	11.5	21.8	17.0	0

資料來源：　政府統計處數據。

1983 年至 2016 年間，約六成至七成內地新郎及新娘具中學學歷，具專上學歷的屬少數，但比例在 1980 年代和 1990 年代初明顯上升，新郎由 1983 年的 8.8% 升至 1994 年的 34.8%，新娘由 1983 年的 0.7% 升至 1993 年的 8.6%，其後，兩者都先降後回升，新郎的低位是 2006 年的 2.3%，新娘是 2005 年的 0.6%，2016 年各回升至 20.0% 和 18.8%。內地新郎的學歷較內地新娘高，但兩者的差距從 1990 年代末期起大幅收窄，以具專上學歷者為例，新郎和新娘的差距曾由 1983 年的 8.1 個百分點，擴大至 1994 年的 26.9 個百分點，1998 年的差距降至 4.4 個百分點，2016 年為 1.2 個百分點（見表 5-16）。

表 5-16　1983 年至 2016 年按性別劃分香港登記跨境婚姻的內地新郎和新娘學歷統計表

單位：%

年	內地新郎			內地新娘		
	小學及以下	中學	專上教育	小學及以下	中學	專上教育
1983	36.8	54.4	8.8	46.0	53.4	0.7
1984	26.6	62.0	11.4	38.6	59.3	2.1
1985	33.8	55.8	10.4	42.2	55.8	2.0
1986	26.6	63.3	10.1	36.3	61.5	2.3
1987	15.1	64.4	20.5	37.2	60.7	2.1
1988	27.8	53.7	18.5	30.5	64.6	4.9
1989	25.0	47.1	27.9	21.3	73.2	5.5
1990	13.0	66.7	20.4	24.1	68.9	7.0
1991	11.1	65.6	23.3	23.2	69.5	7.3
1992	9.3	68.0	22.7	19.4	74.0	6.5
1993	7.8	72.2	20.0	18.5	72.9	8.6
1994	7.0	58.3	34.8	19.0	73.0	7.9
1995	5.7	62.9	31.4	16.2	76.0	7.8
1996	17.5	65.8	16.7	24.2	71.1	4.8
1997	10.4	74.3	15.3	23.4	71.8	4.8
1998	14.4	76.9	8.7	24.4	71.4	4.3
1999	18.4	72.4	9.2	30.9	65.0	4.1
2000	22.0	66.3	11.7	28.4	68.1	3.5
2001	18.0	74.6	7.5	25.8	71.5	2.7
2002	20.9	71.0	8.1	28.6	68.7	2.7
2003	22.7	70.7	6.6	32.2	65.9	1.9
2004	28.9	67.6	3.5	33.2	65.7	1.1
2005	34.7	62.9	2.5	40.0	59.4	0.6
2006	36.0	61.7	2.3	38.6	60.7	0.7
2007	27.2	70.3	2.6	30.3	68.6	1.0
2008	18.3	71.8	9.8	23.8	71.7	4.5
2009	13.7	67.4	18.9	19.7	70.5	9.8
2010	9.1	71.3	19.6	15.1	74.6	10.3
2011	7.7	69.5	22.8	11.9	75.0	13.2
2012	7.2	73.0	19.8	10.5	75.3	14.2
2013	14.9	65.0	20.1	15.8	68.8	15.4
2014	13.7	65.2	21.1	18.3	64.1	17.6
2015	12.2	68.0	19.7	15.5	66.8	17.7
2016	19.2	60.8	20.0	19.4	61.8	18.8

注：學歷是向入境事務處自行申報，未必反映跨境婚姻的真實狀況。
資料來源： 政府統計處數據。

三、跨境婚姻佔本地登記結婚的比率

1983 年至 2016 年間，在本地登記的香港與內地跨境婚姻數目大幅增加。1983 年，在香港登記的跨境婚姻有 884 宗，佔本地婚姻總數的 1.9%，2005 年增至 19,501 宗，佔 45.3%，其後在約 16,000 宗至 22,000 宗之間波動，2016 年為 17,367 宗，佔比回落至 34.7%（見表 5-17）。根據立法會秘書處的分析，跨境婚姻自 1997 年後快速增加，其主因是香港特別行政區成立後內地居民到訪香港較以往容易，因此愈來愈多香港居民選擇與他們的內地配偶在香港結婚。此外，在內地工作的香港人，以及內地居民透過投資（資本投資者入境計劃）、就業（如輸入內地人才計劃、優秀人才入境計劃、非本地畢業生留港／回港就業安排）和求學等途徑獲取香港居留權的人數，均大幅增加，兩地民眾有較多機會接觸並締結婚姻。

表 5-17　1983 年至 2016 年香港登記跨境婚姻佔本地登記結婚比率統計表

年	跨境婚姻（宗）	跨境婚姻比率（%）	年	跨境婚姻（宗）	跨境婚姻比率（%）
1983	884	1.9	2000	4380	14.2
1984	746	1.4	2001	5892	17.9
1985	733	1.6	2002	8701	27.1
1986	782	1.8	2003	11,509	32.5
1987	653	1.3	2004	15,014	36.3
1988	523	1.2	2005	19,501	45.3
1989	596	1.4	2006	21,588	42.9
1990	552	1.2	2007	18,468	38.9
1991	680	1.6	2008	16,615	35.1
1992	828	1.8	2009	16,350	31.9
1993	976	2.3	2010	18,659	35.5
1994	1281	3.3	2011	20,635	35.4
1995	1547	4.0	2012	21,860	36.2
1996	2484	6.7	2013	21,030	38.0
1997	2635	7.0	2014	20,698	36.7
1998	3075	9.7	2015	17,953	34.8
1999	3423	10.9	2016	17,367	34.7

注：跨境婚姻比率不包括獲發無結婚紀錄證明書（聲稱作為在內地申請結婚之用）的香港與內地跨境婚姻。
資料來源：　政府統計處數據；政府統計處網站：統計數字。

第六節　跨國婚姻與跨種族婚姻

香港在英佔時期之前，跨國婚姻與跨種族婚姻基本不存在。至於英佔初年的情況，現有文獻缺乏官方的統計，詳情難以確知。然而，有三類涉及此等婚姻的社群在當時較受關注，即「涉外婚婦」(protected women)、「豬仔」婚姻和中印婚姻。

十九世紀時,來港洋人多是沒有女眷的男性,部分會包養華人女子,甚至與之生兒育女。這些女性被稱為涉外婚婦,她們與洋人伴侶沒有婚姻關係,亦無甚可能隨他們到外國生活。有些洋人會在離開香港或身故之後,將部分財產贈予其包養的女子,一份現存的資料記載,怡和洋行合夥人威廉 · 史釗域(William Stewart)在 1845 年 9 月所立遺囑中,説明把 7700 元贈給他包養的華藉婦女亞萊(Alloy)。有傳教士在 1895 年出版的書中記述,1840 年代至 1880 年代,中外混血兒幾乎都是女性水上人所生。水上人較早與洋人有接觸,為後者提供不同服務,如供應貨物、船運、洗衣等。

「豬仔」貿易衍生出「豬仔」和「豬花」婚姻,屬於跨國婚姻的一種形式。十九世紀中,不少華人被販運到外國打工,俗稱「賣豬仔」,香港成為華工出洋的重要港口。根據《清稗類鈔》〈婚姻類〉所載,已下聘禮但身在海外的華工,其在鄉的家人仍會迎娶新娘,婚禮中以雄雞暫代拜堂,這就是「豬仔」婚姻。[8] 大量華工出洋,部分定居於當地,衍生出婦女被誘拐或自願到海外提供性服務,或被華商買下作為側室或妾侍的情況,當時俗稱為「豬花」婚姻。1875 年,有牧師在美國國會作證時指出,當時三藩市的華人女性可稱為「妻」者不足 300 人,當中少於 50 人是髮妻,其餘是側室或妾侍。美國於同年推出《佩奇法案》,以限制華人婦女入境。

華人男性與印度裔女性結婚是太平洋戰爭前的另一種跨種族婚姻。英佔初年,印度裔人士已來港為政府服務,部分從軍,更多是任職於警隊。根據 1921 年的人口普查報告,不少印度裔警察退休後留港生活,生兒育女,第二代印度裔女性有嫁予華人為妾者,這在當時算是常見現象,他們的混血兒下一代多從事文職工作。

日佔時期,養和醫院院長李樹芬根據其醫院情況,勾勒了部分中國女性與日本男性通婚的原因和感受:「這一時期所誕生的嬰兒,有許多是敵人的孽種。⋯⋯ 不少孕婦的丈夫,是日本人⋯⋯ 多數是先姦後婚的,她們中,多數鬱鬱寡歡,有着生不如死的感慨。衹有極少數知識水準較低的,相信她的丈夫會長期居留香港而對她及孩子的負責。」

二戰結束後的 50 年,沒有這方面的相關官方統計,從 2001 年起,則可根據人口普查數據計算香港的跨種族婚姻比率。[9] 2001 年至 2016 年間,在與配偶同住於香港同一住戶內的已婚人士中,不論是否牽涉到華人,跨種族婚姻的比率很低。2000 年代,與華人結婚的跨種族婚姻比率只有 0.6%,而與非華人結婚的跨種族婚姻比率稍高,有 1.0%,其後兩者增加

8 徐珂:《清稗類鈔 · 婚姻類》,「粵東有被人略賣至外國為苦工者曰豬仔,若其家已為聘妻,久俟不歸,則仍迎娶如儀。百兩既歸,禮行交拜,新婦左側必縛一雄雞以代之。俟行禮於天地、祖宗、翁姑後,羹湯一切,悉以責之。待男子歸里,作破鏡重圓之樂。否則亦有所牽制而不容他適也。」

9 跨種族婚姻比率是指某種族與其他種族結婚的已婚人士數字,相對該種族每百名已婚人口的比率。

至 2016 年的 1.1% 及 1.5%，仍然是與非華人結婚的比率較與華人的高（見表 5-18）。

在眾多少數族裔中，與華人結婚的跨種族婚姻比率最高是泰國人及印尼人，2001 年，他們與華人結婚的跨種族婚姻比率高達 83.3% 及 81.7%，其後降至 2016 年的 69.2% 及 56.3%，而他們較少與非華人跨種族結婚，但是數量有所上升，由 2001 年的 4.5% 及 4.2%，升至 2016 年的 8.5% 及 22.4%。其次是菲律賓人及白人，菲律賓人與華人結婚的跨種族婚姻比率在 2000 年代有 27% 至 30%，其後下跌至 2011 年的 15.5%，後來回升至 2016 年的 20.4%，而菲律賓人與非華人跨種族婚姻比率徘徊在 16% 至 21% 之間。白人與華人結婚的跨種族婚姻比率曾由 2006 年的 28.0% 降至 2011 年的 18.4%，2016 年則回升至 26.5%，明顯高於與非華人的跨種族婚姻比率（介乎 13% 至 16%）。再次是韓國人及日本人，與華人結婚的跨種族婚姻比率均有所上升，由 2001 年的 19.7% 及 17.0% 升至 2016 年的 30.3% 及 33.1%，他們與非華人的跨種族婚姻比率也由 6.1% 及 4.6% 升至 11.6% 及 8.6%。

表 5-18　2001 年至 2016 年若干年份按種族和性別劃分香港已婚人士跨種族婚姻比率統計表

單位：%

種族	配偶種族	男性				女性				合計			
		2001	2006	2011	2016	2001	2006	2011	2016	2001	2006	2011	2016
全港	華人	0.3	0.4	0.4	1.0	0.9	0.7	0.7	1.1	0.6	0.6	0.6	1.1
	非華人	1.3	1.2	0.9	1.5	0.6	0.7	0.7	1.4	1.0	1.0	0.8	1.5
白人	華人	不詳	35.9	25.7	36.3	不詳	12.9	6.9	8.3	不詳	28.0	18.4	26.5
	非華人	不詳	21.2	18.2	17.2	不詳	5.2	4.3	5.5	不詳	15.7	12.8	13.1
菲律賓人	華人	6.5	5.8	3.1	7.8	37.0	38.4	21.8	27.2	27.8	29.2	15.5	20.4
	非華人	1.6	2.9	3.3	2.4	24.1	25.9	30.5	24.0	17.3	19.4	21.3	16.4
印尼人	華人	50.6	41.6	13.7	35.9	87.4	78.1	57.4	60.9	81.7	71.3	47.3	56.3
	非華人	3.8	9.2	15.6	6.2	4.2	10.7	21.4	26.1	4.2	10.4	20.1	22.4
印度人	華人	4.9	8.2	2.7	7.1	2.1	3.8	1.1	1.6	3.5	6.0	1.9	4.5
	非華人	3.3	4.3	3.7	5.2	4.3	6.0	3.3	4.3	3.8	5.2	3.5	4.8
泰國人	華人	16.7	18.2	21.9	10.8	89.3	89.4	85.8	78.8	83.3	84.1	79.8	69.2
	非華人	7.9	2.6	0.0	10.3	4.2	4.2	6.0	8.2	4.5	4.1	5.4	8.5
日本人	華人	11.1	19.2	19.8	24.9	22.1	24.0	22.7	39.0	17.0	21.8	21.4	33.1
	非華人	2.8	4.7	5.8	4.9	6.1	9.9	14.8	11.2	4.6	7.5	10.7	8.6
韓國人	華人	3.3	11.9	5.9	22.6	30.1	36.3	20.8	35.5	19.7	26.7	15.0	30.3
	非華人	0.8	0.1	1.0	5.1	9.4	6.7	18.4	16.0	6.1	4.1	11.5	11.6
巴基斯坦人	華人	6.4	9.7	5.8	12.8	2.4	4.0	0.5	2.1	4.6	7.1	3.3	8.0
	非華人	11.8	10.2	3.5	10.0	3.8	1.4	0.7	2.3	8.1	6.2	2.2	6.6
尼泊爾人	華人	2.0	1.0	2.2	2.4	1.4	2.2	0.3	0.7	1.7	1.6	1.3	1.6
	非華人	1.7	3.4	4.8	6.7	0.6	1.9	0.7	2.6	1.1	2.7	2.8	4.7

注：只包括與配偶同住於香港同一住戶內的已婚人士。
資料來源：　歷年人口普查和中期人口統計報告。

整體而言，男性和女性的跨種族婚姻比率（包括與華人及與非華人）相差不多。不過，某些種族的跨種族婚姻比率有明顯差異。白人和巴基斯坦人男性的跨種族婚姻比率明顯高於女性，泰國、印尼、菲律賓、日本和韓國人的情況則相反，女性的跨種族婚姻比率較男性高。

第七節　離婚與再婚

一、申請離婚

在傳統中國，婚姻關係可以透過不同的方法解除，包括雙方同意的「和離」和由男方提出的「休妻」，另外官府可以作出干預，實行「義絕」，也就是強制性離婚。歷代法律對夫妻關係的規定，主要基於丈夫對妻子享有權利和妻子對丈夫應盡義務，解除婚姻的條件和限制，一直基於「七出三不去」。《大清律例》〈戶律 · 婚姻〉對離婚的規定，仍是「妻犯七出之狀，有三不去之理，不得輒絻，犯姦者不在此限」。[10] 英佔時期之前的香港地區受相同的法律規管。

英佔初年，對於新式婚姻，港府在 1905 年 10 月通過的《1905 年已婚婦人被遺棄贍養條例》（*Married Women (Desertion) Ordinance, 1905*）訂明，「已婚婦人」包括結髮妻子和填房兩者，條例規定，已婚婦人如被遺棄或長期受虐，可向法院申請分居和申請取得 16 歲以下子女的監護權，丈夫有責任提供贍養費。1912 年 12 月通過的《1912 年華人婚姻保全條例》（*Chinese Marriage Preservation Ordinance, 1912*），對通姦雙方和事後窩藏女方者訂定罰則，但收留因受虐而離家的已婚婦女者，不受法律懲處。1921 年 5 月，英國政府通過《1921 年中國（離婚）法院規則》（*The China (Divorce) Rules of Court 1921*），規定居港的英籍男女可向香港法庭訴請離婚。港府於 1932 年通過《1932 年離婚條例》（*Divorce Ordinance,1932*），1933 年 11 月生效，自此，香港居民均可訴請離婚。此外，根據《中華民國民法》，已婚人士可兩願離婚，或向法院請求離婚。[11]

日佔時期，解除婚姻須律師作證或登報聲明，由於實行糧食配給制度，離婚者須遵從人口遷移的行政手續，更改戶口及其糧食配額。

戰爭結束後，港府沿用太平洋戰爭前的法規，後於 1967 年 1 月通過《1967 年婚姻訴訟條例》（*Matrimonial Causes Ordinance, 1967*），此條例規定呈請離婚的理由，包括配偶曾與

10 「七出」包括無子、淫佚、不事舅姑、多言、盜竊、妒忌、惡疾，「三不去」包括與更三年喪、前貧賤後富貴、有所娶無所歸。

11 《中華民國民法》第一千〇五十二條列出可向法院請求離婚的十項情況，包括重婚、通姦、虐待、有不治之惡疾等。

人通姦而呈請人認為無法忍受與配偶共同生活、因配偶的行為而無法合理期望呈請人與其共同生活、在提出呈請前呈請人遭配偶遺棄最少連續兩年（後改為一年）、婚姻雙方在呈請提出前已分開居住最少連續兩年（後改為一年），且配偶同意由法院批出判令、婚姻雙方在呈請提出前已分開居住最少連續五年（後改為兩年），毋須配偶同意離婚。此條例其後經過多次修訂，1972 年的修訂首次承認夫妻雙方不必因對方的錯失而離婚，之後的修訂還允許按我國習俗締結婚姻的雙方提出離婚、縮短作為離婚原因的分居期、夫婦可一同申請離婚等。

二、入稟申請離婚和獲頒布離婚令的數目、粗離婚率、一般離婚率

1972 年至 2016 年間，在法庭入稟申請離婚和獲頒布離婚判令的數目均大幅上升。這 44 年間，入稟申請離婚的數目由 532 宗增至 21,954 宗，升 4,026.7%，離婚判令則由 354 宗增至 17,196 宗，升 4,757.6%。[12] 撇除人口增長的影響，粗離婚率（crude divorce rate）和一般離婚率（general divorce rate）亦急速增加。[13] 2016 年，以每千名人口計算的粗離婚率是 2.34 人，一般離婚率為 2.64 人，兩者皆遠高於 1972 年的 0.09 人和 0.13 人。這 44 年間，粗離婚率和一般離婚率的最高位都在 2013 年，為 3.10 人及 3.49 人（見表 5-19）。

三、離婚人口的數目

港府於 1931 年的人口普查首次把「離婚」列入婚姻狀況之中，此年以前的離婚情況因資料缺乏，無從探究。在 1931 年，於 849,751 名有婚姻狀況資料的居民中，只有 50 人報稱是離婚人士。離婚人士中，華人只有 3 人（男 2 人，女 1 人），全居於香港島和九龍，非華裔人士有 47 人，包括 35 名平民（男 20 人，女 15 人；英、美、歐人共 31 人，葡萄牙人 2 人，印度裔人士和其他族裔各 1 人）、8 名軍人和 4 名商船船員。

現有文獻沒有 1940 年代和 1950 年代的官方統計。

1961 年至 2016 年間，離婚或分居人口呈上升趨勢，由 1.2 萬人持續增加至 33.4 萬人，升 2,756.5%，在 15 歲及以上人口的佔比由 0.6% 升至 5.1%。這 55 年間，離婚或分居女性的數目和比例增幅，均高於男性：女性由 0.6 萬人增至 22.5 萬人，升 3,713.8%，佔比由 0.6% 升至 6.3%，男性則由 0.6 萬人增至 10.9 萬人，升 1,784.0%，佔比由 0.6% 升至 3.7%（見表 5-20），這與離婚男性再婚的傾向高於離婚女性有關。

---

12 離婚申請和離婚判令之間通常出現時間上的差距，並導致每年的總和有所不同，這是由於需要經過法律途徑解決子女撫養權或財產分配等問題所致。

13 粗離婚率是指獲頒布離婚判令的數目相對該年年中每千名人口的比率。一般離婚率是指獲頒布離婚判令數目相對該年年中每千名 15 歲及以上人口的比率。

表 5-19　1972 年至 2016 年香港離婚數目、粗離婚率和一般離婚率統計表

年	離婚申請（宗）	離婚判令（宗）	粗離婚率（‰）	一般離婚率（‰）	年	離婚申請（宗）	離婚判令（宗）	粗離婚率（‰）	一般離婚率（‰）
1972	532	354	0.09	0.13	1995	10,292	9404	1.53	1.90
1973	793	493	0.12	0.18	1996	13,037	9473	1.48	1.82
1974	789	714	0.16	0.24	1997	14,482	10,492	1.62	1.98
1975	893	668	0.15	0.22	1998	14,115	13,129	2.01	2.44
1976	1054	809	0.18	0.26	1999	13,733	14,429	2.18	2.65
1977	1372	955	0.21	0.29	2000	14,063	13,247	1.99	2.39
1978	1728	1420	0.30	0.42	2001	15,380	13,425	2.00	2.39
1979	2018	1520	0.31	0.42	2002	16,839	12,943	1.92	2.28
1980	2421	2087	0.42	0.56	2003	17,295	13,829	2.05	2.43
1981	2811	2062	0.40	0.53	2004	15,792	15,604	2.30	2.70
1982	3120	2673	0.51	0.67	2005	16,603	14,873	2.18	2.54
1983	3734	2857	0.54	0.71	2006	18,172	17,424	2.54	2.94
1984	4764	4086	0.76	0.99	2007	17,803	18,403	2.66	3.07
1985	5047	4313	0.79	1.03	2008	18,030	17,771	2.55	2.93
1986	5339	4257	0.77	1.00	2009	19,263	17,002	2.44	2.78
1987	5747	5055	0.91	1.17	2010	20,849	18,167	2.59	2.94
1988	5893	5098	0.91	1.17	2011	22,543	19,597	2.77	3.14
1989	6275	5507	0.98	1.25	2012	23,255	21,125	2.95	3.33
1990	6767	5551	0.98	1.25	2013	22,960	22,271	3.10	3.49
1991	7287	6295	1.11	1.40	2014	21,980	20,019	2.77	3.12
1992	8067	5650	0.98	1.24	2015	21,467	20,075	2.75	3.11
1993	8626	7454	1.27	1.59	2016	21,954	17,196	2.34	2.64
1994	9272	7735	1.29	1.60					

資料來源：　政府統計處數據。

表 5-20　1961 年至 2016 年若干年份按性別劃分香港離婚或分居人士數目統計表

年	男性		女性		合計		總人口（人）
	人數（人）	百分比	人數（人）	百分比	人數（人）	百分比	
1961	5806	0.6	5899	0.6	11,705	0.6	1,852,613
1966	3900	0.4	4300	0.4	8200	0.4	2,176,060
1971	4486	0.4	3687	0.3	8173	0.3	2,528,726
1976	9190	0.6	7900	0.5	17,090	0.6	3,007,620
1981	12,418	0.6	11,843	0.7	24,261	0.6	3,749,053
1986	21,089	1.0	21,588	1.1	42,677	1.0	4,149,050
1991	23,871	1.1	29,614	1.4	53,485	1.2	4,370,365
1996	40,964	1.6	56,298	2.2	97,262	1.9	5,066,518
2001	57,483	2.1	94,866	3.3	152,349	2.7	5,598,972
2006	77,163	2.8	147,122	4.7	224,285	3.8	5,924,671
2011	91,055	3.2	187,002	5.5	278,057	4.5	6,248,016
2016	109,385	3.7	224,974	6.3	334,359	5.1	6,506,130

注：1966 年不包括居於軍營、醫院、精神病院和監獄人士。
資料來源：　歷年人口普查和中期人口統計報告；政府統計處：歷年《香港統計年刊》。

根據政府統計處的分析，較低學歷的男女離婚或分居比例在 1991 年至 2016 年間大幅上升。以 45 歲至 49 歲具小學程度及以下的人士為例，這 25 年間，男性的離婚或分居比例由 1.9% 升至 7.3%，女性的升幅更加顯著，由 1.8% 升至 12.5%。在 1990 年代，具較高學歷者的離婚或分居比例一般較高。進入二十一世紀，這趨勢起了變化，具較低學歷人士的離婚或分居比例在大部分年齡組均較高，以 50 歲至 54 歲的男性為例，在 1991 年，具大專學歷或以上的離婚或分居比例為 2.5%，高於其他學歷人士，但在 2016 年，同年齡組別中最高的離婚或分居比例（7.4%），見於具小學程度及以下學歷的男性。

四、再婚人口的數目

現有文獻對清代的再婚情況只有零星的記述。根據立於西貢坑口孟公屋成氏和沙田大水坑張氏祠堂的《成張兩族一家親碑記》記載，兩族是因寡婦再婚而結緣。清康熙初年，成氏先祖外出經商，不幸身亡。其妻鄒氏向夫君友人大水坑的張首興求助，最終尋獲屍體。此時鄒氏已有兒子國珍，張首興收留二人，後與鄒氏結婚並誕下一子。張首興恐亡友絕後，讓國珍長大後回復成姓，並幫助他在孟公屋開基立業。此後每逢春節，國珍必偕妻兒到大水坑拜會。成、張兩族新年舞麒麟的習俗維持至今。此外，在一些帖式教材也發現與再婚相關的資料，如在《上水鄉文獻》所載上水鄉廖氏的帖式中，有慶賀再婚的對聯：「再結絲羅山海固，百世鳳凰重卜吉。重調琴瑟地天長，千年瓜瓞再開祥。」

從 1910 年代起，人口普查中有關於華人喪偶的統計，或可反映當時的再婚概況。1911 年至 1931 年，喪偶人士的比例由 1911 年的 5.7%，降至 1921 年的 5.4% 和 1931 年的 4.7%（見表 5-1）。喪偶人士中，以女性居多，而且兩性間的差距呈擴大之勢：男性的比例由 1911 年的 27.7%，降至 1921 年的 18.2% 和 1931 年的 10.2%，女性的比例則由 1911 年的 72.3%，升至 1921 年的 81.8% 和 1931 年的 89.8%。陸上和水上人的情況基本相若（見表 5-21）。根據 1921 年和 1931 年人口普查報告的分析，華人寡婦和鰥夫的比例懸殊，這是因為男性比女性早逝，華人社會普遍反對寡婦再婚，孀婦喪偶後多隨子女留港生活，未有如以往般返回故鄉。此外，此時期的工業發展，也有利於孀婦就業而非依

表 5-21　1911 年至 1931 年若干年份按居住區域和性別劃分香港華人喪偶人士數目統計表

單位：人

居住區域	1911		1921		1931	
	男性	女性	男性	女性	男性	女性
香港島及九龍	2065	6767	2459	17,538	2082	25,070
新界	2617	6351	2375	7452	1402	7958
水上	858	1331	1182	2071	421	1263
總人數	238,872	113,650	374,834	238,661	471,417	350,012

注：1921 年華人水上人口不包括新界北約。1931 年華人水上人口包括商船船員及軍人。
資料來源：　歷年人口普查報告。

附家人。至於男性，年輕喪偶後多會再婚。至於為數不多的鰥夫，一般是由於貧窮而無能力再婚。此外，由於存在童婚，導致部分男性在年輕階段喪偶，以 1931 年為例，最年輕的鰥夫是四歲，年輕鰥夫比年長者有較大機會再婚。

現有文獻沒有 1940 年代和 1950 年代的官方統計。

1961 年至 2016 年間，喪偶人口的數目呈上升趨勢，由 13.5 萬人增至 41.7 萬人，升 208.0%，但在 15 歲及以上人口的佔比，則由 7.3% 減至 6.4%。這 55 年間，寡婦的數目和比例均高於鰥夫：寡婦由 11.9 萬人增至 35.1 萬人，升 196.0%，佔比由 13.1% 減至 9.9%，男性則由 1.7 萬人增至 6.6 萬人，升 293.2%，佔比由 1.8% 微升至 2.2%（見表 5-22）。根據政府統計處的分析，這與男性死亡率較女性為高、喪偶男性再婚的傾向高於喪偶女性，以及男性傾向與較自己年輕的女性結婚有關。

表 5-22　1961 年至 2016 年若干年份按性別劃分香港喪偶人士數目統計表

年	男性		女性		合計		總人口（人）
	人數（人）	百分比	人數（人）	百分比	人數（人）	百分比	
1961	16,710	1.8	118,713	13.1	135,423	7.3	1,852,613
1966	16,760	1.5	136,850	12.5	153,610	7.1	2,176,060
1971	20,213	1.6	105,426	8.4	125,639	5.0	2,528,726
1976	23,110	1.5	121,870	8.3	144,980	4.8	3,007,620
1981	41,492	2.1	191,474	10.7	232,966	6.2	3,749,053
1986	50,491	2.4	225,380	11.1	275,871	6.6	4,149,050
1991	48,584	2.2	210,390	9.8	258,974	5.9	4,370,365
1996	55,338	2.2	244,866	9.6	300,204	5.9	5,066,518
2001	60,996	2.2	272,626	9.4	333,622	6.0	5,598,972
2006	60,378	2.2	295,491	9.4	355,869	6.0	5,924,671
2011	60,449	2.1	327,882	9.7	388,331	6.2	6,248,016
2016	65,712	2.2	351,354	9.9	417,066	6.4	6,506,130

注：1966 年不包括居於軍營、醫院、精神病院和監獄人士。
資料來源：　歷年人口普查和中期人口統計報告；政府統計處：歷年《香港統計年刊》。

再婚的情況愈趨普遍，在 2016 年的所有登記結婚數目中，34.6% 屬再婚（含任何一方或雙方屬再婚），1971 年、1981 年和 1991 年的相對比例是 1.7%、4.3% 和 11.5%（見表 5-9）。其中以雙方再婚的升幅較大，新娘再婚者居次：1970 年至 2016 年間，雙方再婚的登記結婚數目由 126 宗增至 8248 宗，升 6,446.0%；新娘再婚者由 105 宗增至 3969 宗，升 3,680.0%；新郎再婚者由 318 宗增至 5083 宗，升 1,498.4%（見表 5-23）。這 46 年間，再婚者由 675 人增至 25,548 人，升 3,684.9%。男性的再婚人數普遍多於女性，兩性的再婚人數都大幅增加，但女性的增幅明顯高於男性：男性再婚人數由 444 人增至 13,331 人，升 2,902.5%，女性則由 231 人增至 12,217 人，升 5,188.7%（見表 5-24）。

表 5-23 1970 年至 2016 年按婚姻類別劃分香港登記結婚數目統計表

單位：宗

年	新娘再婚	新郎再婚	雙方再婚	年	新娘再婚	新郎再婚	雙方再婚
1970	105	318	126	1994	2101	2227	981
1971	109	280	83	1995	2047	2199	1041
1972	126	254	104	1996	2280	2409	1207
1973	132	394	95	1997	2441	2523	1334
1974	58	240	49	1998	2241	2511	1330
1975	207	533	82	1999	2302	2520	1408
1976	314	548	163	2000	2259	2688	1684
1977	358	587	173	2001	2490	2926	1857
1978	471	698	168	2002	2635	3394	2325
1979	537	783	235	2003	2821	4001	2652
1980	752	1049	272	2004	3639	4801	3482
1981	850	1041	305	2005	4717	5445	4880
1982	926	1071	350	2006	4884	6418	5588
1983	1063	1196	362	2007	3676	6345	5039
1984	1070	1206	368	2008	3534	6003	4955
1985	1312	1374	431	2009	3803	6316	5623
1986	1404	1377	552	2010	3955	6498	6189
1987	1491	1545	564	2011	4387	6712	7169
1988	1660	1730	682	2012	4540	6912	8090
1989	1789	1739	727	2013	4399	6433	8676
1990	1893	1893	830	2014	4428	6198	8571
1991	2008	1973	911	2015	4060	5531	7932
1992	2061	2250	882	2016	3969	5083	8248
1993	2096	2190	918				

資料來源： 政府統計處數據。

表 5-24 1970 年至 2016 年按性別劃分香港再婚人士數目統計表

單位：人

年	男性	女性	合計	年	男性	女性	合計
1970	444	231	675	1980	1321	1024	2345
1971	363	192	555	1981	1346	1155	2501
1972	358	230	588	1982	1421	1276	2697
1973	489	227	716	1983	1558	1425	2983
1974	289	107	396	1984	1574	1438	3012
1975	615	289	904	1985	1805	1743	3548
1976	711	477	1188	1986	1929	1956	3885
1977	760	531	1291	1987	2109	2055	4164
1978	866	639	1505	1988	2412	2342	4754
1979	1018	772	1790	1989	2466	2516	4982

（續上表）

年	男性	女性	合計	年	男性	女性	合計
1990	2723	2723	5446	2004	8283	7121	15,404
1991	2884	2919	5803	2005	10,325	9597	19,922
1992	3132	2943	6075	2006	12,006	10,472	22,478
1993	3108	3014	6122	2007	11,384	8715	20,099
1994	3208	3082	6290	2008	10,958	8489	19,447
1995	3240	3088	6328	2009	11,939	9426	21,365
1996	3616	3487	7103	2010	12,687	10,144	22,831
1997	3857	3775	7632	2011	13,881	11,556	25,437
1998	3841	3571	7412	2012	15,002	12,630	27,632
1999	3928	3710	7638	2013	15,109	13,075	28,184
2000	4372	3943	8315	2014	14,769	12,999	27,768
2001	4783	4347	9130	2015	13,463	11,992	25,455
2002	5719	4960	10,679	2016	13,331	12,217	25,548
2003	6653	5473	12,126				

資料來源： 政府統計處數據。

第八節　家庭住戶結構

一、家庭住戶數目

根據清康熙《新安縣志》記載，香港所屬的新安縣於明萬曆元年（1573）有 7608 戶，明崇禎十五年（1642）減至 3589 戶，清順治年間（1644—1661）為 2966 戶（見表 1-1，表 1-2）。直至英佔初年，清朝政府和港府都沒有統計家庭住戶的數目。然而，《香港藍皮書》對 1849 年至 1867 年間華人房屋用途的紀錄有「家庭」一項，據這紀錄，這 18 年間被列為「家庭」的陸上房屋由 406 間增至 1775 間，其中，位於維多利亞城內的由 122 間增至 1244 間，位於鄉郊的由 284 間增至 531 間。同期間，列為「家庭」的船艇由 1242 艘增至 2985 艘（見表 5-25）。至於作為「家庭」用途的房屋和船艇與家庭住戶的關係則不詳。

其後，根據人口普查所得，1871 年至 1876 年的維多利亞城華人家庭由 6987 戶增至 9267 戶。1881 年時，香港共 11,859 戶華人家庭，包括維多利亞城 9724 戶，港島鄉郊和九龍 2135 戶，至 1891 年增加至 17,349 戶，十年間升 46.3%（增 5490 戶）。之後的十年，華人家庭持續上升，維多利亞城的華人家庭由 1891 年的 14,120 戶增至 1901 年的 25,123 戶，升 77.9%（增 11,003 戶），但港島鄉郊的家庭由 3229 戶減至 2804 戶，降 13.2%（減 425 戶）。1901 年的統計開始包括九龍半島南端，當年錄得 6718 戶華人家庭（見表 5-26）。

表 5-25　1849 年至 1867 年香港島「家庭」用途房屋和船艇數目統計表

年	陸上房屋（間）			船艇（艘）	年	陸上房屋（間）			船艇（艘）
	維多利亞城	鄉郊	小計			維多利亞城	鄉郊	小計	
1849	122	284	406	1242	1859	537	159	696	3786
1850	141	146	287	1361	1860	698	170	868	3925
1851	230	310	540	1782	1861	705	359	1064	4284
1852	361	157	518	1799	1862	746	189	935	4330
1853	103	122	225	1868	1863	713	385	1098	4019
1854	358	269	627	3632	1864	925	421	1346	3898
1855	600	220	820	3852	1865	810	502	1312	3877
1856	498	259	757	2905	1866	1178	408	1586	3445
1857	657	171	828	3377	1867	1244	531	1775	2985
1858	654	268	922	3449					

資料來源：　歷年 *Hong Kong Blue Book*；R. L. Jarman (ed.), *Hong Kong Annual Administration Reports 1841-1941*；*The Hongkong Government Gazette*, 7 February 1863。

表 5-26　1871 年至 1911 年若干年份按地區劃分香港華人家庭數目統計表

單位：戶

年	維多利亞城	港島鄉郊	九龍	小計	年	維多利亞城	港島鄉郊	九龍	小計
1871	6987	不詳	不詳	不詳	1897	21,740	不詳	不詳	不詳
1872	8765	不詳	不詳	不詳	1901	25,123	2804	6718	34,645
1876	9267	不詳	不詳	不詳	1906	25,974	不詳	不詳	不詳
1881	9724	2135		11,859	1911	27,073	不詳	9500	不詳
1891	14,120	3229	不詳	17,349					

資料來源：　歷年人口普查報告；歷年 *The Hongkong Government Gazette*。

踏入二十世紀，華人家庭數目繼續增加。由於人口由香港島向九龍擴散，維多利亞城的華人家庭增速減慢，由 1901 年的 25,123 戶增至 1911 年的 27,073 戶，升 7.8%（增 1950 戶）。同期間，九龍的華人家庭有較大的增幅，由 6718 戶增至 9500 戶，升 41.4%（增 2782 戶）。當年的港島鄉郊家庭數目不詳。1921 年至 1941 年的人口普查沒有統計華人家庭的數目，但女性和兒童人口則有增加。

太平洋戰爭前的人口普查報告未有列出非華人家庭的數目，但 1891 年的報告指出，由於歐洲經濟發展放緩，在港歐洲人的居港年期明顯延長，部分並在香港建立家庭。其後，各族裔的婦女和兒童人口均有增加（見表 3-25）。

日佔時期，在 1942 年 12 月和 1943 年 10 月，總戶數為 239,903 和 238,176，其中水上人在 1942 年有 3183 戶。這兩年間，總戶數只減少 1727（降 0.7%）（見表 5-27），明顯低於同期的人口數減幅（降 13.0%）（見表 1-6），而且只有中國人戶數下降，少 2898 戶

（降 1.2%），日本人及其他外國人戶數則上升，前者多 956 戶（增 61.8%），後者多 215 戶（增 6.6%）。戶的地區分布與人口分布基本一致（見表 1-56）。約九成中國人戶口集中在香港島（1942 年佔 47.3%，1943 年佔 46.8%）和九龍（1942 年佔 41.8%，1943 年佔 44.2%），當中以中區（中環）、青山區（深水埗）、香取區（油麻地）、東區（灣仔）最多，餘下則居於新界和船艇。日本人和其他外國人同樣集中在市區，尤其是中區（中環）和東區（灣仔），兩者居於湊區（尖沙咀）和鹿島區（九龍塘）、日本人居於青葉區（跑馬地）、其他外國人居於赤柱區（赤柱及石澳）的比例均遠高於中國人，只有少數人居於新界（見表 5-27）。

二戰結束後至 1959 年的家庭數目，有三項調查結果可供參考。首先是港府於 1946 年 2 月進行的新界和離島人口調查，其結果顯示此等地區共有 33,531 戶。其中，新界有 26,703 戶，佔 79.6%；離島有 6338 戶，佔 18.9%；另有大埔和西貢的漁船 490 戶，佔 1.5%。新界地區中，以大埔（4563 戶）和元朗（3418 戶）的戶數較多，屯門（1248 戶）、粉嶺（1249 戶）和新田（1294 戶）的戶數較少。離島地區中，以長洲（2710 戶）和大澳（2216 戶）的戶數較多，坪洲北（156 戶）、梅窩涌口（165 戶）和榕樹灣（170 戶）的戶數較少（見表 5-28）。

其二是聯合國在 1954 年 6 月進行的「香港人口抽樣調查」，據該調查，香港共有 548,000 戶。如按戶主的移民身份把家庭分為香港出生家庭（戶主在香港出生）、戰前移民家庭（戶主在 1945 年 8 月 30 日前移居香港）、戰後移民家庭（戶主在 1945 年 8 月 30 日及之後移居香港）等三類，按戶數計，以戰後移民家庭最多，戰前移民家庭其次，香港出生家庭又其次，分別各有 272,000 戶、157,000 戶及 119,000 戶。

其三是鄉議局於 1955 年 3 月進行的新界人口調查，其結果顯示新界和離島共有 51,086 戶。其中，大埔區有 17,259 戶，佔 33.8%；元朗區有 13,891 戶，佔 27.2%；南約區有 19,936 戶，佔 39.0%。大埔區中，以大埔仔約（4779 戶）和上水（3119 戶）的戶數較多，打鼓嶺（746 戶）和西貢北（1065 戶）的戶數較少。元朗區中，以屏山（3144 戶）和屯門（2707 戶）的戶數較多，錦田（623 戶）的戶數較少。南約中，以荃灣（11,286 戶）的戶數較多，蒲台島（40 戶）和大嶼山北（43 戶）的戶數較少（見表 5-29）。

1961 年至 2016 年間，家庭住戶的數目從 68.7 萬增至 251.0 萬戶，升 265.2%。其增長率不斷起伏，基本的趨勢是先升後回落。按前五年內平均每年增長率計，二十世紀的增長率在 2.0% 或以上，只有 1991 年除外，1981 年更高至 4.3%，1996 年仍有 3.2%。二十一世紀的增長率則呈下降之勢，由 2001 年的 2.0% 降至 2016 年的 1.2%（見表 5-30）。

表 5-27　1942 年和 1943 年按國籍和地區劃分香港住戶數目統計表

單位：戶

地區	分區	1942 年 12 月				1943 年 10 月			
		中國	日本	其他	小計	中國	日本	其他	小計
香港島									
	中區	28,829	276	669	29,774	26,139	403	588	27,130
	西區	11,272	16	14	11,302	12,666	37	19	12,722
	水城區	11,025	19	72	11,116	11,733	33	108	11,874
	藏前區	6786	8	63	6857	6499	5	85	6589
	山王區	3204	8	24	3236	3047	25	30	3102
	東區	19,339	275	365	19,979	18,997	458	451	19,906
	春日區	8201	81	136	8418	7917	140	128	8185
	青葉區	1894	152	63	2109	2011	314	78	2403
	銅鑼灣區	4526	76	153	4755	4531	146	147	4824
	筲箕灣區	10,458	6	178	10,642	10,073	35	151	10,259
	元港區	4812	18	37	4867	4310	37	29	4376
	赤柱區	962	1	109	1072	839	2	143	984
	小計	111,308	936	1883	114,127	108,762	1635	1957	112,354
九龍									
	鹿島區	1487	78	183	1748	1501	158	185	1844
	元區	12,253	10	67	12,330	9838	22	94	9954
	青山區	26,343	8	91	26,442	26,218	33	176	26,427
	大角區	17,123	10	38	17,171	18,447	14	83	18,544
	香取區	25,751	38	313	26,102	27,781	100	288	28,169
	湊區	2937	348	573	3858	3213	486	402	4101
	山下區	7189	86	85	7360	7581	15	137	7733
	荃灣區	2530	0	2	2532	3244	5	33	3282
	啟德區	2753	0	1	2754	2791	1	24	2816
	西貢區	不適用	不適用	不適用	不適用	2120	0	0	2120
	小計	98,366	578	1353	100,297	102,734	834	1422	104,990
新界									
	大埔	3534	15	1	3550	3905	10	18	3933
	元朗區	8716	0	3	8719	8615	1	34	8650
	上水區	3003	5	2	3010	3052	5	3	3060
	沙頭角區	2275	12	0	2287	2487	13	21	2521
	新田區	1347	0	2	1349	1447	3	2	1452
	沙田區	1206	0	3	1209	1210	1	5	1216
	西貢區	2172	0	0	2172	不適用	不適用	不適用	不適用
	小計	22,253	32	11	22,296	20,716	33	83	20,832
水上（九龍）		3183	0	0	3183	不詳	不詳	不詳	不詳
總計		235,110	1546	3247	239,903	232,212	2502	3462	238,176

注：1943 年 7 月起，西貢區歸入九龍地區。不包括長洲、坪洲、大澳和梅窩的居民（約 3 萬人）。
資料來源：　東洋經濟新報社編：《軍政下の香港》；《總督部公報》，第二號，1943 年 1 月 20 日。

表 5-28 1946 年按地區劃分新界和離島家庭數目統計表

單位：戶

地區	分區	家庭數目	地區	分區	家庭數目
新界	沙頭角	2206	離島	坪洲北	156
	上水	2377		坪洲南	282
	粉嶺	1249		東涌	337
	大埔	4563		梅窩涌口	165
	沙田	2152		榕樹灣	170
	西貢	1790		吉澳	302
	荃灣	2568		長洲	2710
	元朗	3418		大澳	2216
	新田	1294	水上	大埔漁船	278
	錦田	1718		西貢漁船	212
	屯門	1248	**總計**		33,531
	屏山	2120			

資料來源： "Census — Estimate of Population", Public Records Office, HKRS170-2-1。

表 5-29 1955 年按地區劃分新界和離島家庭數目統計表

單位：戶

理民府轄區	地區	家庭數目	理民府轄區	地區	家庭數目
大埔	粉嶺	2616	南約	坑口	659
	西貢北	1065		西貢南	1531
	沙頭角	2441		荃灣	11,286
	沙田	2493		長洲	2400
	上水	3119		南丫島北	192
	打鼓嶺	746		南丫島南	149
	大埔仔約	4779		大嶼山北	43
	小計	17,259		大嶼山南	232
元朗	廈村	1265		大嶼山西（大澳）	1526
	錦田	623		梅窩	422
	八鄉	1341		東涌	275
	屏山	3144		馬灣	110
	新田	1409		坪洲	875
	十八鄉	1715		青衣	196
	屯門	2707		蒲台島	40
	元朗市區	1687		**小計**	19,936
	小計	13,891	**總計**		51,086

資料來源： "Census — Estimate of Population", Public Records Office, HKRS170-2-1。

表 5-30 1961 年至 2016 年若干年份香港的家庭住戶數目和前五年內平均每年增長率統計表

年	家庭住戶數目（戶）	前五年內平均每年增長率（%）	年	家庭住戶數目（戶）	前五年內平均每年增長率（%）
1961	687,209	不適用	1991	1,582,215	1.7
1966	756,980	2.0	1996	1,855,553	3.2
1971	857,008	2.5	2001	2,053,412	2.0
1976	1,024,680	3.4	2006	2,226,546	1.5
1981	1,244,738	4.3	2011	2,368,796	1.2
1986	1,452,576	3.1	2016	2,509,734	1.2

注：1966 年和 1971 年的前五年內平均每年增長率是自行計算。
資料來源： 2016 年中期人口統計報告；Census and Statistics Department, *Hong Kong Annual Digest of Statistics: 1986 Edition*。

二、住戶人數和平均數

據歷朝的地理志、郡縣志和食貨志記載，每戶平均的人數約為五人至六人，現有文獻沒有記載香港地區的統計資料或例外情況。

英佔初年的人口普查報告有關於屋（house）和住客人數的統計，但「屋」不等如「住戶」，不能從屋的住客人數推論住戶人數，因為在人口擁擠的城區，多戶共居一屋是華人社區的常見現象。屋和人口數目可反映共居模式的普遍性，以 1891 年為例，有人居住的屋（含商店）共 10,620 間，其中 7395 間位於維多利亞城（含山頂），1497 間在香港島鄉郊（含昂船洲），1728 間在九龍。當年的陸上人口共 189,406 人，其分布是維多利亞城 157,618 人、港島鄉郊 11,791 人、九龍 19,997 人（見表 1-21）。按簡單平均數計算，每間維多利亞城、港島鄉郊、九龍的屋，各有 21.3 人、7.9 人和 11.6 人。直至 1931 年，根據人口普查的結果，一個唐樓單位通常分隔為三間至四間房，分租予多個住戶，當年，九龍地區每屋平均有 11.11 人，按衞生約計，每屋平均人數最低是第 15 約（九龍城、土瓜灣）的 8.46 人，最高是第 11 約（尖沙咀、紅磡）的 12.75 人。然而，在鄉郊地區，一戶分住多屋的情況卻相當普遍，[14] 除富有人家外，客家人的堂屋便是一間以上並排的小房子。1901 年，當年的新界地區共 22,121 間有人居住的屋，每屋平均住 4.6 人。

此外，從 1850 年至 1890 年在港府登記的華人男性遺囑，亦可稍窺當時住戶人數的多樣性。這 40 年間，華人的核心家庭一般有 2 人至 3 人，由兄弟或夫妻組成，立下遺囑者多從內地來港，在內地仍有很多親屬。擴大家庭由兩代至四代組成，人數由 2 人至 19 人不等，已婚女兒多不包括在內。

14 例如一位生於 1892 年、八歲嫁到九龍鄭屋（Cheng Uk）當「新抱仔」的女士回憶，夫家有五間屋，她與家婆住一間，家翁和兩位未婚兒子住一間，夫家兩位成年未出嫁姐姐住一間，年長的叔嬸住一間，最後一間是工人的住屋。

在日佔時期，1942 年至 1943 年的總戶數減幅低於人口數減幅，原因之一是戶的規模縮小，戶均人口由 4.10 人降至 3.59 人，減幅為 12.4%。按國籍劃分戶口規模，1942 年中國人每戶平均有 4.13 人、日本人為 2.59 人、其他外國人為 2.24 人。1943 年日本人和其他外國人的平均每戶人口基本相若，日本人為 2.54 人、其他外國人為 2.11 人，惟中國人減至每戶 3.63 人，此與「歸鄉」政策下，中國人人口大幅下跌有關。在這兩年，日本人和其他外國人的戶均人口較中國人少 1.09 人至 1.89 人（見表 5-31），前者多以官員和商人為主，隨行家屬不多，後者的婦女及兒童因戰爭而優先被送離香港，因此造成兩者戶口規模較小。

表 5-31　1942 年和 1943 年按國籍劃分香港住戶平均人數統計表

人口和住戶	1942 年 12 月				1943 年 10 月			
	中國	日本	其他	總計	中國	日本	其他	總計
總人口（人）	972,146	4002	7264	983,412	842,219	6347	7322	855,888
總戶數（戶）	235,110	1546	3247	239,903	232,212	2502	3462	238,176
戶均人數（人）	4.13	2.59	2.24	4.10	3.63	2.54	2.11	3.59

資料來源：　東洋經濟新報社編：《軍政下の香港》；《總督部公報》，第二號，1943 年 1 月 20 日。

二戰結束後至 1959 年的住戶平均人數，可參考前述的三項調查。首先是港府於 1946 年 2 月進行的新界和離島人口調查，其結果顯示此等地區共有 167,212 人，33,531 戶，即平均每戶有 4.99 人。當中，大埔的漁船及西貢的漁船每戶成員數目分別達 14.29 人及 10.29 人，遠高於平均值。此外，吉澳每戶人數有 7.10 人，居於吉澳者多為以漁為業的疍家人和鶴佬人。1950 年代漁船的機械化操作只在初期階段，漁船仍多以家庭方式進行作業，需要較多的人手，因此漁民傾向多生育子女。沙田和東涌的住戶平均人數最少，只有 2.97 人和 3.45 人。新界氏族的聚居地如屏山、錦田、元朗、上水、新田、粉嶺等，每戶平均人數則介乎 4.25 人至 4.91 人（見表 5-32）。

其二是聯合國在 1954 年 6 月進行的「香港人口抽樣調查」，據該調查，香港共有 2,250,000 人，548,000 戶，即平均每戶有 4.11 人。如按戶主的移民身份把家庭分為三類，按住戶平均人數計，以香港出生家庭居首，平均每戶有成員 5.04 人，戰前移民家庭其次，有 4.78 人，戰後移民家庭居末，有 3.31 人。[15] 戰後移民家庭中，單身男性或沒有子女的已婚家庭數量較大，因此導致其整體家庭成員較少。

其三是鄉議局於 1955 年 3 月進行的新界人口調查，其結果顯示新界和離島共有 262,109 人，51,086 戶，即平均每戶有 5.13 人。三個理民府轄區中，以元朗區的住戶平均人數最多，有 5.27 人，這是因為元朗市區高達 8.22 人；其次是大埔區，為 5.17 人；南約區居末，有 5.00 人（見表 5-33）。

15　包括約三萬名非華人。

表 5-32 1946 年按地區劃分新界和離島家庭平均人數統計表

單位：人

地區	分區	人數	家庭平均人數	地區	分區	人數	家庭平均人數
新界	沙頭角	11,260	5.10	離島	坪洲北	998	6.40
	上水	11,524	4.85		坪洲南	1325	4.70
	粉嶺	5883	4.71		東涌	1163	3.45
	大埔	25,327	5.55		梅窩涌口	661	4.01
	沙田	6393	2.97		榕樹灣	687	4.04
	西貢	9072	5.07		吉澳	2145	7.10
	荃灣	13,175	5.13		長洲	14,002	5.17
	元朗	16,778	4.91		大澳	12,478	5.63
	新田	6196	4.79	水上	大埔漁船	3972	14.29
	錦田	7571	4.41		西貢漁船	2181	10.29
	屯門	5418	4.34	**總計**		167,212	4.99
	屏山	9003	4.25				

資料來源：“Census — Estimate of Population”, Public Records Office, HKRS170-2-1。

表 5-33 1955 年按地區劃分新界和離島家庭平均人數統計表

單位：人

理民府轄區	地區	人數	家庭平均人數	理民府轄區	地區	人數	家庭平均人數
大埔	粉嶺	12,389	4.74	南約	坑口	3894	5.91
	西貢北	5866	5.51		西貢南	7462	4.87
	沙頭角	13,615	5.58		荃灣	51,532	4.57
	沙田	13,461	5.40		長洲	15,085	6.29
	上水	15,596	5.00		南丫島北	921	4.80
	打鼓嶺	3797	5.09		南丫島南	741	4.97
	大埔仔約	24,433	5.11		大嶼山北	203	4.72
	小計	89,157	5.17		大嶼山南	928	4.00
元朗	厦村	5336	4.22		大嶼山西	10,103	6.62
	錦田	3102	4.98		梅窩	1477	3.50
	八鄉	6997	5.22		東涌	1118	4.07
	屏山	15,299	4.87		馬灣	680	6.18
	新田	6529	4.63		坪洲	4224	4.83
	十八鄉	8827	5.15		青衣	1141	5.82
	屯門	13,307	4.92		蒲台島	183	4.58
	元朗市區	13,863	8.22		**小計**	99,692	5.00
	小計	73,260	5.27	**總計**		262,109	5.13

注：不包括約四萬名至五萬名居於船艇的漁民。
資料來源：“Census — Estimate of Population”, Public Records Office, HKRS170-2-1。

1961年至2016年間，香港人口由313.0萬人增至733.7萬人，升134.4%(見表1-8)，家庭住戶數目由68.7萬戶增至251.0萬戶，升265.2%。這55年間，人口的升幅低於戶數的升幅，每戶平均人數隨之由4.4人降至2.8人，這清楚呈現家戶小型化的趨勢（見表5-34）。

表5-34　1961年至2016年若干年份香港家庭住戶平均人數統計表

年	家庭住戶數目	家庭住戶平均人數	年	家庭住戶數目	家庭住戶平均人數
1961	687,209	4.4	1991	1,582,215	3.4
1966	756,980	4.7	1996	1,855,553	3.3
1971	857,008	4.5	2001	2,053,412	3.1
1976	1,024,680	4.2	2006	2,226,546	3.0
1981	1,244,738	3.9	2011	2,368,796	2.9
1986	1,452,576	3.7	2016	2,509,734	2.8

注：家庭住戶平均人數按家庭住戶內人口和家庭住戶數目計算。
資料來源：2016年中期人口統計報告；Census and Statistics Department, *Hong Kong Annual Digest of Statistics: 1986 Edition*。

三、住戶結構

明中葉起華南地區宗族開始鞏固，宗族成員共同建立聚落，其外觀是同居、共財、合爨的大家庭形態，但實際上多是每個家庭居於獨立的房屋單位。以原籍江西的鄧族為例，鄧符協於北宋中期定居岑田（今錦田），其後子孫繁衍，分支至屏山、廈村和粉嶺龍躍頭等地。各分遷地的人丁繼續增加，再發展出不同的聚落，如屏山的「三圍六村」、粉嶺龍躍頭的「五圍六村」等。不論是圍還是村，族人的房屋是聚在一起，家庭各有自己的獨立單位。明清年間，珠江三角洲地區陸上民居的房子主要由廳堂、天井、臥房、雜物房、廚房組合而成。正廳後半部分是寢室，左右的廂房亦可作為寢室，由於樓底較高，可建閣樓。這種民居適合四人至五人的家庭居住，如果子女眾多，難以容納所有成員同住，往往是兄長先成家立室，多佔用了空間，弟妹則被「擠出」屋外。因此今新界鄉村有「女仔屋」和「男仔屋」給未婚的孩童居住。女孩到十歲左右，就會搬到女仔屋，她們仍會跟家人一同吃飯，也會為家庭幹活，到晚上則與其他年齡相若的女孩在女仔屋渡宿，婚前才搬回父母家。男仔屋則設在祠堂、厲院等公共建築物內，住在其內的男子繼續與家人一起用餐，到十多二十歲便要遷出，另覓居所。

英佔初年，港府沒有對住戶結構進行記錄。然而，新增人口以來港謀生的單身男性臨時居民為主，這導致性別比例失衡、兒童數目偏低和人口大量流動，因此此時期的住戶結構大部分是「不完整」和「不穩定」的。[16] 1854年8月1日出版的《遐邇貫珍》有太平天國運

16 以1844年4月為例，根據港府的統計，香港島約有19,000名華人，其中婦孺少於1000人，包括97名女性奴隸（slaves），以及在31間妓院、8間賭館、20間鴉片煙館等地方工作的女性。

動期間的相關報道：「省垣各富室畏亂先徙，多挈眷附本港常行載運貿易之火輪船，赴本港及澳門寄寓。有一火船載至六百餘人者，多婦女幼穉。」其後，根據1921年和1931年的人口普查報告，從1900年代起，住戶結構漸趨完整和穩定，單身漢獨自來港謀生、聚居於宿舍的情況逐漸減少，帶同妻兒來港者漸多，這些家庭較多定居於九龍。至於新界地區，由於較少移民，其住戶結構一直是相當完整和穩定的。

其後，政府統計處把家庭住戶定義為「一群住在一起及分享生活所需的人士，他們之間不一定有親戚關係。自己單獨安排生活所需的個別人士亦當為一戶，即『單人住戶』」，但家庭住戶需至少有一名成員為常住居民，只有流動居民的住戶不會被界定為家庭住戶。住戶結構是根據住戶內各人與戶主的關係，以及他們之間的配偶、父母、子女關係的資料而得出的，分為單人住戶、核心家庭住戶、[17] 親屬關係住戶、[18] 非親屬關係住戶四類。1976年至2016年間，在整體住戶中，單人住戶的佔比由14.8%增至18.3%；核心家庭住戶由60.2%增至64.0%，是主流的住戶結構；親屬關係住戶由22.9%降至15.3%；非親屬關係住戶的佔比最少，介乎1.7%至2.4%（見表5-35）。

表5-35　1976年至2016年若干年份香港住戶結構統計表

單位：%

年	單人住戶	核心家庭住戶	親屬關係住戶	非親屬關係住戶	總戶數（戶）
1976	14.8	60.2	22.9	2.1	999,930
1981	15.2	54.4	28.2	2.2	1,244,738
1986	12.9	59.2	25.0	2.1	1,452,576
1991	14.8	61.6	21.6	2.0	1,582,215
1996	14.9	63.6	19.5	2.0	1,855,553
2001	15.6	66.2	16.5	1.7	2,053,412
2006	16.5	66.9	14.3	2.2	2,226,546
2011	17.1	66.3	14.5	2.1	2,368,796
2016	18.3	64.0	15.3	2.4	2,509,734

注：1996年及以前，核心家庭住戶指未擴展的單核心家庭住戶，親屬關係住戶指垂直擴展的單核心家庭住戶、平向擴展的單核心家庭住戶、多個核心家庭住戶及有親屬關係人士的非核心家庭住戶。自1981年起，1976年的總戶數修訂為1,024,680。1986年另有平時沒成員居住的11,753戶（佔0.8%）。

資料來源：　歷年人口普查和中期人口統計報告。

17　核心家庭住戶可由夫婦所組成（即一對已婚夫婦，無其他親屬）、由夫婦及未婚子女所組成（即一對夫婦及其未婚子女，無其他親屬），以及由父或母親及未婚子女所組成（即父或母親一方及其未婚子女，無其他親屬）。這三類住戶可包括或不包括其他無親屬關係的同住人士，例如家傭。

18　親屬關係住戶可由夫婦及其中至少一個父或母親所組成（即一對夫婦及其至少一個父或母親，無其他親屬）；由夫婦、其中至少一個父或母親及其未婚子女所組成（即一對夫婦、至少一個父或母親及其未婚子女，無其他親屬）；由其他親屬關係組合所組成。這三類住戶可包括或不包括其他無親屬關係的同住人士。

家戶小型化的趨勢與單人住戶（即獨居），以及核心家庭住戶中的單親家庭增加有關。1991 年至 2016 年間，獨居人士由 233,923 人增至 459,015 人，升 96.2%。獨居人士本以男性居多，但其佔比不斷下降，由 66.4% 減至 47.0%，從 2011 年起，獨居女性反比男性多。同期間，單親人士由 34,538 人增至 73,428 人，[19] 升 112.6%。單親人士的性別分布更不平均，長期以女性居多，單親母親的佔比由 66.8% 升至 77.0%（見表 5-36）。

表 5-36　1991 年至 2016 年若干年份按性別劃分香港獨居人士和單親人士數目統計表

單位：人

年	獨居人士			單親人士		
	男性	女性	合計	男性	女性	合計
1991	155,342	78,581	233,923	11,479	23,059	34,538
1996	172,968	103,938	276,906	11,907	30,402	42,309
2001	162,031	127,001	289,032	14,216	47,215	61,431
2006	185,005	182,648	367,653	15,748	60,675	76,423
2011	195,061	209,027	404,088	17,665	64,040	81,705
2016	215,540	243,475	459,015	16,883	56,545	73,428

資料來源：　政府統計處：歷年《香港的女性及男性主要統計數字》。

四、有兒童和長者的住戶數目

對於有兒童及長者的住戶數目，現有文獻缺乏 1990 年代前的資料，但根據 1910 年代至 1930 年代的人口普查結果，當時華人和外籍家庭中的兒童和長者數目都不多，其原因則兩者不盡相同。兒童方面，新界家庭的兒童數目不多，這是因為部分女童被賣作「妹仔」，或作為「新抱仔」被賣到內地，部分男童則外出工作，到適婚年齡才回家娶妻。市區家庭的年幼兒童，男女比例相若，但年紀稍大的男童（7 歲至 14 歲）有回鄉上學的習慣，至少年時才回港。水上人家庭的女童，7 歲起大幅減少，原因之一是被賣到妓院當娼。外籍家庭的兒童也甚少，包括歐洲人、印度裔人士或日本人的家庭，主因是這些人士大多在成年後才來港，部分雖帶同子女前來，但稍後便會把學齡兒童送回本國接受教育。

長者方面，二十世紀以前，60 歲以上的華人人口中，男性比女性多，這是因為攜眷來港者甚少，而寡婦會回鄉終老。到二十世紀，舉家移民愈趨普遍，加上女性壽命較長，寡婦亦開始留港跟子女生活，所以 60 歲以上女性數目比男性多。外籍長者方面，60 歲以上的人口也非常少。外籍人士一般於 21 歲至 25 歲來港，女性會在 40 歲前伴隨子女回本國上學，男性到 55 歲後亦回國退休。因此，1911 年至 1931 年間，60 歲以上的居港外國平民

19　單親人士指從未結婚、已喪偶、離婚或分居，並與未滿 18 歲子女住在同一住戶內的母親或父親。

只由 315 人增至 468 人。

此外，當時的棄嬰、殺嬰和買賣兒童情況，對華人家庭的兒童數目有所影響。英佔初年，一些教會團體設立孤兒院以收養棄嬰，結果曾因棄嬰數目比預期少，而要付錢從內地把棄嬰運來香港撫養。以沙爾德聖保祿女修會於 1848 年開辦的孤兒院為例，首六年共接收 1360 名棄嬰，大多數是華人收取幾仙到一元的酬金從內地帶到香港。直至 1920 年，這些院舍仍有收容內地的棄嬰及殘缺兒童。收容的孤兒部分是中歐混血兒。如聖公會於 1870 年開辦的收容所，首三年收留了 25 名兒童，其中 21 名是中歐混血兒。到 1884 年，50 名院童中，中歐混血兒佔 32 人。這是因為內地沿海口岸開通以後，涉外婚婦或妓女誕下一定數量的混血兒，部分甫出生便遭遺棄。

溺女殺嬰在中國社會由來已久，此風在十九世紀末的今新界依然存在。有地方組織設立保嬰局，勸導公眾勿殘害女嬰。如在客家人聚居的沙頭角十約，東和局在清同治年間（1862—1874）於文武宮設立救嬰總局，並出示曉諭：「居民人等嚴禁溺女。務宜設法撫養。倘敢故違禁令致被告發定即嚴行拘案。照故殺子孫例究治。……不撫養若貧窘無力育女者。生一嬰報知首事。查明每月給錢壹千文至五個月。共給錢伍千文為度。……生女不能自育其家無人報知首事。有即行走報者。同往查明給酒錢多少。」

圖 5-3　1966 年，人口普查人員進行戶口統計，查訪對象包括長者和兒童。（攝於 1966 年，香港特別行政區政府統計處提供）

華人一直有買「妹仔」的傳統，洋人視買賣兒童用作家傭為一種奴隸制度。1910 年代、1920 年代出現反蓄婢運動，港府在 1923 年 2 月通過《1923 年家庭女役條例》，規定僱用「妹仔」必須向港府登記。為逃避註冊，有華人把「妹仔」當作「養女」。早在 1921 年，人口普查已出現 122 名報稱「養女」（yuk nui）的女童，不過報告指她們的身份實際與「妹仔」無異。有學者的研究指出，除「妹仔」外，當時也有涉外婚婦收養女孩，訓練她們成為妓女或洋人的情婦。

1991 年至 2016 年間，有 15 歲以下兒童的家庭住戶由 67.0 萬戶減至 58.0 萬戶，降 13.5%，佔全港家庭住戶的比例由 42.4% 降至 23.1%。沒有兒童的住戶比例升至接近八成，這是因為生育率持續處於非常低的水平。與此同時，由於長者數目持續增加，有 65 歲及以上長者居住的住戶則顯著增加，有長者的住戶由 36.7 萬戶增至 81.2 萬戶，升 121.4%，佔全港家庭住戶的比例由 23.2% 升至 32.3%（見表 5-37）。

表 5-37　1991 年至 2016 年若干年份香港有 15 歲以下兒童或 65 歲及以上長者的家庭住戶數目統計表

年	有兒童		有長者	
	戶數（戶）	百分比	戶數（戶）	百分比
1991	670,281	42.4	366,522	23.2
1996	716,592	38.6	470,298	25.3
2001	717,258	34.9	534,559	26.0
2006	658,221	29.6	594,730	26.7
2011	601,019	25.4	668,621	28.2
2016	579,827	23.1	811,645	32.3

資料來源：　歷年人口普查和中期人口統計報告。

五、住戶收入

1980 年代前，對於住戶收入沒有可供參考的官方統計資料。1981 年至 2016 年的人口普查及中期人口統計結果顯示，家庭住戶每月收入中位數（包括外籍家傭）按當時市價計算，由 2955 元增至 25,000 元（見表 5-38）。[20] 1985 年至 2016 年的綜合住戶統計調查亦得出相近的數字，家庭住戶每月收入中位數由 4900 元增至 25,200 元（見表 5-39）。根據政府統計處的分析，扣除價格變動的影響後，住戶收入中位數亦錄得實質增幅。住戶收入分布受人口變化的影響，尤其是人口老化的因素，人口老化的趨勢令收入差距擴大。以 2011 年至 2016 年為例，非從事經濟活動的家庭住戶比例由 17.9% 增至 19.0%，住戶數目增加

20　住戶每月收入指所有住戶成員於統計前一個月的總現金入息，包括從所有工作獲得的收入（未扣除強制性公積金供款）及其他現金入息。其他現金入息包括來自租金入息、利息、股息、定期或每月退休金及保險年金、由非本戶人士定期給予的款項、慈善機構的定期捐助及所有政府津貼的入息。

了 52,000 戶，這升幅主要源自人口老化。由於非從事經濟活動的長者住戶大多是退休人士，沒有職業收入，其住戶每月收入中位數（5900 元。若包括與外籍家傭同住的長者住戶，為 5800 元）大幅低於全港所有家庭住戶中位數（24,900 元，不包括外籍家傭）。[21]

表 5-38 1981 年至 2016 年若干年份香港家庭住戶每月收入中位數統計表

單位：元

年	每月收入中位數	年	每月收入中位數
1981	2955	2001	18,710
1986	5160	2006	17,250
1991	9964	2011	20,500
1996	17,500	2016	25,000

注：收入以當時市價計算。包括外籍家傭。
資料來源： 歷年人口普查和中期人口統計報告。

表 5-39 1985 年至 2016 年香港家庭住戶每月收入中位數統計表

年	住戶數目（萬戶）	住戶平均人數（人）	每月收入中位數（元）	年	住戶數目（萬戶）	住戶平均人數（人）	每月收入中位數（元）
1985	141.8	4	4900	2001	205.5	3	18,000
1986	147.3	4	5300	2002	208.1	3	17,000
1987	149.6	4	6000	2003	211.4	3	16,000
1988	153.3	4	6800	2004	214.1	3	16,000
1989	154.9	4	8000	2005	219.7	3	16,000
1990	155.9	4	9400	2006	222.1	3	17,000
1991	160.2	4	10,400	2007	225.0	3	17,500
1992	163.4	4	11,500	2008	227.9	3	18,400
1993	167.8	4	13,000	2009	229.7	3	18,000
1994	172.9	3	15,000	2010	232.5	3	18,000
1995	178.3	3	16,000	2011	235.9	3	20,000
1996	186.5	3	17,600	2012	238.6	3	21,000
1997	192.3	3	19,000	2013	240.7	3	22,200
1998	196.2	3	18,000	2014	243.2	3	23,200
1999	199.9	3	17,500	2015	247.1	3	24,800
2000	203.7	3	18,000	2016	249.9	3	25,200

注：由 2001 年開始，年度數字是根據每年 1 月至 12 月進行的綜合住戶統計調查結果，以及年中人口估計數字而編製。
資料來源： 政府統計處網站：統計數字。

21 這期間，非從事經濟活動的長者住戶（所有成員均在 65 歲及以上的住戶）增加 44,000 戶。若計算與外籍家傭同住的長者住戶，更增加了 57,000 戶。

六、住戶的房屋類型

對於住戶的房屋類型，現有文獻缺乏 1980 年代前的官方統計。在后海灣沿岸遺址，發現了多處新石器時代晚期的房屋遺蹟，從排列整齊的柱洞推測，先民居住在干欄式房屋。在宋代遺址，亦發現房屋的遺蹟，例如在屯門小坑村的發掘，出土了房屋地基、柱洞和室內地面，在元朗屏山輞井圍的發掘，也有房基墊土、柱洞、水管暗渠、天井（水池）、鋪磚地面和磚瓦等建築構件，這都顯示，當時已經有具相當建築水準和規模的院落式房屋。

香港現存的古老中式民居，主要是清初遷海復界後興建，四大民系各有不同的住屋類型，其中本地人與客家人在陸上建屋，疍家人和鶴佬人多以船隻為家。富裕的本地人氏族會興建圍牆和護城河，圍牆設更樓和大閘，錦田鄧氏吉慶圍是典型的例子。普通家庭則多居於廊屋，貧窮人家為單廊屋，由一房、一天井組成，新田蕃田村的民居是一例。小戶人家為平廊屋，由一廳、一房、一廊、一天井組成，大埔林村田寮下村的民居是一例。小康之家和較富裕人家為斗廊屋，由一廳、兩房、兩廊、一天井組成，柴灣的羅屋是典型的例子。客家民居有些是仿照本地民居，也有些沿用其家鄉房屋形制，最常見的是堂橫屋，由縱向的堂屋加橫屋組成，規模視乎經濟能力而定，荃灣三棟屋是典型的例子。部分客家人會合建「圍屋」，以加強防禦功能，西貢上窰村客家屋是一例。至於疍家人和鶴佬人，都以船為家，清朝政府於雍正七年（1729）准許「疍戶」上岸，在近水村莊建造房屋及搭棚棲身，[22] 大嶼山大澳是最具規模的棚屋。鶴佬人也會上岸居住，其棚屋多建在海灘及船艇旁。貧窮的水上人如其船艇破爛不能出海，又無能力搭建棚屋，會把船艇擱置在淺灘，以之為家。

根據 1921 年的人口普查報告，當年的市區人口增加，更多華人居住在多層樓宇，每層樓平均居住約 15 人。《香港藍皮書》記錄了 1930 年代香港島和九龍華人房屋的層數。香港島的房屋變化不大，維多利亞城內約半數樓宇是四層高，筲箕灣約五成半是三層高，香港仔（含鴨脷洲）約八成是二層或三層高。九龍和新九龍的變化較明顯，三層高樓宇在這期間的比例由 1932 年的 52.3% 升至 1940 年的 59.3%，四層高樓宇亦由 25.7% 升至 35.2%。這些多層樓宇多以混凝土建築，俗稱唐樓，高二層至四層不等。當時沒有統計新界的華人房屋層數，但傳統的鄉村房屋多只有一層，內設閣樓。十九世紀時，香港島和九龍的鄉村房屋亦多屬於這個類型。1930 年代，香港仔和筲箕灣的一層高樓宇佔比沒有顯著變化，但九龍和新九龍的則隨着城市化而大幅減少，由 1932 年的 13.1%（1299 間）跌至 1940 年的 0.8%（77 間）（見表 5-40）。

22〈恩恤廣東疍戶〉:「通行曉諭：凡無力之疍戶，聽其在船自便，不必強令登岸。如有力能建造房屋及搭棚棲身者，准其在於近水村莊居住，與齊民一同編列甲戶。」

圖 5-4　屏山鄧氏宗祠於 2001 年列為古蹟。（攝於 2014 年，古物古蹟辦事處提供）

圖 5-5　龍躍頭東閣圍，被古物古蹟辦事處列入龍躍頭文物徑的重要建築。（攝於 2006 年，古物古蹟辦事處提供）

表 5-40　1932 年至 1940 年按地區和樓宇層數劃分香港華人房屋統計表

單位：間

年	地區	1 層	2 層	3 層	4 層	5 層	6 層	7 層	8 層
1932	維多利亞城	266	1004	4203	6275	625	15	9	3
	九龍和新九龍	1299	891	5199	2557	4	0	0	0
	香港仔和鴨脷洲	58	123	121	0	0	0	0	0
	筲箕灣	115	226	510	35	0	0	0	0
1933	維多利亞城	265	1004	4262	6404	648	16	20	4
	九龍和新九龍	1295	848	5522	2980	4	0	0	0
	香港仔和鴨脷洲	60	123	121	1	0	0	0	0
	筲箕灣	118	229	529	38	0	0	0	0
1934	維多利亞城	307	976	4397	6195	654	20	24	5
	九龍和新九龍	1248	582	5616	3157	4	0	0	0
	香港仔和鴨脷洲	66	123	128	1	0	0	0	0
	筲箕灣	118	231	541	43	0	0	0	0
1935	維多利亞城	343	1016	4423	6255	649	22	24	5
	九龍和新九龍	1079	566	5588	3056	8	0	0	0
	香港仔和鴨脷洲	66	125	130	1	0	0	0	0
	筲箕灣	118	231	549	49	0	0	0	0
1936	維多利亞城	344	995	4417	6300	646	22	24	4
	九龍和新九龍	1056	561	5604	3091	10	1	0	0
	香港仔和鴨脷洲	67	125	133	1	0	0	0	0
	筲箕灣	118	230	547	53	0	0	0	0
1937	維多利亞城	349	902	4375	6337	644	22	24	4
	九龍和新九龍	151	499	5607	3133	10	1	0	0
	香港仔和鴨脷洲	67	125	133	1	0	0	0	0
	筲箕灣	118	230	548	67	0	0	0	0
1938	維多利亞城	349	901	4372	6389	658	22	25	4
	九龍和新九龍	151	495	5613	3190	13	1	0	0
	香港仔和鴨脷洲	64	125	134	1	0	0	0	0
	筲箕灣	119	231	548	67	0	0	0	0
1939	維多利亞城	348	882	4339	6420	625	35	27	4
	九龍和新九龍	80	486	5796	3353	11	1	0	0
	香港仔和鴨脷洲	66	131	134	1	0	0	0	0
	筲箕灣	119	231	548	91	0	0	0	0
1940	維多利亞城	275	893	4211	6289	623	36	18	3
	九龍和新九龍	77	450	5788	3438	13	0	0	0
	香港仔和鴨脷洲	185	176	134	1	0	0	0	0
	筲箕灣	119	230	555	97	0	0	0	0

資料來源： 歷年 *Hong Kong Blue Book*。

1981 年至 2016 年間，約半數住戶居住在私人永久性房屋，30 多年來沒有明顯變化。另有三成多住戶居住在公營租住房屋，高峰時在 1991 年有 36.5%，後來降至 2016 年的 30.4%。隨着居者有其屋計劃房屋在 1970 年代末陸續入伙，以及其後不同資助自置居所計劃的推出，愈來愈多住戶居住在資助自置居所房屋，其比例由 1981 年的 0.6%，大幅增加至 2016 年的 15.3%。[23] 同期間，居住在臨時房屋的比例明顯下跌，由 9.3% 減至 0.8%（見表 5-41）。

表 5-41　1981 年至 2016 年若干年份按房屋類型劃分香港家庭住戶數目統計表

單位：%

年	公營租住房屋	資助自置居所房屋	私人永久性房屋	臨時房屋	非住宅用房屋
1981	33.4	0.6	54.2	9.3	2.6
1986	35.5	4.0	50.4	7.6	2.5
1991	36.5	7.3	51.3	4.2	0.8
1996	35.5	10.7	50.7	2.3	0.8
2001	30.6	15.6	52.2	1.2	0.3
2006	31.0	16.3	51.6	0.8	0.2
2011	30.4	15.9	52.5	0.8	0.4
2016	30.4	15.3	53.0	0.8	0.5

資料來源：　歷年人口普查和中期人口統計報告。

圖 5-6　1950 年代清拆前的紅磡寮屋區。（攝於 1956 年，政府檔案處歷史檔案館提供）

23　資助自置居所房屋包括香港房屋委員會的租者置其屋、居者有其屋、私人機構參建居屋、中等入息家庭房屋、可租可買和重建置業等計劃的單位，香港房屋協會的住宅發售計劃、夾心階層住屋計劃和資助出售房屋項目的單位，以及市區重建局資助出售房屋計劃的單位。自 2001 年起，可在公開市場買賣的租者置其屋、居者有其屋、私人機構參建居屋、中等入息家庭房屋、可租可買、重建置業、住宅發售、夾心階層住屋（即居者有其屋計劃第三期乙之前出售或已繳交補價的單位）等計劃的單位，歸類為私人永久性房屋。

圖 5-7　1950 年代清拆寮屋前的筲箕灣西灣河街。（攝於 1956 年，政府檔案處歷史檔案館提供）

圖 5-8　1953 年石硤尾寮屋區發生嚴重火災。為安置災民和其他寮屋居民，港府於 1954 年 4 月成立徙置事務處，興建臨時房屋及徙置大廈應急。（攝於 1953 年，香港特別行政區政府提供）

第六章
人口調節政策

人口的數量、構成和素質對社會發展具重要影響。在農業社會和工業化初期，政府多推行鼓勵生育和引進移民的政策，如清康熙年間（1662—1722）「滋生人丁永不加賦」、清雍正年間（1723—1735）「攤丁入畝」的鼓勵生育政策。再如清初在遷海復界後，招募客籍農民到沿海墾荒。另一方面，清初的遷界和日佔時期的「歸鄉」政策，都造成香港出現歷史上罕見的人口變動，後者明顯以減少人口為目的。英佔香港後，認為生兒育女屬於家庭的決定，政府不作干預，但運用自由港政策，按發展需要招攬境外人才前來。二戰後，香港人口激增，既帶來人口紅利，亦為房屋供應、醫療和教育等服務增添壓力。香港家庭計劃指導會於 1950 年開始提供節育指導服務。從 1980 年代起，在生育率大幅下降、人口日益老齡化、工作年齡人口漸形不足的情況下，家庭計劃的宣傳改以鼓勵生育為主調，港府亦陸續推出相應政策，一方面是提供減低生育子女機會成本的福利，包括訂定法定有薪親職假、資助託兒和課餘託管服務、資助輔助生殖科技治療、推動家庭友善僱傭安排等，另一方面是提供直接補助或津貼，包括增加子女免稅額和提供教育津貼。在 2015 年完成人口政策檢討後，港府申明立場，認為「低生育率……主要是獨身女性比例增加以及遲婚和延後生育所致。……政府過分干預未必恰當。」為應對勞動力數量下降和建立人力資本，港府的主要策略是積極吸引外來人才來港，相關計劃包括一般就業政策、輸入內地人才計劃、資本投資者入境計劃、優秀人才入境計劃、非本地畢業生留港 / 回港就業安排、輸入中國籍香港永久性居民第二代計劃等。

英佔初年，港府的土地、種族隔離和強制遷移等政策導致人口的內部遷移，包括開發和拍賣土地予私人發展，總趨勢是先令人口向城市集聚，其後則令人口從密集地區向外擴散，主要措施包括 1860 年代起在九龍進行城市建設；1930 年代成立城市規劃委員會為發展制定規劃藍圖；1950 年代推行徙置計劃；1970 年代宣布十年建屋計劃、成立香港房屋委員會統籌公共房屋事宜、開展新市鎮發展以應付人口增長和減低市區人口密度等，1976 年至 2016 年間，約 300 萬人移居到九個新市鎮。

第一節　人口出生調節

一、相關機構

英佔時期開始之後至 1950 年代中，香港人口迅速增加，導致房屋供應、醫療和教育等服務出現短缺，但港府始終認為生兒育女屬於家庭的決定，政府不作干預。1930 年代時，已有醫學專業人士關注這問題，主張進行調節，並於 1936 年成立香港優生學會（Hong Kong Eugenics League），在貝夫人健康院為婦女提供節育診所服務。學會在日佔時期停止運作，後於 1950 年易名香港家庭計劃指導會（The Family Planning Association of Hong Kong，簡稱家計會），以志願機構的性質為市民提供節育指導服務及推廣家庭計劃。港府於 1955 年開始資助家計會的活動。從 1970 年代中起，由醫務衞生署陸續接辦家計會設於政府母嬰健康院內的節育指導所。

從1980年代起，香港的總和生育率和淨再生產率一直低於更替水平（見表2-14，表2-15），人口持續老化，港府於2002年先後成立人口政策專責小組和人力發展委員會。前者的成員包括決策局和部門代表，處理人口趨勢和特徵帶來的挑戰，包括因應極低的生育率而鼓勵生育，其重點是締造有利的生兒育女環境，讓有意生育的人士得到所需支援，例如由衞生署主導母嬰健康服務、社會福利署提供兒童照顧服務、教育局優化兒童教育措施等；後者負責就香港人力需求和發展人力資源以應付有關需求的政策、職業訓練和再培訓、專上教育和持續教育，以及資歷架構和質素保證架構事宜向政府提供意見。2007年成立人口政策督導委員會，由政務司司長擔任主席，協調相關決策局和部門的工作，檢討各項政策措施。同年12月成立家庭議會，這是一個旨在推廣家庭核心價值的諮詢組織，包括推展家庭友善僱主獎勵計劃，以營造有利市民成家立室及生兒育女的環境。2012年重組人口政策督導委員會，首次加入來自不同專業和背景的非官方成員。

此外，港府於2000年11月通過《2000年人類生殖科技條例》（*Human Reproductive Technology Ordinance, 2000*），2001年4月成立人類生殖科技管理局，以規管生殖科技程序的提供、胚胎研究的進行、涉及生殖科技程序或胚胎研究的已使用或準備使用的配子或胚胎的處理、儲存或棄置，以及代母安排。

二、主要法規與政策措施

1. 鼓勵節育的政策和措施

終止懷孕和防止懷孕都可減少生育，對人口數量有所影響。香港於十九世紀立法規管終止懷孕。港府於1865年6月通過《1865年侵害人身罪條例》（*Offences against the Person Ordinance, 1865*），自此，在香港無論自行或替人施行非法的墮胎，都會被判監及罰款。此條例經過多次修訂，自1981年起，經兩名註冊醫生確認繼續懷孕會危及孕婦，或嬰兒出生後嚴重弱能，方可終止妊娠。此外，孕婦若是特定性罪行的受害者，或是懷孕時未滿16歲，也可進行合法墮胎。1980年至2016年間，在香港出生的活產嬰兒共2,398,504名（見表2-6），[1] 同期在香港進行的合法終止妊娠共581,659宗。這36年間，合法終止妊娠的數目先升後回落，由1980年的9400宗，大幅增加至1993年的26,057宗，然後持續回落至2016年的9481宗（見表6-1）。在1993年，香港有70,451名活產嬰兒和26,057宗合法墮胎，2016年的相應數字為60,856名和9481宗。這23年間，合法墮胎數目和進行合法墮胎的孕婦比例，都有所下降，其原因眾多，或是較少人非預期懷孕，或是較多人赴境外終止懷孕，難以一概而論。

1　不包括1988年和1989年。

表 6-1　1980 年至 2016 年若干年份香港合法終止妊娠數目統計表

年	數目（宗）	年增長率（%）	年	數目（宗）	年增長率（%）	年	數目（宗）	年增長率（%）
1980	9400	不詳	1994	26,049	0.0	2006	13,510	-4.8
1981	10,600	12.8	1995	25,363	-2.6	2007	13,515	0.0
1982	12,200	15.1	1996	25,041	-1.3	2008	13,199	-2.3
1983	13,400	9.8	1997	23,939	-4.4	2009	12,028	-8.9
1984	14,500	8.2	1998	22,086	-7.7	2010	11,231	-6.6
1985	15,400	6.2	1999	20,891	-5.4	2011	11,864	5.6
1986	16,800	9.1	2000	21,375	2.3	2012	11,298	-4.8
1987	17,600	4.8	2001	20,235	-5.3	2013	10,653	-5.7
1990	21,114	不詳	2002	18,651	-7.8	2014	10,359	-2.8
1991	22,120	4.8	2003	17,420	-6.6	2015	9890	-4.5
1992	24,316	9.9	2004	15,882	-8.8	2016	9481	-4.1
1993	26,057	7.2	2005	14,192	-10.6			

注：0.0 代表增減少於 0.05%。
資料來源： United Nations Statistics Division, Demographic Statistics Database。

日佔時期，日佔政府的人口政策以大幅降低人口規模為首要目標，但現存資料缺乏與鼓勵節育相關的政策措施和計劃。

港府於 1950 年代開始資助防止懷孕的活動，於 1970 年代把家庭計劃服務納入公共健康護理的服務範圍。香港優生學會成立後，為市民提供節育指導服務及推廣家庭計劃，該會易名為家計會後，工作繼續。港府於 1955 年開始資助家計會的活動，然而，透過節育來控制人口增長的規劃和執行，仍由家計會負責。1965 年，曾有立法局議員表示生育率高企引發諸多社會問題，要求政府積極推動節育，但輔政司（Colonial Secretary）表示政府支持家計會的工作，卻無意改變提供補助的方式。直至 1974 年，醫務衞生署才陸續接管家計會設於 32 間政府母嬰健康院內的節育指導所。其後，衞生署家庭健康服務轄下的母嬰健康院亦為生育年齡的婦女提供家庭計劃服務，令她們可以計劃子女的數目及何時生育，包括提供避孕方法和為考慮結紮及終止懷孕的婦女提供輔導與專科轉介。母嬰健康院和醫院管理局轄下的急症室部門，亦設有緊急避孕服務。

2. 鼓勵生育的政策和措施

英佔時期以前的香港，沿用全國統一的鼓勵生育政策。英佔開始至 1980 年代以前未見相關政策。從 1980 年代起，香港才有明確的鼓勵生育政策，在生育率持續偏低、人口日益老齡化、工作年齡人口漸形不足的情況下，港府陸續推出相關政策，一方面是提供減低生育子女機會成本的福利，另一方面是提供直接補助或津貼。旨在減低機會成本的措施包括訂定法定有薪親職假、資助託兒和課餘託管服務、資助輔助生殖科技治療、推動家庭友善僱傭安排等；旨在提供直接補助的主要措施包括增加子女免税額和提供教育津貼。

法定的生育假期包括產假和侍產假，有薪產假的成本由僱主負擔。港府於 1970 年修訂《1968 年僱傭條例》，以加強對女性僱員產期的保護，這修訂部分配合了國際勞工組織《保護生育公約》（*Maternity Protection Convention*）第三條的規定。從當年 1 月起，連續受僱於同一僱主不少於 26 星期的女性僱員，[2] 可享有 10 星期無薪產假，分為分娩前 4 星期及分娩後 6 星期，僱主不能在期間革除其職務。1981 年修訂相關法例後，產假前連續受僱滿 40 星期的懷孕僱員，可享有 10 星期法定有薪產假，產假的每日薪酬相當於產假首天前 12 個月內所賺取的每日平均工資的三分之二，有薪產假只限於首三名子女。1995 年，產假的法定支薪比例提高至日薪的五分之四。1997 年，取消享有有薪產假的子女數目限制，及禁止僱主指派懷孕僱員從事粗重或危險工作。侍產假方面，2012 年起，在子女預產日期或實際出生日期前已連續服務滿 40 個星期的全職男性政府僱員，可享有 5 天全薪侍產假。2014 年修訂《僱傭條例》後，2015 年起，合資格的男性僱員可就其配偶或伴侶每次分娩享有 3 天有薪侍產假，侍產假的每日薪酬為放取侍產假前 12 個月內每日平均工資的五分之四。[3]

港府資助託兒和課餘託管服務，以支援因工作、突發事情或其他原因而暫時未能照顧孩童的家長或照顧者。由社會福利署資助非政府機構提供的幼兒照顧服務包括幼兒中心服務、暫託幼兒服務、延長時間服務、互助幼兒中心、鄰里支援幼兒照顧計劃、學前兒童課餘託管服務。2006/07 年度前，社會福利署亦資助日間幼兒園及日間育嬰園，其後這些服務轉由教育統籌局負責。根據《社會福利署年報》，在 1961/62 年度至 1997/98 年度，香港的留宿和日間幼兒中心服務名額由 3413 個增至 43,903 個（見表 6-2）。[4] 1976/77 年度至 1997/98 年度，由政府營辦、資助、津貼，或由非牟利機構提供的名額佔比由 72.8% 降至 65.9%，私營幼兒中心的名額則由 27.2% 升至 34.1%。2001/02 年度至 2005/06 年度間，各類幼兒中心的服務總名額變化不大，約 3 萬個。其後的統計不再包括幼兒園和育嬰園，所以總名額驟降，2015/16 年度為 3318 個。此外，暫託幼兒服務自 1993/94 年度起獲政府資助，首兩年度的服務名額為 405 個，1996/97 年度和 1997/98 年度增至 660 個和 690 個，2001/02 年度再增至 738 個，其後逐漸減少，2011/12 年度至 2015/16 年度均為 434 個。延長時間服務的名額，曾由 2001/02 年度的 1610 個降至 2014/15 年度的 1230 個，2015/16 年度增至 2254 個（見表 6-3）。

2　根據《僱傭條例》，僱員如連續受僱於同一僱主 4 星期或以上，而每星期工作不少於 18 小時，有關的僱傭合約視為連續性合約。

3　享有侍產假的條件包括：是初生嬰兒的父親或有嬰兒即將出生；在放取侍產假前已按連續性合約受僱；及已按法例的規定通知僱主。

4　根據 1976 年 6 月通過的《1976 年幼兒服務條例》（*Child Care Services Ordinance, 1976*），除獲豁免者，凡收容六歲以下兒童，並給予照顧和監護的幼兒中心，必須於社會福利署註冊並接受該署督導。

表 6-2　1961/62 年度至 1997/98 年度若干年度香港經註冊的幼兒中心服務名額統計表

單位：個

年度	服務名額	年度	服務名額	年度	服務名額
1961/62	3413	1976/77	13,026	1986/87	28,031
1962/63	4883	1977/78	15,564	1987/88	29,389
1963/64	8160	1978/79	14,666	1988/89	31,010
1964/65	10,782	1979/80	15,841	1989/90	32,518
1965/66	13,099	1980/81	17,371	1990/91	33,811
1966/67	13,425	1981/82	19,191	1991/92	35,270
1967/68	13,493	1982/83	21,766	1992/93	35,743
1968/69	13,774	1983/84	23,583	1994/95	39,609
1969/70	12,919	1984/85	24,820	1996/97	41,886
1970/71	12,303	1985/86	26,389	1997/98	43,903

資料來源：　歷年《社會福利署年報》。

表 6-3　2001/02 年度至 2015/16 年度香港經註冊的幼兒中心服務名額統計表

單位：個

年度	獨立幼兒中心	互助幼兒中心	受資助日間幼兒園	受資助日間育嬰園	暫託幼兒服務	延長時間服務
2001/02	不適用	434	29,314	1153	738	1610
2002/03	不適用	364	29,283	1113	726	1680
2003/04	不適用	434	28,973	952	717	1518
2004/05	不適用	364	28,781	944	708	1504
2005/06	694	333	28,498	900	556	1244
2006/07	686	389	不適用	不適用	550	1244
2007/08	666	305	不適用	不適用	548	1244
2008/09	682	314	不適用	不適用	547	1244
2009/10	690	314	不適用	不適用	545	1230
2010/11	690	300	不適用	不適用	545	1230
2011/12	690	314	不適用	不適用	434	1230
2012/13	690	314	不適用	不適用	434	1230
2013/14	2885	314	不適用	不適用	434	1230
2014/15	2850	314	不適用	不適用	434	1230
2015/16	3015	303	不適用	不適用	434	2254

注：日間幼兒園與育嬰園的資料截至 2005 年 8 月。2006/07 年度及以後，幼兒園和育嬰園由教育統籌局負責。
資料來源：　歷年《社會福利署年報》。

公營醫療系統除為產婦提供產前及產後服務、為幼兒提供健康及發展綜合計劃（如免疫接種、健康評估、發展監察、親職教育等）外，亦提供不育治療。在資助輔助生殖科技治療方面，醫院管理局轄下設有婦科服務的公立醫院，為 40 歲以下的不育夫婦（限於 40 歲以下的女性）提供生殖科技服務。2013 年時，時任食物及衞生局局長表示，遲婚及接受生殖科技治療的人數呈上升趨勢，預期社會在未來十年對生殖科技治療的需求或會增加，當局會密切留意服務需求，並加強提供公營生殖科技治療服務。

港府鼓勵僱主實施家庭友善僱傭措施。對於政府僱員，主要的措施是 2006 年起實施五天工作周、2012 年起提供五天侍產假，以及部門首長可視乎需要自行安排員工的工作時間。對於其他僱員，勞工處負責舉辦教育及宣傳活動，鼓勵僱主推行家庭友善僱傭措施。2015 年 9 月起將中年就業計劃擴展至兼職工作，以協助有需要照顧家庭的僱員。此外，2011 年起，民政事務局和家庭議會每兩年舉辦一次家庭友善僱主獎勵計劃，以表揚重視家庭友善精神的企業和機構，得獎僱主實施的措施包括五天工作周、彈性工作地點及時間、在工作間提供哺乳設施、為員工子女提供獎學金、提供特別假期如家長日假期和敬孝假等。[5]

在提供直接補助或津貼方面，主要是提高子女免税額，以減輕納税人養育子女的負擔。根據《税務條例》（*Inland Revenue Ordinance*），應課税人供養的未婚子女在課税年度未滿 18 歲，或年滿 18 歲但未滿 25 歲並在教育機構接受全日制教育，或年滿 18 歲但因身體或精神問題無能力工作，便可申索子女免税額。子女包括自己、配偶或前配偶的親生子女、領養子女或繼子女。港府曾多次增加子女免税額，以及子女出生時享有的一次性額外免税額，如 1998/99 年度把第一名及第二名子女免税額由 2.7 萬元增至 3 萬元，把第三名至第九名子女免税額由 1.4 萬元增至 1.5 萬元。2003/04 年度把第三名至第九名子女的免税額調高至第一名及第二名子女的免税額水平。2011/12 年度起，連續四年提高子女免税額和一次性額外免税額，當年由 5 萬元增至 6 萬元，之後逐漸增至 6.3 萬元、7 萬元和 10 萬元。根據《税務局年報》，子女免税總額從 1970/71 課税年度的 0.843 億元增至 1997/98 課税年度的 121.551 億元，隨後七年維持在相若的水平，然後從 2004/05 課税年度的 125.735 億元升至 2015/16 課税年度的 501.827 億元（見表 6-4）。2010 年代，免税總額有所上升，但獲扣減子女免税額的納税人數和子女數目變化不大，納税人維持約 33 萬人，以一名子女居多（見表 6-5）。

除税項寬減外，港府亦提供不同類別的現金津貼，如在職家庭及學生資助事務處會向合資格幼稚園學生提供就學開支津貼，以支付幼稚園教育和學習開支。2016 年推出低收入在職家庭津貼，領取此津貼的家庭中每名合資格兒童（包括三歲及以下的幼兒）可獲發每月 800 元（全額）或 400 元（半額）的兒童津貼等。

港府亦提供教育資助。自 1971 學年起，獲免費教育的日校小學生超過七成半。1978 學年

---

5 2011 年至 2015/16 年度，獲評為「家庭友善僱主」的公司和機構由 1060 間增至 2555 間；獲嘉許為「傑出家庭友善僱主」者由 75 間增至 114 間；獲「家庭友善創意獎」者由 16 間增至 31 間；獲「特別嘉許」的公司和機構由 2013/14 年度的 313 間增至 2015/16 年度的 380 間；2015/16 年度增設「特別嘉許（金獎）」，獲獎公司和機構有 180 間，同年獲「支持母乳餵哺獎」者有 653 間。

表 6-4 1970/71 課稅年度至 2015/16 課稅年度香港子女免稅總額統計表

單位：百萬元

課稅年度	免稅總額	課稅年度	免稅總額	課稅年度	免稅總額
1970/71	84.3	1986/87	2,206.7	2002/03	12,228.6
1971/72	97.0	1987/88	2,669.4	2003/04	12,225.9
1972/73	164.1	1988/89	2,946.5	2004/05	12,573.5
1973/74	206.0	1989/90	4,009.2	2005/06	15,654.1
1974/75	240.5	1990/91	5,593.5	2006/07	16,506.0
1975/76	283.0	1991/92	6,438.2	2007/08	22,106.4
1976/77	349.0	1992/93	7,480.5	2008/09	21,652.7
1977/78	413.0	1993/94	8,549.6	2009/10	22,488.1
1978/79	489.0	1994/95	9,327.9	2010/11	23,923.9
1979/80	670.7	1995/96	10,596.4	2011/12	29,594.0
1980/81	686.9	1996/97	11,286.2	2012/13	30,906.8
1981/82	817.6	1997/98	12,155.1	2013/14	35,355.4
1982/83	1,004.4	1998/99	12,120.7	2014/15	37,490.7
1983/84	1,139.2	1999/00	12,166.9	2015/16	50,182.7
1984/85	1,588.5	2000/01	12,571.3		
1985/86	1,890.0	2001/02	12,553.8		

資料來源： 歷年《稅務局年報》。

表 6-5 2011/12 課稅年度至 2013/14 課稅年度按子女數目劃分香港獲扣減子女免稅額的薪俸稅納稅人數目統計表

單位：人

課稅年度	子女數目						總計
	一名	兩名	三名	四名	五名	六名及以上	
2011/12	200,810	114,770	12,040	1110	140	30	328,900
2012/13	198,620	114,270	12,070	1100	150	40	326,250
2013/14	207,030	116,070	12,150	1050	140	30	336,470

注：2013/14 課稅年度截至 2015 年 2 月 28 日。
資料來源： 財經事務及庫務局：〈財務委員會審核二零一五至一六年度開支預算管制人員的答覆〉。

至 2007 學年間，獲免費教育的日校中學生由約三成增至約五成，2007 學年後再增至約八成（見表 6-6）。這反映免費教育的覆蓋面大幅擴大。

教育局由 2005/06 學年起實施校本課後學習及支援計劃，以資助父母未能負擔子女參加課後收費活動的清貧學童。從 2005/06 學年至 2015/16 學年，參與計劃的學校由 303 間增至 889 間，參與機構由 128 間（2006/07 學年）至 175 間，獲得協助的學生由約 5.6 萬人增至 19.0 萬人（見表 6-7）。

政府亦為三歲至六歲兒童的家長提供學前教育的資助。2005 年前為幼兒中心繳費資助計劃

表 6-6　1971 學年至 2016 學年香港就讀官立和資助中小學獲免費教育的日校學生比例統計表

單位：%

學年	小學	中學	學年	小學	中學	學年	小學	中學
1971	76.7	不適用	1987	90.3	45.6	2003	89.2	48.7
1972	79.2	不適用	1988	90.3	47.7	2004	88.7	48.0
1973	81.6	不適用	1989	90.4	49.5	2005	87.7	47.2
1974	83.3	不適用	1990	90.5	51.0	2006	87.1	46.7
1975	84.9	不適用	1991	90.4	51.5	2007	86.2	45.6
1976	85.6	不適用	1992	89.4	51.0	2008	85.0	83.9
1977	86.1	不適用	1993	89.1	50.7	2009	84.1	83.4
1978	86.4	27.1	1994	88.6	50.7	2010	83.2	83.0
1979	87.1	28.2	1995	88.6	50.9	2011	82.3	83.3
1980	87.5	27.7	1996	88.6	50.8	2012	81.4	82.4
1981	87.8	27.5	1997	88.9	49.0	2013	81.0	81.5
1982	88.5	38.1	1998	89.5	47.6	2014	80.8	80.6
1983	89.0	39.3	1999	89.9	47.7	2015	80.9	79.7
1984	89.5	41.1	2000	90.0	48.5	2016	80.9	79.1
1985	89.8	42.6	2001	89.9	49.5			
1986	90.2	44.3	2002	89.5	49.5			

注：2008 年前中三以上學生不包括在內。
資料來源： 政府統計處：歷年《香港統計年刊》。

表 6-7　2005/06 學年至 2015/16 學年參加香港校本課後學習及支援計劃的學校、機構和學生數目統計表

學年	參與學校（間）	參與機構（間）	學生人數（人）	學年	參與學校（間）	參與機構（間）	學生人數（人）
2005/06	303	不詳	55,721	2011/12	871	164	228,200
2006/07	960	128	235,000	2012/13	879	167	217,000
2007/08	939	145	178,000	2013/14	877	183	209,000
2008/09	901	138	172,500	2014/15	884	175	200,000
2009/10	896	153	167,700	2015/16	889	175	190,000
2010/11	849	157	163,100				

資料來源： 歷年《香港年報》；立法會：〈立法會 — 2015 年 11 月 18 日會議過程正式紀錄〉；教育統籌局：〈財務委員會審核二〇〇七至〇八年度開支預算管制人員的答覆〉；Education and Manpower Bureau, "Progress of the School-based After-school Learning and Support Programmes"。

和幼稚園學費減免計劃，2005/06 學年起統一為幼稚園及幼兒中心學費減免計劃，低收入家庭可申請 100%、75% 或 50% 的學費減免。2007/08 學年推出不設入息審查的學前教育學券計劃，2007/08 學年至 2015/16 學年，參加計劃的學生由 12.0 萬人增至 13.9 萬人，佔整體幼稚園學生 75% 以上（見表 6-8）。

表 6-8 2007/08 學年至 2015/16 學年參加香港學前教育學券計劃的學生和非牟利幼稚園數目統計表

學年	參加計劃的學生		參加計劃的非牟利幼稚園	
	數目（人）	百分比	數目（間）	百分比
2007/08	119,700	86.5	768	77.7
2008/09	117,900	85.7	776	80.5
2009/10	119,100	84.8	762	80.2
2010/11	122,900	82.5	757	79.6
2011/12	129,100	82.0	751	79.4
2012/13	131,400	79.7	735	76.8
2013/14	131,700	77.6	724	74.7
2014/15	133,300	75.6	724	74.0
2015/16	139,200	75.1	732	73.2

資料來源： 歷年《財政年度預算》。

港府陸續推出鼓勵生育的措施，由政務司司長領導的人口政策督導委員會在 2013 年至 2014 年檢視人口政策，並發表《人口政策：策略與措施》報告。該報告重申港府「無意干預個別家庭生兒育女的決定。…… 推動家庭友善僱傭措施等以營造有利生育的大環境，會較提供直接現金資助鼓勵市民生育更符合香港的整體需要。…… 低生育率並非香港獨有，…… 主要是獨身女性比例增加以及遲婚和延後生育所致。…… 政府過分干預未必恰當。」

三、家庭生育計劃

1. 鼓勵節育

香港優生學會於 1950 年易名香港家庭計劃指導會（家計會），在香港灣仔和九龍馬頭涌設立「會所」，為市民提供節育指導服務及推廣家庭計劃。其時香港正在接收大量移民和處於生育高峰期，家計會的工作重點是推廣「家庭計劃」論述，即家庭的素質重於子女的數量，透過宣傳節育和普及避孕方法，期望能改變香港人講求「多子多福」、「兒子才能傳宗接代」的傳統觀念。這時期電視尚未普及，家計會主要利用電台廣播和街頭海報進行宣傳，1952 年的海報標語為「有計劃生育　免負擔困難」，1960 年代為「生育有計劃　可免難負擔」、「家庭計劃　導致美滿婚姻」、「一生兒女債　小家庭負擔輕」等。家計會於 1952 年參與創辦國際計劃生育聯合會（International Planned Parenthood Federation），1956 年開設首間生育指導所，1967 年進行香港首次的「香港家庭計劃知識、態度及實行調查」。

1950 年代時，家計會的服務對象主要是難民和基層民眾。根據學者的研究，求診者大多是來自內地的婦女，平均 31 歲和有四個子女，多要求採用避孕針來節育。1951 年至 1958 年間，家計會的初診人數由 1516 人增至 8801 人，覆診人數由 432 人增至 9212 人，覆

診者佔之前 年求診者的比例由 29% 增至 78%。香港在 1956 年的粗出生率達 37.0‰，1971 年減至 19.7‰，自此出生率一直保持在 20‰ 以下（見表 2-5，表 2-6），家計會在鼓勵節育方面，明顯發揮了作用。

家計會於 1970 年代推出結紮手術和終止懷孕服務，以及於越南難民營設立家庭計劃指導所，其服務對象已擴展至不同階層和群體。該會於 1975 年推出的「兩個就夠晒數」（兩個就足夠）（見圖 6-1）、「家庭計劃，男子有責」（見圖 6-2），1986 年推出的「家庭計劃，要做得哥」，均是家喻戶曉的節育宣傳運動。1980 年代，求診者仍以女性為主，家計會繼續推出針對男性節育的宣傳，尤其是宣傳結紮手術，如 1983 年推出「永久避孕唔再生 一次搞掂晒」（一次結紮手術，永久避孕）廣告。

家計會設有節育指導診所，為需要避孕的人士提供避孕用品、諮詢及健康檢查等服務。1980 年至 2016 年間，節育指導服務的就診人數先升後回落，節育就診者由 1980 年的 83,424 人，增至 1991 年的 119,731 人，然後逐漸降至 2016 年的 47,038 人，每位就診者可接受多於一項服務。家計會於 1976 年開設結紮手術服務，進行的男性輸精管結紮手術由 1980 年的 519 宗，降至 2007 年的 80 宗，後回升至 2016 年的 327 宗。這 36 年間，最高位是 1984 年的 632 宗。進行的女性結紮手術由 1980 年的 581 宗，降至 2003 年

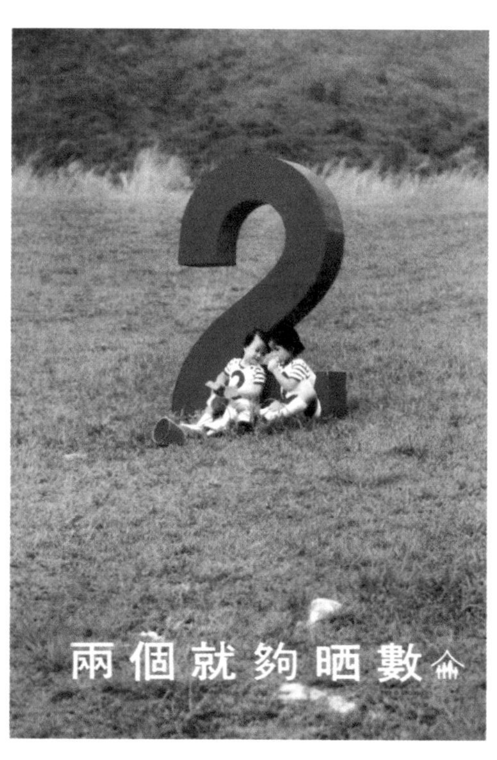

圖 6-1　香港家庭計劃指導會 1977 年「兩個就夠晒數」海報，該標語後來成為香港的經典宣傳廣告用語。（香港家庭計劃指導會提供）

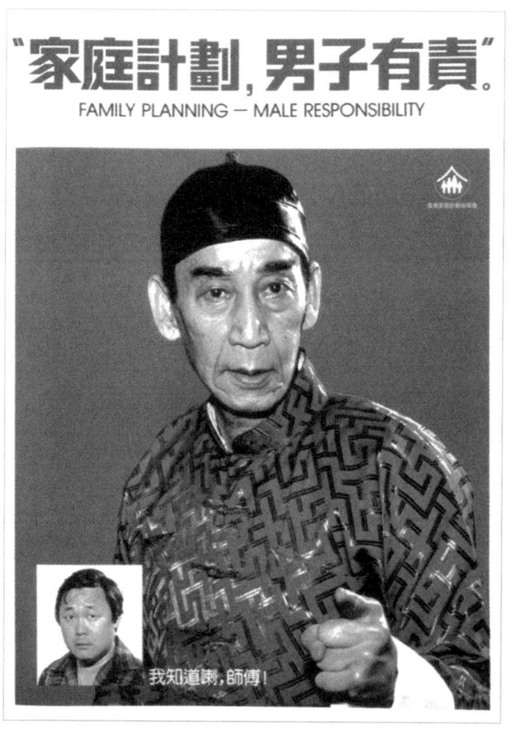

圖 6-2　香港家庭計劃指導會 1983 年「家庭計劃，男子有責」海報。海報中藝人關德興重演經典角色黃飛鴻，宣傳男性結紮。（香港家庭計劃指導會提供）

的 12 宗。該會自 1979 年起提供終止懷孕服務，就診者可選擇以藥物或手術進行，每年的總數由 1981 年的 1800 宗增至 2001 年的 3971 宗後，便逐漸減少，2016 年為 1974 宗（見表 6-9）。由於其他本地醫院和診所亦可提供節育和終止懷孕服務，家計會的數據只能有限地反映整體的情況和變化。

表 6-9　1980 年至 2016 年香港家庭計劃指導會提供的節育、絕育和終止懷孕服務統計表

年	節育指導服務（就診人數）	男性輸精管結紮手術（宗）	終止懷孕服務（宗）	女性結紮手術（宗）	年	節育指導服務（就診人數）	男性輸精管結紮手術（宗）	終止懷孕服務（宗）	女性結紮手術（宗）
1980	83,424	519	不詳	581	1999	95,670	341	3693	55
1981	81,310	338	1800	612	2000	104,941	241	3964	40
1982	81,561	367	2077	599	2001	97,112	204	3971	30
1983	82,406	461	1951	487	2002	75,186	197	3917	11
1984	90,903	632	2020	451	2003	78,205	128	3927	12
1985	108,785	463	2034	475	2004	82,718	148	3337	不適用
1986	116,888	507	2090	498	2005	73,326	143	2984	不適用
1987	118,395	499	1941	439	2006	69,890	103	2537	不適用
1988	117,033	501	2046	430	2007	62,936	80	2023	不適用
1989	112,648	468	1761	394	2008	57,582	140	1926	不適用
1990	115,002	420	2054	420	2009	56,514	131	2047	不適用
1991	119,731	356	2270	322	2010	51,193	102	1305	不適用
1992	109,620	368	2431	298	2011	49,824	172	1680	不適用
1993	97,563	355	2693	252	2012	49,848	244	1615	不適用
1994	95,353	208	2829	176	2013	50,110	235	2032	不適用
1995	93,282	229	3043	126	2014	48,363	294	2068	不適用
1996	91,433	178	3167	111	2015	48,353	309	2202	不適用
1997	89,552	288	3108	88	2016	47,038	327	1974	不適用
1998	90,809	310	3314	64					

資料來源：　歷年《香港家庭計劃指導會年報》。

1961 年至 2016 年，總和生育率一直下滑，1961 年時，每千名女性有 5170 名活產嬰兒，1981 年跌破 2000 名後便一直在更替水平之下，1999 年跌破 1000 名，2016 年為 1205 名，一個育齡婦女生育約兩個子女的時期大約是在 1970 年代末和 1980 年代初（見表 2-14）。總和生育率下跌原因，包括嬰兒死亡率下降減少多生的動因。香港嬰兒死亡率，以每千名登記活產嬰兒計，由 1961 年的 37.7 名降至 1981 年的 9.7 名、2001 年的 2.7 名、2016 年的 1.7 名（見表 2-50）。嬰兒存活的機會顯著增加，會減低香港人多生孩子的意欲。生育率下降的原因眾多，有關機構的節育宣傳運動與之同步。

2. 鼓勵生育

從 1980 年代起，香港的生育率一直低於更替水平，首次活產年齡中位數由 1981 年的 25.1 歲升至 2016 年的 31.4 歲（見表 2-19），不孕問題漸趨普遍，港府和家計會的生育宣傳改以生育健康和鼓勵生育為主調。2005 年 2 月，政務司司長建議年輕夫婦「最好能生育三名兒女」，宣稱當局將會積極考慮如何鼓勵市民生育。家計會於 2003 年推出「等咗好耐都未有？」（等很久了還沒懷上？）廣告，帶出生育要提早計劃的概念。2007 年推出「大家庭 小家庭 家計做好最精明」（見圖 6-3）、2015 年推出「想生幾個？預早計劃好 心中有數！」廣告（見圖 6-4），廣告中的孩子數目均多至五名。

不育人士可向公營機構、家計會或私營機構尋求輔助生殖科技服務。公營機構方面，醫院管理局在九間公立醫院向 40 歲以下合法結婚的夫婦，提供不育治療服務。位於廣華醫院、威爾斯親王醫院和瑪麗醫院的輔助生育技術中心，均提供體外受精治療及夫精人工授精。病人也可於威爾斯親王醫院和瑪麗醫院自費接受兩所大學提供的服務，輪候時間較短，但收費較高。家計會提供生育指導服務，為成孕有困難的夫婦進行檢查及診斷難孕的原因，提供適當的處理方法。2013 年，家計會開始以用者自付的方式，為適合於該會進行夫精人工授精的夫婦安排催卵藥物及子宮內授精的治療，或轉介往公立或私家醫院的婦科專科診所或男性不育診所作進一步檢驗。私營機構方面，根據人口政策督導委員會在 2013 年的統

圖 6-3　香港家庭計劃指導會 2007 年「大家庭　小家庭　家計做好最精明」海報。（香港家庭計劃指導會提供）

圖 6-4　香港家庭計劃指導會 2015 年「想生幾個？預早計劃好　心中有數！」海報。（香港家庭計劃指導會提供）

計，香港有 41 間私營持牌輔助生殖科技中心，其中 30 間可進行夫精人工授精，11 間可提供精子洗滌、體外受精及胚胎移植等服務。2009 年至 2016 年，根據人類生殖科技管理局的紀錄，接受生殖科技程序的病人由 4968 人增至 11,282 人（見表 6-10）。

表 6-10　2009 年至 2016 年按生殖科技程序種類劃分香港病人數目統計表

單位：人

生殖科技程序種類	2009	2010	2011	2012	2013	2014	2015	2016
體外受精	1598	3340	4025	4379	4176	5035	4572	4383
凍融胚胎移植	817	1832	2401	2703	2536	3357	3425	3690
夫精人工授精治療	2528	3447	3956	3739	3162	3682	3181	3092
其他	25	49	54	100	98	132	105	117
總計	4968	8668	10,436	10,921	9972	12,206	11,283	11,282

資料來源： 人類生殖科技管理局網站。

第二節　人口遷移、流動調節

一、主要管理機構

自秦代至清末，香港地區的出入境和人口遷移事宜歸所屬地方政府管理，自明萬曆元年（1573）至 1843 年 12 月前，香港屬新安縣官富巡檢司管轄，1843 年 12 月清朝政府改官富巡檢司為九龍巡檢司，香港改屬九龍巡檢司管轄。

英佔初年，因應跨境流動，港府於 1843 年成立船政廳（1929 年易名船政廳暨航空事務處，1948 年易名海事處），負責船隻登記、港口管理、海港治安、海事裁判等事宜，以及對違反海港規例的人士執法。1854 年增設出境官（Emigration Officer）一職，專責處理大量華工經港出洋並遭不人道對待的事宜。1858 年，由於出入境船隻、貿易，以至移民至海峽殖民地、澳洲及北美洲的華人數目急增，船政廳轄下成立出境及海關處，由船政廳長擔任出境官的職務，直至 1940 年。1844 年成立的總登記官署（總登記官於 1850 年代初曾由警察總監兼任，後易名華民政務司），也負責與人口出入境相關的職務。

日佔時期，軍政廳於 1942 年 1 月開始實施「歸鄉」政策，成立香港歸鄉民宿泊所和九龍歸鄉指導事務所，負責簽發「歸鄉證明書」和安排出境事宜。軍政廳亦組織歸鄉指導委員會，同年 7 月成立歸鄉事務部，專責相關事宜。各區區役所負責「歸鄉」申請的行政工作，包括接收申告書、在區役所揭示板上發布申告書的結果和編號，以及在申請成功的申告書上蓋「回收濟」之印。此時期的港口管理隸屬交通部，港務局的職務與船政廳大致相同。

1940 年代，大量內地居民於廣州淪陷後來港避難，港府於警務處設入境事務部，負責出入境事務和執行入境條例，也括發出英國護照和外僑簽證，以及為華人簽發身份證明書、回港證、入境和過境香港的簽證、入境證、延長居留證等。1961 年 8 月，港府通過《1961 年入境事務隊條例》（*Immigration Service Ordinance, 1961*），把原隸屬於警務處的入境事務部，獨立為一支專責出入境事務的紀律部隊，名為人民入境事務處，負責對所有人士的入境、逗留和離境實施出入境管制和採取執法行動，並為香港居民提供簽發護照和其他旅行證件、簽證及身份證，以及處理國籍事宜。香港特別行政區成立後，易名入境事務處。

境內流動方面，英佔初年並未設置專門部門負責遷移事宜。以 1844 年的中市場（今中環街市一帶）華人居民強制搬遷為例，遷移事宜是由總巡理府、華文秘書（Chinese Secretary）和地政官（Land Officer）組成的委員會負責。其後，發展規劃和公營房屋興建均引致大規模的人口內部流動。發展規劃方面，港府於 1841 年委任一名地政官負責管理土地、徵收土地稅項和監督公共工程，翌年成立土地委員會（Land Committee）負責處理租務、土地的建設工程和配合設施。1844 年根據《1844 年土地註冊條例》（*Land Registration Ordinance, 1844*）成立土地登記所（Land Office），1885 年成立另一個土地委員會評估人口問題的解決方法，1922 年成立城市規劃委員會（Town Planning Committee）。1939 年 6 月通過《1939 年城市規劃條例》（*Town Planning Ordinance, 1939*），並根據此條例成立城市規劃委員會（Town Planning Board），負責監察法定圖則草圖的擬備及檢討工作，以及考慮規劃申請，其轄下有兩個常設委員會，即都會規劃小組委員會和鄉郊及新市鎮規劃小組委員會。2007 年成立發展局，其轄下的規劃地政科負責土地用途規劃、土地供應和發展、市區更新等方面的政策，規劃署為其執行機關，並為城市規劃委員會提供服務。公營房屋政策方面，港府從 1950 年代起陸續成立專責部門，以處理當時因寮屋激增，火警頻生，眾多災民無家可歸的問題。1953 年，市政局成立徙置事務緊急小組委員會（Emergency Sub-Committee on Resettlement）。1954 年，港府決定推行徙置計劃，該年 4 月設徙置事務專員一職，6 月成立徙置事務處，以統籌徙置事宜。1964 年，港府發表《管制權宜住所居民、徙置及政府廉租屋宇政策之檢討》白皮書，同年又推出臨時房屋計劃。1972 年，港府宣布十年建屋計劃，為 180 萬人提供有獨立設施的居所。1973 年，成立香港房屋委員會以統籌公共房屋事宜，並把徙置事務處和市政事務署屋宇建設處合併為房屋署，作為執行機關。

二、主要法規與政策措施

1. 外向遷移相關政策

清代時期，香港地區隸屬新安縣。清順治十八年（1661），清朝政府實施遷界令，廢新安縣，香港全境屬遷界範圍，所有居民必須向內陸遷移 50 里，凡越界者處死刑。實施遷界政策期間，新安縣人口由明崇禎十五年（1642）的 17,871 口（男女合計）減至清康熙三年（1664）的 2172 丁（見表 1-1，表 1-2）。

自英佔以來，香港便是自由港，香港特別行政區成立之後，沒有改變，除奉行自由貿易政策外，亦容許香港居民自由進出香港。有學者指出，英佔後，人口高度流動已是香港的生活特色，人口的流入和流出與經濟活動息息相關。此時間，適逢內地居民的生活愈見困難，美國和澳洲發現金礦，東南亞和美洲的橡膠、錫、棉花、煙草、甘蔗和咖啡等莊園則需要大量勞工，加上清朝政府為鞏固邊防限制人民出境，香港地區則不受此約束，在這形勢下，港府採取了不規管華裔人士出入境的政策，香港迅速成為南中國地區勞工前往外國的重要港口，苦力貿易順勢而興，[6] 並推動了航運業的發展。限制人口跨境流動的法例聚焦於入境管制，以維持社會秩序，如 1895 年 4 月通過的《1895 年規管華人移民條例》，是限制華人從有疫症的地方來港，1923 年 12 月通過的《1923 年護照條例》，是限制沒有有效證件的非華裔人士入境。港府直至二戰後，才於 1949 年 4 月通過《1949 年入境者管制條例》，限制非香港出生人士進出香港。[7]

日本佔領香港後，隨即推行嚴厲的華人「歸鄉」政策。對日本而言，日佔下的香港是提供軍事資源需要的港口，不需要龐大人口，疏散目標是從約 160 萬人減至足以維持社經運作的約 60 萬人，以減省糧食消耗。

日本中國派遣軍第二十三軍在佔領香港前夕的 1941 年 12 月 24 日公布《港九地區人口疏散實施要領》，着手驅逐無經濟生產能力的華人離港。「歸鄉」政策主要是將港九地區的「低下階層，尤其是流浪者」遣返中國內地其所屬故鄉，但與日方軍事有關的行業、技術人員和勞動力，例如造船、機械製造、船塢工人，則不在此列，此外，有固定資產者、有固定職業者、農民、生產必需品的工人及其他與軍事有關的人員，也可繼續留居，其餘人口則經陸路或海路遣返。被日軍列為能提供重要軍需品、公共服務（如提供電力和自來水）、生活必需品（如生產樹膠和火柴）的公司、工廠和工場，可以獲得保留，其員工可在港居住。《港九地區人口疏散實施要領》列出部分名單和員工規模，據此名單，所需員工僅約七萬人（見表 6-11）。即使加上提供軍需品的人員（如船廠工人），以及維持社會基本服務的公務、商業、農業、水產業等人員，被視為消耗糧食、需要遣散的人口仍十分龐大。

日佔政府於 1942 年 2 月向香港市民發布〈公告歸鄉民〉，説明申請「歸鄉」的手續、在宿泊所和「歸鄉」船的待遇（如「宿泊所除不收宿費外，每人每日供給食兩餐」、「在船中不論成人或小孩，除供給食糧外，尚有少許錢分給之」），以及「歸鄉」前的注意事項（如每個成人只可攜帶兩件非大型行李、所有人須注射霍亂針）。「歸鄉證明書」記有個人姓名、年齡、職業、在港住址、籍貫、返鄉目的地和發出日期，並列明領證者「由發證日起三日內仍不起行歸鄉即依軍律從嚴處治」。

6　1851 年至 1872 年間，自香港前往美洲、澳洲和東南亞的苦力超過 32 萬人。

7　香港的出入境法規和出入境流動量，請參見本卷第二章。

表 6-11 《港九地區人口疏散實施要領》列出需繼續運作和建議保留的香港公司和工廠及其員工規模情況表

單位：人

公司和工廠	需繼續運作			工廠	建議保留	
	基本人手		備注		要員	生產人員
	日本人	中國人				
電力公司	50	300	必需含苦力 50	織布工場	約 6,000	60,000
水務公司	20	200	含中國職員 100	懷中電池工場	50	500
燃氣公司	5	50		中華製帽工場	30	300
製冰冷藏庫	5	100		東方煙草工場	10	100
樹膠工場		800		混凝土管工場	10	100
青洲英坭公司		500				
南洋兄弟煙草公司		500				
英美煙草公司		200				
屈臣氏公司		200				
香港啤酒公司		200				
火柴工場		200				
南針貯電池工場		100				
嶺南		100				

資料來源： 小林英夫：〈太平洋戰争下の香港〉。

「歸鄉」政策將遣返對象分為三類：規勸疏散、強制疏散及自願疏散。[8] 規勸疏散和強制疏散針對居無定所者、無身份證明者、失業者、極度貧窮者、生產力低下者及罪犯，他們或被勸告或被強制遣返中國內地。這兩類回鄉者會得到日方提供住宿（部分被拘禁於難民營）、膳食和交通前赴內地的指定地點，包括淡水、市橋、深圳、太平、江門、神泉、海門、汕尾、甲子港、三水、石岐和汕頭等地點。自願遣返者通常為擁有財產、具有專業知識和技術的人，因為屬於自願回鄉，他們須自行承擔離港費用，或是透過華人社團得到協助，包括代辦申請手續和資助離港費用。由於當時與內地的交通近乎中斷，而且「歸鄉」路途存在不少困難，各種民間團體組織「歸鄉指導委員會」，此等委員會在自願遣返中擔負關鍵角色，例如組織大型同行隊伍，以保障生命財產安全。當中以同鄉會和宗親會最為重要，因其所屬成員多來自同一故鄉，所以較容易組織回鄉隊伍，從而帶領人們有效率和有秩序地離港。例如旅港二水同鄉會自發組織「歸鄉團」、資助路費（包括往廣州船票、火車票和港九過海船票）和代辦申請手續，還會在歸僑中挑選領隊，沿途照應，協助同鄉返回故鄉。在 1942 年 2 月，該會共協助 3723 名同鄉回鄉。在免費「歸鄉」計劃結束後，該會在 1942 年 11 月至 1943 年 3 月仍組織了 10 次「歸鄉團」，共幫助 341 名同鄉回鄉。

在領取「歸鄉證明書」後經水陸兩路回鄉者不能更改路線，若不遵從會被視為游擊隊成員

8 日佔政府稱為免費疏散（即規勸疏散）、強制疏散及自費疏散。

並受到懲罰。由於經海路「歸鄉」者需乘坐船隻，因此《港九地區人口疏散實施要領》列有較詳細的計劃，預計每天經海路遣返約 3000 人（見表 6-12）。

表 6-12　《港九地區人口疏散實施要領》列出「歸鄉」政策的海路遣返計劃情況表

時間	目的地	船期	船隻	總載客量（人）
首 10 天	淡水（澳頭）	每日出發一組		
		A 組	天生號（300 人）、天利號（300 人）、泉與號（400 人）	1000
		B 組	福海丸（600 人）、廣精號（200 人）、碼利號（200 人）	1000
	市橋	隔日出發一組		
		A 組	拖船 1 艘（駁船 4 艘各載 250 人）	1000
		B 組	拖船 1 艘（駁船 4 艘各載 250 人）	1000
	寶安	每日出發一組		
		A 組	拖船 1 艘（駁船 4 艘各載 250 人）	1000
		B 組	拖船 1 艘（駁船 4 艘各載 250 人）	1000
其後	淡水（澳頭）	每日出發一組		
		A 組	Holldor	1100
		B 組	Crgue	900
	市橋	隔日出發一組		
		A 組	天生號（300 人）、天利號（300 人）、泉與號（400 人）	1000
		B 組	廣精號（200 人）、碼利號（200 人）、曳航號（駁船 2 艘載 500 人）	900
	寶安	每日出發一組		
		A 組	拖船 1 艘（駁船 4 艘各載 250 人）	1000
		B 組	拖船 1 艘（駁船 4 艘各載 250 人）	1000

注：淡水（澳頭）距香港 55 浬。市橋距香港 70 浬。寶安距香港 30 浬。
資料來源：　小林英夫：〈太平洋戰争下の香港〉。

根據日本外務省的紀錄，「歸鄉」政策實施首兩年共遣返 993,326 人，包括軍政廳於佔領後至 1942 年 2 月上旬遣返 554,007 人，總督部於 1942 年 2 月至 12 月遣返 353,009 人，1943 年遣返 86,310 人（見表 6-13）。日佔當局認為此政策的「實績逐年下降」，鑒於已訂定 1944 年的香港最大人口規模為 70 萬人，而 1943 年 12 月底的總人口仍有 848,458 人（含 834,590 名中國人），所以決定於 1944 年再遣返 15 萬人，包括規勸遣返 10 萬人、強制和自願遣返 5 萬人。自 1943 年 8 月 1 日起，無戶籍者被陸續強制遣送返鄉，香港於 1945 年 8 月的總人口已減少至約 60 萬人（見表 1-6）。

根據日佔政府另一項數據，截至 1943 年 9 月末，共遣返 973,000 人，不同方式的「歸鄉」政策成效如下：規勸遣返約 576,000 人，強制遣返約 16,000 人，自願遣返約 381,000 人。此政策令香港人口在短時間之內大量外流，亦導致許多孤兒、棄嬰的出現。

表 6-13　1942 年至 1943 年香港「歸鄉」政策遣返人口統計表

單位：人

日期	人數
佔領後至 1942 年 2 月上旬	554,007
1942 年 2 月-12 月	353,009
1943 年	86,310
總計	993,326

資料來源：　日本外務省：《外務省記錄》，1944 年 1 月 20 日至 8 月 17 日。

香港特別行政區成立後，《基本法》第三十一條規定，香港居民「有移居其他國家和地區的自由。香港居民有旅行和出入境的自由。有效旅行證件的持有人，除非受到法律制止，可自由離開香港特別行政區，無需特別批准」。據此，港府不要求香港居民在離境時申報外遊目的，所以亦沒有港人移居外地的直接統計數字。

2. 人口移入相關政策

新安縣遷海復界後，清朝政府除鼓勵原居民回遷外，亦招募了大量外地客籍農民移入，以解決撂荒問題。清朝政府把「客家人」所建村莊列為「官富司管屬客籍村莊」，以別於「本地人」的「官富司管屬村莊」，香港人口重回升軌，族群愈趨多元。按清康熙《新安縣志》，清康熙八年至十年（1669—1671）共招復 1648 丁和食鹽課銀口 1501 口。根據學者考證，香港地區境內的客籍村莊於清康熙時至少有 25 條，清嘉慶年間（1796—1820）已增至至少 128 條。

1840 年代至 1940 年代，在自由港政策下，港府對工商、教育、宗教等機構引入境外人才，一直實施便利措施，亦按其管治及發展需要，招攬中國內地商人來港投資，同時由英國輸入有學識的年輕人擔任港府官員，及在英屬印度招募警察。

1841 年，港府為發展香港，鼓勵來港投資，中國商人可免除收費及税項，時任英國駐華全權公使兼商務總監（Plenipotentiary and Chief Superintendent）砵甸乍（Henry Pottinger）於翌年 3 月的報告指出，「具財富和聲望的中國商人正從廣州和澳門湧到香港安頓」。

1840 年代至 1850 年代，港府會從英國或其他殖民地政府招聘或抽調人員前來協助，如 1844 年從英國來港的孖沙（William T. Mercer，1854 年擔任輔政司），亦會在英國登報招聘專才，如 1859 年招募中央書院校長兼視學官，史釗域（Frederick Stewart）應徵並於 1862 年履新。由於香港人口以華人為主，培訓能夠與華人溝通的人才對港府管治至關重要。1861 年，港督提議在英國通過考試選拔翻譯人才，將入選者派到中國內地接受中文訓練，日後擔任各部門要職，此計劃稱為官學生計劃（System of Cadetships）。此方案在同年 10 月刊憲，內容包括：考核殖民地部大臣提名的候選人，並選拔三名官學生；候選人年齡介乎 20 歲至 23 歲，中文知識不是必須。考核內容包括算術、拉丁文及一項外國語言、英文寫作、歷史和地理、憲法和國際法、自然科學等。獲選的官學生可得 200 英鎊年薪，成為政府傳譯員後可得 400 英鎊年薪，並有晉升機會。1862 年首批官學生來港，即杜老誌（Malcolm S. Tonnochy）、田尼（W. M. Deane）和史密斯（Cecil C. Smith）。至 1941 年，港府共招募 85 位官學生，當中不少後來擔任港府要職，包括三位成為港督，即梅含理（Francis H. May, 1912—1918 在任）、金文泰（Cecil Clementi, 1925—1930 在任）和葛量洪（Alexander Grantham, 1947—1957 在任）；兩位成為首席法官，即羅素（James Russell, 1888—1892 在任）和金培源（Joseph H. Kemp, 1930—1933 在任）；四位晉升為輔政司，即史美（Norman L. Smith, 1936—1941 在任）、麥道高（David M. MacDougall, 1946—1949 在任）、白嘉時（Claude B. Burgess, 1958—1963 在任）和戴斯德（Edmund B. Teesdale, 1963—1966 在任）。

除文職公務員外，早期警察也多由外地輸入，主要來自英屬印度。1861 年，港督要求從孟買輸入 150 名退役軍人來港擔任警察，是年開始招募。其後，警官奇爾夫（C. V. Creagh）建議從旁遮普邦（Punjab）輸入外勞，其招聘準則為未婚男性，在其家鄉的警察機構中有良好紀錄。雖然他們很多是文盲，但來港後可獲基礎教育。1865 年，首批錫克族人來港擔任警察，共 50 人。1867 年，再輸入 108 人，該年香港約有 600 名警察，印度裔人士佔三分之二。1870 年在旁遮普以西的地區再度招聘警察。1871 年有 182 名錫克及 126 名穆斯林警察。1922 年的海員大罷工後，港府認為華人警察因同情而包庇罷工者，決定增加外籍警員比例，並從山東威海衛招募華人來港擔任警察。1930 年，駐港英軍不再為香港船隻護航，港府從中國內地沿海的白俄移民社區招募 25 名警察，成立特別隊伍，以防止海上掠劫事件。至 1939 年，山東警察有 296 名，俄裔警察有 34 名，各佔當時警隊的 13.3% 和 1.5%。

從 1980 年代起，香港人口出現老齡化的趨勢。為應對勞動力下降，港府表示須以外來人才、專業人士及企業家補充本地勞動力，以建立香港的人力資本，並為此制定多項入境計劃，包括一般就業政策、輸入內地人才計劃、資本投資者入境計劃、優秀人才入境計劃和非本地畢業生留港／回港就業安排等，內地和海外專業人士如具備香港所需而又缺乏的特別技能、知識或經驗，可根據合適的計劃向入境事務處申請來港工作，其薪酬和福利須與市場水平相當。

「一般就業政策」沒有配額限制，亦不限行業，適用於非內地居民，阿富汗、柬埔寨、古巴、老撾、朝鮮、尼泊爾及越南的國民除外。[9]1991 年至 2016 年間，獲批申請約 50 萬宗，每年的獲批宗數由 10,984 宗增至 35,997 宗。此政策包括就業和投資兩個類別，就業類別的獲批申請由 2003 年的 15,477 宗增至 2016 年的 35,801 宗；投資類別（即企業家來港投資計劃）」的獲批申請由 2003 年的 297 宗增至 2011 年的 493 宗後回落，2016

9 自 2017 年 3 月 1 日起，柬埔寨國民亦可根據「一般就業政策」申請來港工作。

為 196 宗(見表 6-14)。入境事務處沒有備存 2004/05 年度以前按申請人所屬地區的分類統計,2004/05 年度至 2015/16 年度的數字顯示,申請人主要來自英國和美國。來自英國者由 2543 宗(佔 12.9%)增至 4751 宗(佔 13.9%);來自美國者由 2562 宗(佔 13.0%)增至 4057 宗(佔 11.8%)。相對而言,日本、澳洲、菲律賓和加拿大的獲批數目比較穩定,南韓和法國的增幅最明顯,南韓由 465 宗(佔 2.4%)增至 2331 宗(佔 6.8%),法國由 587 宗(佔 3.0%)增至 2050 宗(佔 6.0%)(見表 6-15)。申請人的職業主要是行政及管理人員和運動員及表演者。這期間,行政及管理人員的佔比由 37.0% 降至 25.5%;運動員及表演者的佔比起伏較大,在 12.9% 至 30.3% 之間升降;教師及教授和投資者的佔比相對穩定,教師及教授約佔 10%,投資者約佔 1.5%(見表 6-16)。

表 6-14 1991 年、1996 年至 2016 年按香港入境計劃劃分獲批申請統計表

單位:宗

年	一般就業政策			輸入內地人才計劃	資本投資者入境計劃	優秀人才入境計劃	非本地畢業生留港 / 回港就業安排	輸入中國籍香港永久性居民第二代計劃
	就業類別	投資類別	小計					
1991	不詳	不詳	10,984	不適用	不適用	不適用	不適用	不適用
1996	不詳	不詳	14,384	不適用	不適用	不適用	不適用	不適用
1997	不詳	不詳	16,561	不適用	不適用	不適用	不適用	不適用
1998	不詳	不詳	14,920	不適用	不適用	不適用	不適用	不適用
1999	不詳	不詳	14,521	不適用	不適用	不適用	不適用	不適用
2000	不詳	不詳	18,740	不適用	不適用	不適用	不適用	不適用
2001	不詳	不詳	18,520	不適用	不適用	不適用	不適用	不適用
2002	不詳	不詳	16,929	不適用	不適用	不適用	不適用	不適用
2003	15,477	297	15,774	1350	19	不適用	不適用	不適用
2004	18,919	236	19,155	3745	272	不適用	不適用	不適用
2005	20,876	243	21,119	4029	307	不適用	不適用	不適用
2006	21,586	372	21,958	5031	380	25	不適用	不適用
2007	26,207	177	26,384	6075	822	187	不適用	不適用
2008	26,197	269	26,466	6744	1547	404	2758	不適用
2009	20,659	329	20,988	6514	2606	569	3367	不適用
2010	26,459	422	26,881	7445	2971	389	3976	不適用
2011	30,064	493	30,557	8088	4187	292	5258	不適用
2012	28,150	475	28,625	8105	3804	251	6756	不適用
2013	28,070	310	28,380	8017	3734	298	8704	不適用
2014	31,461	215	31,676	9313	4855	338	10,375	不適用
2015	34,198	205	34,403	9229	2739	240	10,269	108
2016	35,801	196	35,997	10,404	2667	156	9289	127

資料來源: 入境事務處數據;入境事務處:《入境事務處二零一七年年報》;政府帳目委員會:〈政府帳目委員會就審計署署長第六十六號衡工量值式審計結果報告書提交的報告書〉。

表 6-15　2004/05 年度至 2015/16 年度按申請人所屬地區劃分香港一般就業政策的獲批申請統計表

單位：宗

年度	美國	英國	日本	澳洲	印度	中國台灣	菲律賓	法國	加拿大	南韓	其他	總數
2004/05	2562	2543	2200	1611	1062	929	975	587	775	465	5980	19,689
2005/06	2914	2647	2141	1798	1304	993	1027	687	892	614	6063	21,080
2006/07	2889	2864	1986	1845	1518	1254	939	765	811	783	6982	22,636
2007/08	3752	3184	2238	2094	1935	1670	1030	1097	956	942	8097	26,995
2008/09	3531	3429	2076	1679	1647	1622	1024	895	856	801	7101	24,661
2009/10	2969	3062	1987	1599	1460	1486	925	847	736	858	6351	22,280
2010/11	3915	3886	2156	1971	2435	1854	1405	1123	969	1085	7288	28,087
2011/12	4205	3902	2689	1951	2645	1748	1381	1282	963	1146	8407	30,319
2012/13	4064	3962	2319	1805	2295	1719	1125	1099	975	1347	7298	28,008
2013/14	3890	4391	2347	1694	2241	1825	1006	1627	942	1901	7861	29,725
2014/15	3905	4784	2467	1958	2572	1773	1058	1791	909	2202	9443	32,862
2015/16	4057	4751	2473	2086	2328	1929	1121	2050	946	2331	10,182	34,254

資料來源：　入境事務處數據；保安局：〈財務委員會審核二零一四至一五年度開支預算管制人員的答覆〉。

表 6-16　2004/05 年度至 2015/16 年度按申請人職業劃分香港一般就業政策的獲批申請統計表

單位：宗

年度	行政及管理人員	運動員及表演者	其他專業	教師及教授	投資者	其他	總數
2004/05	7282	4764	3862	2066	246	1469	19,689
2005/06	8213	4854	3859	2253	224	1677	21,080
2006/07	8946	4481	4427	2183	342	2257	22,636
2007/08	10,660	5001	6604	2430	231	2069	26,995
2008/09	8229	5456	6432	2305	260	1979	24,661
2009/10	7299	3746	5171	2272	366	3426	22,280
2010/11	10,223	3622	6346	2194	440	5262	28,087
2011/12	9982	4477	7416	2484	499	5461	30,319
2012/13	9189	4997	6537	2921	423	3941	28,008
2013/14	8702	8147	6854	3016	288	2718	29,725
2014/15	8895	9952	6562	3283	224	3946	32,862
2015/16	8746	10,194	6766	3373	190	4985	34,254

資料來源：　入境事務處數據；保安局：〈財務委員會審核二零一四至一五年度開支預算管制人員的答覆〉。

「輸入內地人才計劃」於 2003 年 7 月實施，以取代「輸入優秀人才計劃」（於 1999 年 12 月推行）和「輸入內地專業人才計劃」（於 2001 年 6 月推行），在計劃下來港人士的配偶和 18 歲以下未婚受養子女，可申請以受養人身份來港，在香港通常居住連續不少於七年可申請居留權。2003 年至 2016 年間，獲批申請共 94,089 宗，每年的獲批宗數由 1350 宗增至 10,404 宗（見表 6-14）。

「資本投資者入境計劃」於 2003 年 10 月實施，旨在吸引將資金帶來香港，但不在港參與經營任何業務的人士來港居留，投資者可從不同的獲許投資資產類別中選擇投資項目，而無須開辦或合辦業務。此計劃於 2015 年 1 月暫停，入境事務處會處理已接獲的申請。2003 年至 2016 年間，獲批申請共 30,910 宗，每年的獲批宗數由 19 宗增至 2667 宗。

「優秀人才入境計劃」於 2006 年 6 月推出（見圖 6-5），設有配額，旨在吸引高技術人才或優才來港定居。申請人無須事先在港獲得聘用，只須符合基本資格要求，再根據計分制度所獲分數，與其他申請人競爭配額。申請成功後可攜同受養人來港定居。2006 年至 2016 年間，獲批申請共 3149 宗，每年的獲批宗數由 2006 年的 25 宗升至 2009 年的 569 宗後回落，2016 年為 156 宗。

「在大學教育資助委員會資助的院校取得學士或以上程度學位的內地學生來港就業安排」（後稱「在本地院校取得學士學位或以上程度的內地學生來港就業安排」）於 2001 年 8 月實施，2002 年度至 2007 年度，共 1078 人獲批此類簽證，每年的獲批宗數由 30 宗升至 426 宗（見表 3-105）。此計劃於 2008 年 5 月由「非本地畢業生留港 / 回港就業安排」取代（見圖 6-6），沒有配額限制，亦不限行業，凡在港修讀全日制經本地評審課程而獲學士或更高資歷的非本地畢業生均可申請，成功申請人士可留港一年而不受其他逗留條件限制。2008 年至 2016 年間，獲批申請共 60,752 宗，每年的獲批宗數由 2758 宗升至 9289 宗。

圖 6-5　2006 年，特區政府推出「優秀人才入境計劃」，吸引全球的高技術人才或優才來港定居。（香港特別行政區政府入境事務處提供）

圖 6-6　2008 年，特區政府推出「非本地畢業生留港╱回港就業安排」，吸引非本地畢業生留港發展。（香港特別行政區政府入境事務處提供）

根據保安局的估計，1980 年至 2013 年間約有 84 萬名香港居民移居海外，當中近九成移居美國、澳洲、新西蘭、加拿大和英國。這些移民第二代認識外地語文和文化，如具有良好教育背景，將是補充香港勞動力的珍貴來源。他們的家庭與香港有連繫，回港發展的意欲可能較大。[10] 因此港府於 2015 年 5 月推出「輸入中國籍香港永久性居民第二代計劃」，以便利海外的香港移民第二代來港發展。申請人須符合對年齡（介乎 18 歲至 40 歲）、出生地、父母國籍、教育背景、語言能力和經濟能力的要求。計劃不設配額，申請成功後可帶同受養人來港。2015 年和 2016 年的獲批申請為 108 宗和 127 宗。

3. 內部遷移相關政策

除遷界和遷海復界政策外，歷朝政府對於人口內部遷移，長期採取寬鬆方針，如根據《大清律例》的規定，人民可自行開墾土地，但必須向官府登記、取得土地憑證和交納稅糧，土地買賣也需向政府繳稅和登記。另一宗較小規模的遷移事件是在 1846 年，清朝政府修建九龍寨城時，曾強制居民遷離，[11] 受影響的人數則無從查考。

英佔初年，港府主要利用土地、種族隔離和強制遷移等政策來影響內部遷移，包括開發和拍賣土地予私人發展，早期的目的是令人口向城市集聚，後期則是向城外地區分散。實施這些政策的法律基礎是港府擁有全港的土地，使用者僅獲政府批租。英國租借當年的新界地區後，港府於 1900 年 7 月通過《1900 年新界（田土法庭）條例》（*New Territories (Land Court) Ordinance, 1900*），訂明新界所有土地均是英國的財產，取消清朝政府批出的「永業權」，同年 11 月通過《1900 年收回土地條例》（*Lands Resumption Ordinance, 1900*），賦權政府收回須作公共用途的土地。

1842 年，港府在香港島北岸建立女王城（1843 年起改稱維多利亞城），集中發展中環及金鐘一帶，中環的半山區為政府機構所在地，政府山至皇后大道 14 號，為歐洲人居住地，皇后大道以南至海旁以西為華人住宅區，這奠定以中環、金鐘為政經中心，往外延伸為住宅區的城市模式。維多利亞城內實行華洋分隔，上市場和下市場被劃為華人商住區。較大規模的強制遷移發生於 1844 年。當年，隨着中環發展，華人數量急增，加上洋人不欲與華人比鄰而居，港府把部分上市場土地（亦稱中市場，今中環街市一帶）改劃為歐洲人商貿區，2747 名華人居民被勒令遷離，受影響者多遷往上環的太平山區。

維多利亞城的範圍隨人口和經濟活動增加而不斷擴大，1860 年代以後，港府亦在九龍地區進行城市建設。除尖沙咀、紅磡和油麻地等區外，深水莆（或稱深水埔，後稱深水埗）的開發也較受關注。1903 年，港府向深水埗原居民徵收土地，將之重新規劃和進行道路建設。1904 年公布深水埗約的界限。1912 年展開填海工程，造地 9.67 英畝（3.91 公頃）。重新

---

10 另見表 2-97，表 2-98。

11 根據官方文件〈拆卸民房補償銀兩曉諭〉載，阻礙城基的「梁興德等平民房屋十六間」，須於一個月內拆卸。

規劃後的深水埗，部分土地供拍賣，該區迅速發展為九龍的人口聚集地。深水埗於 1898 年有 1500 人，1921 年，深水埗與大角咀的人口是 16,521 人，1931 年增至 67,184 人（見表 1-25）。

為更有系統地擬定計劃和開發市區，港府着手成立委員會及頒布相關法例，先在 1922 年成立城市規劃委員會，1939 年通過《1939 年城市規劃條例》，授權根據此條例成立的城市規劃委員會為未來發展制定規劃藍圖。二戰後人口激增，土地和房屋供不應求，1948 年的《香港：初步規劃報告》（*Hong Kong: Preliminary Planning Report*，亦稱《亞拔高比報告》）建議在九龍近郊發展新市鎮，以降低香港島和九龍市區的密度。其後的主要發展規劃有 1970 年「土地利用計劃書」、1979 年「香港發展綱略」、1984 年「全港發展策略」、1996 年「全港發展策略檢討」和 2007 年「香港 2030：規劃遠景與策略」。這期間的策略方針是應付快速增長的人口，即大約每十年增加 100 萬人，以及分散市區過於擠迫的人口。基本政策是在新界進行大規模的新市鎮發展，把大量市區居民遷移至新市鎮。

1954 年，港府選擇觀塘作為發展的試點，當時稱為「衛星城市」。1970 年代初積極開展建設工程，以配合當時的十年建屋計劃。港府迄今在新界發展了九個形態和規模不一的新市鎮。第一批是 1970 年代初期動工的荃灣、沙田（1983 年加上馬鞍山）和屯門，最初目標是為約 180 萬人提供居所，當時香港的人口約為 420 萬人；第二批是 1970 年代後期動工的大埔、粉嶺（含上水）和元朗；第三批是 1980 年代和 1990 年代動工的將軍澳、天水圍和東涌。根據人口普查和中期人口統計，1976 年至 2016 年間，居住在新市鎮所在地區的人口由 55.8 萬人增至 343.8 萬人，佔總人口比重由 12.7% 升至 46.9%（見表 6-17）。

表 6-17　1976 年至 2016 年若干年份按地區劃分香港人口統計表

單位：人

地區	1976	1981	1986	1991	1996	2001	2006	2011	2016
荃灣	448,710	599,011	645,603	693,498	739,385	751,170	800,949	801,202	823,386
沙田	36,900	109,471	355,810	493,866	582,688	628,123	612,283	635,846	665,606
屯門	33,070	89,901	262,458	356,439	445,771	464,585	500,803	485,898	487,407
大埔	不適用	39,891	119,679	188,248	271,661	290,434	265,982	264,580	270,728
粉嶺	不適用	49,593	87,206	120,063	192,321	253,918	235,202	255,306	259,942
元朗	39,010	51,392	75,740	113,353	130,992	139,789	138,711	147,745	160,010
將軍澳	不詳	不詳	不詳	87,044	143,032	267,115	344,872	371,590	398,479
天水圍	不詳	不詳	不詳	不詳	96,129	177,608	268,922	287,901	286,232
東涌	不詳	不詳	不詳	不詳	不詳	21,393	72,183	78,443	86,392
總計	557,690	939,259	1,546,496	2,052,511	2,601,979	2,994,135	3,239,907	3,328,511	3,438,182
佔人口（%）	12.7	18.4	28.1	36.2	40.6	44.6	47.2	47.1	46.9

注：荃灣含葵涌和青衣。沙田含馬鞍山。粉嶺含上水。
資料來源：歷年人口普查和中期人口統計報告。

新市鎮能成功吸引約 300 萬人移入的關鍵，在於新市鎮提供大量輪候時間較市區短的公屋單位，其樓價亦低於市區。

市區重建計劃也涉及人口遷移。港府於 1988 年 1 月實施《1987 年土地發展公司條例》（*Land Development Corporation Ordinance, 1987*），成立土地發展公司，專責市區重建。2001 年 5 月通過《2001 年市區重建局條例》（*Urban Renewal Authority Ordinance, 2001*），成立市區重建局，以取代土地發展公司，重建發展和樓宇復修為其核心業務。市區重建局在項目的開始實施日期，會進行凍結人口調查，以安排受重建影響人士的現金補償或安置。截至 2016 年 6 月 3 日，市區重建局已直接或通過與香港房屋協會合作，開展了 59 個重建項目（其中 7 個包含保育元素）和 3 個保育暨活化項目，並接手前土地發展公司已開展的 10 個重建項目。根據市區重建局的估計，這 59 個重建項目將會惠及 27,000 人，獲安置或補償的住戶共 12,000 戶，新建住宅單位 18,000 個，重建失修樓宇 710 幢。

本卷主要人口相關條例譯名對照表

（按首字筆畫順序排列）

中文譯名	外文原名
1844 年土地註冊條例	Land Registration Ordinance, 1844
1844 年居民登記條例	Registration of Inhabitants Ordinance, 1844
1844 年登記及普查條例	Registration and Census Ordinance, 1844
1844 年華人保甲條例	Chinese Peace Officers Regulation Ordinance, 1844
1845 年外國人歸化條例	Aliens—Naturalization Ordinance, 1845
1847 年外國人歸化法令	Act for the Naturalization of Aliens, 1847
1850 年華人罪犯遞解回籍條例	Rendition of Chinese Ordinance, 1850
1852 年防止船員私自離船，以及完善管理香港商船海員的條例	An Ordinance for the Prevention of Desertion, and Better Regulation of Merchant Seamen in this Colony, 1852
1852 年婚姻條例	Marriage Ordinance, 1852
1857 年防止性病擴散條例	Venereal Diseases Ordinance, 1857
1857 年苦力掮客條例	Emigration Passage Brokers Ordinance, 1857
1857 年殖民地社會安寧條例	Peace of the Colony Ordinance, 1857
1858 年管理華人—普查條例	Regulation of Chinese—Census Ordinance, 1858
1858 年街市條例	Markets' Ordinance, 1858
1863 年管制香港公共車輛和轎及其車伕和轎夫與出租馬匹牌照條例	An Ordinance to Provide for the Regulation of Public Vehicles and Chairs and Their Drivers and Bearers, and to License the Hire of Horses, within the Colony of Hongkong, 1863
1865 年侵害人身罪條例	Offences against the Person Ordinance, 1865
1866 年海港及海岸條例	Harbour and Coasts Ordinance, 1866
1866 年維多利亞城戶口登記條例	Victoria Registration Ordinance, 1866
1867 年傳染病條例	Contagious Diseases Ordinance, 1867
1871 年驅逐危險分子條例	Banishment of Dangerous Characters Ordinance, 1871
1872 年生死登記條例	Registration of Births and Deaths Ordinance, 1872
1873 年保護華人婦女及華人移民條例	Protection of Women-Emigration Abuses Ordinance, 1873
1873 年補助則例	Grant Code, 1873
1881 年人口普查條例	Census Ordinance, 1881
1888 年管理華人條例	Regulation of Chinese Ordinance, 1888
1888 年歐洲人住宅區保留條例	European District Reservation Ordinance, 1888
1894 年太平山收地條例	Taipingshan Resumption Ordinance, 1894
1895 年規管華人移民條例	Chinese Immigration Ordinance, 1895
1896 年生死登記條例	Births and Deaths Registration Ordinance, 1896
1900 年收回土地條例	Lands Resumption Ordinance, 1900
1900 年新界（田土法庭）條例	New Territories (Land Court) Ordinance, 1900
1902 年歸化條例	Naturalization Ordinance, 1902

中文譯名	外文原名
1904 年山頂區保留條例	Peak District Reservation Ordinance, 1904
1905 年已婚婦人被遺棄贍養條例	Married Women (Desertion) Ordinance, 1905
1912 年華人婚姻保全條例	Chinese Marriage Preservation Ordinance, 1912
1912 年遞解條例	Deportation Ordinance, 1912
1914 年英國國籍及外國人身份法令	British Nationality and Status of Aliens Act 1914
1915 年限制旅客條例	Travellers Restriction Ordinance, 1915
1916 年人事登記條例	Registration of Persons Ordinance, 1916
1921 年中國（離婚）法院規則	The China (Divorce) Rules of Court 1921
1922 年兒童工業僱傭條例	Industrial Employment of Children Ordinance, 1922
1923 年家庭女役條例	Female Domestic Service Ordinance, 1923
1923 年護照條例	Passports Ordinance, 1923
1929 年女性、青年及兒童工業僱傭修訂條例	Industrial Employment of Women, Young Persons and Children Amendment Ordinance, 1929
1932 年青年及兒童海上工作僱傭條例	Employment of Young Persons and Children at Sea Ordinance, 1932
1932 年離婚條例	Divorce Ordinance, 1932
1934 年入境及護照條例	Immigration and Passports Ordinance, 1934
1937 年工廠及工場條例	Factories and Workshops Ordinance, 1937
1939 年城市規劃條例	Town Planning Ordinance, 1939
1940 年入境管制條例	Immigration Control Ordinance, 1940
1947 年出生登記（特設登記冊）條例	Births Registration (Special Registers) Ordinance, 1947
1947 年死亡登記（特設登記冊）條例	Deaths Registration (Special Registers) Ordinance, 1947
1948 年英國國籍法令	British Nationality Act 1948
1949 年入境者管制條例	Immigrants Control Ordinance, 1949
1949 年驅逐不良分子出境條例	Expulsion of Undesirables Ordinance, 1949
1951 年邊境禁區令	Frontier Closed Area Order, 1951
1952 年緊急（徙置區）規例	Emergency (Resettlement Areas) Regulations, 1952
1955 年工廠及工業經營條例	Factories and Industrial Undertakings Ordinance, 1955
1956 年緊急（拘留令）規例	Emergency (Detention Orders) Regulations, 1956
1958 年入境（管制及罪行）條例	Immigration (Control and Offences) Ordinance, 1958
1960 年人事登記規例	Registration of Persons Regulations, 1960
1961 年入境事務隊條例	Immigration Service Ordinance, 1961
1962 年英聯邦移民法令	Commonwealth Immigrants Act, 1962
1965 年往香港以外地方就業合約條例	Contracts for Employment Outside Hong Kong Ordinance, 1965
1967 年婚姻訴訟條例	Matrimonial Causes Ordinance, 1967
1968 年僱傭條例	Employment Ordinance, 1968
1970 年婚姻制度改革條例	Marriage Reform Ordinance, 1970
1971 年教育條例	Education Ordinance, 1971
1972 年入境條例	Immigration Ordinance, 1972
1976 年幼兒服務條例	Child Care Services Ordinance, 1976
1978 年普查及統計條例	Census and Statistics Ordinance, 1978

中文譯名	外文原名
1979 年入境（未獲授權進境者）令	Immigration (Unauthorized Entrants) Order, 1979
1982 年吸煙（公眾衞生）條例	Smoking (Public Health) Ordinance, 1982
1987 年土地發展公司條例	Land Development Corporation Ordinance, 1987
1990 年英國國籍（香港）法令	British Nationality (Hong Kong) Act 1990
1990 年英國國籍法（香港）（甄選計劃）令	The British Nationality (Hong Kong) (Selection Scheme) Order 1990
2000 年人類生殖科技條例	Human Reproductive Technology Ordinance, 2000
2001 年市區重建局條例	Urban Renewal Authority Ordinance, 2001
2004 年性別承認法令	Gender Recognition Act 2004
2010 年最低工資條例	Minimum Wage Ordinance, 2010
吉利法案	Geary Act
地租（評估及徵收）條例	Government Rent (Assessment and Collection) Ordinance
佩奇法案	Page Law
保護生育公約	Maternity Protection Convention
皇家書館則例	Rules and Regulations for Government Schools
香港人權法案條例	Hong Kong Bill of Rights Ordinance
排華法案	Chinese Exclusion Act
殘疾歧視條例	Disability Discrimination Ordinance
稅務條例	Inland Revenue Ordinance
禁止酷刑和其他殘忍、不人道或有辱人格的待遇或處罰公約	Convention against Torture and Other Cruel, Inhuman or Degrading Treatment or Punishment
僱員補償條例	Employees’ Compensation Ordinance
緊急情況規例條例	Emergency Regulations Ordinance
遞解外國人條例	Deportation of Aliens Ordinance
關於難民地位的公約	Convention Relating to the Status of Refugees
關於難民地位的議定書	Protocol Relating to the Status of Refugees
關稅與貿易總協定	General Agreement on Tariffs and Trade

本卷主要參考文獻

政府和相關組織文件及報告

人口政策專責小組：《人口政策專責小組報告書》（2003 年 2 月 27 日）。

人類生殖科技管理局：〈報告及統計〉（2009-2016）。

日本外務省：《外務省記錄》（1944 年 1 月 20 日—8 月 17 日）。

日本香港佔領地總督部：〈昭和十七年四月二日狀況報告〉（1942）。

日本香港佔領地總督部：《香督令特輯》（香港：亞洲商報，1943）。

日本香港佔領地總督部：《總督部公報》（1942-1945）。

古物古蹟辦事處：〈屏山鄧族文物館暨文物徑訪客中心〉（2022）。

古物諮詢委員會：〈上水金錢味峰侯公祠文物價值評估報告〉（委員會文件 AAB/5/2019-20）（2019 年 6 月 13 日）。

古物諮詢委員會：〈文物價值評估報告：香港上環磅巷台階〉（2021）。

市區重建局：《市區重建局年報》（2001-2016）。

平等機會委員會：〈跨性別人士／變性人在香港的權利：問與答〉（2014 年 5 月）。

香港中文大學醫學院、衞生署、醫院管理局：〈華南兒童生長標準〉（1996）。

香港公共圖書館：〈長進課程 —— 圖書館你我他：趣談圖書館（一）：香港圖書館簡史〉（2020 年 3 月 16 日）。

香港文化博物館：〈戲台上下：香港戲院與粵劇〉（2021 年 1 月 14 日）。

香港立法局秘書處：〈充分善用土地〉（RP12/96-97 號文件）（1997 年 6 月 19 日）。

《香港年報》（1970-2016）。

香港佔領地總督部華民代表會編：《管區法令填報須知》（香港：香港佔領地總督部華民代表會，1942）。

香港房屋協會：〈啟德邨（已拆卸）〉（2019 年 5 月）。

香港金融管理局：〈失業問題的根源：近期發展與前景〉，《金融管理局季報》，第 29 期（2001 年 11 月），頁 49-61。

香港政府／香港特別行政區政府社會福利署：《社會福利署年報》（1986-2017）。

香港政府／香港特別行政區政府統計處：《香港統計年刊》（1995-2021）（香港：政府統計處，1995-2021）。

香港政府／香港特別行政區政府稅務局：《稅務局年報》（1995-2017）。

香港政府保安科：〈非法入境的中國兒童〉（保安事務委員會（文件）24.4.97）（1997 年 4 月）。

香港政府統計處：《香港 1961 年戶口統計：香港戶口圖解》（香港：政府印務局，1962）。

香港政府統計處：《一九七一年香港人口及房屋普查：主要報告書》（香港：政府印務局，1972）。

香港政府統計處：《一九九一年人口普查：簡要報告》（香港：政府印務局，1991）。

香港政府統計處：《一九九六年中期人口統計：主要統計表》（香港：政府印務局，1997）。

香港政府統計處：《從綜合住戶統計調查搜集所得的社會資料：專題報告書第十四號》（香港：政府統計處，1997）。

香港政府統計處：《一九九六年中期人口統計：主要報告》（香港：政府印務局，1997）。

香港政府香港警務處：《香港警務處年報》（1958-1960）。

香港政府衞生署：《香港政府衞生署家庭健康服務部六十週年紀念》（1992）。

香港旅遊發展局：《2019 年香港旅遊業統計》（香港：香港旅遊發展局，2020）。

香港旅遊發展局：〈荃灣：傳統習俗與生活〉（2023）。

香港海防博物館：〈勇者無名：香港軍事服務團歷史展〉，2013 年 12 月 13 日至 2014 年 6 月 11 日。

香港海防博物館：〈香港與一戰華工〉，《香港歷史博物館通訊》，2019 年 10-12 月，頁 27-28。

香港特別行政區立法會：〈立法會財經事務委員會特別會議紀要〉（立法會 CB(1)937/01-02 號文件）（2001 年 11 月 8 日）。

香港特別行政區立法會政府帳目委員會：〈政府帳目委員會就審計署署長第六十六號衡工量值式審計結果報告書提交的報告書〉（2016 年 7 月）。

香港特別行政區立法會秘書處：〈資料便覽：堅尼系數〉（FS07/04-05 號文件）（2004 年 12 月 6 日）。

香港特別行政區立法會秘書處：〈中華人民共和國執行《禁止酷刑和其他殘忍、不人道或有辱人格的待遇或處罰公約》情況的第四、五次報告 —— 第二部分：香港特別行政區執行情況〉（立法會 CB(2)737/08-09(06) 號文件）（2009 年 1 月 29 日）。

香港特別行政區立法會秘書處：〈跨境家庭〉（IN07/08-09 號文件）（2009 年 3 月 25 日）。

香港特別行政區立法會秘書處：〈酷刑聲請審核機制檢討〉（立法會 CB(2)2054/08-09(02) 號文件）（2009 年 6 月 30 日）。

香港特別行政區立法會秘書處：〈香港的人口政策〉（IN02/13-14 號文件）（2013 年 11 月 6 日）。

香港特別行政區立法會秘書處：〈「個人遊」計劃〉，《研究簡報》，第 6 期（2014 年 5 月），頁 1-13。

香港特別行政區立法會秘書處：〈香港公共圖書館的挑戰〉，《研究簡報》，2015-2016 年度第 2 期（2016 年 2 月），頁 1-16。

香港特別行政區立法會秘書處：〈人力調整為香港帶來的挑戰〉，《研究簡報》，2015-2016 年度第 4 期（2016 年 6 月），頁 1-17。

香港特別行政區立法會秘書處：〈香港的土地租用制度〉（ISE07/16-17 號文件）（2016 年 12 月 8 日）。

香港特別行政區立法會秘書處：〈香港的外籍家庭傭工及家庭照顧責任的演變〉，《研究簡報》，2016-2017 年度第 4 期（2017 年 7 月），頁 1-16。

香港特別行政區立法會秘書處：〈對藝術團體的資助〉（ISE09/19-20 號文件）（2020 年 6 月 12 日）。

香港特別行政區行政長官：《二零一五年施政報告：重法治 掌機遇 作抉擇》（2015）。

香港特別行政區政府：《香港 2030 規劃遠景與策略：最後報告》（香港：發展局、規劃署，2007）。

香港特別行政區政府：《中華人民共和國執行《消除一切形式種族歧視國際公約》情況的第十至十三次報告 —— 第二部分：香港特別行政區執行情況》（2008 年 12 月 15 日）。

香港特別行政區政府：《二零一三年第一季經濟報告》（2013 年 5 月）。

香港特別行政區政府：《2022 年人力資源推算報告》（2015 年 4 月）。

香港特別行政區政府：〈香港便覽：新市鎮、新發展區及市區發展計劃〉（2016 年 5 月）。

香港特別行政區政府：《二零一七年半年經濟報告》（2017 年 8 月）。

香港特別行政區政府：《2016 年香港貧窮情況報告》（2017 年 11 月）。

香港特別行政區政府：《二零一七年經濟概況及二零一八年展望》（2018 年 2 月）。

香港特別行政區政府：〈香港便覽：城市規劃〉（2022 年 7 月）。

香港特別行政區政府入境事務處：《入境事務處年報》（1997-2017）。

香港特別行政區政府入境事務處：〈資本投資者入境計劃數據資料〉（2017）。

香港特別行政區政府入境事務處：〈數據資料：執法〉（2021）。

香港特別行政區政府民政事務局：〈香港文化藝術政策發展〉（立法會 CB(2)1686/05-06(01) 號文件）（2006 年 4 月 7 日）。

香港特別行政區政府民政事務局：〈粵劇及其他中國戲曲的推廣〉（立法會 CB(2)1310/07-08(03) 號文件）（2008 年 3 月 14 日）。

香港特別行政區政府民政事務總署：〈民政事務總署及入境事務處內地新來港定居人士的統計數字（二零一六年第四季）〉（2017）。

香港特別行政區政府地政總署：〈在新界小型屋宇政策下之認可鄉村名冊〉（2009 年 9 月）。

香港特別行政區政府地政總署：〈香港地理資料（截至 2021 年 10 月）〉（2021）。

香港特別行政區政府房屋局：〈平房區清拆政策〉（2000 年 10 月）。

香港特別行政區政府保安局：〈關於遣送離境和遞解離境的政策和慣常做法〉（2000 年 1 月 12 日）。

香港特別行政區政府保安局：〈越南難民和船民：未來路向〉（檔案編號 L/M 1/99 to SRD401/1/C）（2000 年 2 月 22 日）。

香港特別行政區政府保安局：〈財務委員會審核二零一四至一五年度開支預算管制人員的答覆〉（2014）。

香港特別行政區政府保安局：〈2015 年施政報告：保安局的政策措施〉（立法會 CB(2)654/14-15(05) 號文件）（2015 年 1 月）。

香港特別行政區政府保安局：〈聯合國禁止酷刑委員會就香港特別行政區按《禁止酷刑和其他殘忍、不人道或有辱人格的待遇或處罰公約》而提交的第三次報告所舉行的審議會〉（立法會 CB(2)1617/15-16(03) 號文件）（2016 年 6 月 7 日）。

香港特別行政區政府保安局：〈處理免遣返聲請的策略的全面檢討最新情況〉（立法會 CB(2)1110/17-18(01) 號文件）（2018 年 3 月 27 日）。

香港特別行政區政府統計處：《香港人口趨勢 1981-1996》（香港：政府統計處，1997）。

香港特別行政區政府統計處：《從綜合住戶統計調查搜集所得的社會資料：專題報告書第十五號》（香港：政府統計處，1997）。

香港特別行政區政府統計處：〈內地來港定居未足七年人士的特徵〉，《香港統計月刊：一九九八年一月》（香港：政府統計處，1998），頁 FC1-FC17。

香港特別行政區政府統計處：《香港人口推算 2000-2029》（香港：政府統計處，2000）。

香港特別行政區政府統計處：〈修訂香港人口估計的編製方法〉，《香港統計月刊：二零零零年九月》（香港：政府統計處，2000），頁 FA1-FA16。

香港特別行政區政府統計處：《從綜合住戶統計調查搜集所得的社會資料：第二十五號專題報告書》（香港：政府統計處，2000）。

香港特別行政區政府統計處：《主題性住戶統計調查第五號報告書》（香港：政府統計處，2001）。

香港特別行政區政府統計處：〈表 E2001C：2001 年人口普查 —— 主要統計表（經濟）〉（2001 年 10 月）。

香港特別行政區政府統計處：《香港的女性及男性主要統計數字》（2001-2021）（香港：政府統計處，2001-2021）。

香港特別行政區政府統計處：〈香港的殘疾人士及長期病患者〉，《香港統計月刊：二零零一年十一月》（香港：政府統計處，2001），頁 FC1-FC12。

香港特別行政區政府統計處：〈一九七一年至二零零零年香港生育和死亡趨勢〉，《香港統計月刊：二零零二年四月》（香港：政府統計處，2002），頁 FC1-FC10。

香港特別行政區政府統計處：《二零零一年人口普查：主要統計表》（香港：政府統計處，2002）。

香港特別行政區政府統計處：《二零零一年人口普查：主要報告 —— 第一冊》（香港：政府統計處，2002）。

香港特別行政區政府統計處：《二零零一年人口普查：主題性報告 —— 少數族裔人士》（香港：政府統計處，2002）。

香港特別行政區政府統計處：《二零零一年人口普查：主題性報告 —— 長者》（香港：政府統計處，2002）。

香港特別行政區政府統計處：《主題性住戶統計調查第九號報告書》（香港：政府統計處，2002）。

香港特別行政區政府統計處：〈香港人口估計的編製〉，《香港統計月刊：二零零二年二月》（香港：政府統計處，2002），頁 FD1-FD13。

香港特別行政區政府統計處：《香港人口趨勢 1981-2001》（香港：政府統計處，2002）。

香港特別行政區政府統計處：〈二零零三年失業率的走勢〉，《香港統計月刊：二零零四年四月》（香港：政府統計處，2004），頁 FB1-FB11。

香港特別行政區政府統計處：《主題性住戶統計調查第二十六號報告書》（香港：政府統計處，2006）。

香港特別行政區政府統計處：《二零零六年中期人口統計：主要統計表》（香港：政府統計處，2007）。

香港特別行政區政府統計處：《二零零六年中期人口統計：主要報告 —— 第一冊》（香港：政府統計處，2007）。

香港特別行政區政府統計處：《香港人口推算 2007-2036》（香港：政府統計處，2007）。

香港特別行政區政府統計處：《香港人口趨勢 1981-2006》（香港：政府統計處，2007）。

香港特別行政區政府統計處：〈表 E2006C：2006

年中期人口統計——主要統計表（經濟）〉（2007 年 12 月）。

香港特別行政區政府統計處：〈表 E2006D：2006 年中期人口統計——主要統計表（住戶）〉（2007 年 12 月）。

香港特別行政區政府統計處：《二零零六年中期人口統計：主題性報告——長者》（香港：政府統計處，2008）。

香港特別行政區政府統計處：《主題性住戶統計調查第三十六號報告書》（香港：政府統計處，2008）。

香港特別行政區政府統計處：〈內地女性在香港所生的嬰兒〉，《香港統計月刊：二零一一年九月》（香港：政府統計處，2011），頁 FB1-FB16。

香港特別行政區政府統計處：《主題性住戶統計調查第四十六號報告書》（香港：政府統計處，2011）。

香港特別行政區政府統計處：《主題性住戶統計調查第四十八號報告書》（香港：政府統計處，2011）。

香港特別行政區政府統計處：《從綜合住戶統計調查搜集所得的社會資料：第五十七號專題報告書》（香港：政府統計處，2011）。

香港特別行政區政府統計處：〈1981 年至 2011 年香港生育趨勢〉，《香港統計月刊：二零一二年十一月》（香港：政府統計處，2012），頁 FB1-FB14。

香港特別行政區政府統計處：《2011 年人口普查：主要報告——第一冊》（香港：政府統計處，2012）。

香港特別行政區政府統計處：《二零一一年人口普查：主題性報告——香港的住戶收入分布》（香港：政府統計處，2012）。

香港特別行政區政府統計處：《二零一一年人口普查：簡要報告》（香港：政府統計處，2012）。

香港特別行政區政府統計處：《香港人口趨勢 1981-2011》（香港：政府統計處，2012）。

香港特別行政區政府統計處：〈香港的人口及家庭住戶趨勢〉，《香港統計月刊：二零一二年四月》（香港：政府統計處，2012），頁 FA1-FA12。

香港特別行政區政府統計處：《從綜合住戶統計調查搜集所得的社會資料：第五十九號專題報告書》（香港：政府統計處，2012）。

香港特別行政區政府統計處：〈表 E2011A：2011 年人口普查——主要統計表（人口）〉（2012 年 2 月）。

香港特別行政區政府統計處：〈表 E2011C：2011 年人口普查——主要統計表（經濟）〉（2012 年 2 月）。

香港特別行政區政府統計處：〈表 E2011D：2011 年人口普查——主要統計表（住戶）〉（2012 年 2 月）。

香港特別行政區政府統計處：〈表 E2011H：2011 年人口普查——主要統計表（新市鎮）〉（2012 年 2 月）。

香港特別行政區政府統計處：《2011 年人口普查：主題性報告——少數族裔人士》（香港：政府統計處，2013）。

香港特別行政區政府統計處：《2011 年人口普查：主題性報告——長者》（香港：政府統計處，2013）。

香港特別行政區政府統計處：《主題性住戶統計調查第 53 號報告書》（香港：政府統計處，2013）。

香港特別行政區政府統計處：〈2012 年香港的語言使用情況〉，《香港統計月刊：2014 年 6 月》（香港：政府統計處，2014），頁 FB1-FB10。

香港特別行政區政府統計處：《從綜合住戶統計調查搜集所得的社會資料：第 62 號專題報告書》（香港：政府統計處，2014）。

香港特別行政區政府統計處：〈1991 年至 2013 年香港的結婚及離婚趨勢〉，《香港統計月刊：2015 年 1 月》（香港：政府統計處，2015），頁 FA1-FA14。

香港特別行政區政府統計處：《香港人口推算 2015-2064》（香港：政府統計處，2015）。

香港特別行政區政府統計處：〈香港的殘疾人士及長期病患者〉，《香港統計月刊：2015 年 1 月》（香港：政府統計處，2015），頁 FB1-FB11。

香港特別行政區政府統計處：《主題性住戶統計調查第 59 號報告書》（香港：政府統計處，2016）。

香港特別行政區政府統計處：〈1951 年至 2015 年香港嬰兒死亡趨勢〉，《香港統計月刊：2017 年 3 月》（香港：政府統計處，2017），頁 FB1-FB15。

香港特別行政區政府統計處：〈2016 年女性及男性的特徵〉，《香港統計月刊：2017 年 8 月》（香港：政府統計處，2017），頁 FB1-FB12。

香港特別行政區政府統計處：〈2016 年中期人口統計：互動圖解 —— 人口金字塔〉（2017）。

香港特別行政區政府統計處：《2016 年中期人口統計：主要結果》（香港：政府統計處，2017）。

香港特別行政區政府統計處：《2016 年中期人口統計：主題性報告 —— 少數族裔人士》（香港：政府統計處，2017）。

香港特別行政區政府統計處：《2016 年中期人口統計：主題性報告 —— 香港的住戶收入分布》（香港：政府統計處，2017）。

香港特別行政區政府統計處：《2016 年中期人口統計：簡要報告》（香港：政府統計處，2017）。

香港特別行政區政府統計處：《香港人口推算 2017-2066》（香港：政府統計處，2017）。

香港特別行政區政府統計處：《香港人口趨勢 1986-2016》（香港：政府統計處，2017）。

香港特別行政區政府統計處：〈表 E2016A：2016 年中期人口統計 —— 主要統計表（人口）〉（2017 年 2 月）。

香港特別行政區政府統計處：〈表 E2016C：2016 年中期人口統計 —— 主要統計表（經濟）〉（2017 年 2 月）。

香港特別行政區政府統計處：〈表 E2016D：2016 年中期人口統計 —— 主要統計表（住戶）〉（2017 年 2 月）。

香港特別行政區政府統計處：〈表 E2016H：2016 年中期人口統計 —— 主要統計表（新市鎮）〉（2017 年 2 月）。

香港特別行政區政府統計處：〈如何以科學方法推算未來的人口數字？〉（「科學為民」服務巡禮，2017 年 11 月 11 日）。

香港特別行政區政府統計處：〈1991 年至 2016 年香港的結婚及離婚趨勢〉，《香港統計月刊：2018 年 1 月》（香港：政府統計處，2018），頁 FB1-FB17。

香港特別行政區政府統計處：《2016 年中期人口統計：主題性報告 —— 長者》（香港：政府統計處，2018）。

香港特別行政區政府統計處：《2016 年中期人口統計：主題性報告 —— 單親人士》（香港：政府統計處，2018）。

香港特別行政區政府統計處：《主題性住戶統計調查第 64 號報告書》（香港：政府統計處，2018）。

香港特別行政區政府統計處：〈香港的撫養趨勢〉，《香港統計月刊：2018 年 11 月》（香港：政府統計處，2018），頁 FA1-FA9。

香港特別行政區政府統計處：〈2016 年中期人口統計：香港人口概況 —— 香港的家庭住戶〉（2018 年 2 月）。

香港特別行政區政府統計處：〈1986 年至 2018 年香港死亡趨勢〉，《香港統計月刊：2019 年 11 月》（香港：政府統計處，2019），頁 FB1-FB11。

香港特別行政區政府統計處：〈1951 年至 2018 年香港嬰兒死亡趨勢〉，《香港統計月刊：2020 年 3 月》（香港：政府統計處，2020），頁 FB1-FB15。

香港特別行政區政府統計處：〈1981 年至 2019 年香港生育趨勢〉，《香港統計月刊：2020 年 12 月》（香港：政府統計處，2020），頁 FA1-FA14。

香港特別行政區政府統計處：《香港人口推算 2020-2069》（香港：政府統計處，2020）。

香港特別行政區政府統計處：《綜合住戶統計調查按季統計報告：2021 年 7 月至 9 月》（香港：政府統計處，2021）。

香港特別行政區政府統計處：〈表 4：內地女性在香港所生的活產嬰兒數目〉（2021 年 7 月）。

香港特別行政區政府統計處：〈表 1A：按性別及年齡組別劃分的人口〉（2021 年 8 月）。

香港特別行政區政府統計處：〈表 1B：按性別及年齡劃分的人口〉（2021 年 8 月）。

香港特別行政區政府統計處：〈表 3：生命事件〉（2021 年 9 月）。

香港特別行政區政府統計處：〈表 6：勞動人口、失業及就業不足統計數字〉（2021 年 12 月）。

香港特別行政區政府統計處：〈表 7：按性別劃分的勞動人口及勞動人口參與率〉（2021 年 12 月）。

香港特別行政區政府統計處：〈表 8：按年齡組別劃分的勞動人口及勞動人口參與率〉（2021 年 12 月）。

香港特別行政區政府統計處：〈表 11：按性別及年齡劃分的失業率〉（2021 年 12 月）。

香港特別行政區政府統計處：〈表 14：按性別及

年齡劃分的就業不足率〉(2021 年 12 月)。

香港特別行政區政府統計處:〈表 15:按統計前 7 天內的工作時數及性別劃分的就業人數〉(2021 年 12 月)。

香港特別行政區政府統計處:〈1991 年至 2020 年香港的結婚及離婚趨勢〉,《香港統計月刊:2022 年 1 月》(香港:政府統計處,2022),頁 FB1-FB11。

香港特別行政區政府統計處:〈表 E028:按年齡及性別劃分的就業不足人數(綜合住戶統計調查按季統計報告表 7.1)〉(2022)。

香港特別行政區政府統計處:〈表 E034:按住戶人數劃分的從事經濟活動的家庭住戶每月入息中位數〉(2022 年 4 月)。

香港特別行政區政府統計處:〈表 5:家庭住戶統計數字〉(2022 年 7 月)。

香港特別行政區政府統計處:〈表 E491:在香港登記結婚而新郎及新娘均為香港人的數目、新郎/新娘為中國內地人士的數目及獲發「無結婚紀錄證明書」(聲稱作為在中國內地申請結婚之用)的人士數目〉(2022 年 7 月)。

香港特別行政區政府政務司司長辦公室:《集思港益:人口政策公眾參與活動》(香港:政務司司長辦公室,2013)。

香港特別行政區政府政務司司長辦公室:《人口政策:策略與措施》(香港:政府物流服務署,2015)。

香港特別行政區政府香港警務處:〈警隊今昔:警隊的國籍與種族〉,《警聲》,第 777 期(2004 年 6 月 16 日至 6 月 29 日)。

香港特別行政區政府香港警務處:〈警隊歷史:第一章 第壹個壹百年〉。

香港特別行政區政府財政司司長:《財政年度預算》(2009-2019)。

香港特別行政區政府財經事務及庫務局:〈財務委員會審核二零一五至一六年度開支預算管制人員的答覆〉(2015)。

香港特別行政區政府康樂及文化事務署:〈九龍寨城公園:歷史〉(2016 年 12 月 20 日)。

香港特別行政區政府教育局:《香港學生體適能狀況調查》(2004-2005,2005-2006,2014-2015,2015-2016 學年)。

香港特別行政區政府教育局:〈學前教育學券計劃〉(檔案編號 EDB(QA)/(SCH)/1/14/15(2))(2009 年 6 月)。

香港特別行政區政府教育局:〈財務委員會審核二〇一二至一三年度開支預算管制人員的答覆〉(2012)。

香港特別行政區政府教育局:〈財務委員會審核二零一五至一六年度開支預算管制人員的答覆〉(2015)。

香港特別行政區政府教育局:〈審核二零二零至二一年度開支預算管制人員對財務委員會委員初步書面問題的答覆〉(2020)。

香港特別行政區政府教育局課程發展處:《各遂其志:不同族裔在香港的歷史及對香港發展的貢獻》(香港:教育局,2021)。

香港特別行政區政府教育統籌局:〈學童每天跨境來港上學事宜:立法會問題第 18 條(書面答覆)〉(2001 年 3 月 7 日)。

香港特別行政區政府教育統籌局:〈幼稚園及幼兒中心學費減免計劃〉(立法會 CB(2)1667/05-06(03) 號文件)(2006 年 4 月 10 日)。

香港特別行政區政府教育統籌局:〈財務委員會審核二〇〇七至〇八年度開支預算管制人員的答覆〉(2007)。

香港特別行政區政府規劃署:《跨界旅運統計調查》(1999,2001,2003,2006,2007,2009,2011,2013/14,2015)(香港:規劃署,2000,2002,2004,2007,2008,2010,2012,2014,2016)。

香港特別行政區政府規劃署:《香港 2030 規劃遠景與策略:初議報告書》(2001)。

香港特別行政區政府規劃署:〈第八份工作文件:在中國內地居住的香港居民〉(2001 年 9 月)。

香港特別行政區政府規劃署:《宜居高密度城市的規劃及城市設計》(2016 年 10 月)。

香港特別行政區政府規劃署:《元朗:規劃宜居新市鎮》(2019)。

香港特別行政區政府規劃署:《天水圍及洪水橋》(2022)。

香港特別行政區政府規劃署:《香港規劃標準與準則》(2022 年 7 月)。

香港特別行政區政府勞工處:《〈僱傭條例〉:侍產假簡介》(2015 年 2 月)。

香港特別行政區政府發展局:〈香港 2030:規劃遠景與策略最後報告〉(檔號:(20) in DEVB(PL-P)50/01/126 Pt.34)(2007 年 10 月)。

香港特別行政區政府發展局：〈推展基本工程計劃的最新情況〉(立法會 CB(1)375/14-15(01) 號文件)(2014 年 12 月)。

香港特別行政區政府發展局：〈市區重建局的工作〉(立法會 CB(1)1034/15-16(01) 號文件)(2016 年 6 月 21 日)。

香港特別行政區政府衞生署：《二零一七年有關健康狀況和健康服務的統計表》(香港：衞生署，2018)。

香港特別行政區政府衞生署：《香港幼兒飲食及餵養調查（2016）》(香港：衞生署，2018)。

香港特別行政區政府衞生署：《香港公共健康護理 65 周年（1954-2019）紀念專輯》(2019)。

國際勞工組織：〈國際勞工大會第 183 號公約：關於修訂 1952 年保護生育公約（修訂本）公約〉(2000)。

〈基本法案例摘要：入境事務處處長對莊豐源〉，《基本法簡訊》，第 2 期（2001 年 9 月），頁 4-12。

最低工資委員會：《最低工資委員會 2012 年報告》(2012)。

番禺市地方志編纂委員會編：《番禺縣志》(廣州：廣東人民出版社，1995)。

《新聞公報》(1997-2018)。

葛量洪：《九龍及荃灣暴動報告書》(香港：香港政府印刷局，1956)。

廣東省地方史志編纂委員會編：《廣東省志：人口志》(廣州：廣東人民出版社，1995)。

澳門特別行政區政府勞工事務局：〈聘用外地僱員處理個案統計：勞動範疇統計 —— 按所持身份證明文件的發出國家 / 地區統計年終外地僱員人數〉。

賴德遐、麥道軻：《香港華人婚姻問題報告書》(香港：香港政府印務局，1960)。

Abercrombie, Patrick, *Hong Kong: Preliminary Planning Report* (September 1948).

Agriculture, Fisheries and Forestry Department, Hong Kong Government, *Annual Departmental Report* (1950-1960).

British Army Aid Group, "An Outline of Conditions in Occupied Hongkong", 1 March 1945, Elizabeth M. Ride Collection, EMR-6B-27, Hong Kong Heritage Project.

"Caine, Gutzlaff and Gordon to Bruce", 2 April 1844, CO 129/6.

"Census — Estimate of Population", Public Records Office, HKRS170-2-1.

Census and Statistics Department, Hong Kong Government, *Hong Kong Report on the 1961 Census: Volume II* (Hong Kong: Government Printer, 1962).

Census and Statistics Department, Hong Kong Government, *Hong Kong Report on the 1961 Census: Volume III* (Hong Kong: Government Printer, 1962).

Census and Statistics Department, Hong Kong Government, *Hong Kong Census 1961: Population Projection 1961-1971* (Hong Kong: Government Printer, 1963).

Census and Statistics Department, Hong Kong Government, *Population Projections for Hong Kong 1961-1971* (Hong Kong: Government Printer, 1963).

Census and Statistics Department, Hong Kong Government, *Hong Kong Report on the 1966 By-census: Volume I: Text, Appendices and Index* (Hong Kong: Government Printer, 1968).

Census and Statistics Department, Hong Kong Government, *Hong Kong Report on the 1966 By-census: Volume II: Tables* (Hong Kong: Government Printer, 1968).

Census and Statistics Department, Hong Kong Government, *Hong Kong Statistics 1947-1967* (Hong Kong: Government Printer, 1969).

Census and Statistics Department, Hong Kong Government, *Hong Kong Population and Housing Census: 1971 Basic Tables* (Hong Kong: Government Printer, 1972).

Census and Statistics Department, Hong Kong Government, *Hong Kong Population and Housing Census: 1971 Main Report* (Hong Kong: Government Printer, 1973).

Census and Statistics Department, Hong Kong Government, *Hong Kong Population and Housing Census: 1971 Technical Report* (Hong Kong: Government Printer, 1973).

Census and Statistics Department, Hong Kong Government, *Hong Kong Population Projections 1971-1991* (Hong Kong: Government Printer, 1973).

Census and Statistics Department, Hong Kong Government, *Births, Deaths & Marriages 1970-1973* (Hong Kong: Government Printer, 1976).

Census and Statistics Department, Hong Kong Government, *1976 By-census: Population by Age by Sex by District by Tertiary Planning Unit* (Hong Kong: Government Printer, 1977).

Census and Statistics Department, Hong Kong Government, *Hong Kong Annual Digest of Statistics* (1978-1994) (Hong Kong: Government Printer, 1978-1994).

Census and Statistics Department, Hong Kong Government, *Hong Kong By-census 1976: Main Report — Volume 1: Analysis* (Hong Kong: Government Printer, 1978).

Census and Statistics Department, Hong Kong Government, *Hong Kong By-census 1976: Main Report — Volume 2: Tables* (Hong Kong: Government Printer, 1979).

Census and Statistics Department, Hong Kong Government, *Hong Kong Social and Economic Trends 1967-1977* (Hong Kong: Government Printer, 1979).

Census and Statistics Department, Hong Kong Government, *Hong Kong 1981 Census: Tertiary Planning Unit — Population by Age* (Hong Kong: Government Printer, 1981).

Census and Statistics Department, Hong Kong Government, *Hong Kong 1981 Census: Basic Tables* (Hong Kong: Government Printer, 1982).

Census and Statistics Department, Hong Kong Government, *Hong Kong 1981 Census: District Board Tabulations* (Hong Kong: Government Printer, 1982).

Census and Statistics Department, Hong Kong Government, *Hong Kong 1981 Census: Main Report — Volume 1: Analysis* (Hong Kong: Government Printer, 1982).

Census and Statistics Department, Hong Kong Government, *Hong Kong 1981 Census: Main Report — Volume 2: Tables* (Hong Kong: Government Printer, 1982).

Census and Statistics Department, Hong Kong Government, *Hong Kong Social and Economic Trends 1970-1980* (Hong Kong: Government Printer, 1982).

Census and Statistics Department, Hong Kong Government, *Demographic Trends in Hong Kong 1971-82* (Hong Kong: Government Printer, 1984).

Census and Statistics Department, Hong Kong Government, *Hong Kong 1986 By-census: Tertiary Planning Unit — Population by Age* (Hong Kong: Government Printer, 1986).

Census and Statistics Department, Hong Kong Government, *Hong Kong 1986 By-census: Main Report — Volume 1* (Hong Kong: Government Printer, 1987).

Census and Statistics Department, Hong Kong Government, *Hong Kong 1986 By-census: Main Report — Volume 2* (Hong Kong: Government Printer, 1987).

Census and Statistics Department, Hong Kong Government, *Social Data Collected by the General Household Survey: Special Topics Report No. V* (Hong Kong: Government Printer, 1989).

Census and Statistics Department, Hong Kong Government, *Social Data Collected by the General Household Survey: Special Topics Report No. VII* (Hong Kong: Government Printer, 1991).

Census and Statistics Department, Hong Kong Government, *Hong Kong 1991 Population Census: Main Tables* (Hong Kong: Government Printer, 1992).

Census and Statistics Department, Hong Kong Government, *Hong Kong 1991 Population Census: Main Report* (Hong Kong: Government Printer, 1993).

Chadwick, Osbert, *Mr. Chadwick's Reports on the Sanitary Condition of Hong Kong* (London: Colonial Office, 1882).

"Davis to Stanley", 26 July 1844, CO 129/6.

Department of Medicine and Therapeutics, The Chinese University of Hong Kong and Department of Health of HKSAR Government, *A Survey of Infant and Young Child Feeding in Hong Kong: Diet and Nutrient Intake* (Hong Kong: Department of Medicine and Therapeutics, The Chinese University of Hong Kong and Department of Health, 2012).

Department of Statistics, Hong Kong Government, *A Report on the Population of the Colony, Mid-year, 1949*, 12 June 1949, Public Records Office, HKRS259-6-1.

District Commissioner, New Territories, Hong Kong Government, *Annual Departmental Report* (1952-1974).

Education and Manpower Bureau, HKSAR Government, "Progress of the School-based After-school Learning and Support Programmes" (LC Paper No. CB(2) 2477/05-06(02)) (June 2006).

Education Department, Hong Kong Government, *Annual Report* (1939, 1946-1950).

"Education Policy of Hong Kong — Implementation of Mr N.G. Fisher's Report on Education in H.K. 1951", Public Records Office, HKRS163-1-1351.

"Employment of New Territories' People", Public Records Office, HKRS41-1-3150.

Fisheries Department, Hong Kong Government, *Annual Departmental Report* (1946-1950).

"From Sir Henry Pottinger (Plenipotentiary and Chief Superintendent)", 8 March 1842, FO 17/56.

"H.K. & K. Rickshaw Pullers Union", Public Records Office, HKRS837-1-175.

"Hawker Problem: Unlicensed Hawkers Cooked Food Hawkers", Public Records Office, HKRS334-1-1-1.

Health Department, Hong Kong Government/ HKSAR Government, *Annual Report* (1991-1998).

Hong Kong Air Raid Wardens, "Report on Census of the Colony of Hong Kong (Exclusive of the New Territories) Taken on 13th/14th and 14th/15th March, 1941".

Hong Kong Government, *The Hongkong Gazette* (1841).

Hong Kong Government, *Hong Kong Blue Book* (1844-1940).

Hong Kong Government, *The Hongkong Government Gazette* (1853-1997).

Hong Kong Government, *Sessional Papers: Papers Laid Before the Legislative Council of Hongkong* (1884-1940).

Hong Kong Government, "Report on the Census of the Colony" (1891, 1897, 1901, 1906, 1911, 1921, 1931, in *Sessional Papers* (1891, 1897, 1901, 1907, 1911, 1921, 1931).

Hong Kong Government, "Extracts from Papers Relating to the Extension of the Colony of Hongkong", in *Sessional Papers* (1899).

Hong Kong Government, *Administrative Reports* (1908-1930).

Hong Kong Government, *Historical and Statistical Abstract of the Colony of Hongkong* (Hong Kong: Government Printers, 1911).

Hong Kong Government, "Report on the New Territories, 1899-1912", in *Sessional Papers* (1912).

Hong Kong Government, *Administration Reports* (1931-1939).

Hong Kong Government, *Hong Kong Annual Report* (1946-1969).

Hong Kong Legislative Council, Hong Kong Government/HKSAR Government, *Hongkong Hansard: Reports of the Meetings of the Legislative Council of Hong Kong* (1890-2016).

Hong Kong Police, Hong Kong Government, *Annual Departmental Report* (1949-1961).

Immigration Department, Hong Kong Government, *Annual Departmental Report* (1973-1978).

Inland Revenue Department, Hong Kong Government, *Annual Departmental Report* (1971-1995).

Jarman, Robert. L. (ed.), *Hong Kong Annual Administration Reports 1841-1941, Volume 1: 1841-1886* (Slough: Archive Editions, 1996).

"Kukong Intelligence Summary #3", 24 June

1942, AWM 11/11/09, in E. Ride (compiled), *B.A.A.G Series*, Vol. III (S.l.: s.n., 2004), pp. 120-125.

"Kukong Intelligence Summary #6", 10 July 1942, AWM 11/10/51, in E. Ride (compiled), *B.A.A.G Series*, Vol. III (S.l.: s.n., 2004), pp. 135-141.

"Letter from W. Caine to George Grey", 21 August 1954, CO 129/47.

Marine Department, Hong Kong Government, *Annual Departmental Report* (1949-1960).

McCaskie, G. A., "Report on Conditions in Macau", 18 June 1942, British Army Aid Group (BAAG).

Medical and Health Services Department, Hong Kong Government, *Annual Departmental Report* (1950-1989).

Medical Services Department, Hong Kong Government, *Annual Report* (1947-1950).

"Note by Julian Pauncefote, Attorney General", 3 August 1866, CO 129/120.

Registrar General, Hong Kong Government *Annual Departmental Report by the Registrar General for the Financial Year1951-2*.

"Registration of Stevedores", Public Records Office, HKRS1017-4-22.

Resettlement Department, Hong Kong Government, *Annual Departmental Report* (1956-1960).

"Robinson to Newcastle", 14 November 1861, CO 129/82.

Selwyn-Clarke, P. S., *Report on Medical and Health Conditions in Hong Kong, for the Period 1st January, 1942—31st August, 1945* (London: His Majesty's Stationery Office, 1946).

"Shek Pik Reservoir — Resettlement of Displaced Villagers", Public Records Office, HKRS934-9-60.

Social Welfare Department, Hong Kong Government, *Annual Departmental Report* (1961-1986).

"Special Report from Police Department to Major Caine", 29 December 1851, CO 129/38.

"Tai Lam Reservoir Scheme — Arrangements for the Re-settlement of Villages Displaced by the Tai Lam Reservoir Scheme", Public Records Office, HKRS163-1-1412.

Urban Council and Sanitary Department, Hong Kong Government, *Annual Report* (1947-1961).

"Waichow Intelligence Summary No. 10", 25 October 1942, Elizabeth M. Ride Collection, EMR-1B-01, Hong Kong Heritage Project.

古籍

《大明律集解附例》（台北：學生書局，1970）。

中央研究所歷史語言研究所校：《明實錄 · 大明太宗文皇帝實錄》（台北：中央研究院歷史語言研究所，1962）。

允祿等：《世宗憲皇帝上諭內閣》，《文淵閣四庫全書》，冊 414—415，史部，詔令奏議類。

文慶等：《清實錄 · 宣宗成皇帝實錄》（北京：中華書局，1986）。

王存等：《元豐九域志》（北京：中華書局，1984）。

司馬光：《資治通鑒》（北京：中華書局，1974）。

司馬遷：《史記》（北京：中華書局，1974）。

沈約：《宋書》（北京：中華書局，1974）。

房玄齡等：《晉書》（北京：中華書局，1974）。

阿桂等：《大清律例》（北京：中華書局，2015）。

徐珂：《清稗類鈔》（北京：中華書局，2010）。

班固：《漢書》（北京：中華書局，1962）。

郝玉麟等：《廣東通志》（清雍正九年〔1731〕刻本），收入廣東省地方史志辦公室輯：《廣東歷代方志集成 · 省部》，第 11 冊（廣州：嶺南美術出版社，2009）。

張玉書等：《聖祖仁皇帝御製文集》，《文淵閣四庫全書》，冊 1298—1299，集部別集類，中國哲學書電子化計劃，https://ctext.org/wiki.pl?if=gb&res=872350。

張廷玉等：《明史》（北京：中華書局，1974）。

張廷玉等：《清朝文獻通考》（杭州：浙江古籍出版社，1988）。

脱脱等：《宋史》（北京：中華書局，1985）。

陳大震：《南海志》（據《宋元方志叢刊》影印），收入廣東省地方史志辦公室輯：《廣東歷代方志集成 · 廣州府部》，第 1 冊（廣州：嶺南美術出版社，2009）。

陳伯陶等：《東莞縣志》（台北：學生書局，1968）。

陳壽：《三國志》（北京：中華書局，1959）。

舒懋官修、王崇熙纂：《新安縣志》（清嘉慶二十四年〔1819〕刻本），收入廣東省地方史志辦公室輯：《廣東歷代方志集成 · 廣州府部》，第 26 冊（廣州：嶺南美術出版社，2009）。

靳文謨修、鄧文蔚纂：《新安縣志》（清康熙二十七年〔1688〕刻本），收入廣東省地方史志辦公室輯：《廣東歷代方志集成 · 廣州府部》，第 26 冊（廣州：嶺南美術出版社，2009）。

趙爾巽等：《清史稿》（北京：中華書局，1977）。

劉安著，何寧校注：《淮南子集釋》（北京：中華書局，1998）。

慶桂等：《清實錄 · 高宗純皇帝實錄》（北京：中華書局，1985）。

歐陽修等：《新唐書》（北京：中華書局，1975）。

鄭玄注，孔穎達疏，李學勤主編：《禮記正義》（北京：北京大學出版社，1999）。

魏徵等：《隋書》（北京：中華書局，1973）。

報章刊物

《人民日報》（北京，1949-2022）。

《大公報》（香港，1938-2022）。

《工商日報》（香港，1926-1984）。

《天光報》（香港，1933-1940）。

《文匯報》（香港，1948-2022）。

《江門日報》（江門，1986-2022）。

《南方日報》（廣州，1949-2022）。

《香島日報》（香港，1942-1945）。

《香港商報》（香港，1952-2022）。

《華字日報》（香港，1872-1946）。

《華僑日報》（香港，1925-1995）。

《新京報》（北京，2003-2022）。

The Friend of China and Hongkong Gazette (Hong Kong, 1842-1859).

South China Morning Post (Hong Kong, 1903-2022).

專著及論文

丁新豹：〈香港早期之華人社會 1841-1870〉（香港大學博士論文，1988）。

丁新豹、黃迺錕：《四環九約：博物館藏歷史圖片精選》（香港：市政局，1994）。

丁新豹、盧淑櫻：《非我族裔：戰前香港的外籍族群》（香港：三聯書店，2014）。

卜永堅：〈香港早期文書：英國國家檔案館藏 F.O.233/185 號檔案釋文（上）〉，《田野與文獻》，第 63 期（2011 年 4 月），頁 1-41。

上海法學編譯社編：《中華民國民法親屬繼承》（上海：會文堂新記書店，1935）。

小林英夫：〈太平洋戰爭下の香港：香港軍政の展開〉，《駒沢大學經濟學論集》，第 26 卷，第 3 號（1994），頁 209-281。

小林英夫、柴田善雅著，田泉、李璽、魏育芳譯：《日本軍政下的香港》（香港：商務印書館，2016）。

中國人民政治協商會議廣東省委員會文史資料研究委員會編：《廣東風情錄》（廣州：廣東人民出版社，1987）。

中國史學會主編：《鴉片戰爭》，第四冊（上海：神州國光社，1954）。

中國考古網：〈香港東灣仔北遺址〉（2009 年 9 月 25 日）。

元邦建編著：《香港史略》（香港：中流出版社，1988）。

天主教研究中心：〈「聖童之家」晏頓街／蘭杜街／李節街〉（2018）。

方園、范雪春、李史明：〈福建漳平奇和洞新石器時代早期人類身體大小〉，《人類學學報》，第 34 卷，第 2 期（2015 年 5 月），頁 202-215。

王文傑、楊潤霖：〈香港的人口高齡化趨勢〉，《政府經濟顧問辦公室：經濟扎記 2019/02》，頁 1-14。

王威海：《中國戶籍制度：歷史與政治的分析》（上海：上海文化出版社，2005）。

王國華主編，鄧聰、蕭國健等著：《香港文化發展史》（香港：中華書局，2014）。

王蒼柏：《活在別處：香港印尼華人口述歷史》（香港：香港大學亞洲研究中心，2006）。

王賡武主編：《香港史新編（增訂版）》（香港：三聯書店，2017）。

可兒弘明著，孫國群、趙宗頗譯：《「豬花」：被販賣海外的婦女》（鄭州：河南人民出版社，1990）。

台江史志：〈疍民：漢族的支系群體〉（2022 年 3 月 16 日）。

史泰豪：〈論北宋採珠業的發展〉，《農業考古》，2022 年第 4 期，頁 103-107。

安志敏：〈香港的遠古文化及其根源〉，《中國文化研究所學報》，1998 年第 7 期，頁 167-180。

朱海仁：〈香港漢代考古發現與研究〉，載中國社會科學院考古研究所、廣州市文物考古研究所編：《西漢南越國考古與漢文化》（北京：科學出版社，2010），頁 42-62。

江玉翠：〈香港客家村落的轉變與延續：以荃灣老圍為例〉，《全球客家研究》，2018 年第 10 期，頁 209-234。

何佩然：《地換山移：香港海港及土地發展一百六十年》（香港：商務印書館，2004）。

何佩然：《城傳立新：香港城市規劃發展史，1841-2015》（香港：中華書局，2016）。

何佩然：《班門子弟：香港三行工人與工會》（香港：三聯書店，2018）。

何鴻澤、陳奕彤、吳頌安：《觀塘區公屋發展的歷史：社區及環境變遷與城市規劃的連結》（香港：觀塘區議會，2021）。

余嘉浩、許家朗、敖子亮：《先賢之路：西貢天主教傳教史》（香港：中華書局，2021）。

余繩武、劉存寬主編：《十九世紀的香港》（北京：中華書局，1994）。

余繩武、劉蜀永主編：《20 世紀的香港》（香港：麒麟書業，1995）。

佟珊：〈華南「洞蠻」聚落人文的民族考古考察〉，《南方文物》，2010 年第 2 期，頁 81-88，102。

吳水田、陳平平：《嶺南疍民文化景觀》（北京：社會科學文獻出版社，2017）。

吳志良、金國平、湯開建主編：《澳門史新編》（澳門：澳門基金會，2008）。

吳志良、湯開建、金國平主編：《澳門編年史》（廣州：廣東人民出版社，2009）。

呂思勉：《呂思勉讀史札記》（上海：上海古籍出版社，2005）。

李宏編著：《香港大事記：公元前 214 年—公元 1987 年》（北京：人民日報出版社，1988）。

李東海：《香港東華三院一百二十五年史略》（北京：中國文史出版社，1997）。

李浪林：〈香港沿海煮鹽爐遺址的發現及其意義〉，中國考古網（2008 年 8 月 19 日）。

李樹芬：《香港外科醫生》（香港：李樹芬醫學基金，1965）。

杜正貞、王雲婷：〈民國的招贅婚書與招贅婚訴訟：以龍泉司法檔案為中心的研究〉，《政法論壇》，第 32 卷，第 3 期（2014），頁 143-152。

阮志：《中港邊界的百年變遷：從沙頭角蓮蔴坑村說起》（香港：三聯書店，2012）。

冼玉儀（Elizabeth Sinn）著，林立偉譯：《穿梭太平洋：金山夢、華人出洋與香港的形成》（香港：中華書局，2019）。

周子峰：《葬之以禮：香港殯儀文化初探》（香港：中華書局，2020）。

周永新：《真實的貧窮面貌：綜觀香港社會 60 年》（香港：中華書局，2014）。

周佳榮：《簡明香港古代史》（香港：三聯書店，2021）。

周家建、張順光：《坐困愁城：日佔香港的大眾生活》（香港：三聯書店，2015）。

周家建等編著：《建人建智：香港歷史建築解說》（香港：中華書局，2010）。

周雲、尚偉：〈抗戰風雨中的八路軍駐香港辦事處〉，中國共產黨新聞網（2019 年 9 月 30 日）。

和仁廉夫：〈你知道三年零八個月的事嗎？〉，載高木健一等編，吳輝譯：《香港軍票與戰後補償》（香港：明報出版社，1995），頁 9-87。

和文臻：〈跨越歷史的生命之舍：自梳女居所「冰玉堂」作為生命空間的人類學研究〉，中國民俗學網（2018 年 1 月 20 日）。

居之芬編著：《日本侵華期間中國勞工傷亡調查（1933.9-1945.8）》（北京：中共黨史出版社，2016）。

東洋經濟新報社編：《軍政下の香港：新生した大東亞の中核》（香港：香港東洋經濟社，1944）。

林友蘭：《香港史話（增訂本）》（香港：香港上海印書館，1978）。

林雪碧、何家賢：〈旺角考古發現〉，《香港文物：古物古蹟辦事處通訊》，第 14 期（2004 年 12 月），頁 4-5。

林準祥：《香港 · 開港：歷史新編》（香港：中華書局，2019）。

長野雅史：〈日本占領期香港における人口疏散政策〉，《史苑》，第 55 巻，第 2 號（1995 年 3 月），頁 37-52。

侯楊方：〈乾隆時期民數匯報及評估〉，《歷史研究》，2008 年第 3 期，頁 34-45。

施其樂著，宋鴻耀譯：《歷史的覺醒：香港社會史論》（香港：香港教育圖書公司，1999）。

科大衛：〈論一九一〇年代新界區的識字率〉，《明報月刊》，第 206 期（1983 年 2 月），頁 90-92。

科大衛：〈房屋與住家：中國南部的家庭〉，載那仲良、羅啟妍主編，李媛媛、黃竽笙譯：《家：中國人的居家文化》（北京：新星出版社，2011），頁 281-293。

胡春惠主訪，陳慧麗、李谷城紀錄整理：《香港調景嶺營的誕生與消失：張寒松等先生訪談錄》（台北：國史館，1997）。

范攷澔（Mick Atha）、葉可詩（Kennis Yip）著，陳瑋譯：《南丫沙埔拼圖：考古調查與景觀重建》（香港：香港大學出版社，2018）。

茅盾：《脫險雜記》（香港：時代圖書，1980）。

香港史學會：《香港歷史探究》（香港：香港史學會，2011）。

香港地方志中心編纂：《香港志：總述 大事記》（香港：中華書局，2020）。

香港地方志中心編纂：《香港參與國家改革開放志》（香港：中華書局，2021）。

香港考古學會、廣東省文物考古研究所：〈香港元朗輞井圍鶴洲嶺遺址發掘報告〉，《香港考古學會會刊》，第 15 卷（1999-2002），頁 1-17。

香港城市大學邵逸夫圖書館：〈粵劇在香港的發展〉（出版日期不詳）。

香港家庭計劃指導會：《銀禧紀念特刊》（香港：香港家庭計劃指導會，1975）。

香港家庭計劃指導會：《香港家庭計劃指導會年報》（1985-2018）。

香港博物館編：《本地華人傳統婚禮》（香港：市政局，1986）。

香港漁業工商總會：《香港漁業工商總會成立三週年紀念特刊》（香港：香港漁業工商總會，1959）。

香港歷史文化研究會：〈啟德濱的早期填海故事〉（2021 年 2 月 22 日）。

香港歷史博物館：《孫中山與香港：孫中山紀念館展覽圖錄》（香港：康樂及文化事務署，2013）。

香港歷史博物館考古組：〈從考古文物看漢代香港〉（2009 年 6 月）。

香港藝術館：《「香港藝術：開放 · 對話」展覽系列 2008—09 特刊》（香港：康樂及文化事務署，2008）。

夏其龍著，蔡廸雲譯：《香港天主教傳教史 1841-1894》（香港：三聯書店，2014）。

夏其龍等：《十九世紀天主教在灣仔的慈善工作》（香港：香港中文大學天主教研究中心，2016）。

徐佳峰：〈淺析晚清外國人遊歷護照制度〉，《法制與社會》，2015 年第 9 期，頁 278-279。

袁維昌：〈接受性別重置手術人仕的簡介〉（立法會 CB(2)1567/13-14(01) 號文件）（2014 年 5 月 20 日）。

馬金科主編：《早期香港史研究資料選輯》（香港：三聯書店，1998）。

馬長泉、張春梅：〈遷徙往來尋常見 出入管理貫古今：縱觀中國出入境管理的發展與演化〉，國家移民管理局網站（2019 年 3 月 12 日）。

馬增榮：〈秦漢時期的僱傭活動與人口流動〉，《中國文化研究所學報》，第 54 期（2012），頁 1-28。

高添強：《高山景行：香港仔華人永遠墳場的建立與相關人物》（香港：華人永遠墳場管理委員會，2012）。

區志堅、陳和順、何榮宗編著：《香港海關百年史》（香港：香港海關，2009）。

區志堅、彭淑敏、蔡思行編：《改變香港歷史的六十篇文獻》（香港：中華書局，2011）。

區家發：〈旺角出土文物到底是啥年代？〉，《香港文物：古物古蹟辦事處通訊》，第 14 期（2004 年），頁 13-14。

崔蘭琴：〈中國古代法上的和離〉，《法學研究》，2010 年第 5 期，頁 170-182。

張俊森、伍曉鷹、姚先國、李宏彬：〈香港經濟研究：經濟轉型、競爭力與經濟增長可持續性〉，香港特別行政區政府中央政策組研究報告（2009 年 3 月 3 日）。

張瑞威：〈鯉魚門的歷史、古蹟與傳說〉，《華南研究資料中心通訊》，第 20 期（2000），頁 5-10。

張瑞威：〈宗族的聯合與分歧：竹園蒲崗林氏編修族譜原因探微〉，《華南研究資料中心通訊》，第 28 期（2002），頁 1-8。

張瑞威：〈九龍衙前圍村吳氏祖先的追尋〉，《田野與文獻》，第 45 期（2006），頁 3-11。

張瑞威：《拆村：消逝的九龍村落》（香港：三聯書店，2013）。

張雙慶、莊初昇：《香港新界方言》（香港：商務印書館，2003）。

張慧真、孔強生：《從十一萬到三千：淪陷時期香港教育口述歷史》（香港：牛津大學出版社，2005）。

曹樹基：《中國人口史：第四卷 —— 明時期》（上海：復旦大學出版社，2000）。

梁炳華：《觀塘風物志》（香港：觀塘區議會、觀塘民政事務處，2008）。

梁炳華：《深水埗風物志》（香港：深水埗區區議會，2011）。

梁操雅、羅天佑：《香港考評文化的承與變 —— 從強調篩選到反映能力》（香港：商務印書館，2017）。

莊國土：〈菲律賓華人政治地位的變化〉，《當代亞太》，2004 年第 2 期，頁 12-17。

莫曰達：〈明清統計史〉，國家統計局網站（2002 年 6 月 17 日）。

郭松義：〈清初墾荒政策分析〉，中國經濟史論壇網站（2012 年 2 月 27 日）。

郭國全：〈本港的收入分佈與堅尼系數〉，香港政府新聞網（2007 年 2 月 12 日）。

郭學雷：〈香港大埔碗窯再認識〉，古物古蹟辦事處網站（2011）。

陳康言：〈消失村落的重聚：香港薄扶林道西國大王廟的盂蘭勝會〉，《田野與文獻》，第 82 期（2016），頁 23-28。

陳瑞璋：《東江縱隊：抗戰前後的香港游擊隊》（香港：香港大學出版社，2012）。

陳鏸勳：《香港雜記：外二種》（廣州：暨南大學出版社，1996）。

麥志坤（Chi-kwan Mark）著，林立偉譯：《冷戰與香港：英美關係 1949-1957》（香港：中華書局，2018）。

彭衛：〈秦漢人身高考察〉，《文史哲》，2015 年第 6 期，頁 20-44。

曾昭朗：〈香港家庭計劃指導會歷史講座〉，長春社文化古蹟資源中心（2015 年 12 月 7 日發布）。

《港九獨立大隊史》編寫組著，劉蜀永、嚴柔媛校訂：《港九獨立大隊史》（香港：中華書局，2022）。

湯開建、蕭國健、陳佳榮主編：《香港 6000 年：遠古—1997》（香港：麒麟書業，1998）。

華琛（James L. Watson）、華若璧（Rubie S. Watson）著，張婉麗、盛思維譯：《鄉土香港：新界的政治、性別及禮儀》（香港：中文大學出版社，2011）。

馮邦彥：《香港英資財團：一八四一年至一九九六年》（香港：三聯書店，1996）。

馮邦彥：《香港產業結構研究》（北京：經濟管理出版社，2002）。

馮邦彥：《香港產業結構轉型》（香港：三聯書店，2014）。

黃天編著：《遐邇貫珍：香港史料類鈔》（香港：中華書局，2020）。

黃玲：〈從歷次修志看深圳文明史〉，政協深圳市委員會網站（2013 年 4 月 24 日）。

黃秋耘、夏衍、廖沫沙等：《秘密大營救》（北京：解放軍出版社，1986）。

黃紹倫：〈香港 1949：新中國與海外華僑的樞紐〉，2016 年第三屆馬來西亞華人研究國際雙年會（吉隆坡：馬來西亞華社研究中心，2016 年 5 月 28-29 日）。

黃棣才、劉亮國、香港教育大學香港教育博物館著，李子建、鄭保瑛、鄧穎瑜主編：《搖籃地：中西區教育今昔》（香港：中華書局，2020）。

楊汝萬、王家英編：《香港公營房屋五十年：金禧回顧與前瞻》（香港：香港房屋委員會、香港亞太研究所，2003）。

葉農：《渡海重生：19 世紀澳門葡萄牙人移居香港研究》（北京：社會科學文獻出版社，2014）。

葉漢明：《主體的追尋：中國婦女史研究析論》（香港：香港教育圖書公司，1999）。

葉德偉等編著：《香港淪陷史》（香港：廣角鏡出版社，1982）。

葉靈鳳：《葉靈鳳文集：香港掌故》（廣州：花城出版社，1999）。

葛量洪：《葛量洪回憶錄》（香港：廣角鏡出版社，1984）。

葛劍雄：《中國人口發展史》（福州：福建人民出版社，1991）。

葛劍雄：《中國人口史》，第一卷（上海：復旦大學出版社，2002）。

鄒興華：〈香港沙柳塘灣新石器時代遺址考古收穫〉，載《東南亞考古論文集》（香港：香港大學美術博物館，1995），頁 487-503。

鄒興華：〈漁獵採集：香港沿海定居的史前先民生活模式〉，《華南研究資料中心通訊》，第 30 期（2003 年 1 月），頁 15-22。

鄒興華：〈考古發現的香港〉，《讀書雜誌》，2021 年試刊號，頁 5-21。

廖迪生、張兆和：《大澳》（香港：三聯書店，2006）。

劉茂：〈屯門小坑村考古調查報告〉，《香港考古學會會刊》，第 15 卷（1999-2002），頁 56-64。

劉茂：〈可資建設 M+ 的本地文化資源：關於西九龍文娛藝術區核心文化藝術設施的思考〉（立法會 WKCD-401 號文件）（2007 年 10 月）。

劉茂：〈深灣村陶瓷窯址的考古地層學證據〉，《香港考古學會會刊》，第 16 卷（2003-2008 年），頁 88-93。

劉智鵬：〈香港人口的組成與流動〉，賽馬會香港歷史學習計劃專題講座（2016 年 1 月 27 日）。

劉智鵬主編：《展拓界址：英治新界早期歷史探索》（香港：中華書局，2010）。

劉智鵬編：《香港港口與海事處歷史》，海事處網站（2017 年 3 月 2 日）。

劉智鵬、丁新豹主編：《日軍在港戰爭罪行：戰犯審判紀錄及其研究》（香港：中華書局，2015）。

劉智鵬、劉蜀永主編：《香港威海衞警察口述歷史》（香港：香港城市大學出版社，2018）。

劉智鵬、劉蜀永編著：《香港史：從遠古到九七》（香港：香港城市大學出版社，2019）。

劉智鵬、劉蜀永選編：《方志中的古代香港：《新安縣志》香港史料選》（香港：三聯書店，2020）。

劉義章主編：《香港客家》（桂林：廣西師範大學出版社，2005）。

劉蜀永、蘇萬興主編：《蓮麻坑村志》（香港：中華書局，2015）。

劉潤和、馮錦榮、高添強、周家建：《九龍城區風物志》（香港：九龍城區議會，2005）。

劉錚主編：《人口理論教程》（北京：中國人民大學出版社，1985）。

廣東省政協學習和文史資料委員會編：《省港大罷工港澳華僑史料》（廣州：廣東人民出版社，2005）。

樂艾倫（Alain Le Pichon）：《伯大尼與納匝肋：英國殖民地上的法國遺珍》（香港：香港演藝學院，2006）。

蔡思行：《戰後新界發展史》（香港：中華書局，2016）。

鄧聰：〈古代香港樹皮布文化發現及其意義淺釋〉，《東南文化》，1999 年第 1 期，頁 3-33。

鄧聰：《鄧聰考古論文選集 I：港澳考古》（香港：香港中文大學中國考古藝術研究中心，2021）。

鄭宏泰、黃紹倫：《婦女遺囑藏著的秘密：人生、家庭與社會》（香港：三聯書店，2010）。

鄭錦耀：〈從《大清律例》看沙紙契的效力〉，《"一國兩制" 研究》，第 8 期（2011），頁 81-84。

鄭寶鴻：《香江冷月：香港的日治時代》（香港：香港大學美術博物館，2006）。

鄭寶鴻：《香江九龍》（香港：香港大學美術博物館，2010）。

鄭寶鴻：《香江冷月：日據及前後的香港》（香港：商務印書館，2020）。

黎明釗、林淑娟：《漢越和集：漢唐嶺南文化與生活》（香港：三聯書店，2013）。

盧淑櫻：《漁港浮沉：筲箕灣的漁業發展》（香港：長春社文化古蹟資源中心，2019）。

穆光宗：〈為甚麼嬰兒性別比異常偏高〉，《二十一世紀雙月刊》，2000 年 6 月號，頁 124-130。

蕭國健：《清初遷海前後香港之社會變遷》（台北：台灣商務印書館，1986）。

蕭國健：《香港新界家族發展》（香港：顯朝書室，1990）。

蕭國健：《香港古代史新編》（香港：中華書局，2019）。

蕭國鈞、蕭國健：《族譜與香港地方史研究》（香港：顯朝書室，1982）。

錢景威主編：《旅港三水同鄉會金禧紀念特刊》（香港：旅港三水同鄉會，1962）。

霍啟昌：《香港與近代中國：霍啟昌香港史論》（香港：三聯書店，2019）。

駱毅：〈清朝人口數字的再估算〉，《經濟科學》，1998 年第 6 期，頁 120-128。

聯合國：《聯合國難民事宜高級專員報告書》（紐約：聯合國大會，1957）。

謝永光：《戰時日軍在香港暴行》（香港：明報出版社，1991）。

鍾寶賢、高添強：《「龍津橋及其鄰近區域」歷史研究》，古物古蹟辦事處研究報告（2012 年 12 月）。

韓康信：〈香港東灣仔北遺址新石器時代人骨〉，《第四紀研究》，第 19 卷，第 2 期（1999 年），頁 184。

韓康信，董新林：〈香港馬灣島東灣仔遺址北史前遺址出土人骨鑒定〉，《考古》，1999 年第 6 期，頁 18-25。

鄺智文：《重光之路：日據香港與太平洋戰爭》（香港：天地圖書，2015）。

鄺智文：《老兵不死：香港華籍英兵（1857-1997）》（香港：三聯書店，2018）。

羅香林：〈香港早期之打石史蹟及其與香港建設之關係〉，《食貨月刊》，第 1 卷，第 9 期（1971 年 12 月），頁 459-463。

羅香林：《客家源流考》（北京：中國華僑出版公司，1989）。

羅香林等：《一八四二年以前之香港及其對外交通：香港前代史》（香港：中國學社，1959）。

關禮雄：《日佔時期的香港（增訂版）》（香港：三聯書店，2015）。

蘇偉賢、鄧麗君、蕭偉立：《香港地質：四億年的旅程》（香港：土木工程拓展署，2009）。

饒玖才：《香港的地名與地方歷史（上冊）：港島與九龍》（香港：天地圖書，2011）。

饒玖才：《十九及二十世紀的香港漁農業：傳承與轉讓》（香港：天地圖書，2017）。

Baker, Hugh D. R., *A Chinese Lineage Village: Sheung Shui* (London: Frank Cass, 1968).

Baker, Hugh D. R. (ed.), *A Pattern of Life: Essays on Rural Hong Kong by James Hayes* (Hong Kong: City University of Hong Kong Press, 2020).

Balfour, S. F., "Hong Kong before the British: Being a Local History of the Region of Hong Kong and the New Territories before the British Occupation", *Journal of the Royal Asiatic Society Hong Kong Branch*, Vol. 10 (1970): pp. 134-179.

Bard, Solomon, *Traders of Hong Kong: Some Foreign Merchant Houses, 1841-1899* (Hong Kong: Urban Council, 1993).

Becker, Bert, "Coastal Shipping in East Asia in the Late Nineteenth Century", *Journal of the Royal Asiatic Society Hong Kong Branch*, Vol. 50 (2010): pp. 245-302.

Bickley, Gillian, *The Golden Needle: The Biography of Frederick Stewart (1836-1889)* (Hong Kong: Proverse Hong Kong, 1997).

Braga, José Pedro, *The Portuguese in Hongkong and China: Their Beginning, Settlement and Progress to 1949* (Macau: University of Macau and Instituto Internacional de Macau, 2013).

Bray, D. C., "Statistical Analysis of Squatter Data" (Hong Kong: Social Welfare Office, 1952).

Burns, John P., "Immigration from China and the Future of Hong Kong", *Asian Survey*, Vol. 27, no. 6 (1987): pp. 661-682.

Carroll, John M., *A Concise History of Hong Kong* (Lanham: Rowman & Littlefield, 2007).

Chang, K. S. F., Marjorie M. C. Lee, and W. D. Low, "Standards of Height and Weight of Southern Chinese Children", *Far East Medical Journal*, Vol. 1, no. 3 (1965): pp. 101-109.

Chen, Albert H. Y., "The Development of Immigration Law and Policy: The Hong Kong Experience", *McGill Law Journal*, Vol. 33, no. 4 (1988): pp. 631-675.

Chen, Ta, "Shipping Strike in Hongkong", *Monthly Labor Review*, Vol. 14, no. 5 (1922): pp. 9-15.

Chung, Roger Yat-nork and Michael Marmot, "People in Hong Kong Have the Longest Life Expectancy in the World: Some Possible Explanations", *NAM Perspectives*, 2020, doi: 10.31478/202001d.

Cowell, Christopher, "The Hong Kong Fever of 1843: Collective Trauma and the Reconfiguring of Colonial Space", *Modern Asian Studies*, Vol. 47, no. 2 (2013): pp. 329-364.

Eitel, E. J., "Chinese Studies and Official Interpretation in the Colony of Hongkong", *The China Review,* Vol. 6, no. 1 (1877): pp. 1-13.

Eitel, E. J., *Europe in China: The History of Hongkong from the Beginning to the Year 1882* (Hong Kong: Kelly & Walsh, 1895).

Endacott, G. B., *An Eastern Entrepôt: A Collection of Documents Illustrating the History of Hong Kong* (London: Her Majesty's Stationery Office, 1964).

Endacott, G. B., *A History of Hong Kong* (Hong Kong: Oxford University Press, 1973).

Endacott, G. B., *Hong Kong Eclipse* (Hong Kong: Oxford University Press, 1978).

Evans, Dafydd Emrys, "Chinatown in Hong Kong: The Beginnings of Taipingshan", *Journal of the Hong Kong Branch of the Royal Asiatic Society*, Vol. 10 (1970): pp. 69-78.

The Family Planning Association of Hong Kong, *Annual Report* (1980-1985).

Fan, Shuh-ching, *Population of Hong Kong* (Paris: The Committee for International Coordination of National Research in Demography, 1974).

Freedman, Ronald and Arjun L. Adlakha, "Recent Fertility Declines in Hong Kong: The Role of the Changing Age Structure", *Population Studuies*, Vol. 22, no. 2 (1968): pp. 181-198.

Fung, Chi-ming, *Reluctant Heroes: Rickshaw Pullers in Hong Kong and Canton, 1874-1954* (Hong Kong: Hong Kong University Press, 2005).

Goodstadt, Leo F., "Government without Statistics: Policy-making in Hong Kong 1925-85, with Special Reference to Economic and Financial Management", (Hong Kong: HKIMR Working Paper No. 6/2006, Hong Kong Institute for Monetary Research, 2006).

Hambro, Edvard, *The Problem of Chinese Refugees in Hong Kong* (Leyden: A. W. Sijthoff, 1955).

Hao, Yen-P'ing, *The Comprador in Nineteenth Century China: Bridge between East and West* (Cambridge, MA: Harvard University Press, 1970).

Hase, Patrick H., *Settlement, Life, and Politics: Understanding the Traditional New Territories* (Hong Kong: City University of Hong Kong Press, 2020).

Hayes, James, "Old British Kowloon", *Journal of the Hong Kong Branch of the Royal Asiatic Society*, Vol. 6 (1966): pp. 120-137.

Hayes, James, "Hong Kong Island Before 1841", *Journal of the Hong Kong Branch of the Royal Asiatic Society*, Vol. 24 (1984): pp. 105-142.

Hayes, James, "Women and Female Children in Hong Kong and South China to 1949: Documents of Sale and Transfer", in

Collected Essays on Various Historical Materials for Hong Kong Studies, ed. Joseph S. P. Ting and Susanna L. K. Siu (Hong Kong: Urban Council, 1990), pp. 33-47.

Ho, Lok-sang, Pak-wai Liu, and Kit-chun Lam, "International Labour Migration: The Case of Hong Kong" (Hong Kong: Occasional Paper No. 8, Hong Kong Institute of Asia-Pacific Studies, The Chinese University of Hong Kong, 1991).

Ho, Ping-ti, *Studies on the Population of China, 1368-1953* (Cambridge, MA: Harvard University Press, 2014).

Hong Kong Museum of Medical Sciences Society (ed.), *Plague SARS, and the Story of Medicine in Hong Kong* (Hong Kong: Hong Kong University Press, 2006).

Johnston, A. R., "Note on the Island of Hong-Kong", *The Journal of the Royal Geographical Society of London,* Vol. 14 (1844): pp. 112-117.

Jones, Carol and Jon Vagg, *Criminal Justice in Hong Kong* (Abingdon: Routledge, 2016).

Kan, Lai-bing and Grace H. L. Chu, *Newspapers of Hong Kong: 1841-1979* (Hong Kong: University Library System, The Chinese University of Hong Kong, 1981).

Kwong, Jason W. Y., "Historical Research on Density Zoning: A Development Control Policy through Administrative Means", *Surveying and Built Environment*, Vol. 29, no. 1 (2020): pp. 26-38.

Lam, Kit-chun and Pak-wai Liu, *Immigration and the Economy of Hong Kong* (Hong Kong: City University of Hong Kong Press, 1998).

Lechler, R., "The Hakka Chinese", *The Chinese Recorder and Missionary Journal*, Volume IX (Shanghai: American Presbyterian Mission Press, 1878), pp. 352-359.

Leeming, Frank, "The Earlier Industrialization of Hong Kong", *Modern Asian Studies,* Vol. 9, no. 3 (1975): pp. 337-342.

Lethbridge, H. J., "Hong Kong Cadets, 1862-1941", *Journal of the Hong Kong Branch of the Royal Asiatic Society,* Vol. 10 (1970): pp. 36-56.

Lethbridge, H. J., "William Thomas Mercer (1822-1879): Hong Kong's Poet Laureate?", *Journal of the Hong Kong Branch of the Royal Asiatic Society*, Vol. 13 (1973): pp. 151-153.

Lethbridge, H. J., "Condition of the European Working Class in Nineteenth Century Hong Kong", *Journal of the Hong Kong Branch of the Royal Asiatic Society*, Vol. 15 (1975): pp. 88-112.

Lethbridge, H. J., *Hong Kong: Stability and Change: A Collection of Essays* (Hong Kong: Oxford University Press, 1978).

Lin, George C. S. and Pauline H. M. Tse, "Flexible Sojourning in the Era of Globalization: Cross-border Population Mobility in the Hong Kong-Guangdong Border Region", *International Journal of Urban and Regional Research*, Vol. 29, no. 4 (2005): pp. 867-894.

Lobscheid, William, *A Few Notices on the Extent of Chinese Education, and the Government Schools of Hong Kong with Remarks on the History and Religious Notions of the Inhabitants of this Island* (Hong Kong: China Mail Office, 1859).

Lun Ng, Alice Ngai-ha, "Village Education in the New Territories Region under the Ching", in *From Village to City: Studies in the Traditional Roots of Hong Kong Society*, ed. David Faure, James Hayes and Alan Birch (Hong Kong: Centre of Asian Studies, University of Hong Kong, 1984), pp. 106-119.

Ma, Ronald A. and Edward F. Szczepanik, *The National Income of Hong Kong: 1947-1950* (Hong Kong: Hong Kong University Press, 1955).

Macmillan, Allister (ed.), *Seaports of the Far East: Historical and Descriptive, Commercial and Industrial, Facts, Figures, & Resources* (London: W.H. & L. Collingridge, 1923).

Martin, R. Montgomery, *China; Political, Commercial, and Social; in an Official Report to Her Majesty's Government*, Vol. II (London: James Madden, 1847).

Mayers, William Frederick, N. B. Dennys, and Charles King, *The Treaty Ports of China and Japan: A Complete Guide to the Open Ports of Those Countries, Together with Peking, Yedo, Hongkong and Macao — Forming a Guide Book & Vade Mecum for Travellers, Merchants, and Residents in General: With 29 Maps and Plans* (London: Trübner and Co., 1867).

Meacham, William, "Preservation of Nine Rock Carvings in Hong Kong: A Consultancy Study of Ancient Rock Carvings" (10 January 2010).

Morrison Education Society, *Report of the Morrison Education Society, for the Year 1863-64* (Hong Kong: London Missionary Society's Press, 1864).

Munn, Christopher, *Anglo-China: Chinese People and British Rule in Hong Kong, 1841-1880* (Hong Kong: Hong Kong University Press, 2011).

Munn, Christopher, " 'Our Best Trump Card': A Brief History of Deportation in Hong Kong, 1857-1955", in *Civil Unrest and Governance in Hong Kong: Law and Order from Historical and Cultural Perspectives*, ed. Michael H. K. Ng and John D. Wong (Abingdon: Routledge, 2017), pp. 26-45.

Ni, Michael Y., Vladimir Canudas-Romo, Jian Shi, Francis P. Flores, Mathew S. C. Chow, Xiaoxin I. Yao, Sai Yin Ho, Tai Hing Lam, C. Mary Schooling, Alan D. Lopez, Majid Ezzati, and Gabriel M. Leung, "Understanding Longevity in Hong Kong: A Comparative Study with Long-Living, High-Income Countries", *The Lancet Public Health*, Vol. 6 (2021): pp. e919-e931.

Norton-Kyshe, James W., *The History of the Laws and Courts of Hongkong* (London: T. Fisher Unwin, 1898).

Salaff, Janet W., Siu-lun Wong, and Arent Greve, *Hong Kong Movers and Stayers: Narratives of Family Migration* (Urbana: University of Illinois Press, 2010).

Sayer, Geoffrey Robley, *Hong Kong 1841-1862: Birth, Adolescence and Coming of Age* (Hong Kong: Hong Kong University Press, 1980).

Shen, Jianfa, "Population and Migration Trends in Hong Kong", *Geography*, Vol. 82, no. 3 (1997): pp. 269-271.

Shen, Jianfa and Erbiao Dai, "Population Growth, Fertility Decline, and Ageing in Hong Kong: The Perceived and Real Demographic Effects of Migration" (Hong Kong: Occasional Paper No. 14, Shanghai-Hong Kong Development Institute, The Chinese University of Hong Kong, 2006).

Sinn, Elizabeth, *Power and Charity: A Chinese Merchant Elite in Colonial Hong Kong* (Hong Kong: Hong Kong University Press, 2003).

Sinn, Elizabeth and Christopher Munn (eds.), *Meeting Place: Encounters across Cultures in Hong Kong, 1841-1984* (Hong Kong: Hong Kong University Press, 2017).

Siu, Helen F. and Agnes S. Ku (eds.), *Hong Kong Mobile: Making a Global Population* (Hong Kong: Hong Kong University Press, 2008).

Skeldon, Ronald, "Emigration and the Future of Hong Kong", *Pacific Affairs*, Vol. 63, no. 4 (1990-1991): pp. 500-523.

Skeldon, Ronald, "Labour Migration to Hong Kong", *ASEAN Economic Bulletin*, Vol. 12, no. 2 (1995): pp. 201-218.

Smith, Carl T., "The Emergence of a Chinese Elite in Hong Kong", *Journal of the Hong Kong Branch of the Royal Asiatic Society*, Vol. 11 (1971): pp. 74-115.

Smith, Carl T., "Protected Women in 19th-Century Hong Kong", in *Women & Chinese Patriarchy: Submission, Servitude and Escape*, ed. Maria Jaschok and Suzanne Miers (Hong Kong: Hong Kong University Press, 1994), pp. 221-237.

Smith, Carl T., *A Sense of History: Studies in the Social and Urban History of Hong Kong* (Hong Kong: Hong Kong Educational Publishing Company, 1995).

Smith, Carl T., *Chinese Christians: Elites, Middlemen, and the Church in Hong Kong* (Hong Kong: Hong Kong University Press, 2005).

Smith, George, *A Narrative of an Exploratory Visit to Each of the Consular Cities of China, and to the Islands of Hong Kong and Chusan, In Behalf of the Church Missionary Society, in the Years 1844, 1845, 1846* (London: Seeley, Burnside, & Seeley, 1847).

Stockard, Janice E., *Daughters of the Canton Delta: Marriage Patterns and Economic Strategies in South China, 1860-1930* (Hong Kong: Hong Kong University Press, 1989).

Sweeting, Anthony, *Education in Hong Kong Pre-1841 to 1941: Fact and Opinion* (Hong Kong: Hong Kong University Press, 1990).

Sweeting, Anthony, " 'With the Ease and Grace of a Born Bishop'? Re-evaluating James Legge's Contributions to Secular and Religious Education in Hong Kong", *Journal of the Royal Asiatic Society Hong Kong Branch*, Vol. 45 (2005): pp. 5-25.

United Nations, Economic and Social Commission for Asia and the Pacific, *Population of Hong Kong* (Bangkok: Country Monograph Series No. 1, Economic and Social Commission for Asia and the Pacific, 1974).

United Nations General Assembly, "Report of the United Nations High Commissioner for Refugees A/2394", (1 January 1954).

United Nations Statistics Division, "Demographic Statistics Database: Legally Induced Abortions by Urban/Rural Residence of Woman".

University of Hong Kong, Department of Economics and Political Science, "Report on the Hong Kong University and the Hong Kong Council of Social Service Resettlement Estates Survey, June-September 1957", (1957) unpublished.

Vaid, K. N., *The Overseas Indian Community in Hong Kong* (Hong Kong: Centre of Asian Studies, 1972).

Wang, Guangzhou, "Research on Sex Structure and Sex Ratio at Birth" (2020), unpublished.

Watson, Rubie S., *Inequality among Brothers: Class and Kinship in South China* (Cambridge: Cambridge University Press, 1985).

Welsh, Frank, *A History of Hong Kong* (London: HarperCollins, 1997).

Wickberg, Edgar, *The Chinese in Philippine Life, 1850-1898* (New Haven: Yale University Press, 1965).

Wong, Grace Y., Wing Cheong Leung, and Robert K. H. Chin, "Recent Dramatic Increase in the Male to Female Sex Ratio of Babies Born in Hong Kong", *Journal of Perinatal Medicine*, Vol. 38, no. 2 (2010): pp. 209-213.

Wong, Siu-lun, *Emigrant Entrepreneurs: Shanghai Industrialists in Hong Kong* (Oxford: Oxford University Press, 1988).

Wong, Siu-lun, "Emigration and Stability in Hong Kong", *Asian Survey*, Vol. 32, no. 10 (1992): pp. 918-933.

Wong, Siu-lun and Janet W. Salaff, "Network Capital: Emigration from Hong Kong", *The British Journal of Sociology*, Vol. 49, no. 3 (1998): pp. 358-374.

Wong, T. W., "Tsan Yuk Hospital and the Japanese Occupation of Hong Kong", *Hong Kong Medical Journal*, Vol. 28, no. 1 (2022): pp. 93-95.

Yap, Felicia, "Eurasians in British Asia during the Second World War", *Journal of the Royal Asiatic Society*, Vol. 21, no. 4 (2011): pp. 485-505.

Yip, Ka-che (ed.), *Disease, Colonialism, and the State: Malaria in Modern East Asian History.* (Hong Kong: Hong Kong University Press, 2009).

Yip, Ka-che, Man-kong Wong, and Yuen-sang Leung (ed.), *A Documentary History of Public Health in Hong Kong* (Hong Kong: The Chinese University Press, 2018).

Yip, Paul S. F., Joseph Lee, Beda Chan, and Jade Au, "A Study of Demographic Changes under Sustained Below-replacement Fertility in Hong Kong SAR", *Social Science & Medicine*, Vol. 53, no. 8 (2001): pp. 1003-1009.

網上資料庫

日本國立公文書館：外務省外交史料館；防衛省防衛研究所。

香港公共圖書館多媒體資訊系統：香港舊報紙。

香港非物質文化遺產資料庫：口頭傳統和表現形式；社會實踐、儀式、節慶活動。

政府檔案處歷史檔案館：檔案編號 HKRS。

香港記憶。

電子版香港法例：《中華人民共和國香港特別行政區基本法》；法例；條例年表。

Great Britain, Foreign Office, Political and Other Departments: General Correspondence before 1906, China (FO 17), The National Archives.

Great Britain, Parliament, *Parliamentary Paper,* The Parliamentary Archives.

Great Britain, War and Colonial Department and Colonial Office, Hong Kong, Original Correspondence (CO 129), The National Archives.

Internet Archive.

The University of Hong Kong Libraries, Historical Laws of Hong Kong Online.

The University of Hong Kong Libraries, Hong Kong Governmnert Reports Online (1842-1941).

網站及多媒體資料

人類生殖科技管理局網站

大公網

太古網站

中國哲學書電子化計劃網站

中華人民共和國東莞市人民政府政府門戶網站

中華人民共和國政協深圳市委員會網站

中華人民共和國南國絲都絲綢博物館網站

文匯網

古物古蹟辦事處網站

世界銀行網站

市區重建局網站

央視國際

明報新聞網

東華三院網站

香港中文大學網站

香港文化博物館網站

香港地方志中心網站

香港吸煙與健康委員會網站

香港海防博物館網站

香港特別行政區立法會網站

香港特別行政區政府入境事務處網站

香港特別行政區政府土地註冊處網站

香港特別行政區政府地政總署網站

香港特別行政區政府在職家庭及學生資助事務處網站

香港特別行政區政府社會福利署網站

香港特別行政區政府香港天文台網站

香港特別行政區政府香港警務處網站

香港特別行政區政府家庭議會網站

香港特別行政區政府教育局網站

香港特別行政區政府統計處網站

香港特別行政區政府漁農自然護理署網站

香港特別行政區政府衞生署家庭健康服務網站

香港特別行政區政府衞生署網站

香港家庭計劃指導會網站

香港歷史博物館網站

無綫新聞 TVB News

新華網

蒲窩青少年中心網站

鳳凰網

聯合國難民署網站

Ming-Ai (London) Institute: British Chinese Heritage Centre

口述歷史及訪談

〈吳世明〉，「香港留聲」口述歷史檔案庫，2012年2月22日，錄音，香港：香港記憶計劃。

〈香港最後一代廣東「媽姐」：口述歷史資料庫〉，2021年，錄音，香港：香港中文大學圖書館。

本卷鳴謝

中央人民政府駐香港特別行政區聯絡辦公室
香港特別行政區政府

古物古蹟辦事處
性別承認跨部門工作小組
南華早報出版有限公司
星島新聞集團
香港大公文匯傳媒集團
香港科學館
香港旅遊發展局
香港特別行政區政府公務員事務局
香港特別行政區政府教育局
香港理工大學
新華社
澳門特別行政區政府文化局
平等機會委員會
東華三院文物館
政府檔案處歷史檔案館
英國國家檔案館
香港中旅（集團）有限公司
香港家庭計劃指導會
香港特別行政區政府入境事務處
香港特別行政區政府保安局
香港特別行政區政府統計處
香港歷史博物館
僱員再培訓局
澳洲國立圖書館

龍兄錢幣王龍卿

（按筆畫序排列）

香港地方志中心

由全國政協副主席董建華先生牽頭創建的團結香港基金於 2019 年 8 月成立「香港地方志中心」。中心匯集眾多社會賢達和專家學者，承擔編纂首部《香港志》的歷史使命。《香港志》承傳中華民族逾二千年編修地方志的優良傳統，秉持以史為據，述而不論的原則，全面、系統、客觀地記錄香港社會變遷，梳理歷史脈絡，達至「存史、資政、育人」的功能，為香港和國家留存一份珍貴的文化資產。

香港地方志中心網頁

《香港志》共分十個部類，包括：總述、大事記、自然、經濟、文化、社會、政治、人物、地名及附錄；另設三卷專題志；總共 65 卷，53 冊，全套志書約 2400 萬字，是香港歷來最浩瀚的文史工程。

博采眾議　力臻完善

國有史，地有志。香港地方志中心承傳中華民族編修地方志的優良傳統，肩負編纂首部《香港志》的歷史使命。《香港志》記述內容廣泛，力爭全面、準確、系統，中心設立勘誤機制及網上問卷，邀請各界建言指正、反饋意見，以匯聚集體智慧，力臻至善。

立即提交意見